建築知識

ラクラク突破の

1級建築士スピード学習帳

2024

X-Knowledge

はじめに

　建築士には1級建築士、2級建築士、木造建築士の3種類があり、各資格により設計または工事監理できる建築物に違いがある。これらの中からいずれかの建築士資格を前提としたものとして、管理建築士の資格がある。1級建築士を前提とした資格としては、構造設計1級建築士と設備設計1級建築士がある。

　まず、最近出題された問題の比率について述べる。過去問題が約50%、類似した過去問題が約20%、新規問題が約20%、応用問題が約10%であった。

　次に、2023年度の学科試験の配点と合格基準点について述べる。それぞれの科目の正答数をその科目の得点とし、各科目の得点の合計を総得点としている。各科目及び総得点の合格基準点は、以下のとおりである。合格基準点は、学科I（計画）では、20点満点中11点、学科II（環境・設備）では、20点満点中11点、学科III（法規）及び学科IV（構造）では、各30点満点中各16点、学科V（施工）では25点満点中13点、合計125点満点中88点である。各科目及び総得点の合格基準点すべてに達している者が合格した。

　さらに、試験に対応した学習においては、上述した幅広い学習内容を限られた時間の中で、いかに効率良く行うのかが重要である。そのために、本書における施工技術や知識の詳細に関しては、多岐にわたらず、複雑な内容や細部の説明に触れないようにした。これは、受験者が限られた時間の中で最も効率よく試験問題に対応した学習ができるように、最新または最頻出の建築技術や知識に関する重要なポイントに焦点を絞って執筆をしたからである。

　最後に、執筆の分担について述べる。学科I計画の分野では、「建築計画」を大島博明氏に、「積算」を佐藤考一氏にそれぞれ分担執筆していただき、「契約・マネジメント」を三原が担当した。学科II環境・設備の分野では、「環境」を松岡大介氏に、「設備」を伊藤教子氏にそれぞれ分担執筆をお願いした。学科III法規の分野は、築比地正氏にお願いした。学科IV構造の分野では、「構造力学・耐震設計・地盤と基礎・鉄骨鉄筋コンクリート造・木構造等」を半貫敏夫氏に、「鉄筋コンクリート構造」を服部宏己氏に、「鉄骨構造」を山本貴正氏に、「木材・コンクリート・金属材料」を大垣賀津雄氏にそれぞれ分担執筆をお願いした。学科V施工の分野では、「請負契約・施工契約・仮設工事・土工事・基礎工事・木工事・改修工事等」を佐藤考一氏に、「コンクリート工事・プレキャストコンクリート工事・躯体工事等」を荒巻卓見氏にそれぞれ分担執筆していただき、「現場管理・品質管理・仕上工事・設備工事・各種工事・用語等」に関しては三原が担当した。

　本書は、過去10年間の最頻出問題を抜粋し、その中から、過去のものと類似した問題または新作として出題される可能性が高い最新の問題に関してその傾向を徹底して分析し、これに基づき設計・工事監理業務に必要とされる基礎から応用そして発展に至るまでの建築技術・知識の重要なポイントを的確に提供できるものである。さらに、読者の皆様には、本書を使用しての学習と並行して、数多くの過去問題に取り組み、合格にむけて万全を期していただきたい。

2023年11月吉日　三原 斉

Chapter 3 | 法規

Chapter **4** │ # 構造

Chapter 5 | 施工

本書の特徴と使い方

要点解説

1
出題範囲に即した、
分かりやすいタイトルなので、
解説されている分野が
ひと目で分かり、学習しやすい。

2
各分野の重要度を
5段階で表示しているので、
重要度の高い分野を
重点的に繰り返し
学習できる。

3
本文で解説できなかったところは、
側注で補足。
本文と併せて覚えておきたい内容や
重要な用語の意味を説明している。
試験直前に
重要ポイントを復習することができる。

4
各項目について、コンパクトなボリュームで
分かりやすく解説している。
短い文章なので、暗記もしやすい。

5
図表を豊富に掲載。
難解な内容も図表にすることで
視覚的に理解、暗記することができるので
効率的に学習できる。

Chapter 5　各部工事　　　●重要度 ■■■■■

015　鉄骨工事①材料、工作、溶接接合

鉄骨工事に関する設問は、毎年2題出題されている。本項の範囲では、特に「溶接接合」に関する出題が頻出しているので確実に押さえておきたい。ミスのない工事を進めていくためにも、検査や材料の確認といった細かな知識を身に付けよう

1　材料・工作

構造用鋼材の材料試験及び溶接性試験は、JIS規格品又は国土交通大臣認定品の材料で、製品証明書(規格品証明書:ミルシート又は原品証明書)が添付されているものは行わなくてよい

●主な鉄骨工場の作業工程

工程	工程内容と注意点
①工作図	・床書き現寸は工作図でその一部又は全部を省略できる
②切断・切削加工	・機械的切断法、ガス切断法、プラズマ切断法等により、鋼材の形状、寸法に合わせて最適な方法で行う ・せん断切断の場合は、鋼材の厚さは13mm以下とする
③孔あけ加工	・高力ボルト用の孔あけ加工は、鉄骨製作工場で行いドリルあけとする。特に困難な場合はレーザー孔あけも可 ・ボルト孔、アンカーボルト孔、鉄筋貫通孔はドリルあけを原則とするが、特に庇る場合はレーザーあけとし、板厚が13mm以下のときは せん断孔あけができる ・鉄筋の貫通孔陥は、同一の部位に複数ある場合にはなるべく続一するのがよいが、その場合は、必ず設計者と打合せする
④曲げ加工	・常温又は加熱加工する ・加熱加工の場合は赤熱状態(850~900℃)で行い、青熱脆性(200~400℃)で行ってはならない
⑤組立溶接	・必要十分な長さと4mm以上の溶接をもつビードを適切な間隔で配置する ・組立溶接のビード長さは、ショートビードとならないようにする(右表) ・原則として、開先内には組立溶接を行わない ・本溶接と同等な品質が得られるように施工する

●ミルシート
ミルシートには、鋼材の材種、寸法、数量、化学成分等が記載されている

●各ボルトの孔径(単位:mm)

種類	孔径 d	ねじの伸び 値 d₁
高力ボルト	d＋2.0 d＋3.0	d＜27 d≧27
ボルト	d＋0.5	
アンカーボルト	d＋5.0	

●被覆アーク溶接(手溶接)
以下の鋼材の組立溶接を行う場合は、低水素系の溶接棒を用いる
・板厚25mm以上の400N/mm²級の軟鋼
・490N/mm²級以上の高張力鋼

●組立て溶接のビード長さ
ビードとは1回のパスによって作られる溶接金属のことで、ショートビードはその短いものをさす

板厚[t]	最小ビード長さ
t≦6㎜	30㎜
t>6㎜	40㎜

*組み立てる母材の薄いほうの板厚

2　溶接接合・検査

溶接材料は、湿気を吸収しないよう保管し、吸湿の疑いがあるものは、乾燥して使用する。また、母材については、溶接の支障になるものは除去するが、固着したミルスケールや防錆用塗布剤は、取り

除かなくてもよい

溶接施工には、適切な溶接電流、アーク電圧、溶接速度、積層法、パス間温度、ガス流量等を測定する。溶接施工の注意点は以下のとおり
①エンドタブの切断は、特記のない場合は行わなくてよい
②柱梁接合部の裏当て金の組立溶接は、梁フランジの両端から5㎜以内及びウェブフィレット部のR止まり、又は隅肉溶接止端部から5㎜以内の位置に行わない
③気温が−5℃を下回る場合は、溶接を行ってはならない。気温が−5~5℃においては、接合部より100㎜の範囲の母材部分を適切に加熱すれば溶接できる
④風の強い日は、防風処置を講じて溶接を行い、風速が2m/s以上の場合、原則として ガスシールドアーク溶接を行ってはならない。ただし、適切な防風処置を講じた場合は行ってもよい

完全溶込み溶接の注意点は以下のとおり
①突合わせる部材の全面が完全に溶接されなければならない。部材の両面から溶接する場合、裏面側の初層溶接をする前に、表面側の溶接の健全な溶接金属部が現れるまではつりを行う
②クレーンガーダーのように低応力高サイクル疲労を受ける接合手には、厚い板の材を1/2.5以下の勾配に加工し、開先部分がゆるい同一の高さにする
③板厚差による段違いが薄いほうの板厚の1/4又かつ10㎜以下の場合には、溶接表面が薄いほうの材から厚いほうの材へ滑らかに移行するように溶接する

●溶接部の受入れ検査方法

対象	方法	手順・合否の基準
表面欠陥及び精度の検査	目視検査ほか	検査対象は溶接部のすべてとし、目視で基準を逸脱していると思われる箇所に対しての所定の測定器具で測定する ショートビード等の健全性は目視検査とし、抜取箇所は溶接部の長さ欠陥検査と同一とする
	浸透探傷試験 磁粉探傷試験	割れの疑いのある表面欠陥には、浸透探傷試験又は磁粉探傷試験を行う
完全溶込み溶接部の内部欠陥	超音波探傷検査	溶接部ごとに、累ごとに区切って溶接箇所300m単位下を1検査ロットとして構成。検査ロットごとに合理的な方法で大きさ30個のサンプルを行い、サンプル中の不合格個数の合計が5個以下であれば合格。サンプル中の不合格数の合計が合否判定個数以上なら不合格。不合格ロットは残りの全数を探傷検査を行う。そのうち、不合格の溶接部についてはすべてを補修し、再検査を行う
スタッド溶接部	スタッド打撃曲げ検査	検査は、100本または1ロットを1検査ロットとし、かつ1ロットにつき1本行う。 合格:角度15度で溶接部に割れその他の欠陥が生じない場合は、合格ロットを合格とする 不合格:曲げ角度15度で溶接部に割れその他の欠陥が生じない場合は、その1ロットを合格とする。ただし、2本のうち1本が不合格となった場合、そのロット全数について検査する

●エンドタブ
エンドタブは溶接線の終端に取り付けられる補助部品のことで、捨てタブという。原則、特記のない場合は切断しなくてよい

●パネルゾーンの溶接
完全溶込み溶接では、パネルゾーンの裏はつりが極めて困難となる場合があるので、裏はつりを省略する溶接は避ける

●隅肉溶接される「継手又は溶接止端相手のすき間
・すき間が管理許容差(2㎜)を超える場合には、隅肉溶接のサイズをすき間の大きさだけ増す
・すき間が限界許容差(3㎜)を超える場合には、開先をとって十分に溶け込ませる

●その他の溶接の注意点
・隅肉溶接:端部は、滑らかに回し溶接を行う
・エレクトロスラグ溶接:上進の立向き溶接に用いる
・スタッド溶接:アークスタッド溶接で、下向き姿勢で行う。原則、専用電源を使用し、他電源と併用する場合は必要な容量を確保する。従来の溶接技能者は「スタッド溶接資格検定試験」に従う溶接資格者、スタッドの呼び名に応じた溶接技術検定資格に合格した有資格者又はスタッド協会から発行する技術証明書を有する者とする

本書は、過去10年以上の一級建築士試験の出題傾向を
分野別に分析した結果をもとに、各分野の専門家が「満点合格」ではなく、
必ず合格ラインを突破する「絶対合格」をめざして執筆いたしました。
各節は、「ポイントを押さえた要点解説」と「要点解説に即した問題」の二部構成となっており、
前者で暗記を、後者で記憶の定着を図ります。

問題

6

要点解説（前頁）でのポイントをしっかり理解できているかを、
問題を解くことで確認できる。
問題は、最頻出問題と実践問題に分けて掲載しているので、
重要度の高い問題から学習できる。
実践問題では、解説頁の内容＋αの範囲をカバーしているので、応用
力が身に付く。

7

解答・解説。
正誤の理由や解答を導き出すポイントを絞って
コンパクトな解説となっている。
重要度の高い問題を掲載しているので、
そのまま暗記するだけで、試験の直前対策としても効果的。
「目で覚える！　重要ポイント」で、より理解が深まる。

試験概要[1級建築士]

　1級建築士とは、国土交通大臣の免許を受け、建築物に関し、設計、工事監理、その他の業務を行う資格を有する者のことである。建築士法第3条に基づき2級建築士や木造建築士が高さや延べ面積等に制限があるのに対し、1級建築士には特に制限がない。建築士法第15条の2第1項に基づき、国土交通大臣から指定を受けた、公益財団法人建築技術教育普及センターが実施している1級建築士試験に合格し、免許登録をしなければならない。

　資格取得までの流れは下図のとおりで、学科の試験の合格者のみが、設計製図の試験を受験することができる。ただし、学科の試験に合格し設計製図の試験を失敗した者は、翌年と翌々年の学科の試験が免除される。
—

↓ 受験申込

↓ 前年度学科の試験合格者　　　　　↓ 学科の試験実施

　　　　　　　　　　　　　　　　↓ 学科の試験合格発表

↓ 設計製図の試験

↓ 合格発表

　建築士免許登録[※]

※実務経験が必要な場合は、実務を経てからの登録となる

1

受験資格

　建築士法の改正（平成30年12月14日公布）により、令和2年3月1日以降、建築士試験を受験する際の要件であった実務の経験について、免許登録の際の要件に改められることとなった。これまでは試験の前に実務の経験が必要だったが、原則として試験の前後に関わらず、免許登録の際までに実務の経験を積んでいればよいことになった。例えば、指定科目を修めて大学を卒業した者は、大学卒業直後から実務経験を経なくても受験が可能になる（試験に合格し、その前後で建築の実務を2年以上経れば1級建築士として登録が可能）。これに併せて、建築士資格に係る実務経験の対象実務の見直しも行われた。詳細は建築技術教育普及センターまたは国土交通省のホームページ等を参照のこと。
—

新たな受験資格要件と免許登録要件（令和2年3月1日施行）

	受験資格要件	免許登録要件	
	学歴（卒業学校）	学歴（卒業学校）	実務経験
1級	大学・短期大学・高等専門学校（指定科目を修めて卒業した者）	大学	2年以上
		短期大学（3年）	3年以上
		短期大学（2年）・高等専門学校	4年以上
	2級建築士	2級建築士	2級建築士として4年以上
	国土交通大臣が同等と認める者	国土交通大臣が同等と認める者	所定の年数以上
	建築設備士	建築設備士	建築設備士として4年以上

—

実務経験の要件（令和2年3月1日施行）

1—— 建築物の設計に関する実務

2—— 建築物の工事監理に関する実務

3—— 建築工事の指導監督に関する実務

4—— 建築物に関する調査又は評価に関する実務

5—— 建築工事の施工の技術上の管理に関する実務

6—— 建築・住宅・都市計画行政に関する実務

7—— 建築教育・研究・開発及びそのほかの業務

　なお、建築士法の改正（令和2年3月1日施行）による見直しで追加された実務は、施行日前に行っていたとしても、実務経験にカウントされない。施行日以後に行われた実務から実務経験年数にカウントされる。

2

受験手数料

17,000円　　＊受験しなかった場合、返還不可。（ほかに、手数料が必要）

3

試験当日の持ち物

[必要なもの]

- 受験票
- 黒鉛筆

　HB又はB程度、シャープペンシルを含む。

- 消しゴム

[持ち込めるもの]

- 法令集

　学科Ⅲ（法規）の問題を解答する場合に限る。ただし、認められる法令集は、見出し、脚注等の簡単な書込み及び印刷以外に解説等がなく、かつ、条文の順序の入替等のないもの。

- 鉛筆ケズリ

[持ち込めないもの]

- 卓上計算機
- 計算尺
- 計算機能等のある時計
- 電動消しゴム
- 携帯電話等無線通信機器
- その他、上記以外のもの

＊試験場への飲物の持ち込みについては、ペットボトル等のふた付きのものに限り認められる。

試験日と合否

例年3月上旬に試験日が発表され、受験申込の受付が行われる。令和3年より受験申込は、原則として「インターネットによる受付」のみとなった。インターネットによる受験申込が行えない正当な理由がある場合（身体に障がいがありインターネットの利用が困難である等）には、別途受付方法を案内している。必要な書類等は受験の区分や受験資格の区分により異なるので注意が必要。なお、令和5年の試験は、令和5年4月3日10時〜4月17日午後4時までインターネットによる受験申込が行われた。最新情報やインターネットによる受験申込については、下記「問合せ先」のホームページから。

学科の試験は7月下旬頃、設計製図の試験は10月上旬頃の日曜日に行われている。

国土交通大臣の行った合否の判定結果を通知され、不合格者には試験の成績が併せて通知される（学科は9月頃、製図は12月頃）。ただし、欠席者（学科の試験においては一部の科目欠席者を含む）へは通知されない。

問い合わせ先

公益財団法人 建築技術教育普及センター
東京都千代田区紀尾井町3-6　紀尾井町パークビル
Tel: 03-6261-3310
https://www.jaeic.or.jp/

学科の試験の時間割 [令和4年の場合]

9:30-9:45（15分）	注意事項等説明	12:30-12:55（25分）	注意事項等説明 法令集チェック
9:45-11:45（2時間）	学科Ⅰ（計画） 学科Ⅱ（環境・設備）	12:55-14:40（1時間45分）	学科Ⅲ（法規）
11:45-12:30（45分）	休憩	14:40-15:00（20分）	休憩
		15:00-15:10（10分）	注意事項等説明
		15:10-17:55（2時間45分）	学科Ⅳ（構造） 学科Ⅴ（施工）

過去5年間の合格率

[学科]

令和元年			令和2年			令和3年			令和4年			令和5年		
受験者	合格者	合格率	受験者	合格者	合格率	受験者	合格者	合格率	受験者	合格者	合格率	受験者	合格者	合格率
25,132	5,729	22.8%	30,409	6,295	20.7%	31,696	4,832	15.2%	30,007	6,289	21.0%	28,118	4,562	16.2%

[製図]（令和5年試験については、令和5年11月10日現在未発表）

令和元年			令和2年			令和3年			令和4年			令和5年		
受験者	合格者	合格率	受験者	合格者	合格率	受験者	合格者	合格率	受験者	合格者	合格率	受験者	合格者	合格率
10,151	3,571	35.2%	11,035	3,796	34.4%	10,499	3,765	35.9%	10,509	3,473	33.0%	–	–	–

[総合合格率]（令和5年試験については、令和5年11月10日現在未発表）

令和元年		令和2年		令和3年		令和4年		令和5年	
	12.0%		10.6%		9.9%		9.9%		–

Chapter 1

計画

「計画」の分野は、問題がより実務的な知識を必要とする傾向にあります。構造や設備の知識も必要な融合問題として出題されています。高齢者障害者対策、環境共生や改修に関する問題等、今日的なテーマも出題される傾向にあります。現代の著名建築やまちづくりに関する出題も多く、設計理念も含め特徴及び設計者名も覚える必要があります。

001 住宅・集合住宅①住棟計画

集合住宅では、通路形式を中心とした住棟計画に関する問題が多く出題されていた。近年、画一化された既存の形式を改良した新たな形式に注目が集まっている。それぞれの特徴と相違点を理解する。事例と関連付けて学習すること

1 集合住宅　高さによる分類

□　**低層集合住宅**(1〜2階建て)は、各戸が土地に接している独立住宅、又は連続住宅の形式。**密度100〜200人／ha**

□　**中層住宅**(3〜5階建て)は、共用通路部分の面積が小さいことや鉄筋コンクリート壁構造が可能なことにより、経済設計ができるため、公共住宅では最も例が多い。**密度300人／ha**

□　**高層住宅**(6階建て以上)は、エレベーターを必要とし、高密度居住が可能となる。**密度500人／ha**。特に定義はないが、構造基準の変わる高さ60m超の高層住宅を超高層住宅と呼ぶ場合が多い

● 住宅・低層集合住宅の種類
- **コートハウス**　中庭を囲みプライバシーを高めた低層住宅
- **テラスハウス**　各戸に専用庭をもつ連続住宅
- **タウンハウス**　**コモンスペース**(共用の通路や広場、庭及び駐車場など)をもつ低層集合住宅

2 集合住宅　接地型住宅の住居群の構成

□　接地型住宅とは路地や共用庭などで、すべての住戸が地面から直接アクセスできる住宅形式である。アクセスには次の方式がある
①**路地アクセス**：共用庭と**アクセス**が分かれる方式
②**コモンアクセス**：共用庭と**アクセス**を兼ねる方式

●路地アクセス　　　　**●コモンアクセス**

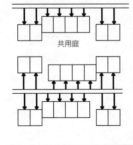
共用庭

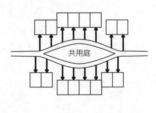
共用庭

□　直接接地していなくても、屋上テラスやアクセス路の工夫、積層のさせ方により、3〜5層の住宅でも、接地型に近い**準接地型の住戸**とすることができる

● 路地アクセス
日常のふれあいによりアクセス路を核としたグループ(住居群)が形成されやすい。行動はアクセス路側に展開し、共用庭の利用は不活発になりやすい。コモンスペースはプライバシーを確保するための緩衝スペースとして機能する

● コモンアクセス
日常生活は主にアクセス路側に展開されるので、共用庭の利用が促進され、これを領有化しやすい。アクセス路の共用は近隣交流の有力な契機となり、共用庭を核としたグループが形成されやすい

● 道路形態による分類

分類	特徴
格子状道路	交通渋滞を緩和できる
ループ状道路	通過交通に侵されない
クルドサック (袋小路)	通過交通に侵されず、グループのまとまりがある

3 集合住宅　通路形式による分類

● **通路形式による分類**

分類	形式	長所	短所
①**階段室型**	階段室又はエレベーターホールから直接各戸に達する形式	共用通路部分が通り抜けにならないため、各戸の**プライバシー**は高い。各戸が棟の両側に開口部をもてるので、**採光・通風**はよい	エレベーター利用は各階2～3戸程度なので、利用効率は悪い。**二方向避難**の計画がやや難しい。特に高齢社会への対応からエレベーターを設置する例も多い
②**片廊下型**	階段又はエレベーターで各階に達し、片廊下によって各戸に達する形式。片廊下型の発展形として次のようなものもある Ⓐ**リビングアクセス型** Ⓑ**ツインコリドール型**	エレベーター1基当たりの住戸数を多くでき、利用効率はよい。**二方向避難**の計画が容易。各住戸の居住性が均等	共用廊下側の**採光・通風**に限度がある。各戸の前を廊下が通るので、**プライバシー**が失われやすい
③**スキップフロア型**	2階おき程度に廊下を設け、廊下のない階では、廊下階から階段によって各戸へ達する形式	エレベーターの停止階が少なく、共用廊下部分の面積割合を**低く**できる。階段室型の長所（プライバシーの確保、両面開口の可能性）をもつ	各戸へのアクセスが長く、**避難計画**が難しい
④**中廊下型**	階段又はエレベーターによって各階へ上がり、中廊下を通って各戸に達する形式	共用部分の面積割合を**低く**でき、高層化する場合、片廊下型などに比較して、工事費・構造とも有利	住棟の方位により、日照条件等の違いが中廊下を挟んだ住戸間で生じる。中廊下側の**採光・通風**、**プライバシー**の確保が難しい
⑤**集中型**	エレベーター・階段などを中央に置き、その周辺に住戸を配置する形式（コア型又はホール型ともいう）。集中型の発展形として次のものがある Ⓒ**ボイド型**	共用部分の面積割合を**低く**でき、高密度な住戸配置が可能。超高層住宅では多く用いられている。各住戸までの動線が短い	方位によって**採光・通風**に不利な住戸ができる。ホール側のプライバシーの確保が難しい。**二方向避難**の計画が難しい

①階段室型

②片廊下型

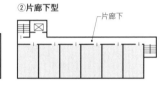

③スキップフロア型

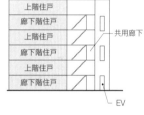

④中廊下型

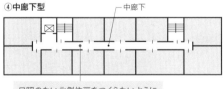

日照のない北側住戸をつくらないように
廊下を南北軸とすることが望ましい

⑤集中型

Ⓐリビングアクセス型

片廊下型の発展形。共用廊下側に居間や食事室を設けて、各戸の表情を積極的に表に出す形式

Ⓑツインコリドール型

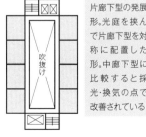

片廊下型の発展形。光庭を挟んで片廊下型を対称に配置した形。中廊下型に比較すると採光・換気の点で改善されている

Ⓒボイド型

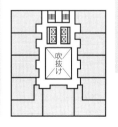

集中型の発展形。共用部分の閉塞感が緩和される

QUESTION

ANSWER

1 最頻出問題 | 一問一答

→→→

次の記述のうち、正しいものには○、誤っているものには×をつけよ

1 ☐☐ コートハウスは、建築物や塀で囲まれた中庭をもつ住宅の形式であり、狭い敷地においてもプライバシーを確保しやすい

2 ☐☐ 郊外の住宅地におけるタウンハウスの計画において、居住者のコミュニティの形成を促すようにコモンスペースを配置した

3 ☐☐ 住宅地において、歩車分離を図るため、歩行者専用道路とは別に自動車用のクルドサックを設けた

4 ☐☐ リビングアクセス型は、住棟内のコミュニティの形成を意図して、共用廊下側に居間や食事室を設けた住戸タイプである

5 ☐☐ 中廊下型において、各階のエレベーターホールに隣接して共用のテラスを設け、日照に配慮して廊下を東西軸とする配置計画とした

1 ○ | コートハウスとは、中庭を中心に居室を配置し、隣地や街路には壁で接する形式の住宅であり、中庭側から日照、通風などを取り入れる

2 ○ | コモンスペースとは、共用庭のことで、住環境の維持やまとまった屋外活動空間を確保することができる。管理運営や子供の遊びを通して近隣関係も誘発される

3 ○ | クルドサックは、住宅地内への通過交通を排除するための袋小路（終端に車の折り返し場所のある行き止まりの道路形態）である

4 ○ | 設問記述のとおり

5 × | 中廊下型においては、廊下を東西軸にすると冬期に日照のない北向き住戸ができるので、南北軸とすることが望ましい

2 実践問題 | 一問一答

→→→

1 ☐☐ 接地型の集合住宅の共用庭は、コミュニティの活性化を図るほかに、住棟間のプライバシーを確保するための緩衝スペースとしても機能させることができる

2 ☐☐ 住宅地まわり等の道路において設けられるハンプは、車の速度を歩行者と同程度までに落とすことを目的としている

3 ☐☐ シーランチ・コンドミニアム（チャールズ・ムーアほか）は、10戸の週末用住居群を海の眺望を考慮して、敷地の勾配に沿って中庭を囲むように配置した低層集合住宅である

4 ☐☐ 階段室型の集合住宅において、高齢者向けに改修するために、玄関の位置を変更し、共用廊下を増築してそこに着床するエレベーターを設置した

1 ○ | 各住戸が土地に接する接地型の集合住宅に共用庭（コモンスペース）を設けることによって、共用庭から各戸にアプローチする計画が可能となり、コミュニティの活性化が図れるとともに、住棟間のプライバシーを確保するための緩衝スペースとしても機能させることができる

2 ○ | ハンプとは、車の走行速度を抑制する目的で車道に設けた凹凸のこと

3 ○ | シーランチ・コンドミニアムは、太平洋に面する断崖に建設された週末用の低層住宅群である。斜面になっている中庭を囲むように10戸の住居で構成され、海の眺望を楽しめるよう造られ、外観は大きな片流れ屋根で統一されている

5 ☐☐ スキップフロア型は、廊下階以外の階を2面開口として採光や通風を確保する等により住戸の居住性を高めることができる

6 ☐☐ ホール型は、片廊下型に比べて、各住戸の日照・採光・通風・眺望等の条件を均一にしやすく、プライバシーの確保も容易である

7 ☐☐ 階段室型において、住戸へのアクセスが単調にならないように、階段をライトコートと組み合わせて計画した

8 ☐☐ 各住戸において、日照・採光・通風・眺望等の条件がほぼ同一で、階段室形式に比べてプライバシーを確保しやすい片廊下形式を採用した

9 ☐☐ ハーレン・ジードルンク（アトリエ5）は、市街地に建つ商業施設を複合した高層集合住宅である

10 ☐☐ 近隣コミュニティの育成を促すために、家族の使用頻度が高い居間や食事室を共用廊下・階段等に向けて配置した

11 ☐☐ ボイド型において、エレベーターホールや共用階段の近くにコミュニティの形成を目的として共用のテラスを計画した

12 ☐☐ 戦後日本で導入されたテラスハウスは、区画された専用庭をもつ住戸を、境界壁を介して連続させた接地型の低層集合住宅である

13 ☐☐ 集合住宅の住棟計画において、各住戸の日照・採光・通風・眺望等の条件がほぼ同一であり、階段室型に比べてプライバシーを確保しやすいツインコリドール型を採用した

14 ☐☐ クルドサックは、一般に、通過交通の影響が少なく、住宅群のまとまりを構成しやすい

15 ☐☐ 囲み型による配置は、住棟の方位を振ったり、住棟を曲げたり、ずらしたりして、まとまりのある屋外空間を形成する手法である

16 ☐☐ アビタ'67（モントリオール）は、1967年のモントリオール万国博覧会のために企画された高層集合住宅であり、プレキャストコンクリートボックスが組み合わさされて1住戸をつくる、ボックスがずれた構成となり、変化に富んだ景観を形成している

4 ○｜エレベーターの設置効率を比べると、階段室型は廊下型等に比べて低い。その点が改善される

5 ○｜スキップフロア型は、2～3階おきに共用廊下を設け、他の階は廊下階から階段を利用する形式である

6 ×｜ホール型は集中型、コア型ともいう。各階ごとにホールを設け、3戸以上の住戸にアクセスする形式である。最も高密化が可能であり、超高層住宅では多く用いられる

7 ○｜階段室型は、アクセス空間が単調になりがちなので、階段室に接してライトコートを設けたり、バルコニー側からアクセスする方式などが試みられている

8 ×｜片廊下形式は、共用廊下を通って住戸に達するため、階段室形式よりも廊下側のプライバシーの確保に難点があり、廊下側の通風・採光にも限度がある

9 ×｜ハーレン・ジードルンク（アトリエ5。1961年）は、スイス・ベルン郊外にある緩い南傾斜面に建つ、屋上庭園のある3層階段状のテラスハウス

10 ○｜リビングアクセス型は、住棟内のコミュニティ形成を目的として、共用廊下側に居間や食事室を設け、住戸内空間と共用空間をなじませる形式

11 ○｜ボイド型とは、コア（ホール）型の共用廊下部分に吹抜けを設けた形式

12 ○｜設問記述のとおり

13 ×｜階段室型は、階段室やエレベーターホールから直接住戸に達する形式。ツインコリドール型は、住戸の前を共用廊下が通るので、階段室型に比べてプライバシーが失われやすい

14 ○｜クルドサックは、自動車の方向転換が可能な袋小路で、道路には通過交通が生じず、主に周辺の区画に住む居住者が使用する。周辺には、住宅群のまとまりを構成しやすい

15 ○｜設問記述のとおり

16 ○｜設計はモシェ・サフディによる

002 住宅・集合住宅②住戸計画

集合住宅の設計では、住戸の計画が基本となる。住戸形式の違いや計画上の基本理念、
基本知識を理解する。近年、社会ニーズの多様化及び環境意識への高まりから、新たな形
態の集合住宅への出題が増えているので、事例と関連付けて学習すること

1　集合住宅の住戸の形式と計画

☐　**フラット型**は、1住戸が1層で構成された形式。階段がないため各
室を自由に構成でき、住戸規模が小さくても計画可能である。フラッ
ト型の場合、各室が隣接して配置されるので、室間のプライバシー
が保たれるよう、室配置や間仕切等に設計上の配慮が必要である

☐　**メゾネット型**は、1住戸が2層以上で構成された形式。共用廊下
のない階では、2面からの採光・通風が可能であり、プライバシーも
確保される。フラット型に比べると、廊下に面する間口が一般に狭
くなるので、共用部分の割合が少なくなる。住戸内に階段を設け
るため、比較的**大規模な住戸**に適する

●メゾネット型住宅を主とした集合住宅の例／ユニテ・ダビタシオン

●フラット型とメゾネット型

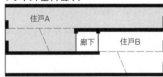

●ユニテ・ダビタシオン

1952年、ル・コルビュジエによって、フラ
ンスのマルセイユに建てられた集合住
宅。屋上庭園・体育館・サイクリングコース
等があり、現在ではホテルやレストランも
備わっている

2　住宅・集合住宅のプランニング

☐　**住宅の平面計画の基本**は、日照、通風を考慮する。動線計画は複
雑にせず、単純明快に処理する。居間・食堂は、なごやかな雰囲気
を演出する。個人の空間は、プライバシーに配慮する

☐　居間、食堂、浴室、便所など、家族で共用する空間を**パブリック
ゾーン**と呼び、個室等家族一人ひとりで利用する空間を**プライ
ベートゾーン**と呼ぶ

●食寝分離

食事の場所と寝る場所を別に設けるこ
と。戦後、公営住宅標準設計51C型とし
て提案された

●就寝分離

夫婦と子供、あるいは学齢期に達した男
女の寝室を分け、プライバシーを守ること

□ 集合住戸の南面などの主開口部の幅を、**フロンテージ**という。この幅を縮小(セーブ)することで、住戸数の密度が増加する(**フロンテージ・セーブ**)。無理に行いすぎると居住性が低下する

□ 集合住宅において、居住者が共通に利用する玄関、通路、集会室等を**共用部**と呼ぶ。広さやつくり方を工夫することにより、魅力的で暮らしやすい集合住宅が計画される

□ **エレベーター**は、1台が負担できる居住者数は、速度、階数等によって異なるが、中高層で1台当たり100人程度まで負担できる。かごは通常小規模(9～12人乗り程度)のものでよい

□ バルコニーの手すりは、高さを1.1m以上(建築基準法)とし、足掛かりとなる横桟を避け、縦桟(すき)の隙間もなるべく狭く11cm以下とする。**バルコニーは、避難上有効**であり、災害時には、隣り又は上下階のバルコニーに避難できるようにする

□ 共同住宅における共同廊下の幅は、中廊下≧1.6m、片廊下≧1.2m。また、住宅・集合住宅では、建築基準法28条により居室の採光に有効な部分の面積≧居室床面積×1/7、換気に有効な部分の面積≧居室床面積×1/20

● **フロンテージ・セーブの改良型**
玄関の配置を変えることによって、セーブ型のデメリットを改善できる。勉強部屋・寝室・書斎等のプライベートゾーンと、家族の憩いのスペースや来客を迎えるリビング等のパブリックゾーンを分離することが可能になる

● **専有率**
居住者の住戸部分の面積比率を「**専有率**」という。専有率が高いと住戸数等が増えるので収益性は高くなる。もちろん、住戸の計画だけでなく、共用部の計画も大切

● **エレベーター**
引っ越し荷物や病人用のベッドを運搬できるよう、下部にトランクの付いたトランク付きエレベーターが望ましい

● **非常用エレベーター**
災害時の消防活動を目的として設けられ、災害時には一般使用は禁じられているが、平常時には一般使用する

● **バルコニー**
居間の延長として使用するリビングバルコニーと、簡単な作業スペースとして使用するサービスバルコニーがある

3 集合住宅の新しい流れ

□ **コーポラティブハウス**は、住宅建設希望者が集まって組合を作り、住戸に各自の希望を取り入れて設計する集合住宅である。計画から土地取得、建築設計、工事発注、管理に至るまで組合で運営する

□ 個人のプライバシーを尊重しつつ、子育てや家事などの作業を共同で担い合う相互扶助的なサービスと住宅を組み合わせた集合住宅を**コレクティブハウス**という

□ 病院での治療・訓練を終了した患者などが、日常生活への復帰に向けてADL(日常生活動作)訓練を受けることのできる施設を**ハーフウェイハウス**という

□ 車いす使用者などを対象にしたもので、生活に支障のないように、通路幅の必要寸法の確保、段差の解消などの条件が満たされた住宅を**モビリティハウス**という

● **環境共生住宅**
・**アクティブソーラーハウス**：太陽熱をエネルギーとして冷暖房、給湯を行う住宅で、太陽集熱器・蓄熱層及びファンやモーターなどを用いる
・**パッシブソーラーハウス**：機械設備を用いず、方位や間取りの工夫による日射熱の自然循環を利用するもの、あるいは床、天井、壁などに日射を蓄え夜間の自然放熱で暖房効果を得ようとするもの

● **スケルトン・インフィル住宅(二段階供給方式住宅)**
第一段階で公共性の高い躯体や共用部分を供給し、第二段階で個別性の高い間仕切や内装を供給する方式。住戸の規模や間取りの変更が利く乾式工法が一般的(例:NEXT21／1993年・大阪府)

QUESTION

ANSWER

1 最頻出問題 | 一問一答

→→→

次の記述のうち、正しいものには○、誤っているものには×をつけよ

1 □□ 間口が狭く、奥行きが深い住戸において、採光・通風条件が劣る部分に、居住性の向上を図るために、光庭を設けた

2 □□ 超高層住宅における非常用エレベーターは、平常時において一般乗用エレベーターとして使うことができない

3 □□ スキップ片廊下型において、住戸専用率を高くするためにメゾネット形式の住戸とし、共用階段から非廊下階へのアクセスをなくした

4 □□ スケルトン・インフィル住宅の計画において、将来の住戸規模を変更できるように、戸境壁には乾式工法を採用した

5 □□ コレクティブハウスは、個人のプライバシーを尊重しつつ、子育てや家事等の作業を共同で担い合う、相互扶助的なサービスと住宅とを組み合わせた集合住宅である

6 □□ コーポラティブハウスは、建築主が入居希望者の意見に従い建築する賃貸集合住宅である

1 ○ | 採光・通風条件が劣る住棟内部にライトコート（光庭）やライトウェル（光井戸）を設けることにより、住戸内に自然光や風を取り入れることができる

2 × | 非常用エレベーターは、災害時の消防活動を目的として設ける。災害時には一般使用は禁じられるが、平常時に一般使用することに制限はない

3 ○ | スキップ片廊下型は、メゾネット形式の住戸で、共用廊下のない階ができて共用部分の面積割合が減る

4 ○ | 第一段階で、住宅の構造部と階段や廊下等の共用部分（スケルトン）まで設計し、入居者が決定した段階（第二段階）で、間取り・内装・設備等（インフィル）について設計してから工事を行う。一般に、湿式工法より乾式工法のほうが位置の変更等が容易で、住戸の規模や間取りの変更の自由度が高い

5 ○ | 設問記述のとおり

6 × | コーポラティブハウスは自ら居住するための住宅を建設しようとする者が、協力して、企画・設計から入居・管理までを行う方式により建設される集合住宅

2 実践問題 | 一問一答

→→→

1 □□ 住宅の設計において、高齢者の部屋を出入口近くに配置すると、外部からのケアサービスを受けるうえで有効である

2 □□ ベイ（bay）・バルコニーは架構外に張り出したバルコニーである

3 □□ 事務所ビルから集合住宅へのコンバージョンにおいて、給排水の設備配管スペースを確保するために、床を躯体から5cm持ち上げて二重床とした

1 ○ | 高齢者や障害者が生活するうえで必要な身辺介助、家事援助等のケアサービスを受けやすいように、高齢者の部屋を住宅出入口近くに配置する計画手法は有効

2 × | ベイ・バルコニーは、架構内に入り込ませたバルコニーであり、奥行きのあるまとまったスペースを確保することができる

4 ☐☐ シェアードハウスは、一般に、みずから居住するための住宅を建設しようとする者が、共同の事業として、企画・設計から入居・管理までを行う方式により建設された住宅である

5 ☐☐ 集合住宅において、天井の高い空間を設けたり、収納スペースの充実等を図るために、住戸の階高を4.5m程度とした

6 ☐☐ 公営住宅標準設計51C型は、住生活の多様化に対応するために、食事室と台所を分離した計画である

7 ☐☐ 低・中層集合住宅において、光井戸(lightwell)と呼ばれる吹抜けを設けることにより、住戸の奥行きが深い場合にも、通風と採光を得ることができる

8 ☐☐ 住宅性能表示制度は、既存住宅の円滑な流通や住替えを促進させ、住宅ストックの質を向上させるため、新築住宅だけでなく既存住宅も対象としている

9 ☐☐ 「長期修繕計画作成ガイドライン(国土交通省)」に基づいて長期修繕計画を作成するにあたり、建物・設備、調査・診断、修繕計画内容、修繕積立金等について、計画期間を30年間と設定し、その間に大規模修繕工事が1回含まれる内容とした

10 ☐☐ ユニテ・ダビタシオン(ル・コルビュジエ)は、メゾネット型住戸を主とし、多様な施設を複合した高層集合住宅である

11 ☐☐ デュアルリビングは、廊下に面してリビングルームをもつ二棟の片廊下型住棟を向い合わせに配置し、部分的にエレベーターホール等で連結した住棟形式をいう

12 ☐☐ ストリート型住宅は、集合住宅の接地階部分において、居住者が日常生活の延長として街並みの形成に参加できるような配慮を行うことによって、街路の活性化を意図した集合住宅の住戸形式をいう

13 ☐☐ シルバーハウジングとは要介護状況の高齢者を対象に、看護医学的管理のもとに、介護や機能訓練、その他必要な医療、日常生活上の世話を行うことを目的としたサービスを提供するための施設である

14 ☐☐ 住宅セーフティネット制度において、規模や構造について一定の登録基準を満たしていても、シェアハウス(共同居住型賃貸住宅)では登録できない

3 ×│配管スペースは最も太くなる排水管の外径に防露被覆と排水勾配を見込んで設計される。二重床の高さ5cmでは配管できない

4 ×│シェアードハウスは、1住戸を複数の入居者で分け合って居住する形式。設問はコーポラティブハウスについての記述である

5 ○│高階高住戸は、規制された居住空間から脱却する手法。階高を1.5倍程度確保することで、「開放的で豊かな居住空間」と「複層利用による豊富な収納スペース」を実現できる

6 ×│東京大学吉武研究室が原案を作成した公営住宅標準設計51C型では、2寝室の確保と食事のできる台所が提案され、その後の住宅設計に大きな影響を与えた

7 ○│光井戸は、光庭(ライトコート)ともいう

8 ○│住宅性能表示制度は、新築・既存を問わない。すべての住宅を対象とした制度

9 ×│ガイドラインでは、計画期間を30年以上とし、その期間に大規模修繕工事を2回含む計画とする

10 ○│ユニテ・ダビタシオン(ル・コルビュジエ)は、公園の中に建つピロティに支えられた地上18階建て337戸の高層集合住宅

11 ×│デュアルリビングとは、住宅の中に性格の異なるリビングルームを二つ設けること

12 ○│設問記述のとおり

13 ×│60歳以上の単身または夫婦高齢者世帯で、日常生活上、自立可能な者を対象とした集合住宅であり、一般に機能訓練を必要としない。概ね30世帯に1人のLSA(ライフ・サポート・アドバイザー)が配置され、生活援助を行う。原則として住みこみである

14 ×│住宅全体の面積(15㎡×居住人数＋10㎡以上)、専用居室(9㎡以上)及び共用部分の基準等を満たしていれば登録可能である

003 住宅・集合住宅③事例・種類

近年、集合住宅及び住宅ともに有名建築に関する出題が多い。各建物の名称と特徴及び
設計者を関連付けて覚える必要がある。住棟計画、住戸計画を復習しながら、学習すること

1　住宅の事例

住宅名 （建設場所）	設計者	概要
聴竹居 （京都府）	藤井厚二	1928年、木造平屋、173㎡。環境工学の先駆者により、日本の気候風土に合わせて設計された自邸。通風・換気などの工夫に満ちた**環境共生住宅**である。和洋の生活の両立を考えながら、和風のデザインの中に当時の洋風のデザインの流れをインテリアに感じる。藤井厚二は著書『日本の住宅』で、日本の気候風土と日本人の生活様式に適応した設計について述べている。
土浦亀城邸 （東京都）	土浦亀城	1935年、木造2階地下1階、116㎡。石綿スレートの乾式工法による「白い箱」型の外観を持つモダニズムの木造住宅。**内部空間は居間の吹き抜けを中心に連続**し、南向きの斜面に立地していることを利用し、4つの**スキップフロア**によって構成されている。
立体最小限住宅 （東京都）	池辺陽	1950年、木造2階、47㎡。池辺陽は、**合理的な工業化住宅**について研究してきた。戦後の建設資材不足の中で、玄関の省略、通路と居室の融合及び吹き抜け空間によって狭小性の克服を目指した。多くの**小住宅の先駆**となった「15坪住宅」である。
増沢洵邸 （東京都）	増沢洵	1952年、木造2階、50㎡。自邸。**最小限住宅**（延床面積15坪）の先駆的作品であり、玄関は省略され、南面居間がエントランスとなり、全面開口の吹き抜けによって平面の狭小性を補っている。**2階を含めてワンルーム的な空間構成**になっており、木造軸組みの構造材をそのまま仕上げとしている。
斎藤助教授の家 （東京都）	清家清	1952年、木造平屋、63㎡。**日本の伝統と近代技術をうまく融合させた作品**と言われる。建築と庭とが縁側のようなテラスを介して連続している。私室部分を圧縮し、居間を広く取ることで、開放的な空間となっている。可動の家具を配置することで、空間を状況に応じて変更することができる。
私の家 （東京都）	清家清	1954年、RC造平屋、70㎡。自邸。**日本の伝統と近代技術を融合**し、斎藤助教授の家の考えを発展させている。広い庭との連続性を意図し、床レベルを庭レベルと揃え、仕上げも内外ともに鉄平石を敷く。内部は扉を設けず、カーテン程度の間仕切りだけで区切り、徹底したワンルーム化を行っている。玄関は無く、直接居間から入る。
スカイハウス （東京都）	菊竹清訓	1958年、RC造2階建。98㎡。自邸。**メタボリズム**（新陳代謝）の考え方に基づき、一辺約10mの正方形平面の生活空間とHPシェルの屋根が、4枚の壁柱で空中に支えられた住宅である。居間、寝室及び食堂となる部分は「空間装置」と呼ばれ、台所や浴室などは「生活装置」とされ、取り替え可能な「**ムーブネット**」と呼ばれた。
正面のない家 （兵庫県）	坂倉建築研究所	1962年、RC+木造平屋、80㎡。敷地全体を建築化したコートハウスであり、市松模様に配置された**4つの中庭**により、採光、通風、プライバシーを確保をしながら、空間に広がりを持たせている。内部に開き外に閉じ、高密度化した都市の中で、自然との豊かな関係性を追求した建築である。
から傘の家 （東京都）	篠原一男	1961年、木造平屋、55㎡。単純化された正方形の平面を持つ住宅であり、**垂木が方形の屋根**の頂点から「から傘」のように放射状に広がっているのが、名称の由来である。南側に居間食堂があり、北側は水廻りと寝室（畳の部屋）がある。襖をあけるとワンルームとなる簡素な構成は、伝統的な民家にも通じる力強さがある。
軽井沢の山荘 （家） （長野県）	吉村順三	1962年、1階RC造2階木造、80㎡。設計者の山荘。1階はRC造の土台を兼ねた機械室、倉庫及び玄関で構成されている。居間、寝室及び水廻り等の**主体空間はオーバーハングする正方形平面**で作られている。大きな建具は、すべて引き込むことができ、開口部全体を開け放つことができる。森の中で軽井沢の自然と一体化したデザインとなっている。
塔の家 （東京都）	東孝光	1966年、RC造5階建、地下1階。65㎡。自邸。**変形の狭小敷地に建つ都市住宅**の代表例、敷地21㎡の中に地階書庫、1階玄関・駐車場、2階居間・食堂、中3階浴室・トイレ、3階主寝室、4階子供室・テラスの構成。原則建具は無く、**垂直のワンルーム形空間**となっており、広がりを持たせている。

夫婦屋根の家 （神奈川県）	山下和正	1968年、コンクリートブロック造2階、130㎡。画家とピアニストである芸術家夫婦の互いの自立性の高い生活を無理なく融合させた住宅である。**1階を生活空間、2階を仕事場**に分けた明快な平面構成としている。2階のアトリエとピアノ室は、それぞれトップライトのある**ペアの寄棟屋根**としている。
まつかわボックス （東京都）	宮脇檀	1971年、RC造＋木造、2階建＋平屋。107㎡。三方を建物で囲み、一方は壁で塞いだ**準コートハウス**形式の住宅。RC造の内側に木構造の空間を対比的に収めた形式は、**混構造住宅**の典型となっている。後に南東側に建物が増築され、コートハウス形式の住宅となった。
原広司邸 （東京都）	原広司＋アトリエΦ建築研究所	1974年、木造2階、138㎡。豊かな緑に囲まれた敷地に建つ。玄関からバルコニーまでおりていく中央吹き抜けの両側に居室が配置され、トップライトから自然光を取り入れる構成になっている。住居の中に「**都市を埋蔵する**」構成を意図したと言われる。
住吉の長屋 （大阪府）	安藤忠雄	1976年、RC造2階、65㎡。**細長い敷地を3分割し、中央に光庭を設ける**。この光庭を中心に、両側に居間・食堂及び寝室などが配置されている。**廊下は無く、中庭が諸室を繋ぐ**、都市の中での自然を意図した構成となっている。内部外部とも打ち放しコンクリート仕上げとなっている。
シルバーハット （東京）	伊東豊雄	1984年、RC造一部S造2階、138㎡。自邸。鉄筋コンクリート造の柱の上に鉄骨フレームのボールト屋根を各室に架けた住宅である。エントランスでもある中庭を中心に各室が取り巻く構成となっている。**中庭のボールト屋根は、開閉可能**なテントにより、通風や日照を調節することのできる**半屋外空間**となっている。都市の自然と親しみやすい開放的なつくりである。 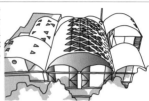

2　集合住宅の事例

集合住宅名 （建設場所）	設計者	概要
同潤会江戸川アパート （東京都）	財団法人同潤会	同潤会は、**RC造**により**耐震・耐火住宅**の提供を目的としたアパートメント事業を行う。江戸川アパート(1934年)が最後の事例。コの字型の住棟（6階建）と一の字型の住棟（4階建）の2棟が、中庭を取り囲むように配置され、各住戸へは中庭からアクセスする。共同生活の質を高めるため、共同施設が充実しており、食堂、社交室、共同浴場及びエレベータ等があった
都営高輪アパート （東京都）	東京都	1947年。**戦後初のRC造の公営集合住宅**。第2次世界大戦後の住宅不足を背景に、住宅の不燃化のため、RC造はコストがかかるとされながらも建設された。住戸は8畳、6畳、台所、便所からなり、12坪ではあったが、8畳と6畳の続きの間の利便性などが評価された
公営住宅標準設計51C型	東京大学吉武研究室	1951年度の公営住宅の標準設計、食事のできる板の間の台所という「**DK型**」が初めて登場した。就寝分離：畳の部屋（寝室）を、親と子供などの就寝室に分ける。食寝分離：ダイニングキッチンと寝室を分けるなどがある
晴海高層アパート （東京都）	前川國男、日本住宅公団	1958年。住宅公団初の10階建高層住宅団地。メジャーストラクチャー形式が特徴（3層ごとの大きなラーメン構造形式）。その中間に3層×2戸の6住戸を配置。共用廊下やエレベーター停止階も3層ごとに設け、上下階へは、階段を使用する**スキップ・フロア型のアクセス方式**である。ステンレス製の流しを採用した。1997年に解体
ひばりが丘団地 （東京都）	日本住宅公団	1959年。マンモス団地のはしりであり、中層住棟、テラス住棟、Y字型の平面を持った住棟（通称スターハウス棟）群からなる。近隣住区の構成に基づき、小学校、役所出張所、店舗群及びスポーツ施設などが計画された。2007年から、ストック再生実証試験（二戸一住戸にする試験や、減築など）を行っている。ハード面とソフト面での再生手法の検討もおこなっている
草加松原団地 （埼玉県）	日本住宅公団	1962年。高度成長期、東洋最大規模のマンモス団地と呼ばれ、4つの生活圏に分けられて配置された。駅も新設され、中層棟を中心とした団地内や周辺には、小・中学校、スーパーストア等の市民サービス施設や、スポーツ施設などが計画された。駅前から、歩行者専用の遊歩道があり、自動車は、団地の生活圏内を通過しない。都市再生機構による建替え事業が、徐々に始まる
代官山ヒルサイドテラス （東京都）	槇文彦	1968年から継続してつくられてきた、住宅、ギャラリー、店舗、レストラン、オフィスなどの機能が複合した都市型集合住宅で、旧山手通り沿いにつくられている。高さ10mで統一され、小さな広場や中庭、サンクンガーデンが、ポケットパークのようにつくられ、また、路地やペデストリアンデッキといった歩行空間が組み合わされて**多彩な街路的な空間**が、つくられている

桜台コートビレッジ （神奈川県）	内井昭蔵	1970年。南北に細長く、西向きの急斜面という不利な敷地条件を活かし、斜面に対して住戸の軸を45度振ることで、**採光面を確保**しながら、雁行した平面によってバルコニーや開口部に変化を与え、同時に**プライバシーの確保**にも効果を上げている。擁壁と建築が一体になるように設計され、全部で3つの住棟が斜面に対して2列に並べられている	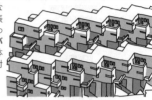
中銀カプセルタワービル （東京都）	黒川紀章	1972年。東京銀座に建てられた、都心型のセカンドハウスとホテルなどの機能を備えた分譲集合住宅。階段、エレベーターシャフト、PSを含むシャフトに「カプセル」として建築空間がが取り付けられている。シャフトはSRC造の2つのタワー（11階建と13階建）であり、「人口土地」とも呼ばれている。1970年代、黒川紀章らが提唱していた**メタボリズム**の方法論が表現されている	
広島市基町団地 （広島県）	大高正人	1972年。木造公営住宅の老朽化に伴い、再開発された高層高密度の団地（8〜20階）。住戸が「くの字」の平面で、棟が屏風状に連続して建つ。スキップ・アクセス形式で、1階はピロティ形式。道路と歩行者用の歩道は立体的に分離されている。住棟の屋上は、歩道・屋上庭園的にも利用され、他に店舗、小学校、派出所など公共的な施設も設けられている	
茨城県営六番池アパート （茨城県）	現代計画研究所	1976年。3階建準接地型住棟による90戸のタウンハウス。壁式RC造。共有の中庭を二つ持ち、築山や砂場などがあり、遊び場や住民の**コミュニティの場**になる。アプローチは、この中庭から屋外階段を使用する。**各階少しずつセットバックし、4畳半大のテラスを専用庭**として設ける。街並みとの調和のため、傾斜瓦屋根を持ち、スキップフロア断面を活かしたものになっている	
ライブタウン浜田山 （東京都）	現代都市建築 設計事務所	1977年。主な住棟は3階建て。1階は**フラットな住戸**で専用庭を持つ。2．3階は**メゾネットタイプ**で2階にテラスを持ち、専用の外部階段からアプローチすることができる。こうした住戸のユニットが雁行するように3〜4つ集まって、小広場やアプローチのための道、路地的な道を形成している	
タウンハウス諏訪 （東京都）	日本住宅公団	1978年。都市型低層集合住宅。専用庭を持ちながら、豊かな共用庭（コモンスペース）や広場などが確保されている。**コモンアクセス方式**で「囲み型コモン」「路地型コモン」「開放型コモン」からなる。団地内の車両通行を禁止し、子供の遊び場にもなるように計画されている。全58戸が戸建住宅のような独立性をもちつつ、良好なコミュニティを形成することが意図されている	
芦屋浜高層住宅 （兵庫県）	ASTM	1979年、設計競技により選定された。テーマは、「工業化」と、「良好な高層住宅の環境」など。鉄骨の大架構として、**階段室を大きな柱、共用階を大きな梁**として考えた。共用階は5層ごとに設けられ、**防災の拠点、子供の遊び場、居住者の空中庭園**としても計画された。設備の新しい試みとして、水廻りのユニット化、地域暖房システム、真空ごみ収集システムなどがある	
六甲の集合住宅 （兵庫県）	安藤忠雄	1983年、**眺望のよい六甲山**の**南急斜面**に計画された。I・II期：高さは周囲の豊かな緑にも合わせて、10m以下に抑え、住戸が急斜面に合わせてセットバック配置されている。独立住宅の連なりのように計画され、住戸間はテラスや広場、階段になり、外部の道から直接アプローチできる。III期：比較的緩い勾配の高い場所に建設。高層棟、中層棟、低層棟で計画	
八潮ハイツ （東京都）	久米設計	1984年。**リビングアクセス型**の住戸を持つ集合住宅で、日本勤労者福祉協会という法人団体による住宅供給事業の一つ。品川区八潮は、東京港近くの埋め立て地。片廊下型の高層の住棟だが、廊下側は東京港に向いており、居間からでも港の眺望を得られるような部屋の配置にもなっている。リビングアクセスは、居間を共用廊下側に設ける住戸の形式である	
ユーコート （京都府）	京の家創り会 設計集団	1985年。**コーポラティブ方式**の中層集合住宅。3〜5階建で、広場を囲んでU字型に配置され、公園との連続性が意識されている。広場は池や緑地を持ち、子供たちの遊び場、住民交流の場、そして住戸への通路になっている。コモンアクセス方式。住戸は、フリープランであり、バルコニーは隣との境が無い「つづきバルコニー」で、近隣との交流が意図されている	
プロムナード多摩中央 （東京都）	坂倉建築研究所、住宅・都市整備公団	1987年。樹木などの植栽豊かなプロムナード（遊歩道）の周囲に中高層の住居群が配置されている。プロムナードに面した1階には**フリースペース**を持った住戸が計画されている。これは独自の出入口を持ち、大きなガラス開口部を持った居室の一部で、趣味の部屋やセカンド・リビングなど、多目的に使うことができ、各住戸の生活の表情を作ることが意図されている	
ベルコリーヌ南大沢 （東京都）	内井昭蔵、住宅・都市整備公団	1990年。多摩丘陵地に位置し、その地形と自然を生かすように構想された。7ブロックに分け、高層棟や、斜面に建つタイプ、通りに面するタイプ、中庭を囲むタイプなど多様な住棟がある。全体のコンセプトやマスタープラン、**デザインコード**などを設定する**マスターアーキテクト**、各ブロックの設計を担当するブロックアーキテクト及び景観アーキテクトの三者により進められた	
ネクサスワールド香椎 （福岡県）	レム・コールハウス、スティーブン・ホール、石山修武、マーク・マック、クリスチャン・ド・ポルザンバルク、オスカー・トゥスケ	1991年。磯崎新がマスタープランとコーディネートを行った民間ディベロッパーによる分譲の集合住宅群。**国内外の6人の建築家**が参加。スティーブン・ホール棟：間仕切りが大きな建具のように開閉変化するヒンジド・スペース（蝶番空間）となっている。昼夜や家族構成の変化、日差しや通風の調節を試みることができる。レム棟・コールハウス棟：ガラス張りの1階は非常にオープンなつくりであるが、1階より上の外壁は窓などの開口部が少ない。住戸は専用の吹き抜けとライトコートを持ち、そこから通風・採光を確保している	

熊本県営保田窪第一団地（熊本県）	山本理顕	1991年。住棟と集会室が、中庭（中央広場）を囲む。**中庭は居住者の領域**であり、外部から直接アクセスはできない。中庭に向いLDK等の家族室が面し、開口部が大きく取られている。外周には個室が面し、開口部は限定されている。家族室と個室は分棟にもなっており、ほとんどの居室は外部に対して二面の開口部をとることができ、通風にも配慮されている
茨城県営松代アパート（茨城県）	大野秀敏＋三上・アプル共同企業体	1993年。4棟の住棟が中庭を囲むような配置計画。6階建だが4階レベルが、新たな第二の地面のように計画されており、幅の広い外部通路「**上の道**」が住棟間をループしている。「上の道」には、小広場や植栽が設けられ、地上からもアクセスできる。上部へのアプローチは、4階までエレベーターで、そこから外部階段で行う。3階までのアプローチは、外部階段から行なう
Mポート（熊本県）	もやい住宅設計集団	1992年、地元の「もやい」（力を合わせて行動すること）をキーワードに居住者の参加によってつくられた**コーポラティブ・ハウス**。熊本の気候・風土に合わせての適切な通風・採光、人間関係の距離感も考慮され、共有空間である広場や、連続したバルコニーなどに反映されている。16世帯の各住戸は、居住者が参加して計画し、すべて異なる間取りとなっている
コモンシティ星田A2（大阪府）	坂本一成、加藤設計、大阪府住宅供給公社	1992年。勾配約1/10の北面斜面を**雛壇造成せず、元の地形を生かし**ながら塀や門をできる限り少なくし、戸建住宅を集合させ、連続した開放的な空間をつくっている。敷地の中央を対角線上に、歩行者の緑道が通り、中央広場と集会所をつないでいる。さらに斜面の等高線にそって緑道は分岐し各戸と繋がる。住戸へは、緑道と車道の双方からアプローチできる
NEXT21（大阪府）	大阪ガスNEXT21建設委員会	1993年。SRC造、PC＋RC複合構造、地下1階地上6階建、全18住戸。近未来の都市での環境・エネルギー・くらしについて考えた実験集合住宅。**スケルトン・インフィル方式や環境負荷の低減（環境共生）**を目指し、屋上の緑化、エコロジカルガーデンなどがつくられている。共用廊下はPC二重床として設備配管を格納し、コジェネレーションシステム等も採用されている
熊本県営竜蛇平団地（熊本県）	スタジオ建築計画	1994年。不整形な敷地を有効に利用するために、雁行しながら中庭を囲む「**段状タイプ**」の住棟と南側道路に面する直線状の住棟「**街区タイプ**」がある。「段状タイプ」は5階建RC造。各階が断面的にセットバックし、奥行きの深い住戸となっている。住戸へのアプローチは中庭を介して行われる。「街区タイプ」は1階がピロティで、3階建RC造
世田谷区深沢環境共生住宅（東京都）	岩村和夫、市浦開発	1997年。世田谷区の「エコロジカルまちづくり」と建設省（当時）の「環境共生住宅建設推進事業」をうけ、「地域に開いた環境共生」と「高齢者・身体障害者への対応」が意図された。自然環境を保全継承したコミュニティづくりが進められた。ビオトープ、屋上緑化、ソーラー暖房、風力等の環境共生技術を盛り込み、高齢者在宅サービスセンターや高齢者住宅を併設している
幕張ベイタウン（千葉県）	渡辺定夫、蓑原敬他	1991年。中層から超高層の集合住宅地。一貫した街・建築のデザインシステムとして「**都市デザインガイドライン**」が用意された。建築の全体的統一感を得るために、壁面線の位置や建築の高さの指定、壁面率、外壁の仕上げを基壇部、中間部、頂部を異なる意匠とすること等がある。住棟1階には商業・業務施設、2階以上が住戸になることが基本形になっている
真野ふれあい住宅（兵庫県）	神戸市	1997年。RC造3階建、高齢者住戸21戸、一般住戸8戸の**阪神淡路大震災の復興事業**の一環として計画された神戸市営の**コレクティブ・ハウジング**。高齢者を中心に自立した生活を支えるために計画され、住戸すべてをバリアフリー化している。共用のスペースとして協同の食堂や台所、談話室などがある。交流を図るように、日常動線として露地のような続きバルコニーがある
天王洲ビュータワー（東京都）	住宅・都市整備公団	1995年。一部に**高階高住戸（1.5層住宅）**を持つ超高層の集合住宅。基準階は階高2.9mだが、2階と最上階の33階は高階高の4.3m。階高・天井高を高く取り、広がり感や変化のある空間を持っている。天井高が低くてもよい寝室や和室などは、その下部を0.5層の収納スペース（天井高1.4m以下）にして、容積率を超えること無く、豊かな収納空間を確保している
東雲キャナルコート（東京都）	山本理顕（1街区）伊東豊雄（2街区）他	2003年〜。囲み型配置による高密度賃貸集合住宅。1、2街区とも中廊下形式を採用して密度を高めながら、通風や採光を確保するために、大きなテラスを配置している。2街区：仕事場（SOHO）として育児、趣味の場として使える「f-ルーム（ホワイエルーム）」が中廊下や**コモンテラス**と連続させて配置している。2街区：アネックス、プライベートテラスやメゾネットなどがある
表参道ヒルズ（東京都）	安藤忠雄	2006年。同潤会青山アパートが表参道ヒルズとして建替えられた。地下6階から4階までは駐車場、地下3階から3階までは**店舗**、4階から上は**共同住宅**で、屋上は緑化されている。ファサードの高さは、ケヤキ並木の高さに合わせて計画され、表参道から連続するように、内部に大きなパブリック・スペースが吹き抜けている。店舗はその吹き抜けの周囲のスロープで連続している
求道学舎（東京都）	武田五一、近角建築設計事務所・集工舎建築都市デザイン事務所（リノベーション）	1926年に建設された男子学生寮（武田五一）を、2006年に**リノベーション**した11戸の集合住宅。外観や仕上げ、開口の位置などもできるだけ変えずに構造体の補強などを行ない、原設計を活かした。躯体を残し、**スケルトン・インフィル方式（SI方式）**を採用している。共用部にはエレベータを設置し、11戸は独自の平面を持つ。入居者はコーポラティブ方式で募集
多摩平団地たまむすびテラス（東京都）	UR都市機構	2010年。**たまむすびテラス**は多摩平団地（1958年）の再生事業。民間の事業者が募集、選定された。4階建の中層棟5棟が、下記の**3つの区画に分けられて、それぞれ独自の改修・賃貸住宅**として活用が行われた。**りえんと多摩平**（2010年）：団地型シェアハウス。2棟。シェアハウスに改修し、共用のラウンジ、テラスを持ち、若い単身者を対象としている。豊かな自然、テラス及び共用施設によって交流や出会いが期待されている。**AURA243多摩平の森**（2010年）：貸し菜園、専用庭付共同住宅。1棟。1階は専用庭付の住戸があり、貸し菜園「ひだまりファーム」、貸し庭「コロニーガーデン」、イベント利用のできる「AURAハウス」等が併設されている。**ゆいまーる多摩平の森**（2011年）：高齢者向け共同住宅。2棟。バリアフリー化され、エレベーター・階段室などが設置された。小規模多機能居宅介護施設、食堂兼多目的室が増設されている

QUESTION

ANSWER

1　最頻出問題 | 一問一答

→→→

次の記述のうち、正しいものには○、誤っているものには×をつけよ

1 ☐☐ 同潤会江戸川アパート（東京都）は、関東大震災の住宅難に対処するために設立された同潤会による鉄筋コンクリート造の都市型アパートである

1 ○ | 設問記述のとおり

2 ☐☐ 東雲キャナルコート1・2街区（東京都）は、中廊下形式を採用し、中廊下への通風や採光を確保するための大きなテラスを住棟各所にもつ高層板状住棟により構成した高密度な賃貸集合住宅である

2 ○ | 東雲キャナルコート1・2街区は、中廊下形式を採用した高層板状住棟を囲み型に配置した高密度な賃貸集合住宅。中廊下への通風や採光を確保するための大きなテラス（コモンテラス）を住棟各所に配置している

3 ☐☐ NEXT21（大阪府）は、二段供給方式（スケルトン・インフィル分離方式）と環境共生をテーマにし、住戸の外壁等の規格化・部品化による可変性の確保や屋上植栽等が試みられた集合住宅である

3 ○ | NEXT21は、今後の都市型集合住宅のあり方を考える一つのモデルとして、省エネルギーや環境負荷の低減、スケルトン・インフィル等の試みを行っている実験集合住宅

4 ☐☐ 代官山ヒルサイドテラス（東京都）は、住宅・商業施設・オフィス・レストラン等で構成された都市型集合住宅で、長い年月をかけて街並みをつくり出している

4 ○ | 代官山ヒルサイドテラスは、住居・店舗・オフィス等からなる複合建築で、1968年から数期に分けて段階的に建設された

2　実践問題 | 一問一答

→→→

1 ☐☐ スカイハウス（菊竹清訓）はメタボリズムの考え方に基づき、一辺約10mの正方形平面の生活空間とHPシェルの屋根が、4枚の壁柱で空中に支えられた住宅である

1 ○ | スカイハウスは、居住部分は4枚の壁柱によって空中に持ち上げられていて、台所、浴室、収納室などは、交換や位置の変更が可能な「ムーブネット」として主空間に取り付けられている。メタボリズムの思想を実現させた

2 ☐☐ りえんと多摩平（東京都）は、多世代の居住者が暮らす新たな街に生まれ変わらせる団地再生事業の一つとして、民間事業者が改修工事を行い、団地の一部の住棟をシェアハウスとして再生した

2 ○ | 設問記述のとおり

3 ☐☐ 塔の家（東孝光）は、小面積で不整形な敷地条件に対し、住空間を機能別に積層して構成した都市住宅である

3 ○ | 東孝光の塔の家は、6坪強の土地の変形敷地に計画されたRC造5階建て地下1階の都市型住居

4 ☐☐ 求道學舍（東京都）は、居住者が共同生活をすることに重点を置き、居住者全員で使用するリビングスペースや浴場等のコモンス

4 × | 求道學舍は、大正建築の学生寮を再生したコーポラティブハウスである

ペースの充実を図った、テラスハウスである

---

5 ☐☐ 世田谷区深沢環境共生住宅（東京都）は、木造平家建の住宅団地の建替え計画により建設され、高木の保存、井戸の活用、優良土壌の再利用、古材の使用等、既存の環境の継承を意図している

---

6 ☐☐ シルバーハット（伊東豊雄）は、鉄筋コンクリートの柱の上に鉄骨フレームの屋根を架け、コートの上部に吊られた開閉可能なテントにより通風や日照を調節することで、コートを半屋外の居住空間として利用することができる

---

7 ☐☐ 正面のない家（坂倉建築研究所）は、敷地全体を壁（塀）によって囲い込み、4つに分かれた庭が各室に採光と広がりを与えているコートハウスである

---

8 ☐☐ ベルコリーヌ南大沢（東京都）は、各階に多様な世帯構成を想定した各種の住戸を配置し、相互扶助的な共生を意図した集合住宅である

---

9 ☐☐ ユーコート（京都府）は、住棟に囲まれた敷地中央のまとまった共用緑地や広場からアクセスする多様な住戸を、コーポラティブ方式により建設した集合住宅である

---

10 ☐☐ 広島市の基町団地（広島県）は、工場跡地の再開発を目的として建設されたテラスハウス型の公営住宅団地である

---

11 ☐☐ 伝統的な町屋において、屋内の主要な通路として道路から裏庭まで達する細長い土間を設けた通り庭形式と呼ばれる間取りが多い

---

12 ☐☐ ネクサスワールド香椎（福岡県）のレム棟・コールハース棟は、各戸に採光と通風を確保するためのプライベートな中庭が設けられた設地型の集合住宅である

---

13 ☐☐ 公営住宅標準設計51C型は、住生活の多様化に対応するために、食事室と台所とを分離した計画である

---

14 ☐☐ 釜石・平田地区仮設住宅団地（岩手県）は、東日本大震災の復興支援の一環として建設されたコミュニティケア型の仮設住宅団地であり、診療所のサポートセンターや仮設店舗が計画された

---

5 ○｜世田谷区深沢環境共生住宅は、旧都営住宅の建替え計画であり、環境共生をテーマに行われた。高木を避けて建物が配置され、既存樹木の保存に努めている

---

6 ○｜設問記述のとおり

---

7 ○｜坂倉建築研究所（西沢文隆）による正面のない家は、敷地全体を壁で囲い、建築と庭のつながりを巧みに考えたコートハウス。過密化が進む都市居住の中で、プライベートな場を成立させようとした

---

8 ×｜ベルコリーヌ南大沢は、各ブロックの担当建築家がデザインコードを共有しながら設計を進めるマスター・アーキテクト方式を導入した事例であり、コレクティブハウジングの事例ではない

---

9 ○｜ユーコートは、京都の洛西ニュータウンの中の48世帯のコーポラティブハウスで、建物に囲まれた中庭が各家へ通じるコモンアクセスになっているのが特徴

---

10 ×｜広島市の基町団地は、戦災による著しい住宅難に処するための応急住宅地であった木造老朽住宅地区の再開発を目的として、計画・建設された高層高密度の公営住宅

---

11 ○｜伝統的な町屋は、営業のための「みせ」が主道路に面して設けられ、通り庭に面して奥に居間や客間が設けられることが多い

---

12 ○｜ネクサスワールドは、磯崎新のコーディネートにより、国内外の建築家6名により競作された集合住宅群

---

13 ×｜東京大学の吉武研究室により設計された公営住宅の標準プランである。2寝室（親子の就寝空間の分離）と台所兼食事室からなる2DKの原型となり、戦後日本の集合住宅のモデルとなった。1951年に設計された

---

14 ○｜ケアゾーンを設定し、ウッドデッキでつないで、向かい合わせの住棟配置とすることによって、近所付き合いの促進をはかっている

004 都市計画

住宅地計画は、近隣住区論から始まっているが、その基本的考えを理解すること。また、人と車の動線計画も問題として出題される。都市計画において、新たな計画手法や新たな交通計画に関する問題が出題されている

1　住宅地の計画

☐ **●C・アーサー・ペリー（アメリカ）による近隣住区の6原則（近隣住区論）**

①**規模**	**小学校**を日常生活圏の中心とした人口・面積
②**境界**	住区は境界を幹線道路で区画し、住区内の通過交通を排除
③**公園**	小公園・レクリエーション用地の確保（住区面積の10%以上）
④**公共施設**	小学校・教会・コミュニティセンター等を住区の中心に配置
⑤**地区店舗**	住区の人口に適した店舗の設置
⑥**住区内道路**	交通量に比例した幅員を確保し、かつ通過交通に利用されにくい計画

> 近隣住区論は、この6原則に沿って設けた近隣住区を1つの単位として、住区を組み合わせて住宅地を計画するという理論

●住宅地計画用語
①**メタボリズム**
　都市における新陳代謝現象に着目した計画理論
②**スプロール**
　市街地が無秩序に虫くい状に拡大していくこと
③**インフラ・ストラクチュア**
　都市における道路・上下水道・鉄道等の基幹施設

☐ 住宅地では、人口及び日常利用の必要度（段階）に応じて、様々な公共施設が必要となる（段階構成）

●住宅地の段階構成と公共施設計画

単位（段階）	戸数	人口	必要となる公共施設	利用圏
住居グループ	100～200戸	400～800人	子供の遊び場	—
近隣分区	1,000～1,200戸	4,000～5,000人	幼稚園・保育園・日用品店舗・児童公園（街区公園）・診療所・集会所・管理事務所・警官派出所	300～500m
近隣住区	2,000～2,500戸	**8,000～10,000人**	**小学校**・近隣公園・近隣センター・スーパーマーケット	500～800m
共同住区[*]（2単位の近隣住区）	4,000～5,000戸	16,000～20,000人	中学校・市区役所出張所・消防派出所・郵便局・病院・ショッピングモール・地区公園など	—

*：地区ともいう

☐ 住棟は、**日照条件**による隣棟間隔・方位を考慮して配置する。隣棟間隔は、前面建物に妨げられることなく日照を確保（冬至における日影の検討）し、**住棟の方位**は、南を中心とする東西30度程度の範囲内に居室の窓を向け、夏の恒風方向を考慮する

●住宅地における人と車の動線
①**人と車の動線分離（ラドバーン・システム）**：自動車は、街区を囲む幹線道路から直角に引き込まれた袋小路（クルドサック）によって住戸に達するよう計画
②**人と車の共存道路（ボンエルフ）**：住宅地の道路を、単に通行の場としてだけでなく生活の場とする考え方。車の速度を低下させるため通行部分の蛇行やバンプ（道路上の盛り上がり）を設ける

2 住宅地でのコミュニティ計画

●コミュニティの構成方法

1	近隣住区	住宅団地を住宅の集団として扱うだけでなく、コミュニティ（生活共同体）の1単位となるように構成
2	ワンセンター方式	公共施設を団地の中心に集中させ、日常利用距離内に都市的なセンター地区をつくる手法（アーバニティの理論）。段階構成によると、生活に活気がなくなるという批判から始まる

●住宅地の実例

名称	特徴
ハーロー・ニュータウン	近隣住区方式の原則に基づく。明快な住区の階段構成をもつニュータウン。6つの近隣住区
タピオラ・ニュータウン	ヘルシンキ郊外の森林低密度なニュータウン。3つの近隣住区
港北ニュータウン	公園、保存緑地と緑道、歩行者専用道とを結ぶネットワークをもつニュータウン
千里ニュータウン	近隣住区方式による我が国最初の大規模なニュータウン。12の近隣住区
高蔵寺ニュータウン	マスタープランにおいて、ニュータウンセンターから枝状に連続するペデストリアンデッキを計画した大規模なニュータウン。自動車利用を想定したワンセンター方式
幕張ベイタウン（千葉市）	「都市デザインガイドライン」に基づいて、壁面線の位置・高さ、壁面率、三層構成（基壇部、中間部、頂部）等のデザインの誘導が行われている

●近隣住区方式のニュータウンの例

ハーロー・ニュータウン（イギリス：1947年）、テームズミード（イギリス：1966年）、タピオラ（フィンランド：1952～62年）、千里ニュータウン（日本：1961～69年）

●ワンセンター方式のニュータウンの例

カンパノールド・ニュータウン（イギリス：1956年）、高蔵寺ニュータウン（日本：1960～68年）

3 都市計画

都市交通計画としては、C・ブキャナンが1963年に「都市の自動車交通」で提唱した**道路の段階構成**が知られる。幹線分散路・地区分散路・局地分散路・アクセス路の段階構成をとることにより、住宅地は通過交通がなくなり、居住性が確保される

マスター・アーキテクト方式は、ニュータウンや計画住宅地の対象地域を、総合的にコーディネートするアーキテクト（マスター・アーキテクト）を設置し、デザイン・コードとデザイン・ガイドラインによって計画する方式のこと。部分ブロックを担当する建築家を**ブロックアーキテクト**と呼ぶ

インフィル・ハウジングは、住宅・住宅地再生と更新をめざした都市開発手法の一つである。インフィルとは、都市内の小さな空地や老朽化した建物を個別に更新し、周囲の街並みと調和を図りながら、地域社会の継承を原則として、小規模な開発によって都市を更新していくことである

●都市交通計画

①**トランジットモール**：一般車の通行を制限し、公共機関であるバスや路面電車のみが通行できる歩行者優先の街路。ニコレットモール（アメリカ・ミネアポリス）等

②**パークアンドライド**：郊外の鉄道駅・バスターミナルに駐車場を整備し、自家用車から鉄道・バスに乗り換えることにより、中心市街地への自家用車の流入を減らす手法

●都市計画・計画案

①**オースマンのパリ改造計画**：1853～1869年に行われたバロック都市計画の典型例

②**田園都市**：E・ハワード1898年著書「明日の田園都市」田園と都市の両者の優れた点をもつ

③**輝ける都市**：ル・コルビュジエが提唱した理想都市の名称

④**デファンス・ド・パリ計画**：旧市街地の保存と人口増大への対策を両立させる新開発計画

⑤**シャンディガール**：ル・コルビュジエ等が1950年から始めた新首都の基本計画

QUESTION　　　　　　　　　　　　　　　　　**ANSWER**

1　最頻出問題｜一問一答　　　→→→

次の記述のうち、正しいものには○、誤っているものには×をつけよ

1 ☐☐　千里ニュータウン（大阪府）は、近隣住区の単位にはとらわれず、将来のワンセンター方式への移行等が意図された計画である

2 ☐☐　インフィル・ハウジングは、クリアランス型の再開発の反省から考えられたもので、地域社会の継承等を原則として、既成市街地の街区更新を行う手法である

3 ☐☐　トランジットモールは、ショッピングモールの形態の一つであり、商店街から一般の自動車及び公共交通機関を排除した歩行者専用の空間である

4 ☐☐　ボンエルフは、歩行者と自動車が共存できるように計画された街路空間である

5 ☐☐　パークアンドライドシステムは、中心市街地をバリアーフリー化して車椅子や電動スクーター等を貸し出し、歩行困難者の外出の機会の拡大だけでなく、市街地の活性化を促す仕組みの一つである

1 ×｜千里ニュータウンは、近隣住区方式による我が国最初の大規模なニュータウン、12の近隣住区からなる。ワンセンター方式の我が国の事例には、高蔵寺ニュータウンがある

2 ○｜インフィル・ハウジングは、既成市街地において、地域社会の継承を前提とした共同建替えによる街区更新を段階的に行う修復型・改善型の都市づくり手法

3 ×｜トランジットモールとは、一般の自動車の進入を制限し、路面電車やバス等の公共機関と歩行者が通行できる歩行者優先の街路

4 ○｜歩車共存を図る工夫として、車道と歩道の区分をなくし、自動車の速度を落とすために、バンプ（舗装面の凹凸）やシケイン（屈曲部）を設ける

5 ×｜パークアンドライドシステムは、一般に、郊外の鉄道駅の付近に駐車場を整備し、自家用車から鉄道に乗り換えることで、中心市街地への自家用車の流入を減らす手法。設問は、タウンモビリティシステムについてである

2　実践問題｜一問一答　　　→→→

1 ☐☐　タウンモビリティシステムは、中心市街地をバリアフリー化して車いすや電動スクーター等を貸し出し、歩行困難者の外出機会の拡大だけでなく、市街地の活性化を促す仕組みの一つである

2 ☐☐　LRT（Light Rail Transit）は、都市内の交通渋滞の緩和や環境問題の解消を図るうえで有効な公共交通機関として、欧米を中心に導入されている新しいタイプの路面電車システムである

3 ☐☐　CPTED（Crime Prevention Through Environmental Design）は、防犯環境設計とも訳され、心理学的効果を考えた設計によって、犯罪抑止効果を高める計画手法である

1 ○｜設問記述のとおり

2 ○｜LRTは、欧米を中心とする各都市において都市内の道路交通渋滞緩和と環境問題の解消を図るために導入が進められている新しい交通システムで、従来の路面電車に比べ床が低くなっており、乗降のしやすさ、速さ、快適さなどの面でも優れたものとなっている

3 ○｜住宅地計画などにおいて、「監視性の確保」、「領域性の強化」、「接近の制御」、「被害対象の強化・回避」等を原則とし、対象物や地域・地区の防

4 ☐☐ 建築基準法に基づく、いわゆる「連担建築物設計制度」は、優れた都市空間の形成・保全を図ることや都市機能の更新を目的に、都市計画法と建築基準法による制限の一部を適用せず、街区単位に都市計画を定め、建築物等を個々に認定する制度である

5 ☐☐ キスアンドライドは出発地から公共交通機関の乗降所(駅やバス停等)まで、家族等が自動車で送迎する交通形態のことである

6 ☐☐ 都心地区の商業活動を活性化させることを目的とした歩行者モールは、人と車の交通形態により「オープンモール」、「セミクローズドモール」、「クローズドモール」に分類される

7 ☐☐ スマートシティは、広義では、都市の諸問題に対して、情報通信技術等を活用し、マネジメント(計画、整備、管理・運営等)が行われ、全体の最適化が図られる持続可能な都市又は地区をいう

8 ☐☐ ドックランズ再開発計画(ロンドン)は、大規模な区画の整理によって街区を撤去し、中央部を遊歩道とする広場をつくり出したプロジェクトである

9 ☐☐ ケヴィン・リンチは『都市のイメージ(The Image of the City)』において、ラスベガスの都市景観を構成する多様な空間要素を、記号論的な視点から分析した

10 ☐☐ ハイライン(ニューヨーク)は、建築物の高密化と老朽化に伴いスラム化した市街地において、建築物を減築し、病院を図書館へ改築するなどの文化施設の整備により、都市再生が行われた

11 ☐☐ コンパクトシティは、市街地の無秩序な拡大を抑制しながら、都市地域の環境整備に重点を置き、環境的・経済的持続性を高める都市モデルである

12 ☐☐ TOD(Transit Oriented Development)は、明確な歩車分離に基づき、自動車交通の効率化を最大限に活かす計画手法である

13 ☐☐ CBD(Central Business District)は、一般に、人口密度が4000人/㎢以上の国勢調査基本単位等が互いに隣接し、それらの隣接した地域の人口が5000人/㎢以上となる地域である

14 ☐☐ MaaS(Mobility as a Service)とは、自動車利用者の交通行動の変更を促すことにより、都市や地域レベルの道路交通の混雑を緩和するための手法のことである

犯性能の向上を図るもの

4 ×│連担建築物設計制度は、一団の土地の区域内の既存建築物を考慮した合理的な設計による新設建築物を対象に、同様の特例を適用する制度である(建築基準法86条2項)

5 ○│自分で自家用車を運転し、駅やバス停等に近い駐車場を利用するパークアンドライドと同様に、都心の交通量を軽減させる効果がある

6 ×│空間形態上の分類である。天蓋のないオープンモール、歩道上部を覆うセミクローズドモール、道路を完全に覆うクローズドモールに分類される

7 ○│設問記述のとおり

8 ×│ドックランズはイギリスのロンドン東部、テムズ川沿岸にあるウォーターフロント再開発地域の名称であり、第2次大戦後、コンテナによる海上運送・陸上運送の物流革命に対応できず閉鎖した港湾地域を再開発している

9 ×│ケヴィン・リンチは『都市のイメージ』(1960年)において、ラスベガスの都市空間から抽出されるイメージを構成する要素として、移動路(Path)、境界(Edge)、地区(District)、結節点(Node)、目印(Landmark)の5つをあげた

10 ×│ハイライン(High Line)はニューヨーク市にある全長2.3㎞の線形公園である。廃止され、ウエストサイド線の高架部分に建設された。空中緑道及び廃線跡公園として再設計された

11 ○│設問記述のとおり

12 ×│TODとは、公共交通機関に基盤を置き、自動車に依存しない社会を目指した都市開発のこと

13 ×│CBDは中心業務地区のこと。多数の人口が集中する都市において形成される官庁、大企業、大規模店舗などが集積する地区のことである

14 ×│地域住民や旅行者に対して、複数の公共交通機関やそれ以外の移動サービスを最適に組み合わせて、検索・予約・決済等を行うサービスである

005 公共建築①保育所・幼稚園、小学校・中学校

保育所と幼稚園の違いを理解する。小中学校の計画では、運営方式に関する出題が多い。
各方式の特徴を理解し整理すること、特に年齢による差異に注意する。著名な実例に関す
る出題も多いので、運営方式と併せて学習する

1 保育所・幼稚園の計画

●保育所と幼稚園の違い（運営方式）

	管轄	目的	対象年齢	在所・在園時間
保育所	厚生労働省	職業をもつ保護者や疾病などのために保育できない保護者に代わって保育する	乳児（1歳未満）、幼児（1歳〜学齢前）、児童（特に保育が必要な小学校低学年）	1日8時間程度
幼稚園	文部科学省	小学校入学前の社会訓練	**3〜5歳**	1日3〜4時間（4時間保育が原則）

敷地は、静かで環境のよいところで、幼児の徒歩圏（300〜600m）以内。保育所は保護者の送迎に便利なところで、幼稚園は住宅地内で交通上安全なところが望ましい

配置計画は、建物と屋外遊戯場が同一敷地内にあることが大原則。そのほか、以下を考慮した計画とする
①原則、平家建（2階に保育室・遊戯室を設ける場合、耐火構造又は準耐火構造とし、スロープなど幼児の避難設備が必要）
②保育室は、できるだけ**南面**になるようにする
③幼児の出入口は、通過交通量の少ない側に設ける。さらに、車などのサービス用出入口とは別にする
④保育士が乳幼児の行動を観察しやすいように計画し、管理部門は全体を掌握できる位置であること

各部計画としては、以下を考慮して計画する
①一般に、1人当たりの床面積は**低年齢児のほうが大きい**
②遊戯室は独立して設けることが理想。ただ、1つの保育室を大きくして兼用したり、2保育室間の間仕切を可動式にしたりして、一体で使う方法もある。独立の場合は90㎡以上必要である
③幼児用便所は、保育室に近く、保育士の見守り指導ができること。大便所の扉の高さは、保育士が外から安全確認ができる**100〜120㎝**程度の高さにする
④出入口の扉は、引戸とする

●幼保一体化

認定こども園の3つの機能

認定こども園は、「幼児教育」「保育」及び「地域の子育て支援」を一体的に行う施設で、都道府県知事等が認可（認定）を行う

認定こども園の4つのタイプ

・**幼保連携型**：幼稚園機能と保育所機能を持つ単一の認可施設（学校及び児童福祉施設）。施設計画においても、原則両方の機能を満足する必要がある
・**幼稚園型**：認可幼稚園に保育所機能（預かり保育又は認可外保育施設）を付与した施設（認定）
・**保育所型**：認可保育所に幼稚園機能［保育の必要がない子ども（3歳以上）の教育・保育］を付与した施設（認定）
・**地方裁量型**：幼稚園機能と保育所機能を持つ認可外保育施設（認定）

●保育所の計画

①乳児と幼児の生活領域を分け、乳児室は出入りを乱されない静かな場所とする
②**乳児室・ほふく室と保育室の兼用禁止**
③調理室が必要であり、乳児や満2歳未満の幼児が入所する保育所では、**乳児室又はほふく室も設ける**
④設置基準は以下のとおり
　・屋外遊戯場3.3㎡／人以上
　・保育室又は遊戯場1.98㎡／人以上
　・乳児室1.65㎡／人以上
　・ほふく室3.3㎡／人以上

●図書室・絵画室・工作室等の設置

保育室は、年齢及びクラスに分かれる場合が多いので、4・5歳児の場合は、交流できる場所を計画する

2 小学校・中学校の計画

配置計画では、南側教室、北側廊下、左側採光が原則となっているが、学習の多様化や教育環境の変化により、片廊下型、フィンガー型、中廊下型、クラスター型なども増えている

児童・生徒・教師が時間割に基づいて、教科・科目などで教室・学習スペースを使い分けるシステムを運営方式という。教室などの学習スペース、児童・生徒の生活スペース、管理諸室などの配置関係はこの方式に大きく左右される。運営方式によって学習空間の充実度、居場所や移動など、児童・生徒の学校生活に違いがあるので、学校種別・規模・教育目標などに応じて適切な方式を選択する必要がある

● 学習の多様化と学習の場

近年はクラスを固定化して教えるのではなく、複数の教師で分担し、授業を行うチームティーチング方式やプログラム学習方式、無学年制方式など、学習形態が多様化している。またフレキシブルな学習に対応できるオープンスペースの確保や教室まわりの情報化等がテーマとなっている

● ホームベース

教科教室型のクラスや生徒の生活拠点となるスペースで、教室移動の際に立ち寄りやすい位置に設けることが望ましい

● 小学校・中学校の運営方式

運営方式	内容	特徴
総合教室型	クラスルームまたはクラスルーム周りで大部分の学習・生活を行う方式	クラスルームのまわりの面積に余裕をもたせ、作業・図書のコーナーやロッカー・便所等の生活施設を付属させる。小学校低学年に適する
特別教室型	普通教科や講義的な授業はクラスルーム・普通教室で行い、実験・実習的な授業は、専用の設備を備えた特別教室で行う方式	教科担任制の中学校・高校では、チームティーチングや主体的学習のための多様な学習メディアの配置による教室内外の学習環境が整えにくい。小学校高学年に適する
教科教室型	各教科が専用の教室を持ち、生徒が時間割に従って教室を移動して授業を受ける方式	各教科の要求に応じた空間・設備・家具・メディアを備えた教室設計が可能。教科ごとに必要教室とオープンスペースを組み合わせて配置する。ロッカースペースを設ける必要がある。中・高等学校に適する
ホームルーム教室確保型	教科教室をホームルーム教室として各クラスに割り当てる方式	クラス数に相当する数だけホームルームとなる教科教室を確保し、ホームルーム教室は、学年のまとまりを持たせて配置することが望ましい
ホームベース併設型	各クラスにホームルーム教室を割り当て、それにホームベースを付属させる方式	ホームベースはクラス専用の場となり、ロッカーや掲示板を用意する。ホームベースは全員同時に着席できる必要はない
ホームベース独立型	クラスの生活拠点としてホームベースを設ける方式	ホームベースには、クラス全員が席に着ける広さと、机・いすを用意する考え方もある
系列教科教室型	複数の教科を関連づけて(人文・理数・芸術等)教科教室を配置する方式	教室の利用率が高まる。教科独自の性格は弱まるが、教科の枠を超えた弾力的な学習展開に有効である
学年内教科教室型	国・社・数・英の教室を学年ごとのまとまりをつくって配置し、その中で教科教室型運営を行う方式	移動が学年フロアで完結するので安定する。学年クラスが4クラス以上の場合、有効である

● 小学校・中学校の各部計画

教室種別	設置条件		考慮すべき事項
普通教室	1.6㎡/人程度必要。7×9mの教室が一般的だったが、様々な学習形態に対応できるように正方形に近いものが望まれるようになった。中学校の教室では、机と机の前後間隔は85cm前後が適当		学習しやすいように、照度分布が均等で、強い影が生じないことや、音・色彩に対する配慮が必要である。出入口は2か所以上必要で、安全上引戸とする
特別教室	理科、図工、家庭科などの特別教室はまとめて配置することが望ましい。小学校では、特別教室の利用率の高い**高学年側に配置**する		まとめて配置することは、打合せや準備室の共用などのためにもよい。音楽室は、他の教室から離れたところに設け、遮音に留意する
体育館・講堂	別設置が望ましいが、体育館と講堂を兼用する場合は、利用率の高い**体育館機能を優先**させる。体育館は運動場との関連を考えて配置する		地域開放等を考慮する場合は、入口に近いところに配置する
管理諸室	職員室は、休憩のためのスペースとする。学級事務は学級教室で行い、教科の準備・研究などは準備室で行うとよい		会議室・応接室・事務室は、職員室と校長室に近接させ、まとめて配置する。また、必要に応じて学年ごとの教師コーナーを確保する
廊下	片廊下は幅員1.8m以上、**中廊下は幅員2.3m以上**必要		—
階段	けあげ	16cm以下(小学校)/18cm以下(中学校)	高さが3mを超える階段は、高さ3m以内ごとに踊り場を設ける
	踏面	26cm以上	
	階段・踊り場の幅	140cm以上	

QUESTION

1 最頻出問題 | 一問一答 →→→

次の記述のうち、正しいものには○、誤っているものには×をつけよ

1 ☐☐ 保育室は、乳児と幼児の数の変動に対応できるように、乳児用と幼児用とを間仕切りのないワンルームとした

2 ☐☐ 保育所の便所は、年齢に応じて異なるタイプを計画し、1、2歳児用便所では便器間の仕切りを設けずオープンなつくりとした

3 ☐☐ 中学校の計画に当たり、各教科で専用の教室をもち、生徒が時間割に従って教室を移動して授業を受ける総合教室型とした

4 ☐☐ 小学校の計画において、チームティーチングにより学習集団を弾力的に編成できるようにするため、クラスルームに隣接してオープンスペースを設けた

2 実践問題 | 一問一答 →→→

1 ☐☐ 保育所の計画において、年長児用保育室には、集団で遊ぶための大きな空間のほかに、絵本コーナーやごっこ遊びのコーナーとして小さな空間を設けた

2 ☐☐ 小学校において、教育面・生活面に配慮して、低学年教室群と特別教室群とをひとまとめにする計画とした

3 ☐☐ 幼稚園において、衛生面に配慮して、幼児用便所を保育室からできるだけ離して計画した

4 ☐☐ 小学校において、低学年の教室を学習内容に応じて弾力的な時間配分ができるように総合教室型とし、教室まわりに作業・図書コーナーや流しを設けた

5 ☐☐ 小学校において、教員の執務拠点を教室の近くに配置するために、学年ごとに分散した教員コーナーを設けた

ANSWER

→→→

1 ×│乳児と幼児とは活動能力が大きく異なるので、乳児室・ほふく室と、保育室とは分離することが望ましい

2 ○│保育所の便所は、3歳未満には便器間の仕切りを設けずオープンなつくりとし、3歳以上には保育士が上部から見守れるように1.0～1.2m程度の仕切りを設ける

3 ×│設問は、教科教室型の説明であり、中学校以上で考えられる方式である。総合教室型は、ホームルームですべての学習を行う方式であり、小学校低学年に向く方式である

4 ○│チームティーチング方式を導入する場合は、多目的利用が可能なオープンスペースをクラスルームに隣接して設けることが必要となる

→→→

1 ○│適当な計画である

2 ×│小学校の特別教室群は、中学年以上が利用することが多いので、低学年よりも高学年の教室群の近くに配置する

3 ×│幼児用便所は教育の場でもあり、保育室に接するように設ける

4 ○│総合教室型は、小学校低学年において、大部分の学習をクラスルーム廻りで行う方式。教室まわりに作業・図書コーナーや流し等を設けるため、各教室の床面積に余裕が必要となる

5 ○│小学校の教員室は、一般的に中央1室型が多いが、学校規模等によっては、必要に応じ、学年ごと等に分散した教師コーナーを確保することも有効である

6 ☐☐	小学校の計画に当たり、細菌の繁殖・水はねによる汚染を防止するために、給食室の床を乾燥した状態に保つドライシステムを導入した	6 ○	設問記述の内容と同時に作業する人たちとって安全で快適な作業空間をつくることを指す

7 ☐☐ 保育所の計画において、年齢の異なる幼児が交流できる場所として、工作室と図書コーナーを設けた

7 ○ 保育室は、幼児の年齢によって活動能力が異なるため、年齢別に設ける場合が多い。年齢の異なる幼児が交流できる場所として、工作室と図書コーナーを設けることが望ましい

8 ☐☐ 中学校において、総合的な学習を補助するために、図書室・視聴覚室・コンピュータ室の機能を統合したメディアセンターを設けた

8 ○ メディアセンターは共通学習諸室である図書室・視聴覚室・コンピューター室の機能を統合したもので、総合的な学習を補助するために有効である

9 ☐☐ 幼保連携型認定こども園の計画において、園児のための諸室として、ほふく室、保育室、遊戯室及び便所を設け、ほふく室と遊戯室を兼用する計画とした

9 × ほふく室と遊戯室は兼用できない

MEMO | # 目で覚える！ 重要ポイント

●チェックしておきたい学校建築

学校名（建設場所）	設計者	概要
加藤学園暁秀初等学校（静岡県）	槇文彦	1972年。**わが国初のオープンスクール**の小学校。学習センターと呼ばれる多目的室を中心に、オープンクラスルーム（16m×16m）と特別教室が中庭を介して配置され、グループ学習から個別指導まで、チームティーチング等にも対応し、子供たちの可能性を引き出す教育を目指している。オープンクラスルームは、状況に応じて分割使用ができる
東浦町立緒川小学校（愛知県）	田中・西野設計事務所	1978年。**学年オープンスペースと多目的ホールという2段階構成**を持ち、オープンスペースを利用した公立小学校の先駆的事例である。低学年棟・高学年棟・特別教室棟・特別教室棟・管理棟及び体育館（既存）に分かれ、廊下で繋がれている。学校が個別化・個性化教育に取り組むきっかけを与えるとともに教育の発展を支えた事例である。**チームティーチング**を行っている
宮代町立笠原小学校（埼玉県）	象設計集団	1982年。クラスルームの面積を通常の約1.5倍となる約90㎡のとし、RC造であるが木造校舎のような親しみやすいデザインとしている。「学校はまち」「教室はすまい」であるという考えのもと、連続する瓦屋根や木仕上げ、談話コーナー、ベンチのあるアルコーブ、畳コーナーなどある「**教室重視**」型の小学校である
目黒区立宮前小学校（東京都）	ARCOM	1985年。鉄骨造校舎のモデルケースとして1955年に建設された旧校舎の建替え。1階にモールを設け、モール上部の吹き抜けに面して、2階に、オープンスペース、メディアスペース及びクラスルームが配置されている。**オープンスペースをメディアスペースと組み合わせた計画**に特徴がある
浪合村立浪合学校（長野県）	湯澤正信	1988年。過疎の地域であるが、豊かな自然の中で、**保育園・小学校・中学校・公民館を一体的に計画**した小規模な学校である。各施設は分棟形式でガラス張りの回廊で接続される。中央の本館には、共用のランチルームがあり、隣接の音楽室とつなげ、オーディトリウムとして地域開放も可能としている
千葉市立打瀬小学校（千葉県）	シーラカンス	1995年。フレキシビリティの高いオープンスクールを目指している。低学年・中学年・高学年棟それぞれに、**クラスルーム・ワークスペース・アルコーブ及び中庭を一体に配置**し、多様な学習展開への対応を図っている
棚倉町立社川小学校（福島県）	近藤道男	1998年。雑木林や池などの豊かな自然と地形を活かした小学校。中庭を中心に多目的ホール・低学年棟・中学年棟・高学年棟及び音楽室等がスロープで繋がる。教室棟はそれぞれ**クラスルーム（各棟2クラス）・オープンスペース・教師ステーション・教材庫・デン・手洗い及びテラス**が用意されている。学年が変わるごとに変化のある教育環境をつくりだしている
公立はこだて未来大学（北海道）	山本理顕	2000年。開放的な矩形の大空間の中に、ひな壇状に研究室等が積み重なっている。**ひな壇の上部のテラス状スペース**は機能を特定されないような学生の学習スペースで、スタジオと呼ばれている。研究室やスタジオは、透明ガラスで仕切られ、学生や教官が活発なコミュニケーション取れるように期待されている
ふじようちえん（東京都）	手塚貴晴＋手塚由比	2007年。**楕円形の平面**を持ち、内側に園庭を持つ鉄骨造平屋建の幼稚園。屋内の間仕切り壁は少なく、引戸の多用により屋外ともつながる広々とした空間の上に、自由に走り回れる円環状のウッドデッキ屋根に設けている

006 公共建築②高齢者施設・医療施設

高齢化社会の中で、様々な形態の高齢者施設がつくられている。施設の特徴を整理して覚える。医療施設では、部門構成と特徴を理解したうえで、各部門の知識を整理する。高度医療に対応し、施設として固定部分と変化する部分を含むのが特徴である

1　高齢者施設の計画

●高齢者施設の種類

施設の呼称	対象者及び施設の機能	特徴
特別養護老人ホーム	65歳以上で、**常時介護**が必要な身体・精神上著しい障害があり、居宅で適切な介護を受けることが困難な人が対象。入浴・食事や機能訓練等の便宜を提供	従来の4人室型に比べ、近年では個室型のものが注目されている。**10.65㎡／人以上**
養護老人ホーム	65歳以上で、自宅での生活が困難な人が入所し、生活援助を受ける施設	身体・精神上のほか、住宅事情や家族関係、経済的理由も入所対象となる
軽費老人ホーム	60歳以上で、家庭環境・住宅事情等で、自宅での生活が困難な人が、**低額料金**で入所できる施設	**A型（給食）、B型（自炊）、ケアハウス（食事は外部サービス）**の3タイプがある
介護老人保健施設	入院治療は必要ないが、機能訓練や看護・介護が必要な要介護高齢者を対象とした施設	自立し、**家庭復帰**をめざして、医療ケアとデイサービスを行う。**8.0㎡／人以上**
認知症高齢者グループホーム	食事の支度・掃除・洗濯などを介護者と共同で行う居住・ケアの形態。**5人以上9人以下**の小グループで生活する	認知症の進行を穏やかにし、家族の負担を軽減するケア形態
有料老人ホーム	民間主体の運営で、入浴、排せつ、食事の介護・提供、洗濯・掃除等の家事、健康管理を提供	特別養護老人ホームに比べ、高額である

□ **在宅サービス**には、通所介護（**デイサービス**）と通所リハビリテーション（**デイケア**）がある
①デイサービス：送迎バスなどでデイサービスセンターに通う高齢者に、入浴・食事・健康診断・日常動作訓練などのサービスを行う
②デイケア：介護老人保健施設や病院・診療所に通い、日常生活の自立を助けるために理学療法や作業療法などのリハビリテーションを行う

□ 施設計画としては以下のとおり
①老人ホーム等の入所型施設は、共有空間を数室の居室とともにグルーピングし、少人数の介護ユニットをつくる。介護単位を小規模（入居者10人程度）にし、小規模ケアを行うことをユニットケアと呼ぶ
②段差を避け、手すりを各所に設ける等、車いす対応を考える
③共有空間を充実させながら、個室空間のプライバシーを高める
④日照・通風を確保する等、安全で快適な設備計画とし、暖房時の温度は、多少高めとする

●ノーマライゼイション
ハンディキャップを持つ人も健常者と同じように、人間としての平等の権利と義務を担い、社会に参加して生きることを達成しようとする福祉の基本概念
●各部計画
・便所の扉は**引戸**又は**外開き**とする
・老人の視力を考え、室内を明るくする
・机上照度は**健常者の1.5倍以上**
●サービス付き高齢者向け住宅
住宅の設計や構造・入居者へのサービス・契約内容に関する基準を満たし、都道府県に登録された住宅である。高齢化社会の中で、特別養護老人ホームなどの施設不足のほか、これまでの高齢者住宅ではサービスが不十分であったこともあり制度化された
●ハウスアダプテーション
高齢者・障害者が身体的不自由によって住居から被るハンディキャップを軽減するために、建築や保健・医療・福祉が連携して住宅改造などを行う手法

2　医療施設の計画

医療施設は、以下のように分類される

● 医療施設の分類

診療所	ベッド数19以下（無床も含む）
病院	ベッド数20以上
総合病院	ベッド数100以上。内科・外科・産婦人科・眼科・耳鼻咽喉科の診療科目をもつ

総合病院の延べ面積は、40 ～ 60㎡／ベッド程度、病棟部は延べ面積の35～40%程度。また、外来診療部は10～15%程度、設備機械室は供給部の中に含まれ7 ～ 11%程度必要である

● 総合病院の各部署の計画

部署	役割
病棟部	病棟は1看護チーム（8 ～ 10人）が担当する患者グループのまとまりである看護単位を基本として計画する。また、産科病棟において陣痛(Labor)・分娩(Delivery)・回復(Recovery)を一室で行う方式をLDRという

病棟	一般(内科・外科)	40 ～ 50ベッド／看護チーム
	産科・小児科	30ベッド／看護チーム

病室	個室	≧6.4㎡以上／人
(内法)	2人室以上	≧4.3㎡以上／人

ICU [*]	40 ～ 60㎡／室（手術部との関連が深いので隣接させる）

患者を症状に応じて段階的に分け、病状に合った看護の水準を確保し、看護の質を高める方式をPPC方式という。段階介護とも

中央診療部	サプライセンター・手術部・リハビリテーション部・放射線部・検査部・薬局などの施設を、合理化のために集中設置した部門として、**外来診療部と病棟の中間**に置く

- **サプライセンター（中央材料室／SPD部門）**：病院全体の医薬品や医療機器を消毒・支給する施設で、手術機器・各種器具・衛生材料・薬品などの**物品管理**を集中的に扱う
- **手術部**：通り抜けのない位置に置く。汚染対策を考えて前室を置き、空調設備も専用とする。サプライセンターと近接して配置するのが、機能的によい
- **リハビリテーション部**：身体障害疾患者などの社会復帰のための理学療法を行う。ADL（日常基本動作）の訓練室では、実際の日常生活活動が行えるように訓練する
- **放射線部**：放射線の強さに応じて防護を行う。コンクリートの防護壁や鉄の防護ドアを使用し、X線撮影室ののぞき窓は**鉛ガラス**などを使用する。なお、MRIを設置する部屋は、磁気シールドが必要である

外来診療部	中央診療部の診察とは別に、外来専用の診察室が診療科目ごとに設けられる。主要諸室は、待合室・外来受付・外来診察室であり、**病院入口付近**に設ける。内科は、患者の出入りが多いので、外来入口近くに置き、小児科は他科と分離して置く

*：ICUはIntensive Care Unitの略。集中治療室（重度治療室）のことで、手術後の患者や重症患者を扱う

● 医療施設

医院は、医療法上では「診療所」と同じである

● 総合病院の部門構成と面積割合

● 病院の部門構成

- ·管理部：受付、医局、管理、事務
- ·病棟部：病室、ナースステーション、デイルーム、配膳室、処置室、洗面所、洗濯室、リネン室、便所、浴室、医師室
- ·中央診療部：手術部、分娩部、中央材料部、放射線部、検査室、薬局等
- ·外来診療部：各科外来診療部、待合室
- ·供給部：給食、洗濯、物品、廃棄、設備

● 基壇型プラン

● 多翼型プラン

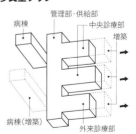

医療機器の更新にともなう増改築の多い診療部門では、病棟等の他部門から制約の少ない多翼型プランが多く採用されている（診療部門の形を翼になぞらえた）

1 最頻出問題｜一問一答

→→→

次の記述のうち、正しいものには○、誤っているものには×をつけよ

1 □□ 一般的な総合病院の計画において、病棟・外来・診療・供給・管理の5つの部門の構成を設定し、各部門間の人と物の動線について検討した

1 ○｜一般的な総合病院は、患者に直接関係する病棟部・外来部・診療部と患者に直接関係しない供給部・管理部の5つの部門から構成されている

2 □□ 特別養護老人ホーム(介護老人福祉施設)は、診療所の機能は必要としないが、居宅における生活への復帰のために、介護及び機能訓練を必要とする高齢者のための施設である

2 ×｜特別養護老人ホーム(介護老人福祉施設)は、常時介護を必要とし、自宅で介護を受けられない高齢者に、入浴・食事の提供、緊急時の対応、機能訓練等の便宜を提供する施設である

3 □□ 軽費老人ホーム(ケアハウス)は、急性期の医療が終わり、病状が安定期にある患者のための長期療養施設である

3 ×｜軽費老人ホームは、身体機能の低下等で自立した生活を送るのに不安があり、自宅介護を受けられない高齢者が入居し、生活相談、入浴・食事の提供、緊急時の対応等を受ける施設である

4 □□ 総合病院の中央材料室は、手術室との関係を重視して配置する

4 ○｜中央材料室(サプライセンター)は、医薬品や医療機器の集中管理を行う。手術室との関係を重視して配置する

5 □□ 一般的な総合病院の計画において、延べ面積に対する外来部門の床面積の割合を、15%とした

5 ○｜一般的な総合病院で、外来部門の占める床面積は、延べ面積の10〜15%程度である

6 □□ 一般的な総合病院の計画において、病院管理の効率及び患者の動線を考慮して、外来部門を診療部門と病棟部門との間に配置した

6 ×｜診療部を外来部と病棟部の中間に、両方から連絡のよい位置に設ける

7 □□ LDRとは、陣痛・分娩・回復と出産の過程に応じて、それぞれに必要な設備が整った専用の部屋を設ける方式である

7 ×｜LDRとは、陣痛・分娩から産後の回復まで、部屋を移動する必要のない一室分娩システムをいう。家庭的な雰囲気の中で出産できるよう配慮する

2 実践問題｜一問一答

→→→

1 □□ サービス付き高齢者向け住宅は、バリアフリー構造を有し、介護・医療と連携して高齢者を支援するサービスの提供等に関して一定の基準を満たし、単身高齢者世帯、高齢者夫婦世帯等の居住の安定を確保するための賃貸等の住宅である

1 ○｜サービス付き高齢者向け住宅とは、高齢者の暮らしを支援するサービスの付いたバリアフリー住宅で、都道府県の登録を受けた賃貸住宅をいい、2011年に登録制度が創設された

2 ☐☐ 療養病床を有する病院(介護療養型医療施設)とは、長期にわたる療養を必要とする患者であって、常時医学的管理が必要な要介護者のための治療機能・療養機能をもった施設をいう

3 ☐☐ 特別養護老人ホームにおいて、少人数のグループに分けて介護するために、共用空間を数室の居室とともにユニット化し、そのユニットを複数配置する計画とした

4 ☐☐ 手術部の計画に当たり、他部門との速やかな連携や機材等の搬出入に配慮し、他部門の通過動線を手術部内に設ける計画とした

5 ☐☐ 外来診療部の計画に当たり、患者の出入りの多い内科は外来入口の近くに配置し、小児科は可能な限り他科と分離して計画した

6 ☐☐ 総合病院における小児患者の病床は、疾患ごとの特徴に対して的確に対応できるように診療科ごとにそれぞれ設けた

7 ☐☐ 看護拠点の計画に当たり、看護動線の短縮及び病室内の患者の観察の容易さを確保するため、ナースステーションの他にナースコーナーを設け、看護の作業区分を分散した

8 ☐☐ 一般的な総合病院の計画において、病院内で使用する物品の管理を一元化するために、SPD部門を設けた

9 ☐☐ 総合病院の計画に当たり、ICU(集中治療室)を、人や機器の出入りが多い手術部と離し、療養できる病棟部門に配置した

10 ☐☐ 近年増加している小規模で家庭的な環境づくりをめざす認知症高齢者グループホームにおいては、リハビリテーションのための機能訓練室を設ける必要がある

11 ☐☐ 特別養護老人ホームにおいて、家庭的な空間の中で生活するために、食堂とデイルームからなる共同生活室を7室の個室とともにユニット化し、複数配置した

12 ☐☐ シルバーハウジングとは、要介護状態の高齢者を対象に、看護、医学的管理のもとに介護、機能訓練その他必要な医療や日常生活の世話を行うことを目的としたサービスを提供する施設である

13 ☐☐ 急性期リハビリテーションは、疾患に応じて90日から180日をかけて体の機能や日常生活動作(ADL)の改善を目指すことであり、専門リハビリテーション医療機能を持つ医療施設で行われる

2 ○│介護療養型医療施設は、病状が比較的安定している長期患者であって、常時医学的管理が必要な要介護者のための、医療・介護の両方の機能をもった施設である

3 ○│特別養護老人ホームの計画は介護単位を小規模にし共用空間を分散配置することで、家庭的な環境にする

4 ×│手術部は清潔環境維持のため、院内の他部門への通過動線を遮断することが望ましい

5 ○│患者数の多い内科は動線短縮のため外来入口の近くに配置し、小児科は感染予防のため可能な限り他科と分離して計画する

6 ×│小児科は可能な限り他科と分離する

7 ○│ナースコーナーには、院内の情報端末装置が設置され、患者情報等の出入力ができるようになっている

8 ○│SPD部門とは、病院全体の手術機器・器具・衛生材料・注射器・薬品等を、整備・消毒・滅菌・保管・供給する部門で、供給部門の面積効率を高め、物品・情報の管理を効率化できる

9 ×│高度な設備によって、重症患者に短期的で集中的な治療・看護を行うユニット。手術部に近接させる

10 ×│認知症高齢者グループホームは、認知症高齢者が5～9名で生活上の介護を受けながら、家庭的な雰囲気の中で共同生活を行う。認知症の進行を穏やかにし、家庭介護の負担を軽減することが目的で、リハビリのための機能訓練室を設ける必要はない

11 ○│適当な計画である

12 ×│シルバーハウジングでは、基本的に介護を受けることはできないので、要介護となった場合には、訪問介護等を利用しなければならない

13 ×│急性期リハビリテーションは、急な病気や怪我の治療と平行して行われる。概ね発症から数日～1カ月後程度の期間で展開される

007 公共建築③図書館、美術館・博物館、体育館・屋外競技場

対象範囲が広いので、テキストにある知識は確実に覚えること。図書館では出納方式と特徴を理解したうえで、各室の計画を学ぶ。美術館・博物館では、展示室の採光・照度、収蔵庫の知識、体育館では、広さ高さの最低基準及び方位について注意する

1　図書館の計画

□　**公共図書館**には中央図書館と分館がある。**中央図書館**は多くの蔵書をもち、専門的な調査研究にも対応する。**地域図書館（分館）**は地域住民へのサービスが主目的であり、中央図書館と連動して、貸出業務を重視する

● **図書館の種類**
公共図書館のほか、国立国会図書館・大学図書館・学校図書館・専門図書館・特殊図書館等がある

□　**BDS**（ブックディテクションシステム）は、電波で感知して、貸出処理されていない図書の館外への持出しを防止するシステム

● **BDS**
カウンターと出入口の間に設置されるBDSには、テープ式とカード式がある。BDSの採用により、利用者は私物を館内に持ち込めるようになった

□　● **図書館の出納方式と特徴**

出納方式	特徴
自由開架式	閲覧者が、本を自分で取り出して、そのまま検閲を受けずに閲覧する方式。**分館、小規模図書館**、児童用や新聞雑誌の閲覧コーナーに適するが、本の傷みや紛失も多い
安全開架式	閲覧者が書庫より選び出し、閲覧室の途中で検閲を受ける方式
半開架式	ガラス又は金網張りの書架から見て選び、係員に出してもらう方式
閉架式	カードより本を選び、出し入れは係員が行う方式。1㎡につき230冊程度収蔵している。手続は煩雑であるが、**大規模図書館**、貴重図書の収蔵などに適し、本の傷みや紛失は少ない

● **図書館各室の計画**

室	計画上のポイント	備考
一般閲覧室	静かな雰囲気づくりを考慮して**採光**に留意。カウンターまわりや中央部で**見通し**を考慮する場合は、**4段以下の低書庫**とする	面積：数人掛の場合1.3～2.0㎡／人（成人）、個人掛の場合2.5～3.5㎡／人（成人） 閲覧机：1人当たり、間口90㎝、奥行き60㎝程度必要 開架書架：芯々間隔は通路幅＋45㎝ 車椅子対応：車椅子のすれ違いは225㎝以上（通路幅180㎝）、片側通行対応は165㎝以上（通路幅120㎝）必要
児童閲覧室	**児童と成人の閲覧室**は分離する。開架式とし、親しみやすい雰囲気づくりに留意。児童用書架は高さが低いので、単位面積当たりの収蔵能力は小さい	様々な年齢の子供が利用するので、年齢層に対応してスペースを分ける。書架の近くに閲覧机を置く 面積：児童1.1㎡／人
出納カウンター （コントロールデスク）	来館者サービスの中心的位置付けで、入館者動線の中心に置く	子供や車椅子使用者を考慮して、カウンターの高さは70～80㎝程度とする
ブラウジングルーム （又はコーナー）	新聞や雑誌の閲覧場所、1階の出入口近くに設ける	くつろいだ雰囲気のものとし、閲覧室の一部に設ける。出入りが激しく騒々しいので、ほかの部屋から離す
書庫	〈単位面積あたりの各書架の収蔵能力〉可動式書架：400冊／㎡以上、閉架書庫：200～250冊／㎡程度、開架書庫：170冊／㎡程度、地域図書館（分館）：50冊／㎡	貴重書庫などでの資料保存には、単独の空気調和設備が必要。また、不活性ガス消火設備を設ける例が多い

2 美術館・博物館の計画

● 展示室の平面計画

種類	特徴	長所・短所
連続式 (接室順路形式)	原則的に逆戻り、交差がないように、**ワンウェイ**で計画する	小規模な展示向きで、空間の利用率は高い。しかし、展示の変化には対応しづらい
広間式 (中央ホール形式)	中心になるホールに、複数の展示室が接する形式	中規模な展示向きで、ホールから目的の展示室に直接入れる。しかし、展示の変化には対応しづらい
ギャラリー コリドール式 (廊下接続形式)	廊下によって各展示室を結んだ形式。廊下が回廊となり、中庭を囲む場合が多い	大規模な展示向きで、廊下から目的の展示室に直接入れる。また、展示室の閉鎖・追加もできる

展示室の環境としては、洋画の場合は**300〜750**ルクス、日本画の場合は**150〜300**ルクスの人工照明が一般的である。全般照明と展示物への局所照明を分け、均等で安定した明るさが必要。また、展示物の見やすい距離は、展示物の大きさ(対角線の長さ)の**1.5倍**とされている

収蔵庫は、荷さばき室や燻蒸室等と近接した位置に設け、二重構造とし、その中間の空気層を空調し、**温湿度調整**をする。また、保存環境を一定に保つため、前室を設ける

● 展示室の環境
展示ケースガラス面は、照明の映り込みを避け、傾斜させるなどの配慮が必要。高演色蛍光ランプや超高演色蛍光ランプは演色性が高いが、ナトリウムランプは演色性が悪いので、展示には適さない

● 収蔵庫
文化財の収蔵・保存には、低湿収蔵庫と高湿収蔵庫がある。内装仕上材には、樹脂の多いマツやヒノキなどは避け、スギやスプルースを使う

3 体育館・屋外競技場等の計画

体育館における競技場の広さは**バスケットボールのできる広さ**を、高さは**バレーボールの行える高さ**を基準とする

屋外競技場の方位は、太陽高度の低い東西方向の光線がまぶしくないように、**長軸を南北方向**にとる。また、室内体育館では、太陽光線を壁で遮れるので、採光や夏の通風を考慮して長軸を東西方向にとる場合が多い

● 体育館の床
運動に適した弾性が必要である。また、防振対策や防音対策を考慮して、二重床にするとよい

● バスケットボールコートの最小寸法
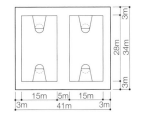

● バレーボールコートの最低高さ
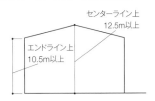

● 競技場の大きさ

	バスケットボールコート	バレーボールコート
広さ	・15m×28m ・**2面配置で45m×35m程度** (最低41m×34m)	・9m×18m ・2面配置で40m×35m程度 (最低38m×34m)
高さ	・7m以上	・センターライン上で12.5m以上
	テニスコート	**武道場**
広さ	・11m×24m ・2面配置で45m×45m程度 (最低40m×40m)	・柔道場で15m×15m程度 ・剣道場は柔道場よりやや狭い(ともに、場外スペースを含む)
高さ	・12m以上	−

QUESTION

1 　最頻出問題｜一問一答

次の記述のうち、正しいものには○、誤っているものには×をつけよ

1 ☐☐　公共体育館の計画において、成人用バスケットボールコートを二面配置するために、床面の内法寸法を、30m×35mとした

2 ☐☐　博物館の収蔵部門は、収蔵庫内の保存環境を一定に保つため、前室を設ける計画とした

3 ☐☐　美術館の収蔵庫は、収蔵品に付着した害虫等による被害を最小限に抑えるため、燻蒸室からできるだけ離れた位置に配置した

4 ☐☐　図書館の計画において、閉架式書庫の内部にブラウジングルームを設け、BDSによって、入室管理を行うことができるようにした

5 ☐☐　市庁舎本庁舎の計画において、議会関連諸室(議場、委員長室、議員控室等)の床面積の合計は、一般に、庁舎全体の床面積の合計の10%程度となるようにする

6 ☐☐　市庁舎本庁舎の議場は、行政部門と別組織であり、大空間が必要なことから、一般に、庁舎の最上階又は別棟とすることが望ましい

2 　実践問題｜一問一答

1 ☐☐　小規模なコミュニティ施設の計画において、施設の夜間利用を想定して、夜間専用の出入口を設け、専用カードキーで利用できる計画とした

2 ☐☐　市庁舎の計画にて、利用者が各種届出や証明書の受領を円滑に行えるよう情報システムを導入し、総合窓口形式を採用した

3 ☐☐　博物館の保存・修復のための調査・研究部門は、研究対象である収蔵品の移動を最小限に留めるために、収蔵部門と隣接して設ける計画とした

ANSWER

→→→

1 ×｜成人用バスケットボールコートを二面配置するための床面の内法寸法は、34m×41m以上必要である

2 ○｜収蔵庫内部と外部の急激な環境変化を避けるために、前室としてならし室を設ける必要がある

3 ×｜美術館における燻蒸室は、収蔵品に付着した害虫等を殺し、除去するための部屋であり、荷解室、収蔵庫の近くに設ける

4 ×｜BDS(Book Detection System)は、電波で感知して、貸し出し処理のされていない資料の館外への持出しを防止するシステムで、カウンターと出入り口の間に設置される

5 ○｜設問記述のとおり。ちなみに庁舎規模による差異もあるが、最も多くの面積を占める窓口事務と一般事務部門の合計は床面積のうち約20%である

6 ○｜設問記述のとおり

→→→

1 ○｜コミュニティ施設は、多様な運営・管理に対応して、夜間専用の出入口を設ける

2 ○｜市庁舎の窓口は、従来担当する課によって分かれていたが、総合窓口形式(ワンストップ窓口形式)が増えてきている

3 ○｜適当な計画である

4 ○｜ロン・メイスの提唱したユニバーサルデザインの7つの原則とは、「公

4 □□　公共建築において、誰もが利用しやすいように、ロン・メイス（Ronald Mace）等が提唱したユニバーサルデザインの7つの原則に沿って計画した

5 □□　屋外のサッカー競技場は、一般に、冬季の風向きによる競技への影響を最小限とするため、競技のフィールドの長軸を、東西の方向に計画することが望ましい

6 □□　図書館において、貴重書庫を半地下に設け、年間を通じて自然換気を行った

7 □□　資料検索のための利用者開放端末（OPAC）については、来館者の利便性を考慮して、分散させずに館内の入口付近に集中配置した

平性」「自由度」「簡単さ」「明確さ」「安全性」「持続性」「空間性」であり、公共建築物などの計画指針の一つ

5　×｜屋外競技場は、競技者が太陽高度の低い東・西からの日差しが目に入らないように、フィールドの長軸を南北方向にとる

6　×｜図書館の書庫においては、蔵書の保存のため、空調による低温恒湿な環境をつくることが望ましい

7　×｜利用者開放端末（OPAC）とは、図書館利用者が図書館内の端末や自分のパソコンを使ってアクセスし、オンラインで検索することができる図書館蔵書目録のことで、来館者の利便性を考慮すると開架閲覧室内に分散して配置するのがよい

MEMO　## 目で覚える！　重要ポイント

● チェックしておきたい公共建築

公共建築名（建設場所）	設計者	概要
国立国会図書館関西館（京都府）	陶器二三雄	2002年。敷地は，雑木林等があった丘陵地であったが、書庫を地下に、中庭に面した閲覧室を半地下に配置することで建築物の地上部分のボリュームを抑え、**景観上の調和を配慮した図書館**である。利用者と職員の動線は、明確に分けられている。
せんだいメディアテーク（宮城県）	伊東豊雄	2000年。鉄骨造（一部RC造）。地下2階、地上7階建。仙台市図書館、ギャラリー、映像メディアセンターなどの複合機能を持つ公共文化施設。床スラブは、厚さ400mmのスティール・ハニカムスラブ構造であり、**チューブと呼ばれる13本の鋼管トラス**による立体構造で支持される。チューブは開放性があり、自然採光を取り入れることもでき、階段室・EV・設備シャフトにもなる。
フランス国立図書館（フランス、パリ）	ドミニク・ペロー	1995年。深さ約20mの緑に覆われた**広大な中庭を囲む**形で、回廊が廻り、閲覧室がある配置として、自然光を取り込む。**L字型平面のガラス張りの高層棟**が、中庭を囲む形で四隅に配置されており、内部は事務部門と書庫の構成である。
世田谷美術館（東京都）	内井昭蔵	1985年。緑豊かな砧公園内に立地するため、**周辺環境との調和を重視した美術館**である。公園の樹木より建築の高さを抑えるため2階建とし、建築を分割し、回廊で繋げ、威圧感を持たせない配慮をしている。
海の博物館（三重県）	内藤廣	1992年。**魚具の収蔵・展示・研究を目的とする博物館**。収蔵棟は、ローコストと高い耐久性を追求し、プレストレストプレキャストコンクリート造ポストテンション工法とし、屋根は瓦としている。展示棟の壁・床はRC造、架構部は集成材による木造とし、屋根は瓦葺にしている。体験学習棟は、RC造＋集成材による木造である。
金沢21世紀美術館（石川県）	SANAA（妹島和世・西沢立衛）	2004年。誰でもが気軽に様々な方向から立ち寄れるように、**複数のエントランスのある円形の平面**とし、内部には、建築物の端から端まで見通すことができるいくつかの廊下がある。外周を曲面ガラスとし、内部には**複数の光庭**を持つことで、敷地及び建物全体が公園のような設計となっている。
名護市庁舎（沖縄県）	象設計集団	1981年。各階をセットバックさせてできたテラスをパーゴラで覆う等して、屋根・外壁・開口部を日射と風雨から保護し、日影となるスペースをつくりだしている。空調設備に依存しない快適な環境づくりをめざし、屋上緑化や自然通風をうながす**「かぜの道」**を計画し、**沖縄の気候風土と調和した庁舎**を目指している。
水戸芸術館（茨城県）	磯崎新	1990年。音楽・演劇・美術のそれぞれに対応した**文化施設を、個々の空間の独立性を保ちながら、一体化**させている。それぞれの施設を繋ぐエントランスホールは、パイプオルガンが設置されており、コンサートホールの機能ももつ。正四面体を螺旋状に積み上げた形状の高さ100mのシンボルタワーが、ランドマークになっている。
国立国会図書館国際子ども図書館（東京都）	久留正道、安藤忠雄他	2000年。**日本初の児童書専門の国立図書館**。1906年（明治39年）に建設の**帝国図書館の保存再生**。旧館は第1期が鉄骨補強煉瓦造、第2期増築部分はRC造である。内外装は極力保全し、免震構造としている。エントランスはガラスボックスを挿入した構成となり、中庭側にはラウンジが新設され、ガラスのカーテンウォールで覆った構成となっている。
小布施町立図書館まちとしょテラソ（長野県）	古谷誠章＋NASCA	2009年。地上1階建、鉄骨造。屋根を支えているのは、木をモチーフにした鉄骨柱。**間仕切りを必要最小限に抑え大空間**を実現させ、三角形平面の**中央に開架書架**を配置し、3つの辺にそって柔らかに分けられたスペースがつくられている。

008 商業建築①事務所・劇場・映画館等

商業建築に関する問題は、事務所建築に関する出題が多い。コア形状の違いによる事務所建築の特徴を理解し、平面計画とレンタブル比の違いに注意する。劇場では、舞台・プロセニアム廻りの問題の出題頻度が高い。平面形状と断面形状を理解する

1 事務所建築

● 事務所の種類

専用事務所	単独の企業が、自己専用の事務所として建てるもの
準専用事務所	数社の企業が集まって管理会社を設立し、建設から管理まで行うもの
貸事務所	建築物の全部又は大部分を賃貸し、収益をあげるもの
準貸事務所	建物の主要部分を自己専用にあて、残りの部分を賃貸にして収益をあげるもの

基準階において、事務室以外の①交通部門（廊下・階段・エレベーターなど）、②サービス部門（便所・洗面所・湯沸室など）、③設備部門（ダクトスペース・配管スペースなど）をまとめて**コア**と呼ぶ。コアの位置は平面計画に大きく影響する

●コアプランの種類

種類	概要		特徴
センターコア		コアを平面の中央に配置した形式で、高層用	**レンタブル比が高い** 事務室とコアとの距離を等しくとりやすい 二方向避難の明快さに欠ける
オープンコア		コアを平面の中央部全体に配置した形式で、高層用	**二方向避難が明快である** コアによって事務室スペースが分離されるため、ある程度以上の基準床面積を必要とする
偏心コア		コアを平面の一方に寄せて配置した形式で、低層・中層用	比較的レンタブル比が高い 事務室とコアとの距離が一定でない 二方向避難の明快さに欠ける
ダブルコア		事務室の両側にコアを配置した形式で、中層・高層用	**二方向避難が明快である** 事務室とコアとの距離を等しくとりやすい 事務室の独立性に欠ける
分離コア		コアを事務室から独立させて配置した形式で、中層・高層用	事務室の独立性が優れている 事務室が大きくなると、コアとの距離が長くなる

● レンタブル比

延べ面積に対する収益部分の床面積割合を**レンタブル比**（有効面積率）という

レンタブル比＝収益部分面積÷延べ面積×100%

● 一般的な貸事務所の場合のレンタブル比

延べ面積：65 ～ 75%
基準階：75 ～ 85%

● 事務所の平面計画

- 床面積：8 ～ 12㎡／人
- 扉：事務室の廊下に面する扉は、内開き（避難用の扉以外）
- 床：OA化した事務室は、**フリーアクセスフロア**の採用が多い
- モジュール割り：事務所空間の標準化や合理化ができる

エレベーター計画においては、最大ピーク時の**5分間**の利用人数によってエレベーター台数を決定する。一般的には、朝の出勤時の人数を対象に算定する

● **グルーピング（バンク分け）**

高層建築物のエレベーター計画では、効率的な利用のため、建物を高層・中層・低層等に分割するゾーニングを行う

● **机の配置・配列方法**

名称	対向式	同向式（並行式）	スタッグ式
配置	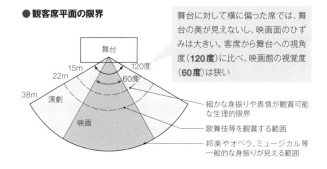		
特徴	所要面積が最も小さく、**密なコミュニケーション**が可能	通路部分が増えるので、対向式の1.2〜1.3倍の所要面積となるが、視線が対面しないので、**プライバシーが要求される仕事**に適する	個人の領域が明確になり、対向式と同向式の特性を併せもつ方式

ランドスケープ式：対向式や同向式・スタッグ式などを自由に組み合わせた「ランドスケープ式」がある。多様な執務形態に対応可能であるが、所要面積（22㎡／人程度）が広く必要

2　劇場・映画館・コンサートホール

● **観客席平面の限界**

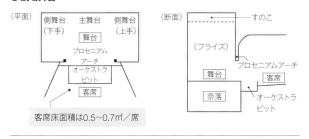

舞台に対して横に偏った席では、舞台の奥が見えないし、映画面のひずみは大きい。客席から舞台への視角度（**120度**）に比べ、映画館の視覚度（**60度**）は狭い

- 細かな身振りや表情が観賞可能な生理的限界
- 歌舞伎等を観賞する範囲
- 邦楽やオペラ、ミュージカル等一般的な身振りが見える範囲

● **映画館の平面計画**

客席の所要床面積は、1人当たり**0.5〜0.7㎡／席**程度

● **プロセニアムアーチ**

舞台と客席を仕切る舞台前面に設けられた額縁状の壁

● **上手・下手**

客席から見て舞台の右側が上手、左側が下手となる

劇場舞台（プロセニアムステージ）の平・断面構成は下記のとおり。主舞台幅は一般的にプロセニアム幅の2倍以上とする

● **劇場舞台**

（平面）
| 側舞台（下手） | 主舞台 | 側舞台（上手） |

舞台
プロセニアムアーチ
オーケストラピット
客席
客席床面積は0.5〜0.7㎡／席

（断面）
すのこ
（フライズ）
プロセニアムアーチ
舞台
客席
奈落
オーケストラピット

● **フライズ（フライロフト）**

舞台上部に背景や照明器具などの道具類が吊るされて収納されている空間。プロセニアムアーチの2〜3倍の高さが必要

● **奈落**

舞台床下の部分で、舞台転換のためのせり等の機械設備がある

● **オーケストラピット**

オーケストラ演奏のために舞台と客席の間に設けられた、床が下がった空間

● **コンサートホール**

シューボックス型	客席と演奏者が対面して並ぶ形式
アリーナ型	客席が演奏者を取り囲む形式。演奏者と客席の一体感がある

● **シューボックス型**

シューボックス型は、靴を入れる紙箱の形から名付けられた長方形のホール。平行な側壁と天井面からの拡散反射により、美しい残響効果を生じる

QUESTION

1 最頻出問題 | 一問一答

次の記述のうち、正しいものには○、誤っているものには×をつけよ

1 ☐☐ 事務所ビルの避難階において、上階からの階段と下階からの階段を連続させない計画とした

2 ☐☐ 30階建ての事務所ビルの計画において、エレベーターの運行方式は、建築物を10層ごとに3つのゾーンに分割して、各ゾーンにエレベーター群を割り当てるコンベンショナルゾーニング方式とした

3 ☐☐ コンサートホールの計画において、演奏者と観客の一体化を図ることを意図して、客席が演奏者を取り囲むシューボックス型の空間形式を採用した

4 ☐☐ 事務室内の机の配置計画において、プライバシーが必要とされる頭脳労働的な業務に利用するために、並行配置から対向配置へ変更した

5 ☐☐ 基準階の床面積が3,000㎡の貸事務所ビルにおける基準階のレンタブル比を、75%とした

6 ☐☐ 基準階の床面積が2,000㎡の30階建ての貸事務所ビルの計画において、レンタブル比を高めることができ、構造上も有効なセンターコア型を採用した

2 実践問題 | 一問一答

1 ☐☐ 高層事務所ビルのエレベーターの計画において、低層用5台と高層用5台とを幅4mの通路を挟んで対面配置とした

2 ☐☐ 事務所ビルにおいて、空調負荷の低減を図るために、氷蓄熱システムからの冷風を利用して夜間に躯体に蓄冷させ、昼間に躯体に吸熱させるナイトパージを採用した

ANSWER

→→→

1 ○ | 避難階では、上階からの避難者と下階からの避難者が避難階の階段室出口で合流して混乱するのを避けるために、上階からの階段と下階からの階段は連続させないように計画する

2 ○ | 高層建築物のエレベーター計画では、効率的な利用のため、建物を高層・中層・低層等に分割するゾーニングを行う。各ゾーンのサービスフロア数は10階前後、最大15フロア以下とする。このような方式をコンベンショナル・ゾーニング方式という

3 × | 演奏者と観客の一体化を図ることを意図して、客席が演奏者を取り囲む形状はアリーナ型。シューボックス型は、客席を演奏者と対面して並べる形式で、音響が安定している

4 × | 対向式は、コミュニケーションを必要とする業務に向いている。並行式は対面する形式に比べ、プライバシーが保たれ、執務の集中が要求される頭脳労働的な業務に適している

5 ○ | 貸事務所ビルにおける基準階のレンタブル比は、75〜85%である

6 ○ | 基準階の床面積が1,000〜3,000㎡の大規模な事務所ビルでは、レンタブル比を高めることができ、構造コアとしても偏心が小さく有効なセンターコアが多く採用される

→→→

1 × | 高層事務所ビルのエレベーター計画では、何層かごとにいくつかのゾーンに分割し、ゾーンごとに異なるエレベーター群を割り当てる。エレベーターホールも群ごとに分ける。各ゾーンが受け持つフロアー数は、10階前後とする（コンベンショナルゾーニング方式等）

3 ☐☐ 大田区役所本庁舎（東京都）は、1960年代に建てられた民間の事務所ビルを転用したもので、外部及び内部デザインを継承しながら、3階エントランスは各種イベントに対応できるように、設備改修された

4 ☐☐ オペラを上演する劇場の計画において、様々なオペラの演目に対応するために、舞台にプロセニアムをもたないオープンステージ形式を採用した

5 ☐☐ 事務所ビルのおけるコアの型から一般的な特徴を考えると片コア（偏心コア）の場合、共用部の管理がしやすく、高層建築物に適しているが、二方向避難の計画が難しい

6 ☐☐ 劇場の搬入口において、プラットホームの高さを1mとし、ウイング式（荷台の側面と屋根面を一体として上方に開くことができるもの）の大型トラックの駐車スペースの有効天井高を4mとした

7 ☐☐ 基準階の事務室の床面積を1,000㎡とする貸事務所ビルの計画において、男子小便器3個、男子大便器3個、女子便器4個とした

8 ☐☐ オフィスランドスケープは、固定間仕切を使わず、ローパーティション・家具・植物等によって、適度なプライバシーを保った事務空間を形成することである

9 ☐☐ パソコンを使った作業の多い執務空間の照明計画において、ディスプレイ面の文字や図の見やすさを考慮し、鉛直面照度を水平面照度より高くした

10 ☐☐ 事務所ビルにおいて、日射の遮蔽効果を保ちつつ自然光を導入するために、ライトシェルフを設けた

11 ☐☐ 歌舞伎劇場における本花道とは、観客席を上手側で縦に貫く通路舞台のことであり、客席の中を通って舞台に出入りできる歌舞伎独特の演技空間である

12 ☐☐ 1997年に復元されたロンドンのシェークスピア劇場（グローブ座）は、観客と舞台との一体感を得られやすいプロセニアム形式の劇場である

13 ☐☐ 事務所内だけでなく事務所外も含めて、業務内容や気分に合わせて自由に働く場所を選択できる働き方「ABW（Activity Based Working）」を導入し、事務所内には多様な場所を計画した

2 × ｜ ナイトパージは、夏期に夜間の涼しい外気を屋内に導入して、昼間に躯体に蓄熱された熱を除去し、朝方の空調立上り負荷を解消する方式

3 × ｜ 設問は目黒区役所の事例。村野藤吾設計の旧千代田生命保険本社ビルを改修した

4 × ｜ オペラを上演する劇場には、舞台と客席を仕切る額縁（プロセニアム）を設けるプロセニアムステージ形式がとられる

5 × ｜ 片コア（偏心コア）の場合、比較的レンタブ比が高くできるが、事務室とコアの距離が一定でなく、また二方向避難の明快さに欠ける。低層・中層用の形式である

6 × ｜ 劇場の搬入口のプラットホームは、ウイング式の大型トラックの荷台高さと同じ1m程度とし、車スペースの有効天井高は最低でも5m必要

7 〇 ｜ 基準階が500～2,000㎡程度の事務所ビルの計画において、便器の個数は、男子小便器・男子大便器・女子便器とも、2～5個ずつ程度とする

8 〇 ｜ 設問記述のとおり

9 × ｜ 一般に水平面照度より、鉛直綿照度を低くおさえる。ディスプレイ表面の照度が高すぎると、表示文字の輝度対比が低下して、見えにくくなったり、目が疲れたりする

10 〇 ｜ ライトシェルフとは、庇下窓への太陽光直射を遮蔽しつつ、庇に反射した光を上部拡散窓から取り入れる方式で、省エネルギー上有効

11 × ｜ 下手（客席側から見て左側）よりにあるものを本花道、上手よりを仮花道という。仮花道は臨時に設置されることが多い

12 × ｜ 初代同様、3階層分の傾斜つき客席に囲まれた大きな土間に、張出し舞台が突出している形式の円形劇場である。舞台部分と3層の座席以外は屋根のないオープンな劇場である

13 〇 ｜ フリーアドレスと違い働く内容によって場所を選ぶスタイル

009 商業建築②物品販売店、飲食店・ホテル、駐車場等

商業建築であるため、経済効率の視点で、面積比率及び各所要面積に関する問題が多い。客側とサービス側の違いを理解し、計画内容を整理する。基本的な数値は覚える。量販店と百貨店の違い、シティホテルとビジネスホテルの違いを理解する

1　物品販売店の計画

●物品販売店の敷地条件

	条件	補足
接道	・敷地の2面以上が道路に接する角地は有利 ・道路に長く接する敷地はよい	・客の動線と店員・商品の**動線分離**がしやすい ・接道が十分に確保できれば、店構えを大きく造れて店舗計画に有利
日照	・直射日光により商品が傷まない方位を考慮する	・洋品・食料品店舗等には、午後の日射が入る西向きは不利 ・日照・日射を嫌う商品には、人工照明と空気調和設備による

●店舗計画

	計画内容		補足
店頭計画	・親しみやすく、入りやすいファサードにする ・内部を見やすくする配慮が必要		屋外に面したショーウィンドウは、以下のような配慮で見やすくなる ・庇を設け直射日光を遮る ・ガラスを傾斜させる ・内部を明るくする
平面計画	**顧客と商品搬入の動線は交錯しない**ように動線分離する		・客の動線は、ショーケースの配列を工夫して**長くなるように計画**する ・店員の動線は、客の動線との交差を避け、能率のよい短い動線とする
売場計画	**開放型**	日用品を扱う店向き	レジスターは出入口近くに置く。スーパーマーケット等
	閉鎖型	高級品や固定客を対象とする店向き	レジスターは奥に設けられる場合が多い。宝石店、高級ブティック等
陳列ケース	客側から商品が効果的に見え、店員側からは監視しやすいこと。客・店員の動線の流れがよく、多数の客に対して、少人数の店員で効率よく対応できるレイアウトとする		・店員用の通路幅は、**0.9～1.1m**程度必要 ・成人にとって、陳列棚は床上**0.7～1.5m**程度の高さ部分が商品を手に取りやすい
売場面積	量販店	売場面積は延べ面積の**60～65%**程度[*]	売場面積の割合は、**量販店のほうが百貨店より大きい**。ただし、レイアウト上の広さや共用部分、後方施設等の割合による
	百貨店	売場面積は延べ面積の**50～60%**程度[*]	
改装計画	陳列方法の変更や模様替が容易にできる計画とする		随時模様替ができるように、構造は大スパンとし、固定壁をつくらない
交通計画	エスカレーターとエレベーターが併設された百貨店では、エスカレーターの使用率が高い		エスカレーターとエレベーターの使用率は、**8:2**程度

*:売場内通路を含む

2 飲食店・ホテルの計画

□

●レストランと喫茶店の厨房面積

	厨房面積	備考
レストラン	全体床面積の25～35% 客席床面積の35～45%	・レストランの厨房面積比は、喫茶店より大きい ・レストランの厨房は、喫茶店に比べ、必要機器や収納スペース及び必要諸室が多い
喫茶店	全体床面積の15～20%	

□ バー・喫茶店は、カウンター内の床は客席の床より下げて計画する（20cm程度）。店員は立ってサービスし、客はいすに座って飲食する

□ セルフサービス形式のカフェテリア・食堂等は、配膳用と下げ膳用の動線が混交しないように、カウンターは分離して計画する

□

●シティホテルとビジネスホテルの違い

	用途	内容
シティホテル	宿泊施設・宴会施設・レストラン等を総合的に装備	シングルルーム18㎡程度が多い ダブルルーム22㎡程度が多い ツインルーム30㎡程度が多い
ビジネスホテル	宿泊機能主体のホテル	シングルルーム12～15㎡程度

●対面式カウンターの高さ

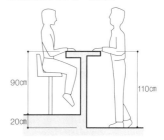

●ホテルの食堂・厨房

・1席当たりの食堂面積：**1.0～1.5㎡**
・宴会場：**1.5～2.5㎡／人**

●シティホテルの面積構成

延べ面積に対する客室部門面積は45～50%程度であり、基準階面積に対する客室部門面積は65～75%程度

●ビジネスホテルの面積構成

宿泊部分の比率を高くし、経済効果を優先しているので、ロビー・食堂等のパブリックスペースの比率がシティホテルに比べて低い。延べ面積に対する客室部門面積は70%強となる

---

3 駐車場の計画

□ 駐車場は自走式と機械式に大別される。また、駐車場法による基準が定められている

●駐車方式の違いとその特徴

自走式	・自動車本体により、駐車区画まで行く形式 ・一般の自走式立体駐車場では、1台当たり**40～50㎡**（車路含む）必要 ・1台当たりの駐車スペースは、普通乗用車で**幅3m×長さ6m程度**、車椅子用乗用車で**幅3.5m×長さ6m程度**
機械式	機械の操作により、立体的あるいは平面的に自動車を格納する形式

●駐車場法の基準

車路幅員	車路回転半径	梁下高さ	車路勾配
両側通行：≧5.5m 片側通行：≧3.5m	≧5m	車路：≧2.3m 駐車スペース：≧2.1m	≦1／6（17%）傾斜路の上下には1／12（8.5%）以下、本勾配の1／2以下の緩和勾配区間が必要

●自走式駐車場

自走式の立体駐車場ビルでは、車路、スロープ、階段等を考慮すると車室面積（約18㎡）の**約2.5倍程度**の延べ面積となる。また、直角駐車方式より斜め駐車方式のほうが、1台当たりの所要面積は大きくなる。有料駐車場の出入口は300～500台に1組必要とされている

●機械式駐車場

中小ビルやマンションに付属する立体型の機械式駐車場（スカイパーキング）は、格納時間等の制約により、**1基当たり30台**が限度

●駐車場料金の徴収施設のある場所

片側通行の自動車車路のうち、当該車路に接して駐車料金の徴収施設が設けられており、かつ歩行者の通行の用に供しない部分は2.75m以上とする

QUESTION

ANSWER

1　最頻出問題│一問一答

→→→

次の記述のうち、正しいものには○、誤っているものには×をつけよ

1 ☐☐ 大規模なシティホテルの客室用のエレベーターの台数を、100～150室当たり1台として計画した

2 ☐☐ 高層ホテルの計画において、非常用エレベーターとサービス用エレベーターとを兼用とし、その近くにリネン室等のサービス諸室をまとめた

3 ☐☐ 延べ面積50,000㎡の百貨店の計画において、売場面積（売場内の通路を含む）の延べ面積に対する割合を55%とした

4 ☐☐ 宴会場をもつ大規模なシティホテルの計画において、宿泊と宴会の客の動線に配慮して、メインエントランスホールとは別に、宴会場専用のエントランスホールを設けた

5 ☐☐ 大規模なシティホテルの、客室部分の床面積の合計を、ホテル全体の延べ面積の70%程度とした

1 ○│大規模なシティホテルの客室用のエレベーターの台数は、一般に、100～200室に1台とされている

2 ○│非常用エレベーターは、火災等の非常時は消防隊専用となるが、平常時はリネンの搬出入等のためのサービス用エレベーターとして兼用できる。その近くにリネン室等のサービス諸室をまとめることは効率的である

3 ○│百貨店の売場面積は、一般に、延べ面積の50～60%程度である

4 ○│大規模なシティホテルでは、宿泊客等を対象としたメインエントランスとは別に、宴会場専用のエントランスホールを設けるのが一般的である

5 ×│大規模なシティホテルにおいて、客室部分の床面積の合計は、ホテル全体の延べ面積の30%程度である。基準階面積に対する客室部分の床面積の比率は70%程度である

2　実践問題│一問一答

→→→

1 ☐☐ シティホテルの計画において、各階単位での改修を考慮するとともに、階高を低く抑えるために、客室ごとに分離したPS（設備縦シャフト）とはせずに、集中PSを採用した

2 ☐☐ 小規模の空港の旅客ターミナルビルにおいて、駐機数が少ないので、フロンタル方式を採用した

3 ☐☐ 商業施設における平面自走式の駐車場は、出入時の安全性及び周辺交通への影響を考慮して、前面道路に対する出入を左折入庫・左折出庫とした

1 ×│シティホテルの計画において、集中PS（設備縦シャフト）を採用すると、天井内や床下での横引き配管が多くなり、その勾配をとるための高さが必要となるため、階高は大きくなりやすい

2 ○│小規模の空港には、ターミナルビルの前面に航空機を並列で駐機させるフロンタル方式が適している。搭乗までの歩行距離が短く、単純な動線となる。中・大規模の空港に向いた方式としては、フィンガー方式やサテライト方式等がある

3 ○│商業施設等の大規模駐車場の前

4 ☐☐ 立体自走式の駐車場におけるサイドスロープは、スロープと車室とを分離する方式である

5 ☐☐ シティホテルにおいて、結婚披露宴を想定した100人収容の宴会場の床面積を130㎡とした

6 ☐☐ 大規模量販店の売場における通路の幅は、主な通路を3mとし、それ以外の通路を1.8mとした

7 ☐☐ 都市部に立地する事務所とホテルとからなる建築物において、階高については、事務所の基準階を4.0m、ホテルの客室の基準階を3.2mとした

8 ☐☐ 一般に、商店の陳列棚は、床上700〜1,500㎜程度の部分が、成人にとって最も商品を手に取りやすい高さである

9 ☐☐ 駐車場においては、車からの視認距離が30〜50m程度であることを考慮して、駐車スペースの計画を行う必要がある

10 ☐☐ ショッピングセンターにおいて、モールやコート等の客用スペースは、一般に、延べ面積の10%程度である

11 ☐☐ 小型自動車用の自走式駐車場において、車路の屈曲部の内法半径を5mとした

12 ☐☐ 地下に駐車場を設ける場合の大規模店舗の柱スパンは、柱間に自動車が並列3台駐車できるように8.5mとした

13 ☐☐ エレベーター方式の立体駐車場設備（小型自動車用）において、自動車の出入口の幅を2,500㎜とした

14 ☐☐ 自走式の立体駐車場における自動車の車路において、傾斜部の本勾配を1／5とし、傾斜部の始まりと終わりのそれぞれの長さ6mの部分の緩和勾配を1／8とした

15 ☐☐ 排気量50〜250ccクラスのオートバイの駐車場の計画において、平行駐車の1台当たりの駐車区画の寸法を、幅90cm×長さ230cmとした

面道路に対する出入口は、安全性や周辺交通への影響を考慮して、左折入庫・左折出庫を原則とする

4 ○｜立体自走式の駐車場におけるサイドスロープは、スロープと車室（駐車スペース）を分離して、安全性を高め、渋滞を少なくした方式である

5 ×｜シティホテルの宴会場の床面積は、1席当たり1.5〜2.5㎡程度が一般的。100人収容の場合、150〜250㎡程度必要となる

6 ○｜売場における通路の幅は、主通路が2.7〜3.3m、副通路が1.8〜2.6m程度

7 ○｜事務所ビルの階高は、一般に3.3〜4.0m程度、ホテルの階高は、2.8〜3.6m程度

8 ○｜設問記述のとおり

9 ○｜設問記述のとおり

10 ○｜一般的なショッピングセンターでは、核店舗が約50%、専門店が約25%、モール・コート等の客用スペースが約10%。その他約15%を管理施設、荷さばき場、機械室・電気室等で占める。規模により、銀行等の関連施設が入る場合がある

11 ○｜適当な計画である

12 ○｜自動車を並列に3台駐車するには、柱スパンを8〜8.5mとすることが多い

13 ○｜小型自動車の寸法は、幅1.7m×長さ4.7m程度と想定することが多く、自動車の出入口の幅は一般に2,400㎜以上とする

14 ×｜車路のスロープは、本勾配を17%（1／6）以下とし、傾斜路の端部には本勾配の1／2程度の緩和勾配を設ける

15 ○｜自動二輪車の駐車区画の寸法は、平行駐車の場合1台当たり、幅90cm×奥行き230cm以上必要

010 建築計画

出題範囲は多岐にわたる。環境問題への意識の高まりから、省エネルギー計画に関する出題が多い。復興支援防災に関する問題にも注意する。また、建築物の複雑化や違反事例などより、建築士の業務や職責及び倫理に関する問題が、毎年出題されている

1　計画基礎

□　動線とは、**人や物の動き**を平面図中に**線として表現**したものである。動線計画は単純・明快なものにし、**異種の動線**は分離し、**交差を避ける**。**頻度の多い動線は、短く**する

● **動線**
動きの多い部分や重要度の高い動線を太く表現したい。動きの種類別に色を変えたりして、人や物の動きを**分かりやすく表現**する

□　計画は、建築を利用する人の人体寸法と動作寸法を考慮し、**利用者集団の平均的寸法**に合わせる

● **人体寸法と動作寸法**
例えば幼児施設を計画する場合は、年齢や体位に適した寸法を考慮する

□　**標準化設計**とは、構造、仕上げ、家具及び間取りなど、複数案を事前に設計し、本設計で条件に合うものを選択、設計する方式

● **標準化設計の特徴**
設計の質を確保しながら量産化に対応し、労力を軽減できる反面、画一的な設計になりやすい

□　**モジュール**とは、建築の工業生産化の中で、材料や部品生産から設計施工に至る寸法秩序を定める寸法体系

● **モデュラーコーディネーション**
作業の合理化のため、モジュールに合うよう各部寸法を調整し、計画すること
京間：木造軸組工法の京間は、モデュラーコーディネーションにおけるダブルグリッド工法である

□　**プレファブリケーション**とは、事前に工場で部材の生産・加工及び組立などを行い、現場に運び、組立、完成させる方式。この方式によるプレファブ工法には以下のようなものがある

● **プレファブ工法の種類**

軸組工法	プレファブ化した柱・梁などの構造体に、床材や壁材をパネル化し、はめ込む形式	鉄骨系の住宅や共同住宅など
枠組壁工法	枠組と構造用合板から壁や床を構成する壁式構造	木造住宅・ツーバイフォー工法（2×4インチの断面の枠材を使用）など
パネル工法	パネル状の構造壁及び床をプレファブ化した壁式構造	プレキャスト鉄筋コンクリート版による共同住宅など
ボックスユニット工法	ボックス形状のプレファブを組み合わせる形式	ユニットハウス、カプセルハウスなど

● **プレファブ工法の特徴**
①コスト管理が容易でコストダウンが可能
②現場工程管理が容易で、工期短縮が可能
③現場作業の単純化と熟練技術者の削減が可能

□　**プレカット方式**とは、木造住宅の継手や仕口などの手加工を工場での機械加工で行うもの。在来軸組工法やツーバイフォー工法等で採用される方式

● **プレカット方式とその問題点**
在来軸組工法やツーバイフォー工法等で作用される方式。加工精度と速度が期待できる反面、大工棟梁の技量は失われる

2　環境共生

☐ **● 地球環境と建築をとりまく課題**

課題	詳細
地球環境・建築憲章	2000年に建築関連5団体（日本建築学会、日本建築士連合会、日本建築士事務所協会連合会、日本建築家協会、建設業協会）により、**持続可能（サスティナブル）な循環型社会**の実現を目指して制定される。地球温暖化、生態系の破壊、資源の枯渇、廃棄物の蓄積などに対する環境対策である
長寿命化	建築が使い続けていける価値ある資産となるためには、現存する建築はできるだけ使い続けられるように対策を講じ、新たに建設する建築は、長期間の使用に耐え、維持管理を考えた設計とすることが基本である。環境負荷低減の検討に当たっては、既存施設を解体し新たな建築を作ることより、まず既存施設を改修して活用することを優先して、総合的に検討する必要がある
自然共生	建築は自然環境と調和した良好な社会環境の構成要素として計画する。地域の自然と共生するために、自然環境の特性を十分調査し、理解し、建築による影響も考慮して計画する。緑地環境や方位及び既存の通風経路（**風の道**）等を考慮し、建築物を計画することが大切である
省エネルギー	建築物の消費エネルギーの50％以上が建築設備の運用エネルギーである。省エネルギー計画の基本は、まず断熱や通風等の建築的手法による熱負荷の低減や自然の活用がある。同時に設備機器そのものの性能を向上させ、適正な運転管理を行うことにある。設備機器の効率をあげるシステムの開発が大切であり、**自然エネルギーや未使用エネルギー**を活用して、トータルなエネルギー管理システムを構築する必要がある
省資源・循環	建築資材の過大消費は、資源の枯渇や多大な産業廃棄物の排出を招いている。建築の設計に当たっては、再利用・再生が可能な材料（エコマテリアル）を使用することが求められている。自然エネルギーとは、太陽光、太陽熱、水力、風力、地熱等であるが、自然環境の中にあり、利用後も自然に還るエネルギー源である。未利用エネルギーとは、河川水、下水処理水、地下水等が持つ熱やごみ焼却場の排熱など今まで利用されていなかったエネルギーを言う

☐ **● 主な環境問題**

課題	詳細
ヒートアイランド現象	都市化の進行により、都心部の気温が周辺部より異常に高くなる現象である。建築物が密集し、地表面からの大気放射冷却が減少する。裸地や植物が減少し、地表面の保水能力も低下してくる。また、冷暖房や自動車等からの廃熱により、温暖化が進んでいること等が原因である。抑制する手法としては、**屋上緑化**や**壁面緑化**を含めた緑化対策が重要である。その他に道路舗装面や建築物の屋上に、**高反射性塗料**を塗ることなども有効である
ビル風	建築物の高層部に吹き付けた風が下降気流になり、地表面付近に強風を発生させる現象をいう。**卓越風向**（その地域で最も頻度の高い風向き）に対して、建築物の受風面が小さくなるような配置計画が望ましい。高層建築物を建築した場合、**風速増加率**は、周囲に建築物がない場合に比べて、周囲に低層建築物がある場合の方が大きくなる傾向がある。また、タワー状の建築よりも、低層部を持つ建築物の方が、強風被害は発生しにくい
大気汚染	自動車の排気ガス中の二酸化硫黄、二酸化窒素等は、呼吸器系障害を引き起こし、オゾンは、**光化学スモッグ**を引き起こす原因になっている。建築物の風下側壁面から汚染物質を排出すると、一般的に風下側壁面及び地上面における濃度が高くなる
日影	建築物が冬至日において4時間以上の日影を周囲に及ぼす範囲は、一般的に建築物の高さより、**東西方向の幅**に大きく影響される
騒音	道路交通騒音などの伝播に、建築物の配置が影響をすることがあり、騒音の強くなる場所と弱くなる場所を生じさせることがある
振動	地震や風による場合と工事現場などの施工機器によるものなどがある。**公害振動レベル**は、鉛直方向と水平方向の振動加速度に感覚補正を行い、デシベル表示したものである。超高層建築物に生じる強風による振動（揺れ）は、水平変位が大きい場合、船酔いの症状を起こすこともある
電波・電磁波障害	建築物が周辺に及ぼす電波障害は、その建築の形状や外壁材などによって異なる。磁気を発生する機器や逆に磁気の影響を受けやすい装置を使用する建物では、**電磁シールドルーム**などが必要である
光害	市街地での過剰な照明により、動植物の生態系を混乱させ、街灯や広告塔などの過剰な光が、自動車の運転や歩行者の障害になることを言う

● 環境共生の手法

課題	詳細
クールチューブ・ヒートチューブ	外気温は変化するが、**地中温度**は年間を通してほぼ一定である。地中に外気取入れ用のチューブ等を埋設し、一定温度の**地中熱**を利用して、冷暖房エネルギーを軽減する手法である。夏季には、チューブで予冷された空気を空調機で冷やして冷房を行い、冬季には予熱された空気を再加熱して暖房に利用する。中間期には、チューブから取り入れた外気をそのまま室内で利用する
煙突効果	吹き抜けなどの高い竪穴空間では、内外の温度差により**上昇気流**が発生し、温度差換気が促進される。下部に給気窓、上部に排気窓を設けると煙突効果を促進する
ベンチュリー効果	排気装置を屋根面に設置すると、室内換気を促進する効果がある。屋外の空気が排気装置内を通り抜ける時に、ベンチュリー効果と呼ばれる**室内空気を誘引**する作用が生じ、室内の空気を効果的に上部に排出できる。我が国の伝統的な民家にみられる**越屋根**も同様の機能を持つ
ソーラーチムニー（ヒートチムニー）	建築物上部に煙突（チムニー）状の排気塔を設け、排気塔内部の空気が日射により、暖められて上部の開口から排出される。それに伴い、下部の内部空気が**誘引**されて、排熱・通風が促進される
外部空間の設計	外部空間において、仰角（高さHと距離Dの関係）が建物の見え方と関連している。広場、中庭、街路、路地等の複数の建物に挟まれたり、囲まれたりする空間の開放感や閉塞感は、その断面方向のD/Hが目安となる。1以下では、完全に囲まれた感じとなる
パーソナルスペース	他人に近づかれると不快に感じる個人の空間のことであり、性別、民族、個人の性格及び相手との関係性等により差がある。この**心理的領域**を意識して設計する必要がある

3 防火・防災計画

火災時に出火した炎で内装材が加熱され、発生した**可燃性ガス**が**爆発的に燃焼**して、部屋全体が瞬時に炎に包まれる**フラッシュオーバー**という状態になる

横長窓のほうが、縦長窓より、上階への**延焼の危険性が高い**（横長窓の場合、炎が**外壁に沿って上昇**する。一方縦長窓の場合、火災の噴出する力が強いので、**炎が外壁から離れる**）

室内の内装を**不燃化・難燃化**すれば、フラッシュオーバーに至る時間が長くなる。万一、火災が起きたときは、**早期発見と初期消火**を行い、フラッシュオーバーを起こす前に消火することが大事

避難計画と防火区画については、以下のとおり
①単純明快な避難経路の確保
②**二方向避難**の確保
③避難経路は、**日常動線**を使用する
④避難経路上の**扉は避難方向に開く**ことが原則
⑤避難階では、上及び下階からの階段は、**連続させない**
⑥エレベーター・エスカレーターは**避難路として使わない**
⑦避難階段とエレベーターホールは**区画**する等

● 延焼経路

ダクトからの延焼
防火戸
竪穴（階段）からの延焼
バルコニー
窓からの延焼
火災発生室

窓から噴出した火が外壁を上り、上階の窓を破っての延焼、吹抜けや階段室など**内部竪穴**からの延焼、**ダクト**などの設備経路による延焼がある。材料の燃焼速度は、水平より垂直に速い

● 延焼の防止
開口部の庇（ひさし）、バルコニーは延焼防止上有効である。また網入りガラスの使用も有効である

● 防火区画の確保
一定の面積ごとに区画し、階段室、エレベーター、ダクトスペースなどの**竪穴部分**ごとに防火区画を設ける

4 建築士の職責・業務

☐ 建築士は、常に**品位を保持**し、業務に関する**法令及び実務に精通**して、**建築物の質の向上**に寄与するように公正かつ誠実にその業務を行わなければならない（建築士法2条の2）。また、建築士は、設計及び工事監理に必要な知識・技能の維持向上に努めなければならない（建築士法22条1項）

☐ 受任者は、委任の本旨に従い、善良な管理者の注意をもって、委任事務を処理する義務を負う（民法644条）。**善管注意義務**と呼ぶ。専門家として注意をつくす義務がある

☐ 建築士又はこれらを使用するものは、他人の求めに応じ報酬を得て、「設計等」の業務を業として行おうとするときには、都道府県知事の登録を受けなければならない（建築士法23条）

☐ 建築士事務所の開設者は、当該の建築士事務所を管理する**専任の建築士（管理建築士）**を置かなければならない

☐ 建築士は、3年以上5年以内に国土交通省令で定める期間ごと（現在は3年以内）に、所定の講習を受けなければならない

☐ **基本設計**とは、建築主から提示された要求その他の諸条件を整理した上で、建築物の配置計画、平面と空間の構成、各部の寸法や面積、建築物として備えるべき機能、性能、主な使用材料や設備機器の種別と品質、建築物の内外の意匠等を検討し、それらを総合して成果図書（基本設計図書）を作成するための業務

☐ **実施設計**とは、工事施工者が設計図書の内容を正確に読み取り、設計意図に合致した建築物の工事を的確に行うことが出来るように、また、工事費の適正な見積もりができるように、基本設計に基づいて、設計意図をより詳細に具体化し、その結果として成果図書（実施設計図書）を作成するための業務をいう

☐ **工事施工段階で設計者が行うことに合理性がある実施設計**とは、工事施工段階において、設計者が、設計意図を正確に伝えるため、実施設計図書に基づき、質疑応答、説明、工事材料、設備機器等の選定に関する検討、助言等を行う業務をいう

☐ 建築士は、他の建築士の設計した設計図書の一部を変更しようとするときは、**当該建築士の承諾**を求めなければならない

● 資格者責任
建築士は建築士法に基づき、専門技術者として業務に係る法的な責任を負っている

● 民法上の責任
建築士の業務は、委託者（建築主）と締結する業務委託契約によって行われ、委託者との債権・債務関係により、民法上の**契約責任**が生じる。契約関係の有無にかかわらず、不法行為によって他人の権利ないし利益を侵害した場合には、**不法行為責任**が生じる

● 社会的責任
建築士は委託者だけでなく社会に対しても、専門家として期待に応える責任がある

● 注意義務の及ぶ範囲
契約に明記されていなくても、過失責任を問われることがある。注意義務は、建築物全般、建築主の要求対応及び近隣に対する配慮等にも及ぶ

● 建築士事務所の業務
設計、工事監理
建築工事契約に関する事務
建築工事の指導監督
建築物に関する調査・鑑定
建築物の建築に関する法令・条例の規定に基づく手続きの代理

● 開設者への助言
管理建築士と開設者が異なる場合に、管理建築士は開設者に対して技術的事項に関し、建築士事務所の業務が円滑かつ適切に行われるように必要な意見を述べる（建築士法24条）

● 工事監理における標準業務
実施設計図書に基づき、工事を設計図書と照合し、それが設計図書のとおりに実施されているかいないかを確認するために行う業務

● 設計の変更　建築士法19条
承諾を求めることができない事由があるとき、又は承諾を得られなかったときは、**自己の責任**において、その設計図書の一部を変更することができる

QUESTION

1　最頻出問題｜一問一答

次の記述のうち、正しいものには○、誤っているものには×をつけよ

---

1 ☐☐　パッシブデザインは、建築物自体の配置・形状、窓の大きさ等を工夫することにより、建築物内外に生じる熱や空気や光等の流れを制御し、暖房・冷房・照明効果等を積極的に得る手法をいう

---

2 ☐☐　サスティナブル(持続可能)な建築の計画に当たっては、自然・風土・地域性・場所性等の認識が重要である

---

3 ☐☐　長方形の平面形状をもつ高層建築物によるビル風を防ぐためには、建設地における卓越風向に対して、建築物の平面の長辺を直交させるように計画する

---

4 ☐☐　建築物の周辺の気流は、「建築物の高さ(H)と建築物の間隔(W)の比(H/W)」や「街区面積に対して建築物が占める割合」に大きく影響される

---

5 ☐☐　クールチューブは、外気温が低下する夜間に自然通風を図り、居住者に涼感を与えるとともに、室内の蓄熱体の温度を下げ、翌日の室温上昇を抑える方式である

---

6 ☐☐　公開空地は、一般に開放され、日常自由に利用できる敷地内の広場のことであり、歩道状の空地やアトリウム空間を含まない

---

7 ☐☐　コンクリート躯体を蓄熱体として利用するためには、「外断熱すること」「開口部からの日射を直接コンクリート躯体に当てること」「コンクリート躯体を直接室内に露出させること」等が有効である

---

8 ☐☐　建築物に囲まれた広場や街路等の幅員をD、建築物のファサードの高さをHとした場合、D／Hはその外部空間の開放感や閉塞感を表す指標となる

---

9 ☐☐　高層建築物を建築する場合、地表付近の風速増加率は、周囲に低層建築物がある場合に比べて、周囲に建築物がない場合のほ

ANSWER

→→→

1 ○｜設問記述のとおり

2 ○｜設問記述のとおり

3 ×｜長方形の平面形状をもつ高層建築物によるビル風を防ぐためには、卓越風向に対して、建築物の平面の短辺を直交させるように計画することが望ましい

4 ○｜建築物の周辺の気流は、建築物の高さと建築物の間隔の比(H/W)や建蔽率により大きく変わる。H/Wが0.5以上になると隣棟空間に吹き込む風は非常に弱くなる。周辺状況により気流は複雑となるため、モデルを作り風洞実験等を行って検証する

5 ×｜地中温度は年間を通してほぼ一定である。地中に外気取入れ用のチューブ等を埋設し、一定温度の地中熱を利用して、冷暖房エネルギーを軽減する手法である。設問の記述は、ナイトパージに関する内容である

6 ×｜公開空地とは、建築基準法の総合設計制度(法59条の2)の適用によって確保された敷地内の空地である。不特定多数の人が自由に通行・利用ができる。公開空地には、屋外の広場や中庭の他、歩車道状空地やアトリウム空間も含まれる場合がある

7 ○｜設問記述は、ダイレクトゲイン等に関する記述であり、適当である

8 ○｜建築物に囲まれた広場や街路等の開放感や閉塞感を表す指標として、建築物の高さ(H)と視点と建築物の水平距離(D)の比率(D／H)が用いられる

9 ×｜高層建築物の周囲に低層建築物がある場合、建築物間の風下に風速の増加する領域が生じるため、地表付

うが大きくなる

近の風速増加率は大きくなる

10 ☐☐ 十分な日射が得られる北緯35度の地点において、建築物が受ける日射量は、冬季においては南面が多く、夏季においては水平面・東西面で小さくすることが省エネルギー計画上有効である

10 ○｜北緯35度の地点(京都と千葉県館山市を結ぶ緯度)における建物の終日日射量は、冬季では、南面＞水平面＞東面・西面となり、夏季では水平面＞東面・西面＞南面＞北面となる。冬の暖気対策及び夏の暑さ対策の観点から、南面開口を大きくとり、東面・西面開口を小さくすることは省エネルギー上有効である

11 ☐☐ 建築物が冬至の日において4時間以上の日影を周囲に及ぼす範囲は、東西方向の幅よりも建築物の高さに大きく影響される

11 ×｜冬至の日において、建築物が4時間以上の日影を周囲に及ぼす範囲は、建築物の高さや奥行きにほとんど影響されず、建物の東西方向の幅に大きく影響される

12 ☐☐ 重力換気は、建築物に設けたボイド内の温度差を利用したものであり、ボイドの下部に排気口、ボイドの上部に給気口を設けることが望ましい

12 ×｜温度差換気とも言う。空気は温度が高いほど密度が小さく軽くなる。内外及び上下温度差による空気の密度差から換気の駆動力が生まれる。ボイド内では浮力によって上昇気流が生じやすいため、ボイド下部より給気し、ボイド上部より排気する。この考えに基づく省エネルギー手法として、ソーラーチムニー（ヒートチムニー）がある

13 ☐☐ 建築士法2条の2において、「建築士は、常に品位を保持し、業務に関する法令及び実務に精通して、建築物の質の向上に寄与するように、公正かつ誠実にその業務を行わなければならない」とされている。また、同法21条の4において、「建築士は、建築士の信用又は品位を害するような行為をしてはならない」とされ、同法22条1項においては、「建築士は、設計及び工事監理に必要な知識及び技能の維持向上に努めなければならない」とされている

13 ○｜設問記述のとおり

14 ☐☐ 建築物の使い方、架構形式、設備方式、材料、施工方法等、計画段階から施工段階に至る多面的な要求の分析を行い、分析から得られた知見を様々な条件を考慮して総合し、一つの具体的な建築空間を提案する

14 ○｜建築士は、設計段階から施工段階に至る様々な与件を整理分析し、諸技術や知見を調整・総合して、一つの建築としてまとめる必要がある

2 実践問題｜一問一答

→→→

1 ☐☐ パッシブクーリングの原則は、日射熱の侵入を極力排除したうえで通風を図り、自然エネルギーの利用により室内空気を冷やすことである

1 ○｜設問記述のとおり

2 ☐☐ 壁面緑化は、緑化による視覚効果が得られるとともに、空調負荷の軽減による二酸化炭素排出削減効果も期待できる

2 ○｜都市におけるヒートアイランド現象の緩和、美しく潤いのある都市空間の形成、夏季における空調負荷の軽減による二酸化炭素排出削減効果も期待できる

3 ☐☐ ダイレクトゲインは、窓から入射する日射熱を蓄熱体に蓄熱させ、日射が少ない時間帯に放熱させ暖房効果を得る方式であり、蓄熱体の熱容量を大きくすることが望ましい

3 ○｜日中に開口部から室内に取り込んだ日射熱を熱容量の大きな床(コンクリートやレンガ等)などに蓄熱させ、夜間に放出させて暖房効果を得る方式である

4 ☐☐ ゲシュタルト心理学の基礎概念においては、形や存在が認められる部分を「地」、その背景となる部分を「図」という

4 ×｜「図」と「地」の関係が逆である

5 ×｜災害の発生の日から20日以内に着工し、供与期間は、建築工事が完了

5 ☐☐ 「応急仮設住宅」のうち「建設型仮設住宅」は、災害発生後に速やかに建設され、恒久的に供与されるものである

6 ☐☐ アフォーダンスは、人間同士の距離のとり方自体がコミュニケーションとしての機能をもち、文化によって異なるとする考え方である

7 ☐☐ 建築物の開口部に水平の庇(ひさし)を設ける場合、夏期における日射遮蔽(へい)効果は、南面より西面のほうが小さい

8 ☐☐ ソシオペタルは、複数の人間が集まったときに、異なる方向に身体を向けて他人同士でいようとする位置関係をいう

9 ☐☐ ブラインドは、窓の室外側に設けた場合より、窓の室内側に設けた場合のほうが、日射遮蔽効果が大きく、冷房負荷が大幅に低減される

10 ☐☐ 都市部にある建築物の屋上に高反射性塗料を塗ることにより、ヒートアイランド現象を抑制する効果が期待できる

11 ☐☐ クールスポットは、外気温度が建築物内の温度以下となる夜間を中心に、外気を室内に導入することによって躯体を冷却する方法であり、冷房開始時の負荷を低減し、省エネルギー化を図ることができる

12 ☐☐ タスク・アンビエント照明において、タスク照明の照度は、一般にアンビエント照度より低く設定することで、全般照明よりも省エネルギー化が図れる

13 ☐☐ 建築物の計画における環境負荷の低減策の検討に当たっては、既存施設を改修し活用することより、既存施設を解体し新たな建築をつくることを優先して検討することが重要である

14 ☐☐ 「モラルハザード」は、保険の領域から派生した概念で、近年では、一般に、「倫理観の欠如」と訳され、企業などが節度なく利益を追求する状態を言う

15 ☐☐ 建築基準法は、国民の生命・健康及び財産の保護を図り、公共の福祉の増進に資することを目的として、建築物の敷地、構造、設備及び用途に関する平均的な基準を定めている

16 ☐☐ 建築士は、建築物に関する調査又は鑑定の業務であれば、その業務に関して不誠実な行為をしても、建築士法の規定に関する懲戒処分の対象とはならない

した日から2年以内が原則である

6 ×｜アフォーダンスとは、物がもつ形や色、材質などが、その物自体の扱い方を説明しているという考え方

7 ○｜建築物の開口部に水平の庇を設ける場合、西面に設けた窓は太陽高度が低いため遮蔽効果は小さい

8 ×｜お互いに関わりを持ちたくない「背を向けるような」位置関係は、ソシオフーガル(社会離反型)と呼ぶ。逆に関わりを望む「向き合うような」位置関係をソシオペタル(社会融合型)と呼ぶ。また、一方が見る側、他方が見られる側になる1方向的な位置関係をソシオヘロタル(社会主従型)と呼ぶ

9 ×｜ブラインドを窓の室内側に設けた場合、日射で温まって室温をあげてしまうため、窓の室外側に設けたほうが、冷房負荷の低減には有効

10 ○｜設問記述のとおり

11 ×｜クールスポットとは、ヒートアイランド現象の高いまちなかで、局所的に熱さを和らげる対策を実施した場所・空間を呼ぶ。日除け、緑陰、緑地及び微細ミスト空間等である。設問の記述は、ナイトパージに関する内容である

12 ×｜逆である。タスク照度を高く設定し、アンビエント照度を低く設定する

13 ×｜既存施設を安易に解体し、新しい施設をつくることは、膨大な量の廃材を発生させ、環境負荷が増すことになる

14 ○｜設問記述のとおり

15 ×｜建築基準法第1条(目的)この法律は、建築物の敷地、構造、設備及び用途に関する最低の基準を定めて、国民の生命、健康及び財産の保護を図り、もつて公共の福祉の増進に資することを目的とする

16 ×｜建築士法10条1項二号(懲戒)に当たる。建築物に関する調査又は鑑定の業務は、建築士法21条(その他の業務)に該当。建築士は業務に関して不誠実な行為をしてはならない

17 ☐☐ 災害時の防災拠点となる庁舎において、仮設修復足場としての利用やガラス落下防止等のために、建築物外周にバルコニーを設ける計画とした

18 ☐☐ プルーイット・アイゴー（アメリカ）は、1950年代に建設された低所得者向けの集合住宅群であり、開放的な低層住宅にすることにより、犯罪発生率の大幅な低下を実現した事例である

19 ☐☐ 診療所の規模計画において、コーホート要因法を用いて待合室を利用する単位時間当たりの外来患者数を予測し、待合室の床面積を算定した

20 ☐☐ コミュニティ施設の計画に先立ち、建築主の要請に応じ、施設が提供するサービス、運営方法等を検討する会議に参加した

21 ☐☐ 現行の省エネ法では、小規模建築物（300㎡未満）では、非住宅・住宅ともに適合努力義務となっているが、中規模以上では、非住宅は適合義務が課され、住宅は届出義務が課されている

22 ☐☐ 建築物の長寿命化を図るために、建築物の完成後も継続的に適正な維持管理が行われるように計画の初期段階から配慮する必要がある

23 ☐☐ 二級建築士事務所を管理する二級建築士が一級建築士の管理設計士となるには、一級建築士の免許取得後、3年以上の建築物の設計・工事監理等に関する業務に従事する必要がある

24 ☐☐ SDGsは、誰一人取り残さない持続可能でよりよい社会の実現を目指す世界共通の17の開発目標からなり、その一つに「持続可能な都市」がある

25 ☐☐ 「公益通報」には、通報先や状況によって、「内部通報」、「行政機関への通報」及び、「外部通報」の三つの種類がある

26 ☐☐ 建築士が専門家として建築関連の法令を遵守する基本的な態度をコンプライアンスといい、遵守すべき対象は法令に限定されている

27 ☐☐ ZEBは、エネルギー負荷の抑制や自然エネルギーの積極的な活用、高効率な設備システムの導入などにより、室内環境の質を維持しつつ、大幅な省エネルギー化を実現した上で、再生可能エネルギーを導入することにより、年間の一次エネルギー消費量の収支をゼロとすることを目指した建築物である

---

17 ○│外周バルコニーは、避難通路にもなるように計画することが求められる

18 ×│ローコストを追求した結果、オープンスペースと住居スペースの境界が明確化されておらず、第三者が立ち入りやすい構造であることや死角の多い共用スペース等が犯罪の増加招いた事例である

19 ×│コーホート要因法とは、各コーホート(同じ年又は同じ期間に生まれた人々の集団)について、「自然増減」（出生と死亡）及び「純移動」（転出入）の「人口変動要因」それぞれについて将来値を仮定し、それに基づいて将来人口を推計する方法である

20 ○│設計者が建築主の要請に応じ、施設側が行うサービス運営方法等を検討する会議に参加し、住民の意見を直接聞くことは、有益な行為である。会議で得た意見等を施設計画に活かすことが必要である

21 ○│ただし、令和4(2022)年公布の法律では、小規模住宅も適合義務が求められる(公布の日から2年以内施行)

22 ○│建築物の長寿命化を図るために、建築物の完成後も継続的に適正な維持管理が行われるように計画の初期段階から構造、設備及び仕上げ材について配慮する必要がある

23 ×│一級建築士の免許証と管理建築士講習の修了証を提出すれば可能である

24 ○│設問記述のとおり

25 ○│公益通報とは、労働者が事業者に対して公益のために行う、いわゆる内部告発のことである。通報の種類には、事業者内部に対する「内部通報」、監督官庁や警察・検察等に対する「行政機関への通報」、マスコミ・消費団体等に対する「外部通報」の三つの種類がある

26 ×│コンプライアンスには、法令・条令等の遵守に加えて、企業倫理等の遵守も含まれる

27 ○│設問記述のとおり

011 各部計画①寸法設計

出題範囲は多岐にわたる。階段、トイレ、台所まわり等の設計上基本となる主要寸法を整理する。また、主要高さ寸法も理解する。ここでは計画各論で学んだ各施設も含めて、所要床面積について整理し、規模算定上の基本知識をまとめて学習する

1　階段

☐　階段の踏面寸法には、**蹴込み寸法**を含めない

●けあげ・踏面・蹴込み寸法

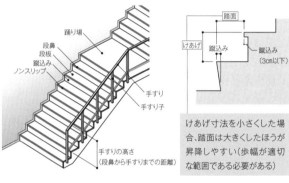

けあげ寸法を小さくした場合、踏面は大きくしたほうが昇降しやすい(歩幅が適切な範囲である必要がある)

●手すりの高さ

階段の手すりは昇降補助として80〜85cmの高さが必要。幼児や高齢者を考慮する場合は、高さ65cm程度のものも設け、2段とする。バルコニーや踊り場の手すりは、転落防止として110cm以上必要

●駐輪スペース(単位:cm)

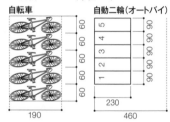

☐　回り階段の踏面の幅は、**端部から30cm**の位置で、所定の寸法が必要。また、階段に代わる傾斜路の勾配は**1/8**以下と定められている(建築基準法施行令26条)

●主要高さ寸法

・出入口内法(住宅):180〜200cm
・出入口内法(一般):200〜210cm
・作業台、調理台、アイロン台:80〜85cm
・開き戸のにぎり玉:90cm
・電灯スイッチ:130cm
・インターホン:130〜140cm
・洗面台:75〜80cm

☐　設計の際は、下記のように基本となる寸法を押さえておく

●トイレのスペースと設置間隔(単位:cm)

洋便器の高さは38cm程度、小児用は27cm程度

車椅子使用者の流し台は、健常者より低い(75cm程度)

●台所高さ寸法(単位:cm)

台所の流し台高さは80〜85cm、奥行きは55〜60cm、流し台上部吊戸棚の高さは180cm程度とし、奥行きの小さいものは、下端の高さを130〜140cm程度としてもよい

●小便器間隔(単位:cm)

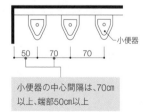

小便器の中心間隔は、70cm以上、端部50cm以上

●手洗器間隔(単位:cm)

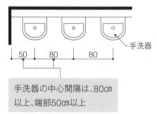

手洗器の中心間隔は、80cm以上、端部50cm以上

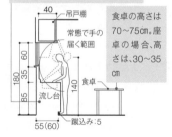

食卓の高さは70〜75cm。座卓の場合、高さは、30〜35cm

2 　所要床面積

●建築物種別ごとの所要床面積（概算）

建物	主体室	主体室の床面積（㎡）	延べ面積（㎡）	備考
小中学校	普通教室	1.5～1.8㎡／人	5～7㎡／人	40人クラスで約65㎡
	理科教室	3㎡／人		
保育所	乳児室	1.65㎡／人以上		
	ほふく室	3.3㎡／人以上		
	保育室又は遊戯室	1.98㎡／人以上		屋外遊戯場：3.3㎡以上
図書館	成人用閲覧室	1.5～3.0㎡／席		
	蔵書		延べ面積当たり50冊／㎡	
	移動式書架	400冊／㎡以上		
	閉架書架	200～250冊／㎡程度		
	開架書架	170冊／㎡程度		
総合病院	一般病室	6.4㎡以上／床（最低基準）	40～60㎡／人	
	小児病室	6.4×2／3㎡以上／床（最低基準）		
	ICU（重度治療室）	40～60㎡		
	病棟部	延べ面積の40%		
	外来診療部	延べ面積の15%		
	機械設備室	延べ面積の6～9%		
	電気機械室	延べ面積の1～2%		
映画館	客席	0.5～0.7㎡／席	1.5～2㎡	
		客席の気積4～5㎡／席程度		気積：1席当たりの容積
劇場・音楽堂	客席	0.5～0.7㎡／席		
		客席の気積6㎡／席以上		気積：1席当たりの容積
事務所	会議室	2.0～3.0㎡／席		
	純事務室	8～12㎡／人	10～20㎡／人	
	エレベーター	延べ面積3,000～4,000㎡に1台		
ホテル	シングルルーム	18㎡程度が多い		
	ツインルーム	30㎡程度が多い		
	宴会場	1.5～2.5㎡／席		100席程度の場合
	客用エレベーター	100～200室に1台程度		
	客室面積	延べ面積の40～50%		基準階面積の65～75%程度
ビジネスホテル	シングルルーム	12～15㎡が多い		
レストラン	客席	1.0～1.5㎡／席		サービス形式によって違いあり
	厨房	客席の1／2～1／3		
百貨店	売場面積	25～30㎡／人（純売場＋売場内通路）		従業員1人当たりの面積
	売場面積	延べ面積の50～60%		
	客用部分の面積	延べ面積の60～70%		店用部分の2倍
	店用部分の面積	延べ面積の30～40%		客用部分の1／2
スーパーマーケット	売場面積	延べ面積の60～65%		純売場＋売場内通路面積
	共用部＋後方施設	延べ面積の35～40%		
公的住宅	寝室	5～8㎡／人	15～20㎡／人	
体育館・屋外競技場	バスケットボールコート	15m×28m（2面配置45m×35m程度以上）		高さ7m以上
	バレーボールコート	9m×18m（2面配置40m×35m程度以上）		12.5m以上（中央高さ）10.5m以上（端部高さ）
	テニスコート	11m×24m（2面配置45m×45m程度以上）		高さ12m以上
	卓球コート	6m×12m		高さ3.5m以上
	武道場（柔道場）	15m角程度（場外スペース含む）		高さ4.5m以上
	武道場（剣道場）	12～14m角程度（場外スペース含む）		高さ4.5m以上

QUESTION

ANSWER

1　最頻出問題｜一問一答

→→→

次の記述のうち、正しいものには○、誤っているものには×をつけよ

1 ☐☐　定員600人の劇場の固定式の客席部分の床面積（通路を含む）を、240㎡とした

2 ☐☐　中学校の普通教室（40人）の床面積を、90㎡とした

3 ☐☐　総合病院において、ベッドの間隔を1m確保する4床病室の面積を、20㎡とした

4 ☐☐　洋食レストランにおいて、客席部分（50席）の床面積を、80㎡とした

5 ☐☐　収容人員10人程度の会議室の広さを、4m×6mとした

6 ☐☐　集合住宅のバルコニーの手すりについて、手すり子部分を、内法が10㎝×10㎝の格子状とした

1 ×｜劇場の客席部分の1人当たりの床面積は、0.5～0.7㎡必要なので、定員600人の劇場の場合、客席部分の床面積は300～420㎡必要となる

2 ○｜中学校の普通教室の広さは、1.5～1.8㎡／人程度必要。40人クラスの標準的な教室の大きさは65㎡であり、90㎡は比較的余裕のある教室スペース

3 ×｜病院の病室の1床当たりの床面積は6.4㎡以上必要なので、4床病室では6.4×4＝25.6㎡以上必要

4 ○｜レストランの、客席部分の床面積は、1席当たり1.0～1.5㎡が標準。客席50席で床面積が80㎡の場合、1席当たり1.6㎡となり、適当

5 ○｜会議室の面積は、レイアウトに応じて設定されるが、一般に、収容人員1人当たり2～3㎡程度が目安となる。設問の場合は、収容人員10人程度で4m×6m＝24㎡あれば適当の範囲内となる

6 ×｜集合住宅のバルコニーの手すりの高さは1.1m以上とし、子供が登らないように手すり子部分は縦桟とし、その間隔は幼児の頭が入らないよう内寸で11㎝以下とする

2　実践問題｜一問一答

→→→

1 ☐☐　図書館において、書架のない閲覧室（4人掛で100席）の床面積を、180㎡とした

2 ☐☐　シティホテルにおいて、シングルベッドルーム1室当たりの床面積を18㎡とした

3 ☐☐　事務所ビルにおいて、収容人員15人程度の会議室の大きさを、5m×9mとした

1 ○｜図書館における書架のない閲覧室で4人掛テーブルの場合、1.6㎡／人程度が一般的なので、床面積180㎡は適当

2 ○｜シティホテルにおいて、シングルベッドルーム1室当たりの床面積は10～20㎡程度である。ビジネスホテルは12～15㎡が多い

4 ☐☐ 大規模なシティホテルにおいて、客用のエレベーターの台数は、一般に、100〜200室に1台程度とされている

5 ☐☐ 一般事務所の事務室面積は1人当たり18㎡程度である

6 ☐☐ 排気量250ccクラスのオートバイの駐車場の計画において、平行駐車の1台当たりの駐車区画の寸法を、幅60cm、長さ230cmとした

7 ☐☐ 公共建築物の便所において、小便器の中心間隔を、900㎜とした

8 ☐☐ 住宅の屋内階段には、蹴込み板を設け、蹴込み寸法を3cmとした

9 ☐☐ 事務所の階段について、昇降のしやすさに配慮し、踏面寸法をT、蹴上げ寸法をRとした場合、$T+2R=45$cm程度となるように計画した

10 ☐☐ シティホテルにおいて、ツインベッドルーム1室当たりの床面積を30㎡とした

11 ☐☐ シティホテルにおいて、結婚披露宴を想定した100人収容の宴会場の床面積を180㎡とした

12 ☐☐ 事務所において、ロの字形に机を配置する会議室（収容人員20人程度）の広さを3.6m×7.2mとした

13 ☐☐ 幼稚園において、子ども用の足洗い場については、床に5%程度の勾配をとり、子ども用手洗い場については、その高さを床面から65cmとした

14 ☐☐ 住宅において、ドアノブの高さを、床面から90cmとした

15 ☐☐ 吹抜け空間において、段板の側面を見せるために、側桁階段とした

側桁階段　　　ささら桁階段

16 ☐☐ 劇場において、定員600人の固定式の客席部分の面積（通路を含む）を、400㎡とした

3 ○｜事務所ビルの会議室の大きさは、机の個数と寸法、通路寸法及び演壇まわりのレイアウト等により決定されるが、1人当たり約2〜3㎡必要となるので、収容人員15人程度の場合、30〜45㎡が適当な面積となる

4 ○｜設問記述のとおり

5 ×｜一般事務所の事務室面積は、8〜12㎡／人程度である。小規模事務所の場合8㎡／人を下回る場合もある

6 ×｜幅は90cm必要である

7 ○｜小便器の中心間隔は、一般に700㎜以上とする

8 ○｜住宅の屋内階段には、蹴込み板を設け、蹴込み寸法は3cm以下とする（日本住宅性能表示基準）

9 ×｜昇り降りしやすい階段の勾配は、$T+2R=63$cm程度が望ましい

10 ○｜シティホテルにおいて、シングルルームは18㎡程度、ツインルームは30㎡程度が多い

11 ○｜シティホテルにおいて、宴会場の床面積は、一般に1.5〜2.5㎡／席程度。180㎡÷100人＝1.8㎡／席となる

12 ×｜会議室の広さは、配置形式により異なるが、一般には2〜3㎡／席程度必要である。3.6㎡×7.2㎡＝25.92㎡で、25.92㎡÷20＝1.296㎡／席になるので狭い

13 ×｜園児用洗面台の洗面器の高さは、床面から50cm程度が適当である。年齢により差違がある

14 ○｜床面から90cmは適当

15 ×｜側桁は、段板や蹴込み板を支える厚手の板のことで、階段の両側に取り付ける。段板の側面は隠れて見えなくなる

16 ○｜劇場の客席の1人当たりの所要床面積は0.5〜0.7㎡／席。400㎡÷600席≒0.66㎡／席となり、適当である

012 各部計画②高齢者・身体障害者対応

車椅子使用を中心とした高齢者・身体障害者関連の基礎知識及び基礎寸法を整理する。同時に、バリアフリー法（高齢者・障害者等の移動等円滑化の促進に関する法律）による基準（円滑化基準及び円滑化誘導基準）の概要について理解する

1 高齢者・身体障害者対応

高齢者・身障者に配慮した計画には、高齢者・身体障害者が生活するうえで、**障壁となるものを取り除く**ことが必要。またユニバーサルデザインの考え方も取り入れるとよい

● 高齢者・身障者に対応するための設計方針

設計方針	**建物内外**	**段差をなくす**
	出入口	外部出入口は**自動扉**を設け、内部出入口の幅は**90**cm以上とする
	廊下	**段差をなくし、壁の凹凸を避ける**
	階段	**手すりを設ける**
	エレベーター	車椅子の乗降できる大きさをとる
	便所	**介助設備**などを取り付ける
	電話・ポスト	車椅子使用者のための**高さを配慮**する
	駐車場	**車椅子使用者のスペースを設ける**

● 高齢者等に配慮した住宅の計画②（単位：cm）

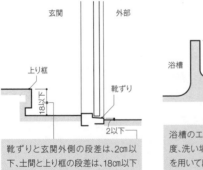

靴ずりと玄関外側の段差は、2cm以下、土間と上り框の段差は、18cm以下とする

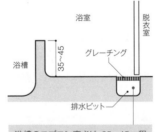

浴槽のエプロン高さは、35〜45cm程度、洗い場と脱衣室は、グレーチングを用いて段差をなくす。浴槽の背もたれは傾斜させない

車椅子使用者キッチンカウンターの高さは、床から75cm程度（下部に高さ60cm、奥行き45cm程度のクリアランスが必要）。移動が少なく調理ができるように、調理台はL字型又はU字型がよい

直径150cmの円は、車椅子の最小回転軌跡であるが、車椅子使用者の使い勝手を考慮すると、内法170cmが必要である

● ユニバーサルデザイン
すべての人が、可能な限り最大限まで利用できるように配慮された製品や環境のデザインのこと

● ユニバーサルデザインの7原則
①公共性、②柔軟性、③単純性と直感性、④認知性、⑤失敗への許容性、⑥利用時の効率性、⑦アプローチの広さと利用しやすさのための寸法

● 高齢者等に配慮した住宅の計画①

便所	・介助スペースを考慮した洋式便所の広さは、内法1,400mm×1,400mmとなる
廊下	・手すりの高さは、一般に、750〜850mm程度とし、断面の形状は、握りやすいことを条件とし、直径30〜40mm程度 ・手すりと壁の間寸法は40〜50mmが標準とされている

● 車椅子使用者用の屋外傾斜路
敷地内の傾斜路は勾配1／12以下（望ましいのは1／15）とし、高さ75cm超のものは、高さ75cm以内ごとに踏み幅150cm以上の踊り場を設けなければならない

● 車椅子使用者の利用に配慮した公共建築物の計画（単位：cm）

①洗面台を使用する場合

鏡

ひざより下が入ることに配慮する

鏡高さ 100 程度

鏡下高さ（カウンター直上）65程度

座面の高さ 40

鏡はカウンター上端から100cm程度。回転しなくても後ろの状況が確認できること

②廊下幅（すれ違いのとき）

≧180

≧120

③カウンターを使用する場合

電話

70～80

④介護なし1人用便所

手洗

80以上

200

200

車椅子の回転半径

● 車椅子の最小動作空間（単位：cm）

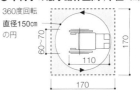

360度回転 直径150cmの円

60～70

170

110

170

● 駐車場の寸法（単位：cm）

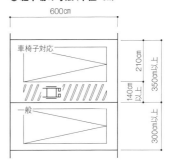

600cm

車椅子対応

一般

210cm以上

140cm以上

350cm以上

300cm以上

その他、車椅子使用者への配慮は、
①車椅子のフットレスト（足のせ台）当たりとして、床上35cm程度補強する
②扉にガラスを用いる場合、安全ガラス（合わせガラス・強化ガラス）を用いる等

2 視覚障害者への対応

□ 誘導用として**移動方向を示す**線状ブロックと、警告用として**注意を喚起する**点状ブロックがある。主要な出入口から、案内板やエレベーター等に至る主要通路には、原則として**黄色**い誘導用ブロックを設置する。黄色で周囲の床と十分な対比が得られない場合は、**明度差5以上、又は輝度比2.5以上**の床材を使用する

□ 警告用床材の設置位置は、階段の昇り始め及び降り始めの位置、エレベーター乗降ロビー操作ボタン前、点字案内板前、主要出入口自動ドア前等

□ 視覚障害者にとって、廊下に突出部があることは、大変危険。やむを得ず高さ65cm以上の部分に突出物を設ける場合は、視覚障害者の杖の位置を考慮し、**10cm以下**とする

□ 視覚障害者のための階段の構造は、踏面の色とけあげの色の**明度差**を大きくする。杖が横滑りしない配慮（側桁・**ノンスリップ**等の設置）をして段鼻は出さない。また、**蹴込み板**を設置する

● 白内障の高齢者

高齢者の視界は、白内障等で黄変化しやすい。逆に白内障の高齢者の黄変化を考慮すると、案内板等は黄色を避け、赤又は黒等を用いる。視対象と他の部分との輝度比を1.5～2.0程度とる

● 音声誘導装置

視覚障害者を誘導する装置として、音声チャイム等を主要出入口扉の直上に設置する。また、エレベーターの到着前に、その昇降方向等を知らせる放送設備をエレベーター内外部に設ける

● 視覚障害者にとって危険な側壁突出物

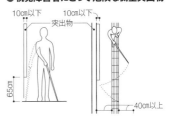

10cm以下

10cm以下

突出物

65cm

40cm以上

● 蹴込み板

蹴込み板があると、杖の滑り込みや足の引っ掛かり等の危険防止効果がある

3 バリアフリー法による基準

●バリアフリー法の対象となる建築物

①劇場・銀行・ホテル・デパート等、誰もが利用する建築物

②老人ホーム・福祉施設等、高齢者や障害者が利用する建築物

③事務所・学校・マンション等、多くの人が利用する建築物

●バリアフリー法の義務付け対象

2,000㎡以上の新築・増築・改築をする建築物（公衆便所は50㎡以上）。ただし、地方公共団体の条例による面積の引き下げや追加が可能

●バリアフリー法における基準

場所	部位	円滑化基準	円滑化誘導基準	計画方針
出入口	玄関	80㎝以上	120㎝以上	車椅子で円滑利用できるように、幅と前後のスペースを確保する
	居室等	80㎝以上	90㎝以上	
廊下等	廊下幅	120㎝以上	180㎝以上	車椅子での通行が容易なように配慮する
傾斜路	手すりの設置	片側	両側	スロープは緩やかなものとし、手すりを設け、上端には点状ブロック等を敷設する。長いスロープは踊り場を設ける（階段に併設する場合は、幅90㎝以上）
	スロープ幅	120㎝以上	150㎝以上	
	スロープ勾配	1／12以下	1／12以下（屋外は1／15以下）	
アプローチ	通路幅	120㎝以上	180㎝以上	出入口に通じる通路は車椅子で円滑に利用できるようにする。広い幅で滑りにくくし、高低差のある場合は緩やかなスロープ等を設ける
駐車場	車椅子使用者用駐車施設の数	1つ以上	原則2%以上	車椅子使用者や身体障害者のために、建物の出入口近くに十分な幅の駐車スペースを確保する（駐車施設の奥行きは、一般の場合と同様600㎝必要）
	車椅子使用者用駐車施設の幅	350㎝以上	350㎝以上	
エレベーター	出入口の幅	80㎝以上	90㎝以上	階と階の間の移動には、エレベーターで行けるようにする。車椅子使用者や視覚障害者の利用に配慮した仕様とする
	かごの奥行き	135㎝以上	135㎝以上	
	かごの幅（一定の建物の場合）	140㎝以上	160㎝以上	
	乗降ロビー	150㎝角以上	180㎝角以上	
トイレ	車椅子使用者便房の数	建物に1つ	各階ごとに原則2%以上	車椅子使用者や足の弱っている人も使えるようにする。オストメイトとは、人工肛門・人工膀胱をもつ人のことであり、オストメイト用の多目的トイレは、内法2,000㎜×2,000㎜以上必要である
	オストメイト対応便房の数	建物に1つ	各階ごとに1つ以上	
	低リップ小便器の数	建物に1つ	各階ごとに1つ以上	
浴室等	―	―	―	共用の浴室やシャワー室を設ける場合、1つ以上の浴室等を十分な広さとし、車椅子使用者が使える仕様にする
ホテルや旅館の客室	客室内の便所や浴室等は車椅子使用者も使えるようにする	車椅子使用者用客室の数	1つ以上	原則2%以上
案内表示	バリアフリー化されたエレベーターやトイレ、駐車場付近には、見やすく分かりやすい表示が必要			
案内設備に至る経路	視覚障害者誘導用ブロック又は音声による誘導装置を設ける			
増築等の場合	増築等の部分とその部分に至る経路が基準の適用範囲となる。多数の者が利用する便所、駐車場、浴室等を設ける場合には1以上を車椅子使用者などが利用できるようにする			
修繕等の場合	修繕等の部分とその部分に至る経路が基準の適用範囲となる。多数の者が利用する便所、駐車場、浴室等を設ける場合には1以上を車椅子使用者などが利用できるようにする			

注 円滑化基準は最低限のレベルのことで、円滑化誘導基準は望ましいレベルを示す

各部計画②高齢者・身体障害者対応

QUESTION

1　最頻出問題｜一問一答

次の記述のうち、正しいものには○、誤っているものには×をつけよ

1 ☐☐　車椅子使用者の利用する便所の出入口を引戸とし、その有効幅を95cmとした

2 ☐☐　ユニバーサルデザインに配慮した建築物内の廊下の幅は、車椅子のすれ違いを考慮して180cmとした

3 ☐☐　車椅子使用者が利用する洗面所において、洗面器の上端の高さは、床面から65cmとした

4 ☐☐　百貨店の多目的トイレに、オストメイト用の流し及び多目的シートを設置し、内法寸法を1,600mm×1,600mmとした

5 ☐☐　洗面器の下部のクリアランスは、車椅子使用者の利用に配慮して、床面から65cm確保した

6 ☐☐　公共建築物のエントランスホール内に設けるスロープは、勾配を1／12とし、手すりをスロープの床面からの高さが650mmと850mmの位置にそれぞれ設けた

7 ☐☐　車椅子使用者が利用するキッチンの計画において、固定した食器戸棚の天端までの高さを、車椅子の座面から80cmとした

8 ☐☐　階段上端部と連続する床については、視覚障がい者が段を認識できるように、段の手前5cmの位置に線状ブロックを敷設した

9 ☐☐　高齢者の利用する施設の室内計画において、高齢者が視対象の存在を知覚することができるように、輝度比2.0を採用した

10 ☐☐　視覚障害者の杖による歩行を想定して、通路の側方にある壁面からの突出物の突出寸法の限度を20cmとする

ANSWER

→→→

1　○｜出入口の扉は引戸とし、有効幅は80cm以上とする

2　○｜建築物内の廊下の幅は、車椅子どうしのすれ違いを考慮すると180cm以上必要である

3　×｜車椅子使用者が利用する洗面所の、洗面器の上端の高さは、床面から75～80cm程度

4　×｜オストメイト用の流し及び多目的シートを設置した多目的トイレの広さは、内法寸法で2,000mm×2,000mm以上が必要

5　○｜洗面器の下部のクリアランスは、車椅子のフットレストが入るように、床面から60～65cm程度確保する

6　○｜スロープの勾配は、1／12以下（傾斜路の高さが16cm以下の場合は1／8以下）とする。また、上段80～85cm、下段60～65cmの2段の高さの手すりを設けることが望ましい

7　○｜車椅子使用者が利用する食器棚等の上端は、床面から150cm以内が限度。車椅子の座面高は40cm程度なので、天端までの高さを車椅子の座面から80cmとすると、床面からの高さは120cm程度となる

8　×｜線状ブロックは、歩行方向を案内し、点状ブロックは、前方の危険や注意を喚起するものである

9　○｜高齢者の視界は黄変化する傾向にあるため、黄変化後も視対象の存在を知覚することができるように、輝度比1.5～2.0を採用する

10　×｜視覚障害者の杖による歩行において、壁面から10cm以上の突出物は非常に危険なものになる

2 実践問題｜一問一答 →→→

1 ☐☐ 高齢者及び身体障害者の利用に配慮した建築物の計画で、1.1mの高低差がある幅4mの階段に代わる屋内傾斜路において、その両側及び中間に手すりを設けた

2 ☐☐ ホテルのエレベーターにおいて、エレベーターの籠内の階数ボタン等の点字表示は、ボタンが縦配列であったので、それぞれのボタンの右側に設けた

3 ☐☐ 車椅子使用者の利用に配慮した住宅の台所において、調理台・流し台・レンジ及び冷蔵庫の配置を、車椅子使用者が利用しやすいようにL字型とした

4 ☐☐ 電気器具等のコードに足を引っ掛けて転倒することを防ぐために、マグネット式のコンセントを採用した

5 ☐☐ ベビーチェアと手すりを設置した洋式のトイレブースの内法寸法を、幅80cm、奥行き135cmとした

6 ☐☐ 高齢者及び身体障害者の利用に配慮した住宅において、踊り場を設けない階段の一部をやむを得ず回り階段とする場合、回り階段の部分は、中間より下階に近い位置に設けた

7 ☐☐ 高齢者及び身体障害者の利用に配慮した建築物の計画で、玄関扉に設置するドアクローザーについては、高齢者が容易に開閉できるように、開き力を55N・mになるように調整した

8 ☐☐ 視距離1mから視認するサインの計画において、一般に、立位の利用者と車椅子を使用する利用者の双方に配慮して、床面からサイン表示面の中心までの高さを150cmとすることが望ましい

9 ☐☐ 床材は、同一の床においてすべり抵抗係数を変化させると高齢者のつまづきの防止が期待できることから、すべり抵抗係数に大きな差がある材料を複合使用することが望ましい

10 ☐☐ コミュニティ施設の階段において、視覚障害者に配慮し、階段の手前30cm程度の床上に点状ブロックを敷設した

11 ☐☐ 公共交通機関における視覚障害者を誘導する経路において、黄色の誘導ブロックでは、周辺の床との対比において十分な輝度比

1 ○｜階段に代わる傾斜路で、高さが16cmを超えるものは、両側に手すりをつけることが望ましい（バリアフリー法）

2 ×｜乗り場ボタンへの点字表示は、立位で使用する乗り場ボタンに設ける。また、乗り場ボタン等の操作ボタンへの点字表示は、ボタンの左側に設ける「高齢者、障害者等の円滑な移動等に配慮した建築設計標準（国土交通省）」

3 ○｜L字型キッチンはI字型より動線が短く、回転動作によって作業ができるため、車椅子使用者は利用しやすい

4 ○｜マグネット式コンセントは、プラグ部には磁石を使っており、横から力を加えると簡単に外れるようになっている

5 ×｜ベビーチェアの設置には、トイレブースのコーナーに30cm×30cm程度のスペースを必要とするため、トイレブースの内法寸法は、幅140～150cm程度、奥行き130～150cm程度必要

6 ○｜階段の一部を回り階段とする場合、踏み外した場合を考え、下階に近い昇り始めの位置に回り段を設ける

7 ×｜玄関扉に設置するドアクローザーは、高齢者が容易に開閉できるように、開き力を30N・m以下とすることが望ましい

8 ×｜一般的に眼高は、立位の場合は140～160cm程度、座位（車いす使用）の場合は100～120cm程度である。両者が近接距離から見やすい高さは、一般に130cm程度である。車椅子使用者にとって、1mの距離から視認するには見上げ角度が大きくなるので、不適当である

9 ×｜すべり抵抗係数に大きな差がある材料を複合使用するとつまづきの原因となる

10 ○｜コミュニティ施設等の階段においては、視覚障害者に配慮し、階段の手前20～30cm程度の床上に警告用点

が確保できなかったので、黄色以外の誘導用ブロックで輝度比2.5以上のものを敷設した

状床材を敷設する

12 ☐☐ 浴室の計画において、浴槽の縁の高さについては、浴槽のまたぎやすさを考慮して、洗い場の床面から5cmとした

13 ☐☐ 階段の起点・終点の手すりの端部については、下側に曲げて、端部であることが識別できるようにするとともに、衣服等の袖口が引っ掛からないようにした

14 ☐☐ 「高齢者、障害者等の円滑な移動等に配慮した建築設計標準(国土交通省)」によって、宿泊施設の客室を250室計画したので、車いす使用者用客室を3室設けた

15 ☐☐ 浴室と脱衣室の計画において、急激な温度変化によって血圧が大きく変動するヒートショックを防ぐために、浴室と脱衣室に暖房設備を設置した

16 ☐☐ 高齢者の視界は黄変化する傾向があるので、白地の案内板の中に避難動線を黄色で表示した

17 ☐☐ 劇場において、車椅子使用者用客席スペースを出入口に近い部分に設け、車椅子1台当たりのスペースを幅90cm・奥行き120cmとした

18 ☐☐ 駅舎の通路において、視覚障害者誘導用線状ブロックを、通路壁面から1m以上離して敷設した

19 ☐☐ 公共図書館における図書の貸出用のカウンターの床面からの高さは、子供や車椅子使用者に配慮して、70cmとした

20 ☐☐ 階段は、踏面の色とけあげの色との明度差を大きくし、点状ブロックを階段の昇り始め及び降り始めの位置に敷設した

21 ☐☐ シティホテルのフロントカウンターの高さについては、一般用を85cm、車椅子使用者用を75cmとした

22 ☐☐ 車いす使用者に配慮した集合住宅において、居間と寝室の計画に当たり、コンセントの中心高さを床面から20cmとした

11 ○│原則として、視覚障害者を誘導する点字ブロックの色は黄色を使い、周囲の床材の色とコントラストのあるものでなければならない

12 ×│高齢者がまたぎやすい浴槽の縁の高さは、40～45cm程度である

13 ○│階段の起点・終点の手すりの端部については、端部であることが識別でき、また衣服等が引っ掛からないように、下側又は壁側に曲げることが望ましい

14 ×│客室総数の2%、5室以上必要

15 ○│ヒートショックは、冬場の入浴時に起こりやすく、脳出血や脳梗塞、心筋梗塞などの深刻な疾患につながる

16 ×│高齢者は一般的に白色と黄色を区別しにくくなる傾向があるため、黄色を避け赤色などを用いることが望ましい

17 ○│適当な寸法である

18 ○│駅舎の通路における、視覚障害者誘導用線状ブロックは、乗降客の動線が複雑に交差しないように配慮し、通路壁面から1m以上離して敷設する

19 ○│公共図書館における図書の貸出用のカウンターの床面からの高さは、子供や車椅子使用者に配慮して、70cm程度とする

20 ○│階段は、視覚障害者が認知しやすいように、踏面の色とけあげの色との明度差を大きくし、仕上げ等にも差をつける。また、階段の昇り始め及び降り始めの位置に点状ブロックを敷設し、段の存在を予告する

21 ×│シティホテルのフロントカウンターの高さは、一般用が100～110cm程度、車椅子使用者用が70～80cm程度である

22 ×│建築物移動等円滑化基準によると、コンセント、スイッチ、ボタン等は、車いすでの使用に適する高さ及び位置とするとして、40～110cm程度の範囲としている

013 各部計画③窓・建具金物・カーテンウォール

各種窓の種類と特徴に関する問題が多い。建具金物の種類と特徴の理解も大切である。カーテンウォールの基礎知識も理解すること。テキストをよく理解し、問題を繰り返し解く練習をする

1 窓

● 窓の種類と特徴

窓の種類	特徴	窓の種類	特徴
引違い窓	・構造は簡単で最も一般的な窓、安価 ・気密性と雨仕舞が難である ・窓面より出ないので、網戸・雨戸の取付けが容易である ・外部清掃が可能 ・下枠の雨仕舞が悪いので、水返しを付ける	**突き出し窓**	・上框を回転軸として、下框部分を突き出す方式 ・開放位置を任意に止めることが可能 ・**通気、換気用の横長窓** ・**気密性、水密性**は比較的よい ・外部清掃が難しい
開き窓 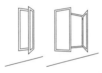	**外開き窓** ・**雨仕舞・気密性・遮音性は高い** ・開閉は窓止め金具で調整する ・雨戸が取り付けられない ・また、外面の清掃が難しい **内開き窓** ・雨仕舞が非常に悪い	**回転窓**	・窓枠中央の回転軸を中心に回転する方式 ・縦軸回転窓と横軸回転窓がある ・開閉の調整が容易であり、外面**清掃**もできる ・**排煙窓として使用可能**
上げ下げ窓	・上下に開閉することができ、開口面積を調整しやすい ・通風換気に有効である ・ガラス面の**外部清掃が難しい** ・網戸・雨戸を外部に取り付けやすい	**ドレーキップ（内開き内倒し）窓**	・ハンドルの操作で回転軸が入れ替わり、通常は内倒しによって換気を行う ・清掃時には内開きによって大きく開けることができる
滑り出し窓	**横滑り出し窓** ・戸の上框を回転軸とし、開閉すると回転軸が上下し、窓が外に滑り出る方式 ・開放位置を任意に止めることが可能 ・外部清掃が難しい ・オペレーターやフック棒による操作が可能のため**高所にも使用される** ・上下に開口が生じるので、**換気通風に有効。気密性、水密性**は比較的よい **縦滑り出し窓** ・軸がサッシの上下枠に沿ってスライドしながら角度を増して外向きに開く形式	**ルーバー窓**	・**開口率を自由に調整できる** ・ガラスの隙間が多いので、**気密性は劣る** ・採光と通風・換気が同時に得られる
		はめごろし窓	・採光が主目的である ・**気密性・水密性**に優れる ・外面の清掃が難しい

2 建具金物

☐ **● 建具金物の種類と特徴**

建具の種類	特徴
錠前	扉に付けられる錠には、鍵（又は内部のサムターン）と連動する**デッドボルト**（**本締り錠**）、把手と連動する**ラッチ**（**空錠**）がある。把手や握り玉の中に鍵穴を仕込んだ形のものを**モノロック**という
箱錠	扉の框に彫り込むタイプを**彫込み錠**、框に彫り込まず室内側の扉面に取り付ける**面付け錠**がある。面付け錠は取付けが容易であり、室内側に付けるので破壊行為に強い。玄関ドアの補助錠として取り付けると防犯対策に有効である
戸締り金物	引違い窓などの召合せ部に取り付け、内部から窓を固定する**クレセント**、開き建具の縦框に彫り込んで取り付ける上げ落とし金物の**フランス落し**、縦框に彫り込まず面付けする上げ落とし金物の**丸落し**（**南京落し**）がある
丁番	一般的な**平丁番**、取付け側と扉側が上下に分かれた**旗丁番**、ナックルをオリーブの実の形状にした装飾丁番の**フランス丁番**がある
ヒンジ	丁番と同じ機能を果たす扉の回転軸。床と上枠に取り付ける**ピボットヒンジ**、床側に自動閉鎖のためのバネを仕込んだ**フロアヒンジ**、扉が開くとらせん状にせり上がり、自重で自動的に閉まる**グラビティヒンジ**等がある

● マスターキーシステム
異なったいくつもの錠を、1本のキー（マスターキー）で施錠解錠できる方式

● 箱錠

● フランス落し（左）と丸落し（右）

● フランス丁番

● ドアクローザー

● フロアヒンジ

3 カーテンウォール

☐ **カーテンウォール**とは、ガラスや金属パネル及びプレキャストコンクリート等によって構成された非耐力壁であり、建物の軽量化、工場生産による品質の安定化、自由なファサードデザインを可能にする等の利点がある

☐ **ガラススクリーン構法**は大型ガラスで開口部を作る構法で、ガラスを枠固定せず、ガラス方立を用いて支持する

☐ 横連窓のプレキャストコンクリートカーテンウォールは、壁面の**スパンドレル**（パネル）とガラスサッシとの取合い部分が、自由に滑動できるように支持されている（**スパンドレルタイプ構法**）。地震時の**層間変位**を接合部分で吸収する

☐ **● 接合部の水密処理の種類と特徴**

水密処理の種	特徴
オープンジョイント方式	外部と内部の間に等圧空間を設け、レインバリアとウィンドウバリアを組み合わせ、重力で雨水を排水する方式
フィールドジョイント構法	シングルシール方式とダブルシール方式があるが、カーテンウォールではダブルシール方式とする。屋外の止水線を1次シール、屋内側を2次シールと呼ぶ

● ガラススクリーン構法
自立型構法と**吊下げ型構法**がある。自立型構法はガラス方立により風圧力を支持するので、6m未満の高さの開口部に適用する。吊下げ型構法は、自重によるたわみを防ぎ、変位に追従しやすいので、自立型構法より大きなガラススクリーンが制作できる

● ロッキング方式
変位に対しパネルを回転させる方式

● スウェイ方式
上下階の変化として吸収させる方式

● オープンジョイント方式

● ダブルシール方式

各部計画③窓・建具金物・カーテンウォール　QUESTION & ANSWER

1　最頻出問題｜一問一答

→→→

次の記述のうち、正しいものには○、誤っているものには×をつけよ

1 □□　突き出し窓は、一般に、内倒し窓に比べて水密性に劣る

2 □□　突き出し窓は、横長形状で寸法の小さい開口部に適しており、気密性・水密性に比較的優れているが、室内からガラス外面の掃除がしにくい

3 □□　連窓を層間変位の大きな建築物に設ける場合、地震時の安全性を向上させるために、ガラスの四周を強固に固定するほうがよい

4 □□　ガラス方立を用いるガラススクリーン構法において、ガラスの厚さが同じ場合、吊下げ型構法は、自立型構法に比べてガラスの高さ方向の寸法を大きくすることができる

5 □□　換気窓としての機能を確保し、清掃しやすいようにするために、ドレーキップ窓を採用した

1　×｜突き出し窓は、一般に、内倒し窓に比べて水密性や気密性に優れている

2　○｜突き出し窓は、通気・換気用の横長の小窓に適しており、気密性・水密性に比較的優れているが、室内からガラス外面の掃除がしにくい

3　×｜連窓を層間変位の大きな建築物に設ける場合、地震時等のサッシ枠の変形に対応できるようにする。サッシ枠やガラスの周囲にはクリアランスを設け、ガラスの四周は強固に固定しない

4　○｜枠を使用せずにガラス自体で外壁や間仕切を構成する「ガラススクリーン構法」では、ガラス下部に自重がかかる自立型構法に比べて、吊下げ型構法のほうが、高さ方向の寸法を大きくすることができる

5　○｜ドレーキップ窓は、内開き（ドイツ語でドレー）と内倒し（ドイツ語でキップ）の両機能をハンドル操作で使い分けられ、換気時は内倒し、ガラス清掃時には内開きとして利用することができる

2　実践問題｜一問一答

→→→

1 □□　住宅において、外部建具を二重サッシとすることは、遮音性を高めるのに有効である

2 □□　開き窓は、換気及び通風に有効であり、滑り出し窓に比べて、風によるあおりの影響を受けにくい

3 □□　窓面中段に設けるライトシェルフは、日射の侵入を抑制し、上部窓から自然光を天井面に取り込むことができるので、省エネルギーに有効である

1　○｜外部建具を二重サッシとし、ガラスの間隔を大きくすると、遮音性能は高くなる

2　×｜横滑り出し窓は、上下に開口が生じるので、換気及び通風に有効。また上下が回転軸とアームによって固定されているので、開き窓に比べて風によるあおりの影響を受けにくい

3　○｜窓面中段にライトシェルフを設けると、庇下窓部分への日射の侵入を抑制し、上部窓から自然光を天井面に取り込むことで、省エネルギーに有効

4 ☐☐ 突き出し窓は、オペレーターによる遠隔操作が可能であり、高所にも使用することができる

5 ☐☐ 外開き窓は、一般に、雨仕舞・気密性・遮音性においては有利であるが、ガラス外面を室内から清掃しにくい

6 ☐☐ 横軸回転窓は、わずかに開いた状態で固定することができるので、排煙窓として利用する場合がある

7 ☐☐ カーテンウォールのオープンジョイントは、雨仕切、等圧空気層及び気密層を組み合わせることによって雨水の浸入を防止する方式である

8 ☐☐ 横連窓（スパンドレルタイプ）のプレキャストコンクリートカーテンウォールは、一般に、サッシとスパンドレルパネルとの取合い部分で層間変位を吸収する

9 ☐☐ エアフローウィンドウは、断熱性能を向上させるとともに二重ガラスの間にあるブラインドにより日射を遮蔽するが、窓からの熱放射の低減は期待できない

10 ☐☐ 外壁の窓として使用するサッシの性能は、日本工業規格（JIS）より、耐風圧性・気密性・水密性等について、それぞれ等級が定められている

11 ☐☐ 横滑り出し窓は、常時、少し開けて換気用として使うが、窓の清掃時には、大きく開けたり、反転させたりすることができる

12 ☐☐ ドレーキップ（内開き内倒し）窓は、内倒しによる換気窓としての機能と内開きによる清掃の容易さとを兼ね備えている

13 ☐☐ 滑り出し窓は、換気及び通風に有効であり、開き窓に比べて、風によるあおりの影響を受けにくい

14 ☐☐ 内面剛性の高いカーテンウォールの主要な取り付け方には、地震時の建築物の揺れによる層間変位に追従させるため、ロッキング方式とスウェイ方式がある

4 ○｜突き出し窓は、横滑り出し窓のようにオペレーターによる遠隔操作や、フック棒による開閉が可能なため、高所にも使用することができる。気密性や水密性も比較的よい

5 ○｜外開き窓は、雨仕舞・気密性・遮音性がよいが、ガラス外面を室内から清掃しにくい

6 ○｜横軸回転窓は、わずかに開いた状態で固定することができるので、天井下80cm以内にあれば排煙窓として利用できる

7 ○｜オープンジョイントは、シーリング材を使用せず、外壁と内壁の間に通気層を設け、内外の気圧を等しく保つことによって雨水の浸入を防止する外壁のジョイント方法のこと

8 ○｜PCカーテンウォールでは、構成材の面内剛性が高いので、躯体との取り合い部分に可動となるメカニズムが必要。PC部材は躯体の梁部分に取り付けられているので、層間変位は上下に取り付けられたスパンドレルパネルの間にある開口部で吸収する納まりとなっている

9 ×｜エアフローウィンドウは、2枚のガラスの間に電動ブラインドを設け、室内の空気を通過させることで二重ガラス内の熱を排気する、ペリメーターレス空調システムの一種。窓からの熱放射の低減が期待できる

10 ○｜設問記述のとおり

11 ×｜横滑り出し窓は、常時、少し開けて換気用として使用できるが、固定面からの滑り出す最大開口角度は75度程度であり、窓の清掃時に反転させることはできない

12 ○｜ドレーキップ（内開き内倒し）窓は、内倒しによる換気窓としての機能と、内開きによる清掃の容易さを兼ね備えた多機能サッシの一つである

13 ○｜設問記述のとおり。実践問題の問2の解答解説を参照

14 ○｜設問記述のとおり

014 各部計画④窓ガラス・屋根・木造建築

窓ガラスの種類と特徴に関する出題が多い。屋根材料と勾配の関係も整理し、記憶する必要がある。木造建築の基礎知識を覚えること

1 窓ガラス

□ **複層ガラス**（ペアガラス）は、1枚ガラスに比べ、**断熱性能は高いが、遮音性能**はあまり**向上しない**。中空層には、内部結露が生じないように、乾燥空気が封入されている。複層ガラスの**熱貫流抵抗**は、単板ガラスの**2倍**程度となる

● 複層ガラス

□ **合わせガラス**は、中間膜を2枚のガラスで挟み、密着した構造であり、破壊時に飛散や落下がほとんどない。**安全ガラス**として**出入口の戸**等に使用される。しかし、合わせガラスは、空気層をもたないので、**結露防止に有効でない**。防犯用特殊中間膜（防犯膜）を挟んだものを、防犯ガラスという

● 合わせガラス

□ 二重サッシ（二重窓）は、断熱性能、遮音性能ともに向上する。**断熱性能**はガラス相互間隔を大きく広げてもあまり**変化しない**。2～3cm以上になるとほとんど変化せず、むしろ減少する。**遮音性能**は、一般に、間隔が**大きい**ほど**よくなる**。室内側サッシの気密性を高め、外部側サッシの気密性を低くすることで結露防止に効果がある

● 二重サッシ（二重窓）

□ **LOW-Eガラス**は、特殊金属による低放射膜をガラス表面にコーティングし、採光・透明感を確保しながら、**断熱性・日射遮断性**を向上させたガラスである。コストは高い。また、防犯性能は低く、耐風圧性能の向上は期待できない

● LOW-Eガラス

日射遮蔽型   断熱型

□ **熱線吸収ガラス・熱線反射ガラス**は、**日射遮蔽効果が大きい**。室内側への再放熱量の多い**熱線吸収ガラス**のほうが、日射遮蔽効果は**やや劣る**。夏場の冷房負荷には、日射遮蔽効果のため**有効**であるが、熱貫流率が透明ガラスと同程度のため、**冬場の暖房負荷には有効ではない**

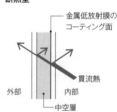

● 熱線吸収ガラス・熱線反射ガラス

熱線吸収ガラスは、ガラス成分の中に微量の金属成分を加えてつくり、熱線反射ガラスは、ガラス表面に金属酸化物を焼き付けてつくる（ハーフミラーガラス）

□ **網入りガラス**は、**飛散防止**、**延焼防止効果**はあるが、フロートガラスより強度が劣るため、**耐風圧性能は劣り**、防犯性能は低い

□ **強化ガラス**は、ガラスを急冷却してつくる。通常の板ガラスの**3〜5倍の強度**のあるガラスとなる。強度の必要なガラス扉や家具の天板などにも使われている

● **網入りガラス・熱線吸収ガラス**

網入りガラスと熱線吸収ガラスは、熱による内部ひずみが生じやすい。ガラス面に影が生じた場合、ガラス表面に温度差が生じ、**熱割れ**を起こす原因となる

熱処理後の穴あけや切断**加工はできない**

2 屋根

□ 屋根勾配は、材料・工法の防水性能、風圧に対する強さ、勾配面の大きさによって異なる。一般に、防水性能の劣るものほど、勾配をきつくする

● **屋根形式**

①切妻

③入母屋

上部を切妻とし、下部の屋根は四方に葺きおろした形式

④腰折れ屋根

勾配が上部と下部とで異なり、下部が急勾配の形式

②寄棟

大棟から四方に葺きおろした形式

⑤陸屋根

勾配が極めて小さく平坦な屋根

● **すがもれ**

屋根裏の暖かい空気で解けた雪が、軒先で再凍結し、融雪水が溜まって雨漏りすることを「すがもれ」という。防止対策としては、天井の十分な断熱、小屋裏換気等が有効

● **落雪屋根**

屋根面に雪を残さないように下に落とす方法。勾配は約4/10以上。隣地からの距離を考慮する

● **無落雪屋根**

屋根をできるだけ水平にして、屋根の上に雪を溜め、溶けた水だけを下に流す方法である（スノーダクト方式）。荷重検討の必要がある

● **屋根材料と勾配**

屋根材料	かや（草）葺き	波型石綿スレート葺き	日本瓦（引掛けさん瓦葺き）	アスファルトシングル葺き・金属板平葺き	金属板瓦棒葺き	長尺鉄板瓦棒葺き	シート防水・アスファルト防水
最小勾配	6／10〜	4.5／10〜	**4／10〜**	3／10〜	2／10〜	1／10〜	1／100〜

3 木造建築

□ ・**真壁**：柱をあらわしにし、壁はその間に納める。柱は、無節の化粧材を用いるのが原則。和風建築に多い。本来は、和風木造建築における湿式壁をさした
　・**大壁**：柱を壁内部に塗り込め、柱をあらわしにしない。洋風建築に多いが、土蔵造りの外壁は大壁である

□ 床の間には、本勝手・逆勝手がある。**本勝手**は、床の間に向かって左が書院、右に違い棚や袋戸棚など床脇を設けたもの。**逆勝手**はその逆の形式である

● **ちりじゃくり**

真壁造りにおいて、柱や枠・額縁に掘られた溝で、塗壁を塗り込むためのもの。塗壁が収縮して、できる隙間を防止する

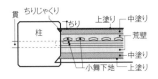

● **無双四分一**

掛軸を吊るす釘がついた横木を無双四分一という

各部計画④窓ガラス・屋根・木造建築 　QUESTION & ANSWER

QUESTION

ANSWER

1　最頻出問題｜一問一答

→→→

次の記述のうち、正しいものには○、誤っているものには×をつけよ

1 □□ 窓に網入り板ガラスを使用する場合、破損時のガラス片の飛散防止には効果があるが、耐風圧性能については、同じ厚さのフロート板ガラスを使用する場合に比べて高い性能を期待することはできない

2 □□ 耐熱強化ガラスは、耐熱性能が高いが、一般に、防火戸に用いることはできない

3 □□ 耐風圧性能の優れた複層ガラスとするために、ガラス表面に金属膜をコーティングしたLOW-Eガラスを採用した

4 □□ 玄関ドアの防犯対策としては、主錠に加えて、破壊行為に強い面付け箱錠を補助錠として取り付けると効果がある

5 □□ 窓にはめ込まれた熱線吸収ガラスに一様に日射が当たるようにすることは、ガラスの熱割れ防止のためには有効である

1 ○｜網入り板ガラスは、破損時のガラス片の飛散防止、火災延焼防止には効果があるが、耐風圧性能については、同じ厚さのフロート板ガラスを使用する場合に比べて低い

2 ×｜耐熱強化ガラスは、耐熱性能が高く、火災時は破損せずに火炎を遮断することができ、防火戸の構成材料として認定されている

3 ×｜ガラス表面に特殊な金属膜をコーティングしたLOW-Eガラスを複層ガラスとして使用すると、日射遮断性と断熱性を向上させることができるが、耐風圧性能を向上させることはできない

4 ○｜玄関ドアの防犯対策としては、主錠に加えて、破壊行為に強い面付け箱錠を補助錠として取り付けると、泥棒等の侵入に時間がかかるため、効果的

5 ○｜熱線吸収ガラスを窓に使用する場合は、熱割れを防ぐために、ガラス周辺に余裕をとり、ガラス面に庇（ひさし）などの影が生じないよう、一様に日射が当たるように計画する

2　実践問題｜一問一答

→→→

1 □□ 無双四分一は、床の間に掛軸を掛けるために、床の間の天井回り縁の下端に取り付ける細い横木である

2 □□ 熱線吸収板ガラスを使用した窓は、ペリメーター部分の暖房負荷の低減に有効である

3 □□ 強化合わせガラスは、複数枚の強化ガラスを合わせ加工したものであり、強度及び安全性が高く、床や階段にも用いられる

1 ○｜設問記述のとおり

2 ×｜熱線吸収板ガラスは、日射遮蔽効果が大きく、夏期の冷房負荷の低減には有効だが、熱貫流率が普通透明ガラスとほぼ同じであるため、ペリメーター部分の暖房負荷の低減には有効ではない

3 ○｜設問記述のとおり

4 ☐☐ 出入口の全面をガラス張りにするに当たって、ガラスの破片の飛散防止のために、合わせガラスを採用した

5 ☐☐ 事務所ビルの風除室において、屋外側と屋内側の対面する自動ドア（引戸）が同時に開放しにくいようにするために、風除室の奥行きを4mとした

6 ☐☐ 床の間に向かって、左側に書院、右側に床脇を設けたものを、本勝手という

7 ☐☐ すがもれの防止対策としては、天井の十分な断熱、小屋裏換気等が有効である

8 ☐☐ 木造軸組構法の住宅において、真壁式は、一般に、大壁式に比べて、防寒・防音性に優れている

9 ☐☐ 単板の強化ガラスは、同厚のフロート板ガラスと比較して6〜10倍の強度を持つため、特段の措置を講じることなく、アトリウム等の屋根、スカイライト、トップライト等での使用に適している

10 ☐☐ 木割りは、わが国の伝統的な建築において、各部構成材の比例と大きさを決定するシステムである

11 ☐☐ 建築物の開口部に強化ガラスを使用する場合は、ガラス内部の微細な不純物の混入による自然破損の発生を低減するため、ヒートソーク処理を行ったものを用いることが望ましい

12 ☐☐ 防音合わせガラスは、特殊中間膜を用いてガラスの振動を吸収したうえで、熱エネルギーに変換し、コインシデンス効果による遮音性の低下を解消したガラスである

13 ☐☐ 畳の割付けにおいて、田舎間は柱芯の間隔を基準寸法の整数倍とし、京間は柱と柱の内法寸法の整数倍とする

14 ☐☐ 木材の乾燥収縮率の大小関係は、年輪の半径方向＞年輪の接線方向＞繊維方向である

15 ☐☐ CLTとは、ひき板を繊維方向がほぼ直交となるように積層接着した木質系材料であり、構造躯体として建築物を支えるとともに、高い断熱性能も期待できる

4 ○｜2枚以上のガラスを強靭な樹脂膜で接着して一体化した合わせガラスは樹脂膜の力で、割れてもガラスの破片の飛散や落下がほとんどない

5 ○｜風除室とは、屋外と屋内の空気の出入りを妨げる目的で設置される空間で、屋外側と屋内側の対面する自動ドア（引戸）が同時に開放しないように、奥行きは4m程度確保する

6 ○｜設問記述のとおり

7 ○｜すがもれとは、軒先などに積もった雪が融解と凍結を繰り返して氷堤をつくり、そこに融雪水がたまり、雨漏りする現象で、防止対策としては、天井の十分な断熱、小屋裏換気等が有効。屋根を落雪式にして、雪をためないようにする方法もある

8 ×｜大壁式は、壁の内部に筋かいを配置したり、断熱材を入れることができるため、真壁式に比べて、気密性がよく防寒防音性に優れている

9 ×｜単板の強化ガラスは、同厚のフロート板ガラスと比較して3〜5倍の強度を持つ。屋根、スカイライト、トップライト等の水平又は傾斜面に使用する場合は破損時の破片落下防止のため、合わせガラスとする

10 ○｜木割りは、柱の間隔と柱の太さとを基準とし、比例関係によってそれぞれの部分や部材の寸法を割り出す方法

11 ○｜ヒートソーク処理とは、強化加工後のガラスを再加熱処理して強化ガラスに存在する微細な不純物を強制的に破損させる方法

12 ○｜コインシデンス効果とは、ガラスが特定の周波数で振動し、遮音性能が低下する現象

13 ○｜設問記述のとおり

14 ×｜年輪の接線方向＞年輪の半径方向＞年輪の繊維方向である

15 ○｜設問記述のとおり

015 日本建築史

毎年1～2問出題される。出題範囲は広く、日本建築史一覧表を中心に、各時代の概要を理解し、代表的な建築物の特徴と名称を覚えること。近年、建築物の改修等に関する問題も増えている。現代建築家の作品名及び特徴も理解しておく

●日本建築史一覧表

時代			各時代の代表的建築物と特色
古代	―	神社	**伊勢神宮**（神明造り：切妻、平入り、**棟持柱**）　**出雲大社**（**大社造り**：切妻、妻入り、左右非対称平面）　**住吉大社**（**住吉造り**：切妻、妻入り、廻り縁なし、高欄なし）
	552年～ 飛鳥時代	概要	中国・朝鮮を経て、仏教伝来
		代表的な 建築物	**飛鳥寺、若草伽藍**（現存せず）　四天王寺（四天王式）、法隆寺西院（法隆寺式、柱に**エンタシス**）
	645年～ 奈良時代	概要	仏寺建築は木構造の技術・意匠を大きく進歩させた。都市計画は、当時の中国大陸の都城の制を取り入れ、平城京を建設した
		代表的な 建築物	**春日神社**（春日造り：切妻、妻入り、向拝。奈良市）　**賀茂御祖神社**（流れ造り：平入り。京都市）　**宇佐神宮**（八幡造り：切妻、平入り、前殿と後殿。大分県宇佐市）　**薬師寺東塔**（三手先組物、和様）　**東大寺**（南大門：天竺様）　**正倉院**（校倉造りの宝庫）　**唐招提寺金堂**（桁支輪・鬼斗・三手先組物完成。屋根一重の寄棟）
	794年～ 平安時代	概要	平安京に遷都。密教寺院、阿弥陀堂の出現。寝殿造りの発生から完成
		代表的な 建築物	**清涼殿・東三条殿**（寝殿造り：平安時代の貴族住宅の様式）　**厳島神社社殿**（広島県宮島の海浜に建立された神社建築）　**日吉神社**（日吉造り）　**宇治上神社**（流れ造り）　**三仏寺**（鳥取県。修験道の道場、山中寺院。投入堂は崖の窪みに建立）　**高野山金剛峯寺、比叡山延暦寺、平等院鳳凰堂、中尊寺金色堂**（阿弥陀堂）
中世	1192年～ 鎌倉時代	概要	**唐様**（禅宗様）、**天竺様**（**大仏様**）が中国から導入された。和様（在来）、住宅（武家造り）
		代表的な 建築物	**東大寺南大門、浄土寺浄土堂**（大仏様：天竺様。柱の緊結に**貫を多用**）　**円覚寺舎利殿**（禅宗様：唐様。三門、仏殿、法堂等の整然とした伽藍配置。**海老虹梁**、扇垂木、**火灯窓**）
	1338年～ 室町時代	概要	貴族の邸宅である寝殿造りから、武士の住居としての**書院造り**が発生する。折衷様式
		代表的な 建築物	**鹿苑寺舎利殿**（金閣：京都市。足利3代将軍義満の別荘。死後禅寺）　**慈照寺観音堂**（銀閣：京都市。足利8代将軍義政の別荘。死後開山。**東求堂・同仁斎**（茶室、4畳半）　東福寺竜吟庵　**吉備津神社、興福寺五重塔、法隆寺南大門**　箱木家住宅（現存する最古の民家）
近世	1573年～ 桃山時代	概要	城郭建築意匠の確立。書院造りの完成。茶の湯の流行と茶室建築。匠明（木造建築の部材比例を数量化・体系化した木割術の代表的著作）
		代表的な 建築物	**安土城**（織田信長が築いた初めての天守。現存せず）　**姫路城**（平山城。5重6層の大天守閣。優美な外観。別名白鷺城）　**円城寺光淨院客殿**（滋賀県大津市。現存する書院造りの遺構）　**二条城二の丸殿舎**（京都市。大広間、**黒書院、白書院**、遠侍など）　**妙喜庵待庵**（京都府大山崎町。千利休作の現存する最古の草庵建築）　**孤蓬庵忘筌**（京都市。小堀遠州作。12畳の方丈書院）　**如庵**（愛知県犬山市。2畳半台目、床脇に三角形の地板。建仁寺から移築）

出雲大社

1615年 江戸時代	概要	安定期に入り、市民文化が発達した。数寄屋建築、通り庭形式の町屋、土蔵技術の発達、町屋の発達、霊廟建築など
	代表的な 建築物	密庵（みったん）（京都市。書院造様式を持つ茶室） 桂離宮（京都市。数寄屋造りの手法を取り入れた別荘建築の代表作） 日光東照宮（栃木県日光市。権現造り。徳川家康の霊廟） 修学院離宮（京都市。池泉回遊式の大庭園） 町屋の発達（京都・大阪） 今西家（奈良県橿原市）

姫路城

二条城二の丸殿舎

桂離宮

近代	1868年～ 明治	概要	洋風建築の伝来、外国人技師の活動とその弟子たちの活躍
		代表的な 建築物	東京帝室博物館（東京都。設計：J.コンドル） 日本銀行本店（東京都。設計：辰野金吾） 旧赤坂離宮（東京都。設計:片山東熊。現迎賓館） 三菱一号館（東京都。設計:J.コンドル）
	1911年～ 大正	概要	分離派建築会（1920年）、鉄筋コンクリート造の普及、F.L.ライトの来日、同潤会の設立（1924年）
		代表的な 建築物	東京駅（東京都。設計：辰野金吾） 旧帝国ホテル（東京都。設計：F.L.ライト） 東京中央電信局（東京都。設計:山田守） 自由学園明日館（東京都。設計:F.L.ライト、遠藤新）
	1926年～ 昭和 （戦前）	概要	国際建築様式の展開、日本工作文化連盟（1936年）、「日本美の再発見」ブルーノ・タウト（1939年）
		代表的な 建築物	東京中央郵便局（東京都。設計：吉田鉄郎） 同潤会江戸川アパート（東京都。設計：同潤会） 築地本願寺（東京都。設計：伊東忠太） パリ万国博覧会日本館（パリ。設計：坂倉準三） 東京国立博物館本館（東京都。設計:渡辺仁）
現代	1945年～ （戦後）	概要	近代建築の発展、日本住宅公団の設立（1955年）、伝統論争、吊り構造の発展、日本万国博覧会の開催（1970年）、メタボリズムグループの出現、ポストモダニズムの流行、歴史的建造物の保全
		代表的な 建築物	香川県庁舎（香川県。設計：丹下健三） 国立屋内総合競技場（東京都。吊り屋根構造。設計：丹下健三） 京都国際会館（京都府。設計：大谷幸夫） 霞が関ビル（東京都。設計:山下寿郎ほか） 最高裁判所（東京都。設計:岡田新一） 東京都庁舎（東京都。設計:丹下健三） 世田谷美術館（東京都。設計:内井昭蔵）

倉敷アイビースクエア

| | | 歴史的建造
物の保全 | 合掌造り（草葺き屋根の建物、屋根裏を3～4層に分け、養蚕の空間としている切妻入母屋の民家。岐阜県荘川・白川地方、富山県五箇山地方。1995年、ユネスコ世界遺産登録）
首里城復元（1992年、琉球王国の首里城が復元事業完成。2000年、今帰仁城跡や首里城跡等は世界遺産登録）
東京丸の内駅舎（東京都。外観を創建時の姿に忠実に復元し、鉄骨煉瓦造の下に地下躯体を増設して免震装置を設置）
サッポロファクトリー（北海道札幌市。工場跡地を公共空間や複合商業施設に再利用）
倉敷アイビースクエア（倉敷市。紡績工場をホテルや展示などの複合商業施設に改修）
横浜赤レンガ倉庫（横浜市。赤レンガ倉庫を劇場、ギャラリー、商業施設に改修）
東京国立西洋美術館（東京都。免震レトロフィット工法による地震対策。2016年「ル・コルビュジエの建築作品」の構成資産の1つとして世界遺産登録）
門司港レトロ地区（福岡県。門司港駅前地区を修復・復元）
アートプラザ（大分県。大分県立図書館を芸術文化の複合施設に転用）
三井本館（東京都。重要文化財特別型特定街区制度を適用して超高層ビルと一体的に再生）
中京郵便局（京都府。ファサードの一部を保存し、内部を改築）
鎌倉文華館鶴岡ミュージアム（神奈川県。神奈川県立近代美術館鎌倉館を改修保存） |

横浜赤レンガ倉庫

1 最頻出問題│一問一答

→→→

次の記述のうち、正しいものには○、誤っているものには×をつけよ

1 □□ 天竺様(大仏様)の組み物は、柱頭だけでなく柱間にも並び、組み物間の空きが小さいことから詰組みと呼ばれている

2 □□ 同潤会青山アパート(東京都渋谷区)の市街地再開発事業においては、従前の建築物のうちの1棟を集合住宅として保存し、その他は集合住宅から商業施設に転用している

3 □□ 鹿苑寺金閣(京都市)は、方形造りの舎利殿で、最上層を禅宗様仏堂風、2層を和様仏堂風、初層を住宅風とした3層の建築物である

4 □□ 大社造りは、切妻造り・平入りとし、前殿と後殿とを連結し、両殿の間に生じた屋根の谷に陸樋を設ける形式である

5 □□ 三仏寺投入堂は、修験の道場として山中に営まれた三仏寺の奥院であり、岩山の崖の窪みに建てられた懸造りである

6 □□ 倉敷アイビースクエア(倉敷市)は、連続するのこぎり屋根をもつ平家建の紡績工場の一部を撤去してできたオープンスペースを中心として、展示施設、ホテル等からなる複合施設にしたものである

1 ×│詰組みは唐様(禅宗様)の特徴の一つ。天竺様(大仏様)の組み物には、柱の側面に差し込む「挿肘木」が用いられる

2 ×│1925年竣工の同潤会青山アパートは、(財)同潤会が建設した最初期のRCアパート。2006年に表参道ヒルズとして建て替えられ、下層部は店舗、上層部は共同住宅になっている。集合住宅から商業施設の建替えであり、転用ではない

3 ○│鹿苑寺金閣は3層の楼閣建築であり、最上層は禅宗様仏堂風、第2層を和様仏堂風、初層を住宅風に造っている

4 ×│出雲大社(島根県大社町)に代表される大社造りは神明造りとともに神社建築の最も古い形式。設問文は、宇佐神宮本殿(大分県宇佐市)に代表される八幡造りの記述

5 ○│三仏寺投入堂は奥院の岩山の断崖に建てられ、懸造りとも呼ばれている

6 ○│設問記述のとおり

2 実践問題│一問一答

→→→

1 □□ 横浜赤レンガ倉庫(横浜市)は、明治時代末期から大正時代初期に建築されたレンガ造りの倉庫を改修し、文化施設、商業施設として整備したものである

2 □□ 門司港レトロ地区(北九州市)は、門司港駅前に広がる明治・大正時代に国際貿易港として栄えた門司港地区の歴史的建造物の修復・復元等を通して、地域の活性化を目的としている

1 ○│設問記述のとおり

2 ○│門司港レトロ地区(北九州市門司区)では、門司港駅をはじめとする重要文化財の整備や、旧門司税関の保存改修工事に加えて、新たな都市機能として整備が行われている

3 ○│サッポロファクトリーは、明治9年(1876年)に開設されたビール工場

3 ☐☐ サッポロファクトリー(札幌市)は、明治9年に開設されたビール工場のレンガ造りの建築群を保存・再生し、それらを大きなアトリウムや地下通路等で結び付けて複合商業施設としたものである

4 ☐☐ 神明造りは、切妻造り・平入り・ヒノキの素木を用いた高床造りである。柱はすべて掘立て柱を用い、2本の棟持柱があり、平面四周に高欄付きの縁をめぐらしている

5 ☐☐ 住吉造りは、切妻造り・妻入りとし、平面は前後に外陣・内陣に分かれ、前後に細長い形状であり、回り縁・高欄はない

6 ☐☐ 沖縄県にある今帰仁城跡や首里城跡等の歴史的な資産は、琉球地方独自の文化遺産として2000年にユネスコの世界遺産に登録されている

7 ☐☐ 神奈川県立近代美術館鎌倉館(鎌倉市)は、竣工時の形状を損なうことなく地震に対する安全性を高めるため、免震レトロフィット工法を採用し、保存・改修したものである

8 ☐☐ 厳島神社社殿(広島県)は、宮島の海浜に設けられたもので、自然美と人工美が巧みに調和している

9 ☐☐ 出雲大社本殿(島根県)は、正面の片方の柱間を入口とした非対称の形式をもつ中門造りの神社建築の例である

10 ☐☐ 旧大社駅舎(島根県)は、創設時の赤レンガの外観を再現するとともに、地震に対する安全性を高めるために免震工法を採用し、観光施設にしたものである

11 ☐☐ 三井本館(東京都中央区)は、国の重要文化財に指定された建築物であり、重要文化財特別型特定街区制度を適用して超高層ビルと一体的に再生され、現在でも銀行やオフィスビルとして利用されている

12 ☐☐ 円覚寺舎利殿(神奈川県)は、内部を化粧屋根裏とし、柱上に組物を置かず、挿肘木で軒荷重を支える、大仏様の建築物である

13 ☐☐ 金沢市民芸術村(石川県)は、吹き抜けの高い天井や赤レンガの壁面など、旧大和紡績工場倉庫群の魅力を活かして改修した、市民が演劇や音楽、美術などの芸術活動を行える施設である

の跡地を店舗・ホテル・映画館等を含む複合商業施設として再開発したもの

4 ○│神明造りの構造は、掘立て柱・切妻造り・平入りで、妻側に独立して棟木を支える棟持柱がある。円柱の柱や鰹木を除き、ほぼすべてが平面的に加工された直線的な外観

5 ○│住吉造りは、切妻造り・妻入り形式で、大阪市の住吉大社本殿が典型例。長方形の平面をもち、内部を前後で2室(内陣と外陣)の構成

6 ○│首里城は、1945年に米軍の猛烈な攻撃により全焼し城壁も破壊されたが、1992(平成4)年に木造建築の正殿を中心に復元され2000(平成12)年に今帰仁城跡とともに世界遺産に登録された

7 ×│神奈川県立近代美術館鎌倉館は、坂倉準三の設計による日本最古の近代美術館で、2016年3月に閉館。免震レトロフィット工法ではない

8 ○│厳島神社は、両流れ造りの本殿の前に幣殿・拝殿・祓殿と連なり、客人(まろうど)神社との間を曲折した回廊が連結している

9 ×│出雲大社本殿は、神社建築の最も古い形式の一つである大社造り。けた行2間・張り間2間の切妻造り・妻入りの建物で、入口が一方に偏った非対称の構成

10 ×│旧大社駅舎は、出雲大社への参詣客輸送のために開通した木造平家建の駅舎。設問は、東京駅丸の内駅舎についての記述

11 ○│設問記述のとおり

12 ×│禅宗様(唐様)の建物。裳階と呼ばれる庇状のものがつく。屋根の強い反りと深い軒、窓・出入口の花頭曲線、詰組、海老虹梁、鏡天上などの緻密で繊細な意匠が特徴

13 ○│地域の文化発信・交流拠点となっている

016 西洋・東洋建築史

前年出題される。出題範囲は広く、西洋・東洋建築史一覧表を中心に、各時代の一般的特色と建築概要及び建築物の名称を覚えること。近年、建築物の改修等に関する問題も増えている

● 西洋・東洋建築史一覧表

時代		一般的特色	建築概要
古代	**古代エジプト建築** B.C.3200 ～	石造建築で重厚。ろく屋根、まぐさ式構造、多柱室	**マスダバ**、**ピラミッド**：国王の墓。**オベリスク**、**スフィンクス**、**カルナック神殿**  ギザのピラミッド
	オリエント建築 B.C.3500 ～	日干しレンガ、神殿や宮殿の遺跡では、アーチやアーチを連続させて天井をつくるヴォールトの手法	**コルサバト宮殿**：中庭式。ジグラットと呼ばれる高い塔状の神殿
	ギリシャ建築 B.C.1100 ～	西洋建築の原点。大理石による神殿が多い	**オーダー**：神殿の外壁の列柱と梁の間の一定の関係性及び柱の様式
	ドリス式：柱が太く短い、あらい。男性的、単純、素朴、力強い エンタシス（柱のふくらみ）			**パルテノン神殿**  パルテノン神殿
	イオニア式：柱身や溝彫りは細く、柱頭に渦巻状の装飾。優美、女性的			エレクティオン神殿 アテナ・ニケ神殿
	コリント式：柱頭にアカンサスの葉の飾り。ローマ建築で多用された			
	ローマ建築 B.C.400 ～ A.D.476	アーチ、ヴォールト、ドームによる巨大建築空間の出現。レンガ壁の間に、消石灰と火山灰を混ぜたセメントを使用した工法	**パンテオン神殿**：直径43.8mの球体が収まるドーム建築 **コロッセオ**：競技場と観覧席の部分に石材とコンクリートを併用し、ヴォールト工法で造る巨大スタジアムの原型  コロッセオ
中世	**初期キリスト教建築**	裁判所や商業の取引場として使用されていたバシリカを礼拝空間としての身廊、付属空間としての側廊などにする	**バシリカ式教会堂**：バシリカの平面を教会堂に転用 **ハギア・ソフィア大聖堂**：532年、トルコ・イスタンブール。ビザンチン建築の代表作で、直径約33m、高さ約56mのペンデンティブドーム。別称：聖ソフィア、アヤソフィア  ハギア・ソフィア大聖堂
	ビザンチン建築とイスラム建築 A.D. 600 ～ 1453	**ペンデンティブドーム**：バシリカ形式の教会堂の平面にドームをかける工法	**サンマルコ大聖堂**：11 ～ 13世紀。イタリア・ベネチア。十字形平面の上にペンデンティブドームをかけ、内部は5つに区分 **アルハンブラ宮殿**：13 ～ 15世紀。スペイン・グラナダ **イスラム式の宮殿建築**：水盤や噴水のある「獅子の中庭」や「ミルトの中庭」、中庭周囲にアーケードがある。イスラム式装飾

中世	ロマネスク建築 A.D. 800 ～ 1200	石工技術の発達、ヴォールト・連続アーチの使用、**交差ヴォールト**	**ピサ大聖堂**:1063 ～ 1118年、イタリア。十字形平面をもち、楕円形ドームを載せる。鐘楼はピサの斜塔として名高い **ダラム大聖堂**:1093 ～ 1133年、イギリス。西欧で最初のリブヴォールト。ノルマンの装飾が見られる	
	ゴシック建築 A.D. 1100 ～ 1500	中世キリスト教建築の完成。**垂直線の強調**。バラ窓。ポインテッド(尖塔)アーチ、リブヴォールト、**フライングバットレス**の使用	**シャルトル大聖堂**:1194 ～ 1250年、フランス。盛期ゴシック **ランス大聖堂**:1211年～ 13世紀、フランス。西正面の彫刻が有名 **ケルン大聖堂**:1248 ～ 1560年、ドイツ。ゴシックの代表作 **ミラノ大聖堂**:1386～1577年、イタリア。イタリアゴシックの最大規模の教会堂	**ノートルダム大聖堂(パリ)** 1163 ～ 1250年、フランス。フランス初期ゴシックの代表作
近世	**ルネサンス建築** A.D. 1400 ～ 1600	ギリシャ・ローマ様式の復興、安定した比例・均衡・調和をもつ静的な古典美を理想とする	**フィレンツェ大聖堂**:1296年～、イタリア。ブルネレスキの設計。世界最大級の石積ドームは二重殻構造 **サン・ピエトロ大聖堂**:1546年～、バチカン市国。直径約42m、高さ約119mのドーム(後期ルネサンス、初期バロック) **ヴェルサイユ宮殿**:1624年～、フランス。バロック建築の代表作。広大な宮殿、豪華なインテリア、整然とした庭園などで知られる	 サン・ピエトロ大聖堂
	バロック建築 A.D. 1600 ～ 1700	ルネサンス建築は古典復興であったが、バロック建築は反動として、不規則、奔放さが特徴		
	ロココ建築 A.D. 1700 ～ 1750	フランス・バロックの末期に起こった室内装飾の新しい試みがきっかけ。軽快で優雅な装飾が特徴	マティニョン邸(パリ)、スーピーズ侯爵邸「冬の間」(パリ)、アマリエンブルグ「鏡の間」(パリ)	
	ネオクラシズム **(新古典主義)** A.D.1750 ～ 1850	厳格に古典建築を模倣。ギリシャ・ローマの考古学的研究。ギリシャ・ローマの造形を規範とする	**エトワールの凱旋門**:1836年、フランス・パリ。ナポレオンの戦勝を記念して旧エトワール広場(現ドゴール広場)に建てられた。彫刻群で埋められた外観の巨大な門。パリ凱旋門 サント・ジュヌヴィエーヴ聖堂(1792年、現在名パンテオン)	
	ロマン主義・ **折衷主義** A.D.1800 ～ 1900	ロマン主義(中世建築模倣) ゴシックの模倣 折衷主義	**イギリス国会議事堂**:1860年、イギリス・ロンドン。ネオゴシック ドレスデン歌劇場:1841年、ドイツ。ネオルネサンス ドイツ国会議事堂:1894年、ドイツ。ネオバロック。ノーマン・フォスターによる改修設計	
近代	近代建築	産業革命による影響(鉄・ガラス・セメントの大量生産)	**クリスタルパレス**:1851年、ロンドン。設計:パクストン。ガラスと鉄による大スパンの建築 **エッフェル塔**:1889年、パリ。設計:エッフェル。高さ300m、鋳鉄製部材の記念塔	
		アーツ・アンド・クラフツ運動:19世紀後半イギリスのウィリアム・モリスの工芸運動:機械による粗製乱造から、手仕事の復活をめざした **アール・ヌーヴォー**:19世紀末、ベルギーのブリュッセルからヨーロッパ全土に広がった、自由な曲線を多用した様式		
		ゼツェッション(19世紀末、オットー・ワグナーを中心として結成されたウィーンの分離派。合理主義を建築の理念とする)	ウィーン郵便貯金局(1906年、オーストリア。設計:オットー・ワーグナー) **A.E.Gのタービン工場**:1907年、ドイツ。設計:P.ベーレンス	
		フランスの建築(鉄筋コンクリートの特性を生かした造形表現)	**ランシーのノートルダム教会**:1922年、フランス・パリ。設計:A.ペレー。鉄筋コンクリート造の構造体をそのまま表現	
		スペインの建築(A.ガウディは曲線デザインで建物の各部を構成)	**サグラダ・ファミリア教会**:1884年～、スペイン・バルセロナ。設計:A.ガウディ。ネオゴシック様式。120mの尖塔が林立する。工事は現在も続行中	

サグラダ・ファミリア教会

近代	近代建築	スペイン建築	**カサ・ミラ**：1910年、スペイン・バルセロナ、設計：A.ガウディ。1階に店舗を配置。屋根裏住宅を含めて7階建ての曲面を多用した建築

カサ・ミラ

		シカゴ派（L.サリバンは形態は機能に従うと主張した）	
	近代建築の発展	国際様式：同一機能をもつ建築の形態は同じでなければならない	**バウハウス**（1926年、ドイツ・デッサウ。設計：W.グロピウス）

バウハウス

		工作連盟運動（1907年、ドイツ・ミュンヘン）。工業製品の量産と質の向上をめざした。オーストリア工作連盟、スイス工作連盟の結成を促す	
		CIAM：1928年、近代建築国際会議、最小限住宅から機能都市へ。合理主義建築運動 **ラ・サラ宣言**：開設宣言。「合理化と標準化によって効果的な生産を可能にしよう。」 アテネ憲章：都市計画の原則を定める	
	近代建築の三大巨匠	**フランク・ロイド・ライト**（1867～1959年、アメリカ）	旧帝国ホテル：1919～1921年、東京。濃厚な装飾 **落水荘**：1936年、カウフマン邸、ペンシルベニア。有機的建築 **ジョンソンワックス本社ビル**：1939年、ウィスコンシン。レンガ壁とガラスチューブ、室内はマッシュルーム構造 **グッケンハイム美術館**：1959年、ニューヨーク。らせん状の展示空間
		ル・コルビュジエ（1887～1965年、フランス）  サヴォア邸	**サヴォア邸**：1931年、近代建築の5原則の実現 シャンディガール都市計画：1950年、インド。7段階に機能分離した道路網、通過交通の排除 **ユニテ・ダビタシオン**：1952年、フランス・マルセイユ **ロンシャン聖堂**：1954年、フランス・ロンシャン。コンクリートの重量感を生かした美しい教会 **国立西洋美術館**：1959年。実施設計・増築は前川國男、坂倉準三等
		ミース・ファン・デル・ローエ（1886～1969年、アメリカ）	**イリノイ工科大学**：1940年、アメリカ・シカゴ ファンズワース邸：1950年、シカゴ。ユニバーサルスペース レイクショアドライブ・アパート：1951年、アメリカ・シカゴ。26階建てのガラスのツインビル
	近代建築の普及	1960年代に入ると、近代建築運動は、世界に普及した。アメリカでは、ナチスに追われたグロピウスやミースらが活躍 アメリカ建築界は、その工業技術力によって、世界をリードするようになる シドニーオペラハウス	パリのユネスコ本部：1958年、設計：M.ブロイヤー **レヴァー・ハウス**：1952年、設計：SOM。ピロティ・屋上庭園をもつ塔状事務所 ピレリビル：1959年、イタリア・ミラノ。高さ124m、カーテンウォール式の軽快なデザイン。設計：G.ポンティ **フォード財団ビル**：1967年、アメリカ・ニューヨーク。設計：K.ローチ。ガラス張りのアトリウム庭園をもつ **モントリオール万国博覧会西ドイツ館**：1967年、カナダ・モントリオール。テントを用いた吊り構造、設計：F.オットー **ケネディ空港TWAターミナル**：1962年、アメリカ・ニューヨーク。コンクリートシェル構造。設計：E.サーリネン ダレス国際空港：1962年、アメリカ・ワシントン。設計：E.サーリネン。スパン50mの吊り屋根構造
現代	現代建築の動き		ビルバオ・グッケンハイム美術館：1997年、スペイン。設計：フランク・ゲイリー。チタン板葺きの彫塑的外観をもつ3層の展示空間 アラブ世界研究所：1987年、フランス・パリ。設計：ジャン・ヌーベル。南北2つの塔がスリット状の通路と中庭を囲んで対峙する構成 ロイズ・オブ・ロンドン：1986年、ロンドン。設計：リチャード・ロジャース 香港上海銀行：1986年、香港。設計：ノーマン・フォスター。吊り橋の工法を応用した無柱空間
	建造物等の再生		**リンゴット工場再開発**：イタリア・トリノ。自動車工場を多機能施設に改修 **テイトモダン**：ロンドン。火力発電所を近代美術館に改修 **オルセー美術館**：パリ。駅舎を美術館に改修 **ハイライン**：ニューヨーク。高架貨物鉄道跡を再利用・再開発し公園に転用 **ジェミニ・レジデンス**：コペンハーゲン。港湾施設のサイロを集合住宅に再生 **カステルヴェッキオ美術館**：イタリア・ヴェローナ。城塞建築を美術館に再生

西洋・東洋建築史

QUESTION

1　最頻出問題｜一問一答

次の記述のうち、正しいものには○、誤っているものには×をつけよ

1　□□　レイクショアドライブ・アパートメントは、国際様式を代表する建築家のミース・ファン・デル・ローエによって設計された

2　□□　サン・ピエトロ大聖堂（ヴァチカン）は、双塔形式の正面にバラ窓のある建築物である

3　□□　アルハンブラ宮殿（グラナダ）は、イスラム式の宮殿建築で、複数の中庭、アーケード、塔等がある

4　□□　リンゴット工場再開発（トリノ）は、巨大な自動車工場を、大学と研究所に転用したものである

5　□□　ケネディ空港TWAターミナルは、ルイス・カーンによって設計されたプレキャストコンクリートのシェル構造で、コンクリートの可塑性を生かしたドラマティックな空間が特徴である

6　□□　グッゲンハイム美術館は、フランク・ロイド・ライトによって設計された美術館で、吹抜けに面したらせん状の展示空間が特徴である

7　□□　ガラスの家（フィリップ・ジョンソン、アメリカ）は、南北全面を半透明のガラスブロック壁とし、間仕切り壁にガラスやパンチングメタルを使うことで、内部まで明るい一塊の空間とした住宅である

8　□□　ル・コルビュジエは、「近代建築の5原則」として、ピロティ・屋上庭園・自由な平面・水平連続窓・自由なファサードを提示した。この原則を具現させた作品は、「サヴォア邸」である

9　□□　ピサ大聖堂（ピサ）は、世界最大級の石積ドームをもち、外装はピンクや緑の大理石により幾何学模様で装飾され、クーポラとランターンは初期ルネサンス様式、ファサードはネオ・ゴシック様式の建築物である

ANSWER

→→→

1　○｜国際様式は、「インターナショナル・スタイル」の日本語訳。1932年の同名の展覧会に由来し、ヴォリュームとしての建築、規則性、装飾を忌避した洗練されたプロポーションが原理として指摘された

2　×｜サン・ピエトロ大聖堂は、16世紀に旧聖堂の改築がブラマンテによって計画され、ミケランジェロ、ベルニーニ等、多くの芸術家が参加して、ルネサンスからバロック時代にかけて完成した高さ約119mの教会堂。「双塔形式・バラ窓」は、ゴシック様式の大聖堂の特徴の一つ

3　○｜設問記述のとおり

4　×｜イタリア・トリノのリンゴット工場再開発は、レンゾ・ピアノの計画により、80年以上も前に建てられた巨大な自動車工場を、見本市会場・音楽ホール・ホテル・事務所・店舗等からなる多機能施設へ改修したプロジェクト

5　×｜ケネディ空港TWAターミナルは、エーロ・サーリネンによって設計されたプレキャストコンクリートのシェル構造によるターミナル

6　○｜トップライトのある吹抜けに面したらせん状の展示空間が特徴である

7　×｜広大な敷地の中に建つ建築家自身の週末住宅。鉄のフレームや全面ガラス壁によってサンルーム空間がつくられている。暖炉と円筒形コアによる明確な平面構成をもつ

8　○｜設問記述のとおり

9　×｜ピサ大聖堂は、イタリアを代表するロマネスク様式の建築。ラテン十字形のプランで、身廊は5廊、翼廊は3廊から成っている。設問は、フィレンツェ大聖堂に関する記述である

2 実践問題｜一問一答

1 □□ A：ローマのテンピエット（イタリア）、B：ル・トロネ修道院（フランス）C：ローマのパンテオン（イタリア）、D：ロンドンのセント・ポール大聖堂（イギリス）の建設は、C→B→A→Dの順である

2 □□ バギア・ソフィア大聖堂（トルコ）は、バジリカ形式とドーム集中形式とを融合させた平面をもち、巨大なドーム構造によって内部に巨大な空間を作り出したビザンチン様式の建築物である

3 □□ コルドバの大モスク（スペイン）は、紅白縞模様の2段アーチを伴って林立する柱による内部空間を持ち、現在はキリスト教文化とイスラム教文化が混在している建築物である

4 □□ ウィーン郵便貯金局（オーストリア、1906年）は、ゼツェション派のオットー・ワーグナーの代表作である。窓口ホールは、二重のガラス天井による明るい空間になっている

5 □□ キャンベル美術館（アメリカ、1972年）は、建築家フランクロイドライトの設計である。コンクリートのヴォールト屋根が連続する構成であり、頂部のスリットから自然光を巧みに取り入れ、アルミパンチングパネルで反射、拡散させている

6 □□ タッセル邸（V.オルタ）はアール・デコの建築である

7 □□ ミレニアムドーム2000（ロンドン）は直径約365m・最高高さ約50mの膜構造ドームが12本のマストの頂部からケーブルで吊られた建築である

8 □□ シュレイダー邸（G,T,リートフェルト）は、デ・ステイル派の住宅建築である

9 □□ ヴェローナ（イタリア）のカステルヴェッキオ美術館は、歴史的建造物であった市庁舎を市立美術館へ再生させたものである

10 □□ ロンドン（イギリス）のテイトモダンは、第二次世界大戦後の復興時に建設された火力発電所をモダンアートの美術館へ再生させたものである

11 □□ パリのオルセー美術館は、鉄道の駅舎を印象派の作品を中心とする美術館へ再生させたものである

1 ○｜設問記述のとおり

2 ○｜現トルコのイスタンブールに建設されている。バジリカ形式の長方形平面の上に、ペンディムドームと呼ばれる直径31mの大ドームが架かる

3 ○｜8世紀にイスラム教の寺院として建設されたが、13世紀に入り内部にキリスト教のカテドラルが設けられた。500本を超える円柱が林のように林立している

4 ○｜設問記述のとおり

5 ×｜キャンベル美術館は、ルイス・カーンの設計である。その他は正しい

6 ×｜タッセル邸（1893年）は、ヴィクトール・オルタの設計により、ベルギーのブリュッセルに建築された。最初アールヌーヴォー建築と呼ばれる都市型住宅であり、アール曲面が印象的なファサードである

7 ○｜R.ロジャースが設計（1999年）

8 ○｜シュレイダー邸（1924年）はオランダ人建築家ヘリット・リートフェルトによって設計されたデ・ステイル建築の代表作品である。直線を多く用いた抽象的な形態の構成によって建築をデザイン

9 ×｜カステルヴェッキオ美術館（1964年）は、ヴェローナのスカリジェロ城を美術館に改修した。カルロ・スカルパにより設計されている

10 ○｜ヘルツォーク&ド・ムーロンが設計

11 ○｜イタリアの女性建築家ガエ・アウレンティによって改修設計（1986年）

12 ×｜ドイツヴォルムスにあるドイツロマネスク建築の代表作である。4つの円柱塔と2つの大きなドームがある巨大な聖堂であり、東西両端にアプスのある二重内陣、三廊式のバジリカである。赤い砂岩の内陣も印象的である

13 ○｜フランスの北部都市アミアンにあ

12 ☐☐ ヴォルムス大聖堂は、東西両端にアプスを対置させた二重内陣、三廊式のバジリカで、東西の内陣と交差部とに塔をもつドイツのバロック建築である

13 ☐☐ アミアン大聖堂は、身廊部・袖廊部ともに三廊式であり、内陣に周歩廊と放射状祭壇室とを持つフランスの盛期ゴシック建築である

14 ☐☐ サンマルコ大聖堂は、ギリシャ十字形の集中式プランをもち、中央の交差部及び十字架の4枝の上にドームを持つイタリアのビザンチン建築である

15 ☐☐ ベルリン自由大学図書館(フォスター・アンド・パートナーズ)は、傾斜した巨大な円盤状の屋根構造をもち、外壁には世界各地・各時代の文字が彫り込まれている

16 ☐☐ フランス国立図書館(ドミニク・ペロー)は、緑豊かな中庭を持つロの字型の基壇部と、その四隅に配置されたL字型の高層タワーから構成されている

17 ☐☐ ストックホルム市立図書館(エーリック・グンナール・アスプルンド)は、円筒と直方体が組み合わされた外観をもち、巨大な円筒状の内部には、壁に沿って書架があり、中央にサービスデスクが設けられている

18 ☐☐ レッド・ハウス(赤い家)(イギリス、1859年)は、アーツ・アンド・クラフツ運動の創始者であるウィリアム・モリスの自邸で、外観が赤レンガ造りの建物である

19 ☐☐ アインシュタイン搭(ドイツ、1924年)は、エーリッヒ・メンデルゾーンの処女作であり、アインシュタインの「相対性理論」を実測検証するために建設された施設で、ドイツ表現主義の代表作である

20 ☐☐ A.パラディオ設計のバシリカ・パラディアーナはバロック建築である

21 ☐☐ ル・トルネ修道院は、南仏プロバンス地方・トルネに設立されたシトー会修道院であり、現存する建物は、1160年から1200年頃にかけて建築された、石造の建築であり、人里離れた傾斜地に建つ

22 ☐☐ フランクリン街のアパートは、ルイス・サリバンによって設計された集合住宅であり、構造を鉄筋コンクリート造とした初期の集合住宅とされている

り、身廊のヴォールトの高さが42.3メートルに及ぶ

14 ○｜サンマルコ大聖堂は、ヴェネチアのサンマルコ広場に面して建つビザンチン建築の代表作である。ギリシャ十字形の集中式プランであり、ペンデンティヴドームが架かる

15 ×｜ベルリン自由大学図書館(フォスター・アンド・パートナーズ)は、建築自体が卵形の形状の文献学図書館である。設問は新アレクサンドリア図書館(スノヘッタ・ハムザ・コンソーシアム設計)

16 ○｜樹木が生い茂る中庭を囲む形式の図書館であり、四隅に「本を開いて立てたようなL字形」のガラス張りの高層ビルが建つ

17 ○｜巨大な円筒内部は、開架式の大閲覧室になっている

18 ○｜設計は友人のフィリップ・ウェブによる。アーツ・アンド・クラフツ運動は、工業化された近代手法ではなく、手仕事によるものづくりを目指した

19 ○｜最上階に望遠鏡、地下階に実験室を持つ彫塑的な外観を持つ建築である。ドイツ表現主義とは、客観的表現を排して主観的な表現に主眼を置く芸術運動である

20 ×｜15世紀に建てられた、ラジョーネ宮を改修したルネサンス建築である。パラディオは、ロッジア(開廊)を設ける改修をした

21 ○｜不整形の回廊を中心とした構成を持つ小さな複合施設であり、教会堂、書庫の他、大寝室、大食堂、倉庫などの生活空間がある

22 ×｜設計はオーギュスト・ペレである。ベルギー、ブリュッセル生まれの20世紀フランスで活躍した建築家。鉄筋コンクリート造による造形表現を追求し「コンクリートの父」と呼ばれる

017 契約・マネジメント

建物の設計から工事までの全体を建築のプロジェクトという。建築プロジェクトは、①原則として1回限り、②多様性と多目的性が内在する、③建築生産プロセスが分節している、④組織は臨時的に編成・分立している、等の特徴がある

1　契　約

☐ 建築主と設計者の**設計契約**は、民法上は合意で成立し、書面は必要ない。しかし、建築士法等では、契約にともない義務が生じる

☐ 設計者の法的義務として、①**善管注意義務**、②**説明義務**、③**完成建物の瑕疵に対する責任**がある
　①設計者は、契約履行に、善良な管理者としての注意義務を負う
　②建築士法上、建築士は、設計を行う場合、設計委託者に、設計内容に関して適切な説明を行わなければならない
　③完成建物の瑕疵は、まず施工者の瑕疵担保責任になる。設計ミス（善管注意義務違反）の場合、施工者はそれを知って告げない場合を除き免責され、設計者の債務不履行責任が生じる

☐ 建築主には、①**報酬支払義務**と、②**設計への協力義務**がある
　①建築主は設計者に報酬を支払う義務を負う
　②建築主は、基本的に設計に希望する内容を要求できる

☐ 工事を設計図書と照合し、設計図書どおり実施されているか確認することを**工事監理**という。**工事監理契約**では、事前に**重要事項説明義務**、事後に**書面交付義務**があり、工事監理の専門家（工事監理者）としての義務を負う（**善管注意義務**）

☐ 建築主と施工者の**工事契約**では、建設業法上、一定の事項を記載した書面を互いに交付しなければならない

☐ 標準的契約条項を作成し、個別の契約に対応したものを**標準契約約款**という。工事請負契約に用いる標準契約約款には、建設業法に基づき中央建設業審議会が策定・実施勧告を行う「**公共建設工事標準請負契約約款**」と「**民間建築工事標準請負契約約款（甲・乙）**」がある

● **善管注意義務**　民法644条
設計の専門家として高度な注意義務（設計に必要な技術的能力を備える者として一般に要求される）を負う

● **重要事項説明義務**　建築士法24条の7、施行規則22条の2の2
設計又は工事監理の契約を締結する際には、重要事項の説明等を管理建築士又は事務所に所属する建築士が行う

● **瑕疵担保責任の存続期間**
民法上では、木造5年間、S造・RC造・SRC造10年間。しかし、品確法（住宅の品質確保の促進等に関する法律）の適用がある。新築住宅の場合は、構造耐力上主要な部分や雨水の浸入を防止する部分の瑕疵については、木造も含め引渡しから10年間（品確法94条）

● **施工者の免責**　民法636条
● **報酬支払義務**　民法648条2項
● **工事監理**　建築士法2条8項
● **工事の確認**
ここでの確認とは、工事が設計図書と異なるとき、施工者にそれを指摘、設計図書どおりに実施を求め、従わないときはそれを建築主に報告する（建築士法18条3）

● **工事契約**　建設業法19条1項
● **請負契約**
当事者の一方（請負者）がある仕事を完成することを約束し、発注者（建築主）がその成果に対して報酬（請負代金）を与えることを約束する契約（民法632条）

● **民間建築工事の標準契約約款**
民間建築工事に関しては、「**民間（旧四会）連合協定工事請負契約約款**」が広く用いられている。建築設計や建築工事関係専門団体の連携で作成されたもので、継続的に見直し・改正が進められている

2 マネジメント

建築生産システムには、以下のような規範がある

① **社会的規範**：建築士法・建設業法・民法などの法体系
② **技術的規範**：都市計画法・建築基準法・関連する施行令・施行規則・告示等
③ **手続的規範**：建築の完成保証・品質保証・性能保証にかかわる各契約

建築生産プロセスのどの段階で、どこまでの業務をパッケージにして、誰に依頼するかを選択する。これを**調達**といい、伝統的に設計は設計者に、工事は施工者に依頼し、設計図書に基づく建築物を完成させる（主な調達方式は下図参照）

● 主な調達方式

① 設計施工分離発注方式

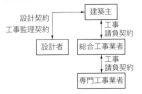

② 設計施工一括発注方式

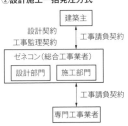

③ GC一式請負（在来）方式

従来の総合工事業者による一式請負方式では、専門工事業者はゼネコンの下請となり、建築主と専門工事業者が間接的な契約関係となる

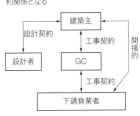

④ 施工分離発注方式

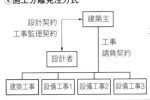

⑤ マネジメント方式

建築主や設計者、施工者以外の第三者をコンストラクションマネージャー（CMr）やプロジェクトマネージャー（PMr）として雇用し、建築に習熟していない建築主の代理人として、建築プロジェクトを進めるもの

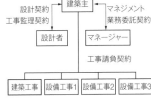

⑥ CM方式（Pure CM）

コンストラクションマネジメント方式。建築主が専門工事業者と直接契約する。コンストラクションマネージャー（CMr）がマネジメント業務の全部又は一部を行う

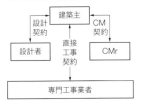

⑦ PFI方式

民間の費用・経営能力及び技術的能力を活用して、公共工事などの建設・維持管理及び運営を行う方式

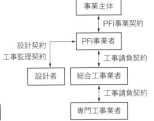

● 社会的規範

企業の社会的責任（CSR：Corporate Social Responsibility）はこの規範の範疇に含まれる

● 設計者選定方式

設計者選定方式には、プロポーザル方式がある

● 設計案選定方式

設計案選定方式には、設計競技方式（コンペ方式）がある

● コンストラクションマネージャー（CMr）

設計と施工のプロセスに、職能として建築主の立場で、より深く関与する（CM業務）

● プロジェクトマネージャー（PMr）

建築プロジェクト全体を建築主の立場で計画立案し、所定の目標どおりに完成させるため、人・物・金・時間等の諸資源や技術等を統一した思想のもとに組織化し、調整や統制等のマネジメント（PM業務）を行う

● PM業務とCM業務の範囲

企画	計画	設計	入札・契約	工事・施工管理	工事監理	維持保全
			CM業務の範囲			
	PM業務の範囲					

● マネジメントの領域

企画	設計	施工	維持管理
	プロジェクトファイナンスの領域		プロパティマネジメントの領域
	コンストラクションマネジメントの領域		
プロジェクトマネジメントの領域			
ファシリティマネジメントの領域			

● その他の調達方式

コストオン方式は、一般に建築主が専門工事業者を選定し、工事費を決定した上で、それに元請の管理経費を加算して、元請業者に工事発注する方式

● マネジメント関連用語と定義・解説

用語	重要事項
WBS	工事等の成果物をできるだけ細かい単位に分解してその全体像を示す方法
ブリーフィング／プログラミング	建築設計のための建築主の要求条件をまとめるプロセスのこと。英国ではブリーフィング、米国ではプログラミングという
TQM	トータル・クオリティー・マネジメント。企業のマネジメントでは、品質の作り込みは、従来の生産現場から、市場ニーズの調査に始まり、技術開発、品質計画、品質管理、メンテナンスという企業全段階へと展開するTQMとなってきた
ISO9000シリーズ	成果物の規格ではなく、品質を作り込むための仕組みに関する規格。問題点や課題を追跡・発見するトレーサビリティ（文書として記録すること）を確保する
VE／VM	VE（バリュー・エンジニアリング）とは、製品やサービスの価値をそれが果たすべき機能とそのためのコストとの関係で把握し、システム化された手順によって価値の向上を図る手法のこと。一方、VM（バリュー・マネジメント）とは、建設投資を最適化するため、コスト縮減にかかわる提案を実現するために実施するもの
ライフサイクルマネジメント（LCM）	建物の機能や効用の維持あるいは向上を、適切なコストで生涯にわたって管理・実行すること。LCC（建物の生涯費用）を最小に抑えることが大きな目的となる
スケジューリング	工期内の竣工を実現する工程計画を立て、各作業の時間表を計画すること
サプライチェーンマネジメント（SCM）	商品やサービスの供給の連鎖や、原材料からリサイクルに至る供給の連鎖のこと。物流ではジャストインタイム（JIT）が発想の根底にある
コンカレントエンジニアリング	製品やそれにかかわるサポートを含んだ工程に対し、統合されて同時並行的（コンカレント）設計を行おうとするシステマチックなアプローチ。品質やコスト、スケジュール、ユーザーの要求を含む、プロダクトライフサイクルのすべての要素を考慮するように意図された設計手法をいう
リスクマネジメント	リスク低減に要するコストと便益のトレードオフを行うこと。リスクの「抽出と構造化」、「評価」、「対応」の3段階がある
リードタイム	日本工業規格で、発注から納入までの期間、調達期間、素材を準備してから完成品になるまでの時間
ビルダビリティ	完成建物に要求される全事項を満たすことを前提に、建築物の設計が施工を簡単にする度合い
コンストラクタビリティ	プロジェクトのすべての目的を達成するために、企画・設計・調達・現場作業に関し、施工上の知識と経験を最大限利用すること
ナレッジマネジメント	個人のもつ暗黙知や組織が整えている形式知を融合させて、建築生産にかかわるすべての人が協調的に利用できる仕組み
ICT（情報技術）	Information and Communication Technology。情報技術のこと。現在のプロジェクトマネジメント技術の中心的なツールとなっている
ファシリティマネジメント	企業・団体などが組織活動のために施設とその環境を総合的に企画・管理・活用する経営活動
デューデリジェンス	不動産を取得（投資）する際に、適正な投資価値を算出するために、物件の将来の収支の正確な予測を目的とする多角的な調査
キャピタルゲイン	同一建物だが、不動産市場の活性化で、不動産価値が上昇し、その結果、簿価を大幅に上回る時価となり、仮に売却した場合、そこから生じる譲渡益部分のこと
プロパティマネジメント	投資用不動産の管理を代行するアセット・マネジメント（AM）から受託して行う管理業務という意味合いもあるが、一般的には不動産に関する資産の管理を行う業務をさす
プロジェクトファイナンス	資金調達法の一つ。従来は会社の信用や資本力・不動産などを担保に資金調達してきた（コーポレートファイナンス）。プロジェクトファイナンスでは、そのプロジェクトから得られる事業収益のみに着目し、大規模な資金を融資する
コンセッション方式	高速道路等の料金徴収を伴う公共施設において、所有権はそのまま残して、運営のみを特定目的会社（SPC）に委託すること
CSR	企業の社会的責任（corporate social responsibility）は、企業が利益を追求するとともに、組織や組織活動が社会へ与える影響に責任を持ち、あらゆるステークホルダー（消費者、投資家等、社会全体等）からの要求に対して適切な意思決定をすることである
コストオン方式	建築主が専門工事業者を選定し、工事費を決定したうえで、その工事費に元請の管理経費を加えて、建築の元請会社に工事を発注する方式のこと

QUESTION

ANSWER

1 最頻出問題│一問一答

→→→

次の記述のうち、正しいものには○、誤っているものには×をつけよ

1 □□ 建築設計業務及び監理業務の契約には、設計と工事監理の契約を分けて行う場合があり、後者の場合、工事監理を設計契約とは異なる建築士事務所の開設者と契約することができる

1 ○│建築設計業務及び監理業務の契約には、設計と工事監理とを一括して契約を行う場合と、設計と工事監理の契約を分けて行う場合があり、後者の場合、工事監理を設計契約とは異なる建築士事務所の開設者と契約する

2 □□ 工事監理者は、工事施工者の行う工事が工事請負契約の内容に適合しているかについて、確認対象工事に応じた合理的な方法により確認し、適合していない箇所がある場合は、工事施工者に対して是正の指示を与え、従わないときは、その旨を建築主に報告する

2 ○│工事監理者は、工事施工者の行う工事が工事請負契約の内容に適合しているかについて、合理的な方法により確認し、適合していない箇所がある場合は、工事施工者に対して是正の指示を与え、従わないときは、その旨を建築主に報告する

3 □□ 工事監理者は、建築物の工事が設計図書のとおり実施されているかいないかを確認しつつ、その工事を設計図書のとおりに行う責任を有している

3 ×│工事監理者は、建築物の工事が設計図書のとおり実施されているかいないかを確認しつつ、工事が設計図書どおりに実施されていないときは、施工業者に対して図面どおりの是正を求め、施工業者が従わなかったときは、建築主に報告する

4 □□ 建築基準法においては、建築主に対して、建築士の設計によらなければならない建築物の工事を行う場合、建築士である工事監理者を選任することを義務付けている

4 ○│建築基準法では、建築主に対して、建築士の設計によらなければならない建築物の工事を行う場合、建築士資格がある工事監理者を選任することを義務付けている(建築基準法5条の6第4項)

5 □□ 建築士法においては、工事監理受託契約を締結したときに交付する書面に、工事監理の実施の期間及び方法を記載しなければならないことを定めている

5 ○│建築士法では、工事監理受託契約を締結する書面に、工事監理の実施の期間及び方法を記載しなければならない(建築士法24条の8)

6 □□ 工事監理業務については、一般に、「善良な管理者の注意義務(善管注意義務)」が求められており、この義務を怠り損害が生じた場合には、契約に明記されていなくても過失責任が問われることがある

6 ○│工事監理業務には善管注意義務が求められており、この義務を怠り損害が生じた場合、契約に明記されていなくても過失責任が問われる

7 □□ CM(Construction Management)方式は、一般に、技術的な中立を保ちつつ発注者の側に立つコンストラクションマネージャーが、設計・発注・施工の各段階において、設計の検討や工事発注方式の検討、工程管理、品質管理、コスト管理等の各種のマネジメント業務の全部又は一部を行うものである

7 ○│CM方式は、CMrが設計・発注・施工の各段階において、それぞれの検討を行い、各施工管理のマネジメントを行う

2 実践問題｜一問一答　　　→→→

1 ☐☐ PFI（プライベート・ファイナンス・イニシアティブ）は、民間の資金、経営能力及び技術的能力を活用して、公共施設の建設、維持管理及び運営を行う手法である

2 ☐☐ デューデリジェンスは、不動産の適正な価値やリスクを評価するために行う建築物の物理的状況調査、建築物の法的調査、建築物の経済的調査等の多角的な調査のことである

3 ☐☐ 完成した設計内容を建築主に説明することを、英国ではブリーフィング、米国ではプログラミングといい、大規模化・複雑化するプロジェクトにおいて非常に重要である

4 ☐☐ LCM（ライフ・サイクル・マネジメント）においては、LCC（ライフ・サイクル・コスト）の低減を行うことが大きな目的の一つである

5 ☐☐ CSR戦略とは、企業価値向上のために経営戦略的に見直しを積極的に行い、不動産投資の効率性を最大限に向上させようという考えである

6 ☐☐ 「VE（バリューエンジニアリング）提案」は、基本性能の維持を前提とした工事費の低減提案、施工者独自の施工技術の導入提案等である

7 ☐☐ 「事業予算」は、プロジェクトの開始時から完了時までに事業者が支払う費用のうち、設計料と建築物本体工事費の概算を合計したものである

8 ☐☐ 企画・設計段階の「マスタースケジュール」は、建設プロジェクトの主要な段階、関連工事、主要な目標、クリティカルパスとなる工程等をプロジェクトの必要に応じて記載したものである

9 ☐☐ 発注者は、監理業務において、建築士が行う「建築士法で定められた工事監理者が行わなければならない業務」以外の業務についても監理業務の契約において定め、委託することができる

10 ☐☐ 建築設計業務及び監理業務の契約を締結しようとする場合において、建築主が専門知識のある宅地建物取引業者の場合には、重要事項説明を省略することができる

1 ○｜PFIは、民間の資金、経営能力及び技術的能力を活用して、公共施設の建設、維持管理及び運営を行う手法である

2 ○｜デューデリジェンスは、不動産の適正な価値やリスクを評価するために行う建築物の物理的・法的・経済的調査等の多角的な調査を行うこと

3 ×｜ブリーフィングは、建築主に対してその要求と建築士の設計条件等の項目に関する簡単な報告や事情説明を行うこと。昨今は、積極的にインフォームドコンセント（説明と同意）やアカウンタビリティ（説明義務）を果たすべきという意識が一般化している

4 ○｜ライフ・サイクル・マネジメント（LCM）とは、製品／商品（ここでは建築物）のライフサイクルを考慮したマーケティング手法のこと。ライフ・サイクル・コスト（LCC）は、建物を企画・設計・建築し、その建物を維持管理して、最後に解体・廃棄するまでの、建物の全生涯に要する費用の総額の低減を行うことである

5 ×｜設問記述はCRE戦略（Corporate Real Estate）のことである

6 ○｜VE提案は、最小のコストで必要な機能を達成するために建築を組織的に改善していく手法のことである。Value＝Function／Costで示される

7 ×｜事業予算は、調査費・設計費・本体工事費・設備費・備品費等の費用の全体の総予算である

8 ○｜マスタースケジュールは、企画・設計段階において、建設プロジェクトの主要な工事や目標やクリティカルな工程等を記載したものである

9 ○｜発注者は、監理業務において、建築士が行う「建築士法で定められた工事監理者が行わなければならない業務」以外の業務についても監理業務の契約を委託してもよい

10 ×｜建築設計業務及び監理業務の契約を締結しようとする場合、建築主が

11 ☐☐ プロジェクトのスケジュール管理のためには、クリティカルパスを見極め、重点的に管理することが有効である

12 ☐☐ 性能発注方式は、一般に、設計者が施工候補者に一定の性能基準を提示したうえで、技術提案を求めて施工者を選定する発注方式である

13 ☐☐ プロジェクトの内容の確定度が低い設計初期段階では、VE（バリューエンジニアリング）の効果は低い

14 ☐☐ フィージビリティスタディは、計画されている内容について、都市計画等の上位計画との整合性、技術的課題、採算性等、多面的に実現の可能性を検討するものである

15 ☐☐ 建築士法に定められた、設計又は工事監理の契約を締結する際に行う重要事項（業務の内容及びその履行に関する事項）の説明等は、管理建築士以外の建築士が行ってはならない

16 ☐☐ 建築設計業務、監理業務等の契約において、報酬の変更、再委託の条件、著作権の扱い、契約の解除等の諸条項については、通常、建築設計・監理等業務委託契約約款において示される

17 ☐☐ 工事監理者は、「工事と設計図書の照合及び確認」を行うに当たり、一般に、設計図書に定めのある方法による確認のほか、目視による確認、抽出による確認、工事施工者から提出された品質管理記録の確認等、確認対象工事に応じた合理的方法とすることができる

18 ☐☐ 建築プロジェクトにおけるSPC（特定事業目的会社）は、複数の建設業者が特定のプロジェクトのために組織する共同企業体である

19 ☐☐ CSRは、企業等が所有する不動産について「企業価値向上」の観点から、経営戦略的な視点に立って見直しを行い、不動産投資の効率性を最大限向上させていこうという考え方である

20 ☐☐ 建設工事におけるファシリティ・マネージメントは、基本性能の維持を前提とした工事費低減の提案、工事施工者独自の施工技術の導入の提案等である

21 ☐☐ 国土交通省が示す設計者選定方式における設計競技（コンペ）方式とは、技術力や経験、プロジェクトにのぞむ体制などを含めた提案書の提出を求め、最も適した設計者を選ぶ方式である

専門知識のある宅地建物取引業者であっても、重要事項説明をしなければならない

11 ○｜クリティカルパスは、当該工事の最長工期のことであり、クリティカルパス上の作業が遅れると全体工程が遅れる。重点管理日（マイルストン）を定めて進捗管理することがある

12 ○｜性能発注方式は、一般に、設計者が施工候補者に一定の性能基準を提示し、設計図書なしで発注することである

13 ×｜設計初期段階でのVEが最も効果がある

14 ○｜フィージビリティスタディは、計画されているプロジェクトの内容の実現可能性を事前に調査・検討することをいう

15 ×｜設計又は工事監理の契約を締結する際に行う重要事項の説明等は、管理建築士又は事務所に所属する建築士が説明してもよい（建築士法24条の7第1項）

16 ○｜建築設計業務、監理業務等の契約では、報酬の変更、再委託の条件、著作権の扱い、契約の解除等の諸条項が、通常、建築設計・監理等業務委託契約約款に示されている

17 ○｜工事監理者が行う「工事と設計図書の照合及び確認」では、一般に、設計図書に定めのある方法による確認のほかに、目視確認、抽出確認、工事施工者の品質管理記録の確認等の対象工事に応じた合理的方法とする

18 ×｜SPCは共同企業体ではなく、事業会社等が資金調達をしてつくった特定目的会社のことである

19 ×｜CSRは、企業が利益を追求するとともに、組織や組織活動が社会へ与える影響に責任をもち、あらゆるステークホルダーからの要求に対して適切な意思決定をすることである

20 ×｜設問はVEについて述べている

21 ×｜コンペ方式は、設計案を選ぶ方式である

018 建築積算

建築積算は建築工事費の算定のために行う。細目別に数量を算出し、工事費の予測や完成までに要した工事費を計算する。また、建築数量積算基準は、コンクリートや鉄筋、もしくは、床・壁・天井等の仕上材を計測・計算するルールを定めたものである

1 建築数量積算基準

☐ **採用数量**は、原則として**設計数量**とする。**計画数量**や**所要数量**を必要とする場合は、その旨を明記する

● 数量の定義

設計数量	設計図書に表示されている個数や設計寸法から求めた長さ・面積・体積等の数量
計画数量	設計図書に基づいたに施工計画により求めた数量
所要数量	定尺寸法による切り無駄や施工上やむを得ない損耗を含んだ数量

● 単位及び数値の端数処理

	単位	単数の端数処理
長さ	m	
面積	㎡	原則として四捨五入
長期	㎡	
体積	t	
計測寸法	m	小数点以下第2位

注 内訳書の細目数量は小数点以下第1位。100以上は小数点以下を四捨五入して整数とする。ただし、コンピュータを用いた場合は、端数処理しなくてよい

2 仮設の積算

☐ **仮設**とは、「建築物を完成するために必要な一時的な仮の施設・設備で建物が完成するまでにすべて撤去されるもの」をいう

● 仮設の定義

共通仮設	複数の工事種目に共通して使用する仮設
直接仮設	工事種目ごとの複数の工事科目に共通して使用する仮設
専用仮設	工事種目ごとの工事科目で単独で使用する仮設

● 仮設の計測・計算
共通仮設・直接仮設・専用仮設に区別して行う

● 共通仮設の計測・計算
共通仮設は、仮設図面等に基づいて積上げ計算するか、標準的な項目については適切な統計値により算出する。なお、積上げ計算する項目については、計画数量とする

3 土工・地業の積算

☐ **土工**とは、工事のための土の処理とそれにともなう山留め、排水等をいう。また、**地業**とは、基礎杭・地盤改良等の建物等を支持する部分及び砂利地業等をいう

土の処理は、整地・根切り・埋戻し・盛土・建設発生土(不用土)処理に区別して計測・計算する

☐ 根切り・埋戻し・山留め・排水等の計測・計算は、原則として計画数量を採用する

□ 根切りの数量を算出する場合、作業上のゆとり幅の標準は0.5m
とする。ただし、土間、犬走り等では0.1mとする

□ 杭地業の計測・計算は設計図書による。杭頭の処理等の数量を
求める場合は、既成コンクリート杭は寸法等ごとの本数、場所打コ
ンクリート杭はその体積及び鉄筋等の質量とする

● 根切りの計測・計算

基礎・地下構築物等を施工するための土の掘削のこと。その数量は計算上、根切り面積と根切り深さとによる体積とする。根切り面積とは、原則として基礎又は地下構築物等の底面の設計寸法による各辺の左右に余幅を加えて計測・計算した面積をいう

4 躯体の積算

□ **躯体**の計測・計算は、コンクリート・型枠・鉄筋・鉄骨に区別して行う

● 躯体の数量と計測・計算

	数量	計測・計算
コンクリート	普通コンクリート・軽量コンクリート等の種類、調合・強度・スランプ等により区別し、部分ごとに設計寸法により、計測・計算した体積	①鉄筋及び小口径管類によるコンクリートの欠除はないものとする ②鉄骨によるコンクリートの欠除は、鉄骨の設計数量について7.85tを1.0㎥として換算した体積とする
型枠	普通型枠・打放し型枠・曲面型枠等・材料・工法・コンクリート打設面等により区別し、コンクリートの部分ごとに、原則としてその側面及び底面面積を計測・計算し、接続部の面積を差し引いた面積	①窓・出入口等の開口部による型枠の欠除は、原則として建具類等開口部の内法寸法とする ②階段の踏面、階の中間にある壁付きの梁の上面は、その部分の上面型枠を**計測・計算の対象**とする
鉄筋	各部分について規格・形状・寸法等ごとに、原則としてコンクリートの設計寸法に基づき、計測・計算した長さを設計長さとし、その設計長さに日本工業規格（JIS）に定める単位質量を乗じた質量	①鉄筋の割付本数が設計図書に記載されていない場合は、その部分の長さを鉄筋の間隔で除し、小数点以下第1位を切り上げた整数に1を加える ②鉄筋についてその所要数量を求めるときは、その**設計数量の4%の割増**を標準とする ③鉄筋の重ね継手の箇所数は、原則として、計測した鉄筋の長さについて、径13㎜以下の鉄筋は6.0mごとに、径16㎜以上の鉄筋は7.0mごとに継手があるものとする
鉄骨	材料価格に対応する数量は所要数量。鋼材の数量は、各部分について規格・形状・寸法ごとに、各項に定めるところに従い計測・計算した長さまたは面積をそれぞれ設計長さ又は面積とし、その設計長さ又は面積とJISに定める単位質量を乗じた質量とする	①鉄骨材料の所要数量を求める場合、ボルト類は4%、ロスが発生しないのでアンカーボルト類は0%とすることを標準とする ②ボルト類のための孔あけ・開先加工・スカラップ及び柱・梁等の接続部のクリアランス等による鋼材の欠除は、原則できない ③鉄骨溶接の数量を算出する場合、原則として、溶接の種類に区分し、溶接断面形状ごとに長さを求め、隅肉溶接脚長6㎜に換算した延べ長さとする ④ブレースの計測・計算は設計寸法によるが、支点間にわたるブレースの主材は、原則として、ターンバックル等による部材の欠除は計測の対象としない

5 仕上げの積算

□ **仕上げ**[※]の計測・計算は、間仕切下地と仕上げに区別して行う

● 仕上げの数量と計測・計算

	数量	計測・計算
間仕切下地	主な材種別に、材質・形状・寸法・工法等により区別。間仕切下地の数量は、原則として躯体又は準躯体の設計寸法による面積から、建具類の内法寸法等設計寸法による開口部の面積を差し引いた面積	開口部の面積が1か所当たり**0.5㎡**以下のときは、開口部による間仕切下地の欠除はないものとすることなどが定められている
仕上げ	その主な材種別に材質・形状・寸法・工法等により区別。原則として躯体又は準躯体表面の設計寸法による面積から、建具類等開口部の内部寸法による面積を差し引いた面積	開口部の面積が1か所当たり**0.5㎡**以下のときは、開口部による主仕上げの欠除はないものとする

※：仕上げとは、躯体又は準躯体の保護・意匠・装飾その他の目的による材料・製品・器具類等の塗付け・張付け・取付け又は躯体の表面の加工等をいう

QUESTION

ANSWER

1 最頻出問題 ｜ 一問一答

→→→

次の記述のうち、正しいものには○、誤っているものには×をつけよ

1 □□ 「計画数量」は、「定尺寸法による切り無駄」や「施工上やむを得ない損耗」を含んだ数量である

2 □□ 窓、出入口等の開口部によるコンクリートの欠除は、建具類等の内法寸法とコンクリートの厚さによる体積とし、1箇所あたりの開口部の体積が0.5㎡以下の場合は、コンクリートの欠除はないものとする

3 □□ 型枠の数量は、階段の踏面及び階の中間にある壁付きの梁の上面の型枠については、計測・計算の対象としない

4 □□ 鉄筋の所要数量は、その設計数量の4%増を標準とする

5 □□ 鉄骨の所要数量は、1か所当たり0.5㎡以下のダクト孔による鋼材の欠除については、原則として、ダクト孔がないものとして計測・計算する

6 □□ 鉄骨材料の所要数量を求める場合、ボルト類及びアンカーボルト類については、設計数量に4%の割増をすることを標準とする

1 ×｜「計画数量」とは、設計図書に基づいた施工計画により求めた数量をいい、仮設や土工の数量等がこれに該当する

2 ×｜開口部による欠除を設計対象としないのは、見つけ面積が1箇所あたり0.5㎡以下（「建築数量積算基準」コンクリート部材 通則 コンクリート4）

3 ×｜階段の踏面、階の中間にある壁付きの梁の上面は、その部分の上面型枠を計測・計算の対象とする

4 ○｜設問記述のとおり

5 ×｜計測対象から除かれるのは1か所当たり0.1㎡以下のダクト孔による欠除である（「建築数量積算基準」鉄骨 鉄骨の計測・計算 通則6）

6 ×｜鉄骨材料の所要数量を求めるときは、設計数量に次の割増をすることを標準とする（「建築数量積算基準」鉄骨 通則7）

形鋼・鋼管・平鋼	5%
広幅平鋼・鋼板（切板）	3%
ボルト類	4%
アンカーボルト類	0%
デッキプレート	0%

2 実践問題 ｜ 一問一答

→→→

1 □□ 「所要数量」は、設計図書に基づいた施工計画により求めた数量であり、仮設や土工の数量がこれに相当する

2 □□ 屋根板のコンクリートの上面が傾斜している場合、その勾配が1／10を超えるものについては、その部分の上面型枠又はコンクリートの上面の処理を計測・計算の対象とする

3 □□ 鉄筋コンクリート造の階段における型枠の数量は、コンクリートの

1 ×｜「所要数量」は定尺寸法による切り無駄や、施工上やむを得ない損耗を含んだ数量をいい、鉄筋、鉄骨、木材等の数量が該当する

2 ×｜斜面の勾配が3／10を超える場合は、その部分の上面型枠又は、コンクリートの上面の処理を計測・計算の対象とする（「建築数量積算基準」コンクリート部材 通則 型枠4）

底面及び他の部分に接続しない側面、踏面並びにけあげの面積とする

4 ☐☐ 鉄筋コンクリート造の階段における段型の鉄筋の長さは、コンクリートの踏面、けあげの長さとし、継手及び定着長さは加えない

5 ☐☐ あばら筋のピッチが示されているときの鉄筋の割付本数は、あばら筋を入れる部分の長さをあばら筋のピッチで除し、小数点以下第1位を切り上げた整数とする

6 ☐☐ 鉄骨鉄筋コンクリート造における鉄骨によるコンクリートの欠陥は、鉄骨の設計数量について7.85 tを1.0㎥として換算した体積とする

7 ☐☐ 鉄骨材料のうち、形鋼の所要数量は、設計数量の5%の割増をすることを標準とする

8 ☐☐ 鉄骨部材の錆止め塗装の数量を算出する場合、原則として、鉄骨部材表面の面積とし、ボルト類、部材の切断小口及び部材の重なる部分の塗装の欠除については、鉄骨部材表面の面積の3%を減じて計算する

9 ☐☐ シート防水におけるシートの重ね代（しろ）は、計測の対象としない

10 ☐☐ 木製間仕切下地を材料と施工手間とに分離する場合、木製間仕切下地の材料価格に対応する数量は、設計数量とする

11 ☐☐ 建築物の改修の撤去にともなう発生材の計測・計算については、設計図書に数量が明示されていないときは、関係法令に基づき品目ごとに分別し、「建築数量積算基準」の各章で定めた撤去数量とする

12 ☐☐ 山留めを設ける場合、山留め壁を躯体の根切りにおける余幅は、1.0 mを標準とする

13 ☐☐ 連続する梁の全長にわたる主筋の継手については、梁の長さにかかわらず、梁ごとに0.5か所あるものとみなす

14 ☐☐ 石材による主仕上げの計測・計算において、面積が0.5㎡以下の開口部による石材の欠除については、原則として、ないものとする

3 ○｜「建築数量積算基準」コンクリート部材　各部分の計測・計算　階段2

4 ×｜継手及び定着長さも加える（「建築数量積算基準」鉄筋　各部分の計測・計算　（6）階段）

5 ×｜あばら筋の割付本数はあばら筋を入れる部分の長さをあばら筋のピッチで除し、小数点以下第1位を切り上げた整数に1を加える（「建築数量積算基準」鉄筋　通則7）

6 ○｜「建築数量積算基準」コンクリート部材　通則　コンクリート3

7 ○｜「建築数量積算基準」鉄骨　通則7

8 ×｜ボルト類、部材の切断小口及び部材の重なる部分の塗装の欠除は計測の対象としない

9 ○｜「建築数量積算基準」仕上　仕上の計測・計算　材種による特則　防水材4

10 ×｜所要数量とする。なお割増は設計数量の5%とする（「建築数量積算基準」仕上　間仕切下地　間仕切下地の計測・計算　通則6）

11 ○｜「建築数量積算基準」改修　発生材　発生材の計測・計算

12 ○｜根切りの余幅は、作業上のゆとり幅と根切り深さを考慮して求める。しかし、山留めの場合、根切り深さによらず1.0mとする

13 ×｜梁の主筋の継手の数は、梁の長さ区分に応じて異なる

14 ×｜石材では0.1㎡以下の開口部の欠除は計測の対象としない（「建築積算数量基準」仕上の計測・計算 材種による特則 石材1）

分野別・出題傾向［平成26-令和5年］

DATA

分野	H26	H27	H28	H29	H30	R1	R2	R3	R4	R5	合計
日本建築史	1.0	1.0	1.0		1.0	1.0	1.0	1.0	1.0	1.0	9.0
西洋・東洋建築史		1.0	2.0	1.0	1.0	1.0	1.0	1.0	1.0	1.0	10.0
建築史融合		1.0		1.0				1.0			3.0
建築計画	4.0	3.0	2.0	3.0	3.0	2.0	2.0	3.0	4.0	2.0	28.0
各部計画	3.0	3.0	4.0	3.0	4.0	3.0	4.0	3.0	3.0	5.0	35.0
住宅・集合住宅	2.0	2.0	1.0	2.0	2.0	2.0	2.0	2.0	2.0	1.0	17.0
公共建築	2.0	2.0	2.0	2.0	3.0	3.0	2.0	3.0	4.0	2.0	25.0
商業建築	1.0	1.0			1.0	1.0	2.0			2.0	10.0
計画各論融合	2.0	1.0	1.0	2.0	1.0	2.0	1.0	1.0		1.0	12.0
都市計画	2.0	2.0	2.0	3.0	2.0	2.0	2.0	2.0	2.0	2.0	21.0
契約・マネジメント	2.0	2.0	2.0	2.0	2.0	2.0	2.0	2.0	2.0	2.0	20.0
積算	1.0	1.0	1.0	1.0	1.0	1.0	1.0	1.0	1.0	1.0	10.0

ADVICE　令和5年度の試験は、各論6問、建築史2問、都市計画2問、一般7問、積算1問、契約マネージメント2問であった。昨年に続き複合的な要素を理解し、総合力が必要な融合問題が出題された。建築計画上ポイントとなる考え方を問う問題である。

高齢者・障害者対策に関する問題は、例年出題される傾向にある。建築士の設計業務等に関する問題も連続して出題されており、注意して学習する必要がある。

最近の実務設計で使われている建築計画上の用語も出題される傾向にある。

集合住宅、事務所ビル、小中学校などの新たな計画の流れに注意する必要がある。集合住宅の計画における「長期修繕計画ガイドライン」、事務所ビルの計画における「ABW」、都市計画における「MaaS、TOD、ITS、LRT」などの用語にも注意すること。

各部計画では、ガラスに関する正確な知識、計画上必要な屋根や庇に関する知識、新たな木質系材料や工法に関する知識など問う問題が出題されている。

Chapter 2

環境・設備

「環境・設備」分野の出題内容は、換気、室内気候・熱、日照・日射・採光、照明、色彩、音などの「環境工学」と、空調、給排水衛生、電気、防災などの「建築設備」です。
いずれも、本章末の「分野別・出題傾向」の分析をよく読み、出題の選択肢の内容をよく理解し、学習することがポイントとなります。

001 換気

空気汚染の原因物質とそれらを除去する換気について学習する。換気方式には、機械換気と自然換気があり、その中でさらに細分化されている。それぞれの特徴を把握するとともに、必要換気量を求める式を理解し、算出できるようにすることが重要である

1　空気汚染

室内空気はCO_2やNO_2等で汚染される。環境基準は、建築基準法やビル管理法（建築物管理衛生法）で定めている。また、**シックハウス対策**として、クロルピリホスやホルムアルデヒド等を含む建築材料は、使用禁止や制限が示されている。原則として、**すべての建築物に機械換気設備の設置が義務付け**られる

● 室内空気環境基準

評価項目	許容値
温度	$17 \sim 28℃$
湿度	$40 \sim 70\%$
気流速度	$0.5 \, m／s$以下
二酸化炭素（CO_2（炭酸ガス））	$1,000 \, ppm$以下（0.1%）
一酸化炭素（**CO**）	$10 \, ppm$以下（0.001%）
浮遊粉じん	$0.15 \, mg／㎥$以下
ホルムアルデヒド	$0.1 \, mg／㎥$以下
クロルピリホス	原則として使用禁止
二酸化窒素	$0.04 \sim 0.06 \, ppm$以下

● 建築物衛生法
建築物における衛生的環境の確保に関する法律

● シックハウス対策
建築基準法施行令20条4〜9。ほかに有機リン系殺虫剤も含まれる。合板やパーティクルボードなどの建材では、JISやJASでアルデヒド発散速度表示記号F☆が示され、表示なしは$0.12 \, mg／（㎥·h）$超で、使用禁止。☆の数によって、使用制限がある。☆の数が多いほど発散量は少なく、☆4つでは使用制限はない

● CO_2対策
$1,000 \, ppm$以下にするために必要な換気量は1人当たり約$30㎥／h$とされる

2　必要換気量と必要換気回数

汚染物質のi濃度を許容値以下とする換気量を必要換気量Qという。室容積V、必要換気回数Nとし次式により求める

$$Q = \frac{k}{P_i - P_o} \quad (㎥／h) \qquad N = \frac{Q}{V} \quad (回／h)$$

　　k：汚染物質発生量（$㎥／h$）

　　P_i：汚染物質の室内濃度（許容値）（$㎥/㎥$）

　　P_o：汚染物質の外気濃度（$㎥/㎥$）

水蒸気に対する必要換気量Qは、次式により求める

$$Q = \frac{W}{\rho X_i - \rho X_o} \quad (㎥／h)$$

　　W：水蒸気発生量（$kg／h$）　　ρ：空気密度（$kg/㎥$）

　　X_i：室内の（重量）絶対湿度（$kg/kg(DA)$）

　　X_o：外気の（重量）絶対湿度（$kg/kg(DA)$）

● 必要換気回数
室内空気が、容積基準で1時間に入れ替わる回数を換気回数という。住宅での必要換気回数は$0.5回／h$で、1時間で室容積の半分の空気が換気されるという意味である

● 室内空気汚染物質の収支

$$P_0 Q + k = P_i Q$$

必要換気量や必要換気回数は、室内外の汚染物質の濃度と関係する

□ **空気齢**は、新鮮な空気が流入口から室内のある地点に達するのに要する時間、この値が小さいほど新鮮な空気で、換気効率がよい

□ 開口面積Aの**風量Q**は、開口部両側の圧力差が$\varDelta P$では次式となる。また、複数の開口部のαAを合成し、**総合実効面積**とできる

$$Q = \alpha A \sqrt{\frac{2}{\rho} \varDelta P} \quad (\text{m}^3/\text{s}) \qquad \rho = \frac{353}{273+t}$$

αA：相当開口面積(m^2)　ρ：空気密度(kg/m^3)　t：温度(℃)

● **余命**
室内のある点から排気口までの到達時間

● **開口部の形状と流量係数**

名称	形状	β：角度	流量係数α
普通の窓	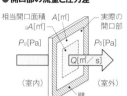		0.6〜0.7
ルーバー	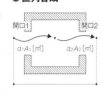	90°	0.70
		70°	0.85
		50°	0.42
		30°	0.23

● **並列合成の計算式**
$$\alpha A = \alpha_1 A_1 + \alpha_2 A_2$$

● **直列合成の計算式**
$$\alpha A = \frac{1}{\sqrt{\left(\dfrac{1}{\alpha_1 A_1}\right)^2 + \left(\dfrac{1}{\alpha_2 A_2}\right)^2}}$$

● **開口部の流量と圧力差**　● **並列合成**　● **直列合成**

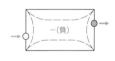

3 換気方式の分類

□ 換気方式は、送風機を使う**機械換気**と、風力や空気の密度差（温度差）を利用する**自然換気**とに大別される

□ 機械換気は、送風機の取付け側により、**第一〜三種**に分類できる

● **機械換気の種類と特徴・適用**

換気種別	第一種機械換気	第二種機械換気	第三種機械換気
室内圧の模式図	$+/-$　●：送風機	$+$(正)	$-$(負)
特徴と適用	・送風機が給気側と排気側の両方にある方式 ・確実に換気量を確保でき、室内圧を正圧にも負圧にもできる	・送風機が給気側にある方式 ・室内圧は正圧となり、室外空気の流入を防ぐ ・高い清浄度が必要な手術室等	・送風機が排気側にある方式 ・室内圧が負圧になり、室内空気の流出を防ぐ ・汚染物質が発生するトイレ等

● **自然換気の分類と換気量Qの算出式と概要**

換気種別	温度差換気(重力換気)	風力換気
算出式	$$Q = \alpha A \sqrt{\frac{2gh(t_i - t_o)}{t_i + 273}} \quad (\text{m}^3/\text{s})$$ αA：総合実効面積(m^2) g：重力加速度　h：開口高さの差(m)　t_i：室内温度(℃) t_o：屋外温度差(℃)	$$Q = \alpha A V \sqrt{C_1 - C_2} \quad (\text{m}^3/\text{s})$$ αA：総合実効面積(m^2) V：風速(m/s) C_1：風上側風圧係数 C_2：風下側風圧係数
概要	建物内外に温度差があると外部風がない場合でも、空気の密度差により、建物上部と下部に設けた開口から換気が行われる。空気は温度が高いほど密度が小さくなるので、室温が外気温度より高い場合は室内空気が上昇、下方の開口から外気が流入し、上方開口から排気される。なお、室内で外部圧力と同圧となる部分を**中性帯**という	建築物に風が当たることによって生じる風で換気となる

2

3

4

5

QUESTION

1　最頻出問題｜一問一答

ANSWER

→→→

次の記述のうち、正しいものには○、誤っているものには×をつけよ

1 ☐☐ 必要換気量は、「室内の汚染物質濃度の許容値と外気の汚染物質濃度との差」を「単位時間当たりの室内の汚染物質発生量」で除して求める

2 ☐☐ ある建築物の容積の異なる2つの室において、室内の二酸化炭素発生量(㎥／h)及び換気回数(回／h)が同じ場合、定常状態での室内の二酸化炭素濃度(%)は、容積が小さい室より大きい室のほうが高くなる

3 ☐☐ 第二種機械換気方式は、室外よりも室内の気圧を下げるので、汚染物質を発生する室に適している

4 ☐☐ 第一種機械換気方式は、給気機及び排気機を用いるため、室内圧を周囲より高く保つ必要のある室にも採用することが可能である

5 ☐☐ 開口の通過風量は、開口の内外の圧力差を2倍にすると2倍になる

6 ☐☐ 空気齢は、時間の単位をもつ換気効率に関する指標であり、その値が小さいほど発生した汚染物質をすみやかに排出できることを意味する

7 ☐☐ ディスプレイスメント・ベンチレーション(置換換気)は、室内空気の積極的な混合を避けるため、設定温度よりもやや低温の空気を室下部から吹き出し、居住域で発生した汚染物質を室上部から排出するものである

8 ☐☐ シックハウス症候群の原因とされる物質には、害虫駆除に使用する有機リン系殺虫剤も含まれる

9 ☐☐ 一般的な窓の開口の流量係数は、ベルマウス形状の開口係数に

1 × ｜必要換気量Q(㎥／h)は次式によって求められる

$$Q = \frac{k}{P_i - P_o}$$

ここでkは「単位時間当たりの室内の汚染物質発生量」、$P_i - P_o$は「室内の汚染物質濃度の許容値と外気の汚染物質濃度との差」である

2 × ｜換気回数が同じであれば換気量は容積が大きい室の方が大きくなる。室内濃度は

$$P_i = \frac{k}{Q} + P_o$$

であるので換気量が大きい方(室容積が大きい方)が低くなる

3 × ｜第二種機械換気方式は送風機が給気側にある方式である。そのため、正圧となって汚染物質を発生する室には適していない

4 ○ ｜設問記述のとおり

5 × ｜開口の通過風量Q(㎥／s)は次式により求められる

$$Q = \alpha A \sqrt{\frac{2}{\rho} \Delta P}$$

α：流量係数　A：開口面積(㎡)
ρ：空気密度(kg／㎥)
ΔP：内径圧力差(P_o)
よって開口の内外の圧力差が2倍になっても開口部の通過風量は2倍にはならない

6 × ｜新鮮な空気が流入口から室内のある地点に到達するのに要する時間を空気齢という。小さいほど新鮮な空気が供給されていることを意味する

7 ○ ｜温度(密度)差換気と第二種機械換気の併用でもある

8 ○ ｜新築や改築後の住宅で、建材から発生する揮発性化学物質等が原因で、呼吸器の障害や、アレルギー疾患

比べて小さい値である

10 □□ 開放型燃焼器具を使用する場合、室内の酸素濃度が約18〜19%に低下すると、不完全燃焼による一酸化炭素の発生量が急増する

11 □□ 全般換気は、室全体の空気を入れ替えることにより、室内で発生する汚染物質の希釈、拡散、排出を行う換気方式のことである

12 □□ シックハウス対策のための換気を機械換気方式で行う場合、必要有効換気量を求める際の換気回数は、当該居室の天井の高さによって異なる値となる

13 □□ 中央管理方式の空気調和設備を用いた居室においては、浮遊粉じんの量を、おおむね0.15mg以下とする

等の様々な症状を引き起こす。これらはシックハウス症候群と呼ばれている。その原因となる揮発性化学物質として有機リン系殺虫剤も含まれている

9 ○│ 設問記述のとおり。ベルマウス形状の開口係数はほぼ1である

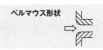

ベルマウス形状

10 ○│ 開放型燃焼器具は、室内に燃焼ガスを排気する。大気中の酸素濃度は、通常21%ほどで、18〜19%になると、器具の不完全燃焼により、人が酸素不足を感じる以前に、一酸化炭素濃度が急増するので、生命に危険を及ぼす

11 ○│ 設問記述のとおり

12 ○│ 設問記述のとおり

13 ○│ 設問記述のとおり。建築基準法施行令による

2 ── 実践問題 │ 四肢択一

1 □□ 容積が300㎡の室において、室内の水蒸気発生量が0.9kg/h、換気回数が0.5回/hのとき、十分に時間が経過した後の室内空気の重量絶対湿度として、最も適当なものは次のうちどれか。ただし、室内の水蒸気は室全体に一様に拡散するものとし、外気の重量絶対湿度を0.005kg/kg(DA)、空気の密度を1.2kg/㎡とする。なお、乾燥空気密度1kgを1kg(DA)と表す

1── 0.005 kg/kg(DA)　　2── 0.010 kg/kg(DA)

3── 0.015 kg/kg(DA)　　4── 0.020 kg/kg(DA)

2 □□ 図のような上下に開口部を有する断面の建物A、B、Cがある。外気温7℃で無風、室温がいずれも20℃に保たれ、上下各々の開口面積・開口部の中心間の距離が図に示す通りのとき、建物A、B、Cの換気量Q_A、Q_B、Q_Cの大小関係として正しいものは次のうちどれか。ただし、いずれの開口部も流量係数は一定、中性帯は中心間の中央に位置し、$\sqrt{2} ≒ 1.4$として計算するものとする

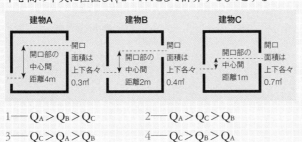

1── $Q_A > Q_B > Q_C$　　2── $Q_A > Q_C > Q_B$

3── $Q_C > Q_A > Q_B$　　4── $Q_C > Q_B > Q_A$

1 答えは2

当該室の換気量Qは
$Q = NV = 0.5 \times 300 = 150$(㎡/h)
である。換気量と水蒸気の関係式より

$$Q = \frac{W}{\rho X_i - \rho X_o}$$

$$150 = \frac{0.9}{1.2 X_i - 1.2 \times 0.005}$$

よって$X_i = 0.010$kg/kg(DA)

2 答えは3

温度差換気の換気量Q(㎡/h)は次式により求められる

$$Q = aA\sqrt{\frac{2gh(t_i - t_0)}{t_i + 273}}$$

$$= a\sqrt{\frac{2g(t_i - t_0)}{t_i + 273}} \times A\sqrt{h}$$

$a\sqrt{\dfrac{2g(t_i - t_0)}{t_i + 273}}$ はすべての建物で同値なので、$A\sqrt{h}$ を比較すればよい

$Q_A = 0.3\sqrt{4} = 0.6$
$Q_B = 0.4\sqrt{2} = 0.56$
$Q_C = 0.7\sqrt{1} = 0.7$
よって$Q_C > Q_A > Q_B$

002 温冷感・熱・結露

空気線図の見方や、温冷感に関する問題は頻出度が高い。特に、温冷感にかかわる6要素（温度・湿度・気流・放射熱・着衣量・代謝量）と、温熱感覚指標との関係を把握する必要がある。熱貫流・熱伝導・熱伝達の意味の違いや、率・抵抗の違いを理解しておこう

1　温冷感と温熱感覚指標

☐　人が暑く感じ寒く感じたりすることを**温冷感**という。その影響要因に空気温度・湿度・平均放射温度・気流・代謝量met・着衣量cloの**温熱6要素**がある。空気温度・湿度・平均放射温度・気流が環境側の温熱要素、代謝量met・着衣量cloが人間側要素である

☐　**予測平均温冷感申告（PMV）**は、温冷感に影響を与える6要素を考慮した指標である。+3（非常に暑い）〜−3（非常に寒い）の温冷感申告値で環境を評価することができる。**PPD**（予測不満足率）が**10%以下**となる温冷感申告値−0.5≦PMV≦+0.5が快適推奨範囲である。10%では、10%の人が不満を感じる

☐　**新有効温度（ET*）**は、温熱の6要素を考慮し、軽い着衣（着衣量0.6clo程度）の成人が、筋肉労働なしで、微気流（0.25m/s以下）の室内に長時間滞在するときの温冷感を示す指標

☐　新有効温度ET*の気流を0.1m/s、代謝量を1.0met、気温と**平均放射温度（MRT）**を等しいとし、標準化したのが**標準新有効温度（SET*）**であり、相対湿度50%の気温として温冷感を示す

☐　下表に各温熱感覚指標が考慮している温熱6要素を示す

● 温熱感覚指標とその考慮されている温熱要素

温熱要素	温度	湿度	気流	放射	代謝	着衣量
不快指数（DI）	○	○				
作用温度（OT）	○		○	○		
有効温度（ET）	○	○	○			
新有効温度（ET*）	○	○	○	○	○	○
標準有効温度（SET*）	○	○	○	○	○	○
予測平均温冷感申告（PMV）	○	○	○	○	○	○

● 人体の熱平衡指標

人体の産熱と放熱が等しい場合、人は温熱環境を快適と感じる。人体の熱平衡はSが+の空間では暑く、−では寒く感じる

$S＝M−E±C±K±R$
　S：人体の熱収支量　M：代謝による熱生産　E：蒸発　C：対流　K：伝導　R：放射

● 代謝率（量）

58W／㎡が1met。体表面積1㎡当たりの産熱量

● 温熱感覚指標と環境側温熱要素

・有効温度（ET）：気温・湿度・気流
・平均放射温度（MRT）：グローブ温度、室温、風速から概算で求められる
・修正有効温度（CET）：有効温度の気温に代え、グローブ温度で放射熱を反映
・作用温度（OT）：気温・気流・平均放射温度
・不快指数（DI）：気温・湿度。乾球温度t_1と湿球温度t_2から、$DI＝0.72(t_1+t_2)+40.6$。80超で多数が不快を感じる
・グローブ温度：気温に周囲の放射熱の影響を加えた値であり、直径15㎝の黒く塗装した金属球に挿入したグローブ温度計で測定する

● SET*の推奨範囲

アメリカ暖房冷凍空調学会では、快適範囲の22.2〜25.6℃に加え、相対湿度20〜60%としている

● 局所不快感

温熱感覚指標が快適でも、空気温度や天井・壁・床の放射温度の不均一によって不快と感じる場合がある。空気温度は床上0.1mと1.1mの温度差は3℃以下、放射温度分布は天井が+5℃、壁は−10℃まで、床は19〜25.6℃とし、床暖房の場合は30℃以下、29℃以下が望ましい

注　放射温度の不均一性では、天井が暖かい場合、壁が冷たい場合に、許容限界を超えると、不快感が増す

2　湿り空気の状態量と湿り空気線図

湿り空気の状態量は相対湿度、絶対湿度、水蒸気分圧、湿球温度、露点温度、エンタルピーで表される

● 湿り空気線図

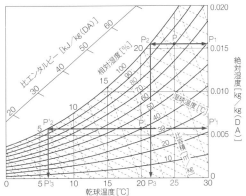

● 湿り空気の状態量

相対湿度は飽和水蒸気圧に対する水蒸気圧の割合。(重量)絶対湿度とは、乾燥空気1kg中の水蒸気重量。湿球温度は、感熱部で蒸発潜熱と周囲からの顕熱がつり合った温度。乾球温度より低い。露点温度とは飽和(相対湿度100%)となる温度。エンタルピーは、湿り空気がもつ全熱量である

乾球温度25℃・相対湿度80%では、
①横軸の乾球温度(25℃)を垂直にたどり、曲線状に示された相対湿度との交点Pが求める相対湿度(80%)
②Pから水平に右に、右縦軸上P₁が絶対湿度(kg/kg(DA))
③Pから、水平に左に、相対湿度100%の曲線との交点P₂を垂直に下に、横軸の乾球温度が露点温度(℃)
④別の乾球温度と相対湿度をP'とし、点P'からP'₁、P'₂、P'₃を求める。縦軸の(P₁-P'₁)は、除湿・加湿された水蒸気量、横軸の(P₃-P'₃)は露点温度の変化を表す

3　熱の移動プロセスと壁体の熱の伝わり方

熱は水と同じように高いところから低いところに移動する。熱の移動方法として伝導、対流、放射の3プロセスがある
・伝導：固体中を高温部から低温部へ移動する現象
・対流：流体分子が熱を運び去る現象
・放射：電磁波による熱移動現象

高温側から低温側へ熱が流れることを熱貫流という。壁体固体内部は熱伝導により伝わり、壁表面は熱伝達により伝わる。熱伝達には対流熱伝達と放射熱伝達がある

熱伝導における熱伝導率とは、物質の熱の伝わりやすさ、固有の値で、一般的には密度が大きいほうが高い傾向がある(下表)

地表面や建築外表面からは宇宙空間に放射される熱がある。この上向きの地表面放射と下向きの大気放射の差を夜間放射(実効放射)という。通常、上向きの放射量の方が大きいため、夜間の建築外表面温度は、外気温度より低くなる

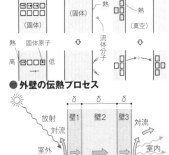

● 外壁の伝熱プロセス

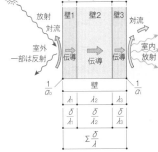

δ：壁厚、α：総合熱伝達率、λ：熱伝導率

● 対流熱伝達

自然対流：温度上昇による浮力による
強制対流：送風機など強制力をともなう

● 主な材料の密度と熱伝導率

材料名	アルミニウム	板ガラス	コンクリート	せっこうボード	木材	グラスウール	水	空気
密度(kg／㎥)	2,700	2,540	2,400	71～1,110	550	10～35	998	1.3
熱伝導率(W／m·K)	200	0.78	1.6	0.22	0.15	0.036～0.052	0.6	0.022

注　密度に比熱を乗じた容積比熱(kJ/(㎥·K))に、体積を乗じた値を熱容量(kJ/K)といい、壁の温度を1℃上昇させるのに必要な熱量である

105

熱流を定量的に表す指標として**熱貫流率**Kがある。熱貫流率は次式により求めることができる。**貫流熱流量**qは熱貫流率に室内外の温度差t_i-t_oを乗じたものである

$$K=\cfrac{1}{\cfrac{1}{a_o}+\sum_j\cfrac{\delta_j}{\lambda_j}+\cfrac{1}{a_i}}\qquad(\mathrm{W/(㎡\cdot K)})$$

a_o：屋外側の総合熱伝達率(W/(㎡・K))　δ_j：材料の厚さ(m)

λ_j：熱伝導率(W/(m・K))

a_i：室内側の総合熱伝達率(W/(㎡・K))

対流熱伝達率と放射熱伝達率を合わせて**総合熱伝達率**という。設計の総合熱伝達率には下表の値を用いる。屋外と屋内で対流熱伝達率が異なり、風速が速い屋外のほうが総合熱伝達率は高い

● **熱伝達率（W/㎡・K）**

	対流熱伝達率	放射熱伝達率	総合熱伝達率
室内側	4	5	9
屋外側	18	5	23

● **熱貫流抵抗**

熱貫流率の逆数を熱貫流抵抗Rという

$$R=\cfrac{1}{K}\qquad(\mathrm{㎡\cdot K/W})$$

K：熱貫流率

値が大きいと熱は流れにくく、壁体の断熱性能が高い

● **貫流熱流量**

$q=K(t_i-t_o)\qquad(\mathrm{W/㎡})$

q：貫流熱流量

t_i-t_o：室内外の温度差

● **中空層**

密閉の壁体内や複層ガラス内の空気層のことを中空層という。密閉の垂直空気層の場合、空気層は厚くなるほど熱抵抗は高くなるが、2～4㎝程度以上となると熱抵抗はほぼ変わらない

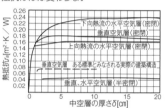

4 建物の熱特性

屋外側から室内に熱が流入することを**熱取得**といい、室内側から屋外に熱が流出することを**熱損失**という

冬期の建物全体の熱損失qは総合熱貫流率と室内外の温度差から求められる。また、総合熱貫流率$\overline{KA}$は次式により算出される

$$q=\sum_i K_iA_i(t_i-t_o)+c_p\rho n'V(t_i-t_o)$$
$$=\left(\sum_i K_iA_i+c_p\rho n'V\right)(t_i-t_o)$$
$$=\overline{KA}(t_i-t_o)\qquad(\mathrm{W})$$
$$\overline{KA}=\sum_i K_iA_i+c_p\rho n'V\qquad(\mathrm{W/K})$$

K_i：部屋のi番目の部位(外壁開口部等)の熱貫流率(W/(㎡・K))

A_i：同上i番目の部位の面積(㎡)

c_p：空気の定圧比熱(1,005 J/(kg・K))

ρ：空気の密度(1.2 kg/㎡)

$c_p\rho$は空気の容積比熱(1,206 J/(㎡・K))

$n'V$：換気量、又は隙間風量(㎡/s)

n'は1秒当たりの換気回数(回/s)。通常の換気回数nは1時間当たりであるので、$n'=n/3,600$となる

t_i：室温(℃)　t_o：外気温度(℃)

$\sum_i K_iA_i(t_i-t_o)$：部屋のi番目部位の熱損失(W)

$c_p\rho n'V(t_i-t_o)$：換気やすきま風による熱損失(W)

● **熱取得・熱損失**

外壁面、開口部、及び隙間風や換気などから熱取得や損失があり、また、室内には照明や人間など、様々な発熱がある

● **熱負荷**

室内環境を一定に保持するために、室内に発熱させたり、除去しなくてはならない熱量のこと。日射透過熱や照明器具が発生する熱などのように、一時内壁などに蓄熱され、漸次少しずつ室内へ発散される熱流もあるため、ある時刻における熱取得と熱負荷は一致しない

● **総合熱貫流率と熱損失係数**

KAは室内外の温度差1℃当たりのある部屋の熱損失量であり、必要暖房熱量や室温の算定には重要な指標である。隣室に面する壁は、隣室が暖房している場合は温度差はないものとし、非暖房室の場合は1／2とすることがある。熱損失係数Qは、室温1℃、外気温度0℃としたときの、床面積1㎡当たり1時間に失われる熱量である。総合熱貫流率は貫流熱損失と換気熱損失の合計であり、総合熱貫流率を延床面積S_oで除した値が熱損失係数である。$Q=\overline{KA}／S_o$

総合熱貫流率は建物の大きさが影響している。住宅の省エネ基準において、建物の影響によらず建物外皮の断熱性能を評価する値として、総合熱貫流率から換気やすきま風の影響を除いた$\overline{KA'}$を外皮面積の合計Aで割った**外皮平均熱貫流率**U_Aがある。U_A値が小さいほど断熱性能が高い

$$U_A = \frac{\overline{KA'}}{A} \quad (\text{W}/(\text{m}^2\cdot\text{K}))$$

省エネルギー法では、日本全国を**デグリーデー**に基づき8地域に分割し、地域ごとにU_A値等を定めている

● デグリーデー
その地域の寒暖を表すバロメーターであり暖房(冷房)設定温度と日平均外気温との差を累積(温度差×日数)したもの。その値が大きいほど暖房(冷房)負荷が増える。冷暖房の地域比較などに用いられている(単位:℃·day又は℃·日、度日)

$D_{20-18} = 3,000(\text{℃·day})$

暖房時の室温を20℃とし日平均気温が18℃以下のときの日に暖房する場合は3,000(℃·day)である

5 結露現象

湿り空気中の露点温度以下の物体表面には、水滴ができる(**結露**)。冬に窓ガラスや外壁の温度の低い部分に生じる室内側の結露が**表面結露**、外壁などの内部に生じる結露が**内部結露**である。表面結露を防止するには室内側の表面温度(t_{si})を**露点温度**(t_d)より高くする必要がある。表面温度は次式による

$$t_{si} = t_i - \frac{K}{a_i}(t_i - t_o)$$

t_i:室内温度(℃)　　t_o:屋外温度(℃)
K:熱貫流率(W/(m²·K))　a_i:室内側の熱伝達率(W/(m²·K))

壁体内に鉄筋など熱伝導率が大きいものや外気に面した室内側の入隅部があると、この部分に熱が集中して流れる。この部分を**ヒートブリッジ(熱橋)**といい、他の熱性能が高い壁と比べると表面温度が低くなり表面結露が生じやすい

カーテンは室温を上昇させ、窓ガラスの表面温度を低下させるので、ガラス面での結露防止効果がほとんどなく、逆に、**結露を生じさせやすい**。また、二重窓のサッシでは、外側よりも**内側のサッシの気密性を高くする**と効果的である。夏期における給水管等の結露防止には、**断熱被覆**が効果的である

● 結露防止対策

結露の種類	防止対策
表面結露	・断熱材を使用して表面温度を露点温度以下に下げない ・絶対湿度を下げる ・室内では水蒸気を発生させない ・屋外側に透湿防水防風層と通気層を設ける
壁体内部結露	・断熱材より室内側に防湿層を挿入する ・断熱材外気側に通気層を設ける

● 木造の結露防止対策(外壁・屋根)
断熱材を用い、室内側表面温度を露点温度以下にならないようにする。外気側に透湿防水防風層や通気層を設ける。繊維系の断熱材を用いた場合は、室内側に防湿層を設ける。外壁の断熱層内に通気が生じると、外壁の断熱性が低下するおそれがある

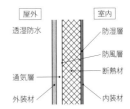

屋外　　　　　室内
透湿防水　　　　防湿層
　　　　　　　　防風層
通気層　　　　断熱材
外装材　　　　内装材

● 熱橋と熱の流れ

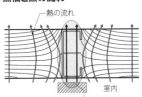

熱の流れ

室内

熱橋部分は温度差が小さくなり室表面温度が下がり結露が生じやすくなる。コンクリート造では、外断熱工法は内断熱工法に比べ、熱橋が生じにくい。内断熱工法は、断熱材の継ぎ目や内装との取り合い部分に熱橋ができやすい

● 防湿層
防湿層は壁体の内部結露には効果があるが室内の表面結露には無効である

● 結露対策
室内で水蒸気の発生を避けることが必要であり、開放型の石油ストーブなどの使用は結露が生じやすくなる

QUESTION

1 最頻出問題｜一問一答

次の記述のうち、正しいものには○、誤っているものには×をつけよ

1 □□ 温熱6条件とは、気温・湿度・気流・熱放射・代謝量・着衣量のことである

2 □□ 新有効温度(ET*)は、人体の熱負荷に基づき、熱的中立に近い状態の人体の温冷感を表示する指標である

3 □□ 着衣による断熱性能は、一般に、クロ[clo]という単位が用いられる

4 □□ SET*(標準新有効温度)が24℃の場合、温冷感は「快適、許容できる」の範囲内とされている

5 □□ 作用温度は、空気温度、放射温度及び湿度から求められる

6 □□ 全身温冷感が中立状態に保たれていても、局所温冷感にかかわる不快要因が存在すると快適な状態とはならない

7 □□ 床暖房時の床表面温度については、一般に、29℃以下が望ましい

8 □□ 冷たい窓や冷たい壁面に対する放射の不均一性(放射温度の差)の限界は、10℃以内である

9 □□ 建築材料の熱伝導率は、一般に、かさ比重(みかけの密度)が減少するほど小さくなる傾向がある

10 □□ 単一の材料からなる壁を単位時間に貫流する熱量は、壁体の両側の空気の温度差及び表面積に比例し、必ずしもその厚さには逆比例しない

11 □□ 伝熱計算を行う際に用いる壁体の総合熱伝達率は、対流熱伝達率と放射熱伝達率を合計したものである

ANSWER

→→→

1 ○｜気温・湿度・気流・熱放射は環境側4要素、代謝量・着衣量は人間側2要素である

2 ×｜新有効温度(ET*)は人体の数値モデルに基づいた評価指標で、気温、湿度、平均放射温度、気流、着衣量、代謝量の6要素を考慮している。熱的中立に近い状態ばかりでなく、「暑い」とか「寒い」といった状態の温冷感を示す指標。気流と着衣量、代謝量が評価対象環境と等しく相対湿度が50%のときと等しい気温として定義されている。このとき気温と平均放射温度MRTは等しいとする。ET*を標準化したものとしてSET*がある。SET*は気流0.1m／s、着衣量0.6clo、代謝量1.0met、相対湿度50%のときの気温として定義されている

3 ○｜衣服の熱抵抗として着衣量cloが用いられる。1clo=0.155㎡K／Wとされている。標準的なスーツ姿が1cloである

4 ○｜SET*の快適範囲は22.2～25.6℃

5 ×｜作用温度OTは、気温、気流と放射温度を考慮した評価指標である

6 ○｜全身温冷感が中立状態に保たれていても、気温や放射温度の分布により、不快となることがある

7 ○｜室内の床表面温度は19～26℃が推奨されているが、床暖房時は29℃以下が望ましいとされている

8 ○｜設問記述のとおり

9 ○｜熱伝導率は、かさ比重(みかけの密度)が減少するほど小さくなる。かさ比重とは、内部に気泡を含む材料の重量を体積で除した値で、「中空層」ともかかわる

12☐☐ 壁体表面の熱伝達率は、近傍の風速が大きいほど大きくなる

13☐☐ グラスウールは、一般に、かさ比重が大きくなるほど熱伝導率は小さくなる

14☐☐ 壁体内の中空層の表面をアルミ箔で覆うことにより、熱抵抗の値は大きくなる

15☐☐ 複層ガラスの中空層が完全な真空であると仮定すると、複層ガラスの熱貫流率は、0となる

16☐☐ 冬期における外壁の内部で生ずる結露を防止するために、壁体内に防湿層を入れる場合は、断熱材の室内側に配置する

17☐☐ 暖房室につながり、屋外に接した北側の非暖房室は、結露しやすい

18☐☐ 二重サッシの間の結露を防止するためには、室内側サッシの気密性を低くし、屋外側サッシの気密性を高くするとよい

19☐☐ 換気を行うと、一般に、室内の絶対湿度が低下するので、表面結露の防止に有効である

20☐☐ 熱橋部分の室内側は、結露しやすい

21☐☐ 繊維系の断熱材を用いた外壁の壁体内の結露を防止するためには、断熱材の室内側に防湿層を設けるとよい

22☐☐ コンクリート外壁の屋内側において、防湿措置を講じない繊維系断熱材を用いる場合は、断熱及び防湿措置を施さない場合と比べて、コンクリート部分の屋内側表面における冬期の結露を促進するおそれがある

23☐☐ 熱橋部分の室内側表面温度は、一般に、断熱部分の室内側表面温度に比べて、外気温度に近くなる

24☐☐ 木造住宅において、屋根を断熱する場合、断熱材の外気側に通気層を設けると結露が促進され、耐久性が低下する

25☐☐ 表面結露の発生の有無は、「表面近傍空気の絶対湿度から求まる露点温度」と「表面温度」との大小によって判定することができる

10 ○│厚さの逆比例とはならない。設問は貫流熱流量q（W／㎡）についてであり、熱貫流量K（W／（㎡K）、室内と屋外の温度差（t_i-t_o）とすれば、

$$q=K(t_i-t_o)$$

また、

$$K=\cfrac{1}{\cfrac{1}{a_o}+\sum_j\cfrac{\delta_j}{\lambda_j}+\cfrac{1}{a_i}}$$

λ_j：熱伝導率
a_i：室内側の総合熱伝達率
a_o：屋外側の総合熱伝達率
δ_j：材料の厚さ

ここで、$a_i\cdot a_o$、λ_jはそれぞれ固有の値であり、Kとδ_jは逆比例の関係にはない

11 ○│対流熱伝達率と放射熱伝達率を合わせたものを総合熱伝達率という。室内側では9W／（㎡·K）、屋外側で23W／（㎡·K）が一般に用いられる

12 ○│設問記述のとおり

13 ○│設問記述のとおり

14 ○│設問記述のとおり

15 ×│中空層が真空でも熱は放射のプロセスで示したように電磁波でも移動し、熱貫流率は0にはならない

16 ○│設問記述のとおり

17 ○│設問記述のとおり

18 ×│冬に室内側の湿度が高くなる場合、二重サッシの内側の気密性を高くすると結露の防止となる

19 ○│設問記述のとおり

20 ○│設問記述のとおり

21 ○│設問記述のとおり

22 ○│設問記述のとおり

23 ○│設問記述のとおり

24 ×│通気層で換気を行うことによって、屋根内部の湿度を下げ、結露を防ぐことができる

25 ○│設問記述のとおり

2 実践問題① | 一問一答　→→→

次の記述のうち、正しいものには○、誤っているものには×をつけよ

1 ☐☐ 平均放射温度（MRT）は、グローブ温度と気流速度の計測値から概算で求められる

2 ☐☐ 予測平均温冷感申告（PMV）は、主に均一な環境に対する温熱快適指標であることから、不均一な放射環境や上下温度分布が大きな環境等に対しては、適切に評価できない場合がある

3 ☐☐ 椅座位の場合、くるぶし（床上0.1m）と頭（床上1.1m）との上下温度差は、5℃以内が望ましい

4 ☐☐ 気流の乱れの強さが大きいと、平均風速が低くても不快に感じることがある

5 ☐☐ 壁体内の密閉された中空層の熱抵抗は、その厚さが10～15mmの範囲では、厚さに比例して大きくなる

6 ☐☐ 暖房停止後の室温降下について、壁体等の熱容量が同じであっても、建築物の断熱性の良否によって、単位時間当たりの室温変化が異なる

7 ☐☐ 同種の発泡性の断熱材において、空隙率が同じ場合、一般に、材料内部の気泡寸法が小さいものほど、熱伝導率は小さくなる

8 ☐☐ コールドドラフトは、暖房時の室内において、外気より冷やされた窓ガラスからの放射熱伝達により起こる現象である

9 ☐☐ 建築物の熱容量が大きいと、室温の変動は緩慢になる

10 ☐☐ 結露や雨水の浸入によって断熱材内部の含水率が増加すると、水の熱伝導の影響により断熱性能の低下につながる

11 ☐☐ 住宅の断熱性を高めることにより、室内の上下温度差は小さくなる

12 ☐☐ 複層ガラスの中空層が完全な真空であると仮定すると、複層ガラスの熱貫流率は、ゼロとなる

13 ☐☐ 熱損失係数は、貫流熱損失、換気熱損失及び日射熱取得を考慮

---

1 ×｜平均放射温度は、グローブ温度、空気温度及び気流速度から求められる。平均放射温度MRTは、近似的には天井・床・障壁表面の平均温度となる

2 ○｜設問記述のとおり

3 ×｜床上0.1mと床上1.1mの温度差は3℃以内が望ましい

4 ○｜気流による不快感は平均風速だけではなく、気流の乱れや気温にもよる

5 ○｜2～4cm程度までは増加するが、それ以上は減少する

6 ○｜熱貫流率が高いと熱損失が大きいため室温が下がる

7 ○｜空隙が小さいほど空隙内で空気が移動しないため熱伝導率は小さくなる

8 ×｜コールドドラフトは対流熱伝達により生じる現象である

9 ○｜設問記述のとおり

10 ○｜空気よりも水のほうが熱伝導率は高い

11 ○｜設問記述のとおり

12 ×｜放射による熱伝達があるので熱貫流率はゼロにはならない

13 ×｜熱損失係数は貫流熱損失と換気熱損失を考慮した指標である

した建築物全体の熱に関する性能を評価する指標である

14 ☐☐ 地表面放射と大気放射の差を、実効放射（夜間放射）という

15 ☐☐ 作業の程度に応じて代謝量が増えるにつれて、一般に、人体からの総発熱量に占める顕熱発熱量の比率は増加する

16 ☐☐ エアフローウィンドウは、夏期における室内温熱環境の改善には有効であるが、冬期におけるコールドドラフトの防止には効果がない

17 ☐☐ 日射を受ける外壁面に対する相当外気温度（SAT）は、その面における日射吸収量の量のほか、風速の影響等を受ける

14 ○｜設問記述のとおり

15 ×｜安静時や軽作業では、顕熱が潜熱を上回るが、重作業時や室温上昇にともなって潜熱の割合が多くなる

16 ×｜空気の吹出しによって窓面の温度差を解消することで、コールドドラフトには効果がある

17 ○｜SAT＝(a／α)×J+t_o
a:外壁表面の日射吸収率
α:外壁面の熱伝達率
J:日射量
t_o:外壁音温度
αは風速が影響する

3 ── 実践問題② ｜ 四肢択一 →→→

1 ☐☐ 図は、冬期の定常状態にある外壁A、Bの内部における温度分布を示したものである。次の記述のうち、最も不適当なものはどれか。ただし、図中のA、Bを構成する部材ア～エの各材料とその厚さは、それぞれ同じものとする

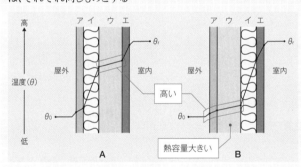

1── AとBの熱貫流率は、等しい

2── ウの熱容量が大きい場合、Bは、Aに比べて冷暖房を開始してからその効果が表れるまでに時間を要する

3── ウは、イに比べて熱伝導率が大きい

4── A、Bともに、熱損失の低減や結露防止のために、躯体を通じた熱橋に対する断熱補強が重要である

1 答えは2

下式からも分かるように、構成する内部の材料の厚さと熱伝導率が同じ場合、その順序によらず熱貫流率Kは等しくなる。よって、1は適当

$$K=\cfrac{1}{\cfrac{1}{a_o}+\sum_j\cfrac{\delta_j}{\lambda_j}+\cfrac{1}{a_i}}$$

λ_j:熱伝導率
a_i:室内側の総合熱伝達率
a_o:屋外側の総合熱伝達率
δ_j:材料の厚さ

熱容量が大きい材料の温度変化は緩慢になる。熱伝導率が小さい建材が室内側にあるBより、Aのほうが暖房を開始してからその効果が表れるまでに時間を要する。したがって、2は不適当

熱伝導率が小さい材料ほど、材料両側の温度差が大きくなる。よって、3は適当

003 日照・日射・採光

太陽エネルギーのうち、光に関するものは「日照」、熱に関するものは「日射」と呼ばれ、それらに関する問題は高確率で出題される。太陽の1年間の動きを把握することで日照・日射についての応用力が身に付く。日影図の読み取りは必須である

1　太陽エネルギーと太陽位置

□　太陽からの放射エネルギーはその波長により**紫外線**（380nm以下、化学作用・生育作用）、**可視光線**（380〜780nm、光作用）、**赤外線**（780nm以上、熱作用）に分けられ、それぞれ作用が異なる

● 太陽放射の分光分布

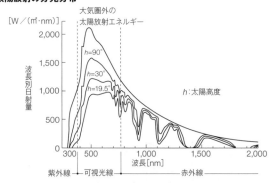

● 太陽エネルギー

日照・日射はいずれも太陽エネルギーにかかわる領域である

● 太陽位置

地平面から測った太陽高度hと真南からの太陽方位角Aで表す。緯度、季節、時刻で太陽位置は異なる

● 太陽高度と太陽方位角

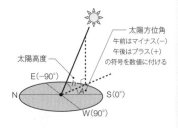

□　太陽位置は**太陽高度**（地平線と太陽とのなす角。日の出・日没時は太陽高度0度）と**太陽方位角**（真南と太陽とのなす角。真南は0度・真東は−90度・真西は90度）で表される

● 南中高度

南中時（太陽方位角0度）の太陽高度を南中高度という

$h = 90度 − 35度（北緯）+ δ$

$δ$：日赤緯（夏至：23.4度、春・秋分：0度、冬至：−23.5度）

ある日の南中高度は、北に位置する地点が低く、緯度が同じなら、経度が異なっても等しい

□　太陽の動きは、**春分と秋分**は真東から日が昇り、真西に日が沈む。春分から秋分までは太陽は真東よりも北側から日が昇り、真西よりも北側に日が沈む。その間は北側の面にも日が当たる時間帯がある

● 天球上の太陽の日周軌道

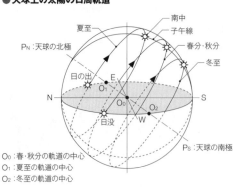

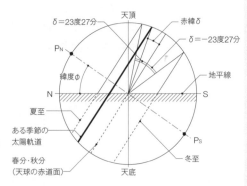

2 日影曲線図と日影図

建物を計画する際に、その建物の影が周囲に及ぼす範囲や時間帯を把握することが必要である。太陽の影は太陽位置（太陽高度と太陽方位角）が分かれば計算できる。しかし、**日影曲線図**には季節の時刻ごとの基準地点における地平面に落ちる影の方向や長さ（比率）が示されており、それを読み込むことで、その日付の1日の影の状況を簡易に図示できる

日影曲線図を用いて建物の平面や高さに応じた1日の日影の輪郭を1時間ごとに図示したものが**日影図**である。また、日照条件の検討には日影の状況が最も厳しい冬至を基準とするのが一般的である。時間ごとの日影図の交点を結ぶことで、数時間の日影の状況を示すことができる

1時間ごとの日影の輪郭の交点を順次取り、この点を軌跡として連ねたのが1時間**日影曲線**であり、数時間ごとの等時間日影曲線を作成し、それを重ねた図を**日影時間図**という

● 日影図の描き方

直方体など単純な外形の建物では、隅角部の屋上の一点を基準点Oに垂直に立てた長さℓの棒の先端Pに見立てる。日影曲線図からこの点の水平面投影位置（日影）と、他点の日影位置を順次求め、当該時刻の建物の日影図を描く

① 下図において12月22日、午前8時における長さℓの棒の先端Pの日影は、12月22日の曲線と8時の時刻を示す放射状の破線との交点P′に位置する。日影の方向は、直線OP′の方向である

② 次にOP′の距離を求め、それを「ℓ：棒の長さ」で測れば、日影の長さは建物の高さの約6.4倍になる

③ 建築士試験の設問では、この日影曲線図にOを中心とした日影の倍率と太陽高度を示す同心円を合成した図が付される

④ この場合、P′点を同心円に沿って、軸上にたどれば、数値のみの日影の倍率と太陽高度hを知ることができる

● 日影曲線図（北緯35度）

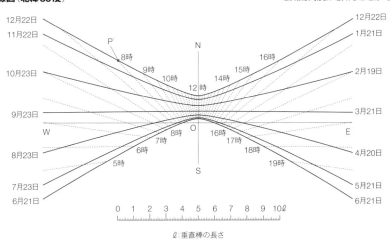

ℓ：垂直棒の長さ

● 日影図（冬至）

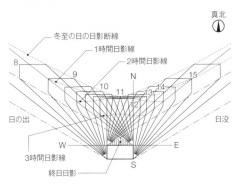

● 日影時間図（冬至）

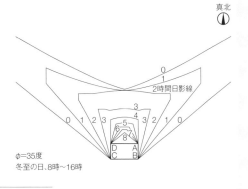

φ＝35度
冬至の日、8時〜16時

日影図中で1日中日影となる部分が**終日日影**であり、1年を通し終
日日影となる部分が**永久日影**である。コの字形の形状をもつ建築
物は夏至の日でも終日日影となる箇所がある。夏至は上述のよう
に太陽が北面に回り込み、また太陽高度が最も高くなるため、夏
至で終日日影となる箇所は、すなわち永久日影となる。また、東西
に並んでいる建物から離れたところに日影時間が長い部分ができ
るが、これを島日影という

● 終日日影

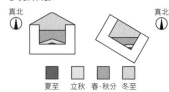

夏至　立秋　春・秋分　冬至

● 島日影

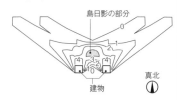

島日影の部分

建物

真北

日の出から日没までの時間を**可照時間**という。実際にある地点に
直射日光が照射された時間を**日照時間**という。天候によっては、
可照時間と日照時間は異なるが、日影の検討では天候によらない
ことを前提としている。可照時間に対する日照時間の割合を百分
率で示したものを日照率という

$$日照率 = \frac{日照時間}{可照時間} \times 100 (\%)$$

建物の直近や周辺近くでは建築物の高さが高くなっても、日影と
なる時間帯は変わらない。むしろ、建物の東西方向の幅が日影に
は影響が大きい

● 高層建築物の日影と4時間日影の範囲

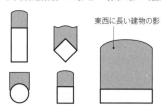

東西に長い建物の影

3　日射と日射遮蔽係数

太陽から到達した日射が大気を直進し平行光線として地表面に
到達した成分を**直達日射**という。また、日射が大気中の水蒸気で
散乱して地表面に到達する成分が**天空日射**、直達日射と天空日
射の合計を全天日射、地表面等に反射した日射を地物反射日射
という

法線面直達日射量 J_{dn}、**水平面直達日射量** J_{dh} は、それぞれ次
式によって求めることができる

$$J_{dn} = J_0 P^{\frac{1}{\sin h}} \quad (W/m^2)$$

$$J_{dh} = J_{dn} \sin h \quad (W/m^2)$$

J_0：大気圏外法線面日射量（太陽定数）　　P：大気透過率
h：太陽高度

建物の各面の直達日射量は、**夏至の南面**では太陽高度が高くなり
（入射角が大きい）、東面や西面よりも日射量が低い。一方、冬至
の南面は太陽高度が低いため（入射角が小さい）、日射量は夏至
のときよりも高くなり、また東面や西面よりも高くなる

● 全日直達日射量の年変化（北緯35度）

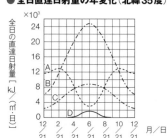

A：南面（夏期は日射量が小さい）
B：水平面（夏期に大きい）
C：東面・西面（夏期に比較的大きい）
D：北面（春分から秋分にかけて、直達日
　　射がある）

● 法線面直達日射量
太陽からの日射は平行光線として、建物
の各方位における立面や水平面（屋上
面）等へ到達する。この平行光線に対し
て垂直の面に到達した日射量を法線面直
達日射量という

☐ 室内への直達日射の入射による冷房負荷の抑制や冬期の日射熱利用を行うためには、カーテンやブラインドといった日射遮蔽装置や高性能ガラスにより、日射を遮蔽（調整）することが必要となる。日射遮蔽の性能は日射熱取得率（日射侵入率）や**日射遮蔽係数SC**によって表される。**SC**は厚さ3mmの透明ガラスが基準となっている

$$SC = \frac{遮蔽物付きのガラスの日射熱取得率}{標準3mm窓ガラスの日射熱取得率}$$

☐ 日射遮蔽係数は数値が**小さい**ほうが日射遮蔽効果は**高い**

● 窓ガラス・日よけの日射熱取得率・日射遮蔽係数・熱貫流率

窓の種類	厚さ（mm）	日射熱取得率	日射遮蔽係数	熱貫流率（W／（㎡K））
透明	3	0.86	1.0	6.2
透明ガラス＋カーテン（中等色）	3	0.40	0.47	―
透明ガラス＋障子戸	3	0.46	0.54	―
外付けベネシャインブラインド＋透明ガラス	3	0.13	0.15	―
透明＋low-E　シルバー系	3＋3	0.51	0.59	2.7

● 太陽定数と大気透過率

大気圏外で太陽からの平行光線に対して垂直な面に到達した日射量の年間平均値を太陽定数J_oという。また、地表面に到達した平行光線に垂直な面での日射量を法線面日射量J_{dn}といい、太陽定数に対する法線面直達日射量の割合が大気透過率Pであり、大気の透明度を表す。水蒸気量が多い夏よりも、冬のほうが高い傾向がある。また、天空日射量に関しては大気透過率が高くなるほど減少する

　J_o：1,367W／㎡

4　日射と採光

☐ 採光とは、太陽の光を室内に取り入れて明るさを得ること。近年ではより積極的な意味合いとして**昼光利用**が推奨されている

☐ 昼光には、大気層で拡散・吸収されずに地表面に到達した太陽からの光の**直射日光**、大気層で拡散して地表面に到達する光である**天空光**がある。直達日射と天空日射に対応する

● 大気圏外法線面直射日光照度

太陽定数に対応する大気圏外法線面直射日光照度は133,800lxである。よって地表面の照度は大気層で拡散・吸収・反射するため133,800lxよりも低くなる

☐ ● 昼光利用

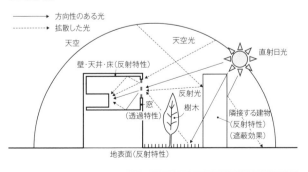

昼光は太陽位置や天候によって変動するために、照度で示すことができない。昼光による明るさを示す指標としては**昼光率**がある。ある点の照度は、昼光が直接ある点を照らす直接照度と、他の部分で反射を繰り返してある点に入射する間接照度の和であり、昼光率とはある点の照度の全天空照度に対する比（%）である

$$昼光率 D = \frac{ある点の照度 E}{そのときの全天空照度 E_S} \times 100 （\%）$$

室内のある点の照度は全天空照度に比例するため、天空の輝度分布が時間的に変化しなければ、昼光率は一定となる。また、全天空照度は、天候や時間帯により変化するため、一般には設計用全天空照度が利用される

● 基準昼光率

視作業・行動のタイプ	室空間の例	基準昼光率[%]	全天空照度が15,000lxの場合の値[lx]
長時間の精密な視作業	設計・製図室	5	750
精密な視作業	競技用体育館、工場制御室	3	450
長時間の普通の視作業	一般事務室、診療室	2	300
普通の視作業	教室一般、学校、体育館	1.5	230
短時間の普通の視作業または軽度の視作業	住宅の居間・台所	1	150
短時間の軽度の視作業	事務所の廊下・階段	0.75	110
ごく短時間の軽度の視作業	住宅の玄関・便所、倉庫	0.5	75

● 全天空照度

天候や時間で変化するため、一般には設計用全天空照度がある。特に明るい日（薄曇り、雲の多い晴天）が50,000lx、普通の日が15,000lx、快晴の青空は10,000lx

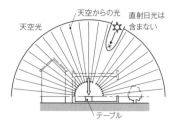

天空光　天空からの光　直射日光は含まない　テーブル

● 室内のある点の照度

直接照度と室内で反射を重ね入射する間接照度の和で、窓からの位置で異なる

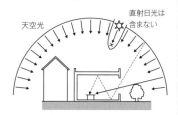

天空光　直射日光は含まない

● 基準昼光率

全天空照度を15,000lxとした場合の、JIS照度基準を満たす昼光率

5　昼光率と立体角投射率

直接昼光率 D_d は窓ガラスがない場合には、開口部が天空光を完全に透過させることになり、室内のある点から天空を見たときの立体角投射率に等しくなる。**立体角投射率** U を求めるには「長方形光源の立体角投射率表」があり、表を利用して基準位置での長方形光源（窓）の代数和として算出する

● 立体角投射率：長方形光源と受照基準位置

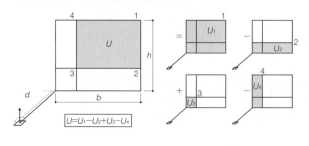

$$U = U_1 - U_2 + U_3 - U_4$$

● 長方形光源の立体角投射率

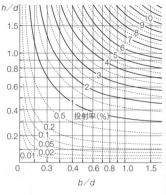

①表の縦軸には、受照基準位置と光源の距離 d に対する長方形光源の高さ h の比 h/d が示され、横軸には同様に光源の幅 b との比 b/d が示されている。

□ 側窓の昼光率D_dの算出においては、実際には窓枠やガラスの透過率τや汚れの清掃状況などによる保守率M、及び窓枠部分を除いた採光の有効面積比Rなどを考慮しなくてはならない

$$D_d = \tau MRU \qquad U:立体角投射率$$

□ 面Sの**立体角投射率**は、まずある点Pを中心とした半径の半球上に投影した面積をS'、さらにその半球上の面積を平面に垂直に投影した面積S''を底面の面積πr^2で除した値として求められる

$$U = \frac{S''}{\pi r^2} \times 100 \quad (\%)$$

□ 点Pに対して全天は100%であり、天空の輝度Lを一様とすると、ある点の**直接照度**E_dは次式によって求めることができる

$$E_d = \pi L \frac{U}{100}$$

輝度が同じなら、立体角投射率が等しければある点の直接照度は等しい

それぞれの値を算出しその交点を求め、曲線上に示された立体角投射率を読み取ることができる
②光源と基準位置の関係から立体角投射率（昼光率）の和・差を算出する

● 立体角投射率

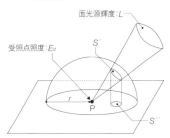

面光源輝度：L
受照点照度：E_d
S'
r
P
S''

6 　採光計画

□ 採光には、**天窓採光**（トップライト）・**側窓採光**（サイドライト）・**頂側窓採光**（ハイサイドライト）がある

□ 室内では窓の位置が高いほど明るく、天窓は同じ面積をもつ側窓の3倍程度明るい

□ 側窓は、同じ大きさ・形であれば、高い位置にあるほど室内の照度の均斉度を上げる

□ **ブラインド**や**ライトシェルフ**は、室内照度の均一化に効果的であり、直射日光を遮る窓付近の過剰な照度を下げると同時に室奥の照度を上げる。また、西向き窓面に設置する**縦型ルーバー**は、一般的に日照・日射の調整には有効である

□ 採光に必要な有効開口部の床面積に対する割合は法規で求められており、やむを得ない地下室の場合などを除き、室の用途に応じて、居室の床面積の**1／10、1／7、1／5**以上確保しなければならない

● 採光の種類

天窓
頂側窓
側窓

● 均斉度
室内の照度バランスを表す比率のこと。最低照度／平均照度（もしくは最高照度）で求められる

● ライトシェルフ
窓の室内・室外に取り付ける水平材。室外のみの場合はシェルフ（棚）の上部窓にベネシャンブラインドなどを併用すると効果が高い

● 採光に必要な開口部
建築基準法28条（居室の採光及び換気）。地階についての除外が示されている

● 片側採光
片側採光の部屋における照度の均斉度は、1／10とすることが望ましい

003　**日照・日射・採光**　　　　　　　　　　　QUESTION & ANSWER

QUESTION

1　最頻出問題│一問一答

ANSWER

→→→

次の記述のうち、正しいものには○、誤っているものには×をつけよ

1□□　日影図で日影時間の等しい点を結んだものが、等時間日影線

2□□　日射し曲線は、地平面上のある点が周囲の建築物によって、どのような日照障害を受けるのかを検討するために用いられる

3□□　年間の水平面の日差し曲線を1枚の図にまとめたものが、日照図表

4□□　夏至の日に終日日影となる部分を、永久日影という

5□□　建築面積と高さが同じ建築物の場合、一般に、平面形状が正方形より東西に長い形状のほうが「4時間日影」の面積は大きくなる

6□□　東西に2つの建築物が並んだ場合、それらの建築物から離れたところに島日影ができることがある

7□□　日照時間とは、ある点においてすべての障害物がないものと仮定した場合に、日照を受ける時間である

8□□　北緯35度の地点において、南中時に太陽高度が60度となる日、日の出・日没の太陽位置は、春分・秋分の日に比べて南側となる

9□□　南向き窓面に水平ルーバーを設けることは、日射・日照調整に有効

10□□　窓面における日射の遮蔽性能を示す日射遮蔽係数は、その値が大きいほど遮蔽効果が小さくなる

11□□　快晴の青空における設計用全天空照度は、特に明るい日(薄曇)の1/5程度である

12□□　日本中央標準時の基点である統計135度(兵庫県明石市)から東側の地域においては、南中時が早くなる

1　○│設問記述のとおり

2　○│設問記述のとおり

3　×│日照図表は冬至においての多数の日差し曲線をまとめたものであり、年間ではない

4　○│設問記述のとおり

5　○│建築面積と高さが同じ場合、正方形よりも東西に長い形状のほうが「4時間日影」の面積は大きくなる。日影曲線図を用いて平面形状が正方形より東西に長い形状の日影図をつくり確認してみよう

6　○│設問記述のとおり

7　×│実際にある地点に直射日光が照射された時間を日照時間という。ある点においてすべての障害物がないものと仮定した場合に、日照を受ける時間は可照時間である。日照時間は天候や周辺建物の影響を受ける

8　×│60度よりも春・秋分の南中高度が低い場合は北側となる。春・秋分の南中高度は約55度で、60度よりも低いので日の出・日没の太陽位置は、春分・秋分の日に比べて北側となる

9　○│夏期は太陽高度が高いため、水平の庇やルーバーは日射の遮蔽には効果がある

10　○│設問記述のとおり

11　○│全天空照度は、屋外での障害物がない状態における天空光による照度であり、「快晴の青空」は10,000lx、「特に明るい日(薄曇)」は50,000lx

12　○│設問記述のとおり

13 ☐☐ 居室の採光は、一般に、開口部に達する直射光を対象とする

14 ☐☐ 北緯35度の地点における南向き鉛直壁面の1日の可照時間は、春分の日及び秋分の日が12時間で最長となり、冬至の日が最短となる

15 ☐☐ 採光計画において、高い均斉度が要求される室には、高窓や天窓が有効である

16 ☐☐ 受照点に対する光源面の立体角投射率は、その光源が曲面の場合には適用できない

17 ☐☐ 昼光率の計算においては、室内の人工光源による照度は含まれない

18 ☐☐ 昼光率は、室内表面による反射の影響を受けない

19 ☐☐ 昼光率は、直接昼光率（窓面から直接、受照点に入射する光による昼光率）と間接昼光率（室内の仕上げ面等に反射してから受照点に入射する光による昼光率）との和で表す

20 ☐☐ 昼光率は、天空が等輝度完全拡散面であれば、全天空照度にかかわらず、室内の同一受照点において一定の値となる

21 ☐☐ 昼光率は、窓外に見える建築物や樹木の有無にかかわらず、一定の値となる

22 ☐☐ 昼光率は、一般に、受照点に対する窓面の立体角投射率により異なる値となる

23 ☐☐ 昼光率は、一般に、窓ガラスの透過率・保守率・窓面積有効率により異なる値となる

24 ☐☐ 側窓による昼光率を高くするには、「窓を大きくする」、「窓を高い位置に設ける」、「窓ガラスの透過率を高くする」等の方法がある

25 ☐☐ 昼光率は、天空光による照度と直射日光による照度から計算する

26 ☐☐ 昼光率は、窓と受照点の位置関係だけでなく窓外の建築物や樹木等の影響を考慮して計算する

---

13 × ｜ 直射日光は季節・時刻によって変動が大きいため、居室の採光計画では直射日光を除く天空光を利用する

14 × ｜ 北緯35度の地点における南向き鉛直壁面の1日の可照時間は、春分の日及び秋分の日が12時間、冬至の日は9時間32分、夏至が7時間である

15 ○ ｜ 設問記述のとおり

16 × ｜ 立体角投射率は、まず受照面Pを中心とした半球上に投影し、さらにその半球上の面積を平面に垂直に投影した面積を底面で割った値である。よって矩形だけでなく曲面に対しても適用することができる

17 ○ ｜ 昼光率は昼光による明るさを示す指標であるため、人工光源による照度は含まれない

18 × ｜ 昼光率は直接昼光率と間接昼光率の和であり、間接昼光率は天井や壁面からの影響を受ける

19 ○ ｜ 設問記述のとおり

20 ○ ｜ 設問記述のとおり

21 × ｜ 天井や壁、床、屋外の建築物等の影響を受けるため一定の値とはならない

22 ○ ｜ 設問記述のとおり

23 ○ ｜ 設問記述のとおり

24 ○ ｜ 位置に加え、ガラスの透過率や清掃などによるガラス保守率なども室内に入射する光量に影響を及ぼす

25 × ｜ 計算上、昼光率は直射日光は含まれない

26 ○ ｜ 設問記述のとおり

2 実践問題① | 四肢択一 →→→

1 ☐☐ 図—A ～ Dは、直方体の建築物の冬至の日における日影時間図（図中の数字は日影時間を示す）である。これらの図における日影に関する次の記述のうち、最も不適当なものはどれか

なお、図—Aの建築物は、幅（W）、奥行き（D）、高さ（H）の比が2：1：3であり、この建築物を基準として、図—Bは高さを変えたもの、図—Cは幅を変えたもの、図—Dは2棟を隣接させたものである。ただし、建築物は北緯35度の地域にあり、日照を遮るものは周囲にないものとする

1 答えは4

AとDの4で囲まれた部分を比較するとDのほうが大きい。冬至の太陽方位角よりいずれの形状でも終日日影となる場所がある

図中の数字は日影時間を示している。例えば2時間以上となる範囲は2の曲線で囲まれた部分である。終日日影とは一日中日影となる部分である

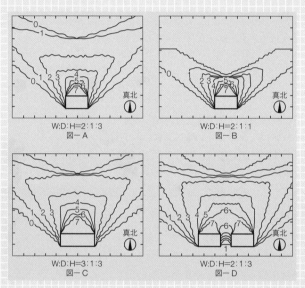

W:D:H=2:1:3
図—A

W:D:H=2:1:1
図—B

W:D:H=3:1:3
図—C

W:D:H=2:1:3
図—D

1—— 2時間以上の日影となる範囲は、図—Aに比べて、図—Bのほうが小さくなる

2—— 4時間以上の日影となる範囲は、図—Aと図—Bとを比べても、あまり差がない

3—— 4時間以上の日影となる範囲は、図—Aに比べて、図—Cのほうが大きくなる

4—— 2時間以下の日影となる範囲は、図—Aと図—Dとを比べても、あまり差がない

3 実践問題② | 一問一答 →→→

次の記述のうち、正しいものには○、誤っているものには×をつけよ

1 ○ | 光の拡散性が高いガラスのほうが室奥に光を導くことができる。よって室の照度分布は均斉となる

1 ☐☐ 窓に、透明なガラスを用いた場合に比べて、光の拡散性が高いガラスを用いた場合のほうが、一般に、昼光による室内の照度分布を均斉にする効果が大きい

2 ☐☐ ライトシェルフは、その上面で反射した昼光を室内の奥に導き、室内照度の均斉度を高める

3 ☐☐ 光ダクトは、ダクト内部に反射率の高い素材を用いた導光装置であり、採光部から目的の空間まで自然光を運ぶものである

4 ☐☐ 均等拡散面上における輝度は、照度と反射率の積に比例する

5 ☐☐ 輝度は、光源面のほかに、反射面及び透過面についても定義することができる

6 ☐☐ 片側採光の部屋における照度の均斉度は、1／10以上とすることが望ましい

7 ☐☐ 北緯35度の地点において、南中時に太陽高度が60度となる日、終日直達日射量は、水平面がどの向きの鉛直面よりも大きい

8 ☐☐ 建築物の日射熱取得は、「天空日射」、「地面等からの反射」、「日射受熱による高温物体からの再放射（照り返し）」による熱取得の合計である

9 ☐☐ 熱線吸収ガラスは、室内への日射熱の侵入を抑える効果があるが、冬期における断熱効果については、ほとんど期待できない

10 ☐☐ 昼光率は、室内表面の反射率を考慮して計算する

11 ☐☐ 長時間の精密な視作業のための基準昼光率は2%である

12 ☐☐ 一般的な透明板ガラスの分光透過率は、可視光線の波長域より赤外線の長波長域のほうが小さい

13 ☐☐ ライトシェルフは、室内照度の均斉度を高めるとともに、直射日光を遮蔽しながら眺望を妨げないシステムである

14 ☐☐ 春分・秋分の日において、南中時の直達日射量は、南向き鉛直面より水平面のほうが小さい

15 ☐☐ 夜間放射（実効放射）は、地表における上向きの地表面放射のことであり、夜間のみ存在する

2 ○｜設問記述のとおり

3 ○｜採光部から反射効率の高い高反射ミラーなどで、日照が得られなかったり、無窓室などへ自然光を導入するシステム

4 ○｜輝度は特定の方向へ単位面積当たりに出射する光束であり、光源あるいは光源面を特定の方向から見た明るさであり、設問記述のとおり、照度と反射率の積に比例する

5 ○｜光源面には発光面だけでなく、反射面や透過面が含まれる。立体角投射率での側窓の照度算定などに応用されている

6 ○｜均斉度は、室内の照度分布を示す値で、室内の最大照度に対する最小照度の比であり、1／10以上が望ましい

7 ○｜季節は夏季の状態にあり、太陽高度は相対的に高くなっているため、鉛直面よりも水平面の終日日射量は大きくなる

8 ×｜熱取得に影響が大きい直達日射が欠けている

9 ○｜熱線の赤外線を吸収し、夏期の日射に対しては有効であるが、冬期の断熱にはほとんど期待できない

10 ○｜設問記述のとおり

11 ×｜750lx必要なので、基準昼光率は5%。2%は長時間の普通の視作業（事務室など）の場合

12 ○｜設問記述のとおり

13 ○｜ライトシェルフとは窓の中ほどに庇を設けて、直射日光を天井面に反射させるものである

14 ×｜水平面のほうが大きくなる。南中時の太陽高度を把握すること

15 ×｜地表から大気に向かう放射と反放射の差であり、昼夜は問わない

004 照明

照明に用いられる測光量は人の目の感度に基づいている。それぞれの測光量の関係を把握することが必要である。また、照度計算もしばしば出題されるので、解法を習得しておきたい

1 眼の構造と分光視感効率

☐ 眼球の構造とカメラの構造はよく似ている。光は瞳孔を通り目の中に入射する。その際、瞳孔の大きさを変えることによって入射する光の量を調整し、網膜上に結んだ像に視細胞が反応し物を見ることができる。視細胞には明るいところで働く（明所視）**錐体**と暗いところで働く（暗所視）**桿体**がある

☐ 眼の構造では中心窩に多く分布している錐体と網膜上に広く分布する桿体では分光感度が異なるため、**明所視**では555nmの波長に、**暗所視**では507nmに感度のピークをもつ。標準的な明所視の比視感度を分光視感効率といい、測光量のもととなっている。可視光の波長は380～780nmである

☐ 人が感じる明るさは、分光視感効率を考慮した測光量で表される。物体の放射エネルギーに、各波長の比視感度を考慮した明るさの量を**光束**といい、これがすべての測光量のもととなっている。光を量的に表すには、**光束**(F)のほかに、**照度**(E)・**光束発散度**(M)・**光度**(I)・**輝度**(L)がある

● **目の構造・錐体と桿体**

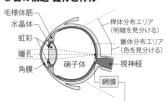

毛様体筋
水晶体
虹彩
瞳孔
角膜
硝子体
桿体分布エリア（明暗を見分ける）
錐体分布エリア（色を見分ける）
視神経
網膜

網膜上に錐体と桿体が分布している

● **比視感度曲線**

人の眼の感度は可視域（380～780nm）の両端で感度が低く、中央（明所視で555nm）では高い

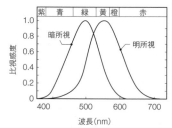

● **明順応・暗順応**

暗所から明所へ移動し眼が慣れるのが明順応で、明所から暗所への暗順応より時間は短い

● **測光量の定義**

測光量	定義	単位	光束を用いた単位
光束	単位時間当たりに流れる光のエネルギー量	lm（ルーメン）	lm
照度	単位面積当たりの入射光束	lx（ルクス）	lm／㎡
光束発散度	単位面積当たりの発散光束	lm／㎡	lm／㎡
光度	点光源からの単位立体角当たりの発散光束	cd（カンデラ）	lm·sr
輝度	光束発散面のある方向への単位投影面積当たり、単位立体角当たりの光度	cd／㎡	lm／㎡·sr

注　立体角の単位sr（ステラジアン）

2 照度計算及び計画

点光源の場合、受照面の照度 E_n は**照度の逆2乗則**で求める

$$E_n = \frac{I}{r^2} \text{ (lx)}$$

I: 光源の光度（cd）
r: 光源からの距離（m）

距離が2倍になると受照面の照度は1/4になる

受照面に平行光が入射角度 θ で入射した場合、受照面の照度 E_θ は**入射の余弦の法則**で求めることができる。入射角が0度（法線面）の場合は照度の逆2乗則となる

$$E_\theta = \frac{I}{r^2} \cos\theta \text{ (lx)}$$

r: 光源との距離（m）
θ: 光源と受照面の最短距離

人工照明による平均照度を簡易に推定する方法として光束法がある

$$E = \frac{N \cdot F \cdot U \cdot M}{A}$$

E: 作業面照度 （lx）　N: ランプの個数
F: ランプ1灯当たりの光束（lm）　U: 照明率
M: 保守率　A: 床面積（作業面面積）（㎡）

なお、照明率は器具ごとに室指数（室の形状より算出）と天井、壁、床の反射率を考慮し照明率表によって求める

サーカディアンリズムとは、生物（人間）がもっている約24時間周期の生体リズムのこと。概日リズム。このリズムを保つことは、活動度合いや健康の向上にもつながる。先進的な事務所では、照明を始業時は昼光色の明るい色から始め、1日の太陽の色に合わせて調光調色している例もある

● 明視の条件

物や文字の見えやすさを明視性という。明視の4条件は「明るさ」、「対象物と背景の輝度対比」、「対象物の大きさ」、「見る時間」である

● 照明計画

①全般照明は、室内を等しく照明し作業面の照度を一様に保つ照明方式である
②局部照明は作業場所や必要な場所を照明する方式で、集中作業には適するが、輝度比が大きく目が疲れやすい
③上記①②を併用する場合は、全般照明の照度は局部照明の1／10以上にすることが望ましい（タスクアンビエント方式）
④視作業面の照度基準がない場合、一般にはJISの基準では、床上80㎝（JIS Z 9110 照明基準総則）又は85㎝（JIS Z8113照明用語）の水平面の照度を示す
⑤人工光源は照明器具や建築に組み込まれており、それを考慮した照明器具の光度分布を配光といい、ランプの上方と下方の光束の比率に基づいて配光分類されている
⑥立体物の見え方は、照明の質や方向が影響を与え、印象や立体感が大きく変化する。立体物が適切に見えるように照明を調節することをモデリングという

3 光源の種類

● 人工光源

光源	色温度（K）	寿命（h）	効率（lm／W）	演色性（Ra）	備考
白熱電球	2,850	1,000〜2,000	15〜20	よい（100）	演色性よく多用途に適す
ハロゲン電球	3,000	2,000	15.5〜21	よい（100）	ダウンライト等に適す
蛍光ランプ	4,500	10,000	60〜91	比較的よい（白色64）	演色性が改善されている
水銀灯	4,100	12,000	40〜65	ややよくない（44）	ホール、工場、体育館等
メタルハライドランプ	5,600	9,000	70〜95	よい（65）	スポーツ施設等大空間
ナトリウムランプ	2,100	12,000	95〜149	よくない（28）	道路やガソリンスタンド
白色LED	4,200	40,000	90〜120	よい（70〜90）	小型、軽量、長寿命

● 色温度

光源の光色を、それと近似する色度の光を放つ黒体の絶対温度で表したもの

注　蛍光ランプは、電極間の放電で紫外線が管内部の蛍光物質に放射され、放射ルミネセンスにより、可視光に変換され発光する

004 照明

QUESTION & ANSWER

QUESTION

1 最頻出問題 | 四肢択一

1 □□ 「イ～ニに示す測光量」と「a ～ eの測光量に関する説明」との組合せとして、最も適当なものはどれか

イ. 光束発散度
ロ. 光度
ハ. 照度
ニ. 輝度
a. 点光源から特定の方向に発散する単位立体角当たりの光束
b. 受照面に入射する単位面積当たりの光束
c. 光源、反射面、透過面から発散する単位面積当たりの光束
d. 標準比視感度で補正した、単位時間当たりの光の放射エネルギー量
e. 光源、反射面、透過面から特定の方向に発散する単位面積当たり、単位立体角当たりの光束

	イ	ロ	ハ	ニ
1──	c	a	b	e
2──	c	d	a	e
3──	d	e	a	c
4──	e	c	b	a

ANSWER

→→→

1 答えは1

下表参照。それぞれの測光量の定義とともに単位も覚えておくこと

●測光量の単位

測光量	単位	光束を用いた単位
光束	lm	lm
照度	lx	lm／㎡
光束発散度	lm／㎡	lm／㎡
光度	cd	lm･sr
輝度	cd／㎡	lm／㎡･sr

2 実践問題① | 四肢択一

1 □□ 図のような点光源に照らされたA、B点の水平面照度及びC、D点の鉛直面照度の組合せとして、最も適当なものは、次のうちどれか。ただし、点光源の配光特性は一様なものとし、反射は考慮しないものとする

	A点の水平面照度（lx）	B点の水平面照度（lx）	C点の鉛直面照度（lx）	D点の鉛直面照度（lx）
1──	400	50	25	25
2──	400	25	25	12.5
3──	200	100	50	25
4──	200	25	25	12.5

→→→

1 答えは2

点光源からの照度E(lx)は入射余弦の法則の式によって計算することができる

$$E\theta = \frac{I}{r^2}\cos\theta$$

r:光源との距離
θ:光源真下方向からの角度

A : 100 ／ 0.5^2 × cos 0° = 400 lx
B : 200 ／ 2^2 × cos 60° = 25 lx
C : 100 ／ 2^2 × cos 0° = 25 lx
D : 400 ／ 4^2 × cos 60° = 12.5 lx

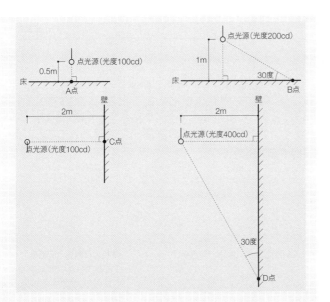

3 実践問題② | 一問一答 →→→

次の記述のうち、正しいものには○、誤っているものには×をつけよ

1 ☐☐ 演色性は、色温度が同じ光源であっても異なる場合がある

2 ☐☐ モデリングは、物の色の見せ方にかかわる照明光の性質である

3 ☐☐ 均等拡散面上における輝度は、照度と反射率との積に比例する

4 ☐☐ JISの照度基準における室内の所要照度は、一般に、特に視作業面等の指定のない場合、床上80㎝における水平面の照度を示すものである

5 ☐☐ 配光曲線は、光源の各方向に対する照度の分布を示す

6 ☐☐ 照明計算に用いられる保守率は、ランプの経年劣化やホコリ等による照明器具の効率の低下をあらかじめ見込んだ定数であり、照明器具の形式及び使用場所等により異なる

7 ☐☐ 同一の照明器具配置において、適正照度維持制御（センサーによる自動的に設定照度へ調光する制御）の適用の有無による照度の差は、ランプの清掃の直前、又はランプ交換直前の時点で最大になる

8 ☐☐ 短波長成分を多く含む色温度の高い光を午前中に浴びることで、サーカディアンリズムを整える効果が期待できる

1 ○｜色温度が同じでも、分光分布は異なるため演色性も異なる

2 ×｜モデリングとは照明によって物の立体を適切に表すことである

3 ○｜均等拡散面上の輝度は、$L = \dfrac{E\rho}{\pi}$ により求めることができる
　　L：輝度　　E：照度　　ρ：反射率

4 ○｜JIS Z 9110は80㎝、JIS Z8113は85㎝と規定している

5 ×｜配光曲線は照明器具の光度分布を示したものであり、照度の分布ではない

6 ○｜保守率は、ある期間使用した後の平均照度の割合を示す定数である

7 ×｜従来の光束法は経年変化等に伴う光束低下を見込んで、初期に過剰照度となっているのに対して、適正照度維持装置がある場合は自動で設定照度となるため、清掃の直前またはランプ交換の直前に両者の照度の差が最小になり、清掃・交換の直後に最大になる

8 ○｜設問記述のとおり

005 色彩

光と色は深いかかわりをもっている。色の見え方をとらえるうえで、両者を別々に考えることはできない。しかし、デザインの分野では物体の表面色で考えられることが多く、マンセル表色系については出題頻度が高い

1　色の三属性

表面色は**色相・明度・彩度**の三属性によって区分できる

● 色の三属性

色相	赤・黄・緑等の色あいのことで、目に入る光の分光分布が影響する
明度	色の明暗のことで、可視光反射率に対応している
彩度	色の鮮やかさ、すなわち色味の強さを表す程度のこと

● 色の三属性と三原色

①三属性は色味・明るさ・鮮やかさであり、表色系はそれらを指標に色を表す
②色光の三属性はR（赤）・G（緑）・B（青）で、三色の混色で色が加算され白になるので加法混色
③色料やフィルターの三原色はC（シアン）・M（マゼンタ）・Y（イエロー）で、混色は減色され黒になり減法混色という

2　表色系

マンセル表色系は画家マンセルが考案し、アメリカ光学会が修正した表色系である。**色相**（ヒュー：hue）・**明度**（バリュー：value）・**彩度**（クロマ：chroma）の三属性を色立体で示している

マンセル表色系は、色の三属性のそれぞれを数値で表す

● マンセル表色系における色の三属性

色相	赤（R）、黄（Y）、緑（G）、青（B）、紫（P）の基本5色にその合成色5色を加えた10色を、それぞれ10段階に分割したもので表す（計100分割）。実用的には4段階（2.5、5、7.5、10）に分割した色相が使われている（計40分割）
明度	理想的な白を10、理想的な黒を0とした11段階で表される
彩度	無彩色が0で、数字が大きくなるほど彩度は増し、色が鮮やかになる。色相によって最大彩度は異なる

● 色立体

無彩色を軸とし、明度を上下、色相を環状、彩度を放射状にとり、物体色を表す

● マンセル記号

色相・明度・彩度の順で数値を用いて表される。無彩色は明度のみである

有彩色
7.5YR 7 / 5
└色相　├彩度
　　　└明度

無彩色
N7
　└明度

● 有彩色と無彩色

・有彩色：色相をもつ色
・無彩色：白・灰・黒のように色相がない

● 補色

色相環の対角線上の2色の関係。隣り合うと彩度が高く見え、混色で無彩色になる

● 純色

色相環で最大彩度のものを純色といい、彩度は色相によって異なる

● マンセル色立体

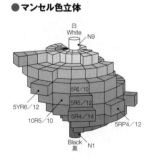

● マンセル色相環

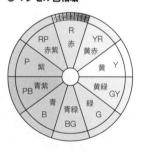

XYZ表色系は、各波長の光度を測定しX、Y、Zをx、yに変換したもので、X、Zは無輝度でYのみ輝度をもつ(Yが明るさを表す)。**xy色度図**は明るさを除く色味を表し、中央が白色、外周に近いほど純色(単光色)になる。白を通る直線上の色は補色になる

$$x = \frac{X}{X+Y+Z} \qquad y = \frac{Y}{X+Y+Z}$$

オスワルト表色系は、理想的な黒と白、オスワルト純色を定義し、これらの混合で色彩を表示するとしている

● **xy色度図**

xの値が大きいと赤味が強く、yでは緑味、原点近くでは青味が強くなる

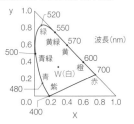

3 光と色彩の心理的効果

色には心理的な働きがある

● **光と色彩が与える心理的効果**

効果	心理的な見え方
寒暖	赤、橙、黄など見た目に暖かさを感じる色を暖色、青、青緑など見た目に寒さを感じるものを寒色という
距離	実際の位置よりも手前に見える色を進出色、遠くに見える色を後退色という。暖色系は進出色、寒色系は後退色となる
重量	明度が低い色は、明度が高い色より重そうに見える
面積効果	同じ彩度、明度でも面積によって色の見え方が異なる。面積が大きいほうが彩度、明度が高く感じられる

記憶色とは、「空の色」や「木の葉の色」等のように、特定の事物のイメージとして記憶している色彩のことで、実際の色に比べて純度や彩度が高く記憶される傾向がある。提示された色についての記憶は「色記憶」という

● **視認性**

はっきり物が見えるかどうかの性質をいう。明度、色相、彩度の差が大きくなれば、視認性は向上する。黒地に黄色の図は交通標識に用いられている

● **誘目性**

ある色が目立つかどうかの性質を誘目性というが、暖色の最高彩度の色は一般的に誘目性が高い。色相では赤が最大で青がそれに次ぎ、緑は最も低い

● **対比**

2つの色を同時に見たとき明るい色に囲まれた色が暗く見えたり、暗い色に囲まれた色が明るく見えるのが同時対比、明度の差が強調される明度対比、彩度の差が強調されるのが彩度対比である

4 安全色

色彩連想を根拠に日本工業規格(JIS)で**安全色**を定めている。赤、黄赤、黄、緑、青、赤紫が安全色で、白、黒が対比色である

● **JISによる安全色**

色	マンセル記号	表示事項
赤	7.5R4/15	防火、禁止、停止、高度の危険
黄赤	2.5YR6/14	危険、航空・船舶の保安施設
黄	2.5Y8/14	注意
緑	10G4/10	安全、避難、衛生・救護、進行
青	2.5PB3.5/10	指示、用心
赤紫	2.5RP4/12	放射能
白	N9.5	通路、整頓
黒	N1	補助色として用いる

1 最頻出問題│一問一答

→→→

次の記述のうち、正しいものには○、誤っているものには×をつけよ

1 ☐☐ マンセル表色系では、無彩色以外の色彩を2PB3／5のように表現し、2PBが色相、3が彩度、5が明度を示す

2 ☐☐ 明度は、マンセル表色系ではバリューとして表され、視感反射率に対応する値である

3 ☐☐ マンセル表色系において、「7.5YR7／5と表される色」より「7.5YR6／5と表される色」のほうが明るい

4 ☐☐ マンセル表色系において、彩度(マンセルクロマ)の最大値は、色相(マンセルヒュー)や明度(マンセルバリュー)により異なる

5 ☐☐ マンセル表色系において、理想的な白は、マンセルバリューを10とする

6 ☐☐ XYZ表色系におけるxy色度図上においては、xの値が増大するほど赤が強くなり、yの値が増大するほど緑が強くなる傾向がある

7 ☐☐ xy色度図上の外周の釣鐘形の曲線部分は、波長が380〜780nmの単色光の色度座標を示す

8 ☐☐ XYZ表色系における3つの刺激値のうちのYは、光源色の場合には、光束等の測光量に対応している

9 ☐☐ XYZ表色系における2つの色の加法混色の結果は、xy色度図上の2つの色の位置を示す2つの点を結んだ直線上に表示される

10 ☐☐ 演色評価数は、「基準の光の下における物体色の見え方」からのずれをもとにした数値である

11 ☐☐ 高齢者の色覚は、低照度条件下で色彩の分別能力が低下する傾向があるので、微小な色の違いを取り入れたデザインは、有効に機能しないことがある

1 × │ マンセル記号は色相(ヒュー：hue)・明度(バリュー：value)・彩度(クロマ：chroma)の順で表される

2 ○ │ 明度は視感反射率(可視光透過率)に対応する

3 × │ 明度(value)は理想的な白を10、理想的な黒を0とした11段階で表され、数値が高いほうが明るい

4 ○ │ 設問記述のとおり

5 ○ │ 理想的な白は10、理想的な黒は0である。実際には理想的な白及び黒は存在しない

6 ○ │「2 表色系」のxy色度図(127頁)参照

7 ○ │ xy色度図の釣鐘形の外周はマンセル色相環に対応する

8 ○ │ 光源色の場合XYZ表色系のYは明るさを表している

9 ○ │ 設問記述のとおり

10 ○ │ 最高数値が100であり、大きいほど自然光に近い。基準光源で照明した物体色とのズレを示している

11 ○ │ 高齢者は色彩の分別能力が低照度において低下しがちであり、特に白内障などの場合、色彩が違ったり濁って見えたりもする

2 実践問題 | 一問一答　→→→

1 ☐☐ 減法混色は、色フィルター等の吸収媒質を重ね合わせることをいい、三原色を重ね合わせると白色になる

2 ☐☐ 一般に、加法混色の三原色は「シアン(C)・マゼンタ(M)・イエロー(Y)」であり、減法混色の三原色は「赤(R)・緑(G)・青(B)」である

3 ☐☐ 加法混色で無彩色となる2つの色は、互いに補色の関係にある

4 ☐☐ 囲まれた色、挟まれた色等が、その周囲の色に近づいて見える現象を同化という

5 ☐☐ 色彩調和に関する共通性の原理において、色相や色調に共通性のある色の組合せは、調和する

6 ☐☐ 赤紫・赤・黄赤・黄等の色相は、暖かい印象を与える

7 ☐☐ 色が同じ場合、一般に、面積の大きいもののほうが、明度の見え方は高くなるが、彩度の見え方は変わらない

8 ☐☐ 重厚な印象を与えたい場合には、一般に、明度の低い色を用いる

9 ☐☐ JISの安全色の一般的事項における「青(一般表面色)」の表示事項は、「指示」及び「用心」である

10 ☐☐ 色票を用いた視感による測色において、測色する部分の面積は、色票の面積に比べて、十分な大きさを確保する

11 ☐☐ xy色度図上においては、色度点間の距離が等しくても、人間の感覚的な色差は必ずしも等しくない

12 ☐☐ 平均的な昼光照明での物体の色表示には、標準光D65を用いる

13 ☐☐ XYZ表色系は、色感覚と分光分布の対応関係に基づくものである

14 ☐☐ 視認性は、対象とするものがはっきり見えるか否かという特性であり、視対象と背景の色との間で、色相、明度、彩度の差が大きくなれば視認性が向上し、特に明度の影響が大きい

15 ☐☐ 建築空間において、小面積の高彩度色を大面積の低彩度色に対比させて用いると、一般に、アクセント効果が得られる

1 ×│減法混色は色フィルターを重ねるような混色で、その三原色がC(シアン)・M(マゼンタ)・Y(イエロー)。それらを重ね合わせると黒色となる

2 ×│加法混色の三原色は「赤(R)・緑(G)・青(B)」である

3 ○│設問記述のとおり

4 ○│設問記述のとおり

5 ○│設問記述のとおり

6 ○│青、青緑などの色相は寒い印象

7 ×│高彩度、高明度に見える

8 ○│色相の心理評価では、明度が高い色より低い色が重そうに見える

9 ○│ほかに赤は「防火」「停止」「禁止」「高度の危険」、黄赤は「危険」「航空、船舶の保安施設」、黄は「注意」、緑は「安全」「避難」「衛生・救護」「進行」、赤紫は「放射能」を示す

10 ×│視感では、測色部分の面積が色票よりも大きければ、面積効果で明度や彩度が高く評価されるので、面積は同程度とする

11 ○│色差(見た目の色相の差異)は色度点間の距離が等しくても異なる

12 ○│設問記述のとおり

13 ○│XYZ表色系は、国際照明委員会(CIE)の表色系の一つで、各波長ごとの光度を測ることで、ある光のX、Y、Z値を求める。XYZ値のうちXとZは無輝度で、Yだけが輝度をもつ

14 ○│設問記述のとおり

15 ○│周辺の環境に配慮するなど、大面積の外壁などには、一般に落ち着いた低彩度色が好ましい場合が多い。これに対比して小面積部分に高彩度色を用いると、アクセント効果が得られ、メリハリのある意匠が期待できる

006 音の性質、透過損失、音響計画

ここでは音の基礎知識として音の物理現象と人の感覚量、残響時間と吸音について学ぶ。人の感覚量は音の物理的単位とは異なり、ウェーバー・フェヒナーの法則に基づいて物理量の対数に比例する。光の測光量と同様に人間の感覚に基づく

1　音の性質と物理的単位

音波とは物体の振動が気体や固体に伝わり、その粗密が伝搬する縦波。粗密波ともいう。粗密が一定距離で繰り返され、その密と密、粗と粗の間隔を**波長**という。**周波数**は1秒間の振幅の回数

1気圧下での気温θ℃における空気中の**音速**cは、次式により求められる。通常、気温15℃の場合の音速は340m／sとなる

$$c = 331.5 + 0.6\theta \quad (\text{m／s})$$

音速cと周波数fと波長λの関係を示す

$$c = f\lambda$$

f：周波数(Hz：回／s)　　λ：波長　(m)

点音源からの音波は球面状に伝わり、音の強さIは次式になる

$$I = W／4\pi r^2$$

W：点音源の音響出力(W)　　I：音の強さ　(W／㎡)
r：音源からの距離　(m)

● 音の物理的現象と単位

	詳細	単位
音響出力 W	音源から発せられる単位時間当たりのエネルギー	W
音の強さ I	単位面積を通過する単位時間当たりの音のエネルギー	W／㎡
音圧 P	音波による大気圧からの差圧	Pa
音響エネルギー密度 E	単位体積当たりの音のエネルギー	J／㎡

● 音の三属性
ラウドネス（音の大きさ）、ピッチ（音の高さ、音色）で、音圧、周波数、波形がほぼ対応する

● 音の性質
①障害物の背後へ音の回り込みや、小穴からの音が穴を音源として四方へ広がる現象を回折という。高周波音と低周波音では異なり、波長が長い低周波音は障害物の陰に音が回折する
②音波には回折のほかに反射、屈折、干渉などの性質があり、気温の変化により気体や固体の密度が変化するため伝わり方が変わる。気圧の影響はほとんど受けない

● 人の可聴範囲
①周波数：20〜20,000Hzであり、対応する波長の長さは十数㎜〜十数mに及ぶ
②物理量：20μPa〜20pa
　20Pa＝20×10⁶μPa

2　レベル表示

物理量と感覚量の関係を対数で表すことを**ウェーバー・フェヒナーの法則**という。音の感覚もこの法則に基づいて表示される。それがレベル表示である。単位はdB（デシベル）

● 音の物理量と人の感覚量の関係

パワーレベル *PWL* （dB）	$WL=10\log_{10}\dfrac{W}{W_o}$	W_o:最低基準値
音の強さのレベル *IL* （dB）	$IL=10\log_{10}\dfrac{I}{I_o}$	I_o:最低基準量
音圧レベル *SPL* （dB）	$SPL=20\log_{10}\dfrac{P}{P_o}$	P_o:最低基準量

注 最低基準量・最低基準値とは、1,000Hzにおいて純音を聞き取れる最低量・値

● **純音**
単純な正弦波の単一周波数成分からなる

● **音の合成**
左表のようにレベルは対数表記となっているので、音源が2倍になってもレベルは2倍とならず3dBの増加となる

● **ラウドネスレベル（フォン：phon）**
音圧レベルが同じでも周波数により同じ大きさには聞こえない。感覚的に同一に感じる1,000Hzの音の音圧レベル値（dB）により表す

3 遮音 <ruby>遮<rt>しゃ</rt></ruby>

外部の騒音を壁がどれだけ遮音するかは**透過損失** *TL* により評価する。透過損失 *TL* は透過率 τ を用いて求める。透過損失が大きいほど、透過率は小さいほど、遮音性能がよい

$$\tau=\frac{I_t}{I}$$

$$TL=10\log_{10}\frac{1}{\tau}\quad(\text{dB})$$

I:入射音のエネルギー　I_t:透過音のエネルギー

JISにより遮音性能には、間仕切壁 *Dr* 値、床衝撃音 *Lr* 値の遮音等級が定められ、*Dr* 値は大きいほど、*Lr* 値は小さいほど、性能が高い

二重壁では透過損失が2倍になり、大きな遮音効果が期待できるが、実際は中空層や支持材を介して音が伝搬するため二重壁になっても、同等面密度の一重壁よりも透過損失が低下することもある

室内騒音は会話を妨げないことを考慮し、人間の聴覚感度には周波数による聴覚特性があるため、一般的には周波数分析による**NC値**が目標値あるいは許容値として参照される

● **質量則**
入射した音は壁を振動させ、壁を透過し外側の空気に伝わる。垂直入射した場合、透過損失 TL_o は壁の面密度を m（kg／㎡）、入射音の周波数を f（Hz）とすると
$$TL_o=20\log_{10}(m\cdot f)-42.5$$

● **コインシデンス効果**
壁に音が斜めに入射し、壁内で屈曲波と周波数が一致すること。壁の振動が増幅され音が透過するが、薄い壁厚では高い周波数で生じ、影響が少なく、厚い場合は中低音域まで周波数は下がり、透過損失が落ち込む

● **低音域共鳴透過**
壁の中空層で太鼓のように共振して音が通りやすくなり、低音域の透過損失が低下する。中空層の厚さを大きくすると、低音域共鳴透過が生じる周波数は低くなる（波長が長くなる）

● **遮音等級**
床の場合は重量衝撃音（タイヤを落下）、軽量衝撃音（ハンマーの打撃）で人工衝撃を与え、音圧レベルで測定する

● **騒音レベル（単位：dB（A））**
騒音の設計目標としてNC値が定められている。数値が小さいほど騒音の許容値A特性音圧レベルdB（A）は厳しくなる

● 室内騒音の許容値

NC値	15	20	25	30	35	40	45
dB（A特性）	25	30	35	40	45	50	55
うるささ	── 非常に静か ──		特に気にならない ──		騒音を感じる ──		
住宅			書斎	寝室			
一般事務室			大会議室		小会議室	一般事務室	
学校			音楽教室	講堂	普通教室		廊下

4 残 響 時 間

音のエネルギーは音が発生し停止した後も完全に吸収されるまで残る。この現象が**残響**であり、音を止め音響エネルギーが10^{-6}になるまでの時間（音の強さのレベルが60 dB低下するまでの時間）を**残響時間**という。最適残響時間は室用途により異なる。音楽を聴く場合、ある程度の残響時間が必要

室の残響時間T_{60}はセービンの残響式で算定され、室容積V（㎥）が大きくなるほど長くなり、室の（総合）吸音力（等価吸音面積）A（㎡）が大きくなるほど短くなる。なお、他にアイリングの残響式がある。セービンの残響式の欠点を修正したものであり、吸音力の大きい場合に用いられる

$$T_{60} = 0.16\frac{V}{A}\text{（秒）} \qquad A = \bar{a}S \qquad \begin{array}{l}\bar{a}：平均吸音率 \\ S：室内表面積（㎡）\end{array}$$

室容積が大きくなるほど、最適残響時間は長くなる

● 最適残響時間と室容積（500 Hz）

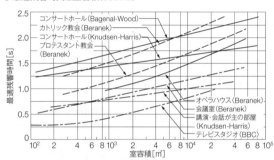

出典：日本建築学会編『建築・環境音響学第2版』共立出版

残響時間は室内の**吸音率**が影響しており、吸音材はその機構により吸音率の高い音域が異なる

● 吸音材

多孔質材料	グラスウール等繊維材料を板状にしたもの。高音域で吸音率が高い。水を含むと効果が低下する
孔あき板	剛壁に空気層を設け孔あき板を設置したもの。中音域で吸音率が高い
板状材料	剛壁に空気層を設け板状材料を設置したもの。低音域で吸音率が高い

吸収される音のエネルギーI_aと透過音のエネルギーI_tの和あるいは入射音のエネルギーIと反射音のエネルギーI_rの差を入射音のエネルギーで除した値が吸音率aである

$$a = \frac{I_a + I_t}{I} = \frac{I - I_r}{I}$$

● 残響時間

音を停止した後も音響エネルギー、音圧レベルは残る

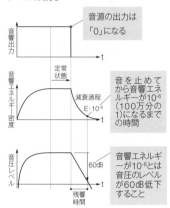

● 残響時間の予測式

残響時間の予測式にはセービン（Sabin）の式を改善した残響式等もある

● 聴感

①可聴範囲以外の音は物理量としては発生しても、感覚としては知覚できない。感覚的な音の大きさは、音圧だけでなく周波数にも影響されている

②人間の聴覚はピアノとオルガンの音の違いを正確に聞き分けることができる。そのほかにも、騒音の中でも関心のある音を聞き分ける能力を備えている。多くの人が集まるパーティー会場でも、特定の話題を聞き分けることができる。こうした能力はその状況から、カクテルパーティー効果といわれ、聴覚だけでなく脳の思考能力も合わせた認識能力とされる

③遮音や騒音への対策だけでなく、聴感を考慮し音をつくりだすこと、音環境を考えることなど、いわゆるサウンドスケープは建築のみならず、都市環境や社会的環境にとっても必要なことである

● 音の現象

室内の音源からは直接音に続いて反射音が伝搬される。直接音から反射音が50 m／秒（1／20秒）以上遅れて到達すると音が重なって聞こえることをエコー（反響）という。平行な壁で反響して、音が重なり合って聞こえてくることをフラッターエコーという

QUESTION

1　最頻出問題｜一問一答

次の記述のうち、正しいものには○、誤っているものには×をつけよ

1□□　音圧レベルを一定にした状態において、周波数を変化させたとき、音の大きさ（ラウドネス）は変化する

2□□　音の反射のない空間において、無志向性の点音源からの距離が1mの点と4mの点との音圧レベルの差は、約12dBとなる

3□□　音の聴感上の特性は、音の大きさ、音の高さ、音色の三要素によって表される

4□□　複層ガラス（厚さ3mmのガラス2枚と乾燥空気を封入した6mmの中空層とからなる）は、その面密度の合計と同じ面密度をもつ単板ガラス（厚さ6mm）に比べて、500Hz付近の中音域において高い遮音性能を示す

5□□　建築物の床衝撃音遮断性能に関する等級におけるL・−30は、L・−40に比べて、床衝撃音の遮断性能が高い

6□□　建築物及び建築部材の空気音遮断性能に関する等級におけるD・−55は、D・−40に比べて、空気音の遮断性能が高い

7□□　ウェーバー・フェヒナーの法則によれば、人の音に対する感覚量は、音圧の対数に比例する

8□□　多孔質吸音材料は、その表面を通気性の低い材料によって被覆すると、高音域の吸音率が低下する

9□□　孔あき板を用いた吸音構造においては、孔と背後空気層とが共鳴器として機能することによって吸音する

10□□　カクテルパーティー効果は、周囲が騒がしいことにより、聞きたい音が聞き取りにくい現象をいう

ANSWER

→→→

1　○｜音の大きさは音圧レベルが同じでも周波数が異なると同じに聞こえない

2　○｜距離が2倍になると約6dB低下する。設問は4倍なので12dB低下する

3　○｜音の大きさ、音の高さ、音色を音の三属性という

4　×｜複層ガラスは空気層の密閉度が高く、500Hz付近の中音域において共鳴透過現象が生じるため透過損失が低下する

5　○｜L値は小さいほど性能がよい

6　○｜D値は高いほど性能がよい

7　○｜設問記述のとおり

8　○｜設問記述のとおり

9　○｜設問記述のとおり

10　×｜カクテルパーティー効果はパーティーのように周囲が騒がしい場所でも、聞きたい音を聞き取ることができる現象をいう

11 ☐☐ サウンドスケープの考え方は、音を取り去るだけでなく、音を生み出したり、音に意識を向けることにより、良好な音環境の形成を目的としたものである

12 ☐☐ コンサートホールの形状におけるシューボックス型は、奥行きの深い長方形の平面に高い天井を有するものである

13 ☐☐ フラッターエコーは、平行な2つの反射面の間において短音を生じさせた場合、反射音が何度も繰り返して聞こえる現象である

14 ☐☐ 音の強さのレベルを20dB下げるためには、音の強さを1／100にする

15 ☐☐ 音圧レベルが等しい純音を聴くと、一般に、1,000Hzの音より100Hzの音のほうが大きく感じられる

16 ☐☐ 人の可聴周波数の範囲はおよそ20Hzから20kHzであり、対応する波長の範囲は十数mmから十数mである

17 ☐☐ 単一材料からなる壁体の遮音性能について、質量則によれば、壁の面密度が大きいほど、また周波数が低いほど、壁の透過損失は大きくなる

11 ○ | 設問記述のとおり

12 ○ | 設問記述のとおり

13 ○ | フラッターエコーとは、音が多重反射してエコーを繰り返す現象である

14 ○ | 設問記述のとおり

15 × | 人の耳は一般に、100Hzの音より1,000Hzの音のほうが大きく感じられる

16 ○ | 人の周波数可聴域は20〜20,000Hzである。波長λと周波数fの関係はλ＝c／fであり、その可聴範囲は十数mmから十数mとなる

17 × | 周波数は高いほど、壁の透過損失は大きくなる

2 実践問題① | 四肢択一

→→→

1 ☐☐ 表に示す条件の室A〜Dにおける残響時間の大小関係として、最も適当なものは、次のうちどれか。ただし、各室とも拡散音場が仮定できるものとする

室名	室容積(㎥)	室内表面積(㎡)	吸音力(㎡)
A	250	300	30
B	500	550	100
C	750	650	120
D	1,000	1,000	140

1—A＞C＞B＞D   2—A＞D＞C＞B
3—B＞C＞D＞A   4—C＞B＞D＞A

1 答えは2

残響式において、$V／A$を求め比較できる
A≒8.3   B≒5
C≒6.2   D≒7.1
ちなみに残響式は

$$T_{60}＝0.16\frac{V}{A}＝0.16\frac{V}{\bar{a}S}$$

  A：吸音力(等価吸音面積)
    $A＝\bar{a}S$
  V：室容積
  $\bar{a}$：平均吸音率
  S：室内表面積
この問題では上式のA：吸音力が示されているので、室内表面積は使用しない

2 □□ 壁に音が入射する場合の音響に関する図中の記述のうち、最も不適当なものは選択肢1〜4のどれか

（凡例）

Ei：壁に入射する音のエネルギー

Er：壁に反射される音のエネルギー

Et：壁を通過する音のエネルギー

Ea：壁に吸収される音のエネルギー

1—— 壁の吸音率aは、$a=\dfrac{Et+Ea}{Ei}$ で表す

2—— Eiが一定であれば、壁の吸音率aが小さいほどErは小さい

3—— 壁の透過損失は、$TL=10\log_{10}\dfrac{Ei}{Et}$ で表す

4—— 音の波長に比べて壁の厚さが十分に薄い場合、一般に、壁の単位面積当たりの質量が大きいほど、壁の透過損失TLは大きくなる

3 | 実践問題② | 一問一答

次の記述のうち、正しいものには○、誤っているものには×をつけよ

1 □□ 最適残響時間として推奨される値は、一般に、室容積の増大にともなって大きくなる

2 □□ 残響時間は、拡散音場において、音源停止後に室内の平均音響エネルギー密度が$1/10^6$に減衰するまでの時間をいい、コンサートホールにおいては、一般に、聴衆の数が多くなるほど短くなる

3 □□ 屋外において、遠方の音源から伝搬する音の強さは、空気の音響吸収によって低音域ほど減衰する

4 □□ 室内の平均吸音率が大きい場合、セイビンの残響式により求めた残響時間は、アイリングの残響式により求めたものに比べて、長くなる

5 □□ 中空二重壁の共鳴透過について、壁間の空気層を厚くすると共振周波数は低くなる

6 □□ せっこうボードを剛壁に取り付ける場合、せっこうボードの背後に空気層を設けると、低音域で吸音率が大きくなる

2 答えは2

壁を透過する音エネルギーは反射率が小さいほど大きくなる

→→→

1 ○｜最適残響時間はいずれの室用途においても室容積が大きくなるほど長くなる傾向がある

2 ○｜聴衆自身が吸音するため、聴衆の数が多くなると残響時間は短くなる

3 ×｜高音域ほど空気の吸収率は高くなる

4 ○｜設問記述とおり

5 ○｜設問記述のとおり

6 ○｜設問記述のとおり

007 空調設備①負荷・熱源・蓄熱

空調負荷・熱源設備・蓄熱式空調設備は毎年出題される最重要項目であり、それぞれの特徴を理解することが重要。熱を運搬する冷媒の役割と、冷却水・冷水の役割をしっかりマスターしておこう

1　空調にかかる負荷

□　一般的な建物の空調負荷の要素は右表のとおり。**冷房負荷**では表のA・D・Fの要素の割合が大きく、それぞれ約**30%**程度。**暖房負荷**ではB・E・Fの割合が大きく、それぞれ約**30%**程度である

● 空調負荷の要素

A	ガラス窓からの日射熱負荷（顕熱）
B	屋根・外壁・ガラス窓・内壁・地中壁のような壁体からの貫流熱負荷（顕熱）
C	すきま風の熱負荷（顕熱・潜熱）
D	照明・人体・室内機器などから発生する室内発熱負荷（顕熱・潜熱）
E	空調停止時間帯における室温変動に起因する蓄熱負荷（顕熱）
F	導入外気負荷（顕熱・潜熱）
G	システムロス（顕熱）

□　空調負荷の一つである窓ガラスを通して侵入する熱には、図中の①ガラスを透過した熱、②いったんガラスに吸収され室内側に再放射された熱、③室内外の温度差による貫流熱、の3つがある。ガラスに入射した日射量に対する図中①と②の合計値の割合を**日射取得率（日射侵入率）**という

● 窓ガラスを通して侵入する熱

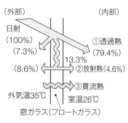

（外部）　　　　　　　（内部）
日射
（100%）（7.3%）　　①透過熱
　　　　　　　　　　（79.4%）
　　　　　13.3%
　　（8.6%）　　②放射熱（4.6%）
外気温35℃　室温26℃
　　　　　　③貫流熱
窓ガラス（フロートガラス）

● 日射侵入率と日射遮蔽係数

日射遮蔽係数は3mm厚のガラスの日射侵入率（0.88）を1.0とした値。よって各種日射遮蔽物の遮蔽係数は、日射侵入率を0.88で除いた値となる

□　事務所ビルでは、コンピュータ等の**室内負荷**が増大する傾向にある。照明負荷は、LED照明器具等の使用により減少傾向にある

2　熱源方式

□　空調設備システムは、空調機、熱源、熱搬送装置、自動制御装置からなる。空調に用いられる熱源には冷熱（冷水）と温熱（温水・蒸気）がある。**冷凍機**と**ボイラー**を組み合わせて各熱源を供給する方式や、吸収式冷温水機やヒートポンプなどを使い1台で冷温熱を供給する方式が一般的に用いられる（**一般熱源方式**）

● 熱源方式

一般熱源方式	電動冷凍機＋ボイラー方式 吸収冷凍機＋ボイラー方式 吸収冷温水発生機方式 ヒートポンプシステム
特殊熱源方式	熱回収システム 蓄熱式空調システム 太陽熱利用システム トータルエネルギーシステム コージェネレーションシステム 地域冷暖房方式

□　ヒートポンプは、水や空気を熱源に利用する。**空気熱源ヒートポンプシステム**は、外気温が低くなると**COP**が低下するので、主に気候が温暖な地域で利用されている。5℃以下では着霜（フロスト）を発生するので、デフロスト装置が必要になる

● COP

Coefficient Of Performanceの略で、成績係数のこと。冷房機器等のエネルギー消費効率の目安として使われる。値が大きいものほど、環境への負荷が少ない

□　冷凍機は**圧縮式冷凍機**と**吸収式冷凍機**に大別される。前者の冷

媒は代替フロンが一般的だが、ノンフロン化の流れのなか、アンモニア、炭酸ガス等の自然冷媒も使われている。後者は水が冷媒

二重効用吸収冷凍機は、一般に電動冷凍機より運転費は安いが、設備費はやや高くなる。また、騒音・振動は少ないが、機器本体や冷却塔が大型になる

冷却塔（**クーリングタワー**）は、冷凍機の冷却水を大気により冷却し、再び循環使用できるようにするもの。開放式と密閉式がある。冷却水のレジオネラ症防止対策として、冷却塔は建物の外気取入口から10m以上離す

吸収式冷凍機と**遠心式冷凍機**を比較すると、前者は後者に比べて振動騒音が小さく、機内（冷媒循環系）の圧力が低く、消費電力が少ないが、冷却水量は多い

直焚き吸収式冷凍機は、凝縮器、低温再生器、蒸発器、吸収器、抽気装置、高圧再生器、バーナー、熱交換器（高、低）等で構成されている。一次側の燃料は都市ガス。、灯油、A重油である。夏期に冷水、冬期に温水を供給、または同時に一台の機器で冷水・温水を供給できる機種もある

一台の機器で冷水と温水がとり出せる熱源機器を**兼用熱源**と呼ぶ。この方法としては直焚吸収式冷温水発生器（前項の直焚き吸収式冷凍機のこと）、空冷ヒートポンプチラー、ガスエンジン駆動ヒートポンプチラー等がある。単独熱源（温熱源と冷熱源を別々に設置）にするか兼用熱源にするかは、建設地域の気候、建物用途、運転管理の容易さ、公害防止、省エネルギー性などを考慮して決定する

● 二重効用吸収冷凍機

採用するか否かは、特別高圧受電を免れるかどうかがポイント

● 冷却塔

一般に建物の屋上などの屋外に設置される。取り込んだ外気が、水滴となって落下する冷却水と接触の際冷却水の一部が蒸発し、残りの冷却水から蒸発の潜熱を奪って水温を下げる働きをする。密閉式冷却塔は、送風機動力は大きくなるが、水質劣化に伴う冷凍機の性能低下は少ない

● 熱搬送

熱搬送とは空調設備において、送風機、ポンプ、圧縮機等を用いて、熱源設備から空調対象室へ、流体（送風、温風、冷水、温水、蒸気、冷媒等）を搬送することにより、同時に熱エネルギーを搬送することをいう

● 空気による熱搬送

空気による熱搬送方式（ダクト方式）は、熱源設備で発生する冷水または温水を空調機に供給し、空調機内で空気に熱交換して冷風または温風とし、ダクトを通して室内に熱搬送して空調する方式である。必要設備スペースが大きい

● 水による熱搬送

水による熱搬送方式（配管方式）は、熱源設備で発生する冷媒又は温熱を、冷水又は温水のまま配管を通して、室内設置の機器（ファンコイルユニット、放熱器等）に搬送して空調する方式である

● アスペクト比

長方形ダクトの断面のアスペクト比は、強度・圧力損失・加工性の面から、4：1以下に抑えることが望ましい

3 蓄熱システム

蓄熱式空調システムの「**蓄熱方式**」とは、夜間電力を利用して冷温熱をつくり、蓄熱槽に蓄えるもの。これを採用することで熱源装置の**負荷のピークを平準化**し、その容量を小さくできる。蓄熱媒体は水や氷のほか、建築物の躯体や土壌等を用いることが可能

水蓄熱槽の空調利用に際して、**変流量制御**を行うことは、蓄熱槽の温度差の確保と省エネルギーに効果がある。また、**氷蓄熱方式**は、**水蓄熱方式**と比べ、蓄熱槽を小型化できるが、冷凍機の冷凍効率が下がり成績係数も低下する

● 蓄熱槽

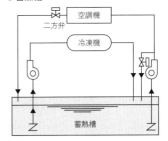

QUESTION

ANSWER

1 最頻出問題｜一問一答

→→→

次の記述のうち、正しいものには○、誤っているものには×をつけよ

1 ☐☐ フロート板ガラスを使用した窓の室内側にブラインドを設ける場合、一般に、暗色ブラインドより明色ブラインドのほうが日射遮蔽効果は高く、遮蔽係数は小さい

2 ☐☐ 氷蓄熱方式を採用する場合は、水蓄熱方式の場合に比べて、蓄熱槽を小型化し冷凍機の成績係数を向上させる効果がある

3 ☐☐ ファンコイルユニット方式は、個別制御が容易であるので、病室やホテルの客室の空調に用いられることが多い

4 ☐☐ 空調熱源用の冷却塔の設計出口水温は、冷凍機の冷却水入口の許容範囲内の高い温度で運転したほうが、省エネルギー上有効である

5 ☐☐ 水蓄熱槽の空調利用(冷水又は温水の汲み上げによる放熱)に際して、変流量制御を行うことは、蓄熱槽の温度差の確保と省エネルギーに効果がある

1 ○｜厚さ3mmのフロートガラスの遮蔽係数はブラインドなしが1.0、室内側設置の明色ブラインドが0.5、中間色ブラインドが0.58、暗色ブラインドが0.66である。値が小さいほど遮蔽効果は高い

2 ×｜蓄熱槽自体は小型化できるが、冷凍機は出口温度が低いと、冷凍効率は下がり、成績係数が低下する

3 ○｜ファンコイルユニット方式は各室に小型空調機(ファンコイルユニット)を設置し、熱源機械室から冷水又は温水を供給し、空気調和を行う方式

4 ×｜水冷式の冷凍機は冷却水温度が低いほど省エネルギー上有効である

5 ○｜変流量制御では還り温度は一定する。ポンプの流量も負荷に応じて少なくなるため、ポンプ動力が節減できる

2 実践問題｜一問一答

→→→

1 ☐☐ 一般の事務所ビルにおいて、窓・壁・屋根等の構造体からの熱負荷を50%減少させると、冷房用エネルギー消費量を50%減少させることができる

2 ☐☐ 照明の電力消費量を減少させると、冷房用エネルギー消費量も減少させることができる

3 ☐☐ 窓から流入する日射熱量を50%減少させると、一般に、夏期における窓からの最大冷房負荷を50%減少させることができる

4 ☐☐ 空調負荷を減らすには、外皮の中で、窓ガラスには特に注意が必

1 ×｜照明負荷や人員負荷、外気負荷があるために構造体からの負荷が50%になっても、冷房負荷全体は半分にはならない

2 ○｜空調負荷中の照明負荷の割合は約30%前後といわれているため、照明用電力が少なくなれば、冷房負荷中の照明負荷が少なくなるので冷房用消費エネルギーも減少する

3 ×｜ガラスからの冷房負荷は日射負荷と温度差による熱負荷もある。日射負荷が半分でも冷房負荷は半分にはならない

要で、Low-E複層ガラスは暖房・冷房共に負荷を小さくすることが可能となる

5 ☐☐ スクリュー冷凍機は、ケーシング内にある歯車状をした2本のローターを回転させて冷媒ガスの圧縮を行う。容量制御は100～10%までを連続してできるため、経済的な運転が可能である

6 ☐☐ 真空温水器は、大気圧以下であるために、ボイラの適用を除外されて、運転資格が不要である

7 ☐☐ 二重効用吸収式冷凍機の熱源は高圧蒸気（0.8MPa）が標準で、冷水及び温水が供給でき、二重効用というのは、高圧再生器の加熱に低温再生器も使用するからである

8 ☐☐ ガスエンジンヒートポンプシステムとは電気ヒートポンプシステムの原理と同じであり、違う部分はコンプレッサーの駆動が電気モーターの代わりにガスエンジンを使用している

9 ☐☐ 二重効用吸収式冷凍機は、遠心冷凍機に比べて、冷却塔から大気に排出される熱量を少なくし、冷却塔を小型化することができる

10 ☐☐ 遠心冷凍機の冷水出口温度を低く設定すると、成績係数（COP）の値は高くなる

11 ☐☐ 空調機の外気取入れに全熱交換器を使用することにより、冷凍機・ボイラー等の熱源装置容量を小さくすることができる

12 ☐☐ 氷蓄熱システムは、水蓄熱システムに比べて、一般に、蓄熱容積を縮小し、蓄熱槽からの熱損失を低減することができるが、冷凍機の運転効率・冷凍能力は低下する

13 ☐☐ 蓄熱方式を採用することにより、熱源装置の負荷のピークを平準化し、その容量を小さくすることができる

14 ☐☐ 吸収式冷凍機は、一般に同一容量の遠心冷凍機に比べて、冷却水量が少ない

15 ☐☐ 熱負荷計算法には、一般に、定常計算法と非定常計算法等があり、計算の目的により使い分けられる

16 ☐☐ 室内熱負荷には、顕熱と潜熱があり、人体に起因する潜熱は、同一作業の場合、室温が高いほど小さくなる

---

4 ○｜庇のない窓面には特に空調付加低減の効果が高い

5 ○｜遠心冷凍機より大容量の分野に入り、空冷または水冷のヒートポンプ方式の採用も多い

6 ○｜減圧蒸気室内で加熱されるために、ボイラの運転資格が不要である

7 ×｜二重効用吸収式冷凍機は冷水のみを供給する装置である

8 ○｜電気モーターの代わりにガスエンジンを使用するために電気消費量を少なく抑えることが可能であり、ガスエンジンの排気も有効に利用される

9 ×｜吸収式冷凍機の冷却塔は、遠心冷凍機に比べて1.5～2倍程度大きくなる

10 ×｜冷水温度を低くすると、冷凍機の負荷が増えて成績係数は低くなる

11 ○｜全熱交換器を使用すると外気負荷が大幅に少なくなるので熱源装置容量を小さくできる

12 ○｜冷凍機の運転効率・冷凍能力は低下する

13 ○｜蓄熱方式の利点は、熱源容量を減少（ピークカット）でき、受電設備も小さくなり、基本料金も減少することである

14 ×｜吸収式冷凍機の冷却水は1冷凍トン当たり17ℓ／minだが、遠心冷凍機の場合は13ℓ／minである

15 ○｜設計における機器選定には定常計算法を、年間ランニングコスト計算には非定常計算法を使用する

16 ×｜人体に起因する潜熱負荷は、同一作業の場合、室温が高いほど大きくなる

008 空調設備②コージェネ・地域冷暖房・空調方式

コージェネレーションシステム・地域冷暖房および空調方式について理解しよう。特に、コージェネレーションシステムと一般的な発電方式との比較や、各種空調方式に関する知識の習得は重要である

1　コージェネレーションシステム

☐ **コージェネレーションシステム（コージェネ）**とは、ガスや石油といった一次エネルギーから、電気と熱の2つのエネルギーを同時に発生させるシステムのことである

☐ 発電用の原動機には、**ガスエンジン・ガスタービン・ディーゼルエンジン**等が使われる

● **ガスエンジン・ガスタービンによるコージェネレーションシステム**

	ガスエンジンコージェネ	ガスタービンコージェネ
原動機 （燃料）	ガスエンジン （都市ガス）	ガスタービン（軽油・灯油。ガスの場合は加圧が必要）
発電利用	大　25～35%	小　20%
排熱利用	小　35%	大　50%

☐ 熱効率は、一般的な発電方式では約35%であるが、コージェネの場合、約**70～80%**と高効率である

☐ 燃料電池を用いたコージェネは、発電・総合熱効率が高い、騒音・振動が少ない、有害な排ガスがほとんど発生しない等の特徴がある

● **コージェネレーションシステム**
（Cogeneration System）

一次エネルギーを100としたとき、コージェネレーションシステムでの熱効率は約70～80%程度

電気エネルギー 30%	有効利用可能排熱 40～50%	排熱 （利用困難）

全体で70～80%

● **ガスエンジン**

ガス（一次エネルギー）を100とした場合

電力 25～35%	排熱利用 35%	排熱 （利用困難）

70%

● **ガスタービン**

排気から熱を回収し、二重に発電を行うコンバインドサイクル（発電）も可能である

2　地域冷暖房方式

☐ **地域冷暖房方式**は、1つの構内又は地域内の複数の建物へ、中央の熱源プラントから蒸気や温水及び冷水を供給する方式。熱を受け入れる建物側では熱媒を選択することができず、**蒸気**のみ、あるいは**冷水と温水の組合せ**等に限られる

● **地域冷暖房方式の長所と短所**

長所	熱源を集中することによる熱効率の向上・公害防止・都市防災上の長所がある
短所	屋外配管の敷設や断熱などに多額の設備費がかかるという短所があるために、熱負荷密度の小さい地域には不適である

● **地域冷暖房の熱源**
コージェネからの廃熱回収ボイラーや冷凍機、蓄熱ヒートポンプ等が使われる

熱源運転管理要員等の人件費も削減できるほか、ゴミ焼却場や下水処理場等の都市排熱が有効利用できるのも地域冷暖房方式の利点だね

3 空調方式

変風量方式とは、単一ダクトで空調機から送られてきた一定温度の空気の総風量を、熱負荷に応じて変化させる空調方式。室やゾーン又は吹出口ごとに**変風量(VAV)ユニット**を取り付ける。一方、温度・送風量とも一定な空調方式は、**定風量方式(CAV方式)**という。どちらも、全空気式の単一ダクト空調システムである

ファンコイルユニット方式は、各室に設置した小型空調機に「**冷水や温水**」を熱源から供給し、ファンを使って冷暖房する空調方式。個別制御が容易で、病院やホテルの客室に使われる。外気処理を行う**全空気単一ダクト空調システム**との併用が一般的

近年ゾーニングを緩和させるシステムとして、エアフローウィンドウ方式やダブルスキン等、窓まわりにおける外部からの熱を処理するために、窓と設備を一体とした**ペリメーターレス空調**が普及

床吹き出し空調は、二重床の床下空間を利用し、床面の吹き出し口から空調空気を吹き出す方式で、天井高の高い大空間に設けられることが多い。冷房時は居住域のみに冷房可能な省エネシステムであり、暖房時は床から天井まで均一な温度となる空調方式

外気冷房空調方式とは、外気温度が下限設定温度(5℃～10℃)より高く、かつ室内温度より低く、さらに外気のエンタルピーが室内のエンタルピーよりも低い場合、また外気の露点温度が上限設定値よりも低い場合に、外気導入量を増加させることにより冷房を行う。冷凍機を運転せずに済む分省エネルギー運転となる

空調する部屋の使用条件、運転時間、部分負荷対応により、それぞれの区域ごとに空調系統を個別に設けること。この対象区域のことをゾーンというが、特に負荷の発生時間が大きく異なる方位と負荷変動の大小により方位別ゾーンに分けることが多い

全熱交換機とは、室内からの排気と取り入れ外気の間で、顕熱のみならず潜熱も同時に交換する換気用熱交換機器であり、夏期及び冬期の顕熱負荷と潜熱負荷が軽減できる

● **単一ダクト方式**
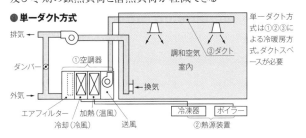

● **VAVユニット**
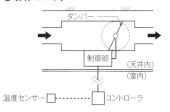

● **ペリメーターレス空調**
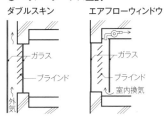

● **ゾーニング**
一般に、空調負荷に応じて区画分け(ゾーニング)し、区画ごとに空調系統を分けるように計画する

● **居住域空調**
人の居住する床からの高さ2.0～2.5mの空気のみを空調する省エネ空調方式で、夏期の冷房時には非常に効果的な省エネ運転が可能となる。また冬期は床から天井まで均一温度になり、上下の温度差は小さく居住性は高くなる

● **データセンターの空調の特徴**
データセンターの空調設備の特徴は「年間連続運転」、「年間冷房」、「顕熱負荷が主体」等であり、計画地の気象条件によっては外気冷房や冷却塔によるフリークーリングが効果的な省エネ手法として考えられる

● **換気ガラリの大きさ**
換気ガラリの大きさは発生騒音や経済性から、ガラリの有効開口部における風速を2～3m/secに押さえる必要がある

● **ダクトの摩擦抵抗**
ダクトの圧力損失をΔP、摩擦係数をλ、長さをL、直径をd、風速をV、空気の密度をγ、重力加速度gとすると
$$\Delta P = \lambda \cdot (L/d) \cdot (v^2/2g) \cdot \gamma$$
簡単に言えば、摩擦抵抗(損失)は摩擦係数、ダクトの長さ、空気の密度、風速の二乗に比例し、ダクト直径に反比例する

141

QUESTION

ANSWER

1　最頻出問題｜一問一答

→→→

次の記述のうち、正しいものには○、誤っているものには×をつけよ

1 ☐☐　単位時間当たりの冷温水の搬送熱量は、「往き還り温度差」、「循環流量」、「水の比熱」及び「水の密度」の積で表す

2 ☐☐　軸流吹出し口の気流は、一般にふく流吹出し口の吹出し気流に比べて、誘引比が小さいため、広がり角が小さく到達距離が短い

3 ☐☐　冷却塔フリークーリングは、冷却塔ファンを動かすことなく、冷凍機の冷却水を冷やす省エネルギーの手法である

4 ☐☐　一般の空調・換気ダクトにおいて、直管部の単位長さ当たりの圧力損失は、風速の2乗に比例する

1 ○｜水の比熱は1で、水の密度は1kg／ℓである

2 ×｜軸流吹出し口は吹出し空気を直線状に吹き出すため、誘引比は大きくないが、反面、到達距離は長くなる

3 ×｜冷却塔フリークーリングは外気温の低い冬期に冷却塔単独で空調や生産装置の冷却に使われる冷水を製造するシステムで、冷凍機を用いず冷水を作る方法

4 ○｜ダクトの圧力損失をΔP、摩擦係数をλ、長さをL、直径をd、風速をv、空気の密度をγ、重力加速度をgとすると、$\Delta P = \lambda \cdot (L/d) \cdot (v^2/2g) \cdot \gamma$で求められる

2　実践問題｜一問一答

→→→

1 ☐☐　燃料電池を用いたコージェネレーションシステムは、発電効率・総合熱効率が高い、騒音・振動が少ない、有害な排気ガスがほとんど発生しない等の特徴がある

2 ☐☐　地域冷暖房方式は、1か所又は数か所のプラントにおいて製造された冷水、蒸気、温水等の熱媒を複数の建築物へ供給する方式であり、利点の一つとして、熱源設備の集約による省エネルギーが可能である

3 ☐☐　送風機の主軸の回転に必要な軸動力は、一般に、「送風機の全圧」と「送風量」との積に比例する

4 ☐☐　円形ダクトにおいて、ダクトサイズを大きくし、風速を30%下げて同じ風量を送風すると、理論的には、送風による圧力損失が約1／2となり、送風エネルギー消費量を減少させることができる

1 ○｜燃料電池のコージェネレーションの問題点は、作動温度が高く材料の腐食性、耐熱性の検討と、排熱の温度が低い部分が多く熱利用が難しいが、発電効率や総合効率は高い

2 ×｜大型の機器の採用により熱効率の向上・公害防止・都市防災上のメリットがあるが、長い配管による熱損失により必ずしも省エネになるとは限らない

3 ○｜送風機の軸動力をWs、風量をQ、全正圧をPt、全厚効率をηとすると、$Ws = (Q \cdot Pt／60,000) \cdot (100／\eta)$で求まる

4 ○｜ダクトの圧力損失は風速の2乗に比例するので、風速が100%から70%になれば、圧力損失は0.7×0.7＝0.49で約半分になる

5 ☐☐ 長方形ダクトを用いて送風する場合、同じ風量、同じ断面積であれば、形状を正方形に近くするほど、送風エネルギー消費量を減少させることができる

6 ☐☐ 床吹出し空調方式は、事務所等で利用され、冷房・暖房のいずれにおいても居住域での垂直温度差が生じにくい

7 ☐☐ 外気冷房方式やナイトパージ（夜間外気導入）方式は、内部発熱が大きい建築物の中間期及び冬期におけるエネルギー消費量の軽減に有効である

8 ☐☐ 500㎡の劇場の客席（400席）の換気量を6,000㎡/hとした

9 ☐☐ 営業用厨房は、一般に厨房内への客席の臭気等が流入しないように、厨房側を客席側よりも正圧に保つ

10 ☐☐ 屋内駐車場の換気方式においては、一般に、周辺諸室への排気ガスの流出を防ぐために、第二種機械換気方式を採用する

11 ☐☐ 空調設備においてVAV方式を採用する場合は、低風量送風時においても、最低外気量を確保することが望ましい

12 ☐☐ 1,800㎡/hの外気取入れガラリにおいて、有効開口面積は、0.05㎡程度が望ましい

13 ☐☐ 中央式空調設備を設ける病院において、機械室（空調・換気・衛生設備）の床面積は、一般に、延べ面積（駐車場は除く）の3%程度である

14 ☐☐ 放射空調方式は、一般に天井等に設置した放射パネルを冷却又は加熱することにより放射パネルと人との間で放射熱交換を行う方式であり、気流や温度むらによる不快感が少ない

15 ☐☐ 空調におけるPID制御は、比例、積分、微分の3つの利点を組み合わせた制御方式である

16 ☐☐ 単一ダクト方式において、外気冷房を行った場合、冬季における導入外気の加湿を行うためのエネルギーを削減することができる

17 ☐☐ 軸流送風機は、一般に、遠心送風機に比べて、静圧の高い用途に用いられる

5 ○｜ダクトの送風エネルギーは摩擦損失に関係するが、同じ風量を送風するにはダクト断面の周長が短いほど動力は少なくてよくなる。矩形よりも正方形、正方形よりも丸ダクトが周長は短い

6 ×｜床吹出し空調は、天上高の高い、大空間に利用されることが多く、冷房時は居住域（床面から2.0〜3.0m）のみが適温に、天井面近くの温度は高温になり、上下の温度差が大きくなる

7 ○｜外気冷房やナイトパージは夜間の外気温度が低い中間期や冬期の冷房負荷軽減に効果が大きい

8 ×｜必要換気用は1人当たり20㎡/hであるから、400人×20㎡/h＝8,000㎡/h必要である

9 ×｜営業用厨房は、一般に厨房内の臭気が客席側に流入しないように、厨房側の圧力を負圧にする

10 ×｜第二種換気方式は機械給気＋自然換気方式なので間違い。駐車場の換気は第一種換気方式または第3種換気方式が正しい

11 ○｜VAV方式では低負荷のとき、風量が少なくなりすぎて室内の空気清浄度が落ちたり、外気導入量が不足するおそれがあるため、給気温度を変えたり、最少風量設定機構を設ける必要がある

12 ×｜ガラリの大きさを求める場合、有効開口部における風速を2〜3m／secにするのが一般的である。設問の場合の風速を計算すると10m／secになるため適切ではない

13 ×｜8%前後である

14 ○｜設問記述のとおり

15 ○｜フィードバック制御の一種

16 ×｜外気冷房を行う場合、加湿負荷は増大する。しかし一般には外気冷房は内部発熱密度が高い建物に用いる

17 ×｜軸流送風機は、一般に、静圧の低い用途に用いられる

009 給排水衛生設備①給水・給湯・衛生

給水設備では、給水方式、建物種類別の日給水量、クロスコネクション、給湯設備では、循環式給湯設備におけるレジオネラ属菌対策、ガス瞬間湯沸かし器の号数、さや管ヘッダー方式、衛生器具では衛生器具の個数算定、大便器の洗浄方式について解説する

1 給水設備

● 給水方式

方式	定義
水道直結給水方式	水道管の水圧によって建物内の必要箇所に直接水を送る。水道管と建物内の器具は配管で直接つながれている
高置水槽給水方式（重力式給水方式）	水道水を受水槽に貯水してから、ポンプで建物最高所にある高置水槽給水塔の水槽に揚水し重力によって給水する
ポンプ直送給水方式	受水槽の水をポンプによって必要箇所に直送する方式で、ポンプ出口の圧力や流量によって送水量を変えたりできる
圧力タンク給水方式	水道水を受水槽に貯水してから給水するのは高置水槽方式と同じだが、設置場所がなかったり、デザイン上無理な場合に用いる
水道直結増圧ポンプ給水方式	給水ポンプを水道管に直接接続して、水道管の水圧では給水できないような高所の給水器具に給水する

受水槽容量は建物の予想給水量（1日に使用する水量）の40～60％と決められており、一般には50％で計画される

受水槽の周囲は600㎜のスペースを確保する。上部はマンホールよりの点検のために1,000㎜とする設置基準がある。ただし、給水系統を飲用と雑用に分けた場合、雑用水系統に設ける受水槽にはこれらの設置基準が適用されない

給水設計は、建物種類別の**1人1日の使用水量**をもとに行う。戸建住宅では**200～400ℓ／人·日**、集合住宅では**200～350ℓ／人·日**、事務所ビルでは**60～100ℓ／人·日**で、通常の設計ではその中間の値を使用することが多い

給水圧力が適正に保たれていないと、器具の機能が十分に果たせなかったり、使用できなかったりする。右表は、水栓などが必要とする最低必要圧力である

上水配管とそれ以外の配管とが接続される**クロスコネクション**

● 給水方式

水道直結給水方式

メーターボックス

高置水槽給水方式

高置水槽
受水槽
ポンプ
メーターボックス

水道直結増圧ポンプ給水方式

増圧給水ポンプ
メーターボックス

● 受水槽の設置基準（単位：㎜）

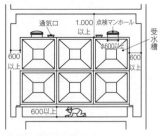

通気口　1,000以上　点検マンホール
φ600以上
600以上　600以上
600以上
受水槽

● 器具の最低必要圧力

器具	最低必要圧力（kPa）
一般水栓	30
大便器洗浄弁	70
小便器洗浄弁	70
シャワー	70

を避ける。上水以外の配管には、井水・中水・空調設備配管・消火設備配管・排水管などがある

2 給湯設備

☐ 循環式の給湯設備（貯湯タンク方式）における**給湯温度**は、レジオネラ属菌の繁殖を防ぐために、給湯の使用ピーク時においても**55℃以下にしないほうがよい**

☐ ガス瞬間式給湯器の能力表示には**号**が用いられる場合があり、1号は流量1ℓ/minの水の温度を25℃（K）上昇させる能力をいう

☐ **さや管ヘッダー方式**は、集合住宅における給水管及び給湯管の施工の効率化や配管の更新の容易さを図ったものである

☐ 給湯機のガス燃焼時における排熱回収を行う「排熱回収型」機器は高効率であり、省エネルギー機器である

● **給湯配管の伸縮**

給湯設備では、管内の水温変化にともない、配管材料（銅管等）も伸縮する。管径方向の伸縮はわずかだが、管軸方向は大きい。長い直線配管においては、管径・継手・弁類・支持金物などに大きな応力がかかり、水漏れの原因になったり、極端な場合には継手や弁類が破損したりする

● **さや管ヘッダー方式**

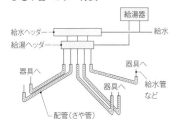

3 衛生器具

☐ 施設における**衛生器具**の個数算定に際しては、器具の利用形態を考慮する。一般に事務所・百貨店等では、特定の時間に利用が集中することが少ない**任意利用形態**、学校や劇場などでは休憩時間に利用が集中する**集中利用形態**である

☐ **大便器の洗浄水の供給方式**には、洗浄弁（フラッシュバルブ）式とタンク式がある。前者は集中して利用される施設に、後者は住宅などの分散利用施設に使用される。また、大便器は下表のように洗浄方式に各種あるが、溜水面の大きな便器が衛生的である

● **大便器の供給方式の主流**

近年では、フラッシュバルブ式とタンク式の良点を採用した、タンク式の配管口径に、フラッシュバルブと同様に連続洗浄が可能な方式の大便器も開発され、主流となりつつある

● **大便器の種類**

洗落し式　　　　　サイホン式

サイホンゼット式　　サイホンボルテックス式

● **大便器の種類と特徴**

種類	洗浄方法	特徴	
		衛生面 （溜水面の広さ）	その他
洗落し式	流水作用	×	安価
サイホン式	サイホン作用 （負圧作用）	△	溜水面の広さで区別する
サイホンゼット式		○	
サイホンボルテックス式	サイホン作用＋ボルテックス（うず巻）作用	○	洗浄音静か

注　その他ブローアウト式も溜水面が広く衛生的だが、フラッシュバルブ方式で、また洗浄音が大きいため、住宅・ホテルには適さない

QUESTION

1　最頻出問題｜一問一答

ANSWER

→→→

次の記述のうち、正しいものには○、誤っているものには×をつけよ

1 ☐☐　総合病院における、1日当たりの給水量はベッド1台当たり300ℓ／日とした

2 ☐☐　自然冷媒ヒートポンプ給湯機は、自然冷媒を用い大気から熱を得て、高温の湯を貯湯して給湯する装置であり、一般に電気温水器に比べてエネルギー効率が高い

3 ☐☐　保守点検スペースとして、飲料用受水槽の底部及び周囲にそれぞれ60㎝、上部に100㎝のスペースを確保した

4 ☐☐　衛生器具の設置個数の決定に当たり、器具利用形態については、一般に、事務所は任意利用形態に、百貨店は集中利用形態に分類される

5 ☐☐　水道直結増圧方式は、水道本管の圧力に加えて増圧ポンプによって建築物内の必要箇所に給水する方式であり、一般に水道本管への逆流については考慮する必要はない

6 ☐☐　給湯設備における加熱装置と膨張タンクとを連結する膨張管には、止水弁を設ける

7 ☐☐　循環式の(貯湯タンク方式)給湯設備における給湯温度は、レジオネラ属菌の繁殖を防ぐために、給湯の使用ピーク時においても55℃以下にしないほうがよい

8 ☐☐　排水を再利用した雑用水については、便器洗浄水や清掃用水、冷却塔補給水等には使用できない

9 ☐☐　シャワーの給水の最低圧力を、20kPaとした

10 ☐☐　給湯用ボイラは、常に缶水が新鮮な補給水と入れ替るため、空気調和設備用温水ボイラと比べて腐食しやすい

1 ×｜総合病院の場合、ベッド1第当たり1500～3000ℓ／日である

2 ○｜CO_2を利用したヒートポンプ給湯器では90℃の湯を貯め、COP(成績係数)も3.0と高く、深夜電力を利用するとランニングコストが非常に安くなる

3 ○｜飲料用受水槽の周辺には6面点検用に、底部及び周囲には60㎝、マンホール上部には100㎝の点検スペースを確保する

4 ×｜器具利用形態については、一般に事務所・百貨店等は特定の時間に利用が集中することが少ないので、任意利用形態に、劇場や学校は集中利用形態に分類される

5 ×｜増圧ポンプの本管側に逆流防止弁等を設ける必要がある

6 ×｜膨張管にはバルブを設けてはならない

7 ○｜開放式の貯湯タンク方式では、外部からの汚染を受けやすいために、レジオネラ属菌の繁殖を防ぐために、給湯温度は55℃以下にしないほうがよい

8 ×｜水質試験をクリアすれば使用可能。但し、水質検査の頻度の厳しさ等から、実現的な採用はかなり難しい

9 ×｜シャワーの最低必要圧力は70kPaである

10 ○｜補給水が加熱される時に多くの空気が遊離し、その中の残留塩素が腐食の基となる

2 実践問題 | 一問一答 →→→

1 ☐☐ 作動しているポンプ内のキャビテーションは、水温が一定の場合、ポンプの吸引口の管内圧力が高いときに発生しやすい

2 ☐☐ 車いす使用者の利用する大便器については、通常の便器に比べて、便座面の位置を高くした便器が一般的である

3 ☐☐ 給水管に樹脂ライニング鋼管を使用しても、管端部の施工方法によっては赤水の発生する場合がある

4 ☐☐ 節水こま入り給水栓は、こまの底部の大きさを、普通こまより小さくした節水こまによって、ハンドルの開度が小さいときの吐水量を少なくして、節水を図る水栓である

5 ☐☐ ブローアウト式の洋風大便器は、サイホンボルテックス式と同様に水溜り面が広く、汚物の付着や臭気の発散が少なく衛生的である

6 ☐☐ 給水圧力が高すぎると、給水管内の流速が速くなり、ウォーターハンマー等の障害を生じやすい

7 ☐☐ 都市ガス、LPG（液化石油ガス）等の燃焼用ガスは、ガスの組成により種類が分かれ、その種類により単位発熱量当たりのCO_2の発生量が異なる

8 ☐☐ バキュームブレーカーは、給水管内の水圧変動によって衛生器具内部が真空に近い状態になることから発生する振動や騒音を防ぐ装置である

9 ☐☐ 重力式給水方式において、給水圧力を確保するため、最も高い位置のシャワーヘッドから高置水槽の低水位面までの高さを5mとした

10 ☐☐ さや管ヘッダー方式は、集合住宅における給水管及び給湯管の施工の効率化や配管の更新の容易さを図ったものである

11 ☐☐ 受水槽の材質については、腐食のおそれがあるため、現在、木を使用することはできない

1 ×｜キャビテーションは、ポンプ内部あるいは吸込配管内部の圧力が低下することにより発生する

2 ○｜一般の便器の高さは床から370㎜に対し、車いす使用者用の便器は417㎜で、47㎜高い

3 ○｜管端部の配管切断面に防錆剤（エポキシ系塗料）を塗布し、継手にはコア内蔵継手を使用し、所定長さまでねじ込むよう正規の施工をしないと赤水が出る

4 ×｜こまの底部の大きさを、普通こまより大きくしたものが節水こま。こまの形状が、ハンドルの開度に対して吐水量を制御する構造になっている

5 ○｜溜水面が広く、汚物の付着や臭気の発散が少なく排出力が強い。また、水勢が強いため洗浄音が大きい

6 ○｜ウォーターハンマーは、水栓などを急閉止した場合に、激しい圧力変化が生じ発生する現象

7 ○｜都市ガスの主成分はメタンで、比重・発熱量・燃焼速度の違いにより7種類に区分され、プロパンガスの主成分はプロパン又はブタンであり、当然発熱量は異なりCO_2発生量も異なる

8 ×｜給水管などの内部に負圧が発生するとき、自動的に空気を吸引し汚水の給水管への逆流を防止する構造を備えた器具

9 ×｜最高位の器具類と高置水槽の低水位面までの高さH(m)は、シャワーの必要水頭圧（7mAq）に配管損失分を見込む必要がある

10 ○｜可とう性のプラスチック管の内側に通した小口径のプラスチック製の配管を、ヘッダーから各水栓へ単独に配管する、更新性に優れた配管方法

11 ×｜木は鋼板と異なり錆びず、酸やアルカリにも強い。高級ホテルや超高層ビルなどにも多く使用されている

010 給排水衛生設備②排水・通気設備

ここでは排水系統について設置上留意すべき点や、排水方法について理解する。また排水設備に出てくる用語は、その意味を知るだけではなく、それぞれを関連付けて理解することが大切である

1 排水設備

☐ 飲料用受水槽・貯水槽・水飲み器・製氷器など常に衛生的に保たなければならない機器や器具の**排水**は、排水管に直接接続せず、一度大気中に開放して空間を設けて排水を受ける**間接排水**にしなければならない

☐ **排水槽・汚水槽**は、臭気の漏れない構造とし、その中に汚物、厨芥その他の異物が溜まるので、底部は清掃をしやすくする。また、沈殿した汚泥が槽内に残らないように吸込みピットを設け、かつ吸込みピットに向かって**1／15～1／10**の勾配をつける

☐ **自然流下式**の排水立て管は、トラップの破封を防止するために、いずれの階においても、最下部の最も大きな排水負荷を負担する部分の管径と同一管径としなければならない。また、排水管の掃除口は、配管の曲がり部分等に設けるとともに、管径が**100㎜**を超える配管には**30m**以内に設ける

☐ **排水トラップ**の封水深さは**50㎜**以上**100㎜**以下とする。また、排水管路中のトラップは、器具トラップを含めて1つとしなければならない。2つにするのは**二重トラップ**と呼ばれる禁止事項となっている

☐ 排水は合流式と分流式に大別される。**分流式排水**とは、敷地内の排水設備においては汚水と雑排水とを別系統にすること、公共下水道においては汚水・雑排水と、雨水とを別系統にすることをいう。敷地内と敷地外とでは分流の意味が異なることに注意する。建物内で汚水・雑排水を分流することは近年ではほとんどなく、合流式が主流である

● 間接排水

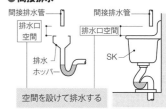

空間を設けて排水する

● 排水槽の例

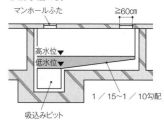

● 排水の分類

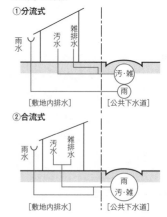

2 阻集器

□ 汚水が油脂・ガソリン・土砂等（排水配管設備を著しく妨げ、又は損傷するおそれのあるもの）を含む場合においては、有効な位置に**阻集器**を設けなければならない

□ **グリース阻集器**は、営業用厨房などからの排水に含まれる脂肪分を回収するもの。内部にはいくつかの隔壁が設けられ、脂肪分を冷却、凝固させて阻集する。また、流入口付近には網状のバスケットを設けて、厨芥などを阻集する。又、下流に対するトラップ機能もある

□ **オイル阻集器**は、自動車修理工場・駐車場などガソリン・油類が排水系統に混入し、爆発・引火などの事故を起こすおそれのある場所に設ける。阻集器の水面にガソリン・油類を浮かべて回収するもので、内部構造はグリース阻集器よりシンプルな場合が多い。ふたは気密にし、揮発性ガスを逃がすために単独の通気管を設ける。また、洗車場などでは、さらに土砂も阻集できるようにする

● **グリース阻集器とオイル阻集器**

①**グリース阻集器**

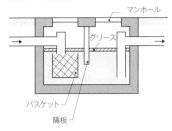

②**オイル阻集器**

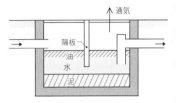

3 雨水排水管

□ **雨水排水立て管**は、汚水排水管や通気管と兼用したり、これらの管に連結してはならない

□ **雨水排水管**（雨水排水立て管を除く）を汚水排水管設備に連結する場合は、雨水排水管側に排水トラップを設ける

● **トラップます**

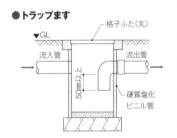

4 通気設備

□ **通気管**内には排水が流入してはならない。そのため、通気管どうしの接続はその受け持つ器具のあふれ線よりも**150㎜以上**高いところで行う。また、排水横枝管から通気管を取り出す場合には、水平面から**45**度以内の角度で取り出さなければならない

□ 通気管末端の開口部は、その建物又は近隣の建物の出入口・窓・換気口・外気取入口等に近接して設ける場合、少なくとも**600㎜以上**立ち上げ、それができない場合は水平距離で**3m以上**離す

● **通気管端末の開口部**

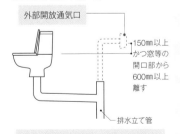

屋上を利用する場合、通気口を屋上に開口する通気管の末端は2m程度立ち上げる

QUESTION

1 最頻出問題｜一問一答

次の記述のうち、正しいものには○、誤っているものには×をつけよ

1 ☐☐ 分流式排水とは、敷地内の排水設備においては汚水と雑排水とを別系統にすることをいい、公共下水道においては「汚水及び雑排水」と「雨水」とを別系統にすることをいう

2 ☐☐ 排水及び汚泥の排出を容易にするため、排水槽の底面に勾配を設け、清掃時の安全に配慮して、その勾配を吸込みピットに向かって1／20とした

3 ☐☐ 即時排水型ビルピット設備は、排水の貯留時間を短くすることにより、硫化水素等の悪臭物質の発生を抑制することができる

4 ☐☐ 排水管の掃除口は、配管の曲がり部分等に設けるとともに、管径が100㎜を超える配管には30m以内に設けた

2 実践問題｜一問一答

1 ☐☐ 受水槽や高置水槽のオーバーフロー管及び水抜管は、臭気の逆流を防ぐため、トラップを設けて排水管に直接接続することができる

2 ☐☐ あまり頻繁に使用されない衛生器具には、器具トラップの下流の配管の途中に、Uトラップを設けることが望ましい

3 ☐☐ 自然流下式の排水立て管は、トラップの破封を防止するために、いずれの階においても、最下部の最も大きな排水負荷を負担する部分の管径と同一管径としなければならない

4 ☐☐ 床排水に使用されるわん（ベル）トラップは、清掃の際にわんが取り外されたまま使用されると悪臭や害虫が侵入するおそれがあるので、なるべく採用しないほうがよい

ANSWER

→→→

1 ○｜敷地内と敷地外とでは分流の意味が異なる

2 ×｜排水槽及び汚水槽は、臭気の漏れない構造とし、その中に汚物、厨芥その他の異物などが溜まるので、底部は掃除しやすいよう、吸込みピットに向けて1／15～1／10の勾配をつける

3 ○｜設問記述のとおり

4 ○｜掃除口は排水横枝管及び排水横主管の起点や延長の長い横走排水管、排水管が45度を超える角度で方向を変える箇所、排水立て管の最下部又はその付近に設ける

→→→

1 ×｜飲用水を貯める受水槽や高置水槽のオーバーフロー管及び水抜管は、排水管からの逆流を防ぐために間接排水にする

2 ×｜衛生器具1個について、直列に2個以上のトラップを接続することを、二重トラップという。これは、2個のトラップ間の空気が密封され、排水の流れが阻害されるので禁止されている

3 ○｜排水立て管は、どの階においても、最下部の最も大きな排水負荷を負担する部分の管径と同一管径でなければならない

4 ○｜わんトラップは、わんの部分が取り外し可能となっていて、取り外してしまうとトラップの機能を全く失ってしまうので使用しないほうがよい

5 □□ 排水トラップの封水深は、不快なガスや臭気の漏れを確実に防止し、封水切れのおそれがないよう50㎜以上とする

6 □□ 屋上を庭園にする計画であったので、屋上に開口する通気管は、屋上から3m立ち上げた位置で大気中に開口した

7 □□ 公共下水道が合流式の地域において、雨水排水管は、屋外にトラップますを設けて汚水排水管に接続した

8 □□ 厨房排水において、グリース阻集器が有するトラップは、油脂により機能が保てなくなる可能性があったので、さらに臭気防止用のUトラップを設けた

9 □□ 排水横管からの通気の取出しは、排水横管断面の垂直中心線上部から45度以内の角度で取り出した

10 □□ PS（設備縦シャフト）の寸法については、配管の施工・点検・修理・更新作業が安全・容易に行えるように計画するとともに、配管の更新時の予備スペースを考慮する

11 □□ 壁面に吹きつける雨水が下部の屋根面に流下する場合は、一般に、壁面面積の50%を下部の屋根面積（水平投影面積）に加算して、雨水排水管の管径を求める

12 □□ 雨水立て管の管径は、建設地の最大雨量とその立て管が受け持つ屋根面積等をもとに決定した

13 □□ 排水再利用水の原水として、洗面器や手洗器からの排水だけでなく、厨房排水や便器洗浄排水も利用することができる

14 □□ 排水管の掃除口は、配管が45度を超える曲り部分等に設けるとともに、管径が100㎜を超える配管には30mごとに設けた

15 □□ 伸長通気方式は通気立て管を設けず、排水立て管の頂部に設置した伸長通気管を用いて通気を行う方式で、一般に、ループ通気方式や各戸通気方式に比べて許容流量値が大きい

5 ○｜昭50建告1597号2項三号ホ

6 ○｜通気管の大気開放部周辺は臭気が漂うために、人の高さよりも高くなるように2m程度立ち上げなければならない。3mであれば問題ない

7 ○｜公共下水道が合流式の地域の下水道本管は、生活排水用（汚水及び雑排水）と雨水排水用を兼ねたものなので、雨水排水管は敷地内にてトラップますを介して汚水管系統と合流させて、下水本管に放流する

8 ×｜二重トラップは、トラップ間に空気が溜まり、排水の流れが阻害されるので禁止されている

9 ○｜通気の取出しは、排水横管断面の垂直中心線上部から真上に取り出すことが望ましく、それが無理な場合のみ45度以内の角度で取り出す

10 ○｜PSの寸法は、配管の施工、点検、修理が安全・容易に行えるように計画することは当然だが、配管類の寿命は建築の寿命よりも短いため、配管の更新が必要となる。そのための予備スペースを考慮することも重要

11 ○｜壁面に吹きつける雨水が下部の屋根面に流下する場合は、壁面を流下する雨水量も考慮に入れる必要がある。この場合の数値としては、風の強いときに雨が垂直面と30度の角度で吹きつけるものとして、壁面面積の50%を加算する

12 ○｜最大雨量は一般に100㎜／hを基準として算出した許容最大屋根面積と管径の表としてまとめたものを使用する

13 ○｜さらに空調用冷却水を利用することもできる

14 ○｜排水管の掃除口は、排水が詰まりやすい箇所、清掃のしやすい箇所及び長い経路の途中に設ける。排水管の口径が100㎜以下の場合は15m以内とする

15 ×｜許容流量値は小さい

011 電気設備①電圧・電源・配線

電圧の種別と電源設備、配線方法の種類、非常用電源設備等の知識をしっかり理解する必要がある。電気は日常にも使うので、依頼主のライフスタイルなどに合わせた適切な設置や、検討を行うための基礎を学ぶ

1 電圧・電源の種別

● 電圧と契約電力容量の種別

区分	電圧	契約電力容量
低圧	（直流）750V以下 （交流）600V以下	**50kW 未満**
高圧	（直流）750V超、7,000V以下 （交流）600V超、7,000V以下	**50kW 以上～** 2,000kW 未満
特別高圧	7,000V超	2,000kW 以上

電圧は低圧、高圧、特別高圧と区分され、引込み電圧は契約電力容量で異なる。高圧引込みになると、受変電設備が必要だよ

電源には**単相**と**三相**があり、単相は照明やコンセント等の電源、三相はモーターなど回転機器の動力電源として使われる。配電方式には右表に示すもの等がある

● 配電方式

単相3線100V／ 200V	主に一般住宅用。100V は電灯やコンセントの幹線、200Vはエアコンや40 W以上の蛍光灯に使用
三相3線200V	主に動力用
三相4線240V／ 415V	主に大規模建築物や工場

2 電源設備

建物の**電源設備**には、キュービクルなどの受変電設備、非常用発電設備、蓄電池設備等がある

建物の電気エネルギーの多くは、電気事業者（電力会社）から受電することで得られ、照明・空調・給排水・昇降機・情報・通信等、大半の設備に利用される。電源設備はこれら負荷設備への電気エネルギー供給源となるものである

高圧で受電するための機器一式を金属製の外箱に納めたものを**キュービクル**（キュービクル形受変電設備）という。なお、屋外に設けるキュービクルは、建築物から3m以上の離隔を保つこと。ただし、不燃物で造り、又は覆われた外壁で開口部のないものに面するときはこの限りでない

常用電源が停電した場合に自衛上最小限の保安電力を確保するための**予備電源**として、非常用発電設備（自家用発電装置）や

● **電源設備の基本構成**

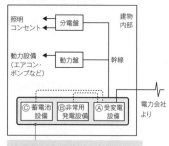

各電源設備の役割
Ⓐ受電・変圧して電力を供給する
Ⓑみずから発電し電力を供給する
Ⓒ蓄電（充電）した電力を必要時に供給（放電）する

蓄電池設備等がある。建築基準法や消防法により、これらの予備電源が必要となる場合もある。BCP対策として、非常用発電機を自主設置するケースも増えている

予備電源装置として、**無停電電源装置（UPS）**とは、瞬時的な停電や電圧低下でも機能に支障が出るコンピュータなどの機器への備えとして、蓄電池と高速切換スイッチを組み合わせたものである。また、**定電圧定周波数装置（CVCF）**とは、情報通信機器等に使用され、電圧や周波数の変動によるデータの破壊を防ぐ機能をもつ

消防用設備の非常電源設備には①非常電源専用受電設備、②自家発電設備、③蓄電池設備、④燃料電池設備があるが、このうち、①は大規模な特定防火対象物には認められない

太陽光発電設備は、大きくはアレイ（パネル）とパワーコンディショナ（インバーター）で構成される。アレイとパワーコンディショナ間は直流電流、パワーコンディショナ以降は交流電流となり、配電盤等へ接続される

● **キュービクル**
高圧受電した電気はキュービクル内で100V又は200Vに変圧され、建物内に供給される。小中規模建物の変電設備としてよく用いられる

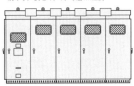
受電用の機器をこの中に配線しコンパクトに納めている。このタイプで幅4m程度

● **予備電源**
建築基準法における用語で、消防法における「非常電源」とほぼ同義。非常用照明や排煙設備等の防災設備は法により予備電源が必要。予備電源には発電機等の別置型、蓄電池等の内蔵型、別置型がある

● **BCP（事業継続計画）**
大災害などに遭遇した際に中核となる事業の継続や復旧を可能とするために方法・手段を取り決めておく計画

3 配線工事

低圧の配線にはPF管やCD管に電気配線する「合成樹脂製可とう電線管配線」も採用される。PF管は耐燃性（自己消火性）があり、簡易間仕切内の配管に用いることができる

業務施設や生産施設の電気配線工事には、電力ケーブルを使用する**ケーブル配線**が一般に採用される。金属管配線に比べて施工性が高い。ケーブルは、保護管のいらない特性を生かして天井内でケーブルラック施工される

フロアダクト配線は、コンクリート内に配線ダクトを格子状に埋め込んで敷設し、必要に応じてスタッドを取り付けて、電力線や通信線等の引き出しに応じられるようにした配線方式である

セルラダクト配線は、床構造材のデッキプレートの溝を配線スペースとして利用したもの。事務所等の床配線方式の一つで、電線管配線より配線の自由度が高い

フリーアクセスフロア配線は、床を二重にすることで生まれた空間を利用して、電力ケーブルやLANケーブル等を配線する方法。配線の自由度が高く、配線収納容量も多い。情報通信系ケーブルの多様化に対する将来の対策としても有効である

● **電力ケーブルとケーブルラック**
電力ケーブルを敷設するための梯子状の金物がケーブルラック。幅は200mmから1,200mmまであり、材質も様々

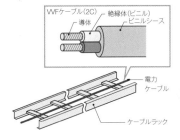

● **フロアダクト配線**
コンクリートスラブ埋設用のダクト

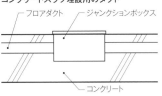

● **フリーアクセスフロア配線**

QUESTION

1 最頻出問題｜一問一答

→→→

次の記述のうち、正しいものには○、誤っているものには×をつけよ

1 ☐☐ 電圧の種別における「特別高圧」とは、直流・交流ともに750Vを超えるものをいう

2 ☐☐ フリーアクセス方式は、フロアダクト方式に比べて、配線の自由度が高く、配線の収納容量も多い

3 ☐☐ キュービクル形受変電設備は、原則として、金属箱の周囲に所要の保有距離を設けることにより、屋外にも設置することができる

4 ☐☐ 住宅において、契約電力が55kWの場合、原則として、高圧引込みとなり受変電設備の設置が必要となる

2 実践問題｜一問一答

→→→

1 ☐☐ スポットネットワーク受電方式は、電力供給の信頼性に重点をおいた受電方式である

2 ☐☐ 燃料電池は、気体燃料を用いるので消防用設備等の非常用電源とすることはできない

3 ☐☐ 受変電設備の負荷率は、「最大需要電力」を「負荷設備容量」で除した値であり、その値が大きいほど、効率的な設備の運用がなされていることを示す

4 ☐☐ 力率は、交流回路に電力を供給する際の有効電力と皮相電力との比であり、電動機や放電灯の力率は、一般に、0.6 ～ 0.8である

5 ☐☐ 太陽光発電システムの構成要素の一つであるパワーコンディショナは、インバータ、系統連系保護装置及び蓄電池が組み合わされたものである

6 ☐☐ 事務所ビルの照明用の変圧器の容量を決めるに当たり、変更や

ANSWER

→→→

1 ×｜電圧の種別による特別高圧とは、直流・交流ともに7,000Vを超えるものをいう

2 ○｜室内におけるケーブルの配線方式の一つ。床下に空間を設け、その空間内にネットワークケーブルなどを通す方式

3 ○｜屋外に設けるキュービクルは、建築物から3m以上の離隔を保たなければならない

4 ○｜契約電力が50kW以上が高圧引込みとなる

→→→

1 ○｜スポットネットワーク受電は特別高圧受電方式の一つで、主として人口100万人を超えるような大都市で使用されている。供給信頼度が極めて高い(停電する確率が低い)といったメリットがある反面、設備建設費が高いというデメリットもある

2 ×｜燃料用電池は消防用設備の非常用電源として認められている

3 ×｜負荷率とは、ある期間の平均電力がその期間の最大需用電力の何%に当たるかを示す指標

4 ○｜力率は電力のうち、有効電力として消費される割合のこと

5 ×｜パワーコンディショナには、蓄電池は含まれない

6 ○｜照明の場合は全器具点灯は考えられないので、変圧器の容量=負荷容量

将来に対する余裕などを想定しなくてもよい場合、照明負荷設備容量の合計120kVA、需要率0.8としたとき、100kVAの単相変圧器を採用した

合計×需要率から、120×0.8＝96.0。よって100kVAの単相変圧器となる

7 ☐☐ スターデルタ始動方式を採用すると、電動機等の始動電流を小さく抑え、電路、遮断器等の容量が過大になることを防ぐことができる

7 ○│スターデルタ始動方式は、始動時に一時巻き線をスター結線とし、一定時間後に通常のデルタ結線とする始動方法。1相当たりの電圧を$1/\sqrt{3}$として始動電流を抑制する方法で、始動トルクが小さい

8 ☐☐ 負荷率は「負荷設備容量の総和」に対する「ある期間の平均需要電力」の割合である

8 ×│負荷率は「ある期間の最大需要電力」に対する「ある期間の平均需要電力」の割合である

9 ☐☐ 電気室の変圧器から約50m離れた場所にある負荷設備に低圧で電力を供給するに当たり、電圧降下が3%以下となるようにケーブルの太さを選定した

9 ○│電圧降下において、亘長（こうちょう）（2点間の実際の長さ）60m以下のときの幹線は3%以下とする

10 ☐☐ 電源の信頼性が要求される年中稼働の電算機器や情報通信機器を使用する場合、停電や瞬時電圧低下が発生した際に一時的に電力供給を行うUPS（無停電電源装置）が採用されている

10 ○│UPSは電池や発電機を内蔵し、停電時にコンピュータや装置に電気を供給し、瞬断などの急な電源供給停止ダメージに対応するもの

11 ☐☐ 低圧の配線に用いられるPF管は、CD管と同じコルゲート状の樹脂管であるが、耐燃性（自己消火性）があるので、簡易間仕切内の配管に用いることができる

11 ○│PF管は耐燃性のある合成樹脂管で、単層と複層がある。CD管は耐燃性のない合成樹脂管で、管をオレンジ色に着色してPF管と区別する

12 ☐☐ 同一容量の負荷設備に電力を供給する場合、400V配電より200V配電のほうが、細い電線を使用することが可能である

12 ×│動力設備において、同一の電力を供給する場合、200Vより400Vのほうが細い電線を用いることができる

13 ☐☐ 集合住宅の各住戸の分電盤において、浴室の照明やエアコンの室外機など水気のある部分の分岐回路には漏電遮断器（ELCB）を採用し、その他の回路及び主遮断器には配線用遮断器（MCCB）を採用した

13 ×│漏電遮断器は主遮断器と各配線用遮断器間に接続し、配線や電気器具から漏電したときに自動的に遮断する

14 ☐☐ 自家用の小型分散型電源として設置されるマイクロガスタービンは、発電効率が高く、主に防災用発電機として採用されている

14 ×│マイクロガスタービンは小型化できるが、発電効率が低い（25～30%程度）のが欠点

15 ☐☐ 幹線に使用する配線方式において、バスダクト方式は大容量の電力供給に適さないが、負荷の増設に対応しやすい

15 ×│バスダクトは、銅またはアルミを導体とし、導体の外側を絶縁物で覆った幹線用の部材である。電力幹線用の部材として使用されるほか、大電流を流す必要のある工場内電力幹線などで使用される

16 ☐☐ 電圧の種別において、特別高圧と高圧とを区分する電圧は6,000Vである

16 ×│特別高圧と高圧とを区分する電圧は7,000Vである

17 ☐☐ 太陽光発電システムにの配線は、アレイ（モジュール）からパワーコンディショナまでの交流配線とパワーコンディショナから配電盤までの直流配線とがある

17 ×│パワーコンディショナは直流を交流に変換する機器である

012 電気設備②避雷針・昇降機・照明

避雷設備・接地設備・昇降機設備のほか、照明設備について取り上げる。特に照明設備に関する問題は出題頻度が高いため、しっかり理解しておく必要がある。快適・安全な空間を設計するためにも、これら項目の知識は欠かせない

1 避雷設備・接地設備

☐ **直撃雷**（建築物への落雷）のエネルギーは非常に大きく、コンクリート等を容易に破壊する。一方、**雷サージ**は、建築物内部のエレクトロニクス機器を破壊する例も多い。そのため、建物を守る外部雷保護と、建物内部の機器を守る内部雷保護が必要になる

☐ **外部雷保護**システムは直撃雷を受け止める**受雷部**、雷電流を接地極に導くための**引下げ導体**、雷電流を大地に放流するための**接地極**という3つの要素で構成される

☐ **内部雷保護**システムは、電子・情報機器などの弱電機器が受ける過電流を防止するために、建築物内の等電位ボンディング、電磁界からの遮蔽あるいは隔離、**雷サージ保護装置（SPD）**、接地極などで構成される

● **雷サージ**
雷電流によって誘起される異常電圧で、架空線を伝搬して建物内に侵入する。建築物内のエレクトロニクス機器が雷サージや雷電磁インパルスによる電磁界（電流により誘起される磁界）にさらされる

● **避雷設備（外部雷保護システム）**

鉄骨造は鉄筋で、鉄筋造は2条以上の主鉄筋で、引下げ導線に代えることができる。正規の導線よりも合成抵抗が低く、接地極も建物の地下部分を利用すれば1Ω以下になることがある

● **避雷設備の鉄骨・鉄筋コンクリート造**
引下げ導線は鉄筋や鉄骨に担わせることも可能

2 昇降機設備

☐ **エレベーターの配置計画**では、まず**出発階**を設定する。建物の主要出入口が複数階床に設けられ、いずれの出入口も交通量が多い場合は、主要出入口のある最上の階に出発階ロビーを設定し、下層部にはエレベーターを着床させず、上層部（1階）と下層部（地階）の間にエスカレーターを設置するなどの対策が必要になる

☐ **エレベーターサービス階**を計画する際は、次の項目をよく検討する
①同一バンク内のエレベーターサービス階はそろえる
②直線配置は4台以内で、エレベーター相互の距離が離れすぎない
③5台以上では対面配置とし、対面距離は3.5 ～ 4.5mとする
④同一バンク内のエレベーターは、ホールのどこからも見渡せる
⑤サービスの異なるバンクは、互いに独立した配置とする
⑥乗用エレベーターと人荷用エレベーターは、別バンクとする

● **エレベーターホールの配置計画**
同一階のどこからも歩行距離が短く、出入口から容易に視認できる位置に配置する。出発階のエレベーターホールはピーク時は混雑する。5分間集中率の高いビルでは、ホールの形態は袋小路を避け、通り抜けできるよう計画する

▶ **バンク**
エレベーターをいくつかのグループ（群）に分け、停止階を設定するときのグループのこと。低層バンク、中層バンク、高層バンク、あるいはA・B・Cバンク等とも呼ばれる

● **ロープ式エレベーター**
巻上機を昇降路内に設置することにより、昇降路直上の機械室を不要としたロープ式エレベーターが平12建告1413号により認められている

3 照明設備

人工照明の**光源**は、白熱電球・蛍光ランプ・HIDランプが主であるが、今後はLEDも使用されるようになる。なお光源は照明器具と一体化して使われる。照明器具は、配光によって分類でき、それぞれに応じた照明器具がある

● 光源の種類と特徴

種類	特徴
白熱電球	取扱いが簡単。演色性もよい。放熱損失大で効率が悪い。縮小・製造中止の傾向
蛍光ランプ	高効率、低輝度、長寿命、放熱小。管内面に塗布する蛍光物質による各種光色が生産されている。電球色蛍光ランプも普及。最近は高効率のHf蛍光ランプが使われる
三波長域発光形蛍光ランプ	青緑赤の波長域の発光特性や演色性と効率をよくした蛍光ランプ。人間の目が色をよく感じる反応（色覚反応）の強い青（波長450nm）・緑（波長540nm）・赤（波長610nm）の3波長域に光を集中させ明るさを損なわずに演色性を高めている。最近の主流
HIDランプ	高輝度放電ランプの総称で、高圧水銀ランプ、メタルハライドランプ、高圧ナトリウムランプなどがある。高効率で光束大。屋内の高天井や競技場、屋外で使用
LEDランプ	反射板等の改良を加え、長寿命、小型、軽量、省電力、放熱量が少ないために、多くの用途に利用される光源となっている

● 照明器具の配光による分類

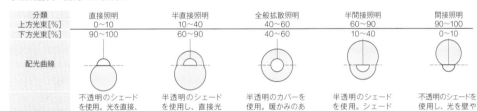

分類 上方光束[%] 下方光束[%]	直接照明 0〜10 90〜100	半直接照明 10〜40 60〜90	全般拡散照明 40〜60 40〜60	半間接照明 60〜90 10〜40	間接照明 90〜100 0〜10
配光曲線					
特徴	不透明のシェードを使用。光を直接、対象物に当て、物をはっきりと照らすことができる	半透明のシェードを使用し、直接光とシェード越しの光の両方を当てる	半透明のカバーを使用。暖かみのある光が、全方向に広がる	半透明のシェードを使用。シェード越しの光と、壁や天井の反射光を組み合わせる	不透明のシェードを使用し、光を壁や天井に反射させる

照度計算には**逐点法**と**光束法**という2つの方法がある

①**逐点法**は、ある部分だけを照明する局部照明などの計算に使われる方法で、光源による**直接照度**と**間接照度**に分けて計算し、これを加えて全照度とする

②**光束法**は、オフィスのように照度分布が一様になる広い部屋の照度計算に使用される。**平均照度**を設定し、必要な照明器具の台数を求める

光束法による照度計算（右記）において、照明率とは、室指数（室の面積と周長の比）と照明器具の種類、天井・壁・床の反射率で決まる値である。保守率とはランプの経年劣化やホコリ等による照明器具の効率の低下をあらかじめ見込んだ定数

● 非常用照明装置

非常用照明装置の器具は、主として白熱灯や蛍光灯が利用され、床面で**1ルクス以上**の照度が必要。予備電源には内蔵型と別置型がある

● 蛍光ランプの効率

蛍光ランプは25℃前後で最高の機能を発揮し、効率がよい

● 全般照明と局部照明

全般照明と局部照明を併用する場合、全般照明の照度は、局部照明の照度の1/10以上にするのが望ましい。それは、局部照明だけ用いると、作業場の照明が不均一になり、作業者の目が疲れるため

● 色温度

K（ケルビン）で表され、色温度が低いとオレンジがかった暖かみのある光となり、高くなるにつれて白っぽい光となり、さらに高くなると青味がかった光となる

● 光束法による平均照度

所要平均照度Eは以下で求められる

$$E = \frac{N \cdot F \cdot U \cdot M}{A}$$

- E：所要平均照度(lx)
- N：ランプの台数
- A：部屋の面積(㎡)
- F：ランプの光束(lm)
- U：照明率
- M：保守率

ランプの台数なども上記式を用いて求めることができるんだ

QUESTION

1 最頻出問題 | 一問一答

ANSWER

→→→

次の記述のうち、正しいものには○、誤っているものには×をつけよ

1 ☐☐ 避雷設備において、鉄骨鉄筋コンクリート造の場合には鉄骨をもって、鉄筋コンクリート造の場合には2条以上の主鉄筋をもって、引下げ導線に代えることができる

2 ☐☐ 全般照明と局部照明とを併用する場合、全般照明の照度は、局部照明の照度の1／10以上とすることが望ましい

3 ☐☐ エレベーターの昇降路内において、原則としてエレベーターに必要のない給水や排水等の配管設備を設けてはならないが、所定の要件を満たした光ファイバーケーブルは設置することができる

4 ☐☐ 照明制御の一つの方法として、照度センサーを用いて、不在エリアを消灯・減光する方法がある

5 ☐☐ 非常用の照明装置は、停電時の安全な避難のための設備で、照明器具には主に白熱灯や蛍光灯が用いられ、予備電源には内蔵型と別置型がある

1 ○ | 正規の銅線より合成抵抗が低く、接地極も建物の地下部分を利用すれば1Ω以下になることが多いので、この簡略法が正規として認められた

2 ○ | 局部照明だけを用いると、作業場の照明が不均一になり、作業者の目が疲れるために全般照明と併用する必要がある。このとき全般照明の照度は、局部照明の照度の1／10以上であることが望ましい

3 ○ | 所定の要件とは、電気導体を組み込んでいないこと等である

4 × | 不在エリアを消灯・減光する制御方式は、人感センサーを使用する

5 ○ | 床面で1ℓx以上の照度を確保できるものとしなければならない。また予備電源は停電時に充電を行うことなく、30分間継続して点灯できるものとする

2 実践問題 | 一問一答

→→→

1 ☐☐ 蓄電池を使用しない非常電源における自家発電設備は、常用電源が停電してから電圧確立までの所要時間を40秒以内とする

2 ☐☐ 受変電設備における避雷器は、雷等により異常に高い電圧が電路に発生した場合、その電流を大地に逃がして電路の安全性を確保するためのものである

3 ☐☐ 人が触れるおそれのある電気機器の安全性を確保する目的の接地工事において、電圧が300V以下の低圧用の場合は、D種接地工事とし、電圧が300Vを超える低圧用の場合はC種接地工事とする

1 ○ | 常用電源が停電してから電圧確立及び投入までの所要時間(投入を手動とする自家発電設備では、投入操作に要する時間を除く)は、40秒以内であること(消防法施行規則12条1項四号ロ(ニ)に規定)

2 ○ | 受電電力が500kW以上の需要家に設置する。500kW未満の需要家であったとしても、雷害の多い地域に受変電設備を設置する場合、設備信頼度を高めるために、避雷器を設置することが望まれる

3 ○ | 使用電圧が直流300Vまたは交

4 ☐☐ 埋設接地極は、酸等で腐食するおそれがなく、なるべく水気の少ない場所を選んで地中に埋設する

流対地電圧150V以下の回路で使用するものを乾燥した場所に敷設する場合、接地工事は不要

4 ×｜大地に電気を流すので水気のあるほうがよい

5 ☐☐ 高層建築物の乗用エレベーターは、地震時にできるだけ早く安全な避難階に停止させ、乗客がかごから降りた後に、運転を中止する計画とする

5 ×｜高層建築物のエレベーターは、自動的に避難階や最寄りの階に停止し、避難に使用することはできない

6 ☐☐ エレベーターのサービス水準の指標となる平均運転間隔とは、エレベーターが始発階を出発する平均の時間間隔をいい、一般的な貸事務所ビルにおいては、40秒以下が望ましい

6 ○｜平均運転間隔は一周時間（秒）を同一グループの全台数で割った値であり、エレベーターのサービス水準を質的に表す値で、自社ビルや官公庁ビルでは30秒、貸ビルでは40秒以下が望ましい

7 ☐☐ エスカレーターの勾配が30度を超える場合には、「勾配は35度以下」、「踏段の定格速度は30m/分以下」、「揚程は6m以下」等の制限を受ける

7 ○｜急勾配、高速度、高揚程は利用者の心理的な負担が増加するため、その点に配慮し制限を設けてある

8 ☐☐ ロープ式エレベーターにおいては、主に滑らかな速度特性を得られるVVVF（可変電圧可変周波数）制御方式が採用されている

8 ○｜VVVF制御は、インバータ制御とも呼ばれ、誘導電動機に印加する電源の電圧と周波数をともに変えることによって、直流機と同等の制御性能を得ることができる方式である

9 ☐☐ エスカレーターはその勾配が35度であっても、踏段の定格速度45m/分、揚程6mのものであれば設置することができる

9 ×｜勾配が35度のエスカレーターの踏段の定格速度は30m／分以下、揚程は6m以下、踏段の奥行きは35cm以上でなければならない

10 ☐☐ エレベーターの防災対策において、地震時管制運転装置に使用するP波（初期微動）感知器は、原則として、エレベーターの昇降路頂部に設置する

10 ×｜エレベーターの地震時管制運転装置に使用する感知器には、P波感知器とS波感知器があり、前者はピット底部、後者は昇降路頂部に設置する

11 ☐☐ エレベーターの設計用水平標準震度は、建築物の高さ31mを境にして大きく異なる

11 ×｜エレベーターの設計用水平標準震度は、建築物の高さが60mを超える場合は動的解析により求めたフロアレスポンスを求め算定する

12 ☐☐ 照明計算に用いられる保守率は、ランプの経年劣化やホコリ等による照明器具の効率の低下をあらかじめ見込んだ定数であり、照明器具の形式及び使用場所等により異なる

12 ○｜設問記述のとおり

13 ☐☐ 光束法による平均照度計算において、照明率に影響を及ぼす要素に、室指数、室内反射率及び照明器具の配光は含まれるが、保守率は含まれない

13 ○｜光束法に保守率は含まれるが、照明率に保守率は含まれない

14 ☐☐ 2つの室において、「照明器具の種類」、「照明器具の単位面積当たりの台数（配置は偏りなく均一）」、「室の天井高さ」の3条件を同一とすれば、「室の面積と周長の比」にかかわらず、同程度の床面の平均初期照度を得ることができる

14 ×｜左記3条件が同一であっても「室指数」（室の面積と周長の比率）が違えば、照明率の値や床面の平均初期照度も異なる

15 ☐☐ 病院の手術室および診療室の照明設備に、事務室に使用する光源に比べて演色性の低い光源を使用した

15 ×｜病院の手術室および診療室の照明設備には、演色性の高い光源が適している

013 防災設備

防災設備のうち消火設備と排煙設備について解説する。消火設備は、まず消火の原理に続き、消火設備の種類と特徴、設置基準及び技術基準を理解する。排煙設備は、建築基準法上の排煙設備について、その設置基準と技術基準を理解する

1　消火設備

消火の原理は、次のようなものである
①可燃物の除去：ガス火災の元栓閉止等
②冷却：水をかける等
③窒息(酸欠)：二酸化炭素の放出、泡による覆い等
④希釈：水溶液体を水で希釈等
⑤負触媒作用：窒素等による火災の燃焼作用の抑制

屋内消火栓設備は、人が火に直接水をかけて冷却消火を行う設備。水源・加圧送水装置(ポンプ等)、起動装置、屋内消火栓(ホース・ノズル等から)等から構成され、一般の建物に設置する。火災の際には、消火栓の起動ボタンを押してポンプを起動させ、消火用ホース・ノズルを用いて、放水・消火する。1号消火栓と2号消火栓に分類される

固定ヘッドからシャワー状の水で冷却を行うものに**スプリンクラー設備**とドレンチャー設備がある。スプリンクラー設備は、**開放型**と**閉鎖型**(湿式・**予作動式**・乾式)に分けられる。不特定多数の人が使う劇場・集会所・百貨店・福祉施設等の建物のほか、11階以上の階に設置しなければならない。なお、天井高10m超の部分では放水型ヘッド等を用いたスプリンクラーを設置する

● 主なスプリンクラー設備

種類		特徴
開放型	**開放式スプリンクラー設備**	斉開放弁を開くことによって放水区域内のすべてのスプリンクラーヘッドから散水する設備。劇場の舞台等高天井の場所に使用される
閉鎖型	**予作動式スプリンクラー設備**	ヘッドを開放しただけでは散水せず、封入気体の圧力低下を感知して警報を出す方式。コンピュータ室等水損事故を極力避ける場合に設置する

● 屋内消火栓設備の種類

2人で操作する1号消火栓(警戒区域半径25m)と1人で操作する易操作性1号消火栓(歩行距離25m迄含)、1人でも操作できる2号消火栓(同半径15m)がある。工場・倉庫・可燃物を取り扱う建物には強力な1号消火栓を置き、その他の場合はどちらを使用してもよい。2号消火栓は、一般に1号消火栓に比べて単位時間当たりの放水量が少ない。また、不燃材料で区画された受水槽室や給水ポンプ室内にも設置できる

● ドレンチャー設備

スプリンクラー設備に似て、開口部に防火戸が設置できない場所等に設けられる。水膜によって延焼を防止する設備。水膜を形成するドレンチャーヘッドを、開口部の上枠に設置する

● 連結送水管設備

連結送水管設備は連結散水設備と同様に、「消火活動上必要な設備」のひとつで、消防隊が本格的な消火活動を行う際に、消火用の水を火災が発生した階まで送水するための高層建築物、地階等に設ける消火設備

□ **水噴霧消火設備など**は、油火災・電気火災の危険のある部分に設置する固定式の設備。駐車場等に使用される

□ 室内に二酸化炭素を放射する**二酸化炭素消火設備**は、中毒の危険がある。オゾン層破壊にもつながるので、ハロゲン化合消火設備が設置されるようになった。**ハロゲン消火剤**は地球温暖化指数が大きいので、イナートガスに代替されるようになった

□ **粉末消火設備**は、消火薬剤が粉末なので凍結の心配がなく、引火性液体の表面火災に即効性がある。電気的絶縁性が高く、開放された駐車場、寒冷地の駐車場、危険物などの消火設備に適用されることが多い

● **イナートガス消火剤**

人体への安全性が高く、地球温暖化指数及びオゾン破壊係数の点からも優れており、その消火原理は、酸素濃度の希釈消火である

● **その他の覚えておきたい消火設備**

泡消火設備は、泡を放射して可燃性液体の表面を覆い、窒息作用と冷却作用とによって消火する設備で、駐車場や格納庫等の油火災に有効。**不活性ガス消火設備**は、密閉した室内に不活性ガスを放射して空気中の酸素濃度を低下させて窒息消火を行う設備で、駐車場、電気室、通信機器室などに設置される

2 排煙設備

□ 特別避難階段の附室には、外気に向かって開くことのできる窓や排煙設備を設ける

□ 排煙設備の排煙方式には、**自然排煙方式**と**機械排煙方式**がある。電源を必要とする排煙設備には、発電機等の予備電源を設けなくてはならない

□ **機械排煙方式**の排煙口は、防煙区画の各部分から水平距離で**30m以下**となるように設ける

● **自然排煙方式**

煙が天井面に沿って拡散することを前提に、外気に面した開放可能な窓（開口部）の排煙に有効な面積を、床面積500㎡以下に区画した防煙区画面積の1／50以上、確保する必要がある

● **機械排煙方式**

500㎡以下の防煙区画ごとに配置された排煙口から、居室等では床面積1㎡につき1㎡／minの風量を、排煙ダクトを経て排煙機で屋外に排気するもの

3 防災計画

□ 防災計画は、火災時に混乱を生じさせることなく迷わず避難でき、避難路は、短時間で安全な場所に避難できるよう計画し、火や煙から守られた安全な区画とする

● **安全な区画**

安全区画の考え方は、防災計画を行うための重要な概念であり、避難中の人々を火や煙から守り、逃げ遅れた人々を一時的に保護する役目や、階段室への煙の侵入を防止する役目をもつ

● **防災計画の注意点**

①多数の人が廊下を同一方向に、同時に避難するときの**群集歩行速度**は、**約1.0m／s**である

②階避難安全検証法は、火災が発生した場合に、建築物の階からの避難が安全に行われることを検証する方法

③廊下から避難階段への出入口の幅は、その階の避難人口も考慮して決める

④火災時等において、避難上支障がないようにするため、用途や区画等の状況に応じた排煙設備の設置、直通階段に至る歩行距離、避難階段の構造等に関する規定が定められている

⑤縦長の窓に比べて横長の窓のほうが、噴出する火災の噴出する力が弱く、炎が外壁に沿って上昇するため、上階への延焼の危険性が高い

⑥非常用エレベーターは、災害時における消防活動等を目的として設けるもの

⑦耐火建築物の場合、火災の初期段階における煙層の降下の速さは、火源の面積の影響を受ける

防災設備

QUESTION & ANSWER

QUESTION

1　最頻出問題 | 一問一答

ANSWER

→→→

次の記述のうち、正しいものには○、誤っているものには×をつけよ

1 □□　屋内消火栓設備における2号消火栓の警戒区域は、原則として、半径15m以内である

1 ○│警戒区域は、1号消火栓は半径25mで、2号消火栓は半径15m。2号消火栓は、1号消火栓に比べて単位時間当たりの放水量が少ない

2 □□　コンピュータ室においては、誤作動による水損事故を防止するため、ヘッドを開放しただけでは散水しない予作動式スプリンクラー設備が適している

2 ○│予作動式スプリンクラー設備は、ヘッドとは別に設ける感知器と連動して予作動弁を開き散水する方式で、誤作動による水損事故が許されないコンピュータ室に適する

3 □□　泡消火設備は、電気室やボイラー室の消火設備として適している

3 ×│泡消化設備は、泡原液と氷を泡発生器で混合し、炭酸ガスを含んだ泡で燃焼面を覆い、冷却・窒息消火するものであり、駐車場や格納庫などの油火災に対して有効な設備

4 □□　開放型のスプリンクラー設備は、火災の際、一斉開放弁を開くことにより、放水区域内のすべてのスプリンクラーヘッドから散水する設備である

4 ○│劇場の舞台などの天井の高い場所に使用される

5 □□　多数の人が廊下を同一方向に、同時に避難するときの群集歩行速度は、約1.0m/sである

5 ○│設問記述のとおり。階段部分は一般に歩行速度が水平投影面で比較して、廊下などの水平部分の速度の1／2となることに注意

2　実践問題 | 一問一答

→→→

1 □□　消防用水を屋内消火栓設備やスプリンクラー設備等の初期消火設備のための専用水源として設置した

1 ×│消防用水は防火水槽、プール、池等、常時規定水量以上の水量が得られるもので、消火栓等の初期消火用水源と兼用してはならない

2 □□　定温式熱感知器は、急激な温度上昇を生じる厨房やボイラー室には設置しない

2 ×│定温式熱感知器は火災の熱により一定の温度以上になると作動するもので、厨房やボイラー室に設置する

3 □□　連結散水設備は、地階の火災の際、消火活動を容易にするため、消防ポンプ車から送水して天井面の散水ヘッドから放出し、消火する設備である

3 ○│地階の床面積の合計が700㎡以上の建物の地階部分に設置する

4 □□　水噴霧消火設備は、一般に、店舗の吹抜け部のような天井の高い空間において用いられ、噴霧水による窒息効果や冷却効果等により消火する設備である

4 ×│水噴霧消火設備とは、水噴霧ヘッドを用い、水を霧状の微粒子にして放射し、危険物等の特殊な対象物に対して、消火、火勢の抑制、あるいは延焼防止を目的とした固定式の消火設備

5 ☐☐ スプリンクラー設備の設置が必要なホテルにおいて、床面から天井までの高さが10mを超える吹抜けのロビーには、放水型ヘッド等を用いたスプリンクラー設備を設置する

6 ☐☐ 泡消火設備は、酸欠効果と冷却効果によって消火する設備である

7 ☐☐ 消火剤として窒素を用いた不活性ガス消火設備は、ガスの放出にともなう酸素濃度の低下により消火する設備である

8 ☐☐ イナートガス消火剤は、人体への安全性が高く、地球温暖化指数及びオゾン破壊係数の点からも優れており、その消火原理は、酸素濃度の希釈消火である

9 ☐☐ 電源を必要とする排煙設備には、発電機などの予備電源を設けなければならない

10 ☐☐ 排煙口は、防煙区画部分の各部分から水平距離で30m以下となるように設けなければならない

11 ☐☐ 特別避難階段の附室には、機械排煙設備を設けなければならない

12 ☐☐ 粉末消火設備は、微細な粉末の薬剤を使用するものであり、凍結しないので、寒冷地に適している

13 ☐☐ 耐火建築物の場合、火災の初期段階における煙層の降下の速さは、火源の面積よりも火源の発熱量の影響を受ける

14 ☐☐ 非常用エレベーターは、災害時における消防活動等を目的として設けるものである

15 ☐☐ 一般的な事務所ビルにおいて、水槽類を除く設備機器を同一階に設置する場合、局部震度法による設計用標準震度は防振支持された設備機器のほうが大きい値となる

16 ☐☐ 屋外消火栓は、防火対象物の外部に設置され、建築物の1階および2階部分で発生した火災の消火や隣接する建築物への延焼防止を目的としている

17 ☐☐ 屋外消火栓設備においては、建築物の各部分から屋外消火栓のホース接続口までの水平距離が50m以下となるように配置した

5 ○｜設問記述のとおり。放水型の中でも大型可動式ヘッドは放水銃に近い

6 ○｜泡消火設備は水による冷却効果と、泡による酸欠効果により消火する

7 ○｜不活性ガス消火設備は、電気室やコンピュータ室等水を嫌う部屋に使用する窒息効果と冷却効果のある消火設備

8 ○｜設問記述のとおり。不活性ガス消火設備には従来使用していた二酸化炭素のほか、人命の安全に配慮したイナートガス（窒素もしくは窒素と他の気体との混合物）等がある

9 ○｜電源を必要とする排煙設備の予備電源は、自動充電装置又は時限充電装置を有する蓄電池、自家用発電装置その他これらに類するもの

10 ○｜設問記述のとおり

11 ×｜建築基準法施行令123条3項一号。特別避難階段に通じる附室には排煙設備を有する必要がある。機械排煙設備である必要はない

12 ○｜粉末消火設備の設置対象物は、不活性ガス消火設備とほぼ同様。消火原理は、燃焼の連鎖反応を抑制する負触媒効果によるもので、消火剤には4種類ある

13 ×｜煙の重量は、空気の半分以下であるため、天井に吸いつくように層をなして流動する。煙の供給源としての火源はその面積に比例して煙の量が多くなり、よって早く天井などに煙が充満し、下降する速度が速くなる

14 ○｜非常用エレベーターは、消防隊の消火・救助活動用エレベーターであり、通常時は人荷用に使用する

15 ○｜一般機器と防振機器の応答倍率の違いを水平震度に反映させると後者のほうが大きい値となる

16 ○｜設問記述のとおり

17 ×｜屋外消火栓設備の設置条件としての水平距離は40m以下である

014 環境性能・省エネルギー

国を挙げてカーボンニュートラル脱酸素へ取り組んでいる昨今、CASBEEを中心に環境性能と新たに法的拘束力を持つ省エネ法とその手法に関する問題が増えつつあるので新たな用語を積極的に覚えたい

1　環境性能

☐　**カーボンニュートラル**とは、日本においては温室効果ガスを対象に、排出量から吸収量と除去量を差し引いた合計をゼロにすることである。CO_2排出量を削減し、さらに森林などでCO_2吸収量を増やし、差し引きゼロ、中立(ニュートラル)とする

☐　**CASBEE**(Comprehensive Assessment System for Built Enviroment Eficiency)とは、財団法人建築環境・省エネルギー機構(IBEC)が認証する建築環境総合性能評価システム。建築物における総合的な環境性能評価の仕組みの基礎として、「建築物の環境品質・性能(Q)」を「建築物の外部環境負荷(L)」で除した値(Q/L)で評価する。これを建築物の環境性能効率(BEE)という。BEEは値が大きいほど環境性能が高いと評価される

☐　CASBEE評価項目の建築物環境品質・性能(Q)には「室内環境、サービス性能、室外環境(敷地内)」があり、建築物の外部環境負荷(L)には「エネルギー、資源・マテリアル、敷地外環境」がある

☐　海外の環境評価手法としてはイギリスのBREAM、米国のLEED、カナダのGBTool、中国のGOBAS等がある

☐　設備材料に**エコマテリアル(低環境負荷材料)**を積極的に使用すると、地球温暖化防止に有効である

☐　建築物の運用段階での省エネルギー化と建築物の機能の長寿命化を図る為にBMS(ビルディング・マネジメント・システム)を導入する

☐　**再生可能エネルギー**は、太陽光、風力、水力、地熱、バイオマスなどを利用して創るエネルギーである。従来の石炭、石油などの化石燃料使用する火力発電、ウランによる原子力発電とは異なり利用する資源に限りがないために再生可能エネルギーと呼ばれる

●**BEE**(Building Enviromental Efficiency)(**建築物の環境性能効率**)
CASBEEにおける建築物の環境性能効率を表すもので、建築物の環境品質・性能(Q)を建築物の外部環境負荷(L)で除した値である。この値が大きいほど環境性能が高いと評価される

●**ZEB**(net Zero Energy Building)、**ZEH**(net Zero Energy House)
建築物における一次エネルギー消費量を建築物・設備の省エネ性能の向上、エネルギーの面的利用、オンサイトでの再生可能エネルギーの活用等により削減し、年間での一次エネルギー消費量が正味ゼロ又は概ねゼロとなる建築物及び住宅

●**ERR**(Energy Reduction Rate)
設備システムの一次エネルギー消費量の低減率のことで、CASBEEにおけるERRは、「評価対象建築物の省エネルギー量の合計」を「評価建築物の基準となる一次エネルギー消費量」で除した値。ERRの値が大きいほど設備システムの高効率化が図られていると評価される

●**PAL***(**パルスター**)
年間熱負荷係数のことで、建築外周部(ペリメーター)の熱的省エネルギー性能を評価する建築的な評価指標。ペリメーターゾーンの年間熱負荷[MJ／年]をペリメーターゾーンの床面積[㎡]で除した値で、この値が小さいほど、ペリメーターゾーン単位面積当たりの年間熱負荷が小さいことを示し、建築物の外皮の熱性能が高いと判断される

●**バイオマス**
生物資源(bioバイオ)の量(massマス)を表す言葉で、動植物のゴミを原料として腐敗・発酵させて創る有機性の資源をいう

□ LCCO₂(ライフサイクルCO₂)とは、建物のライフサイクル(企画・施工・運営・解体)の全ての段階を合計した二酸化炭素(CO_2)排出量のこと。**LCCM**(ライフサイクルカーボンマイナス)とは文字通り、LCCO₂をマイナスにすることをいう

● **LEED**(Leadership in Energy & Environmental Design)
ビルト・エンバイロメント(建築や都市の環境)の世界的な環境性能評価システムの1つ

2 　省エネルギー

□ 建物全体の省エネ性能を**一次エネルギー消費量**で客観的に評価する。ただし、住宅の外皮(外壁・窓等)の熱性能については、室内の適切な温熱環境などの観点から、一定の水準(平成25年基準相当)を別途確保する(平成28年4月施行)

● **算定の対象となる設備**
「空調・冷暖房」「換気」「照明」「給湯」「昇降機」「その他」(事務機器等)及び「エネルギー利用効率化設備」(太陽光発電、コージェネレーション設備)。「その他」の基準値は床面積に対応

□ 建築物の一次エネルギー消費量の基準では、地域区分や床面積の**共通条件**のもとに、**実際に設計した建築物の仕様**で算定した設計一次エネルギーが**基準仕様**(平成25年基準相当の外皮と標準的な設備)で算定した省エネ基準一次エネルギー消費量以下になることを基本とする

● **省エネ性能の評価**
建築設備の前5項目の消費量合計から第6項の効果を削減。太陽光発電については、自家消費相当分のみ削減できる(売電の場合は0、売電しない場合は100%削減できる)

● **一次エネルギー消費基準の考え方**(建築物)

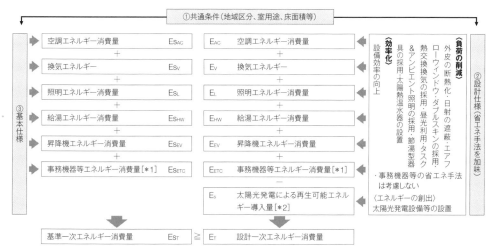

*1　事務・情報機器等のエネルギー消費量(空調対象室の機器発熱参照値から推計)は、建築設備に含まれないため、省エネルギー手法は考慮せず、床面積に応じた同一の標準値を設計一次エネルギー消費量及び基準一次エネルギー消費量の両方に使用する
*2　コージェネレーション設備により発電されたエネルギー量も含まれる

□ BELS(ベルス:Building-Housing Energy-efficiency Labeling System)とは建築物省エネルギー性能表示制度のことである。ガイドラインに基づく表示内容と併せ、用途ごとのBEIに応じた☆数が表示され、BEI値が小さいほど星の数が多い

● **LCC**(ライフサイクルコスト)
建築物の生涯にかかる総費用。保守管理や修理の費用、設備費なども含まれる
● **BEI**(Building　Energy Index)
エネルギー消費性能プログラム基づく、基準建築物と比較した時の設計建築物の一次エネルギー消費量の比率のこと。BEI=設計一次エネルギー消費量／基準一次エネルギー消費量
● **BEMS**(Building Energy Management System)
室内環境とエネルギー性能の最適化を図るためのビル管理システムのこと

□ 非住宅部分の床面積が300㎡以上の建物を新築する場合や、一定規模以上の増築を行う場合、建築確認にあたって所管行政庁又は登録省エネ判定機関による省エネ適合性判定(建築物エネルギー消費性能適合性判定)を受ける必要がある

QUESTION

ANSWER

1 最頻出問題 | 一問一答

→→→

次の記述のうち、正しいものには○、誤っているものには×をつけよ

1 ☐☐ 外皮平均熱貫流率（U_A値）とは、建物内部から床、外壁、屋根や開口部などを通過して外部へ逃げる熱量を外皮全体で平均した値であり、数値が大きいほど性能がよい

2 ☐☐ 建築物の総合環境性能評価システムとして、日本ではPAL*があり、他国でのBREEAM、LEEDに相当する

3 ☐☐ 35年寿命を想定した一般的な事務所ビルのライフサイクルCO_2においては、「運用段階のエネルギー・水消費によるCO_2排出量の占める割合」より、「設計・建設段階及び廃棄段階によるCO_2排出量の占める割合」の方が大きい

4 ☐☐ 建築・設備の省エネルギー計画の基本は、第一に建築的手法により熱負荷の軽減や、自然を活用すること、第二に性能の高い設備を構築し、適正に運転管理することである

5 ☐☐ 「ZEH（Net Zero Energy House）」は、快適な室内環境を保ちながら、一年間で消費する住宅の一次エネルギー消費量の収支が0（ゼロ）となることを目指した住宅のことをいう

1 ×｜熱損失の合計を外皮面積で除した値で、値が小さいほど省エネルギー性能が高いことを示す

2 ×｜我が国の建築物の総合環境性能評価システムはCASBEEであり、PAL*ではない

3 ×｜35年寿命を想定した一般的な事務所ビルのライフサイクルCO_2は、「運用段階のエネルギー消費によるCO_2の排出量の割合が最も高く」全排出量の50%以上になることもある

4 ○｜設問記述のとおり。建築的手法とはパッシブな手法と呼ばれ、省エネルギー性能の高い設備の構築はアクティブ手法と呼ばれる

5 ○｜住まいの断熱性・省エネ性能を上げること、そして太陽光発電などでエネルギーを創ることにより、年間の一次エネルギーの収支を0（ゼロ）にする住宅をいう

2 実践問題 | 一問一答

→→→

1 ☐☐ 再生可能エネルギー源には、太陽光、風力、水力、バイオマス、地熱等がある

2 ☐☐ CASBEEは、「建築物のライフサイクルを通じた評価」「建築物の環境品質と環境負荷の両面からの評価」「建築物の環境性能効率BEEでの評価」という三つの理念に基づいて開発された

3 ☐☐ CASBEEにおいて、建築物の設備システムの高効率化評価指標として用いられるERRは、「評価建築物の省エネルギー量の合

1 ○｜設問記述のとおり。従来の石炭、石油などの化石燃料を使用する火力発電、ウランによる原子力発電とは異なり、利用する資源に限りがないために再生可能エネルギーと呼ばれる

2 ○｜設問記述のとおり。CASBEEは、建築物の環境性能を評価し、格付けする手法である

3 ○｜ERR（Energy Reduction Rate）は、設備システムの一次エネルギー消

計」を「評価建築物の基準となる一次消費エネルギー量」で除した値である

4 ☐☐ 冷凍機に使用される代替冷媒のフロン（HFC）は、オゾン破壊係数は0であるが、地球温暖化係数が高い温室効果ガスである

5 ☐☐ エアフローウインドウは、夏期における室内温熱環境の改善には有効であるが、冬期におけるコールドドラフトの防止には効果がない

6 ☐☐ 太陽光発電システムのパワーコンディショナは、インバータ系統連系保護装置および蓄電池が組み合わされたものである

7 ☐☐ CASBEE（建築物環境総合性能評価システム）は、省エネルギーや環境負荷の少ない資機材の使用といった環境配慮や、室内の快適性や景観への配慮なども含めた建物の品質を総合的に評価するシステムである

8 ☐☐ 近年の日本全体のCO₂排出量における建築関連の排出割合は、約1／3であり、この中で「建築物の建設にかかわるもの」と「運用時のエネルギーにかかわるもの」との割合は、約1／2ずつとなっている

9 ☐☐ 建築物省エネルギー性能表示制度（BELS）の5段階マークはBEIの値が大きいほど、星の数が増える

10 ☐☐ ヒートポンプ式家庭用給湯機のエネルギー利用率は、貯湯槽の容量や選択した制御モード（沸き上げの温度・量・タイミングを制御）の影響を受ける

11 ☐☐ ボイラー等の熱効率は、「高位発熱量を基準とするもの」より「低位発熱量を基準とするもの」のほうが低くなる

12 ☐☐ Low-Eガラスを用いる複層ガラスは、低放射膜をコーティングした面が複層ガラスの中空層の室内側に位置するように設置することにより断熱性能を高めるものである

13 ☐☐ 「建築物のエネルギー消費性能の向上に関する法律」に基づく省エネルギー基準の適否の判断に用いられるエネルギー消費量は、電力、ガス、石油等の二次エネルギーの消費量である

14 ☐☐ ZEBとは達成するためには外皮性能と一次エネルギー基準の双方の一定以上の削減が必要である

費量の低減率のこと

4 ○｜設問記述のとおり

5 ×｜エアフローウインドウは、二重サッシ（ガラス）の間に電動ブラインドを設け、日射を遮蔽すると同時に、二重サッシの間に室内空気を通し、夏は外部に排出、冬は空調機に戻すこと

6 ×｜パワーコンディショナには蓄電池は含まれない

7 ○｜設問記述のとおり

8 ×｜近年、日本全体のCO₂排出量における建築関連の排出割合は約1／3程度を占めており、そのうち運用に関するものは、2／3程度を占めている

9 ×｜BEIの値が小さいほど星の数が増える

10 ○｜ヒートポンプ式家庭用給湯機は、大気中の熱を取り込んだ自然冷媒CO₂を圧縮して高温高圧のガスを作り、その熱でお湯を沸かす仕組みである。高効率で省エネルギーである

11 ×｜ボイラー等の熱効率は、熱効率＝熱出力／燃料の発熱量で表す。したがって、高位発熱量は水蒸気の蒸発潜熱分も発熱量に含めるので、低位発熱量基準よりも高位発熱量基準のほうが効率は低くなる

12 ○｜Low-E（Low-Emissivity：低放射率）ガラスは、特殊な金属膜を表面にコーティングした低放射ガラスであり、採光及び透明感を確保しながら、日射を遮断したり、断熱効果を高めることができる。夏期の日射遮断性を重視したものとなる

13 ×｜電力、ガス、石油等の一次エネルギー消費量で評価する

14 ×｜ZEBの達成に外皮性能については基準値からの削減は不要

分野別・出題傾向 [平成26－令和5年]

DATA

分野	H26	H27	H28	H29	H30	R1	R2	R3	R4	R5	合計
環境工学単位・用語	1.0	1.0	1.0	1.0	1.0	1.0	1.0	1.0	1.0	1.0	10.0
換気	1.0	1.0	1.0	1.5	1.0	2.0		1.0	1.0	1.0	10.5
温冷感・熱・結露	2.0	2.0	2.0	1.5	2.0	1.0	3.0	2.0	2.0	2.0	19.5
日照・日射・採光	1.0	1.0	1.5	1.5	1.0	1.0	1.0	1.0	1.0	1.0	12.0
照明・色彩	2.0	2.0	1.5	1.5	1.0	2.0	2.0	2.0	2.0	2.0	18.0
音	2.0	2.0	2.0	2.0	2.0	2.0	2.0	2.0	2.0	2.0	20.0
防火・防災	1.0	1.0	1.0	1.0	1.0	1.0	1.0	1.0	1.0	1.0	10.0
空気調和・換気設備	3.0	3.0	3.0	3.0	3.0	3.0	3.0	3.0	3.0	3.0	30.0
給排水衛生設備	2.0	2.0	2.0	2.0	2.0	2.0	2.0	2.0	2.0	2.0	20.0
電気設備	2.0	3.0	2.0	2.0	2.0	2.0	2.0	2.0	2.0	2.0	21.0
防災設備	1.0	1.0	1.0	1.0	1.0	1.0	1.0	1.0	1.0	1.0	10.0
環境・設備融合	2.0	2.0	2.0	2.0	2.0	2.0	2.0	2.0	2.0	2.0	19.0

ADVICE　環境分野については、上表の「温冷感・熱・結露」と「音」から2問ずつ、他は1問ずつ出題される傾向にある。上表で「0.5」と示しているのは、2分野が混じった問題であり、「換気」と「熱」、「採光」と「照明」の組み合わせが多い。過去問の言い回しを変えたり、切り口を変えたりした出題が多いことから、学習の基本としては、基本的な原理・原則と公式を理解することが重要である。

設備分野については、令和5年度試験の空調換気設備に関しては、空調熱源機種別、各種空調方式と換気に関する問題、給排水設備に関しては、設備の設計に関する問題、電気設備に関しては、力率や雷保護に関する問題、防災設備に関しては自動火災報知設備に関する問題、建築設備融合ではエネルギー関連問題や地震に対する問題が出題された。

環境・設備では、近年、社会的関心の高い一次エネルギー消費量やカーボンニュートラル・脱炭素、省エネ、感染症や災害対策に関係した用語、システム名や法令用語（例えばZEBやBELS、$LCCO_2$など）について近年のトレンドも押さえておくと良い。

Chapter 3

法規

「法規」分野は、建築基準法や関連法規から出題されるので、基本的には、法令集を熟読することがこの分野の最も効果的な学習ポイントになります。

本章末の「分野別・出題傾向」の分析をよく読み、出題の選択肢が何法の何条の何項に該当しているのか、法令集の条文に照らしながら十分に理解することが重要となります。

001 用語の定義①基本用語

建築基準法令に使用される用語は、原則として建築基準法及び建築基準法施行令に規定されている。『法規』科目は、受験会場に法令集の持込みが可能であるが、「用語」の意義は、法令集に当たらなくても理解しておくようにしたい

1 建築物と特殊建築物

□ **建築物**とは、土地に定着する工作物のうち、下記のいずれかに該当するものをいう
①柱又は壁に屋根の付いたもの（これに類する構造のものを含む）
②①に附属する門、塀（屋根の有無にかかわらない）
③観覧のための工作物
④**地下又は高架の工作物内に設ける**事務所、店舗、倉庫等
⑤建築物に設ける建築設備

□ 建築物から**除くもの**
鉄道・軌道の線路敷地内の運転保安に関する施設並びに跨線橋、プラットホームの上家、貯蔵槽その他これらに類する施設

□ **特殊建築物**は、法の適用により大きく2つに分けられる
● **特殊建築物の種類**

種類	内容
特殊建築物（基本）	学校（専修学校・各種学校を含む）、体育館、病院、劇場、観覧場、集会場、展示場、百貨店、市場、遊技場、公衆浴場、旅館、共同住宅、寄宿舎、下宿、工場、倉庫、自動車車庫、危険物の貯蔵場、火葬場、汚物処理場等
耐火建築物等にしなければならない特殊建築物	「法別表第1」に規定され、さらに「**令115条の3**」にも規定されている 例：学校・体育館その他これらに類するもので政令で定めるもの［法別表第1］ ↓ 博物館、美術館、図書館、ボーリング場、スキー場、スケート場、水泳場又はスポーツの練習場［令115条の3第二号］

本項目では、建築基準法を「法」、同法施行令を「令」とする。建築士法は「士法」とする

● **建築物**　法2条一号
「これに類する構造のもの」の一例に、鉄道車両・コンテナ等を土地に定着させ、飲食店舗等として利用する場合がある

● **建築設備**　法2条三号
建築設備とは、**建築物に設ける**電気、ガス、給水、排水、換気、暖房、冷房、消火、排煙もしくは汚物処理の設備又は煙突、昇降機もしくは避雷針をいう。中でも問われるのが、消火設備と避雷針

● **特殊建築物**　法2条二号
特殊建築物とは、主として不特定多数の人が使用するもの、火災発生の危険のおそれがあるもの、環境の悪化のおそれがあるもの等。事務所、戸建の個人専用住宅等は特殊建築物ではない

● **児童福祉施設等**　令19条1項、令115条の3第一号
児童福祉施設だけでなく、老人福祉施設、障害者支援施設、地域活動支援センター、福祉ホーム等も含まれる。保育所は児童福祉施設である

特殊建築物は「法別表第1」と「令115条の3」で確認しよう

2　主要構造部と構造耐力上主要な部分

● 主要構造部と構造耐力上主要な部分

種類	対象部分	除外部分
主要構造部 [法2条五号]	壁、柱、床、梁、屋根、階段	構造上重要でない間仕切壁、間柱、附け柱、揚げ床、最下階の床、小梁、庇、局部的な小階段、屋外階段等。ここでの「構造上」とは、防火構造上の観点である
構造耐力上主要な部分 [令1条三号]	基礎、基礎杭、壁、柱、小屋組、土台、斜材（筋かい、方づえ、火打材等）、床版、屋根版、横架材（梁、けた等）で、建築物の自重もしくは積載荷重、積雪荷重、風圧、土圧もしくは水圧又は地震その他の震動もしくは衝撃を支えるもの	「主要構造部」と「構造耐力上主要な部分」は、類似した用語だが、定義が異なるので要注意

3　建築と大規模の修繕・模様替

建築物を新築、増築、改築又は移転することを建築という。また、建築物の**主要構造部の1種以上**について行う、

①**過半の修繕**を、**大規模の修繕**という

②**過半の模様替**を、**大規模の模様替**という

● **建築**　法2条十三号
● **大規模の修繕**　法2条十四号
例：屋根の2／3の修繕等
● **大規模の模様替**　法2条十五号

4　ココも出る！　その他の頻出用語

地階とは、床が地盤面下にある階で、床面から地盤面までの高さがその階の天井の高さの**1／3以上**のものをいう

安全上、防火上又は衛生上重要な部分に使用する木材、鋼材、コンクリート等の建築材料として大臣が定めるものは、日本産業規格又は日本農林規格に適合又は大臣認定品であること

設計とは、その者の責任において設計図書を作成すること。**設計者**とは、その者の責任において設計図書を作成した者をいう

工事監理者とは、その者の責任において工事を設計図書と照合し、設計図書のとおりに実施されているかを確認する者をいう。**工事施工者**とは、建築物やその敷地、準用工作物（法88条1～3項に規定する工作物）に関する工事の請負人、又は請負契約によらないでみずから工事をする者をいう

建築主とは、建築物に関する工事の請負契約の注文者又は**請負契約によらないでみずから工事をする者**をいう

● **地階**　令1条二号

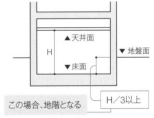

この場合、地階となる　H／3以上

● **建築材料の品質**　法37条、令144条の3、指定建築材料
● **設計**　法2条十号、士法2条6項
● **設計図書**　法2条十二号、士法2条6項
建築物やその敷地、準用工作物に関する工事用の図面（**現寸図その他これに類するものを除く**）及び仕様書をいう
● **設計者**　法2条十七号
一定の規模以上等の建築物について構造関係規定又は設備関係規定に適合することを確認した**構造設計一級建築士又は設備設計一級建築士を含む**
● **工事監理者**　法2条十一号、士法2条8項
● **工事施工者**　法2条十八号
● **建築主**　法2条十六号

001　**用語の定義①基本用語**　　　　　　　QUESTION & ANSWER

QUESTION

ANSWER

1　最頻出問題｜一問一答

→→→

次の記述のうち、建築基準法上、正しいものには○、誤っているものには×をつけよ

1 □□　土地に定着する工作物のうち、屋根及び柱若しくは壁を有するもの、及びこれに類する構造のものは、「建築物」である

2 □□　建築物に設ける消火用のスプリンクラー設備は、「建築設備」である

3 □□　建築物の自重等を支える基礎杭は、「主要構造部」である

4 □□　床が地盤面下にあり、天井の高さが4mの階で、床面から地盤面までの高さが1.2mのものは、「地階」である

5 □□　建築物の屋根の2/3を取り替えることは、「建築」である

6 □□　傾斜地等で敷地に高低差のある場合は、建築物の避難階が複数となることがある

7 □□　貯蔵槽は「建築物」である

1 ○｜法2条一号。土地に定着する工作物のうち、屋根及び柱若しくは壁を有するもの（これに類する構造のものを含む）は、建築物である

2 ○｜法2条三号。消火設備は建築設備である

3 ×｜法2条五号。基礎及び基礎杭は、主要構造部ではないが、令1条三号の「構造耐力上主要な部分」である

4 ×｜令1条二号。地階の場合、床面から地盤面までは、4m÷3＝1.33（≒1.34）m以上の高さが必要

5 ×｜法2条十三号。建築物の新築、増築、改築、移転が「建築」なので、不正解。屋根の2／3の取替えは、工事内容により大規模の修繕又は大規模の模様替に該当する。法2条十四号の大規模の修繕及び法2条十五号の大規模の模様替は、主要構造部の1種以上について行う1／2を超える場合の修繕及び模様替が対象である

6 ○｜令13条一号。避難階とは直接地上へ通ずる出入口のある階をいう

7 ×｜法2条一号

2　実践問題｜一問一答

→→→

1 □□　食堂用の鉄道車両を土地に定着させて、レストランとして使用する場合は、「建築物」ではない

2 □□　高架の工作物内に設ける倉庫は、「建築物」ではない

3 □□　建築物の構造上重要ではない小ばりは、「主要構造部」ではない

4 □□　「建築物の大規模の模様替」とは、構造耐力上主要な部分の1

1 ×｜法2条一号の「これに類する構造のものを含む」に該当し、建築物

2 ×｜法2条一号。地下又は高架の工作物内の店舗や倉庫等は建築物

3 ○｜法2条五号

4 ×｜法2条5号、法2条十五号、令1条三号。建築物の主要構造部の1種

種以上について行う過半の模様替をいう

5 ☐☐ 事務所は、その規模にかかわらず、法6条1項一号に規定する「特殊建築物」ではない

6 ☐☐ 物を運搬するための所定の昇降機で、建築物に設けるものは、「建築設備」ではない

7 ☐☐ 「屋根」及び「階段」は、主要構造部である

8 ☐☐ 高さが6mの広告板の工事用の現寸図は、「設計図書」に含まれる

9 ☐☐ 「設計者」とは、建築士事務所の管理建築士をいう

10 ☐☐ 「工事監理者」とは、その者の責任において、工事を監督する者をいう

11 ☐☐ 請負契約によらないでみずから建築物に関する工事をする者は、「建築主」、かつ、「工事施工者」である

12 ☐☐ 「工事施工者」とは、建築物、その敷地もしくは準用工作物に関する工事の請負人又は請負契約によらないでみずからこれらの工事をする者をいう

13 ☐☐ レンガは、「耐水材料」ではない

14 ☐☐ 住宅の浴室は、「居室」である

15 ☐☐ 「敷地」とは、1の建築物又は用途上不可分の関係にある2以上の建築物のある一団の土地をいう

16 ☐☐ 防火戸は、「建築設備」である

以上について行う過半の模様替をいう

5 ○｜法2条二号、法別表第1、令115条の3より該当しない

6 ×｜法2条三号、令129条の3。人でなく物を運搬する昇降機も建築物に設けるものは建築設備である

7 ○｜法2条五号。壁、柱、床、はり、屋根、階段は、主要構造部である

8 ×｜法2条十二号。設計図書とは、建築物、その敷地又は法88条1〜3項に規定する工作物（準用工作物）に関する工事用の図面（現寸図その他これに類するものを除く）及び仕様書をいう。また、法88条の準用工作物は、令138条に規定されており、広告板は、高さが4mを超えるものが該当

9 ×｜法2条十七号。その者の責任において設計図書を作成した者であり、管理建築士とは限らない

10 ×｜法2条十一号、士法2条8項。工事監督ではなく工事監理をする者

11 ○｜建築主は法2条十六号、工事施工者は法2条十八号

12 ○｜法2条十八号

13 ×｜令1条四号。耐水材料とは、レンガ、石、人造石、コンクリート、アスファルト、陶磁器、ガラスその他これらに類する耐水性の建築材料をいう

14 ×｜法2条四号。居室とは、居住、執務、作業、集会、娯楽その他これらに類する目的のために継続的に使用する室をいう。住宅の浴室や便所は、通常の使用形態では継続的に使用するとはいえないので居室ではない。レストランの調理室は居室の扱いとなる

15 ○｜令1条一号。敷地の定義である

16 ×｜法2条三号。建築設備とは、建築物に設ける電気、ガス、給水、排水、換気、暖房、冷房、消火、排煙、汚物処理設備、煙突、昇降機、避雷針をいう

002 用語の定義②延焼・防火・耐火

避難、防火に関する用語は、耐火性能、準耐火性能、防火性能、遮炎性能等、類似した用語が多いので、その違いを理解する。防火材料等は性能規定によるため、「準耐火構造とする」といった場合は、性能の上位の「耐火構造」でもよい

1 延焼のおそれのある部分、避難階

延焼のおそれのある部分とは、

①隣地境界線、道路中心線から、1階は**3m**以下、2階以上は**5m**以下にある建築物(右図)の部分をいう[※1]

②同一敷地内に2以上の建築物(延べ面積合計＞500㎡)がある場合は、建築物相互の外壁間の中心線から、1階は3m以下、2階以上は5m以下の距離にある建築物の部分をいう[※2]

ただし、①、②ともに以下のイ又はロを除く。イ:防火上有効な公園、広場、川等の空地又は水面、耐火構造の壁等に面する部分。ロ:建築物の外壁面と上記②の建築物相互の外壁線の中心線との**角度に応じて**、当該建築物の周囲において発生する通常の火災時における火熱により燃焼するおそれのないものとして国土交通大臣が定める部分

避難階とは、**直接地上へ通ずる出入口のある階**をいう

●**延焼のおそれのある部分**　法2条六号

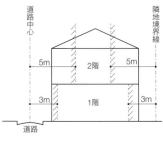

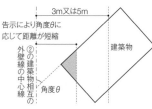

2 火炎を遮る防火設備

防火設備とは、防火戸、ドレンチャーその他火炎を遮る設備である。国土交通大臣が定めた構造方法を用いるもの又は大臣認定品をいう。防火設備には、**遮炎性能**が求められる

●**防火設備**　法2条九号の二、ロ、21条2項二号、27条1項、53条3項一号、61条、令109条1項、109条の2、110条の3、112条、114条5項等

●**防火設備に必要とされる遮炎性能の概要**

法令	定義	ポイント
法2条九号の二、ロ、令109条の2	通常の火災時における火炎を有効に遮るために防火設備に必要とされる性能	耐火・準耐火建築物の延焼のおそれのある部分の外壁開口部の防火設備は、通常の火災による火熱に、加熱開始後20分間当該加熱面以外の面に火炎を出さないもの
法61条、令136条の2第三号イ	通常の火災による周囲への延焼を防止するために防火設備に必要とされる性能	準防火地域内の建築物で地階を除く階数2以下で延べ面積500㎡以下(木造建築物等に限る)は、外壁開口部設備に周囲で発生する通常の火災による火熱が加えられた場合、当該外壁開口部設備が加熱開始後20分間当該加熱面以外の面(屋内面に限る)に火炎を出さないもの
令112条20項・21項、令114条5項	通常の火災時における火炎を有効に遮るために防火設備に必要とされる性能	界壁、間仕切壁、隔壁の風道の貫通部分等は令109条の防火設備で通常の火災による火熱が加えられた場合加熱開始後45分間加熱面以外の面に火炎を出さないもの
令112条12項	10分間防火設備	3階を病院、有床診療所、児童福祉施設等(就寝施設)の用途の建築物のうち階数3、延べ面積200㎡未満で所定の建築物の竪穴部分は令109条の防火設備で、通常の火災による火熱に対し、加熱開始後10分間の遮炎性能があること

※1:住宅に附属する門、塀も含まれる
※2:延べ面積の合計≦500㎡の建築物は、1の建築物とみなし、外壁間の中心線を考慮しない

□ 住宅等に附属する塀（門）は、法2条一号により建築物に含み、法2条六号により道路中心線、隣地境界線から3m以下の距離にあるものは、延焼のおそれのある部分に該当する

□ **特定防火設備**とは、防火設備のうち、通常の火災による火熱に対し、**1時間**当該加熱面以外の面に火炎を出さないものとして、国土交通大臣が定めた構造方法を用いるもの又は大臣認定品をいう

● **特定防火設備**　令112条1項

● **防火設備・特定防火設備の閉鎖・作動**
令112条19項
①常時閉鎖若しくは作動した状態にあるか、又は随時閉鎖若しくは作動できるもの
②煙又は温度上昇により自動閉鎖又は作動すること
③防火区画の種類により遮煙性能が必要となる

□ 防火区画に用いる特定防火設備・防火設備は、閉鎖・作動の際に、特定防火設備・防火設備の周囲の人の安全を確保できるもの。また、居室から地上に通ずる主たる廊下、階段等に設けるものは、閉鎖・作動状態で避難上支障がないこと等

□ 特定防火設備及び防火設備には「遮煙性能」を求めるものと求めないものがあり、令112条19項二号ロで規定され、竪穴区画、異種用途区画には「遮煙性能」が求められる

3　建築物に求められる耐火性能

□ ● **耐火性能・準耐火性能・防火性能の違い**

名称	定義
耐火性能 [法2条七号、令107条]	通常の火災が終了するまでの間、当該火災による建築物の**倒壊及び延焼を防止**するために当該建築物の部分に必要とされる性能をいう。壁、柱、床、梁、屋根、階段について、階数により30分～3時間、構造耐力上支障のある変形、溶融、破壊を生じないもの及び30分間又は1時間の遮熱性と遮炎性があること
準耐火性能 [法2条七号の二、令107条の2]	通常の火災による**延焼を抑制**するために建築物の部分に必要な性能。壁、柱、床、梁、屋根、階段について、30分又は45分、構造耐力上支障のある変形、溶融、破壊を生じないもの及び30分間又は45分間の遮熱性と遮炎性があること（1時間準耐火基準は235頁を参照）
防火性能 [法2条八号、令108条]	**建築物の周囲**において発生する通常の火災による延焼を抑制するために**外壁・軒裏**に必要な性能。耐力壁である外壁は、加熱開始後30分間構造耐力上支障のある変形、溶融、破壊を生じないもの。外壁及び軒裏は、加熱開始後30分間当該加熱面以外の面（屋内に面するものに限る）の温度が可燃物燃焼温度以上に上昇しないもの（準防火性能は234頁を参照）

4　火に強い材料－不燃・準不燃・難燃材料

□ **不燃材料・準不燃材料・難燃材料**とは、建築材料のうち、以下の表に適合するもので国土交通大臣が定めたもの又は大臣認定品をいう。性能規定によるため、「難燃材料とする」といった場合は、上位の「準不燃材料」、「不燃材料」でもよい

● **国土交通大臣が定めたもの**
告示により、仕様規定として材料名や厚さを規定している
● **不燃材料**　法2条九号、令108条の2
● **準不燃材料**　令1条五号、108条の2
● **難燃材料**　令1条六号、108条の2

● **不燃材料、準不燃材料、難燃材料**

これを不燃性能という
[法2条九号、令108条の2]

建築材料	性能要件［令108条の2］	時間要件
不燃材料[法2条九号]	通常の火災による加熱に対し、右記の時間は ①燃焼しない ②防火上有害な変形、溶融、き裂その他の損傷を生じない ③避難上有害な煙又はガスを発生しない（**外部仕上げは除く**）	**20分**［令108条の2］
準不燃材料[令1条五号]		**10分**［令1条5号］
難燃材料[令1条六号]		**5分**［令1条6号］

QUESTION

1 最頻出問題｜一問一答

→→→

次の記述のうち、建築基準法上、正しいものには○、誤っているものには×をつけよ

---

1 ☐☐　建築物の外部仕上げに用いる不燃材料は、通常の火災による火熱が加えられた場合に、加熱開始後20分間、燃焼せず、防火上有害な変形、溶融、き裂等の損傷を生じないもので、かつ、避難上有害な煙又はガスを発生しないものである

---

2 ☐☐　火災により煙が発生した場合に自動的に閉鎖又は作動をする防火設備を、「特定防火設備」という

---

3 ☐☐　建築物の周囲において発生する通常の火災による延焼を抑制するために当該建築物の外壁又は軒裏に必要とされる性能を、「防火性能」という

---

4 ☐☐　「準耐火性能」とは、通常の火災による延焼を抑制するために壁、柱、床その他の建築物の部分に必要とされる性能をいう

---

5 ☐☐　住宅に附属する厚さ15cmの塀で、幅員5mの道路に接して設けられるものは、「延焼のおそれのある部分」に該当しない

2 実践問題｜一問一答

→→→

1 ☐☐　平地に建つ高さが31m以上の建築物において、ヘリコプターが離着陸できる屋上広場は、「避難階」である

---

2 ☐☐　防火戸であって、これに通常の火災による火熱が加えられた場合に、加熱開始後1時間当該加熱面以外の面に火災を出さないものとして、国土交通大臣が定めた構造方法を用いるもの又は国土交通大臣の認定を受けたものは、「特定防火設備」に該当する

---

3 ☐☐　同一敷地内に平行して2つの平家建の建築物(延べ面積は各300㎡とし、いずれも耐火構造の壁等はないものとする)を新築する場合、当該建築物相互の外壁間の距離を4mとする場合は、2

ANSWER

1 ×｜令108条の2第一号・二号。外部仕上げに用いる不燃材料は、所定時間、燃焼せず、防火上有害な変形等の損傷を生じないものである。外部仕上げは第三号を適用しない

2 ×｜令112条1項。「特定防火設備」の特徴は、遮炎性能に関して「防火設備」より性能がよいこと。「2 火炎を遮る防火設備」(174～175頁)参照

3 ○｜法2条八号。防火性能とは、建築物の周囲の火災に対する外壁、軒裏の性能である

4 ○｜法2条七号の二。準耐火性能とは、火災の延焼を抑制するための性能である

5 ×｜法2条一号。住宅に附属する門、塀は建築物に含まれる。道路中心線から1階は3m以下、2階以上は5m以下が延焼のおそれのある部分である

1 ×｜令13条一号により避難階は、直接地上へ通ずる出入口のある階をいう。屋上広場は、令126条2項により5階以上を百貨店の売場にする場合に設ける避難用の屋上広場のことである

2 ○｜令112条1項。特定防火設備は遮炎性能1時間である

3 ○｜法2条六号。同一敷地内に2以上の建築物がある場合は、それらの延べ面積の合計が500㎡以内の建築物は、1の建築物とみなす。しかし、500㎡超の場合は、「延焼のおそれのある

つの建築物は「延焼のおそれのある部分」を有している

4 ☐☐ 「耐火性能」とは、通常の火災が終了するまでの間当該火災による建築物の倒壊及び延焼を防止するために壁、柱、床その他の建築物の部分に必要とされる性能をいう

5 ☐☐ 「遮炎性能」とは、通常の火災時における火炎を有効に遮るために壁、柱、床その他の建築物の部分に必要とされる性能をいう

6 ☐☐ 平地に建つ地上5階建ての建築物の地上5階から1階までの直通屋外階段がある場合は、その5階は避難階である

7 ☐☐ 「10分間防火設備」とは、令109条の防火設備で、これに通常の火災による火熱が加えられた場合に、加熱開始後10分間当該加熱面以外の面に火炎を出さないものとして、国土交通大臣が定めた構造方法を用いるもの又は国土交通大臣の認定を受けたものをいう

8 ☐☐ 建築物の周囲において発生する通常の火災による火熱が加えられた場合に、加熱開始後30分間当該加熱面以外の面(屋内に面するものに限る)の温度が、可燃物燃焼温度以上に上昇しないものであることは、外壁の「防火性能」に関する技術的基準の一つである

9 ☐☐ 通常の火災による火熱が2時間加えられた場合に、構造耐力上支障のある変形、溶融、破壊その他の損傷を生じないものであることは、10階建ての建築物の1階にある耐力壁である外壁の「耐火性能」に関する技術的基準の一つである

10 ☐☐ 耐火建築物の延焼のおそれのある部分の外壁に設ける防火設備について、通常の火災による火熱が加えられた場合に、加熱開始後20分間当該加熱面以外の面に火炎を出さないものであることは、防火設備の「遮炎性能」に関する技術的基準である

部分」が発生し、それらの建築物相互の外壁間の中心線から、1階は3m以下、2階以上は5m以下の距離にある建築物の部分をいう

4 ◯｜法2条七号。「3 建築物に求められる耐火性能」(175頁)参照

5 ✕｜法2条九号のニ ロ。遮炎性能は防火設備に必要とされる性能である

6 ✕｜令13条一号。地上に至るには屋外階段を経由しなければならないので5階は避難階ではない

7 ◯｜令112条12項

8 ◯｜法2条八号、令108条。防火性能に関する技術的基準。防火性能とは、①耐力壁である外壁は、建築物の周囲で発生する通常の火災に対して、加熱開始後30分間構造耐力上支障のある変形、溶融、破壊等を生じないもの、②外壁及び軒裏は、建築物の周囲で発生する通常の火災に対して、加熱開始後30分間当該加熱面以外の面(屋内に面するものに限る)の温度が可燃物燃焼温度以上に上昇しないもの

9 ◯｜法2条七号、令107条一号。耐火性能に関する技術的基準。一号の表により、最上階から数えた階数が10の場合の耐力壁の外壁は、非損傷性について、2時間必要である

10 ◯｜法2条九号のニ ロ、令109条の2。遮炎性能に関する技術的基準

MEMO | **目で覚える！ 重要ポイント**

● 同一敷地内に平行して2以上の建築物がある場合の延焼のおそれのある部分

A棟とB棟の延べ面積の合計>500㎡

隣地境界線　外壁相互間の中心　隣地境界線
A棟300㎡　　　　　　B棟210㎡
2階　　　2階
5m　　5m　5m　　5m
1階　　　1階
3m　　　3m,3m　　　3m
立面図

A棟とB棟の延べ面積の合計≦500㎡

隣地境界線　外壁相互の中心　隣地境界線
A棟300㎡　　　　　　B棟200㎡
2階　　　　　　2階
5m　　　　　　5m
1階　　　　　　1階
3m　　　　　　3m
立面図

003 面積・高さ等の算定①面積

敷地面積、建築面積、延べ面積の算定は、建築計画の基本である。敷地が接する道路の種別によっては、自己の敷地の一部を道路として敷地から面積除外しなければならない場合がある

1 敷地面積の算定

□ **敷地面積**は敷地の**水平投影面積**による。ただし、法42条2項等のみなし道路等に接する場合は、「敷地と現道との境界線」と「道路境界線とみなされる線」の間にある敷地は、敷地面積に入らない

□ **法42条2項道路**に接する敷地は道路の中心線からの水平距離**2**m(指定区域内[※]は3m)の線を**道路境界線**とみなして敷地面積を算定する。ただし、がけ地、川等に沿う場合は、がけ地等の側の境界線から水平距離**4**mの線をその道路の境界線とみなす

□ 特定行政庁はやむを得ない場合、道路中心線からの水平距離を2m未満1.35m以上の範囲内で、別に指定することができ、この場合、道路境界線とみなされる線との間の部分は敷地面積に入らない

● **敷地面積** 令2条1項一号

● **みなし道路** 法42条2項・3項・5項
幅員4m未満の道で、特定行政庁の指定したもの

※:特定行政庁が地方の気候・風土の特殊性により都市計画審議会の議を経て指定する区域

● **3項道路** 法42条3項
指定においては建築審査会の同意が必要(法42条6項)

□ ● **敷地面積の算定方法**

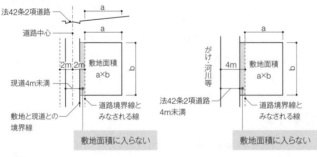

4m未満の道路に接する場合 / がけ地等の場合 / 法42条3項の道路の場合

□ 敷地の前面道路の道路境界線から後退して壁面線の指定がある場合は、特定行政庁の許可(建築審査会の同意)を受け、当該前面道路の境界線が当該壁面線にあるものとみなして建築物の容積率を算定する。当該建築物の敷地のうち、前面道路と壁面線との間の部分は、敷地面積に算入しない(法52条11項)

敷地内に計画道路がある場合は敷地面積に入らない(法52条10項)

2　建築面積の算定

建築面積は建築物の外壁又はこれに代わる柱の中心線で囲まれた部分の水平投影面積による。ただし、下記のものは建築面積から除外する

①地階で地盤面上**1m以下**にある部分

②軒、庇(ひさし)、はね出し縁等で外壁等の中心線から水平距離**1m以上**突き出たもの[※1]は、その先端から**1m**後退した線[※2]

③国土交通大臣が高い開放性を有すると認めて指定するものは、その端から水平距離**1m**以内の部分

● **建築面積**　令2条1項二号

※1：工場・倉庫の貨物の積卸し等専用の軒等で、その端と敷地境界線間に有効空地がある等で大臣が定める軒等（「**特例軒等**」という）のうち外壁・柱の中心線からの突出距離が**1m以上5m未満**を除く

※2：特例軒等のうち外壁・柱の中心線から**5m以上**突き出たものは、その端から**5m**以内で特例軒等の構造に応じて大臣が定める距離を後退した線

● **建築面積の算定方法**

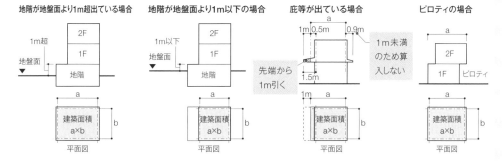

3　床面積と延べ面積の算定

床面積は建築物の各階又はその一部で壁その他の区画の中心線で囲まれた部分の水平投影面積による

延べ面積は建築物の各階の床面積の合計による。容積率算定の場合の延べ面積には、自動車車庫・自転車車庫は全床面積の1／5、エレベーターの昇降路部分（制限なし）、共同住宅・老人ホーム等の共用の廊下・階段部分（制限なし）、住宅・老人ホーム等に設ける特定行政庁の認定による機械室（規則10条の4の5より、1／50）、**地階の住宅及び老人ホーム等**は、それぞれ住宅及び老人ホーム等の部分の1／3、防災用備蓄倉庫は全床面積の1／50、蓄電池の設置部分は全床面積の1／50、自家発電設備の設置部分は全床面積の1／100、貯水槽の設置部分は全床面積の1／100、宅配ボックス設置部分は全床面積の1／100まで算入しない（280頁参照）

● **床面積**　令2条1項三号

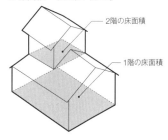

● **延べ面積**　令2条1項四号
● **地階の住宅及び老人ホーム等**　法52条3項

建築物の地階でその天井が地盤面からの高さ1m以下にある住宅又は老人ホーム、福祉ホーム等（「老人ホーム等」という）の用途部分をいう

● **容積率算定の場合の延べ面積の緩和**
令2条3項

● **築造面積**　令2条五号

工作物の築造面積は、水平投影面積による。国土交通大臣が、別に算定方式を定めた工作物については、その算定方法による

● **延べ面積と容積率**
　対象延べ面積の違い
　[令2条1項四号・3項]

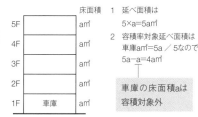

1　最頻出問題｜計算問題　→→→

1 □□　図のような建築基準法42条2項道路に接する建築物の平坦な敷地における敷地面積、建築面積、延べ面積を求めよ。なお高い開放性のある建築物ではない

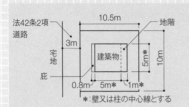 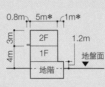

＊：壁又は柱の中心線とする

1 **敷地面積：100㎡**｜法42条2項道路は道路中心から2mの線が「道路境界線とみなす線」となり、その間の敷地は敷地面積に入らない

(10.5−0.5)m×10m＝100㎡

建築面積：30㎡｜地下1階は地盤面から1m超出ているので、建築面積に算入される。庇の出は、1m未満なので算入しない

(5+1)m×5m＝30㎡

延べ面積：80㎡｜1階及び2階とも、5m×5m＝25㎡
地下1階は6m×5m＝30㎡
25＋25＋30＝80㎡

2　実践問題｜計算問題　→→→

1 □□　図のような建築基準法42条2項道路に接する建築物の傾斜地の敷地における敷地面積、建築面積を求めよ。なお、高い開放性のある建築物ではない

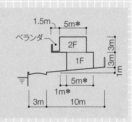

＊：壁又は柱の中心線とする

1 **敷地面積：90㎡**｜前面道路の反対側が、がけ、河川、鉄道敷き等の場合は、そのがけ等の道路境界線から敷地側に4mを測った線が「道路境界線とみなす線」となる

4m−3m＝1m

(10−1)m×10m＝90㎡

建築面積：32.5㎡｜ベランダは庇と同様に先端から1m後退して算入する

(0.5+5+1)m×5m＝32.5㎡

2 □□　地下1階地上2階建ての事務所で各階の床面積はそれぞれ100㎡である。その敷地内に100㎡の附属自動車車庫がある。この場合の「容積率算定の場合の延べ面積」を求めよ

容積率緩和の対象となる「宅配ボックス」とは、配達された物品(荷受人が不在等により受け取ることができないものに限る)の一時保管のための荷受箱をいう

2 **320㎡**｜事務所棟は100㎡×3階分＝300㎡。附属の自動車車庫は100㎡なので、敷地内の延べ面積の合計は300＋100＝400㎡である。容積率算定の場合の延べ面積について、自動車車庫の床面積は1／5まで算入されないので、400×1／5＝80㎡は算入されず、残りの100㎡−80㎡＝20㎡が算入される
ゆえに、300㎡＋20㎡＝320㎡となる

3 □□ 図のような建築基準法42条1項道路に接する建築物の平坦な敷地における敷地面積、建築面積、延べ面積及び容積率算定のための延べ面積を求めよ。なお高い開放性のある建築物ではない

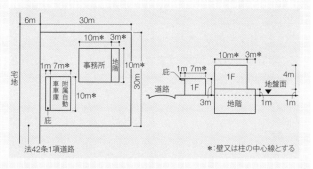

3 **敷地面積:900㎡**｜
30m×30m＝900㎡

建築面積:170㎡｜事務所棟の地階は地盤面上1mなので、建築面積に算入されない。10m×10m＝100㎡附属自動車車庫の庇の出は1mであるから算入されない。7m×10m＝70㎡100＋70＝170㎡

延べ面積:300㎡｜事務所棟1階は10×10＝100㎡。同地階は13×10＝130㎡。附属車庫は7×10＝70㎡100＋130＋70＝300㎡

容積率算定のための延べ面積:240㎡｜車庫不算入部分を算定すると300×1／5＝60㎡。70－60＝10㎡だけ算入する100＋130＋10＝240㎡

4 □□ 図のような西側と北側が建築基準法42条2項道路に接する建築物の平坦な敷地における敷地面積、建築面積、延べ面積を求めよ。なお高い開放性のある建築物ではない

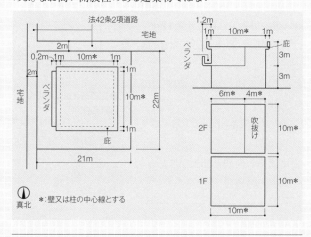

4 **敷地面積:420㎡**｜西側及び北側道路は現道幅員がそれぞれ2m。西側道路中心線及び北側道路中心線からそれぞれ2mの線を道路境界線とみなす
(21－1)×(22－1)＝420㎡

建築面積:102㎡｜庇の出は1mであるから先端から1mを引く。ベランダの出は1.2mであるから、1m引いて、1.2－1＝0.2mだけ算入する
(10＋0.2)×10＝102㎡

延べ面積:160㎡｜1階は10×10＝100㎡。2階は吹抜けを除き、6×10＝60㎡
100＋60＝160㎡

5 □□ 図のような東側と西側が建築基準法42条2項道路に接する建築物の傾斜地の敷地における敷地面積、建築面積、延べ面積及び容積率算定のための延べ面積を求めよ。なお高い開放性のある建築物ではない

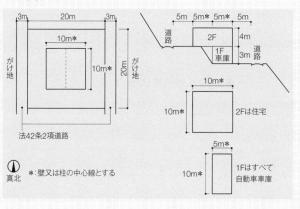

5 **敷地面積:360㎡**｜東側及び西側道路は、現道幅員がそれぞれ3mであり、道路の反対側が「がけ地」のため、がけ地側から4mの線を道路境界線とみなす
(20－1－1)×20＝360㎡

建築面積:100㎡｜10×10＝100㎡
延べ面積:150㎡｜1階面積は5×10＝50㎡。2階面積は10×10＝100㎡
50＋100＝150㎡

容積率算定のための延べ面積:120㎡｜車庫不算入部分を算定すると、150×1／5＝30㎡。1階車庫面積は50－30＝20㎡。2階面積は100㎡
20＋100＝120㎡

004 面積・高さ等の算定②高さ

高さはその建築物の条件により決まる。各条件には例外的事項が規定されているので、その内容を確認する。また、階数を求める問題はまれに複合問題として出題される。図や表等も活用し、高さに関する法律の体系を理解しよう

1 建築物の高さ

☐ **建築物の高さ**は原則として地盤面からの**高さ**による。ただし、**道路高さ制限**の場合は、前面道路の路面の中心からの高さによる

☐ 階段室・昇降機塔・装飾塔・物見塔等の屋上部分の水平投影面積の合計が建築面積の1/8以内の場合、屋上部分は**12m**まで高さに算入しない。ただし、以下の場合、屋上部分等は**5m**まで高さに算入しない
　①第一種低層住居専用地域・第二種低層住居専用地域・田園住居地域内における絶対高さ制限(法55条1～3項)
　②日影規制の対象になるかどうかの基準(法56条の2第4項及び法別表第4(ろ)欄2項・3項・4項ロ)
　③日影による中高層の建築物の制限の対象となる法別表第4(ろ)欄二の項、三の項及び四の項ロの場合

☐ 以下の場合、屋上部分を高さに算入する
　①高さ20m超の建築物に**避雷設備**を設ける場合(法33条)
　②**北側高さ制限**(法56条1項三号)
　③特例容積率適用区域、居住環境向上誘導地区又は特定用途誘導地区内の高さの規定で北側高さ制限がある場合
　④**高度地区**の高さの規定で北側からの高さ制限がある場合

☐ 棟飾、防火壁の屋上突出部は高さに算入しない

● **建築物の高さ**　法56条1項、令2条1項六号、131条等

● **道路高さ制限の場合**

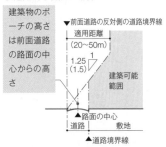

● **屋上部分を高さに算入する場合**

法33条(避雷設備)、56条1項三号(北側高さ制限)、57条の4第1項(特例容積率適用区域)、58条(高度地区)、60条の2の2第3項(居住環境向上用途誘導地区)、60条の3第2項(特定用途誘導地区)(北側の前面道路又は隣地との関係で建築物の各部分の高さの最高限度が定められている場合)

● **高さに算入しない屋上部分**　　● **高さに算入する屋上部分**(令2条1項六号ロ)

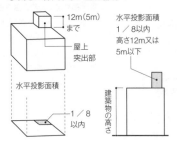

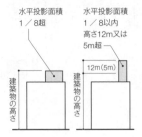

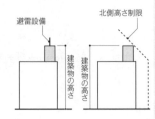

2　軒の高さ

□　**軒の高さ**は原則として地盤面（令130条の12第一号イの場合は前面道路の路面の中心）から建築物の小屋組又はこれに代わる横架材を支持する壁、敷げた又は柱の上端までの高さによる

● **軒の高さ**　令2条1項七号

3　階数

□　**階数**は建築物の階がいくつあるかによるが、以下のような屋上部分や地階は、階数に算入しない
　・屋上部分（**昇降機塔・装飾塔・物見塔**等）又は地階の**倉庫、機械室**等で、水平投影面積の合計が、それぞれ建築面積の**1／8**以下のもの

● **階数**　令2条1項八号
屋上部分を階数に算定しない場合と高さに算定しない場合の相違に注意

□　**吹抜き**の場合は、建築物の階数のうち**最大**なものによる

● 屋上部分の階数の不算入

水平投影面積のA＋Bが1／8以下で用途が昇降機塔等

● 地階の階数の不算入

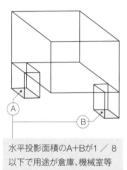

水平投影面積のA＋Bが1／8以下で用途が倉庫、機械室等

● 吹抜きの扱い

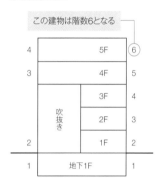

この建物は階数6となる

4　地盤面と平均地盤面

□　建築面積（令2条1項二号）、建築物の高さ（令2条1項六号）又は軒の高さ（令2条1項七号）の**地盤面**とは建築物が周囲の地面と接する位置の平均の高さにおける水平面をいう。その接する位置の高低差が3mを超える場合は、その高低差3m以内ごとの平均の高さにおける水平面をいう

● **地盤面**　令2条2項

● 地盤面の算定

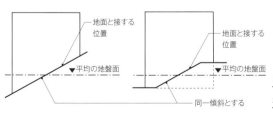

● 高低差＞3mの場合の地盤面の算定

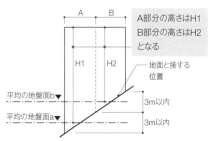

A部分の高さはH1
B部分の高さはH2
となる

QUESTION

ANSWER

1　最頻出問題│一問一答

→→→

次の記述のうち、建築基準法上、正しいものには○、誤っているものには×をつけよ

1 ☐☐　建築物の屋上部分で、水平投影面積の合計が当該建築物の建築面積の1／8以下の塔屋において、その一部に休憩室又は物置を設けたものは、当該建築物の階数に算入する

2 ☐☐　避雷設備の設置を検討するに当たっての建築物の高さの算定について、建築物の屋上部分である階段室で、その水平投影面積の合計が当該建築物の建築面積の1／10の場合においては、その部分の高さは、当該建築物の高さに算入しない

3 ☐☐　前面道路の境界線から後退した建築物の各部分の高さの制限の適用において、当該建築物の後退距離の算定の特例の適用を受ける場合、ポーチの高さの算定については、地盤面からの高さによる

4 ☐☐　建築物の地階（倉庫及び機械室の用途に供する）で、水平投影面積の合計が当該建築物の建築面積の1／5であるものは、当該建築物の階数に算入しない

5 ☐☐　建築物の屋上部分である昇降機塔で、その水平投影面積の合計が当該建築物の建築面積の1／6のものは、当該建築物の階数に算入する

6 ☐☐　建築物の敷地が斜面又は段地であるなど建築物の部分によって階数を異にする場合においては、これらの階数のうち最大のものを、当該建築物の階数とする

7 ☐☐　「北側高さ制限」において、建築物の屋上部分に設ける高さ4mの階段室の水平投影面積の合計が当該建築物の建築面積の1／8である場合においては、その部分の高さは、当該建築物の高さに算入しない

1 ○│令2条1項八号。屋上部分であっても、昇降機塔、装飾塔、物見塔等以外の用途を設けた場合には階数に算入する

2 ×│法33条、令2条1項六号ロ。避雷設備を設置する場合には、階段室等の屋上部分は建築面積の1／8以内であっても高さに算入する

3 ×│令2条1項六号イ・130の12第二号。道路高さ制限について、建築物が道路境界線から後退した場合の後退距離の緩和を受ける場合、建築物のポーチの高さは前面道路の路面の中心からの高さによる

4 ×│令2条1項八号。地階の倉庫等は、その水平投影面積が建築面積の1／8以下の場合には階数に算入しない。1／5＞1／8なので階数に算入する

5 ○│令2条1項八号。昇降機塔等の屋上部分は、その水平投影面積の合計が建築面積の1／8以下であれば階数に算入しない。1／6＞1／8なので階数に算入する

6 ○│令2条1項八号。階数とはその建築物の最大のものをいう

7 ×│法56条1項三号、令2条1項六号ロ。北側高さ制限の場合、階段室の水平投影面積が建築面積の1／8以内で、かつ高さ5m以下であっても建築物の高さに算入する

2　実践問題│一問一答　　　　→→→

1 ☐☐　道路高さ制限において、建築物の屋上部分に設ける高さ5mの高架水槽の水平投影面積の合計が、当該建築物の建築面積の1/8以内の場合においては、その部分の高さは当該建築物の高さに算入しない

2 ☐☐　防火壁の屋上突出部は、当該建築物の高さに算入しない

3 ☐☐　建築物の軒の高さを算定する場合における地盤面とは、原則として、建築物が周囲の地面と接する位置の高低差が3mを超える場合においては、その高低差3m以内ごとの平均の高さにおける水平面をいう

4 ☐☐　建築物の屋上部分(階段室の用途に供する)で、水平投影面積の合計が当該建築物の建築面積の1/8であり、かつその部分の高さが4mである場合であっても、当該建築物の高さに算入する場合がある

5 ☐☐　建築物の地階(機械室、倉庫及び防災センター(中央管理室)の用途に供する)で、水平投影面積の合計が当該建築物の建築面積の1/8であるものは、当該建築物の階数に算入する

6 ☐☐　第二種低層住居専用地域内における建築物の高さの限度の規定において、階段室及び昇降機塔のみからなる屋上部分の水平投影面積の合計が当該建築物の建築面積の1/8以内の場合においては、その部分の高さは、5mまでは、当該建築物の高さに算入しない

7 ☐☐　北側の前面道路又は隣地との関係についての建築物の各部分の高さの最高限度が高度地区において定められている場合の高さの算定に当たっては、建築物の屋上部にある階段室で、その水平投影面積の合計が当該建築物の建築面積の1/8以内のものであっても、その部分の高さは、当該建築物の高さに算入する

1 ○│令2条1項六号ロ。法2条三号の建築設備である高架水槽も階段室と同様に高さ12m(又は5m)以下で、水平投影面積の合計が建築面積の1/8以内であれば高さに算入しない

2 ○│令2条1項六号ハ。棟飾りや防火壁は高さに算入しない

3 ○│令2条2項。建築物の軒の高さも最高高さも地盤面から測る場合については、その地盤面の高低差が3mを超える場合は、3m以内ごとの平均の高さ(平均地盤面)から測る

4 ○│令2条1項六号ロ。避雷設備の設置や北側高さ制限の場合の高さには屋上部分を算入する

5 ○│令2条1項八号。地階の倉庫、機械室等で、水平投影面積の合計が建築面積の1/8以下のものは階数に算入しないが、防災センターは倉庫、機械室等に該当しないので、階数に算入する

6 ○│法55条1項、令2条1項六号ロ。第二種低層住居専用地域内は、建築物の高さ10m又は12mの絶対高さ制限(法55条)が適用される。この場合は、階段室等の屋上部分は、その高さ5mまで算入しない

7 ○│令2条1項六号ロ。法58条の高度地区による高さの規制のうち、北側からの高さ制限について規定されている場合は、屋上部分の高さは算入する

移転について(法86条の7第4項)　既存不適格建築物(法3条2項により建築基準法令の適用を受けない建築物)について、令137条の16で定める範囲内において移転をする場合は、法3条3項三号・第四号の規定にかかわらず、建築基準法令の規定は、適用しない

令137条の16　法86条の7第4項で定める範囲は、次のいずれかに該当すること
①移転が同一敷地内におけるものであること
②移転が交通上、安全上、防火上、避難上、衛生上及び市街地の環境の保全上支障がないと特定行政庁が認めるものであること

005 手続①確認申請等

建築物は、規模、用途により確認申請が必要となるが、工事の種別によっても異なる。また、確認の対象となるものは建築物に限らず、工作物等も含まれる

1　建築物の確認申請

☐　建築主は、工事着手前に確認申請を行い、建築主事又は指定確認検査機関から**確認済証の交付**を受けなければならない。審査されるのは、**建築基準関係規定**に適合しているかどうかである

● 建築確認を要するもの

法6条1項	建築物の種別	規模・用途	対象となる工事の種別	建築主事の審査期間
一号	特殊建築物	法別表第1(い)欄の用途の床面積の合計200㎡超	建築、**大規模の修繕**、**大規模の模様替**、用途変更	35日以内
二号	木造	階数≧**3**、延べ面積>**500㎡**、高さ>**13**m、軒高>**9**mのいずれかに該当するもの	建築、大規模の修繕、大規模の模様替	35日以内
三号	木造以外	階数≧**2**又は延べ面積>**200㎡**	建築、大規模の修繕、大規模の模様替	35日以内
四号	一号～三号に該当しないもの	上記以外で、**都市計画区域**、準都市計画区域、準景観地区、知事指定区域内における建築物	建築	7日以内

注　増築の場合は、増築後にこれらの規模となるもの

☐　上記一～四号については、**防火地域及び準防火地域外**において、**増築・改築・移転**で、その部分の床面積の合計が**10㎡以内**は、**確認申請は不要**である

☐　建築物の用途を**変更**して、法6条1項一号に該当する延べ面積200㎡超の法別表第一(い)欄の用途に供する特殊建築物にする場合、確認申請が必要であるが、その用途変更が**類似用途相互間**の場合は、原則、**確認申請は不要**である。また、確認済証の交付を受けた用途変更が完了したら**建築主事**に届け出る

☐　(1)**非常災害**があった場合の一定の要件に該当する**応急仮設建築物**として、①国等が災害救助のため建築するもの、②被災者自ら使用のため建築する延べ面積30㎡以内のもので、災害発生後1月以内の着工するものは建築基準法令を適用

● **確認申請**　法6条、6条の2
なお、以下の建築物では、一定の規定の審査が省略される（法6条の4、令10条、法68条の10第1項（型式適合認定）、法68条の20第1項）
①認定型式（法68条の10第1項）に適合する建築材料を用いる建築物
②認定型式に適合する建築物の部分を有する建築物
③小規模戸建木造住宅のような法6条1項四号対象建築物で建築士が設計したもの（法6条の4）

● **建築基準関係規定**（188頁参照）

● **確認申請が不要な場合**　法6条2項

● **用途変更**　法87条

● **類似用途**　令137条の18
①劇場、映画館、演芸場
②公会堂、集会場
③診療所（患者の収容施設があるものに限る）、児童福祉施設等（幼保連携型認定子ども園含む）（なお用途地域制限あり）
④ホテル、旅館
⑤下宿、寄宿舎
⑥博物館、美術館、図書館（なお用途地域制限あり）
⑦体育館、ボーリング場、スケート場、水泳場、スキー場、ゴルフ練習場、バッティング練習場（なお用途地域制限あり）
⑧百貨店、マーケット、その他の物品販売業を営む店舗
⑨キャバレー、カフェー、ナイトクラブ、バー（なお用途地域制限あり）
⑩待合、料理店
⑪映画スタジオ、テレビスタジオ
なお、児童福祉施設等は、令19条、115条の3に規定されている

しない、ただし、防火地域内を除く

(2)**災害があった場合**に建築する**停車場**、官公署等の**応急仮設建築物**には、確認手続きや集団規定等の一定の条文は適用しない、ただし、防火・準防火地域内の延べ面積50㎡超は法62条(屋根の規制)が適用される

(3)現場に設ける事務所、下小屋、材料置場等の仮設建築物には、確認手続き等の一定の条文は適用しない、ただし、防火・準防火地域内の延べ面積50㎡超は法62条が適用される

☐ 特定行政庁は、**仮設興行場・博覧会建築物・仮設店舗**等の仮設建築物について(**仮設興行場等**という)安全上、防火上及び衛生上支障がないと認める場合は、1年以内の期間(建築物の工事期間中従前の建築物に替えて必要となる仮設店舗等については、特定行政庁が必要と認める期間)でその**建築を許可**できるが、**確認申請は必要**である。なお、法37条(建築材料の品質)や集団規定等の一部の規定は適用しない

☐ 特定行政庁は、国際的な規模の会議又は競技会等の理由で、1年を超えて使用する**仮設興行場等**について、安全上、防火上及び衛生上支障がなく、かつ、公益上やむを得ない場合は、使用上必要な期間を定めてその建築を許可できる。なお、法37条(建築材料の品質)や集団規定等の一部の規定は適用しない。当該許可をする場合は、あらかじめ、建築審査会の同意が必要

☐ **指定確認検査機関**は、建築主事と同様に**確認審査を行い、確認済証を交付する**。その確認済証は**建築主事の交付した確認済証とみなす**(法6条の2第1項)

☐ **特定行政庁**は、指定確認検査機関から確認審査報告書を受けた場合、**法不適合のときは**、建築主及び指定確認検査機関に**その旨を通知する**。この場合、当該確認済証は、その効力を失う

☐ 建築設備、工作物で確認申請が必要なものは、以下のとおり
①エレベーター・エスカレーター及び特定行政庁が指定する建築設備(し尿処理浄化槽と合併処理浄化槽を除く)を、法6条1項一号～三号の確認に合わせて設置する場合を除き、別途設置する場合、②高さが擁壁>**2m**、広告塔・装飾塔等>**4m**、煙突>**6m**、高架水槽・サイロ>**8m**、柱>**15m**、観光エレベーター、高架の遊戯施設、③製造施設、貯蔵施設、遊戯施設等で所定のもの

☐ 確認済証を受けた建築物の計画変更は、**軽微な変更**を除き、確

● 建築物の存続期間

(1)～(3)の確認申請が不要な建築物は、3カ月を超えて存続させる場合には、特定行政庁の許可が必要であり、特定行政庁は2年以内に限り許可できる

● 確認が不要となる建築物　法85条

● 仮設建築物等　法85条2項・6項・7項、令147条

● 建築審査会の同意　法85条8項

● 指定確認検査機関による確認　法6条の2
指定確認申請機関は、確認済証の交付をしたときは、確認検査報告書を作成し、特定行政庁に提出しなければならない

● 特定行政庁の対応　法6条の2第6項

● 確認申請の対象となる工作物及び建築設備　法87条の4、88条、令138条・146条

● 建築設備への準用　法87条の4、令146条

● 工作物への準用　法88条1項、令138条1項・2項

● 工作物への準用　法88条2項、令138条3項

● 計画変更確認申請　法6条1項
計画変更確認申請が不要な軽微な変更は規則3条の2参照：建築物の階数が減少する場合の階数の変更、建築物の材料・構造の性能が同等又はそれ以上への変更、建築設備の材料・位置・能力の変更(性能が低下する材料の変更及び能力が減少する変更を除く)、安全上・防火上・避難上の危険度並びに衛生上・市街地の環境の保全上の有害の度に著しい変更を及ぼさないものとして大臣が定めるもの等、かつ、変更後も建築物の計画が、建築基準関係規定に適合することが明らかなものが該当する

認申請を行い、確認済証の交付後に、その部分の工事が可能

□ 建築主事・指定確認検査機関が確認をする場合や特定行政庁が許可をする場合は、建築物の工事施工地の**消防長等の同意**を得なければ、確認又は許可ができない。**防火地域**及び**準防火地域以外**の区域内での戸建住宅等は、**消防長**等に**通知を行う**。また、**屎尿浄化槽等**について、**保健所長**に通知する

● **消防長又は消防署長の同意又は通知**
法93条。消防等通知は法93条4項

● **保険所長に通知**　法93条

□ **建築基準関係規定**とは、確認審査の対象となる法令であり、「建築基準法令の規定」と令9条の「建築基準法令以外の規定（16法令）」、さらに、建築基準法以外の法律で「建築基準関係規定とみなす」規定のある法律を（3法令）いう

● **建築基準法令の規定**　法6条1項

● **建築基準関係規定**　令9条一号〜十六号

● **令9条で規定する建築基準法以外の16法令**
①消防法9条、9条の2、15条、17条
②屋外広告物法3条〜5条の一部
③港湾法40条1項　　　　④高圧ガス保安法24条
⑤ガス事業法162条　　　⑥駐車場法20条
⑦水道法16条
⑧下水道法10条1項、3項、25条の2、30条1項
⑨宅地造成及び特定盛土等規制法12条1項、16条1項、30条1項、35条1項
⑩流通業務市街地の整備に関する法律5条1項
⑪液化石油ガスの保安の確保及び取引の適正化に関する法律38条の2
⑫都市計画法29条1項・2項、35条の2の1項、41条2項、42条、43条1項、53条1項・同条2項で準用する同法52条の2第2項
⑬特定空港周辺航空機騒音対策特別措置法5条1項〜3項
⑭自転車の安全利用の促進及び自転車等の駐車対策の総合的推進に関する法律5条4項
⑮浄化槽法3条の2第1項　　　⑯特定都市河川浸水被害対策法10条

● **みなし建築基準関係規定**
①バリアフリー法14条1項〜3項　　②都市緑地法35条、36条、39条1項
③建築物省エネ法11条1項

□ 災害危険区域は、地方公共団体が、条例で、津波、高潮、出水等による危険の著しい区域を災害危険区域として指定することができる。災害危険区域内の住居の用に供する建築物の建築の禁止等の制限で災害防止上必要なものは、当該条例で定める

● **災害危険区域**　法39条

2　構 造 計 算 適 合 性 判 定

□ 建築主は、指定構造計算適合性判定機関又は知事に構造計算適合性判定を**直接申請**する（法6条の3第1項）

● **指定構造計算適合性判定機関**
知事は、指定構造計算適合性判定機関を指定して、構造計算適合性判定の全部又は一

□ 構造計算適合性判定とは、建築物が**特定構造計算基準**又は**特定増改築構造計算基準**に適合するかどうかの判定をいう。特定構造計算基準とは、法20条1項二号又は三号の政令［※1］で定める基準の構造計算で、1項二号イの方法若しくはプログラムによるもの又は1項三号イのプログラムによるもので確かめられる安全性を有することに係る部分に限る。特定増改築構造計算基準とは、法3条2項により法20条の適用を受けない建築物について法86条の7第1項の政令で定める範囲内で増築・改築する場合の1項の政令［※2］で定める基準

□ 建築主事等は、建築物の計画が構造計算適合性判定を要するものであるときは、建築主から**適合判定通知書**又はその写しの提出を受けた場合に限り、確認済証の交付をすることができる（法6条5項、法6条の2第3項）

□ 構造計算適合性判定の**審査期間**は原則**14**日以内。ただし、**35**日の範囲内で延長ができる（法6条の3第4項・5項）

部を行わせることができる。その場合、知事はその部分の構造計算適合判定を行わない
● **構造計算適合性判定** 法6条の3第1項

※1：令36条2項・3項、129条の2の3
※2：令9条の2

● **構造計算適合性判定の対象建築物**
構造計算適合性判定の対象となる建築物は、
①木造で高さ13m超又は軒高9m超
②鉄骨造で4階以上
③鉄筋コンクリート造等で高さ20m超等
なお、高さ60m超の建築物を除く

3　工事中の措置

□ **工事現場の危害の防止**のため、建築物の建築、修繕、模様替、除却の工事の施工者は、地盤の崩落、建築物・工事用工作物の倒壊等による危害を防止するために、技術的基準による必要な措置を講じなければならない

□ **工事中の特殊建築物等に対する措置**として、特定行政庁は、建築、修繕、模様替、除却の工事の施工中に使用されている法6条1項一号から三号までの建築物が、安全上、防火上又は避難上著しく支障がある場合は、当該建築物の建築主、所有者、管理者等に対して、相当の猶予期限を付けて、当該建築物の使用禁止、使用制限その他安全上、防火上又は避難上必要な措置を採ることを命ずることができる

□ **工事中における安全上の措置等に関する計画**の届出については、法別表第1(い)欄(一)項［※1］、(二)項［※2］、(四)項［※3］の用途の建築物並びに地下の工作物内の建築物で政令（令147条の2）で定めるものの新築の工事又はこれらの建築物に係る「**避難施設等に関する工事**」の施工中に当該建築物を使用する場合は、当該建築主は、あらかじめ、当該工事の施工中における当該建築物の安全上、防火上又は避難上の措置に関する計画を作成して特定行政庁に届け出なければならない

● **工事現場の危害防止** 法90条、令136条の2の20～136条の8

● **工事中の特殊建築物等に対する措置**　法90条の2

● **工事中における安全上の措置等に関する計画の届出** 法90条の3、令147条の2

● **避難施設等に関する工事** 法7条の6、令13条、令13条の2（195頁の仮使用認定を参照）

※1：劇場等
※2：病院、共同住宅等
※3：百貨店等

QUESTION

1　最 頻 出 問 題 │ 一問一答

次のうち、建築基準法上、都市計画区域内において確認済証の交付を受ける必要があるものには○、必要がないものには×をつけよ

1 □□　木造、延べ面積500㎡、高さ8m、地上2階建ての事務所の屋根の過半の修繕

2 □□　木造、延べ面積10㎡、高さ9m、平家建の倉庫の新築

3 □□　鉄骨造、延べ面積400㎡、平家建の事務所の一部の、大規模の修繕又は大規模の模様替をともなわない床面積200㎡の診療所（患者の収容施設があるもの）への用途変更

4 □□　防火地域及び準防火地域以外で、木造、延べ面積100㎡、高さ9m、地上2階建ての一戸建ての住宅における床面積12㎡の浴室・脱衣室の増築

5 □□　鉄筋コンクリート造、延べ面積500㎡、地上2階建ての劇場の、大規模の修繕又は大規模の模様替をともなわない映画館への用途変更

2　実 践 問 題 │ 一問一答

次の記述のうち、建築基準法上、正しいものには○、誤っているものには×をつけよ

1 □□　特定行政庁が安全上、防火上及び衛生上支障がないと認め、その建築を許可した仮設興行場の新築については、確認済証の交付を受ける必要はない

2 □□　高さ16mの鉄製の旗ざおの築造は、確認済証の交付を受ける必要がある

ANSWER

→→→

1 ×│法6条1項四号建築物であり、大規模の修繕は不要

2 ○│法6条1項四号建築物であり、新築は「建築」であるため必要

3 ×│床面積200㎡の用途変更であるため、法6条1項一号及び三号に該当しない。法87条1項（用途変更への準用）

4 ○│法6条1項四号及び2項。防火地域及び準防火地域外であるが、都市計画区域内であり、増築10㎡超のため、法6条1項四号に該当する

5 ×│法6条1項一号建築物であるが、用途変更で、劇場から映画館は「類似用途」であるため不要。法87条1項、令137条の18

建築主事・指定確認検査機関の確認審査、完了検査又は中間検査並びに知事・指定構造計算適合性判定機関の構造計算適合性判定は大臣が定める「確認審査等に関する指針」に従って行わなければならない（法18条の3）

→→→

1 ×│法85条5項において、特定行政庁の許可があっても、法6条（建築主事の確認）、法6条の2（指定確認検査機関の確認）は適用される

2 ×│令138条1項二号。15m超の柱は対象であるが、旗ざおは除外している

3 ☐☐ レストランの敷地内における高さ8mの広告塔の築造は確認済証の交付を受ける必要がある

4 ☐☐ 準防火地域内においては、建築物の増築で、その増築に係る床面積が10㎡以内のものを行う場合であっても、確認済証の交付を受けなければならない

5 ☐☐ 都市計画区域内における延べ面積200㎡、鉄骨造、平家建の事務所の大規模の模様替は、確認済証の交付を受ける必要はない

6 ☐☐ 確認済証の交付を受けた鉄骨造、地上3階建ての建築物の計画について、軽微な変更に該当しない計画の変更が生じる場合においては、あらためて確認済証の交付を受けなければならない

7 ☐☐ 都市計画区域内において、延べ面積250㎡、木造、高さ9m、地上2階建ての助産所の屋根の過半を修繕する場合、確認済証の交付を受ける必要はない

8 ☐☐ 田園住居地域内にある延べ面積2,000㎡の診療所(患者の収容施設があるもの)の用途を変更して有料老人ホームとする場合、確認済証の交付を受けなければならない

9 ☐☐ 延べ面積5,000㎡の病院の用途を変更して、地域活動支援センターとする場合においては、確認済証の交付を受ける必要はない

10 ☐☐ 床面積の合計が5,000㎡のホテル部分と床面積の合計が1,000㎡の事務所部分からなる1棟の建築物で、その建築後の用途地域の指定変更により、ホテル部分が現行の用途地域の規定に適合せず、法3条2項の規定の適用を受けているものについて、事務所部分の用途を変更して、延べ面積6,000㎡のホテルとする場合においては、現行の用途地域の規定の適用を受けない

11 ☐☐ 原動機の出力合計が3.0kWの空気圧縮機を使う自動車修理工場で、その建築後の用途地域の指定変更により、原動機の出力合計が現行の用途地域の規定に適合せず、法3条2項の適用を受けているものは、増築後の原動機の出力合計を3.5kWに変更できない

12 ☐☐ レンガ造、延べ面積600㎡、地上3階建ての美術館で、文化財保護法の規定によって重要文化財として仮指定されたものの大規模の修繕は、確認済証の交付を受ける必要はない

3 ○｜令138条。広告塔は4m超の場合、交付を受ける必要がある

4 ○｜法6条2項。防火地域又は準防火地域内の場合は必要

5 ○｜法6条1項四号建築物である

6 ○｜法6条。軽微な変更に該当しない計画の変更は確認申請が必要。軽微な変更については施行規則3条の2を参照

7 ×｜助産所は、法別表第1(い)欄(二)項の令115条の3第一号の児童福祉施設等のうち、令19条により、特殊建築物であり床面積200㎡超であることから、法6条1項一号建築物に該当する

8 ○｜令137条の18。有床診療所と有料老人ホームは同条三号により類似の用途だが、ただし書のとおり「田園住居地域内は、この限りでない」ので確認済証の交付は必要。なお有料老人ホームは令19条1項の児童福祉施設等に該当

9 ×｜法87条1項、令137条の18・19条1項。用途変更で類似の用途にする場合は確認済証の交付は必要ないが、令137条の18により病院の類似の用途はない。なお、令19条1項により地域活動センターは「児童福祉施設等」に該当する

10 ○｜法87条3項三号、令137条の19第2項三号。用途地域に関する法3条2項の既存不適格建築物については、床面積が基準時の1.2倍を超えないこと。ホテルの床面積は、5,000×1.2=6,000㎡

11 ×｜法3条2項、86条の7第1項、令137条の7第四号より、法3条2項の規定により用途地域(法48条)の適用を受けない建築物について、原動機の出力の変更は基準時の1.2倍を超えないことであり、3.0kW×1.2=3.6kW>3.5kWであるから変更できる

12 ○｜法3条1項一号より、文化財保護法による重要文化財の指定又は仮指定された建築物は、建築基準法が適用されない

13 ☐☐ 地方公共団体は、条例で、災害危険区域内における住居の用に供する建築物の建築を禁止することができる

14 ☐☐ 原則として、都市計画区域内において開発行為をしようとする者は、あらかじめ、国土交通省令で定めるところにより、都道府県知事(指定都市等の区域内にあっては、当該指定都市等の長)の許可を受けなければならないが、この規定は建築基準関係規定である。

15 ☐☐ 景観重要建造物として指定された建築物のうち、良好な景観の保全のため、その位置又は構造をその状態において保存すべきものについては、市町村は、国土交通大臣の承認を得て、条例で、法63条の規定の全部又は一部を適用しないことができる

16 ☐☐ 文化財保護法の規定によって重要文化財として指定された建築物であったものの原形を再現する建築物で、特定行政庁が建築審査会の同意を得てその原形の再現がやむを得ないと認めたものは、建築基準法並びにこれに基づく命令及び条例の規定は適用されない

17 ☐☐ 用途変更のみの確認申請を指定確認検査機関に行い、確認済証の交付を受けた建築物の工事が完了したので、完了検査申請を指定確認検査機関に行った

18 ☐☐ 既存の地上5階建ての病院(5階の当該用途に供する部分の床面積の合計が2,000㎡のもの)に設けた非常用の照明装置に用いる照明カバーの取替えの工事の施工中に、当該建築物を使用する場合においては、当該建築主は、あらかじめ、工事の施工中における建築物の安全上、防火上又は避難上の措置に関する計画を作成して特定行政庁に届け出なければならない

19 ☐☐ 地方公共団体は、その地方の気候若しくは風土の特殊性又は特殊建築物の用途若しくは規模に因り、法第2章の規定又はこれに基く命令の規定のみでは建築物の安全、防火又は衛生の目的を充分に達し難いと認める場合は、条例で、建築物の敷地又は構造に関して安全上、防火上又は衛生上必要な制限を附加することができるが、建築設備については制限を附加することができない

20 ☐☐ 法6条1項四号の区域外においては、市町村は、土地の状況により必要と認める場合は、都道府県の承認を得て、条例で、区域を限り、法19条等の所定の規定の全部若しくは一部を適用せず、

---

13 ○ | 法39条により、地方公共団体は条例で住宅等の建築物の建築を禁止でき、法40条では条例で制限の附加ができる。法41条では市町村は、一定の条件において制限の緩和ができる

14 ○ | 法6条1項、令9条十二号。都市計画法29条1項は建築基準関係規定である

15 × | 法85条の2により、法63条(隣地境界線に接する外壁)は適用される

16 ○ | 法3条1項一号、四号。なお、三号の「保存建築物」についても同様である

17 × | 法87条1項より、確認済証の交付を指定確認検査機関から受けた場合でも、用途変更のみの場合は、工事完了後、指定確認検査機関に完了検査申請をするのではなく、「建築主事に届け出なければならない」

18 × | 法90条の3及び令147条の2第二号により、病院(法別表第1(い)欄(二)項)で5階以上の階の床面積が1,500㎡超であるから安全計画書の届出の対象となるが、「避難施設等に関する工事」に関し、法7条の6及び令13条の2により、非常用の照明装置の照明カバーの取替工事は、避難施設等に関する工事に含まれない軽易な工事である

19 × | 法40条。建築設備についても制限を付加することができる

20 × | 法41条。都道府県ではなく、国土交通大臣の承認が必要である。所定の規定や所定の基準とは、法令等で定められた条項等をいう

又はこれらの規定による制限を緩和することができる。ただし、法6条1項一号及び三号の建築物については、この限りでない

21 ☐☐ 壁を有しない建築物その他の国土交通大臣が高い開放性を有すると認めて指定する構造の建築物で、かつ、階数が1で床面積が3,000㎡以内である自動車車庫については、所定の基準に適合すれば、法22条等の所定の規定は、適用しない

22 ☐☐ 法6条1項の規定によって建築しようとする建築物の建築主が国、都道府県又は建築主事を置く市町村の場合は、建築主事に計画の通知をしなければならないが、防火地域及び準防火地域外において建築物を増築し、改築し、又は移転しようとする際の床面積の合計が10㎡以内の場合は、計画の通知は不要である

23 ☐☐ 法6条の4第1項三号の建築物のうち防火地域及び準防火地域以外の区域内の一戸建て専用住宅を新築する場合、建築に関する確認の特例により、法28条（居室の採光及び換気）に規定については審査から除外される

24 ☐☐ 鉄筋コンクリート造、延べ面積300㎡、地上4階建ての既存の寄宿舎内にエレベーターを設置する場合は、確認済証の交付を受ける必要はない

25 ☐☐ 高さが9mの高架水槽を設ける場合は、確認済証の交付を受けなければならない

26 ☐☐ 特定行政庁は、市街地に災害のあつた場合において都市計画又は土地区画整理法による土地区画整理事業のため必要があると認めるときは、区域を指定し、災害が発生した日から1月以内の期間を限り、その区域内における建築物の建築を制限又は禁止することができる

21 ○｜法84条の2、令136条の9、136条の10。簡易な構造の建築物に対する制限の緩和である

22 ○｜法18条2項

23 ○｜法6条の4第1項三号、令10条1項三号イ。確認審査において審査省略される規定である。法6条の4第1項三号の建築物は、法6条1項四号の建築物の建築で建築士の設計に係るものであり、令10条1項三号イより、法28条は審査省略される

24 ×｜法87条の4、令146条一号。法6条1項一号の既存の建築物に設けるエレベーターは、確認済証の交付が必要

25 ○｜法88条1項、令138条1項。高さ8m超の高架水槽は確認済証の交付を受けなければならない

26 ○｜法84条。1月以内の期限については、特定行政庁は、更に1月を超えない範囲内で期限の延長することができる

006 手続②検査・報告・届出

検査には完了検査と中間検査がある。完了検査は必ず受け、合格しないと原則として、建築物を使用できない。中間検査は、「特定工程」を含む工事の場合にのみ対象となる

1 完了検査

☐ 建築主は建築主事に検査申請する場合は、**確認済証を受けた工事を完了**して、**4日**以内に建築主事まで到達するようにしなければならない

☐ 建築主事は**申請受理日**から**7日**以内に検査を行う。検査結果が法適合の場合は建築主に**検査済証**を交付しなければならない

☐ **指定確認検査機関**は、工事完了日又は検査引受け日のいずれか遅い日から**7日**以内に検査を行う。検査結果が法適合の場合は建築主に検査済証を交付する。検査後、**完了検査報告書**等を作成し、**特定行政庁**に提出しなければならない

● **完了検査**　法7条、7条の2
なお、以下の建築物では、一定の規定の検査が省略される（法6条の4第1項、7条の5、68条の20第2項）
①認定型式に適合する建築材料を用いる建築物
②認定型式に適合する建築物の部分を有する建築物
③小規模戸建木造住宅のような法6条1項四号対象建築物で建築士が設計・監理したもの

> 用途変更の工事が完了した場合は、完了検査申請はなく、建築主事に対して届け出ることに注意（法87条1項）

2 中間検査

☐ **建築主**は、**特定工程を含む工事**の場合、特定工程終了後**4日**以内に**建築主事又は指定確認検査機関**に**中間検査**を申請する

☐ **建築主事**は、申請受理日から**4日**以内に、建築物の部分及びその敷地について検査しなければならない。検査結果が法適合の場合は、**中間検査合格証**を交付しなければならない

☐ **指定確認検査機関**が検査を引き受けたときは、その書面を建築主に交付するとともに、**建築主事に通知**する。検査結果が法適合の場合は、**建築主に対して中間検査合格証**を交付する。検査後は、**中間検査報告書**等を作成し**特定行政庁**に提出する

☐ 特定工程後の工程（**鉄筋をコンクリート等で覆う工程**）は、中間検査合格証の**交付を受けた後**でなければ施工してはならない

● **中間検査**　法7条の3、7条の4
中間検査で合格した部分は、完了検査の対象としない。なお、以下の建築物では、一定の規定の検査が省略される（法6条の4第1項、7条の5、68条の20第2項）
①認定型式に適合する建築材料を用いる建築物
②認定型式に適合する建築物の部分を有する建築物
③小規模戸建木造住宅のような法6条1項四号対象建築物で建築士が設計・監理したもの

● **特定工程**　法7条の3第1項
①階数が3以上である共同住宅の床及び梁に鉄筋を配置する工事の工程のうち令11条で定める工程［※］
②①以外で、特定行政庁が指定する工程

● **特定工程後の工程**　令12条

※：2階の床及びこれを支持する梁に鉄筋を配置する工事の工程

3 仮使用認定

☐ 原則として、①法6条1項一号〜三号建築物の**新築工事**、②①の建築物（共同住宅以外の住宅及び居室を有しない建築物を除く）の**増築・改築・移転**、**大規模の修繕**もしくは**大規模の模様替**の工事で、「**避難施設等に関する工事**」を含むものについては、検査済証の交付後でないと建築物を使用できない

☐ ただし、①特定行政庁が安全上、防火上及び避難上支障がないと認めたとき、②**建築主事又は指定確認検査機関**が安全上、防火上及び避難上支障がないとして大臣が定める基準に適合していることを認めたとき、③完了検査申請が受理された日（指定確認検査機関が検査を引受けた場合は、検査の引受けに係る工事が完了した日又は検査を引受けた日のいずれか遅い日）から7日を経過したときは、検査済証の交付を受ける前でも仮使用できる

☐ 一定の工事[※]の施工中に建築物を使用する場合において、建築主は、あらかじめ、工事の施工中における建築物の安全上、防火上又は避難上の措置に関する計画を作成して特定行政庁に届け出なければならない

● **仮使用** 法7条の6。法6条1項四号建築物は仮使用認定不要

● **避難施設等に関する工事** 法7条の6第1項、令13条、令13条の2
廊下、階段、出入口その他の避難施設、消火栓、スプリンクラーその他の消火設備、排煙設備、非常用の照明装置、非常用の昇降機又は防火区画で政令で定めるものに関する工事（軽易な工事を除く）

※：別表第1（い）欄の（一）項、（二）項及び（四）項の用途の建築物並びに地下工作物内の建築物で政令で定めるものの新築の工事又はこれらの建築物に係る避難施設等に関する工事

● **工事中における安全計画の届出** 法90条の3、令147条の2

4 定期報告と違反建築物等に対する措置

☐ 定期報告の対象となる建築物等は以下の2種類
①令16条で一律に定めるもので全国一律に対象となるもの
②特定行政庁が①以外の中から定めるもの

☐ 定期調査の対象となる建築物を「特定建築物」という[※1]。特定建築物は、法6条1項一号に掲げる建築物で、安全上、防火上又は衛生上特に重要であるものとして定められた[※2]「不特定多数の者が利用する建築物」と「高齢者等の自力避難が困難な者が就寝用途で利用する建築物（就寝用福祉施設）」であり、定期報告の対象となる[※3]

☐ 特定建築物の所有者（又は管理者）は、これらの建築物の敷地、構造、建築設備について、定期に一級建築士もしくは二級建築士又は建築物調査員の資格者証の交付を受けている者（「建築物調査員」という）にその状況を調査させて、結果を特定行政庁に報告しなければならない。当該調査には、建築物の敷地及び構造についての損傷、腐食その他の劣化の状況の点検を含み、これらの建築物の建築設備及び防火戸等の政令で定める防火

● **定期報告** 法12条1項・3項

※1：法12条1項、令16条、令14条の2
※2：令16条
※3：法12条1項、令16条、令14条の2。詳細は平28.1.21国告示240号

● **資格者の業務範囲** 規則6条の6

資格者の種類	調査・検査の対象
特定建築物調査員	特定建築物
建築設備等検査員 （防火設備検査員）	防火設備（防火ダンパーを除く）
建築設備等検査員 （建築設備検査員）	建築設備、防火ダンパー
建築設備等検査員 （昇降機等検査員）	昇降機、遊戯施設

設備(「建築設備等」という)についての法12条3項の検査は除く

□ 定期調査の対象となる建築設備等は「特定建築設備等」といい、以下のとおり
①昇降機[※1]
②昇降機以外の建築設備と防火設備は特定建築物に設置されているもの[※2]
③昇降機以外の建築設備は政令では指定せず、特定行政庁による

● 特定建築設備等　法12条3項、令16条3項

※1:法12条3項→令16条3項一号
※2:法12条3項→令16条3項二号(防火設備を規定)

□ 特定建築設備等で政令で定めるもの及び当該政令で定めるもの以外の建築設備等で特定行政庁が指定するものの所有者(又は管理者)は、定期に一級建築士もしくは二級建築士又は建築設備等検査員に検査をさせて、その結果を特定行政庁に報告しなければならない

□ 定期調査の対象となる準用工作物は、観光用のエレベーター・エスカレーター、遊戯施設[※]。遊戯施設は、高架の遊戯施設、回転運動をする遊戯施設が対象である

※:法88条、令138条の3

□ 建築物の所有者、管理者又は占有者は、その建築物の敷地、構造、建築設備を常時適法な状態に維持するように努めらければならない。特殊建築物で安全上等で特に重要なものや特定行政庁が指定するものは、必要に応じて建築物の維持保全に関する準則又は計画を作成しなければならない

● **維持保全**　法8条
● **維持保全に関する準則の作成等を要する建築物**　令13条の3

□ 特定行政庁は、建築物の敷地、構造、建築設備について、損傷、腐敗等の劣化が生じ、そのまま放置すれば保安上危険又は衛生上有害となるおそれがある場合は、当該建築物又はその敷地の所有者・管理者・占有者に対し、修繕、防腐措置等に関し指導及び助言をすることができる

● **保安上危険な建築物等の所有者等に対する指導及び助言**　法9条の4

□ 特定行政庁は、法6条1項一号等の建築物の敷地、構造、建築設備について、損傷、腐食等の劣化が進み、そのまま放置すれば著しく保安上危険又は著しく衛生上有害となるおそれがある場合は、当該建築物又はその敷地の所有者・管理者・占有者に対して、相当の猶予期限を付けて、当該建築物の除却、増築、修繕、模様替、使用中止、使用制限等を勧告することができる

● **著しく保安上危険な建築物等の所有者等に対する勧告及び命令**　法10条1項

□ 特定行政庁、建築主事又は建築監視員は、建築物の所有者、建築主、設計者、建築材料等の製造者、工事監理者、工事施工者

● **施工状況の報告**　法12条5項

等に対して、敷地、構造、建築設備、用途、建築材料等の受取・引渡し状況、工事計画、施工状況の報告を求めることができる

☐ 特定行政庁は、違反建築物等について建築主、工事の請負人、現場管理者等に、工事施工停止・除却・移転・改築・修繕・模様替・使用禁止・使用制限等を命ずることができる。特定行政庁又は建築監視員は、緊急の必要がある場合、建築主、工事の請負人、現場管理者に、仮に使用禁止・使用制限、及び工事施工停止を命ずることができる

● **違反建築物等に対する措置**　法9条、9条の2
● **工事施工停止又は建築物の除却・移転・増改築等の違反是正命令**　法9条1項
● **緊急の場合の仮の使用禁止・使用制限命令**　法9条7項
● **緊急の場合の工事施工停止命令**　法9条10項

☐ 特定行政庁は、法9条1項又は10項（建築監視員を含む）の命令をした場合、当該建築物の設計者、工事監理者、工事の請負人（請負工事の下請人を含む）若しくは当該建築物に関する宅地建物取引業者又は当該命令に係る浄化槽の製造業者の氏名、名称、住所等を、建築士法、建設業法、浄化槽法、宅地建物取引業法によりこれらの者を監督する国土交通大臣又は都道府県知事に通知しなければならない

● **違反建築物の設計者等に対する措置**　法9条の3

5　建築工事届、建築物除却届

☐ **建築主**は、**建築工事届**を、また除却工事の**施工者**は、**建築物除却届**を、それぞれ建築主事を経由して**都道府県知事に届出る**

● **建築工事届、建築物除却届**　法15条
床面積が10㎡を超える場合が届出対象となる

☐ 建築、大規模の修繕・模様替の工事の施工者は、工事現場の見やすい場所に、建築主、設計者、工事施行者、現場管理者の氏名又は名称、確認があった旨の表示をし、また、設計図書を当該工事現場に備えておかなければならない

● **工事現場の表示と図書**　法89条

QUESTION

ANSWER

1 最頻出問題｜一問一答

→→→

次の記述のうち、建築基準法上、正しいものには○、誤っているものには×をつけよ

1☐☐ 木造3階建て一戸建住宅の新築工事について検査済証を受ける前に使用する場合は、仮使用の認定を受ける対象となる

2☐☐ 建築物である認証型式部材等で、その新築の工事が建築士である工事監理者によって設計図書のとおり実施されたことが確認されたものは、完了検査において、その認証に係る型式に適合するものとみなす

3☐☐ 鉄骨造、地上2階建ての建築物を新築する場合、建築主は、当該建築物の検査済証の交付を受ける前に、指定確認検査機関から仮使用の認定を受けて、仮に、当該新築に係る建築物又は建築物の部分を使用し、又は使用させることができる

4☐☐ 確認済証の交付を受けなければならない建築物である認証型式部材等の新築の工事にあっては、工事が完了したときに、建築主事等又は指定確認検査機関の完了検査を受ける必要はない

5☐☐ 建築基準法令の規定による指定確認検査機関の処分に不服がある者は、当該処分に係る建築物について建築確認をする権限を有する建築主事が置かれた市町村又は都道府県の建築審査会に対して審査請求をすることができる

6☐☐ 延べ面積1,000㎡、地上3階建ての、昇降機を設けていない自動車車庫の敷地、構造及び建築設備については、当該所有者（所有者と管理者が異なる場合においては、管理者）は、定期に、一級建築士等にその状況の調査をさせてその結果を特定行政庁に報告する必要はない

7☐☐ 都市計画区域内において、鉄骨造、延べ面積200㎡、平家建ての住宅を新築する場合、建築主は検査済証の交付を受けた後でなければ建築物を使用できない

1 ○｜法7条の6第1項、平27年国交告247号。木造3階建て一戸建住宅は、法6条1項二号の建築物でその新築工事であるから、仮使用の認定の対象となる

2 ○｜法68条の20第2項。建築物である認証型式部材等で、その新築工事が建築士である工事監理者により設計図書のとおり実施されたことが確認されたものは、完了検査において、その認証に係る型式に適合するものとみなす

3 ○｜法7条の6第1項。法6条1項三号の建築物の新築工事であるから、指定確認検査機関は認定基準に適合すれば仮使用の認定ができる

4 ×｜法7条の5、68条の20第2項。認定型式部材等の建築物は一部の検査が省略されるが、完了検査は必要である

5 ○｜法94条。特定行政庁、建築主事、建築監視員、都道府県知事、指定確認検査機関、指定構造計算適合性判定機関の処分に不服がある者は、処分が特定行政庁、建築主事、建築監視員、知事の場合は市町村・都道府県の建築審査会に、指定確認検査機関の場合は処分について確認権限を有する建築主事の建築審査会に、指定構造計算適合性判定機関は都道府県の建築審査会に審査請求できる

6 ○｜法12条1項及び令16条により、自動車車庫は、法別表第1（い）欄（六）項に該当し、政令で定める建築物に該当しない

7 ×｜法7条の6第1項。法6条1項四号の建築物であるから、使用することができる

2 | 実践問題 | 一問一答 →→→

1 ☐☐ 定期報告を要する建築物の所有者と管理者が異なる場合においては、管理者が特定行政庁にその定期報告をしなければならない

2 ☐☐ 延べ面積1,500㎡、地上5階建ての事務所(国、都道府県及び建築主事を置く市町村の建築物を除く)で特定行政庁が指定するものの所有者等は、当該建築物の敷地、構造等について、定期に、一級建築士もしくは二級建築士又は建築物調査員資格者証の交付を受けている者にその状況の調査をさせて、その結果を特定行政庁に報告しなければならない

3 ☐☐ 階数が4である共同住宅の2階の床及びこれを支持する梁に鉄筋を配置する工事の工程後の工程に係る工事については、当該鉄筋を配置する工事の工程に係る中間検査合格証の交付を受けた後でなければ、これを施工してはならない

4 ☐☐ 特定行政庁は、法第2章の規定に関して既存不適格建築物である階数が5以上で、延べ面積が1,000㎡を超える事務所の構造について、損傷等の劣化が進み、そのまま放置すれば著しく保安上危険となるおそれがあると認める場合においては、当該建築物の所有者に対して、相当の猶予期限を付けて、必要な措置をとることを勧告することができる

5 ☐☐ 建築監視員は、建築基準法令の規定に違反することが明らかな増築の工事中の建築物については、緊急の必要があって所定の手続によることができない場合に限り、これらの手続によらないで、当該工事の請負人等に対して、当該工事の施工の停止を命ずることができる

6 ☐☐ 特定行政庁は市街地に災害があった場合に、都市計画のため必要があると認めるときは、区域を指定し、災害が発生した日から3月以内の期間を限り、その区域内における建築物の建築を制限し、又は禁止することができる

7 ☐☐ 特定行政庁、建築主事又は建築監視員は、建築材料等を製造した者に対して、建築材料又は建築設備その他の建築物の部分(「建築材料等」という)の受取り又は引渡しの状況に関する報告を求めることができる

1 ○ | 法12条1項。定期報告は特定行政庁に行う。報告者は所有者だが管理者と異なる場合は、管理者

2 ○ | 法12条1項により、令16条、14条の2に規定する建築物(国等の建築物を除く)で特定行政庁が指定する所有者等は、建築物の敷地、構造等について、定期に一級・二級建築士又は建築物調査員資格者証の交付を受けている者にその状況の調査をさせて、結果を特定行政庁に報告する

3 ○ | 法7条の3第6項。中間検査の対象となる「特定工程」を含む工事の場合、中間検査合格証の交付後に、「特定工程後の工程」を施工すること

4 ○ | 法10条1項、令14条の2。特定行政庁は、法3条2項の規定により法2章又はこれに基づく命令・条例の適用を受けない建築物についてそのまま放置すれば著しく保安上危険となり又は著しく衛生上有害となるおそれがある建築物等について、所有者等に除却、改築、修繕、使用中止、使用制限等の措置を勧告することができる

5 ○ | 法9条10項、9条の2。緊急の必要がある場合は建築監視員が命令することができる

6 × | 法84条により、特定行政庁は、市街地に災害のあった場合に都市計画又は土地区画整理法による土地区画整理事業のため必要があると認めるときは、区域を指定し、災害が発生した日から1月以内の期間を限り、その区域内における建築物の建築を制限し、又は禁止することができ、また、特定行政庁は、更に1月を超えない範囲内において期間を延長できる

7 ○ | 法12条5項。特定行政庁・建築主事・建築監視員は、建築物若しくは建築物の敷地の所有者、管理者、占有者、建築主、設計者、建築材料等を製造した者、工事監理者、工事施工者又は建築物に関する調査をした者に対しても建築材料・建築設備・その他の建築物の部分の受取り・引渡しの状況に関する報告を求めることができる

007 一般構造①採光、シックハウス対策

一般構造については、人の日常生活にともなう、安全上、衛生上等の観点から幅広い規定が整備されている。ここでは、居室に要求される採光の規定と石綿等の飛散防止対策、シックハウス対策について学ぶ

1　居室の採光

☐　住宅・学校・病院等の居室には、原則として居室の床面積に応じて自然採光に有効な窓等の**採光上有効な開口部**を設ける

● 居室の採光
法28条1項、令19条、20条

● 採光が必要な居室と採光有効面積の割合

	居室の種類	床面積に対する採光有効面積	備考
1	①幼稚園・小学校及び中学校・義務教育学校・高等学校、中等教育学校又は幼保連携型認定こども園の教室 ②保育所及び幼保連携型認定こども園の保育室	1／5以上 ［＊1］	＊1:大臣が定める基準による場合は、1／10までにできる ＊2:「児童福祉施設等」とは、児童福祉施設（幼保連携認定こども園を除く）、助産所、身体障害者社会参加支援施設（補装具製作施設及び視聴覚障害者情報提供施設を除く）、保護施設（医療保護施設を除く）、婦人保護施設、老人保護施設、有料老人ホーム、母子保健施設、障害者支援施設、地域活動支援センター、福祉ホーム又は障害福祉サービス事業（生活介護、自立訓練、就労移行支援又は就労継続支援を行う事業に限る）の用に供する施設をいう（令19条1項）
2	①住宅の居住のための居室 ②病院又は診療所の病室 ③寄宿舎の寝室又は下宿の宿泊室 ④児童福祉施設等［＊2］の寝室（入所者の使用するものに限る） ⑤児童福祉施設等（保育所を除く）の居室のうち入所し、又は通う者に対する保育、訓練、日常生活に必要な便宜供与等のために使用される居室	1／7以上 ［＊1］	
3	①1−①の学校以外の学校の教室 ②病院、診療所及び児童福祉施設等の居室のうち入院患者又は入所する者の談話、娯楽等のために使用される居室	1／10以上	

☐　以下の場合は採光規定が**適用されない**（法28条1項）
①地階・地下工作物内の居室又はそれらに類する居室
②温湿度調整が必要な作業室
③その他用途上やむを得ない居室

● 採光有効面積の算定方法　令20条

● 採光関係比率 _D_／_H_ の求め方①
基本形

☐　**採光有効面積**は**採光有効面積＝窓等の開口部面積×採光補正係数**で求める。採光補正係数は、基本の**採光関係比率 _D_／_H_**を求めた後（右図）、用途地域に応じた算定式に代入して求める

● 採光関係比率 _D_／_H_ の求め方②

複数の場合

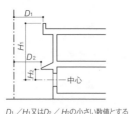

_D_₁／_H_₁又は_D_₂／_H_₂の小さい数値とする

道等に面する場合

_D_₁:道に面する場合
_D_₂:公園や河川に面する場合
_D_₃:隣地に面する場合
_D_₄:敷地内の他の建築物の場合に面する場合

窓等の開口部の直上の庇やパラペット等の部分から隣地境界線や敷地内の他の建築物等までの水平距離

窓等の開口部の直上の庇やパラペット等の部分から窓等の中心までの垂直距離

● 採光補正係数の算定

用途地域	採光補正係数
住居系（田園住居地域を含む）	$6 \times (D/H) - 1.4$
工業系	$8 \times (D/H) - 1.0$
商業系又は用途無指定区域	$10 \times (D/H) - 1.0$

採光補正係数は、必要に応じて次の①～⑤の補正を加える。開口部が道に面しない場合は、右表による

① **天窓**は**3倍**

② **幅90cm以上**の**縁側**（ぬれ縁を除く）等は**0.7倍**

③ 採光補正係数が**3.0超**の場合は、**3.0**

④ 採光補正係数が**負**のときは、**0**

⑤ 開口部が道に面する場合、算定値1.0未満は、1.0

● 開口部が道に面しない場合の採光補正係数

①住居系地域の場合

$D \geqq 7$m かつ算定値 <1.0	1.0
$D < 7$m かつ算定値 <0	0

②工業系地域の場合

$D \geqq 5$m かつ算定値 <1.0	1.0
$D < 5$m かつ算定値 <0	0

③商業系地域の場合

$D \geqq 4$m かつ算定値 <1.0	1.0
$D < 4$m かつ算定値 <0	0

2 シックハウス対策・石綿等の飛散防止対策

☐ 建築材料に石綿等を添加しない。また、石綿等をあらかじめ添加した建築材料を使用しない（大臣認定品等を除く）

● 石綿等の飛散防止対策 法28条の2、令20条の5、20条の7～9 技術的基準

☐ 建築材料には**クロルピリホス**を添加しない。また、クロルピリホスをあらかじめ添加した建築材料（長期間経過したものを除く）を使用しない

● クロルピリホスの使用規制 令20条の6

☐ 居室の壁・床・天井（ない場合は屋根）・開口部の建具の室内面の仕上げには、**第一種ホルムアルデヒド発散建築材料**を使用しない。居室には、常時開放された開口部を通じて相互に通気が確保される廊下・便所等の建築物の部分を含む

● ホルムアルデヒドの使用規制 令20条の7

☐ **第二種ホルムアルデヒド発散建築材料・第三種ホルムアルデヒド発散建築材料**の使用量は、内装仕上げ面積に一定の数値を乗じて得た面積が、その居室の床面積を超えないこと

● シックハウス対策上居室とみなす部分

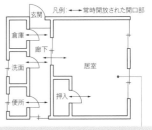

居室・押入・便所・洗面・倉庫・廊下・玄関が常時開放された開口部によって通じているため、すべてを居室とみなして換気量を算定する

☐ 中央管理方式の空気調和設備による建築物の居室については、ホルムアルデヒド発散建築材料の規制は、適用されない

● 中央管理方式の空気調和設備の特例 令20条の7第5項、20条の8第1項1号ハ

☐ ホルムアルデヒド対策として、居室に設置する**換気設備**の構造は
①機械換気設備：有効換気量が必要有効換気量（次式）以上であること

1時間当たりの必要有効換気量＝換気回数×居室の容積

（換気回数は、住宅等の居室：**0.5回/時**、その他の居室：**0.3回/時**）
②空気浄化供給方式の機械換気設備と中央管理方式の空気調和設備：大臣が定めた構造方法又は大臣認定品であること

● 居室に設置する換気設備の構造 令20条の8

QUESTION

1 最頻出問題 | 一問一答

次の記述のうち、建築基準法上、正しいものには○、誤っているものには×をつけよ

1 ☐☐ 商業地域内の建築物（天窓及び縁側を有しないもの）の開口部の採光補正係数は、開口部が道に面しない場合であって、水平距離が4m以上であり、かつ、採光関係比率に10を乗じた数値から1.0を減じて得た算定値が1.0未満となる場合においては、1.0とする

2 ☐☐ 小学校の教室の窓その他の開口部で採光に有効な部分の面積は、原則として、当該教室の開口部ごとの面積に、それぞれ採光補正係数を乗じて得た面積を合計して算定する

3 ☐☐ 有料老人ホームにおける床面積50㎡の入所者用娯楽室には、採光のための窓その他の開口部を設け、その採光に有効な部分の面積は、原則として、5㎡以上としなければならない

4 ☐☐ 居室の内装の仕上げに第二種ホルムアルデヒド発散建築材料を用いるときは、原則として、当該材料を用いる内装の仕上げの部分の面積に所定の数値を乗じて得た面積が、当該居室の床面積を超えないようにしなければならない

5 ☐☐ 居室を有する建築物の換気設備についてのホルムアルデヒドに関する技術的基準において、住宅の居室において、住宅の居室に設ける機械換気設備の「必要有効換気量（単位：㎥）」は、原則として「居室の床面積（単位：㎡）」と「居室の天井の高さ（単位：m）」の積に0.3を乗じて計算する

2 実践問題① | 一問一答

1 ☐☐ 小学校における職員室には、採光のための窓その他の開口部を設けなくてもよい

2 ☐☐ 中学校における床面積60㎡の教室には、採光のための窓その他の開口部を設け、その採光に有効な部分の面積は、原則として

ANSWER

→→→

1 ○｜令20条2項三号。商業系地域で開口部が道に面しない場合、D≧4m以上かつ算定値1.0未満は1.0。D＜4m未満かつ算定値が負の場合は0

2 ○｜令19条3項、20条。採光に有効な部分の面積＝窓等の開口部面積×採光補正係数

3 ○｜令19条。有料老人ホームは児童福祉施設等に該当する。病院・診療所及び児童福祉施設等の居室のうち入院患者又は入所する者の談話、娯楽等のために使用される居室は、床面積の1／10以上必要。50×1／10＝5で、5㎡以上必要となる

4 ○｜令20条の7。第二種ホルムアルデヒド発散建築材料を使用するときは、使用する内装仕上げの面積に所定の数値を乗じて得た面積が、当該居室の床面積を超えないこと

5 ×｜令20条の8第1項一号イ。住宅等の居室の場合、換気回数は原則として0.5回
　必要有効換気量＝居室の容積×換気回数

→→→

1 ○｜令19条3項。小学校の教室は、床面積に対して1／5以上の採光有効面積が必要だが、職員室は規定がない

2 ○｜令19条3項。中学校の教室は、床面積に対して1／5以上の採光有効

12㎡以上としなければならない

面積が必要。60×1／5＝12㎡以上

3 ☐☐ 準住居地域内の建築物（天窓及び縁側を有しないもの）の開口部の採光補正係数は、開口部が道に面しない場合で水平距離が4mであり採光関係比率が4／10の場合は、1である

3 ○｜令20条2項一号。住居系地域で開口部が道に面しない場合、D=4m＜7mで、住居系用途地域の算定式＝6×4／10-1.4=1.0となる

4 ☐☐ 石綿が添加された建築材料が使用されていることにより法3条2項の規定の適用を受けている倉庫について、基準時における延べ面積が1,200㎡のものを増築して延べ面積1,500㎡とする場合、増築に係る部分以外の部分においては、当該添加された建築材料を被覆する等の措置が必要となる

4 ○｜法3条2項の既存不適格建築物に対する緩和は、法86条の7第1項により、石綿関係の法28条の2に関して、令137条の4の2及び令137条の4の3により、増築後の床面積が基準時の床面積の1／2を超えていないこと及び増築以外の部分に石綿対策がなされていることが必要。なお、増築部分は法28条の2第一号及び第二号に適合すること

5 ☐☐ 採光の有効面積の算定において、採光補正係数が2.5を超えるときは、採光補正係数は2.5を限度とする

5 ×｜令20条2項。採光補正係数が3.0を超えるときは、3.0を限度とする

3 実践問題② ｜ 一問一答

→→→

建築物の居室内における化学物質の発散に対する衛生上の措置（シックハウス対策）に関する次の記述のうち、建築基準法上、正しいものには○、誤っているものには×をつけよ

1 ☐☐ 発散により衛生上の支障を生じさせるおそれのある化学物質として定められているものは、クロルピリホス及びホルムアルデヒドである

1 ○｜法28条の2第三号。令20条の5によりクロルピリホス及びホルムアルデヒドとする

2 ☐☐ 建築材料にクロルピリホスを添加してはならない

2 ○｜法28条の2第三号、令20条の6第一号。建築材料にクロルピリホスを添加しないこと

3 ☐☐ 居室の内装の仕上げには、所定の基準に適合する中央管理方式の空気調和設備を設ける建築物の居室であっても、第一種ホルムアルデヒド発散建築材料を用いてはならない

3 ×｜令20条の7第5項。所定の基準に適合する中央管理方式の空気調和設備を設ける場合は、ホルムアルデヒド発散建築材料の使用制限は、適用されない

4 ☐☐ 旅館における居室の床面積が50㎡の客室において、内装の仕上げの部分の面積の合計が200㎡で、そのすべてに第三種ホルムアルデヒド発散建築材料を使用するときは、原則として、換気回数が0.5以上の機械換気設備を設ける必要がある

4 ○｜令20条の7第1項二号の表より、旅館の居室は住宅等以外の居室に該当し、内装材のすべてに第三種ホルムアルデヒド発散建築材料使用の場合で換気回数0.5以上0.7未満の機械換気設備の場合は、換気回数に応じた数値が0.25となる。居室の内装仕上面積×換気回数に応じた数値≦居室の床面積であるから、200㎡×0.25＝50㎡である

5 ☐☐ 居室には、原則として、所定の基準に適合する、機械換気設備、空気浄化供給方式の機械換気設備又は中央管理方式の空気調和設備を設けなければならない

5 ○｜令20条の8第1項一号。設問の前提はシックハウス対策であるので、自然換気設備は採用できない

6 ☐☐ 病院の居室で入院患者の談話のために使用されるものには、原則として、採光のための窓その他の開口部を設けなければならない

6 ○｜法28条1項、令19条3項により、病院の談話室は居室につき採光規定が適用される

203

008 一般構造②階段等

一般構造については、人の日常生活にともなう、安全上、衛生上等の観点から幅広い規定が整備されている。ここでは、廊下・階段・手すり及び敷地の安全性等について学ぶ。どのような構造になっているのか、身のまわりの建物も学習材料とし、日頃から注意しよう

1 居室の天井・床高さ、界壁

☐ **居室**の**天井高さは2.1**m以上。室内の天井高さが異なる場合は、その**平均の高さによる**

☐ 居室の床高さ及び防湿方法は、最下階の居室の**床**が**木造**の場合、以下による
①**床高さ**は、直下の地面から床上面まで**45**cm以上とする
②**外壁**の**床下**に、壁長さ**5**m以下ごとに、面積**300**cm²以上の換気孔を設け、かつ、ネズミの侵入防止設備をする
ただし、床下をコンクリート・たたき等で覆う場合及び最下階の居室の床構造が、地面からの水蒸気で腐食しない大臣認定品の場合は、この限りでない

☐ **地階**の**居室**は次のいずれかとする
①**からぼり**等に面する所定の**開口部**があること
②令20条の2の**換気設備**が設けられていること
③居室内の**湿度を調節する設備**が設けられていること

☐ 長屋・共同住宅の**各戸の界壁**は、**小屋裏又は天井裏に達する**ものとするほか、一定の**遮音性能**を有するもので、大臣が定めた構造方法又は大臣認定品とする。ただし、天井の構造が一定の遮音性能を有する場合は、界壁は小屋裏又は天井裏に達しなくてもよい

☐ 敷地の衛生・安全については以下のとおり
①敷地は道路より高くし、建築物の地盤面は接する周囲の土地より**高く**する。ただし、敷地内排水に支障がない場合等を除く
②湿潤な土地・出水のおそれの多い土地又はゴミ等の埋立地は、**盛土・地盤改良**等をしなければならない
③敷地には、雨水及び汚水を排出し、処理する**下水管・ためます**等を設置しなければならない
④がけ崩れ等のおそれのある場合は、**擁壁**等を設置する

● 居室の天井高さ 令21条

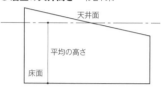

● 居室の床高さ及び防湿方法 令22条

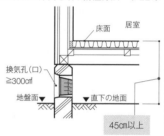

● 地階の居室 令22条の2

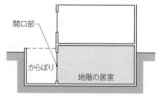

● 長屋・共同住宅の各戸の界壁 法30条、令22条の3（振動数の音と透過損失の基準）

● 敷地の衛生及び安全 法19条

2 階段・踊場の寸法

● **階段・踊場・蹴上げ・踏面の寸法**（単位：cm）

		階段・踊場の幅	蹴上げ	踏面
1	小学校（義務教育学校の前期課程含む）の児童用	140以上	16以下	26以上
2	中学校（義務教育学校の後期課程含む）、高等学校、中等教育学校の生徒用又は物品販売店舗で床面積＞1,500㎡、劇場、映画館、演芸場、観覧場、公会堂、集会場における客用	140以上	18以下	26以上
3	直上階の居室の床面積＞200㎡の地上階又は居室の床面積＞100㎡の地階等	120以上	20以下	24以上
4	1～3以外の階段	75以上	22以下	21以上

以上について、国土交通大臣が定めた構造方法を（両側手すり、階段表面を粗面とする等）を用いる階段については適用しない（令23条4項）

注　物販店舗の避難階段及び特別避難階段の幅の合計は、「避難規定①（避難階段等）」256頁参照

□ **屋外階段の幅**は、直通階段（令120条又は121条）の場合は**90**cm以上、その他は**60**cm以上とすることができる

□ 共同住宅の共用階段を除き、**住宅の階段の蹴上げ**は**23**cm以下、**踏面**は**15**cm以上とすることができる

□ 上記の表の1又は2の階段で高さが**3**m超は**3**m以内ごとに、また、その他の階段で高さ**4**m超は**4**m以内ごとに踊場を設置。直階段の踊場の**踏幅**は**1.2**m以上としなければならない

□ 階段には、手すりを設けなければならないが、高さ1m以下の階段の部分には適用しない。階段及び踊場の両側（手すりが設けられた側を除く）には、側壁又はこれに代わるものを設ける。高さ1m超の階段で、**階段幅**が3m超の場合は、中間に**手すりを設ける**。ただし、**蹴上げ15**cm以下で、かつ、**踏面30**cm以上のものには適用しない

□ 階段に代わる傾斜路の勾配は**1／8**以下、表面は**粗面又は滑りにくい材料**で仕上げること。また、階段の幅・踊場・手すりの規定が適用される

□ 以上の規定は、昇降機機械室用階段・物見塔用階段その他特殊用途の専用階段には、適用しない。なお、昇降機機械室用階段の蹴上げは**23**cm以下、踏面は**15**cm以上とし、かつ、階段の両側に側壁又はこれに代わるものがない場合は、**手すりを設ける**

● **階段各部の名称と寸法**　令23条

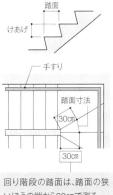

回り階段の踏面は、踏面の狭いほうの端から30cmで測る

● **階段・手すり等の扱い**　令23条
階段・踊り場の「手すり」や「階段の昇降を安全に行うための設備」で、高さ50cm以下のもの」を「手すり等」といい、その幅が10cmまでをないものとして幅を算定する

● **踊場の位置及び踏幅**　令24条

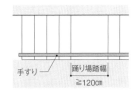

● **階段等の手すり等**　令25条

● **階段に代わる傾斜路**　令26条2項。
階段の規定は、けあげ及び踏面に関する部分を除き傾斜路に準用する

● **特殊用途の専用階段**　令27条、129条の9第五号

008 一般構造②階段等　　　　QUESTION & ANSWER

QUESTION

ANSWER

1　最頻出問題｜一問一答

→→→

次の記述のうち、正しいものには○、誤っているものには×をつけよ

1 ☐☐ 中学校の教室でその床面積が50㎡を超えるものにあっては、天井の高さは、3m以上でなければならない

2 ☐☐ 物品販売業を営む店舗における高さ3mの階段で、幅が4m、けあげが15㎝、踏面が30㎝の場合においては、中間に手すりを設けなくてもよい

3 ☐☐ 各階の床面積が150㎡の地上3階建ての共同住宅において、幅90㎝の回り階段である共用の屋外階段の踏面の寸法は、踏面の狭いほうの端から30㎝の位置において21㎝以上としなければならない

4 ☐☐ 直上階の居室の床面積の合計が250㎡である児童福祉施設の地上階に設ける階段に代わる傾斜路で、両側に側壁を設けるものにおいて、側壁の一方に幅15㎝の手すりを設けた場合、側壁間の距離は125㎝以上としなければならない

5 ☐☐ 小学校の昇降機機械室用階段は、けあげの寸法を23㎝とすることができる

1 × ｜ 令21条。居室の天井高さは、2.1m以上

2 ○ ｜ 令25条3項。階段幅が3m超の場合は、中間に手すりを設けなければならない。ただし、けあげ15㎝以下で、かつ踏面30㎝以上のものには適用しない

3 ○ ｜ 令23条。直上階の居室の床面積が200㎡以下であるので、踏面は21㎝以上となる。回り階段の踏面は、踏面の狭いほうの端から30㎝で測る

4 ○ ｜ 令23条、26条。手すりの幅10㎝以内はないものとして傾斜路や階段の幅を算定する。直上階の居室の床面積の合計が200㎡超なので、傾斜路(階段)の幅は120㎝以上となる。120＋15−10＝125㎝以上とする

5 ○ ｜ 令129条の9第五号。昇降機機械室用階段のけあげは23㎝以下及び踏面は15㎝以上

2　実践問題｜一問一答

→→→

1 ☐☐ 老人福祉施設における防火上主要な間仕切壁で、小屋裏又は天井裏に達する準耐火構造としたものは、500Hzの振動数の音に対して、透過損失40dB以上の遮音性能が要求される

2 ☐☐ 寄宿舎の寝室の界壁は、小屋裏又は天井裏に達するものとしなくてもよい

3 ☐☐ ホテルにおける客用の階段に代わる傾斜路で、高さが1m、幅が4mのものにあっては、中間に手すりを設けなくてもよい

1 × ｜ 法30条。界壁に一定の遮音性能を求めているのは長屋又は共同住宅である

2 ○ ｜ 法30条。長屋又は共同住宅の各戸の界壁は、原則として小屋裏又は天井裏に達するものとする。寄宿舎は該当しない

3 ○ ｜ 令25条4項、26条2項。高さ1m以下の傾斜路、階段には中間手すりは不要

4 ☐☐ 高等学校における生徒用の直階段で、その高さが3mを超えるものにあっては、高さ3m以内ごとに、踏幅1.2m以上の踊場を設けなければならない

5 ☐☐ 建築物の敷地は、原則として、これに接する道の境より高くなければならず、建築物の地盤面は、これに接する周囲の土地より高くなければならない

6 ☐☐ 地上5階建ての事務所用途の建築物において、避難階以外の階に、避難階又は地上に通ずる直通階段を設置しなければならない場合、直通階段である屋外階段の幅員を90cm以上とした

7 ☐☐ 階段及びその踊場に、手すりが設けられた場合における階段及びその踊場の幅は、手すりの幅が10cmを限度として、ないものとみなして算定する

8 ☐☐ 集会場における客用の直階段に代わる傾斜路で、その高さが3mを超えるものにあっては、高さ3m以内ごとに、踏幅1.2m以上の踊場を設けなければならない

9 ☐☐ 大学における床面積60㎡の教室の天井の高さは、3m以上でなければならない

10 ☐☐ 最下階の居室の床が木造の場合で、床下をコンクリートで覆ったので、床高さを直下の地面から床上面まで15cmとした

11 ☐☐ 住宅の居室で地階に設けるものについては、からぼりに面する所定の開口部を設けた場合においても、居室内の湿度を調節する設備を設けなければならない

12 ☐☐ 集会場における高さ1m、幅4mの客用の階段に代わる傾斜路について、その中間に手すりを設けなかった

13 ☐☐ 小学校における児童用の高さ3.9mの直階段の踊場の踏幅を、1.4mとした

14 ☐☐ 3階建てで、各階の床面積が300㎡である物品販売業を営む店舗における客用の屋内に設ける階段の幅を、125cmとした

4 ○｜令24条。階段高さ3m超の場合は3m以内ごとに踊場を設け、直階段の場合は、踏幅1.2m以上

5 ○｜法19条1項。敷地内の排水に支障がない場合や建築物の用途により防湿の必要がない場合を除き、敷地は接する道の境より高く、建築物の地盤面は、これに接する周囲の土地より高くする

6 ○｜令23条1項、120条。令120条による直通階段で屋外階段の場合、幅員を90cm以上とすることができる

7 ○｜令23条。階段及び踊場の「手すり」及び「階段の昇降を安全に行うための設備でその高さ50cm以下のもの」は、手すり等の幅が10cmまでをないものとして幅を算定する。なお、手すりの設置高さの規定はないので、利用しやすい高さに設ける

8 ○｜令26条2項。階段の踊場の規定が適用される

9 ×｜令21条。居室の天井高さは2.1m以上

10 ○｜令22条。床下をコンクリート・たたき等で覆う場合は床高さ45cm未満でもよい

11 ×｜令22条の2第一号。からぼりに面して所定の開口部を設けた場合は、湿度調節設備は設けなくてもよい

12 ○｜令25条4項。高さ1m以下の階段には幅が3mを超えていても中間手すりの規定は適用されない

13 ○｜令24条2項。児童用で高さ3m超の直階段のため、3m以内ごとに踏幅1.2m以上の踊場を設ける

14 ○｜令23条1項の表より、物販店舗の床面積が合計900㎡のため、表（二）項に該当しない。表（三）項に該当し、120cm以上ある。なお、物品販売業を営む店舗の階段については、令124条（物品販売業を営む店舗における避難階段等の幅）にも規定があるが、令121条1項二号より、床面積1,500㎡超が対象となる

009 建築設備①居室の換気、便所等

居室には衛生上、床面積に応じた換気のための窓等が必要である。しかし、有効な換気面積が確保できない場合は、一定の技術基準の自然換気設備、機械換気設備、中央管理方式の空気調和設備又は大臣認定設備を設ける

1 居室の換気

□ 居室には換気のための窓等の開口部を設け、**換気に有効な面積は、居室の床面積の1／20以上**としなければならない。ただし、自然換気設備、機械換気設備、中央管理方式の空気調和設備又は大臣認定設備を設けた場合は、この限りでない

□ 次のものは、令20条の2・20条の3で定める技術的基準の換気設備を設ける。ただし、①は自然換気設備以外とする
①**劇場、集会場**等の**特殊建築物**（法別表第1（い）欄（一）項）の居室
②建築物の**調理室、浴室**その他の室で**かまど、こんろ**等の**火気使用設備や器具**を設けたもの。ただし、令20条の3第1項（下表）で定めるものを除く

●**令20条の3第1項で定めるもの**

●**居室の換気**　法28条2項～4項

●**換気に有効な部分**

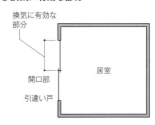

●**特殊建築物の居室等の換気設備**　法28条3項、令20条の2・20条の3

法28条3項により政令で「換気設備を設けるべき調理室等」から除外されるもの＝「換気設備を設けなくてよいもの」	①「密閉式燃焼器具等」以外の火気使用設備又は器具を設けていない室
	②床面積100㎡以内の**住宅又は住戸の調理室**（密閉式燃焼器具等を除き、発熱量の合計が12kW以下の火気使用設備又は器具を設けたもの）で、**調理室の床面積の1／10**（0.8㎡未満のときは0.8㎡とする）以上の有効開口面積を有する窓等の開口部を換気上有効に設けたもの
	③密閉式燃焼器具等を除き、**発熱量の合計が6kW以下**の火気使用設備又は器具を設けた室（調理室を除く）で換気上有効な開口部を設けたもの

□ 「換気設備を設けるべき調理室等」に設ける換気設備の構造とは次のイ・ロのいずれかとする
　イ　次の基準に適合すること
　　　①**給気口**は、調理室等の**天井高さの1／2以下**の位置
　　　②**排気口**は、調理室等の天井又は**天井から下方80㎝**以内の位置に設け、かつ、換気扇等を設けて、直接外気に開放又は排気筒に直結すること
　　　③給気口・給気筒の有効開口面積・有効断面積、換気扇等の有効換気量は大臣が定める数値以上
　　　④風呂釜又は発熱量12kW超の火気使用設備［※］を設け

●**換気設備を設けるべき調理室等**　法28条3項、令20条の3第2項
建築物の調理室、浴室、その他の室でかまど、こんろその他火を使用する設備又は器具を設けたもの

●**密閉式燃焼器具等**　令20条の3第1項
火を使用する設備又は器具で直接屋外から空気を取り入れ、かつ、廃ガスその他の生成物を直接屋外に排出する構造を有するもの、その他室内の空気を汚染するおそれがないもの
※：密閉式燃焼器具等を除く

た調理室等には、煙突を設けること。煙突に設ける換気扇等の有効換気量は、大臣が定める数値以上

ロ　火気使用設備等の通常使用状態で、室内酸素含有率をおおむね20.5%以上にできる大臣認定品とする

□　**襖**、障子等の**随時開放可能な間仕切**の2室は1室とみなす

2　開口部の少ない建築物の換気設備

□　有効な換気面積が確保できない居室には、技術的基準に適合した、自然換気設備、機械換気設備、中央管理方式の空気調和設備又は大臣認定設備を設ける（令20条の2第1項一号）

□　自然換気設備は次の①〜④の構造をもつ
①換気上有効な**給気口**及び**排気筒**を有すること
②**給気口**は、居室**天井高さの1／2以下**に設け、常時外気に開放された構造とする
③**排気口**は、**給気口より高い位置**に設け、常時外気に開放された構造としかつ、排気筒の**立上り部分**に**直結**すること
④**排気筒**は、排気上**有効な立上り**を有し、頂部は**直接外気に開放**し、頂部及び排気口以外に開口部を設けない

□　機械換気設備は、換気上有効な「**給気機及び排気機**」、「**給気機及び排気口**」又は「**給気口及び排気機**」とすること

● **機械換気設備**

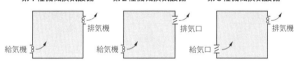

第1種機械換気設備　　第2種機械換気設備　　第3種機械換気設備

□　中央管理方式の空気調和設備は、**浮遊粉じん**、**一酸化炭素**等について基準に適合するように空気を浄化し、温度、湿度、流量を調節して供給することができる性能を有し、かつ、大臣が定めた構造方法とする

□　高さ**31m**超の建築物又は床面積**1,000㎡**超の地下街の機械換気設備又は中央管理方式の空気調和設備の制御監視は、当該建築物内等の管理事務所等で避難階又はその直上階もしくは直下階に設けた**中央管理室**において行うことができること

● **開口部の少ない建築物（換気設備を設けるべき調理室等を除く）の換気設備**
令129条の2の5

● **自然換気設備**

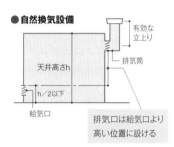

天井高さh

h／2以下

給気口

有効な立上り

排気筒

排気口は給気口より高い位置に設ける

● **中央管理方式の空気調和設備構造**
令129条の2の5第3項

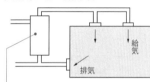

給気

排気

中央管理方式の空調機：温湿度調整や空気浄化を行う

● **中央管理方式の空気調和設備の空気管理基準**　令129条の2の5第3項

浮遊粉じんの量	空気1㎥につき0.15mg以下
一酸化炭素の含有率	100万分の6以下
炭酸ガスの含有率	100万分の1,000以下
温度	18℃以上28℃以下 居室における温度を外気の温度より低くする場合は、その差を著しくしないこと
相対湿度	40%以上70%以下
気流	1秒間につき0.5m以下

この表の各項における当該事項についての測定方法は、国土交通省令で定める

● **中央管理室**　令20条の2第二号

3 便所

□ **下水道法の処理区域内**においては、便所は、水洗便所（汚水管が公共下水道に連結されたものに限る）以外の便所としてはならない

● **水洗便所** 法31条
● **処理区域** 下水道法2条八号
排水区域のうち排除された下水を終末処理場により処理することができる地域で、公示された区域をいう

□ 便所には、採光、換気のため直接外気に接する窓を設けなければならない。ただし、水洗便所で、代替設備（照明・換気設備）がある場合は、この限りでない

● **便所の採光・換気** 令28条

□ 便所からの汚物を、終末処理場を有する公共下水道以外に放流しようとする場合は、**し尿浄化槽**に関して政令で定める技術的基準に適合するもので、大臣が定めた構造方法又は大臣認定品を設けなければならない

□ 政令では、し尿浄化槽及び**合併処理浄化槽**の**汚物処理性能に関する技術的基準**について、設置区域と処理対象人員に応じた、生物化学的酸素要求量の除去率の下限、放流水の生物化学的酸素要求量の上限、放流水に含まれる大腸菌群数の上限が定められている

● **合併処理浄化槽** 令32条、33条、35条
し尿と併せて雑排水を処理する浄化槽をいう

□ 汚物処理性能に関する技術的基準は①下表の区域・処理対象人員の区分に応じた性能とし、②放流水に含まれる大腸菌群数が、3,000個／cm³以下の性能を有するものとする

● **汚物処理性能に関する技術的基準**
令32条1項一号・二号

● **地下浸透方式** 令32条2項
特定行政庁が地下浸透方式により汚物（雑排水を処理する場合は雑排水を含む）を処理することとしても衛生上支障がないと認めて規則で指定する区域内に設ける当該方式に係る汚物処理性能に関する技術的基準は、2項にて規定されている

● **他法令への適合** 令32条3項
水質汚濁防止法、浄化槽法の基準にも適合すること

し尿浄化槽又は合併処理浄化槽を設ける区域	処理対象人員（人）	性能	
		生物化学的酸素要求量の除去率(%)	し尿浄化槽又は合併処理浄化槽からの放流水の生物化学的酸素要求量（mg/ℓ）
特定行政庁が支障ありとする指定区域	50以下	65以上	90以下
	51以上500以下	70以上	60以下
	501以上	85以上	30以下
特定行政庁が支障なしとする指定区域		55以上	120以下
その他の区域	500以下	65以上	90以下
	501以上2,000以下	70以上	60以下
	2,001以上	85以上	30以下

□ し尿浄化槽及び合併処理浄化槽は、満水して24時間以上漏水しないこと

● **漏水検査** 令33条

□ **くみ取り便所**の便槽は、原則、**井戸から5m離す**こと

● **便所と井戸の距離** 令34条

建築設備①居室の換気、便所等　　QUESTION & ANSWER

QUESTION

1　最頻出問題｜一問一答

次の記述のうち、建築基準法上、正しいものには○、誤っているものには×をつけよ

1 □□　集会場の用途に供する床面積300㎡の居室には、換気に有効な部分の面積が15㎡の窓を設けた場合においては、換気設備を設けなくてもよい

2 □□　事務所の用途に供する建築物において、発熱量の合計が6kWのこんろ（密閉式燃焼器具等でないもの）を設けた調理室は、換気上有効な開口部を設けた場合であっても、換気設備を設けなければならない

3 □□　床面積の合計が100㎡の住戸において、発熱量の合計（密閉式燃焼器具等又は煙突を設けた設備もしくは器具に係るものを除く）が12kWの火を使用する器具を設けた床面積15㎡の調理室には、0.8㎡の有効開口面積を有する窓を換気上有効に設けた場合であっても、所定の技術的基準に従って、換気設備を設けなければならない

4 □□　建築物に設ける中央管理方式の空気調和設備の性能のうち、居室における炭酸ガスの含有率は100万分の2,000以下となるように空気を浄化することができるものとしなければならない

5 □□　建築物（換気設備を設けるべき調理室等を除く）に設ける自然換気設備の排気口（排気筒の居室に面する開口部をいう）は、給気口と同じ高さ又は高い位置に設け、排気筒の立上り部分に直結すること

6 □□　建築物（換気設備を設けるべき調理室を除く）に設ける自然換気設備の給気口は、居室の天井の高さの2/3以下の高さの位置に設け、常時外気に開放された構造としなければならない

ANSWER

→→→

1　×｜法28条3項。集会場等の特殊建築物（法別表第1（い）欄（一）項）の居室には令20条の2第一号によりイ（自然換気設備）を除いたロ～ニに適合すること。ロは機械換気設備、ハは中央管理方式、ニは大臣認定品の規定である

2　○｜法28条3項、令20条の3第1項三号。発熱量の合計が6kW以下であっても調理室には換気設備が必要

3　○｜令20条の3第1項。調理室の床面積の1／10以上かつ0.8㎡以上必要であるが、床面積15㎡×1／10＝1.5㎡以上の有効開口面積が確保されていないため、換気設備が必要である

4　×｜令129条の2の5第3項の表により、炭酸ガスの含有率は100万分の1,000以下である。中央管理方式の空気調和設備は、浮遊粉じんの量、一酸化炭素の含有率、炭酸ガスの含有率、温度、相対湿度、気流の規定に適合するように空気を浄化し、温度、湿度、流量を調節して供給することができる性能を有し、かつ、安全上、防火上及び衛生上支障がない構造として大臣が定めた構造方法を用いるものとしなければならない

5　×｜令129条の2の5第1項三号。自然換気設備の排気口は、給気口より高い位置に設け、常時開放された構造とし、かつ、排気筒の立上り部分に直結すること

6　×｜令129条の2の5第1項二号より、自然換気設備の給気口は居室の天井の高さの1/2以下に設け、常時外気に開放された構造とする

010 建築設備②昇降機・配管設備等

昇降機、配管設備等については、通常時の利用上の安全性、防火性等を確保するだけでなく、長期にわたる使用や地震時や障害が発生した場合についても安全性、衛生性を確保する規定が定められている

1　建築設備の構造強度

☐　法20条1項一号〜三号の建築物の**屋上から突出する水槽、煙突等**は、風圧、地震等に対して構造耐力上安全でなくてはならない

● **建築設備の構造強度**　令129条の2の3第三号

2　給水、排水等の配管設備の構造

☐　**給排水等の配管設備**で、コンクリートへの埋設等により腐食するおそれのある部分には、腐食防止措置を講ずる。原則、昇降機の昇降路内に配管設備を設けない。防火区画等を貫通する場合は、原則、貫通部分とその両側**1m**以内を不燃材料で造る

● **給水、排水等の配管設備の構造等**　令129条の2の4

● **防火区画等を貫通する配管設備**

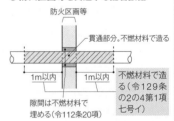

防火区画等

貫通部分。不燃材料で造る

1m以内　　1m以内　　不燃材料で造る（令129条の2の4第1項七号イ）

隙間は不燃材料で埋める（令112条20項）

☐　飲料水の配管設備は、他の配管設備とは直接連結させないこと。水槽、流し等に給水する飲料水の水栓は、これらの設備のあふれ面と水栓との垂直距離を適当に保つ措置を講ずる

☐　排水の配管設備は、雨水又は汚水の量及び水質に応じ有効な容量、傾斜、材質を有すること。排水トラップ、通気管等を設置すること、その末端は、公共下水道、都市下水路等の排水施設に排水上有効に連結すること。汚水に接する部分は不浸透質の耐水材料とする

● **その他の給水、排水等の配管設備の構造等**　令129条の2の4
①飲料水の配管設備は、当該配管設備から漏水しないもの、当該配管設備から溶出する物質で汚染されないもの、給水管の凍結による破壊のおそれのある部分には有効な防凍措置を講ずる
②給水・貯水タンクは、ほこり等衛生上有害なものが入らない構造とし、金属性のものは有効な錆止め措置を講ずる

☐　3階以上である建築物、地階に居室を有する建築物又は延べ面積3,000㎡超の建築物に設ける換気等の風道、ダストシュート等は、原則として**不燃材料**で造る（令129条の2の4第1項六号）

3　避雷設備と冷却塔設備

☐　高さ**20**m超（塔屋含む）の建築物には、有効に**避雷設備**を設ける。ただし、周囲の状況により安全上支障がない場合は、この限りでない。避雷設備には腐食しにくい材料を用いるか、有効な腐食防止のための措置を講じる

● **避雷設備**　法33条、令129条の14・15
● **冷却塔設備**　令129条の2の6
構造に応じ、建築物の他の部分までを大臣指定距離以上とする。冷却塔設備の内部が燃焼した場合でも建築物の他の部分を大臣指定温度以上に上昇させないもの

11階以上の建築物の屋上に設ける冷房の**冷却塔設備**の構造等は、主要な部分を不燃材料で造るか、又は防火上支障がないものとして大臣が定めた構造方法とする

4 昇降機

昇降機は、安全な構造で、かつ昇降路の周壁及び開口部は、防火上支障がない構造とする。高さ31m超の建築物（令129条の13の2で定めるものを除く）には、非常用の昇降機を設ける

エレベーターとは人や物を運搬する昇降機で、籠の水平投影面積が1㎡超又は天井高さ**1.2**m超をいう。**小荷物専用昇降機**とは物を運搬する昇降機で、籠の水平投影面積が1㎡以下、かつ、天井高さ**1.2**m以下のものをいう

エレベーターの籠の構造等については下表のとおり

●エレベーターの構造等

籠の構造等	①籠内の人・物による衝撃に対して安全なものとして大臣が定めた構造方法とする。原則、難燃材料で造り、又は覆う ②非常の救出口を籠の天井に設ける ③用途、積載量、最大定員を明示した標識を籠内に掲示 ④昇降路の壁がない屋外エレベーターは風圧を確認する ⑤昇降路の壁・囲い及び出入口の戸は、原則として、難燃材料で造り、又は覆う。出入口の戸には、施錠装置を設ける ⑥通常の使用状態における摩損及び疲労破壊を考慮したエレベーター強度検証法によって安全規準に適合することが確かめられたものであること
機械室	①床面積は、原則として昇降路の水平投影面積の**2倍**以上 ②床面から天井又は梁の下端までの垂直距離は、籠の定格速度に応じた一定数値以上とする ③換気上有効な開口部又は換気設備を設ける ④出入口は幅**70**㎝以上、高さ**1.8**m以上。施錠装置を有する鋼製の戸を設ける ⑤機械室への階段の蹴上げ**23**㎝以下、踏面**15**㎝以上とし、かつ、階段の両側に側壁又は手すりを設ける
安全装置	①故障が生じ、籠が移動、昇降した場合に、自動的に制止する戸開走行保護装置（大臣認定品等）を設ける ②地震時に、自動的に、籠を出入口に停止させ、かつ、籠と昇降路の戸を開き、又は籠内の人が戸を開くことができる地震時管制運転装置（大臣認定品等）を設ける ③停電時、床面で**1**ルクス以上の照明装置を設ける

エスカレーターについては、地震で脱落せず、

①勾配は**30**度以下

②踏段の幅は**1.1**m以下とし、踏段の端から当段の端の側にある手すりの上端部の中心までの水平距離は**25**㎝以下

③踏段の定格速度は**50**m／分以下の範囲内

④踏段の積載荷重P＝2,600A　P:積載荷重〔N〕　A:踏段面積〔㎡〕

●昇降機　法34条、令129条の3～13の3

エスカレーターは昇降機です

●エレベーターの籠の構造等　令129条の6

救出口

標識

高さ1.2m超

床面積1㎡超

●昇降路の壁又は囲い及び出入口の戸　令129条の7

●エレベーター機械室　令129条の9

●エレベーター機械室の構造

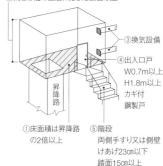

②高さは籠の速度に応じた数値以上

③換気設備

④出入口戸
W0.7m以上
H1.8m以上
カギ付
鋼製戸

昇降路

①床面積は昇降路の2倍以上

⑤階段
両側手すり又は側壁
けあげ23㎝以下
踏面15㎝以上

●エレベーターの安全装置　令129条の10

●エスカレーター　令129条の12

●小荷物専用昇降機　令129条の13

①昇降路の壁・囲い及び戸は、原則、難燃材料で造り、又は覆う

②昇降路のすべての戸が閉じた後、籠を昇降させるものであること。また、戸に施錠装置を設ける

建築設備②昇降機・配管設備等　　QUESTION & ANSWER

1 最頻出問題｜一問一答

次の記述のうち、建築基準法上、正しいものには○、誤っているものには×をつけよ

1 □□ エレベーター(所定の特殊な構造又は使用形態のものを除く)の昇降路の出入口の戸には、籠がその戸の位置に停止していない場合において昇降路外の人又は物の昇降路内への落下を防止することができるものとして、所定の基準に適合する施錠装置を設けなければならない

2 □□ 釣合おもりを用いるエレベーターを、地震等によって釣合おもりが脱落するおそれがない大臣が定めた構造方法とした

3 □□ 籠を主索で吊るエレベーターにあっては、設置時及び使用時の籠及び主要な支持部分の構造をエレベーター強度検証法により確かめる場合において、籠の昇降によって摩損又は疲労破壊を生ずるおそれのある部分以外の部分は、通常の昇降時の衝撃及び安全装置が作動した場合の衝撃により損傷を生じないことについて確かめなければならない

4 □□ 地階に居室を有する建築物に設ける暖房の設備の風道は、屋外に面する部分その他防火上支障がないものとして国土交通大臣が定める部分を除き、不燃材料又は準不燃材料で造らなければならない

5 □□ 高さ20ｍを超える建築物に設けるべき避雷設備について、当該避雷設備の雨水等により腐食のおそれのある部分にあっては、腐食しにくい材料を用いるか、又は有効な腐食防止のための措置を講じたものとしなければならない

2 実践問題｜一問一答

1 □□ 高さ31ｍ超の建築物で、非常用の昇降機を設けていないことにより、法3条2項の適用を受けているものの増築の場合、増築の床面積が基準時の延べ面積の1/2超の場合は非常用の昇降機を設けなければならない

→→→

1 ○｜令129条の7第三号。エレベーターの昇降路の構造として、昇降路外の人や物の昇降路内への落下を防止することができるものとして大臣が定める基準に適合する施錠装置を設ける

2 ○｜令129条の4第3項五号。釣合おもりを用いるエレベーターは、地震その他の震動によって釣合おもりが脱落するおそれがないものとして大臣が定めた構造方法を用いる

3 ○｜設問は令129条の4第1項二号の規定により、同条第1項イの規定の記述であり、「摩損又は疲労破壊を生じるおそれのある部分」については、一号ロに示されている

4 ×｜令129条の2の4第1項六号。3階以上、地階に居室を有する又は延べ面積3,000㎡超の建築物の暖房等の設備の風道等(屋外に面する部分その他防火上支障がないものとして大臣が定める部分を除く)は、不燃材料で造ること

5 ○｜令129条の15第二号。避雷設備の構造は、雷撃により生ずる電流を建築物に被害を及ぼすことなく安全に地中に流すことができるものであり、また、雨水等により腐食のおそれのある部分は、腐食しにくい材料を用いるか又は有効な腐食防止のための措置を講じたものであること

→→→

1 ○｜法86条の7第1項、令137条の6第一号より、法3条2項により法34条2項の非常用の昇降機の規定の適用を受けない高さ31ｍを超える建築物について、法86条の7第1項による増築の範囲は、増築部分の高さが31

2 ☐☐ エレベーター強度検証法による主要な支持部分等の断面に生ずる常時の応力度は、昇降する部分以外の部分の固定荷重、昇降する部分の固定荷重及び籠の積載荷重を合計した数値により計算する

3 ☐☐ エレベーターの制動装置の構造は、籠が昇降路の頂部又は底部に衝突するおそれがある場合に、自動的かつ段階的に作動し、これにより、籠に生ずる垂直方向の加速度が$9.8\,\text{m}/\text{s}^2$を、水平方向の加速度が$5.0\,\text{m}/\text{s}^2$を超えることなく安全に籠を制止させることができるものでなければならない

4 ☐☐ 延べ面積$800\,\text{m}^2$、鉄筋コンクリート造、地上6階建て、高さ24mの建築物に設ける屋上から突出する水槽は、国土交通大臣が定める基準に従った構造計算により風圧並びに地震その他の震動及び衝撃に対して構造耐力上安全であることが確かめられたものでなければならない

5 ☐☐ 地階を除く階数が11以上である建築物の屋上に設ける冷房のための冷却塔設備であっても、防火上支障がないものとして国土交通大臣が定めた構造方法を用いる場合においては、主要な部分を不燃材料以外の材料で造ることができる

6 ☐☐ 建築物に設ける乗用エレベーターの籠の積載荷重は、籠の床面積にかかわらず床面積$1\,\text{m}^2$当たりの数値は同一である

7 ☐☐ 建築物に設けるエレベーターで、乗用エレベーター及び寝台用エレベーター以外のものの昇降路について、安全上支障がない場合においては、出入口の床先と籠の床先との水平距離は、4cmを超えることができる

8 ☐☐ 国土交通大臣は、エレベーターの部分で昇降路及び機械室以外のものの型式について、申請により、型式適合認定を行うことができる

9 ☐☐ 準防火地域内における地上2階建て、延べ面積$480\,\text{m}^2$の共同住宅の各戸の界壁を貫通する給水管は、通常の火災による火熱が加えられた場合に、加熱開始後45分間、当該界壁の加熱側の反対側に火炎を出す原因となるき裂その他の損傷を生じないものとして、国土交通大臣の認定を受けたものを使用することができる

10 ☐☐ 高さ20mを超える建築物であっても、周囲の状況によって安全上支障がない場合においては、避雷設備を設けなくてもよい

m を超えず、かつ増築の床面積が基準時の延べ面積の1/2を超えないこと。設問は1/2を超えている

2 ×｜令129条の4第2項二号。常時の応力度の場合は、①昇降する部分以外の固定荷重と②昇降する部分の固定荷重と積載荷重に昇降時の加速度を考慮した数値を乗じたものの合計

3 ○｜令129条の10第2項一号。エレベーターの制動装置の構造は、籠が昇降路の頂部、底部に衝突するおそれがある場合に、自動的かつ段階的に、一定の加速度以下で籠を制止させることができるもの、また、保守点検を籠の上で行うものは、点検者が昇降路の頂部と籠の間に挟まれることのないよう自動的に籠を制止させることができるものであること

4 ○｜令129条の2の3第三号。当該建築物は法20条二号のため、構造強度の適用を受ける

5 ○｜令129条の2の6第一号。11階以上の建築物の屋上の冷却塔設備は、主要な部分を不燃材料で造るか、防火上支障がないものとして大臣が定めた構造方法を用いるものとする

6 ×｜令129条の5第2項。エレベーターの籠の積載荷重は、当該エレベーターの実況に応じて定めなければならない。ただし、籠の種類に応じて、所定の数値を下回ってはならない

7 ○｜令129条の7第四号、129条の11。乗用エレベーター及び寝台用エレベーター以外のエレベーターは、安全上支障がない場合は、適用除外

8 ○｜令136条の2の11第二号。型式適合認定は、エレベーターの部分で昇降路及び機械室以外のもの

9 ○｜令129条の2の4第1項七号ハ。防火区画等を貫通する管に通常の火災による火熱が加えられた場合に、令114条1項の共同住宅の界壁にあっては45分間である

10 ○｜法33条。高さ20m超の建築物には、避雷設備を設けなければならない。ただし、周囲の状況により安全上支障がない場合は、この限りでない

011 構造強度①木造、補強CB造

建築物の構造安全性を確保するため、鉄筋コンクリート造等の構造種別に応じて、仕様規定といわれる様々な規定が適用される。これらは、構造設計の基本となり、長年の使用に耐え得る建築物が法によって求められている

1 構造部材

☐ **構造耐力上主要な部分の材料**は、腐食・腐朽もしくは摩損しにくい材料とするか、又は錆止め・防腐等を行う

☐ **基礎**は、荷重・外力を安全に地盤に伝え、かつ、地盤の沈下・変形に対して構造耐力上安全なものとする。建築物には原則、異なる構造方法による基礎を**併用してはならない**。ただし、大臣が定める基準の構造計算で安全の確認をした場合は、併用してもよい。打撃作業等で設ける基礎杭は、その打撃力等に対して構造耐力上安全なものとする。木杭は平家建の木造建築物を除き、常水面下とする

☐ 屋根ふき材・内装材・外装材・帳壁等及び広告塔等(屋外取付)は、風圧並びに地震等により脱落しないようにしなければならない

2 木造

☐ 以下の規定は、茶室・あずまや等の建築物又は延べ面積**10㎡**以内の物置等には適用しない

☐ 構造耐力上主要な部分に使用する**木材の品質**は、節・腐れ・繊維の傾斜・丸身等による耐力上の欠点がないこと

☐ 構造耐力上主要な部分である柱の最下階の下部には、**土台**を設ける。ただし、柱を**基礎**に緊結した場合、平家建(指定区域外)で足固めを使用した場合又は柱と基礎をだぼ継ぎ等とし大臣が定める方法による場合は、この限りでない

☐ 柱の小径については以下のとおり
①構造耐力上主要な**柱**の張り間・けた行方向の**小径**は、原則として、各方向で柱と土台・梁等の横架材間の垂直距離に令43条の表の数値(1/20～1/33、次頁表)を乗じた寸法以上とする

● **構造部材の耐久**　令37条

● **基礎**　令38条
基礎の構造は建築物の構造・形態及び地盤状況を考慮して大臣が定めた構造方法を用いる。なお、高さ13m又は延べ面積3,000㎡超の建築物で、荷重が最下階の床面積1㎡につき100kNを超えるものは、基礎の底部(又は基礎杭は先端)を良好な地盤に達すること

● **屋根ふき材等の緊結**　令39条
特定天井(脱落によって重大な危害を生ずるおそれがあるもの)は、構造耐力上安全なものとして、大臣が定めた構造方法を又は大臣認定品とし、特定天井で特に腐食等のおそれのあるものには、腐食等のしにくい材料又は有効な防腐等をした材料を使用しなければならない

● **木造**　令40条

● **木材の品質**　令41条

● **土台及び基礎**　令42条
土台は、基礎に緊結しなければならない。ただし、指定区域外の平家建の建築物で延べ面積50㎡以内は、この限りでない

● **柱の小径**　令43条

横架材間の垂直距離に乗じる値は、屋根を葺く材等によって1/20～1/33の範囲で定められる

②地上3階建て以上の建築物の1階の構造耐力上主要な柱の小径は、原則として、**13.5cm**以上とする

③柱の断面積の**1／3**以上を欠き取る場合、その部分を補強する

④階数2以上の建築物の隅柱又はこれに準ずる柱は、**通し柱**とする。ただし、接合部を通し柱と同等以上の耐力を有するように補強した場合は、この限りでない

⑤構造耐力上主要な柱の有効細長比（断面の最小二次率半径に対する座屈長さの比）は、**150**以下

☐ 構造耐力上必要な軸組等については以下のとおり

①各階の張り間方向及びけた行方向に、それぞれ壁や軸組をつり合いよく配置する

②原則として、床組及び小屋梁組には木板等を大臣が定める基準で打ち付け、小屋組には振れ止めを設ける

③階数が2以上又は延べ面積が**50㎡**超の木造建築物においては、各階の張り間方向及びけた行方向の壁や軸組を、その種類に応じた倍率にその長さを乗じた壁量計算によって設ける

☐ 構造耐力上主要な継手又は仕口は、ボルト締・かすがい打等により緊結しなければならない

☐ 木造の外壁のうち、鉄網モルタル塗その他軸組が腐りやすい構造の下地には、防水紙等を使用しなければならない

構造耐力上主要な柱・筋かい・土台のうち、地面から**1m**以内には、防腐措置を行い、必要に応じて、シロアリ等の対策を講じる

柱　　　階　建築物	柱間隔10m以上又は特殊建築物[*]の柱		左欄以外の柱	
	最上階又は平家建	その他の階	最上階又は平家建	その他の階
金属板葺きなど	$\frac{1}{30}$	$\frac{1}{25}$	$\frac{1}{33}$	$\frac{1}{30}$
瓦葺きなど	$\frac{1}{25}$	$\frac{1}{22}$	$\frac{1}{30}$	$\frac{1}{28}$
土蔵造など	$\frac{1}{22}$	$\frac{1}{20}$	$\frac{1}{25}$	$\frac{1}{22}$

＊：学校・保育所・劇場・映画館・演芸場・観覧場・公会堂・集会場・10㎡を超える物品販売店・公衆浴場

● **梁等の横架材**　令44条
その中央部附近の下側に耐力上支障のある欠込みをしてはならない

● **筋かい**　令45条
引張力を負担する筋かいは、厚さ1.5cm以上で幅9cm以上の木材又は径9mm以上の鉄筋とし、圧縮力を負担する筋かいは、厚さ3cm以上で幅9cm以上の木材とする。端部を、柱と梁等の横架材との仕口に接近して、ボルト・かすがい等で緊結する筋かいは、原則、欠込みをしてはならない

● **構造耐力上必要な軸組等**　令46条
● **継手又は仕口**　令47条
● **外壁内部等の防腐措置等**　令49条

3 補強コンクリートブロック造

☐ **耐力壁**の中心線で囲まれた部分の水平投影面積は、**60㎡**以下とする。各階の張り間方向・けた行方向の耐力壁の長さのそれぞれの方向別の合計は、その階の床面積に対して**15cm／㎡**以上とする

☐ 耐力壁には、原則として、その各階の壁頂に鉄筋コンクリート造の**臥梁（がりょう）**を設ける。臥梁の有効幅は、**20cm**以上で、かつ耐力壁の水平力に対する支点間の距離の**1／20**以上とする

☐ **塀**は、原則として次のとおりとする

①高さ**2.2m**以下、壁厚**15cm**（高さ2m以下の場合は10cm）以上

②径**9mm**以上の鉄筋の配置（壁内：縦横**80cm**以下）、壁頂・基礎：横筋、壁の端部・隅角部：縦筋

③控壁（長さ**3.4m**以下ごと：基礎面で壁高さの**1／5**以上突出）

④基礎丈**35cm**以上、根入れ深さ**30cm**以上

● **耐力壁**　令62条の4
耐力壁の厚さは、①15cm以上、かつ、②その耐力壁と直角方向の水平力に対する構造耐力上主要な支点間の水平距離の1／50以上

耐力壁は、①その端部及び隅角部に径12mm以上の鉄筋を縦に配置し、②径9mm以上の鉄筋を縦横に80cm以内で配置する

● **臥梁**　令62条の5
● **目地及び空胴部**　令63条の6
● **補強コンクリートブロック造の塀**　令62条の8

耐力壁・門又は塀の縦筋は、原則として、コンクリートブロックの空胴部内で継いではいけません

QUESTION

1　最頻出問題 | 一問一答

次の記述のうち、建築基準法上、正しいものには○、誤っているものには×をつけよ

---

1 ☐☐　木造、地上2階建ての住宅において、隅柱又はこれに準ずる柱は、接合部を通し柱と同等以上の耐力を有するように補強した場合には、通し柱としなくてもよい

---

2 ☐☐　木造戸建住宅において、構造耐力上主要な部分である柱の必要小径は、屋根をふく材料によって異なる場合がある

---

3 ☐☐　構造耐力上主要な部分である柱の有効細長比は、200以下としなければならない

---

4 ☐☐　高さ13m又は延べ面積3,000㎡を超える建築物で、当該建築物に作用する荷重が最下階の床面積1㎡につき100kNを超えるものにおいて、基礎杭を使用する場合には、原則として、当該基礎杭の先端を良好な地盤に達することとしなければならない

---

5 ☐☐　木造平家の茶室については、延べ面積にかかわらず、構造耐力上主要な部分である柱であっても、その下部に土台を設けないことができる

---

6 ☐☐　木造の住宅の構造耐力上主要な部分である筋かいのうち、地面から45cm以内の部分には、有効な防腐措置を講ずるとともに、必要に応じて、シロアリその他の虫による害を防ぐための措置を講じなければならない

---

7 ☐☐　屋根ふき材、内装材、外装材、帳壁その他これらに類する建築物の部分を、風圧並びに地震その他の震動及び衝撃によって脱落しないようにした

---

8 ☐☐　「構造耐力上主要な部分に使用する木材の品質は、節、腐れ、繊維の傾斜、丸身等による耐力上の欠点がないものでなければならない」とする規定は、耐久性等関係規定に該当する

ANSWER

→→→

1　○｜令43条5項。階数2以上の建築物の隅柱又はこれに準ずる柱は、通し柱としなければならないが、接合部を通し柱と同等以上の耐力を有するように補強した場合においては、この限りでない

2　○｜令43条1項の表により、構造耐力上主要な部分である柱の小径は、屋根を金属板、石板、木板等軽い材料で葺いた場合とそれ以外の場合で異なる場合がある

3　×｜令43条6項。構造耐力上主要な部分である柱の有効細長比（断面の最小二次率半径に対する座屈長さの比をいう）は、150以下

4　○｜令38条3項。高さ13m又は延べ面積3,000㎡超の建築物で、当該建築物に作用する荷重が最下階の床面積100kN／㎡超の場合は、基礎の構造が基礎杭の場合は、当該基礎杭の先端を良好な地盤に達すること

5　○｜令40条・42条1項により、構造耐力上主要な部分である柱で最下階の部分に使用するものの下部には、土台を設けなければならないが、令40条により、茶室、あずまや等の建築物については、適用しない

6　×｜令49条。地面から1m以内の部分である

7　○｜令39条1項。屋根ふき材、内装材、外装材、帳壁等の部分は、風圧並びに地震その他の震動及び衝撃により脱落しないようにしなければならない

8　○｜令41条の木材の品質の規定であり、令36条1項の耐久性等関係規定に含まれる

9 □□ 高さ6m、補強コンクリートブロック造、地上2階建ての建築物において、耐力壁に設ける鉄筋コンクリート造の臥梁の有効幅は、20cm以上で、かつ、耐力壁の水平力に対する支点間の距離の1／20以上としなければならない

10 □□ 2階建ての補強コンクリートブロック造の1階の張り間方向、けた行方向の耐力壁の長さのそれぞれの方向についての合計は、1階の床面積1㎡につき30cm以上としなければならない

11 □□ 補強コンクリートブロック造の塀で、高さ2mの壁の厚さは10cm以上とし、また組積造の塀の高さは1.2m以下とした

12 □□ 補強コンクリートブロック造の塀に配置する鉄筋の縦筋を、その径の40倍以上基礎に定着させる場合は、縦筋の末端は、基礎の横筋にかぎ掛けしないことができる

9 ○｜令62条の5。原則として、補強コンクリートブロック造の耐力壁の臥梁の有効幅は、20cm以上で、かつ、耐力壁の水平力に対する支点間の距離の1／20以上としなければならない

10 ×｜令62条の4。その階の床面積1㎡につき15cm／㎡以上である

11 ○｜令62条の8第二号。高さ2m以下の場合の壁の厚さは10cm以上である。組積造の塀は令61条による

12 ○｜令62条の8第六号ただし書きによる

2 実践問題｜四肢択一 →→→

1 □□ 保育所の用途である延べ面積200㎡の木造平家の建築物で、その壁の重量が特に大きくなく、かつ、屋根を金属板でふいた場合において、構造耐力上主要な部分である柱の小径は、その柱の横架材間の垂直距離を3.0mとした場合、正しいものはどれか。ただし、構造計算等による安全性の確認は行わないものとする

1——15.0cm以上でなければならない
2——13.7cm以上でなければならない
3——12.0cm以上でなければならない
4——10.0cm以上でなければならない

2 □□ 構造耐力上主要な部分である壁、柱及び横架材を木造とした2階建ての建築物において、すべての方向の水平力に対して安全であるように、各階の張り間方向及びけた行方向に設けた軸組について、その軸組の長さを算定するに当たり、軸組の種類とその倍率で誤っているのはどれか

1——厚さ1.5cm以上で幅9cm以上の木材又は径9cm以上の鉄筋の筋かいを入れた軸組の倍率は、1である
2——厚さ3cm以上で幅9cm以上の木材の筋かいを入れた軸組の倍率は、1.5である
3——厚さ4.5cm以上で幅9cm以上の木材の筋かいを入れた軸組の倍率は、2.5である
4——9cm角以上の木材の筋かいを入れた軸組の倍率は、3である

1 答えは4

令43条の表において、建築物は(二)欄の「(一)に掲げる建築物以外の建築物で屋根を金属板、石板、木板その他これらに類する軽い材料でふいたもの」に該当する。平家の保育所なので、柱の小径は、横架材間の垂直距離に対して、1／30以上となる。柱の小径は、横架材間の垂直距離300cm×1／30＝10.0cm以上となる

2 答えは3

令46条4項の表(下表)による。厚さ4.5cm以上で幅9cm以上の木材の筋かいを入れた軸組の倍率は、2である

1．木ずり(片面)又は土塗壁	0.5
2．木ずり(両面)又は厚さ≧1.5cm、幅≧9cmの木材か径≧9mmの鉄筋の筋かい	1.0
3．厚さ≧3cm、幅≧9cmの木材の筋かい	1.5
4．厚さ≧4.5cm、幅≧9cmの木材の筋かい	2.0
5．9cm角以上の木材の筋かい	3.0
6．2～4の木材の筋かい(たすき掛け)	各数値の2倍
7．5の木材の筋かい(たすき掛け)	5.0
8．国土交通大臣認定	0.5～5.0
9．1、2の壁、2～6の筋かい併用	それぞれの数値の和

012 構造強度②鉄骨造・鉄筋コンクリート造

鉄骨造又は鉄筋コンクリート造の建築物を設計・施工するに当たり、構造計算の結果とは別に、安全性を確保するため適用される基本的な規定があるので、その内容を理解しておく

1　鉄骨造

□　構造耐力上主要な部分の**材料**は、炭素鋼・ステンレス鋼又は鋳鉄とする。鋳鉄は、圧縮応力又は接触応力以外の部分には、使用不可

□　構造耐力上主要な部分の鋼材の**圧縮材の有効細長比**は、柱は**200**以下、柱以外は**250**以下とする

□　構造耐力上主要な部分の**柱の脚部**は、大臣が定める基準によるアンカーボルトで基礎に緊結する。ただし滑節構造はこの限りでない

□　構造耐力上主要な部分の鋼材の**接合**は、炭素鋼では、高力ボルト、溶接、リベット、大臣認定とし、ステンレス鋼では、高力ボルト、溶接、大臣認定。ただし、一定規模以下の場合はボルト接合でもよい

□　**高力ボルト・ボルト又はリベット**の相互間の中心距離は、その径の**2.5**倍以上とする。また、ボルト径とボルト孔に関する規定による

● **材料**　令64条

● **圧縮材の有効細長比**　令65条

● **柱の脚部**　令66条
● **接合**　令67条
延べ面積3,000㎡超又は軒高9m超、もしくは張り間13m超の建築物の接合は、高力ボルト接合等となる

● **高力ボルト・ボルト又はリベット**　令68条

> 高力ボルト孔の径は、d +2mm以下（$d ≧ 27$mmで構造上支障のないときはd+3mm以下）とする。また、ボルト孔の径は、d+1mm以下（$d ≧ 20$mmで構造上支障のないときはd+1.5mm以下）とするよ

2　鉄筋コンクリート造

□　**鉄筋の末端**は、かぎ状に折り曲げて、コンクリートから抜け出ないように**定着**しなければならない。ただし、柱・梁（基礎梁を除く）の出隅部分及び煙突部分以外の部分の異形鉄筋は、その末端を折り曲げないことができる（高さ4m以下かつ30㎡以内の建築物又は高さ3m以下の塀は令73条を適用しない（令71条））

□　主筋又は耐力壁の鉄筋の**継手**の重ね長さは、原則として、構造部材における引張力の最小部分を主筋等の径の**25**倍（30倍）以上とし、それ以外の部分を主筋等の径の**40**倍（50倍）以上とする。柱に取り付ける梁の引張鉄筋の定着長さは、柱の主筋に溶接する場合を除き、その径の**40**倍（50倍）以上とする（カッコ内は軽量骨材を使用する場合）

● **鉄筋の継手及び定着**　令73条

継手等の位置	普通コンクリート	軽量骨材コンクリート
引張力の最も小さな部分	25d以上	30d以上
その他の部分	40d以上	50d以上
梁への引張鉄筋の柱への定着（溶接を除く）	40d以上	50d以上

注　径の異なる鉄筋の継手の場合は、dは、細いほうの鉄筋径

● **コンクリート材料**　令72条
鉄筋コンクリート造に使用するコンクリート材料の条件は以下のとおり

□ 鉄筋コンクリート造に使用するコンクリートの**4週圧縮強度**は、**12N/mm²**(軽量骨材の場合は**9N/mm²**)以上であること

□ コンクリート打込み中及び打込み後**5日間**は、コンクリート温度が**2℃**を下らないようにし、かつ、乾燥・震動等によりコンクリートの凝結等が妨げられないように養生する

□ 構造耐力上主要な部分の**柱**は、次の構造とする
①主筋は**4本**以上
②主筋は帯筋と緊結する
③帯筋径は**6mm**以上とし、間隔は**15cm**(柱に接着する壁・梁等から上方又は下方に柱の小径の**2倍以内**の部分は**10cm**)以下で、かつ、最も細い主筋径の**15倍**以下とする
なお、帯筋比(柱の軸を含むコンクリートの断面積に対する帯筋の断面積の和の割合)は、**0.2%**以上、主筋の断面積の和は、コンクリートの断面積の**0.8%**以上とする。柱の小径は、構造耐力上主要な支点間の距離の**1／15**以上とする

□ 構造耐力上主要な部分の**床版**は、原則として次の構造とする
①厚さ**8cm**以上、かつ短辺方向の有効張り間長さの**1／40**以上
②最大曲げモーメントを受ける部分の引張鉄筋の間隔は、短辺方向**20cm**以下、長辺方向**30cm**以下で、かつ床版厚さの**3倍**以下

□ 構造耐力上主要な部分である**梁**は、複筋梁とし、あばら筋を梁の丈の**3／4**(臥梁(がりょう)は**30cm**)以下で配置する

□ **耐力壁**の厚さは**12cm**以上。開口部周囲に径**12mm**以上の補強筋を配置し、径**9mm**以上の鉄筋を縦横に**30cm**(複配筋配置の場合は、**45cm**)以下で配置する。ただし、平家建の建築物はその間隔を**35cm**(複配筋配置は**50cm**)以下とすることができる

□ **壁式構造**の耐力壁は、上記のほか、次に定める構造とする
①長さ**45cm**以上
②端部及び隅角部に径**12mm**以上の鉄筋を縦に配置
③各階の耐力壁は、頂部及び脚部を耐力壁の厚さ以上の幅の壁梁に緊結する

□ コンクリートの**かぶり厚さ**については右表のとおり

①骨材・水・混和材料は、鉄筋を錆びさせたり、コンクリートの凝結・硬化を妨げたりするような酸・塩・有機物、泥土を含まないこと
②骨材は、鉄筋相互間及び鉄筋と、せき板との間を容易に通る大きさであること
③骨材は、適切な粒度・粒形で、コンクリートに必要な強度・耐久性・耐火性が得られるもの

● **コンクリートの強度** 令74条
● **コンクリートの養生** 令75条
ただし、コンクリートの凝結・硬化を促進するための特別な措置を講ずる場合は除く

● **柱の構造** 令77条

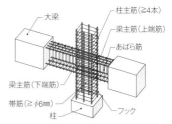

● **プレキャスト鉄筋コンクリートの床版**
令77条の2第2項
プレキャスト鉄筋コンクリートの床版は、左記の規定によるほか、次の構造とする
①周囲の梁等との接合部は、存在応力を伝えることができるもの
②2以上の部材を組み合わせるものは、部材相互を緊結する

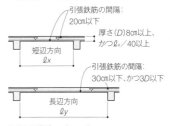

● **梁の構造** 令78条
● **耐力壁** 令78条の2
● **鉄筋等のかぶり厚さ** 令79条、79条の3

部位	コンクリートのかぶり厚さ
耐力壁以外の壁又は床	2cm以上
耐力壁・柱・梁	3cm以上
直接土に接する壁・柱・床・梁又は布基礎の立上り部分	4cm以上
基礎(布基礎の立上り部分を除く)	捨コンクリートを除き6cm以上
鉄骨鉄筋コンクリート造の鉄骨(令79条の3)	5cm以上

QUESTION

ANSWER

1 最頻出問題｜一問一答

→→→

次の記述のうち、建築基準法上、正しいものには○、誤っているものには×をつけよ。ただし、限界耐力計算(それと同等以上に安全さを確かめることができるものとして、国土交通大臣が定める基準に従った構造計算を含む)、又は超高層建築物の特例として国土交通大臣が定める基準に従った構造計算は行わないものとする

1 ☐☐ 延べ面積200㎡の鉄筋コンクリート造の建築物において、構造耐力上主要な部分である柱の帯筋及び耐力壁の開口部周囲の補強筋を、径10㎜の異形鉄筋とした

2 ☐☐ 鉄骨造の建築物において、高力ボルトの相互間の中心距離を、その径の2.5倍以上とし、かつ、高力ボルト孔の径を、高力ボルトの径より2㎜を超えて大きくならないようにした

3 ☐☐ 鉄骨造の建築物において、構造耐力上主要な部分には、炭素鋼を使用した

4 ☐☐ 高さが13mの鉄筋コンクリート造の住宅において、柱及び梁の出隅部分に使用する異形鉄筋の末端を、かぎ状に折り曲げて、コンクリートから抜け出ないように定着した

5 ☐☐ 延べ面積200㎡、木造、地上2階建ての建築物の布基礎において、立上り部分以外の部分の鉄筋に対するコンクリートのかぶり厚さを、捨てコンクリートの部分を除いて6㎝以上とした

1 × | 令78条の2第1項二号。耐力壁の開口部周囲の補強筋は、径12㎜以上である

2 ○ | 令68条1項・2項。高力ボルトの相互間の中心距離は、その径の2.5倍以上とし、高力ボルト孔の径は、高力ボルト径より2㎜を超えてはならない。ただし、高力ボルト径が27㎜以上であり、かつ、構造耐力上支障がない場合は、高力ボルト孔の径を高力ボルト径より3㎜まで大きくすることができる

3 ○ | 令64条1項。構造耐力上主要な部分の材料は、炭素鋼・ステンレス鋼又は鋳鉄とする

4 ○ | 令73条1項。異形鉄筋の場合でも、柱及び梁(基礎梁を除く)の出隅部分、煙突は末端をかぎ状に折り曲げる対象となる

5 ○ | 令71条1項により設問の規模で木造の場合、その鉄筋コンクリート造の構造部分に適用される規定として、令79条1項により布基礎の立上り部分を除き、基礎は、捨てコンクリートの部分を除いて6㎝以上とする

2 実践問題｜一問一答

→→→

1 ☐☐ コンクリートの凝結及び硬化を促進するための特別の措置を講ずる場合であっても、コンクリート打込み後5日間は、コンクリートの温度が2℃を下らないように養生しなければならない

2 ☐☐ 鉄骨造の建築物の構造耐力上主要な部分である柱の脚部は、滑節構造である場合、基礎に緊結しなくてもよい

1 × | 令75条。コンクリートの凝結及び硬化を促進するための特別の措置を講ずる場合はよい

2 ○ | 令66条。構造耐力上主要な部分の柱の脚部は、大臣が定める基準によるアンカーボルトの緊結等により基礎に緊結しなければならないが、滑節構造である場合は、この限りでない

3 ☐☐ 延べ面積25㎡、高さ4mの鉄筋コンクリート造の倉庫において、鉄筋の末端は、かぎ状に折り曲げないことができる

4 ☐☐ 鉄骨造の建築物において、高力ボルトの相互間の中心距離は、その径の2.5倍以上としなければならない

5 ☐☐ 高さ10m、鉄筋コンクリート造の建築物に使用するコンクリートの4週圧縮強度は、軽量骨材を使用する場合、9N／㎟以上でなければならない

6 ☐☐ 高さ7mの鉄筋コンクリート造の建築物において、構造耐力上主要な部分である柱の主筋の断面積の和は、コンクリートの断面積の0.8%以上とする

7 ☐☐ 鉄骨造、地上2階建ての建築物において、原則として、1の柱のみの火熱による耐力の低下によって建築物全体が容易に倒壊するおそれがある場合は、当該柱を、国土交通大臣が定めた構造方法等で防火被覆をしなければならない

8 ☐☐ 鉄骨造の建築物において、高力ボルト接合を行う場合、高力ボルト孔の径は、原則として、高力ボルトの径より2㎜まで大きくすることができる

9 ☐☐ 高さ7mの鉄筋コンクリート造の建築物において、柱及び梁（基礎梁を除く）の出隅部分に使用する異形鉄筋の末端は、原則として、かぎ状に折り曲げて、コンクリートから抜け出ないように定着しなければならない

10 ☐☐ 高さ10mの鉄筋コンクリート造の建築物において、構造耐力上主要な部分である柱の帯筋の間隔は、柱に接着する壁・梁その他の横架材から上方又は下方に柱の小径の2倍以内の距離にある部分においては、原則として、10cm以下で、かつ最も細い主筋の径の15倍以下としなければならない

11 ☐☐ コンクリートの材料強度の算定における設計基準強度の上限の数値は、特定行政庁が規則で定めることができる

12 ☐☐ 炭素鋼を構造用鋼材として使用する場合、短期に生じる力に対する曲げの許容応力度は、鋼材等の種類及び品質に応じて国土交通大臣が定める基準強度Fと同じである

3 ○｜令71条2項の「高さが4m以下で、かつ、延べ面積が30㎡以内の建築物」は令73条が適用されない

4 ○｜令68条1項。高力ボルト・ボルト・リベットの相互間の中心距離は、その径の2.5倍以上とする

5 ○｜令74条1項一号。4週圧縮強度は、12N／㎟以上。ただし、軽量骨材を使用する場合は、9N／㎟以上

6 ○｜令77条6項。構造耐力上主要な部分である柱の主筋の断面積の和は、コンクリートの断面積の0.8%以上

7 ×｜令70条。原則として、地階を除く階数が3以上の建築物が対象となる

8 ○｜令68条2項。高力ボルト孔の径は、高力ボルトの径より2㎜を超えて大きくしてはならない

9 ○｜令71条2項により、令73条の鉄筋の継手及び定着の規定が適用される

10 ○｜令77条三号。柱に壁・梁が付く場合の規定である

11 ○｜令91条2項、97条2項により、特定行政庁は、地域特性に応じて規則で設計基準強度の上限を定めることができる

12 ○｜令90条1項の表。炭素鋼を構造用鋼材とする場合で、曲げの短期許容応力度（曲げの長期許容応力度（F／1.5）×1.5）は、大臣が定める基準強度Fと同じである

013 構造計算

建築物の規模等により、適用できる構造計算方法が異なる。また、小規模な建築物の場合には構造計算が不要となる。構造計算にあたり、建築物に働く荷重及び外力には各種あり、建築計画や地域特性によって採用する数値が異なる

1　構造耐力とその計算方法

建築物は、自重・積載荷重・積雪荷重・風圧・土圧・水圧と地震その他の震動・衝撃に対して**安全な構造**のものとする

● 建築物の規模による区分

建築物はこの表の区分に応じて構造計算や構造方法が定められているよ

法20条1項	建築物の規模
一号（超高層）	高さ60m超
二号（大規模）	高さ60m以下のうちで ①木造で高さ13m又は軒高9m超 ②鉄骨造で地上4階以上又は高さ13m又は軒高9m超 ③鉄筋コンクリート造、鉄骨鉄筋コンクリート造で高さ20m超 その他令36条の2[*]で定めるもの
三号（中規模）	高さ60m以下のうちで、二号に該当するものを除き ①木造で階数3以上又は延べ面積500㎡超 ②木造以外で階数2以上又は延べ面積200㎡超 ③主要構造部が石造、レンガ造等で高さ13m又は軒高9m超
四号（小規模）	一号・二号・三号以外

*：①地上4階以上の組積造又は補強コンクリートブロック造、②地上3階以下の鉄骨造で高さ13m又は軒高9m超、③その他

● 建築物の区分に応じた構造計算方法　[法20条1項、令36条]

造計算方法	一号 （超高層） 高さ>60m	二号（大規模）		三号 （中規模）	四号 （小規模）	適用される構造方法 （仕様規定） 令36条
		高さ>31m	高さ≦31m			
時刻歴応答解析	○	○	○	○	○	耐久性等関係規定 （令36条1項で定められる）
限界耐力計算		○	○	○	○	
保有水平耐力計算		○	○	○	○	令36条～80条の3の 一定部分
許容応力度等計算			○	○	○	
許容応力度計算				○	○	令36条～80条の3
構造計算不要					○	

限界耐力計算では、地震力が損傷限界耐力を超えず、層間変位の各階の高さに対する割合が1／200（地震力により著しい損

● 構造耐力　法20条
● 構造計算方法
①時刻歴応答解析
荷重・外力によって建築物の各部分に連続的に生ずる力・変形≦当該建築物の各部分の耐力及び変形限度
②保有水平耐力計算
荷重・外力による長期・短期の応力度が、長期・短期に生ずる力に対する許容応力度を超えず、保有水平耐力が必要保有水平耐力以上であるかを確かめる
③限界耐力計算
積雪時・暴風時の力≦材料強度による耐力、地震力≦損傷限界耐力
④許容応力度等計算
荷重・外力による長期・短期の応力度が、長期・短期に生ずる力に対する許容応力度を超えず、各階の剛性率、偏心率が一定限度であるかを確かめる
⑤許容応力度計算（通称）
荷重・外力による長期・短期の応力度が長期・短期に生ずる力に対する許容応力度を超えず、屋根ふき材等の安全を確かめる

傷が生ずるおそれのない場合は**1 / 120**）以内とする

□ **保有水平耐力計算**では、層間変形角が**1 / 200**（地震力により著しい損傷が生ずるおそれのない場合は**1 / 120**）以内とする

□ **許容応力度等計算**では、各階の剛性率が**6 / 10**以上、偏心率が**15 / 100**以内とする

□ **地盤**の許容応力度及び**基礎ぐい**の許容支持力は、地盤調査結果による。地盤の場合、その種類に応じた規定数値でよい

□ 一の建築物であっても建築物の2以上の部分がエキスパンションジョイント等で接している場合は、構造計算方法の適用は、**それぞれ別の構築物**とみなす

□ **耐久性等関係規定**とは、令36条1項により、令36条（構造方法に関する技術的基準）、36条の2、36条の3（構造設計の原則）、令37条（構造部材の耐久）などの規定をいう

● **材料強度**　令95～99条
木材（繊維方向）・鋼材等・コンクリート・溶接についてそれぞれ規定されている

● **主な建築材料と短期許容応力度**

木材の繊維方向　令89条	長期の約1.8倍
鋼材等　令90条	長期の1.5倍
コンクリート　令91条	長期の2倍
溶接継目ののど断面　令92条	長期の1.5倍
高力ボルト摩擦接合部の軸断面　令92条の2	（許容せん断応力度）長期の1.5倍

● **地盤及び基礎ぐい**　令93条
規定数値表を参照

● **構造耐力**　法20条2項、令36条の4

● **一の建築物をエキスパンションジョイントで分離**
別々の構造計算方法を適用できる

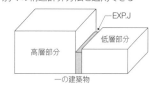

EXP.J

高層部分　低層部分

一の建築物

2　構造計算と構造計算適合性判定

□ 構造計算適合性判定とは、特定構造計算基準又は特定増改築構造算基準に適合するかどうかの判定をいう

● **構造計算適合性判定**　法6条の3第1項

□ ● **構造計算適合性判定の対象となる構造計算**　（○印）

構造計算方法	大臣認定プログラムによる	告示で定める方法
限界耐力計算 （同等計算を含む）	○	○
保有水平耐力計算 （同等計算を含む） ルート3	○	○
許容応力度等計算 （同等計算を含む） ルート2	○	○
許容応力度計算 （同等計算を含む） ルート1	○	×

● **構造計算適合性判定の対象となる建築物**　法20条1項二号、令36条の2
・高さが60m以下の建築物で、木造で高さ13m又は軒高9m超、S造で4階以上、RC造で高さ20m超のほか、H19告示593号の建築物。
・許容応力度等計算、保有水平耐力計算又は限界耐力計算（これらと同等以上計算を含む）を行ったもの（大臣認定プログラムによるものを含む）
・許容応力度計算で大臣認定プログラムによるもの

□ **特定構造計算基準**とは、構造計算で、法20条1項第二号イに規定する方法若しくはプログラムによるもの又は同項第三号イに規定するプログラムによるものによって確かめられる安全性を有することに係る部分をいう

● **特定構造計算基準**　法6条の3第1項

☐ **特定増改築構造計算基準**とは、既存不適格建築物を一定の範囲内で増改築する場合の特定構造計算基準に相当する基準をいう

● **特定増改築構造計算基準**　法6条の3第1項、令9条の2

☐ 建築主は、建築主事に確認申請書を提出した場合は審査期間の**末日3日前**までに指定構造計算適合性判定機関から交付された適合判定通知書（又は写し）を、建築主事に提出しなければならない（指定機関は契約による）

● **適合判定通知書の提出**　法6条の3第8項

☐ 特定構造計算基準又は特定増改築構造計算基準のうち、確認審査が比較的容易にできるものとして令9条の3で定めるものは、**許容応力度等計算**（令81条2項二号イに掲げる構造計算、通称ルート2という）である

☐ 確認審査が比較的容易にできるものとして令9条の3で定める許容応力度等計算について、構造計算に関する高度の専門的知識及び技術を有する者（特定建築基準適合判定資格者）である建築主事又は確認検査員が確認審査をする場合は、構造計算適合性判定は要しない

● **構造計算適合性判定を要しない場合**　法6条の3第1項

☐ 指定構造計算適合性判定機関の指定は、2以上の都道府県の区域において業務を行う者は国土交通大臣が、1の都道府県の場合は、都道府県知事が行う

● **指定構造計算適合性判定機関の指定**　法18条の2第2項

☐ 指定構造計算適合性判定機関等が行う処分等に不服がある者は、その構造計算適合性判定を行わせた都道府県知事が統括する都道府県の建築審査会に対し審査請求を行うことができる

● **指定構造計算適合性判定機関に対する審査請求**　法94条

3　既存建築物の増改築（構造耐力）

☐ 法20条の適用を受けない既存不適格建築物（法3条2項）に**増改築する場合**の構造耐力に関する制限が緩和されるのは次の(1)〜(3)の場合
(1)**増改築**の床面積が基準時の延べ面積の1／2超及びすべての場合、増改築後の建築物の構造方法が次のいずれかに適合すること
　　イ　次に適合すること
　　　①令3章8節（構造計算）の規定に適合すること
　　　②増改築部分が所定の規定に適合すること
　　　③増改築部分以外の部分が耐久性等関係規定に適合し、かつ、大臣が定める基準に適合すること

● **構造耐力関係**　令137条の2

● **増改築が1／2超及びすべての場合**　令137条の2第一号

● **耐久性関係規定**　令36条1項

ロ　増改築部分がそれ以外の部分とEXP.J等による分離増
築の場合は、次に適合すること
①増改築部分が所定の規定に適合すること
②増改築部分以外の部分が耐久性等関係規定に適合
し、かつ、大臣が定める基準に適合すること

(2)**増改築部分**の床面積が基準時の延べ面積の1／20(50㎡
超の場合は50㎡)を超え、1／2を超えない場合、増改築後の
建築物の構造方法が次のいずれかに適合すること

イ　耐久性等関係規定に適合し、かつ、大臣が定める基準
に適合すること

ロ　所定の規定に適合し、かつ、その基準の補強について大
臣が定める基準に適合すること(法20条1項四号建築
物に限る)

ハ　(1)に定める基準に適合すること

(3)**増改築部分**の床面積が基準時の延べ面積の1／20(50㎡
超の場合は50㎡)を超えない場合、増改築後の建築物の構
造方法が次のいずれかに適合すること

イ　次に掲げる基準に適合するものであること
①増改築部分が令第3章等の規定に適合すること
②増改築部分以外の部分の構造耐力上の危険性が増大
しないこと

ロ　(1)及び(2)に定める基準のいずれかに適合すること

● **増改築が1／20超〜1／2以下**　令137条の2第二号

● **増改築が1／20以下**　令137条の2第三号

● **大規模の修繕・模様替**
大規模の修繕・大規模の模様替の場合
は、令137条の12第1項に規定されてい
る

4　荷重及び外力

□　建築物に作用する**荷重及び外力**は、固定荷重・積載荷重・積雪
荷重・風圧力・地震力のほか、建築物の実況に応じて、土圧・水
圧・震動・衝撃による外力を採用する

● **荷重及び外力の種類**　令83条

□　**固定荷重**は、建築物の実況による。ただし、屋根・床・壁等の部分
と種別に応じて規定された荷重を採用できる

● **固定荷重**　令84条

□　**積載荷重**は、建築物の実況による。ただし、住宅・事務室等の室の
種類に応じた床・大梁・柱・基礎の構造計算及び地震力計算の場
合は、規定された数値を採用できる。柱・基礎の垂直荷重による圧
縮力を計算する場合は、**支える床の数**に応じ、荷重を低減できる

● **積載荷重**　令85条
倉庫の床の積載荷重は、3,900N／㎡以
上とする

□　**積雪荷重**は、以下の算式で求める
　　単位荷重×屋根の水平投影面積×その地方の垂直積雪量
積雪の単位荷重は、積雪量1㎝ごとに**20N／㎡**以上とする。ただ
し、特定行政庁は、別の数値を定めることができる

● **積雪荷重**　令86条
屋根の積雪荷重は、屋根に雪止めがある
場合を除き、勾配が60度超は、「0」とす
ることができる。雪下ろし慣習のある地方
は、実況に応じて垂直積雪量が1m超で
も**1mまで減らす**ことができる

風圧力は、以下の算式で求める

　　速度圧（風速ではない）×風力係数

風を有効に遮る他の建築物・防風林等がある場合の速度圧は、**1／2**まで減らすことができる

● **風圧力**　令87条
風力係数は、風洞試験によるほか、建築物・工作物の断面・平面の形状に応じて国土交通大臣が定める数値による

建築物の地上部分の**地震力**は、建築物の高さに応じ、その高さの部分が支える部分に作用する全体の地震力として以下の計算式で求める

　　当該高さの地震層せん断力係数×（当該部分の固定荷重と積載荷重に、多雪地域は更に積雪荷重の和）

● **地震力**　令88条
建築物の地下部分の各部分に作用する地震力は、原則として、その部分の固定荷重と積載荷重との和に、一定の水平震度を乗じて算出する

特定天井とは、脱落によって重大な危害を生ずるおそれがあるものとして大臣が定める天井をいう

● **特定天井**　令39条3項

特定天井の構造は、構造耐力上安全なものとして大臣が定めた構造方法又は大臣が認定したものとする

特定天井は、6m超の高さにある、面積200㎡超、質量2kg／㎡超の吊り天井で、人が日常利用する場所に設置されているものである

● **特定天井**　平25国交告771号

特定天井で特に腐食、腐朽その他の劣化のおそれのあるものには、腐食、腐朽その他の劣化しにくい材料又は有効なさび止め、防腐その他の劣化防止のための措置をした材料を使用しなければならない

● **屋根ふき材等の緊結**　令39条

大規模地震に対して、電気給湯器その他の給湯設備（屋上水槽等に該当するものを除く。以下「**給湯設備**」という）が転倒・移動しないこと

● **建築設備の構造強度**　令129条の2の3第二号

● **給湯設備の転倒防止**　平12年建告1388号

法20条1項一号から三号までの建築物に設ける屋上から突出する水槽、煙突等は、国土交通大臣が定める基準による構造計算で風圧、地震、震動及び衝撃に対して構造耐力上安全であることを確かめる

● **屋上突出水槽等**　令129条の2の3第三号

法2章（単体規定）の規定は、予想しない特殊の構造方法又は建築材料を用いる建築物については、大臣がその構造方法又は建築材料がこれらの規定に適合するものと同等以上の効力があると認める場合は、適用しない。この認定を**特殊構造方法等認定**といい大臣に申請する

● **特殊の構造方法又は建築材料**　法38条

● **特殊構造方法等認定**　法68条の26
法38条（法66条及び法67条の2で準用する場合を含む）の認定をいう

QUESTION

1　最 頻 出 問 題 ｜一問一答

次の記述のうち、建築基準法上、正しいものには○、誤っているものには×をつけよ

1 □□　固定席の劇場の客席に連絡する廊下の床の構造計算をする場合の積載荷重については、実況に応じて計算しない場合、3,500 N / ㎡に床面積を乗じて計算することができる

2 □□　鉄骨鉄筋コンクリート造、高さ45 mの建築物については、保有水平耐力計算を行う場合「各階の剛性率が、それぞれ6 / 10以上であること」及び「各階の偏心率が、それぞれ15 / 100を超えないこと」に適合することを確かめなければならない

3 □□　鉄筋コンクリート造、高さ15 m、延べ面積800 ㎡の建築物については、許容応力度等計算又はこれと同等以上に安全性を確かめることができるものとして国土交通大臣が定める基準に従った構造計算により安全性を確かめることができる

4 □□　学校の屋上広場をささえる柱の垂直荷重による圧縮力の計算において、柱のささえる床の数が5であったので、床の積載荷重として採用する数値を建築物の実況によらないで、2,000 N /㎡とした

2　実 践 問 題 ①｜一問一答

1 □□　法3条2項の規定により、法20条の規定の適用を受けない建築物についてその柱のすべてについて模様替をする場合においては、当該建築物の構造耐力上の危険が増大しないものであっても、現行の構造耐力の規定が適用される

2 □□　鉄骨造、延べ面積200 ㎡、高さ4m、平家建の建築物は、構造計算をしなければならない

3 □□　鉄骨造の建築物において、耐久性等関係規定に適合し、かつ、限界耐力計算によって安全性が確かめられた場合、構造耐力上主要な部分である鋼材の圧縮材の有効細長比は、柱にあっては

ANSWER

→→→

1　○｜令85条1項表（五）。固定席の場合と廊下のような場合では、積載荷重の数値が異なる

2　×｜設問文の構造計算方法の内容は、保有水平耐力計算ではなく許容応力度等計算である。ただし、高さ31 m超のため許容応力度等計算は使えない。令82条の6第二号イ及びロ

3　○｜当該建築物は、鉄筋コンクリート造で高さ20 m以下、かつ、延べ面積200 ㎡超のため法20条三号に該当し、同号イ又はロの規定に適合すればよく、同号イの規定は令81条3項による。同号ロの規定は令81条1・2項により、当該建築物は、同条2項二号イに該当する

4　○｜令85条1項・2項より、学校の屋上広場の柱の積載荷重は、1項の表（八）より（四）の2,400N/㎡であり、2項より支える床が5なので0.8倍となる。2,400×0.8＝1,920 N/㎡ ＜ 2,000 N/㎡である

→→→

1　×｜設問は大規模の模様替である。既存不適格建築物は法3条2項より、法20条の構造耐力規定の適用を受けない建築物は、法86条の7第1項（既存建築物の制限緩和）より、大規模の模様替は令137条の12より、構造耐力上の危険性が増大しない模様替のすべてである

2　×｜構造計算が必要な建築物は、法20条1項一号～三号である。三号は鉄骨造の場合、階数2以上又は延べ面積200㎡超の場合などであるので、該当しない

200を超えることができる

4 □□　鉄筋コンクリート造の建築物において、保有水平耐力計算によって安全性が確かめられた場合、構造耐力上主要な部分である柱の主筋の断面積の和は、コンクリートの断面積の0.8%以上としなくてもよい

5 □□　許容応力度等計算において、建築物の地上部分について各階の剛性率を確かめる場合、当該剛性率は、「各階の層間変形角の逆数」を「当該建築物についての各階の層間変形角の逆数の相加平均」で除して計算する

6 □□　高さ25 mの鉄筋コンクリート造の建築物の地上部分について、保有水平耐力が必要保有水平耐力以上であることを確かめた場合には、層間変形角が所定の数値以内であることを確かめなくてもよい

3　## 実践問題② │ 一問一答

→→→

次の記述のうち、建築基準法上、正しいものには○、誤っているものには×をつけよ。ただし、限界耐力計算（それと同等以上の構造計算を含む）、又は超高層建築物の特例として国土交通大臣が定める基準に従った構造計算は行わないものとする

1 □□　木材の繊維方向の許容応力度は、積雪時の構造計算をするに当たっては、積雪時以外の数値に対して、長期に生ずる力に対する許容応力度については1.3を、短期に生ずる力に対する許容応力度については0.8をそれぞれ乗じて得た数値としなければならない

2 □□　設計基準強度が21N/㎟以下のコンクリートの場合、短期に生ずる力に対するせん断の許容応力度は、長期に生ずる力に対する圧縮の許容応力度の1／15に相当する

3 □□　地震力を計算する場合、事務室の床の積載荷重については、800N/㎡に床面積を乗じて計算することができる

4 □□　保有水平耐力計算によって安全性が確かめられた場合、鉄筋コンクリート造の基礎（布基礎の立上り部分を除く）の鉄筋に対するコンクリートのかぶり厚さは、捨コンクリートの部分を除いて6㎝未満とすることができる

3　○│令36条2項二号により、令81条2項一号ロ（限界耐力計算）の場合は、耐久性等関係規定に適合する必要があるが、令65条の鉄骨造の圧縮材の有効細長比は、令36条1項の耐久性等関係規定に含まれない

4　○│令77条六号によりRC造の柱の主筋の断面積の和は、コンクリートの断面積の0.8%以上だが、保有水平耐力計算の技術的基準では、令36条2項一号により令77条六号は除外

5　○│許容応力度等計算は令82条の6第二号イにより、剛性率は設問のように計算し、各階の剛性率がそれぞれ6/10以上であることを確かめる

6　×│鉄筋コンクリート造で高さ20m超であり法20条二号に該当する。令81条2項二号ロより、令81条2項一号イの保有水平耐力計算とする場合であっても、令82条の2の層間変形角の規定は適用される

1　○│令89条1項。積雪時の構造計算は、長期に対する許容応力度は1.3、短期に対する許容応力度は0.8をそれぞれ乗ずる

2　×│令91条1項
短期許容応力度のせん断＝（設計基準強度F÷30）×2＝F／15
長期許容応力度の圧縮＝設計基準強度F÷3＝F／3
ゆえにF／15はF／3の1／5

3　○│令85条1項により、積載荷重を実況によらない場合は、表(二)事務室(は)地震力計算の場合により800N/㎡

4　×│令36条2項一号により、令81条2項一号イの保有水平耐力計算で安全性を確かめた場合であっても、令第6節鉄筋コンクリート造の鉄筋のかぶり厚さの規定である令79条は適用される

4 実践問題③｜一問一答 →→→

建築物の構造計算に関する次の記述のうち、建築基準法上、正しいものには○、誤っているものには×をつけよ

---

1 ☐☐ 屋根の積雪荷重は、屋根に雪止めがある場合を除き、その勾配が45度を超える場合においては、零とすることができる

---

2 ☐☐ 雪下ろしを行う慣習のある地方においては、その地方における垂直積雪荷重を1mまで減らして計算することができる

---

3 ☐☐ 建築物に近接してその建築物を風の方向に対して有効にさえぎる他の建築物、防風林その他これらに類するものがある場合においては、その方向における風圧力の計算に用いる速度圧は、所定の数値の1／3まで減らすことができる

---

4 ☐☐ 建築物の地下部分の各部分に作用する地震力は、当該部分の固定荷重と積載荷重との和に、原則として、所定の式に適合する地震層せん断力係数を乗じて計算しなければならない

---

5 ☐☐ 高さ45mの鉄筋コンクリート造の建築物の地上部分について、保有水平耐力計算を行う場合、各階の層間変形角が所定の数値以内であることを確かめなければならない

---

6 ☐☐ 屋根ふき材、外装材及び屋外に面する帳壁については、国土交通大臣が定める基準に従った構造計算によって風圧に対して構造耐力上安全であることを確かめなければならない

---

7 ☐☐ 許容応力度等計算を行う場合、建築物の地上部分については、各階の剛性率が、それぞれ、6／10以上であることを確かめなければならない

---

8 ☐☐ 土砂災害特別警戒区域内における建築物の外壁の構造は、原則として、居室を有しない建築物であっても、自然現象の種類、最大の力の大きさ等及び土石等の高さ等に応じて、当該自然現象により想定される衝撃が作用した場合においても破壊を生じないものとして国土交通大臣が定めた構造方法を用いるものとしなければならない

---

1 ×｜令86条4項。屋根の積雪荷重は、屋根に雪止めがある場合を除き、勾配が60度を超える場合は、零とすることができる。なお、屋根面における積雪量が不均等となるおそれのある場合は、その影響を考慮して積雪荷重を計算しなければならない

2 ○｜令86条6項。雪下ろしの慣習のある地方は、その地方における垂直積雪量が1mを超える場合でも積雪荷重は、雪下ろしの実況に応じて垂直積雪量を1mまで減らして計算できる

3 ×｜令87条3項。建築物に近接してその建築物を風の方向に対して有効に遮る他の建築物等がある場合は、その方向の速度圧は、令87条2項の数値の1／2まで減らすことができる

4 ×｜令88条4項。建築物の地下の各部分に作用する地震力は、当該部分の固定荷重と積載荷重との和に、原則として、所定の式に適合する水平震度を乗じて計算しなければならない

5 ○｜令82条の2。建築物の地上部分については、地震力によって各階に生ずる水平方向の層間変位を計算し、当該層間変位の当該各階の高さに対する割合(層間変形角)が所定の数値以内であること

6 ○｜令82条の4。屋根ふき材等の外部に面する部材については、風圧に対して安全であること

7 ○｜令82条の6第二号。建築物の地上部分について、所定の式によって計算した各階の剛性率が、それぞれ6／10以上であること

8 ×｜令80条の3により、居室を有する建築物の外壁及び構造耐力上主要な部分の構造に関する規定である

5 ── 実践問題④ │四肢択一 →→→

1 ☐☐ 図のような平面を有する木造平家建ての倉庫の構造耐力上必要な軸組の長さを算定するにあたって、張り間方向とけた行方向における「壁を設け又は筋かいを入れた軸組の部分の長さに所定の倍率を乗じて得た長さの合計（構造耐力上有効な軸組の長さ）」の組合せとして、建築基準法上、正しいものは、次のうちどれか

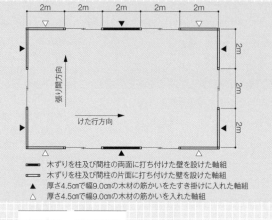

- ▭ 木ずりを柱及び間柱の両面に打ち付けた壁を設けた軸組
- ▭ 木ずりを柱及び間柱の片面に打ち付けた壁を設けた軸組
- ▲ 厚さ4.5㎝で幅9.0㎝の木材の筋かいをたすき掛けに入れた軸組
- △ 厚さ4.5㎝で幅9.0㎝の木材の筋かいを入れた軸組

	張り間方向	けた行方向			
1—	24m	44m	3—	36m	40m
2—	24m	52m	4—	36m	52m

2 ☐☐ 図のような木造、地上2階建ての住宅（屋根を金属板で葺いたもの）の1階部分について、けた行方向と張り間方向に設けなければならない構造耐力上必要な軸組の最小限の長さの組合せとして、建築基準法上、正しいものは、次のうちどれか。ただし、小屋裏等に物置等は設けず、区域の地盤及び地方の風の状況に応じた「地震力」及び「風圧力」に対する軸組の割増はないものとし、国土交通大臣が定める基準に従った構造計算は行わないものとする。なお、1階部分の軸組の構造の判定に用いる1階の床面積については80㎡とする。また、図は略図とする

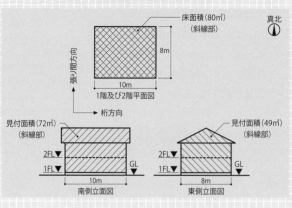

---

1 答えは3

令46条4項による、階数が2以上又は延べ面積50㎡超の木造建築物の場合である

　軸組長さ×表1の軸組の種類に応じた倍率×か所数＝L
　張り間方向：2m×0.5×4か所＋2m×4×4か所＝36m
　けた行方向：（2m×0.5×4か所＋2m×2×4か所）＋（2m×1.0×2か所＋2m×4×2か所）＝40m

軸組の種類と倍率は、令46条4項の表による

軸組の種類	倍率
①木ずり片面	0.5
②木ずり両面	1.0
③厚さ≧4.5㎝、幅≧9㎝の木材 筋かい	2
④③のたすき掛け	4

2 答えは4

令46条4項の壁量計算により、①地震力に対する必要壁量と②風圧力に対する必要壁量を比較する。
①地震力に対する必要壁量＝各階の床面積×令46条4項の表2の数値
表2の数値は、令43条1項より、表の（2）が金属板屋根であり、2階建ての1階であるから、係数29㎝/㎡となる。
1階の地震力に対する必要壁量＝1階の床面積80㎡×29㎝/㎡＝2,320㎝
②風圧力に対する必要壁量＝各階（その階より上階がある場合は、上階を含む）の見付面積からその階の床面からの高さ1.35m以下の部分の見付面積を減じたもの×令46条4項の表3の数値。
表3の数値は、区域が（2）で50㎝/㎡を採用する。
1階のけた行方向＝（49㎡－1.35m（床面から引く高さ）×幅8m）×50㎝/㎡＝1,910㎝
1階の張り間方向＝（72㎡－1.35m（床面から引く高さ）×幅10m）×50㎝/㎡＝

	張り間方向	けた行方向			
1	3,600㎝	2,640㎝	3	2,925㎝	2,640㎝
2	3,600㎝	2,450㎝	4	2,925㎝	2,320㎝

3 ☐☐ 屋根を日本瓦でふき、壁を鉄網モルタル塗りとした木造2階建、延べ面積180㎡、高さ8mの一戸建住宅において、横架材の相互間の垂直距離が1階にあっては3.3m、2階にあっては3.2mである場合、建築基準法上、1階及び2階の構造耐力上主要な部分である柱の張り間方向及びけた行方向の小径の必要寸法を満たす最小の数値の組合せは、次のうちどれか。ただし、張り間方向及びけた行方向の柱の相互の間隔は10m未満とし、構造計算等による安全性の確認は行わないものとする

	1階の柱の小径	2階の柱の小径			
1	10.5㎝	10.5㎝	3	12.0㎝	12.0㎝
2	12.0㎝	10.5㎝	4	13.5㎝	12.0㎝

4 ☐☐ 構造耐力の規定に適合していない部分を有し、建築基準法3条2項の規定の適用を受けている既存建築物に関する次の記述のうち、建築基準法上、誤っているものはどれか

1 ── 増築をするに当たって、既存の建築物に対する制限の緩和を受ける場合においては、建築確認の申請書に、既存建築物の基準時及びその状況に関する事項を明示した既存不適格調書を添えなければならない

2 ── 柱のすべてについて模様替をする場合においては、当該建築物の構造耐力上の危険性が増大しないものであれば、現行の構造耐力の規定が適用されない

3 ── 基準時における延べ面積が2,000㎡の既存建築物に床面積50㎡の増築をする場合においては、増築に係る部分及び既存建築物の部分の構造耐力上の危険性が増大しない構造方法とすれば、増築に係る部分及び既存建築物の部分には現行の構造耐力の規定は適用されない

4 ── 基準時における延べ面積が2,000㎡の既存建築物に床面積1,000㎡の増築をする場合においては、増築後の建築物の構造方法が、耐久性等関係規定に適合し、かつ、「建築物の倒壊及び崩落、屋根ふき材、特定天井、外装材及び屋外に面する帳壁の脱落並びにエレベーターの籠の落下及びエスカレーターの脱落のおそれがない建築物の構造方法に関する基準等」に適合するものとすれば、既存建築物の部分には現行の構造耐力の規定は適用されない

2,925㎝

以上より、けた行方向は、2,320㎝＞1,910㎝、張り間方向は、2,320㎝＜2,925㎝

3 答えは3

令43条1項、柱の小径は、横架材の相互間の垂直距離に対して、1項の表の割合以上とする。屋根が日本瓦の建築物は、表の(3)項となる。張り間方向及びけた行方向の柱の相互間隔は10m未満であるから、表の柱は「上(左)欄以外の柱」となる。

1階の柱の小径：2階建の1階であるから「割合」は「その他の階の柱」で1/28、3.3m×1/28≒11.8㎝→12㎝

2階の柱の小径：2階建の2階であるから「割合」は「最上階」で1/30、3.2m×1/30≒10.7㎝→12㎝

4 答えは3

選択肢3は、増築部分は50㎡/2000㎡＝1/40で1/20以下であるから、令137条の2第三号イにより、現行の構造耐力の規定に適合し、既存建築物の部分の構造耐力上の危険性が増大しない構造方法であればよい。選択肢1は、規則1条の3第1項一号ロ(1)より表二(い)欄(61)項「法86条の7の規定が適用される建築物」の(ろ)欄の添付図書の種類は「既存不適格調書」及び明示すべき事項は「既存建築物の基準時及びその状況に関する事項」となる。選択肢2は、法86条の7第1項、令137条の12第1項。法86条の7第1項により、既存不適格建築物の大規模の模様替で、現行の法20条(構造耐力規定)の規定が適用されない範囲は、令137条の12第1項により当該建築物の構造耐力上の危険性が増大しない場合である。選択肢4は、増築部分は1000㎡/2000㎡＝1/2であるから、令137条の2第二号イにより、増築後の建築物の構造方法が、耐久性等関係規定に適合し、かつ、大臣が定める基準である平17国交省告示566号「建築物の倒壊及び崩落、屋根ふき材、特定天井、外装材及び屋外に面する帳壁の脱落並びにエレベーターの籠の落下及びエスカレーターの脱落のおそれがない建築物の構造方法に関する基準並びに建築物の基礎の補強に関する基準」に適合すれば、既存建築物の部分には現行の構造耐力の規定は適用されない

014 防火規定①耐火建築物等

防火に関しては類似した用語が多く、それぞれ定義も異なるので整理しておく。耐火建築物等にしなければならない特殊建築物は、その用途のある階、床面積規模によって異なるので注意する

1　防火に関する用語

耐火構造とは、壁・柱・床等のうち、耐火性能に関して**30分間〜3時間**の耐火時間を有する鉄筋コンクリート造等の構造で、大臣が定めた構造方法又は大臣認定を受けたものをいう

● 耐火構造の性能

耐火性能	部位	要求時間(いずれも最上階から数えた階数、右図参照)				
		①最上階〜階数4	②階数5〜9	③階数10〜14	④階数15〜19	⑤階数20以上
非損傷性	耐力壁	1時間	1.5時間	2時間	2時間	2時間
	柱、梁	1時間	1.5時間	2時間	2.5時間	3時間
	床	1時間	1.5時間	2時間	2時間	2時間
	屋根、階段	30分間				
	屋上部分	最上階の時間と同一の時間				
遮熱性	一般壁、床	1時間				
	非耐力壁の外壁の延焼のおそれのある部分以外	30分間				
遮炎性	一般外壁	1時間				
	非耐力壁の外壁の延焼のおそれのある部分以外	30分間				
	屋根	30分間				

防火構造とは、建築物の外壁・軒裏の構造のうち、防火性能に関して**30分間**の防火時間を有する鉄網モルタル塗等の構造で、大臣が定めた構造方法又は大臣認定を受けたものをいう

● 防火構造の性能

防火性能	部位	要求時間
非損傷性	耐力壁の外壁	30分間
遮熱性	外壁、軒裏	

● **耐火構造**　法2条七号、令107条
● **耐火性能**　「用語の定義②延焼・防火・耐火」(175頁)参照
● **耐火構造(階の数え方)**

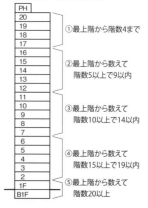

①最上階から階数4まで
②最上階から数えて階数5以上で9以内
③最上階から数えて階数10以上で14以内
④最上階から数えて階数15以上で19以内
⑤最上階から数えて階数20以上

● **非損傷性**
構造耐力上支障のある変形、溶融、破壊等の損傷を生じないもの

● **遮熱性**
加熱面以外の面(屋内に面するもの)の温度が可燃物燃焼温度以上に上昇しないもの

● **遮炎性**
屋外に火炎を出す原因となるき裂等の損傷を生じないもの

● **防火構造**　法2条八号、令108条

● **防火性能**　「用語の定義②」(175頁)参照

● **準防火性能**　法23条、令109条の9
建築物の周囲において発生する通常の火災による延焼の抑制に一定の効果を発揮するために外壁に必要とされる性能

準耐火構造とは、壁・柱・床等の構造のうち、準耐火性能に関して30〜45分間の耐火時間を有するもので、大臣が定めた構造方法又は大臣認定を受けたものをいう

● **準耐火構造の性能**

準耐火性能	部位		要求時間
非損傷性	耐力壁、柱、床、梁		45分間
	屋根（軒裏除く）、階段		30分間
遮熱性	壁	一般壁	45分間
		非耐力壁の外壁の延焼のおそれのある部分以外	30分間
	軒裏	延焼のおそれのある部分	45分間
		上記以外	30分間
	床		45分間
遮炎性	外壁	一般壁	45分間
		非耐力壁の外壁の延焼のおそれのある部分以外	30分間
	屋根		30分間

● **準耐火構造**　法2条七号の二、令107条の2・112条1項

● **準耐火性能**　「用語の定義②」(175頁)参照

1時間準耐火基準とは、主要構造部である壁、柱、床、はり及び屋根の軒裏の構造が、次に適合するものとして、大臣が定めた構造方法又は国土交通大臣の認定を受けたものをいう

● **1時間準耐火基準に適合する準耐火構造**

非損傷性	壁、柱、床、はり	通常の火災による要求時間1時間
遮熱性	壁（非耐力壁の外壁の延焼のおそれのある部分以外の部分を除く）、床、屋根の軒裏（外壁により小屋裏又は天井裏と防火上有効に遮られているものを除き、延焼のおそれのある部分に限る）	通常の火災による要求時間1時間（屋内面のみ）
遮炎性	外壁（非耐力壁の外壁の延焼のおそれのある部分以外の部分を除く）	屋内において発生する通常の火災による要求時間1時間

● **1時間準耐火基準に適合する準耐火構造**　令112条2項

耐火建築物とは、主要構造部が次のイ(1)、(2)のいずれかの基準に適合し、外壁開口部で延焼のおそれのある部分に防火設備を有するものをいう

イ(1)耐火構造

イ(2)次の性能（外壁以外の主要構造部は下記のiのみ）に関する基準（**耐火性能検証法**又は大臣認定品によるもの）に該当する

　(i)構造、建築設備及び用途に応じて屋内で発生が予測される火災が終了するまで耐える

　(ii)建築物の周囲で発生する通常の火災が終了するまで耐える

● **耐火建築物**　法2条九号の二

● **防火設備**　法2条九号の二ロ、令109条、令109条の2

● **耐火性能検証法**　令108条の3第1項・2項
屋内において発生が予測される火災による火熱が加えられた場合に主要構造部が構造耐力上支障がある損傷を生じないもの、建築物の周囲において発生する通常の火災による火熱が加えられた場合に耐力壁である外壁が構造耐力上支障のある損傷を生じないもの等を確かめる方法

□ **準耐火建築物**とは、次の①～③のいずれかに該当し、外壁開口部で延焼のおそれのある部分に防火設備（法2条九号のニロ）を有するものをいう

①法2条九号の三イの「準耐火建築物」
　　a. 主要構造部：準耐火構造（耐火時間1時間と45分間がある）
　　b. 地上の層間変形角：原則、1／150以内（令109条の2の2）
②法2条九号の三ロの「外壁耐火の準耐火建築物」
　　a. 外壁：耐火構造
　　b. 一般屋根：法22条区域の構造
　　c. 延焼のおそれのある部分の屋根：屋内通常火災に対し**20**分間の遮炎性
③法2条九号の三ロの「主要構造部不燃の準耐火建築物」
　　a. 主要構造部の柱・梁：不燃材料
　　b. その他の主要構造部：準不燃材料
　　c. 外壁の延焼のおそれのある部分：防火構造
　　d. 屋根：法22条区域の構造
　　e. 一般床：準不燃材料
　　f. 3階以上の階の床又はその直下の天井：屋内通常火災に対し**30**分間の非損傷性、遮熱性

2 木造建築物等の防火

□ **法22条区域の屋根**は、大臣が定めた構造方法又は大臣認定品で、通常の火災による火の粉に対して、①防火上有害な発煙をしないもの、②屋内に達する防火上有害な溶融・き裂その他の損傷を生じないもの。なお、不燃物保管倉庫等で所定のものは①のみ適用する。ただし、茶室・あずまや等又は延べ面積**10㎡**以内の物置等の屋根の延焼のおそれのある部分以外の部分については除外される

□ **法22条区域内の木造建築物等**は、その**外壁**で延焼のおそれのある部分を、**準防火性能**に関する次の基準に適合するようにする
①耐力壁である外壁：周囲の通常火災に対し**20**分間の非損傷性
②その他の外壁：周囲の通常火災に対し**20**分間の遮熱性（屋内に面するものに限る）

□ 建築物が法22条1項の市街地の区域の内外にわたる場合は、その全部について1項の市街地の区域内の建築物に関する規定を適用する

● **防火区画検証法**　令108条の3第4項・5項
開口部に設ける防火設備について、屋内で発生が予測される火災による火熱が加えられた場合に、加熱面以外の面に火炎を出すことなく耐えることができることを確かめる方法。耐火性能検証の一環である

● **準耐火建築物**　法2条九号の三

● **外壁耐火の準耐火建築物**　令109条の3第一号

● **主要構造部不燃の準耐火建築物**　令109条の3第二号

①～③の準耐火建築物は、順に、①イ準耐1（1時間準耐火構造）、イ準耐2（45分準耐火構造）、②ロ準耐1（外壁耐火）、③ロ準耐2（軸組不燃）と整理しよう

● **法22条区域の屋根**　法22条、令109条の8

● **木造建築物等の外壁**　法23条、令109条の9

● **法22条区域内の木造建造物等**
主要構造部が木材、プラスチックその他の可燃材料で造られたもの

● **準防火性能**　法23条、令109条の9
建築物の周囲において発生する通常の火災による延焼の抑制に一定の効果を発揮するために外壁に必要とされる性能をいう

● **建築物が法22条1項の市街地の区域の内外にわたる場合の措置**　法24条

☐ 延べ面積**1,000㎡**超の**大規模木造建築物等**は、外壁及び軒裏で延焼のおそれのある部分を防火構造とし、その屋根を法22条区域の構造としなければならない

● **大規模木造建築物等**　法25条

☐ 延べ面積**1,000㎡**超の建築物は、**1,000㎡**以内で防火壁又は防火床により区画する。ただし、次の①～③の建築物は除く
①耐火建築物又は準耐火建築物
②卸売市場の上家、機械製作工場等で火災の発生のおそれが少ないもので、次のイ又はロのいずれかに該当するもの
イ　主要構造部が不燃材料で造られたもの等の構造
ロ　構造方法、主要構造部の防火の措置等の事項について防火上必要な令115条の2で定める技術的基準に適合するもの
③畜舎等

● **防火壁又は防火床**　法26条、令113条、令115条の2

☐ 木造等の建築物の防火壁及び防火床の構造は次の①～④としなければならない
①耐火構造とすること
②通常の火災による防火壁又は防火床以外の建築物の部分の倒壊によって生ずる応力が伝えられた場合に倒壊しない大臣が定めた構造方法を用いるもの
③通常の火災時に、防火壁又は防火床で区画された部分（当該防火壁又は防火床を除く）から屋外に出た火炎による防火壁又は防火床で区画された他の部分（当該防火壁又は防火床を除く）への延焼を有効に防止できる大臣が定めた構造方法を用いるもの
④防火壁に設ける開口部の幅及び高さ又は防火床に設ける開口部の幅及び長さは、各2.5mで、かつ、これに令112条19項一号の構造の特定防火設備を設けること

● **防火壁又は防火床の構造**　令113条

● **特定防火設備**　令112条1項

☐ 給水管、配電管等が防火壁又は防火床を貫通する場合は、当該管と防火壁・防火床との隙間をモルタル等の不燃材料で埋めなければならない。換気、暖房又は冷房設備の風道が防火壁・防火床を貫通する場合は、当該貫通部分又はこれに近接する部分に、遮煙性能等の所定の特定防火設備を設けなければならない

● **防火壁の貫通管**　令113条2項、令112条20項・21項

3 耐火建築物等としなければならない特殊建築物

☐ 法27条1項により避難時倒壊防止構造（主要構造部を特定避難時間に基づく準耐火構造としたもの）とするものは、次の法27条1項に基づく表の特殊建築物であり、次の①かつ②としなければならない

● **特定避難時間**
当該特殊建築物に存する者の全てが当該特殊建築物から地上までの避難を終了するまでの間をいう

①主要構造部を特定避難時間、通常の火災による建築物の倒壊及び延焼を防止するために主要構造部に必要な性能に関して令110条で定める技術的基準（下表参照）に適合するもので、国土交通大臣が定めた構造方法又は国土交通大臣の認定を受けたもの

②外壁の開口部で延焼するおそれがあるものとして令110条の2で定めるもの[※1]に、防火戸その他の令109条で定める防火戸、ドレンチャー等の防火設備[※2]を設ける

※1：外壁の開口部は、次のいずれかである
①延焼のおそれのある部分であるもの（法86条の4各号の建築物の外壁の開口部を除く）
②他の外壁の開口部から通常の火災時における火炎が到達するおそれがあるものとして国土交通大臣が定めるもの
※2：遮炎性能に関して令110条の3（片面20分間）で定める技術的基準に適合するもので、国土交通大臣が定めた構造方法又は国土交通大臣の認定を受けたもの

●避難時倒壊防止構造としなければならない特殊建築物(法27条1項)

法別表第1	対象用途	法27条1項より、避難時倒壊防止構造（令110条）としなければならない建築物	
		対象用途の階[*1]	対象用途の床面積[*2]
（一）	劇場、映画館、演芸場	3以上	200㎡以上
		主階が1階にないもの（階数が3以下で延べ面積200㎡未満を除く）	
	観覧場、公会堂、集会場	3以上	200㎡以上、屋外観覧場は1,000㎡以上
（二）	病院、診療所（患者の収容施設があるもの）、ホテル、旅館、下宿、共同住宅、寄宿舎、児童福祉施設等（幼保連携型認定こども園を含む）	3以上	2階が300㎡以上
（三）	学校、体育館、博物館、美術館、図書館、ボーリング場、スキー場、スケート場、水泳場又はスポーツの練習場	3以上	2,000㎡以上
（四）	百貨店、マーケット、展示場、キャバレー、カフェー、ナイトクラブ、バー、ダンスホール、遊技場、公衆浴場、待合、料理店、飲食店又は物品販売業を営む店舗（床面積10㎡以内を除く）	3以上	2階が500㎡以上
			3,000㎡以上

*1：階数が3で延べ面積200㎡未満のもの（3階を（二）項の用途で、病院、患者の収容施設がある診療所、ホテル、旅館、下宿、共同住宅、寄宿舎、入所者の寝室がある児童福祉施設等、令110条の4で定めるものに供するものは、令110条の5で定める技術的基準により警報設備を設けたものに限る）を除く。令110条の5で定める技術的基準は、当該建築物のいずれの室（火災の発生のおそれの少ないものとして国土交通大臣が定める室を除く）で火災が発生した場合においても、有効かつ速やかに、当該火災の発生を感知し、当該建築物の各階に報知することができるよう、国土交通大臣が定めた構造方法を用いる警報設備が、国土交通大臣が定めるところにより適当な位置に設けられていることとしている
*2：（一）項は客席、（二）項及び（四）項は2階に限り、病院及び診療所はその部分に患者の収容施設がある場合に限る

●避難時倒壊防止構造の主要構造部の性能の概要(令110条)

令110条		性能	部分	時間
一号	イ	非損傷性	耐力壁、柱、はり、床	特定避難時間[*]
			階段、屋根（軒裏を除く）	30分間
	ロ	遮熱性	壁、床、屋根の軒裏（外壁によって小屋裏又は天井裏と防火上有効に遮られているものを除く）	特定避難時間[*]
			非耐力壁である外壁及び屋根の軒裏（いずれも延焼のおそれのある部分以外の部分に限る）	片面30分間
	ハ	遮炎性	外壁及び屋根	特定避難時間[*]
			非耐力壁である外壁（延焼のおそれのある部分以外の部分に限る。）及び屋根	片面30分間
二号		令107条各号（耐火性能）又は令108条の3第1項一号イ及びロの基準（耐火性能検証）		

*：特殊建築物の構造、建築設備及び用途に応じて当該特殊建築物に存する者の全てが当該特殊建築物から地上までの避難を終了するまでにする時間をいう。特定避難時間の下限値は45分間（令110条一号イの表）

● 法27条2項により耐火建築物としなければならない建築物

法別表第1	対象用途	法27条2項により、耐火建築物としなければならない建築物	
		対象用途の階	対象用途の床面積
（五）	倉庫	3階以上が200㎡以上	
（六）	自動車車庫、自動車修理工場、映画スタジオ、テレビスタジオ	3階以上	

● 法27条3項により耐火建築物又は準耐火建築物としなければならない建築物

法別表第1	対象用途	法27条3項により、耐火建築物又は準耐火建築物としなければならない建築物[＊]	
		対象用途の階	対象用途の床面積
（五）	倉庫		1,500㎡以上
（六）	自動車車庫、自動車修理工場、映画スタジオ、テレビスタジオ		150㎡以上
その他	危険物の貯蔵又は処理場		令116条の数量を超えるもの

＊：（六）項は、法2条九号の三ロに該当する準耐火建築物のうち令115条の4で定めるものを除く。なお、令115条の4で定めるものは、令109条の3第一号に適合するものとし、外壁が耐火構造であり、かつ、屋根の構造が法22条1項に規定する構造であるほか、法86条の4の場合を除き、屋根の延焼のおそれのある部分の構造が、当該部分に屋内において発生する通常の火災による火熱が加えられた場合に、加熱開始後20分間屋外に火炎を出す原因となるき裂その他の損傷を生じないものである

令111条で定める窓その他の開口部を有しない居室は、その居室を区画する主要構造部を耐火構造又は不燃材料としなければならない。ただし、劇場、映画館、演芸場、観覧場、公会堂、集会場等（法別表第1(い)欄(一)項の用途）については除外される。

令111条で定める窓その他の開口部を有しない居室は、次の①又は②に該当する窓等を**有しない**居室とする。ただし、避難階又は避難階の直上階若しくは直下階の居室その他の居室で、当該居室の床面積、当該居室からの避難のための廊下等の通路の構造並びに消火設備、排煙設備、非常用の照明装置及び警報設備の設置の状況及び構造に関し避難上支障がないものとして国土交通大臣が定める基準に適合するものを除く。なお、ふすま、障子等随時開放することができるもので仕切られた2室は、1室とみなす

①採光有効面積が、当該居室の床面積の1/20以上のもの

②直接外気に接する避難上有効な構造のもので、かつその直径1m以上の円が内接できるもの又はその幅75㎝以上及び高さ1.2m以上のもの

● 無窓の居室等の主要構造部の規制
法35条の3、令111条かっこ書き

居室を区画する主要構造部を耐火構造又は不燃材料としなくてもよい規定

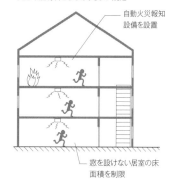

自動火災報知設備を設置

窓を設けない居室の床面積を制限

4　大規模建築物の主要構造部に関する規制

次の大規模建築物（木造建築物等[※1]）は、主要構造部（床、屋根及び階段を除く）を通常火災終了時間[※2]が経過するまでの間当該火災による建築物の倒壊及び延焼を防止するために主要構造部に必要な性能に関して令109条の5（次頁表参照）で

● **大規模建築物**　法21条1項
※1：主要構造部の法21条1項より令109条の4で定める部分が木材、プラスチックその他の可燃材料で造られたもの（法21条、23条、25条、61条）。令109

定める技術的基準に適合するもので、国土交通大臣が定めた構造方法又は国土交通大臣の認定を受けたものとしなければならない。ただし、その周囲に延焼防止上有効な空地で令109条の6[※3]で定める技術的基準に適合するものを有する建築物については、この限りでない。

一　地階を除く階数が4以上である建築物

二　高さ16m超の建築物

三　倉庫、自動車車庫、自動車修理工場等（法別表第1（い）欄（五）項又は（六）項）で、高さ13m超

条の4で定める部分は、主要構造部のうち自重又は積載荷重（特定行政庁が指定する多雪区域の建築物の主要構造部は、自重、積載荷重又は積雪荷重）を支える部分である

※2：建築物の構造、建築設備及び用途に応じて通常の火災が消火の措置により終了するまでに通常要する時間をいう。下限値は45分間

※3：建築物の各部分から当該空地の反対側の境界線までの水平距離が、当該各部分の高さに相当する距離以上であること

● **火災時倒壊防止構造の主要構造部の性能の概要**（令109条の5）

令109条の5		性能	部分	時間
一号	イ	非損傷性	耐力壁、柱、はり、床	通常火災終了時間[＊]
			階段、屋根（軒裏を除く）	30分間
	ロ	遮熱性	壁、床、屋根の軒裏（外壁によって小屋裏又は天井裏と防火上有効に遮られているものを除く）	通常火災終了時間[＊]
			非耐力壁である外壁及び屋根の軒裏（いずれも延焼のおそれのある部分以外の部分に限る）	片面30分間
	ハ	遮炎性	外壁及び屋根	通常火災終了時間[＊]
			非耐力壁である外壁（延焼のおそれのある部分以外の部分に限る。）及び屋根	片面30分間
二号			令107条各号（耐火性能）又は令108条の3第1項一号イ及びロの基準（耐火性能検証）	

＊：建築物の構造、建築設備及び用途に応じて通常の火災が消火の措置により終了するまでに通常要する時間をいう。下限値は45分間。法21条1項本文

延べ面積が3,000㎡超の木造建築物等[※]は、次の各号のいずれかに適合するものとしなければならない。

一　法2条九号のニイ（主要構造部耐火構造）に適合

二　壁、柱、床その他の建築物の部分又は防火戸その他の令109条で定める防火戸、ドレンチャー等の防火設備（「壁等」という）のうち、通常の火災による延焼を防止するために当該壁等に必要とされる性能に関して令109条の7（下表参照）で定める技術的基準に適合するもので、国土交通大臣が定めた構造方法又は国土交通大臣の認定を受けたものによって有効に区画し、かつ、各区画の床面積の合計をそれぞれ3,000㎡以内としたもの

● **火災時倒壊防止構造**
主要構造部を通常火災時間に基づく準耐火構造としたもの

● **延べ面積3,000㎡超の大規模木造建築物等**　法21条2項

※：主要構造部の法21条1項令109条の4で定める部分が木材、プラスチックその他の可燃材料で造られたもの。令109条の4で定める部分は、主要構造部のうち自重又は積載荷重（特定行政庁が指定する多雪区域の建築物の主要構造部は、自重、積載荷重又は積雪荷重）を支える部分である

● **大規模の建築物の壁等の性能に関する技術的基準**（令109条の7）

壁等の性能	時間等
非損傷性	火災継続予測時間[＊]
遮熱性	火災継続予測時間[＊]
遮炎性	火災継続予測時間[＊]
倒壊防止	壁等以外の倒壊によって当該壁等が倒壊しないもの
延焼防止	壁等が、当該壁等で区画された部分（当該壁等の部分を除く）から屋外に出た火災による当該壁等で区画された他の部分（当該壁等の部分を除く）への延焼を有効に防止できるもの

＊：建築物の構造、建築設備及び用途に応じて火災が継続することが予測される時間

5 防火上主要な間仕切壁等

次の①~⑤の建築物は、床面積500㎡以内ごとに1時間準耐火基準[※1]に適合する準耐火構造の床・壁又は特定防火設備で区画し、かつ防火上主要な間仕切壁（自動スプリンクラー設備等設置部分[※2]等、防火上支障がないとして国土交通大臣が定める部分の間仕切壁を除く。）を準耐火構造とし小屋裏又は天井裏に達すること。ただし、次の(1)、(2)に該当する場合を除く

①法21条1項により令109条の5第一号の基準に適合する建築物（通常火災終了時間が1時間以上を除く）とした建築物

②法27条1項により令110条一号の基準に適合する特殊建築物（特定避難時間が1時間以上であるものを除く）とした建築物

③法27条3項により準耐火建築物（令109条の3第二号の基準又は1時間準耐火基準に適合するものを除く）とした建築物

④法61条により令136条の2第二号の基準に適合する建築物（準防火地域内のものに限り、令109条の3第二号の基準又は1時間準耐火基準に適合するものを除く）とした建築物

⑤法67条1項による準耐火建築物等（令109条の3第二号の基準又は1時間準耐火基準に適合するものを除く）

(1) 天井の全部が強化天井である階（令112条4項一号）

(2) 準耐火構造の壁又は法2条九号の二ロの防火設備で区画されている部分で、当該部分の天井が強化天井であるもの（令112条4項二号）

長屋又は共同住宅の各戸の界壁[※]は、準耐火構造とし、令112条4項各号（上記⑤の(1)(2)）のいずれかに該当する部分を除き、小屋裏又は天井裏に達すること。

学校、病院、有床診療所、児童福祉施設等[※1]は、防火上主要な間仕切壁を準耐火構造とし、①天井の全部が強化天井である階又は②準耐火構造の壁又は防火設備で区画され当該部分の天井が強化天井であるもの（令112条4項各号）を除き、小屋裏又は天井裏に達すること[※2]

建築面積が300㎡超の建築物の小屋組が木造の場合は、小屋裏の直下の天井の全部を強化天井とするか、又は桁行間隔12m以内ごとに小屋裏（準耐火構造の隔壁で区画されている小屋裏の部分で、当該部分の直下の天井が強化天井を除く）に準耐火構造の隔壁を設けること。ただし、主要構造部が耐火構造の建築物、一定の畜舎等については、この限りでない

● **500㎡面積区画**　令112条4項

※1：一時間準耐火基準とは、令112条2項より、主要構造部である壁、柱、床、はり及び屋根の軒裏の構造が、同項の基準に適合するものとして、大臣が定めた構造方法又は国土交通大臣の認定を受けたもの

※2：自動スプリンクラー設備等設置部分：床面積200㎡以下の階又は床面積200㎡以内ごとに準耐火構造の壁若しくは法2条九号の二ロの防火設備で区画されている部分で、スプリンクラー設備、水噴霧消火設備、泡消火設備等で自動式のものを設けたものをいう

● **強化天井**

天井のうち、その下方からの通常の火災時の加熱に対しその上方への延焼を有効に防止することができる国土交通大臣が定めた構造方法又は国土交通大臣の認定を受けたもの

● **長屋等の界壁**　令114条1項

※：自動スプリンクラー設備等設置部分その他防火上支障がないものとして国土交通大臣が定める部分の界壁を除く

● **防火上主要な間仕切壁**　令114条2項

学校、病院、寄宿舎等にスプリンクラーを設けた場合の防火上主要な間仕切壁の緩和

※1：ホテル、旅館、下宿、寄宿舎、マーケット

※2：ただし、自動スプリンクラー設備等設置部分その他防火上支障がないものとして国土交通大臣が定める部分の間仕切壁を除く

● **隔壁**　令114条3項

QUESTION

1　最頻出問題｜一問一答

ANSWER

→→→

次の記述のうち、建築基準法上、正しいものには〇、誤っているものには×をつけよ

1 ☐☐ 耐火構造の耐火性能として、壁、柱、はり、床、屋根等の部位に応じて、一定の耐火時間について非損傷性、遮熱性、遮炎性が求められる

2 ☐☐ 特定避難時間とは、特殊建築物の構造、建築設備、用途に応じて当該特殊建築物のある階に存する者の全てが当該階から他の階へ避難を終了するまでに要する時間をいう

3 ☐☐ 主要構造部を準耐火構造とした準耐火建築物の地上部分の層間変形角は、原則として、1 / 120以内でなければならない

1 〇｜令107条。建築物の部位に応じて、非損傷性、遮熱性、遮炎性について、それぞれ耐火時間が規定されている

2 ×｜令110条一号。特殊建築物に存する者の全てが当該特殊建築物から地上までの避難を終了するまでに要する時間をいう

3 ×｜令109条の2の2。法2条九号の三イに該当する建築物及び令136条の2第一号ロ又は第二号ロの基準に適合する建築物の地上部分の層間変形角は、1/150以内でなければならない。ただし、主要構造部が防火上有害な変形、亀裂その他の損傷を生じないことが計算又は実験で確かめられた場合は、この限りでない

2　実践問題｜一問一答

→→→

次の記述のうち、建築基準法上、正しいものには〇、誤っているものには×をつけよ

1 ☐☐ 主要構造部の性能に関する法27条1項の政令で定める技術的基準について、建築物の柱は、当該部分に通常の火災による火熱が加えられた場合に、加熱開始後、構造耐力上支障のある変形等の損傷を生じない特定避難時間の下限値は60分間である

2 ☐☐ 倉庫の用途に供するもので、その用途に供する3階の部分の床面積が200㎡であるものは、準耐火建築物とすることができる

3 ☐☐ 延べ面積1,500㎡の平家の倉庫を、準耐火建築物とした

4 ☐☐ 可燃性ガス800㎡（温度が0℃で圧力が1気圧の状態に換算した数値）を常時貯蔵する建築物は、耐火建築物又は準耐火建築物としなければならない

1 ×｜令110条一号イ。柱の非損傷性に関する特定避難時間の下限値は45分間である

2 ×｜法27条2項。倉庫は、法別表第1(い)欄(5)項・(は)欄(5)項に該当するので耐火建築物としなければならない

3 〇｜法27条3項一号。倉庫は法別表第1(い)欄(五)項・(に)欄(5)項。法27条3項一号より延べ面積が1,500㎡のため、耐火建築物又は準耐火建築物とする

4 〇｜法27条3項二号による。法別表第2(と)項(四)号より可燃ガスは(る)項(一)号(11)で令130条の9、令

5 □□ 防火地域及び準防火地域以外の区域内における、延べ面積1,800㎡、耐火建築物及び準耐火建築物以外の木造の地上2階建ての図書館については、床面積の合計1,000㎡以内ごとに防火上有効な構造の防火壁又は防火床によって有効に区画しなければならない

6 □□ 不燃材料として、建築物の外部の仕上げに用いる建築材料が適合すべき不燃性能に関する技術的基準は、建築材料に、通常の火災による火熱が加えられた場合に、加熱開始後20分間、「燃焼しないものであること」及び「防火上有害な変形、溶融、き裂その他の損傷を生じないものであること」である

7 □□ 防火構造として、建築物の軒裏の構造が適合すべき防火性能に関する技術的基準は、軒裏に建築物の周囲において発生する通常の火災による火熱が加えられた場合に、加熱開始後30分間当該加熱面以外の面(屋内に面するものに限る)の温度が可燃物燃焼温度以上に上昇しないものであることである

8 □□ 耐火建築物として、外壁の開口部で延焼のおそれのある部分に設ける防火設備に必要とされる遮炎性能は、通常の火災による火熱が加えられた場合に、加熱開始後30分間当該加熱面以外の面に火災を出さないものであること

9 □□ 地上10階建ての建築物の3階の梁に必要とされる耐火性能は、通常の火災による加熱が1時間加えられた場合に、構造耐力上支障のある変形等の損傷を生じないものであることである

10 □□ 耐火建築物における外壁以外の主要構造部にあっては、「耐火構造」又は「当該建築物の周囲において発生する通常の火災による火熱に当該火災が終了するまで耐えるものとして、所定の技術的基準に適合する構造」のいずれかに該当するものでなければならない

11 □□ 老人福祉施設である建築物の当該用途の部分について、その防火上主要な間仕切壁(自動スプリンクラー設備等設置部分その他大臣が定める部分の間仕切壁を除く)を準耐火構造で小屋裏又は天井裏まで造った

12 □□ 延べ面積がそれぞれ200㎡超の建築物で耐火建築物以外のものの相互を連絡する渡り廊下で、その小屋組が木造で、かつ、けた行が4mを超えるものは、小屋裏に準耐火構造の隔壁を設けなければならない

116条の表の危険物の数量の限度は、常時貯蔵の場合は、700㎡となり、これを超えている

5 ○ | 法26条、令113条

6 ○ | 「用語の定義②」(175頁)による。法2条九号、令108条の2。不燃性能の技術的基準は、加熱開始後20分間、①燃焼しないもの、②防火上有害な変形、溶融、き裂その他の損傷を生じないもの、③避難上有害な煙又はガスを発生しないもの、となり、外部仕上げはそのうち①、②である

7 ○ | 防火構造は法2条八号、令108条。防火性能の技術的基準は、加熱開始後30分間、①耐力壁である外壁は、構造耐力上支障のある変形、溶融、破壊その他の損傷を生じないもの、②外壁及び軒裏は、加熱面以外の面(屋内面に限る)の温度が可燃物燃焼温度以上に上昇しないもの、となる

8 × | 令109条の2。20分間当該加熱面以外の面に火炎を出さないもの

9 × | 令107条。最上階から数えた階数が5以上9以内の階の梁は、耐火時間は1.5時間

10 × | 法2条九号の二イ。外壁以外の主要構造部は、「耐火構造」又はイ(2)(i)の「当該建築物の構造、建築設備及び用途に応じて屋内において発生が予測される火災による火熱に当該火災が終了するまで耐えること」

11 ○ | 老人福祉施設は令19条より「児童福祉施設等」。防火上主要な間仕切は令114条2項より児童福祉施設等の用途の部分について、その防火上主要な間仕切(自動スプリンクラー設備等設置部分その他大臣が定める部分の間仕切壁を除く)は準耐火構造で、小屋裏又は天井裏まで達すること。また、天井の全部が強化天井である階等であるもの(令112条4項各号)を除き、小屋裏又は天井裏に達すること

12 ○ | 令114条4項

015 防火規定②防火区画・内装制限

火災の拡大を防止し、有効に避難するため、防火区画には、面積区画・竪穴区画・異種用途区画があり、区画すべき内容が異なる。不特定多数の者が利用する建築物、無窓居室のある建築物、大規模な建築物等は、内装材料を難燃材料以上に規制している

1 防火区画(令112条)の概要

● 令112条の防火区画一覧表

項	種別	概要
1	面積区画 1,500㎡以内区画	・自動式スプリンクラー設備等設置部分は、1/2を除く ・1時間準耐火基準の準耐火構造の床・壁・特定防火設備で区画 ・適用除外：①劇場等、②階段室等(遮煙性能の特定防火設備) ・特定防火設備の構造
2	1時間準耐火基準の定義	1時間非損傷性・遮熱性・遮炎性
3	特定空間部分に接する面積区画	吹抜き等の特定空間部分に接する面積区画
4	面積区画 500㎡以内区画	・通常火災終了時間1時間未満の一定の建築物 ・1時間準耐火基準の準耐火構造の床・壁・特定防火設備で区画、かつ、防火 　上主要な間仕切壁を準耐火構造とし、原則、小屋裏・天井裏まで
5	面積区画 1,000㎡以内区画	・通常火災終了時間1時間以上の一定の建築物等 ・1時間準耐火基準の準耐火構造の床・壁・特定防火設備で区画
6	4・5項の適用除外	・壁・天井の内装仕上げを準不燃材料 ・適用除外：体育館等、階段室等(遮煙性能の特定防火設備)
7	高層面積区画 100㎡以内区画	・11階以上 ・耐火構造の床・壁・防火設備で区画
8	高層面積区画 200㎡以内区画	・11階以上 ・壁・天井の内装仕上げと下地を準不燃材料 ・耐火構造の床・壁・特定防火設備で区画
9	高層面積区画 500㎡以内区画	・11階以上 ・壁・天井の内装仕上げと下地を不燃材料 ・耐火構造の床・壁・特定防火設備で区画
10	高層面積区画 7～9項の適用除外	・階段等の避難経路、200㎡以内の共同住宅の住戸(耐火構造の床・壁・特定 　防火設備(遮煙性能)で区画)
11	竪穴区画	・竪穴部分とそれ以外を準耐火構造の床・壁・防火設備(遮煙性能)で区画
12	竪穴区画 特定小規模特殊建築物(避難困難就寝)	・**階数3、延べ面積200㎡未満**(11項除く) ・3階を病院、有床診療所、児童福祉施設等(就寝用途)の場合 ・竪穴部分とそれ以外を間仕切壁又は防火設備(遮煙性能)で区画 ・スプリンクラー設備設置の場合は10分間防火設備(遮煙性能) ・10分間防火設備の構造
13	竪穴区画 特定小規模特殊建築物	・**階数3、延べ面積200㎡未満**(11項除く) ・3階をホテル、共同住宅、児童福祉施設等(通所用途)の場合 ・竪穴部分とそれ以外を間仕切壁又は戸(遮煙性能)で区画
14	竪穴区画 11～13項のみなし規定	・接する竪穴どうしを1の竪穴とみなす ・劇場、工場、階段室等
15	12、13項の適用除外	・火災時の煙等の降下時間の確認
16	区画に接する外壁(スパンドレル)	・防火区画が接する外壁を準耐火構造で90cm以上又は庇等を50cm以上突 　出

17	区画に接する外壁（スパンドレル）の開口部	開口部は防火設備
18	異種用途区画	・法27条の特殊建築物用途とその他の用途を1時間準耐火基準の準耐火構造の床・壁・特定防火設備で区画（遮煙性能）
19	区画に用いる防火設備・特定防火設備の構造	・二号ロの遮煙性能を求める場合又は求めない場合
20	配管の区画貫通構造	・すき間のモルタル埋め（令129条の2の4を参照）
21	風道の区画貫通構造	・区画近接部に特定防火設備（遮煙性能）

2 面積区画

主要構造部を耐火構造とした建築物又は準耐火建築物で、延べ面積（スプリンクラー設備・水噴霧消火設備・泡消火設備等で自動式のものを設けた部分の床面積の**1／2**を除く）が**1,500㎡**超は、床面積**1,500㎡**以内ごとに1時間準耐火基準に適合する準耐火構造の床・壁又は特定防火設備で**区画**しなければならない

● **面積区画** 令112条
● **1時間準耐火基準** 令112条2項（235頁参照）
● **特定防火設備**
「用語の定義②延焼・防火・耐火」（175頁）参照

● **1,500㎡面積区画** （令112条）

項	対象建築物	区画面積	区画方法	緩和
1	①主要構造部を耐火構造の建築物 ②法2条九号の三イ又はロの建築物 ③令136条の2第一号ロ（延焼防止建築物）又は第二号ロ（準延焼防止建築物）の建築物	≦1,500㎡[*]	1時間準耐火基準の準耐火構造の床・壁又は特定防火設備	①劇場、映画館、演芸場、観覧場、公会堂又は集会場の客席、体育館、工場等 ②階段室の部分等（階段室の部分又は昇降機の昇降路の部分（乗降ロビー含む））で、1時間準耐火基準の準耐火構造の床・壁又は特定防火設備で区画

＊：自動式スプリンクラー設備等設置部分の1/2を除く。床面積3,000㎡の場合、すべてに自動式スプリンクラー設備を設置すると、3,000㎡/2＝1,500㎡を除くので、1,500㎡に区画したものとみなされる

● **面積区画のみなし規定** （令112条）

項	対象建築物	面積区画のみなし条件
3	主要構造部を耐火構造とした建築物の2以上の部分が当該建築物の吹抜け部分その他の一定の規模以上の空間が確保されている部分（「空間部分」という）に接する場合	当該2以上の部分の構造が通常の火災時において相互に火熱による防火上有害な影響を及ぼさないものとして大臣が定めた構造方法又は大臣認定を受けたものは、当該2以上の部分と当該空間部分とが特定防火設備で区画されているものとみなして、1項の面積区画を適用する

居室	廊下		廊下	居室
		吹抜き		
居室	廊下		廊下	居室
居室	廊下		廊下	居室

この部分の防火区画が不要となる

● **500㎡面積区画** （令112条）

項	対象建築物	区画面積	区画方法	緩和
4	①法21条1項により令109条の5第一号の建築物（通常火災終了時間が1時間以上を除く）とした建築物 ②法27条1項により令110条一号特殊建築物（特定避難時間が1時間以上を除く）とした建築物 ③法27条3項により準耐火建築物（令109条の3第二号の基準又は1時間準耐火基準適合を除く）とした建築物 ④法61条により令136条の2第二号の建築物（準防火地域内に限り、令109条の3第二号の基準又は1時間準耐火基準適合	≦500㎡[*1]	1時間準耐火基準の準耐火構造の床・壁又は特定防火設備で区画し、かつ、防火上主要な間仕切壁[*2]を準耐火構造とし、小屋裏又は天井裏に達すること。ただし、次の①②のいずれかの場合は、小屋裏又は天井裏まで達しなくてもよい。①天井の全部が強化天井である階、②準耐	6項より。次のいずれかで天井（天井のない場合は屋根）・壁の室内面の仕上げを準不燃材料でしたものについては、適用しない ①体育館、工場等 ②階段室の部分等（階段室の部分又は昇降機の昇降路の部分（乗降ロビー含む））で、1時間準耐火基準の準耐火構造

245

を除く)とした建築物
⑤法67条1項により準耐火建築物等（準防火地域内に限り、令109条の3第二号の基準又は1時間準耐火基準適合を除く)とした建築物

火構造の壁又は防火設備で区画されている部分で、その天井が強化天井であるもの

の床・壁又は特定防火設備で区画

＊1：自動式スプリンクラー設備等設置部分の1/2を除く
＊2：自動式スプリンクラー設備等設置部分等を除く。スプリンクラー設置部分等とは、床面積200㎡以下の階又は床面積200㎡以内ごとに準耐火構造の壁・法2条九号のニロの防火設備で区画されている部分で、スプリンクラー設備、水噴霧消火設備、泡消火設備その他これらに類するもので自動式のものを設けたもの

● **1,000㎡面積区画** （令112条）

項	対象建築物	区画面積	区画方法	緩和
5	①法21条1項により令109条の5第一号の建築物（通常火災終了時間が1時間以上に限る)とした建築物 ②法27条1項により令110条一号の特殊建築物（特定避難時間が1時間以上に限る)とした建築物 ③法27条3項により準耐火建築物（令109条の3第二号の基準又は1時間準耐火基準に適合するものに限る)とした建築物 ④法61条により令136条の2第二号の基準に適合する建築物（準防火地域内にあり、かつ、令109条の3第二号に掲げる基準又は1時間準耐火基準に適合するものに限る)とした建築物 ⑤法67条1項により準耐火建築物等（令109条の3第二号の基準又は1時間準耐火基準に適合するものに限る)とした建築物	≦1,000㎡[＊]	1時間準耐火基準に適合する準耐火構造の床・壁又は特定防火設備で区画	6項より。次のいずれかで天井（天井のない場合は屋根）・壁の室内面の仕上げを準不燃材料でしたものについては、適用しない ①体育館、工場等 ②階段室の部分等（階段室の部分又は昇降機の昇降路の部分（乗降ロビー含む))で、1時間準耐火基準の準耐火構造の床・壁又は特定防火設備で区画

＊：自動式スプリンクラー設備等設置部分の1/2を除く

● **高層面積区画** （令112条）

項	対象建築物	区画面積	区画方法	緩和
7	11階以上の部分	≦100㎡[＊1]	耐火構造の床・壁又は法第二条第九号のニロに規定する防火設備	10項より。7～9項の規定は、階段室、昇降機の昇降路の部分（乗降ロビーを含む）、廊下その他避難の用に供する部分又は床面積200㎡以内の共同住宅の住戸で、耐火構造の床・壁又は特定防火設備(遮煙性能)（7項により区画すべき建築物は、法第二条第九号のニロの防火設備(遮煙性能))で区画されたものは、適用しない
	8項より。壁[＊2]、天井の室内面の仕上げを準不燃材料、かつ、下地を準不燃材料	≦200㎡	耐火構造の床・壁又は特定防火設備	
	9項より。壁[＊2]、天井の室内面の仕上げを不燃材料、かつ下地を不燃材料	≦500㎡		

＊1：自動式スプリンクラー設備等設置部分の1/2を除く
＊2：床面からの高さ1.2m以下を除く

3 　竪穴区画

階段室等の上下階に通ずる部分は、その垂直部分のみを準耐火構造の床・壁又は防火設備で区画する

● **竪穴区画** 　令112条11～15項

● 竪穴区画 （令112条）

項	対象建築物	竪穴部分	区画方法	緩和
11	主要構造部を準耐火構造とした建築物又は令136条の2第一号ロ（延焼防止建築物）若しくは第二号ロ（準延焼防止建築物）の基準に適合する建築物で、地階又は3階以上の階に居室を有するもの	長屋又は共同住宅の住戸で階数2以上であるもの、吹抜き部分、階段部分[*1]、昇降機の昇降路の部分、ダクトスペースの部分等	当該竪穴部分以外の部分[*2]と準耐火構造の床・壁又は法2条九号の二ロの防火設備（遮煙性能）で区画	①避難階からその直上階又は直下階のみに通ずる吹抜き部分、階段部分等で壁・天井の室内面の仕上げ・下地を不燃材料 ②階数が3以下で延べ面積200㎡以内の一戸建ての住宅、長屋・共同住宅の住戸のうちその階数が3以下で、かつ、床面積200㎡以内のものの吹抜き、階段、昇降機の昇降路等 14項より. 竪穴部分及びこれに接する他の竪穴部分（いずれも1項一号の建築物の部分又は階段室の部分等であるものに限る）が次の基準に適合する場合は、これらの竪穴部分を一の竪穴部分とみなす ①当該竪穴部分及び他の竪穴部分の壁・天井の室内面の仕上げ・下地が準不燃材料 ②当該竪穴部分と他の竪穴部分とが用途上区画することができないもの

*1:当該部分からのみ人が出入りすることのできる便所、公衆電話所等を含む
*2:直接外気に開放されている廊下、バルコニー等を除く

● 特定小規模特殊建築物（避難要介護者就寝）の竪穴区画 （令112条12項）

項	対象建築物	竪穴部分	区画方法	緩和
12	3階を病院、診療所（患者収容施設あり）又は児童福祉施設等（入所者の寝室あり）の用途の建築物のうち階数3で延べ面積200㎡未満のもの（11項の建築物を除く）	竪穴部分	竪穴部分以外の部分[*1]と間仕切壁又は法2条九号の二ロの防火設備（遮煙性能）で区画	居室、倉庫等にスプリンクラー設備等を設けた建築物の竪穴部分には法2条九号の二ロの防火設備に代えて、10分間防火設備（遮煙性能）[*2]で区画することができる 14項より. 竪穴部分及びこれに接する他の竪穴部分（いずれも1項一号の建築物の部分又は階段室の部分等であるものに限る）が次の基準に適合する場合は、これらの竪穴部分を一の竪穴部分とみなす ①当該竪穴部分及び他の竪穴部分の壁・天井の室内面の仕上げ・下地が準不燃材料 ②当該竪穴部分と他の竪穴部分とが用途上区画することができないもの 15項より. 火災が発生した場合に避難上支障のある高さまで煙又はガスの降下が生じない建築物として、壁・天井の仕上げ材料の種類、消火設備、排煙設備の設置状況・構造により大臣が定める竪穴部分については、適用しない

*1:直接外気に開放されている廊下、バルコニー等を除く
*2: 令109条の防火設備で、通常の火災による火熱に10分間当該加熱面以外の面に火炎を出さないものとして、大臣が定めた構造方法又は国土交通大臣の認定を受けたものをいう

● 特定小規模特殊建築物の竪穴区画 （令112条13項）

項	対象建築物	竪穴部分	区画方法	緩和
13	3階を法別表第1（い）欄（二）項の用途（ホテル、旅館、共同住宅、寄宿舎、通所利用のみの児童福祉施設等（病院、有床診療所、児童福祉施設等（就寝用途）を除く））の建築物のうち階数が3で延べ面積200㎡未満のもの（11項の建築物を除く）	竪穴部分	竪穴部分以外の部分[*]と間仕切壁又は戸（遮煙性能）（ふすま、障子等を除く）で区画	14項より. 竪穴部分及びこれに接する他の竪穴部分（いずれも1項一号の建築物の部分又は階段室の部分等であるものに限る）が次の基準に適合する場合は、これらの竪穴部分を一の竪穴部分とみなす ①当該竪穴部分及び他の竪穴部分の壁・天井の室内面の仕上げ・下地が準不燃材料 ②当該竪穴部分と他の竪穴部分とが用途上区画することができないもの 15項より. 火災が発生した場合に避難上支障のある高さまで煙又はガスの降下が生じない建築物として、壁・天井の仕上げ材料の種類、消火設備、排煙設備の設置状況・構造により大臣が定める竪穴部分については、適用しない

*:直接外気に開放されている廊下、バルコニー等を除く

● **特定小規模特殊建築物の竪穴区画** （令112条12項13項）

項	3階の用途（法別表第1（い）欄（二）項）	求められる区画		
		間仕切壁	戸（防火設備）	
			スプリンクラー設備等の消火設備が設置の建築物	左記以外の建築物
12	病院、有床診療所、就寝利用の児童福祉施設等	設置	10分間遮炎性能・遮煙性能の防火設備	20分間遮炎性能・遮煙性能の防火設備
13	ホテル、旅館、共同住宅、寄宿舎	設置	遮煙性能の戸	遮煙性能の戸
	通所利用の児童福祉施設等	設置	遮煙性能の戸	遮煙性能の戸

● **区画に接する外壁の構造（スパンドレル）** （令112条16項・17項）

項	区画に接する外壁	外壁の構造	緩和
16	1項、4項〜6項による1時間準耐火基準に適合する準耐火構造の床・壁（4項の防火上主要な間仕切壁を除く）・特定防火設備、7項の耐火構造の床・壁・防火設備、11項の準耐火構造の床・壁・防火設備に接する外壁	当該外壁のうちこれらに接する部分を含み幅90㎝以上の部分を準耐火構造としなければならない。 17項より、準耐火構造としなければならない部分に開口部がある場合は、法2条九号の二ロの防火設備	外壁面から50㎝以上突出した準耐火構造のひさし、床、袖壁等で防火上有効に遮られている場合は、この限りでない

4 異種用途区画

● **異種用途区画** （令112条）

項	対象建築物	区画方法	緩和
18	法27条1項各号、2項各号、3項各号のいずれかに該当	その部分とその他の部分とを1時間準耐火の床・壁又は特定防火設備（遮煙性能）で区画	大臣が定める基準に従い、警報設備等を設けること等の措置が講じられた場合は除外

● **異種用途区画** 令112条18項
法27条の飲食店・共同住宅・自動車車庫等の異なる用途がある場合は、その部分とその他の部分を区画する

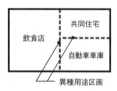

5 防火設備の性能

防火区画に設ける**特定防火設備・防火設備の性能**は次のとおり
令112条19項一号
　①常時閉鎖又は随時閉鎖
　②閉鎖に際し周囲の人の安全を確保することができるもの
　③廊下、階段等に設置する場合は避難上支障がないもの
　④常時閉鎖以外は、熱感知、煙感知により自動閉鎖するもの
令112条19項二号
　竪穴区画や異種用途区画の防火設備には、遮煙性能（二号ロ）を有すること

● **防火設備の性能** 令112条19項

● **特定防火設備** 令112条1項、令109条
火災により煙が発生した場合や温度が急激に上昇した場合、自動的に閉鎖して防火上支障のない遮炎性能をもつ防火シャッター、鉄製防火ドア等。大臣が定めた構造方法又は大臣認定品で**1時間遮炎性**のあるもの

6 防火区画貫通管等

給水管・配電管等が防火区画を**貫通**する場合は、隙間をモルタル等の**不燃材料**で埋める。換気・冷暖房の風道が防火区画を貫通する場合は、貫通部分又は近接部分に自動的に閉鎖し、遮煙性能のある特定防火設備（**防火ダンパー**）を設ける

● **防火区画貫通管等**　令112条20項・21項、令129条の2の4第七号

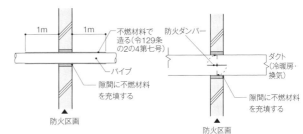

7 内装制限

次の建築物は、原則として、壁及び天井の仕上げを防火上支障がないようにしなければならない
① 法別表第1（い）欄の用途の**特殊建築物**
② 階数**3**以上の建築物
③ 令128条の3の2で定める窓等の開口部を有しない居室を有する建築物
④ 延べ面積**1,000㎡**超の建築物
⑤ 建築物の調理室・浴室その他の室でかまど・こんろ等の火気使用設備・器具を設けたもの

● **内装制限**　法35条の2、令128条の3の2～128条の5

● **緩和措置**　令128条の5第7項
火災が発生した場合に避難上支障のある高さまで煙・ガスが降下しない建築物の部分として、床面積、天井の高さ並びに消火設備及び排煙設備の設置の状況及び構造を考慮して大臣が定めるものについては、適用しない

● **内装制限一覧表**　［令128条の3の2～128条の5］

項	用途	構造			内装制限	
		主要構造部を耐火構造とした建築物又は法2条九号の三イの建築物（1時間準耐火基準に適合するもの）	法2条九号の三イ又は口の建築物（1時間準耐火基準に適合するものを除く）	その他	天井（天井がない場合は屋根）、壁	内装材料
1	法別表第1（い）欄（一）項の用途 劇場・映画館・演芸場・観覧場・公会堂・集会場	客席≧400㎡	客席≧100㎡	客席≧100㎡		
2	法別表第1（い）欄（二）項の用途 病院・診療所（病室有に限る）・ホテル・旅館・下宿・共同住宅・寄宿舎・児童福祉施設等（幼保連携型認定こども園含む）	3階以上の合計≧300㎡[*1]	2階≧300㎡[*1][*2]	床面積≧200㎡	居室[*3]は難燃[*4] 廊下・階段等は準不燃	
3	法別表第1（い）欄（四）項の用途 百貨店・マーケット・展示場・キャバレー・カフェー・ナイトクラブ・バー・ダンスホール・遊技場・公衆浴場・待合・料理店・飲食店・物販店舗（10㎡以内を除く）	3階以上の合計≧1,000㎡	2階≧500㎡	床面積≧200㎡		
4	令128条の4第1項二号 自動車車庫・自動車修理工場	構造種別、床面積にかかわらず対象			室・廊下・階段等	準不燃
5	令128条の4第1項三号 地階又は地下工作物内の1～3の用途の居室のある建築物				居室・廊下・階段等	

6	すべての用途[＊5][＊6]	階数3以上かつ、延べ面積 ＞500㎡	居室[＊3]は難燃 廊下・階段等は準不燃
		階数2、かつ、延べ面積 ＞1,000㎡	
		階数1、かつ、延べ面積 ＞3,000㎡	
7	令128条の3の2第一号 排煙上の無窓居室[＊7]	床面積50㎡超の居室で窓等（天井又は天井から下方80cm以内に限る）の面積が床面積の1／50未満	居室・廊下・階段等は準不燃
	令128条の3の2第二号 採光上の無窓居室[＊7]	（採光規定）法28条1項のただし書の温湿度調整を必要とする作業を行う作業室その他用途上やむを得ない居室で採光規定に適合しないもの	
8	階数2以上の住宅（兼用住宅含む）[＊8]	対象外 　　　　最上階以外の階の調理室等	調理室・ボイラー室等 準不燃
9	住宅以外[＊8]	対象外 　　　　調理室・ボイラー室等	

＊1：耐火建築物又は準耐火建築物で床面積100㎡（共同住宅は200㎡）以内ごとに、準耐火構造の床、壁、防火設備で区画された居室は除く
＊2：2階に病室がある場合
＊3：床からの高さ1.2m以下は除く
＊4：3階以上に居室のある建築物の天井は準不燃
＊5：学校、体育館、ボーリング場、スキー場、スケート場、水泳場又はスポーツの練習場（令126条の2第1項二号より「学校等」という）を除く
＊6：100㎡以内ごとに準耐火構造の床、壁又は防火設備で令112条19項二号の構造で区画され、かつ、法別表第1（い）欄の用途ではない居室で、主要構造部を耐火構造とした建築物又は法2条九号の三イに該当する建築物の高さが31m以下を除く。令112条19項二号の構造とは、常時閉鎖又は随時閉鎖可能、作動時に周囲の人の安全性確保、避難上支障がなく、遮煙性能があり煙感知連動であること
＊7：天井高さ6m超を除く
＊8：主要構造部を耐火構造としたものを除く

防火規定②防火区画・内装制限　　　QUESTION & ANSWER

QUESTION

ANSWER

1　最頻出問題│一問一答

→→→

次の記述のうち、建築基準法上、正しいものには○、誤っているものには×をつけよ

1 □□　給水管が1時間準耐火基準の準耐火構造の防火区画を貫通する場合においては、当該管と当該準耐火構造の防火区画との隙間をモルタルその他の不燃材料で埋めなければならない

2 □□　主要構造部を耐火構造とした建築物で、自動式のスプリンクラー設備を設けたものについては、床面積の合計に応じて区画すべき防火区画の規定が緩和される

3 □□　防火区画に用いる特定防火設備である防火シャッター等は、閉鎖又は作動をするに際して、当該設備の周囲の人の安全を確保することができる構造のものとしなければならない

4 □□　換気設備の風道が準耐火構造の防火区画を貫通する場合において、当該風道に設置すべき特定防火設備については、火災により煙が発生した場合に手動により閉鎖することができるものとしなければならない

5 □□　内装の制限を受ける地上2階建ての有料老人ホームにおいて、当該用途に供する居室の壁及び天井の室内に面する部分の仕上げを、難燃材料とした

6 □□　地階に設ける集会場の客席及びこれから地上に通ずる主たる廊下、階段その他の通路の壁及び天井の室内に面する部分の仕上げを、準不燃材料とした

7 □□　延べ面積10,000㎡、高さ70m、地上20階建ての事務所において、非常用エレベーターの乗降ロビーの天井及び壁の室内に面する部分の仕上げを準不燃材料とし、かつ、その下地を準不燃材料で造った

1　○│令112条20項。給水管が準耐火構造の防火区画を貫通する場合は、当該管と準耐火構造の防火区画との隙間をモルタル等の不燃材料で埋めなければならない。給水管の構造は令129条の2の4第1項七号による

2　○│令112条1項。防火区画は、スプリンクラー設備、水噴霧消火設備、泡消火設備等で自動式のものを設けた部分の床面積の1／2に相当する床面積を除き、床面積1,500㎡以内ごとに区画しなければならない

3　○│令112条19項一号ロ。特定防火設備は、閉鎖又は作動をする際、当該特定防火設備の周囲の人の安全を確保するものでなければならない

4　×│令112条21項一号。火災により煙が発生した場合又は火災により温度が急激に上昇した場合に自動的に閉鎖するものであること

5　○│内装制限を受けることが前提の問題である。有料老人ホームは令19条1項により、児童福祉施設等に該当する。児童福祉施設等は、令115条の3第一号により、法別表第1(い)欄(二)項の特殊建築物に該当する。令128条の4第1項一号の表(二)項、128条の5

6　○│集会場は、法別表第1(い)欄(一)項の特殊建築物に該当する。令128条の4第1項三号、128条の5

7　×│令129条の13の3第3項五号。非常用エレベーターの乗降ロビーの構造は、天井及び壁の室内に面する部分は、仕上げを不燃材料でし、かつ、その下地を不燃材料で造ること

8 ☐☐ 主要構造部を耐火構造とした延べ面積600㎡、地上3階建ての図書館において、3階部分にある図書室の壁及び天井の室内に面する部分の仕上げを、難燃材料とした

9 ☐☐ 主要構造部を準耐火構造とした延べ面積500㎡、平家建の公衆浴場において、ボイラー室の壁及び天井の室内に面する部分の仕上げを、準不燃材料とした

10 ☐☐ 自動車修理工場は、その床面積が100㎡以下の場合は、内装の制限を受けない

11 ☐☐ 10分間防火設備とは、令109条に規定する防火設備で、これに通常の火災による火熱が加えられた場合に、加熱開始後10分間当該加熱面以外の面の温度が可燃物燃焼温度以上に上昇しないものとして、国土交通大臣が定めた構造方法を用いるもの又は国土交通大臣の認定を受けたものをいう

12 ☐☐ 主要構造部を準耐火構造とし、外壁の開口部で延焼のおそれのある部分に所定の防火設備を有する地上2階建ての共同住宅では、当該用途に供する2階の部分の床面積の合計が250㎡であれば、内装の制限を受けなくてもよい。なお、自動式スプリンクラー設備等は設けていない

8 ○│図書館は、令115条の3第二号により、法別表第1(い)欄(三)項の特殊建築物に該当する。令128条の4第2項、128条の5。階数3以上、かつ延べ面積500㎡超の場合である

9 ○│令128条の4第4項・128条の5。「内装の制限を受ける調理室等」となる

10 ×│自動車修理工場は、令128条の4第1項二号に該当する。令128条の5。自動車修理工場は、床面積にかかわらず、内装制限の対象となる

11 ×│令112条12項。10分間防火設備は、設問記述のとおり

12 ○│法2条9号の3イにより、主要構造部を準耐火構造とし、外壁の開口部で延焼のおそれのある部分に所定の防火設備を有するものは、準耐火建築物に該当する。令128条の4第1項一号において、共同住宅(法別表1(い)欄二項)で準耐火建築物の場合、当該用途に供する2階の床面積が300㎡未満の場合は内装制限を受けない

2 実践問題│一問一答 →→→

1 ☐☐ 地階に居室を有する事務所で、主要構造部を耐火構造としたものにおいて、階段の部分とその他の部分との区画に用いる防火設備は、避難上及び防火上支障のない遮煙性能を有するものでなければならない

2 ☐☐ 4階に居室を有するホテルで、主要構造部を準耐火構造としたものにおいて、ダクトスペースの部分とその他の部分とは、不燃材料で造られた床もしくは壁又は防火設備で区画しなければならない

3 ☐☐ 主要構造部を耐火構造とした共同住宅の住戸のうちその階数が2で、かつ、床面積の合計が150㎡であるものにおける吹抜けとなっている部分とその他の部分とは防火区画しなくてもよい

4 ☐☐ 防火区画は、火災の拡大を抑止する等のため、「建築物の用途、構造、階数等に応じた床面積による区画」、「階段室等の竪穴部

1 ○│令112条11項、19項二号ロ。竪穴区画の防火設備は、避難上及び防火上支障のない遮煙性能を有すること

2 ×│令112条11項。ダクトスペースは、竪穴区画としてその他の部分とを準耐火構造の床、壁又は防火設備で区画する

3 ○│令112条11項二号の緩和規定による。階数が3以下で延べ面積200㎡以内の共同住宅の住戸のうちその階数が3以下で、かつ、床面積が200㎡以内であるものにおける吹抜き部分は不要である

4 ○│令112条各項。面積区画、竪穴区画、異種用途区画がある

分の区画」、「建築物の部分で用途が異なる場合の当該境界での区画」等について規定されている

5 ☐☐ 防火区画における床及び壁は、準耐火構造でよい

6 ☐☐ 防火区画に用いる防火設備は、居室から地上に通ずる主たる廊下、階段その他の通路の通行の用に供する部分に設けるものにあっては、閉鎖又は作動をした状態において避難上支障がないものであること

7 ☐☐ 防火区画に接する外壁については、外壁面から50cm以上突出した準耐火構造の庇等で防火上有効に遮られている場合においては、当該外壁の所定の部分を準耐火構造とする要件が緩和される

8 ☐☐ 主要構造部を準耐火構造とした延べ面積200㎡、地上3階建ての一戸建て住宅において、吹抜きとなっている部分とその他の部分とは、防火区画しなくてもよい。なお、自動式スプリンクラー設備等は設けていない

9 ☐☐ 防火区画における床及び壁は、耐火構造・準耐火構造（1時間準耐火構造を含む）又は防火構造としなければならない。なお、自動式スプリンクラー設備等は設けていない

10 ☐☐ 主要構造部が準耐火構造である建築物の2以上の部分が、当該建築物の吹抜き等の一定の規模以上の空間が確保されている部分に接する場合に、当該2以上の部分の構造が通常の火災時において相互に火熱による防火上有害な影響を及ぼさないものとして国土交通大臣が定めた構造方法を用いる場合は、当該2以上の部分と当該空間部分とが特定防火設備で区画されているものとみなして、面積区画である令112条1項の規定を適用する

11 ☐☐ 耐火建築物でその一部が床面積500㎡の自動車車庫の用途に供する場合は、原則として、その部分とその他の部分とを準耐火構造の床若しくは壁又は特定防火設備で区画しなければならない

5 ×｜令112条7項の高層階の面積区画の場合は、耐火構造である

6 ○｜令112条19項一号ハ。防火区画に用いる防火設備で、居室から地上に通ずる主たる廊下・階段等の通行部分に設けるものは、閉鎖又は作動状態において、避難上支障がないものであること

7 ○｜令112条16項。防火区画に接する外壁について、外壁面から50cm以上突出した準耐火構造の庇等を設けた場合は、スパンドレルの緩和がある。また、スパンドレルに開口部を設けた場合は防火設備とする（17項）

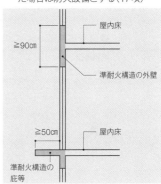

8 ○｜令112条11項二号。階数が3以下で延べ面積200㎡以内の一戸建て住宅で、その階数が3以下、かつ、床面積200㎡内であるものの吹抜き・階段・昇降機の昇降路の部分等は、防火区画しなくてもよい

9 ×｜令112条各項。防火区画の床・壁は、所定の準耐火構造（1時間準耐火構造を含む）又は耐火構造としなければならず、防火構造ではない

10 ×｜令112条3項。主要構造部が耐火構造の建築物の場合である

11 ×｜法27条1項、令112条18項。異種用途区画は、準耐火構造ではなく1時間準耐火基準に適合する準耐火構造で区画する。床面積500㎡の自動車車庫は、法27条3項一号に該当し、その部分とその他の部分とを1時間準耐火基準に適合する準耐火構造とした床若しくは壁又は特定防火設備で区画しなければならない。ただし、大臣が定める基準に従い、警報設備を設ける等の措置が講じられている場合は、この限りでない

016 避難規定①避難階段等

避難規定のうち階段については、避難階又は地上階に通ずる直通階段、2以上の直通階段、屋内避難階段、屋外避難階段、特別避難階段及びそれらへの居室からの歩行距離制限の規定がある

1　避難規定の適用範囲

避難規定のうち、ここで解説する廊下・避難階段・出入口は下表の建築物に限り適用される

●廊下・避難階段・出入口の適用範囲

適用範囲		備考
1	別表第1(い)欄(一)項～(四)項の特殊建築物	建築物が開口部のない耐火構造の床・壁で区画されている場合[※]、それぞれ別の建築物とみなす
2	階数3以上の建築物	
3	有効採光面積が1／20未満の居室のある階	
4	延べ面積**1,000**㎡超の建築物	

●廊下、避難階段、出入口の適用範囲
令117条
適用される避難規定は、令117条～126条である

※：又は建築物の2以上の構造が大臣が定めた構造方法の場合

2　廊下の幅員

●廊下の幅員

廊下の用途	両側居室	その他
小学校、中学校、義務教育学校、高等学校又は中等教育学校の児童用・生徒用	2.3m以上	1.8m以上
①病院の患者用 ②共同住宅の住戸の床面積100㎡超の階の共用 ③3室以下の専用を除き、居室の床面積200㎡(地階は、100㎡)超の階のもの	1.6m以上	1.2m以上

●廊下の幅員　令119条
小学校等の廊下で、児童・生徒が利用しない廊下や、病院における患者が利用しない廊下については、③の3室以下の専用を除き居室の床面積の合計が200㎡(地階は100㎡)超の階に該当するかどうかを判断する

3　直通階段・避難階段の設置

避難階以外の階(地下街除く)は、避難階又は地上に通ずる直通階段を居室の各部分から少なくともその1カ所に至る歩行距離が次表の数値以下となるように設置する。なお、屋外直通階段は、原則として、木造は不可である

●避難階　令13条第1項一号
直接地上へ通ずる階をいい、通常は1階だが、斜面地では2階や地階も、複数階が該当することがある
●直通階段と歩行距離　令120条
●屋外直通階段の構造　令121条の2

●居室から直通階段までの歩行距離

居室の種類		主要構造部が準耐火構造又は不燃材料		その他	備考
		内装準不燃[＊4]	左記以外		
1	有効採光面積1／20未満の居室[＊1]	40(30)m以下	30(20)m以下	30m以下	＊1：居室の床面積、避難通路の構造、消火設備、排煙設備、非常用照明、警報設備の設置状況で大臣が定める基準に適合するものを除く
	法別表第1(い)欄(四)項の居室[＊2]	40(30)m以下	30(20)m以下	30m以下	＊2：百貨店、飲食店、物販店舗等
2	法別表第1(い)欄(二)項の居室[＊3]	60(50)m以下	50(40)m以下	30m以下	＊3：病院、診療所(病室有)、ホテル、共同住宅、児童福祉施設等(幼保連携型認定こども園含む)
3	上記以外の居室	60(50)m以下	50(40)m以下	40m以下	＊4：居室及び地上への廊下、階段等の壁・天井の内装は準不燃材料

注　(　)内は15階以上(令120条3項)

□ **メゾネット型住戸**（主要構造部が準耐火構造の共同住宅の住戸で、住戸階数が**2**又は**3**のもの）の出入口のない階について、居室各部分から避難階又は地上に通ずる直通階段の1に至る歩行距離が**40**m以下の場合、先の歩行距離制限は適用しない

各居室から直通階段までの歩行距離が決められている、イコール居室のある階には1か所以上の直通階段を設けるということ！

□ 避難階以外の階が下表に該当する場合は、**2**以上の直通階段を設けなければならない

●2以上の直通階段を設ける場合 令121条1項、2項

●2以上の直通階段の設置

階の用途（1項）		対象の階	床面積	備考
一号	劇場、映画館、演芸場、観覧場、公会堂、集会場の客席、集会室等	各階	制限なし	*1：居室床面積100(200)㎡以下で、かつ、その階に避難バルコニー等及びその階から避難階等に通ずる直通階段で屋外避難階段又は特別避難階段があるものを除く
二号	物販店舗（床面積**1,500**㎡超）の売場	各階	制限なし	
三号	キャバレー、カフェー、ナイトクラブ又はバー、個室付浴場業等、ヌードスタジオ等、異性同伴休憩施設、店舗型電話異性紹介営業店舗の客室等	6階以上	制限なし	*2：5階以下
		5階以下	制限なし[*1]	
		避難階の直上又は直下階[*2]	100(200)㎡超	
四号	病院・診療所の階の病室又は児童福祉施設等（幼保連携型認定こども園含む）の居室	6階以上	制限なし	不特定多数の人が集まる建築物や大規模な建築物には、避難がしやすいよう2か所に直通階段を設けるんだ
		5階以下	50(100)㎡超	
五号	ホテル、旅館、下宿の宿泊室、共同住宅の居室、寄宿舎の寝室	6階以上	制限なし[*1]	
		5階以下	100(200)㎡超	
六号	上記以外の居室	6階以上	制限なし[*1]	
		5階以下	100(200)㎡超	
		避難階の直上階[*2]	200(400)㎡超	

注 （　）内は、主要構造部が準耐火構造又は不燃材料の場合

□ 2以上の直通階段を設ける場合、歩行経路の重複区間は、令120条の歩行距離の1／2以下とする。ただし、重複区間を経由しないで避難上有効なバルコニー等がある場合を除く

●重複距離 令121条3項

□ 令121条1項の2以上の直通階段を設けなければならない規定にもかかわらず、4項により直通階段が1でもよい場合は以下の表のとおり

●特定階の直通階段の緩和 令121条4項
直通階段が1か所でもよい場合である。その用途を児童福祉施設等やホテル等に限定し、規模も階数3以下で延べ面積200㎡未満の建築物に限定している

●特定階の直通階段の緩和 （令121条1項及び4項）

1項の用途		4項の規模、特定階	4項の区画方法
1項四号	病院、診療所の階で病室の床面積又は児童福祉施設等の階で主用途の居室の床面積が各50㎡超（2項の適用で主要構造部が準耐火構造又は不燃材料の場合は100㎡超）	階数が3以下で延べ面積200㎡未満の建築物の避難階以外の階（「特定階」という）	階段の部分と当該階段の部分以外の部分[*1]が間仕切壁若しくは次の各号で定める防火設備（令112条19項二号の煙感連動自動閉鎖で遮煙性能を有するもの）で区画されている建築物又は令112条15項の国土交通大臣が定める建築物の特定階に限る *1：直接外気に開放されている廊下、バルコニー等を除く
1項五号	ホテル、旅館、下宿の階でその宿泊室の床面積、共同住宅の階でその階の居室の床面積、寄宿舎の階でその階の寝室の床面積が各100㎡超		

4項各号	防火設備の別
一号　特定階が1項四号の用途（児童福祉施設等は就寝用途に限る）の場合	法2条九号の二ロの防火設備（当該特定階がある建築物の居室、倉庫等にスプリンクラー設備を設けた場合は、**10分間防火設備**）
二号　特定階を児童福祉施設等（通所のみ）の用途又は1項五号の用途の場合（2項は五号には不適用）	戸（ふすま、障子等を除く）

☐ 地上又は地下の所定の階に通ずる直通階段は、避難階段又は特別避難階段とする

● 避難階段・特別避難階段の設置

直通階段の位置	構造	緩和事項
5階以上又は地下2階以下に通ずる	避難階段又は特別避難階段	①主要構造部が準耐火構造又は不燃材料で、5階以上又は地下2階以下の床面積が100㎡以下を除く ②主要構造部が耐火構造で(階段室、廊下等で防火区画されたものを除く)床面積100㎡(共同住宅の住戸は、200㎡)以内ごとに防火区画されている場合
15階以上又は地下3階以下に通ずる	特別避難階段	

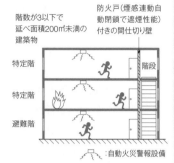

防火戸(煙感連動自動閉鎖で遮煙性能)付きの間仕切り壁を設けた場合、階段を1つにできる

階数が3以下で延べ面積200㎡未満の建築物

防火戸(煙感連動自動閉鎖で遮煙性能)付きの間仕切り壁

特定階

特定階

避難階

階段

↗:自動火災警報設備

● 避難階段及び特別避難階段の設置
令122条1項

☐ 上記の規定にかかわらず、**3階以上の階を物販店舗**(床面積**1,500㎡超**)とする建築物は、各階の売場及び屋上広場に通ずる2以上の直通階段を設け、避難階段又は特別避難階段とし、5階以上の売場に通ずるものはその1以上を、15階以上の売場に通ずるものはそのすべてを特別避難階段としなければならない

● 物販店舗の場合　令122条2項・3項

☐ 避難階段については、以下のとおり定められている

①**屋内避難階段**は、耐火構造とし、避難階まで直通すること。**屋外避難階段**は、耐火構造とし、地上まで直通すること

②**特別避難階段**は、耐火構造とし、避難階まで直通すること

● 避難階段、特別避難階段の構造　令123条

● 屋内避難階段　　　　　　　　　　　　● 屋外避難階段

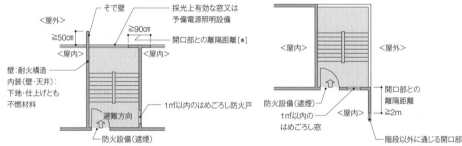

＊:階段室内の屋外面の開口部が1㎡以内のはめごろし防火戸を除く

● 特別避難階段(左:バルコニー付き、中:外気開放窓付き、右:排煙設備付き、防火設備、特定防火設備は遮煙等)

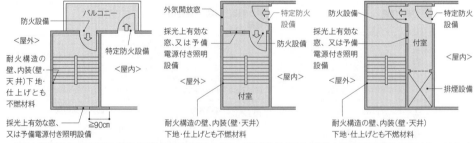

＊:屋内と階段室とが付室を通じて連絡する場合は、階段室又は付室の構造が大臣が定めた構造方法又は大臣認定を受けたものであること

☐ 物販店舗(1,500㎡超)の場合、**屋上広場**は、階とみなす。また、避難階段の幅は次のとおり

①各階の避難階段及び特別避難階段の幅の合計:直上階以上

● 物販店舗(1,500㎡超)の避難階段等の幅　令124条

（地階の場合は、当該階以下の階）で最大階の床面積**100**㎡ごとに**60**㎝を乗じた数値以上

②各階の避難階段及び特別避難階段に通ずる出入口幅の合計：床面積**100**㎡ごとに地上階は**27**㎝、地階は**36**㎝を乗じた数値以上

③1つの階又は2つの階だけの専用の地上階から避難階までの避難階段、特別避難階段、出入口は、その幅が**1.5**倍あるものとみなすことができる

● 物販店舗の階段

4 出口等の規制

☐ 劇場、映画館、演芸場、観覧場、公会堂又は集会場の**客席からの出口の戸**は、**内開きとしてはならない**

☐ **屋外への出口**については、次のように定められている

①避難階での歩行距離制限：階段から屋外への出口までの歩行距離は令120条の数値以下、居室（避難上有効な開口部を有するものを除く）の各部分から屋外への出口までの歩行距離は令120条の数値の**2**倍以下

②劇場、映画館、演芸場、観覧場、公会堂、集会場の客用の屋外への出口の戸は、内開きとしてはならない

③物販店舗（床面積**1,500**㎡超）の避難階の屋外への出口の幅の合計は、床面積が最大の階の床面積**100**㎡につき**60**㎝以上。なお、屋上広場は、階とみなす

☐ **● 出口の種類と施錠装置**

出口の種類	施錠装置
屋外避難階段に屋内から通ずる出口	屋内からかぎを用いることなく解錠でき、見やすい場所に解錠方法を表示
避難階段から屋外に通ずる出口	
上記各出口以外の出口のうち、常時鎖錠の出口で、非常時の避難用	

☐ **屋上広場**又は**2階以上の階のバルコニー**等の周囲には、**1.1**m以上の手すり壁等を設けなければならない。また、5階以上の階の百貨店の売場は、避難用の屋上広場を設けなければならない

☐ 敷地内には、屋外避難階段（令123条2項）及び避難階の屋外への出口（令125条1項）から道、公園、広場等に通ずる幅員**1.5**m以上の通路を設けなければならない。ただし、階数が3以下で延べ面積200㎡未満の建築物は幅員**90**㎝以上の通路でよい

● 客席の出口 令118条

● 屋外への出口 令125条

● 階段から屋外への出口の1に至る歩行距離

A−B≦令120条に規定する数値

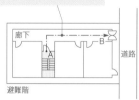

廊下
A
B
道路
避難階

● 居室の各部分から屋外の出口の1に至る歩行距離

A−D、B−D、C−E≦令120条に規定する数値の2倍

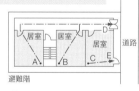

居室
居室
居室
A
B
C
D
E
道路
避難階

● 施錠装置の構造等 令125条の2

● 屋上広場等 令126条

● 屋上広場等の手すりの構造例

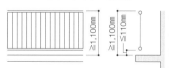

≧1,100mm
≧1,100mm
≦110mm

● 敷地内の通路 令128条

016 避難規定①避難階段等 QUESTION & ANSWER

QUESTION

1 最頻出問題│一問一答

各階を物品販売業を営む店舗の用途(売場あり)に供する地上4階建ての建築物(各階の床面積が400㎡)の避難階段に関する次の記述のうち、建築基準法に適合するものには○、適合しないものには×をつけよ。ただし、避難階は1階とし、屋上広場はないものとする。また、「避難上の安全の検証」は行われていないものとする

1 □□ 各階から1階又は地上に通ずる2つの直通階段を設け、そのうちの1つを、有効な防腐措置を講じた準耐火構造の屋外階段とした

2 □□ 屋外に設ける避難階段を、その階段に通ずる出入口以外の開口部から2.5mの距離に設けた

3 □□ 各階における避難階段の幅の合計を3.0mとした

4 □□ 屋内に設ける避難階段について、階段室の窓及び出入口の部分を除き、準耐火構造の壁で区画した

2 実践問題①│一問一答

次の記述のうち、建築基準法上、正しいものには○、誤っているものには×をつけよ。ただし、「避難上の安全の検証」は行われていないものとする

1 □□ 病院における患者用の廊下で、その両側に病室がある場合の当該廊下の幅員は1.8m以上としなければならない

2 □□ 3階建ての建築物について、当該建築物が準耐火構造の床若しくは壁又は特定防火設備で区画されている場合は、当該区画された部分は、廊下の幅の規定の適用については、それぞれ別の建築物とみなす

3 □□ 地上10階建ての建築物の5階以上の階(その主要構造部が準耐火構造であるか、又は不燃材料で造られている建築物で5階

ANSWER

→→→

1 × │ 令121条1項二号。物販店舗の床面積の合計は、4階×400㎡＝1,600㎡＞1,500㎡により本条は適用される。令122条2項により、3階以上の階が物販店舗の場合は、2以上の直通階段を設け、避難階段又は特別避難階段とする。また、令123条2項三号により屋外避難階段は、耐火構造とする

2 ○ │ 令123条2項一号により、原則として、2m以上離す

3 ○ │ 令124条1項一号。各階における避難階段幅の合計は、その直上階以上の階のうち床面積最大の階の床面積100㎡につき60㎝で計算した数値以上とする。400㎡÷100㎡×60㎝＝2.4m＜3.0m

4 × │ 令123条1項一号。屋内避難階段は耐火構造の壁で囲む

→→→

1 × │ 令119条。病院における患者用の廊下で、両側に居室である病室がある場合は幅員1.6m以上である

2 × │ 令117条2項一号。階数が3以上である建築物等について、開口部のない耐火構造の床又は壁で区画されている場合における当該区画された部分は、令第5章第2節「廊下、避難階段及び出入口」の規定の適用については、それぞれ別の建築物とみなす

3 ○ │ 令122条1項。5階以上14階以下の階(主要構造部が準耐火構造又は不燃材料の建築物で5階以上の階の床面積が100㎡以下を除く)に通ずる直通階段は避難階段又は特別避難階段としなければならないが、ただし

以上の階の床面積の合計が100㎡以下である場合を除く）で、床面積の合計100㎡（共同住宅の住戸にあっては、200㎡）以内ごとに耐火構造の床もしくは壁又は特定防火設備で区画されていない階に通ずる直通階段は、避難階段又は特別避難階段としなければならない

4 ☐☐ 床面積の合計が1,500㎡を超える物品販売業を営む店舗（各階に売場あり）の用途に供する建築物の各階における避難階段及び特別避難階段の幅の合計は、原則として、その直上階以上の階（地階にあっては、当該階以下の階）のうち床面積が最大の階における床面積100㎡につき60㎝の割合で計算した数値以上としなければならない

5 ☐☐ 屋内に設ける避難階段の階段室は、開口部、窓又は出入口の部分を除き、準耐火構造の壁で囲み、階段室の壁の室内に面する部分は、仕上げを準不燃材料でし、かつ、その下地を準不燃材料で造らなければならない

6 ☐☐ 屋外に設ける避難階段は、その階段に通ずる出入口以外の開口部（開口面積がそれぞれ1㎡以内で、法2条九号のニロに規定する防火設備ではめごろし戸であるものが設けられたものを除く）から2m以上の距離に設けなければならない

7 ☐☐ 床面積の合計が1,500㎡を超える地上3階建ての物品販売業を営む店舗で、各階を当該用途（売場あり）に供するものにあっては、各階の売場及び屋上広場に通ずる2以上の直通階段を設け、これを避難階段又は特別避難階段としなければならない

8 ☐☐ 主要構造部を耐火構造とした地上15階建ての共同住宅において、15階の居室及びこれから地上に通ずる主たる廊下、階段その他の通路の壁及び天井の室内に面する部分の仕上げを準不燃材料でした場合、当該居室の各部分から避難階又は地上に通ずる直通階段の一に至る歩行距離は、60m以下としなければならない

9 ☐☐ 主要構造部を耐火構造とした地上15階建ての共同住宅（各階の居室の床面積500㎡）において、15階に通ずる特別避難階段の15階における階段室及びこれと屋内とを連絡する付室（バルコニーはない）の床面積の合計は、40㎡以上必要である

10 ☐☐ 主要構造部を耐火構造とした地上3階建て、延べ面積3,000㎡の飲食店（主たる用途に供する居室及びこれから地上に通ずる

書により、主要構造部が耐火構造のもので床面積100㎡（共同住宅の住戸は200㎡）以内ごとに耐火構造の床、壁、特定防火設備で区画されている場合に限って適用されない。しかし、設問は防火区画されていないため、ただし書の適用はない

4 ○｜令121条1項二号により、避難階段等の幅が規定される物販店舗の床面積が1,500㎡超については、令124条1項一号により、各階における避難階段・特別避難階段の幅の合計は、その直上階以上の階（地階は、当該階以下の階）のうち床面積が最大の階の床面積100㎡につき60㎝で計算した数値以上とする

5 ×｜令123条1項一号。屋内に設ける避難階段の階段室は、開口部等を除き耐火構造の壁で囲むこと。また、令123条1項二号により、階段室の天井・壁の室内面は、仕上げを不燃材料、かつ、下地を不燃材料で造ること

6 ○｜令123条2項一号。屋外避難階段は、その階段に通ずる出入口以外の開口部（開口面積1㎡以内で、はめごろし防火戸を除く）から2m以上の距離に設けること

7 ○｜令121条1項二号により物販店舗の床面積1,500㎡超の場合において、令122条2項により、3階以上の階が物販店舗の場合は、各階の売場及び屋上広場に通ずる2以上の直通階段を設け、これを避難階段又は特別避難階段としなければならない

8 ×｜令120条1項の表（二）、2項、3項。共同住宅は法別表第1（い）欄（二）項で50m以下となり、2項で内装等が準不燃材料は10m加算されるが、ただし書より15階以上の居室は10m加算されず、3項で15階以上の居室は10m減ずるが、内装等が準不燃材料の場合は10m減じなくてもよいので50m以下となる

9 ×｜令123条3項十二号。共同住宅は法別表第1（い）欄（二）項である。階段室及び付室の床面積の合計は500㎡×3／100＝15㎡以上である

10 ×｜令120条1項、2項、令125条1項。令125条1項より令120条1項の

主たる廊下、階段その他の通路の壁及び天井の室内面の仕上げを準不燃材料としたもの）の避難階においては、階段から屋外への出口の一に至る歩行距離は、50mとすることができる

---

11 □□ 地上5階建ての物品販売業を営む店舗（各階及び屋上広場の床面積が各 800㎡）の避難階においては、屋外への出口の幅の合計を4.5mとすることができる

---

12 □□ 主要構造部を耐火構造とした地上5階建ての共同住宅で、各階の居室の床面積が それぞれ180㎡であるものは、避難階以外の階から避難階又は地上に通ずる2以上の直通階段を設けなければならない

---

13 □□ 主要構造部が耐火構造である地上15階建ての共同住宅において、階段室、昇降機の昇降路、廊下その他の避難の用に供する部分が耐火構造の床等による所定の構造方法で防火区画され、各住戸の床面積がそれぞれ200㎡（住戸以外は100㎡）以内ごとに耐火構造の床等による所定の構造方法で防火区画されている場合には、15階に通ずる直通階段は特別避難階段としなくてもよい

---

14 □□ 地上11階建て、主要構造部が耐火構造で各階の床面積がそれぞれ500㎡の事務所用途の建築物（階段室等を除き、床面積の合計100㎡以内ごとに所定の構造方法で防火区画されていない）において、最上階に通ずる直通階段は、特別避難階段としなければならない

---

15 □□ 令121条の規定による2以上の直通階段の設置において、「特定階」とは、階数が3以上で延べ面積が200㎡以上の建築物の避難階以外の階をいう

---

16 □□ 10分間防火設備とは、防火戸、ドレンチャー等の火炎を遮る防火設備で、これに通常の火災による火熱が加えられた場合に、加熱開始後10分間当該加熱面以外の面に火炎を出さないものとして、国土交通大臣が定めた構造方法を用いるもの又は国土交通大臣の認定を受けたものをいう

---

17 □□ 令121条1項四号により、2以上の直通階段を設けなければならない診療所が、3階建てで延べ面積180㎡の建築物（各階を診療所の用に供する）の場合に、階段の部分と当該階段の部分以外の部分（直接外気に開放されている廊下、バルコニー等を除く）とが間仕切壁若しくは法2条九号の二のロの防火設備で令112条

表において、飲食店は、法別表第1（四）項、令115条の3第三号で、同表（一）項から30m以下となり、同条2項から内装等が準不燃材料のため、10m加え、40m以下となる

11 × ｜ 令125条3項、令121条1項二号。床面積最大の階の床面積800㎡÷100㎡×60cm＝4.8m以上とする

12 × ｜ 令121条1項五号、六号ロ、2項。各階の居室の床面積がそれぞれ180㎡のため1項五号に該当するが、主要構造部が耐火構造のため2項より100㎡超→200㎡超＞180㎡となるため、直通階段は1でもよい

13 ○ ｜ 令122条1項。15階以上の階に通ずる直通階段は特別避難階段としなければならないが、ただし書により、主要構造部が耐火構造の建築物で、階段室、昇降機の昇降路、廊下等の避難の部分で耐火構造の床、壁、特定防火設備で区画されたものを除き、床面積の合計100㎡（共同住宅の住戸は200㎡）以内ごとに耐火構造の床、壁、特定防火設備で区画されている場合は、この限りでない

14 × ｜ 令122条1項。特別避難階段とするのは、15階以上又は地下3階以下の階に通ずる直通階段である。5階以上の階（主要構造部が準耐火構造、又は不燃材料で造られている建築物で5階以上の階の床面積の合計が100㎡の場合を除く）に通ずる直通階段は、原則として、避難階段又は特別避難階段とする

15 × ｜ 令121条4項。令121条4項において、「特定階」とは、階数が3以下で延べ面積が200㎡未満の建築物の避難階以外の階をいう

16 ○ ｜ 令112条12項、19項二号、令121条4項一号。なお、令112条12項ただし書の区画に用いる10分間防火設備は、同条19項二号により、遮煙性能を有する構造となる。また、令121条4項一号の10分間防火設備も4項本文により、令112条19項二号の構造となる

17 ○ ｜ 令121条1項四号、4項一号。特定小規模特殊建築物の直通階段の緩

19項二号の構造のもので区画されている場合は、避難階以外の階から避難階又は地上に通ずる直通階段は1でもよい。なお、当該建築物にはスプリンクラー設備はなく、令121条2項の適用もないものとする

18☐☐　令120条の規定による直通階段で屋外に設けるものの構造について、木造とした

和規定である。令121条1項四号の適用が前提のため2以上の直通階段が必要だが、令121条4項により、階数が3以下で延べ面積200㎡未満の建築物における階段と当該階段以外の部分（直接外気に開放されている廊下、バルコニー等その他これらに類する部分を除く）とが、間仕切壁若しくは同条4項一号（診療所）により法2条九号の二のロの防火設備で令112条19項二号の構造のもので区画されている場合は、避難階以外の階から避難階又は地上に通ずる直通階段は1でもよい

18　×｜令121条の2。令120条又は令121条の規定による直通階段は、準耐火構造のうち有効な防腐措置を講じたものを除き、木造としてはならない

3　実践問題②｜一問一答　　→→→

次の建築物のうち、建築基準法上、2以上の直通階段を設けなければならないものには○、設けなくてよいものには×をつけよ。ただし、いずれの建築物も、各階を当該用途に供するものとし、避難階は1階とする

1☐☐　主要構造部が不燃材料で造られている地上2階建ての事務所で、2階における居室の床面積の合計が300㎡のもの

2☐☐　主要構造部を耐火構造とした地上3階建ての共同住宅で、各階に避難上有効なバルコニーを有し、各階に住戸（居室の床面積40㎡）が6戸あるもの

3☐☐　主要構造部を準耐火構造とした地上2階建てのホテルで、2階における宿泊室の床面積の合計が150㎡のもの

4☐☐　主要構造部を準耐火構造とした延べ面積1,000㎡、地上2階建ての物品販売業を営む店舗で、2階における居室の床面積の合計が400㎡のもの

1　×｜事務所は、令121条1項六号ロにより5階以下の階で、その階の居室の床面積が避難階の直上階は200㎡超で必要だが、2項で、主要構造部が不燃材料の建築物は、「200㎡」は「400㎡」となり、300㎡＜400㎡により不要

2　○｜共同住宅は、令121条1項五号により居室の床面積100㎡超で必要となるが、同条2項により、主要構造部が耐火構造の建築物は同条1項中、「100㎡」は「200㎡」となるが、200㎡＜40㎡×6戸＝240㎡により必要

3　×｜ホテルは、令121条1項五号により宿泊室の床面積100㎡超で必要だが、同条2項により、主要構造部が準耐火構造の建築物は、「100㎡」は「200㎡」となり、150㎡＜200㎡により不要。六号ロにも該当しない

4　×｜物販店舗の延べ面積1,000㎡＜1,500㎡のため、令121条1項二号に該当しない。1項六号ロ及び2項により、主要構造部が準耐火構造の建築物の避難階の直上階の居室の床面積は400㎡であり、超えていない

017 避難規定②排煙設備等

火災発生時に建築物内の人を安全に避難誘導するため、一定の特殊用途、大規模建築物には、排煙設備、非常用の照明装置、非常用エレベーター及び、消防隊のための非常用の進入口を設ける。ただし、適用除外規定もある

1　排煙設備・非常用の照明装置

● **排煙設備の必要な建築物又はその部分**

	設置建築物	適用除外（設置不要）
1	法別表第1（い）欄（一）～（四）項の特殊建築物で、延べ面積**500㎡**超	①法別表第1（い）欄（二）項のうち、100㎡以内で準耐火構造の防火区画（共同住宅の住戸が200㎡）のもの
2	階数**3**以上で、延べ面積**500㎡**超[＊1]の建築物	②学校、体育館、ボーリング場、スキー場、スケート場、水泳場、スポーツの練習場（「学校等」という）
3	開放できる部分（天井又は天井から下方**80cm**以内に限る）の面積が、居室の床面積の**1/50**未満の居室	③階段、昇降機の昇降路等 ④機械製作工場、不燃性物品保管倉庫等で主要構造部が不燃材料のもの
4	延べ面積**1,000㎡**超の建築物の居室で床面積**200㎡**超[＊1]	⑤火災が発生した場合に避難上支障のある高さまで煙又はガスの降下しない建築物の部分として、天井高さ、壁・天井仕上げを考慮したもの

＊1：高さ31m以下の居室で、床面積100㎡以内ごとに防煙壁[＊2]で区画したものを除く
＊2：防煙壁とは、間仕切壁、天井面から50cm以上下方に突出した垂れ壁等で煙の流動を妨げるもので、不燃材料で造り又は覆われたもの

令126条の2及び令126条の3の排煙設備の規定は、次の①、②の部分については、別な建築物の部分とみなし、それぞれの部分で、当該排煙設備の規定を適用する

①建築物が開口部のない準耐火構造の床・壁又は法2条九号の二ロの防火設備[※]で国土交通大臣が定めた構造方法又は大臣認定を受けたもので区画されている場合の当該区画された部分

②建築物の2以上の部分の構造が通常の火災時において相互に煙又はガスによる避難上有害な影響を及ぼさないものとして国土交通大臣が定めた構造方法を用いる場合の当該部分

● **非常用の照明装置の必要な建築物又はその部分**

	設置対象部分
1	法別表第1（い）欄（一）項～（四）項の居室
2	階数3以上で延べ面積500㎡超の建築物の居室
3	有効採光面積が1/20未満の居室
4	延べ面積1,000㎡超の建築物の居室
5	上記の居室から地上に通ずる廊下、階段等（採光上有効に直接外気に開放された通路を除く）並びにこれらに類する建築物の部分で照明装置の設置を通常要する部分

● **排煙設備**　令126条の2
● **排煙設備の構造**　令126条の3
①床面積**500㎡**以内ごとに、防煙壁で区画すること
②排煙口は、各部分から排煙口の1に至る水平距離**30m**以下となるように、天井又は壁の上部（天井から**80cm**以内）に設け、原則として、排煙風道に直結すること
③排煙口には、手動開放装置を設け、手で操作する部分は、壁付けは床面から**80cm**以上**1.5m**以下、天井吊り下げは床面から**1.8m**とし、使用方法を表示すること
④排煙口が床面積の**1/50**以上の開口面積を有し、かつ、直接外気に接する場合を除き、排煙機を設けること

● **防煙壁**

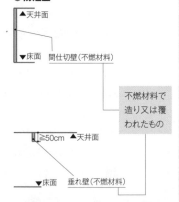

● **排煙設備に適用について別な建築物の部分とみなす**　令126条の2第2項
※：令112条19項一号イ及びロ並びに二号ロを満たすもの（常時閉鎖又は随時閉鎖で、避難上及び防火上支障のない遮煙性能を有し、かつ、随時閉鎖は、煙感知器連動自動閉鎖）
● **非常用の照明装置**　令126条の4
● **非常用の照明装置の構造**　令126条の5

注 緩和事項 ①一戸建ての住宅、長屋、共同住宅の住戸、②病院の病室、下宿の宿泊室、寄宿舎の寝室等、③学校等（学校、体育館、ボーリング場、スキー場、スケート場、水泳場、スポーツの練習場）、④避難階又は避難階の直上階・直下階の居室で避難上支障がないもの等で国土交通大臣が定めるもの

①直接照明とし、床面は**1**ルクス以上
②火災時でも著しく光度が低下しないもの
③予備電源を設ける
④大臣が定めた構造方法及び認定品

2　非常用の進入口・エレベーター

高さ31ｍ以下の部分の**3**階以上の階（不燃性の物品の保管等火災の発生のおそれの少ない階又は大臣が定める階を除く）には、**非常用の進入口**を設けなければならない。ただし、下記の場合は適用が除外される
①非常用エレベーターを設置している場合
②道又は道に通ずる幅員**4**ｍ以上の通路等に面する各階の外壁面に窓等を壁面の長さ**10**ｍ以内ごとに設けている場合
③吹抜き部分その他の一定の規模以上の空間で大臣が定めた構造方法を用いるもの又は大臣の認定を受けたものを設けている場合
なお、②でいう「窓等」とは、直径**1**ｍ以上の円が内接するもの又は幅**75**㎝以上、高さ**1.2**ｍ以上で、格子等の屋外からの進入を妨げる構造を有しないものをいう

●**非常用進入口の設置**　令126条の6
●**非常用進入口の構造**　令126条の7
①道又は道に通ずる幅員**4**ｍ以上の通路等に面する各階の外壁面に設けること
②間隔は、**40**ｍ以下
③幅**75**㎝以上、高さ**1.2**ｍ以上、下端の床面からの高さ**80**㎝以下であること
④外部から開放し、又は破壊して室内に進入できる構造
⑤奥行き**1**ｍ以上、長さ**4**ｍ以上のバルコニーを設けること
⑥進入口又はその近くに赤色灯の標識を掲示し、進入口である旨を赤色で表示
●**非常用の昇降機**　法34条2項
●**非常用の昇降機の適用除外**　令129条の13の2
●**非常用の昇降機の設置及び構造**　令129条の13の3

高さ**31**ｍ超の建築物には、原則として、非常用の昇降機（非常用エレベーター）を設けなければならない。高さ31ｍを超える部分が下記のいずれかに該当する場合は、適用が除外される
①階段室・昇降機等の建築設備の機械室、装飾塔等の建築物
②各階の床面積が**500**㎡以下の建築物
③階数が**4**以下の主要構造部を耐火構造とした建築物で、当該部分が床面積**100**㎡以内ごとに防火区画されているもの
④機械製作工場、不燃性物品保管倉庫等の建築物で主要構造部が不燃材料のもの等

①乗降ロビーの床面積は、非常用エレベーター**1**基について**10**㎡以上とすること
②昇降路は、非常用エレベーター**2**基以内ごとに、耐火構造の床、壁で囲むこと
③避難階では、昇降路の出入口から屋外への出口の1に至る歩行距離を、**30**ｍ以下とする
④かご内と中央管理室とを連絡する電話装置。また、予備電源の設置
⑤かごの定格速度は、**60**ｍ以上

3　地下街・敷地内の避難通路等

地下街の各構えは、原則として、地下道に**2**ｍ以上接すること。地下道の構造は、
①幅員**5**ｍ以上、天井までの高さ**3**ｍ以上で、かつ、段及び**1/8**超の勾配の傾斜路を有しないこと
②天井及び壁の内面仕上げ、下地は不燃材料とする
③長さ**60**ｍ超の地下道は、各構えから直通階段までの歩行距離を**30**ｍ以下とする

●**地下街**　令128条の3

●**敷地内の通路**　令128条
法35条に掲げる特殊建築物等が対象である。階数が**3**以下で延べ面積**200**㎡未満の建築物の敷地内は**90**㎝以上

屋外避難階段及び避難階の階段から屋外への出口からは、道又は公園、広場等に通ずる幅員**1.5**ｍ以上の**通路**を設けること

QUESTION

ANSWER

1 最頻出問題｜一問一答

→→→

次の記述のうち、建築基準法上、正しいものには○、誤っているものには×をつけよ。ただし、「避難安全検証」は行われていないものとする

1 耐火構造の床もしくは壁又は防火戸等の政令で定める防火設備で床面積200㎡以内に区画された共同住宅の住戸の居室には、窓等の開口部で開放できる部分（天井又は天井から下方80cm以内の距離にある部分に限る）の面積の合計が、当該居室の床面積の1／50未満の場合、排煙設備を設けなければならない

2 延べ面積450㎡の事務所において、開放できる部分の面積の合計が2㎡の窓（天井から下方80cm以内の距離にあるもの）のある床面積100㎡の事務室には、排煙設備を設置しなくてもよい

3 建築物が開口部のない準耐火構造の床・壁で区画された部分は、排煙設備の規定の適用について、それぞれ別な建築物の部分とみなす

1 ×｜排煙上の無窓居室（令116条の2第1項二号）は令126条の2第1項により排煙設備設置の対象となるが、同項一号により、共同住宅の住戸で200㎡以内で区画されたものは、排煙設備は不要である

2 ○｜排煙上の無窓居室は令126条の2第1項により排煙設備設置の対象となるが、令116条の2第1項二号により、開放窓面積の床面積に対する割合は2㎡／100㎡＝1／50のため設置不要である

3 ○｜令126条の2第2項。令5章3節の排煙設備の規定の適用については、建築物が開口部のない準耐火構造の床・壁又は所定の防火設備で区画された部分は、それぞれ別な建築物の部分とみなす

2 実践問題｜一問一答

→→→

1 排煙設備を設けなければならない建築物において、2以上の防煙区画部分に係る排煙機にあっては、原則として、1の排煙口の開放にともない自動的に作動し、かつ1分間に、120㎡以上で、かつ、当該防煙区画部分のうち床面積の最大のものの床面積1㎡につき1㎡以上の空気を排出する能力を有するものとしなければならない

2 非常用の照明装置を設けていないことについて、建築基準法3条2項の規定の適用を受けている建築物で、独立部分（開口部のない耐火構造の床又は壁で区画された部分）が2以上あるものについて増築をする場合は、当該増築をする独立部分以外の独立部分には非常用の照明装置を設けなくてもよい

3 各構えの床面積の合計1,000㎡の地下街における排煙設備の

1 ×｜令126条の3第1項九号。排煙機は、1の排煙口の開放に伴い自動的に作動し、かつ、1分間に、120㎡以上で、かつ、防煙区画部分の床面積1㎡につき1㎡（2以上の防煙区画部分に係る排煙機は、当該防煙区画の部分のうち床面積最大のものの床面積1㎡につき2㎡）以上の空気を排出する能力を有するものとする

2 ○｜法3条2項。既存建築物の適用除外は、法86条の7第2項により法35条及び令137条の13、令137条の14により、令5章4節の非常用照明は、令117条2項一号の独立部分には適用しない

3 ×｜令126条の3第1項十一号。高さ

制御・作動状態の監視は、中央管理室において行うこと

4 ☐☐ 耐火建築物でない木造の建築物で延べ面積3,500㎡のものの敷地には、当該建築物の周囲で、道に接する部分を除き、幅員1.5m以上の通路を敷地の接する道まで設けなければならない

5 ☐☐ 高さ31mを超える建築物であって、高さ31mを超える階数が4以下の主要構造部を準耐火構造とした建築物で、当該分が床面積100㎡以内ごとに防火区画されているものには、非常用の昇降機を設けなくてもよい

6 ☐☐ 高さ31mを超える建築物であっても、高さ31mを超える部分の各階の床面積の合計が500㎡以下のものには、非常用の昇降機を設けなくてもよい

7 ☐☐ 高さ31mを超える部分をすべて建築設備の機械室とする建築物には、非常用の昇降機を設けなくてもよい

8 ☐☐ 非常用の照明装置の設置は学校には適用されないが体育館には適用される

9 ☐☐ 非常用進入口を設けなければならない建築物について、非常用進入口を設ける代わりに、道に面する各階の外壁面に、幅75cm、高さ1.2mで屋外からの進入が容易な窓を壁面の長さ10m以内ごとに設けた

10 ☐☐ 5階建て、各階の床面積が各200㎡の事務所において、屋外避難階段の出口から、道に通ずる幅員1.5m以上の通路を敷地内に設けた

11 ☐☐ 非常用エレベーターを設けなければならない建築物において、高さ31mを超える部分の床面積について最大の階における床面積が1,500㎡の場合は、非常用エレベーター設置数は2以上必要である

12 ☐☐ 排煙設備の排煙口は、防煙区画の各部分から排煙口の1に至る水平距離が30m以下となるように、天井から60cm下がった壁の上部に設け、排煙風道に直結した

31m超（法34条2項、除外規定あり）又は各構えの床面積の合計が1,000㎡超の地下街の排煙設備の制御・作動状態の監視は、中央管理室において行うこと

4 ✕｜法35条、令128条の2第1項。幅員3m以上の敷地内通路を道まで設ける

5 ✕｜令129条の13の2第三号。主要構造部が耐火構造の場合は非常用の昇降機を設けなくてもよい

6 ○｜令129条の13の2第二号。高さ31m超の部分の各階の床面積の合計が500㎡以下の場合には非常用の昇降機を設けなくてもよい

7 ○｜令129条の13の2第一号。高さ31m超の部分を階段室、昇降機その他の建築設備の機械室、装飾塔、物見塔等とする場合には非常用の昇降機を設けなくてもよい

8 ✕｜令126条の4第三号。学校等には適用されず、学校等には令126条の2第1項二号により体育館を含む

9 ○｜令126条の6第二号。非常用進入口の代わりに設置できる「代替進入口」の規定である

10 ○｜令128条。一定の特殊建築物等は、屋外避難階段の出口から道又は公園、広場等の空地に通ずる幅員1.5m以上の通路を設けること。なお、小規模な建築物は0.9m以上

11 ✕｜令129条の13の3第2項。床面積1,500㎡以下の場合は、1以上である

高さ>31mの建築物の床面積が最大の階の床面積	非常用昇降機の数
≦1,500㎡	1
>1,500㎡	3,000㎡以内を増すごとに上記の数に1を加えた数

12 ○｜令126条の3第1項三号。排煙口は、天井又は壁の上部で天井から80cm以内に設け、直接外気に接する場合を除き、排煙風道に直結すること

018 避難規定③避難安全検証法

火災時における建築物からの安全避難の性能規定化である。区画からの避難安全検証、
階からの避難安全検証及び建築物からの避難安全検証の3種類があり、その場合、一部
の仕様規定を適用しないことができる

1　避難安全検証法の概要

☐　火災時に、建築物から在館者が安全に避難するため、煙の降下
時間と人の避難に要する時間を比較する「避難時間判定法」と、
煙の降下高さと人の避難完了時の煙の高さを比較する「煙高さ
判定法」がある

☐　避難の対象となる建築物の部分は、その階の区画された部分か
らの避難、その階からの避難、その建築物全体からの避難の3
種類である。避難安全検証法を採用した場合に、それにより適用
除外できる規定と適用除外とならない規定が、それぞれ異なる

2　区画避難安全検証法

☐　**●区画避難安全検証法の対象**

対象（1項）	**区画部分**：一の階にある居室等の建築物の部分で、準耐火構造の床若しくは壁又は一定の防火設備で区画されたもの
要求性能（2項）	**区画避難安全性能**：当該区画部分のいずれの室で火災が発生した場合でも、当該区画部分にいる者の全てが当該区画部分から当該区画部分以外の部分等までの避難を終了するまでの間、避難上支障がある高さまで煙・ガスが降下しないこと
検証方法 避難時間判定法（3項1号）	**【煙降下時間＞区画避難時間】**「煙・ガスが避難上支障のある高さまで降下する時間」＞「区画避難に必要な時間」
煙高さ判定法（3項2号）	**【避難上支障のある煙高さ＜避難完了時の煙高さ】**「避難上支障のある煙・ガスの高さ」＜「区画避難に必要な時間が経過した時における煙・ガスの高さ」
適用除外（1項）	居室等の建築物の部分で、準耐火構造の床・壁又は防火設備（法2条九号の二ロ）で遮煙性能（令112条19項二号）を有するもので区画された部分（2以上の階にわたって区画されたものを除く）のうち、当該区画部分が区画避難安全性能を有することを、区画避難安全検証法により確かめられたもの（主要構造部が準耐火構造であるか又は不燃材料で造られた建築物の区画部分に限る）又は国土交通大臣の認定を受けたものは、排煙設備の設置（令126条の2）等の規定は適用しない

●区画避難安全検証法　令128条の6

区画部分

●適用除外規定

区画避難安全検証法により確かめられたもの（主要構造部が準耐火構造又は不燃材料の建築物の区画部分に限る）又は国土交通大臣の認定を受けたものについては、令126条の2（排煙設備の設置）、126条の3（排煙設備の構造）、128条の5（特殊建築物等の内装）（2項、6項、7項並びに階段に係る部分を除く）の規定は適用しない

3 階避難安全検証法

● 階避難安全検証法の対象

対象（1項）		建築物の階
要求性能（2項）		**階避難安全性能**：当該階のいずれの室で火災が発生した場合でも、当該階にいる者の全てが当該階から直通階段の一までの避難を終了するまでの間、避難上支障がある高さまで煙・ガスが降下しないこと
検証方法	**避難時間判定法（3項1号）**	**【煙降下時間＞階避難時間】**「煙・ガスが避難上支障のある高さまで降下する時間」＞「階避難に必要な時間」
	煙高さ判定法（3項2号）	**【避難上支障のある煙高さ＜避難完了時の煙高さ】**「避難上支障のある煙・ガスの高さ」＜「階避難に必要な時間が経過した時における煙・ガスの高さ」
適用除外（1項）		建築物の階（物品販売業を営む店舗の建築物は、屋上広場を含む）のうち、当該階が階避難安全性能を有することについて、階避難安全検証法により確かめられたもの（主要構造部が準耐火構造であるか又は不燃材料で造られた建築物の階に限る）又は国土交通大臣の認定を受けたものは、廊下の幅（令119条）等の規定は適用しない

● 階避難安全検証法 令129条

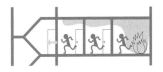

● 適用除外規定

階避難安全検証法により確かめられたもの（主要構造部が準耐火構造又は不燃材料の建築物の階に限る）又は国土交通大臣の認定を受けたものは、令119条（廊下幅）、120条（直通階段の設置）、123条3項（特別避難階段の構造）一号、二号、十号（屋内からバルコニー又は付室に通ずる出入口部分に限る）、十二号、124条（物販店舗の避難階段等の幅）1項二号、126条の2（排煙設備の設置）、126条の3（排煙設備の構造）、128条の5（特殊建築物等の内装）（2項、6項及び7項並びに階段に係る部分を除く）の規定は適用しない

4 全館避難安全検証法

● 全避難安全検証法の対象

対象（1項）		建築物
要求性能（3項）		**全館避難安全性能**：当該建築物のいずれの室で火災が発生した場合でも、当該建築物にいる者の全てが当該建築物から地上までの避難を終了するまでの間、避難上支障がある高さまで煙・ガスが降下しないこと
検証方法	**避難時間判定法（4項1号）**	**【煙降下時間＞全館避難時間】**「煙・ガスが階段室又は直上階以上の階に流入する時間」＞「全館避難に必要な時間」
	煙高さ判定法（4項2号）	**【避難上支障のある煙高さ＜避難完了時の煙高さ】**「階段に煙が流入する高さ」・「避難上支障のある煙・ガスの高さ」＜「全館避難に必要な時間が経過した時、階段部分又は直上階以上の階の煙・ガスの高さ」
適用除外（1項）		建築物が全館避難安全性能を有することを、全館避難安全検証法により確かめられたもの（主要構造部が準耐火構造であるか又は不燃材料で造られたものに限る）又は国土交通大臣の認定を受けたもの（「全館避難安全性能確認建築物」という）は、高層面積区画（令112条7項）等の規定は、適用しない

● 全館避難安全検証法 令129条の2

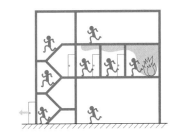

● 適用除外規定

全館避難安全検証法により確かめられたもの（主要構造部が準耐火構造又は不燃材料に限る。）又は国土交通大臣の認定を受けたものは、令112条（防火区画）7項、11項から13項まで及び18項、119条（廊下幅）、120条（直通階段の設置）、123条（避難階段及び特別避難階段の構造）1項一号、六号、2項二号、3項一号から三号、十号、十二号、124条（物販店舗の避難階段等の幅）1項、125条（屋外への出口）1項、3項、126条の2（排煙設備の設置）、126条の3（排煙設備の構造）、128条の5（特殊建築物等の内装）（2項、6項、7項並びに階段に係る部分を除く）の規定は、適用しない

QUESTION

ANSWER

1 最頻出問題 | 一問一答

→→→

次の記述のうち、建築基準法上、正しいものには○、誤っているものには×をつけよ。ただし、建築物は、主要構造部を耐火構造としたものとする

1 ☐☐ 階避難安全性能を有するものであることが、階避難安全検証法により確かめられた階については、当該階の居室の各部分から避難階又は地上に通ずる直通階段の1に至る歩行距離の制限の規定は適用しない

2 ☐☐ 各階が階避難安全性能を有するものであることについて、階避難安全検証法により確かめられた地上20階建ての共同住宅において、最上階の住戸から地上に通ずる廊下及び特別避難階段の天井及び壁の室内に面する部分の仕上げを準不燃材料とし、その下地を準不燃材料で造った

3 ☐☐ 全館避難安全性能とは、建築物のいずれの火災室で火災が発生した場合でも、在館者の全てが当該建築物から地上までの避難を終了するまでの間、当該建築物の各居室及び各居室から地上に通ずる主たる廊下、階段等において、避難上支障がある高さまで煙又はガスが降下しないものである

4 ☐☐ 全館避難安全性能を有するものであることが、全館避難安全検証法により確かめられた場合であっても、「内装の制限を受ける調理室等」には、原則として、内装の制限の規定が適用される

5 ☐☐ 区画避難安全性能とは、当該区画部分のいずれの「火災室」で火災が発生しても、当該区画部分に存する者(当該区画部分を通らなければ避難できない者を含む)の全てが当該区画部分から当該区画部分以外の部分等(避難階の場合は、地上又は地上に通ずる当該区画部分以外の部分)までの避難を終了するまでの間、当該区画部分の各居室及び各居室から当該区画部分以外の部分等に通ずる主たる廊下等において、避難上支障がある高さまで煙又はガスが降下しないものである

1 ○ | 令129条第1項。階避難安全検証法により確かめられた場合に適用しない条文に、令120条があり、同条1項は避難階又は地上に通ずる直通階段の1に至る歩行距離の制限の規定である

2 × | 令129条第1項により適用除外となる条文のうち、令123条3項特別避難階段については、四号の仕上げ及び下地をともに不燃材料とする規定は適用除外の対象ではない

3 ○ | 令129条の2第3項。当該建築物のすべての在館者の避難が終了するまで、居室や廊下等に、避難上支障のある高さまで煙・ガスが降下しないこと

4 ○ | 令129条の2第1項。全館避難安全検証法により確かめられた場合でも、令128条の5(特殊建築物等の内装)のうち、6項の「内装制限を受ける調理室等」は適用除外とはならない

5 ○ | 令128条の6第2項。なお、火災室とは、火災の発生のおそれの少ないものとして大臣が定める室を除く室をいう

2 実践問題① | 一問一答 →→→

延べ面積2,000㎡、地上4階建ての映画館についての次の記述のうち、建築基準法上、正しいものには○、誤っているものには×をつけよ。ただし、各階とも映画館の用途に供する客席を有するものとし、避難階を1階とする

1 ☐☐ 全館避難安全性能を有するものであることについて、全館避難安全検証法により確かめられた場合であっても、4階から1階又は地上に通ずる直通階段は1でもよい

2 ☐☐ 全館避難安全性能を有するものであることについて、全館避難安全検証法により確かめられた場合であっても、客用に供する屋外への出口の戸は、内開きとしてはならない

3 ☐☐ 全館避難安全性能を有するものであることについて、全館避難安全検証法により確かめられた場合であっても、通路で照明装置の設置を通常要する部分には、原則として、非常用の照明装置を設けなければならない

4 ☐☐ 全館避難安全性能を有するものであることについて、全館避難安全検証法により確かめられた場合は、映画館の客席からの出口の戸は、内開きとすることができる

1 × | 令121条1項一号により、映画館の客席のある階から避難階又は地上に通ずる2以上の階段を設けなければならない。また、令129条の2の全館避難安全検証法を適用しても、令121条は適用除外にならない

2 ○ | 令125条2項により、映画館の客用の屋外出口は内開きとしてはならない。また、令129条の2の全館避難安全検証法を適用しても、令125条2項は適用除外にならない

3 ○ | 令126条の4により、映画館は法別表第1(い)欄1項に該当するため、居室から地上に通ずる廊下、階段、通路に非常用照明装置を設けなければならない。また、令129条の2の全館避難安全検証法を適用しても、令126条の4は適用除外にならない

4 × | 令118条により、映画館の客席からの出口の戸は内開きとしてはならない。また、令129条の2の全館避難安全検証法を適用しても、令118条は適用除外にならない

3 実践問題② | 一問一答 →→→

主要構造部を耐火構造とした延べ面積40,000㎡、高さ120m、地上40階建ての共同住宅において、その各階が、階避難安全性能を有するものであることについて、階避難安全検証法により確かめられた場合の計画に関する次の記述のうち、建築基準法上、正しいものには○、誤っているものには×をつけよ。ただし、全館避難安全性能については確かめられていないものとする

1 ☐☐ 地上40階に通ずる特別避難階段の構造として、屋内と当該階段室とはバルコニー又は付室を通じて連絡しなければならない

2 ☐☐ 1階にある床面積200㎡の自動車車庫と床面積20㎡の管理人室とは、耐火構造の床もしくは壁又は所定の性能を有する特定防火設備で区画した

1 × | 令129条1項より令123条3項一号の規定は適用除外される

2 ○ | 自動車車庫とその他の用途の間の異種用途区画。令129条1項より、令112条は適用除外とならず、令112条18項により自動車車庫は、法27条3項一号により法別表第1(い)欄6項に該当し、1時間準耐火基準に適合する準耐火構造の床・壁・特定防火設備で区画しなければならない

019 道路等

建築敷地は、幅員4m以上の道路に2m以上接道していることが原則である。しかし、法第3章の規定の適用以前から利用されている幅員4m未満の道で、特定行政庁が指定した場合は道路として活用できる

1　道路の定義と種類

法第3章（第8節を除く）の集団規定は、都市計画区域及び準都市計画区域内に限り、適用する

「**道路**」の幅員は、原則、**4m**（**特定行政庁**の**指定区域内は6m**）**以上必要である**（地下のものを除く）。法42条2項道路の場合は現状で4m未満である

●道路の定義（法42条）

1	1項一号	道路法による道路
2	1項二号	**都市計画法**、**土地区画整理法**、旧住宅地造成事業に関する法律、都市再開発法、新都市基盤整備法、大都市地域における住宅及び住宅地の供給の促進に関する特別措置法、密集市街地整備法による道路
3	1項三号	都市計画区域・準都市計画区域の指定・変更、知事指定区域（法68条の9第1項）による条例の制定・改正により、法第3章適用の際に現に存在する道
4	1項四号	道路法、都市計画法、土地区画整理法、都市再開発法、新都市基盤整備法、大都市地域における住宅及び住宅地の供給の促進に関する特別措置法又は密集市街地整備法による新設又は変更の事業計画のある道路で、2年以内にその事業が予定されるもので特定行政庁が指定したもの
5	1項五号	1項四号の各法律によらず築造する道で、特定行政庁から位置指定を受けたもの。**位置指定道路**
6	2項	都市計画区域・準都市計画区域の指定・変更、知事指定区域（法68条の9第1項）による条例の制定・改正により、法適用の際に現に建築物が立ち並んでいる幅員4m未満の道で、特定行政庁が指定したもの[*]

*：現道中心線から2mずつ後退した線を、道路境界線とみなす。片側がけ地や水面等の場合は、その境界線から敷地側に4mとる。なお、特定行政庁は、幅員1.8m未満の道を指定する場合は、あらかじめ、建築審査会の同意を得る

特定行政庁は、土地状況でやむを得ない場合は、道路中心線から**2m**未満、**1.35m**以上の範囲内で、**がけ地**等の**境界線**から**4m**未満、**2.7m**以上の範囲で、建築審査会の同意を得て、別にその**水平距離**を指定できる

法42条1項の区域（都市計画区域及び準都市計画区域）内の幅員**6m**未満の道（法42条1項一・二号は、幅員**4m**以上）で、特定行政庁が次の各号の1に該当すると認めて指定したものは、

●適用区域　法41条の2

「集団規定」といわれる法第3章42条から68条の8までの敷地と道路・壁面線、用途地域、容積率、建蔽率、建築物の高さ、防火地域等の主に建築物の形態・用途を制限、誘導する、市街地環境の整備に関する規定のことで、都市計画区域及び準都市計画区域に限り適用される

●道路の定義　法42条

●法42条2項道路
基本

がけ地等に面する場合

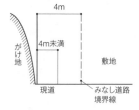

●法42条3項道路

●法42条4項道路

1項の道路とみなす

①周囲の状況が避難・通行の安全上支障がない道

②地区計画等に定められた道の配置及び規模又はその区域に即して築造される道

③1項の区域が指定された際、現に道路とされていた道

位置指定道路(法42条1項5号)の指定基準は、右表のほか、両端が他の道路に接続していることが基本(下図①)となる。ただし、図②〜⑤のいずれかに該当する場合等は、袋路状道路(その一端のみが他の道路に接続したもの、法43条3項五号)でも可

● 位置指定道路の基準 ［令144条の4］

① 基本

② 延長が35m以下の場合

③ 終端が公園等で自動車の転回に支障がない場合

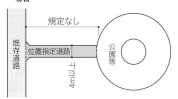

④ 延長が35mを超える場合で、終端及び区間35m以内ごとに自動車転回広場がある場合

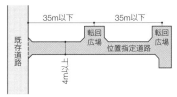

⑤ 幅員6m以上の場合

● 位置指定道路の基準　令144条の4

道が同一平面で交差等する箇所(内角≧120度を除く)は、角地の隅角を挟む辺の長さ2mの二等辺三角形の部分を道に含む隅切りを設ける

砂利敷等でぬかるみとならない構造

縦断勾配≦12%、かつ、階段状でない

道・敷地内の排水に必要な側溝、街渠その他の施設を設ける

地方公共団体は、土地の状況等により、条例で、指定基準と異なる基準を定めることができるが、緩和する場合は、あらかじめ、国土交通大臣の承認を得なければならない

2　接道と道路内の建築制限

敷地は、道路に2m以上接しなければならない。ただし、敷地が幅員4m以上の道(省令基準に適合するもの)に2m以上接する建築物のうち、利用者が少数で用途及び規模に関し省令基準に適合し、特定行政庁が交通上等支障がないと認めるものや、敷地周囲に広い空地を有する場合や幅員4m以上の農道等に2m以上接する場合等で、**特定行政庁**が**建築審査会**の同意を得て許可した場合は、この限りでない(法43条2項、規則10条の3)

建築物や敷地造成の擁壁は、道路内又は道路に突き出して造ってはならない。ただし、下記のものは、建築できる

①地盤面下に設ける建築物

②**公衆便所、巡査派出所**等公益上必要な建築物で**特定行政庁**が建築審査会の同意を得て許可したもの

③地区計画の区域内の自動車用道路や法43条1項二号の道路の上空又は路面下に設ける建築物のうち、当該地区計画

● 接道　法43条

接道の対象とならない道路は次のとおり

①自動車のみの交通の用に供する道路(法43条1項一号)

②地区計画の区域(地区整備計画の区域のうち、都市計画法12条の11により建築物その他の工作物の敷地として併せて利用すべき区域として定められている区域に限る)内の道路(法43条1項二号)

● 道路内の建築制限　法44条、令145条

● 敷地と道路との関係の特例の基準
規則10条の3

● 令145条2〜3項で定める建築物

道路上空に設けられる「学校・病院の渡り廊下等」。その側面には床面からの高さ1.5m以上の壁を設け、その壁の床面からの高さが1.5m以下の部分に開口部を設けるときは、はめごろし戸にする

の内容に適合し、令145条1項で定める基準に適合し、**特定行政庁**が認めるもの

④公共用歩廊その他令145条2〜3項で定める建築物で**特定行政庁**が**建築審査会**の同意を得て許可したもの

3 　その他の道路に関する規制等

☐ 私道の変更・廃止により、その道路に接する敷地が**接道規定**に抵触する場合は、特定行政庁は、私道の変更・廃止を禁止、又は制限することができる

● **私道の変更又は廃止の制限**　法45条

☐ 地区計画等に道の配置・規模・区域が定められている場合には、その区域における道路の**位置指定**（法42条1項五号）は、原則として、地区計画等に定められた内容に即して行う

● **道路の位置指定に関する特例**　法68条の6

☐ 特定行政庁は、地区計画等に道の配置・規模・区域が定められている場合で、利害関係者の同意を得たとき等の一定の条件に該当するときは、その道の配置・規模・区域に即して、令136条の2の7で定める基準に従い、**予定道路**を指定することができる

● **予定道路の指定**　法68条の7
予定道路の指定を行う場合は、原則として、あらかじめ、建築審査会の同意を得る

予定道路が指定された場合は、道路内の建築制限（法44条）が適用され、建築物の建築や擁壁の築造は原則NGになるんだ

☐ 土地区画整理事業を施行した地区等の街区で特定行政庁が指定するものは、その街区の接する道路を**前面道路**とみなす

● **前面道路とみなす道路等**　令131条の2

☐ 建築物の敷地が下記のいずれかの場合、特定行政庁が交通上、安全上、防火上及び衛生上支障がないと認める建築物については、当該計画道路又は予定道路を**前面道路**とみなす

①都市計画において定められた計画道路（法42条1項四号に該当するものを除く）又は法68条の7第1項により指定された予定道路に接する場合

②当該敷地内に計画道路又は予定道路がある場合

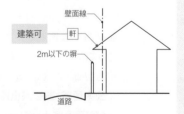

4 　壁面線

☐ 特定行政庁は、建築審査会の同意を得て、**壁面線**を指定することができる。この場合、あらかじめ、利害関係者の出頭を求めて公開による意見の聴取（3日前までに公告）を行う。指定した場合は、遅滞なく、その旨を公告する

● **壁面線の指定**　法46条

壁面線
建築可
軒
2m以下の塀
道路

☐ 建築物の壁、柱又は高さ2mを超える門・塀は、壁面線を越えて建築してはならない。ただし、地盤面下の部分又は特定行政庁が建築審査会の同意を得て許可した歩廊の柱等については、この限りでない

● **壁面線による建築制限**　法47条

019　　**道路等**　　　　　　　　　　　　　　QUESTION & ANSWER

QUESTION

1　最頻出問題│一問一答

都市計画区域及び準都市計画区域内の道路等に関する次の記述のうち、建築基準法上、正しいものには○、誤っているものには×をつけよ。ただし、特定行政庁による道路幅員に関する区域の指定はないものとする

1 □□　自動車のみの交通の用に供する道路に設けられる建築物である給油所は、原則として、特定行政庁の許可を受けなければ建築することができない

2 □□　「大都市地域における住宅及び住宅地の供給の促進に関する特別措置法」による新設又は変更の事業計画のある幅員8mの道路で、3年後にその事業が執行される予定のものは、建築基準法上の道路である

3 □□　準都市計画区域に編入された際、現に存在している幅員4mの道（地下におけるものを除く）に2m以上接している敷地には、建築物を建築することができる

4 □□　建築物の各部分の高さの制限において、建築物の敷地が都市計画において定められた計画道路（法42条1項四号に該当するものを除く）に接し、特定行政庁が交通上、安全上、防火上及び衛生上支障がないと認める建築物については、当該計画道路を前面道路とみなす

5 □□　特定行政庁は、街区内における建築物の位置を整えその環境の向上を図るために必要があると認め、建築審査会の同意を得て、壁面線を指定する場合においては、あらかじめ、その指定に利害関係を有する者の出頭を求めて公開による意見の聴取を行わなければならない

6 □□　特定行政庁が、街区内における建築物の位置を整えその環境の向上を図るために必要があると認めて建築審査会の同意を得て、壁面線を指定した場合、建築物の庇（ひさし）は、壁面線を越えて建築してはならない

ANSWER

→→→

1 ○│法44条の道路内建築が可能なものとして1項四号により、令145条2項による自動車のみの交通の用に供する道路に設けられる給油所については、特定行政庁の許可が可能である。なお、法44条2項により特定行政庁は、あらかじめ、建築審査会の同意を得なければならない

2 ×│法42条1項四号により、「大都市地域における住宅及び住宅地の供給の促進に関する特別措置法」による新設又は変更の事業計画のある道路で、「3年後」ではなく2年以内にその事業が執行される予定のものとして特定行政庁が指定したものが、建築基準法上の道路である

3 ○│法41条の2により、建築基準法第3章にある法42、43条等の敷地と道路に関する規定は、都市計画区域及び準都市計画区域内に限り適用する。法42条1項三号により、準都市計画区域に編入された際、現に存在する道で幅員4mあれば、建築基準法上の道路であり、法43条1項により2m以上接していれば建築敷地となる

4 ○│法56条6項、令131条・131条の2第2項。計画道路や法68条の7第1項の予定道路に敷地が接していたり、敷地内にある場合の前面道路の規定

5 ○│法46条1項

6 ×│法47条により、建築物の壁もしくはこれに代わる柱又は高さ2m超の門もしくは塀は、壁面線を越えて建築してはならないが、庇は対象ではない

7 ○│法52条9項。幅員15m以上の道路を特定道路といい、特定道路に接続する幅員6m以上12m未満の道路に接する敷地に対して、前面道路

7 ☐☐ 容積率の算定の規定において幅員15m以上の道路は特定道路である

幅員の緩和規定がある

8 ☐☐ 壁面線が指定されている敷地において、建築物に附属する高さ2.2mの塀は壁面線を越えて設置できる

8 ×│法47条により、高さ2mを超える門もしくは塀は、壁面線を越えて建築してはならない

9 ☐☐ 予定道路が指定された場合において、当該予定道路内に巡査派出所を建築するにあたり、特定行政庁が、通行上支障がないと認めて建築審査会の同意を得て許可した

9 ○│法68条の7第4項・44条1項二号。法44条「道路内の建築制限の規定」が適用される。公衆便所等の公益上必要な建築物についても同様

2 実践問題│一問一答 →→→

1 ☐☐ 地区計画の区域（地区整備計画が定められている区域のうち都市計画法12条の11による所定の区域に限る）内の道路の上空又は路面下に設ける建築物のうち、当該道路に係る地区計画の内容に適合し、かつ、所定の基準に適合するもので特定行政庁が安全上、防火上、衛生上支障がないと認めるものは、道路内に建築することができる

1 ○│法68条の2により、地区計画区域のうち地区整備計画区域内において、所定の事項を条例で定めることができる。法43条1項二号及び法44条1項三号により、地区計画の内容に適合し、かつ、所定の基準に適合するもので特定行政庁が認めるものは、道路内に建築できる

2 ☐☐ 敷地の周囲に広い空地を有する建築物で、所定の基準に適合し、特定行政庁が交通上、安全上、防火上、衛生上支障がないと認めて建築審査会の同意を得て許可した敷地は、道路に2m以上接しなくてもよい

2 ○│法43条2項二号。原則的には、法43条1項により、建築物の敷地は、道路に2m以上接しなければならないが適用外がある

3 ☐☐ 道路の地盤面下に、建築物に附属する地下通路を設ける場合、特定行政庁の許可を受ける必要がある

3 ×│法44条1項一号。道路の地盤面下に設ける建築物は特定行政庁の許可は不要である

4 ☐☐ その敷地が幅員4mの道（道路ではなく、所定の省令の基準に適合するもの）に2m接する建築物のうち、利用者が少数であるとしてその用途・規模に関し所定の基準に適合するもので、特定行政庁が交通上、安全上、防火上、衛生上支障がないと認める場合には、建築審査会の同意は必要である

4 ×│法43条2項一号。特定行政庁は建築審査会の同意が不要である

5 ☐☐ 主要構造部が耐火構造の建築物の5階に、その建築物の避難施設として道路の上空に設ける渡り廊下が必要な場合には、特定行政庁があらかじめ建築審査会の同意を得て許可をすれば、当該渡り廊下を建築することができる

5 ○│法44条1項四号、令145条2項二号により、道路の上空に設ける渡り廊下について、主要構造部が耐火構造の建築物の5階以上の階に設けるもので、その建築物の避難施設として必要なものであり、特定行政庁が許可したものは建築できる

6 ☐☐ 土地を建築物の敷地として利用するため築造する延長が35mを超える袋路状の道について、特定行政庁からその位置の指定を受ける場合には、その幅員を6m以上とし、かつ、終端に自動車の転回広場を設けなければならない

6 ×│法42条1項五号の位置指定道路である。袋路状にする場合の技術基準は、令144条の4第1項一号であり、同号二により道の幅員が6m以上の場合は、延長35m超であっても終端に自動車転回広場は不要である

7 ○│法43条3項により、地方公共団体は、特殊建築物、階数が3以上である建築物等の敷地が接しなければなら

7 ☐☐ 地方公共団体は、特殊建築物、階数が3以上である建築物等の敷地が接しなければならない道路の幅員等について、条例で必要な制限を付加することができる

8 ☐☐ 地区計画の区域内の法43条1項二号の道路の路面下に設ける建築物は、主要構造部を耐火構造としなければならない

9 ☐☐ 特定行政庁が通行上支障がないと認めて建築審査会の同意を得て許可した公衆便所は、道路内に建築することができる

10 ☐☐ 特定行政庁の許可を受けて道路の上空に渡り廊下を設ける場合においては、その側面には、床面からの高さが1.4m以上の壁を設け、その壁の床面から高さが1.4m以下の部分に設ける開口部は、はめごろし戸としなければならない

11 ☐☐ 工事を施工するために現場に設ける仮設事務所の敷地は、道路に接しなくてもよい

12 ☐☐ 災害があった場合において建築する公益上必要な用途に供する応急仮設建築物の敷地は、道路に2m以上接しなければならない

13 ☐☐ 私道の変更又は廃止によって、その道路に接する敷地が敷地等と道路との関係の規定に基づく条例の規定に抵触することとなる場合であっても、特定行政庁は、その私道の変更又は廃止を禁止し、又は制限することはできない

14 ☐☐ 地区計画において、道の配置及び規模又はその区域が定められている場合には、当該地区整備計画区域における法42条1項五号の規定による道路の位置の指定は、原則として、地区計画に定められた道の配置又はその区域に即して行わなければならない

15 ☐☐ 特定行政庁は、地区計画等に道の配置及び規模又はその区域が定められている場合で、予定道路を指定するに当たり、当該予定道路の敷地となる土地の所有者その他の政令で定める利害関係を有する者の同意を得たときは、当該地区計画等に定められた道の配置及び規模又はその区域に即して、政令で定める基準に従い、予定道路の指定を行うことができる

16 ☐☐ 特定行政庁は、予定道路の指定を行う場合、当該指定について、当該予定道路の敷地となる土地の所有者その他の政令で定める利害関係を有する者の同意を得たときであっても、あらかじめ、建築審査会の同意を得なければならない

ない道路の幅員等について、条例で、必要な制限を付加することができる

8 ○｜法44条1項三号により、令145条1項一号において、主要構造部を耐火構造としなければならない。法43条1項二号の道路とは、地区計画の区域(地区整備計画が定められている区域のうち都市計画法12条の11により建築物等の敷地として併せて利用すべき区域として定められている区域に限る)内の道路をいう

9 ○｜法44条1項二号により、公衆便所について、特定行政庁が通行上支障がないと認めて建築審査会の同意を得て許可すれば、道路内に建築できる

10 ×｜法44条1項四号により特定行政庁の許可が必要なものとして、令145条2項による。その構造は令145条3項三号により、その側面には、床面からの高さ1.5m以上の壁を設け、その壁の床面からの高さ1.5m以下の部分に開口部を設けるときは、はめごろし戸としなければならない

11 ○｜法85条2項により、法第3章の規定は、適用しないため、法43条の長さ2mの接道規定も適用しない

12 ×｜法85条2項により、法第3章の規定は適用しないため、法43条の長さ2mの接道規定も適用しない

13 ×｜法45条の私道の変更又は廃止の規定により、その道路に接する敷地が敷地と道路との関係の規定に基づく条例の規定に抵触することとなる場合は、特定行政庁は、その私道の変更又は廃止を禁止し、又は制限することができる

14 ○｜法68条の6

15 ○｜法68条の7

16 ×｜法68条の7第2項。当該予定道路の敷地となる土地の所有者その他の政令で定める利害関係を有する者の同意を得たときは、建築審査会の同意は不要である

020 用途地域制

用途地域は、都市計画法により13種類に分類され、それぞれの地域の目的に応じて定められ、法別表第2（用途地域等内の建築物の制限）において、建築物の用途が制限されている

1　用途地域

法別表第2では、（い）項（第一種低層住居専用地域）～（は）項（第一種中高層住居専用地域）及び、（ち）項（田園住居地域）に「建築することができる建築物」が記載され、（に）項（第二種中高層住居専用地域～（と）項、（り）項）以降に「建築してはならない建築物」が記載されている

● 附属自動車車庫
第一種・第二種低層住居専用地域内で、敷地内の共同住宅（自動車車庫を除く）の延べ面積が600㎡以下の場合は、原則、その共同住宅の延べ面積までしか、建築物としての附属自動車車庫は建築できない。なお、工作物の自動車車庫はないとする（令130条の5第一号）

● 用途地域の種類　法48条、別表第2

用途地域	主旨	建築可能な主な建築物
第一種低層住居専用地域	低層住宅の環境を守るための地域	住宅・小規模店舗又は事務所兼用住宅・小中学校・老人ホーム等
第二種低層住居専用地域	主に低層住宅の環境を守るための地域	上記のほか、150㎡以下の店舗等
第一種中高層住居専用地域	中高層住宅の環境を守るための地域	上記のほか、病院・大学・500㎡以下の店舗等
第二種中高層住居専用地域	主に中高層住宅の環境を守るための地域	上記のほか、1,500㎡以下の店舗・事務所等
第一種住居地域	住居の環境を守るための地域	上記のほか、3,000㎡以下の店舗・事務所・ホテル等
第二種住居地域	主に住居の環境を守るための地域	上記のほか、10,000㎡以下の店舗等・パチンコ屋・カラオケボックス等
準住居地域	道路の沿道にある自動車関連施設等と調和した住居環境を保護する地域	上記のほか、客席が200㎡未満の劇場等
田園住居地域	農業の利便の増進とこれと調和した低層住宅の環境を守るための地域	第二種低層住居専用地域と同じ及び地域農業増進の500㎡以下の店舗、飲食店等
近隣商業地域	近隣住民が買い物をする店舗等の利便増進を図る地域	住宅・10,000㎡超の店舗・カラオケボックス等
商業地域	主に商業等の利便増進を図る地域	銀行・映画館・飲食店・百貨店・事務所・住宅・小規模の工場等
準工業地域	主に軽工業の工場等、工業の利便を図る地域	危険性及び環境悪化が著しい工場以外（住宅も可）
工業地域	主に工業の利便増進を図る地域	住宅・10,000㎡以下の店舗（学校・病院・ホテル等は不可）
工業専用地域	工業の利便増進を図る地域	工場（付帯条件なし）　（住宅・店舗・学校・病院・ホテル等は不可）

第一種・第二種低層住居専用地域、田園住居地域では、学校の建築は認められているが、大学・専修学校等は不可。また、警察署・保健所・消防署等の公益施設の建築も認められていない

用途地域の指定のない区域（市街化調整区域を除く）では、劇場・映画館・演芸場・観覧場・店舗・飲食店・展示場・遊技場・勝馬投票券発売所等で、その床面積[※]の合計が10,000㎡を超えるものは建築してはならない

● 第一種低層住居専用地域内に建築できる公益上必要な建築物　令130条の4
延べ面積500㎡以下の郵便局、延べ面積600㎡以下の老人福祉センター・児童厚生施設・地方公共団体の支所・公園の公衆便所・休憩所等

● 第一・二種低層住居専用地域内に建築できる附属の建築物　令130条の5
1階以下かつ延べ面積600㎡以下（さらなる制限あり）の自動車車庫等

※：劇場・映画館・演芸場・観覧場の用途に供する部分は、客席の部分に限る

2　用途制限

用途地域内では、地域によって建築物の用途が制限される。また、**容積率・建蔽率・絶対高さ制限・日影規制**等の集団規定の制限が異なる

● **用途制限**　法48条、令130条の3〜9の8

敷地が2以上の用途地域にまたがる場合、**面積の大きいほうの**敷地の用途制限が適用される

● **敷地が異なる用途地域にまたがる場合**　法91条

● **建築物の用途制限の概要**（詳細は法別表第2及び令130条の3〜9の8を参照）

建築用途種別 ＼ 用途地域	第一種低層住居専用	第二種低層住居専用	第一種中高層住居専用	第二種中高層住居専用	第一種住居	第二種住居	準住居	田園住居	近隣商業	商業	準工業	工業	工業専用
住宅・共同住宅・寄宿舎・下宿	○	○	○	○	○	○	○	○	○	○	○	○	×
店舗等[*1]又は事務所兼用住宅	△	△	○	○	○	○	○	▽	○	○	○	○	×
幼稚園・小学校・中学校・高等学校	○	○	○	○	○	○	○	○	○	○	○	×	×
大学・高専・専修学校・各種学校	×	×	○	○	○	○	○	×	○	○	○	×	×
図書館	○	○	○	○	○	○	○	○	○	○	○	○	×
神社・寺院・教会	○	○	○	○	○	○	○	○	○	○	○	○	○
病院	×	×	○	○	○	○	○	×	○	○	○	×	×
ホテル・旅館	×	×	×	×	◆	○	○	×	○	○	○	×	×
パチンコ屋・麻雀店・勝馬投票券発売所	×	×	×	×	×	□	□	×	○	○	○	□	×
カラオケボックス等	×	×	×	×	×	□	□	×	○	○	○	□	□
劇場・映画館・演芸場・観覧場	×	×	×	×	×	×	▲	×	○	○	○	×	×
キャバレー・ナイトクラブ等	×	×	×	×	×	×	×	×	×	○	○	×	×
300㎡以下の車庫（附属を除く）	×	×	■	■	■	■	○	×	○	○	○	○	○
300㎡を超える車庫	×	×	×	×	×	×	○	×	○	○	○	○	○
倉庫業を営む倉庫[*2]	×	×	×	×	×	×	○	▼	○	○	○	○	○
自動車修理工場	×	×	×	×	①	①	②	×	③	③	○	○	○
畜舎（15㎡超）	×	×	×	×	×	★	○	○	○	○	○	○	○

○建築可能
×建築不可
△延べ面積の1／2以内かつ50㎡以内は建築可能
▲客席面積200㎡超は建築不可

■3階以上は建築不可
□10,000㎡以下
◆3,000㎡超は建築不可
★3,000㎡以下は建築可能
▽500㎡以下は建築可能

①作業場の床面積50㎡以下は建築可能
②同150㎡以下は建築可能
③同300㎡以下は建築可能
▼農産物等貯蔵の自家用倉庫は建築可能

＊1：店舗等は「1 用途地域」の表「用途地域の種類」を参照　＊2：倉庫業を営む倉庫と自家用の倉庫の相違に注意

都市計画区域内において、**卸売市場**・火葬場・と畜場・**汚物処理場・ゴミ焼却場**等の用途に供する建築物は、都市計画で敷地位置が決定していなければ**新築又は増築**できない

● **卸売市場等の位置**　法51条、令130条の2の2

● **卸売市場等の例外**　令130条の2の3　特定行政庁が都道府県都市計画審議会の議を経て許可した場合、もしくは政令で定める規模の範囲内において新築・増築する場合はこの限りでない

兼用住宅とは、延べ面積の1／2以上を居住用とし、かつ、50㎡以下の事務所・日用品販売店舗・食堂・喫茶店・理髪店・洋服店・自家販売のパン屋等・学習塾・アトリエ等を兼ねるものをいう

● **兼用住宅**　令130条の3

020 **用途地域制** QUESTION & ANSWER

QUESTION

1 最頻出問題│一問一答

→→→

都市計画区域内における次の建築物のうち、建築基準法上、新築できるものには○、新築してはならないものには×をつけよ。ただし、特定行政庁の許可は受けないものとし、用途地域以外の地域、地区等は考慮しないものとする。また、いずれの建築物も各階を当該用途に供するものとする

1 ☐☐ 第一種低層住居専用地域内の延べ面積800㎡、地上2階建ての老人福祉センター

2 ☐☐ 第一種住居地域内の延べ面積3,000㎡、地上3階建ての自動車教習所

3 ☐☐ 第一種住居地域内の延べ面積4,000㎡、地上4階建てのホテル

4 ☐☐ 第二種低層住居専用地域内の延べ面積150㎡、地上2階建ての食堂

5 ☐☐ 工業専用地域内の延べ面積300㎡、地上2階建ての保育所

6 ☐☐ 工業地域内の延べ面積800㎡、地上3階建ての保健所

7 ☐☐ 近隣商業地域内の客席の部分の床面積の合計が300㎡、地上2階建ての映画館

ANSWER

1 ×│法別表第2（い）項九号により公益上必要な建築物として、令130条の4第二号により老人福祉センターは延べ面積600㎡以内であれば可能

2 ○│法別表第2（ほ）項四号により、自動車教習所は法別表第2（は）項以外の用途であり、また、令130条の7の2で定められた用途以外であるから3,000㎡以内であれば可能

3 ×│法別表第2（ほ）項四号より、ホテルは法別表第2（は）項以外の用途であり、また、令130条の7の2で定められた用途以外であるから3,000㎡以内でなければならない

4 ○│法別表第2（ろ）項二号及び令130条の5の2により、延べ面積150㎡以内で2階以下の食堂は可能

5 ○│法別表第2（わ）項四号により老人ホームは不可だが保育所は可能

6 ○│法別表第2（を）項により規制されないので可能。また、学校はできないが幼保連携型認定こども園は可能

7 ○│法別表第2（り）項により規制されないので可能

---

2 実践問題│一問一答

→→→

都市計画区域内における次の建築物のうち、建築基準法上、新築できるものには○、新築してはならないものには×をつけよ。ただし、特定行政庁の許可は受けないものとし、用途地域以外の地域、地区等は考慮しないものとする

1 ☐☐ 準工業地域内の延べ面積1,000㎡、平家建の可燃性ガスを常時400㎡貯蔵する建築物

1 ×│法別表第2（る）項二号により、令130条の9による。可燃性ガスの数量限度は、令130条の9第1項の表及び令116条1項の表により、貯蔵の場合は700㎡であるが、令130条の9第1項の表により、準工業地域内は、700／2＝350㎡が限度となる

2 ×│法別表第2（ろ）項一号及び付属するものは三号により、令130条の5

2 ☐☐ 第二種低層住居専用地域内の延べ面積900㎡、地上2階建ての建築物で、2階を床面積400㎡の図書館、1階を図書館に附属する床面積500㎡の自動車車庫とするもの

3 ☐☐ 第一種住居地域内の延べ面積4,000㎡、地上5階建ての警察署（各階を当該用途に供するもの）

4 ☐☐ 第一種低層住居専用地域内の延べ面積160㎡、地上2階建ての理髪店兼用住宅（居住の用に供する部分の床面積が80㎡のもの）

5 ☐☐ 第二種住居地域内の延べ面積400㎡、地上2階建てのカラオケボックス（各階を当該用途に供するもの）

6 ☐☐ 商業地域内の20,000個の電気雷管の貯蔵に供する平家建の倉庫

7 ☐☐ 工業専用地域内の延べ面積300㎡、地上2階建ての診療所

8 ☐☐ 商業地域内の延べ面積500㎡、地上2階建ての日刊新聞の印刷所

9 ☐☐ 田園住居地域内のすべての農産物の生産、集荷、処理又は貯蔵に供するもの

10 ☐☐ 用途地域の指定のない区域（市街化調整区域を除く）内の客席の部分の床面積の合計が12,000㎡、地上5階建ての観覧場

11 ☐☐ 100㎡の建築物の敷地の用途地域が、第一種低層住居専用地域内に40㎡、第一種住居地域内に60㎡にまたがっている場合は、そのすべての敷地は、第一種低層住居専用地域の用途規制を受ける

12 ☐☐ 第二種低層住居専用地域内の延べ面積500㎡、地上2階建ての保健所

13 ☐☐ 第一種中高層住居専用地域内の延べ面積500㎡、地上2階建ての宅地建物取引業を営む店舗

14 ☐☐ 準住居地域内の延べ面積500㎡、平屋建の自動車修理工場（作業場の床面積の合計が50㎡のもの）で、原動機の出力の合計が2.5kWの空気圧縮機（国土交通大臣が防音上有効な構造と認めて指定するものではない）を使用するもの

第一号。図書館が600㎡以内の400㎡のため、自動車車庫も400㎡以下となる

3 ○｜法別表第2（ほ）項四号のカッコ書により、令130条の7の2第一号により可能

4 ×｜法別表第2（い）項、令130条の3。居住部分は、80㎡／160㎡＝1／2、理髪店は三号、160－80＝80㎡＞50㎡

5 ○｜法別表第2（へ）項により規制されないので可能

6 ×｜法別表第2（ぬ）項四号の規定により、令130条の9第1項の表から、商業地域内での貯蔵は10,000個以下である

7 ○｜法別表第2（わ）項により、病院は不可であるが診療所は可能

8 ○｜法別表第2（ぬ）項二号カッコ書により可能

9 ×｜法別表第二（ち）項二号、令130条の9の3。すべての農産物の乾燥等の処理に供する建築物ではなく、そのうち著しい騒音を発生するものとして国土交通大臣指定のものは建築できない

10 ×｜法別表第2（か）項。客席の床面積が10,000㎡以下でなければならない

11 ×｜法91条により、敷地が複数の用途地域にわたる場合は、敷地の過半の属する用途地域の制限を適用する

12 ×｜保健所は、法別表第2（ろ）項により建築できるものに該当せず。第一種中高層住居専用地域の法別表第2（は）項七号及び令130条の5の4第一号による

13 ○｜法別表第2（は）項五号及び令130条の5の3第三号により可能

14 ×｜法別表第2（と）欄三号の(11)、令130条の8の3により原動機の出力が1.5kWを超える空気圧縮機（大臣が防音上有効な構造と認めて指定するものを除く）を使用する作業に該当する

021 規模の規制 容積率・建蔽率

都市計画で定められている数値以外に、容積率は、前面道路幅員による制限や特定道路による緩和があり、建蔽率は、敷地と建築物の条件により建蔽率が適用されないという規定等がある

1 容積率

□ 容積率とは、建築物の延べ面積の敷地面積に対する割合をいい、その限度は原則として、用途地域の都市計画で定められる

□ 前面道路の幅員**12m**未満の場合の容積率は、原則として、**住居系用途地域**（田園住居地域を含む）は幅員×**0.4**以下、その他の用途地域は幅員×**0.6**以下とし、都市計画で定められた容積率と比較し、**小さい**ほうを採用する

□ 容積率算定の基礎となる**延べ面積**には、表に示す部分の床面積を算入しない

● 容積率対象延べ面積に算入しない部分

算入しない部分	算入しない限度
①**地階**でその**天井**が**地盤面**からの高さ**1m**以下の住宅、老人ホーム・福祉ホーム等（以下、老人ホーム等という）の部分の**床面積**[*]（エレベーター昇降路及び共同住宅、老人ホーム等の共用の廊下・階段を除く）	**住宅、老人ホーム・福祉ホーム等**（以下、老人ホーム等という）の用途の床面積の**1／3**まで
②エレベーターの昇降路の床面積	—
③共同住宅、老人ホーム等の**共用の廊下・階段の床面積**	—
④住宅、老人ホーム等の機械室等（給湯設備等で省令の基準に適合するもの）で、特定行政庁が認めるもの	規則10条の4の5により、建築物の全床面積の1/50まで
⑤**自動車車庫**等のもっぱら自動車又は自転車の停留・駐車の施設（誘導車路・操車場所・乗降場を含む）	建築物の全床面積の**1／5**まで
⑥防災用の備蓄倉庫の部分	建築物の全床面積の1／50まで
⑦蓄電池の設置部分	建築物の全床面積の1／50まで
⑧自家発電設備の設置部分	建築物の全床面積の1／100まで
⑨貯水槽の設置部分	建築物の全床面積の1／100まで
⑩宅配ボックス設置部分	建築物の全床面積の1／100まで

*：地方公共団体は、条例で、地盤面を別に定めることができる（法52条5項）

□ 敷地が、幅員**15m**以上の道路（**特定道路**）に接続する幅員**6m**以上**12m**未満の前面道路のうち**特定道路**からの延長が**70m**以内で**接する**場合、政令で定める算定数値を**前面道路幅員**に加算する

● **容積率** 法52条1項

容積率＝$\dfrac{延べ面積}{敷地面積}$≦容積率の限度

なお、容積率算定の基礎となる延べ面積は次のように求める

容積算定用延べ面積＝建築物最大の延べ面積－算定対象外床面積

● 前面道路による容積率制限 法52条2項

1. 都市計画による容積率200%
2. 住居系用途地域の場合
   4m×0.4=160% 200%>160%
   160%を採用する

● 地下住宅の緩和 法52条3項〜5項

50㎡×3×1／3=50㎡
50㎡までは容積率算定の延べ面積に算入しない
容積率算定の延べ面積は、50㎡×3−50㎡=100㎡となる

● エレベーターの昇降路、共同住宅、老人ホーム等の共用廊下・階段の緩和 法52条6項

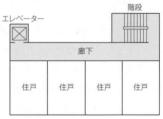

▢ 容積率算定の延べ面積に算入しない部分

● **特定道路**　法52条9項、令135条の18

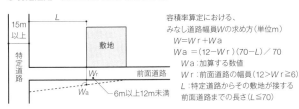

容積率算定における、
みなし道路幅員Wの求め方（単位m）
$W＝Wr＋Wa$
$Wa＝(12－Wr)(70－L)／70$
Wa：加算する数値
Wr：前面道路の幅員（$12＞Wr≧6$）
L：特定道路からその敷地が接する
前面道路までの長さ（$L≦70$）

全部又は一部が住宅用途の建築物（居住環境向上用途誘導地区及び特定用途誘導地区内の除外あり）で、次に該当するものは、都市計画による容積率の**1.5倍**を限度として容積率が緩和される（法52条8項）

①第一種・第二種住居地域・準住居地域・近隣商業地域・準工業地域（除外地区あり）・商業地域（除外地区あり）内にあること

②一定規模以上の空地を有し、敷地面積が一定規模以上

高層住居誘導地区内で、住宅の**床面積が延べ面積の2／3**以上のものは、都市計画による**容積率の1.5倍**以下で、住宅の床面積に応じた数値内で、当該地区の都市計画で定められたもの

同一敷地内に複数の容積率の制限がある場合は、**各容積率**の敷地ごとの**加重平均**以下とする

敷地が**計画道路**（法42条1項四号を除く）**に接する場合**又は敷地内に計画道路がある場合に、特定行政庁が**建築審査会**の同意を得て許可した建築物は、当該計画道路を前面道路とみなして容積率の算定を行うが、敷地面積には算入しない

壁面線の指定があり、特定行政庁が建築審査会の同意を得て許可した建築物は、**道路境界線**は**壁面線**にあるとし容積率を適用。**敷地前面道路**と**壁面線**の間の面積は、敷地面積に**算入しない**

①前面道路と壁面線との間の敷地部分が前面道路と一体的かつ連続的に有効な空地として確保されること

②交通上、安全上、防火上及び衛生上支障がないこと

③建築物のエネルギー消費性能（建築物省エネ法2条1項二号）の向上のため必要な外壁工事等の屋外面の工事で構造上やむを得ないもの

次の建築物で、**特定行政庁**が**建築審査会**の同意を得て許可した容積率は、法52条1～9項にかかわらず、緩和できる

①同一敷地内の建築物の**機械室**等の床面積が延べ面積に対して著しく大きい場合

②敷地の周囲に**広い公園・広場・道路の空地**を有する場合

● **自動車車庫等の緩和**　令2条1項四号・3項

200㎡×3＝600㎡
600㎡×1／5＝120㎡
自動車車庫等の床面積120㎡までは容積率算定の延べ面積には算入しない
容積率算定の延べ面積は、80＋200＋200＝480㎡となる

● **容積率等の特例手法**

①高度利用地区　法59条

②敷地内に広い空地を有する建築物の容積率の特例　法59条の2

③特定街区　法60条

● **高層住居誘導地区**　法52条1項五号、令135条の14

● **複数の容積率制限を受ける敷地**　法52条7項

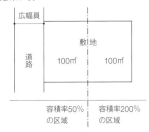

$(100×50％＋100×200％)／(100＋100)＝125％$
当該敷地の容積率は125％である
前面道路による容積率制限を考慮しない場合である

● **計画道路**　法52条10項

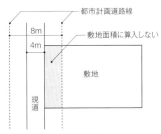

1. 都市計画による容積率500％
2. 商業系用途地域の場合
現道の場合 4m×0.6＝240％
計画道路を前面道路とする場合 8m×0.6＝480％
480％＜500％
当該敷地の容積率は480％である

● **壁面線**　法52条11項

● **大規模機械室等の緩和**　法52条14項

● **地区計画等の条例の制限**　令136条の2の5第1項二号

2 建蔽率

建蔽率は、建築物の建築面積の敷地面積に対する割合をいい、原則として、用途地域に応じて都市計画によって定められる数値以下とする

● **用途地域と建蔽率**

号	用途地域	建蔽率
一号	第一種・第二種低層住居専用地域、第一種・第二種中高層住居専用地域、田園住居地域、工業専用地域	3 ／ 10、4 ／ 10、5 ／ 10、6 ／ 10
二号	第一種・第二種住居地域、準住居地域、準工業地域	5 ／ 10、6 ／ 10、8 ／ 10
三号	近隣商業地域	6 ／ 10、8 ／ 10
四号	商業地域	8 ／ 10
五号	工業地域	5 ／ 10、6 ／ 10
六号	用途地域の指定のない区域	3 ／ 10、4 ／ 10、5 ／ 10、6 ／ 10、7 ／ 10のうち特定行政庁が都道府県都市計画審議会の議を経て定めるもの

同一敷地内に複数の建蔽率の制限がある場合は、各建蔽率の敷地ごとの**加重平均以下**とする

隣地境界線から後退して「壁面線の指定」がある場合や地区計画等の条例で「壁面の位置の制限」(隣地境界線に面する建築物の壁・柱の位置及び高さ**2m超**の門・塀の位置を制限するものに限る)がある場合に、**壁面線**等の制限の線を超えない建築物(ただし、庇等を除く)で、特定行政庁が建築審査会の同意を得て許可したものの建蔽率は、その許可の範囲内とすることができる(つまり、一般の建蔽率を超えられる)

建蔽率が適用されないものは次のとおり
① 建蔽率が8／10の地域内で、かつ、防火地域内にある耐火建築物又はこれと同等以上の延焼防止性能[※]を有する建築物
② 巡査派出所、公衆便所、公共用歩廊等
③ 公園、広場、道路、川等の内にある建築物で特定行政庁が安全上、防火上及び衛生上支障がないと認めて**建築審査会の同意**を得て許可したもの

敷地が防火地域の内外にわたる場合で、建築物の全部が耐火建築物であるときは、その敷地は、すべて防火地域内にあるものとみなされ、都市計画で定められた建蔽率の緩和の対象となる

地区計画等の条例で定められる建蔽率は**3／10**以上である

● **建蔽率**　法53条1項

$$建蔽率＝\frac{建築面積}{敷地面積}≦建蔽率の限度$$

● **建蔽率の緩和**［**法53条3項**］［防火地域・準防火地域(略)の建蔽率緩和(295頁)参照］

都市計画で定められた建蔽率は、次の①又は②に該当するものは、**1／10**を加える。①と②の両方に該当するものは**2／10**を加える
① 防火地域(建蔽率8／10の地域を除く)内のイに該当する建築物又は、準防火地域内のイ若しくはロのいずれかの建築物。イ：耐火建築物又はこれと同等以上の延焼防止性能を有するものとして令135条の20で定める建築物(この条及び法67条1項で「耐火建築物等」という)。ロ：準耐火建築物又はこれと同等以上の延焼防止性能を有するものとして令135条の20で定める建築物(耐火建築物等を除く。8項及び法67条1項で「準耐火建築物等」という)
② 街区の角にある敷地(角地)又はこれに準ずる敷地で特定行政庁が指定するもの

● **複数の蔽率制限を受ける敷地**　法53条2項
建蔽率の加重平均とする

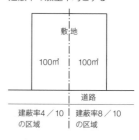

$$(100×4／10+100×8／10)／200$$
$$=\frac{6}{10}=60\%$$

● **建蔽率の緩和**　法53条5項
● **壁面線等による緩和**　法53条4項、令135条の21
壁面線等の制限にかからない庇等とは次のとおり
① 軒、庇、ぬれ縁及び省令で定める建築設備
② 建築物の地盤面下の部分
③ 高さが2m以下の門又は塀
● **建蔽率の適用除外**　法53条6項

● **防火地域の内外にわたる場合**　法53条7項

● **地区計画等の条例の制限**　令136条の2の5第1項三号

※：通常の火災による周囲への延焼を防止するために壁、柱、床等の部分及び防火戸等の防火設備に必要とされる性能をいう

021　**規模の規制　容積率・建蔽率**　　　　QUESTION & ANSWER

QUESTION

1　最頻出問題｜一問一答

次の記述のうち、建築基準法上、正しいものには○、誤っているものには×をつけよ

1 ☐☐　建築物の地階でその天井が地盤面からの高さ1m以下にあるものの老人ホームの用途に供する部分の床面積は、原則として、当該建築物の老人ホームの用途に供する部分の床面積の合計の1／3を限度として、容積率の算定の基礎となる延べ面積に算入しない

2 ☐☐　幅員15mの道路に接続する幅員10mの道路を前面道路とする敷地が、幅員15mの道路から当該敷地が接する前面道路の部分の直近の端までの延長が35mの場合、容積率の算定に係る当該前面道路の幅員に加える数値は1.2mとする

3 ☐☐　地区計画等の区域（地区整備計画等が定められている区域に限る）内において、市町村の条例で定める建蔽率の最高限度は、2／10以上の数値でなければならない

4 ☐☐　工業地域内にある建築物の敷地が防火地域及び準防火地域にわたる場合において、その敷地内の建築物の全部が耐火建築物であるときは、都市計画において定められた建蔽率の限度にかかわらず、建蔽率の限度の緩和の対象となる

2　実践問題｜四肢択一

1 ☐☐　図のような敷地において、耐火建築物を新築する場合、建築基準法上、建築することができる「建築物の建築面積の最大値」と「建築物の延べ面積の最大値」との組合せとして、正しいものは次のうちどれか。ただし、特定道路の影響はないものとし、建築物には容積率の算定の基礎となる延べ面積に算入しない部分及び地階はないものとする。また、図に記載されているものを除き、地域、地区等及び特定行政庁の指定等はないものとする

ANSWER

→→→

1 ○｜法52条3項。地階の住宅又は老人ホーム・福祉ホーム等の緩和は、その用途部分の床面積の合計の1／3以下である

2 ×｜法52条9項、令135条の18の算定式により、
$(12-Wr)(70-L)／70＝$加算数値
$(12-10)(70-35)／70＝1\,m$ となる

3 ×｜令136条の2の5。地区計画等の条例の制限により建蔽率は3／10以上であること

4 ○｜法53条7項により、当該耐火建築物は、防火地域内にあるものとみなすことができる。工業地域の建蔽率には、8／10の数値がないので、法53条3項一号により建蔽率8／10以外の地域の防火地域内の耐火建築物に該当し、建蔽率の緩和の対象となる

●**外壁の後退距離**　法54条、令135条の22
第一種・第二種低層住居専用地域、田園住居地域内で、建築物の外壁又はこれに代わる柱面から敷地境界線までの距離は、都市計画で外壁の後退距離の限度が1.5m又は1mで定められた場合は、令135条の22（外壁又はこれに代わる柱の中心線の長さ3m以下等）で定める場合を除き、当該限度以上とする

→→→

1 答えは4

建築面積について
法53条6項・7項により、敷地が防火地域の内外にわたる場合で、建築物の全部が耐火建築物であるときは、その敷地は、すべて防火地域内にあるものとみなす
商業地域内は、建蔽率が8／10の地域で、かつ、防火地域内にある耐火建築物

	建築面積の最大値	延べ面積の最大値
1	540㎡	2,240㎡
2	540㎡	2,520㎡
3	560㎡	2,240㎡
4	560㎡	2,520㎡

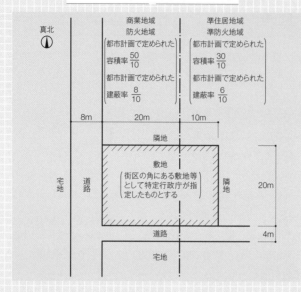

2 □□ 図のような敷地において、耐火建築物を新築する場合、建築基準法上、建築することができる建築面積の最大のものは、次のうちどれか。ただし、図に記載されているものを除き、地域、地区等及び特定行政庁の指定等はないものとする

1——588㎡ | 2——567㎡ | 3——560㎡ | 4——540㎡

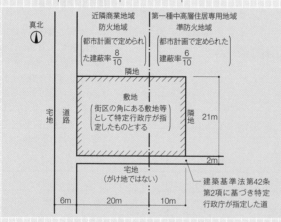

3 □□ 図のような敷地において、建築基準法上、新築することができる建築物の延べ面積の最大のものは、次のうちどれか。ただし、建築物には、容積率の算定の基礎となる延べ面積に算入しない部分及び地階部分はないものとする。また、図に記載されているものを

であるから、建蔽率の適用はない。すなわち、10／10である

準住居地域内は、法53条3項により、建蔽率が8／10の地域外で、かつ、防火地域内にある耐火建築物であるから、＋1／10、また、街区の角にある敷地で特定行政庁が指定するものとして、＋1／10となる

6／10＋1／10＋1／10＝8／10
法53条2項により、
商業地域400㎡×10／10＋準住居地域200㎡×8／10＝560㎡

延べ面積について
敷地としては8m道路が前面道路である
前面道路による容積率制限は、商業地域は、8m ×6／10＝48／10＜50／10であるから、48／10を採用
準住居地域は、8m×4／10＝32／10＞30／10であるから、30／10を採用
52条7項、敷地全体の容積率は、48／10×400／600＋30／10×200／600＝3.2＋1.0＝4.2＝42／10
敷地全体の延べ面積は、600×42／10＝2,520㎡

2 答えは3

建築基準法53条2項・6項・7項
敷地について
南側道路は、法42条2項道路であるから、現道中心から各2m後退した線をみなし道路境界線とする
近隣商業地域の敷地は、20×(21−1)＝400㎡
第一種中高層住居専用地域の敷地は、10×(21−1)＝200㎡
建蔽率について
近隣商業地域は、法53条6項により建蔽率の適用はない。すなわち、10／10
第一種中高層住居専用地域は、法53条7項により、敷地が防火地域の内外にわたる場合で、建築物の全部が耐火建築物であるときは、その敷地は、すべて防火地域内にあるものとみなす
法53条3項一号により、防火地域内の耐火建築物として、＋1／10、また、二号より、特定行政庁が指定する角地により＋1／10となる

6／10＋1／10＋1／10＝8／10
以上より、
400×10／10＋200×8／10＝560㎡

3 答えは1

除き、地域、地区等及び特定行政庁の指定等はないものとする

1——2,640㎡ | 2——2,720㎡ | 3——2,820㎡ | 4——3,000㎡

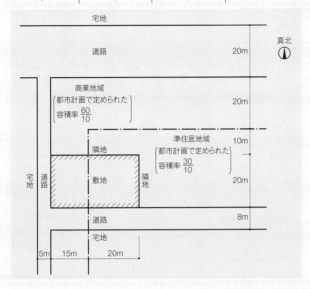

4 □□　図のような敷地において、耐火建築物を新築する場合、建築基準法上、新築することができる建築物の建蔽率（法53条に規定する建蔽率）と建築物の容積率（法52条に規定する容積率）の組合わせとして、正しいものは次のうちどれか。ただし、図に記載されているものを除き、容積率の算定の基礎となる延べ面積に算入しない部分及び地階はないものとし、地域、地区等及び特定行政庁の指定、許可等はないものとする

	建蔽率の最高限度	容積率の最高限度
1	8.5 ／ 10	40 ／ 10
2	8.5 ／ 10	48 ／ 10
3	9 ／ 10	40 ／ 10
4	9 ／ 10	48 ／ 10

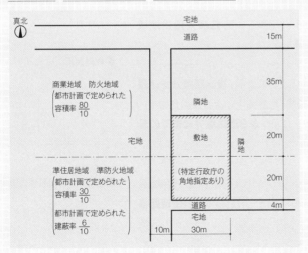

北側の幅員20ｍ道路は特定道路であるが、接続する西側道路は6ｍ未満のため、法52条9項、令135条の18による幅員の緩和はない。前面道路は幅員の最大の8ｍ道路で検討する

敷地について
商業地域は、15×20＝300㎡
準住居地域は、20×20＝400㎡
容積率について
商業地域は、8ｍ×0.6＝48／10＜都市計画による容積率60／10
準住居地域は、8ｍ×0.4＝32／10＞都市計画による容積率30／10
以上より
商業地域は、300×48／10＝1,440㎡
準住居地域は、400×30／10＝1,200㎡
合計1,440＋1,200＝2,640㎡

4　答えは4

①建蔽率について
商業地域は法53条1項4号より建蔽率が8／10であるが、防火地域内の耐火建築物であるため、法53条6項一号より、建蔽率の適用はなく10／10
住居地域は法53条3項より準防火地域内（建蔽率6／10）の耐火建築物で角地緩和があるため、同項一号及び二号が適用され、6／10+1／10+1／10＝8／10
商業地域内の敷地と準住居地域内の敷地は同じ面積であるから、建蔽率は10／10÷2+8／10÷2＝9／10

②容積率について
北側幅員15ｍ道路に対し、敷地前面道路が10ｍ（6ｍ以上、12ｍ未満）のため、法52条9項の特定道路として、令135条の18の式で算定する
Wa＝(12-Wr)(70-L)／70＝(12-10)(70-35)／70＝1ｍ
Wa:前面道路幅員に付加する数値、Wr:前面道路幅員、L：特定道路からの距離35ｍ。よって敷地前面道路は10+1＝11ｍとみなす
商業地域は、11ｍ×6／10＝66／10＜80／10　よって66／10を採用
準住居地域は、11ｍ×4／10＝44／10＞30／10　よって30／10を採用
商業地域内の敷地と準住居地域内の敷地は同じ面積であるから、容積率は66／10÷2+30／10÷2＝48／10

022 高さ制限

高さ制限には、絶対高さ制限・道路高さ制限・隣地高さ制限・北側高さ制限がある。これらが複合して建築物の形態を規制しているので、それぞれの制限に基づき高さを算定する必要がある。また、これら以外に、日影規制や高度地区が高さに影響する場合がある

1　絶対高さ制限

☐　第一種低層住居専用地域、第二種低層住居専用地域又は田園住居地域内の**建築物の高さは、10m又は12m**(都市計画で定める)**以下**とする

☐　高さ10mの地域内では、一定の空地を有する等で特定行政庁が認める場合は高さ12m以下とする

☐　再生可能エネルギー源［※］の利用設備の設置の屋根工事等の屋外面の工事で構造上やむを得ないもので、特定行政庁が認めて許可したものの高さは、10m又は12mを超えることができる

● 絶対高さ制限　法55条
次の①②は適用除外
①敷地の周囲に広い空地があり、特定行政庁が建築審査会の同意を得て許可したもの
②学校等で用途上、やむを得ないもので特定行政庁が建築審査会の同意を得て許可したもの

※:太陽光、風力等

2　道路高さ制限(道路斜線制限)

☐　建築物の高さは、**前面道路の反対側の境界線までの水平距離Lに1.25又は1.5の斜線勾配を乗ずる**(L×1.25又は1.5)**範囲内**で、かつ、**20〜50mの距離**(適用距離)まで適用される

☐　斜線勾配と適用距離は、法別表第3で、用途地域と容積率により区分されている。**斜線勾配**は、原則として、**住居系用途地域1.25、商業・工業系用途地域1.5である**

☐　前面道路の境界線から後退した建築物は、**後退距離分だけ緩和**される。**後退距離**は、**建築物**(地盤面下の部分その他令130条の12で定める部分を除く〈右記〉)**から道路境界線までの最小水平距離**をいう

☐　第一種中高層住居専用地域、第二種中高層住居専用地域、第一種住居地域、第二種住居地域、準住居地域内で、**前面道路幅員が12m以上**の場合において、道路幅員×1.25以上の区域は、**斜線勾配「1.25」を、「1.5」とする**(法56条3項：斜線勾配

● 道路高さ制限　法56条1項一号、法別表第3

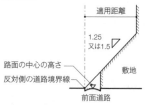

● 後退距離　法56条2項・4項、令130条の12

● 後退距離部分に建築できるもの　令130条の12
高さは前面道路の路面の中心から算定(令2条1項六号)
1 物置等で①〜③に該当するもの

の緩和）

□ 前面**道路が2以上**ある場合は、**最大幅員の前面道路の境界線**からその前面道路の**幅員の2倍以内**、**かつ、35ｍ以内の区域**及びその他の前面**道路の中心線からの10ｍを超える区域**は、最大幅員の前面道路と**同じ幅員を有する**ものとみなす

□ 前面道路の反対側に公園、水面等がある場合は、**前面道路の反対側の境界線**は、**当該公園、水面等の反対側の境界線にある**ものとみなす

□ 敷地の地盤面が前面道路より**1ｍ以上高い**場合は、**前面道路**は、**（高低差－1ｍ）×1／2高い位置にある**ものとみなす

① 軒高≦2.3ｍ、かつ、床面積≦5㎡
② その道路に面する長さが敷地接道長さの1／5以下
③ その道路境界線まで1ｍ以上
2 ポーチ等で①～③に該当するもの
① その道路に面する長さが敷地接道長さの1／5以下
② 道路境界線まで1ｍ以上
③ 高さ5ｍ以下
3 道路に沿った高さ2ｍ以下の門又は塀（高さ1.2ｍ超は、1.2ｍ超部分が網状等に限る）
4 隣地境界線に沿った門又は塀
5 歩廊、渡り廊下等で、特定行政庁が規則で定めたもの
6 建築物の部分で高さ1.2ｍ以下

●**公園等の緩和**
　令134条

●**前面道路との高低差の緩和**
　令135条の2

●**斜線勾配の緩和**
　法56条3項

●**2以上の前面道路の場合**
　令132条

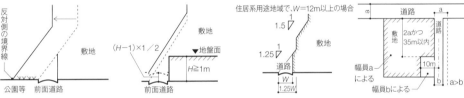

3　隣地高さ制限（隣地斜線制限）

□ 建築物の高さは隣地境界線までの**水平距離L**に、**1.25又は2.5を乗じて20ｍ又は31ｍを加算した範囲内とする**

●**隣地高さ制限**

用途地域	高さ[*]
第一種中高層**住居専用**地域、第二種中高層住居専用地域、第一種住居地域、第二種住居地域、準住居地域	（20ｍ＋1.25L）[*]
その他の地域	（31ｍ＋2.5L）
用途無指定区域	（20ｍ＋1.25L）又は（31ｍ＋2.5L）

＊：特定行政庁が指定する場合は31ｍ＋2.5L

●**隣地高さ制限**　法56条1項二号

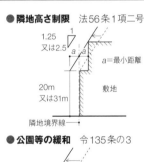

●**公園等の緩和**　令135条の3

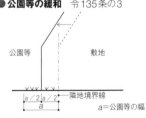

●**隣地高さ制限**　**高低差の緩和**

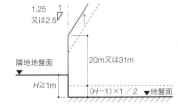

□ 隣地高さ制限の緩和には以下のようなものがある
①敷地が公園（都市公園法施行令2条1項一号の都市公園を除く）、水面等に接する場合は、隣地境界線は、その**公園、水面等の幅の1／2外側にある**ものとみなす
②敷地の地盤面が隣地の地盤面より**1ｍ以上低い**場合は、**（高低差－1ｍ）×1／2だけ高い位置にある**ものとみなす
③計画道路又は予定道路を前面道路とみなす場合は、その計画道路又は予定道路内の隣地境界線は、ないものとみなす

287

4 　北側高さ制限（北側斜線制限）

建築物の高さは敷地内から前面道路の反対側の境界線又は隣地境界線までの真北方向の水平距離*L*に**1.25を乗じ、5m又は10mを加算した範囲にする**

● 北側高さ制限

用途地域	高さ
第一種**低層住居**専用地域・第二種低層住居専用地域、田園住居地域	5m+1.25*L*
第一種**中高層住居**専用地域・第二種中高層住居専用地域[*]	10m+1.25*L*

*：日影規制区域を除く

北側に水面、線路敷等がある場合は下記による

①北側の前面道路の反対側又は敷地の北側が水面等に接する場合は、**水面等の幅の1／2だけ外側にあるものとみなす**

②敷地の地盤面が北側隣地の地盤面より**1m以上低い**場合は、**（高低差－1m）×1／2だけ高い位置にあるものとみなす**

● **北側高さ制限**　法56条1項三号

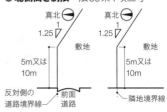

● 水面等や高低差がある場合の緩和
令135条の4

5 　天空率

一定の測定位置において、道路・隣地・北側高さ制限のそれぞれについて、制限に適合した建築物による採光・通風等と同程度以上の採光・通風等が確保されることを天空率によって検証した計画建築物は、それぞれの高さ制限の規定は、適用しない

測定位置は、道路高さ制限の場合は、前面道路の反対側の境界線上の政令で定める位置。隣地高さ制限の場合は、勾配1.25にあっては16m、勾配2.5にあっては12.4mだけ外側の線上の政令で定める位置。北側高さ制限の場合は、隣地境界線上から真北方向への水平距離が、第一種・第二種低層住居専用地域、田園住居地域内は4m、第一種・第二種中高層住居専用地域内は、8mだけ外側の線上の政令で定める位置

● **天空率**　法56条7項、令135条の5～11

例えば、道路高さ制限のみを天空率で検討することもできるよ

6 　日影規制

地方公共団体の条例で指定する区域内の一定の建築物は、平均地盤面からの一定高さの水平面（測定面）に、敷地境界線からの水平距離5m超の範囲において、一定時間以上日影を生じさせてはならない。ただし、特定行政庁が建築審査会の同意を得て許可した場合又は当該許可した建築物を、周囲の居住環境を害するおそれがないものとして令135条の12で定める位置及び

● **日影規制**　法56条の2、法別表第4

● 日影規制の測定面

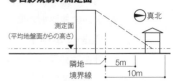

規模の範囲内で増築、改築、移転する場合は、この限りでない　　●令135条の12第1項、2項

● **法別表第4の概要**

対象区域	対象建築物	測定面[＊1]	日影時間[＊2]
第一種低層住居専用地域、第二種低層住居専用地域、田園住居地域	軒高7m超又は地上3階以上	1.5m	
第一種中高層住居専用地域、第二種中高層住居専用地域	高さ10m超	4m又は6.5m	
第一種住居地域、第二種住居地域、準住居地域、近隣商業地域、準工業地域	高さ10m超	4m又は6.5m	敷地境界線から5m超〜10mまでと10m超に範囲を区切り、日影時間を2時間から5時間以内に定めている
用途無指定区域	軒高7m超又は地上3階以上	1.5m	
	高さ10m超	4m	
商業地域、工業地域、工業専用地域	対象外である		

＊1：平均地盤面からの高さが日影時間の測定面である。この場合の**平均地盤面からの高さ**とは、当該建築物が周囲の地面と接する位置の平均の高さにおける水平面からの高さをいう。**高低差3mを超えても平均地盤面は1つである**

＊2：冬至日の真太陽時による午前8時から午後4時までの間

敷地内に2以上の建築物がある場合は、これらの建築物を1の建築物とみなす

● **敷地内に2以上の建築物がある場合**
法56条の2第2項

対象区域外の高さ**10m超**の建築物で、冬至日に、対象区域内に日影を生じさせるものは、当該対象区域内にある建築物とみなして日影規制が適用される

● **対象区域外の建築物の規制**　法56条の2第4項

● **道路等の緩和**　令135条の12

敷地が道路、水面等に接する場合は、その幅が**10m以下**の場合は、1／**2**だけ外側にあるものとする。幅が**10m超**のときは、反対側の境界線から当該敷地側へ**5m**の線を敷地境界線とする

● **日影規制（道路等による緩和）**

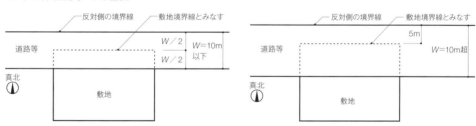

敷地の平均地盤面が日影の落ちる隣地より**1m以上低い**場合は、高低差から**1m**減じたものの**1／2**高い位置にあるものとする

● **日影規制（隣地との高低差による緩和）**

QUESTION　　　　　　　　　　　　　　　　　　　　　ANSWER

1　最頻出問題 | 四肢択一　　　　　　　→→→

1 ☐☐　図のように、敷地に建築物を新築する場合、建築基準法上、A点における地盤面からの建築物の高さの最高限度は、次のうちどれか。ただし敷地は平坦であるが、北側隣地は敷地から3m低く、西側前面道路は真北に向かって下り坂になっており図中a点(路面の中心)は敷地から2.5m低い。また、図に記載されているものを除き、地域、地区等及び特定行政庁による指定等並びに門、塀等はないものとし日影による中高層の建築物の高さの制限及び天空率に関する規定は考慮しないものとする。なお、建築物は、すべての部分において、高さの最高限度まで建築されるものとする

1―18.25m│2―17.50m│3―16.25m│4―15.75m

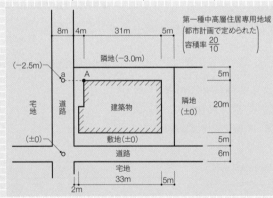

1 答えは4

●道路高さ制限について　法56条1項一号、法別表第3、令135条の2。南側道路は、第一種中高層住居専用地域、容積率20／10又は法52条2項より、8m×0.4＝32／10＞20／10で法別表第3より適用距離20mを超えているので西側道路について検討する。最大幅員の前面道路は、8mである。法別表第3により、適用距離20m、斜線勾配1.25である。後退距離は最小距離の2mとなる。前面道路の路面中心と敷地地盤面に高低差がなければ、

$(2+8+4)×1.25＝17.5$m

前面道路との高低差が2.5mなので、
$(2.5-1)×1／2＝0.75$mだけ前面道路が高い位置にあるので、敷地地盤面と前面道路の高低差は$2.5-0.75＝1.75$mである。

$17.5-1.75＝15.75$m

●隣地高さ制限について　法56条1項二号。第一種中高層住居専用地域であるから、隣地境界線での立上り高さが20mであるため、道路高さ制限によるほうが厳しい

●北側高さ制限について　法56条1項三号。北側隣地のほうが低い場合なので高さ制限の緩和はない。第一種中高層住居専用地域であるから、

10m$+1.25L$　　$L＝5$m
$10+1.25×5＝16.25$m

以上より、
15.75m<16.25m

2　実践問題 | 四肢択一　　　　　　　→→→

1 ☐☐　図のように、敷地に建築物を新築する場合における建築物の高さに関する次の記述のうち、建築基準法上、誤っているものはどれか。ただし、敷地は平坦で、隣地及び道路との高低差はなく、門及び塀はないものとする。また、図に記載されているものを除き、地域、地区等及び特定行政庁による指定等はないものとし、日影による中高層の建築物の高さの制限及び天空率に関する規定は考

1 答えは3

●階段室について　令2条1項六号。階段室の水平投影面積15㎡、建築物の水平投影面積は、$10×14＝140$㎡、$140×1／8＝17.5$㎡>15㎡、また、階段室高さは4m<12m
以上から、階段室は、道路高さ制限及び

慮しないものとする

1——建築基準法56条1項一号（道路高さ制限）の規定に適合する

2——建築基準法56条1項二号（隣地高さ制限）の規定に適合する

3——建築基準法56条1項三号（北側高さ制限）の規定に適合する

4——原則として、避雷設備の設置が必要である

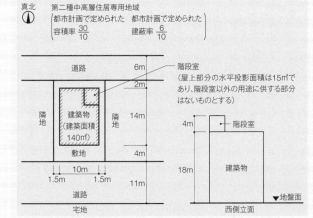

2 □□ 図のように、敷地に建築物を新築する場合、建築基準法上、A点における地盤面からの建築物の高さの最高限度は、次のうちどれか。ただし、敷地は平坦で、隣地及び道路との高低差はなく、また、図に記載されているものを除き、地域、地区等及び特定行政庁による指定等はないものとし、日影による中高層の建築物の高さの制限及び天空率に関する規定は考慮しないものとする。なお、建築物は、すべての部分において、高さの最高限度まで建築されるものとする

1——16.25m ｜ 2——17.50m ｜ 3——18.75m ｜ 4——20.00m

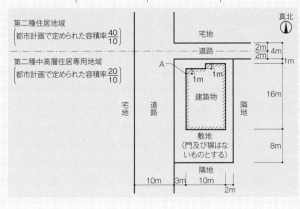

隣地高さ制限の対象外となるが、北側高さ制限の場合は対象である

●道路高さ制限　法56条1項一号・別表第3、令132条。適用距離は法52条2項より11m×0.4＝44／10＞30／10で法別表第3により、適用距離25mで建築物はその範囲内。斜線勾配1.25。後退距離は2m。最大幅員の前面道路は11m道路である。道路境界線から、2×11mかつ35m以内は、道路幅員11mとなる

　35m＞11m×2＞（4＋14＋2）

以上から、6m幅員は最大道路幅員の11mで検討する

　（2＋11＋2）×1.25＝18.75＞18m

●隣地高さ制限　法56条1項二号。第二種中高層住居専用地域であるから、隣地境界線で立上り高さ20mであり、当該階段室の高さが適用除外となるので、20m＞18m

●北側高さ制限　法56条1項三号。北側道路の反対側の道路境界線から、算定する

　10m＋1.25×L　　　L＝(6＋2)m

　10m＋1.25×8＝20m＜（18＋階段室4m）

ゆえに、適合しない

●避雷設備　法33条、令2条1項六号。階段室も高さの対象となる

　18＋4＞20m

2 答えは2

●道路高さ制限について　法56条1項一号・別表第3。最大幅員の前面道路は10m道路である。A点は、2×10mかつ35m以内であるから、北側4m道路も最大幅員10mとして検討する。適用距離は、法52条2項より10m×0.4＝40／10＞20／10で法別表第3より、適用距離20mで斜線勾配1.25である。後退距離は、西側道路側3m、北側道路側1m

A点までの距離は、西側道路は、

　（3＋10＋3）＝16m

北側道路は(1＋10＋(1＋1＋1))＝14m

　14×1.25＝17.5m

●隣地高さ制限について

隣地境界線で立上り高さ20m以上となるので、対象外

●北側高さ制限について

第二種中高層住居専用地域であるから、

　10m＋1.25L　L＝((1＋1＋1)＋4)m

　10＋1.25×7＝18.75＞道路高さ制限17.5m

以上より、17.5m

3 ☐☐ 図のように、敷地に建築物を新築する場合、建築基準法上、A点のおける地盤面からの建築物の高さの最高限度は、次のうちどれか。ただし、敷地は平坦で、敷地、隣地及び道路の相互間に高低差はなく、門、塀等はないものとする。また、図に記載されているものを除き、地域、地区等及び特定行政庁による指定、許可等並びに日影による中高層の建築物の高さの制限及び天空率に関する規定は考慮しないものとする。なお、建築物は、全ての部分において、高さの最高限度まで建築されるものとする

1——28.5m │ 2——34.5m │ 3——39.0m │ 4——46.0m

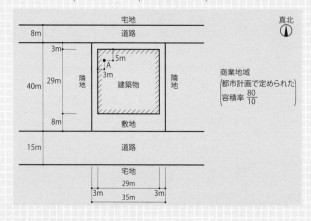

3 答えは3

法56条6項、令132条1項
●北側高さ制限　法56条1項三号。商業地域のため、適用されない
●隣地高さ制限　法56条1項二号。西側隣地境界線について検討し
　　31m+2.5×(後退距離3m×2(両側)+3m)=53.5m
●道路高さ制限　法56条1項一号。南側道路幅員15m>北側道路幅員8m。商業地域のため、法別表第3により、容積率80/10から適用距離30m、勾配1.5
南側道路高さ制限を検討する。最大道路幅員15mの影響範囲は、2Aかつ35m以内で2×15m=30mとなるが、A点は南側道路境界線から32mのため範囲外。また、適用距離の範囲外
北側道路高さ制限を検討する。北側道路の中心から10mの範囲内であれば幅員8mが適用されるが、A点は、8m/2+3m+5m=12mで範囲外。なお、適用距離の範囲内。そのため、北側道路は、北側道路境界線から最大幅員15mの道路があるものとみなし
　　(15m+後退距離3m×2(両側)+5m)×1.5=39m

4 答えは2

4 ☐☐ 図のように、敷地に建築物を新築する場合、建築基準法上、A点のおける地盤面からの建築物の高さの最高限度は、次のうちどれか。ただし、敷地は平坦で、敷地、隣地及び道路の相互間に高低差はなく、門、塀等はないものとする。また、図に記載されているものを除き、地域、地区等及び特定行政庁による指定、許可等並びに日影による中高層の建築物の高さの制限及び天空率に関する規定は考慮しないものとする。なお、建築物は、全ての部分において、高さの最高限度まで建築されるものとする

1——31.5m │ 2——34.5m │ 3——36.0m │ 4——38.5m

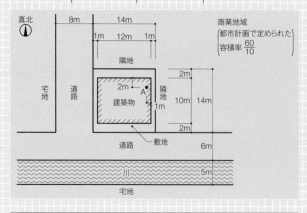

法56条6項、令132条1項、令134条
●北側高さ制限　法56条1項三号。商業地域のため、適用されない
●隣地高さ制限　法56条1項二号
　　31m+2.5×(後退距離1m×2(両側)+1m)=38.5m
●道路高さ制限　法56条1項一号。南側道路幅員6m+川幅5m=11m>西側道路幅員8m。南側道路境界線からの2Aかつ35m以内の範囲は、2×11m=22mで、A点はその範囲内にあるので、西側道路幅員は11mとみなす
南側道路からの高さ制限は
　　11m+後退距離2m×2(両側)+(10-2)m=23m
西側道路からの高さ制限は
　　11m+後退距離1m×2(両側)+(12-1)m=24m　以上より、南側道路から23mの方がA点に近い
商業地域のため、法別表第3により、容積率60/10又は　法52条2項　より8m×6/10=48/10のうち小さい方の48/10から適用距離25m、勾配1.5となり、A点は適用距離の範囲内
A点の最高高さ=23m×1.5=34.5m
以上より、34.5mとなる

5 □□ 図のように、敷地に建築物を新築する場合、建築基準法上、A点のおける地盤面からの建築物の高さの最高限度は、次のうちどれか。ただし、図に記載されているものを除き、地域、地区等及び特定行政庁による指定、許可等並びに日影による中高層の建築物の高さの制限及び天空率に関する規定は考慮しないものとする。なお、建築物は、玄関ポーチ（高さ3m）の部分を除き、全ての部分において、高さの最高限度まで建築されるものとする

1──27.75m │ 2──27.50m │ 3──24.00m │ 4──21.50m

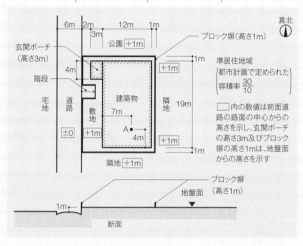

5 答えは4

法56条1項一号、法56条2項、令130条の12第三号、令135条の2第1項
●北側高さ制限　法56条1項三号。準住居地域のため、適用されない
●隣地高さ制限　法56条1項二号。南側は、4m＋後退距離1m×2＝6m、東側は、(12-7)m＋後退距離1m×2＝7mのため、南側からの隣地高さ制限とし
　20m＋6m×1.25＝27.5m
●道路高さ制限　法56条1項一号。前面道路の中心と地盤面の高低差が1mのため、令135条の2第1項の高低差の緩和は適用できない。道路境界線の塀は、道路中心から高さ2mだが、令130条の12第三号による高さ1.2m超の部分が網状等でないため、後退距離の緩和は適用できない。準住居地域のため、法別表第3により、容積率30/10又は法52条2項より6m×4/10＝24/10のうち小さい方の24/10から適用距離25m、勾配1.25となる。
A点は道路境界線から25m以内にある。道路高さ制限は
　(6m＋2m＋3m＋7m)×1.25-1m
　(道路中心から地盤面までの高さ)
　＝21.5m
以上より、21.50mとなる

6 □□ 図のような敷地において、建築物を新築する場合、建築基準法上、A点における地盤面からの建築物の高さの最高限度は、次のうちどれか。ただし、図に記載されているものを除き、地域、地区等及び特定行政庁による指定、許可等並びに日影による中高層の建築物の高さの制限及び天空率に関する規定は考慮しないものとする。なお、建築物は、全ての部分において、高さの最高限度まで建築されるものとする

1──22.5m │ 2──22.6m │ 3──23.1m │ 4──25.0m

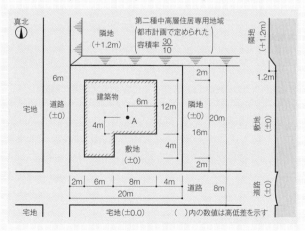

6 答えは2

●南側道路斜線制限　前面道路幅員8m×4／10＝32／10＞30／10。別表第三より勾配1.25、適用距離25m、建築物の後退距離2mのため[2m＋8m＋10m(道路境界〜A点)]×1.25＝25m
●西側道路斜線制限　A点が南側道路境界から10mで、幅員の広い南側道路の2Aかつ35m＝16mの範囲内にある。後退距離2mのため
　[2m＋8m＋2m＋8m]×1.25＝25m
●北側隣地斜線制限　敷地が隣地より1.2m低いため、令135条の3第1項二号より(1.2m-1m)÷2＝0.1mだけ当該敷地が高いものとみなす。住居系のため、勾配1.25、立上り高さ20m。1.25×{(12-4)＋2×2(後退距離)}＋20m＋0.1m＝35.1m
●東側隣地斜線制限　勾配1.25、立上り高さ20m。1.25×{6＋4×2(後退距離)}＋20m＝37.5m
●北側斜線制限は、勾配1.25、立上り高さ10m、隣地との高低差による加算0.1m。1.25×10m　＋10m＋0.1m＝22.6m　以上より、22.6mとなる

023 防火地域制

防火地域及び準防火地域内の建築物は、耐火建築物、準耐火建築物等にしなければならない。また、特殊建築物については、法27条により耐火建築物等とする規定があるので注意する

1 防火地域・準防火地域内の建築物

防火地域又は準防火地域内にある建築物は、①かつ②とする。ただし、門・塀で、高さ2m以下のもの又は準防火地域内にある建築物(木造建築物等を除く。)に附属するものは除く

①外壁の開口部で延焼のおそれのある部分に防火設備を設ける

②壁、柱、床等及び当該防火設備を通常の火災による周囲への延焼を防止するために必要な性能に関して、防火・準防火地域の別、建築物の規模により令136条の2(下表参照)で定める技術的基準に適合するもので、大臣が定めた構造方法又は国土交通大臣の認定を受けたもの

● **防火地域及び準防火地域内の建築物**
　法61条

● **隣地境界線に接する外壁**　法63条
防火地域又は準防火地域内の建築物で**外壁**が耐火構造のものは、その外壁を隣地境界線に接して設けることができる

● 防火地域・準防火地域内の建築物の技術的基準の概要　(令136条の2)

	建築物の区分	技術的基準
一号	①防火地域内の建築物で階数が3以上又は延べ面積100㎡超 ②準防火地域内の建築物で地階を除く階数が4以上又は延べ面積1,500㎡超	イ又はロのいずれかの基準 **イ:耐火建築物** イ(1)　主要構造部:令107条各号又は令108条の3第1項一号イ及びロに掲げる基準に適合すること イ(2)　外壁開口部設備[*1]:令109条の2の基準に適合するもの。ただし、準防火地域内にある建築物で法86条の4各号のいずれかに該当するものの外壁開口部設備は、この限りでない **ロ:イと同等以上の延焼防止時間を有する建築物(延焼防止建築物)** ロ　当該建築物(計画建築物)の主要構造部、防火設備及び消火設備の構造に応じて算出した延焼防止時間[*2]が、当該建築物の主要構造部等[*3]がイに掲げる基準に適合すると仮定した場合(想定建築物)に当該主要構造部等の構造に応じて算出した延焼防止時間以上であること(計画建築物の延焼防止時間≧想定建築物の延焼防止時間)。確認申請上「延焼防止建築物」という
二号	①防火地域内の建築物のうち階数が2以下で延べ面積100㎡以下 ②準防火地域内の建築物のうち地階を除く階数が3で延べ面積1,500㎡以下のもの又は地階を除く階数が2以下で延べ面積500㎡超〜1,500㎡以下	イ又はロのいずれかの基準 **イ:準耐火建築物** イ　主要構造部が令107条の2各号又は令109条の3第一号若しくは第二号に掲げる基準に適合し、かつ、外壁開口部設備が一号イに掲げる基準(外壁開口部設備に係る部分に限る)に適合するものであること **ロ:イと同等以上の延焼防止時間を有する建築物(準延焼防止建築物)** ロ　当該建築物(計画建築物)の主要構造部、防火設備及び消火設備の構造に応じて算出した延焼防止時間が、当該建築物の主要構造部等がイに掲げる基準に適合すると仮定した場合(想定建築物)における当該主要構造部等の構造に応じて算出した延焼防止時間以上であること(計画建築物の延焼防止時間≧想定建築物の延焼防止時間)。確認申請上「準延焼防止建築物」という

三号	準防火地域内の建築物のうち地階を除く階数が2以下で延べ面積500㎡以下（木造建築物等に限る。）	イ又はロのいずれかの基準
		イ：外壁・軒裏を防火構造＋片面防火設備とした木造建築物 イ　外壁及び軒裏で延焼のおそれのある部分が令108条各号の基準に適合し、かつ、外壁開口部設備に建築物の周囲において発生する通常の火災による火熱が加えられた場合に、当該外壁開口部設備が加熱開始後20分間当該加熱面以外の面（屋内に面するものに限る。）に火炎を出さないものであること。ただし、法86条の4各号のいずれかに該当する建築物の外壁開口部設備については、この限りでない
		ロ：イと同等以上の延焼防止時間を有する建築物 ロ　当該建築物（計画建築物）の主要構造部、防火設備及び消火設備の構造に応じて算出した延焼防止時間が、当該建築物の「特定外壁部分等」[*4]がイに掲げる基準に適合すると仮定した場合（想定建築物）における当該特定外壁部分等の構造に応じて算出した延焼防止時間以上であること（計画建築物の延焼防止時間≧想定建築物の延焼防止時間）
四号	準防火地域内の建築物のうち地階を除く階数が2以下で延べ面積500㎡以下（木造建築物等を除く）	イ又はロのいずれかの基準
		イ：片面防火設備とした非木造建築物 イ　外壁開口部設備が3号イに掲げる基準（外壁開口部設備に係る部分に限る）に適合するものであること
		ロ：イと同等以上の延焼防止時間を有する建築物 ロ　当該建築物（計画建築物）の主要構造部、防火設備及び消火設備の構造に応じて算出した延焼防止時間が、当該建築物の外壁開口部設備がイに掲げる基準に適合すると仮定した場合（想定建築物）における当該外壁開口部設備の構造に応じて算出した延焼防止時間以上であること（計画建築物の延焼防止時間≧想定建築物の延焼防止時間）
五号	高さ2m超の門・塀で、防火地域内の建築物に附属するもの又は準防火地域内の木造建築物等に附属するもの	延焼防止上支障のない構造であること

*1：外壁の開口部で延焼のおそれのある部分に設ける防火設備をいう　*2：建築物が通常の火災による周囲への延焼を防止することができる時間をいう　*3：主要構造部及び外壁開口部設備　*4：外壁及び軒裏で延焼のおそれのある部分並びに外壁開口部設備

● **防火地域・準防火地域の建築物の技術的基準のまとめ**　令136条の2

階数	防火地域			準防火地域		
	50㎡以下	100㎡以下	100㎡超	500㎡以下	500㎡、1,500㎡以下	1,500㎡超
4階建以上	一号イ、ロ		一号イ、ロ	一号イ・ロ		一号イ、ロ
3階建				二号イ・ロ	二号イ・ロ	
2階建	二号イ・ロ			木造：三号イ、ロ 非木造：四号イ、ロ		
平家建						

一号：耐火建築物が求められた規模

二号：準耐火建築物が求められた規模

三号：外壁・軒裏を防火構造とし、延焼のおそれのある部分の外壁開口部に片面防火設備を設けた建築物が求められた規模

四号：延焼のおそれのある部分の外壁開口部に片面防火設備を設けた建築物が求められた規模

● **防火地域、準防火地域の延焼防止性能を有する建築物の建蔽率緩和**

法53条3項一号、令135条の20［「2 建蔽率」（282頁）参照］

	耐火建築物及び延焼防止性能について同等以上の安全性を確保できるもの	準耐火建築物及び延焼防止性能について同等以上の安全性を確保できるもの
防火地域	建蔽率10％緩和[*]	
準防火地域	建蔽率10％緩和	

*建蔽率8／10の地域の特例あり（法53条6項一号）

2　防火・準防火地域内のその他規定

屋根は、**大臣が定めた構造方法又は大臣認定品**で、市街地の通常の火災による火の粉に対し、①防火上有害な発炎をしないもの、②屋内に達する防火上有害な溶融、亀裂その他の損傷を生じないもの。なお、不燃性物品保管倉庫等で大臣が定める用途の建築物で、屋根の燃え抜けに対して大臣が定めた構造方法の屋根は、①のみ適用する

● **屋根**　法62条、令136条の2の2

法22条区域は236頁を参照

防火地域制   QUESTION & ANSWER

QUESTION

1 最頻出問題│一問一答

次の記述のうち、建築基準法上、正しいものには○、誤っているものには×をつけよ

1 ☐☐ 防火地域内の、建築物の屋上に設ける高さ2.5mの広告塔は、その主要な部分を不燃材料で造り、又は覆わなければならない

2 ☐☐ 防火地域内の事務所用途の建築物で3階建ての3階の主要構造部である柱と床に、通常の火災による火熱がそれぞれ加えられた場合に、構造耐力上支障のある変形等の損傷を生じないものとする時間として、柱・床各1時間とした

3 ☐☐ 防火地域内で、階数が2、延べ面積100㎡の住宅の主要構造部の外壁の耐力壁について、通常の火災による火熱が加えられた場合に、構造耐力上支障のある変形等の損傷を生じないものとする時間として、45分間とした

4 ☐☐ 防火地域又は準防火地域内の共同住宅の屋根の構造は、市街地における通常の火災による火の粉により、防火上有害な発炎をしないものであり、かつ、屋内に達する防火上有害な溶融、亀裂その他の損傷を生じないもので、国土交通大臣が定めた構造方法を用いるもの又は国土交通大臣の認定を受けたものとしなければならない

5 ☐☐ 準防火地域内の4階建ての事務所用途の建築物について、外壁の開口部で延焼のおそれのある部分に設ける防火設備を、原則として、通常の火災による火熱が加えられた場合に、加熱開始後10分間当該加熱面以外の面に火炎を出さないものとした

6 ☐☐ 準防火地域内においては、延べ面積900㎡、地上3階建ての建築物で各階を図書館の用途に供するものは、耐火建築物としなければならない

7 ☐☐ 準防火地域内において、延べ面積500㎡、地上3階建ての建築物で各階をテレビスタジオの用途に供するものは、耐火建築物とし

ANSWER

→→→

1 ○│法64条。高さ3m以下であっても屋上に設けるものは対象となる

2 ○│法61条、令136条の2第一号イ、令107条一号。非損傷性は柱・床各1時間である。なお、令136条の2第一号ロでもよい

3 ○│法61条、令136条の2第二号イ、令107条の2一号。非損傷性は45分間である。なお、令136条の2第二号ロでもよい

4 ○│法62条により、防火地域又は準防火地域内の建築物の屋根の構造は、令136条の2の2により、市街地における通常の火災による火の粉により、防火上有害な発炎をしないものであり、屋内に達する防火上有害な溶融、亀裂その他の損傷を生じないもので、大臣が定めた構造方法又は大臣認定品とする

5 ×│法61条、令136条の2第一号イ、令109条の2。20分間である

6 ×│法61条、令136条の2第二号。地上3階であるが延べ面積500㎡超、1,500㎡以下のため、耐火建築物又は令136条の2第二号イ又はロの基準に適合すればよい。また法27条1項の特殊建築物規制については、主要構造部を避難時倒壊防止構造とした建築物（令110条）であれば、耐火建築物としなくてもよい

7 ×│法61条、令136条の2第二号に該当し、耐火建築物でなくてもよいことになるが、テレビスタジオは特殊建築物であり、法27条2項二号、法別表第1(い)欄(六)項、令115条の3第四号より、3階をテレビスタジオとする場合は、法別表第一(ろ)欄(六)項に掲げる階を同表(い)欄(六)項の用途に供するものに該当し、耐火建築物

なくてもよい

とする

---

8 ☐☐ 高さ2m超の塀で、準防火地域内にある木造建築物等に附属するものは、延焼防止上支障のない構造としなければならない

---

9 ☐☐ 準防火地域内の2階建てで延べ面積200㎡の木造建築物の住宅において、耐力壁である外壁で延焼のおそれのある部分について、これに建築物の周囲において発生する通常の火災による火熱が加えられた場合に、加熱開始後20分間構造耐力上支障のある変形等の損傷を生じないものとした

---

10 ☐☐ 建築物が防火地域又は準防火地域とこれらの地域として指定されていない区域にわたる場合は、原則として、建築物のうち防火地域又は準防火地域にある部分は防火地域又は準防火地域の建築物に関する規定が適用されるが、指定されていない区域にある部分には防火地域又は準防火地域の規定は適用されない

---

11 ☐☐ 建築物が防火地域と準防火地域にわたる場合は、その全部について防火地域の建築物に関する規定を適用する。ただし、その建築物が防火地域外において防火壁で区画されている場合は、その防火壁外の部分は、準防火地域の規定が適用される

---

12 ☐☐ 防火地域内においては、延べ面積100㎡、地上2階建ての一戸建ての住宅は、耐火建築物又はこれと同等以上の延焼防止時間となる建築物としなければならない

---

8 ○│法61条、令136条の2第五号。高さ2m超の門・塀で、防火地域内の建築物に附属するもの又は準防火地域内の木造建築物等に附属するものは、延焼防止上支障のない構造であること

9 ×│法61条、令136条の2第三号イ、令108条一号。耐力壁である外壁は、周囲において発生する通常の火災による火熱が加えられた場合に、加熱開始後30分間構造耐力上支障のある変形等の損傷を生じないものとする

10 ×│法65条1項、建築物が防火地域又は準防火地域とこれらの地域として指定されていない区域にわたる場合は、その全部についてそれぞれ防火地域又は準防火地域内の建築物に関する規定を適用する

11 ○│法65条2項、建築物が防火地域及び準防火地域にわたる場合においては、その全部について防火地域内の建築物に関する規定を適用する。ただし、建築物が防火地域外において防火壁で区画されている場合は、その防火壁外の部分は、準防火地域内の建築物に関する規定を適用する

12 ×│法61条、令136条の2第2号。防火地域内の建築物のうち階数が2以下で延べ面積100㎡以下のものは、耐火建築物若しくは準耐火建築物又はこれらと同等以上の延焼防止時間となる建築物としなければならない

MEMO │ ## 目で覚える！ 重要ポイント

●建築物が防火地域等にわたる場合

防火・準防火地域と無指定地域（法65条1項）

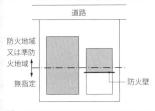 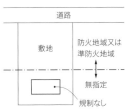

■ 防火地域又は準防火地域の制限を受ける部分 　□ 制限を受けない部分
□ どちらの制限も受けない部分
— 令113条による防火壁
　（防火・準防火地域外で区画されていること）

防火地域と準防火地域（法65条2項）

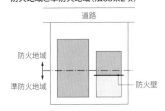

■ 防火地域の制限を受ける部分
□ 準防火地域の制限を受ける部分
— 令113条による防火壁
　（防火・準防火地域外で区画されていること）

024 既存の建築物に対する制限の緩和

一定の条件に適合した既存建築物について増築、改築、大規模の修繕、大規模の模様替、用途変更をする場合は、一定の条項について適用しない等の制限の緩和がある

1 　概　要

● 主な関係条文一覧

法	内容
法3条	建築基準法令の適用を除外する建築物
法86条の7	既存の建築物に対する増築等の場合の制限の緩和
法86条の8	既存の一の建築物について2以上の工事に分けて増築等を含む工事を行う場合の制限の緩和
法86条の9	公共事業の施行等による敷地面積の減少についての法3条等の規定の準用
法87条	用途の変更に対する建築基準法令の準用
法87条の2	既存の一の建築物について2以上の工事に分けて用途の変更に伴う工事を行う場合の制限の緩和
法87条の3	建築物の用途を変更して一時的に他の用途の建築物として使用する場合の制限の緩和

2 　法3条　既存不適格建築物等

建築基準法令,条例を適用しないものは以下のものがある

① 文化財保護法で国宝、重要文化財等として指定され、又は仮指定された建築物

② 旧重要美術品等の保存に関する法律で重要美術品等として認定された建築物

③ 文化財保護法182条2項の条例等で、現状変更の規制及び保存のための措置が講じられている建築物（保存建築物という）で、特定行政庁が建築審査会の同意を得て指定したもの

④ ①若しくは②の建築物又は③の保存建築物であったものの**原形を再現**する建築物で、特定行政庁が建築審査会の同意を得て認めたもの

● **建築基準法令・条例が適用除外**　法3条1項

● **原形の再現**

建築基準法令、条例の一定の規定が適用されない場合は、以下のものがある。建築基準法令、条例の規定の施行、適用の際に

① **現に存する**建築物・その敷地

② 現に建築、修繕、模様替の**工事中**の建築物・その敷地がこれらの規定に適合しない場合又は適合しない部分がある場合

なお、「**基準時**」とは、法3条2項により法20条、法26条、法27条等多数の条項の適用を受けない建築物（既存建築物）について、引き続きそれらの規定の適用を受けない期間の始期をいう

● **建築基準法令・条例の一部が適用除外**　法3条2項
既存不適格建築物
法令の施行の際に現にある建築物や工事中の建築物の場合

● **基準時**　令137条

建築基準法令、条例の規定が適用される場合は、以下のものがある

①一定の違反建築物

②工事の着手が建築基準法令、条例の施行又は適用の後である増改築、移転、大規模の修繕、大規模の模様替の建築物・その敷地又はそれらの部分

③建築基準法令、条例の規定に適合することとなった建築物・その敷地又はそれらの部分

● **建築基準法令・条例が適用**　法3条3項

既存建築物であっても違反建築物には、原則として、建築基準法令、条例が適用される

3　既存の建築物に対する制限の緩和

法3条2項により、次の条項の適用を受けない建築物（いわゆる既存不適格建築物）について、政令[※1]で定める範囲内において増改築、大規模の修繕、大規模の模様替（「増築等」という）をする場合[※2]は、これらの規定は、適用しない。

法20条（構造耐力）、26条（防火壁等）、27条（耐火建築物等としなければならない特殊建築物）等多数

● **関係政令**

令137条	基準時
137条の2	構造耐力関係
137条の3	防火壁及び防火床関係
137条の4	耐火建築物等としなければならない特殊建築物関係
137条の4の2	増築等をする場合に適用されない物質の飛散又は発散に対する衛生上の措置に関する基準
137条の4の3	石綿関係
137条の5	長屋又は共同住宅の各戸の界壁関係
137条の6	非常用の昇降機関係
137条の7	用途地域等関係
137条の8	容積率関係
137条の9	高度利用地区等関係
137条の10	防火地域及び特定防災街区整備地区関係
137条の11	準防火地域関係
137条の12	大規模の修繕又は大規模の模様替

法3条2項により、法20条（構造耐力）又は35条（特殊建築物等の避難及び消火に関する技術的基準である令117条～128条の3のうち政令[※1]で定めるものに限る）の適用を受けない建築物（既存不適格建築物）で、それらの条に規定する基準の適用上一の建築物でも別の建築物とみなすことができる部分として政令[※2]で定める部分（「**独立部分**」という）が2以上あるものについて増築等をする場合は、当該増築等をする独立部分以外の独立部分には、これらの規定は適用しない

● **既存不適格建築物を増築等する場合**　法86条の7第1項

※1：令137条の2～137条の4、13条7の4の3～137条の12

※2：法3条2項により法20条（構造耐力）の適用を受けない建築物は令137条の4に2に適合するものに限定

● **既存不適格調書**

法86条の7が適用される建築物において、増築等をするにあたり既存の建築物に対する制限の緩和を受ける場合は、建築確認の申請書に、既存建築物の基準時及びその状況に関する事項を明示した既存不適格調書を添えなければならない（規則1条の3第一号表二(61)）。

● **独立部分のみに適用**　法86条の7第2項

独立部分が2以上ある場合は当該独立部分のみに適用される

※1：令137条の13（増築等をする独立部分以外の独立部分に対して適用されない技術的基準）

※2：令137条の14（独立部分）

● **増築等部分のみに適用**　法86条の7第3項

増築等をする部分以外の部分に対して適用しない規定

● **移転の特例**　法86条の7第4項、令137条の16

4　増築等の場合の全体計画認定

法3条2項により、建築基準法令の規定の適用を受けない一の建築物（既存不適格建築物）について、2以上の工事に分けて増築等を含む工事を行う場合に、特定行政庁が当該2以上の工事の全体計画が、所定の基準に適合すると認めたときは、全体計画に係る2以上の工事のうち最後の工事に着手するまでは、建築物・その敷地又はそれらの部分は、建築基準法令、条例の一定の規定が適用されない

●**増築等の場合の全体計画認定**　法86条の8第1項
2以上の工事に分けて増築等を行う場合

5　公共事業による面積の減少

法3条2項及び3項（一号と二号を除く）の規定は、土地収用が可能な都市計画事業等の施行の際現に存する建築物・その敷地又は現に建築、修繕、模様替の工事中の建築物・その敷地が、当該事業の施行によるこれらの建築物の敷地面積の減少により、建築基準法令、条例の規定に適合しなくなった場合又はこれらの規定に適合しない部分を有することになった場合について準用する

●**公共事業による敷地面積の減少**　法86条の9
公共事業によって敷地が減少した場合に適合しなくなった規定とは、たとえば、容積率、建蔽率等

6　用途の変更に対する法令の準用

建築物の用途を変更して法6条1項一号[※]の特殊建築物のいずれかとする場合は、確認済証の交付を受けねばならないが、用途変更が令137条の18の類似の用途相互間の場合を除く。用途変更が完了したときは**建築主事に届け出**なければならない

●**用途変更の場合の確認手続**　法87条1項
※：法別表第1（い）欄の用途の特殊建築物で、その用途の床面積の合計が200㎡超のもの

建築物（法87条3項の建築物を除く）の用途を変更する場合は、法48条（用途地域等）、51条（卸売市場等の位置）等及び条例の規定を準用する

●**建築主事の確認を要しない類似の用途**　令137条の18

●**適法な建築物の用途変更**　法87条2項
変更する用途には、用途地域制が適用される

法3条2項により、法27条（耐火建築物等としなければならない特殊建築物）、28条1項・3項（居室の採光）等多数及び条例の規定（「法27条等の規定」という。）の適用を受けない建築物（既存不適格建築物）の用途を変更する場合は、これら「法27条等の規定」を準用する。ただし、次の各号のいずれかの場合を除く
①増改築、大規模の修繕、大規模の模様替の場合
②当該用途の変更が令137条の19で指定する類似の用途相互間におけるもので、かつ、建築物の修繕・模様替をしない場合又はその修繕・模様替が大規模でない場合
③法48条1項〜14項（用途地域等）の規定は、用途の変更が令137条の19で定める範囲内である場合

●**既存不適格建築物の用途変更**　法87条3項
用途変更の際に「法27条等の規定」を準用する場合としない場合

●**法27条等を準用しない類似の用途**　令137条の19

●**用途変更の読み替え**　法87条4項
用途変更をする場合の読み替え規定

7 用途変更の場合の全体計画認定

☐ 法3条2項により、「法27条等の規定」[※1]の適用を受けない一の建築物(既存不適格建築物)について、2以上の工事に分けて用途変更に伴う工事を行う場合[※2]に、特定行政庁が当該2以上の工事の全体計画が、所定の基準に適合すると認めたときは、全体計画に係る2以上の工事のうち最後の工事に着手するまでは、建築物・その敷地又はそれらの部分は、法27条等の規定が適用されない

● **用途変更の場合の全体計画認定**　法87条の2第1項

※1:定義は法87条3項
※2:法86条の8第一項に規定する場合に該当する場合を除く

8 一時的に他の用途へ変更

☐ **非常災害**があった場合に、非常災害区域等内[※1]にある建築物の用途を変更して**災害救助用建築物**[※2]として使用するとき(災害が発生した日から1月以内に着手するときに限る)は、建築基準法令の規定は、適用しない。ただし、非常災害区域等のうち防火地域内は除く

● **非常災害時に他の用途に変更する場合**　法87条の3第1項

※1:非常災害が発生した区域又はこれに隣接する区域で特定行政庁が指定するものをいう
※2:住宅、病院等の建築物で、国、地方公共団体、日本赤十字社が災害救助のために使用するもの

☐ **災害**があった場合に、建築物の用途を変更して公益的建築物[※3]として使用するときは、法3章等多数の規定は、適用しない

● **災害時に他の用途に変更する場合**　法87条の3第2項

※3:学校、集会場等の公益上必要な用途に供する建築物をいう

☐ 建築物の用途を変更して災害救助用建築物、公益的建築物とした者は、用途変更の完了後**3月**を超えて引き続き使用する場合は、期限日前に、特定行政庁の許可を受けなければならない

● **用途変更による使用期間の延長**　法87条の3第3項

☐ 特定行政庁は、安全上支障がないと認めるときは、**2年以内**の期間を限って、延長の許可をすることができる

● **2年以内の期間の延長**　法87条の3第4項

☐ 特定行政庁は、建築物の用途を変更して**興行場等**(興行場、博覧会建築物、店舗等)とする場合に、安全上支障がないと認めるときは、**1年以内**の期間[※4]を定めて、使用することを許可することができる。この場合、法3章(集団規定)等多数の規定は、適用しない

● **興行場等の期間の延長**　法87条の3第5項

※4:建築物の用途を変更して代替建築物(建築物の工事を施工するためその工事期間中当該従前の建築物に代えて使用する興行場、店舗等)とする場合は、特定行政庁が認める期間

☐ 特定行政庁は、建築物の用途を変更して**特別興行場等**[※5]とする場合は、安全上支障がなく、かつ、公益上やむを得ないと認めるときは、1年以内に限らず、使用上必要と認める期間を定めて許可することができる。この場合、建築審査会の同意を得なければならない。また、この場合、法3章(集団規定)等多数の規定は適用しない

● **特別興行場等の期間の延長**　法87条の3第6、7項

※5:国際的な規模の会議又は競技会等により1年を超えて使用する特別の必要がある興行場等

QUESTION

ANSWER

1 最頻出問題 | 一問一答

→→→

次の記述のうち、建築基準法上、正しいものには○、誤っているものには×をつけよ

1 ☐☐ 法3条2項により、法26条(防火壁等)の規定の適用を受けない建築物について、増築をする場合は、工事の着手が基準時以後である増築の床面積の合計が100㎡を超えないこととする

2 ☐☐ 法3条2項により、法20条(構造耐力)の規定の適用を受けない建築物を増築するにあたり、同条1項に規定する基準の適用上一の建築物でも別の建築物とみなすことができる部分である「独立部分」は、開口部のない準耐火構造の床又は壁で区画された当該建築物の部分である

3 ☐☐ 法3条2項により、法28条(居室の採光及び換気)の規定の適用を受けない建築物について、増築をする場合は、当該増築をする部分以外の部分には、これらの規定は、適用しない

4 ☐☐ 法3条2項により、建築基準法令の規定の適用を受けない建築物について移転をする場合は、同一敷地外への移転の場合は、例外なく、建築基準法令の規定は適用される

1 ×│法86条の7第1項、令137条の3。工事の着手が基準時以後である増築の床面積の合計が50㎡を超えないこと

2 ×│法86条の7第2項、令36条の4、令137条の14第一号。法20条1項に関しては、建築物の2以上の部分がエキスパンションジョイントその他の相互に応力を伝えない構造方法のみで接している場合における当該建築物の部分である

3 ○│法86条の7第3項

4 ×│法86条の7第4項、令137条の16第二号。同一敷地外であっても、移転が交通上、安全上、防火上、避難上、衛生上及び市街地の環境の保全上支障がないと特定行政庁が認めるものであればよい

2 実践問題① | 一問一答

→→→

1 ☐☐ 鉄骨造平家建て、延べ面積300㎡の物品販売業を営む店舗の用途を変更して飲食店とする場合は、確認済証の交付を受ける必要はない

2 ☐☐ 法3条2項により、商業地域内における法27条(耐火建築物等としなければならない特殊建築物)の規定の適用を受けない建築物の用途を共同住宅からホテルに変更するもので、かつ、建築物の修繕・模様替をしない場合又はその修繕・模様替が大規模でない場合は、同条の規定は準用されない

1 ×│法87条1項、令137条の18。当該物品販売業を営む店舗及び飲食店の用途は、法別表第1(い)欄(四)項及び令115条の3第三号より、法6条1項一号の特殊建築物である。物品販売業を営む店舗と飲食店は確認を要しない類似の用途ではないので、確認済証の交付を受ける

2 ○│法87条3項二号、令137条の19第1項三号。商業地域内(ホテル・共同住宅は立地可能)において共同住宅からホテルに用途変更する場合は、令137条の19より類似の用途相

3 □□ 法3条2項により、排煙設備の規定の適用を受けない「事務所」について、2以上の工事に分けて「飲食店」とするための用途変更に伴う工事を行う場合、特定行政庁による工事にかかる全体計画の認定を受けていれば、最後の工事が完了するまでの間、防火上の危険性が増大してもよい

4 □□ 非常災害があった場合に、非常災害区域等内にある建築物の用途を変更して災害救助用建築物として使用するときにおいて、災害が発生した日から1月以内に着手する場合は、当該災害救助用建築物については、建築基準法令の規定は、適用しない。

5 □□ 特定行政庁は、建築物の用途を変更して特別興行場等とする場合は、安全上、防火上及び衛生上支障がなく、かつ、公益上やむを得ないと認めるときは、あらかじめ、建築審査会の同意を得て、1年以内の期間に限り許可することができるが、それを超えることはできない

互間であり、かつ、建築物の修繕・模様替をしない場合又はその修繕・模様替が大規模でない場合である

3 × | 法87条の2第1項三号。排煙設備は法35条・令126条の2による。法35条を含む「法27条等の規定」(法87条3項)の適用を受けない建築物の用途変更で2以上の工事に分ける全体計画認定である。全体計画に係るいずれの工事の完了後においても、当該全体計画に係る建築物及び建築物の敷地について、交通上の支障、安全上、防火上及び避難上の危険性並びに衛生上及び市街地の環境の保全上の有害性が増大しないものであること

4 × | 法87条の3第1項。非常災害区域等のうち防火地域内については、この限りでない

5 × | 法87条の3第6、7項。特定行政庁は、1年以内に限らず、当該特別興行場等の使用上必要と認める期間を定めて、許可することができる

3 実践問題 ② | 一問一答 →→→

法20条(構造耐力)の規定に適合していない部分を有し、法3条2項の規定の適用を受けている既存建築物に関する次の記述のうち、建築基準法上、正しいものに○、誤っているものに×をつけよ。法20条(構造耐力)については、226頁(既存建築物の増改築(構造耐力))を参照のこと

1 □□ 基準時における延べ面積1,000㎡の既存建築物に床面積500㎡の増築をする場合は、増築後の建築物の構造方法が、耐久性等関係規定に適合し、かつ、所定の基準に適合するものとすれば、既存建築物の部分には現行の構造耐力の規定は適用されない

2 □□ 基準時における延べ面積1,000㎡の既存建築物に床面積50㎡の増築をする場合に、増築部分および既存部分には、現行の構造耐力の規定を適用しなければならない

3 □□ 壁について過半の修繕を行う場合は、当該建築物の構造耐力上の危険性が増大しない修繕とすれば、現行の構造耐力の規定は適用されない

1 ○ | 法86条の7第1項、令137条の2第二号イ。増築の床面積が基準時の延べ面積の1/20＜500/1000≦1/2のため増築後の建築物の構造方法が耐久性等関係規定に適合し、かつ、所定の基準に適合すれば、既存建築物の部分には現行の構造耐力の規定は適用されない

2 × | 法86条の7第1項、令137条の2第三号イ。増築の床面積が基準時の延べ面積の1/20で50㎡以下の場合であり、第三号イ(1)より増築部分が令3章等の所定の構造耐力の規定に適合すること、かつ、イ(2)より増築部分以外の部分の構造耐力上の危険性が増大しないこと

3 ○ | 法86条の7第1項、令137条の12第1項。壁は主要構造部であり、その過半の修繕は、法2条十四号より「大規模の修繕」に該当する。法3条2項より法20条(構造耐力)の適用を受けない既存不適格建築物について、大規模の修繕をする場合は、当該建築物の構造耐力上の危険性が増大しないこと

025 建築協定·地区計画等①建築協定

建築協定は、建築物の用途形態等に関する土地所有者等の自主的協定である。土地所有者等は、土地所有者、借地権者の全員の合意（借地は借地人のみの合意）を得て、特定行政庁に認可申請を行う

1 建築協定の目的と申請

☐ 市町村は、**土地所有者**及び**借地権者**（以下「土地所有者等」）が、区域内の建築物の敷地、位置、構造、用途、形態、意匠又は建築設備についての**建築協定**を締結することができる旨を、条例で定めることができる

☐ 土地所有者等は、下記の①〜④について定めた**建築協定書**を作成し、その代表者により特定行政庁に提出し、その認可を受ける
①建築協定区域、②建築物に関する基準、③協定の有効期間、④協定違反の措置

☐ 建築協定書には、建築協定区域の隣接地で、建築協定区域の土地となることを当該区域の土地所有者等が希望するものを**建築協定区域隣接地**として定めることができる

☐ **建築協定書**には土地所有者等の**全員の合意**が必要となるが、借地権目的の土地は、当該土地所有者の合意は不要である

☐ **建築協定書の提出**は、建築協定区域が建築主事を置く市町村の区域外のときは、その所在地の市町村長を経由する

●**建築協定の目的**　法69条
建築物の最低基準を定めたのが建築基準法。地域住民みずからが、この法律以上の基準を定め認可を受けたものが建築協定

建築物に附属する門や塀も「建築物」として建築協定の対象になるんだ

●**建築協定の認可申請**　法70条

建築協定書の提出

| 土地所有者等 | → ← | 特定行政庁 |

認可

●**建築協定区域隣接地**　法70条2項
建築協定区域隣接地の区域は、建築協定区域との一体性を有する土地の区域でなければならない

●**建築協定の締結**　法70条3項

●**建築協定書の提出**　法70条4項

2 建築協定の公告と認可

☐ 市町村長は、建築協定書の提出があった場合は、**公告**し、**20日**以上、関係人の縦覧に供する。また、縦覧期間の満了後、関係人に対し**公開による意見聴取**を行う

☐ 建築主事を置く市町村以外の市町村長は意見聴取後、建築協定書を、これに対する意見及び意見聴取記録を添えて、都道府県知事に送付する

●**建築協定の公告**　法71条

●**公開による意見聴取**　法72条1項

●**建築協定書の送付**　法72条2項

☐ 特定行政庁は、**建築協定の認可**の申請が、法73条1項一号から三号に該当するときは、認可し公告する

☐ 建築協定区域内の土地所有者等は、建築協定内容を変更しようとする場合は、特定行政庁の認可を受けなければならない。認可手続は新規申請と同様である

☐ 建築協定区域内の土地で建築協定の効力が及ばない者の所有する土地について**借地権**が消滅した場合は、その借地権目的の土地は、当該建築協定区域から除かれる

● **建築協定の認可**　法73条

許可の条件である法73条1項一～三号は次のとおり

一号：建築協定の目的の土地又は建築物の利用を不当に制限するものでない

二号：法69条の目的に合致する

三号：建築協定区域隣接地を定める場合には、区域境界が明確に定められている等の基準に適合し、建築協定区域との一体性を有する土地の区域でなければならない

● **建築協定の変更**　法74条

● **借地権**　法74条の2

● **建築協定の認可の流れ**

建築協定書の作成 → 特定行政庁に申請 → 公告　縦覧（20日以上） → 公開による意見聴取 → 認可・公告

土地の所有者等　　　　市町村長　　　　特定行政庁

3　建築協定の効力と廃止

☐ 認可等の公告のあった建築協定は、その公告日以後に当該建築協定区域内の土地の所有者等となった者に対しても、その効力がある

☐ 建築協定区域内の土地の所有者で当該建築協定の効力が及ばない者は、**建築協定の認可等の公告日以後**いつでも、特定行政庁に対して書面でその意思を表示することで、当該建築協定に加わることができる

☐ 建築協定区域隣接地の区域内の土地の土地所有者等は、上記と同様の手続で当該土地に係る土地所有者等の**全員の合意**により、建築協定に加わることができる。ただし、当該土地の区域内に借地権目的の土地がある場合は、当該土地所有者の全員の合意は不要である

☐ 建築協定は、建築協定に加わった者がそのときに所有し、又は借地権を有していた区域内の土地について、**公告日以後**において土地の所有者等となった者に対しても、その効力がある

☐ 建築協定区域内の土地所有者等は、建築協定を廃止しようとする場合は、その**過半数の合意**で定め、特定行政庁に申請して認可を受けなければならない。特定行政庁は認可をした場合は、公告する

● **建築協定の効力**　法75条

● **建築協定の認可等の公告日以後建築協定に加わる手続等**　法75条の2

区域内の土地所有者で、効力が及ばない者とは、借地権目的の土地の所有者が挙げられるよ

● **建築協定の廃止**　法76条

● **1の土地所有者の建築協定**　法76条の3

1の土地所有者だけで建築協定を定めることができる（1人建築協定）。その場合も建築協定書を作成し、これを特定行政庁に提出し、認可を受けなければならない。認可を受けた建築協定は、認可日から3年以内に建築協定区域内の土地に土地の所有者等が2以上となったときから、効力を有する

建築協定・地区計画等①建築協定　QUESTION & ANSWER

1　最頻出問題│一問一答

→→→

次の記述のうち、建築基準法上、正しいものには○、誤っているものには×をつけよ

1 ☐☐　建築協定には、建築物に附属する門及び塀の意匠に関する基準を定めることができる

2 ☐☐　建築協定を廃止しようとする場合においては、建築協定区域内の土地の所有者等の全員の合意をもってその旨を定め、これを特定行政庁に申請して認可を受けなければならない

3 ☐☐　市町村の長は、建築協定書の提出があった場合においては、遅滞なく、その旨を公告し、30日以上の相当の期間を定めて、これを関係人の縦覧に供さなければならない

4 ☐☐　建築協定において建築協定区域隣接地を定める場合には、その区域は、建築協定区域との一体性を有する土地の区域でなければならない

1 ○│法69条・2条一号。建築物に附属する門及び塀も建築物に含まれる

2 ×│法76条1項。建築協定区域内の土地の所有者等は、建築協定を廃止しようとする場合は、その過半数の合意をもってその旨を定め、特定行政庁に申請して認可を受ける

3 ×│法71条。市町村の長は、建築協定書の提出があった場合は、遅滞なく、その旨を公告し、20日以上の期間を定めて、関係人の縦覧に供さなければならない

4 ○│法73条1項三号、規則10条の6第二号。建築協定区域隣接地の区域は、建築協定区域との一体性を有する土地の区域でなければならない

2　実践問題│一問一答

→→→

1 ☐☐　建築協定書には、建築協定区域、建築物に関する基準、協定の有効期間及び協定違反があった場合の措置を定めなければならない

2 ☐☐　建築協定書については、建築協定区域内の土地に借地権の目的となっている土地がある場合においては、土地の所有者及び借地権を有する者の全員の合意がなければならない

3 ☐☐　建築協定に関する市町村の条例が定められていない場合は、建築協定を締結することができない

4 ☐☐　市町村の長は、建築協定区域内の土地の所有者等の全員の合意により定められた建築協定書の提出があった場合においては、その旨を公告し、これを所定の期間以上、関係人の縦覧に供さなければならない

1 ○│法70条1項。建築協定を締結しようとする土地の所有者等は、土地の区域、建築物に関する基準、協定の有効期間及び協定違反があった場合の措置を定めた建築協定書を作成しなければならない

2 ×│法70条3項。借地権の目的となっている土地がある場合は、借地権者の合意があれば、その土地の所有者の合意は不要である

3 ○│法69条。市町村は、条例で、土地の所有者等が、当該土地の区域内の建築物の敷地、位置、構造、用途、形態、意匠、建築設備に関する基準についての協定（「建築協定」という）を締結することができる旨を、定めることができる

5 ☐☐　建築協定区域内の土地の所有者で当該建築協定の効力が及ばないものは、建築協定の認可等の公告のあった日以後いつでも、特定行政庁に対して書面でその意思を表示することによって、当該建築協定に加わることができる

6 ☐☐　建築協定に関する市町村の条例が定められていない場合であっても、特定行政庁である都道府県知事は建築協定の認可をすることができる

7 ☐☐　建築協定における建築協定区域及び建築物に関する基準について、同様の内容が地区計画において定められた場合であっても、その建築協定は廃止されたものとはみなされない

8 ☐☐　建築協定書の作成に当たって、建築協定区域内の土地に借地権の目的となっている土地がある場合においては、借地権を有する者の全員の合意がなければならない

9 ☐☐　建築協定の目的となっている建築物に関する基準が建築物の借主の権限に係る場合においては、その建築協定については、当該建築物の借主は、土地の所有者等とみなす

10 ☐☐　建築協定は、建築協定を締結しようとする区域内のすべての土地を1人で所有している場合にも、定めることができる

4　○｜法71条。市町村の長は、土地所有者等の全員合意による建築協定書の提出があった場合は、遅滞なく、その旨を公告し、20日以上の期間を定めて、関係人の縦覧に供さなければならない

5　○｜法75条の2第1項。建築協定区域内の土地の所有者で当該建築協定の効力が及ばないものは、建築協定の認可等の公告のあった日以後いつでも、特定行政庁に対して書面でその意思を表示することにより、当該建築協定に加わることができる

6　×｜法69条。市町村が建築条例を締結できる旨の条例を定めた場合に建築協定を締結することができる

7　○｜法76条。土地の所有者等は、建築協定を廃止しようとする場合は、その過半数の合意で、特定行政庁に申請して認可を受けなければならない

8　○｜法70条3項。建築協定書は、土地の所有者等の全員の合意がなければならない。ただし、当該建築協定区域内の土地に借地権の目的の土地がある場合は、当該借地権の目的となっている土地の所有者以外の土地の所有者等の全員の合意があれば足りる。なお、法69条により「土地所有者等」とは、土地の所有者及び借地権を有する者をいう

9　○｜法77条。建築協定の目的となっている建築物に関する基準が、建築物の借主の権限に係る場合は、その建築協定については、当該建築物の借主は、土地の所有者等とみなす

10　○｜法76条の3第1項。建築協定は、土地の区域について土地の所有者等が1の所有者のみの場合でも、その土地所有者等は、当該土地の区域を建築協定区域とする建築協定を定めることができる

026 建築協定・地区計画等②地区計画等

地区計画は、地区の実情に合ったきめ細かい規制を行う制度である。指定された用途地域による用途、容積率、建蔽率等の規制の強化、緩和を、市町村が条例で定めることができる

1　地区計画等

- [ ] **地区計画等**とは、地区計画・防災街区整備地区計画・歴史的風致維持向上地区計画・沿道地区計画・集落地区計画をいう

- [ ] **地区整備計画等**とは、地区整備計画・特定建築物地区整備計画・防災街区整備地区整備計画・歴史的風致維持向上地区整備計画・沿道地区整備計画・集落地区整備計画をいう

- [ ] **市町村**は、地区整備計画等が定められている区域に限り、建築物の敷地、構造、建築設備又は用途に関する事項について、右表のように条例で制限を付加することができる（地区計画等の条例）。特に重要な事項については、令136条の2の5による

- [ ] **市町村**は、国土交通大臣の承認を得て、用途地域の制限を緩和することができる（集落地区計画を除く）（法68条の2第5項）

- [ ] **敷地面積に関する制限**は、条例施行の際、現に建築物の敷地として使用されている土地で当該規定に適合しないもの又は現に存する所有権等に基づいて建築物の敷地として使用するならば当該規定に適合しないこととなる土地について、その全部を1の敷地として使用する場合の適用の除外に関する規定を定める

- [ ] **建築物の構造に関する防火上の制限**は、制限を受ける区域の内外にわたる建築物についての規定を定めるものとする

- [ ] 地区計画の区域（再開発等促進区、開発整備促進区又は地区整備計画が定められている区域に限る）内において、土地の区画形質の変更、建築物の建築等の行為を行おうとする者は、原則として、着手日の**30日前**までに、市町村長に届け出る。市町村長は、その届出の行為が地区計画に適合しないときは、届出者に対し設計変更等を勧告することができる

● **市町村の条例に基づく制限**　法68条の2

● **地区計画等条例による主な制限**　令136条の2の5第1項

号	制限事項	条例での制限内容
一	用途制限	区域にふさわしい用途構成
二	容積率の最高限度	5／10以上
三	建蔽率の最高限度	3／10以上
四	最低敷地面積	細分化防止等の数値
五	壁面の位置の制限	建築物の壁・柱又は高さ2m超の附属の門・塀
六	最高高さ	地上2階建ての高さを下回らない数値
七	容積率の最低限度	高度利用促進に足る数値
	最低建築面積	
	最低高さ	
八	地盤面の高さと居室床高さの最低限度	洪水等による被害のおそれのある区域について合理的数値のこと
九	形態意匠制限	屋根・外壁の形状、材料
十	垣・さくの制限	附属の門・塀の高さ、形状、材料

十一～十六は省略

● **建築等の届出等**　都市計画法58条の2

ただし、届出不要なものは、都市計画令38条の5より、建築物で仮設のものの建築など

2　再開発等促進区等内の制限の緩和等

☐　**再開発等促進区**又は**沿道再開発等促進区**の、地区整備計画又は沿道地区整備計画の区域で、**特定行政庁**が認める次のものは、法52条、53条は適用除外とする
①容積率の最高限度が定められている区域内の容積率
②建蔽率の最高限度が**6／10以下**の区域内の建蔽率

● **再開発等促進区等内の制限の緩和等**
法68条の3
高さの最高限度が20m以下の区域内では、敷地面積が300㎡（令136条の2の6）以上で特定行政庁が認めるものは、第一種・第二種低層住居専用地域、田園住居地域内の絶対高さ制限は適用しない

3　特例制度

☐　地区整備計画に、道路等の公共施設が整備された場合の**目標容積率**と、公共施設の整備状況に応じた**暫定容積率**を定める

● **容積率の特例（誘導容積型地区計画）**
法68条の4

目標容積率は暫定容積率より高めに設定されるよ

☐　高度利用と都市機能の更新とを図る地区計画等の区域内は、地区計画で定められた容積率の最高限度を法52条1項二～四号に定める数値とみなす。ただし、特定行政庁が、建築審査会の同意を得て許可した建築物は、道路高さ制限は適用しない（法68条の5の3）

● **容積適正配分型地区計画**　法68条の5・68条の5の2
区域全体の容積の合計は変えない
● **高度利用機能更新型地区計画**　法68条の5の3
● **用途別容積型地区計画**　法68条の5の4
● **街並み誘導型地区計画**　法68条の5の5

☐　建築物の全部又は一部を住宅とするものは、地区計画で定められた容積率の最高限度を法52条1項二号又は三号の各号に定める数値とする。ただし、都市計画で定められた**容積率×1.5以下**とする（法68条の5の4）

● **前面道路幅員による容積率制限**　法52条2項
● **高さ制限の特例**
敷地内に有効な空地がある等により、特定行政庁が認めるものは、法56条の高さ制限は適用しない

☐　区域の特性に応じた高さ、配列、形態を備えた建築物の整備誘導区域内で次のものは適用除外とする（法68条の5の5）
①特定行政庁が認める前面道路幅員による容積率制限
②壁面の位置の制限、壁面後退区域の工作物の設置制限、最高高さ、容積率の最高限度、敷地面積の最低限度

● **敷地が地区計画等の区域の内外にわたる場合**　法68条の8
敷地が地区計画等の区域の内外にわたる場合は、それぞれの区域の属する容積率又は建蔽率の加重平均となる

4　道路の位置の指定に関する特例

☐　地区計画等に道の配置・規模・区域が定められている場合は、法42条1項五号の**位置指定道路**は、それに従う

● **位置指定道路の扱い**　法68条の6

☐　特定行政庁は、地区計画等に道の配置・規模やその区域が定められている場合、原則として、**予定道路の指定**を行うことができる

● **予定道路の指定**　法68条の7
指定は、利害関係者の同意とともに、あらかじめ、建築審査会の同意が必要

☐　特定行政庁が指定した予定道路が敷地内にあるか接する場合に、特定行政庁の許可した建築物は、予定道路を法52条2項の前面道路とみなす。この場合、予定道路は、敷地面積に算入しない

● **前面道路幅員による容積率の制限**　法52条2項

QUESTION

1 最頻出問題 | 一問一答

次の記述のうち、建築基準法上、正しいものには○、誤っているものには×をつけよ

1 □□ 地区計画の区域のうち再開発等促進区で地区整備計画が定められている区域のうち建築物の容積率の最高限度が定められている区域内においては、市町村が交通上、安全上、防火上及び衛生上支障がないと認める建築物については、法52条の規定は、適用しない

2 □□ 建築主事を置かない市町村であっても、地区計画等の区域（地区整備計画等が定められている区域に限る）内において、建築物の敷地、構造、建築設備又は用途に関する事項で当該地区計画等の内容として定められたものを、市町村の条例で、これらに関する制限として定めることができる

3 □□ 地区計画等の区域（地区整備計画等が定められている区域に限る）内において、市町村の条例で定める建築物の建蔽率の最高限度は、4／10以上、容積率の最高限度は、8／10以上の数値でなければならない

4 □□ 地区計画等の区域（地区整備計画等が定められている区域に限る）内において、市町村の条例で定める壁面の位置の制限は、建築物の壁もしくはこれに代わる柱の位置の制限又は当該制限と併せて定められた建築物に附属する門もしくは塀で高さ2mを超えるものの位置の制限でなければならない

5 □□ 地区計画等の区域（地区整備計画等が定められている区域に限る）内において、市町村の条例で定める建築物の高さの最高限度は、地階を除く階数が3である建築物の通常の高さを下回らない数値でなければならない

6 □□ 市街化調整区域については、原則として用途地域を定めないものとされているが、地区計画は定めることができる

ANSWER

→→→

1 × | 法68条の3第1項。再開発等促進区で地区整備計画区域のうち建築物の容積率の最高限度が定められている区域内では、市町村ではなく特定行政庁が交通上、安全上、防火上、衛生上支障がないと認めるものは、法52条は適用しない

2 ○ | 法68条の2第1項。建築主事を置く市町村は特定行政庁であるが、特定行政庁にかかわらず市町村は条例で、地区計画等の区域のうち地区整備計画等の区域内において、建築物の敷地、構造、建築設備、用途に関する事項で当該地区計画等の内容を制限として定めることができる

3 × | 令136条の2の5第1項二号、三号。建蔽率の最高限度は、3／10以上、容積率の最高限度は、5／10以上であること

4 ○ | 令136条の2の5第1項五号。地区計画等の区域内のうち地区整備計画等の区域内で、市町村条例での制限のうち、壁面の位置の制限は、建築物の壁もしくはこれに代わる柱の位置の制限又は制限と併せて定められた建築物に附属する門もしくは塀で高さ2m超の位置の制限であること

5 × | 令136条の2の5第1項六号。地区計画等の区域内のうち地区整備計画等の区域内で、市町村条例での制限のうち、建築物の高さの最高限度は、地階を除く階数が2の建築物の通常の高さを下回らない数値のこと

6 ○ | 都市計画法13条七号より、用途地域は原則として市街化調整区域では定めないが、同法7条より、市街化調整区域は都市計画区域内に定めることができ、同法12条の4第1項一号より、地区計画は都市計画区域内に定めることができる

2 実践問題① | 一問一答 →→→

1 ☐☐ 地区計画の区域内において、建築物の敷地が特定行政庁の指定した予定道路に接するときは、特定行政庁の許可を受けることなく当該予定道路を前面道路とみなして建築物の容積率の規定を適用するものとする

2 ☐☐ 建築物の敷地、構造、建築設備又は用途に関する事項で地区計画等の内容として定められたものが、市町村の条例で建築物に関する制限として定められている場合、建築物の確認の申請を受けた建築主事又は指定確認検査機関は、これらの事項に適合する計画であることを確認しなければならない

3 ☐☐ 市町村は、地区計画の区域内において、地区整備計画の内容として建築物の建築面積の最低限度が定められた場合、条例で、これを制限として定めることができる

1 ×｜法68条の7第5項。敷地が予定道路に接する建築物で、特定行政庁が交通上、安全上、防火上及び衛生上支障がないと認めて許可したときは、当該予定道路を法52条2項の前面道路とみなす

2 ○｜地区計画等に関する市町村の条例は、法68条の2第1項により、建築基準法に基づく。法6条1項により確認審査は、建築基準関係規定であり、建築基準法に基づく条例も審査対象である。指定確認検査機関も法6条の2により、審査対象である

3 ○｜令136条の2の5第1項七号。条例で制限できるが、商業その他の業務又は住居の用に供する中高層の建築物を集合して一体的に整備すべき区域その他の土地の合理的かつ健全な高度利用を図るべき区域について、当該区域の高度利用を促進するに足りる合理的な数値とする

3 実践問題② | 四肢択一 →→→

1 ☐☐ 「地区整備計画等」が定められている区域内の建築物に関する制限として、建築基準法上、市町村の条例で定めることができない事項は、次のうちどれか

1——垣又は柵の構造の制限
2——建築物の容積率の最高限度
3——建築物の意匠の制限
4——建築物の階数の制限

1 答えは4

1 令136条の2の5第1項十号。垣又は柵の構造の制限は、条例で定めることができ、建築物に附属する門又は塀の構造をその高さ、形状、材料による

2 令136条の2の5第1項二号。建築物の容積率の最高限度は条例で定めることができ、5／10以上とする

3 令136条の2の5第1項九号。建築物の形態、意匠の制限は、条例で定めることができ、建築物の屋根又は外壁の形態、意匠をその形状又は材料により定めた制限であること

4 令136条の2の5により、建築物の階数は条例で制限できない

したがって、定めることができないのは4である

027 建築士法①建築士

建築物の構造、規模によって設計・工事監理をすることのできる建築士資格が異なる。また、建築士は名義貸しの禁止、法令等違反行為について指示、相談の禁止等だけでなく、設計等の必要な知識及び技能の維持向上に努めなければならない

1　建築士

建築士法上、用語は次のように定義される
①**設計図書**：建築工事の実施のために必要な図面（現寸図その他これに類するものを除く）及び仕様書
②**設計**：その者の責任において設計図書を作成すること
③**構造設計**：基礎伏図、構造計算書等の建築物の構造に関する設計図書の設計
④**設備設計**：建築設備の各階平面図・構造詳細図等の建築設備に関する設計図書の設計
⑤**工事監理**：その者の責任において、工事を設計図書と照合し、それが設計図書のとおりに実施されているかいないかを確認すること

本項目では、建築士法を「法」とする

● **用語の定義**　法2条

● **職責**　法2条の2
建築士は、常に品位を保持し、業務に関する法令及び実務に精通して、建築物の質の向上に寄与するように、公正かつ誠実にその業務を行わなければならない

● **建築設備士**　法2条5項、18条4項
建築設備士とは、建築設備に関する知識・技能につき大臣が定める資格を有する者

建築士には、延べ面積2,000㎡超の建築物の設備の設計・工事監理を行う場合に建築設備士の意見を聴く努力義務があるが、設備設計一級建築士が設計を行う場合には、この限りでない

● **建築士でなければできない設計・工事監理**［法3条・3条の2・3条の3］

規模等 延べ面積 A㎡	木造				木造以外		
	高さ13m以下、かつ、軒高9m以下			高さ13m超、又は、軒高9m超	高さ13m以下、かつ、軒高9m以下		高さ13m超、又は、軒高9m超
	階数1	階数2	階数3以上		階数2以下	階数3以上	
A≦30	不要	不要	1·2	1	不要	1·2	1
30<A≦100	不要	不要	1·2	1	1·2	1·2	1
100<A≦300	1·2·木	1·2·木	1·2	1	1·2	1·2	1
300<A≦500	1·2	1·2	1·2	1	1·2	1·2	1
500<A≦1,000	1·(2)	1·(2)	1·(2)	1	1	1	1
1,000<A	1·(2)	1	1	1	1	1	1

凡例　｜不要｜ 資格不要　　　｜1·(2)｜一級、二級建築士。ただし、学校・病院・劇場・映画館・観覧場・公会堂・集会場（オーディトリアムを有しないものを除く）・百貨店の用途の建築物で、延べ面積が500㎡超は一級建築士のみ
　　　｜1·2·木｜ 一級、二級、木造建築士
　　　｜1·2｜ 一級、二級建築士　　　｜1｜ 一級建築士
注　増築、改築、大規模の修繕、大規模の模様替の場合は、該当する部分とする

□ 一級、二級、木造建築士になろうとする者は、各建築士試験に合格し、一級は大臣、二級・木造は知事の免許を受けなければならない。建築士免許は、建築士名簿に登録することにより行う。大臣は**一級建築士名簿**を、知事は**二級・木造建築士名簿**を、一般の閲覧に供する

□ 大臣又は知事は、建築士が、建築士法等の規定に違反したときや、業務に関して不誠実な行為をしたとき等は、戒告し、もしくは1年以内の業務の停止を命じ、又はその免許を取り消すことができる。免許を取り消された者は、取り消された日から5年を経過しない間は、免許を受けることができない。道路交通法等の建築と関係しない罪を犯し、禁錮以上の刑に処せられた場合でも建築士の免許は取り消される（法7条、8条）

□ **構造／設備設計一級建築士**とは、一級建築士として5年以上**下記**の業務に従事した後、登録講習機関の講習をその申請前1年以内に修了した一級建築士をいう
①構造設計一級建築士 ──── 構造設計の業務
②設備設計一級建築士 ──── 設備設計の業務

□ 知事は、**都道府県指定登録機関**に、二級及び木造建築士の登録事務、名簿を一般の閲覧に供する事務（「二級建築士等登録事務」という）を行わせることができる。建築士事務所に属する一級建築士は、3年以上5年以内の省令による期間（3年以内）ごとに登録講習機関が行う講習を受講する

● **建築士の免許** 法4条・5条・5条の2・6条
大臣・知事は、建築士免許を与えたときは、免許証を交付し、建築士は、免許証交付日から30日以内に住所等を、大臣又は知事及び住所地の知事に届け出る

● **建築士の死亡等の届出** 法8条の2
建築士が死亡した場合は相続人が、また、建築士が禁錮以上の刑に処せられ、刑の執行を終わり、又は執行を受けることがなくなった日から5年を経過しない場合は本人が、30日以内に、大臣又は、知事に届け出る

● **懲戒** 法10条
● **構造設計一級建築士証及び設備設計一級建築士証の交付等** 法10条の3
● **中央指定登録機関の指定** 法10条の4・10条の17
大臣は中央指定登録機関に、一級建築士の登録事務、名簿を一般の閲覧に供する事務等（「一級建築士登録等事務」という）を行わせることができる。また、大臣は、中央指定登録機関の指定をしたときは、一級建築士登録等事務を行わない

● **都道府県指定登録機関** 法10条の20
知事は、都道府県指定登録機関を指定したときは、二級建築士等登録事務を行わない

● **定期講習** 法22条の2
法施行規則17条の36により、講習のうち直近のものを受けた日の属する年度の翌年度の開始日（4月1日）から3年以内とする

2 建築士の業務等

□ 建築士が設計を行う場合は、
①法令・条例の定める建築物に関する基準に適合させる
②委託者に対し、設計内容の説明を行うように努める

□ 建築士は、他の建築士による設計図書の一部を変更しようとする場合、当該建築士の承諾を求めなければならない。ただし、承諾を求めることのできない事由があるとき、又は承諾が得られなかったときは、**自己の責任**において、設計図書の一部を変更することができる
①建築士は、工事が設計図書どおりに実施されていないと認める場合、直ちに工事施工者に対して、その旨を指摘し、設計図書どおりの実施を求め、これに従わないときは、その旨を**建築主**に報告する

● **設計を行う場合** 法18条1項・2項・20条

● **設計の変更** 法19条

● **工事監理を行う場合** 法18条3項・20条

● **定期講習** 法22条の2
建築事務所に属する建築士は、3年以上5年以内において省令で定める期間ごとに、登録講習機関が行う講習を受ける。講習のうち直近のものを受けた日の属する年度の翌年度の開始日（4月1日）から**3年以内**とする

②工事監理を終了したときは、直ちに、その結果を原則として文書で建築主に報告する。ただし、建築士は文書での報告に代えて、建築主の承諾を得て、電子情報処理組織を使用する方法等の情報通信の技術を利用する方法で報告できる

③設計図書に一級、二級・木造建築士である旨の表示をし記名をする。設計図書の一部を変更した場合も同様とする

④構造計算により建築物の安全性を確かめた場合は、その証明書を設計の委託者に交付する。構造設計一級建築士の関与の対象となる建築物については、構造設計一級建築士が構造設計を行った場合又は構造設計一級建築士に法適合確認を求めた一級建築士の場合は除く

⑤構造設計一級建築士の関与の対象となる建築物は、一級建築士の業務独占の対象となる建築物のうち建築基準法20条1項一号又は二号の建築物（型式適合認定建築物を除く）である。構造設計一級建築士は、その関与の対象となる建築物の構造設計（工事監理を除く）を行う

⑥構造設計一級建築士以外の一級建築士は、構造設計一級建築士の関与の対象となる建築物の構造設計を行った場合、構造設計一級建築士に構造関係規定の適合の確認を求める

⑦設備設計一級建築士の関与の対象となる建築物は、階数が3以上で、床面積5,000㎡超の建築物である。設備設計一級建築士は、その関与の対象となる建築物の設備設計（工事監理を除く）を行う

⑧設備設計一級建築士以外の一級建築士は、設備設計一級建築士の関与の対象となる建築物の設備設計を行った場合、設備設計一級建築士に、設備関係規定の適合の確認を求める

構造設計一級建築士は下記の場合、構造設計図書に構造設計一級建築士である旨の表示をする

①構造設計一級建築士の関与の対象となる建築物の構造設計を行った場合

②一級建築士により、構造設計一級建築士の関与の対象となる建築物について法適合確認を求められた場合。適合の有無を、構造設計図書に記載する。記名も行う

設備設計一級建築士は下記の場合、設備設計図書に設備設計一級建築士である旨の表示をする

①設備設計一級建築士の関与の対象となる建築物（階数が3以上で床面積5,000㎡超）の設備設計を行った場合

②一級建築士により設備設計一級建築士の関与の対象となる建築物について法適合確認を求められた場合。適合の有無を、設備設計図書に記載する。記名も行う

● **業務に必要な表示行為**　法20条

建築士は、設計又は工事監理において建築設備士の意見を聴いたときは、その旨を明らかにしなければならない

● **構造／設備一級建築士の定期講習**
法22条の2
構造／設備一級建築士の資格を有する者は、建築士事務所に属しているかどうかに係わらず構造／設備一級建築士の定期講習を受講する。また、その者が建築士事務所に属する場合は一級建築士の定期講習も受講する

● **管理建築士の責務**　法24条3項〜5項
(1)管理建築士は、建築士事務所の次の技術的事項を総括する
①受託可能な業務の量、難易、内容に応じ必要な期間の設定
②受託しようとする業務を担当させる建築士等選定・配置
③他の建築士事務所との提携と提携先への業務案の作成
④建築士事務所に属する建築士等の監督、業務遂行の適正確保
(2)管理建築士は、建築士事務所の開設者に対し、①〜④の技術的事項に関し、建築士事務所の業務が円滑、適切に行われるよう必要な意見を述べる
(3)建築士事務所の開設者は、管理建築士の意見を尊重しなければならない

● **構造設計に関する特例**　法20条の2

● **設備設計に関する特例**　法20条の3

● **建築士のその他の業務**　法21条

● **その他の建築士に対する禁止事項**
①非建築士等に対する名義貸し（法21条の2）
②違反行為の指示等（法21条の3）
③信用失墜行為（法21条の4）

● **建築士の業務**
建築士は、設計・工事監理、建築工事契約、建築工事の指導監督、建築物の調査・鑑定、建築手続の代理等を行う

QUESTION

ANSWER

1 最頻出問題｜一問一答

→→→

次の記述のうち、建築士法上、正しいものには○、誤っているものには×をつけよ

本項目では、建築士法を「法」とする

1 □□ 延べ面積450㎡、高さ10m、軒の高さ9mの鉄筋コンクリート造の既存建築物について、床面積250㎡の部分で大規模の修繕を行う場合においては、当該修繕に係る設計は、一級建築士又は二級建築士でなければしてはならない

1 ○｜法3条～3条の3。大規模の修繕の床面積が250㎡であるから、法3条三号の一級建築士の資格が必要な建築物には該当せず、二級建築士でもよい

2 □□ 建築士は、工事監理を終了したときは、直ちに、その結果を工事監理報告書等により、建築主に、必ず書面にて報告しなければならない

2 ×｜法20条3、4項。建築士は建築主の承諾を得て、文書での報告に代えて、所定の電子情報通信技術を利用して報告することができる

3 □□ 一級建築士は、勤務先の建築士事務所の名称に変更があったときは、その日から30日以内に、その旨を国土交通大臣に届け出なければならない

3 ○｜法5条の2、規則8条

4 □□ 工事監理とは、その者の責任において、工事を設計図書と照合し、それが設計図書のとおりに実施されているかいないかを確認するとともに、建築工事の指導監督を行うことをいう

4 ×｜法2条8項・18条3項。工事が設計図書のとおりに実施されていないときは、工事施工者に対して、その旨を指摘し、当該工事を設計図書のとおりに実施するよう求めるが、建築工事の指導監督は行わない

2 実践問題｜一問一答

→→→

1 □□ 一級建築士は、他の一級建築士の設計した設計図書の一部を変更しようとするときは、当該一級建築士の承諾を求めなければならないが、承諾が得られなかったときは、自己の責任において、その設計図書の一部を変更することができる

1 ○｜法19条。承諾が得られなかったときは、自己の責任において、その設計図書の一部を変更することができる

2 □□ 設備設計一級建築士の関与が義務付けられた建築物において、当該建築物が設備関係規定に適合することを確認した設備設計一級建築士は、当該建築物の設計者に含まれる

2 ○｜法20条の3第1項・3項、建築基準法2条十七号

3 □□ 建築士は、工事監理の際に工事が設計図書のとおり実施されていないときは、直ちに工事施工者に、その旨を指摘し、設計図書のとおりに実施するよう求め、工事施工者が従わないときは、確認済証の交付を受けた建築主事等に報告しなければならない

3 ×｜法18条3項。工事施工者に対して指摘しても工事施工者が従わないときは、その旨を建築主に報告しなければならない

028 建築士法②建築士事務所

報酬を得て設計、工事監理を行う場合は、建築物の規模等に応じて、一級、二級又は木造建築士事務所の登録が必要である。建築士事務所についても名義貸しが禁止されているとともに、ほかの建築士事務所への再委託にも条件がある

1　建築士事務所

□　報酬を得て、**設計、工事監理、建築工事の契約事務・指導監督、建築物の調査・鑑定、建築手続代理**を業として行おうとするときは、建築士事務所について、その事務所の所在地の**都道府県知事の登録（有効期間5年）**を受けることで全国で業務ができる。登録を受けないで、他人の求めに応じ報酬を得て、設計等を業として行ってはならない

□　都道府県知事は、登録の申請があった場合は、建築士事務所登録簿に登録し、登録簿や設計等の業務報告書等を、一般の閲覧に供する

□　建築士事務所について登録を受けた者を**建築士事務所の開設者**という。開設者は建築士の資格がなくてもよい

□　延べ面積**300㎡超**の建築物の新築［※］の設計又は工事監理受託契約の当事者は、契約の締結に際して一定の事項を書面に記載し、**署名又は記名押印をして相互交付**しなければならない

本項目では、建築士法を「法」、同法施行令を「令」とする

● **建築士事務所の登録**　法23条
● **無登録業務の禁止**　法23条の10
● **登録の実施**　法23条の3
● **登録簿等の閲覧**　法23条の9
知事は、指定事務所登録機関に、建築士事務所の登録や登録簿を一般の閲覧に供する事務等を行わせることができる。この場合は、知事はそれらの業務を行わない（法26条の3）
● **建築士事務所の開設者**　法23条1項・23条の3第1項23条の5
● **契約時の書面の相互交付**　法22条の3の3
書面に代えて相手方の承諾を得て情報通信技術を利用する方法で提供することができる。本書面を交付した場合は、法24条の8の書面の交付は適用しない

※：増改築、大規模の修繕・模様替も同様。法22条の3の3第3項

● **建築士事務所の開設者の義務**

条文	義務
①**設計等の業務に関する報告書** 法23条の6	事業年度ごとに、**業務報告書を作成**し、当該建築士事務所の登録をした都道府県知事に提出（事業年度経過後3か月以内）する
②**建築士事務所の管理** 法24条1項	一級、二級又は木造建築士事務所ごとに、それぞれ当該建築士事務所を管理する**専任の一級、二級又は木造建築士**を置く
③**名義貸しの禁止**　法24条の2	自己の名義をもって、他人に建築士事務所の業務を営ませない
④**再委託の制限** 法24条の3	再委託は委託者の許諾を得た場合でも次のように制限される a. 設計又は工事監理の業務を建築士事務所の開設者以外の者に委託しない b. 延べ面積が**300㎡を超える**建築物の新築工事に関する設計又は工事監理業務を一括して他の建築士事務所の開設者に委託しない
⑤**帳簿の備付け等及び図書の保存** 法24条の4、規則21条4・5項	建築士事務所の**業務を記載した帳簿**（磁気ディスク等を含む）を備え付け、これを保存する。また、**業務に関する図書**（設計図書等）を保存する。**保存期間は作成日から15年間**

⑥標識の掲示 法24条の5	その建築士事務所において、**公衆の見やすい場所に標識**を掲げる	全ての建築物について、配置図、各階平面図、二面以上の立面図、二面以上の断面図、基礎伏図、各階床伏図、小屋伏図、構造詳細図、構造計算書等、工事監理報告書の保存を義務づける
⑦書類の閲覧 法24条の6	**業務の実績**、属する建築士の氏名・業務実績、保険契約等**を記載した書類**を備え置き、設計等を委託しようとする者の求めに応じ、閲覧させる	
⑧重要事項の説明等 法24条の7	**設計受託契約**や**工事監理受託契約**を建築主と締結しようとするときは、あらかじめ、建築主に対し、管理建築士等をして、契約内容等を記載した書面を交付して説明（**重要事項説明**［＊]）をさせる。ただし建築主の承諾を得て、当該書面に代えて・所定の電子情報通信技術を利用して提供することができる	なお、説明時に管理建築士等は、建築主に対し、建築士免許証又は建築士免許証明書を提示するよ
⑨書面の交付 法24条の8	建築士事務所の開設者は、設計受託契約又は工事監理受託契約を締結したときは、遅滞なく、契約内容を記載した書面を当該委託者に交付する。ただし、委託者の承諾を得て、書面に代えて、所定の電子情報通信利技術を利用して提供することができる	

＊：重要事項説明の内容は以下のとおり
①設計受託契約は、作成する設計図書の種類　②工事監理受託契約は、工事と設計図書との照合の方法及び工事監理の実施の状況に関する報告の方法　③当該設計・工事監理に従事する建築士の氏名及びその資格　④報酬の額及び支払の時期　⑤契約の解除に関する事項

建築士事務所を管理する専任の建築士を**管理建築士**という

①管理建築士は、建築士として3年以上の設計等の業務に従事した後、**登録講習機関が行う講習を修了した建築士**であること

②管理建築士は、建築士事務所の業務の技術的事項を総括し、建築士事務所の開設者に対し、技術的観点から必要な意見を述べ、開設者は、その意見の概要を帳簿に記載する

● **管理建築士**　法24条2項、法24条4項
● **管理建築士講習**
1回の受講修了でよく、一級、二級、木造の講習の区別はないが、一級建築士事務所の管理建築士は一級建築士の資格者である
● **業務の報酬**　法25条
国土交通大臣は、中央建築士審査会の同意を得て、建築士事務所の開設者がその業務に関して請求することのできる報酬の基準を定めることができる
● **適正な委託代金**　法22条の3の4、25条

設計又は工事監理受託契約を締結しようとする者は、法25条の報酬の基準に準拠した委託代金で設計又は工事監理受託契約を締結するよう努めなければならない

2　建築士事務所協会・建築士事務所協会連合会

建築士事務所協会は協会会員の名簿を、**建築士事務所協会連合会**は連合会会員の名簿を、それぞれ一般の閲覧に供する。また、建築士事務所協会及び建築士事務所協会連合会は、建築士事務所の開設者に対する研修及び建築士事務所に属する建築士に対する研修を実施する

● **建築士事務所協会及び建築士事務所協会連合会**　法27条の2第6項

● **研修の実施**　法27条の2第7項

建築士事務所協会は、

①建築士事務所の開設者が協会に加入する際、正当な理由がないのに、加入を拒み、又は加入に不当な条件を付さない

②建築主等から建築士事務所の業務に関する苦情について解決の申出があったときは、事情を調査するとともに、当該建築士事務所の開設者に対し迅速な処理を求める

● **加入制限の禁止**　法27条の3

● **苦情の解決**　法27条の5

QUESTION

1 最頻出問題｜一問一答

次の記述のうち、建築士法上、正しいものには○、誤っているものには×をつけよ

1 ☐☐ 一級建築士は、他人の求めに応じ報酬を得て、建築物に関する調査を業として行おうとするときは、一級建築士事務所を定めて、その建築士事務所について、登録を受けなければならない

2 ☐☐ 建築士事務所の開設者は、委託者の許諾を得た場合においては、委託を受けた設計の業務を、建築士事務所の開設者以外の個人の建築士に委託してもよい

3 ☐☐ 複数の一級建築士事務所を開設している法人においては、一級建築士事務所ごとに、それぞれ当該一級建築士事務所を管理する専任の一級建築士を置かなくてもよい

4 ☐☐ 建築士事務所の開設者が建築主との設計受託契約の締結に先だって管理建築士等に重要事項の説明を行わせる際に、管理建築士等は当該建築主に対し、建築士免許証又は建築士免許証明書を提示しなければならない

2 実践問題①｜一問一答

1 ☐☐ 管理建築士は、その建築士事務所の業務に係る技術的事項を総括する専任の建築士であるが、当該建築士事務所に属する他の建築士が設計を行った建築物の設計図書について、管理建築士である旨の表示をして記名をする必要はない

2 ☐☐ 建築物の増築部分が延べ面積400㎡の設計受託契約の当事者は、契約の締結に際し所定の事項を書面に記載し、署名又は記名押印をして相互に交付しなければならない

3 ☐☐ 二級建築士であっても、一級建築士を使用する者で所定の条件に該当する場合は、一級建築士事務所の開設者となることができる

ANSWER

→→→

本項目では、建築士法を「法」、同法施行令を「令」とする

1 ○｜法23条1項。建築物に関する調査を業として行うときは、建築士事務所の登録が必要である

2 ×｜法24条の3第1項。報酬を得て設計等を行う場合は、建築士事務所登録が必要である

3 ×｜法24条1項。管理建築士は、複数の建築士事務所を兼務することはできない

4 ○｜法24条の7第2項により、管理建築士等は、重要事項の説明をするときは、当該建築主に対し、建築士免許証又は建築士免許証明書を提示しなければならない

→→→

1 ○｜法2条6項より、設計とはその者に責任において設計図書を作成することであり、法20条1項より、一級建築士が設計を行った場合はその設計図書に一級建築士である旨の表示をして記名をしなければならない

2 ○｜法22条の3の3第1項、第3項。増築部分の延べ面積が300㎡超の場合は、増築部分を新築とみなして、法22条の3の3第1項、2項を適用する。なお、書面の交付に代えて情報通信の技術を利用する方法でもよい

3 ○｜法23条1項・23条の5。建築士

4 ☐☐ 建築士事務所の業務に関する設計図書の保存をしなかった者や、設計等を委託しようとする者の求めに応じて建築士事務所の業務の実績を記載した書類を閲覧させなかった者は、10万円以下の過料に処される

---

5 ☐☐ 建築士事務所に属する者で建築士でないものが、その属する建築士事務所の業務として、建築士でなければできない建築物の設計又は工事監理をしたときは、都道府県知事は、当該建築士事務所の登録を取り消すことができる

---

6 ☐☐ 建築士事務所の開設者は、延べ面積が300㎡の建築物の新築工事に係る設計の業務については、委託者の許諾を得た場合においても、一括して他の建築士事務所の開設者に委託してはならない

---

7 ☐☐ 建築士事務所の開設者が、延べ面積200㎡の新築工事について、他の建築士事務所の開設者から設計の業務の一部を受託する設計受託契約を締結したときは、遅滞なく、所定の事項を記載した書面（又は相手の承諾を得て情報通信技術を利用する方法）を委託者である建築士事務所の開設者に交付しなければならない

---

8 ☐☐ 建築士事務所を管理する一級建築士は、当該建築士事務所に属する他の一級建築士が設計した設計図書の一部を変更しようとするときは、設計した一級建築士の承諾を求めることなく、管理建築士としての権限で変更することができる

---

9 ☐☐ 建築士事務所を開設しようとする者は、設計等の業務範囲が複数の都道府県にわたる場合には、当該建築士事務所の所在地を管轄する都道府県知事及び業務範囲に係るそれぞれの都道府県知事の登録を受けなければならない

---

10 ☐☐ 建築士事務所協会は、建築主等から建築士事務所の業務に関する苦情について解決の申出があったときは、相談に応じ、必要な助言をし、事情を調査するとともに、当該建築士事務所の開設者が協会会員の場合に限り、当該開設者に対しその苦情の内容を通知して迅速な処理を求めなければならない

---

11 ☐☐ 都道府県知事により指定事務所登録機関が指定された場合、建築士事務所の登録を受けようとする者は、一級建築士事務所、二級建築士事務所、木造建築士事務所のいずれの場合においても、原則として、登録申請書を当該指定事務所登録機関に提出しなければならない

事務所について登録を受けた者を「建築士事務所の開設者」という。開設者が一級建築士の資格がなくても、一級建築士を使用することで、報酬を得て設計等を行うことができる

4 ×｜法40条十二号、十四号。所定の図書を保存しなかつた者、所定の書類を設計等を委託しようとする者の求めに応じて閲覧させない者等は、30万円以下の罰金に処される

5 ○｜法26条2項八号により、知事は、建築士事務所に属する者で無資格者者が、その属する建築士事務所の業務として、建築士資格が必要な建築物の設計、工事監理をしたときは、建築士事務所の登録を取り消すことができる

6 ×｜法24条の3第2項。一括再委託の禁止規定である。延べ面積が300㎡超の場合である

7 ○｜法24条の8により、建築士事務所の開設者が、他の建築士事務所の開設者と、設計受託契約を締結したときは、書面（又は情報通信技術を利用する方法）の交付義務がある

8 ×｜法19条により、一級建築士は、他の一級建築士の設計した設計図書を変更するときは、当該一級建築士の承諾を求める。承諾を求めることのできない事由があるとき等は、自己の責任で、変更することができる

9 ×｜法23条の2。建築士事務所の登録の申請は、建築士事務所の所在地を管轄する都道府県知事に提出する

10 ×｜法27条の5第1項により、建築士事務所協会は、建築主等からの苦情解決の申出について、当該建築士事務所の開設者に苦情内容を通知して迅速処理を求めるが、対象は協会会員に限定していない

11 ○｜法23条の2・法26条の3第1項により、都道府県知事は、「指定事務所登録機関」を指定し、「事務所登録等事務」を行わせることができ、この場合、法26条の4第1項により、法23条の2の登録申請書の提出先は「都道府県知事」を「指定事務所登録機関」と読み替える

3 実践問題② 一問一答 →→→

1 ☐☐ 建築士は、延べ面積が1,500㎡を超える建築物の建築設備に係る設計又は工事監理を行う場合においては、建築設備士の意見を聴くよう努めなければならない。ただし、設備設計一級建築士が設計を行う場合には、設計に関しては、この限りでない

2 ☐☐ 一級建築士は、建築士法23条第1項に規定する設計等の委託者から請求があったときは、一級建築士免許証又は一級建築士免許証明書を提示しなければならない。ただし、委託しようとする者は含まない

3 ☐☐ 一級建築士は、構造計算によって建築物の安全性を確かめた場合においては、遅滞なく、国土交通省令で定めるところにより、その旨の証明書を設計の委託者に交付しなければならない。ただし、構造設計一級建築士が関与する場合は、この限りでない

4 ☐☐ 建築士は、大規模の建築物その他の建築物の建築設備に係る設計又は工事監理を行う場合において、建築設備士の意見を聴いたときは、設計図書又は建築主への工事監理報告書において、その旨を明らかにしなければならない

5 ☐☐ 設計受託契約又は工事監理受託契約の当事者は、各々の対等な立場における合意に基づいて公正な契約を締結し、信義に従って誠実にこれを履行しなければならない

6 ☐☐ 設計受託契約又は工事監理受託契約を締結しようとする者は、建築士法25条に規定する報酬の基準に準拠した委託代金で設計受託契約又は工事監理受託契約を締結するよう努めなければならないが、建築士事務所同士の契約は除く

7 ☐☐ 延べ面積300㎡超の建築物の新築に係る設計受託契約の当事者は、契約の締結に際して、作成する設計図書の種類その他の事項を書面（又は相手の承諾を得て情報通信技術を利用する方法）に記載し、署名又は記名押印をして相互に交付しなければならない

8 ☐☐ 建築士事務所の開設者は、延べ面積250㎡の新築工事の設計受託契約又は工事監理受託契約を締結したときは、遅滞なく、国土交通省令で定めるところにより、法22条の3の3第1項各号に掲げる事項その他の事項を記載した書面（又は相手の承諾を得て情報通信技術を利用する方法）を当該委託者に交付しなけれ

1 ×｜法18条4項。延べ面積2,000㎡超の場合である

2 ×｜法19条の2。設計の委託者には、委託しようとする者を含む

3 ○｜法20条2項。構造計算安全証明書を設計の委託者に交付するが、構造設計一級建築士が関与する場合（法20条の2第1項又は2項）を除く

4 ○｜法20条5項。設計図書又は建築主への工事監理報告書は、それぞれ、法20条1項、3項のことである

5 ○｜法22条の3の2。当事者は各々が対等な立場で契約を締結する

6 ×｜法22条の3の4。この契約は再委託契約など建築士事務所同士の契約についても対象である

7 ○｜法22条の3の3第1項。延べ面積300㎡超の建築物の新築に係る設計受託契約又は工事監理受託契約の場合である。なお、書面に代えて情報通信技術を利用する方法でもよい

8 ○｜法24条の8第1項。なお、委託者の承諾を得て、書面に代えて情報通信技術を利用する方法でもよい

●設計受託契約又は工事監理受託契約

①法24条の7による重要事項説明
②法22条の3の3による延べ面積300㎡超の新築の場合の相互の書面の交付
③法24条の8による法22条の3の3以外の場合の書面の交付

●建築士事務所の開設者の図書保存義務（15年間）　法24条の4、規則21条4項

全ての建築物について、配置図、各階平面図、2面以上の立面図、2面以上の断面図、基礎伏図、各階床伏図、小屋伏図、構造詳細図、構造計算書等、工事監理報告書、その他の図書の保存が必要。構造計算書等とは、①保有水平耐力計算、限界耐力計算、許容応力度等計算などの構造計算書、②仕様規定の適用除外のただし書で必要な構造計算、燃えしろ設計に係る構造計算等の構造の安全性を確認する

ばならない

9 ☐☐ 設計受託契約又は工事監理受託契約の当事者が、法22条の3の3第1項により書面を相互に交付した場合には、法24条の8第1項の書面の交付はしなくともよい

10 ☐☐ 建築士事務所の開設者は、設計等の業務に関し生じた損害を賠償するために必要な金額を担保するための保険契約の締結その他の措置を講じなければならない

11 ☐☐ 建築士事務所の開設者は、国土交通省令で定めるところにより、その建築士事務所の業務に関する事項で、国土交通省令で定めるものを記載した帳簿及び図書を備え付け、これを保存しなければならない

12 ☐☐ 建築士事務所の開設者は、次の3種の書類のみを、当該建築士事務所に備え置き、設計等を委託しようとする者の求めに応じ、閲覧させればよい
①当該建築士事務所の業務の実績を記載した書類
②設計等の業務に関する損害賠償保険契約を締結している場合は、その内容を記載した書類
③その他建築士事務所の業務及び財務に関する書類で国土交通省令で定めるもの

13 ☐☐ 都道府県知事は、この法律の施行に関し必要があると認めるときは、建築士事務所の開設者もしくは管理建築士に対し、必要な報告を求め、又は当該職員をして建築士事務所に立ち入り、図書その他の物件を検査させることができる

14 ☐☐ 建築士事務所の開設者は、建築士事務所に属する建築士の氏名及びその者の一級建築士、二級建築士又は木造建築士の別について変更があったときは、2週間以内に、その旨を当該都道府県知事に届け出なければならない

15 ☐☐ 一級建築士定期講習を受けたことがない一級建築士は、一級建築士の免許を受けた日の次の年度の開始の日から起算して3年を超えた日以降に建築士事務所に所属した場合には、所属した日から3年以内に一級建築士定期講習を受けなければならない

16 ☐☐ 建築基準法の規定に違反して二級建築士の免許を取り消された者は、その後に一級建築士試験に合格した場合であっても、その取消しの日から起算して5年を経過しない間は、一級建築士の免許を受けることができない

ために行った構造計算の計算書、③ 壁量計算、四分割法の計算、N値計算に係る図書

9 ○｜法22条の3の3第5項。法22条の3の3第1項は、延べ面積が300㎡超の建築物の新築の設計受託契約又は工事監理受託契約。法24条の8第1項は、延べ面積にかかわらず設計受託契約又は工事監理受託契約を締結したときは、所定の事項を記載した書面を当該委託者に交付しなければならない規定である

10 ×｜法24条の9。保険契約の締結その他の措置を講ずるよう努めなければならない

11 ○｜法24条の4。帳簿及び図書を備え付け、保存すること

12 ×｜法24条の6。当該建築士事務所に属する建築士の氏名及び業務の実績を記載した書類も閲覧の対象である

13 ○｜法26条の2。都道府県知事はその職員をして建築士事務所に立ち入り、検査をさせることができる

14 ×｜法23条の5第2項、法23条の2第五号。建築士事務所の開設者は、建築士の氏名及び資格種別について変更があったときは、3月以内に、その旨を当該都道府県知事に届け出なければならない。なお、管理建築士についての同様の変更は、2週間以内

15 ×｜法22条の2、法施行規則17条の37第1項の表第一号ロより、遅滞なく、定期講習を受講しなければならない

16 ○｜法7条五号、法10条1項一号により免許の取消しを受けた場合、士法7条五号により、免許を取り消され、その取消しの日から起算して5年を経過しない者は免許を受けることができない

029 # 都市計画法

土地の形状等を変える開発行為は、原則として許可が必要だが、一定のものについては許可不要である。また、都市計画道路等の区域内で行う建築行為については、原則として許可が必要だが、軽易な場合等は許可が不要である

1　開発行為の許可

□　**都市計画区域**又は**準都市計画区域**内において**開発行為**をしようとする者は、あらかじめ、都道府県知事(指定都市等の区域内は、当該指定都市等の長)の**許可**を受ける。ただし、一定の開発行為については、許可が不要である

●**許可不要の開発行為**

開発許可	都市計画区域 市街化区域	市街化調整区域	区域区分なし	準都市計画区域
3,000㎡未満[*1]の開発行為[令19条]	要	要	不要	不要
1,000㎡未満[*2]の開発行為[令19条]	不要	要	不要	不要
農林漁業の建築物とこれらを営む居住者の建築物のための開発行為[令20条]	要	不要	不要	不要
駅舎、図書館、公民館、変電所等の公益上必要な建築物[令21条]				
都市計画事業・土地区画整理事業・市街地再開発事業　等		不要		
非常災害のための応急措置				
通常の管理行為や軽易な開発行為[令22条]				

都市計画区域及び準都市計画区域外は、1万㎡(1ha)未満は許可不要
*1：別に定める場合300㎡以上3,000㎡未満
*2：別に定める場合300㎡以上1,000㎡未満

□　開発許可を申請しようとする者は、あらかじめ、開発行為に関係がある**公共施設の管理者**と協議し、**同意**を得る

□　**都道府県知事**は、開発許可の申請があった場合は、その開発行為が、一定の**基準**に適合しており、かつ、その申請手続がこの法律又は命令に違反していないと認めるときは、**開発許可**をしなければならない。また、用途地域の未指定区域で開発許可をする場合、**建蔽率、建築物の高さ、壁面の位置**その他建築物の敷地・構造・設備に関する**制限**を定めることができる

□　**開発許可を受けた区域**内では、完了公告後は、予定建築物等

本項目では、都市計画法を「法」、同法施行令を「令」とする

●**開発行為**　法4条12項
主として建築物の建築又は特定工作物の建設の用に供する目的で行う土地の区画形質の変更

●**都市計画区域**　法5条1項
市町村の中心の市街地を含み、一体の都市として総合的に整備・開発し、保全する必要がある区域

●**準都市計画区域**　法5条の2第1項
都市計画区域外の区域のうち、相当数の建築物等の建築や敷地の造成が現に行われ、又は行われると見込まれる区域を含み、そのまま放置すれば、一体の都市としての整備、開発及び保全に支障が生じるおそれがあると認められる一定の区域

●**市街化区域及び市街化調整区域**　法7条
市街化区域は、すでに市街地を形成している区域及びおおむね10年以内に優先的かつ計画的に市街化を図るべき区域。市街化調整区域は、市街化を抑制すべき区域

●**開発行為の許可**　法29条、令19条

●**公共施設管理者同意**　法32条
予定者等との協議も行う

●**開発許可の基準**　法33条

●**建築制限等**　法37条

●**建築物の建蔽率等の指定**　法41条

●**開発許可を受けた土地の建築等の制限**
法42条

以外の建築物や特定工作物を新築等してはならず、また、改築や用途変更して予定の建築物以外の建築物としてはならない。ただし、都道府県知事が許可したとき、又は建築物及びコンクリートプラント等の第一種特定工作物(法4条11項)で政令で指定するものは、当該開発区域内について用途地域等が定められているときは、この限りでない

市街化調整区域のうち**開発許可を受けた区域以外の区域**内では、都道府県知事の許可を受けなければ、法29条1項二号・三号の建築物以外の建築物を新築し、又は第一種特定工作物を新設してはならない。改築又は用途変更も同様である

● **開発許可を受けた土地以外の土地の建築等の制限** 法43条。ただし次の建築物の新築・改築・用途の変更又は第一種特定工作物の新設は制限されない
①都市計画事業での建築物の新築・改築・用途変更、第一種特定工作物の新設
②非常災害のため必要な応急措置として行う建築物の新築・改築・用途の変更又は第一種特定工作物の新設
③仮設建築物の新築
④法29条1項九号の開発行為その他政令で定める開発行為が行われた土地の区域内で行う建築物の新築・改築・用途の変更、第一種特定工作物の新設
⑤通常の管理行為・軽易な行為等で政令で定めるもの。令35条より、既存の建築物の敷地内において行う車庫、物置等の附属建築物の建築など

2 建築の許可

都市計画施設の区域又は市街地開発事業の施行区域内で建築物の**建築**(新築、増築、改築、移転)をしようとする者は、**都道府県知事の許可**を受ける

都道府県知事は、許可の申請があった場合、申請が次のいずれかに該当するときは、**許可**をしなければならない
①当該建築が、都市計画施設又は市街地開発事業に関する都市計画に適合するもの
②立体的都市施設の範囲外で行われるもので当該都市施設に支障を及ぼすおそれがないもの
③当該建築物が次の要件に該当し、容易に移転し、又は除却することができるものであると認められること
　・階数が2以下で、かつ、地階を有しないこと
　・主要構造部が木造・鉄骨造・コンクリートブロック造その他これらに類する構造であること

● **建築の許可** 法53条。ただし次の行為は許可なしで建築できる
①令37条で定める軽易な行為(階数が2以下で、かつ、地階を有しない木造建築物の**改築・移転**)
②非常災害のため必要な応急措置
③都市計画事業の施行として行う行為又はこれに準ずる行為として都市計画施設管理予定者が当該都市計画に適合して行うもの
④法11条3項後段の規定により地下に立体的都市施設範囲を定めるときは、離隔距離の最小限度及び載荷重の最大限度に適合するもの
⑤法12条の11の都市計画施設である道路の区域のうち建築物等の敷地として併せて利用すべき区域内での行為で、当該道路整備上著しい支障を及ぼすおそれがないものとして政令で定めるもの
● **許可の基準** 法54条

3 都市計画の手続

都道府県又は市町村は、都市計画の案を作成しようとする場合に必要があるときは、**公聴会の開催等**住民の意見を反映させる。また、都市計画を決定しようとするときは、あらかじめ、**公告**し、都市計画の案を公告の日から2週間公衆の**縦覧**に供する

都道府県又は市町村は、都市計画を決定したときは、その旨を**告示**し、図書等を公衆の**縦覧**に供しなければならない

● **都道府県の都市計画の案の作成** 法15条の2。市町村は、都道府県に対し、都道府県が定める都市計画の案の内容となるべき事項を申し出ることができる
● **公聴会の開催等** 法16条
● **都市計画の案の縦覧等** 法17条
● **都道府県の都市計画の決定** 法18条
● **都市計画の告示等** 法20条

QUESTION

ANSWER

1 最頻出問題 | 一問一答

→→→

次の記述のうち、都市計画法上、正しいものには○、誤っているものには×をつけよ

本項目では、都市計画法を「法」、同法施行令を「令」とする

1 ☐☐ 都市計画施設の区域内において、木造、地上2階建ての建築物を新築する場合は、原則として、都道府県知事等の許可を受けなければならない

1 ○ | 法53条1項一号、令37条。改築又は移転は許可不要だが、新築の場合は許可が必要である

2 ☐☐ 規模が1ha以上の運動・レジャー施設である工作物の建設のための土地の区画形質の変更は、原則として、「開発行為」に該当する

2 ○ | 法4条12項。法4条11項により、令1条2項一号に該当する第二種特定工作物である

3 ☐☐ 都道府県知事等は、市街化区域において開発許可の申請があった場合、当該申請に係る開発行為が所定の基準に適合しており、かつ、その申請の手続が都市計画法又は同法に基づく命令の規定に違反していないと認めるときは、開発許可をしなければならない

3 ○ | 法33条1項。都道府県知事は、許可の申請があった場合に、当該申請が、基準に適合し手続が適法であれば、許可をしなければならない

4 ☐☐ 地方公共団体は、条例で、開発区域内において予定される建築物の敷地面積の最高限度に関する制限を定めることができる

4 × | 法33条4項。開発許可の基準として、地方公共団体は、良好な住居等の環境の形成又は保持のため必要と認める場合は、建築物の敷地面積の最低限度に関する制限を定めることができる

2 実践問題 | 一問一答

→→→

1 ☐☐ 地区計画の地区整備計画においては、当該地区計画の目的を達成するため、建築物の容積率・建蔽率・敷地面積・建築構造・建築設備等についての制限を定めることができる

1 × | 法12条の5第7項、令7条の6により、地区整備計画で定めることができる事項が規定されているが、建築構造・建築設備は対象ではない

2 ☐☐ 開発許可を受けた区域内の土地においては、予定建築物の建築に関する確認済証の交付を受けた場合であっても、原則として、開発行為に関する工事と建築工事を同時に行うことはできない

2 ○ | 法37条により、完了公告があるまでの間は、原則として、建築物を建築してはならない

3 ☐☐ 市街化区域内において、物品販売業を営む店舗の建築の用に供する目的で行う開発行為で、その規模が1,200㎡のものについては、原則として、開発許可を受けなければならない

3 ○ | 令19条1項により、市街化区域の場合は1,000㎡以上である

4 ○ | 法34条十三号・43条1項、令36条1項三号ニ。自己の業務の用に供する建築物を建築する目的で土地の利用に関する所有権以外の権利を有

4 ☐☐ 市街化調整区域として都市計画決定された際、自己の業務の用に供する建築物を建築する目的で、土地の利用に関する所有権以外の権利者として都道府県知事等に所定の期間内に所定の届出をした者は、当該建築物の建築許可を受けることができる

5 ☐☐ 都市計画区域又は準都市計画区域のうち、所定の規模以上の一団の土地の区域について、土地所有者等は、都道府県又は市町村に対し、都市計画の決定又は変更をすることを提案することができる

6 ☐☐ 開発許可を受けた開発区域内の土地において、当該開発行為に関する工事用の仮設建築物を建築するときは、都道府県知事の承認を受ける必要はない

7 ☐☐ 都市計画法65条1項に規定する同法62条1項の告示の前においては、都市計画施設の区域内において、地上2階建ての木造の建築物を新築する場合にあっては、都道府県知事の許可を受ける必要はない

8 ☐☐ 地区整備計画が定められている地区計画の区域内において、建築物等の用途の変更を行おうとする場合に、用途変更後の建築物等が地区計画において定められた用途の制限及び用途に応じた建築物等に関する制限に適合するときは、当該行為の種類、場所、着手予定日等を市町村長に届け出る必要はない

9 ☐☐ 市街化調整区域内において、農業、林業もしくは漁業を営む者の居住のための建築物を建築する目的で行う開発行為については、開発許可を受けなければならない

10 ☐☐ 市街化調整区域内において、農業用の温室を建築する目的で行う開発行為については、開発許可を受ける必要はない

11 ☐☐ 開発許可を受けた開発区域内の土地においては、当該開発行為に関する工事が完了した場合であっても、都道府県知事による当該工事が完了した旨の公告があるまでの間は、原則として、建築物を建築してはならない

していた者については許可の対象である

5 ○｜法21条の2第1項。都市計画区域又は準都市計画区域のうち一団の土地の区域について、土地所有者等は、1人で、又は数人共同して、都道府県又は市町村に対し、都市計画の決定又は変更をすることを提案できる

6 ○｜法37条一号。当該開発行為に関する工事用の仮設建築物を建築するとき、その他都道府県知事が支障がないと認めたときは、完了公告前でも建築できる

7 ×｜法53条1項により許可が必要となる。許可が不要となる場合は令37条により改築又は移転である

8 ○｜法58条の2第1項、令38条の4第一号。土地の区画形質の変更、建築物の建築等政令で定める行為を行おうとする者は、原則として、30日前までに、行為の種類、場所、設計又は施行方法、着手予定日等を市町村長に届け出ること。なお、令38条の4第一号より、地区計画で用途制限がある土地の区域、建築物等の用途の変更のうち、用途変更後の建築物等が地区計画で定められた用途の制限に適合しない場合に限る

9 ×｜法29条1項二号により、市街化調整区域内において行う開発行為で、農林漁業を営む者の居住用途の建築物の建築目的で行う開発行為は、開発許可不要である

10 ○｜法29条1項二号により、市街化調整区域内において行う開発行為で、農業用に供する政令で定める建築物として、令20条一号により温室は開発許可不要である

11 ○｜法37条により、開発許可を受けた開発区域内の土地においては、公告があるまでの間は、建築物を建築し又は特定工作物を建設してはならない。ただし、当該開発行為に関する工事用の仮設建築物又は特定工作物を建築し、又は建設するとき、その他都道府県知事が支障がないと認めたとき等の場合は、この限りでない

030 消防法

消防法の防火対象物と建築基準法の特殊建築物の用途は類似している。それらの建築物については、火災を通報する設備、室の用途に応じた消火設備、避難設備の設置が義務付けられている。それぞれの設備の用途や規模について確認する

1　防火対象物

☐　「多数の者が利用する防火対象物(学校・病院・工場・事業場・興行場・百貨店等・複合用途防火対象物等)」の管理についての権原者は、**防火管理者**を定め、消防計画の作成、その他防火管理上必要な業務を行わせる

☐　学校・病院・工場・事業場・興行場・百貨店・旅館・飲食店・地下街・複合用途防火対象物等の管理について権原を有する者は、防火対象物の廊下・階段・避難口等の**避難上必要な施設**について避難の支障になる物件が放置されないよう、かつ、防火戸について閉鎖の支障になる物件が放置されないように管理する

☐　住宅用途の防火対象物の関係者は、**住宅用防災機器**を基準に従い、設置・維持する。必要な事項は、市町村条例で定める

☐　指定数量以上の**危険物**は、貯蔵所以外の場所での貯蔵、又は製造所・貯蔵所・取扱所以外の場所での取扱いをしてはならない。ただし、所轄消防長又は消防署長の承認を受けて**10日以内**の期間、仮に貯蔵・取り扱う場合を除く

☐　学校・病院・工場・事業場・興行場・百貨店・旅館・飲食店・地下街・複合用途防火対象物等の関係者は、政令で定める技術上の基準に従って、消防用設備等を設置・維持しなければならない

☐　消防法17条1項の消防用設備等の技術上の基準に関する政令等の施行の際、現に存する防火対象物又は現に工事中の防火対象物の消防用設備等が、これらの規定に適合しないときは、当該規定は適用しない。ただし、特定防火対象物については、適用除外されない

☐　防火対象物が開口部のない耐火構造の床又は壁で区画されているときは、その区画部分は、消防用設備等の設置及び維持基

本項目では、消防法を「法」、同法施行令を「令」とする

● **防火対象物**　法2条
建築士試験で問われる「防火対象物」は右頁表に挙げている「建築物その他の工作物若しくはこれらに属するもの」である

● **防火管理者**　法8条

● **統括防火管理者**　法8条の2
複合建物、大規模・高層建物について、建築物全体の防火管理業務を行う「統括防火管理者」の選任の義務づけ

● **避難上必要な施設の管理**　法8条の2の4

● **住宅用防災機器**　法9条の2

● **危険物**　法10条

● **消防用設備等**　法17条
令7条で定める消防の用に供する設備、消防用水及び消火活動上必要な施設

● **既存防火対象物に関する規定**　法17条の2の5

● **特定防火対象物**(法17条の2の5第2項四号、令34条の4)
百貨店、旅館、病院、地下街、複合用途防火対象物その他法17条1項の防火対象物で多数の者が出入りするもの

準の適用では、それぞれ別の防火対象物とみなす（令8条区画）

● **防火対象物の概要（抜粋：建築物その他の工作物若しくはこれらに属するもの）**［令別表第1］

（一）	イ 劇場、映画館、演芸場、観覧場 ロ 公会堂、集会場
（二）	イ キャバレー、カフェー、ナイトクラブその他これらに類するもの ロ 遊技場、ダンスホール ハ 風営法2条5項の性風俗関連特殊営業を営む店舗（他に規定されているものを除く）等 ニ カラオケボックス、その他遊興のための設備・物品を個室（これに類する施設を含む）において客に利用させる役務を提供する業務を営む店舗
（三）	イ 待合、料理店その他これらに類するもの ロ 飲食店
（四）	百貨店、マーケットその他の物品販売業を営む店舗又は展示場
（五）	イ 旅館、ホテル、宿泊所等 ロ 寄宿舎、下宿又は共同住宅
（六）	イ 病院、診療所又は助産所 ロ 老人短期入所施設、養護老人ホーム、特別養護老人ホーム、軽費老人ホーム、有料老人ホーム、介護老人保健施設、老人短期入所事業を行う施設、小規模多機能型居宅介護事業を行う施設、認知症対応型老人共同生活援助事業を行う施設等、救護施設、乳児院、障害児入所施設、障害者支援施設、短期入所等施設 ハ 老人デイサービスセンター、軽費老人ホーム、老人福祉センター、老人介護支援センター、有料老人ホーム、老人デイサービス事業を行う施設、小規模多機能型居宅介護事業を行う施設等、更生施設、助産施設、保育所、幼保連携型認定こども園、児童養護施設、児童自立支援施設、児童家庭支援センター、一時預かり事業、家庭的保育事業を行う施設等、児童発達支援センター、情緒障害児短期治療施設、児童発達支援、放課後等デイサービスを行う施設、身体障害者福祉センター、障害者支援施設、地域活動支援センター、福祉ホーム、生活介護・短期入所・自立訓練・就労移行支援・就労継続支援・共同生活援助を行う施設 ニ 幼稚園又は特別支援学校
（七）	小学校、中学校、義務教育学校、高等学校、中等教育学校、高等専門学校、大学、専修学校、各種学校等
（八）	図書館、博物館、美術館等
（九）	イ 公衆浴場のうち、蒸気浴場等 ロ イに掲げる公衆浴場以外の公衆浴場
（十）	車両の停車場又は船舶もしくは航空機の発着場の旅客の乗降又は待合い場
（十一）	神社、寺院、教会等
（十二）	イ 工場又は作業場 ロ 映画スタジオ又はテレビスタジオ
（十三）	イ 自動車車庫又は駐車場 ロ 飛行機又は回転翼航空機の格納庫
（十四）	倉庫
（十五）	前各項に該当しない事業場
（十六）	イ 複合用途防火対象物のうち一部が（一）～（四）項、（五）項イ、（六）項、（九）項イの防火対象物 ロ イ以外
（十六の二）	地下街
（十六の三）	建築物の地階（（十六の二）の各階を除く）で連続して地下道に面して設けられたものと当該地下道とを合わせたもの（（一）項から（四）項まで、（五）項イ、（六）項又は（九）項イに掲げる防火対象物の用途部分が存するものに限る）
（十七）	文化財保護法により重要文化財、重要有形民俗文化財、史跡もしくは重要な文化財として指定され、又は旧重要美術品等の保存に関する法律によって重要美術品として認定された建造物
（十八）	延長50m以上のアーケード

注　防火対象物が開口部のない耐火構造の床又は壁で区画されているときは、それぞれ別の防火対象物とみなす（令8条）

2　消防用設備

消防用設備等には次頁表のようなものがある。防火対象物（令別表第1）の用途・規模に応じて、消防用設備等の設置が定められている。各消防用設備の設置場所については、表中に示した条文で確認する。主なものは次項で取り上げる

● **消防用設備等の種類**［令7条］

2項 消火設備	一	消火器、簡易消火用具（水バケツ、水槽、乾燥砂、膨張ひる石、膨張真珠岩）	令10条
	二	屋内消火栓設備	令11条
	三	スプリンクラー設備	令12条
	四	水噴霧消火設備	令13条、14条
	五	泡消火設備	令13条、15条
	六	不活性ガス消火設備	令13条、16条
	七	ハロゲン化物消火設備	令13条、17条
	八	粉末消火設備	令13条、18条
	九	屋外消火栓設備	令19条
	十	動力消防ポンプ設備	令20条
3項 警報設備	一	自動火災報知設備	令21条
	一の二	ガス漏れ火災警報設備	令21条の2
	二	漏電火災警報器	令22条
	三	消防機関へ通報する火災報知設備	令23条
	四	非常警報器具（警鐘、携帯用拡声器、手動式サイレンその他）、非常警報設備（非常ベル、自動式サイレン、放送設備）	令24条
4項 避難設備	一	避難器具（すべり台、避難はしご、救助袋、緩降機、避難橋その他）	令25条
	二	誘導灯、誘導標識	令26条
5項 消防用水		防火水槽、貯水池その他の用水	令27条
6項 消火活動上必要な施設		排煙設備、連結散水設備、連結送水管、非常コンセント設備、無線通信補助設備	令28条、28条の2、29条、29条の2、29条の3

☐ 住宅用防災機器のうち、**住宅用防災警報器**又は**住宅用防災報知設備の感知器**は、次に掲げる住宅の部分（②又は③の住宅の部分は、他の住宅との共用部分を除く）に設置する
①就寝用居室
②①の住宅の部分が存する階（避難階を除く）から直下階に通ずる階段（屋外に設けられたものを除く）
③①又は②のほか総務省令で定める部分

● **住宅用防災機器の設置** 令5条の7
住宅用防災警報器又は住宅用防災報知設備の感知器は、天井又は壁の屋内に面する部分（天井のない場合は、屋根又は壁の屋内に面する部分）に、火災の発生を未然に又は早期に、かつ、有効に感知することができるように設置する

☐ **スプリンクラー設備**又は**自動火災報知設備**を設置したときは、住宅用防災警報器又は住宅用防災報知設備を設置しないことができる（令5条の7第1項三号）

3 ── よく問われる消防用設備の設置場所

☐ 屋内消火栓設備の設置場所は、令別表第1（一）項の劇場等の防火対象物で、延べ面積が500㎡以上のもの、令別表第1（十一）項の神社等・（十五）項の令別表に記載のない事業所等で、延べ面積1,000㎡以上のもの等規模に応じて規定されている

● **屋内消火栓設備** 令11条、11条3項
技術上の基準として、屋内消火栓は、防火対象物の階ごとに、その階の各部分から1のホース接続口までの水平距離の制限や、水源の水量等が規定されている

☐ 屋内消火栓設備について防火対象物の延べ面積等の数値は、主要構造部を**耐火構造**とし、かつ、壁及び天井［※］の室内に面する部分の仕上げを難燃材料でした防火対象物は当該数値の**3倍**の数値とし、主要構造部を耐火構造としたその他の防火対

● **屋内消防設備の緩和** 令11条2項

※：天井のない場合は屋根

象物又は建築基準法2条九号の三イもしくはロのいずれかに該当し、かつ、壁及び天井の室内に面する部分の仕上げを難燃材料でした防火対象物は当該数値の**2**倍の数値とする

☐ スプリンクラー設備の設置場所は、令別表第1の防火対象物で用途、規模に応じて規定されている

☐ 令別表第1の用途に応じて、**水噴霧消火設備**、**泡消火設備**、**不活性ガス消火設備**、**ハロゲン化物消火設備**又は**粉末消火設備**のうち、いずれかを設置する

☐ ● 自動車の整備・駐車場に関する規定［令13条］

防火対象物	消火設備
令別表第1の防火対象物の自動車修理又は整備用の部分で、床面積が、地階又は2階以上の階は200㎡以上、1階は500㎡以上のもの	泡消火設備、不活性ガス消火設備、ハロゲン化物消火設備又は粉末消火設備
令別表第1の防火対象物の駐車用途の部分で、次に掲げるもの 1　当該部分の存する階（屋上部分を含み、駐車するすべての車両が同時に屋外に出ることができる構造の階を除く）の当該部分の床面積が、地階又は2階以上の階は200㎡以上、1階は500㎡以上、屋上部分は300㎡以上のもの 2　昇降機等の機械装置により車両を駐車させる構造のもので、車両の収容台数が10以上のもの	水噴霧消火設備、泡消火設備、不活性ガス消火設備、ハロゲン化物消火設備又は粉末消火設備

☐ **自動火災報知設備**の設置場所は、令別表第1の防火対象物で用途、規模に応じて規定されている

☐ **ガス漏れ火災警報設備**の設置場所は、令別表第1の防火対象物で用途、規模に応じて規定されている

☐ **避難器具**は、令別表第1の防火対象物の用途、規模に応じて規定されており、防火対象物の階（避難階及び11階以上の階を除く）に設置する

☐ **排煙設備**の設置場所は、令別表第1の防火対象物で用途、規模に応じて規定されている

☐ 排煙上有効な窓等の開口部が設けられている部分その他の消火活動上支障がないものとして総務省令で定める部分には、排煙設備を設置しないことができる

● 排煙設備［令28条・28条2項］

1　排煙設備は、火災時の煙を有効に排除すること

2　排煙設備には、手動起動装置又は自動起動装置を設けること

3　煙設備の排煙口、風道等は、煙の熱等によりその機能に支障を生ずるおそれのない材料で造ること

4　非常電源を附置すること

● **スプリンクラー設備**　令12条、12条2項

技術上の基準として、天井や小屋裏への設置、天井高が高い場合の措置、スプリンクラーヘッドの種別、スプリンクラーヘッドの設置位置及び各部分からの水平距離、非常用電源の附置、補助散水栓の設置等が規定されている

● **特定施設水道連結型スプリンクラー設備**　令12条2項三号の2

● **水噴霧消火設備等**　令13条

● **自動火災報知設備**　令21条

技術上の基準は令21条2項。感知器は、天井又は壁の屋内面及び天井裏（天井のない場合は、屋根又は壁の屋内面）に、有効に火災の発生を感知することができるように設ける。ただし、主要構造部を耐火構造とした建築物は、天井裏の部分に設けないことができる。非常用電源を附置

● **ガス漏れ火災警報設備**　令21条の2

技術上の基準は令21条の2第2項。ガス漏れ検知器は、有効にガス漏れを検知することができるように設けること。非常用電源を附置

● **避難器具**　令25条

技術上の基準は令25条2項。防火対象物に応じて、その階・収容人員・避難器具の種別・設置個数が規定されている。避難器具は、避難に際して容易に接近することができ、階段、避難口等から適当な距離にあり、かつ、当該器具の使用の際に安全な構造を有する開口部に設置すること。また、避難器具は、当該開口部に常時取り付けておくか、又は必要に応じてすみやかに取り付けることができること

● **排煙設備の設置除外**　令28条3項

1 最頻出問題 | 一問一答

→→→

次の記述のうち、消防法上、正しいものには○、誤っているものには×をつけよ。ただし、建築物はいずれも無窓階を有しないものとし、指定可燃物の貯蔵及び取扱いは行わないものとする

本項目では、消防法を「法」、同法施行令を「令」とする

1 □□ 延べ面積350㎡、地上2階建てのマーケットについては、原則として、自動火災報知設備を設置しなければならない

1 ○ | 令21条1項三号、令別表第1（四）項。マーケットは延べ面積300㎡以上のものが対象である

2 □□ 指定数量以上の危険物は、原則として、貯蔵所以外の場所でこれを貯蔵し、又は製造所、貯蔵所及び取扱所以外の場所でこれを取り扱ってはならない

2 ○ | 法10条1項。指定数量以上の危険物は、貯蔵所以外の場所で貯蔵し又は製造所、貯蔵所及び取扱所以外の場所で取り扱ってはならない。ただし、所轄消防長等の承認を受けて指定数量以上を、10日間以内、仮に貯蔵し又は取り扱う場合はこの限りでない

3 □□ 地階に設ける駐車場で、床面積が500㎡以上のものには、原則として、排煙設備を設けなければならない

3 × | 令28条1項三号により、駐車場は令別表第1（十三）項イに該当し、地階で床面積1,000㎡以上の場合は該当する

4 □□ 博物館は特定防火対象物である

4 × | 特定防火対象物は、法17条の2の5第2項四号及び令34条の4で規定されている。博物館は、令別表第1（八）項であり、該当しない

2 実践問題① | 一問一答

→→→

次の記述のうち、消防法上、正しいものには○、誤っているものには×をつけよ。ただし、建築物はいずれも無窓階はないものとし、指定可燃物の貯蔵及び取り扱いはないものとする

1 □□ 延べ面積1,500㎡の小売店舗で百貨店以外のものの管理について権原を有する者は、防火管理者を定めなければならない

1 ○ | 法8条、令1条の2第1項。1,000㎡以上の大規模な小売店舗で百貨店以外のものは対象である

2 □□ 延べ面積600㎡、地上3階建ての共同住宅については、原則として、屋内消火栓設備を設置しなくてもよい

2 ○ | 令11条1項二号・六号、令別表第1（五）項ロ。3階建てであり、700㎡未満である

3 □□ 延べ面積3,000㎡、地上3階建てのマーケットについては、原則として、スプリンクラー設備を設置しなくてもよい

3 × | 令12条1項四号、令別表第1（四）項。平屋建て以外で延べ面積が3,000㎡以上である。平屋建は6,000㎡以上である

4 ○ | 令21条の2第1項五号、令別表第1（十六）項イ。地階の床面積の合計が1,000㎡未満である

4 ☐☐ 小売店舗及び飲食店の用途に供する複合用途防火対象物の地階（床面積の合計500㎡）については、ガス漏れ火災警報設備を設置しなくてもよい

5 ☐☐ 住宅用防災機器の設置及び維持に関する条例の制定に関する基準では、就寝の用に供する居室や当該居室がある階（避難階を除く）から直下階に通ずる屋内階段等に、住宅用防災警報器又は住宅用防災報知設備の感知器を設置することとされている

6 ☐☐ 図書館は、消防用設備等の技術上の基準に関する政令等の規定の施行又は適用の際、現に存する建築物であっても、新築の場合と同様に消防用設備等の規定が適用される「特定防火対象物」である

7 ☐☐ 準耐火建築物（建築基準法2条九号の三イ）で、壁及び天井の室内に面する部分の仕上げを不燃材料でした延べ面積600㎡の公会堂については、屋内消火栓設備を設置しなくてもよい

8 ☐☐ 防火対象物である自動車修理工場で、修理用途の床面積が1階で500㎡のものに、水噴霧消火設備を設けた

9 ☐☐ 事務所とホテルとが開口部のない準耐火構造の床又は壁で区画されているときは、その区画された部分は、消防用設備等の設置及び維持の技術上の規定の適用についてはそれぞれ別の防火対象物とみなす

10 ☐☐ 地上5階建ての図書館には、避難口誘導灯を設けなくてもよい

11 ☐☐ 準耐火建築物（建築基準法2条九号の三ロ）で、壁及び天井の室内に面する部分の仕上げを難燃材料でした延べ面積1,000㎡の2階建ての集会場については、原則として、屋内消火栓設備を設置しなければならない

12 ☐☐ 延べ面積300㎡の寄宿舎については、自動火災報知設備を設置しなければならない

13 ☐☐ 2階の収容人員が20人の病院については、原則として、当該階に避難器具を設置しなければならない

14 ☐☐ 小売店及び飲食店の用途に供する複合用途防火対象物の地階（床面積の合計300㎡）については、原則として、ガス漏れ火災警報設備を設置しなければならない

5 ○｜法9条の2第2項、令5条の7第1項一号。就寝用の居室及びその居室のある階（避難階を除く）から直下階に通ずる階段（屋外階段を除く）に設置する

6 ×｜法17条の2の5第2項四号、令34条の4、令別表第1。図書館は令別表第1（八）項であるので「特定防火対象物」ではない

7 ○｜令11条1項一号・2項、令別表第1。公会堂は令別表第1（一）項ロであり、500㎡以上が対象であるが、2項により、準耐火建築物（建築基準法2条九号の三イ）で、かつ、仕上げ材料の規定により、延べ面積500㎡×2倍＝1,000㎡以上となる

8 ×｜令13条1項の表により、1階で500㎡以上の場合は、泡消火設備、不活性ガス消火設備、ハロゲン化物消火設備又は粉末消火設備を設ける

9 ×｜令8条。防火対象物が開口部のない耐火構造（建築基準法2条七号）の床又は壁で区画されているときは、その区画された部分は、消防用設備等の設置及び維持の技術上の基準については、それぞれ別の防火対象物とみなす

10 ○｜令26条1項一号、令別表第一（八）項より、図書館の避難口誘導灯の設置は、地階、無窓階及び11階以上の部分である

11 ○｜令11条1項一号・2項。集会場は令別表第1（一）項ロであり、延べ面積500㎡以上が対象となるが、2項により準耐火建築物（建築基準法2条九号の三ロ）で仕上げが規定の材料の場合は、数値が2倍となり、500㎡×2倍＝1,000㎡以上が対象となる

12 ×｜令21条1項四号。寄宿舎は、令別表第1（五）項ロである。延べ面積500㎡以上は対象である

13 ○｜令25条1項一号。病院は令別表第1（六）項イであり、2階の場合は、収容人員20人以上が対象である

14 ×｜令21条の2第1項五号。小売店は令別表第1（四）項、飲食店は令別表第1（三）項ロであり、その複合用途

15 □□ 危険物の製造所の位置は、文化財保護法の規定によって重要文化財、重要有形民俗文化財、史跡もしくは重要な文化財として指定され、又は旧重要美術品等の保存に関する法律の規定によって重要美術品として認定された建造物から当該製造所の外壁又はこれに相当する工作物の外側までの間に、原則として、50m以上の距離を保たなければならない

16 □□ 天井の高さが12m、かつ、延べ面積が1,000㎡のラック式倉庫については、原則として、スプリンクラー設備を設置しなければならない

17 □□ 展示場で、延べ面積300㎡のものには、原則として、自動火災報知設備を設置しなければならない

18 □□ 消防用設備等のうち簡易消火用具には、「乾燥砂」及び「膨張ひる石」は含まれない

19 □□ 敷地面積5,000㎡、延べ面積10,000㎡、高さ35mの耐火建築物である共同住宅には、消防用水を設置しなければならない

20 □□ 火を使用する設備又は器具（防火上有効な措置として総務省令で定める措置が講じられたものを除く）を設けた飲食店で、延べ面積150㎡未満の場合は、消火器具を設置しなくてもよい

21 □□ 準耐火建築物（建築基準法2条九号の三イ）で、延べ面積800㎡の2階建ての事務所については、原則として、自動火災報知設備を設置しなければならない

22 □□ 主要構造部を耐火構造とし、かつ、壁及び天井の室内に面する部分の仕上げを不燃材料でした延べ面積1,000㎡、地上3階建ての映画館については、原則として、屋内消火栓設備を設置しなければならない

23 □□ 火災時に自力での避難が困難な要介護者が主として入所する有料老人ホームについては、原則として、延べ面積に係らず、スプリンクラー設備の設置が必要である

24 □□ 延べ面積1,500㎡、地上2階建ての特別養護老人ホームで、火災発生時の延焼を抑制する機能として所定の構造を有しないものは、原則として、スプリンクラー設備を設置しなければならない

25 □□ 百貨店及び飲食店の用途に供する部分を有する複合用途防火対象物の地階で、その床面積の合計が1,000㎡（百貨店及び飲

防火対象物は、令別表第1（十六）イである。当該防火対象物の地階のうち、床面積の合計が1,000㎡以上で、かつ、小売店及び飲食店用途の床面積が500㎡以上のものが対象となる

15 ○｜法10条4項。危険物の規制に関する政令9条1項一号ハにより、文化財保護法の重要文化財、重要有形民俗文化財等と危険物製造所の外壁とには、50m以上離す

16 ○｜令12条1項五号により、令別表第1（十四）項の倉庫であるラック式倉庫は天井の高さが10m超、かつ、延べ面積700㎡以上が該当する

17 ○｜令21条1項三号により、展示場は令別表第1（四）項に該当し、延べ面積300㎡以上は該当する

18 ×｜令7条2項一号ハ、ニ。簡易消火用具には、乾燥砂、膨張ひる石は含まれる

19 ×｜共同住宅は令別表第1（五）項ロに該当する。令27条1項一号は敷地の面積20,000㎡以上の場合であり、同二号は、高さ31m超、かつ、延べ面積（地階を除く）25,000㎡以上が対象となるので、それぞれ該当しない

20 ×｜令10条1項一号ロ、飲食店は令別表第一（三）項である。火を使用する設備又は器具（防火上有効な措置として総務省令で定める措置が講じられたものを除く）を設けた飲食店は、規模にかかわらず、消火器具を設置しなければならない

21 ×｜事務所は令別表第一（十五）項の前各号に該当しない事業場に該当し、令21条1項六号により延べ面積1,000㎡未満のため該当せず、2階建てのため同十一号にも該当しない

22 ×｜令11条1項一号・11条2項、令別表第1（一）項イの映画館である。延べ面積500㎡以上が対象であるが、令11条2項により、3倍までの緩和があるため、500㎡×3倍＝1,500㎡以上で設置することになる

23 ○｜令12条1項一号、令別表第1（六）項ロ(1)により、原則としては、スプリンクラー設備が必要である

食店の用途に供する部分の床面積の合計が600㎡)であるものは、原則として、ガス漏れ火災警報設備を設置しなければならない

26 □□ 高さ31mを超える共同住宅に設ける非常用の昇降機は、消防の用に供する設備には該当しない

27 □□ 収容人員が20人のカラオケボックスと、収容人員が15人の飲食店からなる複合用途防火対象物については、防火管理者を定めなければならない

24 ○│令12条1項一号により特別養護老人ホームは別表第1(六)項ロ(1)に該当し、火災発生時の延焼抑制機能がない場合に該当する。同様に老人短期入所事業もしくは認知症対応型老人共同生活援助事業を行う施設等も該当する

25 ○│令21条の2第1項五号、令別表第1(十六)項イ。令別表第1(三)項ロが飲食店、同(四)項が百貨店であるが、同(十六)項がそれらの複合防火対象物の規定である

26 ○│法17条1項、令7条。消防の用に供する設備は、令7条で規定されている

27 ○│法8条1項、令1条の2第3項一号ロ。カラオケボックスは令別表第1(二)項二、飲食店は同表(三)項ロであり、複合用途防火対象物として、同表(十六)項イに該当する。合計の収容人員30人以上の場合が対象

3 実践問題② │ 四肢択一 →→→

1 □□ 次の「防火対象物」と「消防用設備等」との組合せのうち、消防法上、原則として、当該消防用設備等を設けなくてよいものはどれか。ただし、防火対象物はいずれも無窓階を有しないものとし、指定可燃物の貯蔵及び取扱いは行わないものとする

防火対象物		消防用設備等
1——	床面積3,000㎡、主要構造部を耐火構造とした地上5階建ての百貨店	スプリンクラー設備
2——	延べ面積2,100㎡、主要構造部を耐火構造(壁及び天井の室内に面する部分の仕上げを難燃材料としたもの)とした地上3階建てのマーケット	屋内消火栓設備
3——	延べ面積280㎡、木造、地上2階建ての屋外直通階段のある集会所	自動火災報知設備
4——	床面積6,000㎡、準耐火建築物(建築基準法2条九号の三)である平家建の工場	屋外消火栓設備

1 答えは3

1 令12条1項四号、令別表第1(四)項。百貨店は、平屋建以外で床面積3,000㎡以上は対象である

2 令11条1項二号、同2項、令別表第1(四)項。延べ面積700㎡×3倍＝2,100㎡以上である

3 この場合、当該設備を設ける必要はない(令21条1項三号イ、七号、令別表第1(一)項ロ)。延べ面積300㎡以上が対象である

4 令19条1項、令別表第1(十二)項イ。床面積6,000㎡以上が対象である

031 バリアフリー法

高齢者、障害者等の移動等の円滑化の促進に関する法律（以下、バリアフリー法）の対象には、特定建築物と特別特定建築物がある。移動等円滑化基準への適合は、特定建築物では努力義務であるが、一定規模以上の特別特定建築物では義務となる

1　特別特定建築物の建築主等の基準適合義務等

☐ 建築主等は、下記の規模以上の**特別特定建築物**の建築（新築・増築・改築・用途変更を含む）をしようとする場合、「**建築物特定施設**の構造及び配置に関する基準（建築物移動等円滑化基準［令10条］）」に適合させる。既存の特別特定建築物は、増改築等がなくても基準適合の努力義務がある

● 基準適合が必要な特別特定建築物の規模　［令9条］

特別特定建築物の工事種別	床面積の合計
建築（新築・増築・改築・用途変更を含む。増築・改築・用途変更は当該部分）	2,000㎡以上（公衆便所は50㎡以上）

☐ **地方公共団体**は、特別特定建築物に**条例で定める特定建築物**を追加し、規模を別に定め又は建築物移動等円滑化基準に条例で必要な事項を付加することができる（法14条3項）

☐ 法14条1項〜3項の規定は、建築基準法の**建築基準関係規定**とみなす

本項目では、バリアフリー法を「法」、同法施行令を「令」とする

● 特別特定建築物の建築主等の基準適合義務等　法14条、令9条

● 特別特定建築物　法2条十九号、令5条
病院、劇場など、不特定かつ多数の者が利用し、又は主として高齢者、障害者等が利用する**特定建築物**で、**移動等円滑化**が特に必要なものとして令5条で定めるもの

● 建築物特定施設　法2条二十号、令6条
出入口・廊下・階段・エレベーター・便所・敷地内の通路・駐車場その他の建築物又はその敷地に設けられる施設で、令6条で定めるもの

● みなし規定　法14条4項
建築基準法6条1項に規定する建築基準関係規定

2　特定建築物の建築主等の努力義務等

☐ 建築主等は、**特定建築物**（特別特定建築物を除く）の建築（用途変更を含む）をしようとするとき、又は、特定建築物の**建築物特定施設**の修繕・模様替をしようとするときは、当該特定建築物を**建築物移動等円滑化基準**に適合させるために必要な措置を講ずるよう努める

☐ **所管行政庁**は、**特定建築物の建築等及び維持保全の計画**の認定申請があった場合に、一定の基準に適合すると認めるときは、認定することができる

☐ 建築物特定施設の構造・配置と維持保全に関する事項が、建築

● 特定建築物の建築主等の努力義務等
法16条

● 特定建築物　法2条十八号、令4条
学校・病院・劇場・観覧場・集会場・展示場・百貨店・ホテル・事務所・共同住宅・老人ホームその他の多数の者が利用する令4条で定める建築物又はその部分をいい、これらに附属する建築物特定施設を含む

● 特定建築物の建築等及び維持保全の計画の認定　法17条

物移動等円滑化基準を超え、かつ、高齢者・障害者等が円滑に利用できるようにするために誘導すべき基準を**建築物移動等円滑化誘導基準**という(法17条3項一号)

☐ 認定申請者は、所管行政庁に対し、申請に併せて、建築基準法の確認申請書を提出し、建築主事の**適合通知**を受けるよう申し出ることができる。所管行政庁が、適合通知を受けて認定をしたときは、当該特定建築物は、確認済証の交付があったものとみなす

☐ 既存の特定建築物に車椅子利用者のエレベーターを設ける場合、一定の基準に適合し、所管行政庁が認めたときは、建築基準法の一部の適用については、当該エレベーターの構造は耐火構造とみなす

● **建築物移動等円滑化誘導基準**　平18省令114号
● **みなし規定**　法17条7項
所管行政庁が適合通知を受けて法17条3項の認定をしたとき、特定建築物の建築等の計画は建築基準法6条1項の規定による確認済証の交付があったものとする

特定建築物の「建築物移動等円滑化基準」適合は「努力義務」です

● **既存特定建築物に設けるエレベーターの建基法の特例**　法23条

3　認定特定建築物の容積率の特例

☐ **容積率**の算定の基礎となる延べ面積には、**認定特定建築物**の建築物特定施設の床面積のうち、移動等円滑化の措置をとることで通常の建築物の建築物特定施設の床面積を超える場合の床面積は、算入しないものとする。この算入しない床面積は、認定特定建築物の延べ面積の**1 ／ 10**を限度とする

● **認定特定建築物**
法17条3項の認定を受けた計画の特定建築物のこと

● **認定特定建築物の容積率の特例**　法19条、令26条

4　建築物移動等円滑化基準

☐ 不特定かつ多数の者が利用し、又は主として高齢者・障害者等が利用する建築物特定施設の構造及び配置に関する主な基準(建築物移動等円滑化基準)は以下のとおり

● **建築物移動等円滑化基準**　令10条

● **移動等円滑化経路**　令18条
出入口・廊下・階段・傾斜路・敷地内通路の幅、エレベーター仕様等が規定されている

● **建築物移動等円滑化基準の概要**

場所	基準	令
廊下等	粗面又は滑りにくい材料で仕上げる	11条
階段	踊り場を除き、手すりを設ける 表面は、粗面又は滑りにくい材料で仕上げる 主たる階段は、回り階段でない	12条
傾斜路	勾配が1 ／ 12を超え又は高さ16cmを超える傾斜がある部分には、手すりを設ける 表面は粗面又は滑りにくい材料で仕上げる	13条
便所	そのうち1以上に、車椅子使用者用便房を1以上設ける	14条
ホテル又は旅館	客室の総数が50以上の場合は、**車椅子使用者用客室**を客室の総数に1 ／ 100を乗じ数(1未満の端数は切上げ)以上設ける	15条
敷地内の通路	傾斜路は、勾配が1 ／ 12を超え又は高さ16cmを超え、かつ、勾配が1 ／ 20を超える傾斜がある部分には、手すりを設ける 段がある部分は手すりを設ける 表面は、粗面又は滑りにくい材料で仕上げる	16条
駐車場	そのうちの1以上に、車椅子使用者用駐車施設を1以上設ける	17条

男子用及び女子用の区別があるときは、それぞれ1以上と解釈する

031 **バリアフリー法** 　　　　　　　　　　　　　　　　QUESTION & ANSWER

QUESTION

ANSWER

1 最頻出問題 | 一問一答

→→→

次の記述のうち、「高齢者、障害者等の移動等の円滑化の促進に関する法律」及び「建築基準法」上、正しいものには○、誤っているものには×をつけよ

本項目では、バリアフリー法を「法」、同法施行令を「令」とする

1 □□ 床面積の合計が2,000㎡の集会場の新築に当たって、建築確認の申請を受けた建築主事又は指定確認検査機関は、建築物移動等円滑化基準に適合する計画であることを確認しなければならない

1 ○ | 法14条4項、令5条四号・9条。集会場は令5条により特別特定建築物であり、令9条により2,000㎡以上である

2 □□ 床面積の合計が2,000㎡の会員制スイミングスクールを新築しようとする場合は、建築物移動等円滑化基準に適合させるために必要な措置を講ずるよう努めなければならない

2 ○ | 法16条1項、令4条十二号。会員制のスイミングスクールは、一般水泳場（令5条十一号）ではなく令4条十二号に該当し、特定建築物である。したがって法16条により努力義務となる

3 □□ 床面積の合計が2,000㎡のホテルを新築するに当たって、客室の総数が40の場合は、車椅子使用者用客室を1以上設け、当該客室が設けられている階に不特定かつ多数の者が利用する便所（車椅子使用者用便房が設けられたもの）が設けられていないときは、当該客室の便所内に所定の構造を有する車椅子使用者用便房を設けなければならない

3 × | 法14条1項、令5条七号、令9条・15条。ホテルは令5条七号の特別特定建築物であり、令9条により2,000㎡以上である。令15条により、客室の総数が50以上の場合については、車椅子使用者用客室を、客室の総数に1／100を乗じた数（1未満の端数は端数を切上げ）以上設けなければならない。例えば、客室150室の場合、150×1／100＝1.5→2室となる

2 実践問題 | 一問一答

→→→

1 □□ 特定建築物の建築等をしようとする建築主等は、特定建築物の建築等及び維持保全の計画を作成し、所管行政庁の認定を申請することができる

1 ○ | 法17条1項

2 □□ 認定特定建築物の建築物特定施設の床面積のうち、移動等円滑化の措置をとることにより通常の建築物の建築物特定施設の床面積を超えることとなる部分については、認定特定建築物の延べ面積の1／12を限度として、容積率の算定の基礎となる延べ面積には算入しないものとする

2 × | 法19条により認定特定建築物の建築物特定施設の床面積のうち、移動等円滑化の措置により通常の建築物の建築物特定施設の床面積を超える部分は、令26条により認定特定建築物の延べ面積の1／10を限度として容積率算定の延べ面積に算入しない

3 □□ 所管行政庁は、建築物特定事業を実施していないと認めて勧告したにもかかわらず、建築主等が正当な理由がなくて、その勧告

3 ○ | 法38条1項により、市町村は法35条1項の建築物特定事業が実施されていないときは、当該事業を実施すべき者に対し、その実施を要請することができ、要請に応じないときは、所管行政庁に通知できる。同条3項にて

に係る措置を講じない場合において、移動等円滑化を阻害している事実があると認めるときは、移動等円滑化のために必要な措置をとるべきことを命ずることができる

所管行政庁は、要請を受けた者が正当な理由がなくて建築物特定事業を実施していないときは、実施を勧告できる。同条4項にて、勧告を受けた者が正当な理由がなくその措置を講じない場合に、移動等円滑化を阻害している事実があるときは、移動等円滑化のために必要な措置をとるべきことを命ずることができる

4 ☐☐ 延べ面積2,000㎡の図書館を新築する場合、移動等円滑化経路を構成する階段に代わる傾斜路の幅は、90㎝以上としなければならない

4 ×｜令5条・18条2項四号イ。傾斜路の幅は、階段に代わるものは120㎝以上、階段に併設するものは90㎝以上とすること

5 ☐☐ 建築物の用途を変更して博物館としようとする場合、当該用途の変更に係る部分の床面積の合計が2,000㎡以上となるものにあっては、不特定かつ多数の者が利用し、又は主として高齢者、障害者等が利用する主たる階段は、原則として、回り階段でないものでなければならない

5 ○｜法14条1項、令5条・9条・12条六号。博物館は令5条の特別特定建築物で令9条により床面積で2,000㎡である

6 ☐☐ 床面積の合計が2,000㎡の公共駐車場（利用居室が設けられていないもの）を新築するに当たって、車椅子使用者用便房を設ける場合は、道等から当該便房までの経路のうち1以上を、移動等円滑化経路にしなければならない

6 ○｜法14条1項、令5条十七号・9条・18条1項二号。令5条十七号の一般公共駐車場であり、特別特定建築物である

7 ☐☐ 公立及び私立小学校は、ともに特別特定建築物である

7 ×｜令5条一号。小学校、中学校、義務教育学校、中等教育学校（前期課程に限る）で公立のものは、特別特定建築物である

MEMO │ **目で覚える！ 重要ポイント**

● 特定建築物と特別特定建築物

特定建築物（令4条）	特別特定建築物（令5条）
1 学校	1 公立の小・中学校等及び特別支援学校
2 病院又は診療所	2 病院又は診療所
3 劇場、観覧場、映画館又は演芸場	3 劇場、観覧場、映画館又は演芸場
4 集会場又は公会堂	4 集会場又は公会堂
5 展示場	5 展示場
6 卸売市場又は百貨店、マーケットその他の物品販売業を営む店舗	6 百貨店、マーケットその他の物品販売業を営む店舗
7 ホテル又は旅館	7 ホテル又は旅館
8 事務所	8 保健所、税務署その他不特定かつ多数の者が利用する官公署
9 共同住宅、寄宿舎又は下宿	―
10 老人ホーム、保育所、福祉ホーム等	9 老人ホーム、福祉ホーム等（主として高齢者、障害者等が利用するものに限る）
11 老人福祉センター、児童厚生施設、身体障害者福祉センター等	10 老人福祉センター、児童厚生施設、身体障害者福祉センター等
12 体育館、水泳場、ボーリング場等の運動施設又は遊技場	11 体育館（一般公共の用に限る）、水泳場（一般公共の用に限る）もしくはボーリング場又は遊技場
13 博物館、美術館又は図書館	12 博物館、美術館又は図書館
14 公衆浴場	13 公衆浴場
15 飲食店又はキャバレー、料理店、ナイトクラブ、ダンスホール等	14 飲食店
16 理髪店、クリーニング取次店、質屋、貸衣装屋、銀行等のサービス業を営む店舗	15 理髪店、クリーニング取次店、質屋、貸衣装屋、銀行等のサービス業を営む店舗
17 自動車教習所又は学習塾、華道教室、囲碁教室等	―
18 工場	―
19 車両の停車場又は船舶もしくは航空機の発着場を構成する建築物で旅客の乗降又は待合の用に供するもの	16 車両の停車場又は船舶もしくは航空機の発着場を構成する建築物で旅客の乗降又は待合の用に供するもの
20 自動車の停留又は駐車のための施設	17 自動車の停留又は駐車のための施設（一般公共の用に限る）
21 公衆便所	18 公衆便所
22 公共用歩廊	19 公共用歩廊

032 建築物省エネ法

建築物のエネルギー消費性能の向上に関する法律(以下、建築物省エネ法)は、建築物についてエネルギー消費性能基準への適合義務、建築物エネルギー消費性能向上計画の認定制度の措置を講じるものである

1 建築物のエネルギー消費性能の向上に関する法律

☐ **● 規制措置及び誘導措置の審査対象** ●以下、建築物省エネ法を「法」という

	適用条文	対象用途	対象建築行為等	適用基準	
規制措置	基準適合義務(適合性判定)(法11・12条)	非住宅	**特定建築行為**(右頁)	建築物エネルギー消費性能基準(法2条1項三号)	一次エネルギー消費量基準のみ
	届出(法19条)	住宅	300㎡以上の新築、増改築		一次エネルギー消費量基準・外皮基準
	住宅トップランナー制度(法28条、31条)	分譲型・請負型の戸建て・共同住宅等	新築	住宅トップランナー基準(法29条2項、32条2項)	一次エネルギー消費量基準・外皮基準
誘導措置	建築物エネルギー消費性能向上計画の認定(法34条)	住宅及び非住宅	全ての建築物の新築、増改築、修繕・模様替、設備の設置・改修	建築物のエネルギー消費性能の誘導基準(法35条1項一号)	外皮基準・一次エネルギー消費量基準
	建築物のエネルギー消費性能に係る認定(法41条)	住宅	全ての既存建築物	建築物エネルギー消費性能基準(法2条1項三号)	外皮基準・一次エネルギー消費量基準
		非住宅			一次エネルギー消費量基準

4

☐ **●省エネ基準について適合義務と届出義務の対象の概要**

規模	建築物	住宅
中規模以上 （300㎡以上）	**適合義務** 【建築確認手続きに連動】	届出義務 【基準に適合せず、必要と認める場合、指示・命令等】
小規模 （10㎡超*1 300㎡未満）	努力義務・説明義務 【省エネ基準への適合性評価及び建築士から建築主への説明義務】	努力義務・説明義務 【省エネ基準への適合性評価及び建築士から建築主への説明義務】
		トップランナー制度*2 【トップランナー基準適合】対象は、分譲型一戸建て規格住宅、分譲型規格共同住宅等、請負型一戸建て規格住宅、請負型規格共同住宅等

*1 法27条1項、令10条
*2 大手住宅事業者について、トップランナー基準への適合状況が不十分等、省エネ性能の向上を相当程度行う必要があると認める場合、大臣の勧告・命令等の対象(法30条、33条)

2 特定建築行為

□ 特定建築行為に該当する場合は、建築主は省エネ基準（建築物エネルギー消費性能基準）への適合義務がある

□ 「**特定建築行為**」とは次の①〜③をいう

①**特定建築物**（非住宅部分の床面積が300㎡[※1]以上のものをいう）の新築

②特定建築物の増・改築（増・改築する部分のうち非住宅部分の床面積が300㎡[※1]以上のもの）

③特定建築物以外の建築物の増築で増築後に特定建築物となる増築（増築する部分のうち非住宅部分の床面積が300㎡[※1]以上のもの）

複合用途の場合の新築

特定建築物に増築

増築後に特定建築物となる

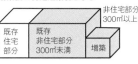

ただし、平成29年4月1日法施行の際現に存する建築物の「**特定増改築**」[※2]については、適合義務・適合性判定は不要となるが、届出が必要となる

● **特定建築行為** 法11条（特定建築物の建築主の基準適合義務）、令4条1項（特定建築物の非住宅部分の規模等）

※1：開放部分（後述）の床面積を除く
※2：特定建築行為に該当する増改築のうち「非住宅に係る増改築部分の床面積の合計」が「増改築後の特定建築物（非住宅部分に限る）に係る延べ面積」の1/2以内の場合をいう。また、開放部分の床面積を除かないで割合を算定

● **手続きフロー**

新築の場合

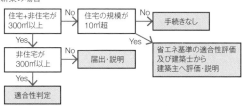

住宅の床面積300㎡以上の場合は、適判機関は所管行政庁に省エネ計画書を送付

増改築の場合

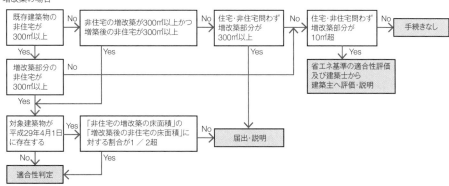

住宅の床面積300㎡以上の場合は、適判機関は所管行政庁に省エネ計画書を送付

3 用語解説、手続きなど

□ **エネルギー消費性能**とは、建築物の一定の条件での使用に際し消費されるエネルギー（空気調和設備その他の政令で定める建築設備において消費されるものに限る）の量を基礎として評価される性能をいう

● **定義** 法2条1項二号、令1条
空気調和設備等の機械換気設備・照明設備・給湯設備・昇降機

□ **建築物エネルギー消費性能基準**とは、建築物の備えるべきエネルギー消費性能の確保のために必要な建築物の構造及び設備に関する経済産業省令・国土交通省令で定める基準をいう

● **建築物エネルギー消費性能基準** 法2条1項三号

□ 建築主は、その建築（建築物の新築、増改築をいう）をしようとする建築物について、建築物エネルギー消費性能基準に適合させるために必要な措置を講ずるよう努めなければならない。建築主は、その修繕等（建築物の修繕、模様替、建築物への空気調和設備等の設置、空気調和設備等の改修をいう）をしようとする建築物について、建築物の所有者、管理者、占有者は、その所有し、管理し、占有する建築物について、エネルギー消費性能の向上を図るよう努めなければならない

● **建築主等の努力** 法6条1項、2項

□ 建築物の販売、賃貸を行う事業者は、その販売、賃貸を行う建築物について、エネルギー消費性能を表示するよう努めなければならない

● **建築物の販売又は賃貸を行う事業者の努力** 法7条

□ 特定一戸建て住宅建築主（自らが定めた一戸建ての住宅の構造・設備の規格に基づき一戸建ての住宅を新築し、これを分譲することを業として行う建築主で、1年間に新築する当該規格に基づく一戸建ての住宅（分譲型一戸建て規格住宅）の戸数が150戸以上）は、その新築する分譲型一戸建て規格住宅を所定の基準に適合させるよう努めなければならない

● **特定一戸建て住宅建築主及び特定共同住宅等建築主の努力義務** 28条、令9条

□ 特定共同住宅等建築主（自らが定めた共同住宅等（共同住宅・長屋）の構造・設備の規格に基づき共同住宅等を新築し、これを分譲することを業として行う建築主で、1年間に新築する当該規格に基づく共同住宅等（分譲型規格共同住宅等）の住戸の数が1,000戸以上）は、その新築する分譲型規格共同住宅等を所定の基準に適合させるよう努めなければならない

● **分譲型一戸建て規格住宅等のエネルギー消費性能の一層の向上に関する基準** 法29条

□ 特定一戸建て住宅建設工事業者（自らが定めた一戸建ての住宅の構造・設備の規格に基づき一戸建ての住宅を新たに建設する工事を業として請け負う者で、1年間に新たに建設する当該規格に基づく一戸建ての住宅（請負型一戸建て規格住宅）の戸数

● **特定一戸建て住宅建設工事業者及び特定共同住宅等建設工事業者の努力義務** 法31条、令10条

340

が300戸以上は、その新たに建設する請負型一戸建て規格住宅を所定の基準に適合させるよう努めなければならない

□ 特定共同住宅等建設工事業者(自らが定めた共同住宅等の構造・設備の規格に基づき共同住宅等を新たに建設する工事を業として請け負う者で1年間に新たに建設する当該規格に基づく共同住宅等(請負型規格共同住宅等)の住戸の数が1,000戸以上)は、その新たに建設する請負型規格共同住宅等を所定の基準に適合させるよう努めなければならない

● 請負型一戸建て規格住宅等のエネルギー消費性能の一層の向上に関する基準 法32条

□ 「エネルギー消費性能の一層の向上のための建築物の新築等」とは、エネルギー消費性能の向上に資する建築物の新築、増築、改築、修繕等をいう

● 建築物エネルギー消費性能向上計画の認定 法34条

□ 建築主等は、「エネルギー消費性能の一層の向上のための建築物の新築等」をしようとするときは、国土交通省令で定めるところにより、「**建築物エネルギー消費性能向上計画**」[※]を作成し、所管行政庁の認定を申請することができる

※:法34条1項。エネルギー消費性能の向上のための建築物の新築等に関する計画

□ 容積率の算定の基礎となる延べ面積には、「**認定建築物エネルギー消費性能向上計画**」に係る建築物の床面積のうち、基準に適合させるために通常の建築物の床面積を超えることとなる場合における政令で定める床面積(延べ面積の1/10が限度)は、算入しない

● 建築物エネルギー消費性能向上計画の認定基準等 法34条、35条

● 認定建築物エネルギー消費性能向上計画に係る建築物の容積率の特例 法40条、令11条

□ **建築物の所有者**は、所管行政庁に対し、当該建築物について建築物エネルギー消費性能基準に適合している旨の認定を申請でき、適合のときは、特定行政庁は認定をすることができる

● 当該建築物以外の他の建築物の省エネに資する場合 法40条2項

● 建築物のエネルギー消費性能に係る認定 法41条
既存建築物が対象である

□ 建築物のエネルギー消費性能に係る認定を受けた者は、**基準適合認定建築物**[※]の広告や表示ができる

● 広告表示 法41条3項
※:認定を受けた建築物

□ 建築主は、**特定建築行為**をしようとするときは、当該「**特定建築物(非住宅部分に限る)**」[※]を省エネ基準(建築物エネルギー消費性能基準)に適合させなければならない
なお、規制措置については建築物の規模と工事種別により、省エネ基準への適合義務、届出義務、いずれも不要の場合がある

● 特定建築物の建築主の基準適合義務 法11条1項
法11条1項は、2項により、建築基準関係規定であり確認審査の対象である
※:非住宅部分の床面積が300㎡(開放部分を除く)以上のものをいう

□ 「建築物エネルギー消費性能確保計画」とは、特定建築行為に係る特定建築物のエネルギー消費性能の確保のための構造及び設備に関する計画をいう

● 建築物エネルギー消費性能確保計画 法12条1項

☐	「建築物エネルギー消費性能適合性判定」とは、「建築物エネルギー消費性能確保計画」（非住宅部分に限る）が建築物エネルギー消費性能基準に適合するかどうかの判定をいう	**● 建築物エネルギー消費性能適合性判定** 法12条1項
☐	建築主は、特定建築行為をしようとするときは、工事着手前に、「建築物エネルギー消費性能確保計画」を所管行政庁又は登録建築物エネルギー消費性能判定機関（登録省エネ判定機関）に提出して、「建築物エネルギー消費性能適合性判定」を受けなければならない。また、同計画を変更して特定建築行為をしようとする場合も同様	**● 建築物エネルギー消費性能適合性判定の提出義務** 法12条1、2項
☐	所管行政庁又は登録省エネ判定機関は、建築物エネルギー消費性能確保計画の提出を受けた日から、原則として、14日以内に、建築物エネルギー消費性能適合性判定の結果通知書を当該提出者に交付しなければならない	**● 適合性判定の結果通知** 法12条3項 なお、14日以内に当該提出者に通知書を交付することができない合理的な理由があるときは、28日の範囲内で期間延長することができる
☐	建築主は、適合判定通知書［※］の交付を受けた場合は、確認申請をした建築主事又は指定確認検査機関に、適合判定通知書又はその写しを提出しなければならない	**● 適合性判定通知書の提出** 12条6項 ※：建築物エネルギー消費性能確保計画が建築物エネルギー消費性能基準に適合すると判定された通知書
☐	建築主は、確認申請書を建築主事に提出する場合に、建築物の計画が「特定建築行為」に係る場合は、建築主事の審査期間の末日の3日前までに、適合判定通知書又はその写しを建築主事に提出しなければならない	**● 適合判定通知書の提出期日** 法12条7項
☐	建築主事又は指定確認検査機関は、確認申請書を受理した建築物の計画が「特定建築行為」に係る場合は、適合判定通知書又は写しの提出を受けた場合に限り確認済証の交付をすることができる	**● 確認済証の交付** 法12条8項 **● 特定建築行為の定義** 法11条1項、令4条
☐	「**非住宅部分**」とは、「住宅部分」以外の建築物の部分をいう。「住宅部分」とは、居住のために継続的に使用する室その他の建築物の部分をいい、居住者が専用する住戸部分や廊下等の居住者が共用する部分をいう	**● 住宅・非住宅部分の定義** 令3条
☐	「開放部分」とは、内部に間仕切壁又は戸を有しない階又はその一部で、その床面積に対する常時外気に開放された開口部の面積の合計の割合が20分の1以上である部分をいい、当該開口部を閉鎖するための建具が設置されていないものである	**● 開放部分の定義** 令4条
☐	規制措置の適用除外となる建築物は次のものである 　①居室を有しないことにより空気調和設備を設ける必要がな	**● 規制措置の適用除外** 法18条、令6条

い用途の建築物[※1]

②高い開放性を有することにより空気調和設備を設ける必要がない用途の建築物[※2]

③文化財保護法の重要文化財等、指定景観重要建造物等

④建築基準法85条2項に規定する事務所、下小屋、材料置場等の仮設建築物等

※1：自動車車庫、自転車駐車場、堆肥舎、畜舎、公共用歩廊等

※2：観覧場、スケート場、水泳場、スポーツの練習場、神社、寺院のうち高い開放性を有するもの

建築物エネルギー消費性能確保計画（省エネ計画）の変更が軽微な変更[※]に該当する場合は、変更後の同計画の提出は不要である。非住宅部分に係る軽微な変更には、次のA、B、Cの変更が該当する

A 建築物のエネルギー消費性能を向上させる変更

B 一定以上のエネルギー消費性能を有する建築物について、一定の範囲内でエネルギー消費性能を低下させる変更

C 建築物のエネルギー消費性能に係る計算により、省エネ基準に適合することが明らかな変更（根本的変更を除く）

● 省エネ計画の軽微な変更　法12条2項、規則3条

※：軽微な変更とは、建築物のエネルギー消費性能を向上させる変更その他の変更後も建築物エネルギー消費性能確保計画が建築物エネルギー消費性能基準に適合することが明らかな変更とする

建築主は、次の行為をしようとするときは、工事着手日の21日前までに、建築物のエネルギー消費性能の確保のための構造及び設備に関する計画を所管行政庁に届け出なければならない（軽微な変更を除く計画変更の場合も同様）。ただし、当該届出に併せて、建築物エネルギー消費性能適合性判定に準ずるものとして省令で定めるものの結果を記載した書面を提出する場合は、届出は工事着手の「3日以上21日未満の範囲内で省令で定める日数（3日（規則13条の2第2項より））前」とする

①特定建築物以外の建築物の新築でエネルギー消費性能の確保を図る必要があるものとして床面積300㎡[※]以上のもの

②建築物の増築又は改築でエネルギー消費性能の確保を図る必要があるものとして床面積300㎡[※]以上のもの（特定建築行為に該当するものを除く）

● 建築物の建築に関する届出　法19条、令7条

※：開放部分の床面積は除く

● 届出に併せた結果書面の提出　法19条4項、規則13条の2

QUESTION

ANSWER

1　最頻出問題｜一問一答

→→→

次の記述のうち、「建築物の省エネルギー消費性能の向上に関する法律」上、正しいものには○、誤っているものには×をつけよ

本項目では、省エネ法を「法」、同施行令を「令」とする

1 ☐☐ 特定建築物とは、居住のために継続的に使用する室その他の政令で定める建築物の部分以外の建築物の部分の規模がエネルギー消費性能の確保を特に図る必要があるものとして政令で定める規模以上である建築物をいう

1 ○｜法11条1項、令4条1項。特定建築物とは、「住宅部分」以外の「非住宅部分」の規模がエネルギー消費性能の確保を特に図る必要があるものとして政令で定める規模以上である建築物をいう

2 ☐☐ 特定建築物の非住宅部分の床面積は、内部に間仕切壁又は戸を有しない階又はその一部であって、その床面積に対する常時外気に開放された開口部の面積の合計の割合が1／20以上であるものの床面積を除き、床面積の合計が1,000㎡以上である

2 ×｜令4条1項。床面積(内部に間仕切壁又は戸を有しない階又はその一部であって、その床面積に対する常時外気に開放された開口部の面積の合計の割合が1／20以上であるものの床面積を除く)の合計が300㎡以上である

3 ☐☐ 建築物エネルギー消費性能適合性判定とは、建築物エネルギー消費性能確保計画(非住宅部分に限る)が建築物エネルギー消費性能基準に適合するかどうかの判定をいう

3 ○｜法12条1項

4 ☐☐ 非住宅部分の床面積の合計が200㎡の建築物において、床面積の合計が300㎡の非住宅部分を増築しようとする場合は、建築主は建築物エネルギー消費性能基準に適合させなければならない。なお、常時外気に開放された部分はないものとする

4 ○｜法11条1項、令4条1項、2項。非住宅部分が300㎡未満である建築物が増築後に、非住宅が300㎡以上となるため、建築主は建築物エネルギー消費性能基準に適合させなければならない

5 ☐☐ 建築物の所有者は、所管行政庁に対し、当該建築物について建築物エネルギー消費性能基準に適合している旨の認定を申請しなければならず、所管行政庁は、申請に係る建築物が建築物エネルギー消費性能基準に適合していると認めるときは、その旨の認定をしなければならない

5 ×｜法34条、当該認定申請は義務ではない。建築物エネルギー消費性能基準に適合している旨の認定を申請することができる。所管行政庁は、申請に係る建築物が建築物エネルギー消費性能基準に適合していると認めるときは、その旨の認定をすることができる

2 実践問題 | 一問一答 →→→

次の記述のうち、「建築物の省エネルギー消費性能の向上に関する法律」上、正しいものには○、誤っているものには×をつけよ

1 ☐☐ 「エネルギー消費性能の向上のための建築物の新築等」とは、エネルギー消費性能の一層の向上に資する建築物の新築、増築、改築、修繕等をいう

2 ☐☐ 建築主事又は指定確認検査機関は、建築物の計画が同法に基づく特定建築行為に係る確認申請については、建築物エネルギー消費性能確保計画が建築物エネルギー消費性能基準に適合すると判定された通知書（適合判定通知書）又はその写しの提出を受けなくても、確認済証の交付はできる

3 ☐☐ 物品販売業を営む店舗の建築物で当該店舗の用途に供する部分の床面積の合計が300㎡（常時外気に開放された部分はない）の建築物の新築工事をしようとする建築主は、その工事に着手する日の21日前までに、当該行為に係る建築物のエネルギー消費性能の確保のための構造及び設備に関する計画を所管行政庁に届け出なければならない

4 ☐☐ 特定一戸建て住宅建築主とは、自らが定めた一戸建ての住宅の構造及び設備に関する規格に基づき一戸建ての住宅を新築し、これを分譲することを業として行う建築主で、その新築する「分譲型一戸建て規格住宅」の戸数が年間300戸以上であるものをいう

5 ☐☐ 床面積の合計が1,000㎡の高い開放性を有することにより空気調和設備を設ける必要がないスポーツの練習場を新築する場合、建築物エネルギー消費性能基準に適合させなくてもよい

6 ☐☐ 建築物の新築等のうち、建築物エネルギー消費性能適合性判定を受けるべきものについて、当該建築物の新築等をしようとする者が建築物エネルギー消費性能向上計画の認定を受けたときは、原則として、適合判定通知書の交付を受けたものとみなされる

7 ☐☐ 建築物エネルギー消費性能適合性判定を受けた建築主が、建築基準法に基づく確認申請書を建築主事に提出する場合には、確認申請書の提出時に併せて適合判定通知書又はその写しを提出しなければならない

1 ○｜法34条1項

2 ×｜法12条8項。建築主事又は指定確認検査機関は、建築物の計画が特定建築行為に係る確認申請については、適合判定通知書又は写しの提出を受けないと確認済証の交付ができない

3 ×｜法12条1項、15条1項。法19条1項の「届出」ではなく、法12条1項の特定建築行為に該当するため、建築主は、工事着手前に、建築物エネルギー消費性能確保計画を所管行政庁又は登録建築物エネルギー消費性能判定機関に提出して、建築物エネルギー消費性能適合性判定を受けなければならない

4 ×｜法28条、令9条。その新築する当該規格に基づく一戸建ての住宅（「分譲型一戸建て規格住宅」という）の戸数が年間150戸以上であるものをいう

5 ○｜法18条一号、令7条1項二号。高い開放性を有することで空気調和設備を設ける必要がないスポーツの練習場は、基準適合は不要

6 ○｜法35条8項。建築物エネルギー消費性能向上計画の認定を受けたときは、当該エネルギー消費性能の向上のための建築物の新築等のうち、建築物エネルギー消費性能適合性判定を受けなければならないものについては、適合判定通知書の交付を受けたものとみなす

7 ×｜法12条7項。建築主事の審査期間の末日の3日前までに、適合判定通知書又はその写しを当該建築主事に提出しなければならない

033 耐震改修促進法

建築物の耐震改修の促進に関する法律（以下、耐震改修促進法）は、平成25年5月に大幅な改正が行われ、（平成25年11月25日施行）建築物の耐震改修の計画の認定に係る建築物の容積率及び建蔽率の特例措置も導入された

1 建築物の所有者への指導・助言・指示等

☐　都道府県は、基本方針に基づき、区域内の建築物の耐震診断及び耐震改修の促進を図るための「都道府県耐震改修促進計画」を定めるものとする（法5条）

☐　都道府県耐震改修計画に記載できる事項
①病院、官公署等大地震が発生した場合に公益上必要な建築物で政令で定めるもので、**既存耐震不適格建築物**であるもの（「耐震不明建築物」に限る）について、耐震診断・耐震改修の場合における、当該建築物に関する事項及び耐震診断結果報告の期限に関する事項（法5条3項一号）
②建築物が地震で倒壊した場合に、その敷地に接する道路（「建築物集合地域通過道路等」に限る）の通行を妨げ、市町村の区域を越える相当多数の者の円滑な避難を困難とすることを防止するため、当該道路にその敷地が接する**通行障害既存耐震不適格建築物**について、耐震診断及び耐震改修の場合における、当該通行障害既存耐震不適格建築物の敷地に接する道路に関する事項及び当該通行障害既存耐震不適格建築物（耐震不明建築物に限る）に係る耐震診断結果報告の期限に関する事項（法5条3項二号）

☐　市町村耐震改修促進計画に記載できる事項
①建築物が地震で倒壊した場合に、円滑な避難のため、当該道路にその敷地が接する通行障害既存耐震不適格建築物について、耐震診断及び耐震改修の促進を図ることが必要と認められる場合は、当該通行障害既存耐震不適格建築物の敷地に接する道路に関する事項及び当該通行障害既存耐震不適格建築物（耐震不明建築物に限る）に係る耐震診断の結果の報告の期限に関する事項（法6条3項一号）
②建築物が地震によって倒壊した場合に、円滑な避難のため、当該道路にその敷地が接する通行障害既存耐震不適格建築物の耐震診断及び耐震改修の促進を図ることが必要と認めら

「法」とは耐震改修促進法をいう
「令」とは同法施行令をいう

● **基本方針**　法4条

● **耐震改修とは**
増築、改築、修繕、模様替もしくは一部の**除却**又は敷地を整備すること　法2条2項

● **既存耐震不適格建築物**
耐震関係規定に適合しない建築物で建築基準法3条2項の適用を受けているもの

● **耐震関係規定**
地震に対する安全性に係る建築基準法、命令、条例の規定

● **耐震不明建築物**
地震に対する安全性が明らかでないものとして政令で定める建築物

● **建築物集合地域通過道路等**
相当数の建築物が集合し又は集合することが確実な地域を通過する道路等

● **通行障害既存耐震不適格建築物**
地震で倒壊した場合にその敷地に接する道路の通行を妨げ、多数の者の円滑な避難を困難とするおそれがあるもので政令で定める建築物（「通行障害建築物」という）であって既存耐震不適格建築物であるものをいう

● **耐震診断の結果の公表**　法9条
所管行政庁は、耐震診断結果の報告を受けたときは、その内容を公表しなければならない

れる場合は、当該通行障害既存耐震不適格建築物の敷地に
接する道路に関する事項（法6条3項二号）

2 所有者の努力義務等

☐ 建築物の所有者が講ずべき措置

次の建築物（「**要安全確認計画記載建築物**」という）の所有者
は、耐震診断を行い、その結果を、所定の期限までに所管行政庁
に報告しなければならない（法7条）

①都道府県耐震改修促進計画に記載された建築物は、当該耐
震改修促進計画に記載された期限

②その敷地が都道府県耐震改修促進計画に記載された道路に
接する通行障害既存耐震不適格建築物（耐震不明建築物に
限る）は、当該耐震改修促進計画に記載された期限

③その敷地が市町村耐震改修促進計画に記載された道路に接
する通行障害既存耐震不適格建築物（耐震不明建築物に限
り、②の建築物を除く）は、当該耐震改修促進計画に記載され
た期限

☐ 要安全確認計画記載建築物の所有者は、耐震診断の結果、地
震に対する安全性の向上を図る必要があるときは、当該要安全
確認計画記載建築物の耐震改修を行うよう努めなければならない
（法11条）

☐ 既存耐震不適格建築物であって要安全確認計画記載建築物で
あるものを除くものを「**特定既存耐震不適格建築物**」とし、その所
有者は耐震診断を行い、地震に対する安全性の向上を図る必要
があるときは、特定既存耐震不適格建築物について耐震改修を
行うよう努めなければならない

☐ 要安全確認計画記載建築物及び特定既存耐震不適格建築物
以外の既存耐震不適格建築物の所有者は、当該既存耐震不適
格建築物について耐震診断を行い、耐震改修を行うよう努めなけ
ればならない（法16条）

☐ 通行障害建築物の要件

①そのいずれかの部分の高さが、当該部分から前面道路の境界
線までの水平距離に、次のイ又はロの区分に応じ、イ又はロに
定める距離（これによることが不適当で省令で定める場合は、
当該前面道路の幅員が12m以下のときは6m超の範囲にお
いて、当該前面道路の幅員が12m超のときは6m以上の範囲
において、省令で定める距離）を加えた数値を超える建築物

● **要安全確認計画記載建築物の報告、
検査等**　法13条1項

所管行政庁は、要安全確認計画記載建築
物の所有者に対し、地震に対する安全性
に係る事項に関し報告させ、又はその職
員に要安全確認計画記載建築物、敷地、
建築設備、建築材料等を検査させること
ができる

● **特定既存耐震不適格建築物**　法14条

①学校、体育館、病院、劇場、観覧場、集
会場、展示場、百貨店、事務所、老人
ホームその他多数の者が利用する建築
物で政令で定めるもので政令で定める
規模以上のもの

②火薬類、石油類その他政令で定める危
険物で政令で定める数量以上のものの
貯蔵場又は処理場の用途に供する建
築物

③その敷地が都道府県耐震改修促進計
画に記載された道路又は市町村耐震
改修促進計画に記載された道路に接す
る通行障害建築物

● **特定既存耐震不適格建築物に対する
指示**　法15条2項

所管行政庁は、次の特定既存耐震不適格
建築物のうち所定のものについて必要な
耐震診断又は耐震改修が行われていない
と認めるときは、その所有者に対し、必要
な指示をすることができる

①病院、劇場、観覧場、集会場、展示場、
百貨店その他不特定かつ多数の者が
利用する特定既存耐震不適格建築物

②小学校、老人ホームその他地震の際の
避難確保上特に配慮を要する者が主と
して利用する特定既存耐震不適格建
築物

③その他所定の特定既存耐震不適格建
築物

● **通行障害建築物の要件**　法5条3項
二号、令4条

（次の②を除く）

イ　前面道路幅員が12m以下の場合は6m

ロ　前面道路幅員が12m超の場合は、前面道路の幅員の1/2相当する距離

②その前面道路に面する部分の長さが25m[※1]を超え、かつ、前面道路に面する部分のいずれかの高さが、当該部分から前面道路の境界線までの水平距離に前面道路の幅員の1/2に相当する距離[※2]を加えた数値を2.5で除して得た数値を超える組積造[※3]の塀で、建物に附属するもの

※1：これによることが不適当で省令で定める場合は、8m以上25m未満の範囲で省令で定める長さ

※2：これによることが不適当で省令で定める場合は、2m以上の範囲で省令で定める距離

※3：補強コンクリートブロック造等

●**通行障害建築物**

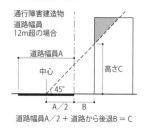

道路幅員A／2 ＋ 道路から後退B ＝ C

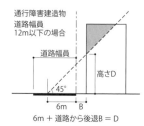

6m ＋ 道路から後退B ＝ D

●**補強コンクリートブロック塀等の組積造の塀**

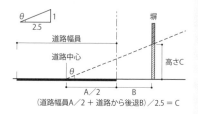

（道路幅員A／2 ＋ 道路から後退B）／2.5 ＝ C

3　計画の認定

□　所管行政庁が、増築により**容積率関係規定**又は**建蔽率関係規定**に適合しないこととなることがやむを得ないと認め、耐震改修の計画の認定をしたときは、当該認定の建築物については、容積率関係規定又は建蔽率関係規定は、適用しない（法17条）

□　建築物の所有者は、所管行政庁に対し、当該建築物について地震に対する安全性基準に適合している旨の認定を申請することができ、所管行政庁の認定を受けた建築物（「基準適合認定建築物」という）、その敷地又はその利用に関する広告等に、当該建築物が認定を受けている旨の表示をすることができる（法22〜24条）

□　区分所有建築物の耐震改修の必要性に係る認定等

①区分所有建築物の管理者等は、所管行政庁に対し、当該区分所有建築物の耐震改修を行う必要がある旨の認定を申請することができ、所管行政庁の認定を受けた区分所有建築物（「**要耐震改修認定建築物**」という）については、耐震改修が共用部分の変更の場合は、区分所有者の集会の決議により耐震改修を行うことができる（法25条3項）

②要耐震改修認定建築物の区分所有者は、当該要耐震改修認定建築物について耐震改修を行うよう努めなければならない（法25〜27条）

●**容積率関係規定、建蔽率関係規定を適用しない基準**　法17条3項五号、六号

①当該工事が地震に対する安全性の向上を図るため必要と認められるものであり、かつ、当該工事により、当該建築物が容積率関係規定に適合しないこととなることがやむを得ないと認められるものであること

②工事の計画に係る建築物について、交通上、安全上、防火上及び衛生上支障がないと認められるものであること

③その他

●**建築物の地震に対する安全性に係る認定**　法22条1・2項

建築物の所有者は所管行政庁に対し、当該建築物について地震に対する安全性に係る基準に適合している旨の認定を申請することができる。所管行政庁は、申請があった場合において、当該申請に係る建築物が耐震関係規定又は地震に対する安全上これに準ずるものとして国土交通大臣が定める基準に適合していると認めるときは、その旨の認定をすることができる

計画

環境・設備

法規

構造

施工

1　最頻出問題｜一問一答

次の記述のうち、「建築物の耐震改修の促進に関する法律」上、正しいものには○、誤っているものには×をつけよ

1 ☐☐　本法において「耐震診断」とは、地震に対する安全性を評価することをいう。また、「耐震改修」とは、地震に対する安全性の向上を目的として、新築、増築、改築、修繕、模様替もしくは一部の除却又は敷地の整備をすることをいう

2 ☐☐　本法の目的は、地震や津波により、倒壊する危険性のある建築物の建替えを促進することにある

3 ☐☐　診療所、電気通信事業の用に供する施設、電気事業の用に供する施設、鉄道事業の用に供する施設、地域防災計画において災害応急対策に必要な施設として定められたものは、都道府県耐震改修促進計画に記載することができる公益上必要な建築物として、耐震診断の義務付けの対象となる

4 ☐☐　昭和56年5月31日以前に新築の工事に着手した建築物（同年6月1日以後に増築等の工事を行い、建築基準法の検査済証の交付を受けたものを除く）は、原則として、法5条3項1号の地震に対する安全性が明らかでないものとして政令で定める建築物（耐震不明建築物）である

2　実践問題｜一問一答

1 ☐☐　法5条3項二号の政令で定める通行障害既存耐震不適格建築物の要件は、その部分の高さが、当該部分から前面道路の境界線までの水平距離に、原則として、前面道路幅員が12m以下の場合は6mを加えたものを超える建築物とする

2 ☐☐　所管行政庁は、要耐震改修認定建築物について必要な耐震改修が行われていないときは、当該建築物の区分所有者に対し、技術指針事項を勘案して、必要な指示ができ、また、正当な理由なく、その指示に従わなかったときは、その旨を公表できる

→→→

本項目では、耐震改修促進法を「法」、同法施行令を「令」とする

1　×｜設問記述中の新築は「耐震改修」として規定されていない（法2条）

2　×｜本法の目的は、地震による建築物の倒壊等の被害から国民の生命、身体及び財産を保護するため、建築物の耐震改修の促進のための措置を講ずることにより建築物の地震に対する安全性の向上を図り、もって公共の福祉の確保に資すること（法1条）

3　○｜これらの施設は、法5条3項一号の都道府県耐震改修促進計画に記載できる公益上必要な建築物で、耐震診断が義務付けられる（令2条）

4　○｜法5条3項一号の政令で定めるその地震に対する安全性が明らかでない建築物は、昭和56年5月31日以前に新築の工事に着手したものとする。ただし、同年6月1日以後に増築、改築、大規模の修繕又は大規模の模様替の工事（令3条一号から三号を除く）に着手し、検査済証の交付を受けたものを除く（令3条）

→→→

1　○｜通行障害既存耐震不適格建築物は、倒壊した際に道路の通行を妨げ、多数の者の円滑な避難を困難とするもの。設問記述に加え、前面道路幅員が12mを超える場合は前面道路の幅員の1／2に相当する距離を超える建築物（法5条3項二号、令4条）

2　○｜設問記述のとおりである。また、所管行政庁は、要耐震改修認定建築物に立入検査ができる（法27条2・3・4項）

034 **品確法**

住宅の品質確保の促進等に関する法律（以下、品確法）において、住宅の性能評価には、設計された住宅に係る設計住宅性能評価書と、建設された住宅に係る建設住宅性能評価書がある。また、住宅の新築工事の請負人は10年間、瑕疵担保責任を負う

1　住宅性能評価

☐　国土交通大臣は、**日本住宅性能表示基準**を定めるのに併せて、その基準に従って表示すべき住宅の性能に関する評価の基準（**評価方法基準**）を定める

☐　**住宅性能評価**とは、設計された住宅又は建設された住宅について、日本住宅性能表示基準に従って表示すべき性能に関し、評価方法基準に従って評価することをいう

☐　住宅の建設工事の請負人は、**設計住宅性能評価書**やその写しを請負契約書に添付し、又は注文者に交付した場合、設計住宅性能評価書に表示された性能をもつ住宅の建設工事を行うことを契約したものとみなされる

☐　**新築住宅**の建設工事の完了前にその住宅の売買契約をした売主は、設計住宅性能評価書やその写しを売買契約書に添付し、又は買主に交付した場合、設計住宅性能評価書に表示された性能をもつ新築住宅を引き渡すことを契約したものとみなされる

☐　新築住宅の建設工事の完了後にその住宅の売買契約をした売主は、**建設住宅性能評価書**やその写しを売買契約書に添付し、又は買主に交付した場合は、建設住宅性能評価書に表示された性能をもつ新築住宅を引き渡すことを契約したものとみなされる

本項目では、品確法を「法」、同法施行令を「令」とする

品確法の3本柱の1つ目が、住宅の様々な性能を分かりやすく表示する「住宅性能表示制度」。申請により、住宅性能評価を行い、住宅性能評価書を交付できる機関として登録住宅性能評価機関も設置した

● **評価方法基準**　法3条の2第1項
● **住宅性能評価**　法5条
● **住宅性能評価書等と契約内容**　法6条

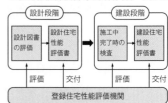

● **設計住宅性能評価書**
設計された住宅に係る住宅性能評価書
● **新築住宅**
新たに建設された住宅で人の居住の用に供してなく、建設工事の完了の日から起算して1年を経過していないもの（法2条）
● **建設住宅性能評価書**
建設された住宅に係る住宅性能評価書

2　瑕疵担保責任の特例

☐　**住宅新築請負契約**（住宅を新築する建設工事の請負契約）においては、請負人は、引渡し時から10年間、**住宅の構造耐力上主要な部分及び雨水の浸入を防止する部分**について、民法に規定する瑕疵担保責任を負う。なお、規定に反する特約で注文者に不利なものは、無効とする。また、一時使用のため建設されたこ

● **住宅の新築工事の請負人の瑕疵担保責任の特例**　法94・96条

● **住宅の構造耐力上主要な部分等**　令5条
法94条1項及び法95条1項の住宅のうち瑕疵担保期間10年の対象となる部

とが明らかな住宅については、適用しない

新築住宅の売買契約においては、売主は、買主に引き渡したとき（新築住宅が住宅新築請負契約に基づき請負人から売主に引き渡されたものである場合は、その引渡しのとき）から**10**年間、住宅の**構造耐力上主要な部分等の隠れた瑕疵**について、民法415条等の所定の条文の**契約不適合責任**を負う。なお、規定に反する特約で買主に不利なものは、無効とする。また、一時使用のため建設されたことが明らかな住宅については、適用しない

住宅について、瑕疵担保責任を負うべき期間は、請負契約又は売却契約の特約として、引き渡したときから**20**年以内とすることができる（法97条）

品確法の3本柱の2つ目が、新築住宅の基本構造部分の「瑕疵担保期間10年間」の義務化。民法では5年又は10年とされ、それの特例といえる

分は以下の①②をいう
①構造耐力上主要な部分：
　基礎・基礎杭・壁・柱・小屋組・土台・斜材（筋かい・方づえ・火打材等）・床版・屋根版、横架材（梁・けた等）で、住宅の自重・積載荷重・積雪・風圧・土圧・水圧又は地震の震動・衝撃を支えるもの。建築基準法の定義と同じ（171頁参照）
②雨水の浸入を防止する部分：
　a　住宅の屋根・外壁、これらの開口部に設ける戸・枠その他の建具
　b　雨水用排水管のうち、屋根もしくは外壁の内部又は屋内にある部分

● **新築住宅の売主の瑕疵担保責任の特例**　法95・96条
● **瑕疵担保責任の期間の伸長等の特例**　法97条

3　紛 争 処 理

指定住宅紛争処理機関は、建設住宅性能評価書が交付された住宅（**評価住宅**）の建設工事の請負契約又は売買契約に関する紛争の当事者の双方又は一方からの申請により、当該紛争のあっせん、調停及び仲裁（**住宅紛争処理**）の業務を行う

住宅紛争処理支援センターは、次に掲げる業務を行う
①**指定住宅紛争処理機関**に対して紛争処理の業務の実施に要する費用を助成すること
②住宅紛争処理に関する情報・資料の収集・整理をし、指定住宅紛争処理機関に提供すること
③住宅紛争処理に関する調査・研究を行うこと
④指定住宅紛争処理機関の紛争処理委員又はその職員に対する研修を行うこと
⑤指定住宅紛争処理機関の行う紛争処理の業務について、連絡調整を図ること
⑥評価住宅の建設工事の請負契約又は売買契約に関する相談、助言及び苦情の処理を行うこと
⑦評価住宅以外の住宅の建設工事の請負契約や売買契約に関する相談、助言や苦情の処理を行うこと
⑧**住宅購入者等**の利益の保護及び住宅に係る紛争の迅速かつ適正な解決を図るために必要な業務を行うこと

品確法の3本柱の残りの1つが「指定住宅紛争処理機関」の整備。トラブルの迅速な解決を図るよ

● **指定住宅紛争処理機関の指定等**　法66条

● **指定住宅紛争処理機関の業務**　法67条

● **住宅紛争処理支援センター及びその業務**　法82・83条

住宅紛争処理支援センター
↓費用助成、情報提供、研修等
指定住宅紛争処理機関
申請↓　↑住宅紛争処理業務
紛　争

● **住宅購入者等**　法2条4項
①住宅購入（予定）者で当該住宅に居住する（予定の）者、②住宅の建設工事の注文（予定）者で当該住宅に居住する（予定の）者

034 **品確法** QUESTION & ANSWER

QUESTION

1 最頻出問題 | 一問一答

→→→

次の記述のうち、「住宅の品質確保の促進等に関する法律」上、正しいものには○、誤っているものには×をつけよ

1 ☐☐ 「新築住宅」とは、新たに建設された住宅で、まだ人の居住の用に供したことのないものであり、かつ、当該住宅の建設工事の完了の日から起算して1年を経過していないものをいう

2 ☐☐ 住宅新築請負契約又は新築住宅の売買契約における瑕疵担保責任の特例において、「住宅の構造耐力上主要な部分等」には、「雨水を排除するため住宅に設ける排水管のうち、当該住宅の屋根若しくは外壁の内部又は屋内にある部分」は含まれない

3 ☐☐ 住宅新築請負契約又は新築住宅の売買契約においては、住宅の構造耐力上主要な部分等の瑕疵担保責任の期間は、瑕疵担保責任の特例により、引き渡したときから10年間であるが、契約において、引き渡したときから20年以内とすることができる

4 ☐☐ 新築住宅の売買契約において、新築住宅の買主は、住宅の構造耐力上主要な部分等の隠れた瑕疵について、瑕疵担保責任の特例により、売主又は建設工事の請負人のいずれに対しても、契約の解除、瑕疵の修補又は損害賠償の請求をすることができる

5 ☐☐ 国土交通大臣の指定する住宅紛争処理支援センターは、建設住宅性能評価書が交付された住宅以外の住宅についても、建設工事の請負契約・売買契約の相談、助言・苦情の処理を行う

ANSWER

本項目では、品確法を「法」、同法施行令を「令」とする

1 ○ | 法2条2項。品確法における新築住宅の用語の定義である

2 × | 法94条1項により「住宅の構造耐力上主要な部分等」のうち、令5条2項二号において「雨水を排除するため住宅に設ける排水管のうち、当該住宅の屋根若しくは外壁の内部又は屋内にある部分」が含まれる

3 ○ | 法94条1項。瑕疵担保期間は、原則10年であるが、法97条により20年以内の期間の伸長ができる

4 × | 法95条1項。新築住宅の売買契約においては、買主は売主に対して損害賠償等の請求ができるが、建設工事の請負人に対しては請求できない

5 ○ | 法83条1項七号。住宅紛争処理支援センターの業務として、評価住宅(建設住宅性能評価書が交付された住宅)だけでなく、それ以外の住宅の建設工事の請負契約又は売買契約に関する相談、助言及び苦情の処理も行う

品確法の3本柱は、
①住宅性能表示の制度
②瑕疵担保期間の10年義務化
③指定住宅紛争処理機関の整備

2 実践問題 | 一問一答

→→→

1 ☐☐ 設計された住宅又は建設された住宅について、日本住宅性能表示基準に従って表示すべき性能に関し、評価方法基準に従って評価することを、「住宅性能評価」という

1 ○ | 法5条1項。住宅性能評価の定義である

2 □□ 住宅の建設工事の請負人が、注文者に対し設計住宅性能評価書の写しを交付した場合においては、請負人が請負契約書において反対の意思を表示していなければ、当該設計住宅性能評価書の写しに表示された性能を有する住宅の建設工事を行うことを契約したものとみなす

3 □□ 指定住宅紛争処理機関は、設計住宅性能評価書が交付された住宅の建設工事の請負契約又は売買契約に関する紛争の当事者の双方又は一方からの申請により、当該紛争のあっせん、調停及び仲裁の業務を行うものとする

4 □□ 住宅新築請負契約においては、請負人は、注文者に引き渡したときから10年間、住宅の外壁の開口部に設ける戸、枠その他の建具の瑕疵(雨水の浸入に影響のないものを除く)について、民法の所定の条文に規定する担保の責任を負う

5 □□ 新築住宅の建設工事の完了後に当該新築住宅の売買契約を締結した売主は、設計住宅性能評価書の写しを売買契約書に添付した場合においては、当該写しに表示された性能を有する新築住宅を引き渡すことを契約したものとみなす

6 □□ 特別評価方法認定とは、日本住宅性能表示基準に従って表示すべき性能に関し、評価方法基準に従った方法に代えて、特別の建築材料もしくは構造方法に応じて又は特別の試験方法もしくは計算方法を用いて評価する方法を認定することをいう

7 □□ 指定住宅紛争処理機関は、建設住宅性能評価書が交付された住宅の建設工事の請負契約又は売買契約に関する紛争の当事者の双方又は一方からの申請により、当該紛争のあっせん、調停及び仲裁の業務を行うものとする

8 □□ 評価方法基準とは、日本住宅性能表示基準に従って表示すべき住宅の性能に関する評価(評価のための検査を含む)の方法の基準をいう

9 □□ 国土交通大臣は、日本住宅性能表示基準又は評価方法基準の変更をしようとするときは、あらかじめ、社会資本整備審議会の議決を経なければならない

2 ○｜法6条1項により、住宅の建設工事の請負人が注文者に設計住宅性能評価書の写しを交付した場合は、当該設計住宅性能評価書の写しに表示された性能を有する住宅の建設工事を行うことを契約したものとみなす。ただし、法6条4項により、請負人が請負契約書において反対の意思を表示しているときは、適用しない

3 ×｜法67条1項。指定住宅紛争処理機関は、設計住宅性能評価書ではなく、建設住宅性能評価書が交付された住宅の建設工事の請負契約又は売買契約に関する紛争のあっせん、調停及び仲裁の業務を行う

4 ○｜法94条1項、令5条2項一号。「住宅の屋根若しくは外壁又はこれらの開口部に設ける戸、枠その他の建具」は該当する

5 ×｜法6条3項。設計住宅性能評価書ではなく、建設された住宅に係る住宅性能評価である建設住宅性能評価書である

6 ○｜法58条1項。特別評価方法認定とは、評価方法基準とは異なった、特別の建築材料等又は試験方法等を用いる評価方法を認定することをいい、申請者は、国土交通大臣に申請することができる

7 ○｜法67条1項。指定住宅紛争処理機関は、請負契約又は売買契約の当事者の双方からの申請だけでなく、一方からの申請だけでも紛争のあっせん等を行う

8 ○｜法3条の2第1項。評価方法基準とは、住宅性能に関する評価方法の基準であり、評価のための検査を含む

9 ○｜法3条4項・3条の2第2項。国土交通大臣は、日本住宅性能表示基準を変更しようとするときは、あらかじめ、社会資本整備審議会の議決を経なければならない。また、評価方法基準の変更をしようとするときも同様である

035 関係法令

関係法令には、建築基準法施行令9条の建築基準関係規定に規定されている法令以外にも、建築士として設計・工事監理、建築主との協議等の際に、理解しておくべき法令があり、幅広い知識が求められる

1　建設業法

☐ 建設工事の**請負契約**の当事者は契約締結に際して、工事内容や請負代金等の事項を書面に記載、**署名**又は**記名押印**して相互に交付する。また、建設工事の請負契約の当事者は、当該契約の相手方の承諾を得て、書面に代えて所定の電子情報通信利技術を利用する措置を講ずることができる

☐ 建設業者は、建設工事を施工するときは、技術上の管理をつかさどる「**主任技術者**」を置かなければならない

☐ 発注者から直接建設工事を請け負った**特定建設業者**は、建設工事を施工するために締結した下請契約の請負代金の額が一定金額以上の場合には、当該建設工事に関し一定の能力を有する者で当該工事現場における建設工事施工の技術上の管理をつかさどる「**監理技術者**」を置かなければならない

☐ 公共性のある施設、多数の者が利用する施設等の重要な建設工事は、原則として、工事現場ごとに専任の主任技術者又は監理技術者でなければならない。ただし、監理技術者にあっては、発注者から直接当該建設工事を請け負った特定建設業者が、監理技術者補佐を専任で置く場合は、「専任の監理技術者」でなくてもよく、その際の監理技術者を特例監理技術者といい、特例監理技術者は2の工事現場の兼任ができる

☐ 特定専門工事の元請負人及び下請負人は合意により、元請負人が特定専門工事につき置かなければならない主任技術者が、その職務と併せて、下請負人が下請負に係る建設工事につき置かなければならない主任技術者職務を行うことができる。この場合、当該下請負人は、下請負の建設工事につき主任技術者を置くことを要しない

以下、建設業法を「法」、同法施行令を「令」とする

● **建設工事の請負契約の内容**　法19条1項

● **一括下請負の禁止**　法22条,令6条の3
建設業者は、その請け負った建設工事を、一括して他人に請け負わせてはならない。ただし、その建設工事が多数の者が利用する施設・工作物に関する重要な建設工事で、令6条の3で定めるもの（共同住宅を新築する建設工事）以外の建設工事である場合は、当該建設工事の元請負人があらかじめ発注者の書面による承諾を得たときは適用しない

● **主任技術者及び監理技術者の設置等**
法26条,令27～29条

> 建設業法は、請負契約の条件や主任技術者の設置に要注意

● **下請の主任技術者の設置を不要**　法26条の3

2 宅地造成及び特定盛土等規制法

宅地造成とは、宅地以外の土地を宅地にするために行う土地の形質の変更で次のものをいう。また、**特定盛土等**とは、宅地・農地等において行う土地の形質の変更で、当該宅地・農地等に隣接し、又は近接する宅地において災害を発生させるおそれが大きいものとして次のものをいう

①盛土で、高さ1mを超える崖を生ずるもの

②切土で、高さ2mを超える崖を生ずるもの

③盛土と切土とを同時にする場合に、盛土・切土の高さ2m超える崖を生ずるときの盛土・切土(①、②を除く)

④①又は③に該当しない盛土で高さ2m超えるもの

⑤上記以外の盛土・切土で、その面積が500㎡を超えるもの

宅地造成等工事規制区域内において行われる宅地造成等に関する工事は、工事主は、当該工事に着手する前に、都道府県知事の許可を受けなければならない。ただし、宅地造成等に伴う災害の発生のおそれがないと認められる工事については、この限りでない

以下、宅地造成及び特定盛土等規制法を「法」、同法施行令を「令」とする
- **宅地造成・特定盛土等** 法2条二号・三号、令3条
- **宅地造成等工事規制区域** 法10条1項
都道府県知事は、宅地造成、特定盛土等又は土石の堆積に伴い災害が生ずるおそれが大きい市街地若しくは市街地となろうとする区域又は集落の区域等で宅地造成等に関する工事について規制を行う必要があるものを、宅地造成等工事規制区域として指定できる

- **宅地造成等に関する工事の許可** 法12条、令5条
- **完了検査等** 法17条
- **中間検査** 法18条

3 景観法

景観行政団体は、一定の区域について、良好な景観の形成に関する計画である「**景観計画**」を定めることができ、①景観計画区域、②景観計画区域の良好な景観形成に関する方針、③良好な景観形成のための行為の制限に関する事項等を定める

景観行政団体の長は、その届出をした者に対し設計の変更その他の必要な措置をとることを勧告することができる

市町村は、都市計画区域・準都市計画区域内の土地の区域について、市街地の良好な景観の形成を図るため、都市計画に**景観地区**を定めることができる

景観地区に関する都市計画には、位置、区域、建築物の形態意匠の制限を定めるとともに、①建築物の高さの最高限度・最低限度、②壁面の位置の制限、③建築物の敷地面積の最低限度、のうち必要なものを定めることができる

景観地区内で建築等をしようとする者は、あらかじめ、その計画が規定に適合することを、申請書を提出して**市町村長**の認定を受けなければならない。市町村長は、申請書を受理した日から**30**日以

以下、景観法を「法」とする
- **景観計画** 法8条
- **届出及び勧告等** 法16条
景観計画区域内では、次の行為をしようとする者は、あらかじめ、その種類、場所、設計、施工方法、着手予定日その他の所定の事項を景観行政団体の長に届け出る
①建築物の新築、増築、改築、移転、外観を変更することとなる修繕、模様替、色彩の変更
②工作物の新設、増築、改築、移転、外観を変更することとなる修繕、模様替・色彩の変更
③開発行為その他政令で定める行為
④条例で定める行為
- **勧告** 法16条3項
- **景観地区** 法61条
建基法68条(景観地区)、建基法85条の2(景観重要建造物に対する制限緩和)
- **建築物の形態意匠の制限** 法62条
景観地区内の建築物の形態意匠は、原則として、都市計画に定められた建築物の形態意匠の制限に適合するものでなければならない

内に審査し、適合するときは、**認定証**を交付しなければならない。また、認定証の交付後でなければ、建築物の建築等の工事（令12条より根切り工事等を除く）は、することができない

● **計画の認定**　法63条

景観法は、行為の制限に関する事項を押さえよう

4　屋外広告物法

都道府県は、条例で、良好な景観・風致を維持するために、住居専用地域・道路・鉄道等の地域・場所について、**広告物の表示**又は**掲出物件の設置を禁止**することができる

以下、屋外広告物法を「法」とする
● **広告物の表示等の禁止**　法3条

都道府県条例で禁止・制限を定めます

都道府県は、条例で、良好な景観を形成し、風致を維持し、又は公衆への危害防止のために、**広告物の表示又は掲出物件の設置**について、**都道府県知事の許可**とすることができる
同様に、広告物の形状・面積・色彩・意匠その他表示の方法の基準もしくは**掲出物件の形状**その他**設置の方法の基準**又は**維持方法の基準**を定めることができる

● **広告物の表示等の制限**　法4条

● **広告物の表示の方法等の基準**　法5条

5　建築物における衛生的環境の確保に関する法律

特定建築物の所有者・占有者その他の者で特定建築物の維持管理について権原を有するものは、**建築物環境衛生管理基準**に従って、特定建築物の維持管理をしなければならない
建築物環境衛生管理基準は、空気環境の調整、給・排水の管理、清掃、ネズミ、昆虫等の防除等環境衛生上良好な状態を維持する措置について定める

以下、建築物における衛生的環境の確保に関する法律（建築物衛生法）を「法」、同法施行令を「令」とする

● **特定建築物**　法2条、令1条
興行場・百貨店・店舗・事務所・学校・共同住宅等の多数の者が使用し、かつ、その維持管理について環境衛生上特に配慮が必要な建築物。上記用途部分の延べ面積3,000㎡以上の建築物と学校教育法1条による学校、幼保連携型認定こども園では延べ面積8,000㎡以上のもの

特定建築物の所有者等は、当該特定建築物が使用されるときは、1か月以内に、所在場所、用途、延べ面積、構造設備の概要、建築物環境衛生管理技術者の氏名等の事項を都道府県知事（保健所を設置する市又は特別区は、市長又は区長）に届け出る

● **建築物環境衛生管理基準**　法4条
● **特定建築物についての届出**　法5条

6　建設工事に係る資材の再資源化等に関する法律

特定建設資材を用いた建築物等に係る解体工事又はその施工に特定建設資材を使用する新築工事等で、次に挙げる基準以上の**対象建設工事**の受注者又は自主施工者は、正当な理由がある場合を除き、**分別解体等**をする
①解体工事：建築物の床面積の合計が**80㎡以上**
②新築又は増築の工事：建築物の床面積が**500㎡以上**、又は、請負代金の額が**1億円以上**
③建築物以外のものに係る解体工事又は新築工事等：請負代

以下、建設工事に係る資材の再資源化等に関する法律（建設リサイクル法）を「法」、同法施行令を「令」とする

● **分別解体等**　法2条3項
分別解体等とは次のことをいう
①建築物等の全部又は一部を解体する工事は、建築物等に用いられた建設資材に係る建設資材廃棄物を種類ごとに分別しつつ当該工事を施工する行為

金の額が**500万円**以上

☐ 上記に挙げた**対象建設工事**の発注者又は自主施工者は、工事着手日の**7日前**までに、解体工事の場合は解体する**建築物等の構造**、新築工事等の場合は、使用する**特定建設資材の種類等**の事項を、**都道府県知事に届け出る**。なお、都道府県知事は、届出受理日から7日以内に限り、分別解体等の計画の変更その他必要な措置を命ずることができる

②建築物等の新築その他の解体工事以外の建設工事(新築工事等)については、工事にともない副次的に生ずる建設資材廃棄物をその種類ごとに分別しつつ当該工事を施工する行為

● **分別解体等実施義務**　法9条、令2条
● **対象建設工事の届出等**　法10条

　通称、建設リサイクル法

7　長期優良住宅の普及の促進に関する法律

☐ 構造・設備を**長期使用構造等**とした住宅を建築し、自ら建築後の住宅の維持保全を行おうとする者は、住宅の建築及び維持保全に関する計画(**長期優良住宅建築等計画**)を作成し、**所管行政庁**の認定を**申請**することができる

以下、長期優良住宅の普及の促進に関する法律(長期優良住宅法)を「法」とする

● **長期優良住宅建築等計画の認定**　法5条

☐ 所管行政庁は、申請に係る長期優良住宅建築等計画が、長期使用構造等であること、一定規模以上であること、良好な景観の形成その他の地域における居住環境の維持及び向上に配慮されたものであること、について基準に適合するときは認定することができる

● **認定申請**　法5条2・3項
分譲事業者は、住宅を譲り受けてその維持保全を行う譲受人と共同して認定を申請することができ、また、譲受人を決定するまでに相当の期間を要すると見込まれる場合には、当該譲受人の決定に先立って単独で認定を申請することができる

● **認定基準等**　法6条、長期優良住宅施行規則4条(住戸面積)

☐ 認定申請をする者は、所管行政庁に対し、当該長期優良住宅建築等計画を**建築主事**に**通知**し、建築基準法の建築基準関係規定に適合するかどうかの**審査**を受けるよう申し出ることができる。この場合、所管行政庁は、建築主事に通知し確認済証の交付を受けた場合において、当該認定を受けた長期優良住宅建築等計画は、確認済証の交付があったものとみなす

いわゆる長期優良
住宅法のこと

8　都市緑地法

☐ 都市計画区域内の用途地域が定められた土地の区域は、都市計画に、緑化地域を定めることができる

● **緑化地域**　法34条1項

☐ 緑化地域に関する都市計画には、建築物の緑化施設の面積の敷地面積に対する割合(緑化率という)の最低限度を定める。建築物の緑化率の最低限度は、2.5/10を超えてはならない

● **緑化率**　法34条2、3項

☐ 緑化地域内では、敷地面積が1,000㎡以上[※]の建築物の新築又は増築をしようとする者は、緑化率を、緑化地域に関する都市計画で定められた緑化率の最低限度以上としなければならな

● **緑化率**　法35条、令9条

※:市町村は条例で区域を限り、300㎡以上にできる

い。当該新築又は増築をした建築物の維持保全をする者についても、同様とする

市町村は、地区計画等の区域（地区整備計画、特定建築物地区整備計画（密集法による）、防災街区整備地区整備計画、歴史的風致維持向上地区整備計画又は沿道地区整備計画で建築物の緑化率の最低限度が定められている区域に限る）内で、建築物の緑化率の最低限度を、条例（地区計画等緑化条例）で、建築物の新築、増築及び当該新築、増築をした建築物の維持保全に関する制限として定めることができる

● **緑化率規制**　法39条1項

9　土砂災害警戒区域等における土砂災害防止対策の推進に関する法律

「**土砂災害特別警戒区域（特別警戒区域という）**」とは、都道府県知事が、警戒区域（土砂災害警戒区域）のうち、急傾斜地の崩壊等で、建築物に損壊が生じ住民等の生命、身体に著しい危害が生ずるおそれがある区域で、一定の開発行為の制限及び居室を有する建築物の構造規制をすべき区域として指定できる

以下、土砂災害警戒区域等における土砂災害防止対策の推進に関する法律を「法」、同施行令を「令」とする

● **土砂災害特別警戒区域の定義**　法9条1項、令3条
● **土砂災害警戒区域の指定**　法7条1項、令2条

特別警戒区域内の開発行為で当該区域内で建築が予定されている建築物[※]（「予定建築物」という）の用途が「制限用途」（後述）であるもの（「特定開発行為」という）をしようとする者は、あらかじめ、都道府県知事の許可を受けなければならない

● **特定開発行為の制限**　法10条1項
※：当該区域が特別警戒区域の内外にわたる場合は、特別警戒区域外において建築が予定されている建築物を除く

以下の行為については、知事の許可は不要である
　①　非常災害のために必要な応急措置として行う開発行為
　②　仮設建築物の建築の用に供する目的で行う開発行為

● **特定開発行為の制限の適用除外**　令5条

「**制限用途**」とは、以下のものをいう
　①　自己の居住の用に供するもの以外の住宅[※1]
　②　高齢者、障害者、乳幼児その他の特に防災上の配慮を要する者が利用する社会福祉施設[※2]
　③　学校（特別支援学校及び幼稚園）
　④　医療施設（病院、診療所及び助産所）

● **制限用途の定義**　令6条

※1：共同住宅、寄宿舎、下宿、賃貸住宅、分譲住宅等
※2：老人福祉施設（老人介護支援センターを除く有料老人ホーム、地域活動支援センター、福祉ホーム等）

土砂災害特別警戒区域内の居室を有する建築物の外壁及び構造耐力上主要な部分（「土石等の高さ等」以下の部分で自然現象により衝撃が作用すると想定される部分に限る）の構造は、自然現象の種類、知事が規定する最大の力の大きさ等、土石等の高さ等応じて、原則として、当該自然現象により想定される衝撃が作用した場合においても破壊を生じないものとして国土交通大臣が定めた構造方法を用いるものとしなければならない

● **土砂災害特別警戒区域内の建築物の構造方法**　建築基準法施行令80条の3

QUESTION

1　最 頻 出 問 題│一問一答

次の記述のうち、正しいものには○、誤っているものには×をつけよ

1 □□　「土砂災害警戒区域等における土砂災害防止対策の推進に関する法律」に基づき、特別警戒区域内において、予定建築物が分譲住宅である開発行為をしようとする者は、原則として、あらかじめ、都道府県知事の許可を受けなければならない

2 □□　「都市緑地法」に基づき、緑化地域内において、敷地面積が500㎡以上の建築物の新築をしようとする者は、原則として、当該建築物の緑化率を、緑化地域に関する都市計画において定められた建築物の緑化率の最低限度以上としなければならない

3 □□　「長期優良住宅の普及の促進に関する法律」に基づき、所管行政庁は、長期優良住宅建築等計画の認定の申請があった場合において、構造及び設備・規模・地域における居住環境の維持及び向上、建築後の維持保全の方法等について、所定の基準に適合すると認めるときは、認定をすることができる

4 □□　「長期優良住宅の普及の促進に関する法律」に基づき、長期優良住宅建築等計画の認定の申請をしようとする場合には、あらかじめ、建築基準法に基づく確認済証の交付を受けなければならない

5 □□　「建設業法」に基づき、主任技術者は工事現場における建設工事を適正に実施するため、当該建設工事の施工計画の作成、工程管理、品質管理その他の技術上の管理及び当該建設工事の施工に従事する者の技術上の指導監督の職務を誠実に行わなければならないが、監理技術者は、当該建設工事の施工に従事する者の技術上の指導監督は行わない

6 □□　「建設業法」に基づき、工事現場における建設工事の施工に従事する者は、主任技術者又は監理技術者によるすべての指示に従わなければならない

ANSWER

→→→

以下、長期優良住宅の普及の促進に関する法律を「長期優良住宅法」、土砂災害警戒区域等における土砂災害防止対策に関する法律を「土砂災害防止法」とする

1 ○│土砂災害防止法法10条2項、令6条。予定建築物で許可を要する「制限用途」のうち、「自己の居住の用に供するもの以外の住宅」である分譲住宅、賃貸住宅、共同住宅等は、知事の許可が必要である

2 ×│都市緑地法35条、都市緑地法施行令9条。敷地面積1,000㎡以上の建築物の新築・増築は都市計画による緑化率の最低限度以上とする。なお、市町村は、条例で区域を限り300㎡以上1,000㎡未満の範囲で、別に定めることができるが、設問は地方条例を考慮しない。同条は建築基準関係規定である

3 ○│長期優良住宅法6条1項。所管行政庁は、所定の基準に適合すると認めるときは、認定ができる

4 ×│長期優良住宅法6条2項。認定の申請をする者は、所管行政庁に対し、所管行政庁が当該申請に係る長期優良住宅建築等計画を建築主事に通知し、当該計画が建築基準法6条1項に規定する建築基準関係規定に適合するかどうかの審査を受けるよう申し出ることができる

5 ×│建設業法26条の4第1項。主任技術者及び監理技術者は、ともに、当該建設工事の施工に従事する者の技術上の指導監督は行わなければならない

6 ×│建設業法26条の4第2項。従うのは、主任技術者又は監理技術者がその職務として行う指導である

2 実践問題｜一問一答 →→→

1 ☐☐ 「屋外広告物法」に基づき、都道府県は、第一種中高層住居専用地域について、良好な景観又は風致を維持するために必要があると認めるときは、条例で定めるところにより、広告物の表示又は掲出物件の設置を禁止することができる

2 ☐☐ 「屋外広告物法」に基づき、都道府県は、良好な景観を形成するために必要があると認めるときは、条例で、広告物の形状、面積の基準を定めることができるが、色彩及び意匠の基準は定めることができない

3 ☐☐ 「駐車場法」に基づき、地方公共団体は、商業地域内において、延べ面積が2,000㎡以上で条例で定める規模以上の建築物を新築しようとする者に対し、条例で、その建築物又はその敷地内に駐車施設を設けなければならない旨を定めることができる

4 ☐☐ 「自転車の安全利用の促進及び自転車等の駐車対策の総合的推進に関する法律」に基づき、地方公共団体は、自転車等の駐車需要の著しい地域内で条例で定める区域内において、スーパーマーケット等自転車等の大量の駐車需要を生じさせる施設で条例で定めるものを新築しようとする者に対し、条例で、当該施設もしくはその敷地内又はその周辺に自転車等駐車場を設置しなければならない旨を定めることができる

5 ☐☐ 「特定空港周辺航空機騒音対策特別措置法」に基づき、航空機騒音障害防止特別地区内においては、所定の防音上有効な構造とすることにより、同法による都道府県知事の許可を受けずに高等学校を新築することができる

6 ☐☐ 「建築物における衛生的環境の確保に関する法律」に基づき、特定建築物の所有者等で当該特定建築物の維持管理について権原を有するものは、「建築物環境衛生管理基準」に従って当該特定建築物の維持管理をしなければならない

7 ☐☐ 「建設工事に係る資材の再資源化等に関する法律」に基づき、施工に特定建設資材を使用する新築工事で当該建築物の床面積の合計が80㎡で、かつ、請負代金500万円であるものの発注者又は自主施工者は、工事に着手する日の7日前までに、都道府県知事に届け出なければならない

以下、建築物における衛生的環境の確保に関する法律を「建築物衛生法」、建設工事に係る資材の再資源化等に関する法律を「建設リサイクル法」、労働安全衛生法を「安衛法」とする

1 ○｜屋外広告物法3条1項一号。第一種低層住居専用地域・第二種低層住居専用地域・第一種中高層住居専用地域・第二種中高層住居専用地域・田園住居地域・景観地区・風致地区又は伝統的建造物群保存地区では禁止等ができる

2 ×｜屋外広告物法5条。色彩、意匠その他表示の方法の基準も定めることができる

3 ○｜駐車場法20条1項。地方公共団体は、商業地域等内において、延べ面積2,000㎡以上で条例で定める規模以上の建築物を新築しようとする者に対し、条例で、建築物又はその建築物の敷地内に自動車の駐車のための施設を設ける旨を定めることができる

4 ○｜自転車の安全利用の促進及び自転車等の駐車対策の総合的推進に関する法律5条4項。地方公共団体は、百貨店、スーパーマーケット、銀行、遊技場等自転車等の大量の駐車需要を生じさせる施設で条例で定めるものを新築しようとする者に対し、条例で当該施設もしくはその敷地内又はその周辺に自転車等駐車場を設置する旨を定めることができる

5 ×｜特定空港周辺航空機騒音対策特別措置法5条1項一号・2項。高等学校は学校教育法1条の学校であり、同条2項により許可を受ければ建築できる

6 ○｜建築物衛生法4条1項

7 ×｜建設リサイクル法9条1項・3項・10条1項、令2条1項二・三号。新築工事については、建築物の床面積の合計が500㎡以上であるもの又は500㎡未満の場合は、請負代金（請負代金相当額）が1億円以上が対象である

8 ☐☐ 「建設業法」に基づき、建設工事の請負契約の締結に際し、契約の当事者が相互に交付する書面には、「注文者が工事の全部又は一部の完成を確認するための検査の時期及び方法並びに引渡しの時期」を記載しなければならない

9 ☐☐ 「建設業法」上、建築一式工事においては、工事1件の請負代金の額が1,500万円に満たない工事又は延べ面積150㎡に満たない木造住宅工事のみを請け負うことを営業とする者は、建設業の許可を受けなくてもよい

10 ☐☐ 「景観法」に基づき、景観計画区域内において、建築物の外観を変更することとなる修繕をしようとする者は、あらかじめ、行為の種類・場所・設計又は施工方法等について、景観行政団体の長の許可を受けなければならない

11 ☐☐ 「景観法」に基づき、景観地区内において建築物の建築等をしようとする者は、原則として、あらかじめ、その計画について、特定行政庁の認定を受けなければならない

12 ☐☐ 「景観法」に基づき、景観地区に関する都市計画には、建築物の形態意匠の制限を定めるものとする

13 ☐☐ 「景観法」に基づき、景観計画においては、良好な景観の形成のための行為の制限に関する事項を定めるものとする

14 ☐☐ 「労働安全衛生法」に基づき、事業者は、高さが5m以上のコンクリート造の工作物の解体の作業については、作業主任者を選任しなければならない

15 ☐☐ 「建設工事に係る資材の再資源化等に関する法律」に基づき、解体工事業を営もうとする者は、建設業法に基づく土木工事業、建築工事業又は解体工事業に係る建設業の許可を受けている場合を除き、当該業を行おうとする区域を管轄する市町村長の登録を受けなければならない

16 ☐☐ 「建設工事に係る資材の再資源化等に関する法律」に基づき、床面積の合計が40㎡の木造建築物の解体工事の受注者は、原則として、分別解体等をしなければならない

17 ☐☐ 「労働安全衛生法」に基づく石綿障害予防規則により、事業者は、建築物の解体の作業を行うときは、あらかじめ、当該建築物について、石綿等の使用の有無を目視、設計図書等により調査し、

8 ○│建設業法19条1項十一号。19条は建設工事の請負契約の内容を規定しており、設問文の内容は、書面記載事項である

9 ○│建設業法3条1項ただし書、令1条の2。軽微な建設工事のみを請け負う場合は、令1条の2より、工事一件の請負代金の額が建築一式工事では1,500万円に満たない工事又は延べ面積が150㎡満たない木造住宅工事、建築一式工事以外の建設工事では500万円に満たない工事とする。なお、請負代金の額は、同一の建設業を営む者が工事の完成を2以上の契約に分割して請け負うときは、各契約の請負代金の額の合計額とする。ただし、正当な理由に基いて契約を分割したときは、この限りでない

10 ×│景観法16条1項一号。あらかじめ、景観行政団体の長に届け出なければならないが、許可を受けるのではない

11 ×│景観法63条1項。あらかじめ、その計画について、申請書を提出して市町村長の認定を受けなければならない

12 ○│景観法61条2項一号。景観地区に関する都市計画には、都市計画法8条3項一号及び三号の事項のほか、建築物の形態意匠の制限を定める

13 ○│景観法8条2項二号。景観計画においては、景観計画の区域、景観計画区域における良好な景観の形成に関する方針、良好な景観の形成のための行為の制限に関する事項等を定める

14 ○│安衛法14条、令6条十五号。令6条の作業主任者を選任すべき作業のうち、十五号により、吊り足場(ゴンドラの吊り足場を除く)、張出し足場又は高さが5m以上の構造の足場の組立、解体又は変更の作業に該当する

15 ×│建設リサイクル法21条1項。都道府県知事の登録が必要である

16 ×│建設リサイクル法9条1項・3項、令2条1項一号。建設工事の規模の基準は令2条1項により、建築物の解体工事は床面積80㎡以上である

その結果を記録しておかなければならない

18☐☐ 「労働安全衛生法」に基づく石綿障害予防規則により、石綿等が使用されている建築物の解体等の作業を行うときに事業者があらかじめ定める作業計画は、「作業の方法及び順序」、「石綿等の粉じんの発散を防止し、又は抑制する方法」及び「作業を行う労働者への石綿等の粉じんのばく露を防止する方法」が示されているものでなければならない

19☐☐ 「建設業法」に基づき、建設工事の元請負人は、請け負った共同住宅の新築工事については、あらかじめ発注者の書面による承諾を得た場合は、一括して他人に請け負わせることができる

20☐☐ 「建設業法」に基づき、共同住宅の新築の建築一式工事で請負代金の額が5千万円以上の場合は、主任技術者又は監理技術者は、原則として、工事現場ごとに専任の者でなければならない

21☐☐ 「宅地建物取引業法」に基づき、宅地建物取引業者は、建築工事の完了前に新築住宅を販売する際には、その広告、契約及び媒介については、建築確認等の所定の処分があった後でなければならない

22☐☐ 「宅地建物取引業法」に基づき、宅地建物取引業者は、建物の売買の相手方等に対し、その契約が成立するまでの間に、宅地建物取引士をして、原則として、所定の事項を記載した書面等を交付して説明をさせなければならない。また、宅地建物取引士は説明にあたり、相手方に対して宅地建物取引士証を提示しなければならない

17 ○｜石綿障害予防規則3条1項一号。3条は事前調査であり、事業者は、建築物の解体作業を行うときは、石綿等による労働者の健康障害を防止するため、あらかじめ、石綿等の使用の有無を調査し、結果を記録しておく

18 ○｜石綿障害予防規則4条1項・2項。2項により、作業計画の事項が規定されている

19 ×｜建設業法22条1項、3項、令6条の3。建設業者は、その請け負った建設工事を一括して他人に請け負わせてはならないが、共同住宅を新築する建設工事以外の建設工事の場合は、当該建設工事の元請負人があらかじめ発注者の書面（又は、元請負人の承諾を得て情報通信の技術を利用する方法）による承諾を得たときは、請け負わせることができる

20 ×｜建設業法26条3項、令27条1項三号カ。建築一式工事で請負代金の額が8千万円以上の場合である。また、あくまでも設問は、「原則として」である

21 ○｜宅建業法33条、36条。宅地建物取引業者は、建物の建築工事の完了前においては、当該工事に関し必要な都市計画法許可、建築基準法の確認等の処分があった後でなければ、当該建物の売買その他の業務に関する広告をしてはならならず、また、自ら当事者若しくは当事者を代理してその売買若しくは交換の契約を締結し、又はその媒介をしてはならない

22 ○｜宅建業法35条1項。宅地建物取引業者は、建物の売買等の相手方等に対して、その者が取得等しようとしている建物に関し、その売買等が成立するまでの間に、宅地建物取引士をして、所定の事項を記載した書面（図面を必要とするときは、図面）を交付して説明をさせなければならない

MEMO | 目で覚える！ 重要ポイント

●その他関係法令

水道法	**給水装置の構造及び材質の基準** 水道法16条、水道法施行令6条	給水装置の構造・材質は以下のとおりとする ①配水管への取付口の位置は、他の給水装置の取付口から**30**cm以上離れていること ②配水管への取付口における給水装置の口径は、当該給水装置による水の使用量に比し、著しく過大でないこと ③配水管の水圧に影響を及ぼすおそれのあるポンプに直接連結されていないこと ④水圧・土圧その他の荷重に対して十分な耐力を有し、かつ、水が汚染され、又は漏れるおそれがないものであること ⑤凍結・破壊・侵食等を防止するための適当な措置が講ぜられていること ⑥当該給水装置以外の水管その他の設備に直接連結されていないこと ⑦水槽・プール・流しその他水を入れ、又は受ける器具・施設等に給水する給水装置は、水の逆流防止措置が講ぜられていること

給水装置が右記の基準に適合しない場合、水道事業者は給水しないことができるんだ

下水道法	**排水設備の設置等** 下水道法10条1項・3項	排水設備の設置・構造は以下のとおりとする（令8条） ①排水設備は、条例により、公共下水道のますその他の排水施設又は他の排水設備に接続させること ②排水設備は、堅固で耐力を有する構造とすること
	排水・処理施設に共通する構造の技術上の基準 下水道法施行令5条の4〜5条の7・8条	③排水設備は、陶器、コンクリート、レンガその他の耐水性の材料で造り、かつ、漏水を最小限度のものとする措置が講ぜられていること。ただし、雨水を排除すべきものについては、多孔管その他雨水を地下に浸透させる機能を有するものとすることができる ④分流式の公共下水道に下水を流入させるために設ける排水設備は、汚水と雨水とを分離して排除する構造とすること ⑤管渠の勾配は、やむを得ない場合を除き、**1／100**以上とすること ⑥排水管の内径及び排水渠の断面積は、条例により、その排除すべき下水を支障なく流下させることができるものとすること ⑦汚水を排除すべき排水渠は、原則として暗渠とすること ⑧暗渠である構造の部分の一定の箇所には、ます又はマンホールを設けること ⑨ますの底には、雨水を排除すべきますは、深さが**15**cm以上の泥ためを設けること
浄化槽法	**浄化槽による し尿処理** 浄化槽法3条の2第1項	便所と連結した**し尿**の処理、又は終末処理下水道以外に放流するための設備・施設（市町村が設置したし尿処理施設を除く）を設置してはならない。ただし、下水道法5条1項五号に規定する予定処理区域（認可を受けた事業計画において定められたものに限る）内の者が排出するし尿のみを処理する設備・施設については、この限りでない
	設置等の届出、勧告及び変更命令 浄化槽法5条	浄化槽を設置し、又はその構造・規模の変更をしようとする者は、**都道府県知事**（保健所を設置する市又は特別区は、市長又は区長）及び当該都道府県知事を経由して**特定行政庁**に届け出る
急傾斜地の崩壊による災害の防止に関する法律	法3・7条	知事は、崩壊するおそれのある急傾斜地で、相当数の居住者等に危害が生ずるおそれのあるもの及び隣接土地のうち、急傾斜地の崩壊が助長又は誘発されるおそれがないようにするため「急傾斜地崩壊危険区域」を指定することができる 急傾斜地崩壊危険区域内では、①水の浸透を助長する行為、②急傾斜地崩壊防止施設以外の施設・工作物の新築・改良、③のり切、切土、掘削、盛土等が制限される

宅地建物取引業法	法31条の3第1項	**宅地建物取引士の設置** 宅地建物取引業者は、その事務所等ごとに、事務所等の規模、業務内容等を考慮して省令で定める数の成年者である専任の取引士（宅地建物取引士証の交付を受けた者）を置かなければならない
	法33条	**広告の開始時期の制限** 宅地建物取引業者は、宅地造成、建物の建築工事の完了前には、工事に関する都市計画法の許可、建築基準法の確認等の処分の後でなければ、売買の広告をしてはならない
	法35条	**重要事項の説明等** 宅地建物取引業者は、契約が成立するまでに、宅地建物取引士をして、都市計画法・建築基準法等の制限、宅地造成・建築工事の完了前の場合は、完了時の形状、構造等の事項を記載した書面を交付して説明をさせなければならない
	法36条	**契約締結等の時期の制限** 宅地建物取引業者は、宅地の造成、建物の建築工事の完了前は、工事に関する都市計画法の許可、建築基準法の確認等の処分の後でなければ、契約を締結してはならない
都市の低炭素化の促進に関する法律	法53条	**低炭素建築物新築等計画の認定** 市街化区域等内において、低炭素化のための建築物の新築等をしようとする者は、「低炭素建築物新築等計画」を作成し、所管行政庁の認定を申請することができる
	法54条1項	**低炭素建築物新築等計画の認定基準等** 所管行政庁は認定の申請があった場合、低炭素建築物新築等計画が基準に適合するときは、認定をすることができる
	法54条の2〜5項	認定の申請をする者は、所管行政庁に対し、低炭素建築物新築等計画が建築基準法6条1項の建築基準関係規定の審査を受けるよう申し出ることができ、申請に併せて、確認申請書を提出する。所管行政庁が、建築主事から確認済証の交付を受けた場合に、認定をしたときは、当該認定を受けた低炭素建築物新築等計画は、確認済証の交付があったものとみなす
	法60条	**低炭素建築物の容積率の特例** 建築物の容積率の算定の基礎となる延べ面積には、低炭素建築物の床面積のうち、低炭素建築物新築等計画の認定基準に適合させるための措置により通常の建築物の床面積を超える場合の床面積は、延べ面積の1/20まで算入しない（令13条）
特定住宅瑕疵担保責任の履行の確保等に関する法律	法3条	**住宅建設瑕疵担保保証金の供託等** 建設業者は、各基準日に、当該基準日前10年間に住宅の新築工事の請負契約に基づき発注者に引き渡した新築住宅について、住宅建設瑕疵担保保証金の供託をする。住宅建設瑕疵担保保証金の額は、建設新築住宅（住宅瑕疵担保責任保険法人と住宅建設瑕疵担保責任保険契約を締結した新築住宅を除く）の合計戸数に応じ瑕疵があった場合に生ずる損害の状況を勘案した「基準額」以上とする
	法11条	**住宅販売瑕疵担保保証金の供託等** 宅地建物取引業者は、各基準日に、当該基準日前10年間に自ら売主となる売買契約に基づき買主に引き渡した新築住宅について、住宅販売瑕疵担保保証金の供託をする。住宅販売瑕疵担保保証金の額は、販売新築住宅（住宅瑕疵担保責任保険法人と住宅販売瑕疵担保責任保険契約を締結した新築住宅を除く）の合計戸数に応じ瑕疵があった場合に生ずる損害の状況を勘案した「基準額」以上とする
	法33条	**指定住宅紛争処理機関の業務の特例** 本機関は、品確法67条1項の業務のほか、住宅瑕疵担保責任保険契約の新築住宅の建設工事の請負契約・売買契約に関する紛争当事者の双方又は一方からの申請により、当該紛争のあっせん、調停、仲裁の業務を行うことができる

分野別・出題傾向[平成26-令和5年]

DATA

分野	H26	H27	H28	H29	H30	R1	R2	R3	R4	R5	合計
用語の定義	1.0	1.0	1.0	1.0	1.0	1.0	1.0	1.0	1.0	1.0	10.0
面積・高さ等の算定	1.0	1.0	1.0	1.0	1.0	1.0	1.0	1.0	1.0	1.0	10.0
手続	2.0	2.0	2.0	2.0	2.0	2.0	2.0	2.0	4.0	3.0	23.0
一般構造	1.0	1.0	1.0	1.0	1.0	1.0	1.0	1.0	1.0	1.0	10.0
建築設備	1.0	1.0	1.0	1.0	1.0	1.0	1.0	1.0	1.0	1.0	10.0
構造強度	1.0	2.0	2.0	1.0	1.0		2.0	2.0	1.0		12.0
構造計算	2.0	1.0	1.0	2.0	2.0	2.0	3.0	1.0	2.0	2.0	18.0
防火規定①（耐火建築物等）	2.0		1.0					2.0		1.0	6.0
防火規定②（防火区画）		1.0	1.0		1.0	1.0		1.0	1.0		6.0
防火規定③（内装制限）	1.0	1.0		1.0	1.0	1.0				1.0	6.0
避難規定	1.0	1.0		2.0	1.0	1.0	2.0	1.0	2.0	1.0	12.0
防火・避難融合		1.0	2.0	1.0	1.0	1.0		2.0	1.0		9.0
道路等	1.0	1.0	1.0	1.0	1.0	1.0	1.0	1.0	1.0	1.0	10.0
用途地域制	1.0	1.0	1.0	1.0	1.0	1.0	1.0	1.0	1.0	1.0	10.0
容積率		1.0	1.0	0.5	0.5	1.0		1.0		1.0	6.0
建蔽率	1.0			0.5	0.5		1.0			1.0	4.0
高さ制限	1.0	1.0	1.0	1.0	1.0	1.0	1.0	1.0	1.0	1.0	10.0
防火地域制	1.0	1.0	1.0	1.0	1.0	1.0	1.0		1.0	1.0	9.0
建築協定・地区計画等	1.0	1.0	1.0	1.0	1.0	1.0		1.0			7.0
既存建築物の制限緩和							1.0				1.0
建築基準法融合	1.0	1.0	1.0	1.0	1.0	2.0	2.0	1.0	3.0	3.0	16.0
建築基準法と建築士法の融合	1.0	1.0		1.0	1.0	1.0	1.0	1.0			7.0
建築士法	3.0	4.5	4.0	4.0	3.0	3.0	3.0	3.0	3.0	3.0	33.5
建設業法		0.5									0.5
都市計画法	1.0	1.0	1.0	1.0	1.0	1.0	1.0	1.0	1.0	1.0	10.0
消防法	1.0	1.0	1.0	1.0	1.0	1.0	1.0	1.0	1.0	1.0	10.0
バリアフリー法	1.0			1.0	1.0	1.0	1.0	1.0	1.0	1.0	8.0
耐震改修促進法			1.0								1.0
建築物省エネ法									1.0	1.0	2.0
関係法令融合	3.0	1.0	3.0	2.0	3.0	3.0	2.0	2.0	1.0	2.0	22.0
その他		1.0									1.0

ADVICE

法規は試験会場に法令集を持ち込めるので、日頃から法令集にあたりながら勉強しよう。令和5年の試験では、問題№.5の採光に有効な面積は、算定するために時間を要するが、基本がわかっていれば解答できる。問題№.8で昨年度に引き続き「仮設建築物等」が出題された。仮設建築物等は、建築基準法が緩和されるテーマのため、確認しておこう。問題№.13は、限界耐力計算を1問を使っての出題となったが、よく採用されている保有水平耐力計算や許容応力度等計算ではないため、解答しにくかったと思われる。問題№.17の最高高さの算定は、隣地との高低差があったため解答に時間を要するが、解答可能な問題である。建築士法は例年どおり、3問出題されたので、ここは得点したい。問題№.28と問題№.30は、関係法令の融合問題であり、難しかったと思われる。問題№.29は「用途の変更」をテーマに、建築基準法だけでなく、バリアフリー法、消防法の観点からも出題されており、実際の計画においても必要な知識である。

Chapter 4

構造

構造設計には幅広い知識が必要なので、「構造」分野は構造力学を含めて一層の学習が求められます。

特に、構造力学の計算問題は、暗記よりも、基本的な考え方や重要な公式をしっかりと理解していることが求められます。この分野が不得手な人はそうした学習がポイントとなります。

構造アレルギーは演習問題をやってみると簡単に克服できます。

001 断面の性質、応力度

「断面の性質」を直接問う問題も時には出題されるが、一般的には「断面内の応力分布」を問う設問が多い。断面の性質としては、①断面積、②断面一次モーメント、③断面二次モーメント、④断面係数、⑤断面二次半径を確実に覚えよう！

1　断面一次モーメントS──図心の計算に必要な係数

□　基準軸に対して、(断面要素の微小面積)×(軸から図形中心までの距離y)を計算し(これが一次モーメント)、断面全体について合計(積分)したものを**断面一次モーメント**という。断面積A_iと断面一次モーメントS_iを与えると、基準軸から図心までの距離y_{0i}は、$y_{0i} = S_i / A_i$で求められる

● 応力度

軸力をN、断面積をAとすると、

断面の垂直応力度σは、$\sigma = \dfrac{N}{A}$

部材の伸縮δは、$\delta = \dfrac{N \cdot \ell}{EA}$

$\dfrac{\ell}{EA}$を軸剛性という

E：ヤング係数　ℓ：部材長さ

● 基準軸に関する断面一次モーメントS_iと基準軸から図心までの距離y_{0i}

 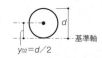 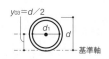

● ：断面要素の中心

断面積A_i	$A_1 = b \cdot d$	$A_2 = \dfrac{\pi \cdot d^2}{4}$	$A_3 = \dfrac{\pi(d^2 - d_1^2)}{4}$
断面一次モーメントS_i	$S_1 = bd \times \dfrac{d}{2} = \dfrac{bd^2}{2}$	$S_2 = \dfrac{\pi d^2}{4} \times \dfrac{d}{2} = \dfrac{\pi d^3}{8}$	$S_3 = \dfrac{\pi(d^2 - d_1^2)}{4} \times \dfrac{d}{2} = \dfrac{\pi d(d^2 - d_1^2)}{8}$
基準軸から図心までの距離y_{0i}	$y_{01} = \dfrac{S_1}{A_1} = \left(\dfrac{bd^2}{2}\right)/(bd) = \dfrac{d}{2}$	$y_{02} = \dfrac{S_2}{A_2} = \dfrac{d}{2}$	$y_{03} = \dfrac{S_3}{A_3} = \dfrac{d}{2}$

2　断面二次モーメントIと断面係数Z

□　基準軸に対して、(断面要素の微小面積)×(軸から要素中心までの距離y^2)を計算し(これが二次モーメント)、断面全体について合計(積分)したものを**断面二次モーメント**(**I**)という。断面の**曲げ剛性**(**EI**)を求める際などに必要

断面一次モーメント、断面二次モーメントは、同じ断面でも対象とする基準軸によって値が変わることに注意しよう

□　断面係数Zとは、**最大曲げ応力度**(縁応力度：σ_{max})などを求める際に必要な係数で、以下の式で定義される

$$Z = \frac{\text{断面二次モーメント}\,I}{\text{基準軸から断面最外縁までの距離}\,y_{max}}$$

● 図心を通る基準軸に対する断面二次モーメントI_iと断面係数Z_i

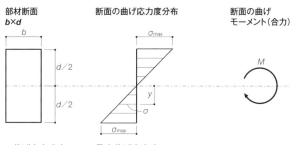

断面二次 モーメントI_i	$I_1 = \dfrac{bd^3}{12}$	$I_2 = \dfrac{bd^3 - b_1 d_1^3}{12}$	$I_3 = \dfrac{\pi d^4}{64}$
断面係数Z_i	$Z_1 = \dfrac{\frac{bd^3}{12}}{\frac{d}{2}} = \dfrac{bd^2}{6}$	$Z_2 = \dfrac{bd^3 - b_1 d_1^3}{12} \cdot \dfrac{2}{d} = \dfrac{bd^2 - b_1 \frac{d_1^3}{d}}{6}$	$Z_3 = \dfrac{\pi d^3}{32}$

断面の最大曲げ応力度σ_{max}は、断面に作用する曲げモーメントMを断面係数Zで除することで得られる。この関係は部材の設計式の中でよく使用する

試験問題として断面二次モーメントIを直接求める問題も出る可能性がある。したがって、基本断面については公式として覚えておこう

● 矩形断面部材の任意位置の曲げモーメントM、断面の曲げ応力分布σ、最大曲げ応力度σ_{max}の関係

部材断面
$b \times d$

断面の曲げ応力度分布

断面の曲げ
モーメント（合力）

σ_{max}

M

y

σ

σ_{max}

・曲げ応力分布

$\sigma = \dfrac{M}{I} y$

・最大曲げ応力度

$\sigma_{max} = \dfrac{M}{\left(\dfrac{I}{d/2}\right)} = \dfrac{M}{Z}$

$I = \dfrac{bd^3}{12}$、$Z = \dfrac{bd^2}{6}$

3　断面二次半径i──細長比の計算に用いる

断面二次半径iは、次式で定義される

$$i = \sqrt{\dfrac{I}{A}}$$

断面二次半径iは、軸力を受けるまっすぐな部材の弾性座屈応力度を評価するための**細長比λ**の計算に用いられる

$$\lambda = \dfrac{\ell_k}{i}（\ell_k：座屈長さ　i：断面二次半径の最小値）$$

部材の弾性座屈応力度σ_{cr}は、次式で計算できる

$$\sigma_{cr} = \dfrac{\pi^2 E}{\lambda^2}（E：ヤング係数）$$

● 細長比の計算

設計でよく使われる断面に対しては、あらかじめ計算済みのデータiが数表として準備されている。iが最小値となる軸が、部材座屈時の曲げ変形に対応する断面の回転軸となる。細長比λはこのiの最小値を用いて計算する

1　最頻出問題｜四肢択一

QUESTION

1 □□　図1のような柱脚固定の片持ち柱の柱頭に軸力Nと水平荷重Qが作用している。柱の断面は図2に示す長方形であり、荷重NとQは断面の図心に作用している。柱は全長にわたって等質等断面の弾性部材であり、自重の影響は無視する。柱脚部断面における引張縁応力度、圧縮縁応力度及び最大せん断応力度の組み合わせとして正しいものは次のうちどれか。なお、引張応力度は「＋」、圧縮応力度は「－」の符号付で表す。

――

	引張応力度 $+\sigma(\mathrm{N/mm^2})$	圧縮応力度 $-\sigma(\mathrm{N/mm^2})$	最大せん断応力度 $\tau\max$ $(\mathrm{N/mm^2})$
1——	+24	-30	1.50
2——	+24	-36	1.125
3——	+30	-30	0.75
4——	+30	-6	1.50

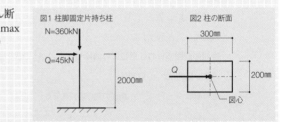

図1 柱脚固定片持ち柱　　　　図2 柱の断面

ANSWER

1　答えは 2

――

断面の応力度の組み合わせ問題である。

断面の垂直応力度及び最大せん断応力度が問われているので、応力度の公式としては軸力による垂直応力度、曲げモーメントによる最大曲げ応力度、最大せん断応力度を参照する（366、367頁）。最大せん断応力度は$\tau\max=k\times(Q/A)$で表される。矩形断面では$k=1.5$、円形断面では$k=4/3$、薄肉円形断面（パイプ）では$k=2$である。367頁の公式に追加して覚えておこう。

$$\sigma=\frac{N}{A}=\frac{360\,\mathrm{kN}}{60{,}000\,\mathrm{mm^2}}=6\,\mathrm{N/mm^2}$$

$$\pm\sigma\max=\frac{M}{Z}=\frac{90\cdot10^6\,\mathrm{N\cdot mm}}{3\cdot10^6\,\mathrm{mm^3}}=30\,\mathrm{N/mm^2}$$

$$\tau\max=1.5\cdot\frac{Q}{A}=1.125\,\mathrm{N/mm^2}$$

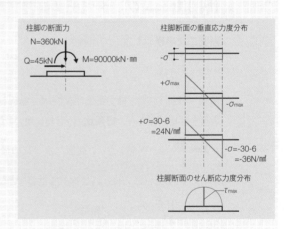

QUESTION

2 ☐☐ 図のような剛で滑らない面上に置かれた剛体の重心に、漸増する水平力が作用する時、剛体底面が浮き上がり始める時の水平力 F の重力 W に対する比 $a = F / W$ の値を求めよ。ただし、剛体の質量分布は一様とする

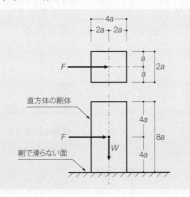

ANSWER

2 答えは $a = 0.5$

剛体底面が浮き上がる現象を解説図のように考えるとよい。回転中心をA点とする力のモーメントのつり合式をたてると

$F \times 4a$（転倒モーメント）$\geqq W \times 2a$（抵抗モーメント）

これよりつり合が崩れる限界として $F / W = 0.5$ が得られる。

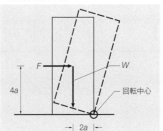

2 実践問題 | 計算問題

→→→

1 ☐☐ 図に示すように、面積が等しい断面A,B,CのX,Y軸まわりの断面2次モーメント I_{xA}、I_{xB}、I_{xC}、I_{yA}、I_{yB}、I_{yC} の大小関係を求めなさい

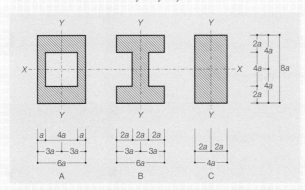

解法ポイント
各自で断面2次モーメントの効率的な計算方法を持っているとよい。例えば、断面AはX,Y軸に対して対象だから、外枠で囲まれた断面の断面2次モーメント、

$\dfrac{(6a)(8a)^3}{12}$ から空白部分の断面2次モーメント、$\dfrac{(4a)(4a)^3}{12}$ を減ずることによって求められる。即ち、

$I_{xA} = \dfrac{6a(8a)^3}{12} - \dfrac{(4a)(4a)^3}{12} = \dfrac{704}{3} a^4$

断面BもX軸に対して対象であるから、I_{xB} も同様にして求められる。即ち、

$I_{xB} = \dfrac{(6a)(8a)^3}{12} - \dfrac{(4a)(4a)^3}{12} = \dfrac{704}{3} a^4$

これより $I_{xA} = I_{xB}$ であることが分かる。

断面Cはすなおに公式を適用して、$I_{xC} = \dfrac{(4a)(8a)^3}{12} = \dfrac{512}{3} a^4$

1 答えは $I_{xA} = I_{xB} > I_{xC}$、
$\quad\quad I_{yA} > I_{yB} > I_{yC}$

Y軸まわりの断面2次モーメントについても、断面Aは I_{xA} と同様の計算法を用いて、

$I_{yA} = \dfrac{(8a)(6a)^3}{12} - \dfrac{(4a)(4a)^3}{12} = \dfrac{368}{3} a^4$

断面Bはフランジ2枚の要素とウェブ1枚の要素の合計と考えるのが簡単である。即ち、フランジ2枚分の断面2次モーメントは、

$2 \times \dfrac{(2a)(6a)^3}{12} = \dfrac{216}{3} a^4$

ウェブ要素については

$\dfrac{(4a)(2a)^3}{12} = \dfrac{8}{3} a^4$

$\therefore I_{yB} = \dfrac{216}{3} a^4 + \dfrac{8}{3} a^4 = \dfrac{224}{3} a^4$

断面Cについては、幅と高さを間違えないように注意して、

$I_{yC} = \dfrac{(8a)(4a)^3}{12} = \dfrac{128}{3} a^4$

以上のデータの大小を比較すれば、

$I_{xA} = I_{xB} > I_{xC}$、
$\quad I_{yA} > I_{yB} > I_{yC}$ が得られる。

002 弾性座屈

出題頻度は高く、構造力学よりは鉄骨構造の問題として出題されることが多い。しかし座屈という不安定現象は構造力学の基本事項なので、ここでよく理解しておこう。弾性座屈は軸力Pによる断面の圧縮応力度が、弾性範囲内で生ずる座屈である

1　弾性座屈荷重（オイラー荷重）

□　ピン・ローラーで支持された部材に軸力を加えたとき、小さな軸力では力方向に縮むが、軸力が大きくなったある時点から、変形様式が「縮む」から「曲がる」に変わる。このときの荷重を**弾性座屈荷重**（オイラー荷重）という（以下、座屈荷重という）。圧縮部材が曲がり始めると、「曲がり」変形に応じて、つり合う軸力は急に小さくなる。これを不安定なつり合いという

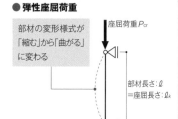

● **弾性座屈荷重**

部材の変形様式が「縮む」から「曲がる」に変わる

座屈荷重P_{cr}

部材長さ：ℓ　＝座屈長さ：ℓ_k

□　部材の座屈変形すなわち曲がり方は、部材端部の支持条件によって変わる。**座屈長さ**（座屈波形の1／2波長）を支持条件ごとに下図のように定義できれば、1つの公式で座屈荷重P_{cr}を表せる。座屈長さℓ_kは部材長さℓのk倍で表す

$$\ell_k = k \times \ell \quad k：座屈長さ係数$$

弾性座屈荷重は、スイスの数学者L.Euler（オイラー）の研究成果なのでオイラー荷重といい、通常、「オイラーの式」という呼称が使われている

□　上記より、座屈荷重P_{cr}は**オイラーの式**で求められる

$$P_{cr} = \frac{\pi^2 EI}{\ell_k^2}$$

E：ヤング係数　I：座屈軸まわりの断面二次モーメント

ℓ_k：座屈長さ

材端の支持条件に対する座屈長さは基礎知識として必ず覚えよう！

● **座屈形状と長さの関係**

支持状態	一端ピン 他端ローラー （水平移動拘束）	両端固定 （水平移動拘束）	一端固定 他端ピン （水平移動拘束）	両端固定 （水平移動自由）	一端自由 他端固定 （水平移動自由）
座屈形状	$\ell_k = \ell$	$\ell_k = 0.5\ell$	$\ell_k = 0.7\ell$	$\ell_k / 2 = \ell / 2$	$\ell_k / 2 = \ell$
座屈長さℓ_k	$\ell_k = \ell$	$\ell_k = 0.5\ell$	$\ell_k = 0.7\ell$	$\ell_k = \ell$	$\ell_k = 2\ell$
座屈長さ係数k	$k = 1$	$k = 0.5$	$k = 0.7$	$k = 1$	$k = 2$

ラーメン構造の柱の座屈長さの一般的性質も出題頻度が高い

●ラーメン構造の柱の座屈形状と座屈長さ

ブレース付ラーメン・耐震壁付ラーメン（節点が移動しないラーメン）　　純ラーメン（節点が移動するラーメン）

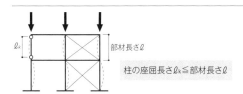

柱の座屈長さℓ_k≦部材長さℓ

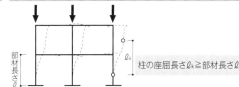

節点が移動するラーメン構造では、柱の座屈長さℓ_kは部材長さ（階高）ℓ以上となる

注　接点が移動しないとき、構造設計ではℓ_k=ℓと考える　　　実務設計用には、柱上下の接点に集まる梁・柱剛性比をパラメータとしてラーメン柱の座屈長さを求める計算図表が用意されている

前述のように、座屈荷重P_{cr}は、材料のヤング係数・断面二次モーメント・座屈長さの関数で表現される。座屈を設計に取り入れるためには、パラメータ（設計変数）を整理する必要があることから、座屈荷重を部材断面積で除した座屈応力度（オイラー応力度）σ_{cr}（σ_E）が使われる

補足ですが、座屈応力度（オイラー応力度）の添え字cr（又はE）は、限界を表す英語Criticalの頭文字をとったもの（Eはオイラー〈Euler〉の頭文字）なんだ

座屈応力度σ_{cr}は、細長比λを使って表すことができる。設計変数であるλの値が大きければ低い応力度で座屈し、小さければ座屈応力度は上昇する

座屈応力度σ_{cr}と細長比λの関係は以下のとおり

$$\sigma_{cr} = \frac{P_{cr}}{A} = \frac{\pi^2 EI}{\ell_k^2 A} = \frac{\pi^2 E}{\lambda^2}$$

P_{cr}：座屈荷重（$P_{cr} = \pi^2 EI / \ell_k^2$）

A：部材断面積　　　E：ヤング係数

I：座屈軸まわりの断面二次モーメント

λ：細長比（$\lambda = \ell_k/i$）　　i：断面二次半径（$i = \sqrt{I/A}$）

● 弾性座屈曲線（オイラー曲線）

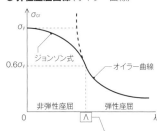

弾性座屈と非弾性座屈の境界を表す細長比を限界細長比Λ（ラムダ）という

細長比λがゼロに近づくほど、座屈応力度は無限に大きくなる。ただ、現実にはあり得ないので、材料の降伏点応力度σ_yを座屈応力度の上限として設定する

・引張応力下：弾性限界を降伏点応力度σ_yとする

・圧縮応力下：弾性限界をσ_yの60%に設定する

また、応力度が$0.6\sigma_y$からσ_yの間に起こる座屈現象を、**非弾性座屈**という

● 限界細長比 Λ（ラムダ）

$$\Lambda = \sqrt{\frac{\pi^2 E}{0.6\sigma_y}}$$

Eを一定とすればΛはσ_yだけで決まるので、400N級の鋼材でΛ＝120、490N級の鋼材でΛ＝102という数値がよく使われる

圧縮力による座屈のほか、曲げモーメントを受けるH形鋼梁の圧縮フランジが座屈して梁断面がねじり変形を起こす**横座屈**や、圧縮応力下の断面の板要素が局部的に屈伏する**局部座屈**がある

● 横座屈

曲げモーメントを受ける部材の圧縮側が面外に変形し、部材がねじれるように座屈すること

● 局部座屈

薄い部材などが力を受け、部材を構成する板の一部に変形を生じて座屈すること

QUESTION

1 最 頻 出 問 題 | 一問一答

次の記述のうち、正しいものには○、誤っているものには×をつけよ

1 ☐☐ 鋼材の種類及び座屈長さが同条件の場合、鉄骨部材の許容圧縮応力度は、座屈軸周りの断面2次半径が大きくなるほど大きくなる

2 ☐☐ 純ラーメン柱の構面内座屈に関する座屈長さとして部材長さの1.2倍を採用した

3 ☐☐ 中心圧縮荷重を受ける正方形断面柱の弾性座屈荷重 Pe は、柱材のヤング係数が2倍になると Pe も2倍になる

4 ☐☐ 材端支持条件だけが変わる柱の座屈荷重について、座屈長さ係数が0.5の柱の座屈荷重は、座屈長さ係数が2の柱の座屈荷重の16倍である

ANSWER

→→→

1 ○ | 371頁に示す通り、断面2次半径が大きいほど、細長比が小さくなり座屈応力度は増加する。許容圧縮応力度は座屈応力度に安全率を考慮したものなので、記述は正しい

2 ○ | 純ラーメン柱の座屈長さは、少なくとも部材長より大きい

3 ○ | 「1 弾性座屈荷重(オイラー荷重)」(370頁)を参照

4 ○ | 座屈荷重は座屈長さの2乗に反比例する。座屈長さ係数の2乗の比をとると、

$$\frac{1}{(0.5)^2} : \frac{1}{(2)^2} = \frac{4}{0.25} = 16$$

2 実 践 問 題 | 四肢択一

→→→

1 ☐☐ 同一材料、同一断面、同一材長の柱を次の支持条件で圧縮したとき、座屈荷重の比として正しいのはどれか。ただし、座屈は平面内で生ずるものとする

1 答えは3

座屈長さが正しく評価できればよい。座屈荷重は座屈長さの2乗に反比例する座屈長さ ℓ_k はそれぞれ

$\ell_{k1} = 2\ell$
$\ell_{k2} = \ell$
$\ell_{k3} = 0.5\ell$

$P_{cr1} = \dfrac{\pi^2 EI}{4\ell^2}$ $P_{cr2} = \dfrac{\pi^2 EI}{\ell^2}$

$P_{cr3} = \dfrac{\pi^2 EI}{0.25\ell^2}$

$P_{cr1} : P_{cr2} : P_{cr3} = \dfrac{1}{4} : 1 : \dfrac{1}{0.25} = 1 : 4 : 16$

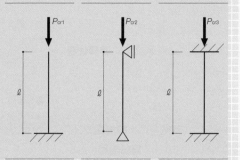

支持条件	柱脚固定 柱頭自由	柱脚ピン 柱頭ローラー	柱脚固定 柱頭は回転と 水平移動拘束
材端の状態	P_{cr1}	P_{cr2}	P_{cr3}

1——2:1:0.5　2——0.5:1:2　3——1:4:16　4——1:4:8

2 □□ 図のようなラーメンA、ラーメンB、ラーメンCの柱の弾性座屈荷重をそれぞれP_A、P_B、P_Cとしたとき、これらの大小関係として、正しいものは次のうち、どれか。ただし、すべての柱及び梁は等質等断面の弾性部材であり、「柱及び梁の重量」及び「柱の面外方向の座屈及び梁の座屈」は無視するものとする

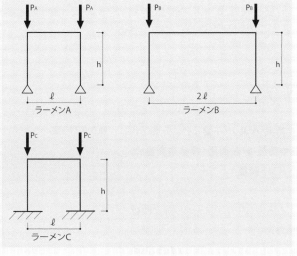

ラーメンA

ラーメンB

ラーメンC

1——$P_A = P_C > P_B$　　2——$P_B > P_A > P_C$
3——$P_C > P_A > P_B$　　4——$P_C > P_A = P_B$

3 □□ 図のような支持条件及び断面で同一材料からなる柱A、B、Cにおいて、中心圧縮力を受ける弾性座屈荷重理論値P_A、P_B、P_Cの大小関係として正しいものは次のうちどれか。ただし、図中寸法の単位はcmである

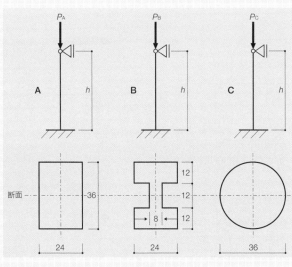

1——$P_A > P_C > P_B$　　2——$P_B > P_C > P_A$
3——$P_A > P_B > P_C$　　4——$P_C > P_A > P_B$

2 答えは3

柱頭、柱脚の回転剛性に着目するとよい。節点の回転剛性が高いと柱端部の回転が拘束されて、座屈長さが短くなり、座屈荷重が上昇する（370頁参照）。
ラーメンAとラーメンBを比べると、柱脚は同条件で柱頭に取付く梁の剛比はA＞Bだから柱頭の回転拘束はAが大きい。したがって柱の座屈長さはAが短く、座屈荷重はAの方が大きい。よって$P_A > P_B$となる
次に柱頭の回転拘束が同条件のラーメンAとラーメンCを比較すると、柱脚の条件はCの方が有利だから、柱の座屈長さはCの方が短く、$P_C > P_A$が分かる
以上をまとめると$P_C > P_A > P_B$が導ける

3 答えは4

弾性座屈荷重P_{cr}の理論値は

$$P_{cr} = \frac{\pi^2 EI}{\ell_k{}^2} \text{ である}$$

問題の設定により柱の座屈拘束条件は共通なので、座屈長さは同じであり、P_{cr}を支配するのは断面二次モーメントIの大きさである
各断面について、断面二次モーメントの最小値を計算する
Aの場合、

$$I_A = \frac{bh^3}{12} = \frac{36 \times 24^3}{12} = 41472$$

Bの場合、

$$I_B = \frac{12 \times 24^3}{12} \times 2 + \frac{12 \times 8^3}{12} = 28160$$

Cの場合、

$$I_C = \frac{\pi d^4}{64} = \frac{\pi \times 36^4}{64} = 82406$$

座屈は、断面二次モーメントが小さい弱軸周まわりの曲げ変形をともないながら生ずるので、その大きい順に並べると関係が求まる

003 ラーメン構造の応力①梁の応力とたわみ

単純な構造のわりに出題頻度が高い。静定梁、不静定梁の応力と変形の整理が必要である。不静定梁については荷重と曲げモーメント分布のパターンを記憶するとよい。過去の問題を解くことによって、さらに理解を深めることができる

1 静定梁の応力

□ 静定梁は、**片持ち梁・単純支持梁・ゲルバー梁**などに分類される。梁に作用する荷重は、**集中荷重・分布荷重（等分布荷重・等変分布荷重）・移動荷重・モーメント荷重**などである

□ 荷重が作用する梁内に生ずる応力（内力又は断面力）は**曲げモーメント**M・**せん断力**Q・**軸力**Nである。これらM・Q・Nが梁の軸線上に分布する様子を図で表した応力分布図を**M図・Q図・N図**という。梁の軸線上に位置の変数をとり、直交座標にM・Q・Nそれぞれの応力を表示する

□ 静定梁の応力を求める手順は次のとおり
①反力を求める
②各梁について軸線上の応力分布を求める（応力を求める）
図のようなゲルバー梁を例に、曲げモーメントの求め方を整理する

● **ゲルバー梁**
中間にヒンジのある連続梁をゲルバー梁という。橋梁構造の開発者に由来する呼び名である

● **例題図**

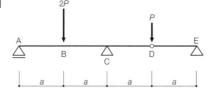

（考察）
・DE部材は両端がヒンジで、かつDE間に荷重が作用していないので曲げ抵抗系として役立っていない
・構造要素をAB・BC・CD・DEに分けると、それぞれの要素中間に荷重がないから、それぞれ端部の曲げモーメントが分かれば、その間の曲げモーメントは線形変化するだけである
・上記よりB・C点の曲げモーメント値に注目する。A・D点はピンだから曲げモーメントはゼロである
（反力を求める）
・E点に反力は生じないから、A及びC点の反力と外力のつり合いを考えると、$V_A = 0.5\,P$、$V_C = 2.5\,P$が求まる

● **解説図①-1**

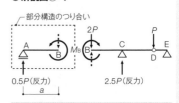

B点のモーメントのつり合い
$0.5P \times a - M_B = 0$
$\therefore M_B = 0.5P \times a$

● **解説図①-2**

AB間の曲げモーメント分布図

B点のモーメントが分かればAB間曲げモーメント分布は直線で表せる

$M_B = 0.5P \times a$を、引張り側に表示

（応力分布を求める）

①B点の左側で部材を切り離し、切断面にM_Bが存在するとして左側要素のつり合いを考える（解説図①-1）。これより解説図①-2の応力分布図が描ける

②次にC節点で構造を切り離し、切断面にM_Cが存在するとして左側要素のつり合いを考える（解説図②-1）（M_Cとともに表示した点線の力はC断面のせん断力である）。これより解説図②-2の応力分布図が描ける

③CD間の応力（曲げモーメント）は$M_C=-P \times a$，$M_D=0$の直線分布である。これらを総合すると、下のような曲げモーメント図が描ける。曲げモーメント分布図に符号を付ける場合は、部材ごとに点線側を正と約束することが多い

● **解説図②-1**

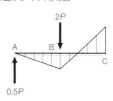

部分構造のつり合い

C点のモーメントのつり合い
$$0.5P \times 2a - 2P \times a + M_C = 0$$
$$\therefore M_C = P \times a$$

● **解説図②-2**

AC間の曲げモーメント分布図

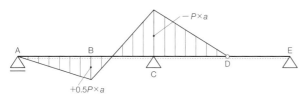

B・C点の曲げモーメント値を引張り側に表示すると、その間は直線で結べる。AB間とM図と結合すると上図のようになる

● **梁の曲げモーメント分布図（M図）（点線側を正とする）**

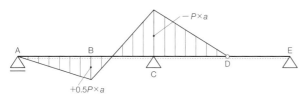

応力分布図において、応力の座標は部材ごとに設定する。部材軸に平行な点線を描いて正側を区別、又は代表的応力値を符号付きで書くこともある。軸力の生ずる梁は少ないので、せん断力分布図を、上の例題について示す

● **応力分布の符号と表示**

軸力　引張軸力を＋、圧縮軸力を－として表示

せん断力　部材の中から1つの微小要素を取り出したとき、要素の両端に働くせん断力によって、要素が時計回りに回転するような一対のせん断力を＋、逆回転するような一対のせん断力を－で表示

● **せん断力分布（左）と梁のせん断力図（Q図）**

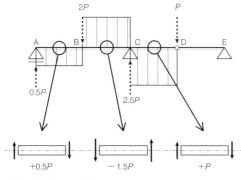

● **梁の応力分布の特徴**

集中荷重の場合	等分布荷重の場合
①曲げモーメント分布は、線形（直線の組合せ）で表される	①曲げモーメント分布は、下に凸の二次曲線で表される
②せん断力（分布）は、右図のようなパルス形になる	②せん断力分布は直線で表せる。難しくいうと、曲げモーメント分布の1階微分がせん断力分布である
③曲げモーメント分布が極値をとる位置でせん断力が段階的に変わる	③曲げモーメント分布が極値となる位置でせん断力はゼロになる

2 　不静定梁の応力

一般に、不静定梁の応力はつり合い条件だけでは求められない。短時間の間に正攻法で与えられた問題を解くのは難しいので、集中荷重、等分布荷重等、代表的な荷重を受ける梁の応力分布パターンを覚えるのが効率的であろう。一端ヒンジ、他端固定梁及び両端固定梁に中央集中荷重、等分布荷重が作用したときの応力分布を下に整理したので、参考にされたい

● 覚えておきたい　梁の応力分布パターン

中央集中荷重

一端ヒンジ・他端固定梁 — ① 反力図 / ② M図

両端固定梁 — ⑥ 反力図 / ⑦ M図

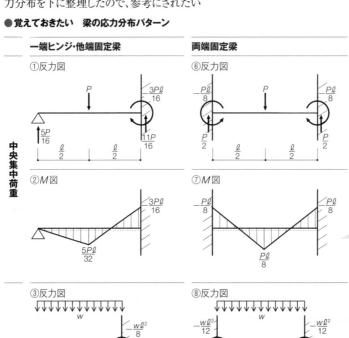

「一端ヒンジ・他端固定梁」も「両端固定梁」も「M図の形」と「荷重作用点と固定端のモーメントの値」を覚えよう

等分布荷重

一端ヒンジ・他端固定梁 — ③ 反力図 / ④ M図 / ⑤ Q図

両端固定梁 — ⑧ 反力図 / ⑨ M図 / ⑩ Q図

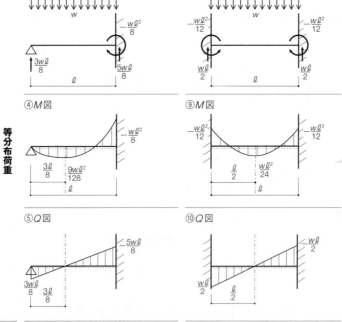

「一端ヒンジ・他端固定梁」も「両端固定梁」も「M図の形」と「荷重作用点と固定端のモーメントの値」を覚えよう

ラーメン構造の応力①梁の応力とたわみ

1 最頻出問題 ｜ 四肢択一

1 □□ 図のような同一断面、全長にわたって等質等断面の弾性部材で構成される梁A、B、Cに荷重Pが作用している。応力、たわみ等の比として最も不適当なものは次のうちどれか

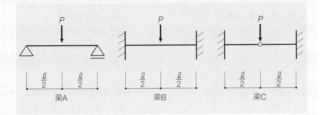

	A	:	B	:	C
1—最大曲げモーメント	2	:	1	:	2
2—最大せん断力	1	:	1	:	1
3—荷重点のたわみ	2	:	1	:	2
4—鉛直方向支点反力	1	:	1	:	1

2 □□ 図のような梁のA点及びB点にモーメント荷重Mが作用している場合、C点に生じる曲げモーメントの大きさとして、正しいものは次

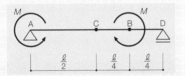

1—0

2—$M/3$

3—$M/2$

4—M

1 答えは3

この問題は梁の応力・変形公式の応用問題である（376、388頁参照）Aは単純梁、Bは両端固定梁、Cは2つの片持ち梁が中央で接続された構造である。A、B、Cそれぞれの応力の大きさ（絶対値）及び変形の比は次のようになる

最大曲げモーメント

(A) $\dfrac{Pl}{4}$　(B) $\dfrac{Pl}{8}$　(C) $\dfrac{Pl}{4}$

A:B:C＝2:1:2

最大せん断力

(A) $\dfrac{P}{2}$　(B) $\dfrac{P}{2}$　(C) $\dfrac{P}{2}$

A:B:C＝1:1:1

荷重点のたわみ

(A) $\dfrac{Pl^3}{48EI}$　(B) $\dfrac{Pl^3}{192EI}$　(C) $\dfrac{Pl^3}{48EI}$

A:B:C＝4:1:4

鉛直方向支点反力

(A) $\dfrac{P}{2}$　(B) $\dfrac{P}{2}$　(C) $\dfrac{P}{2}$

A:B:C＝1:1:1

以上から、荷重点のたわみの比が最も不適当である

2 答えは4

この問題はモーメント荷重を受ける静定梁である。モーメント荷重が目新しいだけで、地道に反力計算、応力分布計算の順で解けばよい

①反力計算：A、D点の上向き鉛直反力をそれぞれV_A、V_Bとすると、$V_A＝0$、$V_B＝0$が得られる

②C点の曲げモーメントのつり合い：C点で梁を切断し、そこにM_Cが存在するとして、左側の部分構造のつり合いを考える

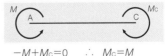

$$-M+M_C=0 \quad \therefore \quad M_C=M$$

区間ABの間は、Mが一様に分布している

004 ラーメン構造の応力②静定ラーメン

構造設計の基本問題という性格をもつので、毎年、頻繁に出題される。パターンは特定位置の応力を問う問題、応力分布形を問う問題、変形に関連した応力分布の問題等に分けられる

1 建築物の構造形式

☐ 通常の建築構造物は**トラス構造**と**ラーメン構造**に分けられる
①トラス構造：構造を構成する部材が引張り、圧縮の軸力だけで抵抗する構造形式
②ラーメン構造：部材が曲げモーメント・せん断力・軸力で抵抗する構造形式

☐ 外力が作用する構造の「つり合い応力（内力）」を決定するための条件式として、①**つり合い条件式**、②**部材の弾性条件式**、③**変形の適合条件式**などがある。つり合い条件式だけですべてのつり合い応力が決定できる構造を**静定構造**、その他の条件式を併用しないとつり合い応力が決定できない構造を**不静定構造**という

☐ 構造の安定・不安定及び静定・不静定の判別式は次のとおり

$$m＝r＋s＋n－2k$$

（$m≧0$：安定、$m＜0$：不安定、$m＝0$：静定、$m≧1$：不静定）

r：節点における剛接部材数　s：部材数
n：反力数（支点反力数の総和）　k：支点も含めた節点数

● **構造形式の違い**
トラス構造は、両端ピン部材を三角形に組み合わせて構成した構造。ラーメン構造は、柱と梁を剛接合して建築物を支える構造

● **構造の安定と不安定**
建築物が外力を受けても、全体として移動も回転もせずに静止する場合を安定構造といい、静定構造と不静定構造に分けられる。一方、外力を受けて、全体として移動・回転等の変形が生じる場合を不安定構造という。不安定構造は建築物としては成立しない

☐ ● **構造の安定・不安定及び静定・不静定の判別**

① **トラス構造の場合**（剛接部材がないため、$m＝s＋n－2k$が判別式となる）

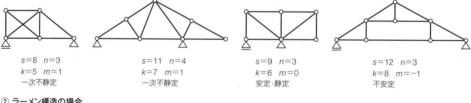

$s＝8$　$n＝3$
$k＝5$　$m＝1$
一次不静定

$s＝11$　$n＝4$
$k＝7$　$m＝1$
一次不静定

$s＝9$　$n＝3$
$k＝6$　$m＝0$
安定・静定

$s＝12$　$n＝3$
$k＝8$　$m＝-1$
不安定

② **ラーメン構造の場合**

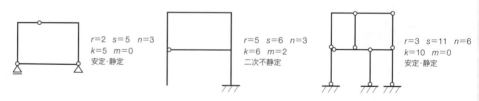

$r＝2$　$s＝5$　$n＝3$
$k＝5$　$m＝0$
安定・静定

$r＝5$　$s＝6$　$n＝3$
$k＝6$　$m＝2$
二次不静定

$r＝3$　$s＝11$　$n＝6$
$k＝10$　$m＝0$
安定・静定

2 静定ラーメンの応力

静定ラーメンの構造形式は、①**片持ち方式**（折れ曲がった梁）、②**ピン・ローラーの単純支持方式**、③**3ヒンジ方式**に分類できる。この中で出題頻度が高いのは③

例題:

次のような3ヒンジラーメンを例に、**部分構造のつり合い式**を整理し、応力を求める

（解法の手順）

①部材ごとに正の応力を表示する側を点線で示す（解説図①）

②反力を求める。3ヒンジラーメンではモーメントのつり合い式を工夫するとよい（解説図②）

③部材ごとに切断つり合い図によって切断面の応力を求める（解説図③）

解答:

解説図①②より、A−B−C−D−E構造全体のA点に関するモーメントのつり合いは

$15P×2\ell−10P×\ell−V_E×3\ell+H_E×\ell=0$

よって　$20P−3V_E+H_E=0$ ——（1）

C−D−E部分構造のC点に関するモーメントのつり合いは

$−V_E×\ell+H_E×2\ell=0$

よって　$−V_E+2H_E=0$ ——（2）

上の(1)、(2)式より $H_E=4P$, $V_E=8P$ 構造全体について $\Sigma y=0, \Sigma x=0$ より

$H_A=14P, V_A=7P$

次に、AB・BC・CD・DE部材について材端の応力を求める。M図についていえば、各部材のM図は線形変化するので、結局、B・D点の応力が分かればよい

解説図③より、$M_B=−14P\ell$, $M_D=−8P\ell$

以上から、下のような応力分布図が描ける

● ラーメン応力の求め方

特定位置の応力を求めるには、指定された位置で構造を仮に切断して部分構造のつり合いを考えるのが常道。基本的に構造を構成する部材ごとにつり合い式を整理して応力分布式を求める。ここでは応力の座標を部材ごとに決める必要がある

● 例題図

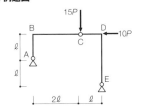

● 解説図①

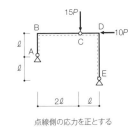

点線側の応力を正とする

● 解説図②

反力の計算

● 解説図③

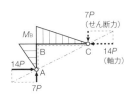

ABC部分の切断つり合い図より $M_B=−14P\ell$ が得られる

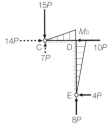

CDE部分の切断つり合い図より $M_D=−8P\ell$ が得られる

●応力分布図

M図

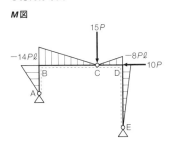

Q図

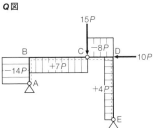

N図

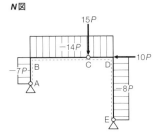

1　最頻出問題 │ 四肢択一

QUESTION

---

1 ☐☐　図のような水平荷重Pを受ける骨組において、A点における曲げモーメントの大きさで正しいのは次のうちどれか

$$1 — \frac{P\ell}{2} \quad\middle|\quad 2 — \frac{2P\ell}{3} \quad\middle|\quad 3 — \frac{3P\ell}{4} \quad\middle|\quad 4 — P\ell$$

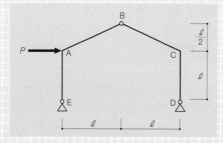

ANSWER

1　答えは 2

図の構造体は、3ヒンジ静定山形ラーメンである。考え方の手順としては、つり合い条件を用いて支持反力を計算し（つり合いの図式解釈として、示力図を図中に示した）、EA材、A点のモーメントのつり合いから、A点曲げモーメントM_Aを求める

E点に関する構造全体のモーメントのつり合いから、

$$M_E = P \times \ell - V_D \times 2\ell = 0 \qquad よって \quad V_D = \frac{P}{2}$$

鉛直力のつり合いから、

$$V_D - V_E = 0 \qquad よって \quad V_E = \frac{P}{2}$$

B点に関するEAB部分構造のモーメントのつり合いから、

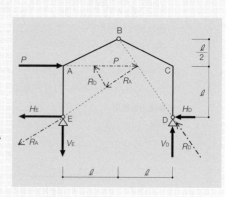

$$M_B = -\frac{P \times \ell}{2} - \frac{P \times \ell}{2} + H_E \times \frac{3 \times \ell}{2} = 0$$

これにより　$H_E = \frac{2P}{3}$、　$H_D = \frac{P}{3}$　が得られる

A点のモーメントM_Aを含む、EA部分構造のつり合いから、

$$H_E \times \ell - M_A = 0 \qquad よって \quad M_A = \frac{2P\ell}{3} \quad となる$$

2 □□ 図はある2層ラーメン構造の2階に水平力P_1、R階に水平力P_2が作用したときの柱の曲げモーメント分布を示したものである。次の記述のうち誤っているのはどれか

1——2階に作用する水平力P_1は80kNである

2——2階梁のせん断力Q_Bは70kNである

3——1階右側柱の軸方向圧縮力N_Cは105kNである

4——右側支点の鉛直反力V_Cは120kNである

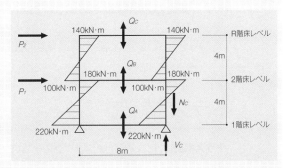

2　答えは 4

このような問題には、切断つり合い図（トラスにおける切断法）を応用するとよい

まず、設問の構造を各層で水平に切断した部分構造を考え、それぞれの水平方向のつり合い式を立てて、P_1、P_2を求める。柱せん断力は、与えられたモーメント図を使って、柱頭モーメントと柱脚モーメントの和を階高で割ると得られる

右図①より、P_2を含む水平方向のつり合い式は次のようになる

　$P_2-(60+60)=0$　よって　$P_2=120$kN

同様にして、右図②のように切断したつり合い図を考える。1層柱せん断力を曲げモーメント図から求めて、水平方向のつり合い式を立てる

　$P_1+(60+60)-(100+100)=0$　よって　$P_1=80$kN

次に梁せん断力を求めるために、設問の構造を縦に分割して右半分のつり合いを考える。長さℓの梁両端モーメントM_1、M_2を右図①・②から求めると、梁せん断力Qは次式で求められる

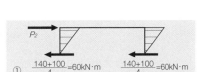

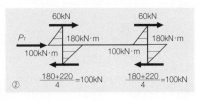

$$Q=\frac{M_1+M_2}{\ell}$$

$$Q_C=\frac{140+140}{8}=35\text{kN}\qquad Q_B=\frac{280+280}{8}=70\text{kN}$$

$$Q_A=\frac{220+220}{8}=55\text{kN}$$

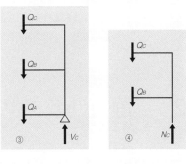

支点の反力V_Cは、鉛直方向のつり合い式より（右図③）

　$V_C-(Q_C+Q_B+Q_A)=0$　よって$V_C=35+70+55=160$kN

柱軸力を求めるには、N_Cを含む部分構造を考えればよい。鉛直方向のつり合い式より（右図④）

　$N_C-(Q_C+Q_B)=0$　よって　$N_C=35+70=105$kN

以上の計算で、設問の応力と反力が求められる。これにより誤った記述は4である

005 トラス構造の応力

トラス構造の問題は毎年のように出題される。静定トラスの応力に関する設問が多いので、応力解法は理解しておきたい。解法の基本は2種類のつり合い式で、節点を切り出したつり合い式は2つ、部分構造を切り出した場合は3つである

1　トラス構造

トラス構造は、軸力系部材の集まりで構成される。安定なトラス構造の最小単位は、両端ピンの直線部材（応力は引張りか圧縮の軸力のみ）で構成される三角形である。**不静定トラス**は2種類に分けられ、1つはトラス構造内の部材が多すぎてつり合い条件だけでは解けないもの、他は支点の反力がつり合い条件だけでは求められないものである

トラス構造の応力計算上の基本仮定を覚えよう
①節点はピンである
②外力はすべてピン節点に集中力として作用する

●トラス構造の構成部材

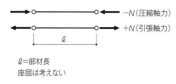

ℓ＝部材長
座屈は考えない

●安定なトラス構造の最小単位

静定トラスに生ずる応力の主な性質には、次の3つがある（いずれも節点に外力がない場合）
①節点に集まる部材が2つの場合（右図①）
　→2つの部材の軸力はゼロとなる
②節点に集まる部材が3つの場合（右図②）
　→材軸線が一直線をなす2つの部材の軸力は等しく、もう1つの部材の応力はゼロとなる
③節点に集まる部材が4つの場合（右図③）
　→材軸線が一直線をなす2つずつの部材の軸力はそれぞれ等しい

●静定トラスに生ずる応力の主な性質

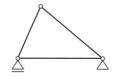

2　静定トラスの応力解法①節点法

静定トラスの応力解法では、トラス構造を仮に切断して、部分構造のつり合い式から未知応力を決定するのが基本。中でも任意の節点を切り出して、その節点に集まる部材応力や外力のつり合いを考えるのが**節点法**である

節点法解法の手順は、以下のとおりだよ
①反力の計算
②節点に集まる力のつり合い式から部材応力を順次計算

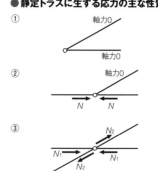

節点法では、未知応力が2以下となるよう順次節点を選び計算する。**節点のつり合い式**（1点に集まる力のつり合い式）は、水平方向の応力の和$\Sigma X = 0$、鉛直方向の応力の和$\Sigma Y = 0$の2つである

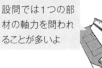

設問では1つの部材の軸力を問われることが多いよ

例題を用いて、節点法による応力解法を整理する。例題図のような荷重を受けるトラスにおいて、各部材に生じる軸力を求めよう

● 例題図

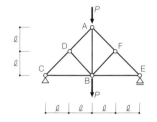

● 解説図①-1

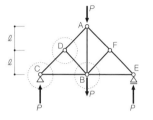

①支点反力を求めてから、C節点、D節点、B節点の順に、各節点に集まる力のつり合い式を考える（解説図①-1）

C、E点の反力は、$(P+P)/2 = P$である。C節点の力のつり合いは未知部材軸力を機械的に+（引張り）と仮定してN_{CD}、N_{CB}で表す（解説図①-2）

$\Sigma X = 0$より、$N_{CD} \times \cos\theta + N_{CB} = 0$

$\Sigma Y = 0$より、$N_{CD} \times \sin\theta + P = 0$

$\theta = 45$度なので$\cos\theta = \dfrac{1}{\sqrt{2}}$、$\sin\theta = \dfrac{1}{\sqrt{2}}$

$\therefore N_{CD} = -P\sqrt{2}$（圧縮力）、$N_{CB} = +P$（引張力）

注　節点を引く軸力を(+)、節点を押す軸力を(-)で表す

● 解説図①-2

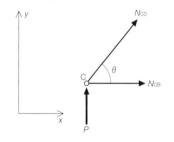

②同様に、D節点の力のつり合いを考える（解説図②）

トラス応力の性質（左頁）より、N_{DA}はN_{CD}と等しいから

$N_{DA} = N_{CD} = -P\sqrt{2}$（圧縮力）

N_{DB}の軸力はゼロである

$N_{DB} = 0$

節点のつり合い式において一直線上にある部材の軸力は等しい。また、節点外力がなければ、これにある角度で交わる部材応力はゼロである（左頁参照）

● 解説図②

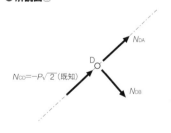

$N_{CD} = -P\sqrt{2}$（既知）

③最後にB節点の力のつり合いを考える（解説図③）

$\Sigma Y = 0$より、

$N_{BA} = +P$（引張力）

残り2部材の軸力は、対称条件より得られる

N_{AF}とN_{FE}はN_{DA}、N_{CD}と等しいから、

$N_{AF} = N_{FE} = N_{DA} = N_{CD} = -P\sqrt{2}$（圧縮力）

対称条件とは、構造と荷重の対称軸を挟んで、対称な位置にある部材の軸力は等しいことなんだ

● 解説図③

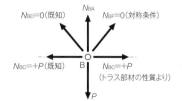

$N_{BD} = 0$（既知）　N_{BA}　$N_{BF} = 0$（対称条件）

$N_{BC} = +P$（既知）　B　$N_{BC} = +P$
（トラス部材の性質より）

P

3 静定トラスの応力解法②切断法

切断法は、節点法と同様に部分構造のつり合いから部材軸力を求める方法である。ここでは節点を切り出すのではなく、節点を含む構造の部分を仮に切断して、切断面に作用する軸力（反力）を未知数としてつり合い式（$\sum X = 0$, $\sum Y = 0$, $\sum M = 0$）からこれらを決定する。トラス構造のどこを切断するかは、未知応力が3つ以下になるように部材を切断するとよい

例題を用いて、切断法による応力解法を整理する。例題図のような荷重を受けるトラスにおいて、各部材の軸力を求める

①支点E・Gの反力を計算する（鉛直荷重のみが作用しているので、反力もV_E・V_Gの2力となる）

E・G点のモーメントのつり合いを計算すると、

$$V_G = \frac{-P\ell + 2P\ell + 2P\ell + 3P\ell}{2\ell} = 3P$$

$$V_E = \frac{-3P\ell - 4P\ell - 2P\ell + P\ell}{2\ell} = 4P$$

実際の設問では、一部材の軸力を問われることが多いよ

● 例題図

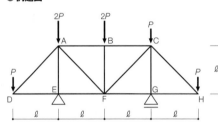

● 解説図①

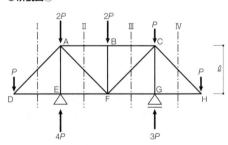

②節点を含むトラス構造の部分に切断線I～Ⅳを仮定する（解説図①）

③切断線Iでトラス構造を仮に切断し左側の部分構造を取り出すと、つり合い系が成立する（解説図②-1）。部材切断部には、引張軸力を仮定する

$\sum y = 0$ より、

$N_{DA} \times (1/\sqrt{2}) - P = 0$　$\therefore N_{DA} = \sqrt{2}P$（引張り）

$\sum x = 0$ より、

$N_{DA} \times (1/\sqrt{2}) + N_{DE} = 0$　$\therefore N_{DE} = -P$（圧縮）

注　節点を引く軸力を(+)、節点を押す軸力を(−)で表す

なお、力を矢印で表すと、1点に集まる力のつり合いは、「**示力図が閉じる**」（最初のベクトルの始点と最後のベクトルの終点が重なる）ことで表せる。節点Dに集まる力をP, N_{DA}, N_{DE}の順に、矢印の先端から力を加算して作図すると始点に戻る（解説図②-2　示力図）

● 解説図②-1

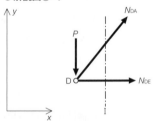

● 解説図②-2　示力図

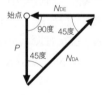

④切断線Ⅱでトラス構造を仮に切断して左側の部分構造を取り出すと、つり合い系が成立する（解説図③）。部材切断部には、引張軸力を仮定する

・N_{AB}を求める

N_{AF}とN_{EF}がつり合い式に現れないように、F点でモーメントのつり合い式（$\Sigma M_F=0$）を利用する

$$-2P\ell+2P\ell+N_{AB}\ell=0 \quad \therefore N_{AB}=0$$

・N_{EF}を求める

N_{AF}とN_{AB}がつり合い式に現れないように、A点でモーメントのつり合い式を利用する（$\Sigma M_A=0$）

$$-P\ell-N_{EF}\ell=0 \quad \therefore N_{EF}=-P（圧縮力）$$

・N_{AF}を求める

N_{AB}とN_{EF}がつり合い式に現れないように、$\Sigma Y=0$のつり合い式を利用する

$$-3P+4P-N_{AF}\times(1/\sqrt{2})=0 \quad \therefore N_{AF}=\sqrt{2}\,P（引張力）$$

⑤E節点に集まる力のつり合いから、N_{EA}、N_{ED}を求める（解説図④）

$\Sigma Y=0$より、$+4P+N_{EA}=0 \quad \therefore N_{EA}=-4P$

$\Sigma X=0$より、$-N_{ED}+(-P)=0 \quad \therefore N_{ED}=-P（圧縮力）$

⑥B節点に集まる力のつり合いから、N_{BC}、N_{BF}を求める

$\Sigma X=0$より、$N_{BC}=0$

$\Sigma Y=0$より、$N_{BF}=-2P$

⑦以下、同様にして切断線Ⅲでトラス構造を仮に切断して、右側の部分構造のつり合いを考える

・C点のモーメントのつり合いからN_{FG}を、$\Sigma Y=0$からN_{CF}を求める

$N_{FG}=-P（圧縮軸力）$

$\Sigma Y=0$より、$N_{CF}=\sqrt{2}\,P$

・F点でのモーメントのつり合いから、N_{BC}を求める

$N_{BC}=0$

⑧切断線Ⅳでトラス構造を仮に切断した右側の部分構造のつり合いは、切断線Ⅰの場合と同様となる

$$N_{HC}=\sqrt{2}\,P（引張軸力） \quad N_{HG}=-P（圧縮軸力）$$

⑨G節点のつり合いから（$\Sigma Y=0$）N_{GC}を求める

$N_{GC}=3P$

以上で、すべての部材軸力が定まる

● 解説図③

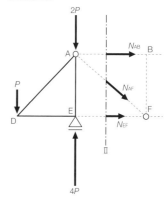

● 解説図④

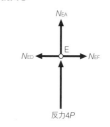

● 節点法・切断法のまとめ

①両方法とも、部分構造のつり合いを考えるのが基本である

②節点法では、$\Sigma X=0$、$\Sigma Y=0$の2つ、切断法では$\Sigma X=0$、$\Sigma Y=0$、$\Sigma M=0$を適材適所で使い分ける

QUESTION

1 最頻出問題│四肢択一

1 □□ 図のような荷重が作用するトラスにおいて、部材 A、B、Cに生じる軸力をそれぞれN_A、N_B、N_Cとするとき、それらの絶対値の大小関係として正しいものは次のうちどれか。ただし部材はすべて弾性部材とし、自重は無視する。また軸力は引張力を「+」、圧縮力を「−」とする

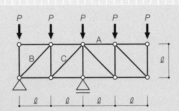

1──$N_B < N_A < N_C$

2──$N_C < N_A < N_B$

3──$N_A < N_B < N_C$

4──$N_C < N_B < N_A$

解説図

図-① ヤジロベー形のトラス構造つり合い系　　図-② 切断法によるトラス部材応力計算

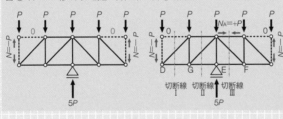

ANSWER

→→→

1 答えは3

これは静定トラスだから、まず支点反力を求め、トラス構造接点のつり合から軸力ゼロの部材を整理する[382頁トラス構造の応力解法①節点法を参照]と、図-①のような対称形のヤジロベー構造が現れる。軸力を求めたい部材を含む切断線を設定して、部分構造のつり合い式を立てると、それぞれの軸力が得られる。N_Aを求めるには、切断線Ⅲの右側の部分構造を考え、節点Fでモーメントのつり合い式を立てるのが効率的である。Ⅲで切断した部材軸力のうちでモーメントのつり合い式に入るのはN_Aだけになるからである。

$\Sigma M_F = -N_A \times \ell + P \times \ell = 0$

$\therefore N_A \equiv P$（引張）

同様に、切断線Ⅰの左側の部分構造で節点Dのつり合から$N_B = \sqrt{2}P$（引張）、切断線Ⅱの左側の部分構造で節点Gのつり合いから$N_C = 2\sqrt{2}P$（引張）が得られる。以上より$N_A < N_B < N_C$が正しい大小関係である。

節点法[382頁参照]では、節点に作用する軸力のつり合い式を用いる。節点を引っ張る軸力（=部材の引張軸力）を「+」、節点を押す軸力（=部材の圧縮軸力）を「−」で表すことにする

2 実践問題│四肢択一

→→→

1 □□ 図のような荷重を受ける静定トラスにおいて、部材 ABに生じる軸方向力の値として正しいものは次のうちどれか。ただし、軸方向力は、引張力を「+」、圧縮力を「−」とする

1 答えは4

1──0

2──$+\sqrt{3}\,P / 2$

3──$+\sqrt{3}\,P$

4──$+3\sqrt{3}\,P / 2$

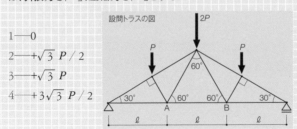

計画

環境・設備

法規

構造

施工

解説図

切断つり合図(1)

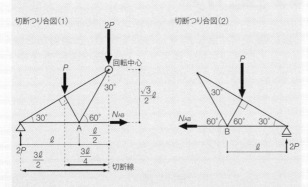

切断つり合図(2)

図(「腕の長さ」)

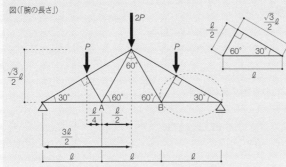

解法ポイント
切断法を応用する。部材ABを含む切断線を想定して、トラス頂点を回転中心とするモーメントのつり合い式をたてれば、軸方向力N_{AB}が求められる。この問題の特徴は、モーメント計算に必要な「腕の長さ」を、トラス図形の幾何学的関係から導き出す必要があることである

①まず、反力を決めておこう。トラスと外力が共通の対称軸を持っているから、簡単に、鉛直荷重の合計を両支点に振り分ければよい

$V_1 + V_2 = P + P + 2P = 4P$

対称条件から$V_1 = V_2 = V$を使うと、

$2V = 4P$

$\therefore V = 2P$

②次に、トラス図形の幾何学的関係から、反力$2P$と荷重PおよびN_{AB}のモーメントを計算するための「腕の長さ」を求めよう

$2P \times (3\ell / 2) - P \times (3\ell / 4) - N_{AB} \times \sqrt{3}\ell / 2 = 0$

$9P\ell / 2 - N_{AB}\sqrt{3}\ell / 2 = 0$

$\therefore N_{AB} = (9P/4) \times (2/\sqrt{3})$
$= 9P / 2\sqrt{3} = 3\sqrt{3}P / 2$

---

2 □□ 図1のような骨組に水平力$3P$が作用し、図2に示すような曲げモーメントが生じてつり合った場合、部材Aに生じる引張力として、正しいものは、次のうちどれか。ただし、曲げモーメントは、材の引張側に描くものとする

1 ── $\dfrac{1}{2}P$

2 ── $\dfrac{\sqrt{2}}{2}P$

3 ── P

4 ── $\sqrt{2}\,P$

図1

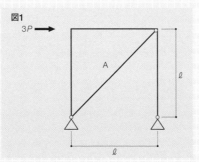

図2

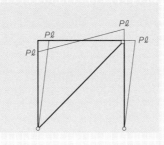

2 答えは4

これはラーメンとトラスの合成構造の問題だが、切断法の考え方で簡単に解が得られる。柱のモーメント図から、柱せん断力Q_Cが得られる

$Q_C = P\ell / \ell$

構造を水平に切断して、水平のつり合いを考える

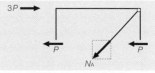

部材Aの引張力N_Aの水平成分は

$N_A \times \dfrac{1}{\sqrt{2}}$と書ける

$\Sigma X = 0$より

$3P - \left(2P + N_A \times \dfrac{1}{\sqrt{2}}\right) = 0$

$\therefore N_A = \sqrt{2}P$（引張り）

006 構造物の変形

ほとんどの出題は曲げ変形と軸方向変形に関するものである。試験対策としては、各部材の曲げ変形公式を覚えて多くの例題を解く練習をしよう。構造物に及ぼす力の働きを学問的な側面から理解し、実務に応用できる知識を学んでいく

1 建築構造物の変形

☐ **建築構造物の変形**は、変形の原因となる応力によって**曲げ変形・せん断変形・軸変形・ねじり変形**等に分けられる
出題の大半が曲げ変形にかかわるもの。まれに軸方向変形の問題（トラス構造）がみられる

以下の曲げ変形公式は丸暗記しよう！

☐ ●**梁の曲げ変形公式（最大たわみδとたわみ角θを求める公式）**

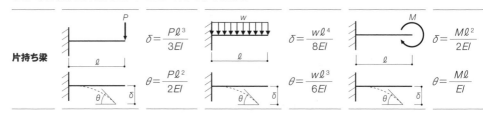

片持ち梁

$$\delta = \frac{Pl^3}{3EI}$$

$$\theta = \frac{Pl^2}{2EI}$$

$$\delta = \frac{wl^4}{8EI}$$

$$\theta = \frac{wl^3}{6EI}$$

$$\delta = \frac{Ml^2}{2EI}$$

$$\theta = \frac{Ml}{EI}$$

単純梁

$$\delta = \frac{Pl^3}{48EI}$$

$$\theta = \frac{Pl^2}{16EI}$$

$$\delta = \frac{5wl^4}{384EI}$$

$$\theta = \frac{wl^3}{24EI}$$

$$\delta = \frac{Ml^2}{9\sqrt{3}EI}$$

$$\theta = \frac{Ml}{3EI}$$

不静定梁

$$\delta = \frac{Pl^3}{192EI}$$

$$\theta = 0$$

$$\delta = \frac{wl^4}{384EI}$$

$$\theta = 0$$

$$\delta = \frac{Pl^3}{48EI}$$

$$\theta = 0$$

注　δ：最大たわみ　θ：たわみ角　E：ヤング係数　I：断面二次モーメント

☐ たわみとたわみ角は、一般に荷重Pに比例し、ヤング係数E及び断面二次モーメントIに反比例する。また、たわみはスパンの3乗、たわみ角は同じく2乗に比例する

☐ 軸力を受ける部材の伸縮δは次のように求める（右図参照）

$$\delta = \frac{Nl}{EA}$$

N：軸方向力　l：部材長さ　E：ヤング係数　A：部材断面積

●**軸力を受ける部材の伸縮**

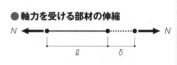

引張力によって伸び、圧縮力によって縮む

2 ラーメンの曲げ変形等

ラーメンの**層間変形**において、材端記号A・B、材長 ℓ、ヤング係数E、断面二次モーメントIの弾性部材（右図）の材端曲げモーメントM_{AB}・M_{BA}と変形の関係式は次のように表せる（**たわみ角法の弾性条件式**）

$$M_{AB}=2EK_0k(2\theta_A+\theta_B-3R_{AB})+C_{AB}$$
$$M_{BA}=2EK_0k(2\theta_B+\theta_A-3R_{AB})+C_{BA}$$

M_{AB}・M_{BA}は時計廻りを正とする

注　K_0:標準部材の剛度(I_0/ℓ_0)、k:剛比、C_{AB}:部材の中間に荷重が作用している場合に材両端の回転を拘束したときの材端曲げモーメント（これを固定モーメントという）。なお、$2EK_0k=2EI/\ell$である

例題図に挙げた2層構造の層間変形を等しくするような柱の断面二次モーメント比I_2/I_1の値を求める。ただし梁は剛体とする

● 例題図

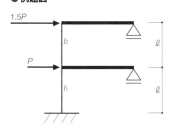

● 解説図①

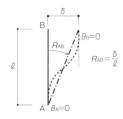

● 解説図②

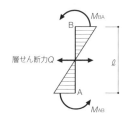

解法の手順は、以下のように考える

柱に関するたわみ角法の弾性条件式において、

$\theta_A=\theta_B=0$、$2EK_0k=2EI/\ell$、$R_{AB}=\delta/\ell$を代入すると、

$$M_{AB}=M_{BA}=\left[-\right]\frac{2EI}{\ell}(-3R)=\frac{6EI}{\ell}R=\frac{6EI}{\ell^2}\delta$$

解説図②より曲げモーメントは逆時計回り(−)

$$層せん断力Q=\frac{M_{AB}+M_{BA}}{\ell}=\frac{12EI}{\ell^3}\delta$$ （層せん断力−層間変形関係式）

解説図③より1層の層せん断力は$Q_1=2.5P$、2層の層せん断力$Q_2=1.5P$、これらを層せん断力−層間変形関係式に代入して、それぞれの層間変形δを求めると

層せん断力Qはモーメント図の傾き

$$\delta_1=\frac{\ell^3}{12EI_1}2.5P、\quad \delta_2=\frac{\ell^3}{12EI_2}1.5P$$

与条件($\delta_1=\delta_2$)を代入すると、

$$\frac{2.5P}{I_1}=\frac{1.5P}{I_2}\quad\therefore\frac{I_2}{I_1}=\frac{3}{5}$$

● ラーメン柱ABの変形

材端はAに、BはBに移動して、かつ曲げ変形を生じている

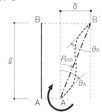

θ_A、θ_B：材端A(B)の回転角 $\left(なおR_{AB}=\frac{\delta}{\ell}\right)$
R_{AB}：部材ABの部材回転角

● せん断力Qを受ける柱の変形δ

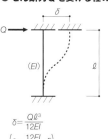

$$\delta=\frac{Q\ell^3}{12EI}$$
$$\left(Q=\frac{12EI}{\ell^3}\cdot\delta\right)$$

● 解説図③

柱の曲げモーメント分布

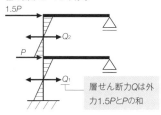

層せん断力Qは外力$1.5P$とPの和

● 柱のせん断剛性（水平剛性）

$Q=\dfrac{12EI}{\ell^3}\delta$において、この層せん断力

−層間変形関係式の係数$\dfrac{12EI}{\ell^3}$を柱のせ

ん断剛性（又は水平剛性k）という

上記より$Q=k\delta$を層せん断力−層間変形関係ともいう

● 柱のD値と層剛性

水平荷重時の応力略算法にD値法がある。柱のせん断力分担係数Dの意味は、柱のせん断力−変形関係：$Q=k\cdot\delta$のせん断剛性を、基準柱の剛性$12EI_0/\ell_0^3$で無次元化した値である。そこでD値が分かっていれば、水平力に対するラーメンの層剛性は$\Sigma(D_i)\times(12EI_0/\ell_0^3)$で求められる

QUESTION

ANSWER

1 最頻出問題 | 四肢択一

$\rightarrow\rightarrow\rightarrow$

1☐☐ 図のような荷重Pを受けるラーメンにおいて、荷重Pによって生じるA点の鉛直方向の変位δとして、正しいものは次のうちどれか。ただし部材ABは剛体とし、部材BCのヤング係数をE、断面二次モーメントをIとし、部材の軸方向の変形は無視するものとする

$$1\text{——}\frac{P\ell^3}{3EI}$$

$$2\text{——}\frac{P\ell^3}{2EI}$$

$$3\text{——}\frac{5P\ell^3}{6EI}$$

$$4\text{——}\frac{P\ell^3}{EI}$$

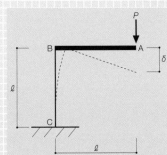

1 答えは4

B点の曲げモーメント $M=P\times\ell$
部材ABは剛体だから、弾性変形する部材BCのB端回転角θ_Bに従って剛体回転（傾斜）するだけである。したがって、θ_Bが分かれば、$\delta=\theta_B\times\ell$で求められる
曲げモーメントMが作用する片持ち梁BCの先端Bの回転角θ_Bは、梁の曲げ変形公式より

$$\theta_B=\frac{M\ell}{EI}$$

$M=P\ell$を代入すると、$\theta_B=\dfrac{P\ell^2}{EI}$

解説のポイントより、$\delta=\theta_B\times\ell$

したがって、$\delta=\theta_B\times\ell=\dfrac{P\ell^3}{EI}$

なお、A点は水平方向にも変位する。これは$M=PL$を受ける梁BCのB点変位に等しい
梁の曲げ変形公式より、

水平変位 $\delta_H=\dfrac{M\ell^2}{2EI}=\dfrac{P\ell^3}{2EI}$ である

2 実践問題 | 四肢択一

$\rightarrow\rightarrow\rightarrow$

1☐☐ 図のような水平力が作用する3層構造物において、各層の層間変位が等しくなるときの各層の水平剛性 $K_1\cdot K_2\cdot K_3$ の比として正しいものは次のうちどれか。ただし、梁は剛体とし、柱の伸縮はないものとする

$K_1 : K_2 : K_3$

$1\text{——} 2 : 3 : 4$

$2\text{——} 2 : 5 : 9$

$3\text{——} 4 : 3 : 2$

$4\text{——} 9 : 7 : 4$

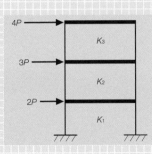

1 答えは4

層せん断力－層間変形関係を、$Q_i=K_i\delta_i$で表す
3層の層せん断力
$Q_3=4P$ ∴上式より、$K_3=4P/\delta_3$

2層の層せん断力
$Q_2=4P+3P=7P$ ∴$K_2=7P/\delta_2$

1層の層せん断力
$Q_1=4P+3P+2P=9P$ ∴$K_1=9P/\delta_1$

与えられた条件より、$\delta_1=\delta_2=\delta_3$を用いると、比が求められる
$K_1:K_2:K_3 = 9:7:4$

2 □□　図に示す等質等断面の弾性部材(ヤング係数E、断面積A、長さ3ℓ)の断面図心に軸方向集中荷重が作用している。図のa-b間の軸力とc点の軸方向変位の組み合わせで正しいものは次のうちどれか

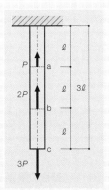

	a-b間の軸力	c点の軸方向変位
1	P	$\dfrac{4P\ell}{EA}$
2	P	$\dfrac{3P\ell}{EA}$
3	$2P$	$\dfrac{4P\ell}{EA}$
4	$3P$	$\dfrac{3P\ell}{EA}$

3 □□　図のように、スパン2m、等質弾性材料で構成された単純支持梁の中央に集中荷重Pが作用している。梁A、梁B、梁Cの中央たわみδ_A、δ_B、δ_Cの大小関係として正しいものは次のうちどれか。それぞれの梁を構成する部材接触面の摩擦及び接着はないものとし、部材の自重は無視する

1── $\delta_A=\delta_B=\delta_C$
2── $\delta_A=\delta_B>\delta_C$
3── $\delta_A>\delta_B>\delta_C$
4── $\delta_A<\delta_B=\delta_C$

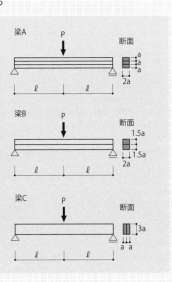

2 答えは1

下図のように部材を3分割して部分つり合い図を考えるとよい。下段b-c要素のつり合いから、断面cの引張軸力$3P$が得られる。中段a-b要素の下端bの断面力は、引張軸力$3P$(断面力)に上向きの圧縮外力$2P$を加えると$3P-2P=P$、上段要素の下端aの断面力は、引張軸力Pに上向きの圧縮外力Pを加えると$P-P=0$となり、各要素の切断つり合いが決まる。さらに軸力Pを受ける部材の軸方向変位の公式

$\delta=\dfrac{P\ell}{EA}$を使用する(388頁参照)

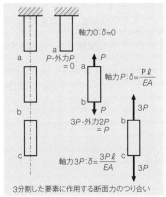

3分割した要素に作用する断面力のつり合い

c点の変位δは、各切断要素の変位の合計だから

$$\delta=\Sigma\delta=\delta=\frac{P\ell}{EA}+\frac{3P\ell}{EA}=\frac{4P\ell}{EA}$$

従って答えは1

3 答えは3

スパンℓの等質等断面単純支持梁の中央に集中荷重Pが作用するときの最大たわみδ_{max}は、$\dfrac{P\ell^3}{48EI}$で表せる(388頁構造物の変形を参照)。設問はスパン2ℓの単純梁だから、たわみ公式を書き直すと、

$$\delta=\frac{P(2\ell)^3}{48EI}=\frac{P\ell^3}{6EI}$$となる。断面2次モーメントIとたわみδは逆比例関係にある。そこで梁A、B、Cの断面2次モーメントI_A、I_B、I_Cを計算する。梁A、Bは重ね梁だが、接触面が非接着なので部材要素がそれぞれ独立して荷重に抵抗する

梁A　$I_A=3\times\dfrac{2a\times a^3}{12}=\dfrac{a^4}{2}$

梁B　$I_B=2\times\dfrac{2a\times(1.5a)^3}{12}=1.125a^4$

梁C　$I_C=2\times\dfrac{a\times(3a)^3}{12}=4.5a^4$

従って梁のたわみの関係は$\delta_A>\delta_B>\delta_C$

007 塑性解析

塑性解析は、構造の最大耐力計算に利用する手法である。出題形式はいろいろだが、毎年必ず1問以上出題される。出題パターンは、「**断面の耐力に関する問題**」と「**簡単な構造の最大耐力に関する問題**」に分類できる

1 断面の耐力：全塑性軸力・全塑性モーメント

□ 「**応力ーひずみ関係**」上、部材断面に応力が作用すると、初めは①**弾性**体として機能するが、やがて②**弾性の限界（降伏点）**に達する。③その後、応力を増やそうとしても降伏点で頭打ちとなり、ひずみだけが増えて**塑性**的になる（右図）

●部材に生じる引張力Pと部材内部に生じる引張応力度

引張力Pを受ける部材とその断面A

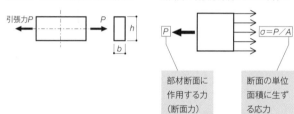

断面内の引張応力度σとのつり合い

部材断面に作用する力（断面力）

断面の単位面積に生ずる応力

● 応力ーひずみ関係
（①弾性→②降伏→③塑性）

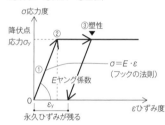

● 弾性
フックの法則$\sigma = E \cdot \varepsilon$が成立する範囲。$\sigma$：垂直応力度、$E$：ヤング係数（弾性係数）、$\varepsilon$：ひずみ度

● 降伏
弾性の限界。応力、ひずみの限界値をそれぞれσ_y：降伏点応力度、ε_y：降伏ひずみという

● 塑性
応力ーひずみ関係で、応力をゼロに戻したときにひずみが残る状態

□ 断面内の応力度がすべての位置で塑性になった状態を**全塑性**という。**応力度はもうこれ以上に増えない状態**になり、応力度分布を断面全体の力の効果に換算できる。これを**全塑性軸力**（N_p）、曲げモーメントの場合は**全塑性モーメント**（M_p）という

● 全塑性軸力（N_p）の求め方

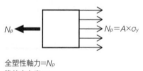

全塑性軸力＝N_p
降伏応力度：σ_y
断面積：A

試験において、塑性解析の分野での「全塑性せん断力」の出題はない。そのため、ここでは割愛したよ

● 矩形断面の降伏（弾性限界）モーメント（M_y）と全塑性モーメント（M_p）の求め方

断面積$A = b \cdot d$

弾性限界モーメントM_yと断面内の応力分布

全塑性モーメントM_pと断面内の応力分布

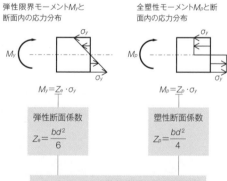

$M_y = Z_e \cdot \sigma_y$

$M_p = Z_p \cdot \sigma_y$

弾性断面係数
$$Z_e = \frac{bd^2}{6}$$

塑性断面係数
$$Z_p = \frac{bd^2}{4}$$

Z_e、Z_pはそれぞれ**弾性断面係数、塑性断面係数**といい、断面に固有の値である

2 構造の最大耐力(終局耐力)の求め方

ここでは構造が**崩壊**するときの**最大荷重**を扱う

部材の一点が曲げにより全塑性モーメント(M_p)に達すると、新たな力を加えなくても回転変形する。このように、一定の曲げ抵抗があって回転が自由な状態を**塑性ヒンジ**という(右図中②)。

外力が大きくなるにつれ、構造内部に**塑性ヒンジ**が次々と発生し、ついには回転によって構造が**不安定な状態**となる(**崩壊機構**)(右図中③)。このときの最大荷重を構造の**崩壊荷重**又は構造の**終局耐力**という

水平外力だけの場合、崩壊荷重につり合う構造の抵抗を「層せん断力」でとらえ、構造体が保有する水平耐力という意味で「**保有水平耐力**」という

水平荷重が次第に増加して崩壊に至った構造物の終局荷重を求めるには**仮想仕事式**を使う。崩壊機構の微小変形を、終局荷重に達した瞬間の構造物のつり合い状態に対する仮想変形と考える(**仮想仕事による終局状態のつり合い**)

つまり、仮想変形に対し、外力による仕事と応力による仕事が等しいと考えるのが仮想仕事式である

例題: 下例題図のような崩壊機構が与えられた構造の終局荷重P_pを求めよ

● 例題図

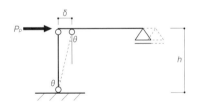

荷重P_pの仮想仕事

● 解説図

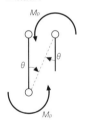

柱部材ヒンジ点の仮想仕事

① 外力の仮想仕事W_0を求める

$$W_0 = P_p \times \delta = P_p \times \boxed{h\theta}$$

変位$\delta = h \times \theta$

② 応力の仮想仕事W_iを求める

ヒンジ点の相対回転に対してM_pがする仮想仕事(解説図)

$$W_i = -(M_p\theta) - (M_p\theta)$$

$$= -2M_p\theta$$

外力が正の仮想仕事をするように機構の微小変形を選ぶと、内力は外力とつり合うように働く。よって内力の仮想仕事は必ず負号つきの値となる

③ 仮想仕事の原理($W_0 + W_i = 0$)

からP_pを求める

$$P_p \times h\theta - 2M_p\theta = 0 \qquad \therefore \quad P_p = \frac{2M_p}{h}$$

● 塑性ヒンジ

塑性ヒンジの発生から崩壊に至る過程を図示すると、次のとおり

① 荷重を加える(弾性)

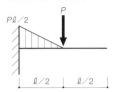

② 塑性ヒンジの発生(塑性)

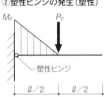

最大曲げモーメントとなる箇所が全塑性状態となる

③ 崩壊

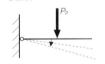

梁は塑性ヒンジ点を中心にして自由に回転できる

● 崩壊機構の微小変形

① 水平荷重を受ける構造の崩壊機構

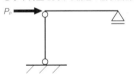

② 崩壊機構の微小変形

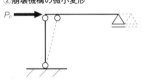

全塑性モーメントの小さい部材に、ヒンジが発生する

1　最頻出問題 | 計算問題

QUESTION

1 □□　図1に示す門形ラーメンが水平荷重Pを受けている。Pを漸増させてPₜになったとき図2のような機構で崩壊したとする。正しい崩壊荷重は次のうちどれか。ただし、梁、柱の全塑性モーメントはそれぞれ300kN·m、500kN·mとする

―――――

1――300 kN

2―― 400 kN

3――500 kN

4――600 kN

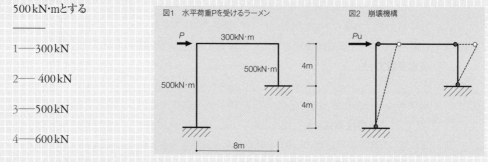

図1　水平荷重Pを受けるラーメン　　　　　図2　崩壊機構

ANSWER

1　答えは 1

崩壊荷重時の微小変形に対する仮想仕事式（つり合い式）をたててPₜを計算するのがよい。図2で崩壊機構が与えられているので、塑性ヒンジの仮想回転量とその位置での全塑性モーメントを正しく設定することがポイントである［図-①］。あるいは、図-②のように柱せん断力のつり合いからPₜを求めることもできる。どちらもつり合い式のたて方であるため直観的に分かりやすい方を選べばよい

図-①より求める場合

Puの仮想仕事=$P_u \times 8\theta$

塑性ヒンジ部の全塑性モーメントの仮想仕事=$500 \times \theta + 300 \times \theta + 300 \times 2\theta + 500 \times 2\theta = 2400\theta$

$P_u \times 8\theta = 2400\theta$

$\therefore P_u = 2400\theta / 8\theta = 300$ kN

図-②より求める場合

左柱のせん断力=$(500 + 300) / 8 = 100$ kN

右柱のせん断力=$(500 + 300) / 4 = 200$ kN

$\therefore P_u = 100 + 200 = 300$ kN

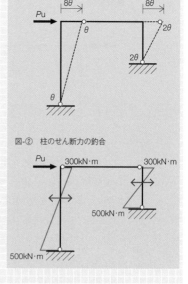

図-①　塑性ヒンジの仮想回転と仮想仕事

図-②　柱のせん断力の釣合

2 ── 実践問題 | 四肢択一

1 □□ 図1に示す等質材料の部材断面が、図2に示す垂直応力度分布となって全塑性状態に達している。このとき、断面の図心に作用する圧縮軸力Nと曲げモーメントMの組み合わせとして正しいものはどれか。ただし、降伏応力度はσ_yとする

	N	M
1 ──	$6a^2\sigma_y$	$54a^3\sigma_y$
2 ──	$6a^2\sigma_y$	$55.5a^3\sigma_y$
3 ──	$9a^2\sigma_y$	$54a^3\sigma_y$
4 ──	$9a^2\sigma_y$	$55.5a^3\sigma_y$

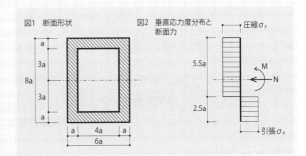

図1 断面形状　　図2 垂直応力度分布と断面力

1 答えは **2**

対称断面の全塑性状態の応力度分布と断面に作用する応力度の合力（断面力）との関係を問う問題は頻繁に出題される。図心に作用する軸力N（断面力）の圧縮応力度分布は、断面のつり合から、図心に関して対称な幅に分布する[図-①]。また、図心に作用する曲げモーメントM（断面力）の垂直応力度分布は図心に関して逆対称な正負の応力分布となる[図-②]。すなわち、図1の垂直応力度分布は断面力Nに集約される部分、図-①と断面力Mに集約される部分、図-②に分けることができる。まず、図-①の図心に対称な応力度部分と断面力Nのつり合から　$N = \sigma_y \times a \times 3a \times 2 = 6a^2\sigma_y$

図-②の曲げモーメントに寄与する断面を2つに分けて、それぞれの断面合力の偶力効果の総和をMとすれば[図-③]、モーメント断面力Mは次のように表せる。$M = 6a^2\sigma_y \times 7a + 3a^2\sigma_y \times 4.5a = 55.5a^3\sigma_y$　以上より正しい組み合わせは2である

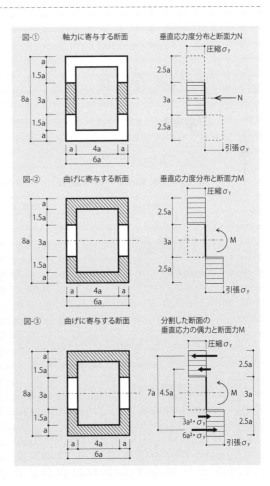

図-① 軸力に寄与する断面　垂直応力度分布と断面力N

図-② 曲げに寄与する断面　垂直応力度分布と断面力M

図-③ 曲げに寄与する断面　分割した断面の垂直応力の偶力と断面力M

008 荷重・外力

荷重・外力は構造設計の基本事項である。構造設計の方法が建築基準法の制約を受けるので、令83〜88条に荷重・外力の定めがある。出題は法律・地震荷重に関連した問題が多い。積載荷重については、基本的な数値を覚えておこう

1　固定荷重

☐　建物の自重を**固定荷重**という。固定荷重と**積載荷重**は建物固有の重量であるが、**風荷重・地震荷重・土圧**等は建物の供用期間中に外部から加わる荷重という意味で、**外力又は付加荷重**ということもある

☐　**● 構造材料の単位容積重量**

材料	重量	備考
コンクリート	23 kN／㎥	設計基準強度 $F_c \leq 36$
鉄筋コンクリート	24 kN／㎥	設計基準強度 $F_c \leq 36$
鉄骨鉄筋コンクリート	25 kN／㎥	

出典 「建築物荷重指針」日本建築学会

● 固定荷重　令84条
構造計算の際、採用しなければならない荷重・外力として、固定荷重のほか、積載荷重、積雪荷重、風圧力、地震力を挙げている。その他、建築物の実況に応じて、土圧・水圧・震動及び衝撃による外力を採用しなければならないとしている（令83条）

> RC造やSRC造の建築物の自重は、コンクリートが大半を占めることが分かるね

2　積載荷重

☐　**積載荷重**は、人間や、移動がそれほど困難ではない家具・調度・物品等の荷重の総称である。その値は、室の種類や構造計算の対象によって異なる

● 積載荷重表（単位：N／㎡）[**令85条**]

室の種類 ＼ 構造計算の対象	床	大梁、柱、基礎	地震力計算
①住宅の居室、住宅以外における寝室、病室	1,800	1,300	600
②事務室	2,900	1,800	800
③教室	2,300	2,100	1,100
④店舗の売場	2,900	2,400	1,300
⑤劇場、集会場　（固定席）	2,900	2,600	1,600
（その他）	3,500	3,200	2,100
⑥自動車車庫、自動車通路	5,400	3,900	2,000
⑦廊下、玄関、階段	③から⑤の室に連絡する場合は⑤（その他）の数値による		
⑧屋上広場、バルコニー	①の数値による。学校又は百貨店の場合は④の数値		

注　柱・基礎の軸力算定用の積載荷重は、支える床材に応じて低減することができる。ただし、劇場、集会場等の床荷重は低減できない

● 積載荷重　令85条
積載荷重は次式で求めることもできる
　床の積載荷重＝物品荷重平均値×集中係数＋人間荷重平均値×集中係数×（衝撃係数）
となる。集中係数は床用、柱・梁用、地震用に分けられ、それぞれ異なる0〜6の値が定められている。衝撃係数は、1.25の値が定められている

● 倉庫の積載荷重
倉庫の床は、3,900N／㎡未満でも3,900N／㎡として構造計算しなくてはならない

> 床用の積載荷重が最も大きく設定されていることが分かるね

3 積雪荷重

積雪荷重は、構造物の単位面積当たりに積もる雪の重量をいう。積雪荷重S（N／㎡）は次式のように、地域ごとの垂直（最深）積雪量に積雪の単位重量を乗じて計算する

$$S = d×ρ$$

d：垂直積雪量（cm）　$ρ$：積雪の単位重量（N／cm／㎡）

積雪の重量は、最低値として、積雪１cm当たり20N／㎡を規定しているが、特定行政庁により指定された多雪区域においては30N／㎡が用いられる（一部を除く）

屋根の積雪荷重は、雪止めがある場合を除き、屋根勾配（$β$＜60度）に応じて屋根形状係数を乗じた値に低減することができる。なお、勾配が**60度**を超える場合、積雪荷重は**0**としてよい。屋根形状係数$μ_b$は次式で求める

$$μ_b = \sqrt{\cos(1.5β)}$$

$β$：屋根勾配（度）

例えば4.5寸勾配屋根では$μ_b$＝0.897となって屋根雪荷重はおよそ90％に低減することができる。6寸勾配屋根の低減率は、約83％である

● **積雪荷重**　令86条

● **垂直積雪量d**

垂直積雪量dは、当該区域の標高、海率、周辺地形等、及び過去の気象観測資料に基づいて特定行政庁が定めている

● **多雪区域**

多雪区域とは、垂直最深積雪量が１m以上の区域、又は積雪の初終間日数（区域内の１／２以上が積雪状態にある日数）が30日以上の区域で、国土交通大臣の定める基準に基づいて特定行政庁が規則で指定する区域をいう

● **積載荷重の割増係数$α$**

多雪地域でなくても垂直積雪量が15cm以上の区域にある特定建築物：屋根自重が軽く、大スパン（棟から軒まで10m以上）・緩勾配（15°以下）の屋根については、降雪後の降雨を想定して、構造設計に用いる積雪荷重を$α$倍するように告示が改正（平成31年1月施行）

$$α = 0.7 + \sqrt{\frac{\text{屋根勾配と棟から軒までの長さに応じた値}}{\text{屋根形状係数×垂直積雪量（単位：m）}}}$$

4 風圧力

風圧力は、風によって建築物外周の各面に垂直に作用する力をいう。風圧力w（N／㎡）は次式のように、**速度圧q**に**風力係数C_f**を乗じて計算する

$$w = q×C_f$$

q：速度圧（N／㎡）　C_f：風力係数

● **速度圧q・風力係数C_fの求め方**

速度圧q	屋根の高さ、建築物の周辺状況等に応じて右式により求める	$q = 0.6EV_0^2$ E：速度圧の高さ方向分布を示す係数 V_0：当該地方の基準風速（m／s）
風力係数C_f	風洞実験によって定めるほか、建築物の断面・平面の形状に応じて定められている値（右式参照）	$C_f = C_{pe} - C_{pi}$ C_{pe}：外圧係数 C_{pi}：内圧係数

なお、基準風速V_0は、30～46m／sの範囲内で、その地方の過去の台風記録に基づく風害の程度等に応じて決められている。まれに発生する暴風を想定し、地上10mにおける10分間平均風速に相当する値である

● **風圧力**　令87条

風圧力を求めるのに必要な速度圧qは建物に固有の値となるが、風力係数C_fは建物の形状や部位によって異なる

● **速度圧の高さ方向分布を表す係数E**

速度圧の高さ方向分布を表す係数Eは次式で計算する

$$E = E_r^2 G_f$$

E_r：平均風速の高さ方向分布を表す係数

G_f：ガスト影響係数

$$E_r = 1.7\left(\frac{Z_b}{Z_g}\right)^a \quad （地上高度 H ≤ Z_b）$$

$$E_r = 1.7\left(\frac{H}{Z_G}\right)^a \quad （Z_b ≤ H）$$

Z_b・Z_g・a及びG_fは、4種の地表面粗度区分ごとにそれぞれ数値が定められている

● **ガスト影響係数G_f**

突風等、気流の乱れを表す割増係数のことで、地表面粗度区分と建築物の平均高さによって数値が異なる。ガスト影響係数は、建築物の平均高さが高くなるほど小さい数値となる

□ 速度圧の高さ方向分布を表す係数Eに影響を与える地表面粗度区分は、地表面の凹凸の程度を表すもので、4種ある。粗度区分Iは「極めて平坦な地区」、粗度区分IVは「都市計画区域内で都市化が著しい地区」で、この中間を2つに区分している

●地表面粗度区分
風速はビルが建ち並ぶ都市など地表面の抵抗が大きいエリアでは弱まる。そのため、地表面粗度区分(抵抗が大きいか小さいかの区分)という区域に分けて考える必要がある

5 地震力

□ 建築物の地上部分の地震力は、当該建築物の各部分の高さに応じ、当該高さの部分が支える部分に作用する全体の地震力として計算する

地震力Q_iは、当該部分の固定荷重と積載荷重の和W_i(N)に、当該高さにおける地震層せん断力係数C_iを乗じて計算する

$$Q_i = C_i \cdot W_i$$

W_i:i層が支える建物重量

> つまり、i層より上部の建物全重量

□ **地震層せん断力係数**C_iは、次式で計算する

$$C_i = Z \cdot R_t \cdot A_i \cdot C_0$$

Z:地域係数　R_t:振動特性係数

A_i:高さ方向の分布係数　C_0:標準せん断力係数

①**地域係数**Zとは、過去の地震記録、地震活動の状況等を考慮して国土交通大臣が定めている係数のことで、$1.0 \geqq Z \geqq 0.7$の範囲内で規定されている

②**振動特性係数**R_tとは、建築物の一次固有周期T及び地盤の固有周期T_cの値(右記)で決まる係数で、標準的建物の場合は1となる

$$R_t = 1 \qquad (T < T_c の場合)$$

$$R_t = 1 - 0.2\left(\frac{T}{T_c} - 1\right)^2 \qquad (T_c \leqq T < 2T_c の場合)$$

$$R_t = \frac{1.6T_c}{T} \qquad (2T_c \leqq T の場合)$$

なお、一次固有周期Tは、建築物の高さhに比例し、次式で計算する

$$T = h(0.02 + 0.01a)$$

T:建築物の一次固有周期(秒)

h:当該建築物の高さ(m)

a:当該建築物のうちで、主要構造が木又は鉄骨造である階の高さの合計のhに対する比

> つまり、建築物の設計用一次固有周期Tは、建築物の高さが等しければ、一般に、鉄筋コンクリート造より鉄骨造のほうが長い

●地震力　令88条
構造設計では、地震力Q_iを建築物の層に作用する層せん断力と考える

> 同じ規模の建築物の場合、地震力Q_iは、建築物の一次固有周期が長いほど小さくなるんだ。また、上層ほど小さく、下層ほど大きくなるから、建物全体を軽量化することで小さくなるよ

●地震層せん断力係数C_i
地震層せん断力係数は、

$C_i = Q_i / W_i$

とも表され、建物のある階(i)の地震層せん断力Q_iを、その階よりも上の建物の重量の合計W_iで割った値でもある

●地域係数Z
太平洋側1.0、九州地区0.9〜0.8、沖縄県0.7(最小値=地震が少ない地域)

> 振動特性係数R_tは、建築物の一次固有周期Tが長いほど小さい値となる。また、高層建築物の場合、建物の高さが高いほどR_tの値が低減され、地震層せん断力係数C_iは小さくなるよ

●地盤の固有周期T_c
地盤の種類に応じて定められる
第1種地盤(硬い岩盤)$T_c = 0.4$秒
第2種地盤(中間的地盤)$T_c = 0.6$秒
第3種地盤(軟弱地盤)$T_c = 0.8$秒

③地震層せん断力係数の高さ方向の分布を表す係数A_iは、一次固有周期Tと高さ方向の建築物の重量分布により、次式で計算する

$$A_i = 1 + \left(\frac{1}{\sqrt{a_i}} - a_i\right)\frac{2T}{1+3T}$$

T：建築物の一次固有周期（秒）

a_i：当該階が支える（固定＋積載）荷重と、建築物地上部分の全荷重（固定＋積載）の比

④**標準せん断力係数**C_0は、一次設計では、0.2以上だが、地盤が著しく軟弱な区域として特定行政庁が定める区域内の木造建築物では0.3以上とする。また、地下部分の地震力（層せん断力ではないことに注意）は、当該部分の固定荷重と積載荷重の和に水平震度kを乗じて算出する。kは次式で求める

$$k = 0.1\left(1 - \frac{H}{40}\right)Z$$

H：地盤面からの深さ(m)（$H \geqq 20$mの場合は$H=20$m）

Z：地域係数

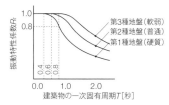

●建築物の一次固有周期TとR_tの対比

●**A_iと一次固有周期Tとの対比**

一次固有周期Tが長いほど、建築物の上層ほどA_iの値は大きくなる

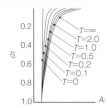

●**標準せん断力係数と地震層せん断力**

標準せん断力係数C_0により地震層せん断力Q_iが求められる

$Q_i = W_i \cdot C_i$

W_i：i階より上の建物の重量の合計

C_i：i階の地震層せん断力係数

6 　土圧・水圧、荷重の組合せ

土圧・水圧については法令上、具体的な規定がない。実況に応じてその大きさを適切に設定する必要がある。地下外壁に作用する土圧・水圧は、深さ方向に変化する水平力に置き換えることが多い

許容応力度等計算に基づく構造設計における荷重の組合せは以下のとおりである

建築物内部に設置される設備・生産機械により、震動、衝撃等が予測できる場合は、これら「その他の外力」に対する検討が必要である。その他の外力には、地盤沈下によって杭に作用する負の摩擦力、不同沈下によって構造体に生ずる二次的な応力等も考えられるんだ

●**構造設計における荷重の組合せ**

		長期荷重	短期荷重	二次設計
判定規準		長期許容応力度	短期許容応力度	終局耐力（必要保有水平耐力）
常時		$G+P$		
積雪時	一般	$G+P$	$G+P+S$	
	多雪	$G+P+0.7S$		
暴風時	一般		$G+P+W$	
	多雪		$G+P+0.35S+W$	
地震時	一般		$G+P+K$	$G+P+K$
	多雪		$G+P+0.35S+K$	$G+P+0.35S+K$

●**構造設計における荷重の組合せ** 令82条

許容応力度等計算に用いる荷重及び外力の組合せにおいては、地震力と風圧力が同時に作用することは想定していない

G：固定荷重、P：積載荷重、S：積雪荷重、W：風荷重、K：地震荷重

QUESTION

1 最頻出問題 | 一問一答

ANSWER

→→→

建築基準法における構造計算に用いる荷重及び外力に関する次の記述のうち、正しいものには○、誤っているものには×をつけよ

1 ☐☐ 許容応力度等計算に用いる荷重及び外力の組合せにおいては、地震力と風圧力が同時に作用することは想定していない

2 ☐☐ 積雪荷重において、垂直積雪量dは、「その区域の標準的な標高l_s及び海率r_s」、「周辺地形或いはその区域での観測資料等」を考慮し特定行政庁が定める

3 ☐☐ 単位床面積当たりの積載荷重の大小関係は、実況に応じて計算しない場合、「床の構造計算をする場合」＞「大梁、柱又は基礎の構造計算をする場合」＞「地震力を計算する場合」である

4 ☐☐ ガスト影響係数G_fは、一般に、建築物の高さと軒の高さとの平均Hに比例して大きくなり、「都市化が極めて著しい区域」より「極めて平坦で障害物がない区域」のほうが大きくなる

5 ☐☐ 風圧力は一般に、外装材に用いる場合より、構造骨組に用いる場合の方が大きい

6 ☐☐ 風圧力を計算するに当たって使用する風力係数は、風洞試験によって定める場合のほか、建築物の断面及び平面の形状に応じて国土交通大臣が定める数値によらなければならない

7 ☐☐ 多雪区域外において、積雪荷重の計算に用いる積雪の単位荷重は、積雪量1cm当たり20N／㎡以上とする

8 ☐☐ 風圧力計算に用いる速度圧qは、その地方について定められている基準速度圧V_0の2乗に比例する

9 ☐☐ 店舗の売場に連絡する廊下の床の構造計算に用いる積載荷重は、実況に応じて計算しない場合、店舗の売場の床の積載荷重を用いることができる

1 ○｜一般の構造設計では、地震の発生と同時に台風に遭遇する確率は低いと考えられている

2 ○｜垂直積雪量dは、当該区域の標高、海率、周辺地形等、及び過去の気象観測資料に基づいて特定行政庁が定めている

3 ○｜令85条の積載荷重表を参照のこと。設計対象が局所的なほど、確率的に設計荷重は大きくなる

4 ×｜ガスト影響係数は、一般に、地表に近いほど大きく、地域的には都市部のほうが平坦で障害物がない場所より大きい

5 ×｜外装材設計用風圧力は平均速度圧にピーク風力係数を乗じて算出される（平12建告1454号）。一般的に構造骨組用よりも大きな値となる

6 ○｜令87条に基づき、平12建告1454号に、建築物の形状に応じた風力係数の数値が定められている

7 ○｜令86条では多雪区域外における積雪の単位重量の最低値として$\rho=$20N／cm／㎡を規定している

8 ○｜風圧力の計算に用いる速度圧q(N／㎡)を求める公式は平12建告1454号の中で次のように与えられている。$q=0.6EV^2$。

9 ×｜店舗の売場に連絡する廊下の床の構造計算に用いる積載荷重は、劇場・映画館等の、固定席以外の集会室用の積載荷重3,500N／㎡を用いる

10 ○｜平成12年建告1454号

11 ○｜多雪区域では、積雪荷重を固定荷重、積載荷重と併せて常時荷重とし

10 □□ 基準風速V_0は、稀に発生する暴風時の地上10mにおける10分間平均風速に相当する値をもとにして、当該地域ごとに定められている

11 □□ 多雪区域内において、長期積雪荷重は、短期積雪荷重の0.7倍の数値とする

12 □□ 沖積層の深さが35mの軟弱な第三種地盤の地盤周期T_cは0.2秒以下である

13 □□ 多雪区域ではない地域においては、暴風時又は地震時の荷重を、積雪荷重と組み合わせる必要はない

14 □□ 地震層せん断力係数の建築物の高さ方向の分布を表す係数A_iを算出する場合の建築物の設計用一次固有周期Tは、振動特性係数R_tを算出する場合のTと同じとする

15 □□ 地震層せん断力係数C_iは、建築物の設計用一次固有周期Tが1.0秒の場合、第一種地盤(硬質)の場合より第三種地盤(軟弱)の場合のほうが小さい

16 □□ 高さ30mの建築物の屋上から突出する高さ4mの塔屋に作用する水平震度は、地震地域係数Zに1.0以上の数値を乗じた値とすることができる

12 × │ 30m以上の沖積層で構成される地盤が第三種地盤に分類される。振動特性係数を計算するときの第三種地盤(軟弱地盤)の周期T_cは0.8秒

13 ○ │ 多雪区域以外では、暴風時又は地震時の荷重に、積雪荷重を組み合わせることは考えていない

14 ○ │ 建築物の設計用一次固有周期Tは、共通して使える。RC造建築物の設計用一次固有周期は$T=0.02h$、S造・木造では$T=0.03h$と覚えておくとよい。hは建築物の高さ(m)

15 × │ $C_i=ZR_tA_iC_0$。計算式の中で地盤の性質が関与するのは振動特性係数R_tである。一般的な性質として、硬質地盤よりも軟弱地盤のほうが地震層せん断力係数は大きくなる

16 ○ │ 平19国交告594号第2によると高さ20m以上、地上4階建てを超える建物の屋上突出物(高さ2m超え)については、地震地域係数Zに1.0以上の数値を乗じた水平震度を考慮しなければならない

2 実践問題 │ 一問一答 →→→

1 □□ 多雪区域においては、暴風時においても積雪荷重がある場合と積雪荷重がない場合とを考慮する

2 □□ 事務室の柱の垂直荷重による圧縮力を計算する場合において、支える床の数に応じて、積載荷重を低減することができる

3 □□ 雪下ろしの慣習のある地方では、その地方における垂直積雪量が1mを超える場合にあっても、積雪荷重は、雪下ろしの実況に応じて垂直積雪量を1mまで減らして設計することができる

4 □□ 建築物の地上部分における第i層の地震層せん断力Q_iは、最下層の値が最も大きくなる

5 □□ 多雪地域において地震時に考慮すべき積雪荷重は、積雪荷重に低減係数を乗じた値を用いる

て扱う。このときに組み合わせる積雪荷重は70%に低減できる

1 ○ │ 屋根の積雪荷重は下向きだが、風圧力は下向き・上向き・水平方向の場合がある。よって、$G+P+W$のほうが不利になることがある。荷重・外力の組合せによって最不利状態を探す必要がある

2 ○ │ 令85条の積載荷重の低減係数表を参照のこと。ただし、劇場、集会場等の床荷重は低減できない

3 ○ │ 雪おろしを行う習慣のある区域では、その区域の最深積雪量が1mを超える場合でも、条件つき垂直積雪量を1mまで減らすことができる

4 ○ │ 398頁の「5 地震力」項を参照

5 ○ │ 積雪期の地震を想定して(0.35×積雪荷重)を考慮する。399頁の「荷重の組合せ」を参照

009 構造設計・構造計画

建築基準法の性能規定化により、弾性応力解析等は「許容応力度等計算」として改められ、構造設計手法の位置付けがより明確になった。出題のほとんどが許容応力度等計算に関するもので、近年では性能設計、限界耐力計算、免震建築物に関連する問題も散見される

1　構造設計

□　建築基準法では、建築物の規模による区分（右表）に応じ、構造計算の方法が定められる。なお、小規模建築物は構造計算が不要である。構造計算の方法には、時刻歴応答解析、保有水平耐力計算、限界耐力計算、許容応力度等計算がある

□　高さ60m超の超高層建築物では、時刻歴応答解析を行うが、60m以下の建物では下図のような流れ（耐震設計ルート）で構造計算を行う。ルート1・2・3の順に設計の精度が上がり、ルート3・2・1の順に仕様規定の制約が厳しくなる。このルート1・2の範囲を許容応力度計算という。ルート3を保有水平耐力計算という

● 構造計算の流れ（ルート1〜3）

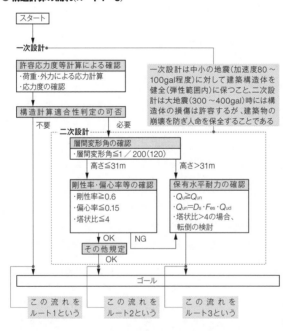

□　保有水平耐力（令82条の3）の規定は、大地震時には建築物の部分的損傷を認め、粘りに期待して倒壊を防ぐという考え方に基づいている。次の①〜④の場合は保有水平耐力を求めて、必要

● 建築物の区分と基準　法20条

区分	基準
1号	高さ60m超の超高層建築物で、大臣認定が必要
2号	高さ60m以下の大規模建築物で、構造計算適合性判定が必要
3号	高さ60m以下の中規模建築物で、大臣認定の構造設計一貫プログラム使用時を除き、構造計算適合性判定不要
4号	小規模建築物で、構造計算不要の建築物

● 建築物の区分と必要な構造計算　法20条

区分	構造計算の方法
1号	時刻歴応答解析
2号	①高さ>31mの場合、下記のいずれか ・保有水平耐力計算 ・限界耐力計算 ②高さ≦31mの場合、下記のいずれか ・許容応力度等計算 ・保有水平耐力計算 ・限界耐力計算
3号	許容応力度等計算
4号	必要なし

● ルート1

「ルート1」では二次設計を省略できる代わりに平19国交告593号の定める仕様規定が厳しくなる。なお、二次設計とは、設計手続（一次設計）を終えた後に、再度、構造全体のバランスを見直し、終局耐力を確認する作業である

● ルート2

二次設計では、層間変形角1／200以下、剛性率0.6以上、偏心率0.15以下の確認を行う。昭55建告1791号で定められた仕様規定を満たすことで設計を終了できるのが「ルート2」である

保有水平耐力を上回ることを確認しなければならない

①建築物の高さが31mを超える場合

②剛性率が0.6未満の場合

③偏心率が0.15を超える場合

④構造規定の適用外の場合

必要保有水平耐力 $Q_{un}＝D_s×F_{es}×Q_{ud}$

D_s:構造特性係数:0.25から0.55までの間で、建築物の粘り強さで決まる耐力低減係数

F_{es}:形状係数:剛性率による Fs と偏心率による Fe の積で計算される耐力割増係数

Q_{ud}:$Q_{ud}＝Z×R_t×A_i×C_0×W_i$、$C_0＝1.0$として計算した地震層せん断力

各階の保有水平耐力の計算による安全確認において、一般に、偏心率が一定の限度を超える場合や、剛性率が一定の限度を下回る場合には、必要保有水平耐力を大きくする

● ルート3

建築物に要求される必要保有水平耐力を計算し、設計している構造がこの値を超える終局耐力を保有していることを確認して設計を終了するのが「ルート3」である。建物高さが31m超の第2号建築物の設計では、保有水平耐力計算、限界耐力計算等を用いて安全確認しなければならない

● 限界耐力計算　令82条6

積雪、暴風及び地震のすべてに対して、極めてまれに発生する荷重・外力について建築物が倒壊・崩壊しないことをそれぞれ検証することが求められている

2　構造計画

● 建築物の形状と構造計画の留意点

平面形状

①建築物の**平面**は単純な形状が望ましい。不整形平面、幅が**100m**を超えるような細長い平面の建築物では**エキスパンションジョイント**を設けて構造体を分離するのがよい。エキスパンションジョイントのあき（間隔）は両棟の変形の和以上とし、地震時の衝突を避ける

②一般の構造設計では**剛床仮定**を基本としている。床の一部を「**吹抜き**」とする場合は配慮が必要である。耐震壁まわりの床を吹抜きとすると、水平力の伝達に支障が生じて耐震壁の実効性が失われかねない

③柱、壁等の水平耐力要素は平面上にバランスよく配置して、偏心が生じないようにする

立面形状

①剛性率が0.6を下回らないように、建築物の高さ方向の剛性をコントロールする

②**ピロティ**がある階は剛性が低く、地震時の損傷が集中する可能性が高いので十分な検討が必要である

③**セットバック**がある建築物では重心と剛心の間に偏心が生じやすいので設計上の注意が必要である

④耐震壁の配置は必ずしも**連層**とする必要はないが、耐震壁を囲む骨組の設計には注意が必要である

⑤外装材の、地震時の脱落は非常に危険である。地震時の層間変形が許容できる取付け法とする

超高層建築物等の耐風設計

①超高層建築物では高層部で風荷重が地震力を上回ることが多い

②超高層建築物の強風時の振動は風向方向の振動よりも風向直角方向の振動が大きくなることもある

③超高層建築物や塔状比が大きな建築物の風揺れに対する居住性改善については**制振装置**が有効である

免震構造は積層ゴム支承や摩擦係数の小さい**すべり支承**などを設けることによって、主として振動系の固有周期を伸ばして、建築物に作用する地震力（応答加速度）を抑制又は制御する構造である。一方、**制振構造**は、制振装置を設けることによって**動的外乱**に対する建築物の応答を制御又は抑制する構造である

● 免震装置

免震装置を導入すると大地震時の加速度応答を低減できるので、振動に敏感な精密機器を扱う建築物、美術館等にも適している。また、固有周期の短い建築物に対して効果的で、住宅等の低層建築物にも多く適用されている

QUESTION

ANSWER

1　最頻出問題 │ 一問一答

$\rightarrow\rightarrow\rightarrow$

次の記述のうち、正しいものには○、誤っているものには×をつけよ

1　□□　建築物に作用する荷重及び外力には、性質が異なるいろいろな種類があって、取り扱いが難しいので、法令及び規準等では、荷重及び外力の数値を扱いやすいように便宜的に提示している

2　□□　許容応力度等計算において、高さ40m、鉄骨鉄筋コンクリート造、地上10階建ての建築物の場合、剛性率及び偏心率が規定値を満足しているので、保有水平耐力の算出を行わなかった

3　□□　構造特性係数D_sが0.3の建築物において、保有水平耐力が必要保有水平耐力の1.05倍となるように設計した場合、大地震の際に大破・倒壊はしないが、ある程度の損傷は受けることを許容している

4　□□　各階の保有水平耐力の計算による安全確認において、一般に、偏心率が一定の限度を超える場合や、剛性率が一定の限度を下回る場合には、必要保有水平耐力を大きくする

1　○ │ 設問記述の通り

2　× │ 高さが31mを超える建築物の構造設計においては保有水平耐力の確認を行ってその構造安全性を確認する

3　○ │ 保有水平耐力（令82条の3）の規定においては、大地震時には建築物の部分的損傷を認め、粘りに期待して倒壊を防ぐという考え方に基づいている

4　○ │ 設計用地震層せん断力は、構造特性係数D_sで低減、偏心率が制限値を超えればF_eで、剛性率が制限値を下回ればF_sで割り増して必要保有水平耐力を計算する

2　実践問題 │ 一問一答

$\rightarrow\rightarrow\rightarrow$

1　□□　高さに比べて幅や奥行きが小さい建築物において、風方向の荷重の検討に加えて、風直交方向の荷重の検討を行った

2　□□　構造物のモデル化において、実構造物により近い複雑な解析モデルを採用することは、構造計算精度が向上するので、解析結果の検証を省略できる

3　□□　全長が長く、外部に露出している鉄骨架構において、温度変化による伸縮に対応するため、架構の中間にエキスパンションジョイントを設けた

1　○ │ 塔状比（建築物の高さと幅の比）が大きな建築物の風による振動は、風向方向の振動と風向直角方向の振動が連成し、風向直角方向の振動が卓越する場合がある

2　× │ 解析結果の検証・吟味は構造設計の原則

3　○ │ 温度変化による鉄骨部材の伸縮は、材料の線膨張係数と材長に比例して大きくなる。建築物が100mを超える長さをもつ場合は、架構の中間にエキスパンションジョイントを設けるのが効果的である

4 ☐☐ 鉄骨造の建築物の限界耐力計算において、塑性化の程度が大きいほど、安全限界時の各部材の減衰特性を大きく評価することができる

5 ☐☐ 積層ゴムアイソレータを用いた免震構造は、地震時において、建築物の固有周期を長くすることにより、建築物に作用する地震力（応答加速度）を小さくすることができる

6 ☐☐ 鋼材や鉛等の金属製履歴型ダンパーは、金属が塑性化するときのエネルギー吸収能力を利用するものであるから、安定した復元力特性や十分な疲労強度が必要である

7 ☐☐ 免震構造物が初期の性能を発揮する上で、免震層が正常に機能するように維持管理することが重要なので、設計者は建築物の管理者に対して、このことを十分認識するように説明する必要がある

8 ☐☐ 制振構造は、建築物各層を比較的柔らかく設計して、各層にダンパー等の制振部材で構成されるエネルギー吸収機構を設置し、建築物に入力した地震エネルギーを制振部材に効果的に吸収させる方法で設計される

9 ☐☐ セットバック部分をもつ建築物では重心と剛心がずれやすく、耐震的には不利となる

10 ☐☐ 超高層建築物では強風時の風向直角方向の振動に注意が必要である

11 ☐☐ 積層ゴム支承、滑り支承等を用いる免震構造は、地震時の建築物の応答を制御するうえで、一般に、固有周期が長い建物に効果的である

12 ☐☐ 耐震壁まわりの床スラブは耐震壁の性能を発揮するために重要な要素であり、周囲に吹抜きをつくらないよう注意が必要である

13 ☐☐ 免震構造は、建築物の規模や用途に関わらず、超高層建築物から戸建て住宅等まで、幅広く適用することができる

14 ☐☐ 特定天井については、免震建築物においても天井脱落対策に係わる技術的基準が定められている

4 ○｜限界耐力計算では振動の減衰による加速度の低減率F_hを算出する。F_hは建築物の減衰性を表す数値hの関数である。hは建築物の塑性の程度を表す数値D_fが大きいほど大きく評価できる

5 ○｜免震構造は、上部構造と基礎構造の間に免震機構を設置した層を設けて、上部構造分を長周期化することにより、建築物に生ずる加速度応答を低減しようとする構造である

6 ○｜設問記述の通り

7 ○｜免震建築物の管理者は、将来発生する地震に備えて、その機能を発揮させるための適切な維持管理を行う必要がある

8 ○｜制振構造は、地震や風による振動エネルギーを吸収する機構を建築物に付加することで、建築物の振動を抑制することを目標とした構造で、1980年ごろから開発・実用化が進められた

9 ○｜セットバックがある建築物では柱軸力の大きさが偏るので、剛心と重心が一致せず、偏心が生じやすい

10 ○｜超高層建築物では風向方向の振動（Buffetting）のほかに、後流に周期的に発生するカルマン渦による風向直角方向振動（Galloping）の影響も考えなくてはならない

11 ×｜建築物のもつ固有周期を伸ばすことを図った免震構造が効果的なのは短周期建物の場合である。したがってこの記述は誤りである

12 ○｜一般の構造設計では床をその平面内で剛体と考えて、各耐震要素に地震力を分配している。吹抜きがあるとこの大前提が崩れるおそれがある

13 ○｜403頁の「2 構造計画」の項を参照

14 ○｜平25国交告771号（特定天井）、平12建告2009号（免震建築物の構造方法）参照

010 耐震設計

構造設計でコアとなるのが耐震設計。耐震設計にかかわる試験問題は四肢択一の出題形式が多いが、時には計算問題も出題される。一般の建築物は各階床に重量W_iが集中するとした質点系にモデル化される

1　1質点系モデル

□　ばねの先におもり（質点）を付けた図のようなモデル（1質点系）において、自由振動させたときの**固有周期T**は次式で表せる

$$T = 2\pi\sqrt{\frac{m}{K}}$$

　　m：質量$(m = W/g)$

　　W：重量

　　g：重力加速度

　　K：ばね定数［※］

●**1質点系**

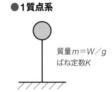

質量$m = W/g$
ばね定数K

□　固有周期Tは、自由振動する系に固有のもので、系の質量mとばね定数Kによって値が決まる

□　同じ1質点系に水平力Wを図のように加えたときδだけ変位したとすると、ばね定数Kは$K = W/\delta$で表せる。すなわち、Kは単位の変位$(\delta = 1\,\text{cm})$を生じさせる力と考えることができる。これらの関係を固有周期の式に代入すると

$$T = 2\pi\sqrt{\frac{\delta}{g}}$$

となって、水平力Wを与えたときの変位が計算できれば固有周期Tが求められる

●**1質点系に水平力Wを加える**

W

ばね定数K

□　1質点系の固有周期Tは質量（重量）mが大きく、ばね定数Kが小さいほど長くなる。1秒間に往復する回数を示す固有振動数fは固有周期Tの逆数だから$\left(T = \dfrac{1}{f}\right)$、質量（重量）が大きく、ばね定数$K$が小さいほど小さな値となる

●**1質点系の自由振動**

1質点系モデルに図のような強制変位δ_0を与え、瞬間的にその拘束を開放したとき、振動を始める。これを自由振動という

強制変位δ_0　質量m

ばね定数K

また、時刻tの変位$x(t)$と時刻tの関係は、下図のようになる

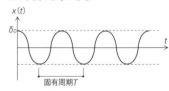

●**減衰のある1質点系の自由振動**

強制変位δ

質量m

ばね定数K　減衰器

自由振動する質点系の運動は、時間とともに振幅が小さくなるので、速度に比例する減衰器の働きでモデル化するのが一般的　h：減衰定数、ω：固有円振動数、t：時間とすると、固有周期Tとωの関係は次式のようになり、下図のように表せる

$$T = \frac{2\pi}{\omega}$$

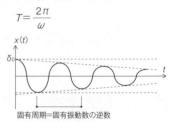

固有周期＝固有振動数の逆数

建築物の減衰定数は0.1以下で、減衰の有無による固有周期の変化はほとんど起こらない

※：柱のばね定数Kは、質点を単位量だけ水平に変位させるのに必要な水平力で、次式から求められる。①一端固定・他端ピンの場合：$K = 3EI/h^3$、②両端固定の場合：$K = 12EI/h^3$。いずれも、E：ヤング係数、I：曲げ軸まわりの断面二次モーメント、h：部材の長さ（高さ）。ラーメンの場合は、柱が2本あるので、ばね定数Kを2倍にする

● 振動に寄与するいろいろな減衰

粘性減衰	速度に比例する形で与えられる（振動方程式が線形微分方程式になるという解析上の利点がある）
履歴減衰	構造の塑性変形挙動によって生ずる減衰
地下逸散減衰	建築物の振動が地盤に伝わり、波動となって四方に散逸することによる減衰

2 多質点系モデル

☐ 1質点系のモデルなら簡単に固有周期を算出できるが、重層の建築物は多質点系になる。多質点系の振動モード（独立した自由振動のパターン）は質点の数だけあって、対応する固有周期も質点の数だけ存在する。地震動のようなランダムな外乱による振動は、これらの固有の振動モード（固有モード）の組合せで表せる

☐ i次モードの固有周期をT_iで表すと、一般に

　　$T_1 > T_2 > \cdots\cdots > T_i > T_{i+1}$　となる

☐ 重層建築物の1次固有周期Tを構造設計データとして略算する公式は、h(m)を建築物の高さとすると、構造設計の項（402頁参照）で述べたように次式が用いられる

　　$T = 0.02h$（RC造の場合）　$T = 0.03h$（S造の場合）

☐ 固有モードにおける節の数は、1次モードでは1か所、2次モードでは2か所、n次モードではnか所である

● モーダルアナリシス（モードの重ね合せ法）

多質点系モデルは、質点と同じ数の固有周期と固有モードをもっていて、固有モードは互いに独立している。また、地震動を受ける多質点系モデルの動き（変位）は、各固有モードの和でも表せる。この性質を利用して、多質点系の地震応答を計算する方法をモーダルアナリシスと呼ぶ

● 偏心とねじれ振動

1質点系モデルの応答は、建物の剛心と重心が一致している場合の応答を近似するもの。剛心と重心が一致しない場合は、入力地震動をある方向に設定しても、建築物は平行運動（併進運動）のほか、平面のねじれ（剛心まわりの回転運動）が加わる。このため柱や耐震壁が負担するせん断力に偏りが生じる

● 2質点系（2自由度系）の振動モード

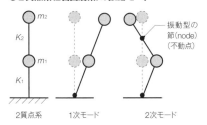

2質点系　　1次モード　　2次モード

● 3質点系（3自由度系）の振動モード

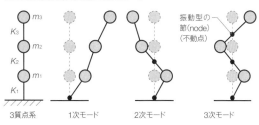

3質点系　　1次モード　　2次モード　　3次モード

3 建築物の振動特性

☐ 建築物はその固有周期又はそれに近い周期で加振される場合、減衰定数が小さいものほど、大きな振幅の振動が発生する

☐ 地震動の変位応答スペクトルは、建物の1次固有周期Tが長いほど大きくなる。一方、固有周期が長くなるほど、加速度応答スペクトルは小さくなる

QUESTION

1　最頻出問題 | 一問一答

ANSWER

$\rightarrow\rightarrow\rightarrow$

次の記述のうち、正しいものには○、誤っているものには×をつけよ

1 ☐☐ 建築物はその固有周期又はそれに近い周期で加振される場合、減衰定数が小さいものほど、大きな振幅の振動が発生する

2 ☐☐ 振動の固有モードの節（不動点）は、1次振動モードの場合には固定端に1個だけであり、2次、3次と次数が増すごとに1個ずつ増える

3 ☐☐ 建築物の固有周期は、質量が同じ場合、水平剛性が大きいものほど短くなる

4 ☐☐ 地震動の変位応答スペクトルは、周期が長いほど小さくなる

1 ○｜これは共振という現象の特徴。減衰定数（h）とは、地震などによる揺れに対して構造物の揺れ（振幅）は徐々に小さくなっていくが、その減少の度合いを表す。減衰定数と振動の関係は次のとおり

　$h \geqq 1$ のとき、振動しない
　$h < 1$ のとき、振動する

2 ○｜前頁の解説図参照

3 ○｜固有周期 $T = 2\pi\sqrt{\dfrac{m}{K}}$

　K：水平剛性（ばね定数）
　m：質量

4 ×｜周期が伸びるほど小さくなるのは加速度応答スペクトルである。変位応答スペクトルは、周期が長いほど大きくなる

2　実践問題① | 一問一答

$\rightarrow\rightarrow\rightarrow$

1 ☐☐ 建築物の地上部分に作用する地震力は、建築物の固有周期が長い場合、硬い地盤に比べて軟らかい地盤のほうが大きくなる

2 ☐☐ 構造躯体及び仕上げを軽量化することにより、固定荷重とともに地震力も低減することができる

3 ☐☐ 建築物の地下部分に作用する地震力は、当該部分の固定荷重と積載荷重の和に水平震度を乗じて計算する

4 ☐☐ 地震地域係数 Z は、過去の地震記録等に基づき、1.0から1.5までの範囲で建設地ごとに定められている

5 ☐☐ 建築物の固有周期が長い場合や地震地域係数 Z が小さい場合には、地震層せん断力係数 C_i は、標準せん断力係数 C_0 よりも小さくなる場合がある

1 ○｜建築物の第 i 層に加わる地震層せん断力 Q_i は、第 i 層柱が支える重量 W_i に当該階の地震層せん断力係数 C_i を乗じて求められる。$C_i = Z \times R_t \times A_i \times C_0$ である。ここで地盤の特性が関係するパラメータは振動特性係数 R_t。T が1秒を超える周期帯の R_t は第三種（軟弱）地盤＞第二種地盤＞第一種（硬質）地盤の関係がある

2 ○｜構造設計用の地震層せん断力は柱が支える重量 W_i に比例する。W_i は固定荷重を減らすことができれば総体的に小さくなり、地震層せん断力も小さくなる

3 ○｜建築物の地階に作用する地震層せん断力は、地上部分第1層の地震層せん断力に加えて、地階重量（固定荷重＋積載荷重）に水平震度 k を乗じた値を用いて計算される

6 ☐☐ 限界耐力計算において、極めてまれに発生する大規模地震動に対して建築物各層の保有水平耐力を確かめる場合、建築物の変形状態及びその変形能力による効果は、構造特性係数D_sを用いて算定する

7 ☐☐ 地震層せん断力係数C_iは、建築物の設計用1次固有周期Tが1.0秒の場合、第一種(硬質)地盤の場合より第三種(軟弱)地盤のほうが小さい

8 ☐☐ 地震層せん断力係数の高さ方向分布を表す係数A_iを算出する場合の、建築物の設計用1次固有周期Tは、振動特性係数R_tを算出する場合のTと同じとする

9 ☐☐ 耐震性能のレベルを高くするために建築主と協議の上、「住宅の品質確保の促進等に関する法律」に基づいた「日本住宅性能表示基準」に定められた「耐震等級」を、等級3から等級1に変更した

4 ✕│地震地域係数Zは、過去の地震記録等に基づき、1.0から0.7までの範囲で地域ごとに定められている

5 ○│$C_i＝Z×R_t×A_i×C_0$より、例えば$Z＝0.7$、$T＝1.0s$、第一種地盤の$R_t＝0.64$、第1層の$A_i＝1$をC_iの計算公式に代入すると、$C_i＝0.7×0.64×1.0×C_0＝0.448×C_0$のような場合もあり得る

6 ✕│限界耐力計算ではD_sを用いた計算は行わない

7 ✕│R_tの値は、$T＝1.0s$のときには、この記述とは逆に軟弱地盤の場合が最大になる

8 ○│建築物の設計用1次固有周期Tは、RC造の場合は$T＝0.02h$、S造の場合は$T＝0.03h$(hは建築物高さ〈m〉)で略算した値を用いてよい

9 ✕│耐震性能要求レベルは等級1、2、3の順に高くなる

3 実践問題② │ 四肢択一 →→→

1 ☐☐ 図のような頂部に集中質量をもつ丸棒A・B・Cにおける固有周期$T_A・T_B・T_C$の大小関係として正しいものは次のうちどれか。ただし、棒はすべて等質で、棒の質量は無視するものとする。なお、棒のばね定数は、$K＝\dfrac{3EI}{L^3}$で表せる(L:棒の長さ、E:ヤング係数、I:断面二次モーメント)

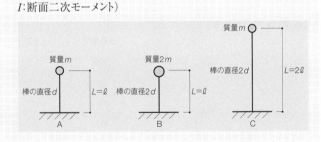

質量m　棒の直径d　$L＝\ell$　A
質量$2m$　棒の直径$2d$　$L＝\ell$　B
質量m　棒の直径$2d$　$L＝2\ell$　C

1—— $T_A＝T_C>T_B$
2—— $T_A>T_C>T_B$
3—— $T_B>T_C>T_A$
4—— $T_B>T_A>T_C$

1 答えは2

1質点系の固有周期Tは、

$T＝2\pi\sqrt{\dfrac{m}{K}}$ で表せる

ばね定数Kは、$K＝\dfrac{3EI}{L^3}$、丸棒の断面二次モーメントIは、$I＝\dfrac{\pi d^4}{64}$ である

モデルAの場合、$I＝\dfrac{\pi d^4}{64}$ を用いて、

$T_A＝2\pi\sqrt{\dfrac{m}{K}}＝2\pi\sqrt{\dfrac{64m l^3}{3E\pi d^4}}$

モデルBの場合、$I＝\dfrac{\pi d^4}{4}$ を用いて、

$T_B＝2\pi\sqrt{\dfrac{m}{K}}＝2\pi\sqrt{\dfrac{8m l^3}{3E\pi d^4}}$

モデルCの場合、$I＝\dfrac{\pi d^4}{4}$ を用いて、

$T_C＝2\pi\sqrt{\dfrac{m}{K}}＝2\pi\sqrt{\dfrac{32m l^3}{3E\pi d^4}}$

これより固有周期$T_A・T_B・T_C$の大小関係は、$T_A>T_C>T_B$となる

011 地盤・基礎①地盤

地上に建つ建築物に作用する「力」は、最終的に地盤に伝えられて安定を保つという観点からも、地盤は建物を支える大事な構造要素である。さらに、上部構造の重量は基礎構造によって適度に分散されて地盤に伝わる。ここでは、その地盤の知識を整理する

1 地 盤

☐ 地盤は、建築物の重量を支持して、安定なつり合い状態を保持する役割を負う。建築物支持層としての表層地盤の構成は、その生成年代の若い順に、「沖積層」、「洪積層」、「第三紀層」等となっていて、生成年代が古いほど、力学的に良質な地盤となる

☐ 地盤中の波動の伝播速度は、硬い地盤ほど速く、軟らかい地盤ほど遅い

☐ 液状化の危険度が高い場合は、地盤改良等の適切な対策を施す必要がある

● **地盤**
構造設計で扱う地盤は地殻の最表層部で、地震動の伝播以外の力学的挙動の対象になるのは地表から深さおよそ100m程度の範囲
● **表層地盤の構成**

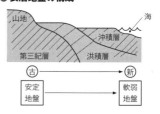

2 土 の 性 質

☐ 土のせん断強さτ（N／㎠）は、次のようなクーロンの法則で表される

$$\tau = C + \sigma \tan \phi$$

　　　C：土の粘着力（N／㎠）、σ：土の垂直応力（N／㎠）
　　　ϕ：土の内部摩擦角、$\tan \phi$：土の摩擦係数

上記式より、**土の内部摩擦角ϕ、粘着力Cが大きい**ほど地盤の**支持力は大きくなる**

☐ ● **砂と粘土の性状比較**

項目	砂	粘土
間隙比e	0.15〜1.5	0.8〜3.0
含水比w	50〜90%	60〜130%
透水性	地震時に**液状化**のおそれ	透水性は少ない
沈下	沈下量は比較的少ない	**圧密沈下**が長期にわたり進行
支持力	**内部摩擦角**が大きいほど支持力が大きい。**粘着力**$C=0$	**粘着力**が大きいほど支持力が大きい。内部摩擦角$\phi=0$

● **土の種類**
土は土粒子、間隙（空気）及び間隙に含まれる水からなる。また、土粒子の大きさによって、砂利、砂、シルト、粘土に分類される。砂利と砂の区別は、通常、2㎜目の「ふるい」を通過したものを砂という

土の種類	土粒子の粒径
砂利	2㎜以上
砂	0.075〜2㎜
シルト	0.005〜0.075㎜
粘土	0.001〜0.005㎜
コロイド	0.001㎜以下

間隙比とは、土の $\dfrac{間隙部分の体積}{土粒子部分の体積}$
間隙比の値が大きいほど「よく締まる」

☐ 地下水位以下にある砂地盤は液状化を起こしやすい

☐ 粘土層は砂層より沈下に時間がかかる

● **液状化と地震**
液状化は、2004年の新潟県中越地震以来、一般に知られるようになった。東日本大震災でも千葉県浦安市周辺の砂質地盤で液状化が発生し、建築物が大被害を受けたことは記憶に新しい

3 　地盤にまつわる用語

☐ ● **用語と定義**

用語	定義
液状化	水で飽和した砂が、振動・衝撃などによる間隙水圧の上昇のためにせん断抵抗を失う現象。地下水位以下で飽和した軟らかい砂層が、地震によって間隙水圧が上昇し液状化する
圧密沈下	建物荷重等により地盤の応力が増加して、土粒子間の間隙比が変化すると土の体積ひずみが増して地盤が沈下する。これを圧密沈下という。粘性土地盤に顕著な現象。このほか、地盤の弾性応答として評価する即時沈下という現象がある
側方流動	建築物や盛土の重量が大きくなって地盤の極限支持力に近くなると、地盤が側方へ大きく変形する現象
原位置試験	乱さない原状の地盤位置で行う試験。原状の地盤から資料を採取して実験室で行う室内試験と対比して論じられる
地盤改良	地盤強度の増大並びに沈下の抑制などに必要な土の性質改善を目的とし、土に締固め・脱水・固結・置換などの処置を施すこと

● **液状化の仕組み**

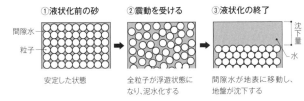

①液状化前の砂　②震動を受ける　③液状化の終了

間隙水　粒子

安定した状態　全粒子が浮遊状態になり、泥水化する　間隙水が地表に移動し、地盤が沈下する

沈下量　水

● **液状化の特徴**
①地表まで液状化すると、建物の重量が大きいほど不同沈下が起こる
②根入れが深く浮力が建物重量を上回ると浮上りが生ずる
③液状化層の高い圧力の砂が地面から噴出する噴砂現象がみられる
④杭基礎では液状化部分の摩擦抵抗と水平抵抗が激減する
⑤支持層中の間隙水圧上昇によって支持力が低下する

● **側方流動の特徴**
①側方流動に対して、杭基礎の水平抵抗のみで対応しにくい
②発生原因側で防止策を講ずる必要がある
③軟弱地盤においては側方流動が発生しやすい

4 　地盤調査

☐ 地盤調査深さは、安定した地盤に達するまでの範囲が望ましいが、少なくとも、想定される最大の基礎スラブ短辺長さの2倍又は建物幅の1.5 ～ 2倍の深さまで調査すべきである

☐ スクリューウエイト貫入試験(旧スウェーデン式サウンディング試験)は、軟弱地盤の小規模建築物にかかわる地盤調査に用いられる

☐ 標準貫入試験のN値とは、JISで定められた方法に従って所定のロッドを地中に30cm打ち込むのに必要な打撃回数の値(N)のこと。このN値から、地盤の地耐力がわかる。N値が同じ場合、一般に地盤の許容応力度は砂質地盤より粘性土地盤のほうが大きい

● **地盤調査**
調査項目としては、物理調査・サンプリング・地下水調査・サウンディング・載荷試験・現場圧密試験・現地計測等

● **スクリューウエイト貫入試験**
現位置における土の硬軟、締まり具合又は土層の構成を判定するための静的貫入抵抗を求めることができる

● **N値の評価**
N値の評価は地質によって異なり、例えばN＝5は、砂質土の場合は非常に緩い状態であり、粘性土においてはかなり硬い状態を表す

QUESTION

1　最頻出問題│一問一答

次の記述のうち、正しいものには○、誤っているものには×をつけよ

1 ☐☐　地震時に地盤が液状化すると、液状化層の水平地盤反力係数が急激に低下し、動的変位が増大する

2 ☐☐　液状化の判定を行う必要のある飽和土層は、一般に地表面から20m程度以内の深さの沖積層で、細粒度含有率が35%以下の土層である

3 ☐☐　三軸圧縮試験は、拘束圧を作用させた状態における圧縮強さを調べるもので、土の粘着力及び内部摩擦角を調べることができる

4 ☐☐　地盤沈下が生じる原因としては、地下水の過剰な揚水や埋め立てによる下部地盤の圧縮等がある

5 ☐☐　地盤の沈下には即時沈下と圧密沈下がある。このうちの圧密沈下は、砂質地盤が長時間かかって圧縮され、間隙が減少することにより生じる

6 ☐☐　土の内部摩擦角φが大きいほど、擁壁に作用する土圧は大きくなる

7 ☐☐　砂のせん断力にたいする抵抗力の大きさは、標準貫入試験で得られるN値と相関関係にある

8 ☐☐　堅いローム層の長期に生じる力に対する許容応力度については、地盤調査を行わない場合、100kN /㎡を採用することができる

9 ☐☐　地盤の許容地耐力は、地盤の許容支持力と、沈下量が許容沈下量となるときの荷重のうち、大きいほうの値とする

10 ☐☐　地盤の許容支持力の算定に当たり、地下水位以下にある部分の単位体積重量は、浮力を差し引いた値とする

ANSWER

→→→

1 ○│水で飽和した砂が間隙水圧の上昇のためにせん断抵抗を失うのが液状化。液状化すると設問記述の現象が起こる

2 ○│地盤の液状化が生じやすいのは、地下水位以下にある緩い砂層で、設問記述の条件のとき

3 ○│三軸圧縮試験は、拘束圧を作用させた状態の土の圧縮強さを調べる試験。粘着力C及び内部摩擦角φの値が求められる

4 ○│地盤沈下の原因は、地下水の過剰な汲み上げ・軟弱地盤の自重による圧密、地表水の地下浸透遮断、地殻変動・構造物による荷重等

5 ×│圧密沈下は、粘土地盤が長時間かかって圧縮され、間隙水が減少することにより生じる。砂質地盤で圧密沈下は生じない

6 ×│擁壁に作用する主働土圧P_Aは主働土圧係数K_Aに比例する形で、次式により計算される
　$P_A = K_A × γ × H^2 ／ 2$、
　$K_A = \tan^2(45° − φ ／ 2)$
　K_Aはφが大きいほど小さくなる

7 ○│砂のせん断強さを支配する内部摩擦角φとN値は実験式で結び付けられる

8 ○│地盤の許容応力度は、原則として国土交通大臣が定める方法によって地盤調査を行い、その結果に基づいて決めることになっている（令93条）が、同条のただし書にこの数値がある

9 ×│地盤の許容地耐力は、地盤の許容支持力と、許容沈下量から求める荷重のうち、小さいほうの値を採用する

11 ☐☐ 地盤の許容応力度の大小関係は、一般に、岩盤>密実な砂質地盤>粘土質地盤である

12 ☐☐ 砂地盤において、直接基礎の底面に単位面積当たり同じ荷重が作用する場合、基礎底面が大きいほど、即時沈下量は小さくなる

13 ☐☐ 地盤の極限鉛直支持力は、一般に、土のせん断破壊が生じることにより決定される

14 ☐☐ 同一地盤に設ける直接基礎の単位面積当たりの極限鉛直支持力は、支持力式により求める場合、一般に、基礎底面の形状によって異なる

10 ○｜都市部では地下水位の低下のおそれがあるので、浮力の考慮は慎重になるべきだが、一般論では浮力を差し引くことが認められている（㈳日本建築学会「建築基礎構造設計指針」）

11 ○｜令93条ただし書による地盤の許容応力度の数値によると、岩盤（1,000kN／㎡）>密実な砂質地盤（200kN／㎡）>粘土質地盤（20kN／㎡）である

12 ×｜基礎底面が大きいほど、即時沈下量は大きくなる

13 ○｜地盤の極限鉛直支持力は、土のせん断破壊によって決まる

14 ○｜極限鉛直支持力を求める式の中に、基礎底面の形状によって決まる形状係数が含まれている

2 実践問題｜一問一答

→→→

1 ☐☐ 有機質土など含水比が大きい地盤においては、一次圧密終了後も二次圧密というクリープ的な塑性沈下に注意する必要がある

2 ☐☐ 地下外壁に作用する水圧は、水深に比例した三角形分布とする

3 ☐☐ 地盤改良の効果は、N値の変化や採取コアの圧縮強度により確認されることが多い

4 ☐☐ 地盤沈下が予想される地盤において、不同沈下に対する配慮を十分に行ったうえ、地盤とともに建築物が沈下しても障害が生じないように設計した

5 ☐☐ 基礎の極限鉛直支持力は、傾斜地盤の上部近傍の水平地盤に基礎がある場合、斜面の角度、斜面の高さ、法肩からの距離に影響を受けるので、一般の水平地盤に基礎がある場合に比べて大きくなる

6 ☐☐ 土の一軸圧縮試験は、粘性土の強度を調べる簡便な室内で行う試験方法で、実用性も高い

7 ☐☐ 液状化のおそれのある埋め立て土層があったので、地下水位調査と粒度試験を実施した

1 ○｜塑性沈下しやすいのは、含水比が大きい有機質土地盤の構造的な特徴

2 ○｜水圧は、地下水位以下の水深に比例した等変分布荷重として評価している

3 ○｜地盤改良の効果は、設問記述のような方法で確認される

4 ○｜地盤とともに建築物が沈下しても障害が生じないように設計するには不同沈下対策が重要

5 ×｜傾斜地盤の上部近傍の水平地盤に基礎がある場合、一般的に極限鉛直支持力は水平地盤の場合より低下する。これも出題頻度が高いので覚えておこう

6 ○｜自立できる粘性土だけに用いられる試験方法で操作は最も簡単である

7 ○｜液状化は地下水位以下の砂層の細粒分含有率から評価される

012 地盤・基礎②基礎構造の設計

基礎構造は鉄筋コンクリートでつくられる。地盤の強度が十分であれば、直接基礎の底面から建築物の重さを地盤に伝えることができるが、軟弱地盤の場合は杭基礎が使われる。住宅などでは地盤改良工法も使われる。ここでは、その基礎構造の設計について解説する

1 地盤と基礎構造

□　基礎構造の設計に用いる地盤の許容応力度及び杭の許容支持力は、平13国交告1113号に規定する方法によって地盤調査を行い、その結果に基づいて定める。ただし、地盤の種類に応じた地盤の許容応力度として右表の数値を使ってもよい

□　基礎杭先端地盤の長期許容応力 q_p は、杭の種類に応じて下表中の式で求められる。いずれも支持地盤付近（杭の先端付近）の標準貫入試験のN値の平均値Nの関数で表される

● 基礎杭先端地盤の長期許容応力度 q_p（平13国交告1113号）

打込み杭	$q_p = (300／3) \times \bar{N}$（kN／㎡）
セメントミルク工法の埋込み杭	$q_p = (200／3) \times \bar{N}$（kN／㎡）
ベノト工法、リバースサーキュレーション又はアースドリル工法による場所打ち杭	$q_p = (150／3) \times \bar{N}$（kN／㎡）

$\bar{N}$：基礎杭先端地盤の標準貫入試験による打撃回数の平均値
注　短期許容応力度は長期の2倍

□　杭の許容支持力は、q_p に杭先端の有効断面積 A_p を乗じて求める

□　基礎は良質な地盤に支持させることが原則である。基礎構造は、上部構造の規模・形状・構造・剛性などを考慮して、敷地の状況・地盤の条件に適合し、障害を生じないものとしなければならない。敷地周辺に及ぼす影響を考慮し、確実に実施できる工法を選択することも大切である

□　基礎とは基礎スラブと杭の総称。上部構造に対して基礎構造ともいう。基礎構造は直接基礎と杭基礎に大別できる
①直接基礎：基礎スラブからの荷重を直接地盤に伝える形式。大きくはフーチング基礎とべた基礎に分けられる
②杭基礎：基礎スラブ下の地盤中に設けた柱状の部材（杭）を介して基礎スラブの荷重を地盤に伝える形式

● 地盤の許容応力度（許容支持力）（kN／㎡）

地盤	長期許容応力度	
岩盤	1,000	
固結した砂	500	岩盤>砂地盤>粘土質地盤と覚えよう
土丹盤	300	
密実な礫層	300	
密実な砂質地盤	200	
砂質地盤	50	
硬い粘土質地盤	100	
粘土質地盤	20	
硬いローム層	100	
ローム層	50	

注　短期許容応力度は、それぞれ長期許容応力度の2倍の値とする

● 基礎杭の許容支持力

杭先端地盤の支持力及び杭周囲の摩擦力等の地盤強度により決まる場合と、杭の材料強度により決まる場合がある

● クーロンの式と内部摩擦角φ

クーロンの式では、土のせん断強さsを粘着力cと摩擦抵抗σtanφの和で次のように表す

　　$s = c + \sigma \tan\phi$

粘着力cは土粒子相互の結合力などによる内部応力であり、粒子が細かいほど大きい。摩擦抵抗は土地の圧縮応力δに内部摩擦角φの正接を乗じた量で表し、粒子が粗いほど大きくなる性質のものである。擁壁裏込め土の内部摩擦角は砂、砂利で35度、砂質土で24度が用いられる

● 基礎スラブ

上部構造の荷重を直接的に地盤に伝える、あるいは杭を介して地盤に伝えるために設けられた構造部分をいう。フーチング基礎ではフーチング部分を、べた基礎ではスラブ部分をさす

● 直接基礎（フーチング）と杭基礎

直接基礎（フーチング）　　　杭基礎

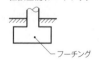

フーチング　　　　　　　　　杭

● 直接基礎と杭基礎の設計の基本事項

直接基礎	杭基礎
①許容地耐力は地盤の許容支持力以下で、かつ沈下によって上部構造に有害な影響を与えないものとすること ②底面は、温度等によって土が体積変化するおそれがなく、また、雨水等によって洗掘されない深さまで下げること ③底面に水平力が作用するときには、基礎のすべりに対する検討を行うこと ④地盤の許容支持力度（単位面積当たりの地盤許容支持力）は、極限支持力式を安全率3で除して求める。この**許容支持力度は一般に基礎底面形状によって異なる**値となる ⑤地盤の**許容支持力は、N値が同じ場合は一般に粘性土より砂質土のほうが小さい** ⑥一般に独立基礎よりもべた基礎のほうが、圧密沈下に対する許容沈下量を大きく設定できる	①許容支持力は杭の支持力のみによるものとする。特別に検討した場合を除き、基礎スラブ底面における地盤の支持力は加算しない ②設計では上部構造の荷重の偏心について検討する。1本の杭で柱を支持するような場合は基礎杭の剛性・耐力を増す等、柱脚を固定する対策が必要である ③衝撃・繰り返し水平力・引き抜き力を受ける杭基礎では、地盤の抵抗力と杭体に発生する複合応力について、その安全性を検討する ④地震時に地盤が液状化するおそれのある場合は、地盤反力の低減、杭の水平力耐力の検討等を考慮する ⑤同じ建築物に、**支持杭と摩擦杭を混用してはならない**。また、打ち込み杭、埋め込み杭、場所打ち杭の混用、材質の異なる杭の混用もできるだけ避ける ⑥杭の最小間隔は、打ち込み杭：2.5d以上かつ75cm以上、埋め込み杭：2.0d以上、場所打ちコンクリート杭：2.0d以上かつd+1m以上 ⑦杭頭、継手、杭先端部は応力伝達能力が十分にあることを確認する

群杭[※]の効果は、周辺地盤の性質と杭種により異なる。一般に、粘性土中の摩擦杭における効果は、支持力の減少や沈下量の増加として表れ、杭間隔が小さいほどその影響が大きい。この場合、群杭の効果を考慮して杭基礎を設計をする。一方、硬い地盤に支持された支持杭や砂質土中に打ち込まれた締固め杭などでは、群杭の支持力＝単杭支持力×杭本数として群杭効果を考慮せず設計するのが一般的

● 直接基礎の反力計算

図の地盤反力は次式で求める

$\sigma = P / A \pm M / Z$

$e = M / P$

$e \leq \ell / 6$（全面圧縮）

ℓ：基礎底面の幅

直接基礎底面の地反力分布

$\sigma_{max} = a \times P / A$　（係数a=1+6e/ℓ）

$\sigma_{min} = a' \times P / A$　（係数a'=1−6e/ℓ）

$e > \ell / 6$の場合

$\sigma_{max} = a \times P / A$　（a=2 /（3(0.5−e/ℓ)))

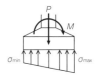

σ：地盤の反力＝地盤の応力（kN／㎡）

A：基礎底盤面積（㎡）

Z：基礎底盤の曲げ軸に関する断面係数（㎥）

e：$M=P\times e$に置き換えたときの偏芯距離（m）

P：基礎に作用する鉛直力（kN）

M：基礎に作用する曲げモーメント（kN·m）

基礎の最大（地盤）反力を求めて、地盤の許容応力度と比較することで、地盤が安全かどうかを検証するんだね

2　擁壁と土圧

擁壁には、土圧と水圧が作用する。土圧には、以下の3つが作用し各土圧係数の大小関係は、受働＞静止＞主働となる。一方、水圧は、地下水位以下で深さに比例して大きくなる

①主働土圧：擁壁背面の土が擁壁に対して作用し、壁体を移動させようとする土圧。この主働土圧と鉛直方向圧力との比を主働土圧係数といい、土質によって異なるが0.2～0.5を示す

②受働土圧：擁壁が土を押し、土中にすべり面が発生しようとする状態で壁に作用している土圧。受働土圧係数は2.0～3.0

③静止土圧：静止している壁体に作用する土圧。静止土圧係数は砂質土・粘性土とも、概略、0.5を示す

擁壁に作用する土圧は、一般に、背面土の内部摩擦角が大きくなるほど、小さくなる。また、水圧は、一般に、擁壁の背面に十分な排水措置を講ずることにより、考慮しなくてもよい

● 3種類の土圧

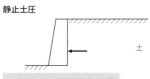

土圧係数は、受働＞静止＞主働

※：2本以上の杭が互いに影響し、一体となって荷重を支える杭

QUESTION

1　最頻出問題｜一問一答

次の記述のうち、正しいものには○、誤っているものには×をつけよ

1 ☐☐　地盤の許容応力度は、N値が同じ場合、一般に、粘性土より砂質土のほうが大きい

2 ☐☐　構造体と土が同じ条件であれば、土圧の大小関係は、一般に、受働土圧＞静止土圧＞主働土圧である

3 ☐☐　同一地盤に設ける直接基礎の単位面積当たりの極限鉛直支持力度は、支持力式により求める場合、一般に、基礎底面の形状によって異なる

4 ☐☐　一般に、独立基礎よりも、べた基礎のほうが、圧密沈下に対する許容最大沈下量は大きく設定できる

5 ☐☐　擁壁に作用する水圧は、一般に、擁壁の背面に十分な排水措置を講ずることにより、考慮しなくてもよい

6 ☐☐　地下外壁に作用する土圧を静止土圧として計算する場合、砂質土及び粘性土では一般に静止土圧係数を0.5程度としている

7 ☐☐　擁壁のフーチング底面の滑動に対する抵抗力は、粘土質地盤より砂質地盤のほうが小さい

8 ☐☐　擁壁に作用する土圧は、一般に、背面土の内部摩擦角が大きくなるほど、小さくなる

ANSWER

→→→

1　× ｜ 同じN値の粘性土地盤は、砂質土よりも許容応力度が大きい

2　○ ｜ 受働土圧係数は2〜3、静止土圧係数は0.5、主働土圧係数は0.2〜0.5である

3　○ ｜ 基礎底面の形状（連続、正方形、長方形、円形）によって支持力式に乗ずる係数が異なる

4　○ ｜ 独立基礎の場合は不同沈下曲線が中凹形にならず、ジグザグ形の凹凸を示すことがあるので、不同沈下による大きなひび割れ発生の限界変形は独立基礎のほうが小さい

5　○ ｜ 擁壁の背面に排水措置を講ずると、水は裏込め栗石、砂利の間から、水抜き穴へ流れて、水圧が作用しなくなるため、これを無視してもよい

6　○ ｜ ㈳日本建築学会「建築基礎構造設計指針」では、砂質、粘性土ともに静止土圧係数として0.5を採用している

7　× ｜ 抵抗力は摩擦係数が大きいほど大きい。q_p（平13国交告1113号）。フーチング底面と支持地盤の摩擦係数の標準値μは、内部摩擦角が大きいほど大きく、シルトや粘土を含まない粗粒土は0.55（$\phi=29$度）、シルト又は粘土は0.35（$\phi=19$度）である

8　○ ｜ 擁壁に作用する土圧は、$p_A＝K_A\gamma h$、K_A：主働土圧係数、γ：土の単体積重量、h：背面土層の深さ $K_A＝\tan2(45°-\phi/2)$、ϕ：内部摩擦角で計算する。これよりϕが大きいほどK_Aが小さくなって、土圧p_Aが減少する

2　実践問題｜一問一答

→→→

1 ☐☐　パイルド・ラフト基礎とは、直接基礎と杭基礎を併用した基礎形式であ

り、荷重に対して直接基礎と杭基礎が複合して抵抗するものである

2 ☐☐ 群杭の引抜き抵抗力は、「群杭全体を抱絡するブロックとしての抵抗力」と「各単杭の引抜き抵抗力の合計」のうち、大きいほうの値とする

3 ☐☐ JIS A 5525（鋼管杭）に適合する鋼管杭に溶接継手を設ける場合は、継手による鋼杭の許容応力度の低減を行う必要がある

4 ☐☐ 杭を軟弱地盤に計画する場合、地震時の杭頭慣性力と地盤変位との影響を重ね合わせて設計を行う方法がある

5 ☐☐ 地下外壁に作用する土圧は、地表面に等分布荷重が作用する場合、一般に、「地表面荷重がない場合の土圧」に「地表面の等分布荷重に静止土圧係数を乗じた値」を加える

6 ☐☐ 擁壁の安定モーメント（円弧すべりに対する抵抗力）は、土圧等に滑動モーメントの1.5倍を上回るように設計する

7 ☐☐ 擁壁が水平方向に非常に長く連続する場合には、状況に応じて伸縮継手を設ける

8 ☐☐ 擁壁背面の排水が困難な場合には、擁壁背面の水圧を考慮して設計する

9 ☐☐ 地震時に液状化のおそれがある砂質地盤は、一般に、「地表面から20m以内の深さにあること」、「地下水で飽和していること」及び「粒径が均一な中粒砂等で、N値がおおむね15以下であること」に該当するような地盤である

10 ☐☐ 杭及び一様な地盤を弾性体と仮定すれば、杭頭に加わる水平力が同じ場合、杭頭変位は、水平地盤反力係数や杭径が大きいほど減少する

11 ☐☐ 長い杭において、杭頭の固定度が大きくなると、杭頭の曲げモーメントは小さくなる

12 ☐☐ 杭先端の地盤の許容応力度を計算で求める場合に用いるN値は、杭先端付近のN値の平均値とし、その値が60を超えるときは60とする

13 ☐☐ 杭に作用する軸方向力は、支持杭に負の摩擦力が作用する場合、一般に、中立点において最大となる

1 ○｜（社）日本建築学会「基礎構造設計指針」

2 ×｜両者のうち、いずれか小さい値を最大引抜き力として採用する

3 ×｜溶接方法、溶接姿勢に応じて、有資格者が適切な管理のもとに溶接を行う場合は、許容応力度の継手低減を行わなくてもよい

4 ○｜（社）日本建築学会「建築基礎構造設計指針」にこの設計方法が示されている

5 ○｜地下外壁に作用する土圧は、地表面荷重がないときの土圧に、上載荷重による等分布荷重に静止土圧係数を乗じた値を加えたものである

6 ○｜擁壁の転倒に対する安全率は1.5以上になるように設計する

7 ○｜地盤の状態、擁壁の規模、構造形式などを考慮して設計者が判断すべきものであるが、RC擁壁の場合、長さの目安は30m程度である

8 ○｜通常は、擁壁の構築に当たって裏込めを行うので、この工程で排水層を設けて背面の排水を行う。しかし排水が困難な場合は、設計に水圧を考慮しなければならない

9 ○｜この条件の砂層が、地震時の液状化の危険性が高い地盤である

10 ○｜一様地盤中の弾性支承梁の解による

11 ×｜杭頭の曲げモーメントは、杭頭の固定度が大きくなると、これに正比例して大きくなる

12 ○｜（社）日本建築学会「建築基礎構造設計指針」

13 ○｜負の摩擦力［※］は地盤沈下量に比例する。そこで表層に近いほど大きく、ある深さでゼロになる。ここを中立点という。負の摩擦力は杭の軸力に加算されるから、杭の軸方向力は中立点で最大となる

※：杭に作用する負の摩擦力とは、まず上部構造から杭頭に軸力が作用してつり合った状態を想定する。その後、何らかの原因で杭周囲の地盤が沈下したとすると、その沈下量に応じて杭には下向きの摩擦力が作用する。杭の軸力が増える方向に作用するこの力を負の摩擦力という

013 鉄筋コンクリート構造①梁

梁については、**許容曲げモーメント**や**終局曲げモーメント**の理解を問う問題が出題されている。また、配筋やたわみに関する問題が頻出し、特に配筋については梁端部の定着長さに関する問題、たわみについてはスラブと小梁を含めた問題が多く出題されている

1 梁の設計式

☐ 梁の曲げに対する断面算定において、梁の**許容曲げモーメント**Mは、引張鉄筋比が**つり合い鉄筋比以下**の場合、次の式で求める

$$M = a_t \cdot f_t \cdot j$$

a_t：引張鉄筋の断面積

f_t：鉄筋の許容引張応力度
（長期の場合、SD345とSD390は同値）

j：曲げ材の応力中心間距離
（$j = (7/8) \cdot d$ [d：梁の有効せい]）

●梁の断面

（あばら筋、下端筋（引張鉄筋）、a_t、d、上端筋（圧縮鉄筋）、b）

☐ 梁の曲げ剛性の算定において梁に床スラブが取り付いている場合（片側または両側）は、床スラブの**協力幅**を考慮したT型梁として計算する

☐ 梁の**終局曲げモーメント**Muは、引張鉄筋の降伏がコンクリートの破壊より先行する場合、次の式で算出する。スラブ付きの梁については、スラブ筋の効果を考慮する。なお、梁の断面算定の位置は、柱面位置とすることができる。また引張鉄筋の材料強度は、JIS適合品を用いる場合は**基準強度の1.1倍**とすることができる

$$Mu = 0.9 \cdot a_t \cdot \sigma_y \cdot d$$

a_t：引張鉄筋の断面積　　σ_y：引張鉄筋の材料強度
d：梁の有効せい

●**引張鉄筋比**（p_t）

$$p_t = \frac{a_t}{bd} \times 100$$

a_t：引張鉄筋の断面積
b：梁幅
d：梁の有効せい

●**つり合い鉄筋比**　「引張鉄筋」と「圧縮縁のコンクリート」の応力度が、同時に許容応力度に達するときの引張鉄筋比

●**T型梁**

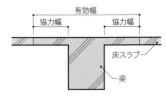

（有効幅、協力幅、協力幅、床スラブ、梁）

●**コンクリートの引張応力**

鉄筋コンクリート材の曲げモーメントに対する断面算定においては、一般にコンクリートの引張応力は無視してよい

●**靭性能**

せん断破壊を避けて靭性能を高めるため、曲げ強度に対するせん断強度の比を大きくする（例えば、内法スパン長さを大きくして、曲げ破壊させる）ことが望ましい

2 仕様規定

☐ **梁主筋**について、長期荷重時に正負最大曲げモーメントを受ける断面の引張鉄筋比p_tは、**0.4％**又は**存在応力によって必要とされる量の4／3倍**のうち、**小さいほうの値以上**とする。なお、主筋には異形鉄筋**D13以上**を用いる

あばら筋比は0.2％以上とし、あばら筋は軽微な場合を除き、**直径9㎜以上の丸鋼又はD10以上の異形鉄筋**を用いる

●**あばら筋比**（p_w）

$$p_w = \frac{a_w}{bx} \times 100$$

a_w：1組のあばら筋の断面積
b：梁幅
x：あばら筋間隔

許容せん断力の計算において、p_wの値が1.2％を超える場合は1.2％とする

3   梁の配筋

● 梁のあばら筋の配筋の種類

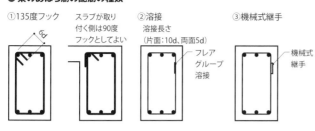

①135度フック　スラブが取り付く側は90度フックとしてよい　②溶接　溶接長さ（片面：10d、両面5d）　③機械式継手　フレアグルーブ溶接　機械式継手

梁下端筋の柱梁接合部内への定着は、曲げ上げ定着とする。また最上階の梁上端1段筋の定着は、鉛直部分の定着長さを確保する

● 梁の定着・カットオフ

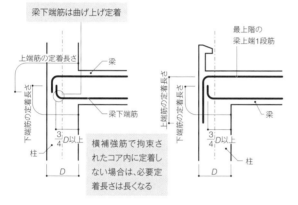

①一般層の定着

梁下端筋は曲げ上げ定着
上端筋の定着長さ
梁
下端筋の定着長さ
梁下端筋
横補強筋で拘束されたコア内に定着しない場合は、必要定着長さは長くなる
$\frac{3}{4}D$以上
柱
D

②最上層の定着

最上階の梁上端1段筋
上端筋の定着長さ
下端筋の定着長さ
梁
$\frac{3}{4}D$以上
柱
D

③カットオフ

ただし、カットオフ位置は必要付着長さ＋部材有効せい以上とする

L_o ／ 4　　15d

梁
柱

L_o：梁の内法寸法
d：主筋径

カットオフ筋とはスパンの途中までしか伸ばさない梁の主筋をいう

● 長期許容応力度

せん断補強筋（帯筋およびあばら筋）の長期許容応力度はSD295AとSD345はともに同じ値（195N／mm²）である

● 定着長さ

定着長さは、鉄筋の材料強度と鉄筋径が大きいほど長くなり、コンクリート強度が大きいほど短くなる。フック付きの定着長さは、折曲げ角度によって変わらないが、余長は変わる

● X形配筋

せん断破壊や付着割裂破壊を防止するため、四隅以外の主筋を部材の全長にわたって対角線上に配筋したもの

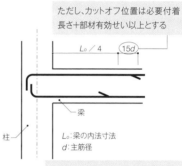

柱
大梁
梁主筋

4   たわみと振動

梁や床スラブの**たわみや振動**による支障を起こさないため、**クリープ現象**を考慮したうえで、たわみが**1 ／ 250以下**であることを計算により確認する。計算において確かめない場合には、梁のせいは梁の有効長さの1 ／ 10を超える値とする

梁の圧縮鉄筋は、一般に、長期荷重による**クリープたわみの抑制**及び地震時における**靭性の確保**に有効であるため、全スパンにわたって**複筋梁**とする

過大な**たわみを防止**するためには、十分な**曲げ剛性**を確保する必要がある

● クリープ現象

荷重を持続的に受けたときに、時間とともにひずみが増大する現象

● 複筋梁

引張側と圧縮側の両方に主筋を設けた梁のことをいう

● 片持ちスラブの設計

外壁から2mを超えて突出する部分は、鉛直震度に対して安全であることを確認する

013　**鉄筋コンクリート構造①梁**　　　　　　　　　　　　　QUESTION & ANSWER

QUESTION

1　最頻出問題 | 一問一答

次の記述のうち、正しいものには○、誤っているものには×をつけよ

1 ☐☐　梁の曲げに対する断面算定において、梁の引張鉄筋比がつり合い鉄筋比以下の場合、梁の許容曲げモーメントはa_t(引張鉄筋の断面積)×f_t(鉄筋の許容引張応力度)×j(曲げ材の応力中心距離)により計算した

2 ☐☐　保有水平耐力計算において、梁の曲げ強度を算定する際に、主筋にJISに適合するSD345を用いたので、材料強度を基準強度の1.1倍とした

3 ☐☐　外周部の柱梁接合部において、梁外端部の下端筋は上向きに折り曲げて定着し、梁主筋の水平投影長さは柱せいの0.75倍以上として、梁主筋の定着性能を確保した

4 ☐☐　梁において、長期荷重時に正負最大曲げモーメントを受ける断面の最小引張鉄筋比については、「0.4%」又は「存在応力によって必要とされる量の4／3倍」のうち、小さいほうの値以上とした

5 ☐☐　建築物のたわみや振動による使用上の支障が起こらないことを確認するために、梁及びスラブの断面の応力度を検討する方法を採用した

2　実践問題① | 一問一答

1 ☐☐　鉄筋の継手については、継手位置の存在応力によらず、母材の強度を伝達できる継手とした

2 ☐☐　一次設計の応力算定において、スラブ付き梁部材の曲げ剛性として、スラブの協力幅を考慮したT型断面部材の値を用いた

3 ☐☐　剛節架構の柱梁接合部内に通し配筋する大梁において、地震時に曲げヒンジを想定する梁部材の主筋強度が高い場合、梁主筋の定着性能を確保するために、柱せいを大きくした

ANSWER

→→→

1 ○｜設問記述のとおり。引張鉄筋比を過大にすると変形性能が小さくなるため、通常は引張鉄筋比はつり合い鉄筋比以下とする。なお、水平荷重による設計用曲げモーメントはフェイスモーメント(柱面位置の曲げモーメント)を用いる

2 ○｜設問記述のとおり。せん断補強については、JIS規格品であっても基準強度の割増しはしないこととされている

3 ○｜梁下端筋は、接合部側へ曲げ上げるほうが定着の性能がよく、接合部のせん断性能としても接合部内への定着とすることが基本とされている。その水平投影長さは、柱せいの0.75倍($\frac{3}{4}D$)以上としている

4 ○｜設問記述のとおり。引張鉄筋比が非常に小さい場合、ひび割れ発生と同時に鉄筋が降伏したり、急激な剛性低下をきたすことが考えられ、これらを防ぐために決められている

5 ×｜たわみや振動による支障を起こさないためには、たわみが1／250以下であることを確認する必要がある

→→→

1 ○｜鉄筋の継手は、母材の強度を伝達する必要があり、母材強度以上とし、次の4種類である。①SA級:強度、剛性、靭性が母材並み。②A級:強度、剛性が母材並みで靭性は劣る。③B級:強度が母材並みで剛性、靭性が劣る。④C級:強度、剛性、靭性が母材より劣る

2 ○｜設問記述のとおり

3 ○｜柱せいを大きくすると柱梁接合部内の定着長さが長くなり、通し配筋の定着強度が増大する

4 ☐☐ 鉄筋径が大きいほど付着割裂強度が低下するので、D35以上の鉄筋の継手には、原則として、重ね継手を用いない

5 ☐☐ はね出し長さが1.5mの片持ち床版の厚さを18cmとした

6 ☐☐ 大スパンの建築物においては、梁や床スラブの上下方向の振動による応力と変形を考慮する

7 ☐☐ スラブのひび割れに対して配慮する場合、スラブの各方向の全幅について、鉄筋全断面積のコンクリート全断面積に対する割合は0.3%以上とし、配筋は、全幅に均等とすることが望ましい

8 ☐☐ 曲げ降伏する梁部材について、曲げ降伏後のせん断破壊を避けるため、曲げ強度に対するせん断強度の比を大きくした

9 ☐☐ SD345の鉄筋の一般定着の長さは、コンクリートの設計基準強度を24N/mm²から36N/mm²に変更したので短くした

10 ☐☐ コンクリートの付着割裂破壊を抑制するため、鉄筋に対するコンクリートのかぶり厚さは、所定の数値以上となるようにする

11 ☐☐ 梁部材における主筋のコンクリートに対する許容付着応力度として、下端筋では上端筋よりも大きい値を用いた

4 ○│設問記述のとおり。なお、重ね継手は引張応力の小さい箇所に設け、継手長さは主筋径の25倍以上とする

5 ○│片持ち床板の基端の厚さは、はね出し長さの1／10以上とする。また、片持ち以外の床版の厚さは、短辺方向の有効張り間長さの1／30を超え、かつ80mm以上とする

6 ○│大スパンの梁やスラブは振動しやすく、応力に加え変形も検討する

7 ○│床スラブの鉄筋全断面積のコンクリート全断面積に対する割合は、0.2%以上とする。ただし、ひび割れに対して配慮する場合は、さらに多く配筋することが望ましいため正しい

8 ○│梁のせん断破壊を防止するため、両端ヒンジとなる場合は1.1倍以上とすることとされている

9 ○│鉄筋の一般定着の長さは、コンクリート強度が大きいほど短くできる

10 ○│かぶり厚さが大きいほど付着割裂強度は大きくなる。また、かぶり厚さは耐久性耐火性を考慮して定められている

11 ○│許容付着応力度は、下端筋のほうが大きい。太径の異形鉄筋を使用した場合、かぶり厚さと鉄筋径の比に応じて低減する

3 ## 実践問題② │四肢択一

→→→

1 ☐☐ 鉄筋コンクリート構造における柱の帯筋・副帯筋及び梁のあばら筋・副あばら筋の納まりを示す図として、最も不適当なものはどれか

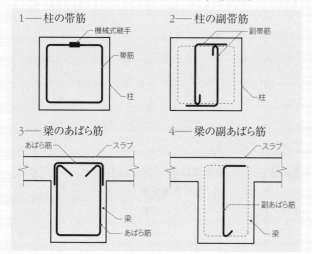

1── 柱の帯筋　　　　2── 柱の副帯筋
機械式継手
帯筋
柱
副帯筋
柱

3── 梁のあばら筋　　4── 梁の副あばら筋
あばら筋　スラブ
梁
あばら筋
スラブ
副あばら筋
梁

1 答えは2

1 図のとおり

2 不適当。副帯筋の末端は135度フックとする

3 図のとおり。梁のあばら筋は、スラブが取り付く側を90度としてよい
なお、一般的に片側スラブの場合、スラブの付いている側にフックを設ける

4 図のとおり。梁の副あばら筋はスラブが取り付く側を90度としてよい

014 鉄筋コンクリート構造②柱

柱は、粘りのある建物全体の耐震性を意識して知識を得ることが重要である。**許容応力度設計**では許容せん断力式の長期と短期の違い、**配筋**では付着割裂破壊に対する隅角部の鉄筋、**仕様規定**では柱最小径・主筋・帯筋の規定に関する問題がよく出題されている

1　許容応力度設計

☐ **柱の許容曲げモーメント**は、以下のうちの最小値とする
①**圧縮縁の応力度**がコンクリートの**許容圧縮応力度**に達したとき
②**圧縮鉄筋**が**許容圧縮応力度**に達したとき
③**引張鉄筋**が**許容引張応力度**に達したとき

☐ **短期荷重時**に大きな曲げモーメントが発生する柱の軸力は、次のようにすることが望ましい

$$\frac{短期軸圧縮力}{柱の全断面積} \leqq \frac{1}{3} F_c \quad (F_c:コンクリート設計基準強度)$$

☐ **柱の許容せん断力**は、長期・短期で区別する

長期：$Q_{AL} = b \cdot j \cdot a \cdot f_s$

短期：$Q_{AS} = b \cdot j \{f_s + 0.5 {}_w f_t (p_w - 0.002)\}$

b　：柱幅

j　：柱の応力中心間距離 $\left(j = \dfrac{7}{8} d \ [d:柱の有効せい]\right)$

f_s　：コンクリートの許容せん断応力度

${}_w f_t$：帯筋のせん断補強用許容せん断応力度

p_w　：帯筋比

a　：$a = \dfrac{4}{\dfrac{M}{Qd} + 1} \quad (1 \leqq a \leqq 2)$

$\quad\quad (M、Q:最大曲げモーメント、最大せん断力)$

● **圧縮縁の応力度**
圧縮側コンクリート断面の最外縁の応力度のこと。なお、圧縮力の働く部分では、鉄筋に対するコンクリートのかぶり部分も圧縮力を負担するものとして設計する

● **長期許容せん断力**
長期許容せん断力は、せん断ひび割れの発生を許容せず、せん断補強筋（帯筋）の効果を無視する

左式から、長期では鉄筋コンクリート（f_s）の効果のみを見込んで、短期ではコンクリート（f_s）と帯筋（${}_w f_s$）の効果を見込んでいるのが分かるね！

● **帯筋比 p_w**
p_w は次式で求める

$$p_w = \frac{a_w}{b \cdot x} \times 100 \geqq 0.2\%$$

a_w：1組の帯筋の断面積
b　：柱幅
x　：帯筋間隔

許容せん断力の計算において、p_w の値が1.2％を超える場合は1.2％とする

梁のあばら筋比と考え方は同じ

2　柱の靱性能

☐ **柱の靱性能**を高めるには、**帯筋の量を増したり高強度鉄筋を用いる**ことによりせん断破壊させないことが重要である。**主筋を増やす**ことは、曲げ耐力は増加するがせん断破壊しやすくなるため**靱性能は低下**する

● **柱の帯筋（フープ筋）**
せん断補強のほかに、帯筋で囲んだコンクリートの拘束による圧縮耐力の増加と主筋の座屈防止に有効である

柱の軸方向圧縮力が大きくなるほどせん断力が増加し、**靱性能は低下**する。特に架構の外側の柱（外柱）は、地震時に大きな変動軸力が作用するため、注意を要する

つまり、軸力が大きくなると靱性が小さくなり脆性的に壊れやすくなる

3 柱の配筋

● **帯筋の配筋**

①135度フック　②溶接　③機械式継手

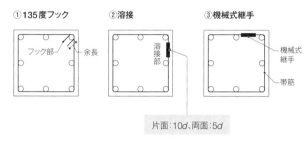

フック部　余長

溶接部

機械式継手

帯筋

片面：10d、両面：5d

● **副帯筋の配筋**

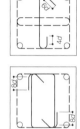

● **柱主筋**

柱の付着割裂破壊を防止するために、主筋間のあきを大きくする。また、柱の断面隅角部に太径の鉄筋を用いない配筋とする

● **柱帯筋**

太くて短い柱は、地震時に、曲げ破壊より先に、せん断破壊が生じやすいので、帯筋を多く配置する。付着割裂破壊を検討する場合、帯筋、あばら筋および中子筋の効果を考慮できる

● **余長**

標準フックの必要余長は、折り曲げ角度が小さいほど長い

4 仕様規定

主筋は、異形鉄筋**D13以上**を用いる。また、柱のコンクリート全断面積に対する主筋全断面積の割合は、**0.8％以上**とする

帯筋は軽微な場合を除き、**直径9mm以上の丸鋼**又は**D10以上の異形鉄筋**を用いる。また、帯筋比は**0.2％以上**とする

● **仕様規定**

柱の最小径は、普通コンクリートを使用する場合は構造耐力上主要な支点間の距離の1／15以上、軽量コンクリートを使用する場合は1／10以上とする

5 柱梁接合部

柱梁接合部の靱性を確保するため、**柱梁接合部のせん断補強筋の間隔は150mm以下**かつ隣接する柱のせん断補強筋間隔の**1.5倍以下**とし、せん断補強筋比については、**0.2％以上**とする。ただし、柱梁接合部内のせん断補強筋を増やしても**せん断強度は高められない**（効果がない）

● **柱梁接合部**

柱に対して梁が偏心して取り付く場合、偏心によるねじりモーメントを考慮して柱梁接合部の設計を行う

● **設計用せん断力**

梁の引張鉄筋量を増やすと、柱梁接合部の設計用せん断力は大きくなる

QUESTION

1 最頻出問題 | 一問一答

次の記述のうち、正しいものには○、誤っているものには×をつけよ

1 ☐☐　柱断面の長期許容せん断力の計算において、コンクリートの許容せん断力に帯筋による効果を加算した

2 ☐☐　鉄筋コンクリート構造の柱は、一般に、主筋を増すことにより、靱性を高めることができる

3 ☐☐　水平力を受ける鉄筋コンクリート構造の柱は、軸方向圧縮力が大きくなるほど、変形能力が小さくなる

4 ☐☐　柱の付着割裂破壊を防止するために、柱の断面の隅角部に太径の鉄筋を用いない配筋とした

5 ☐☐　600㎜角の柱に、D25の主筋を8本配筋した。ただし、D25の断面積は507㎟とする

6 ☐☐　純ラーメン部分の柱梁接合部内において、柱梁接合部のせん断強度を高めるために、帯筋量を増やした

2 実践問題 | 一問一答

1 ☐☐　柱の許容曲げモーメントは、「圧縮縁がコンクリートの許容圧縮応力度に達したとき」、「圧縮鉄筋が許容圧縮応力度に達したとき」及び「引張鉄筋が許容引張応力度に達したとき」に対して算定した曲げモーメントのうちの最小値である

2 ☐☐　地震時に曲げモーメントが特に増大する柱の設計において、短期軸方向力(圧縮)を柱のコンクリート全断面積で除した値は、コンクリートの設計基準強度の1／3以下とすることが望ましい

3 ☐☐　柱部材の曲げ剛性の算定において、断面二次モーメントはコンクリート断面を用い、ヤング係数はコンクリートと鉄筋の平均値を用いた

ANSWER

→→→

1　×｜長期許容せん断力には、帯筋の項はない

2　×｜主筋を増すことにより曲げ耐力は増加するが、靱性能は低下する

3　○｜柱の軸方向圧縮力が大きくなるほどせん断力が増加し、靱性能は低下する

4　○｜柱の隅角部に太径の鉄筋を配置したり、引張鉄筋比を大きくすると、脆性的な破壊形式である付着割裂破壊が生じやすくなる

5　○｜p_t＝{8×507 ／ (600×600)}×100＝1.1%≧0.8%であり、満たしている

6　×｜柱梁接合部のせん断強度は、コンクリートの圧縮強度を大きくしたり、大梁の梁幅を大きくすると高くなるが、柱梁接合部内のせん断補強筋や大梁の主筋量を増やしてもせん断強度は高められない

→→→

1　○｜設問記述のとおりであり、算定した各曲げモーメントのうち最小の値を採用する

2　○｜激震時を想定し、柱の靱性に最も大きな影響力をもつ軸方向力に対して、設問記述に示す値を推奨している

3　×｜鉄筋コンクリート柱の断面二次モーメントは、ヤング係数比n(コンクリートに対する鉄筋のヤング係数の比)を用いて、鉄筋による断面二次モーメント増大率φから求める。鉄筋のヤング係数はほぼ一定だが、コンクリートのヤング係数はその単位容積質量や強度で変化するのでnは材料の

4 ☐☐　柱の脆性破壊を防止するため、帯筋に高強度鉄筋を用いた

---

5 ☐☐　柱のせん断補強筋の端部に135度フックを設ける代わりに下図のようにせん断補強筋相互の片面を溶接し、その長さEを異形鉄筋の呼び名に用いた数値の10倍とした

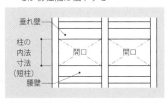

溶接箇所

拡大図

---

6 ☐☐　600mm角の柱（主筋はD25）に、D13の帯筋を100mm間隔で配筋した。ただし、D13の断面積は127mm²とする

---

7 ☐☐　普通コンクリートを使用した柱の最小径を、所定の構造計算を行わない場合、構造耐力上主要な支点間の距離の1／20とした

---

8 ☐☐　柱に対して梁が偏心して取り付く場合、偏心によるねじりモーメントを考慮して柱梁接合部の設計を行った

---

9 ☐☐　柱梁接合部のせん断耐力は、一般に、柱に取り付く梁の幅を大きくすると、大きくなる

---

10 ☐☐　柱梁接合部のせん断補強筋については、一般に、その間隔を、150mm以下、かつ、隣接する柱のせん断補強筋間隔の1.5倍以下とし、せん断補強筋比については、0.2%以上とする

---

11 ☐☐　帯筋の拘束度合いが大きい場合、一般に、柱部材の軸方向の圧縮耐力は大きくなり、最大耐力以降の耐力低下の度合いは緩やかになる

---

12 ☐☐　一般に、柱部材に作用する軸方向の圧縮力が大きいほど、せん断力は大きくなり、靱性能は低下する

---

13 ☐☐　一般に、柱部材の内法寸法が短いほど、せん断耐力は大きくなり、靱性能は低下する

---

14 ☐☐　一般に、柱部材の引張鉄筋が多いほど、曲げ耐力は大きくなり、靱性能は向上する

---

15 ☐☐　柱の曲げ剛性を大きくするために、引張強度の大きい主筋を用いた

組み合わせで変わる。普通コンクリートの範囲ではn=15が用いられる

4　○｜普通強度鉄筋と比較し、同じ鉄筋量の高強度鉄筋を使用することによりせん断強度が増大するため脆性破壊を抑制する

5　○｜帯筋を溶接する場合の溶接長さ（図のE）は、片面溶接では$10d$（dは鉄筋径）以上とし、両面溶接では$5d$以上とする

6　○｜$p_w = \{2 \times 127 ／ (600 \times 100)\} \times 100 = 0.42\% \geqq 0.2\%$であり、満たしている。なお、1組の帯筋は2本あるため、a_wの値は2×127となる

7　×｜柱の最小径は、その構造耐力上主要な支点間の距離の1／15以上とする

8　○｜柱に対して、梁が極端に偏心して取り付く場合は、柱梁接合部にねじりモーメントが生じ、せん断強度に影響するため、考慮が必要

9　○｜設問記述のとおり

10　○｜設問記述のとおり

11　○｜設問記述のとおり

12　○｜靱性能（変形能力）は低下する

13　○｜腰壁や垂れ壁が取り付いた場合などの短柱は、せん断耐力は大きくなるが靱性能は低下する

垂れ壁
柱の内法寸法（短柱）
開口
開口
腰壁

14　×｜引張鉄筋が多いほど曲げ耐力は増加するが、せん断破壊しやすくなり靱性能は低下する

15　×｜部材の剛性は、一般的にコンクリートや主筋の強度ではなく剛性に依存する。なお、弾性剛性を算出する場合は、鉄筋の影響を無視することができる

015 鉄筋コンクリート構造③耐震壁

開口のある耐震壁（有開口耐震壁）に関する問題は、過去数年、続けて出題されている。仕様規定では、壁の厚さや付帯ラーメンの柱・梁に関する問題、耐震性では、垂れ壁や腰壁に関する問題のほか、境界梁、連層耐震壁、壁脚部に関する問題など範囲も広い

1 開口のある耐震壁（有開口耐震壁）

下図より開口周比 γ_0 が0.4以下の場合、開口のある耐震壁（有開口耐震壁）とする。ただし、開口部の上端が上部梁に、下端が床版に接している場合は、耐震壁としない

● 有開口耐震壁

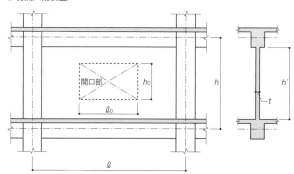

● 開口のある耐震壁の開口周比 γ_0

開口周比 γ_0 は次のように求める

$$\gamma_0 = \sqrt{\frac{h_0 \cdot \ell_0}{h \cdot \ell}} \leqq 0.4$$

　h_0：開口部の高さ

　ℓ_0：開口部の長さ

　h：壁板周辺の梁中心間距離

　ℓ：壁板周辺の柱中心間距離

γ_0 が0.4以下なら開口のある耐震壁とみなせるんだ！

一次設計時の**有開口耐震壁のせん断剛性**は、無開口耐震壁のせん断剛性に下式の γ_1 を乗じ、せん断剛性を低減して算出する

$$\gamma_1 = 1 - 1.25\gamma_0$$

有開口耐震壁の許容せん断耐力は、無開口耐震壁の許容せん断耐力に、下式の γ_2 を乗じて算出する

$$\gamma_2 = 1 - \max\left\{\sqrt{\frac{h_0 \cdot \ell_0}{h \cdot \ell}}, \ \frac{\ell_0}{\ell}, \ \frac{h_0}{h}\right\}$$

● 無開口耐震壁の許容せん断耐力 Q_A

$Q_A = \max(Q_1 \cdot Q_2)$

$Q_1 = t \cdot \ell \cdot f_s$

　t：壁板の厚さ

　ℓ：壁板周辺の柱中心間距離

　f_s：コンクリートの許容せん断応力度

$Q_2 = Q_w + \sum Q_c$

　Q_w：壁筋の許容水平せん断耐力

　Q_c：付帯柱の許容水平せん断耐力

● 複数開口がある場合

開口が接近している

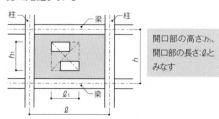

開口部の高さ：h_1、開口部の長さ：ℓ_1 とみなす

開口が離れている

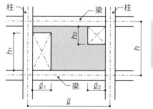

$h_0\ell_0 = h_1\ell_1 + h_2\ell_2$ とみなす
$\ell_0 = \ell_1 + \ell_2$ とみなす

2　仕様規定

☐　耐震壁の壁板の仕様は以下のとおり

①**壁板の厚さ**：**120㎜以上**、かつ壁板の内法高さの**1／30以上**（施工性などを検討し、面外曲げ（座屈）に対する安全性の検討を行えば、1/30未満としてもよい。ただし、100㎜以上とする）

②**壁板のせん断補強筋比**：直交する各方向に関し、それぞれ**0.25％以上**

③**配筋**：**壁筋**にはD10以上の異形鉄筋又は素線の径が**6㎜以上**の溶接金網を用い、鉄筋間隔は**300㎜以下**（複筋配置の場合は、450㎜以下）とする

④**壁厚が200㎜以上**ある場合の配筋：**複筋配置**とする

☐　耐震壁の壁板の周辺にある柱及び梁（**付帯ラーメン**）の**主筋**の全断面積は、原則として、コンクリートの全断面積の**0.8％以上**とする。また、付帯ラーメンの**せん断補強筋比**は、**0.2％以上**とする

● 開口補強筋
開口補強筋の量は開口の大きさを考慮して算定し、開口補強筋はD13以上、かつ、壁筋と同径以上の鉄筋を用いる

● 開口の補強

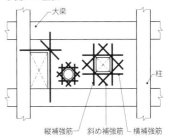

大梁　柱　縦補強筋　斜め補強筋　横補強筋

耐震壁まわりの梁や柱を補強すると耐力はアップするよ

3　壁の耐震性能の留意点

☐　**垂れ壁や腰壁の付いた柱**は、同一構面内の垂れ壁や腰壁の付かない柱より先に降伏し、耐震性能が低下するため、

①当該柱の靭性能をもたせたり、当該柱や当該階の耐力を大きくするなどの配慮が必要

②腰壁が取り付くことにより、柱が短柱となるのを防止するため、柱と腰壁の取り合い部に、十分なクリアランスを有する**完全スリット**を設けることも効果的

☐　耐震壁の**付帯ラーメンの柱のせん断補強筋**を増すことは、耐震壁の靭性を高める効果がある

☐　耐震壁脚部における地盤の鉛直方向の変形が大きい場合、耐震壁脚部に**鉛直ばね**を設けるなど適切な検討を行う

☐　耐震壁に接続する**境界梁**は、耐震壁の回転を抑える効果（曲げ戻し効果）がある

☐　連層耐震壁は、架構の中央部に配置した場合、耐震壁の両側に取り付く境界梁の**曲げ戻し効果**により、転倒に対する抵抗性を高めることができる

● 完全スリットの配置
腰壁と柱の間に完全スリットを設けた場合は、柱の剛性評価においては、腰壁部分の影響を無視できるが、腰壁が梁剛性に与える影響を考慮する

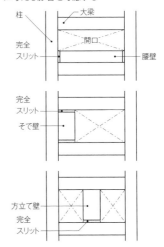

柱　大梁　開口　完全スリット　腰壁

完全スリット　そで壁

方立て壁　完全スリット

● 曲げ戻し効果
地震力によって、境界梁に曲げモーメントとせん断力が発生し、耐震壁の回転を抑える効果

QUESTION

1 最頻出問題｜一問一答

ANSWER

→→→

次の記述のうち、正しいものには○、誤っているものには×をつけよ

1 ☐☐ 式①を用いて算定した値が0.4以下であるので、開口のある耐力壁とみなす

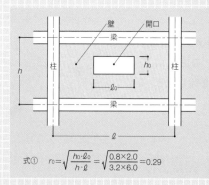

h （梁心間高さ）:3.2m	
ℓ （柱心間長さ）:6.0m	
h_0 （開口高さ）:0.8m	
ℓ_0 （開口長さ）:2.0m	

式① $r_0 = \sqrt{\dfrac{h_0 \cdot \ell_0}{h \cdot \ell}} = \sqrt{\dfrac{0.8 \times 2.0}{3.2 \times 6.0}} = 0.29$

2 ☐☐ 高さh_0・幅ℓ_0の開口を有する耐力壁の耐力計算において、開口面積（$h_0 \times \ell_0$）の影響を考慮したので、開口部の幅及び高さの影響を無視した

3 ☐☐ 耐震壁の壁板のせん断補強筋比は、直交する各方向に関し、それぞれ0.25%以上とする

4 ☐☐ 付帯ラーメンの梁のせん断補強筋比は、0.2%以上とする

5 ☐☐ 鉄筋コンクリート造の建築物における垂れ壁や腰壁の付いた柱は、垂れ壁や腰壁の付かない同一構面内柱と比べて、靭性が高いと判断した

6 ☐☐ 鉄筋コンクリート構造の建築物において、腰壁と柱との接合部に適切なスリットを設けた場合、梁の剛性及び能力の算定については、腰壁部分の影響を考慮した

7 ☐☐ 垂れ壁や腰壁が付く柱が多かったので、当該柱や当該階の耐力を大きくして設計した

1 ○｜0.4以下なので開口のある耐力壁とみなせる

2 ×｜耐力壁の耐力計算は、ℓ_0 / ℓ及びh_0 / hを考慮する

3 ○｜耐震壁のせん断補強筋比は、縦筋・横筋ともに0.25%以上とすることとされている。なお、壁筋の間隔を小さくすると、一般に耐震壁のひび割れの進展を抑制できる

4 ○｜耐震壁周囲の付帯ラーメンの梁のせん断補強筋比は、0.2%以上とすることとされている。なお、柱についても同様に0.2%以上とする。また、柱のせん断補強筋を増すことは、耐震壁の靭性を高める効果がある

5 ×｜垂れ壁や腰壁の付いた柱は、柱が短柱となり脆性破壊しやすくなるため靭性が低くなる。この脆性破壊を抑制するためには、柱と垂れ壁や腰壁の取り合い部にスリットを設けるなどにより、柱の靭性を高める

6 ○｜腰壁と柱との接合部にスリットを設けた場合、柱の剛性評価には腰壁部分の影響を無視できるが、梁と腰壁は一体となっているため、梁の剛性評価には腰壁部分の影響を考慮することが望ましい

7 ○｜垂れ壁や腰壁の付く柱が多くなるほど靭性は低下するため、当該柱や当該階の耐力を大きくする等の配慮が必要である

2 実践問題｜一問一答　→→→

1 □□ 許容応力度計算において、開口部を設けた耐力壁について、剛性及び耐力の低減を考慮して構造計算を行った

2 □□ 耐震壁の壁板の厚さは100㎜以上、かつ、壁板の内法高さの1/30以上とする

3 □□ 図の配筋は、(社)日本建築学会「鉄筋コンクリート構造計算規準」における耐力壁のせん断補強筋量の最小規定を満たしている。ここで、鉄筋1本の断面積は、D10:0.7㎠とする

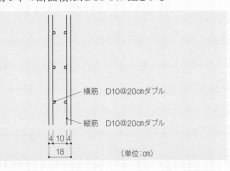

横筋　D10@20㎝ダブル

縦筋　D10@20㎝ダブル

4　10　4
18

（単位：㎝）

4 □□ 耐震壁の壁板の厚さが200㎜以上ある場合は、壁筋を複筋配置とする

5 □□ 厚さが180㎜の開口付き耐力壁の開口部周囲の補強筋として、D13の鉄筋を配筋した

6 □□ 多スパンラーメン架構の1スパンに連層耐力壁を設ける場合、転倒に対する抵抗性を高めるためには、架構内の中央部分に配置するより最外縁部に配置するほうが有効である

7 □□ 柱の剛性評価において、腰壁と柱との接合部に完全スリットを設けたので、腰壁部分の影響を無視した

8 □□ 境界梁（耐震壁に接続する梁）は、一般に耐震壁の回転による基礎の浮き上がりを抑える効果がある

9 □□ 地震力作用時における層間変形の算定時において、耐力壁脚部における地盤の鉛直方向の変形が大きい場合、耐力壁脚部に鉛直ばねを設けた検討を行った

10 □□ 耐力壁周囲の柱及び梁は耐力壁を拘束する効果があるので、一般に周囲に柱及び梁を設けたほうが耐力壁の靭性は増大する

1 ○｜壁に開口部がある場合は、まず開口周比γ_0の式により耐震壁となるかどうかの検討を行う。耐震壁となる場合は、γ_1によりせん断剛性を低減し、γ_2により許容せん断耐力を低減する

2 ×｜壁板の厚さは120㎜以上、かつ壁板の内法高さの1/30以上とする

3 ○｜壁板のせん断補強筋比は、p_w＝2×0.7／（20×18）×100＝0.39％≧0.25％であり、満たしている

4 ○｜設問記述のとおり、壁板の厚さが200㎜以上の耐震壁は、複筋配置とすることとされている。なお、200㎜未満の場合であっても、複筋配置又は千鳥配置とすることが望ましい

5 ○｜開口周囲の補強筋は、D13以上、かつ壁筋と同径以上の異形鉄筋を用いることとされている。壁厚さが180㎜の壁筋は、一般的にD13以下の鉄筋を使用するため正しい

6 ×｜連層耐力壁を架構の中央部に配置した場合、耐力壁の両側に取り付く境界梁の曲げ戻し効果により、転倒に対する抵抗性を高めることができる

7 ○｜腰壁と柱との接合部に完全スリットを設けた場合、柱の剛性評価には腰壁部分の影響を無視できる。なお、梁と腰壁は一体となっているため、梁の剛性評価には腰壁部分の影響を考慮することが望ましい

8 ○｜境界梁の曲げ戻し効果によって、耐震壁の回転による基礎の浮き上がりは抑えられる

9 ○｜地盤の鉛直方向の変形が大きくなる場合は、設問記述のとおり、脚部に鉛直ばねを配置したモデルで検討するなど、適切に考慮する必要がある

10 ○｜設問記述のとおり

016 鉄筋コンクリート構造④耐震設計

耐震設計に関する問題は、近年、出題数が増加する傾向にある。構造設計に関する細部の問題も多く出題されており、幅広い知識が必要となる。耐震計算ルートではルート3に関する問題、必要保有水平耐力では構造特性係数D_sに関する問題が多い

1 耐震計算ルート

□ **耐震計算ルート1**は、強度型の設計であり、耐力壁のせん断設計における一次設計用地震力により生じるせん断力の2倍の値を、耐力壁の設計用せん断力とする

□ **耐震計算ルート2-1**では、柱や耐力壁のせん断設計の検討、剛性率・偏心率の算定及び塔状比の検討を行う

□ **耐震計算ルート3**は、靱性型の設計であり、崩壊機構を形成した時点、又は、脆性破壊した時点の応力を用いて保有水平耐力の検討を行う

● 保有水平耐力計算の省略

高さ20m以下のRC造で、各階の柱・耐力壁の水平断面積が規定値を満たす場合（$\Sigma 2.5\alpha A_w + \Sigma 0.7\alpha A_c \geqq ZWA_i$）は、耐震計算ルート1として計算し、保有水平耐力計算を省略できる。延べ面積200㎡以下の平家建で仕様規定をすべて満たしている場合、保有水平耐力計算を省略できる

α：コンクリートの設計基準強度Fcによる割増し係数は、Fc<18N／㎟のとき$\alpha=1$、18N／㎟≦Fc≦36N／㎟のとき$\alpha=\sqrt{Fc／18}$、Fc>36N／㎟のとき$\alpha=2$、Aw:壁面積、Ac:柱面積、Z:地域係数、W:建物重量、Ai:層せん断力の分布係数

2 必要保有水平耐力

□ **必要保有水平耐力**Q_{un}は次の式により算出する

$$Q_{un}=D_s \cdot F_{es} \cdot Q_{ud}$$

D_s：構造特性係数（靱性・減衰によって定まる値）

F_{es}：形状係数（剛性率・偏心率によって定まる値）

Q_{ud}：大地震によって生じる層せん断力

鉄筋コンクリート構造のD_sは架構の靱性・減衰が大きいほど小さくなり、**0.3〜0.55**の範囲で、以下の表の種別から定められる

● 保有水平耐力

建築物の一部又は全体が地震力の作用によって崩壊メカニズムを形成する場合において、各階の柱、耐力壁及び筋かいが負担する水平せん断力の和として求められ、保有水平耐力が必要保有水平耐力以上であることを確認する

● 柱及び梁の種別

柱及び梁		柱			梁	柱及び梁の種別
破壊の形式	内法高／柱幅 $h_0／D$	軸方向応力度 $\sigma_0／F_c$	引張鉄筋比 p_t	せん断応力度 $x_u／F_c$	せん断応力度 $\tau_u／F_c$	
せん断破壊、付着割裂破壊及び圧縮破壊その他の構造耐力上支障のある急激な耐力の低下のおそれのある破壊を生じないこと	2.5以上	0.35以下	0.8以下	0.1以下	0.15以下	F_A
	2.0以上	0.45以下	1.0以下	0.125以下	0.2以下	F_B
	—	0.55以下	—	0.15以下	—	F_C
F_A、F_B、F_Cのいずれにも該当しない場合						F_D

凡例 　$h_0／D$:柱幅に対する内法高さ、$\sigma_0／F_c$:コンクリートの設計基準強度に対する軸方向応力度、p_t:引張鉄筋比、$\tau_u／F_c$:コンクリート設計基準強度に対するせん断応力度

● 耐力壁の種別

| 耐力壁 | 耐力壁の区分 | | 耐力壁の種別 |
破壊の形式	壁式構造以外の構造の耐力壁 せん断応力度 τ_u / F_c	壁式構造の耐力壁 せん断応力度 τ_u / F_c	
せん断破壊その他の構造耐力上支障のある急激な耐力の低下のおそれのある破壊を生じないこと	0.2以下	0.1以下	W_A
	0.25以下	0.125以下	W_B
	―	0.15以下	W_C
W_A、W_B、W_Cのいずれにも該当しない場合			W_D

凡例　τ_u / F_c：コンクリート設計基準強度に対するせん断応力度

形状係数F_{es}は、$F_s \times F_e$で求められる

① 剛性率から求められるF_sは、**各層のかたさのばらつき**を評価し、剛性率が0.6未満となるときはF_sの値を1.0以上とする

② 偏心率から求められるF_eは、**平面のねじれやすさ**を評価し、偏心率が0.15を超える場合はF_eの値を1.0以上とする

● βu

$\beta u = \dfrac{\text{耐力壁の水平耐力の和}}{\text{保有水平耐力}}$ で表され、βuが小さいほど靭性が高くなり、構造特性Dsは小さくなる

● 層間変形角

一次設計時の層間変形角は、1／200以下とする。ただし、著しい損傷のおそれがない場合は1／120以下に緩和することができる

上記から、一定の限度を剛性率が下回る、又は偏心率が超える場合は、F_{es}が1以上となり、必要保有水平耐力も大きくなる

3 耐震設計・改修等の留意点

柱及び梁はせん断破壊する以前に**曲げ降伏する**ように設計する。また、**床スラブ**は、常時の鉛直荷重を支えるとともに、地震時における**水平力の伝達**、架構の一体性の確保等の役割をするため、**面内剛性及び耐力**の確保が重要

● コンクリートのひび割れ対策

① スラブの面積は25㎡以下とする

② 壁の面積は25㎡以下とし、辺長比を1.25以下とすることが望ましい

③ スラブ・壁には設備配管を埋め込まない

鉄筋コンクリート構造の既存建築物の**耐震改修**において、

① **耐力の向上**を図る方法：壁を厚くする又は増設する、鉄骨造の筋かいを増設するなど

② **変形性能の向上**を図る方法：柱付き壁に耐震スリットを設ける、炭素繊維を巻き付けて補強するなど

● 不同沈下対策

独立フーチング基礎をべた基礎に変更したり、基礎梁を剛強にする

● コンクリートのひび割れパターン

① 地震力による柱・壁のひび割れ

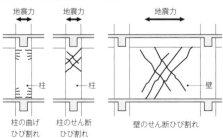

柱の曲げひび割れ　　柱のせん断ひび割れ　　壁のせん断ひび割れ

② 鉛直荷重による梁のひび割れ

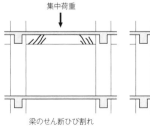

梁のせん断ひび割れ

梁の曲げひび割れ

QUESTION

ANSWER

1　最頻出問題 | 一問一答

→→→

次の記述のうち、正しいものには○、誤っているものには×をつけよ

1　☐☐　耐震計算ルート1において、耐力壁のせん断設計における一次設計用地震力により生じるせん断力の2倍の値を、耐力壁の設計用せん断力とした

1　○ | 耐力壁の設計用せん断力 Q_D は、$Q_D = Q_L + n \cdot Q_E$ で求められ、式中の n の値は2以上とする
Q_L:長期荷重によるせん断力
n:割増し係数
Q_E:一次設計用地震力によるせん断力

2　☐☐　層間変形角の確認において、構造耐力上主要な部分の変形によって建築物の部分に著しい損傷が生じるおそれのない場合には、層間変形角の制限値は緩和できない

2　× | 層間変形角は、原則として1／200以下とされているが、構造耐力上主要な部分の変形によって、建築物の部分に著しい損傷が生ずるおそれのない場合は、1／120以下に緩和できる

3　☐☐　構造特性係数 D_s は、架構が靭性に富むほど小さくなり、減衰が大きいほど小さくなる

3　○ | D_s は、建築物に必要な最大水平抵抗力を低減させる要素となっている

4　☐☐　各階の保有水平耐力の計算による安全確認において、一般に、偏心率が一定の限度を超える場合や、剛性率が一定の限度を下回る場合には、必要保有水平耐力を大きくする

4　○ | 偏心率が規定値を上回る場合は F_e の値を1以上とし、剛性率が規定値を下回る場合は F_s の値を1以上とする。これらにともない F_{es} の値が1以上となるため、必要保有水平耐力が大きくなる

5　☐☐　鉄筋コンクリート構造のひび割れを低減するために、柱と梁とで囲まれた1枚の壁の面積は、25㎡以下とし、かつ、その辺長比(壁の長さ/壁の高さ)は、1.25以下となるように計画した

5　○ | 壁のひび割れを抑制するため、1枚の壁の面積は25㎡以下とし、辺長比は1.25以下とすることが望ましい

6　☐☐　床スラブは、常時の鉛直荷重を支えるとともに、地震時における水平力の伝達、架構の一体性の確保等の役割をするので、床スラブの面内剛性及び耐力の検討を行った

6　○ | 設問記述のとおり

2　実践問題 | 一問一答

→→→

1　☐☐　耐震計算ルート3において、脆性破壊する柱部材を有する建築物を対象として、当該柱部材の破壊が生じた時点において、当該階の構造特性係数 D_s 並びに保有水平耐力を算定した

1　○ | 脆性部材を有する建築物では、保有水平耐力は当該部材が破壊した時点とし、D_s は脆性部材の靭性を考慮して定める方法がある

2　☐☐　「曲げ降伏型の柱・梁部材」と「せん断破壊型の耐震壁」により構成される鉄筋コンクリート構造の建築物の保有水平耐力は、一般に、それぞれの終局強度から求められる水平せん断力の和とする

2　× | 曲げ降伏型の柱・梁とせん断破壊型の耐震壁が混在する場合は、どちらかが破壊する変形レベルを想定し、それぞれの終局強度の和とはならない

ことができる

3 □□ 剛節架構と耐力壁を併用した鉄筋コンクリート造の場合、柱及び梁並びに耐力壁の部材群としての種別が同じであれば、耐力壁の水平耐力の和の保有水平耐力に対する比β_uについては、0.2である場合より0.7である場合のほうが、構造特性係数D_sを小さくすることができる

4 □□ 鉄筋コンクリート造の建築物の保有水平耐力計算において、構造特性係数D_sを算定する際に必要となる部材種別の判定において、メカニズム時において耐力壁部材がせん断破壊したので、部材種別はW_Dとした

5 □□ 耐震要素の平面的な配置は、バランスよく偏心が少なくなるように配慮するが、鉄筋コンクリート壁の防水性や遮音性も重要なので、偏心を少なくするために安易に壁を取り払うことは建築性能上好ましくない

6 □□ 床スラブは、水平力を柱や壁に伝達する機能を有しているので、「上下階で耐震壁の位置が異なる場合」や「平面的にくびれがある場合」は、床面内の水平剛性や強度を検討する

7 □□ 1階をピロティとしたので、地震時に1階に応力が集中しないように、1階の水平剛性を小さくした

8 □□ 許容応力度等計算において、高さ10m、鉄筋コンクリート造、地上3階建ての建築物の場合、鉄筋コンクリート造の柱・耐力壁の水平断面積が規定値を満足しているので、保有水平耐力の算出を行わなかった

9 □□ 鉄筋コンクリート構造のひび割れを低減するために、普通コンクリートの調合において、単位セメント量は270kg/㎥以上、かつ、400kg/㎥以下となるように計画した

10 □□ 地震時に建築物に生じるねじれを抑制するためには、重心と剛心の位置が変わらない限り、耐力壁等の耐震要素を建築物の外周部に分散して配置するより、同量の耐震要素を平面の中心部に集中して配置したほうが有効である

11 □□ 柱と一体的に挙動するそで壁部分で、そで壁の厚さを150mm以上、壁筋を複配筋及びせん断補強筋比を0.4%以上としたものは、柱とともに地震に対して有効な構造部材とみなすことができる

3 × │ 剛節架構と耐力壁を併用した場合、β_uが0.2よりも0.7のほうが建物の靱性は低下し、D_sは大きくなる

4 ○ │ 耐力壁部材がせん断破壊した場合は、部材種別をW_Dとする

5 ○ │ RC造の耐震壁は偏心が少なくなるように配置し、やむを得ない場合は構造スリットを設けるなどで対応することが望ましい

6 ○ │ 上下階で耐震壁の位置が異なる場合や、平面的にくびれがある場合は、床スラブに働く大きな水平力を伝達させるため、水平剛性や強度の検討を行う

7 × │ ピロティ階は他の階と比較して剛性が小さくなり、耐震性能が劣る傾向があるため、極力剛性を大きくし耐震性能を確保する必要がある

8 ○ │ 高さ20m以下のRC造で、各階の柱・耐力壁の水平断面積が規定値を満たす場合は、耐震計算ルート1として計算し、保有水平耐力計算を省略できる

9 ○ │ コンクリートのひび割れを抑制するためには、普通コンクリートの単位セメント量は270kg/㎥以上450kg/㎥以下とし、単位水量は180kg/㎥以下、水セメント比(W/C)は60%以下が望ましい

10 × │ 建物のねじれを抑制するには、耐震要素を建物の外周部に分散して配置したほうが有効

11 ○ │ 耐震診断・改修において、規定値を満たしたそで壁は柱とともに有効な構造部材とみなすことができる

017 鉄筋コンクリート構造⑤その他の構造

壁式鉄筋コンクリート構造は以前に比べて出題が減っているが、その中では壁式ラーメン鉄筋コンクリート造の問題が1〜2年に1問出題されている。最近の傾向では、プレストレストコンクリート造の出題頻度が高く、特にひび割れにかかわる問題が多く見られる

1　壁式鉄筋コンクリート造

☐　壁式鉄筋コンクリート構造の特徴としては、一般に、**耐震強度は大きい**が、**優れた靭性は期待できない**

☐　**●壁式鉄筋コンクリート造の規定**

①標準壁量 L_{w0} 及び最小壁量 L_{wm}（mm／㎡）

最上階から数えた階		標準壁量 L_{w0}	最小壁量 L_{wm}
地上階	1〜3	120	70
	4、5	150	100
地下階		200	150

②耐力壁の最小厚さ

階		耐力壁の最小厚さ t_0（mm）	備考
地上階	平家	120かつ h_s／25	h_s：構造耐力上主要な鉛直支点間距離（mm）
	2階建ての各階 3、4、5階建ての最上階	150かつ h_s／22	
	その他の階	180かつ h_s／22	
地下階		180[*]かつ h_s／18	

＊：片面又は両面に仕上げがなく、かつ土に接していない部分は、屋内・屋外にかかわらず、かぶり厚さ10mmを増して190mm又は200mmとする

　片面又は両面が土に接する部分は、普通コンクリートを使用する場合はかぶり厚さ10mmを増して190mm又は200mm、1種及び2種軽量コンクリートを使用する場合はかぶり厚さ20mmを増して200mm又は220mmとする

☐　**耐力壁の最小せん断補強筋比（右記）**は、標準せん断力係数の下限値により算定された層せん断力をせん断補強筋が負担できることを目安に定め、**横筋及び縦筋の間隔は30cm以下**とする

☐　耐力壁の反曲点を階高の中央とするために、**壁梁の幅**は、これに接する**耐力壁の壁厚以上**とし、**壁梁のせい**は、原則として**45cm以上**とする。また、**壁梁の主筋**は、**D13以上**とする

●壁式鉄筋コンクリート造

耐力壁・壁梁・床スラブを有効に連結し、立体効果によって高い強度と剛性を発揮する。建物規模は、**地階を除く階数は5以下**とし、**軒の高さは20m以下**とする

●壁式ラーメン鉄筋コンクリート造

壁式鉄筋コンクリート造の高層化をめざしたもの。張り間方向を連層耐力壁による壁式構造とし、けた行方向を偏平な断面形状の壁柱と梁からなるラーメン構造とする。建物規模は、**地階を除く階数は15以下**とし、**軒の高さは45m以下**とする

●壁量

$$壁量＝\frac{耐力壁の長さの合計（mm）}{壁量算定用床面積（㎡）}$$

壁量は、X、Y方向のそれぞれについて算出する

●耐力壁の長さ

耐力壁の長さは、450mm以上かつ壁開口部高さの30%以上とする。なお、小開口で適切な補強を行ったものは、開口部として考慮しなくてよい

耐力壁の壁量が規定値に満たない場合は、層間変形角及び保有水平耐力の検討を行う必要がある

●耐力壁のせん断補強筋比（単位：%）

	5階建て				
5階	0.2	4階建て			
4階	0.2	0.2	3階建て		
3階	0.25	0.2	0.2	2階建て	
2階	0.25	0.25	0.2	0.15	平家
1階	0.25	0.25	0.25	0.2	0.15
地階	0.25	0.25	0.25	0.25	0.25

構造計算によって構造耐力上安全であることが確かめられた場合は、当該計算に基づく数値とすることができる

☐ **平家建**の建築物においては、耐力壁の開口部の鉛直縁に配筋する**曲げ補強筋は1－D13**を用いる

☐ **壁が上下階で連続しない場合**は、上階の壁を耐力壁として有効なものとするため、上階の耐力壁が負担する軸方向力と水平力とを**下階の耐力壁に伝達させる**必要がある

2 プレストレストコンクリート造

☐ **プレストレストコンクリート造**は、**引張力に弱いコンクリート**に対し、その内部に**緊張材（PC鋼材）**を通し、引張力を導入することによって**コンクリートに圧縮力を与えた構造**であり、通常の鉄筋コンクリート造では難しい**大スパンの構造**に適した工法である

☐ **ポストテンション方式**は、コンクリートの硬化後、PC鋼材に引張力を導入する方式であり、**プレテンション方式**は、あらかじめPC鋼材を緊張した状態でコンクリートを打設する方式である。どちらも、コンクリートに**プレストレス力**を与えることによって**たわみ**や**ひび割れ**を制御する

☐ プレストレストコンクリート造は、鉄筋コンクリート造に比べて長スパンに適し、一般に**ひび割れ発生の可能性が低く、耐久性は高い**

☐ 同一架構において、プレストレストコンクリート部材と鉄筋コンクリート部材とを**併用**することができる

☐ プレストレストコンクリート造の設計は、長期設計荷重時に部材に発生する**曲げひび割れのひび割れ幅**が**目標値以下**になるように行う

☐ 不静定構造物においては、プレストレス導入による不静定力を考慮して、部材の断面算定を行う

3 混合構造

☐ 大きいスパンの建築物等では、柱を鉄筋コンクリート構造、梁を鉄骨構造（**RCS構造**）とする場合がある

☐ 上層階を鉄筋コンクリート構造、下層階を鉄骨鉄筋コンクリート構造とするなど**混用する建物**の場合は、**剛性や耐力の連続性**に留意する

● 壁式鉄筋コンクリート造の階高
階高は3.5m以下とする。ただし、保有水平耐力計算によって、安全性を確かめた場合は、3.5mを超えることができる

● プレストレス力

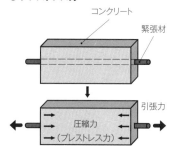

コンクリート
緊張材
引張力
圧縮力
（プレストレス力）

プレストレス力は、コンクリートのクリープやPC鋼材のリラクセーションなどにより、時間の経過とともに減少する

● プレストレストコンクリート造の種別
Ⅰ種：引張応力が全断面において発生しない
Ⅱ種：ひび割れが発生しない
Ⅲ種：ひび割れ幅を制限値以下にする

● ポストテンション方式（工法）
ポストテンション工法において、シース内に充填するグラウトは、PC鋼材を腐食から防護し、シースとPC鋼材との付着を確保すること等を目的としている

● 不静定構造物
力のつり合い条件だけでなく、変形の条件を考慮して計算する構造物であり、プレストレス導入により、架構に不静定力が生じる

● 鉄筋コンクリート造と木造の混用
鉄筋コンクリート造と木造を混用する場合、各階がそれぞれの構造に関する規定を満足するようにする

QUESTION

1 最 頻 出 問 題 | 一問一答

次の記述のうち、正しいものには○、誤っているものには×をつけよ

1 □□ 壁式鉄筋コンクリート構造は、一般に、鉄筋コンクリートラーメン構造に比べて、保有水平耐力が大きく、優れた靭性も期待できる

2 □□ 壁式鉄筋コンクリート造で地上3階建ての建築物における各階の耐力壁については、その厚さを12㎝、かつ、構造耐力上主要な鉛直支点間の距離の1／25とした

3 □□ プレストレストコンクリート構造におけるポストテンション方式は、コンクリートの硬化後、PC鋼材に引張力を導入することにより、コンクリートにプレストレスを与える方式である

4 □□ プレストレストコンクリート造は、鉄筋コンクリート造に比べて長スパンに適しているが、一般に、ひび割れ発生の可能性が高く、耐久性は鉄筋コンクリート造より劣る

5 □□ 同一架構において、プレストレストコンクリート部材と鉄筋コンクリート部材とを併用することができる

6 □□ 鉄筋コンクリート構造と鉄骨構造を混用する場合は、剛性や耐力の連続性に留意する

2 実 践 問 題 | 一問一答

1 □□ 壁式鉄筋コンクリート構造において、耐力壁に使用するコンクリートの設計基準強度を18N／㎟から24N／㎟に変更すると、必要となる壁量を減じることができる

2 □□ 地上4階建ての壁式鉄筋コンクリート構造において、許容応力度計算による検討を行う場合、4階の耐力壁のせん断補強筋比は、0.1％とすることができる

ANSWER

→→→

1 ×｜優れた靭性は必ずしも期待できない

2 ×｜3階建ての耐力壁の厚さは、1・2階で180かつh_s／22㎜以上となり、3階で150かつh_s／22㎜以上となる

3 ○｜設問記述のとおり。ポストテンション方式はコンクリートの硬化後、PC鋼材に引張力を導入する方式。なお、プレテンション方式は、あらかじめPC鋼材を緊張した状態でコンクリートを打設する方式

4 ×｜プレストレストコンクリート造は、ひび割れ発生の可能性が低く、耐久性が高い

5 ○｜設問記述のとおり

6 ○｜異種構造を組み合わせた建築物は、地震時の挙動が複雑で解明されていない点も多く、応力の伝達・剛性の違いに留意するとともに、各構造に対する規定を満足するようにする

→→→

1 ○｜必要壁量L_wは、低減係数$β$で低減され、

$$β=\sqrt{\frac{18}{F_c}}$$

F_c:コンクリートの設計基準強度で表される

2 ×｜4階建ての4階の耐力壁のせん断補強筋比は、許容応力度計算による場合でも、0.15％以上とする必要がある

3 □□ 耐力壁の開口部の隅角部において、開口縁の縦筋及び横筋に所定の鉄筋量を割り増して配筋することにより、ひび割れの拡大防止に有効な斜め筋を配筋しないことができる

4 □□ 壁式鉄筋コンクリート造、地上4階建て建築物（各階の階高3m）の1階の実長500mmの壁について、その壁の両側に高さ2mの出入口となる開口部があるので、この壁を耐力壁とはみなさなかった

5 □□ 壁式ラーメン鉄筋コンクリート造の建築物は、地上15階建て、軒の高さ45mとすることができる

6 □□ プレストレスト鉄筋コンクリート（PRC）造の建築物の設計は、長期設計荷重時、部材に発生する曲げひび割れのひび割れ幅は気にしなくてもよい

7 □□ ポストテンション法によるプレストレストコンクリート構造の床版において、あらかじめ有効な防錆材により被覆された緊張材を使用する場合、緊張材が配置されたシース内にグラウトを注入しなくてもよい

8 □□ 上層階を鉄筋コンクリート構造、下層階を鉄骨鉄筋コンクリート構造とする計画において、鉄骨鉄筋コンクリート構造の柱内の鉄骨を鉄筋コンクリート構造の始まる階の柱の中間部まで延長した

9 □□ 壁式鉄筋コンクリート構造の建物で、軟弱地盤において、基礎梁を剛強とした場合、最下階の床を鉄筋コンクリート構造としなくてもよい

10 □□ 地上5階建て以下、かつ、軒の高さ20m以下の壁式鉄筋コンクリート構造の建築物の構造計算は、許容応力度等計算により行うことができる

11 □□ プレストレス導入時の部材の断面検討において、コンクリートの許容圧縮応力度は、コンクリートの設計基準強度の0.45倍とすることができる

12 □□ プレストレストコンクリート造は、一般に鉄筋コンクリート造に比べて、ひび割れの発生の可能性が低い

13 □□ コンクリート充填鋼管(CFT)構造の柱は、同一断面同一板厚の鋼管構造柱に比べて水平外力に対する塑性変形性能は高いが、耐火性能は同等である

---

3 ○ | 斜め筋を配筋することが原則だが、施工性・耐久性を確保するため、縦筋と横筋を割増して配筋することにより、斜め筋を省略できる

4 ○ | 2,000×0.3＝600mm以上の長さが必要となる

5 ○ | 壁式ラーメン鉄筋コンクリート造の建物規模は、地階を除く階数は15以下とし、軒の高さは45m以下とする

6 × | PRC造では長期荷重に対して、ひび割れ幅を目標値以下にする必要がある

7 ○ | 設問記述のとおり。なお、シースとはPC鋼材（緊張材）を挿入するための中空のさやのことであり、シース内にグラウトを注入することによりPC鋼材の腐食・劣化を防ぐ

8 ○ | 高さ方向の強度及び剛性の連続性を考慮し、鉄筋コンクリート造の始まる階の柱の中央まで下層の鉄骨柱を延長する

9 × | 軟弱地盤の場合は、不同沈下の防止等のため、曲げ剛性の高い鉄筋コンクリート造とする必要がある

10 ○ | 高さ20m以下の壁式鉄筋コンクリート造は、耐震要素の水平断面積が十分にあるため、保有水平耐力は十分にある。よって、許容応力度の検討を行えばよい

11 ○ | 設問記述のとおり

12 ○ | プレストレストコンクリート造は、コンクリートに圧縮力が与えられているため、鉄筋コンクリート造に比べて、ひび割れが発生しにくい構造である

13 × | 充填されたコンクリートの補強効果で耐火性能も鋼管構造柱より優れている

018 鉄骨構造①鋼材の性質、許容応力度

鉄骨構造に求められる性能を規定したSN材の種類と特徴を覚えておこう
鋼材のヤング係数・降伏点・降伏比のそれぞれの関係を理解する必要がある
溶接部、高力ボルトの許容応力度をマスターすることが必須である

3

1 建築構造用鋼材（SN材）の特徴

☐ ●SN材の使用区分

種類の記号	使用対象
SN400A	非主要構造部（塑性変形を生じない）溶接しない部材
SN400B・SN490B	主要構造部材（塑性変形を生じる）溶接する部材
SN400C・SN490C	主要構造部材、溶接する部材 **板厚方向特性**（引張に対する性能）を要求される部材（ダイアフラムなど）

注 「種類の記号」の数値は「鋼材の引張強さの規定の下限値（N／mm²）」を示す

☐ SN材のほか、建築では一般構造用延鋼材（SS材）、溶接構造用圧延鋼材（SM材）が使用されている

☐ 鋼材の厚さが**40mm以下**の場合、SN400材の降伏点の下限値（=基準強度F）は**235N／mm²**、SN490材の下限値は**325N／mm²**

☐ 鋼材の厚さが**40mm超**の場合、40mm以下と比較し、降伏点の規定値が低い

●降伏点（基準点）
終局耐力の算定時、JISに適合する炭素鋼の構造用鋼材を用いる場合、その基準値を1.1倍以下とすることができる

● 非主要構造部
構造上主要でない間仕切壁、間柱、小梁等

●ヤング係数・降伏点・引張強さ

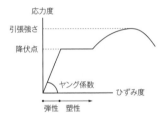

●SS材
使用頻度の高い鋼材であるが、塑性変形は期待できない

●SM材
溶接性を考慮して化学成分が規定された鋼種

2 ヤング係数・降伏比・疲労

☐ 鋼材のヤング係数は、**205kN／mm²**程度と一定で、鋼材の種類に影響されない

☐ 一般の鋼材に比べ、引張強さの高い高張力鋼材は、**降伏**比（降伏点/引張強さ）が大きいので変形能力が低い

☐ 10^4回を超える繰返し応力を受ける場合は疲労の検討を行う

● ヤング係数と弾性変形
断面を一定とした場合、降伏点の異なる鋼材を用いても、ヤング係数が変わらないため、弾性変形・たわみは変化しない

●疲労
鋼材に多数回の繰返し応力が作用する場合、応力が降伏点以下の範囲であっても破断する

3 高力ボルトの許容せん断応力度

● **高力ボルト摩擦接合部（浮き錆を除去した赤錆面）の高力ボルトの軸断面に対する許容せん断応力度**

種類	長期		短期
1面せん断	$0.3T_0$	1面4本締めと2面2本締めの場合の長期の許容せん断応力度は同じになる	長期×1.5
2面せん断	$0.6T_0$		

凡例　T_0：高力ボルトの基準張力

● **1面せん断と2面せん断**

1面せん断

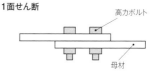

高力ボルト

母材

2面せん断

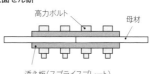

高力ボルト　母材

添え板（スプライスプレート）
（高力ボルトは添え板を介して接続する）

高力ボルト摩擦接合部の許容せん断応力度は、すべり係数を**0.45**として定められている
（部材間に一定以上のすべりが生じないようにするため）

せん断力と引張力が同時に作用する場合、引張力に応じて高力ボルトの許容せん断応力度を低減する
（せん断力のみが作用している場合と比較して、高力ボルトで締め付けられている接合部のすべり耐力が低下するため）

4 溶接の特徴・溶接部の許容応力度

● **溶接継目ののど断面に対する許容応力度**

継目の種類	長期				短期
	圧縮	引張り	曲げ	せん断	
突合せ	$F/1.5$			$F/(1.5\sqrt{3})$	長期×1.5
突合せ以外	$F/(1.5\sqrt{3})$				

凡例　F：接合される鋼材の溶接部の基準強度

許容せん断応力度は継目の種類にかかわらず同じ

● **のど断面**

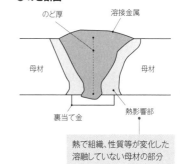

のど厚　溶接金属

母材　母材

裏当て金　熱影響部

熱で組織、性質等が変化した溶融していない母材の部分

溶接継目の**許容引張応力度**は、鋼種に応じた溶接材料を用いた場合、母材の許容引張応力度と同じとする

溶接継目の**のど断面**に対する許容応力度は、異種鋼材の溶接の場合、接合されるそれぞれ母材の許容応力度の小さい側の値とする

溶接ビードが短い、**溶接入熱**が大きい、パス間温度が高いほど、溶接金属・熱影響部の強度・靱性は低くなる

溶接による割れの防止を目的として予熱が行われる。特に板厚が厚い場合や気温が低い場合に行われる

● **パス間温度**

パス間温度は1パス終了後、次の溶接開始時のパス（1回の溶接作業）間の最低温度

● **溶接材料**

一般に、降伏点（又は0.2%耐力）及び引張強さが、接合する母材の値以上となるものを用いる

● **溶接入熱**

発生するアーク（母材・溶融材料を溶融する）の発熱量を表す値

QUESTION

1 最頻出問題 一問一答

ANSWER →→→

次の記述のうち、正しいものには○、誤っているものには×をつけよ

1 ☐☐ ラーメン構造において、柱及び梁にSN400Bを用い、小梁にSN400Aを用いた

2 ☐☐ SS400材は、降伏比の上限を規定した炭素鋼材であり、SN400B材に比べて、塑性変形能力が優れている

3 ☐☐ ラーメン構造の梁において、曲げ剛性に余裕があるので、断面せいを小さくするために、SN400B材を用いる代わりに、SN490B材を用いた

4 ☐☐ 降伏比が大きい部材は、塑性変形能力が得られにくい

5 ☐☐ 隅肉溶接継目ののど断面に対する短期許容応力度は、接合される鋼材の溶接部の基準強度に等しい値とした

6 ☐☐ 柱・梁に使用する材料としてJISに適合する炭素鋼の構造用鋼材を用いたので、終局耐力算定用の材料強度については、その鋼材の基準強度の1.1倍の数値とした

7 ☐☐ 高力ボルト摩擦接合部（浮き錆を除去した赤錆面）の1面せん断の短期許容せん断応力度は、高力ボルトの基準張力の0.45倍である

1 ○｜小梁は、非主要構造部であるため、A種を使用してよい

2 ×｜SS400材は、塑性変形能力を期待できない。SN400B・SN400C材は塑性変形能力を期待できる

3 ○｜曲げ剛性に余裕があればよい。なお、断面せいを小さくすると、断面二次モーメントが小さくなり、曲げ剛性が低下する

4 ○｜高張力鋼ほど降状比は大きくなる

5 ×｜隅肉溶接継目ののど断面に対する短期許容応力度は長期×1.5、その長期許容応力度は$F/(1.5\sqrt{3})$であるため、
$F/(1.5\sqrt{3}) \leqq F/\sqrt{3}$
となる。よって、等しい値にしてはならない（基準強度Fに対して$1/\sqrt{3}$倍）

6 ○｜試験による降伏点が規格に定める下限値よりも大きくなっている統計データに基づき、1.1倍してよいことになっている

7 ○｜1面せん断の長期許容せん断応力度は$0.3T_0$、短期は長期の1.5倍であるため、$0.3 \times 1.5 = 0.45$倍となる。T_0は高力ボルトの基準張力を示す

2 実践問題 一問一答

→→→

1 ☐☐ SN490材において、C種は、B種に比べて板厚方向に作用する引張力に対する性能が高められているので、角形鋼管柱のダイアフラム等のような板厚方向に大きな引張力を受ける部位への使用が有効である

1 ○｜設問記述のとおり。C種は板厚方向の性能が規定されており、ダイアフラムに使用される

2 ☐☐ SN490材の許容引張応力度は、板厚の影響を受けないので、板厚 25㎜ と 50㎜ とでは同じ値である

---

3 ☐☐ 小梁の設計において、たわみによって断面が決定されたので、SN490B材を用いる代わりに、SN400A材を用いた

---

4 ☐☐ ラーメン構造において弾性変形を小さくするために、SS400材を用いる代わりに、同じ断面のSM490材を用いた

---

5 ☐☐ SN材を使用して柱を設計する際、溶接加工時を含め、板厚方向に大きな引張力を受ける部材にB種を使用した

---

6 ☐☐ 疲労設計に用いる部材の応力は、切欠きなどによる応力集中や溶接による残留応力を考慮する必要はない

---

7 ☐☐ 高力ボルトにせん断力と引張力が同時に作用する場合、作用する応力の方向が異なるので、高力ボルトの許容せん断応力度は低減しなくてよい

---

8 ☐☐ F10Tの高力ボルト摩擦接合において、使用する高力ボルトが同一径の場合、1面摩擦接合4本締めの許容耐力は、2面摩擦接合2本締めの場合と同じである

---

9 ☐☐ 溶接継目ののど断面に対する長期許容せん断応力度は、溶接継目の形式が「突合せ」の場合と「突合せ以外のもの」の場合では異なる

---

10 ☐☐ 予熱は、溶接による割れの防止を目的として、板厚が厚い場合や気温が低い場合に行われる

---

11 ☐☐ パス間温度が規定値以下となるように管理すれば、溶接施工時の低温割れを防ぐことができる

---

12 ☐☐ 熱影響部は、溶接などの熱で組織、冶金的性質、機械的性質などが変化を生じた、溶融していない母材の部分である

---

13 ☐☐ 剛節架構において、SN400材を用いる代わりに同一断面のSN490材を用いても、弾性変形を小さくする効果はない

---

14 ☐☐ 溶接金属の機械的性質は、溶接条件の影響を受けるので、溶接部の強度を低下させないために、パス間温度が規定値より高くなるように管理する

---

2 ✕｜鋼材の厚さが40㎜超の場合、40㎜以下と比較し、降伏点の規定値が低いため、許容引張応力度は、小さくなる

3 ○｜たわみに対して基準強度は影響しないため、SN490B材の代わりに、SN400A材を用いてよい

4 ✕｜基準強度が大きくなっても、ヤング係数は大きくならないため、弾性変形は変わらない

5 ✕｜板厚方向に大きな引張力を受ける部材にはC種を使用する

● 板厚方向

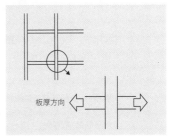

板厚方向

6 ○｜疲労強度にあまり影響しないため、考慮しなくてよい

7 ✕｜引張力により、すべり耐力が低下するため、低減しなければならない

8 ○｜設問記述のとおり

9 ✕｜長期のせん断応力度はどちらも $F / 1.5\sqrt{3}$ で同値

10 ○｜溶接前に母材を加熱することで、溶接部付近の冷却速度を遅くし、熱影響部の硬化・割れを防ぐ

11 ✕｜低温割れを防ぐには、予熱も考慮する必要がある

12 ○｜設問記述のとおり

13 ○｜設問記述のとおり

14 ✕｜パス間温度が高いほど、溶接金属・熱影響部の強度・靭性が低下する。したがって、パス間温度の規定値より低くなるように管理しなければならない

019 鉄骨構造②座屈・梁の変形

細長い部材の場合、許容応力度に対し座屈を考慮しなければならない
座屈には曲げ座屈、横座屈、局部座屈などがある
各座屈の特徴を理解し、それぞれの制限について覚えておこう

1　座屈長さ

- ☐ 座屈長さが長いほど、**座屈荷重は小さくなる**
  （座屈しやすい、変形性能が低い）

- ☐ 圧縮材の中間節点の**横補剛材（横座屈補剛材）**は、圧縮材に作用する圧縮力の**2%**以上の集中横力が加わるものとして設計する

- ☐ **●ラーメン柱材の座屈長さ**

水平移動（横移動）	ラーメン柱材の座屈長さ
拘束されている	節点間距離より長くならない
拘束されていない	節点間距離より長くなる（梁の剛性を高めても小さくならない）

●座屈
一般に、圧縮材の曲げ座屈を座屈という。ほかに、曲げ材の横座屈、板要素の一部が圧縮力に対して座屈するのが局部座屈

●水平移動の拘束
筋かいを設けるなど

●トラス材の座屈長さ

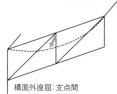

構面外座屈：支点間

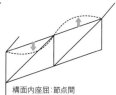

構面内座屈：節点間

2　細長比

- ☐ **細長比（有効細長比）**が大きいほど、**座屈荷重は小さくなる**。したがって、圧縮材の細長比が大きいほど、圧縮材の**許容圧縮力度は小さくなる**

- ☐ 圧縮力を負担する構造耐力上主要な部分である鋼材の細長比は、柱で**200**以下、柱以外では**250**以下とする

- ☐ 座屈は**弱軸まわり**で生じるため、座屈を抑制するには、**弱軸まわりの細長比**を小さくする

- ☐ 細長比の大きい部材を筋かいに用いる場合、筋かいは引張力に対してのみ有効な**引張筋かい**として設計する

- ☐ 柱の限界細長比は、基準強度Fが大きいほど小さくなる

●細長比（単一材）の求め方
細長比＝座屈長さ／断面二次半径

●有効細長比
細長比の各軸まわりの最大値

●限界細長比
弾性限の細長比の最大値

●弱軸・強軸

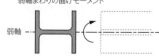

3 横座屈（ねじれ座屈）

☐ 梁の許容曲げ応力度は、横座屈を考慮し、鋼材の**基準強度・断面寸法・曲げモーメントの分布**及び**圧縮フランジの支点間距離**を用いて計算する

☐ 正方形断面を有する**角形鋼管・円形鋼管**は、荷重面内に対称軸を有するため、弱軸まわりに曲げモーメントが作用する場合、横座屈を考慮する必要はない

☐ H形鋼の横座屈を抑制するため、圧縮側フランジの**横変位を拘束**できるように**横補剛材**を取り付ける

☐ 横座屈を抑制するために梁全長に等間隔で横補剛を設置する場合、梁材には**490N**級よりも**400N**級の炭素鋼を使うほうが、必要箇所数を少なくできる

● **横座屈**

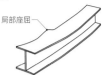

横座屈とは、曲げモーメントを受けた部材が、面外にねじれをともなって、圧縮側のフランジが面外にはらみ出して座屈する現象のこと

● **横補剛材**
均等間隔に設けることができない場合、梁端部に近い部分を主として設置する

横座屈を生じない場合、かつ、幅厚比の制限に従う場合、許容曲げ応力度と**許容引張応力度**は同じ値にできるんだよ

4 局部座屈

☐ 局部座屈が生じないように、設計では、**幅厚比の制限値**が設けられている。また、材料の基準強度が大きいほど、**幅厚比の制限値は小さく**なる

☐ 幅厚比に応じて構造種別FA〜FD（幅厚比ランク）が規定され、FA、FBは塑性変形能力が高い

● **局部座屈**
部分的に座屈が生じる現象

● **幅厚比**
板の幅に対する板厚さの比。塑性変形能力を確保するために定められているH形鋼の梁の幅厚比の上限値は、フランジよりウェブのほうが大きい
幅厚比が大きいほど、局部座屈荷重は小さくなる（局部座屈しやすい、変形性能が低い）

5 梁の設計

☐ 梁の設計における注意点は、以下のとおり
①長期に作用する荷重に対する梁材のたわみは、スパンの1／300以下とし、片持ち梁ではスパンの1／250以下とする
②H形鋼を梁に用いる場合、曲げモーメントはフランジ、せん断力はウェブで負担させる
③H形鋼には、横座屈に効果的な横補剛材を設ける
④水平スチフナを設けると曲げ座屈、H形鋼に中間スチフナを設けるとせん断座屈に対して効果がある
⑤高張力鋼を使用して梁を設計する場合、長期の設計応力から断面を算定する際に、鉛直たわみが大きくならないようにする
⑥振動障害の検討に用いる床の固有振動数は、断面二次モーメントが大きいほど、質量が小さいほど、高くなる

● **高張力鋼**
高張力鋼を使用する場合、降伏点が高いため、断面を小さくすることができるが、一方で、断面が小さくなることで、たわみやすくなることに注意しなければならない

● **ハンチ**［※］

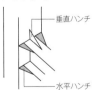

垂直ハンチ

水平ハンチ

● **梁材のたわみ**
たわみを考慮して梁のせいはスパンの1/15以下とする

443

※：大梁にH形鋼を用いる場合、梁端部のフランジに垂直または水平ハンチを設けることにより、梁端接合部に作用する応力度を減らすことができる

QUESTION

1 最頻出問題 | 一問一答

次の記述のうち、正しいものには○、誤っているものには×をつけよ

1 ☐☐ 圧縮材の許容圧縮応力度は、鋼材及び部材の座屈長さが同じ場合、座屈軸まわりの断面二次半径が小さいほど大きくなる

2 ☐☐ 横移動が拘束されていない剛節架構において、柱材の座屈長さは、梁の剛性を高めても節点間距離より小さくすることはできない

3 ☐☐ 圧縮力を負担する構造耐力上主要な柱の有効細長比は、200以下とする

4 ☐☐ H形鋼の梁の横座屈を抑制するための方法として、圧縮側のフランジの横変位を拘束できるように横補剛材を取り付ける

5 ☐☐ せいの高いH形断面を有する梁において、ウェブのせん断座屈を防ぐために、横補鋼材を設けた

6 ☐☐ 長期に作用する荷重に対する梁材のたわみは、通常の場合ではスパンの1/300以下とし、片持ち梁ではスパンの1/150以下とする

7 ☐☐ ラーメン構造において、靭性を高めるために、塑性化が予想される柱又は梁については、断面の幅厚比の小さい部材を用いる

2 実践問題 | 一問一答

1 ☐☐ 有効細長比が小さい筋かいは、中程度の筋かいに比べて、塑性変形能力が低い

2 ☐☐ ラーメン構造の柱材の座屈長さは、節点の水平移動が拘束されている場合、その柱材の節点間距離より長くなる

3 ☐☐ 弱軸まわりに曲げを受けるH形鋼の許容曲げ応力度は、幅厚比の制限に従う場合、許容引張応力度と同じ値とすることができる

ANSWER

→→→

1 ×│断面二次半径が大きいほど大きくなる

2 ○│水平移動が拘束されている場合は、柱材の座屈長さは節点間距離より長くならない

3 ○│設問記述のとおり

4 ○│曲げによる回転変形を拘束するために圧縮側フランジに補剛材を配置する

5 ×│ウェブのせん断座屈を防ぐためには、スチフナを設ける

6 ×│片持ち梁ではスパンの1/250以下とする

7 ○│局部座屈による靭性の低下を防ぐために、幅厚比の小さい部材を用いる

→→→

1 ×│細長比が小さいほど、座屈が発生しにくいため、塑性変形能力が大きくなる

2 ×│拘束されている場合は、長くならない

3 ○│通常、弱軸まわりに曲げモーメントを受ける形鋼については横座屈を考慮する必要はないため、この場合、許容曲げ応力度は、許容引張応力度と

4 ☐☐ トラスの弦材の座屈長さは、精算によらない場合、構面内座屈に対しては節点間距離とし、構面外座屈に対しては横方向に補剛された支点間距離とする

5 ☐☐ H形鋼の梁の許容曲げ応力度は、その断面寸法を決めれば算定することができる

6 ☐☐ 柱・梁に使用する材料をSN400BからSN490Bに変更したので、幅厚比の制限値を大きくした

7 ☐☐ 柱の許容圧縮応力度の算定に用いる限界細長比は、基準強度Fが大きいほど大きくなる

8 ☐☐ 柱に用いる鋼材の幅厚比の制限値は、梁に用いる場合と同じである

9 ☐☐ H形鋼の柱において、フランジの局部座屈を防ぐため、フランジ厚を薄くし、フランジ幅を広げた

10 ☐☐ 箱形断面柱の許容曲げ応力度は、鋼材の許容引張応力度と同じである

11 ☐☐ 応力が許容応力度以下となった梁のたわみを小さくするために、SN400Bから同じ断面寸法のSN490Bに変更した

12 ☐☐ H形鋼断面の梁の許容曲げ応力度を、鋼材の基準強度、断面寸法、曲げモーメントの分布及び圧縮フランジの支点間距離を用いて計算する

13 ☐☐ 柱材をSN400Bから同一断面のSN490Bに変更しても、細長比がSN400Bの限界細長比以上であれば、許容圧縮応力度は変わらない

14 ☐☐ H形断面梁の変形能力の確保において、梁の長さ、断面の形状・寸法が同じであれば、等間隔に設置する横補剛の必要箇所数は、梁材が「SN490材の場合」より「SS400材の場合」のほうが少ない

15 ☐☐ 高張力鋼を使用して梁を設計する場合、長期の設計応力から断面を算定する際に、鉛直たわみが大きくならないようにする

16 ☐☐ 円形鋼管の許容曲げ応力度は、径厚比の制限に従う場合、許容引張応力度と同じ値とすることができる

同じ値とすることができる

4 ○｜構面内座屈はピン接合とみなす節点間距離、構面外座屈は拘束されている支点間距離とする

5 ×｜水平移動の拘束や限界細長比などが影響する

6 ×｜幅厚比の制限値

定数x$\sqrt{（ヤング係数／基準強度）}$

であるため、材料の基準強度が大きいほど、小さくなる

7 ×｜柱の限界細長比＝

$\pi\sqrt{ヤング係数／（0.6基準強度F）}$

であるため、基準強度Fが大きいほど、小さくなる

8 ×｜幅厚比の制限値は異なる

9 ×｜フランジ幅を広げるより、フランジ厚を大きくするほうが有効である

10 ○｜箱形断面は荷重面内に対称軸を有しているため、横座屈を考慮する必要はないことから、その許容曲げ応力度は、鋼材の許容引張応力度と同じである

11 ×｜降伏点を大きくしても、ヤング係数は変わらない。したがって、この場合、たわみは小さくならない。なお、曲げ剛性に余裕のある梁のせいを小さくする場合は、SN400BからSN490Bに変更してよい

12 ○｜設問記述のとおり

13 ○｜限界細長比以上は、弾性座屈するため、材料の基準強度の影響を受けない

14 ○｜降伏点が低いほど、許容曲げ応力度が低くなるため、横補剛の必要箇所数が少なくなる

15 ○｜高張力鋼を使用する場合、降伏点が高いため、断面を小さくすることができるが、一方で、断面が小さくなることで、たわみやすくなることに注意しなければならない

16 ○｜設問記述のとおり

020 鉄骨構造③接合部・接合方法

鋼材の接合方法は高力ボルト摩擦接合と溶接接合が代表的である
各接合方法の特徴・用途を理解する必要がある
ボルト孔による断面の減少、溶接部の設計上のサイズを覚えておこう

1　高力ボルト摩擦接合

☐　高力ボルト摩擦接合は、高力ボルトの締付け力により生じる**部材間の摩擦力**によって、応力を伝達する接合方法。高力ボルトの摩擦接合部については以下のとおり
①ボルト・ワッシャー・ナットを用いて、**締付け力を確保する**ことが重要
②ボルト1本当たりのすべり耐力は、**せん断面の数、初期導入軸力、接合面の状態**(すべり係数)から求める

☐　高力ボルトの孔については以下のとおり
①孔の**中心間距離**は、ボルト径の**2.5**倍以上とする
②**孔径**は、ボルト径より**2㎜**を超えて大きくしてはならない

●**接合方法**

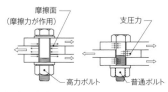

●**すべり耐力**
摩擦抵抗が切れて主すべりが発生するときの継手の耐力(摩擦力)をいう。すべり耐力以下の繰返し応力であれば、ボルト張力の低下、摩擦面の状態の変化を考慮する必要はない

2　隅肉溶接・部分溶込み溶接(接合)

☐　隅肉溶接部の有効面積＝「**溶接の有効長さ**」×「**有効のど厚**」

☐　隅肉溶接の**有効長さ**は、まわし溶接を含めた溶接の全長から、隅肉のサイズの**2**倍を減じたものとする。また、隅肉溶接のサイズは、母材の厚さが異なる場合、**薄いほうの母材**の厚さ以下とする

☐　部分溶込み溶接の有効のど厚は、被覆アーク溶接やガスシールドアーク溶接接合で、開先角度が60度未満のL形・K形・V形・X形開先の場合、開先深さから3㎜を減じた値とする

●**せん断力の伝達**
梁に溶接組立H形鋼を用いる場合、全断面にせん断力を伝えることが求められ、フランジとウェブの接合を隅肉溶接とする。また、筋かいの軸力を、せん断力でガセットプレートに伝達できるため、その取合部を、隅肉溶接とする

●**まわし溶接**

かど部は連続的に溶接する

まわし溶接

3　完全溶込み溶接(接合)

☐　疲労強度は、高力ボルト摩擦接合部より低い

☐　完全溶込み溶接(突合せ溶接)部は、主に**軸力・せん断力・曲げ**

●**欠陥**
例えば、溶接の内部欠陥を検出するため、放射線透過検査が行われている

モーメントの伝達ができる。ただし、完全溶込み溶接の始終端部では**欠陥**が生じやすいので、**エンドタブ**を用いる

□ 完全溶込み溶接を行う場合、**裏砕り**又は**裏当て金**を使用して、突き合わせる部材の全断面を完全に溶接する

● 裏当て金・エンドタブ

裏当て金・エンドタブを使うことで、溶接不良となりやすい溶接始終端を母材の外にすることができる

4　接合部の設計

□ 柱継手の位置は、柱継手に作用する応力を小さくするために、階の中央付近とする

□ 角形鋼管を柱とする柱梁仕口部の接合形式には、**通しダイアフラム形式**、**内ダイアフラム形式**、**外ダイアフラム形式**がある

□ 1つの継手に高力ボルト摩擦接合と溶接を併用する場合、溶接熱によって母材が曲がることがあるので、溶接に先立って、高力ボルトの締付けを行う(溶接後に高力ボルトの締付けを行った場合は、高力ボルトの応力を加算できない)

□ クレーン走行桁など振動・衝撃又は繰返し応力を受ける部材の接合部には、高力ボルト以外のボルトを使用してはならない

□ 柱の継手のいずれの部分においても、
①「**柱継手の設計応力**」>「**部材の許容耐力×1／2**」とする
②引張応力が働かない場合は、圧縮・曲げ応力の1／4を接触面によって伝達する**メタルタッチ継手**を用いることができる

● ダイアフラム

剛接合の柱・梁接合部において局部座屈が生じないようにするために設ける(写真は通しダイアフラム形式)

梁フランジの継手は、通しダイアフラムを構成する鋼板の厚みで溶接しなければならない

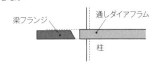

● ノンスカラップ工法

スカラップは、柱梁接合部におけるウェブ上の欠込み。スカラップを設けないノンスカラップ工法は、変形能力が高い

5　筋かい

□ 有効断面積の計算においては、**ファスナー孔による欠損部分**及び**突出脚の無効部分**を差し引く

□ 一列の高力ボルトによりガセットプレートに接合する場合、高力ボルトの本数が多いほど、筋かい材の**有効断面積**は、大きくなる

□ 偏心K形筋かい付き骨組は、適切に設計することにより、剛節骨組と類似のエネルギー吸収能力の高い骨組とすることができる

□ 座屈拘束ブレースは、軸力材(芯材)の外側を座屈拘束材で囲むことにより軸力材の座屈による強度低下が防止されている

● 突出脚

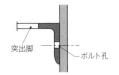

● 座屈拘束ブレース

塑性変形能力に優れた筋かいである

020　**鉄骨構造③接合部・接合方法**　　　QUESTION & ANSWER

QUESTION

ANSWER

1　最頻出問題 | 一問一答

→→→

次の記述のうち、正しいものには〇、誤っているものには×をつけよ

1 □□　高力ボルト摩擦接合は、ボルト軸部のせん断力と母材の支圧力によって応力を伝達する接合方法である

2 □□　隅肉溶接のサイズは、母材の厚さが異なる場合、一般に、薄いほうの母材の厚さ以下とする

3 □□　隅肉溶接部の有効面積は、「溶接の有効長さ」×「有効のど厚」により求める

4 □□　箱形断面の柱にH形鋼の梁を剛接合するために、梁のフランジは隅肉溶接とし、ウェブは突合せ溶接とした

5 □□　筋かい接合部を保有耐力接合とするために、筋かい接合部の破断耐力を筋かいの軸部の降伏耐力と同一になるようにした

6 □□　高力ボルトM22を使用する場合、ボルトのピッチを55㎜以上とし、孔径は24㎜以下とする

7 □□　柱の現場継手の位置は、継手に作用する応力をできるだけ小さくするために、階高の中央付近とした

8 □□　山形鋼を用いた筋かい材を材軸方向に配置された一列の高力ボルトによりガセットプレートに接合する場合、筋かい材の有効断面積は、高力ボルトの本数が多いほど、小さくなる

1　×｜高力ボルトの締付け力により生じる部材間の摩擦力によって、応力を伝達する。すべりが生じるまでは、高力ボルトにせん断力は生じない

2　〇｜設問記述のとおり

3　〇｜設問記述のとおり

4　×｜H形鋼は、曲げモーメントをフランジ、せん断力をウェブから柱に伝達する。したがって、フランジは突合せ溶接、ウェブは隅肉溶接とする

5　×｜保有耐力接合（軸部が降伏するまで、接合部が破断しないように設計）とするため、軸部の降伏耐力より十分大きくしなければならない

6　〇｜高力ボルト孔の中心間距離は、その径の2.5倍以上とする。孔径は、高力ボルトの径より2㎜を超えてはならない

7　〇｜設問記述のとおり

8　×｜本数が多いほど、突出脚の無効長さが小さくなり、有効断面積は大きくなる

2　実践問題 | 一問一答

→→→

1 □□　引張力を受ける箱形断面の上柱と下柱を工事現場で接合する場合、工場で取り付けた裏当て金を用いて、突合せ溶接とする

2 □□　柱梁仕口部の保有耐力接合において、SN490Bを用いる場合、仕口部の最大曲げ強度は、梁の全塑性モーメントの1.2倍以上と

1　〇｜全断面が十分に溶接されるように裏当て金を使用する

2　〇｜安全を考慮し490級炭素鋼材を使用した場合は、1.2倍（安全率）以上とする。400級炭素鋼材の場合は安全率1.3倍

なるように設計した

---

3 ☐☐ 高力ボルトの最小縁端距離は、所定の構造計算を行わない場合、自動ガス切断縁の場合よりも手動ガス切断縁の場合のほうが小さい値である

---

4 ☐☐ 筋かい材とガセットプレートとの取合部を隅肉溶接として、筋かいの軸方向力をせん断力により伝達させた

---

5 ☐☐ 高力ボルト摩擦接合のすべりに対する許容耐力の算定において、二面摩擦接合のすべり係数は一面摩擦接合の2倍となる

---

6 ☐☐ 溶接部の非破壊試験において、放射線透過試験、超音波探傷試験、磁粉探傷試験、浸透探傷試験のうち、内部欠陥の検出には、磁粉探傷試験が適している

---

7 ☐☐ 1つの継手に高力ボルト摩擦接合と溶接とを併用する場合、高力ボルトの締付けに先立って溶接を行うことにより、両方の許容耐力を加算した

---

8 ☐☐ 筋かいの端部及び接合部の破断耐力を、筋かいの軸部の降伏耐力以上となるように設計した

---

9 ☐☐ 高力ボルト摩擦接合において、肌すきが2mmとなったので、母材や添え板と同様の表面処理を施したフィラーを挿入した

---

10 ☐☐ 多数回の繰返し応力を受ける梁フランジ継手の基準疲労強さは、高力ボルト摩擦接合部より完全溶込み（突合せ）溶接継手のほうが大きいので、梁フランジの継手を完全溶込み溶接とした

---

11 ☐☐ 高張力鋼を使用して梁を設計する場合、長期の設計応力から断面を決定する際に、鉛直たわみが大きくならないようにする

---

12 ☐☐ 細長比の大きい部材を筋かいに用いる場合、筋かいは引張力に対してのみ有効な引張筋かいとして設計する

---

13 ☐☐ 筋かいと角形鋼管柱との接合部において、筋かいの軸方向力による柱の鋼管壁（柱を構成する鋼板）の面外方向への変形を拘束するために、柱にダイアフラムを設けた

---

14 ☐☐ 柱梁接合部における鋼製エンドタブの組立溶接は、直接母材に行うことが望ましい

---

3 ×｜「圧延縁、自動ガス切断縁、のこ引き縁又は機械仕上げ縁等」よりも「せん断縁又は手動ガス切断縁」のほうが大きい

4 ○｜設問記述のとおり

5 ×｜すべり耐力は2倍になるが、係数は2倍にならない

6 ×｜放射線透過検査が内部欠陥の検出に適している。超音波探傷試験は内部の傷、磁粉探傷試験は表面の傷、浸透探傷試験は表面の欠陥の検出に適している

7 ×｜先に溶接を行うと、溶接熱により板が曲がり、高力ボルトの所定の締付け力を得られないため、加算できない

8 ○｜接合部は構造上要所となるため、柱、梁、筋かいより先に破断してはならない

9 ○｜設問記述のとおり。肌すきが1mm以内であれば、挿入しなくてもよい

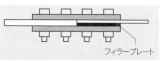

フィラープレート

10 ×｜完全溶込み溶接接合の疲労強度は、高力ボルト摩擦接合部より低い

11 ○｜高張力鋼を使用する場合、降伏点が高いため、断面を小さくすることができるが、一方で、断面が小さくなることで、たわみやすくなることに注意しなければならない

12 ○｜細長比の大きい部材は、圧縮力が作用すると座屈しやすいため、引張力に対してのみ有効とする

13 ○｜材端をダイアフラムで補強し、面外変形が生じないようにする

14 ×｜母材ではなく、裏当て金に行う（447頁「●裏当て金・エンドタブ」参照）

021 鉄骨構造④柱脚、耐震設計

柱脚は、露出型・根巻型・埋込型の３種類あり、上部と基礎をつなぐ重要な箇所である
３種類の柱脚の設計と特徴を理解することが必須である
建築基準法で定められた耐震設計ルートをマスターしよう

1　露出型柱脚

☐　鉄骨のせん断力は、**ベースプレート下面とモルタル、コンクリートとの摩擦力**、又は**アンカーボルトの抵抗力**により伝達されるように設計する（せん断降伏耐力は、いずれか大きいほうの値）

☐　露出型柱脚は、柱脚の形状（アンカーボルトの配置）により固定度を評価し、反曲点高比を定めて、柱脚の曲げモーメントを求める

☐　許容応力度計算において、①柱の最下端の断面積に対するアンカーボルトの全断面積の割合は**20％**以上、②鉄骨柱のベースプレートの厚さは、アンカーボルトの径の**1.3**倍以上、③アンカーボルト孔径を当該アンカーボルトの径に５㎜を加えた数値以下、とする

● **露出型柱脚**

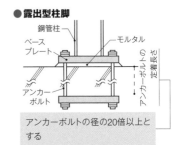

アンカーボルトの径の20倍以上とする

● **反曲点高比**　（$= h_o / h$）

2　根巻型柱脚

☐　根巻き部分の高さを柱幅（柱の見付け幅のうち大きいほう）の**2.5**倍とする

☐　根巻きの上端部に大きな力が集中して作用するので、根巻き頂部の**せん断補強筋**を密に配置する

● **根巻型柱脚**

● **根巻型柱脚に作用するせん断力**
根巻RC上部の鉄骨柱＜根巻RC部

3　埋込型柱脚

☐　鉄骨の曲げモーメントとせん断力は、コンクリートに埋め込まれた部分の上部と下部の**支圧**により伝達されるように設計する

☐　鉄骨の軸力は、ベースプレートから直接下部構造へ伝達されるように設計する

☐　鉄骨柱の剛性は、埋め込み深さを考慮して算定する。また、一般に、ベースプレート下部の位置で固定されたものとして算定する

● **埋込型柱脚**

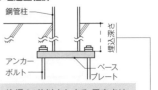

柱幅の2倍以上とする。固定点は、基礎コンクリート上端から柱幅の1.1～1.5倍の位置とする

4　耐震計算ルート1

☐ 地震力の算定に当たっての標準せん断力係数を**0.3**以上にする。なお、板厚が6㎜以上の**冷間成形角形鋼管**(STKR・BCR・BCP材)を使用する場合は地震力による応力の割増しをする。また、筋かい端部・接合部の破断を確認する(保有耐力接合)

☐ 耐震計算ルートは、建築物の張り間方向とけた行方向で変えてもよいが、階によって変えることはできない

● **応力の割増し**
柱梁接合部における鋼管柱の応力集中を考慮して、応力の割増しを行う

● **ルート1**
ルート1-1と1-2があり、1-2は、偏心率、局部座屈などの防止、柱脚部の破断防止、梁の保有耐力横補剛などを検討する必要がある

● **冷間成形角形鋼管**
角部は、成形前の素材と比較し、強度は高くなるが、変形性能はひくくなる

5　耐震計算ルート2

☐ **層間変形角**(1／200以下)・**剛性率**(6／10以上)・**偏心率**(15／100以下)・**上部分の塔状比**(4以下)・**筋かいのβによる応力の割増し**を満足することを確認する

☐ 冷間成形角形鋼管(厚さ6㎜以上)を柱に用いた場合、全ての接合部(最上階柱頭、1階柱脚部を除く)は、柱耐力≧梁耐力×1.5の鉄骨柱とする

● **剛性率・偏心率**
満足しない場合は、保有水平耐力が必要保有水平耐力以上であることを確認する

● **筋かいのβによる応力の割増し**

β(水平力分担率)	応力の割増し係数
5／7以下	1+0.7β
5／7超	1.5

6　耐震計算ルート3

☐ 高さ方向に連続する筋かいを有する剛節架構において、基礎の浮き上がりを考慮して保有水平耐力の検討を行う

☐ 層間変形角(1／200以下)を確認する

● **保有水平耐力(建物の水平力に対する終局耐力)**
JISに適合する炭素鋼の構造用鋼材を用いる場合、鋼材の基準強度は1.1倍にできる

7　鋼材ダンパーを用いた制振構造

☐ 地震時に主架構を無損傷とするために、柱梁部材には基準強度が大きい高強度鋼を用いる

☐ 鋼材ダンパーには伸び能力の優れた鋼材を用いる

☐ 鋼材ダンパーの主架構への取付け部の剛性を大きくする

☐ せん断パネルタイプの鋼材ダンパーは、繰返し変形下の疲労に対して累積損傷度による検討を行う

● **高強度鋼**
建築構造用高性能鋼材SA440(基準強度440N/㎟)など

● **伸び能力の優れた鋼材**
建築構造用低降伏点鋼材LY225(伸び率40%以上)など

021　**鉄骨構造④柱脚、耐震設計**　　　　　QUESTION & ANSWER

1　最頻出問題｜一問一答

次の記述のうち、正しいものには○、誤っているものには×をつけよ

1 ☐☐　柱脚の形式として露出型柱脚を用いる場合、柱脚の降伏せん断耐力は、「ベースプレート下面とコンクリートとの間に生じる摩擦耐力」と「アンカーボルトの降伏せん断耐力」との和とした

2 ☐☐　柱脚の形式に根巻型を用いる場合、根巻き高さを柱幅（柱の見付け幅のうち大きいほう）の2.5倍とし、根巻き頂部のせん断補強筋を密に配置した

3 ☐☐　柱脚の形式を埋込型とする場合、柱脚に作用する応力を、基礎コンクリートに埋め込んだ柱と周辺のコンクリートとの付着により下部構造へ伝達させた

4 ☐☐　耐震計算ルート1を適用する場合、地震力の算定においては、標準せん断力係数C_0を0.2以上とした

5 ☐☐　耐震計算ルート1―2で厚さ6mm以上の冷間成形角形鋼管を用いた柱を設計する場合、地震時応力の割増し係数は建築構造用冷間ロール成形角形鋼管BCRより、建築構造用冷間プレス成型角形鋼管BCPのほうが大きい

→→→

1　× ｜ いずれか大きいほうの値を、柱脚の降伏せん断耐力として用いる

2　○ ｜ 根巻きの上端部に大きな力が集中して作用するので、この部分の帯筋（せん断補強筋）を密に配置しなければならない

3　× ｜ コンクリートに埋め込まれた部分の上部と下部の支圧により伝達させる

4　× ｜ 耐震設計ルート1においては、2次設計を省略するため、許容応力度設計で大地震に対する構造安全性を確保しなければならない。そこで、標準せん断力係数を0.2ではなく0.3としている

5　× ｜ BCRは全断面（BCPは隅角部のみ）が塑性加工を受けており、BCPと比較して地震時応力の割増係数が大きく設定されている

2　実践問題｜一問一答

1 ☐☐　ベースプレート及びアンカーボルトからなる露出柱脚は、軸方向力及びせん断力とともに、回転量の拘束にともなう曲げモーメントに対しても設計した

2 ☐☐　ラーメンと筋かいを併用する1層の混合構造において、耐震計算ルート2を適用する場合、筋かいの水平力分担率が5／7以下であったので、筋かいの地震時応力を低減した

3 ☐☐　露出型柱脚とする場合、柱脚の形状により固定度を評価し、半曲点高比を定めて柱脚の曲げモーメントを求め、アンカーボルト及び

→→→

1　○ ｜ 設問記述のとおり

2　× ｜ この場合、水平力を分担する筋かいの水平力分担率に応じて、応力の割増しをしなければならない

3　○ ｜ 設問記述のとおり

ベースプレートを設計した

---

4 □□ 構造特性係数D_sを算出するための部材種別がFA材であるH形鋼（炭素鋼）の梁について、幅厚比の規定値は、フランジよりウェブのほうが小さい

4 ×｜幅厚比の規定値は以下に示すように、フランジよりウェブのほうが大きい
フランジ：$9\sqrt{(235／F)}$
ウェブ：$60\sqrt{(235／F)}$

---

5 □□ 制振効果を高めるために、鋼材ダンパーの主架構への取付け部の剛性を小さくした

5 ×｜ダンパーのエネルギーをより吸収させるために、主架構への取付け部の剛性を大きくする（主架構取付け部の弾性変形を小さくする）

---

6 □□ 埋込柱脚において、鉄骨柱の剛性は一般に、基礎コンクリート上端の位置で固定されたものとして算定する

6 ×｜基礎コンクリート上端ではなく、ベースプレート下部を固定とする。露出型柱脚では、基礎コンクリート上端を固定とする

---

7 □□ プレス成形角形鋼管は、成形前の素材と比べて、強度及び変形性能が高くなる

7 ×｜製造過程において塑性加工を施し内部に残留応力が生じるため、強度は高くなり、変形性能は低くなる

---

8 □□ 耐震計算ルート1により設計した剛節架構の柱材に、厚さ6mm以上の一般構造用角形鋼管（STKR材）を用いた場合、柱の設計において地震時応力を割り増す必要がある

8 ○｜柱梁接合部における鋼管柱の応力集中を考慮して、応力の割増しを行う

---

9 □□ 高さ15mの鉄骨造の建築物を耐震計算ルート2で設計する場合、筋かいの水平力分担率を100%とすると、地震時の応力を1.5倍以上として設計する

9 ○｜この場合、β（水分力分担率）が100%（＝1.0）で、5／7を超えている。したがって、地震力の応力に、割増し係数（以上）を加えなければならない（地震力の応力を1.5倍以上）

---

10 □□ 軸方向力と曲げモーメントが作用する露出型柱脚の設計に、ベースプレートの大きさを断面寸法とする鉄筋コンクリート柱と仮定し、引張側アンカーボルトを鉄筋として許容応力度計算を行った

10 ○｜設問記述のとおり

---

11 □□ 耐震計算ルート1-2で計算する場合、梁は保有耐力横補剛を行う必要はない

11 ×｜検討する必要がある。梁が全塑性状態においても十分な回転能力を発揮し、弾塑性領域においても横座屈を発生させないようにする

---

12 □□ 耐震計算ルート1の計算において、筋かい材がある場合は、筋かい端部及び接合部が破断しないことを確かめる必要がある

12 ○｜接合部は構造上要所となるため、柱、梁、筋かいより先に破断してはならない（保有耐力接合）

---

13 □□ 露出柱脚において伸び能力のあるアンカーボルトとしてねじ部の有効断面積が軸部と同等以上である転造ねじアンカーボルトを用いた

13 ○｜転造ねじアンカーボルトは、軸部の塑性化が十分に保証されている

---

14 □□ 耐震計算ルート2で設計を行ったが、偏心率を満足することができなかったのでルートを変更し、保有水平耐力及び必要保有水平耐力を算定して耐力の確認を行った

14 ○｜保有水平耐力の検討を行い、耐震設計ルート3により、安全性を確認する

---

15 □□ 耐震計算ルート1-2の計算において、標準せん断力係数を0.3として地震力の算定を行ったので、層間変形角及び剛性率の確認を行わなかった

15 ○｜層間変形角及び剛性率の確認は、ルート2で行う

022 鉄骨鉄筋コンクリート構造

鉄骨鉄筋コンクリート（SRC）構造は、鉄骨（S）造と鉄筋コンクリート（RC）造を組み合わせた構造であり、高強度で靭性に富み、耐震性の高い優れた構造形式である。多様な問題を考えることができるので、毎年必ず1問は出題される

1　SRC構造の特徴

□　SRC構造では、地震時に柱・梁の**せん断破壊**が先行しないように設計する必要があり、鉄骨造と鉄筋コンクリート造、両方の部材耐力（終局耐力も含む）が累加できる**累加強度式**を基本とする。ただし、累加強度式はせん断力に対しては成立しない

□　鉄骨部分は周囲のコンクリートによる拘束効果のため、**局部座屈しないもの**とする

□　鋼材の影響が少ないと判断できる場合、コンクリートの全断面積について、コンクリートのヤング係数を用いて部材剛性を求めることができる

□　部材設計における一般的な留意点は以下のとおり
　①鉄筋の組み立てやすさ、コンクリートの打ち込みやすさを設計段階で十分考慮する
　②鉄筋のかぶり厚さは鉄筋コンクリート構造と同じ制約がある
　③鉄骨のかぶり厚さは50㎜以上とする。現実には鉄筋との納まり等を調整すると100〜150㎜程度になることが多い
　④主筋と軸方向鉄骨とのあきは25㎜以上、かつ粗骨材最大寸法の1.25倍以上とする
　⑤鉄骨建方時の風荷重等に対する安全性の検討が必要である

● SRC構造は手間と時間がかかる

鉄筋・鉄骨に対するかぶりの確保や鉄筋の組み方、特に接合部で鉄筋の通りをよくする工夫、コンクリートの打ち込みやすさの確保等、施工計画にこまやかな配慮が必要で、建設に手間と時間がかかる。そこで、最近ではSRCに代わる構造として、プレキャスト技術を取り入れた高強度鉄筋コンクリート構造のシェアが伸びてきている

● その他の設計上の特徴
①コンクリートに対する鉄筋のヤング係数比nは、$F_c ≦ 27$ の場合、コンクリートの種類によらず、n=15とする
②鉄筋コンクリート部分は、曲げ耐力算定における基本仮定について鉄筋コンクリート造と同様とする

鉛直荷重を受ける架構の応力及び変形の計算は、一般に、鉄筋コンクリート構造の場合と同様に行うことができるよ

2　柱・梁の設計

□　柱の設計では、コンクリートの許容圧縮応力度f_cを鉄骨量に応じて**低減した許容圧縮応力度**f_c'を用い、次式で求める

$$f_c' = f_c(1 - 15 {}_sP_c) \qquad ただし、{}_sP_c = {}_sa_c / bD$$

　　　f_c：コンクリートの許容圧縮応力度
　　${}_sP_c$：圧縮側鉄骨比
　　${}_sa_c$：圧縮側鉄骨断面積　　bD：コンクリート柱断面積

柱のコンクリートは、鉄骨による断面欠損等を考慮して、許容応力度を低減させるんだ！

☐ 柱の設計における注意点は右表のとおり。特に、せん断破壊は靱性が乏しいことで起きる。そのため、曲げ降伏のおそれのある柱は軸力を制限して靱性を確保したい

☐ 軸力と曲げの複合応力を受ける柱の設計は以下の点に留意する

● 主な留意点

曲げが大きい場合	曲げモーメントは、鉄骨部分がその許容応力度まで負担できる。鉄筋コンクリート部分については軸力すべてと、曲げモーメントから鉄骨負担分を引いた残りの曲げモーメントに対して、配筋を決定する
軸力が大きい場合	軸力は、鉄筋コンクリート部分がその許容応力度まで負担できる。鉄骨部分は、曲げモーメントのすべてと、残りの軸力に対して断面を決定する

☐ 梁の主筋配置は2段以下とする。梁の高さ（梁せい）が有効スパンの1/12以下の場合は、梁の最大たわみを有効スパンの1/1,000以下とする。設備用の梁貫通孔の径は梁全せいの0.4倍以下、内蔵する鉄骨せいの0.7倍以下とする

● 柱の設計上の注意点

柱の軸方向鋼材全断面積	コンクリートの全断面積の0.8%以上
柱の座屈長さ	最小径の30倍以下とし、12倍を超えるときは座屈を考慮する

● 梁の最大たわみ
令82条、平12建告1459号
梁せい（D）／有効スパン（I）≦1／12の場合は、長期荷重時の最大たわみδ_{max}を計算し、これに変形増大係数4を乗じた値がl／250以下となることを確かめる

● 柱・梁接合部の設計上の注意点
①梁補強筋と柱補強筋が交差するので納まりに注意。また、いかなる場合でも、鉄骨フランジに鉄筋用の孔をあけてはならない
②柱・梁接合部の帯筋は、鉄骨梁ウェブを貫通させて配筋する

3　せん断力対策

☐ 地震時に柱・梁のせん断破壊が先行しないように、柱・梁両端が曲げ降伏したときのせん断力を**設計用せん断力**とし、それが許容せん断力以下となるように設計する。また長期荷重時に、柱にせん断ひび割れが生じない設計とする

☐ 帯筋比（あばら筋比）P_wは、次式で計算し、0.2%以上とする（充腹型鉄骨を用いる場合は0.1%以上）

$$P_w = \frac{a_w}{b \cdot x} \quad \text{（一般的なSRC構造）}$$

$$P_w = \frac{a_w}{b' \cdot x} \quad \text{（被覆形及び被覆充填型鋼管コンクリート部材の場合）}$$

a_w：あばら筋・帯筋1組の断面積　　b：部材の幅

x：あばら筋・帯筋間隔

$b' = b - {}_s b$　　（${}_s b$：鋼管径）

☐ 鉄骨ウェブは充腹型（フルウェブ型）と非充腹型（ラチス型・格子型）がある。充腹型のほうが粘りがある

● 鉄骨ウェブの形式

①充腹型（フルウェブ型）　②非充腹型（左：ラチス型、右：格子型）

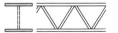

● 帯筋比・あばら筋比の上限
0.6%を超えるせん断補強をしても、上限を0.6%として許容せん断力を算出する

● 被覆鋼管コンクリート造
中空鋼管をコンクリートで被覆する被覆型

鋼管

鋼管の内外をコンクリートで被覆する充填被覆型

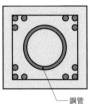

鋼管

QUESTION

ANSWER

1 最頻出問題｜一問一答

→→→

次の記述のうち、正しいものには○、誤っているものには×をつけよ

1 □□ 大梁の終局せん断強度を、鉄骨部分と鉄筋コンクリート部分のそれぞれについて計算した終局せん断強度の和とした

2 □□ 柱断面を被覆型鋼管コンクリートとしたので、帯筋比が0.2%以上となるように設計した

3 □□ 柱の軸方向力は、鉄筋コンクリート部分の許容軸方向力以下であれば、そのすべてを鉄筋コンクリート部分が負担するとしてよい

4 □□ 鉛直荷重を受ける架構の応力及び変形の計算は、一般に、鉄筋コンクリート構造の場合と同様に行うことができる

5 □□ 鉄骨に対するコンクリートのかぶり厚さは、耐火性、耐久性等を確保するとともに、鉄骨と鉄筋の納まりやコンクリートの充填性に配慮して決定する

6 □□ 部材に充腹型鉄骨を用いた場合、コンクリートの断面が鉄骨により二分されるので、非充腹型鉄骨を用いた場合に比べて耐震性能が低下する

7 □□ 架構応力の計算に当たって、鋼材の影響が小さかったので、コンクリートの全断面について、コンクリートのヤング係数を用いて部材剛性を評価した

8 □□ 部材に充腹型鉄骨を用いる場合、コンクリートのひび割れ発生時に急激な剛性の低下が生じる

9 □□ 梁鉄骨にH形鋼を用いた場合、最小あばら筋比を0.1%とすることができる

10 □□ 鉄骨梁に対するコンクリートのかぶり厚さを、主筋やあばら筋の納まりを考慮して150㎜とした

1 ○｜累加強度の考え方。終局耐力は累加できる。㈳日本建築学会「鉄骨鉄筋コンクリート構造計算規準・同解説」33条に解説されている

2 ○｜㈳日本建築学会「鉄骨鉄筋コンクリート構造計算規準・同解説」7条

3 ○｜「2 柱・梁の設計」(454頁)参照

4 ○｜㈳日本建築学会「鉄骨鉄筋コンクリート構造計算規準・同解説」12条

5 ○｜㈳日本建築学会「鉄骨鉄筋コンクリート構造計算規準・同解説」7条にこの趣旨の解説がある

6 ×｜1950年代までは鉄骨量の少ない非充腹型鉄骨が用いられたが、近年は、工作手間も少なく、実験により優れた耐震性が実証された充腹型鉄骨を用いることが多くなった

7 ○｜㈳日本建築学会「鉄骨鉄筋コンクリート構造計算規準・同解説」11条

8 ×｜充腹型鉄骨を用いた鉄骨鉄筋コンクリート構造の高耐震性は実験的に証明されている㈳日本建築学会「鉄骨鉄筋コンクリート構造計算規準・同解説」)

9 ○｜㈳日本建築学会「鉄骨鉄筋コンクリート構造計算規準・同解説」7条。開断面充腹型鉄骨の場合、あばら筋比、帯筋比は0.1％以上とする

10 ○｜鉄骨に対するコンクリートのかぶり厚さの最小値は50㎜だが、実際の納まりでは、柱で150㎜、梁で120㎜程度となる

11 ○｜鉄筋コンクリート構造の梁では貫通孔の径は、梁せいの1／3程度までとされているが、SRC構造では、鉄骨

11☐☐ 梁に設けることができる貫通孔の径は、鉄筋コンクリート構造に比べ、鉄骨部材を適切に補強することにより、大きくすることができる

12☐☐ 架構の靭性を高める目的で、柱の軸圧縮耐力に対する軸方向力の比が大きくなるように設計した

13☐☐ 柱の軸方向鉄筋と鉄骨の全断面積が、コンクリートの全断面積の0.8％以上となるように設計した

ウェブが存在することを考慮して、梁全せいの0.4以下としている

12 ×│柱の軸圧縮耐力に対する軸方向力の比が大きくなると靭性に乏しい破壊性状となり、0.4以上になると柱の種別はFD（脆性部材）とされる（昭55建告1792号）

13 ○│設問記述のとおり。㈳日本建築学会「鉄骨鉄筋コンクリート構造計算規準・同解説」7条

2 実践問題│**一問一答**　→→→

1☐☐ 埋込型柱脚の終局曲げ耐力は、柱脚の鉄骨断面の終局曲げ耐力と、柱脚の埋込部の支圧による終局曲げ耐力を累加することによって求めた

2☐☐ 優れた靭性が得られるように、鉄筋コンクリート造耐力壁の周囲に、十分なせん断耐力と靭性を有する鉄骨を配した鉄骨鉄筋コンクリート造の架構を設けた

3☐☐ 部材の終局せん断耐力は、鉄骨部分と鉄筋コンクリート部分において、それぞれの「曲げで決まる耐力」と「せん断で決まる耐力」のいずれか小さいほうの耐力を求め、それらの耐力の和とすることができる

4☐☐ 柱の短期荷重時のせん断力に対する検討にあたっては、鉄骨部分と鉄筋コンクリート部分の許容せん断力の和が、設計用せん断力を下回らないものとする

5☐☐ 上層階を鉄筋コンクリート構造、下層階を鉄骨鉄筋コンクリート構造とする計画において、鉄骨鉄筋コンクリート構造の柱内の鉄骨を、鉄筋コンクリート構造の始まる階の柱の中間部まで延長した

6☐☐ 柱・梁接合部の帯筋は、鉄骨梁ウェブを貫通させて配筋する

7☐☐ 柱・梁接合部において、柱の鉄骨部分の曲げ耐力の和を、梁の鉄骨部分の曲げ耐力の和の65％としたので、両部材間の鉄骨部分の応力伝達に対する安全性の検討を省略した

1 ×│埋込型柱脚の終局曲げ耐力は、柱の鉄骨部分の終局曲げ耐力と、埋込部の終局曲げ耐力のうち小さいほうと、鉄筋コンクリート部分の終局曲げ耐力を累加する（㈳日本建築学会「鉄骨鉄筋コンクリート構造計算規準・同解説」36条）

2 ○│鉄骨鉄筋コンクリート構造における耐震壁は、壁板が鉄筋コンクリート造のことが多いが、周囲の骨組に鉄骨が内蔵されていることによって、せん断耐力が増し、変形能力を増大させる（㈳日本建築学会「鉄骨鉄筋コンクリート構造計算規準・同解説」25条）

3 ○│㈳日本建築学会「鉄骨鉄筋コンクリート構造計算規準・同解説」33条

4 ×│許容せん断耐力は累加してはいけない。短期荷重時には、鉄骨部分と鉄筋コンクリート部分の許容耐力が、それぞれの設計用せん断力を下回らないようにする（㈳日本建築学会「鉄骨鉄筋コンクリート構造計算規準・同解説」18条）

5 ○│異種構造の境界で、剛性の急変を避けるために必要な措置である

6 ○│柱・梁接合部での帯筋は、鉄骨梁ウェブを貫通する必要がある（㈳日本建築学会「鉄骨鉄筋コンクリート構造計算規準・同解説」7条）

7 ○│㈳日本建築学会「鉄骨鉄筋コンクリート構造計算規準・同解説」20条

023 木構造

最近の傾向として、木構造（特に軸組構造の耐震要素にかかわる分野）に関する出題が
増えている。構造材料としての木材、軸組構造の基本を押さえておきたい

1　木造建築物（軸組構造）の構造計画

□　構造計算により安全を確認しなければならない木造建築物
・**3階建て以上又は延べ面積が500㎡**を超える建物
・**高さ13m又は軒高9m**を超える建物
なお、延べ面積が**3,000㎡**を超える建物は主要構造部を木造と
してはならない

□　木造建築物は、主に在来軸組工法や枠組壁工法などでつくられ
る。木造軸組工法の建築物は、小屋組、建築空間を構成する軸
組、これらを支える基礎構造で構成される

● 木造軸組工法における主要部材

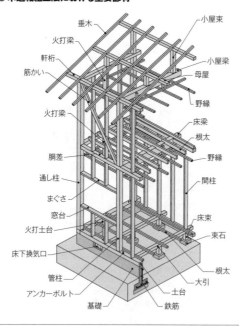

□　建物に作用する鉛直荷重や水平荷重に対して、構造の主要部
分が安全に抵抗できるよう、柱・梁・筋かい・耐力壁を立体的にバラ
ンスよく配置する。地盤の条件や施工方法を考慮しながら構造計
画を進め、接合部の変形、方杖等の斜材によって生ずる局所的
な応力で安全性が低下しないように注意する

● 木造建築物の工法による分類

軸組工法 （**在来工法**）	柱、土台、梁、胴差、軒桁、筋かい等の軸組で構成される建築物
枠組壁工法 （**2×4工法**）	規格化された部材でパネルを構成し、これを組み立てた建築物。枠組壁工法は壁式構造の一種

注　以上のほか、丸太組工法、大断面木造等がある

● 小屋組の種類

和小屋	単純梁が荷重を支える構造で、小屋梁には主に曲げ（とせん断）応力が生ずる

洋小屋	トラス構造として荷重を支えるシステムで、大スパンに有利。陸梁には引張軸力が働く

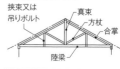

出題対象は、在来軸組工法、
枠組壁工法の2つに絞れるよ

2　構造設計・耐力壁

● 木構造の各部位の規定

基礎	・布基礎の深さは地盤面下 **24cm** 以上で、凍結のおそれが少ない位置まで掘り下げる ・布基礎のコンクリート立上りの高さは地上で **30cm** 以上とする ・軟弱地盤の基礎は RC 造とする ・土台と RC 基礎を緊結するアンカーボルトは、土台継手付近、筋かい端部付近を重点的に約 **2m** 間隔で配置する ・木造建築物の基礎は RC 造の布基礎とすることが望ましい
土台	・最下階柱の下部には土台を設ける ・ヒノキ、ヒバ等、耐久性のある材料を使い、防腐処置を施す ・原則として、一体となった RC 造布基礎、又は無筋コンクリート造布基礎に緊結する
柱	・小径は柱上下の土台、梁、桁等の横架材間の垂直距離を基準とした最小値規定以上 [*1] とする ・3 階建て建築物の 1 階柱の小径は **13.5cm** 以上、柱の有効細長比は **150** 以下 ・2 階建て以上の建物の隅柱は、通し柱とするか、接合部を補強して同等以上の耐力を確保する
梁	・梁、桁等の横架材は、その中央部下側に耐力上支障のある欠込みがあってはならない ・梁の最大たわみは **2cm** 又はスパンの **1 / 300** 以下、かつ振動障害のないこと
小屋組・床組等	・水平構面隅角部には **火打** 材を設けて釘、ボルト等の金物で緊結する ・スパンが **6m** を超える小屋組では、小屋組トラスに振止め及び小屋筋かいを設ける
筋かい [*2]	・引張力を負担する筋かいは、断面 **1.5cm×9cm** 以上の木材又は直径 **9mm** 以上の鉄筋 ・圧縮力を負担する筋かいは、断面 **3cm×9cm** 以上の木材とする ・筋かい端部は柱と梁その他の横架材との仕口に近接して、ボルト、かすがい、釘その他の金物で **緊結** する ・欠込みはしない。たすき掛け等やむを得ない場合の欠込みには必要な補強を行う

*1：令 43 条。いくつかの条件に分けて、横架材間垂直距離の 1 / 33 ～ 1 / 22 以上とする規定　　*2：令 45 条

耐力壁は平面計画上、つり合いよく配置するとともに、必要壁量以上設置しなければならない（存在壁量≧必要壁量）。なお、必要壁量は地震力、風圧力ごとに定められる（令 46 条）[※]

● 地震力に対する「必要壁量」(cm／㎡)(表1)

建築物	平家	2階建て		3階建て		
		1階	2階	1階	2階	3階
土蔵造、瓦葺き等の重い屋根の建築物	15	33	21	50	39	24
金属板葺き等の軽い屋根の建築物	11	29	15	46	34	18

注1　**地盤が著しく軟弱**な区域に指定された区域内では、表中の値を **1.5** 倍する
注2　小屋裏や、天井裏に物置等がある場合は、平 12 建告 1351 号に規定される面積を、その階の床面積に加算して必要壁量を求める

● 風圧力に対する「必要壁量」(cm／㎡)(表2)

区域	必要壁量(見付面積に乗ずる値)
特定行政庁が地方の風の特性を考慮して、強風地域と指定した区域	50 を超え、75 以下の値(特定行政庁が規則で定める)
その他の区域	50

● 耐力壁

木造における耐力壁は、①筋かいを内蔵する軸組、②指定された面材を定められた方法で取り付けた軸組

● 地震力に対する「存在壁量」

各階の張り間・けた行方向について、それぞれ存在壁量を求める
「存在壁量」＝(張り間[けた行]方向の耐力壁長の合計)／床面積
耐力壁長については次頁を参照

● 風圧力に対する「存在壁量」

各階の張り間・けた行方向について壁量を求める
存在壁量＝(張り間[けた行]方向耐力壁長の合計)／(各階の張り間[けた行]方向の風圧力に対する見付面積)
耐力壁長については次頁を参照

地震力に対する必要壁長は次式で求める

必要壁長(cm)＝各階床面積(㎡)×上記表1の数値

一方、風圧力に対する必要壁長は次式で求める

必要壁長(cm)＝見付面積(㎡)×上記表2の数値

※：なお、風圧力に対する必要壁量は一般に張り間方向、けた行方向で異なる。各方向の必要壁量は、当該耐力壁と直交する立面の見付面積が関係するからである。ここでいう見付面積とはその階の床面積から 1.35m 以上の部分(上階も含む)である

□ 耐力壁長は実際の耐力壁長に壁倍率を乗じて求める。下表は壁倍率の代表例

● 主な耐力壁の壁倍率

軸組の種類	倍率
軸組両面木ずり壁	1.0
厚さ12mm以上のせっこうボード又はシージングボード張り	1.0
1.5×9cmの木引張筋かい又は直径9mmの鉄筋筋かい	1.0
3×9cmの木筋かいを入れた軸組	1.5

注　木造筋かいを、たすき掛けに入れた場合の軸組の倍率は、片側配置の2倍とすることができる。ただし、たすき掛けの倍率はうを超えることができない

□ 小屋裏収納等（下階の面積の8分の1以上）がある場合、壁量の算定時（地震力）に次式で求められる面積αを下階の床面積に加える

α＝（収納等内法平均高さ／2.1）×収納等面積

□ 耐力壁がつり合いよく配置されているかについて、四分割法で建物外周部の**壁率比≧0.5**であることで確認する。ただし両側端部の壁量充足率がそれぞれ1.0を超えていれば、壁率比の確認は省略できる

● 耐力壁長と壁倍率

壁倍率は筋かい断面や軸組に張る面材の種類、厚さによって数値が決められる

● 大壁の合板張りの壁倍率

合板の種類（釘打ち間隔）	倍率
厚さ9mm以上の構造用合板（CN50を外周75mm以下、中通り150mm以下）	3.7
厚さ5mm以上の構造用合板（N50を150mm以下）	2.5

● 壁率比

壁量充足率の小さいほうを大きいほうで除した数値

● 壁量充足率

壁量充足率は、各側端部分のそれぞれについて、存在壁量を必要壁量で除して求める

3　木材の許容応力度

□ 建築構造に使われる木材は、原木から製材された**木材**、接着によって加工された集成材、合板・ボード類等の**木質材料**に分類される。一般に木材と呼ばれるのは原木から製材されたものであり、木材を構成する繊維方向の力に対する抵抗と、繊維に直角な方向の力に対する抵抗が著しく異なる「**異方性**」を示す

□ 繊維方向の許容応力度と繊維に直交する方向の許容応力度は異なる（繊維方向＞直交方向）。**木材の繊維方向許容応力度**は圧縮、引張り、曲げ、せん断に対するそれぞれの基準強度 F_c、F_t、F_b、F_s の係数倍として、右表のように定められている

□ 圧縮材の**許容座屈応力度**は、有効細長比 λ に応じて下表の式で算出する

● 木材の許容応力度　令89条、平12建告1452号

（繊維方向）　（単位：N／mm²）

	長期	短期
圧縮	$1.1F_c／3$	$2F_c／3$
引張り	$1.1F_t／3$	$2F_t／3$
曲げ	$1.1F_b／3$	$2F_b／3$
せん断	$1.1F_s／3$	$2F_s／3$

注　各基準強度 F_c、F_t、F_b、F_s の値は木材の種類及び品質に応じて大臣が定める。木材のめりこみ許容応力度は、繊維方向と加力方向との角度によって規定されている（平13国交告1024号）

● 木材の許容座屈応力度　（単位：N／mm²）

有効細長比	$\lambda≦30$	$30<\lambda≦100$	$\lambda>100$
長期	$1.1F_c／3$	$1.1(1.3-0.01\lambda)F_c／3$	$(1.1／3)(3,000／\lambda^2)F_c$
短期	$2F_c／3$	$2(1.3-0.01\lambda)F_c／3$	$(2／3)(3,000／\lambda^2)F_c$

1 　最頻出問題│**一問一答**

次の記述のうち、正しいものには○、誤っているものには×をつけよ

1 ☐☐ 木材の繊維方向の短期許容応力度は長期許容応力度の2倍である

2 ☐☐ 2階建て以上の木造建築物の隅柱は原則として通し柱とする

3 ☐☐ 床組の隅角部には、水平力による床組の変形を防ぐために火打梁を設ける

4 ☐☐ 木材のクリープによる変形は、一般に気乾状態に比べて、湿潤状態のほうが小さい

5 ☐☐ 木造建築物の基礎は鉄筋コンクリート造の布基礎とすることが望ましい

1 ×│左頁の木材の許容応力度の表を参照すると、短期許容応力度／長期許容応力度＝2／1.1≒1.8である

2 ○│「2 構造設計・耐力壁」（459頁）参照

3 ○│「2 構造設計・耐力壁」（459頁）参照

4 ×│気乾状態では弾性変形の2倍、湿潤状態では3倍のクリープ変形を想定して設計することもある

5 ○│「2 構造設計・耐力壁」（459頁）参照

2 　実践問題①│**一問一答**

1 ☐☐ 筋かい端部、柱と土台、柱と梁等の仕口は、応力を十分に伝達できる構造とする

2 ☐☐ 1か所に異種の接合法を使用する場合には、両者の許容応力度を加算することはできない

3 ☐☐ アンカーボルトは、短期荷重時の水平力によって土台−布基礎間に生じるせん断力及び柱の引張力を有効に伝達できる位置に設ける

4 ☐☐ 木造建築物の和小屋の小屋梁に生ずる主要な内力は曲げモーメントである

5 ☐☐ 風圧力に対する耐力壁の所要有効長さは、張り間方向とけた行方向とでは異なる値となる

6 ☐☐ 2階建て木造建築物の布基礎において、基礎の根入れ深さを12cm

1 ○│接合部の基本機能である

2 ○│原則としてこのように考える

3 ○│アンカーボルト設置の基本的留意事項

4 ○│和小屋における屋根荷重の伝達経路は、垂木→母屋→小屋束→小屋梁→柱であるから、小屋梁は束から集中荷重を受ける曲げ材となる

5 ○│張り間、けた行方向の耐力壁の所要有効長さは、それぞれの方向に直面する建築物の受圧面積に定数を乗じて求められる。したがって一般には異なる値となる

6 ×│布基礎の根入れ深さは24cm以上（べた基礎の場合は12cm以上）、かつ凍結深度よりも深いものとする（平12建告1347号）。このほか、布基礎の

とした

7 ☐☐ 地上2階建ての木造建築物において、地盤から土台下端までの高さを、建築物の外周部にあっては40cmとした

8 ☐☐ 3階建ての木造建築物について構造計算を行い、1階の構造耐力上主要な部分である柱の小径を13.5cmとした

9 ☐☐ 木造2階建ての建築物において、内部に3cm×9cmの木材筋かい（倍率1.5）をたすき掛けとして用いた軸組の倍率は3である

10 ☐☐ 地盤が著しく軟弱な区域として指定する区域内において、地震力を算定する場合、標準せん断力係数C_0は0.2以上とする

11 ☐☐ 1か所の接合部に釘とボルトを併用したときの接合部の耐力は、それぞれの許容耐力を加算することはできない

12 ☐☐ 耐力壁が偏った配置であり、重心と剛心が離れている場合、床の面内剛性が高い場合においては床面が剛心を中心に回転しやすく、床の面内剛性が低い場合においては床面が変形しやすい

13 ☐☐ 構造耐力上主要な柱の小径は、やむを得ず柱の所要断面積の1/3以上を切欠きした場合、その部分を補強することにより、切欠きした部分における縁応力を伝達できるようにする

14 ☐☐ 壁量充足率は、各側端部分のそれぞれについて、存在壁量を必要壁量で除して求める

15 ☐☐ 壁率比が0.5未満であっても、各側端部分の壁量充足率が1を超えていればよい

16 ☐☐ 2階の小屋裏に設ける小屋裏収納の水平投影面積が2階の床面積の1/6である場合、各階の地震力に対する必要壁量を算出する際の「階の床面積に加える面積」は、「当該小屋裏収納の内法高さの平均の値」を2.1で除した値に、「当該小屋裏収納の水平投影面積」を乗じた値とする

17 ☐☐ 風圧力に対して必要な耐力壁の有効長さ（必要壁量）を求める場合、同一区域に建つ「平家建の建築物」と「2階建ての建築物の2階部分」とでは、見付面積に乗ずる数値は異なる

底盤厚さは15cm以上（べた基礎の場合は12cm以上）とすること、地耐力、建築物の種類等による底盤幅の規定等がある

7 ○｜平12建告1347号の規定によると、建築物外周の布基礎立り部の高さは30cm以上とする

8 ○｜令43条に柱の小径に関する規定がある。これによると、構造計算によって必要な小径が13.5cm未満になった場合でも、原則として小径を13.5cm以上としなければならない

9 ○｜木造筋かいを、たすき掛けに入れた場合の倍率は、片側配置の2倍とすることができる。ただし、たすき掛けの倍率は5を超えることができない

10 ×｜令88条2項において、C_0は0.3以上とすることが規定されている

11 ○｜1か所に異種の接合法を使用したときの接合部耐力は、原則として、それぞれの許容耐力を加算することはできない

12 ○｜地震力の合力は重心に、建築物の抵抗の合力は剛心に作用する。したがって床面の面内剛性が高い場合は床面が回転変形し、面内剛性が不足していると床が部分的に変形する

13 ○｜令43条4項にこの規定がある

14 ○｜壁量充足率は、各側端部分のそれぞれについて、存在壁量を必要壁量で除した数値である。なお、木造建築物平面の側端部分とは、平面を各方向に4分割した最外縁の部分をいう

15 ○｜壁量充足率の小さいほうの値を壁量充足率の大きいほうの値で除した数値を壁率比といい、壁率化が0.5以上であることを確かめる。ただし、壁率比が0.5に満たない場合でも、各壁量充足率が1.0を超えていればよい

16 ○｜木造建築物に物置等を設ける場合、床面積に加える面積αは次式で求める。α＝(h／2.1)×A、h: 物置等の内法高さの平均値、A: 物置等の水平投影面積である

17 ×｜見付面積に乗ずる値は変わらない

3 実践問題② | 四肢択一 →→→

1 ☐☐ 木造2階建ての建築物において、建築基準法に基づく「木造建築物の軸組の設置の基準」に関する次の記述のうち、最も不適当なものはどれか

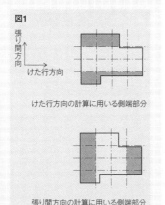

図1

張り間方向

けた行方向

けた行方向の計算に用いる側端部分

張り間方向の計算に用いる側端部分

図2

立面

1階平面

ⓐ ⓑ

1——各階につき、張り間方向及びけた行方向の偏心率が0.3以下であることを確認した場合を除き、「木造建築物の軸組の設置の基準」に従って軸組を設置しなければならない

2——図1のような不整形な平面形状において、側端部分は、建築物の両端(最外縁)より1/4の部分(網かけ部分)である

3——張り間方向及びけた行方向の側端部分の壁量充足率が1以下の場合には、建築物全体の耐力が十分に確保されているので、壁率比の確認は省略することができる

4——図2のような建築物の1階部分の必要壁量は「aの部分は2階建ての1階」とし、「bの部分は平家建」として算出する

2 ☐☐ 図のような筋かいをもつ木造の軸組に水平力Pが作用するとき、アンカーボルトの位置A〜Hの組合せとして、最も適当なものは、次のうちどれか。ただし、図中の各部材の接合部には必要な金物が使用されているものとする

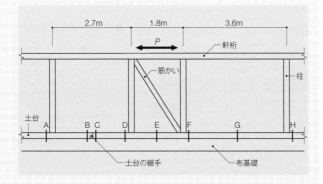

2.7m　1.8m　3.6m

P　軒桁

筋かい

柱

土台

A　B C　D　E　F　G　H

土台の継手　布基礎

1——A, B, C, E, G, H　2—— A, B, D, F, G, H
3——A, C, D, E, F, H　4—— A, C, D, E, G, H

---

1 答えは3

1は正しい。令82条の6に定める構造計算を行って、各階の偏心率が0.3以下であることを確認した場合は、「木造建築物の軸組の設置の基準」によらなくてもよい

2は正しい。木造耐力壁の配置を確認する簡便な方法が、いわゆる「四分割法」。建築物の平面を短冊状に4つに分割して、それぞれの端部(側端部分)で必要な壁量を満足しているかどうか(壁量充足率)を確認するもの。図のような不整形平面の例でも、最外縁の間を4等分する

3は不適当。四分割法では次の条件のいずれかを満たすことを確認する
①側端部の壁量充足率の小さいほうの値／大きいほうの充足率(=壁率比)≧0.5
②側端部の壁量充足率>1.0
　したがって、②を満足すれば①の確認は省略できる。設問記述では壁量充足率が1以下であるから、壁率比≧0.5の確認が必要である

4は正しい。必要壁量計算の運用は記述のとおり

2 答えは2

1は不適当。この配置ではアンカーボルト間隔が2mを超える箇所がある

2は適当。この配置がアンカーボルト配置2m以内の原則を満たす適切な配置である

3は不適当。この配置ではアンカーボルト間隔が2mを超える箇所がある

4は不適当。この配置ではアンカーボルト間隔が2mを超える箇所がある

解法ポイント
土台と基礎を緊結するアンカーボルトは2m以内の間隔で配置するのが原則。また、筋かいを含む軸組の両端の柱には引張力が作用するので、柱脚の引抜き力を土台から基礎に伝えるため、アンカーボルトの設置が必要(図中のD、F)。土台の継手、仕口にもアンカーボルトが必要(図のB、Cでは土台の浮上りを抑えるためにBが必須)

024 その他の構造

構造の問題としては、鉄筋コンクリート(RC)構造、鉄骨(S)構造、次いで木構造、鉄骨鉄筋コンクリート(SRC)構造が出題されるが、壁式鉄筋コンクリート構造と補強コンクリートブロック造に関する問題も比較的よくみられる

1　その他の構造

その他構造とは、RC構造、S構造、SRC構造及び木構造以外の構造をいう。㈳日本建築学会の設計基準の中では**壁式構造関係設計基準**としてまとめられている分野である

● 壁式構造関係設計基準

	構造の種類	階数制限ほか
	壁式鉄筋コンクリート構造	5階建て以下
	壁式プレキャスト鉄筋コンクリート構造	5階建て以下
	高層壁式プレキャスト鉄筋コンクリート構造	15階建て程度まで
壁式構造	補強コンクリートブロック造	3階建て以下
	型枠コンクリートブロック造	3階建て以下
	中層型枠コンクリートブロック造	5階建て以下
	組積造	高さ9m(6m)以下
	壁式ラーメン鉄筋コンクリート造	15階建て程度まで

● 壁式構造

壁式構造は、主として壁体のせん断強度によって地震水平力に抵抗する構造である。そのため、一般に、ラーメンやトラス等の軸組構造に比べて強度・剛性は高くなるが、変形能力に乏しい。そこで、壁式構造では強度型の設計となり、構造計算として壁量算定、建築物全体の偏心率チェック等が行われるほか、細部にわたる構造規定が設けられている

左表以外にも、コンクリートブロック塀(2.2m以下)、コンクリートブロック 張 壁(3.5m以下)、組積造の塀(1.2m以下)に対してカッコ内に示した高さ制限及び構造規定があるよ

2　補強コンクリートブロック造

補強コンクリートブロック造は、鉄筋によって補強されたコンクリートブロック壁で構成される壁構造である。壁体は、補強筋を挿入する空洞のみにコンクリート又はモルタルを充填するので、RC構造よりも軽量で断熱性に優れているのが特徴である。使用するコンクリートブロックはJIS A 5406にその性能が規定され、**圧縮強度**によってA、B、Cの3種に分けられる。強度はA、B、Cの順に高くなる

補強コンクリートブロック造は
①各階の壁体頂部には鉄筋コンクリート造の**臥梁**を設ける。臥梁の高さは壁厚の1.5倍かつ30cm以上
②最下階の壁体脚部には相互に連続するような布基礎又は基礎つなぎ梁を設ける

● 耐力壁の最小厚さ(mm)(以上)

階	壁厚(mm)
平家又は最上階	150かつh／20
最上階から2つ目	190かつh／16
最上階から3つ目	190かつh／16

注1　h　ブロック積み部分の高さ(mm)
注2　耐力壁の実長は55cm以上、かつその壁の両側にある開口部高さの平均値の30%以上とする

● コンクリートブロックの帳壁

コンクリートブロック帳壁において、一般帳壁の主要支店間距離は3.5m以下とする

● 補強コンクリートブロック造の種類・規模・壁量

ブロックの種類	強度（N／mm²）	階数	軒高（m）	壁量（cm／m²）		
				平家、最上階	上から2つ目	上から3つ目
A種	≧4	≦2	≦7	≧15	≧21	―
B種	≧6	≦3	≦11	≧15	≧18	≧25
C種	≧8	≦3	≦11	≧15	≧15	≧20

注　階高は3.5m以下、平家の軒高は4m以下とする

● 耐力壁中心線で囲まれた平面積（分割面積）の制限

床・屋根の構造	分割面積
鉄筋コンクリート等の床・屋根スラブを設けた場合	≦60m²
その他の場合	≦45m²

注1　耐力壁の対隣壁中心線間距離は、耐力壁の厚さの50倍以下とする
注2　壁開口部の上部には鉄筋コンクリート造のまぐさを設ける
注3　縦の補強筋はブロック空洞内で重ね継手をしてはならない

3 型枠コンクリートブロック造

□　型枠コンクリートブロック造は、コンクリートブロック（CB）の壁体を縦横に配置した鉄筋で補強し、ブロックの空洞すべてにコンクリートを充填するもの。ブロック自体が型枠となるので施工効率が高く、工期短縮とコストダウンが期待できる

□　本構造では高強度のブロック（設計強度24N/mm²以上）を使用し、コンクリートを空洞全部に充填するので、コンクリートのポンプ打設が原則である。**目地モルタル**の設計基準強度は**27N/mm²以上**である。鉄筋が有効に働き、その強度を発揮できるよう、端部の定着に注意する必要がある。規模の制約、必要壁量は右表のとおり

● 型枠CB造の規模

型枠CB造の種類	軒の高さ制限（m以下）		
	平家	2階	3階
第1種型枠CB造	4	7.5	11
特殊型枠CB造	4.5	8.5	12.5

● 壁量

階	壁量（mm／m²）
平家、最上階	≧150
最上階から2つ目	≧150
最上階から3つ目	≧180

4 組積造

□　**組積造建築物**は、レンガ造、石造、コンクリートブロック造（補強コンクリートブロック造を除く）などの建物をいう。組積造は、建築物に作用する鉛直力を圧縮によって地盤に伝える構造だが、地震の水平力を圧縮とせん断抵抗で基礎まで伝えるには周到な工夫が必要である。そのためごく小規模な建築物あるいは特殊な用途に使われる。組積材料の強度によって組積造は1種、2種に分類され、右表のような構造の制約がある

□　組積造の塀は高さ1.2m以下とし、長さ4m以下ごとに控壁を設ける。補強CB造の塀は、高さ2.2m以下とし、高さが**1.2**mを超える場合は、長さ**3.4**m以下ごとに、控壁、控柱を設ける。帳壁の規模は、地盤より**35**mを超える外壁部分に用いてはならない。最小支点間距離は**3.5**m以下、間仕切壁の場合の壁厚は**12**cm以上、かつ主要支点間距離の1／25以上とする

● 壁長及び対隣壁中心線間距離

10m以下とする。また施工上の注意として組積造は芋目地とならないように組積すること

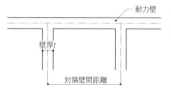

● 組積造の壁厚（cm）（以上）

階数	壁長5m以下の場合	5m超え10m以下
平家	20	30
2～3階建ての各階	30	40

465

2

1　最頻出問題 | 一問一答

→→→

次の記述のうち、正しいものには○、誤っているものには×をつけよ

3

> **解法ポイント**
> その他の構造において、壁式鉄筋コンクリート構造についての出題は、頻度が高いので押さえておきたい（詳しい説明は434頁参照）

1 □□　壁式鉄筋コンクリート構造において、耐力壁の壁量が規定値に満たない場合は、層間変形角が制限値以内であること及び保有水平耐力が必要保有水平耐力以上であることを確認する必要がある

2 □□　壁式鉄筋コンクリート構造、地上4階建ての建築物（各階の階高3m）において、コンクリートの設計基準強度を21N/㎟とした

4

3 □□　壁式構造の建築物は、ラーメン構造建築物に比べて、地震時の水平変形が小さい

4 □□　壁式鉄筋コンクリート構造、地上4階建ての建築物（各階の階高3m）において、3階の耐力壁の厚さを200㎜としたので、補強筋は複配筋とした

5

1 ○｜平13国交告1026号によると、次の事項に該当する場合は層間変形角（1／2,000以内）及び保有水平耐力の確認を行うことになっている
  a　階高が3.5mを超える階を有する建築物
  b　各階の壁及び柱断面積の総和が告示593号第2号イを満たさない建築物
  c　積載荷重が住宅より大きい建築物
  d　耐力壁の壁量、壁厚と鉄筋比が規定に満たない建築物
  e　壁梁の高さが45㎝に満たない建築物

2 ○｜平13国交告1026号の規定による

3 ○｜壁式構造は強度型で設計する構造である。変形によって地震エネルギーを吸収することは考えないので、必然的にRCラーメン構造よりも剛性・強度が高くなる。したがって地震時の変形も少ない

4 ○｜壁式鉄筋コンクリート構造建築物の4階建ての場合、3階の耐力壁厚は180㎜以上で、せん断補強筋比は0.2％以上としなければならない。壁厚180㎜以上の場合、通常は複筋とする

目で覚える！ 重要ポイント

●組積造の規模・分割面積制限

種類	材料強度（N／㎟）	建築物高さ（m）	分割面積（㎡）
1種	60以上	6以下[＊]	40以下
2種	100以上	9以下	60（RCスラブ付の場合）以下

＊：壁厚を規定の1.2倍にすると、高さ制限は9m以下とすることができる

2　実践問題 | 一問一答

→→→

1 □□　プレストレストコンクリート部材に導入されたプレストレス力は、コンクリートのクリープや、PC鋼材のリラクゼーション等により、時間の経過とともに減少する

1 ○｜プレストレストコンクリート構造の設計ではこれらの特性が考慮されている

2 ☐☐ 同一架構において、プレストレストコンクリート部材と鉄筋コンクリート部材を併用することができる

3 ☐☐ プレストレストコンクリート構造におけるポストテンション工法において、シース内に充填するグラウトは、PC鋼材を腐食から保護し、シースとPC鋼材との付着を確保する等を目的とする

4 ☐☐ 壁式鉄筋コンクリート構造、地上4階建ての建築物（各階の階高3m）において、3階の耐力壁の張り間方向及びけた行方向の壁量を、それぞれ120mm／㎡とした

5 ☐☐ 補強コンクリートブロック造において、B種ブロックを用いて、3階建てで、軒の高さ11mの建築物を設計することにした

6 ☐☐ 壁式ラーメン鉄筋コンクリート造は、張り間方向を連層耐震壁による壁式構造とし、けた行方向を扁平な形状の壁柱と梁からなるラーメン構造とする構造である

7 ☐☐ コンクリート充填鋼管（CFT）柱は、コンクリートが充填されていない同じ断面の中空鋼管に比べて、水平力に対する塑性変形能力が高い

8 ☐☐ 補強コンクリートブロック造3階建て建築物の設計にA種ブロックを使用した

9 ☐☐ 補強コンクリートブロック造の建築物では、耐力壁補強筋の継手は、溶接等による場合を除き、ブロック空洞内に設けてはならない

10 ☐☐ 補強コンクリートブロック造の建築物では、平家建の場合でも、耐力壁頂部に鉄骨の臥梁を設けて、これに鉄骨造の屋根を架けることはできない

11 ☐☐ 補強コンクリートブロック造の建築物において、コンクリートブロック帳壁を、鉄筋によって主体構造に緊結した

12 ☐☐ コンクリートブロック帳壁を用いた建築物において、一般帳壁の主要支点間距離を3.3mとした

2 ○｜設問記述のとおり（昭58建告1320号）

3 ○｜㈳日本建築学会「プレストレストコンクリート構造設計施工規準・同解説」で解説されている。ポストテンション工法は、コンクリートの硬化後、プレストレスを導入する。Post-tensionはPC鋼材に、コンクリートが硬化したあとで、張力をかけることを意味する

4 ○｜壁式鉄筋コンクリート構造の階数制限は5階建てまで、壁量は上から数えて3までの階で120mm／㎡以上という規定がある

5 ○｜設問記述のとおりで設計可能

6 ○｜平13国交告1025号による

7 ○｜日本建築センター「コンクリート充填鋼管（CFT）造技術基準・同解説」によると、コンクリート充填鋼管（CFT）柱の変形性能の評価に当たっては、充填コンクリートによる鋼管の局部座屈抑制効果及び軸力保持能力等の変形性能の向上を考慮することができる

8 ×｜A種ブロックは強度の低いランクに属し、2階建て以下の建築物に限って使用される

9 ○｜耐力壁の補強筋は、溶接等による場合を除き、コンクリートブロック空洞内で継いではならない

10 ○｜平家建の場合でも、一体の場所打ち鉄筋コンクリート造屋根スラブがない場合には壁頂部に、鉄筋コンクリート造の臥梁を連続して設けなければならない

11 ○｜令62条の7により、コンクリートブロック帳壁は主体構造に鉄筋で緊結することになっている

12 ○｜コンクリートブロック帳壁の構造計算をしない場合は、主要支点間距離を3.5m以下とする

025 木材

木材の収縮・強度特性と含水率の関係や、集成材の特徴・構成などについて理解しよう。また、基準強度や許容応力度に関する事項は、これまで多く出題されているので押さえておきたい

1　木材の含水率と収縮・強度

☐ 木材の含有水分には**自由水**と**結合水**とがある。自由水が消失した後に結合水が減少し始め、その境目を**繊維飽和点**という

☐ **含水率**が繊維飽和点以下になると木材は収縮し、強度や弾性係数が増加し始める。収縮率は、年輪の接線方向＞半径方向＞繊維方向の順に大きい

● 自由水と結合水
細胞内腔に流動可能な状態で存在する水を自由水、細胞壁に結合した状態で存在する水を結合水と呼ぶ

● 含水率と繊維飽和点
含水率は、完全に乾燥させた木材の質量に対する保有水分の質量の割合。繊維飽和点の含水率は、樹種にかかわらず28%程度

☐ **● 木材の収縮率と含水率の関係（ヒノキの場合）（左）、木材の圧縮強度と含水率の関係（右）**

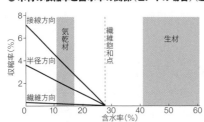

生材とは伐採直後の未乾燥の木材、気乾材とは、大気中に長時間置かれて含水率が一定に落ち着いた木材（気乾材の含水率は樹種にかかわらず15%前後）

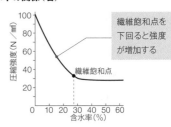

2　基準強度と許容応力度

☐ 木材の**基準強度**（材料強度）は、下表のように一般に、曲げ＞圧縮＞引張＞めり込み＞せん断の順に大きい。めり込み以外は脆性的な破壊性状を示す

● 基準強度（目視等級区分、スギの場合）

| 樹種 | 区分 | 等級 | 繊維方向 | | | | 繊維に直角方向 |
			圧縮F_c	引張F_t	曲げF_b	せん断F_s	めり込みF_{cv}
スギ	甲種構造材	一級	21.6	16.2	27.0	1.8	6.0
		二級	20.4	15.6	25.8		
		三級	18.0	13.8	22.2		
	乙種構造材	一級	21.6	13.2	21.6		
		二級	20.4	12.6	20.4		
		三級	18.0	10.8	18.0		

基準強度［N／㎜］

● 基準強度（材料強度）
構造用製材の基準強度の値は、目視等級・機械等級の区分、樹種、甲種・乙種の区分、等級ごとに定められている

● 基準強度を割増しできるケース
垂木、根太その他の並列材に対しては、曲げに対する基準強度 F_b を割増しできる（構造用合板等に張る場合は1.25倍、その他の場合は1.5倍）

● 基準強度が定められている木材
甲種、乙種の構造材としての基準が定められている木材は、あかまつ、べいまつ、からまつ、ダフリカからまつ、ひば、ひのき、べいつが、えぞまつ及びとどまつ、すぎである

□　木材の**許容応力度**は下表のとおりである

● 木材の繊維方向の許容応力度

No.	荷重について 想定する状態	力の種類	許容応力度の$F_c \cdot F_t \cdot$ $F_b \cdot F_s$に対する比率
①	積雪時以外	長期に生じる力	1.1／3
②		短期に生じる力	2／3
③	積雪時	長期に生じる力	1.3×①（＝1.43／3）
④		短期に生じる力	0.8×②（＝1.6／3）

● 許容応力度

左表に示した木材の繊維方向の許容応力度の値は、令89条に定められている

● 許容応力度の低減が必要なケース

木材を常時湿潤状態にある部分に使用する場合は、許容応力度を、左表に示した数値の70%としなければならない

許容応力度が基準強度（$F_c \cdot F_t \cdot F_b \cdot F_s$）の
$\dfrac{1.1}{3}$ 倍であることを示す

3　腐朽・食害

□　木材は、**木材腐朽菌**などにより**腐朽**する。木材腐朽菌は、含水率20%以上、温度0～50℃の環境で育成する。また、我が国では、**シロアリ**が**食害**を引き起こすことが多く、与える被害は、イエシロアリ＞ヤマトシロアリの順に大きい

□　耐腐朽性・耐蟻性は樹種によって異なり、また、辺材は心材よりも耐腐朽性・耐蟻性に劣る。防腐・防虫のために、加圧注入法による保存薬剤処理が広く行われている

● 木材腐朽菌

木材を腐朽させる一群の微生物（キノコ・カビ類等）。木材腐朽菌は、水分、温度、酸素、栄養分の条件が揃うと繁殖する。これらの条件が揃わない場合、腐朽菌は繁殖しない

● 構造用製材

含水率を25%以下に規定している

● 心材と辺材

木材の樹心部を心材、外縁部を辺材と呼ぶ

4　集成材

□　**集成材**とは、繊維方向が平行になるように、ラミナを長さ、幅及び厚さ方向に接着剤で集成接着した材のことである

● ラミナの構成による構造用集成材の区分

区分	異等級構成	同一等級構成
ラミナの構成	等級が同一ではない	等級が同一
曲げ応力を受ける方向	積層面に直角	積層面に平行[*]
ラミナの積層数	4枚以上	2枚以上

＊：ラミナの積層数が2又は3枚の場合

● ラミナの構成例

異等級構成集成材

対称構成　　　　　　　　非対称構成

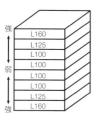

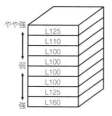

同一等級構成集成材

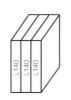

● ラミナ

集成材の製造に用いる2～3cm程度のひき板。曲げヤング係数によって等級がL200～L30に区分されている

● 集成材の特徴

①長尺・大断面材や湾曲材の製造も可能
②乾燥による反り・ねじれ・割れなどの変形が小さい
③均質で強度のばらつきが小さい
④耐腐朽性・耐蟻性が高い

● 集成材の含水率に対する規定

日本農林規格（JAS）では、集成材に対する含水率を15%以下に規定している

● CLT（直交集成板）

各層の繊維方向が互いに直角となるように積層接着した材。面材に使用

● LVL（単層積層材）

各層の繊維方向が平行となるように積層接着した材。柱や梁に使用

QUESTION

ANSWER

1 最頻出問題｜一問一答

→→→

次の記述のうち、正しいものには○、誤っているものには×をつけよ

1 ○｜「1 木材の含水率と収縮・強度」の図（左）（468頁）参照

1 □□ 含水率が繊維飽和点以下の木材において、膨張・収縮は、ほぼ含水率に比例する

2 ○｜「1 木材の含水率と収縮・強度」の図（左）（468頁）参照

2 □□ 含水率が繊維飽和点以下の木材において、乾燥収縮率の大小関係は、年輪の接線方向＞半径方向＞繊維方向である

3 □□ 木裏は、木表に比べて乾燥収縮が大きく、木裏側が凹に反る性質がある

3 ×｜木表側が凹に反る。なお、板目材の樹心側の面を木裏、外縁側の面を木表という

4 □□ 木材の強度は、一般に、繊維飽和点以下の場合、含水率の低下にともなって高くなる

4 ○｜「1 木材の含水率と収縮・強度」の図（右）（468頁）参照

5 □□ 木材の繊維方向の材料強度は、一般に、圧縮強度より引張強度のほうが大きい

5 ×｜繊維方向強度は圧縮＞引張

6 □□ 垂木・根太等の並列材に構造用合板を張り、荷重・外力を支持する場合、曲げに対する基準強度は、割増しの係数を乗じた数値とすることができる

6 ○｜垂木、根太その他の並列材に対しては、曲げに対する基準強度F_bを割増しできる

7 □□ 構造用材料の弾性係数は、一般に、繊維飽和点以下の場合、含水率の低下にともなって減少する

7 ×｜弾性係数は、繊維飽和点以下の場合、含水率の低下に従い増加する

8 □□ 同一等級構成集成材で、ひき板の積層数が2枚又は3枚のものは、梁等の高い曲げ性能を必要とする部分に用いる場合、曲げ応力を受ける方向が積層面に平行になるように用いる

8 ○｜「4 集成材」（469頁）の表を参照

9 □□ 一般に木材が乾燥するとクリープによる変形が大きくなる

9 ×｜湿潤状態の方がクリープは大きくなる

10 □□ 構造用製材は腐朽しないように、含水率は25%以下とされている

10 ○｜設問記述のとおり

11 □□ 木材の曲げ強度は、気乾比重が大きいほど大きい

11 ○｜設問記述のとおり

2 実践問題 | 一問一答 →→→

1 ☐☐ 木材の強度は、一般に、気乾比重が小さいものほど大きい

2 ☐☐ 木材の繊維方向の長期許容応力度は、積雪時の構造計算以外の場合、木材の繊維方向の基準強度の2／3倍の数値とする

3 ☐☐ 木材の繊維に平行方向の圧縮による全体座屈は、脆性的な破壊性状を示す

4 ☐☐ 木材の熱伝導率は、普通コンクリートに比べて大きい

5 ☐☐ 大断面木造建築物の柱及び梁の設計において、所定の耐火性能が要求される場合、燃え代を除いた断面に長期荷重による応力度が、短期許容応力度を超えないことを確認する方法がある

6 ☐☐ 辺材は、一般に、心材に比べて腐朽しやすく、耐蟻性に劣る

7 ☐☐ 防腐剤を加圧注入した防腐処理材であっても、仕口や継手の加工が行われた部分については、再度、防腐処理を行う

8 ☐☐ 木造建築物におけるシロアリによる被害については、ヤマトシロアリは建築物の下部に多く、イエシロアリは建築物の上部にまで及ぶことがある

9 ☐☐ 普通合板は、木材を薄くむいた単板を互いに繊維方向を直交させて積層接着させたもので、異方性の少ない面材である

10 ☐☐ 構造用集成材である同一等級構成集成材の強度等級は、構成するひき板(ラミナ)の等級及び積層数により異なる

11 ☐☐ 単板積層材LVLは、各層の繊維方向が互いにほぼ平行となるように積層接着されたもので、柱や梁に使用される

---

1 ×｜比重の大きい樹種の木材ほど細胞の実質部が大きいので、強度が高い。また、木材の圧縮強度は、おおむね比重に比例して増大する

2 ×｜積雪時以外の長期許容応力度は、基準強度の1.1／3倍

3 ○｜めり込み以外の圧縮、引張、せん断などによる破壊は脆性的である

4 ×｜熱伝導率は、木材が0.15W／(m·K)(中間値)、普通コンクリートが1.6W／(m·K)程度なので、木材＜普通コンクリート

5 ○｜木材が燃焼すると表面に炭化層が形成されるため、燃焼が急速に木材内部に及ぶことはない。この特性を利用し、火災時の木材の燃え代(炭化する部分)を除いた断面だけで構造計算を行う設計手法を「燃え代設計」という

6 ○｜設問記述のとおり。耐腐朽性・耐蟻性は樹種によって異なり、辺材は心材よりも耐腐朽性・耐蟻性に劣る

7 ○｜防腐・防蟻などの保存処理を行った木材に対して、仕口や継手などのきざみ加工を行った場合は、きざみにより未処理になった部分に保存薬剤の表面処理を行う

8 ○｜与える被害は、イエシロアリ＞ヤマトシロアリの順に大きい

9 ○｜設問記述のとおり

10 ○｜集成材の強度等級は、曲げヤング係数Eと曲げ強さFによって表示され(例：E120-F375)、ラミナの等級と積層数により決まる

11 ○｜設問記述の通り

MEMO | **目で覚える！ 重要ポイント**

●ホルムアルデヒド放出量の区分

表示の区分		F☆☆☆☆	F☆☆☆	F☆☆	F☆
ホルムアルデヒド放散量(mg／ℓ)	平均値	0.3以下	0.5以下	1.5以下	5.0以下
	最大値	0.4以下	0.7以下	2.1以下	7.0以下

026 コンクリート

コンクリートの分野は幅広い範囲から出題されるが、力学特性や劣化に関する問題が多いので、まずは、これらについて理解しておくことが大事である。また、コンクリートの各種品質と調合条件の関係を覚えておくことも大切

1　コンクリートの構成材料と調合条件

□　コンクリートは、**水・セメント・細骨材・粗骨材**及び**空気**で構成されており、そのほかに、必要に応じて混和剤・混和材が混入される

●コンクリートの構成材料と構成比の例（単位:ℓ）

水 (W)	セメント (C)	骨材(A)		空気
		細骨材(S)	粗骨材(G)	
180	115	660		45
		1,000		

□　各材料の構成比は、設定された**調合条件**に基づいて計算される。また、調合条件は、コンクリートの種々の品質と大きなかかわりをもっている

●コンクリートの調合条件

調合条件	値[*1]	単位	関連するコンクリートの品質[*2]	規定値
単位水量	W	kg／㎥	流動性（高くなる） 材料分離抵抗性（低くなる） 乾燥収縮（大きくなる）	185以下
単位セメント量	C	kg／㎥	ワーカビリティー（高くなる） 水和熱（高くなる） 乾燥収縮（大きくなる）	270以上
水セメント比	W／C×100	%	強度（低くなる） 中性化（速くなる） 塩害抵抗性（低くなる）	65以下
細骨材率	s／a×100	%	材料分離抵抗性（高くなる）	―
空気量	空気／1,000×100	%	凍結融解抵抗性（高くなる） ワーカビリティー（高くなる）	4.5

＊1:アルファベットの大文字は質量、小文字は容積を表す　＊2:（　）内は、各調合条件の値が大きくなったときのコンクリートの各品質の動き

2　フレッシュコンクリートと硬化コンクリートの性質

□　フレッシュコンクリートの流動性は**スランプ**により判定され、その標準値は18cm以下である（調合管理強度33N／㎟未満の場合）

●調合
コンクリート1㎥（＝1,000ℓ）当たりの各構成材料の質量又は容積

●コンクリートの品質
コンクリートの直接的な品質管理項目は
①圧縮強度
②ワーカビリティー（コンクリートの施工の容易さ（作業性））
このほかに耐久性も重要な品質項目である

●混和材
代表的な混和材には高性能AE減水剤がある

●調合管理強度
調合で設定されるコンクリート強度を管理するための基準となる強度

コンクリートの運搬時や打込み時に材料分離が生じると、硬化したコンクリートに、例えば**豆板**などの欠陥部が生じる

● 硬化コンクリートの性質

圧縮強度	18～36N／mm²（普通コンクリートの設計基準強度） 36N／mm²を超える値（高強度コンクリートの設計基準強度）
引張強度	圧縮強度の1／10程度
ヤング係数E	Eとσ_Bの間には次式のような関係がある $$E = k_1 \times k_2 \times 3.35 \times 10^4 \times \left(\frac{\gamma}{2.4}\right) \times \left(\frac{\sigma_B}{60}\right)^{1/3}$$ E ： ヤング係数（N／mm²） γ ： 単位容積質量（t／m³） σ_B ： 圧縮強度（N／mm²） k_1 ： 粗骨材の種類により定まる修正係数 k_2 ： 混和材の種類により定まる修正係数（値は省略） ヤング係数Eは、圧縮強度試験の最大荷重の1／3における応力度とひずみを結ぶ割線弾性係数から求められる
せん断弾性係数G	GとEの間には次式のような関係がある $$G = \frac{E}{2(1+\nu)}$$（弾性論の式） G ： せん断弾性係数（N／mm²） E ： ヤング係数（N／mm²） ν ： ポアソン比（0.2）
気乾単位容積質量	2.1～2.5t／m³（普通コンクリートの標準値）
線膨張係数	10×10^{-6}／℃ ← 鋼材とほぼ同じ 普通コンクリートと軽量コンクリートは同程度である
乾燥収縮率	JISA1129等により測定される「ひずみ値」で、650～800（$\times 10^{-6}$）を標準とし、少ないほど高級としている

● スランプ試験

スランプの値が大きいほど流動性が高い。スランプは単位水量が小さくなるほど小さくなる

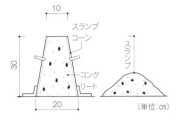

（単位:cm）

● 材料分離

フレッシュコンクリート中の構成材料の分布が不均一になる現象

● 豆板

モルタル分が充填されずにコンクリート表面に骨材が露出した状態

● コンクリートの基準強度

設計基準強度：構造設計で基準とするコンクリートの圧縮強度

耐久設計基準強度：構造体及び部材の耐久性を確保するために必要とするコンクリートの圧縮強度

計画供用 期間の級	計画供用期間	耐久設計基準強度 （N/mm²）
短期	およそ30年	18
標準	およそ65年	24
長期	およそ100年	30
超長期	およそ200年	36

品質基準強度：設計基準強度と耐久設計基準強度の大きいほうの値

---

3 コンクリートの劣化

一般に、コンクリートの水セメント比が低く強度が高くなるほど、組織が緻密になり、CO_2や塩化物がコンクリートに浸透しにくくなる。そのため、中性化や塩害に対する抵抗性が高くなる

● コンクリート中の塩化物イオンの総量

0.30kg／m³以下に規制されている

● コンクリート内に塩化物が混入する経路

製造時に混入する場合（海砂の使用等）と、硬化後に表面から徐々に浸透する場合（潮風など）とがある

● コンクリートの劣化（ひび割れ等）現象とその原因

中性化	空気中の炭酸ガス（CO_2）によりコンクリートのアルカリ性が失われ、鉄筋が腐食してコンクリートにひび割れが生じる。中性化速度は水セメント比が大きいほど速く、圧縮強度が大きいほど遅い
塩害	コンクリートに混入した塩化物により鉄筋が腐食してコンクリートにひび割れが生じる
乾燥収縮	コンクリートの乾燥にともなう収縮が拘束されることにより、コンクリートにひび割れが発生する
水和熱	セメントと水が反応して硬化する際に発する熱（水和熱）が大きいと、マスコンクリート[*]に温度ひび割れが発生する
凍結融解作用	コンクリート中の水分の凍結と融解の繰り返しによってコンクリートにひび割れ・スケーリングなどが生じる
アルカリ骨材反応	ある種の骨材がコンクリート中のアルカリと反応し、コンクリートにひび割れが発生する

＊：部材断面の大きなコンクリート

QUESTION

1　最頻出問題 | 一問一答

ANSWER

→→→

次の記述のうち、正しいものには○、誤っているものには×をつけよ

1　□□　コンクリートのスランプは、一般に、コンクリートの単位水量が小さいほど大きくなる

2　□□　コンクリートの圧縮強度は、水セメント比が大きいほど小さい

3　□□　コンクリートの設計基準強度とは、構造計算において基準とするコンクリートの圧縮強度のことである

4　□□　コンクリートの単位容積重量が同じで設計基準強度が2倍になると、コンクリートのヤング係数もほぼ2倍となる

5　□□　常温におけるコンクリートの熱による膨張変形は、一般鋼材のそれとほぼ同じである

6　□□　普通ポルトランドセメントを用いる場合、一般に、コンクリートの水セメント比が小さいほど、大気中における中性化速度は速くなる

7　□□　水セメント比が同一であれば、単位セメント量が少ないほど、乾燥収縮によるひび割れの少ないコンクリートとなる

1　×｜スランプは、単位水量が小さいほど小さくなる

2　○｜水セメント比が大きくなると、強度は低くなる

3　○｜設問記述のとおり

4　×｜コンクリートのヤング係数は圧縮強度の1／3乗に比例する

5　○｜鋼材の線膨張係数は$10×10^{-6}$／℃でコンクリートとほぼ同じ

6　×｜水セメント比が小さいほど中性化速度は遅くなる

7　○｜乾燥収縮の主体はコンクリートの中のセメントペースト成分である。水セメント比が一定であれば、単位セメント量が少ないほど、セメントペースト成分が少なくなるので、コンクリートの乾燥収縮が小さくなる

2　実践問題 | 一問一答

→→→

1　□□　コンクリートは、気中養生したものより、水中養生したもののほうが、強度の増進が期待できる

2　□□　近年では、設計基準強度が100N／㎟を超えるコンクリートも使用されてきている

3　□□　コンクリートの引張強度は、圧縮強度の1／10程度であるが、曲げ材の引張り側では引張強度は無視するため、許容引張応力度は規定されていない

1　○｜コンクリートが水和反応を促進し、強度を長期的に発現するためには、湿潤状態が保持される必要がある

2　○｜現在は強度300N／㎟のコンクリートも実際の建物に適用されている

3　○｜設問記述のとおり。なお、コンクリートの引張強度は、一般に、割裂試験によって測定される

4　○｜ポアソン比＝$\dfrac{横ひずみ(荷重と直交方向のひずみ)}{縦ひずみ(荷重方向のひずみ)}$

コンクリートのポアソン比は0.2程度

4 ☐☐ 普通コンクリートのポアソン比は、0.2程度である

5 ☐☐ 長期間の持続荷重によりクリープ変形が生じた場合、その荷重を取り除くと、コンクリートに生じた変形は荷重載荷前の状態に戻る

6 ☐☐ 軽量コンクリート1種の許容せん断応力度は、同じ設計基準強度の普通コンクリートの許容せん断応力度と等しい

7 ☐☐ 梁主筋のコンクリートに対する許容付着応力度は、下端筋より上端筋のほうが小さい

8 ☐☐ コンクリートに含まれる塩化物イオン量は、0.30kg/㎥以下とする

9 ☐☐ マスコンクリートにおける温度ひび割れ対策として、水和熱の小さい中庸熱ポルトランドセメントや、低熱ポルトランドセメントを用いることは有効である

10 ☐☐ アルカリ骨材反応の抑制対策の一つとして、高炉セメントB種を用いる

11 ☐☐ 設計基準強度80N/㎟以上の高強度コンクリートの火災時の爆裂防止対策として、コンクリート中に有機繊維を混入した

12 ☐☐ コンクリートのヤング係数は、設計基準強度が同じ場合、一般に使用する骨材により異なる

13 ☐☐ 圧縮強度試験用供試体を用いた圧縮強度試験では、荷重速度が速いほど小さい強度を示す

14 ☐☐ 耐震診断等で構造体コンクリートから採取される円柱コア供試体の圧縮強度は、直径に対する高さの比が小さくなると小さくなる

15 ☐☐ コンクリートの水セメント比を大きくすることは、一般に耐久性の向上につながる

16 ☐☐ AE材により連行された空気が独立した無数の微小気泡となり、凍結融解抵抗性が低下する

17 ☐☐ コンクリートの中性化速度は、水セメント比が大きいほど速い

18 ☐☐ 軽量コンクリート1種の線膨張係数は一般の鋼材とほぼ等しい

5 ×｜持続荷重が作用したときに、時間とともにひずみが増大する現象をクリープという

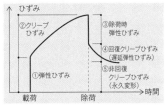

6 ×｜軽量コンクリート1種の許容せん断応力度は普通コンクリートの0.9倍

7 ○｜上端筋の許容付着応力度はその他の鉄筋の2／3倍

8 ○｜設問記述のとおり

9 ○｜水和熱の小さいセメントの使用は、マスコンクリートの温度ひび割れを制御する最も基本的な対策の一つ

10 ○｜アルカリ骨材反応の抑制対策は次の3種類の中から決める
①コンクリート中のアルカリ総量を規制
②アルカリ反応抑制効果のある高炉セメントB·C種又はフライアッシュセメントB·C種等を使用
③安全と認められる骨材を使用

11 ○｜特に基準強度80N／㎟以上の高強度コンクリートの場合、火災時にコンクリート中の水分が気化して発生した蒸気圧等により爆裂する危険性がある。その対策としては、通常、ポリプロピレンなどの繊維が混入される

12 ○｜解説頁の表「硬化コンクリートの性質」(473頁)を参照

13 ×｜載荷速度が速いほど、圧縮強度の試験値は大きな値を示す

14 ×｜コア供試体の「高さ／直径」が標準の2より小さいと、圧縮強度の試験値は大きくなるので、その補正が必要となる

15 ×｜コンクリートの耐久性は、一般に水セメント比が低いほど高い

16 ×｜微小気泡の存在により耐凍結融解性が向上する

17 ○｜設問記述のとおり

18 ○｜設問記述のとおり

027 金属材料

金属材料の主役は鋼材であり、その性質に関する事項と鉄骨構造用鋼材について理解しておく必要がある。また、最近は、降伏点や降伏比、ステンレス鋼などに関する問題も比較的多く出題されている

1　鋼材の化学成分と力学的性質

☐　鋼材には、主成分の鉄のほかに種々の元素が含まれていて、微量であっても鋼材の性質に大きな影響を及ぼす。鋼材の基準強度Fや許容応力度は、下図に示すような、引張強さや**降伏点**（又は**0.2％オフセット耐力**）をもとに定められている

● 鋼材に含まれる鉄以外の主な元素

炭素（C）	**引張強さ**に支配的な影響を与える。含有量が増えると引張強さ・硬度は高くなるが、一方で延性・靱性及び溶接性が低下する
硅素（Si）	影響は比較的小さい（引張強さを高める効果がある）
マンガン（Mn）	引張強さ・靱性を高める効果がある
リン（P）	靱性を著しく損なう（有害な影響）
硫黄（S）	剥離破壊（ラメラテア）やシャルピー吸収エネルギー低下の原因

● 鋼材の応力ーひずみ曲線（左：降伏点が明確な鋼材、右：不明確な鋼材）

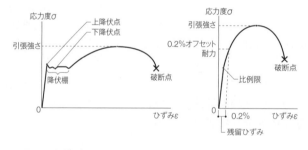

● リン及び硫黄

リンや硫黄は鋼材の性質に有害な影響を与えるため、精錬時にできるだけ除去される

● 降伏比

「降伏点／引張強さ」で表される値。この値が小さいほど部材の塑性変形能力が高い

● 0.2％オフセット耐力

高張力鋼などの降伏点が明確でない鋼材では、便宜上、除荷時の残留ひずみが0.2％となるときの応力度を降伏点とする。この値が0.2％オフセット耐力であり、単に「**耐力**」とも呼ばれる。ステンレス鋼は0.1％オフセット耐力を用いている

● 冷間曲げ加工

鋼材を冷間曲げ加工すると強度が向上し、変形性能は低下する

● 鋼材の材料定数

ヤング係数（N／mm²）	2.05×10⁵
せん断弾性係数（N／mm²）	0.79×10⁵
ポアソン比	0.3
線膨張係数（1／℃）	10×10⁻⁶

2　構造用圧延鋼材

☐　鉄骨構造用の鋼材として次頁表の「**建築構造用圧延鋼材（SN材）**」が使用されている。このほかに、一般構造用圧延鋼材（SS材）や溶接構造用圧延鋼材（SM材）が用いられる

☐　SN490B（板厚**12mm**以上）は、引張強さの下限値が**490N／mm²**であり、「降伏点又は耐力」の上限値及び下限値が定められている

● 建築構造用圧延鋼材（SN材）

1994年に新しくJISに制定された建築用の圧延鋼材。耐震設計に必要な塑性変形能力が保証されている

● 降伏点と板厚の関係

同じ鋼塊から圧延された鋼材の降伏点は、一般に、板厚が薄いものの方が高くなる

● 建築構造用圧延鋼材（SN材）

種類の記号	特徴
SN400A	塑性変形能力を期待せず、溶接を行わない構造部材に使用される
SN400B SN490B	溶接性と塑性変形能力が保証されており、広く一般の構造部材に使用される
SN400C SN490C	板厚方向の絞りが規定されており、板材方向に引張力を受ける柱フランジなどに使用される

注　「種類の記号」中の数値は引張強さの下限値（N／㎜）を表す

● 建築構造用圧延鋼材（SN材）の力学的性質（JIS規定値）

種類の記号	降伏点又は耐力（N／㎜）厚さ t(㎜)				引張強さ（N／㎜）	降伏比（％）厚さ t(㎜)		
	6≦t<12	12≦t<16	16≦t≦40	40<t≦100		6≦t<12	12≦t<16	16≦t≦100
SN400A	235以上			215以上	400以上510以下	制限なし		
SN400B	235以上	235以上355以下		215以上	400以上510以下	制限なし	80以下	
SN400C			235以上355以下	335以下	400以上510以下			80以下
SN490B	325以上	325以上445以下		295以上	490以上610以下	制限なし	80以下	
SN490C			325以上445以下	415以下	490以上610以下			80以下

□ 建築物の構造部分には、一般的な鋼材である**炭素鋼**のほかに**ステンレス鋼（SUS）**を用いることもできる

● ステンレス鋼の特徴

概要	特徴
約11%以上のクロム（Cr）を添加した合金鋼	耐食性・耐熱性に優れ、普通鋼と比べ①ヤング係数がやや低い、②降伏比が低く延性が大きい、③線膨張係数が高い、④溶接が難しい

● 構造用鋼材の許容応力度

圧縮、引張及び曲げに対する長期許容応力度はF／1.5。せん断に対してはF／（1.5√3）。また、短期許容応力度は、それぞれ長期許容応力度の1.5倍

● シャルピー吸収エネルギー

シャルピー衝撃試験の吸収エネルギーが大きい鋼材を使うと、溶接部の脆性的破壊を防ぐのに有利になる。SN材のB・C種では、シャルピー吸収エネルギーが27J以上と規定されていて、靱性が高い

● 炭素含有量

建築構造用圧延鋼材（SN材）では、破断に至るまでの伸びを確保するためにも、炭素含有量を規定している

● TMCP鋼

圧延工程に水冷を取り入れ、40㎜を超える厚板でも降伏点を低下させず、溶接性能を向上させた鋼材である

● ステンレス鋼

SUS304が最も多く使用される。明確な降伏点がなく、0.1%オフセット耐力を規定している

● ステンレス鋼の材料定数

ヤング係数（N／㎜）	$1.93×10^5$
せん断弾性係数（N／㎜）	$0.74×10^5$
ポアソン比	0.3
線膨張係数（1／℃）	$17×10^{-6}$

3　鉄筋

□ 異形鉄筋の種類は、SD295A、SD295B、SD345、SD390及びSD490で、記号中の数値は「降伏点又は耐力」の下限値を表す

□ 異形鉄筋の許容応力度は**基準強度F**との関係で定められているが、長期許容応力度は、**F／1.5**（すなわちFの2／3倍）よりも小さい場合がある

● 異形鉄筋の許容応力度（N／㎜）

径	長期		短期	
	引張及び圧縮	せん断補強	引張及び圧縮	せん断補強
28㎜以下のもの	F／1.5（215）	F／1.5（195）	F	F（295）
28㎜を超えるもの	F／1.5（195）	F／1.5（195）	F	F（390）

注　基準強度Fに基づいて計算された値が（　）内の数値を超える場合は（　）内の数値とする

● 鉄筋の規格

丸鋼（SR）と異形鉄筋（SD）がある。降伏点または耐力、引張強さ、伸びの規定がある

● 異形鉄筋の径と強度

D10〜16：SD295A
D19〜D25：SD345
D29〜D51：SD390

QUESTION

ANSWER

1 最頻出問題│一問一答

→→→

次の記述のうち、正しいものには○、誤っているものには×をつけよ

1 ○│解説頁の表「鋼材に含まれる鉄以外の主な元素」(476頁)参照

1 ☐☐ 鋼材に含まれる炭素量が増加すると、鋼材の強度・硬度は増加するが、靱性・溶接性は低下する

2 ×│リンや硫黄は鋼材の靱性などに悪影響を与える

2 ☐☐ リン(P)や硫黄(S)は、鋼材や溶接部の靱性を改善するために添加される元素であり、多いほうが望ましい

3 ×│降伏点は「板厚の薄いもの」>「板厚の厚いもの」

3 ☐☐ 同じ鋼塊から圧延された鋼材の降伏点は、一般に、「板厚の薄いもの」より「板厚の厚いもの」のほうが高くなる

4 ×│降伏比(降伏点/引張強さ)が小さいほうが、塑性変形能力が大きく耐震性能が高い

4 ☐☐ 降伏比の小さい鋼材を用いた鉄骨部材は、一般に、塑性変形能力が小さく、耐震性能が低い

5 ○│シャルピー衝撃試験は、切欠きを入れた試験片にハンマーで衝撃を加え、その衝撃吸収エネルギーを測定することによって材料の靱性を調べる試験。吸収エネルギーが大きいほど靱性が大きく、低いほど脆性的である

5 ☐☐ シャルピー衝撃試験の吸収エネルギーが大きい鋼材を使用することは、溶接部の脆性的破壊を防ぐのに有利である

6 ○│解説頁の表「異形鉄筋の許容応力度」(477頁)参照。SD345、SD390及びSD490の場合、「基準強度F×2/3」>215となるので、長期許容引張応力度は215N/㎟

6 ☐☐ 鉄筋コンクリートに用いられる径が28㎜以下の異形鉄筋の長期許容引張応力度は、基準強度の2/3より小さい場合がある

7 ○│SN材のB種で板厚が12㎜以上の場合は、「降伏点又は耐力」の下限値のほかに、「降伏点又は耐力」の上限値と降伏比(80%以下)が定められている

7 ☐☐ SN490B(板厚12㎜以上)は、引張強さの下限値が490N/㎟であり、「降伏点又は耐力」の上限値及び下限値が定められている

8 ☐☐ 建築構造用圧延鋼材(SN材)は板厚40㎜以下で同じ基準強度が保証されている

8 ○│設問記述のとおり

9 ○│設問記述のとおり

9 ☐☐ 降伏点325N/㎟、引張強度490N/㎟である鋼材の降伏比は、66%である

10 ○│ステンレス鋼は耐食性・耐熱性に優れている。また、普通鋼に比べて、①ヤング係数がやや低い、②降伏比が低く延性が大きい(塑性変形能力に優れている)、③線膨張係数が高い、④溶接が難しい

10 ☐☐ 建築構造用ステンレス鋼材SUS304Aについては、ヤング係数はSN400Bより小さいが、基準強度は板厚が40㎜以下のSN400Bと同じである

2 実践問題 | 一問一答 →→→

1 ☐☐ 鋼材のヤング係数及びせん断弾性係数は、常温において、それぞれ 2.05×10^5 N／㎟、0.79×10^5 N／㎟程度である

2 ☐☐ 一般構造用圧延鋼材(SS材)は、鋼材温度が約350℃になると、降伏点が常温時の約2／3に低下する

3 ☐☐ 焼入れされた鋼材の強度・硬度は低下するが、靱性は向上する

4 ☐☐ 板厚が一定値以上の建築構造用冷間ロール成形角形鋼管 BCR295については、降伏比の上限値が定められている

5 ☐☐ ステンレス鋼SUS304は、他のステンレス鋼に比べて、構造骨組とするために不可欠な溶接性に優れている

6 ☐☐ アルミニウム合金のヤング係数は、鋼材の1／3程度である

7 ☐☐ 炭素鋼、ステンレス鋼(SUS304材)、アルミニウム合金の線膨張係数の大小は、炭素鋼＞ステンレス鋼＞アルミニウム合金である

8 ☐☐ 高力ボルト摩擦接合部における高力ボルトの許容せん断応力度の値は、すべり係数0.45に基づいて定められている

9 ☐☐ 建築構造用圧延鋼材(SN材)C種は、B種の規定に加えて板厚方向の絞り値下限が定められている。そのため、溶接加工時を含めて板厚方向に大きな引張応力が作用する角形鋼管柱の通しダイヤフラムなどに用いられる

10 ☐☐ 建築構造用耐火鋼(FR鋼)は、高温時の耐火性に優れており、600℃における降伏点が常温規格値の2／3以上あることを保証した鋼材である

11 ☐☐ 低降伏点鋼は、添加元素を極力低減した純鉄に近い鋼であり、軟鋼に比べて強度が低く、延性が極めて高いので、履歴型制振ダンパーとして利用されている

12 ☐☐ 建築構造用TMCP鋼は、同じ降伏点のSN材やSM材に比べて炭素当量が低減されているので、溶接性が向上している

13 ☐☐ ステンレス鋼(SUS304)は、降伏点が明確ではないので0.1％オフセット耐力をもとに基準強度が定められている

---

1 ○｜解説頁の表「鋼材の材料定数」(476頁)参照

2 ○｜実践問題の解答欄10を参照

3 ×｜焼入れとは、鋼を加熱した後に水や油などにより急冷すること。焼入れにより、鋼材の硬度・強さは増大し、靱性は低下する

4 ○｜板厚12mm以上25mm以下では降伏比が90％以下とされる

5 ○｜ステンレス鋼の溶接は、一般に難しいが、SUS304の溶接性は他の鋼種に比べて優れている

6 ○｜アルミニウム合金は、鋼材と比較すると、ヤング係数が約1／3、線膨張係数が約2倍、密度が約1／3

●アルミニウム合金(6063)の性質

ヤング係数(N／㎟)	0.71×10^5
線膨張係数(1／℃)	23×10^{-6}
密度(g／c㎥)	2.7

7 ×｜線膨張係数は、アルミニウム合金＞ステンレス鋼＞炭素鋼である

8 ○｜設問記述のとおり

9 ○｜板厚方向の平均絞りは25％以上、個々のデータも15％以上なければならない

10 ○｜建築構造用耐火鋼(FR鋼)は、モリブデン(Mo)を添加した合金鋼。普通鋼では350℃になると降伏点が2／3まで低下するが、耐火鋼では600℃まで2／3以上が保持される

11 ○｜設問記述のとおり

12 ○｜TMCPは、制御圧延と制御冷却の併用により製造される鋼材。炭素当量が少ないので溶接性が良好

13 ○｜設問記述のとおり

分野別・出題傾向［平成26–令和5年］

DATA

分野	H26	H27	H28	H29	H30	R1	R2	R3	R4	R5	合計
材料力学(断面性能・応力度)	1.0	2.0	1.0	1.0	1.0	1.0		1.0	1.0		9.0
座屈			1.0				1.0	1.0			3.0
ラーメン構造の応力	1.5	1.0	2.0	1.0	2.0	1.0	1.0	2.0	2.0	2.0	15.5
トラス構造の応力	1.0	1.0	1.0	1.0	1.0	1.0	1.0	1.0	1.0		10.0
構造物の変形	1.5	1.0		1.0	1.0	2.0	1.0		1.0	2.0	10.5
塑性解析	1.0	1.0		1.0	1.0	1.0	2.0		2.0	2.0	11.0
荷重・外力	1.0	2.0	1.0	1.0	2.0	2.0	2.0	1.0		2.0	15.0
構造設計・構造計画	4.0	1.0	2.0	2.0	3.0	1.0	2.0	2.0	4.0	3.0	24.0
耐震設計、免震・制震設計	1.0	3.0	4.0	4.0	3.0	3.0	2.0	3.0	2.0	1.0	26.0
地盤と基礎	3.0	3.0	2.0	3.0	3.0	3.0	3.0	3.0	3.0	3.0	29.0
鉄筋コンクリート構造・配筋	4.0	4.0	4.0	4.0	4.0	5.0	4.0	5.0	2.0	4.0	40.0
鉄骨構造	5.0	4.0	4.0	4.0	3.0	4.0	4.0	3.0	3.0	4.0	38.0
鉄骨鉄筋コンクリート構造	1.0			1.0					0.5		2.5
木構造(耐震設計含む)	2.0	2.0	2.0	2.0	2.0	2.0	2.0	2.0	4.0	2.0	22.0
その他の構造		2.0	2.0	1.0			1.0	2.0	1.5	2.0	13.5
木材	1.0	1.0	1.0	1.0	1.0	1.0	1.0	1.0	1.0	1.0	10.0
コンクリート材料	1.0	1.0	1.0	1.0	1.0	1.0	1.0	1.0	1.0	1.0	10.0
鋼材	1.0	1.0	2.0	1.0	1.0	1.0	1.0	1.0	1.0		10.0

ADVICE

近年の出題傾向を見ると

①力学の問題では、基本事項の理解が問われるようになった。構造要素の力のつり合いと弾性変形、静定構造の変形とその応用などがある。構造設計の実務で遭遇するラーメン、トラスの力のつり合いも定常的に出題される。令和5年の試験には、静定・不静定の判別を問う問題があった。判別公式がなくても落ち着いて考えれば、回答できる規模の構造が対象であった。

②木構造の耐震設計では実務的な壁量計算を復習しておくとよい。

③鉄筋コンクリート構造、鉄骨構造では、構造設計の実務的な知識の整理が必要である。令和5年の試験には鉄骨トラス部材の履歴モデルに関する出題が見られた。実務ではよく遭遇する知識であり、落ち着いて対応すればよい。

④プレストレスト鉄筋コンクリート構造、合成構造、混合構造の問題等、構造設計の視野を拡げる努力も必要であろう。

⑤地盤と基礎分野は、法令も含めて範囲が広いので、法規、施工にまたがる出題も多い。

以上、力学分野では、時間をかけて解かないと答えに到達しない高次不静定の問題は出題されないと考えてよい。問題をよく読んで、落ち着いて回答の道筋を探すことが肝要である。この際には「力のつり合い」の理解が最も重要である。

Chapter **5**

施工

「施工」分野は、木工事、鉄筋工事、コンクリート工事などの各種工事や請負契約についての問題、さらに、建築工事標準仕様書・建築工事共通仕様書を根拠とした問題と、非常に幅広い内容が出題されます。

本章末の「分野別・出題傾向」の分析をよく読み、効率的な学習がポイントとなります。

001 請負契約

請負契約については、民間（旧四会）連合協定の「工事請負契約約款」（令和2年改正）に則して出題されており、平成28年からは「監理業務委託契約約款」からも出題されている。頻出度の高い条文がみられ、その内容も含め、しっかりと押さえておきたい

1 請負契約に関連する主体

建築工事には様々な主体が関与する。適正な施工を実現するため、建設業法は元請業者や専門工事業者が所定の業務経験者等（主任技術者）を配置するよう定めている。一方、工事請負契約約款は、工事発注者と受注者が持つ権限と果たすべき義務を定めており、この中で現場代理人の役割も定められる

※1：政令が定めた額以上の工事では、所定の有資格者（監理技術者）を配置する

※2：求められる業務経験等は主任技術者と同様

● **請負契約に関連する主体**

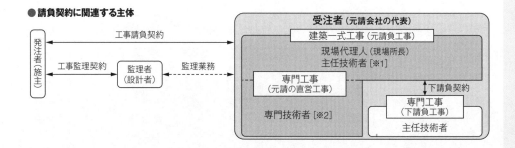

2 「工事請負契約約款」の概要

一般に、官公庁では「建設工事請負契約書」（日本建設業団体連合会）と「公共工事標準請負契約約款」（中央建設業審議会）、民間では「工事請負契約書」と「工事請負契約約款」（民間［旧四会］連合協定）が用いられる

受注者は、
①契約締結後、**請負代金内訳書**と**工程表**の写しを監理者に提出し、請負代金内訳書については、監理者の確認を受ける
②工事現場における**主任技術者**又は**監理技術者**を定め、書面をもってその氏名を発注者に通知する
③工事現場に搬入した工事材料・建築設備の機器を工事現場外に持ち出すときは、発注者の承認を受ける。この承認業務が監理者に委託されている場合は監理者の承認を受ける

● **工事請負契約約款**（民間連合協定）
赤太字は複数回試験に出た条文を示す
第1条　総則
第1条の2　用語の定義
第2条　敷地、工事用地
第3条　関連工事の調整
第4条　請負代金内訳書、工程表
第5条　一括下請負、一括委任の禁止
第6条　権利、業務の譲渡などの禁止
第7条　特許権などの使用
第7条の2　秘密の保持
第8条　保証人
第9条　監理者
第10条　主任技術者・監理技術者、現場代理人など
第11条　履行報告
第12条　工事関係者についての異議
第13条　工事材料、建築設備の機器、施工用機器

☐ 現場代理人は、契約履行に関し、工事現場の運営・取締りを行う
ほか、請負代金額や工期の変更等の権限を除き、契約に基づく
受注者の一切の権限を行使できる

☐ 現場代理人・主任技術者（又は監理技術者）・専門技術者は、兼
任することができる

☐ 検査・試験に合格しなかった工事材料や建築設備の機器は、受
注者の責任において引き取る

☐ 工事材料や建築設備の機器は、設計図書にその品質が明示さ
れていない場合、**中等**の品質のものとする

☐ 受注者は、工事用図書又は監理者の指示により施工することが
適当でないと認めたときは、直ちに書面で発注者又は監理者に通
知する。この場合、発注者又は受注者は、相手方に対し、必要と
認められる**工期**又は**請求代金額**の変更を求めることができる

☐ 施工について、
①工事用図書どおりに実施されていない部分があると認められると
きは、監理者の指示により、受注者は費用を負担し、すみやかに
修補又は改造する。この場合受注者は、工期を延長できない
②受注者が善良な管理者としての注意を払っても避けられない
騒音・振動・地盤沈下・地下水の断絶等の事由により第三者
に与えた損害を補償するときは、発注者が負担する

☐ 工事中に契約の目的物の一部を発注者が使用（部分使用）する
場合は、契約書・設計図書の定めによる。定めのない場合、発注
者は監理者の技術的審査を受けた後、工期と請求代金額の変
更に関する受注者との事前協議を経たうえ、受注者の書面による
同意を得なければならない

☐ 契約の目的物に基づく日照阻害・風害・電波障害その他発注者の
責めに帰すべき事由により、第三者との間に紛争が生じたとき、又
は損傷を第三者に与えたときは、発注者がその処理解決に当たり
必要な場合、受注者は発注者に協力する。第三者に与えた損害
を補償するときは、発注者が負担する

☐ 受注者は、工事を完了したとき、設計図書のとおりに実施されてい
ることを確認して、発注者に検査を求め、立会いを委託された監
理者は検査に立会う

● **契約不適合責任期間**
建築設備の機器・室内装飾・家具等の契約
不適合については、引渡しのときに監理
者が検査し、直ちにその履行の追完を請
求しなければ、受注者はその責任を負わ
ない。ただし、一般的な注意の下で発見
できなかった契約不適合については、引
渡しの日より1年間の責任を負う

● **請負代金額の変更**
請負代金額の変更は、原則として、工事
の減少部分については監理者の確認を受
けた請求代金内訳書の単価により、増加
部分については変更時の時価による

3 「建築設計・監理等業務委託契約約款」の概要

□ 監理業務において、委託者は、必要あるときは受託者に対し指示をすることができるが、委託者の指示の内容が建築士法、建築基準法その他業務に関する法令に抵触し又は抵触するおそれがあると認められる場合、受託者は撤回又は変更を求めることができる。

□ 監理業務委託契約において、委託者及び受託者は、受託者が監理業務を行うに当たり協議をもって決定した事項については、原則として、速やかに書面を作成し、記名・押印する。

□ 監理業務委託契約において、建築設計・監理等業務委託契約約款の規定により履行期間又は業務委託書の内容が変更された場合において、委託者は、必要があると認めるときは、受託者に対して、監理業務方針の再説明を請求することができる。

□ 監理業務において、受託者は、委託者の承諾を得て監理業務の一部について、他の建築士事務所の開設者に委託した場合、委託者に対し、当該他の建築士事務所の開設者の受託の行為全てについて責任を負う。

□ 監理業務委託契約において、受注者は、本契約に定めがある場合、又は委託者の請求があるときは、監理業務の進捗状況について、委託者に説明・報告しなければならない。

□ 監理業務委託契約において、委託者の責めに帰することができない事由によって業務の履行をすることができなくなった場合、又はこの契約が履行の中途で終了した場合、受託者は、委託者に対し、既に遂行した業務の割合に応じて業務報酬を請求することができる。

□ 監理業務委託契約において、受託者は、委託者の債務の不履行によって損害が生じたときは、債務の不履行についての別段の定めを規定した場合を除き、その賠償を請求することができる。ただし、委託者の責めに帰することができない事由によるものであるときは、この限りでない。

● **建築設計・監理等業務委託契約約款（四会連合協定）（抜粋）**

第1条	総則
第2条	協議の書面主義
第3条	業務に係る情報提供等
第4条	成果物の説明・提出
第5条	業務工程表の提出
第6条	監理業務方針の説明等
第7条	権利・義務の譲渡等の禁止
第8条	秘密の保持
第9条	著作権の帰属
第9条の2	意匠権の登録等
第10条	著作権の利用
第10条の2	意匠権の利用等
第11条	著作者人格権の制限
第12条	著作権・意匠権の譲渡禁止
第13条	著作権等の保証
第14条	再委託
第15条	受託者の説明・報告義務
第16条	設計業務委託書の追加、変更等
第16条の2	監理業務委託書の追加、変更等
第16条の3	設計・監理業務委託書の追加、変更等
第16条の4	調査・企画業務委託書の追加、変更等
第17条	設計業務、調査・企画業務における矛盾の解消
第18条	受託者の請求による設計業務、調査・企画業務の履行期間の延長
第19条	設計業務、監理業務、調査・企画業務報酬の支払
第20条	監理業務報酬の増額
第21条	受託者の債務の不履行責任
第22条	委託者の債務の不履行責任
第23条	成果物の内容に契約不適合があった場合の受託者の責任
第24条	設計業務、調査・企画業務における委託者の中止権
第25条	設計業務、調査・企画業務における受託者の中止権
第26条	委託者の解除権の行使
第26条の2	受託者の解除権の行使
第27条	解除後の取扱い
第28条	保険
第29条	紛争の解決
第30条	契約外の事項

QUESTION

1 最頻出問題 | 一問一答

次の記述のうち、民間連合協定「工事請負契約約款」に照らして正しいものには○、誤っているものには×をつけよ

1 ☐☐ 受注者は、契約を結んだ後、すみやかに請負代金内訳書及び工程表のそれぞれの写しを監理者に提出して、その確認を受ける

2 ☐☐ 受注者は、現場代理人及び工事現場における施工の技術上の管理をつかさどる監理技術者又は主任技術者並びに専門技術者を定め、書面をもってその氏名を監理者に通知する

3 ☐☐ 建設業法により専任の監理技術者を置かなければならない工事において、当該工事の現場代理人は、当該工事の監理技術者を兼ねることはできない

4 ☐☐ 施工について、監理者の指示により、工事用図書に適合しない部分が生じた場合、受注者はその費用を負担してすみやかに改造しなければならない

5 ☐☐ 受注者は、工事を完了したときは、監理者に検査を求め、監理者は、すみやかにこれに応じて発注者の立会いのもとに検査を行う

6 ☐☐ 監理業務委託契約において、受託者は、委託者の債務の不履行によって損害が生じたときは、委託者の責めに帰することができない事由によるものである場合であっても、債務の不履行について別段の定めを規定した場合を除き、委託者に対し、その賠償請求することができる

2 実践問題 | 一問一答

1 ☐☐ 現場代理人は、請負代金額の変更に関して、受注者としての権限の行使はできない

2 ☐☐ 現場代理人は、工期の変更に関して、この契約に基づく請負者と

ANSWER

→→→

1 ✕│監理者に提出した写しのうち、確認を受けるのは請負代金内訳書の写しのみである

2 ✕│監理者ではなく、発注者に対して通知する

3 ✕│現場代理人・監理技術者又は主任技術者及び専門技術者は、これを兼ねることができる。「工事請負契約約款10条 主任技術者・監理技術者、現場代理人など」

4 ✕│監理者の指示によるときは、工事用図書に適合しない施工について受注者はその責を負わない

5 ✕│工事を完了したときの検査は、発注者が行う。発注者が立会いを監理者に委託した場合は、監理者立会いのもとに検査を行う。「工事請負契約約款23条 完成、検査」

6 ✕│債務の不履行による損害賠償義務が発生するためには、債務者の責めに帰するべき事由が必要である。「建築設計・監理等業務委託契約約款第22条 委託者の債務の不履行責任」

→→→

1 ○│請負代金額の変更に関しては、除外項目である

2 ✕│工期の変更に関しては、除外項目

しての権限を行使することができる

3 ☐☐ 共同住宅の新築工事において、受注者は、あらかじめ発注者の書面による承諾を得た場合であっても、工事の全部もしくはその主たる部分又は他の部分から独立して機能を発揮する工作物の工事を一括して、第三者に請け負わせることはできない

4 ☐☐ 請負代金額を変更するときは、原則として、工事の増加部分については監理者の確認を受けた請負代金内訳書の単価により、減少部分については変更時の時価による

5 ☐☐ 受注者は、工事現場において、土壌汚染、地中障害物、埋蔵文化財など施工の支障となる予期することのできない事態が発生したことを発見したときは、直ちに書面をもって発注者または監理者に通知する

6 ☐☐ 受注者は、工事現場に搬入した工事材料・建築設備の機器を持ち出すときは、発注者の承認を受ける

7 ☐☐ 施工について受注者が善良な管理者としての注意を払っても避けられない騒音・振動・地盤沈下・地下水の断絶等の事由により第三者に与えた損害を補償するときは、発注者がこれを負担する

8 ☐☐ 天災により生じた損害について、発注者及び受注者が協議して重大なものと認め、かつ、受注者が善良な管理者として注意をしたと認められるものは、発注者及び受注者がこれを負担する

9 ☐☐ 受注者が資金不足による手形・小切手の不渡りを出す等により、受注者が工事を続行できないおそれがあると認められ、発注者が書面をもって契約を解除した場合、発注者は、受注者に損害の賠償を請求することができる

10 ☐☐ 受注者が契約書の定めるところにより、工事の完成前に出来高払による部分払を請求する場合、その請求額は、監理者の検査に合格した工事の出来形部分と検査済の工事材料・建築設備の機器に対する請負代金相当額の9/10に相当する額とする

11 ☐☐ 契約書及び設計図書に部分使用についての定めがない場合、発注者は、受注者の書面による同意がなければ、部分使用をすることはできない

12 ☐☐ 工事請負契約において、発注者は引き渡された契約の目的物に

3 ○｜設問記述のとおり。「工事請負契約約款5条 一括下請負、一括委任の禁止」
さらに、建設工事が多数の者が利用する施設又は工作物に関する重要な建設工事で、政令で定めるものは、たとえ発注者の承諾を得たとしても認められない。「建設業法22条」

4 ×｜工事の減少部分は積算代金内訳書の単価、増加部分は時価による「工事請負契約約款29条 請負代金額の変更」

5 ○｜「工事請負契約約款16条 設計及び施工条件の疑義、相違など」

6 ○｜「工事請負契約約款13条 工事材料、建築設備の機器、施工用機器」

7 ○｜「工事請負契約約款19条 第三者損害」

8 ×｜天災等の不可抗力による損害は発注者が負担する。「工事請負契約約款第21条 不可抗力による損害」

9 ×｜発注者は必要によって契約を解除できる。ただしこの場合は、契約解除によって生じる受注者の損害を賠償する。「工事請負契約約款31条、31条の3（発注者の中止権及び解除権）」

10 ○｜「工事請負契約約款26条 請求、支払、引渡し」

11 ○｜「工事請負契約約款24条 部分使用」

12 ×｜契約不適合を引き渡し後に発見した場合、発注者は受注者に対して履行の追完を請求する。「工事請負契約約款27条 契約不適合責任」

契約不適合があるときは、監理者に対し、書面をもって、目的物の修補又は代替物の引渡しによる履行の追完を請求することができる

13 ☐☐ 建築設備の機器・室内装飾・家具等の契約不適合については、引渡しのとき、監理者が検査をして直ちにその履行の追完を求めなければ、一般的な注意の下で発見できなかった契約不適合を除き、受注者は、その責を負わない

14 ☐☐ 受注者は、原則として、特許権等の対象となっている工事材料・建築設備の機器、施工方法等を使用するときは、その使用に関する一切の責任を負わなければならない

15 ☐☐ 監理業務委託契約において、建築設計・監理等業務委託契約約款の規定により履行期間又は業務委託書の内容が変更された場合において、委託者は、必要があると認めるときは、受託者に対して、監理業務方針の再説明を請求することができる

16 ☐☐ 監理業務において、受託者は、委託者の承諾を得て監理業務の一部について、他の建築士事務所の開設者に委託した場合、委託者に対し、当該他の建築士事務所の開設者の受託の行為全てについて責任を負う

17 ☐☐ 監理業務委託契約において、監理業務を原設計者と異なる建築士に委託したとき、委託者は、監理業務の段階において、設計成果物について変更の必要が生じた場合、原則として、設計変更業務を原設計者に別途委託しなければならない。

13 ○｜「工事請負契約約款27条の2 契約不適合責任期間等」

14 ○｜「工事請負契約約款7条 特許権などの使用」

15 ○｜「建築設計・監理等業務委託契約約款第6条 監理業務方針の説明等」

16 ○｜「建築設計・監理等業務委託契約約款第14条 再委託」

17 ○｜「建築設計・監理等業務委託契約約款第16条の2 監理業務委託書の追加、変更等」

002 施工計画

出題は施工計画書の内容と具体的な品質計画に大別できる。前者は作成上の要点だけでなく、監理者の承認に関しても出題される。後者はコンクリート工事、山留工事、仮設工事が中心になるが、これら以外の各種工事を含むこともある

1　施工計画書の作成と承認

☐　施工計画の内容は、品質・コスト・工期・安全及び周辺環境への配慮の5項目に分けられる。このうち品質計画に関する事項は監理者が確認のうえ承認する

☐　工事の着手に先立ち、施工者は基本工程表、総合施工計画書及び主要な工事の工事種別施工計画書によって構成された施工計画書を作成し、監理者に提出する

● 施工計画書

総合施工計画書	総合仮設を含めた工事の全般的な進め方や、主要工事の施工法、品質目標、管理方針、重点管理事項の大要を定めたもの
工種別の施工計画書	一工程の着手前に、総合施工計画書に基づいて個別の工事の施工計画を定めたもの（施工要領書を含む）

☐　質問回答書、現場説明書、特記仕様書及び図面には、標準仕様書と異なる事項や標準仕様書に含まれていない事項も指定されている。施工計画に当たっては、設計図書に記されたこうした特記に留意する

● 施工計画と施工体制

建設工事の目的物を発注者に引き渡すまで、特定建設業者は**施工体制台帳**を工事現場に備え置く必要がある

● 施工計画の特徴

仮設工事・土工事等は、一般に、施工者の施工計画により施工費の差が生じやすい

● 部材、部品等の工場生産

施工者は、部材、部品等の工場生産に先立ち、工場生産者に対して製作図、製作要領書、品質管理要領書、品質検査要領書等の作成を求める。監理者は、施工者から提出されたこれらの工事関係図書を確認して承認する

設計図書に指定のない仮設物等については監理者の承認を受ける必要はないよ

● 標準仕様書

建築物の質的水準の統一や設計図書作成の合理化を目的として、材料、工法、試験方法等の標準的な仕様を示したもの。その代表が、公共建築工事標準仕様書である

2　工程計画

☐　工程表は、気候・風土等の影響、施工計画書の作成と承認の時期、試験の時期と期間、仮設物の設置期間等を考慮して作成する。その際、これらの項目に関する余裕も考慮する。大きな設計変更等があった場合には、実施工程表を速やかに訂正する

☐　工程計画を表現する手法に、矢線（→）で作業を表現する**ネットワーク工程表**が普及している。**トータルフロート**（工期に影響を与える最大限の余裕）が最小のパスを**クリティカルパス**といい、

● 工程表の種類

工程表は基本工程表と実施工程表（全体工程表）に分けられる。前者は、特定の部分や職種を取り出し、それに関わる作業、順序関係、日程などを示したものである。一方、後者は工期全体にわたる工程表であり、施工の順序と工期全体を監視できる

● 工程計画の例

鉄骨造の高層建築物におけるカーテン

工程管理上最も重要である

ウォール工事の計画は、鉄骨工事の計画とともに着工後すみやかに検討を開始する

3 品質計画

□ 品質管理計画は、工種別施工計画書の一部をなすものである。品質管理組織、管理項目と管理値、品質管理実施方法、品質評価方法と管理値を外れた場合の措置を具体的に記載する

□ コンクリート工事では、**生コン打設**方法等を次の点に留意して計画する
- **軽量コンクリート**は圧送性が劣るので、圧送距離が長い場合、輸送管の呼び寸法を**125A**以上とする
- コンクリートポンプからの輸送管にフレキシブルホースを使用する場合は、**直管に対し、圧送負荷を2倍**として計画する
- コンクリート打設の際、型枠内部で**横流することを避ける**
- H形鋼を用いた鉄骨鉄筋コンクリートの梁では、フランジの下に巣(空洞)ができやすい。まず片側から打ち込んで、反対側からの噴出を確認した後、全体的に(両側から)打ち込む
- コンクリートの打込みで設備が隠蔽となる部分の工事の検査を工程の都合で行えない場合は、監理者の承諾を受け、工事写真等による記録を残して工事を進める計画とする

● 品質計画の例
①コンクリートの乾燥収縮ひび割れの補修は型枠取外しの後、仕上げ材の施工前までに、できるだけ長時間経過した後に行う
②デッキプレートにコンクリートを打ち込んだ屋根スラブにアスファルト防水工事を行う場合、下地を十分に乾燥させた後、当該工事に着手する
③RC造の建築物において、柱間の内法寸法が6mで開口部がない外壁面にタイル張りを行う場合、鉛直方向の伸縮調整目地は、壁の中央付近と柱の両側とに計画する
④山留めに用いる地盤アンカー工法において、「引張材とセメントミルク」と「セメントミルクと地盤」のそれぞれの密着性を高めるために、注入後にもセメントミルクを加圧する計画とする

4 安全計画及び環境への配慮

□ 山留工事では、切りばりの軸力を計測して土圧を管理することが多い。その場合には、次の点に留意して計画する
- 火打材を用いない切りばりの軸力を計測する場合には、盤圧計を腹起こしと切りばりの接合部に設置する
- 掘削する平面形状が単純な矩形で、周辺に特殊な条件がない場合、盤圧計は切りばり各段のX方向とY方向に1か所ずつ設置する

□ 仮設工事では、次の点に留意して作業構台やクレーン等を計画する
- 乗入れ構台には施工機械や車両が出入りする。その乗入れスロープは1/10～1/6程度の勾配で設ける
- 荷受け構台はクレーン、リフト、エレベーター等から材料を取込むために設置されるが、積載荷重等に対して十分に安全な構造にすれば材料置場を兼用できる

● 安全計画の例
①高さ80mの建築物の鉄骨工事の建方を積上げ方式により行なうので、建方用機械は、クライミング式大型タワークレーンを使用する計画とした
②労働基準監督署長の検査(落成検査)を受けた本設エレベーターを工事用として仮使用する計画とした

● 環境への配慮の例
①根切り工事により発生する軟弱な粘性土は、場外搬出に当たり、産業廃棄物として処理する
②建築物の解体工事に先立つ調査において判明したPCB(ポリ塩化ビフェニル)を含有する変圧器等は、PCBを含有する変圧器等を取り外したうえで、保管事業者である建築物の所有者に引き渡し、当該所有者の責任において処分する

1 最頻出問題 | 一問一答

→→→

次の記述のうち、正しいものには○、誤っているものには×をつけよ

1 ☐☐ 請負者は、工事の総合的な計画をまとめた総合施工計画書を作成し、設計図書に指定のない仮設物等も含めて、監理者の承認を受ける必要がある

2 ☐☐ 設計図書に選ぶべき専門工事業者の候補が記載されていなかったので、設計図書に示された工事の内容・品質を達成し得ると考えられる専門工事業者を、事前に工事施工者と協議した上で、監理者の責任において選定した

3 ☐☐ ネットワークによる工程表において、トータルフロートが最小のパスをクリティカルパスといい、これを重点管理することが工程管理上、最も重要である

4 ☐☐ 建築物の解体工事に先立つ調査において判明したPCBを含有する変圧器等については、PCBを含有する変圧器等を取り外したうえで、解体工事業者の責任において処分する

1 ×｜設計図書に指定のない仮設物等については、監理者の承認を受ける必要はない

2 ×｜事前に監理者と協議し、施工者の責任で選定する

3 ○｜トータルフロートがゼロの場合、クリティカルパス上の作業に遅れが発生すると全体工程に影響するため、重点管理対象となる

4 ×｜保管事業者である建築物の所有者に引き渡し、当該所有者の責任において処分する

2 実践問題 | 一問一答

→→→

1 ☐☐ 建設業法に基づき施工体制台帳を作成した特定建設業者は、建設工事の目的物を発注者に引き渡すまで、その施工体制台帳を工事現場に据え置く必要がある

2 ☐☐ 部材、部品等の工場生産に先立ち、工場生産者の作成した製作図、製作要領書、品質管理要領書、品質検査要領書等について、工事施工者からの提出を受け承認した

3 ☐☐ 特記は、標準仕様書と異なる事項や標準仕様書に含まれていない事項について、設計図書のうち、質問回答書、現場説明書、特記仕様書及び図面において指定された事項をいう

1 ○｜建設業法施行規則第14条の7

2 ○｜部材、部品等が工場生産される場合は、工場が作成する左記の図書も品質計画に含まれる

3 ○｜施工計画では、設計図書の特記事項に留意する

4 施工者は、監理者による鉄骨の工作図の承認を受けた後、設備工事における梁貫通スリーブの位置及び大きさを検討する

5 基本工程表を作成するに当たって、施工計画書、製作図及び施工図の作成並びに承認の時期を考慮した

6 契約書の規定に基づく条件変更等により、実施工程表を変更する必要が生じたので、施工の進捗に支障がないよう、当該変更部分の施工と併行して変更された実施工程表の提出を受け承認した

7 コンクリートの打込みで設備が隠蔽となる部分の工事の検査を工程の都合により行うことができない場合には、当該工事の監理者の承諾を受け、工事写真等による記録を残して工事を進める計画とした

8 鉄骨の建方に当たって、柱の溶接継手におけるエレクションピースに使用する仮ボルトについては、高力ボルトを使用して、全数締め付ける計画とした

9 ALCパネル工事の工程計画の作成において、ALCパネルの受け材の検討については、鉄骨図の監理者による承認の後に行う計画とした

10 地下階がある建築物において、乗入れ構台の高さを周辺地盤より1.5m高く計画したので、施工機械や車両の乗入れを考慮して、構台面までのスロープの水平距離を6mとした

11 建築物の新築工事において、積載荷重1tの本設エレベーターを工事用として仮使用する場合、あらかじめエレベーター設置報告書を労働基準監督署長あてに提出することにより、エレベーターの据付工事完成直後から使用することができる

12 山留め工事において、敷地の高低差が大きく、偏土圧が作用することが予想されたので、地盤アンカー工法を採用する計画とした

13 地震の後に、屋外に設置されているクレーンを用いて作業を行うときは、その地震が中震（震度4）の場合であれば、クレーンの各部分の点検を省略することができる

4 ×｜設備工事における梁貫通スリーブの位置及び大きさは基準図に図示されるものであり、工作図の作成、承認前に検討が行われていなければならない

5 ○｜基本工程表は工事関連図書の作成や承認の時期も考慮して作成する

● 概成工期
建築物の使用を想定して、総合試験運転調整を行ううえで支障のない状態にまで完了しているべき期限

6 ×｜実施工程表を変更する必要が生じた場合、当該部分の施工より前に監理者の承認が必要になる

7 ○｜適切な施工計画である（公共建築工事標準仕様書1.5.1）

8 ○｜設問記述のとおり。「017鉄骨工事」参照

9 ×｜鉄骨図の作成の際には、内外装材との関係の検討が求められる

10 ×｜高低差が1.5mの場合、スロープの水平距離は少なくとも9〜15m必要となる

11 ×｜本設エレベーターの仮使用前に、労働基準監督署長の検査（落成検査）を受けなければならない

12 ○｜適切な施工計画である。「008山工事・山留め」参照

13 ×｜震度4以上では点検が必要になる（クレーン等安全規則第37条）

003 # 現場管理

建設現場では、建設業法(以下、業法)及び労働安全衛生法(以下、安衛法)等に基づき各工事とそれに対応した資格を保持した技術者や技能者が仕事を行っており、適切な人員配置が行われているかどうかを常に管理しておかなければならない

1 安全衛生管理

□ 企業の安全衛生管理を組織的・効果的に進めるためには、**安衛法に基づき実態に即した店社及び現場等の安全衛生管理体制を確立すること**が重要である

□ 安衛法では、業種、企業規模ごとに**安全管理体制**が規定されている。建設現場においては、混在作業から生ずる**労働災害**を防止するため安全衛生管理体制(**統括安全衛生管理体制**)を定めている(右表)。下図は建築現場の安全衛生管理体制の一例

● **安衛法に基づく安全衛生管理体制(その2)**

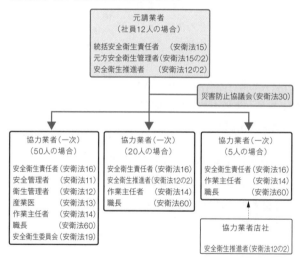

参考資料:(財)建設業振興基金登録基幹技能者テキスト

□ 統括安全衛生責任者を選任すべき事業者以外の請負人は、安全衛生責任者を選任しなければならない。安全衛生責任者は、統括安全衛生責任者と現場作業員との連絡調整を行う

□ 事業者は、労働災害を防止するため、一定の作業について有資格者(免許を受けた者又は技能講習を修了した者)を**作業主任者**として選任し、労働者の**作業指揮**等を行う

● **安衛法に基づく安全衛生管理体制（その1）**

単一企業で常時50人以上

・安全管理者
・衛生管理者
・産業医
・総括安全衛生管理者
　(常時100人以上の場合)
を選任

複数企業で常時50人以上

・統括安全衛生責任者
　(特定元方事業者から)
・元方安全衛生管理者
　(特定元方事業者から)
・**安全衛生責任者**
　(下請事業者から)
を選任

● **安全・衛生・安全衛生委員会**
労働者が常時50人以上の事業場では、安全委員会及び衛生委員会を設けなければならない。また、代わりに安全衛生委員会を設置することもできる(安衛法17〜19条)

● **元方安全衛生管理者**
元方安全衛生管理者は、統括安全衛生責任者を補佐する者(安衛法15条の2)。いわゆる、元請の現場所長次席又は現場主任等が該当する

● **安全衛生責任者**
安衛法16条。いわゆる、協力業者(下請)の職長等が該当する

● **作業主任者**
事業者は、労働災害を防止するための管理が必要な作業を行う場合、免許を受けた者又は技能講習修了者から作業主任者を選任し、作業に従事する労働者の指導等を行わせる(安衛法14条)

●作業主任者に必要な資格及び作業内容

作業主任者	作業内容
地山の掘削作業主任者	掘削面の高さが **2m以上**となる地山の掘削作業
土止め支保工作業主任者	土止め（山留め）支保工の切梁や腹起しの取付け・取外しの作業
足場の組立等作業主任者	吊り足場（ゴンドラの吊り足場を除く）・張出し足場、高さが **5m以上**の構造の足場の組立・解体・変更の作業
型枠支保工の組立等作業主任者	型枠支保工の組立・解体の作業
建築物等の鉄骨の組立等作業主任者	高さ **5m以上**の建築物の骨組又は塔であって、金属製の部材により構成されるものの組立・解体・変更の作業
コンクリート造の工作物の解体等作業主任者	高さ **5m以上**のコンクリート造の工作物の解体・破壊の作業
石綿作業主任者	石綿及び石綿を含有する製剤等を製造し取り扱う作業
ガス溶接作業主任者	アセチレン又はガス集合装置を用いて行う溶接等の作業

ガス溶接作業主任者は免許者から、その他の作業主任者は技術講習修了者から選任するよ

2　工事請負契約書・設計図書の優先順位

□ **発注者**と**請負者**は、それぞれ対等な立場における合意に基づき公正な契約を締結する。両者は契約書と**工事請負契約書（約款）**及び添付の**設計図・仕様書（設計図書）**に基づいて、誠実にこの契約を履行する

□ 設計図書には、①**見積要領書（現場説明書及び質問回答書**を含む）、②**特記仕様書**、③**設計図**、④**標準仕様書**が含まれ、①〜④の順に優先される

□ ㈳日本建築学会「**建築工事標準仕様書**」において、工事種別施工計画書には、一般に、工程表、品質管理計画書及び施工要領書を含むとされている

3　建設業法上の規定

□ 建設業者は、元請であれ下請であれすべて、建設工事を施工するときは、工事現場に**主任技術者**を置く。また、**特定建設業者**が、元請となって発注者から直接建設工事を請け負った場合、**4,000万円（建築一式工事の場合は6,000万円）**以上を下請に出すときは、主任技術者ではなく、工事現場に**監理技術者**を置く（業法26条2項）。また、工事現場ごとに配置が求められる主任技術者または、監理技術者を**専任**で配置することが必要となる重要な建設工事の請負代金の金額について、**建築一式工事**にあっては**7,000万円**以上、建築**一式工事以外**の建設工事にあっては**3,500万円**以上とする

●**主任技術者・監理技術者の専任制度**
監理技術者又は主任技術者は、公共性のある施設・工作物や多数の者が利用する施設・工作物に関する重要な工事では、工事現場ごとに専任でなければならない。また、現場代理人は、監理技術者を兼ねてもよい（業法26条3項、令27条）

●**専任する場合**
特定建設業者は、専任の監理技術者を置く工事現場において、**監理技術者補佐を専任で置く**場合、監理技術者は兼任が可能である

QUESTION　　　　　　　　　　　　　　　　　　　　　　　　　　　　　　**ANSWER**

1　最頻出問題│一問一答

→→→

次の記述のうち、正しいものには○、誤っているものには×をつけよ

1 □□　設計図書間に相違がある場合の優先順位は、一般に、①質問回答書（次の②～⑤に対するもの）、②特記仕様書、③現場説明書、④図面、⑤標準仕様書である

2 □□　労働安全衛生法において、安全衛生推進者は、統括安全衛生責任者と労働者との連絡等を行わなければならないとされている

3 □□　現場代理人は、現場に常駐し、現場の運営、取り締まりを行う者であり、受注者の代理としての権限の他、一般に、請負代金額の変更、請負代金の請求及び受領の権限が与えられている

4 □□　山留め支保工の切梁及び腹起しの取付けについては、地山の掘削作業主任者を選任し、その者に作業の方法を決定させるとともに作業を直接指揮させなければならない

1 ×│優先順位は、①質問回答書、②現場説明書、③特記仕様書、④図面、⑤標準仕様書である

2 ×│統括安全衛生責任者と労働者との連絡等を行うのは、安全衛生推進者ではなく、安全衛生責任者である

3 ×│現場代理人は次の権限を除き、契約に基づく受注者の一切の権限を行使できる
・請負代金額の変更
・請負代金の請求

4 ×│山留め支保工の切梁及び腹起しの取付け又は取外しについては、土止め支保工作業主任者を選任しなければならない。なお、掘削面の高さが2m以上の場合は、これとは別に地山掘削作業主任を選任する

2　実践問題│一問一答

→→→

1 □□　設計図書のうち、現場説明書と特記仕様書との間に相違がある場合、特記仕様書を優先しなければならない

2 □□　特定元方事業者は、元方安全衛生管理者を選任し、その者に労働災害を防止するために講じる措置のうち、技術的事項を管理させなければならない

3 □□　労働安全衛生法において、事業者は、安全委員会及び衛生委員会を設けなければならないときは、それぞれの委員会の設置に代えて、安全衛生委員会を設置することができるとされている

4 □□　下請業者は、請け負った範囲の仕事を安全に実施するために、統括安全衛生責任者との調整、その調整事項に係る指示についての関係作業員への連絡等を行う安全衛生責任者を選任しな

1 ×│設計図書の優先順位は以下の順序による。①見積要領書（現場説明書及び質問回答書を含む）、②特記仕様書、③設計図、④標準仕様書

2 ○│元方安全衛生管理者は、統括安全衛生責任者を補佐し、労働災害を防止するために講じる措置のうち、技術的事項を管理しなければならない

3 ○│安全委員会、衛生委員会に代えて安全衛生委員会を設置することもできる（安衛法19条1項）

4 ○│統括安全衛生責任者を選任すべき事業者（元請、ゼネコンのこと）以外の請負人（下請業者、協力業者のこと）は、安全衛生責任者を選任する

ければならない

5 ☐☐ 労働安全衛生法に基づき、石綿をその重量の0.1%を超えて含有する建材の除去に当たっては、石綿作業主任者を選任しなければならない

6 ☐☐ 足場の組立等作業主任者については、高さ5m未満の枠組足場の解体作業であったので、選任しなかった

7 ☐☐ 枠組足場の組立て又は解体作業において、枠組足場上の作業については、枠組足場の段数が2段目までであれば、満18歳に満たない者を就業させてもよい

8 ☐☐ 鉄骨工事において、建築物等の鉄骨の組立等作業主任者に、作業の方法及び労働者の配置を決定させるとともに作業を直接指揮させた

9 ☐☐ 建設工事(軽微な建設工事を除く)を請け負った建設業者は、その建設工事を施工するときは、下請であっても、主任技術者を置かなければならない

10 ☐☐ 発注者から直接建設工事を請け負った特定建設業者は、下請契約の請負代金の額の総額にかかわらず、工事の適正な施工を確保するため、施工体制台帳を作成し、工事現場ごとに備え置かなければならない

11 ☐☐ 遣方の検査において、当該工事の監理者は、墨出しの順序と同じ順序で確認するなど、できる限り工事施工者が行った方法と同じ方法で確認する

12 ☐☐ 元請として診療所併用住宅の建築一式工事を施工する特定建設業者は、診療所部分に相当する請負金額が、7,000万円以上の場合、原則として、当該工事には、専任の監理技術者を置かなくてよい

13 ☐☐ 関係請負人の労働者の数が常時50人以上となる工事現場においては、請負者は統括安全衛生責任者及び元方安全衛生管理者を選任し、下請業者は安全衛生責任者を選任しなければならない

5 ○│石綿や石綿を含有する製剤等を製造・取り扱う作業は、石綿作業主任者を選任しなければならない

6 ○│吊り足場・張り出し足場、高さが5m以上の構造の足場の組立や解体・変更の作業を行う場合には、足場の組立等作業主任者の選任を行う

7 ×│厚生労働省令で定める危険な業務及び満18歳に満たない者に就かせてはならない業務は、年少者労働基準規則で決められ、足場の組立、解体又は変更の業務(地上又は床上における補助作業の業務を除く)である

8 ○│高さ5m以上の建築物の骨組や塔であって、金属製の部材により構成されるものの組立・解体・破壊の作業を行う場合、建築物等の鉄骨の組立等作業主任者を選任する

9 ○│建設業者は、元請・下請すべて、建設工事を施工するには、現場に主任技術者を置く(業法26条1項)

10 ×│特定建設業者と一次下請業者の間に締結した建設工事の請負代金の総額が4,000万円以上(建築一式工事では6,000万円以上、税込)となった場合に作成しなければならない

11 ×│監理者は墨出しの順序を変える等、施工者が行った方法とできるだけ異なる方法で確認する

12 ×│公共性のある建設工事(個人住宅を除くほとんどの工事)で、請負金額が3,500万円(建築一式工事の場合は7,000万円、税込)以上の工事を施工する場合は、元請・下請にかかわらず、主任技術者又は監理技術者を現場ごとに専任で置く必要がある(業法26条・27条)

13 ○│労働者の数が常時50人以上の場合は、請負者は統括安全衛生責任者及び元方安全衛生管理者を選任し、下請業者は、安全衛生責任者を選任する

004 品質・材料管理

品質管理とは、JISでは、買手の要求に合った品質の品物又はサービスを経済的につくり出すための手段の体系と定義している。材料管理では、建設現場に搬入された工事用材料が、破損・汚損・劣化・変質等のないように適切な方法で取り扱われなければならない

1　品質管理

☐　**品質管理**は**デミングサークル**を繰り返して行う。これにより次の新しい計画や品質の向上に対する意識を高めていく

●**デミングサークル**
「Plan：計画→Do：実施→Check：評価・検査→Action：処理」の順に実行される

☐　多くの日本の企業では、経営組織全体で行う総合的品質管理である**TQC**（Total Quality Control）を実施している品質管理（**QC**）に用いる七つ道具は以下のとおりである
①パレート図
②特性要因図
③ヒストグラム
④チェックシート
⑤グラフ
⑥散布図
⑦管理図

●**パレート図**

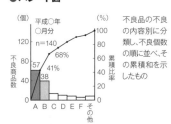

不良品の不良の内容別に分類し、不良個数の順に並べ、その累積和を示したもの

●**特性要因図**

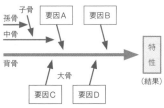

あるものの品質の特性とその要因の関係を示したもの

●**ヒストグラム**

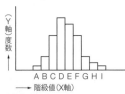

測定値の範囲をいくつかに区分し、その区間に属する測定値の出現度数に対応した縦棒線を示したもの

●**散布図**

2つの変数を横軸と縦軸にとり、その測定値をプロットしたもの

2　材料管理

☐　以下の表は、建設現場に搬入される材料の種類に対応した取扱いや検査方法等の内容を示したものである

●**材料の検査方法**

材料の種類	検査方法
鋼材	・JISマーク表示がされている原材としての建築構造用圧延鋼材等の場合、確認方法として、現物では、①ラベル又はステンシル、②プリントマーク（＝ミルマーク）、③端面塗色、④製品マーク（高力ボルト）、⑤包装・箱（ペールパック・被覆棒・高力ボルトの箱）をチェックすることと、書類では、⑥納品書など、⑦原品証明書もしくは⑧ミルシート原本（⑦、⑧はいずれかで可）を記録する ・品質・性能について、設計図書に定める日本工業規格（JIS）の規格品であることを証明する規格品証明書が添付

●**ラベル**

された場合、その品質・性能を有するものとして取り扱い、鉄骨の材料試験を省略してもよい
・トルシア形高力ボルトの締付け完了後の目視検査は、すべてのボルトについてピンテールが破断されていることを確認するとともに、一次締付け後に付したマークのずれによって共回り・軸回りの有無、ナット回転量及びナット面から突き出したボルトの余長の過不足を検査し、いずれについても異常の認められないものを合格とする

鉄筋	・JIS規格品の鉄筋コンクリート用棒鋼は、1束ごとに表示タグがあり、成績証(ミルシート)を照合し現場に納入した棒鋼の品質を確認する ・JIS規格品の異形鉄筋の種類は、「圧延マークによる表示」又は「色別塗色による表示」により確認する ・鉄筋のガス圧接完了後の外観検査(目視検査含む)は、すべての圧接部に対して行う。写真記録は各サイズ代表で記録する
塗料	・工事現場での錆止め塗料塗りにおいて、塗装面の単位面積当たりの塗付け量の確認は、膜圧測定が困難なので、使用量から推定してもよい
耐火被覆	・ロックウールの吹付工法による耐火被覆で、施工後の厚さとかさ比重の測定用のコア採取は、特記がない場合は、各階ごと、かつ、床面積1,500㎡ごとに各部位1回とし、1回につき5個とする
セメント板 ALC板	・外観の確認を行い、ALCパネルに使用上支障のない範囲の欠けがあった場合は、補修して使用できる
内装	・設計図書において、内装工事に使用する材料の製造業者名が複数指定されている場合、その選定は請負者が行い、監理者の承諾を受ける

● 材料の取扱い

材料の種類	材料の取扱い等
鉄筋	・鉄筋の表面に発生した錆のうち、浮いていない赤錆程度のものは、コンクリートとの付着を阻害することがないので、除去しなくてよい
塗料	・塗料等が付着した布片で引火のおそれがあるものは、塗装材料と同じ保管場所には置かず、水の入った金属製の容器に入れておき、作業終了後分別して処理する
ガラス	・裸板ガラスの保管は、立置きとし、振動による倒れを防止するため、屋内の柱等の構造躯体にクッション材を当て、ロープ掛けにより固定する ・木箱やパレットを用いて運搬した板ガラスは、屋内の乾燥した場所に荷姿のまま保管する
保温材	・板状の発泡プラスチック保温材は、原則、水や湿気にさらされない屋内に、反りぐせがつかないように平坦な敷台等の上に積み重ねて保管する
セメント板	・外壁工事に用いる押出成形セメント板は、積置き場所を平坦で乾燥した屋内とし、積置き高さを最大で1.0mとする
内装	・長尺床シートは、巻きぐせを取るために、仮敷きを行う(24時間が望ましい) ・ホルムアルデヒドの放散等級の異なる内装材料の保管については、梱包をあけた場合、放散等級の異なるものを同じ場所に置かないようにし、風通しに留意する

● 異形鉄筋の圧延マークの表示例

地域や工場で違いがあるので確認し、間違いのないように注意する

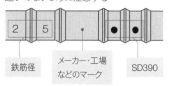

鉄筋径　メーカー・工場などのマーク　SD390

● 異形鉄筋の種類に対応した表示方法

種類の記号	種類を区別する表示方法	
	圧延マークによる表示	色別塗色による表示
SD295A	圧延マークなし	適用しない
SD345	突起の数1個(·)	黄(片断片)
SD390	突起の数2個(··)	緑(片断片)
SD490	突起の数3個(···)	青(片断片)

● 鉄筋の保管

鉄筋は、錆(さび)や泥の付着を避け、曲がらないように枕木を配置し、その上に積む

雨露・潮風などにさらされないように、シートなどで覆う
ゴミ・土・油などが付着しない
直接地上に置かない
種類ごとに断面をペイントなどで色分け

● 鉄骨工事に使用する溶接棒

溶接棒は、吸湿しないように常に乾燥させて保管する

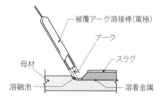

被覆アーク溶接棒(電極)
アーク
母材
スラグ
溶融池
溶着金属

● ALCパネルの保管

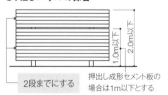

1.0m以下
2.0m以下
2段までにする
押出し成形セメント板の場合は1m以下とする

● ガラスの保管

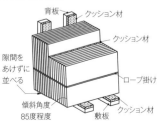

背板
クッション材
クッション材
隙間をあけずに並べる
ロープ掛け
傾斜角度85度程度
敷板
クッション材

QUESTION

1　最頻出問題｜一問一答

次の記述のうち、正しいものには○、誤っているものには×をつけよ

1 ☐☐　建築構造用圧延鋼材については、ミルシートのほかにミルマーク・ステンシル・ラベル等を活用して品質を確認した

2 ☐☐　JIS規格品の異形鉄筋の種類の確認については、SD345の場合、圧延マークによる表示が「突起の数が2個(・・)」であることを目視により行った

3 ☐☐　ホルムアルデヒドの放散等級の異なる内装材料の保管については、梱包を開けた場合、放散等級の異なるものを同じ場所に置かないようにし、風通しに留意した

4 ☐☐　鉄骨工事において、鉄骨溶接構造400N及び490N級炭素鋼で板厚が60㎜であったので、認定グレードMの鉄骨製作工場が選定されていることを確認した

2　実践問題｜一問一答

1 ☐☐　ガスシールドアーク溶接において、梱包を解いた後、数日間適切に保管したソリッドワイヤについては、ワイヤの表面に錆がなかったので、そのまま使用した

2 ☐☐　トルシア形高力ボルトの締付け完了後の目視検査において、「共回り・軸回りがないこと」及び「ナット面から突き出したボルトの余長が十分であること」が確認されていても、ピンテールが破断していたものは不合格とした

3 ☐☐　被覆アーク溶接棒については、紙箱に梱包され、さらにポリエチレンフィルムで吸湿しないように包装されていたが、開封直後であっても乾燥装置で乾燥させてから使用した

4 ☐☐　内装工事の材料については、設計図書に製品名及び製造所が3種類指定されていたので、指定された材料の中から請負者が

ANSWER

→→→

1 ○｜建築構造用圧延鋼材については、ミルシートのほかにミルマーク・ステンシル・ラベル等を活用して品質を確認する

2 ×｜突起の数が2個(・・)は、SD390であり、誤りである

3 ○｜ホルムアルデヒドは、放散等級の異なるものをホルムアルデヒドを含むもののそばに置いたり接触させておくと、そのものに移ってしまうので注意が必要。保管は、風通しに留意する必要がある

4 ×｜認定グレードMの鉄骨製作工場では、鉄骨溶接構造の400N及び490N級炭素鋼まで、板厚40㎜以下とする

→→→

1 ○｜ガスシールドアーク溶接に使用するソリッドワイヤは、めっき処理が施されており長期間保管できる

2 ×｜鉄骨工事では、トルシア形高力ボルトの締付け完了後の目視検査は、すべてのボルトについてピンテールが破断されていることを確認することと、一次締付け後に付けたマークのずれによって共回り・軸回りの有無、ナット回転量及びナット面から突き出したボルトの余長の過不足を検査確認し、いずれについても異常の認められないものを合格とする

3 ○｜被覆アーク溶接棒は、乾燥装置で乾燥させてから使用してもよい

4 ○｜内装工事の材料は、設計図書に

自由に選定した

製品名及び製造所が数種類指定されていた場合、指定された材料の中から請負者が自由に選定してもよい

---

5 ☐☐ セメントモルタルによる磁器質タイル張りにおけるタイルの浮きについては、タイル張付け直後に、打診用ハンマーを使用して検査した

5 × | タイルの打診検査では、タイル張り後張付けモルタルが硬化してから打診用テストハンマーでタイル面をたたいて浮きがないかを確認する

---

6 ☐☐ 工事現場に搬入されたロールカーペットについては、立置きせずに、横に倒して3段までの俵積みとした

6 ○ | ロールカーペットは、立置きせず、2～3段までの俵積みとする。タイルカーペットの場合は、5～6段積みまでとする

---

7 ☐☐ 工事現場における錆止め塗料塗りにおいて、塗装面の単位面積当たりの塗付け量の確認については、膜圧測定が困難であるので、使用量から推定した

7 ○ | 工事現場における錆止め塗料塗りにおいて、塗装面の単位面積当たりの塗付け量の確認については、工場ではなく現場での膜圧測定が困難であり、使用量から推定してもよい

---

8 ☐☐ 塗料等が付着した布片で引火のおそれがあるものについては、その塗料の保管場所に保管した

8 × | 塗料の付着した布片で、自然発火を起こすおそれのある場合、この布片は、塗装材料と同じ保管場所には置かず、水の入った金属製の容器に入れておき、作業終了後分別して処理する必要がある。これは、塗料をふき取った布等が、自然発火を起こすおそれがあるからである

---

9 ☐☐ 塗料については、施工時の条件に適した粘度よりも若干高い粘度の製品となっている場合、工事現場において所定のシンナー等を用いて適正な希釈割合の範囲内で、塗装に適した状態に粘度を調整することができる

9 ○ | 工事現場において所定のシンナー等を用いて適正な希釈割合の範囲内で、塗装に適した状態に粘度を調整してもよい

---

10 ☐☐ セメントミルク工法による既成コンクリート杭工事において、「アースオーガーの掘削深さ」、「アースオーガーの駆動用電動機の電流値又は積分電流値」等から行う支持地盤の確認については、施工する本杭のうち、工事施工者が過半の杭について行っていることを確認した

10 × | 施工する本杭については、全数について確認し、その記録を報告書に記載する

---

11 ☐☐ 鉄筋のガス圧接継手の外観検査については、原則として、1検査ロット（1組の作業班が1日に施工した圧接箇所の数量）から無作為に抜き取った30か所を対象とする

11 × | 鉄筋のガス圧接完了後の外観検査（目視検査含む）は、すべての圧接部に対して全数検査を行わなければならない。写真記録は各径のサイズの代表に関して記録する

---

12 ☐☐ 鋼材の受入れに当たって、鋼材の原品に規格名称や種類の区分等が表示された材質が確実に識別できるものについては、規格証明書の原本の代わりに原品証明書により材料確認を行った

12 ○ | 鋼材の受入れに当たって、材質が確実に識別できるものについては、規格証明書の原本の代わりに原品証明書により材料確認を行ってもよい

---

13 ☐☐ JIS規格品のD19の異形鉄筋について圧延マークを確認したところ、突起の数が1個であったので、SD295 Aと判断した

13 × | 突起の数が1個の異形鉄筋の種類は、SD345である。圧延マークなしは、SD295 Aである

---

14 ☐☐ 塗料、接着剤等の化学製品の取扱いに当たっては、当該製品の製造所が作成した化学物質等安全データシート（MSDS）を常備し、記載内容の周知徹底を図り、作業者の健康、安全の確保及び環境保全に努める

14 ○ | 塗料、接着剤等の化学製品の取扱いではMSDSを常備する

005 申請・届出

ここでのポイントは申請及び届出の提出先である。届出先には、都道府県知事・労働基準監督署長のほか、国土交通大臣・建築主事・道路管理者・所轄の警察署長・保健所・総務大臣・市区町村長・都道府県労働基準局長等がある

1 届出の種類

● 現場での届出・申請

書類名	届出先	届出者	届出時期
道路占用許可申請書[＊1]	道路管理者	施工者	そのつど
道路使用許可申請書[＊2]	所轄警察署長		
騒音規制法に基づく特定建設作業実施届[＊3]	市町村長		作業開始の7日前
振動規制法に基づく特定建設作業実施届[＊3]			
道路工事施工承認申請書	道路管理者		
宅地造成に関する工事の許可申請	都道府県知事	造成者	
産業廃棄物処理業の許可申請		処理業者	着手前
伝搬障害防止区域における高層建築物等予定工事届	総務大臣	建築主	
自家用電気工作物設置工事計画の届出	経済産業大臣又は経済産業局長	設置者	事前許可又は工事開始30日前まで
自家用電気工作物の主任技術者の選任届			遅延なく
消防用設備等着工届	消防長又は消防署長	消防設備士	着工の10日前
圧縮アセチレンガス等の貯蔵又は取扱いの届出		貯蔵者又は取扱者	
危険物の貯蔵及び取扱所設置許可申請書	消防署を置く市町村は市町村長、それ以外は都道府県知事	設置者	事前
航空障害灯の設置届	国土交通大臣（地方航空局長）		
浄化槽設置届	都道府県知事（保健所を置く市は市長）		
工事監理報告書	建築主	建築士	工事完了後直ちに
大気汚染防止法に基づく特定粉じん排出等作業実施届出書	都道府県知事	特定工事の発注者	作業開始の14日前

＊1：道路占用とは、足場や仮囲い、その他仮設物などを歩道上に設け、長期間継続して道路を使用すること
＊2：道路使用とは、工事、作業、露店、屋台等を出すなど、道路を一時的に（1日のうちで数時間）使用すること
＊3：1日で終わるものは除外される。敷地の境界線での騒音は85 dB、振動は75 dBを超えてはならない
注　歩道の切り下げを行う場合は、施工者が道路工事施工承認申請書を道路管理者に提出する

● 建築基準法関係の届出・申請

書類名	届出先	届出者	届出期間
建築確認申請書	建築主事	建築主	着工前
建築工事届（床面積10㎡超）	都道府県知事		
建築物除却届（床面積10㎡超）		施工者	
中間検査・完了検査申請	建築主事	建築主	完了後4日以内
安全上の措置などの計画に関する届出	特定行政庁		事前

● 労働安全衛生法の手続き等

書類名		届出先	届出者	届出時期
統括安全衛生者選任報告				
安全管理者選任報告				遅延なく
衛生管理者選任報告			事業者	
建設工事計画届	・建築物又は工作物の建築（解体含む）（31m超） ・地山の掘削（10m以上） ・石綿（アスベスト等の除去）	労働基準監督署長		工事開始日の14日前
建設業に付属する寄宿舎の設置届			使用者	
特定元方事業者の事業開始報告			特定元方事業者	開始後遅延なく
共同企業体（JV）代表者届		都道府県労働局長		工事開始日の14日前
型枠支保工設置計画届（支柱の高さ3.5m以上）			事業者	
足場の組立・解体計画届（10m、60日以上）		労働基準監督署長		工事開始日の30日前
クレーン、デリック、エレベーター、建設用リフト設置届				
ボイラー設置届				

2 建設副産物の再資源化

建設副産物とは、建設発生土、コンクリート塊、アスファルト・コンクリート塊、建設発生木材（木くず）、建設汚泥、紙くず、金属くず、ガラスくずなど、「資源有効利用促進法」2条で、「建設工事に伴い副次的に得られた物品」である。価値の有無、再利用の可否は関係なく、工事現場から排出されたすべての物品が該当する

建築副産物で、「有用であって、原材料として利用できるもの又はその可能性のあるもの」が**再生資源**である
①土砂、②コンクリートの塊、③アスファルト・コンクリートの塊

また、「その全部又は一部を再生資源として利用することを促進することが当該再生資源の有効な利用を図る上で特に必要なもの」として、④木材を加えた4つが、**指定副産物**である

「建設リサイクル法」における**特定建築資材廃棄物**
①建設発生木材（例：木質ボード、木材チップ等）
②コンクリート塊（例：路盤材、骨材、プレキャスト板等）
③アスファルト・コンクリート塊（例：路盤材等）

● **資源、有効利用促進法**
資源の有効な利用の促進に関する法律

● **建設工事による発生土砂**
産業廃棄物とは、事業活動に伴って生じた廃棄物のうち、燃え殻、汚泥、廃油、廃酸、廃アルカリ、廃プラスチック類その他政令で定める廃棄物等をいう。建設工事により発生した土砂は、産業廃棄物に含まれない（「廃棄物処理法」2条4項一号）

● **現場事務所からの廃棄物**
現場事務所から排出されるダンボール、図面、その他の書類等は一般廃棄物である

● **特別管理産業廃棄物**
産業廃棄物のうち、爆発性、毒性、感染性その他の人の健康又は生活環境に係る被害を生ずるおそれがある性状を有するもの（「廃棄物処理法」2条5項）

● **事業者の責務**
事業者は、その産業廃棄物を自ら処理しなければならない（「廃棄物処理法」3条）

● **建設工事による主な産業廃棄物**
工作物の新築、改築又は除去で生じた「紙くず」「木くず」「金属くず」、及び「ガラスくず」「コンクリートの破片」など

● **建設リサイクル法**
建設工事に係る資材の再資源化等に関する法律

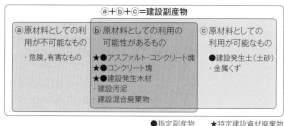

●指定副産物　★特定建設資材廃棄物

QUESTION

1 最頻出問題 | 一問一答

次の記述のうち、正しいものには○、誤っているものには×をつけよ

---

1 ☐☐ 高さ40mの建築物の新築に先立ち、当該工事を開始する日の14日前までに、「建設工事計画届」を、労働基準監督署長あてに提出した

---

2 ☐☐ 市街化調整区域内において、床面積の合計が20㎡である建築物の新築に先立ち、「建築工事届」を、建築主事を経由して都道府県知事あてに提出した

---

3 ☐☐ 消防本部及び消防署を置く市町村の区域内において、危険物に係る貯蔵所の設置に先立ち、「危険物貯蔵所設置許可申請書」を、消防署長あてに提出した

---

4 ☐☐ 道路法による制限を受ける車両を通行させるために、「特殊車両通行許可申請書」を警察署長あてに提出した

---

5 ☐☐ 建築基準法に基づく工事中における安全上の措置等に関する計画届は、建築主が都道府県知事に届け出た

---

6 ☐☐ 工事用の仮囲いを設置するに当たって、継続して道路を使用する必要があるので、「道路占用許可申請書」を道路管理者に提出した

---

2 実践問題 | 一問一答

---

1 ☐☐ 積載荷重1.5tの工事用エレベーターを設置するに当たって、工事の開始の日の30日前までに、エレベーター明細書、エレベーターの組立図及び強度計算書を添えたエレベーター設置届を、建築主事あてに提出した

---

2 ☐☐ 高さ12mの枠組足場を設置するに当たって、工事の開始の日の30日前までに「構造、材質及び主要寸法等を記載した書面」及び

ANSWER

→→→

1 ○ | 建設工事計画届（建築・解体工事ともに）の提出先は、労働基準監督署長である

2 ○ | 建築工事届の提出先は、建築主事を経由して都道府県知事である

3 × | 消防本部及び消防署を置く市町村の区域内においては、危険物に係る貯蔵所の設置時、市町村長あてに危険物貯蔵所設置許可申請書を提出しなければならない

4 × | 特殊な車両（車両制限令の基準を超えるもの）を通行させようとするときには、通行しようとする道路の道路管理者に申請し、許可を得なければならない

5 × | 建築主が特定行政庁に届け出る

6 ○ | 工事用の仮囲いや足場等の設置において道路を使用する場合、道路占用許可申請書を「道路管理者」に提出しなければならない

→→→

1 × | 不適当である。建築設備としてのエレベーターではなく、工事用エレベーターの場合は、労働基準監督署長に提出する（労働安全衛生規則86条1項）

2 ○ | 足場等の設置届は、工事の開始の日の30日前までに労働基準監督署長あてに提出する

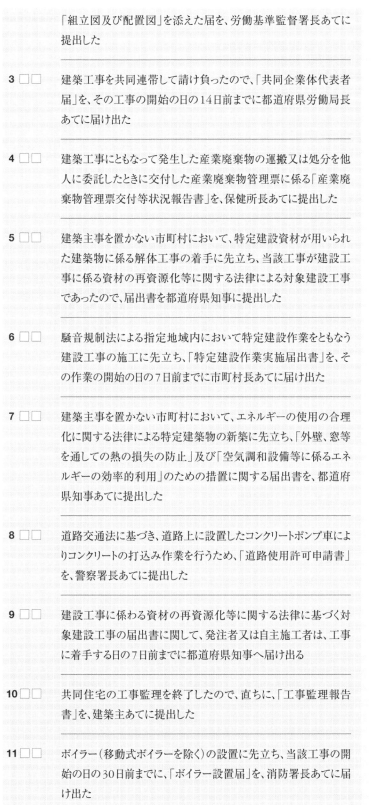

「組立図及び配置図」を添えた届を、労働基準監督署長あてに提出した

3 ☐☐ 建築工事を共同連帯して請け負ったので、「共同企業体代表者届」を、その工事の開始の日の14日前までに都道府県労働局長あてに届け出た

4 ☐☐ 建築工事にともなって発生した産業廃棄物の運搬又は処分を他人に委託したときに交付した産業廃棄物管理票に係る「産業廃棄物管理票交付等状況報告書」を、保健所長あてに提出した

5 ☐☐ 建築主事を置かない市町村において、特定建設資材が用いられた建築物に係る解体工事の着手に先立ち、当該工事が建設工事に係る資材の再資源化等に関する法律による対象建設工事であったので、届出書を都道府県知事に提出した

6 ☐☐ 騒音規制法による指定地域内において特定建設作業をともなう建設工事の施工に先立ち、「特定建設作業実施届出書」を、その作業の開始の日の7日前までに市町村長あてに届け出た

7 ☐☐ 建築主事を置かない市町村において、エネルギーの使用の合理化に関する法律による特定建築物の新築に先立ち、「外壁、窓等を通しての熱の損失の防止」及び「空気調和設備等に係るエネルギーの効率的利用」のための措置に関する届出書を、都道府県知事あてに提出した

8 ☐☐ 道路交通法に基づき、道路上に設置したコンクリートポンプ車によりコンクリートの打込み作業を行うため、「道路使用許可申請書」を、警察署長あてに提出した

9 ☐☐ 建設工事に係わる資材の再資源化等に関する法律に基づく対象建設工事の届出書に関して、発注者又は自主施工者は、工事に着手する日の7日前までに都道府県知事へ届け出る

10 ☐☐ 共同住宅の工事監理を終了したので、直ちに、「工事監理報告書」を、建築主あてに提出した

11 ☐☐ ボイラー(移動式ボイラーを除く)の設置に先立ち、当該工事の開始の日の30日前までに、「ボイラー設置届」を、消防署長あてに届け出た

3 ○｜共同企業体代表者届は、その工事の開始の日の14日前までに都道府県労働局長あてに届け出なければならない。労働基準監督署長ではないので、間違えないようにすること

4 ×｜管理票交付者は環境省令では、当該管理票に関する報告書を作成し、都道府県知事に提出しなければならない(廃棄物の処理及び清掃に関する法律12条の3第7項)

5 ○｜建築主事を置かない市町村において、特定建設資材が再資源化等に関する法律による対象建設工事の場合、届出書を都道府県知事に提出する

6 ○｜騒音規制法による特定建設作業は、「特定建設作業実施届出書」を開始の日の7日前までに市町村長あてに届け出なければならない。振動規制法による特定建設作業も同様である

7 ○｜エネルギーの使用の合理化に関する特定建築物届出書の提出先は、建築主事を置かない市町村の場合、都道府県知事である

8 ○｜道路交通法に基づき、コンクリートポンプ車によりコンクリートの打込み作業を行う等の道路を一時使用するために、道路使用許可申請書を「所轄の警察署長」に提出しなければならない

9 ○｜着手の7日前までに都道府県知事に届け出る

10 ○｜工事現場での工事監理が終了した場合、直ちに、「工事監理報告書」を、建築主あてに提出しなければならない

11 ×｜ボイラー設置者は、工事開始30日前までに、労働基準監督署長あてに届け出る

計画

環境・設備

法規

構造

施工

006 敷地・地盤調査

出題の8割は地盤調査のうちの地耐力に関する問題である。良好な地盤以外では調査データに基づく地耐力算定が必要なため、標準貫入試験に加えて、軟弱地盤（粘性土）の各種調査、試験方法が出題されている。残りの2割は、着工前の準備調査からの出題になる

1　着工前の準備調査

☐　隣地との敷地境界を関係者の立会いによって確認し、**縄張り**を行う

☐　敷地境界からの距離が不足していた場合などは、建築物の予定位置を修正し、発注者や設計者等の立会いのうえ**工事監理者**が確認する。建築物の高さと位置の基準となるベンチマークは、**2か所**以上設置し相互に確認が行えるようにする

● 縄張り
ビニル紐などで建物位置を地面に表すこと

2　地盤調査

☐　地盤調査の主な目的は、**地層の構成、地下水位、地耐力**に関するデータの調査。前二者はボーリング（試掘）によって確認できる

● 地盤調査の種類

種類	目的	測定値	測定対象
ボーリング	地盤構成・地下水位[＊]		
揚水試験透水試験	地盤の透水性	水位変化	（特に限定なし）
常時微動測定	地盤の振動特性	加速度	

＊：長時間放置して水位が安定してからその深さを測定する。なお精度よく測定するために無水掘を行う

● 地耐力
算定方法は「地盤・基礎②基礎構造の設計（414頁）参照

● ボーリングの模式図

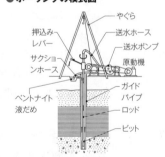

☐　地耐力は、下記の試験によって確認できる

● 地耐力試験の種類

試験場所	試験の種類	測定値（算定値）	測定位置	主な測定対象
原位置	**標準貫入試験**	N値（せん断強さ）	ボーリング孔内	砂質土
	孔内載荷試験	地耐力		（制限なし）
	平板載荷試験		根切り底	載荷面から深さ50㎝程度まで
	オランダ式二重管コーン貫入試			粘性土
	ベーン試験	（せん断強さ）	地表から深さ5～10m	軟弱な粘性土
	スクリューウエイト貫入試験			粘性土
屋内	**三軸圧縮試験**	（粘着力）	（制限なし）	粘性土
	圧密試験	（圧密係数）		

□ **標準貫入試験**は、ボーリング時に土質の採取器（サンプラー）を **30cm**打ち込む回数（N値）を測定する。測定深さに制限はないので杭の**支持地盤**を調査できる。N値によって砂質土の地耐力は算定できるが、粘性土の地耐力は適切に算定できない。その場合は**孔内載荷試験**を用いて、孔の底面や周面の強度等を測定することが多い

□ **平板載荷試験**は、切り底に直接荷重をかけて強度と変形を測定する。直接基礎の場合は、地表面近くが支持地盤になるのでこの試験が可能である。ただし、評価できるのは**載荷板**直下の浅い部分に限られるため、その下部に安定した地層が続く場合に適用する

□ **平板載荷試験**は、基礎底面に見立てた直径30cmの円盤に載荷する。載荷板の中心から1.2mまでの範囲は水平に整地する

□ **オランダ式二重管コーン貫入試験**は、粘性土の強度（せん断強さ）を測定する方法である。基本的に**直接基礎**の支持地盤が試験対象になる。大がかりな本格的測定機のほかに人力で押し込む測定機もある

● **オランダ式二重管コーン貫入試験模式図**

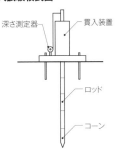

深さ測定器　貫入装置

ロッド

コーン

□ **ベーン試験**は、特に軟弱な粘性土のせん断強さを測定する方法である。土中に挿入した鋼製の十字羽根（ベーン）をロッドによって回転し、最大トルク値を計測する

□ **スクリューウエイト貫入試験**は、粘性土の強度（せん断強さ）を測定する方法である

□ **屋内土質試験**は、粘性土の各種性質を正確に計測する方法であり、原位置状態の試料（乱さない試料）を用いる

□ 粘着力を求める方法として、試料をそのまま圧縮する**一軸圧縮試験**と側面にゴムチューブをはめて圧縮する**三軸圧縮試験**とがある。圧密係数は圧密試験によって求める

□ なお、土の単位体積質量を求める湿潤密度試験にも乱さない試料が必要になる

● **標準貫入試験**
測定は1mごとに行う。50回の打撃で貫入量が30cmに満たないときは、その貫入量を記録しN値は50とする

● **標準貫入試験サンプラーによる試料の採取**
採取した試料によって土質を判断する

● **孔内載荷試験の模式図**

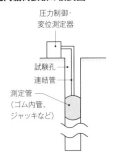

圧力制御・変位測定器

試験孔
連結管

測定管
（ゴム内管、ジャッキなど）

スクリューウエイト貫入試験は、かつてスウェーデン式サウンディング試験と呼ばれていたもので、地耐力の算定式が法規に定められてから、戸建住宅などに広く採用されるようになったよ

● **乱さない試料**
標準貫入試験のサンプリングではこうした試料は採取できない。なお粒度試験は乱した試料で実施できる

● **一軸試験と三軸試験**

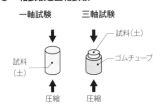

一軸試験　　三軸試験

試料（土）

試料（土）　ゴムチューブ

圧縮　　圧縮

QUESTION

ANSWER

1　最頻出問題│一問一答

→→→

次の記述のうち、正しいものには○、誤っているものには×をつけよ

1 □□　縄張りを行い敷地境界との関係を確認した結果、敷地境界からの距離が不足していたので、建築物の予定位置を修正し、発注者、設計者等の立会いのうえ、監理者が確認した

2 □□　建築物の高さと位置の基準となるベンチマークについては、2か所以上設置し、相互に確認が行えるようにした

3 □□　ボーリング孔を利用して地下水位を測定するに当たって、設計に用いるための不圧地下水位については、泥水を用いて削孔し、ボーリングが終了した後の泥水の安定水位を用いた

4 □□　建築物の規模が大きい場合、地震時における地盤の振動特性を調査するため、常時微動測定を行った

5 □□　標準貫入試験においては、深さ1mごとにN値を測定した後に、地表に標準貫入試験用サンプラーを引き上げ、採取試料の観察を行った

6 □□　敷地の地盤が粘性土だったので、標準貫入試験より求められたN値から相対密度、変形係数及び動的性質を推定した

7 □□　載荷板からの深さ1.5m程度の範囲内における地盤の支持力特性を求めるために、直径30cmの載荷板を用いた平板載荷試験を行った

8 □□　非常に硬い地層の地盤調査において、オランダ式二重管コーン貫入試験によるサウンディングを採用した

9 □□　非常に軟らかい粘土の圧密係数を求めるため、ベーン試験を行った

1 ○│設問記述は事前調査とその後措置を適切に解説している

2 ○│設問記述のとおり

3 ×│地下水位を測定するためのボーリング孔は無水掘りを行う

4 ○│設問記述のとおり

5 ○│設問記述は標準貫入試験の適切な解説である

6 ×│粘性土には標準貫入試験以外の試験が必要である

7 ×│平板載荷試験で評価できるのは載荷面直下50cm前後である

8 ×│オランダ式二重管コーン貫入試験は粘性土に用いる

9 ×│ベーン試験は軟らかい粘性土のせん断強さを求めるために行う。圧密係数は圧密試験から求める

10 ☐☐ 軟らかい粘性土において、土の強さ及び圧縮性を調査するために、標準貫入試験により採取した試料を用いて、三軸圧縮試験及び圧密試験を行った

10 × ｜ 圧縮試験や圧密試験に用いる「乱さない試料」は標準貫入試験サンプラーでは採取できない

2 実践問題 ｜ 一問一答

→→→

1 ☐☐ ボーリングにおいて、地表面付近の孔壁が崩壊するおそれがあったので、ドライブパイプ（ケーシング）を0.5 ～ 1.5m程度打込んだ

1 ○ ｜ 設問記述のとおり

2 ☐☐ 排水対策を検討するため、砂質土の透水係数を現場透水試験により求めた

2 ○ ｜ 透水係数は現場透水試験から得られる水位変化データから求める

3 ☐☐ 埋立地の現地調査において、液状化のおそれがあったので、埋立土層の地下水位調査及び粒度試験を行った

3 ○ ｜ 液状化の発生は地下水位と砂質土の粒度に深く関係する。設問記述は埋立地の現場調査として適切である

4 ☐☐ 標準貫入試験の本打ちにおいて、打撃回数が50回に達した場合の累計貫入量が30cmであったので、N値を30とした

4 × ｜ この場合のN値は50になる

5 ☐☐ 粘性土の地盤において、地震時における杭の水平抵抗を検討する場合、地盤の変形係数を推定するため、孔内水平載荷試験を行った

5 ○ ｜ 孔内載荷試験は粘性土に対する杭の支持力を求めるために行われる

6 ☐☐ 地盤沈下地帯において、杭の支持力判定の資料を得るため、先端支持力と周面摩擦力とを十分な精度で分離した鉛直載荷試験を行った

6 ○ ｜ 地盤沈下地帯は粘性土と考えられる。標準貫入試験は適していないので、設問記述のように孔内載荷試験を行う

7 ☐☐ スクリューウエイト貫入試験を行うに当たって、スクリューポイントを確認したところ、最大径33mmの部分で3mm減少し、摩耗して角が取れていたので、新しいスクリューポイントに交換した

7 ○ ｜ スクリューウエイト貫入試験の機器の取扱いとして適切な処置である。下図は、スクリューウエイト貫入試験の模式図

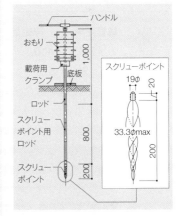

8 ☐☐ 自然状態でクラックの入った粘性土の試料の強度については、一軸圧縮試験によると小さな値を示す傾向があるので、三軸圧縮試験により求めた

8 ○ ｜ 設問記述のとおり、三軸圧縮試験が推奨されている

9 ☐☐ 土の単位体積質量を求めるため、乱さない試料を用いて、湿潤密度試験を行った

9 ○ ｜ 設問記述のとおり

007 **仮設工事**

出題内容は足場の共通事項、各種足場に関する仕様、仮設がらみの現場管理の3つに大別される。足場の種類と仕様を入れ替えたような選択肢が現れるので注意が必要である。仮設以外の現場管理や届出を含む融合問題になる年もある

1 仮設通路と防護棚

☐ 作業者の安全を確保するため、通路面から高さ**1.8m**以内に障害物を置かないことが定められている。高さが**1.5m**を超える場所で作業を行う場合は、安全に昇降するための設備を設置する

☐ **登り桟橋**の勾配は**30度**以下とし、**15度**を超える場合には踏桟などの滑止めを設け、高さ**8m**以上の登り桟橋には高さ**7m**以内ごとに踊り場を設置する

☐ 防護棚（朝顔）は1段目を地上**5m**以内、2段目以上は下段から**10m**以内ごとに設ける。はね出し材の突き出し長さは**2m**以上とし、水平面となす角度は**20〜30度**とする

● **防護棚**
隅角部に設置されるなどから「朝顔」とも呼ばれる

2 足場の種類と仕様

☐ **単管足場**であれ**枠組足場**であれ、鋼管足場の建地（垂直材）間の積載荷重は**400kg**が上限で、その間隔はけた行方向**1.85m**、張り間方向**1.5m**が上限である。鋼管足場の脚部にはベース金具を使用し、敷板に釘止めを行って、滑動や沈下を防止する

● **単管足場**
建地の最高部から測って**31m**を超える部分は、鋼管を2本組とする

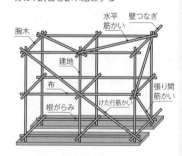

☐ 足場の地上第一の布は**2m**以下の位置に設ける。**2m**以上の高さの作業床には、作業者の墜落防止措置として**85cm**以上の手すりを設けて中桟か下桟も設置し、物の落下防止措置も行う

☐ ● **足場の種類と仕様**

種類	壁つなぎ間隔		作業床		安全措置	
	垂直方向	水平方向	幅	床材の隙間	人の墜落防止	物の落下防止
単管足場	5m	5.5m	40cm 以上	3cm 以下	手すり+中桟	幅木又はメッシュシート
枠組足場	9m	8m			(交差筋かい)+下桟	
吊り足場				なし	手すり+中桟	

注1　中桟は高さ35〜50cmの位置、下桟は高さ15〜40cmの位置に設ける
注2　床材と建地（支柱）との隙間は12cm未満とする
注3　幅木高さは10cm以上とする。ただし交差筋かいでは、下桟とかねて15cm以上とする

□ メッシュシートを鋼管足場に取り付ける場合は、水平支持材を垂直方向5.5m以内に設ける

□ 高さ20mを超える枠組足場を設ける場合、主枠は高さ2m以下とし、主枠間の間隔は1.85mとする。枠組足場における水平材は、**最上層及び5層**以内ごとに設ける

□ 吊り足場の作業床の最大積載荷重は、吊りワイヤロープの安全係数が**10**以上、吊り鎖及び吊りフックの安全係数が**5**以上になるよう定める（ゴンドラの吊り足場を除く）。吊り足場の上では、脚立やはしご等を用いた作業はできない

□ 届出が必要な足場の計画は工事の安全衛生の実務経験3年以上に加えて、次の資格や経験をもつ者が行う
①一級建築士
②一級建築施工管理士
③足場に係る工事の設計監理又は施工管理の実務経験3年以上

● **壁つなぎ**
足場の倒壊防止のため、壁つなぎ（足場と建物を接続する部材）の間隔が定められている

建地パイプ　躯体　アンカーボルト

● **枠組足場**

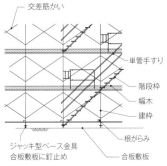

交差筋かい
単管手すり
階段枠
幅木
建枠
根がらみ
合板敷板
ジャッキ型ベース金具
合板敷板に釘止め

● **吊り足場**

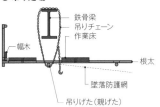

鉄骨梁
吊りチェーン
作業床
幅木
根太
墜落防護網
吊りげた（親げた）

3　足場・型枠支保工・工事用機械に関する現場管理

□ 支柱高さ**3.5m**以上の型枠支保工や高さ**10m**以上の足場など、所定の規模の足場や型枠支保工を設置する場合には、労働基準監督署長に**届出**を行う必要がある。ただし、組立から解体までの期間が**60日未満**の足場については届出が不要

□ 吊り足場や高さ**5m**以上の足場の組立・解体を行う場合は**作業主任者**を選任する

□ 型枠支保工に用いるパイプサポートは**2本**まで継ぐことができる。その場合は**4本**以上のボルトを用いて固定する

□ 作業者を建設用リフトに搭乗させたり、クレーンで運搬することは原則、**禁止**されている。強風（**10分間**の平均風速が**10m/s以上**）時はクレーン作業を**中止**し、ジブの傾斜角を適切に保持する

● **型枠支保工**
「3　型枠支保工の設計」（527頁）参照

● **移動式クレーン**
ジブが起き過ぎて転倒しないよう注意する

ジブ

● **タワークレーン**
作業後は過度な風荷重を受けないように旋回装置を解放しておく

QUESTION

1 最頻出問題｜一問一答

ANSWER

→→→

次の記述のうち、正しいものには○、誤っているものには×をつけよ

1 ☐☐ 高さが24mで勾配が15度を超える登り桟橋には、滑止めとして踏桟を設け、踊り場を高さ8mごとに設けた

2 ☐☐ 防護棚（朝顔）は、1段目を地上5mに設け、2段目以上については下段から10mごとに設けた

3 ☐☐ 鉄骨鉄筋コンクリート造の建築物において、鉄骨上に設けた材料置場と外足場とを連絡するための仮設通路の幅は、手すりの内側で60cmとした

4 ☐☐ 切りばり上部に設けた作業用通路に設ける手すりについては、高さを75cmとし、高さ30cmの中桟が設けられていることを確認した

5 ☐☐ 落下物に対する防護のためのメッシュシートを鉄骨外周部に取り付ける場合、垂直支持材を水平方向5.5mごとに設けた

6 ☐☐ 鋼管規格に適合する単管足場の建地の間隔については、けた行方向を1.8m、張り間方向を1.5mとした

7 ☐☐ 枠組足場（妻面にかかる部分を除く）からの墜落防止措置として、風加重を受けるシート類は設けず、交差筋かい及び高さ10cmの幅木を設けた

8 ☐☐ 吊り足場の作業床については、幅を30cmとし、かつ、隙間がないように設置した

9 ☐☐ 吊り足場（ゴンドラの吊り足場を除く）において、吊りワイヤロープの安全係数を5として、作業床の最大積載荷重を定めた

10 ☐☐ 支柱の高さが3.5mの型枠支保工において、2本のパイプサポートを4本のボルトを用いて継いだものを支柱とした

1 ×｜高さ8m以上の登り桟橋には高さ7m以内ごとに踊り場を設ける

2 ○｜防護棚の設置仕様を適切に解説している

3 ○｜設問記述のとおり

4 ×｜手すりは高さ85cm以上、中桟は高さ35～50cmの位置に設ける。なお、足場とは異なり、作業用通路には、物の落下防止措置は必須ではない

5 ×｜メッシュシートを鉄骨外周部に取り付ける場合は、水平方向の取り付け間隔は4m以内とする（仮設工業会使用基準）

6 ○｜鋼管足場の建地はけた行方向1.85m以内、張り間方向1.5m以内に設ける

7 ×｜交差筋かいを設けた場合の幅木は、下桟をかねて15cmとする

8 ×｜足場の作業床の幅の下限値は40cmである

9 ×｜吊りワイヤロープの安全係数が10以上になるよう計画する（吊り鎖や吊りフックの安全係数は5以上で計画する）

10 ○｜型枠支保工の支柱を継ぐ場合の措置として適切である

2 実践問題 | 一問一答 →→→

1 ☐☐ 防護柵（朝顔）のはね出し材の突き出し長さは2mとし、水平面となす角度は30度とした

2 ☐☐ 屋内に設ける仮設通路については、通路面を、つまずき、すべり、踏抜等の危険がないようにし、通路面から高さ1.8m以内に障害物がないようにした

3 ☐☐ 高さが2mの作業構台において、作業床の床材間の隙間については、3cm以下となるようにした

4 ☐☐ 鋼管規格に適合する単管足場において、足場の脚部についてはベース金具を用い、地上第一の布については地上から2mの位置に設けた

5 ☐☐ 高さ20mを超える枠組足場を架設する場合、使用する主枠は、高さ2mのものとし、主枠間の間隔は1.85mとした

6 ☐☐ 枠組足場における水平材については、最上層及び5層以内ごとに設けた

7 ☐☐ 高さが20mの枠組足場における壁つなぎの間隔については、風荷重を考慮する必要がなかったので、水平方向9m、垂直方向8mとした

8 ☐☐ クレーンの玉掛け作業に用いるワイヤロープについては、安全係数（ワイヤロープの切断荷重の値を、当該ワイヤロープにかかる荷重の最大の値で除した値）が5のものを使用した

9 ☐☐ 高さ15mの足場を設置するに当たって、組立から解体までの期間が60日未満であったので、その計画を労働基準監督署長に届け出なかった

10 ☐☐ タワークレーン作業の安全確保のため、強風時においては作業を中止し、タワークレーンの旋回装置を固定した

11 ☐☐ ガイドレールの高さ20mの建設用リフトによる資材運搬において、資材の監視のために、労働者を運搬時に搭乗させた

1 ○｜防護棚の仕様を適切に解説している

2 ○｜仮設通路は設問記述のとおりに設置する

3 ○｜吊り足場以外では作業床の隙間は3cmまで許容される

4 ○｜鋼管足場の仕様を適切に解説している

5 ○｜枠組足場の仕様の適切な解説。高さ20mを超えるとき、使用する主枠は高さ2m以下とし、かつ、主枠間の間隔は1.85mとする

6 ○｜水平力による倒壊を防ぐため枠組足場には水平材を設ける。設問記述はその設置仕様を適切に解説している

7 ×｜枠組足場の壁つなぎの間隔は、「垂直」方向9m、「水平」方向8m以内とする

8 ×｜「玉掛け作業に用いるワイヤロープの安全係数は6以上」とする（クレーン等安全規則）

9 ○｜高さ10m以上の足場設置には届出が必要であるが、設置期間が60日未満であれば届出は不要である

10 ×｜タワークレーンの旋回装置は解放しておく

11 ×｜原則として建設用リフトに作業者を搭乗させることはできない

008 土工事・山留め

工事中の掘削面は親杭横矢板の山留め壁で支え、深い掘削には支保工として切梁も設ける。出題の1／3はこの基本を問うものだが、掘削条件の違いに応じた工法選択も同程度、出題される。残りの1／3は排水工法と埋戻しなどになる

1　山留め工法の種類

□　浅い掘削に**山留め壁**は不要である。**5m未満**の掘削ならば、硬い粘土の法面は**90度**にできるが、砂の地山は崩れやすいので法面を**35度以下**にする

□　湧水が多い場合には山留め壁に**鋼製矢板**や**ソイルセメント柱列壁**を用いる。支保工の基本は**切梁**である。しかし切梁を設けると地下工事の作業性が低下することから、大規模地下工事では逆打ち工法などが採用される

●山留め工法の種類

工法	仕様（代表的なもの）		適用条件／目的
	山留め壁	支保工	
法付けオープンカット	なし		浅い掘削
親杭横矢板工法	親杭横矢板	なし	山留め壁の基本 止水性は低い
水平切梁工法		切梁	山留めの支保工の基本 現在は切梁プレロード工法が一般的
地盤アンカー工法	（親杭横矢板）	地盤アンカー	切梁不要 高低差のある敷地（斜面に適用できる）
逆打ち工法	（ソイルセメント柱列壁）	地下躯体	軟弱地盤の深い掘削
アイランド工法	（親杭横矢板）	地下躯体＋切梁	広くて浅い掘削

□　現在の**水平切梁工法**では、油圧ジャッキによって切梁に**軸力**を加え、山留め壁の変形を抑えることが多い。切梁にかかる軸力を測定するために、腹起しと切梁との接合部に盤圧計を設置し、1日3回の計測を行う

□　切梁は圧縮を受けるので突合せ**継手**として、当て板をあててボルトで緊結する。継手やジャッキはできる限り切梁の交差部（支柱）の近くに設ける。なお上段切梁と下段切梁の交差部の締付けボルトは軸力導入後に堅固に締め付ける

●**ソイルセメント柱列壁**
剛性が高く振動・騒音も少ない

●**親杭横矢板山留め**
剛性が高く振動・騒音も少ない。砂礫（れき）地盤でも施工可能

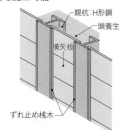

●**親杭横矢板工法の一例**

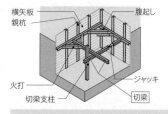

切梁や腹起しに用いるリース形鋼材の許容応力度は、長期許容応力度と短期許容応力度の平均値以下とする。なお腹起しには鉄筋コンクリート製を用いることができる

●**切梁プレロード工法**
本文で説明している工法を「切梁プレロード工法」とも呼ぶ

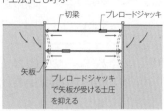

ジャッキは根切り中央付近に千鳥配置する

☐ **山留め支保工の支柱**は、十分な安全性を確保したうえで乗入れ構台の支柱と兼用できる。この場合、切梁から伝達される荷重に、構台上の積載荷重、構台の自重、重機等の活荷重も加えて安全性を検討する

● **切梁の緊結**

切梁には圧縮力が作用する。その蛇行（座屈）を防ぐため、次の箇所を緊結する：①切梁交差部、②切梁と切梁支柱

2 地下水の排水工法

☐ **排水対策**は、特に砂質土地盤で重要である。地下水位を適切に管理しないと、根切り底の砂が沸き立つような現象（ボイリング）が起きる。また、地下水の揚水は、敷地周辺の井戸枯れや地盤沈下等が生じないように行う。揚水による周辺地盤の沈下を防ぐ方法として、汲み上げた地下水を別の地点に戻す**リチャージ工法**もある

● **地下水位の管理**

地下水位の管理は、観測井戸を別に設けて行う

● **ボイリング**

砂の沸き立ちが甚だしいと根切り底の崩壊につながる

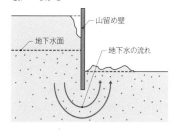

● **排水工法の種類**

工法	適用条件／目的
釜場排水工法	地下水が少ない場合に用いる 根切りにピットを設けてポンプによって排水
ディープウェル工法	1本の井戸からポンプによって排水 掘削深さに制約はない
ウェルポイント工法	浅い掘削の砂質地盤に用いる 根切り外周に設置した何本もの集水管をヘッダーパイプでつなぎ、ポンプによって排水 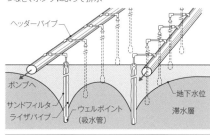

● **リチャージ工法**

ポンプで地下水を汲み上げて（ディープウェル）、別の地点に戻す（リチャージウェル）。必要揚水（排水）量が多くなる

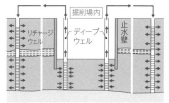

→ 地下水の動き

3 粘性土の地盤の埋戻しなど

☐ 粘性土地盤において山留め壁を撤去した跡や乱してしまった床付け面は砂質土で埋め戻し、転圧や水締めを行って締め固める

☐ 根切り底が軟弱な場合は**ヒービング**が生じやすいので、山留め壁の根切り深さを十分に確保するとともに、周辺地盤のすき取りなどによって土圧の軽減を図る

● **ヒービング**

山留め壁の背面の土が底部から回り込んで掘削面が膨れ上がる現象。周囲の地盤沈下や山留め壁の崩壊事故につながる

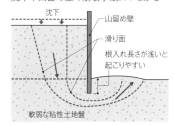

2

QUESTION

1 最頻出問題│一問一答

次の記述のうち、正しいものには○、誤っているものには×をつけよ

3

1 ☐☐ 掘削面の高さが3mの手掘りによる地山の掘削において、砂からなる地山の掘削面の法面勾配を35度とし、堅い粘土からなる地山の掘削面の法面勾配を90度とした

2 ☐☐ 親杭横矢板工法は、遮水性は期待できないが、砂礫地盤における施工が可能である

4

3 ☐☐ 山留め壁の施工において、掘削後の周辺の地盤や構造物への影響を少なくするため、山留め壁の剛性及び止水性が比較的優れているソイルセメント柱列壁工法を採用した

4 ☐☐ 山留め工事において、敷地の高低差が大きく、偏土圧が作用することが予想されたので、地盤アンカー工法を採用した

5

5 ☐☐ 逆打ち工法は、地階の床、梁等の構造物を切梁として兼用するため、軟弱地盤における深い掘削には適さない

6 ☐☐ 鋼製切梁継手部において、両方の切梁材の仕口における端部のあて板が面接触とならず、わずかな隙間が生じたので、その隙間にライナーを挿入して接続する切梁の軸線が直線となるようにした

7 ☐☐ 切梁や腹起しに使用するリース形鋼材の許容応力度は、一般に、長期許容応力度と短期許容応力度との平均値以下の値とする

8 ☐☐ 掘削中における山留め架構の管理において、鋼製切梁に作用する軸力の計測については、盤圧計を設置して1日3回行った

9 ☐☐ 山留め支保工の支柱については、切梁から伝達される荷重に構台上の積載荷重、構台の自重や重機等の活荷重を合わせた荷重に対して十分な安全性を確保したうえで、乗入れ構台の支柱と兼用した

ANSWER

→→→

1 ○│地山の掘削に関する適切な説明である

2 ○│設問記述のとおり。写真は、横杭横矢板工法で、横杭（H鋼）に横矢板を入れ込んだ様子

3 ○│ソイルセメント柱列壁の使用条件の適切な説明である

4 ○│敷地の高低差が大きな場合は切梁を使用できない

5 ×│むしろ軟弱地盤の深い掘削に適した工法である

6 ○│切梁は軸力を受ける突っ張り棒のようなものである。設問記述のとおりである

7 ○│設問記述のとおり

8 ○│切梁プレロード工法の適切な管理である

9 ○│十分な検討を行えば山留め支保工の支柱は構台支柱と兼用できる

10 ×│釜場排水工法は湧水が少ない地盤に適用する排水工法である

11 ×│地中に打ち込んだ集水管を用いる排水方法はウェルポイント工法である

10 ☐☐ 湧水に対して安定性の低い地盤において、ボイリングを防止するために、床付け面から発生した湧水を釜場工法により排水した

11 ☐☐ ディープウェル工法のディープウェルとは、地下水を真空ポンプによって吸い上げるために地中に打ち込む集水管のことである

12 ☐☐ 排水工法を用いる掘削において、地下水位が計画のとおりに低下しているかを、ディープウェルのケーシング内の水位により管理した

13 ☐☐ 盤ぶくれが予測されたので、止水性のあるソイルセメント壁を原因となる被圧帯水層の砂礫層に延長して根入れした

14 ☐☐ 粘性土地盤における山留めの撤去において、鋼矢板の抜き跡には、周辺への影響を考慮して、その地盤の粘性土を埋め戻した

12 × | 観測井戸を別に設けて地下水位を管理する

13 × | 被圧帯水層の下の難透水層まで根入れするか、ディープウェルなどで水位を低下させる

● **盤ぶくれ**
掘削底面が被圧水層の水圧で持ち上がる現象

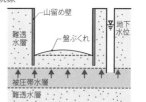

14 × | 粘性土地盤の埋戻しには砂質土（砂）を用いなければならない。なお、埋戻しの際の締め固めはまき出し厚さ30cmごとに行う

2 実践問題 | 一問一答 →→→

1 ☐☐ 鋼製切梁にプレロード工法を採用するに当たって、同一方向の切梁に軸力が均等に加わるように、油圧ジャッキの位置を、根切り平面の中央部分に一列に並ぶように配置した

2 ☐☐ 切梁にプレロードを導入するに当たって、切梁の蛇行を防ぐために、上段切梁と下段切梁との交差部の締付けボルトを堅固に締め付けた

3 ☐☐ 切梁支柱の施工精度が低く、切梁支柱が平面的に切梁の位置と一部重なったので、切梁支柱の一部を切り欠いて補強を行ったうえで、切梁をまっすぐに設置した

4 ☐☐ ウェルポイント工法において、揚水能力を確保するために、ライザーパイプにスリット形ストレーナーを用いた

5 ☐☐ 掘削位置に近接してヒービングに影響を与える構造物がある場合、構造物の荷重を良質地盤に直接伝達させ、ヒービングの破壊モーメントに影響させないために、アンダーピニングを行った

6 ☐☐ 砂質地盤の法付けオープンカット工法において、安全確保のため、地下水位を根切り底面以下に下げるとともに、法面勾配の角度は地盤の内部摩擦角より大きくした

1 × | プレロード工法のジャッキは根切り中央付近に千鳥配置する

2 × | 交差部のボルトは軸力導入後に締め付ける

3 ○ | 切梁は対向する山留め壁の間に一直線上に設置する。設問記述は適切な措置である

4 × | ストレーナー（濾過器）はウェルポイント（吸水管）部分のみに設ける。ライザーパイプは地下水を送るたて管である

5 ○ | 設問記述は、適切な対策である。既存の建物の下に新たに杭を設けることなどを、アンダーピニングという

6 × | 法付けオープンカット工法は地盤の安定勾配を利用して掘削を進める。砂質地盤の安全勾配は内部摩擦角と等しいので、法面勾配はこれより小さくする

009 基礎・地業工事

出題内容の9割が杭工事であり、既製杭と場所打ち杭とが同程度を占める。既製杭はもっぱらセメントミルク工法が出題される。場所打ち杭は共通事項と各種工法とが同程度出題される。出題範囲が絞られているだけに設問の内容は具体的である

1　杭工法の種類

コンクリート既製杭は1本当たりの支持力は小さいが、1か所に複数本まとめて設置できる。掘削した杭孔に既製杭を建て込んでいく**埋込工法**が現在では主流である。一方、**コンクリート場所打ち杭**は支持地盤が深いときに採用される。掘削した杭孔に鉄筋かごを建込み、コンクリートを打設して現場で杭を築いていく

● 杭工法の種類

施工法	工法の種類	代表的工法	備考
既製杭	打込工法[*]	打撃工法	かつての主流工法
	埋込工法	セメントミルク工法（プレボーリング工法）	→本文[2項]参照
		中掘工法	杭自体をケーシングに活用。地盤との摩擦力を軽減するため杭先端にフリクションカッターを装着
	ケーシング工法	オールケーシング工法	→本文[3項]参照
場所打ち杭	泥水工法	リバースサーキュレーション工法	杭孔を水で満たして保護
		アースドリル工法	

*：一群の杭の打込みは、群の中心から外側へ向かって打ち進める

● 杭の支持力
杭の支持力算定は「地盤・基礎②基礎構造の設計」（414頁）を参照

● 試験杭（打込工法以外）
一般に、最初に施工する1本目の本杭を試験杭とする

2　既製杭のセメントミルク工法

● セメントミルク工法

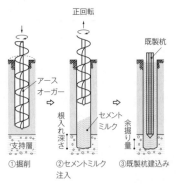

正回転

既製杭

アースオーガー

根入れ深さ

セメントミルク

余掘り量

支持層

①掘削　②セメントミルク注入　③既製杭建込み

①掘削
安定液（ベントナイト液）をアースオーガーの先端から噴出させながら所定の深さまで掘削

②セメントミルク注入
根固め液（セメントミルク）を所定量注入。必要に応じて杭周固定液（ソイルセメント）を注入しながらアースオーガーを引上げる

③既製杭建込み
10m前後に分割された既製杭が現場に搬送され、杭孔に建込まれる

● 安定液
ベントナイト液を用いるが、これを根固め液に用いてはならない

● 掘削
杭の支持地盤への根入れ深さは1m以上。余掘り量（掘削孔底深さと杭の設置深さとの差）は0.5m以内とする。なおセメントミルク工法ではアースオーガーの駆動用電動機の電流の変化も参考にして、アースオーガーが支持地盤へ到達したかどうかを確認する。ただし、電流計の値をN値との間に定量的な関係はないことに留意する

□ 既製杭の施工精度は主に下杭を設置した段階で決まるので、下杭の施工精度の向上に努めることが求められる。下杭と上杭の継手は端板の現場溶接が一般的である

□ 杭頭処理は、杭周囲の深掘りを避けて行う。特記がない場合には杭の軸筋をすべて切断する

● 深掘りした場合
杭周囲を深掘りした場合には、良質土で確実に埋め戻す

3 場所打ち杭のオールケーシング工法

場所打ち杭で代表的な工法は**オールケーシング工法**である。この工法は杭孔を保護するチューブ（ケーシング）を圧入しながらハンマーグラブによって掘削する。そのため泥水なしで掘削できるが、注水した場合には、孔底の沈殿物をスライム受けバケットによって除去する必要がある（一次スライム処理）

● 孔内水位
ボイリングを起こしやすい地盤では注水を行い、孔内水位を地下水位よりも高く保って掘削する

● ケーシングの圧入

● オールケーシング工法の工程

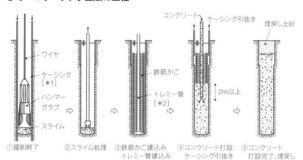

①掘削終了　②スライム処理　③鉄筋かご建込み　④コンクリート打設　⑤コンクリート
　　　　　　　　　　　　　トレミー管建込み　ケーシング引抜き　打設完了、埋戻し

＊1：杭孔の保護管
＊2：水中コンクリートを打設するための管。なおトレミー管内を排水するため、捨蓋（プランジャー）とともに最初のコンクリートを流し込む

□ 原則として、鉄筋かごは鉄線で組み立てる。一般に主筋には**重ね継手**を用い、帯筋は**フレアグルーブ溶接**とする。補強リングを設ける場合には、主筋に断面欠損を生じないように堅固に溶接する。掘削後の検測で鉄筋かごの長さと掘削孔の深さとに差が確認された場合には、鉄筋かごの長さを最下段の鉄筋かごで調整する

● スライム処理
掘削土の細粒分はゆっくり沈殿するので、鉄筋かごの建込み後にもスライムを除去する（二次スライム処理）。二次処理ではバケットを挿入できないので、水中ポンプやエアリフトによってスライムを除去する

□ 場所打ちコンクリート杭の単位セメント量は、泥水中で打ち込む場合には**330**kg/㎥以上とする。なお、寒冷地以外では、気温によるコンクリートの強度の補正を行わないことが一般的

● 単位セメント量
JASS5（2003）。なお水中コンクリートの単位セメント量の基準値は増加する傾向にある（かつては300kg/㎥であった）

□ コンクリートは中断することなく連続的に打設する。打込み中は、トレミー管の先端を、コンクリートの中に**2**m以上入っているように保持する。**0.5**mから**1**mほどの**余盛り**を行い、硬化後（打設から14日程度経過した後）に杭頭部の劣化コンクリートを斫り取る

● プランジャー
水中コンクリート打設にはトレミー管を用いる。管内の水を確実に押し出すため、最初のコンクリートは捨蓋（プランジャー）とともに流し込む

QUESTION

1 最頻出問題│一問一答

ANSWER

→→→

1 ☐☐ セメントミルク工法による既製コンクリート杭工事において、余掘り量（掘削孔底深さと杭の設置深さとの差）の許容値を、100cmとした

2 ☐☐ セメントミルク工法による既製コンクリート杭工事において、杭周固定液については、杭の建込み後に注入した

3 ☐☐ セメントミルク工法による既製コンクリート杭工事において、支持層の出現深度の確認については、掘削機の電流計の値から換算したN値によることにした

4 ☐☐ 既製コンクリート杭の建込みにおいて、下杭の傾斜が確認されたので、上杭との継手部分で傾斜の修正を行った

5 ☐☐ 既製コンクリート杭工事において、所定の高さよりも高い杭頭を切断する場合、特記がなかったので、杭の軸筋をすべて切断した

6 ☐☐ 場所打ちコンクリート杭において、鉄筋かごの帯筋の継手は重ね継手とし、その帯筋を主筋に点溶接した

7 ☐☐ 場所打ちコンクリート杭の長さが設計図書と異なったので、鉄筋かごの長さは、最下段の鉄筋かごで調整した

8 ☐☐ 場所打ちコンクリート杭工事において、泥水中に打込む杭に使用するコンクリートの単位セメント量の最小値については、310kg/㎥とした

9 ☐☐ 場所打ちコンクリート杭工事において、コンクリートの打込み開始時には、プランジャーをトレミー管に設置し、打込み中には、トレミー管の先端がコンクリート中に2m以上入っているように保持した

10 ☐☐ 場所打ちコンクリート杭工事において、コンクリートの調合については、寒冷地以外であったので、気温によるコンクリートの強度の調整を行わなかった

1 ×│余掘り量の許容値は50cm以内とする

2 ×│杭周固定液は杭の建込み前に注入する

3 ×│掘削機の電流計の値からN値を求めることはできない

4 ×│継ぎ杭では下杭を調整してその施工精度を確保する

5 ○│杭頭処理の適切な説明である。なお、建込み後の既製コンクリート杭には、7日間程度の養生が必要であり、杭頭処理はその後に行う

6 ×│鉄筋かごの帯筋の継手にはフレアグルーブ溶接を用いる

7 ○│設問記述のとおりである

8 ×│現行基準では330kg/㎥以上の単位セメント量が必要である

9 ○│設問記述のとおりである。なおトレミー管とは水中コンクリート打設に用いる管のことである

10 ○│場所打ちコンクリート杭のコンクリート調合の適切な説明である

2 実践問題 | 一問一答 →→→

1 ☐☐ 既製杭のプレボーリング拡大根固め工法において、掘削した孔に杭を挿入し、自重や回転により所定深度に定着させ、根固め液と杭周固定液の硬化によって杭と地盤とを一体化させた

2 ☐☐ セメントミルク工法において、掘削については杭心に鉛直に合わせたアースオーガーを正回転させ、引上げ時についてはアースオーガーを逆回転させた

3 ☐☐ セメントミルク工法に用いるセメントについては、地下水に硫酸塩を含む場所であったので、高炉セメントを使用した

4 ☐☐ 既製コンクリート杭の継手部の溶接に当たって、仮付け溶接は、本溶接と同等な完全なものとし、その長さは、40㎜以上とした

5 ☐☐ 既製コンクリート杭を用いた打込み工法において、打込み完了後の杭頭の水平方向の施工精度の目安値については、杭径の1／4以内、かつ、100㎜以内とした

6 ☐☐ オールケーシング工法による場所打ちコンクリート杭工事において、孔内水位が高く沈殿物が多い場合、ハンマーグラブにより孔底処理を行った後、スライム受けバケットによりスライムの一次処理を行う

7 ☐☐ 場所打ちコンクリート杭の鉄筋かごの主筋間隔が10㎝以下になる場合、コンクリートの充填性が悪くなるので、主筋を2本束ねて配置し、適切な主筋間隔を確保した

8 ☐☐ アースドリル工法において、表層ケーシング以深の孔壁の保護に用いられる安定液については、「孔壁の崩壊防止」と「コンクリートとの置換」を考慮して、コンクリートと比べて高粘性かつ高比重のものとした

9 ☐☐ アースドリル工法による場所打ちコンクリート杭工事において、コンクリート打込み直前に行う二次スライム処理については、底ざらいバケットにより行った

10 ☐☐ リバース工法による場所打ちコンクリート杭工事において、掘削中は、孔壁の崩壊を防止するため、孔内水頭を地下水位より2m以上高く保つようにした

1 ○｜支持力を増すために杭先端を太くすることを拡底という。プレボーリング工法でもこうした措置が可能である（拡大根固め工法）

2 ×｜引上げ時も正回転させる

3 ○｜高炉セメントは硫酸塩や海水に対する抵抗性が大きい

4 ○｜設問記述のとおり

5 ○｜設問記述のとおり

6 ○｜なお、孔内水が少なく沈殿物の量も少ない場合には、ハンマーグラブで掘りくずを除去するだけでもよい

7 ○｜設問記述のとおりである。なお鉄筋かごの主筋の継手には重ね継手が一般に用いられる

8 ×｜安定液がコンクリートよりも高粘性であったり高比重であったりすると円滑に置換できない

9 ×｜二次スライム処理は鉄筋かごの建込み後に行う。バケットを使用できないため、水中ポンプ方式で行う

10 ○｜リバース（サーキュレーション）工法は清水を用いて孔壁を保護するため、設問記述の方法によって孔内圧力を高める必要がある

010 鉄筋工事

鉄筋工事に関する設問は、毎年出題されている。鉄筋工事は、コンクリート構造物の構造耐力に大きく影響するため、適切な施工方法と施工管理方法を知ることが重要である。特に各種の規定値について確実に記憶することが肝要である

1　鉄筋の加工

鉄筋の加工時の留意点は、以下のとおり

①有害な曲がり、断面欠損、ひび割れ、過度の錆のある鉄筋は不可。鉄筋表面のごく薄い赤錆は、コンクリートの付着も良好で害はないが、粉状になる赤錆は、コンクリートの付着を低下させるのでワイヤブラシ又はハンマーなどで取り除く

②施工図に従い所定の寸法に加工する（下表参照）

③切断にはシヤーカッター又は直角切断機などを使う

④鉄筋には点付け溶接を行わない

● 加工寸法の許容差（JASS5）

項目			符号	許容差(㎜)	備考
加工寸法	主筋	D25以下	a、b	±15	加工寸法の測定では、突当て長さ（外側寸法）が表中の許容差に納まっていることを確認する
		D29以上D41以下	a、b	±20	
	あばら筋・帯筋・スパイラル筋		a、b	±5	
	加工後の全長		ℓ	±20	

主筋　　　　　　　　加工後の全長(ℓ)　　　　あばら筋・帯筋・スパイラル筋

● 鉄筋の折曲げ形状・寸法（JASS5）

図	折曲げ角度	鉄筋の種類	鉄筋の径による区分	鉄筋の折曲げ内法直径（D）
180度　余長4d以上	180度 135度 90度	SR235 SR295 SD295 SD345	16φ以下 D16以下	3d以上
135度　余長6d以上			19φ D19 〜D41	4d以上
90度　余長8d以上	90度	SD390	D41以下	5d以上
		SD490	D25以下	
			D29 〜D41	6d以上

注1　dは、丸鋼では径、異形鉄筋では呼び名に用いた数値
注2　片持ちスラブ先端、壁筋の自由端側の先端で90度又は180度フックを用いる場合、余長4d以上
注3　90度未満であっても上記の数値以上とすることが望ましい

● 鉄筋

主な鉄筋に丸鋼（SR）と異形棒鋼（SD）がある。SR235は降伏点が235N／㎟以上の丸鋼を示している

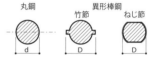

丸鋼　　　竹節　異形棒鋼　ねじ節

● 鉄筋の種類を区別する表示方法（JIS G 3112）

鉄筋の種類を区別する表示方法で、圧延マーク又は色別塗色がある

種類の記号	種類を区別する表示方法	
	圧延マークによる表示	色別塗色による表示
SR235	適用しない	赤（片断面）
SR295		白（片断面）
SD295	圧延マークなし	適用しない
SD345	突起の数1個（·）	黄（片断面）
SD390	突起の数2個（··）	緑（片断面）
SD490	突起の数3個（···）	青（片断面）

● 鉄筋の折曲げ加工

鉄筋の折曲げ加工は、手動鉄筋折曲げ機又は自動鉄筋折曲げ機などによって行う。加工場での折曲げ加工は、熱処理を行うと鉄筋（鋼材）の性能が変わるので、冷間加工としなければならない

● 末端部にフックが必要な鉄筋

①丸鋼、②あばら筋及び帯筋、③柱及び梁（基礎梁を除く）の出隅部の鉄筋、④煙突の鉄筋の末端部には、必ずフックを付けなければならない

2 鉄筋の組立

水平の鉄筋の位置を保持するサポート及びスペーサは、鋼製・**コンクリート製・モルタル製**とする。ただし、スペーサは、側面に限りプラスチック製でもよい

● スペーサ（サポート）

バー型　スラブ上端筋

ドーナツ型
ドーナツ型スペーサ

スペーサとは、かぶり厚確保のため、型枠などと鉄筋の間に差し入れ、間隔を確保する仮設材のことだよ

● 鉄筋のサポート及びスペーサの配置（JASS5）

部位	スラブ	梁	柱
数量・配置	上端筋、下端筋それぞれ間隔は0.9m程度端部は0.1m以内	間隔は1.5m程度端部は0.5m程度	上段は梁下より0.5m程度中段は上段より1.5m間隔程度柱幅方向は1.0m以下2個　　　　　　1.0m超え3個
備考		上または下いずれかと、側面の両側へ対称に設置	同一平面に点対称となるように設置

部位	基礎	基礎梁	壁・地下外壁
数量・配置	4㎡程度につき8個16㎡程度につき20個	間隔は1.5m程度端部は1.5m以内	上段は梁下より0.5m程度まで中段は上段より1.5m間隔程度横間隔は1.5m程度端部は0.5m程度
備考	基礎の四隅と柱の四隅に設置	上または下いずれかと、側面の両側へ対称に設置	―

鉄筋のあきは、下表のように粗骨材の最大寸法の**1.25倍以上**かつ**25㎜以上**とする。また丸鋼では径、異形鉄筋では呼び名の数値の**1.5倍以上**とする

● 鉄筋のあき・間隔の最小寸法（JASS5）

異形鉄筋

間隔 — 竹節
D　あき　D — ねじ節

あき	間隔
・呼び名の数値の1.5倍・粗骨材最大寸法の1.25倍・25㎜のうち最も大きい数値	・呼び名に用いた数値（鉄筋径）の1.5倍+D・粗骨材最大寸法の1.25倍+D・25㎜+Dのうち最も大きい数値

注　丸鋼の場合は「呼び名の数値」を「鉄筋径」に読みかえる

● 鉄筋の保護

鉄筋の組立後、スラブ、梁などには、歩み板を置き渡し、直接鉄筋の上を歩かないようにする

● 交差する鉄筋の結束箇所

全数結束となる部位には、帯筋の四隅、あばら筋の上端隅部、基礎筋の隅部、幅止め筋などがある

3 鉄筋のかぶり厚さ・継手・定着

かぶり厚さとは、ある部材の最も外側に配置された鉄筋表面からコンクリート表面までのコンクリート層の厚さをいう

設計かぶり厚さは、最小かぶり厚さ（次頁の表）の値に10㎜を加えた値以上として、工事監理者の承認を受ける

● 最小かぶり厚さ（JASS5）

（単位：mm）

部材の種類		一般劣化環境（非腐食環境）	一般劣化環境（腐食環境）		
			短期	標準・長期	超長期
構造部材	柱・梁・耐力壁	30	30	40	40
	床スラブ・屋根スラブ	20	20	30	40
非構造部材	構造部材と同等の耐久性を要求する部材	20	20	30	40
	計画供用期間中に維持保全を行う部材	20	20	30	30
直接土に接する柱・梁・壁・床及び布基礎の立上り部		40			
基礎		60			

注　耐久性上有効な仕上げを施す場合は、一般劣化環境（腐食環境）では、最小かぶり厚さを10mm減じることができる

● 令79条（鉄筋のかぶり厚さ）

部位	かぶり厚さ
耐力壁以外の壁、床	20mm以上
耐力壁、柱、梁	30mm以上
直接土に接する壁、柱、床、梁、布基礎の立上り部分	40mm以上
基礎（布基礎の立上り部分を除く）の捨てコンクリートの部分を除く	60mm以上

□ 誘発・施工目地などを設ける場合、令79条に規定する数値を（右上表）満たし、構造耐力上、防水性上及び耐久性上有効な措置を講じれば、最小かぶり及び設計かぶり厚さの規定を適用しなくてよい

● 打継ぎ目地部分のかぶり厚さ（平成22年版建築工事監理指針）
目地底から鉄筋の外側表面までをさす

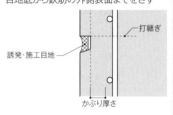

□ 異形鉄筋の重ね継手の長さ、定着長さは下表のとおり。なお、D35以上の異形鉄筋には、原則、重ね継手は用いない。また、直径の異なる鉄筋相互の重ね継手の長さは、**細いほうの径**による

□ 柱頭・柱脚におけるスパイラル筋の末端の定着は、フック付きとして末端の定着を1.5巻き以上の添え巻きとする（右図参照）

● スパイラル筋の定着のとり方（JASS5）

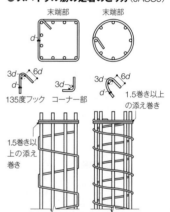

□ ● 継手の位置（JASS5）

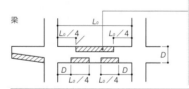

継手の位置は、原則として応力の小さいところで、常時コンクリートに圧縮応力が生じている部分に設ける。また、1か所に集中しないよう、ずらして設ける

□ ● 異形鉄筋の重ね継手の長さ（JASS5）

コンクリートの設計基準強度（N／mm²）	SD 295	SD 345
18	45d（35d）	50d（35d）
21	40d（30d）	45d（30d）
24〜27	35d（25d）	40d（30d）
30〜36	35d（25d）	35d（25d）
39〜45	30d（20d）	35d（25d）
48〜6	30d（20d）	30d（20d）

注　（　）内はフック付きの重ね継手の長さ

● 異形鉄筋の定着の長さ（JASS5）

コンクリートの設計基準強度（N／mm²）	小梁・スラブの下端筋を除く直線定着の長さ		小梁・スラブの下端筋の直線定着の長さ	
	SD 295	SD 345	小梁	スラブ
18	40d（30d）	40d（30d）		
21	35d（25d）	35d（25d）		
24〜27	30d（20d）	35d（25d）	20d（10d）	10dかつ150mm以上（ー）
30〜36	30d（20d）	30d（20d）		
39〜45	25d（15d）	30d（20d）		
48〜60	25d（15d）	25d（15d）		

注　（　）内はフック付きの定着の長さ

4　ガ ス 圧 接 継 手

☐ 鉄筋径又は呼び名の差が7㎜を超える場合や、SD345とSD390の鉄筋間を除き鉄筋の種類が異なる場合は、原則として圧接継手を設けない（建築工事監理指針）

☐ 圧接端面は、有害な付着物をあらかじめ除去し、平滑に仕上げ、軽く面取りを行う。この作業は、圧接作業の当日に行う必要があり、鉄筋冷間直角切断機で切断するか、またはグラインダー研削とする

☐ 圧接部は、適度な膨らみの形状となるように正しく加圧して接合し、右図の条件を満たす必要がある。また、隣接する鉄筋相互のガス圧接部の位置は、1か所に集中させないように原則400㎜以上ずらし、継手部分であっても鉄筋のかぶり厚を確保する

☐ 加熱中に逆火などが生じて加熱を中断した場合、そのまま再圧接すると不良圧接となるおそれがあるので、冷間直角切断機などを使用して圧接部を切り取り再圧接する。ただし、圧接端面相互の密着後であれば、再加熱して圧接作業を続行してもよい

☐ 外観検査の結果不合格となった不良ガス圧接は補正を行う

● 不良ガス圧接の補正（公共建築工事標準仕様書）

不良原因	圧接部の措置
・鉄筋中心軸の偏心量が規定値を超えた場合 ・**圧接面のずれが規定値を超えた場合** ・形状が著しく不良なもの、圧接部（内部欠陥を含む）に有害と認められる欠陥を生じた場合	**圧接部を切り取って再圧接する**
・**膨らみの直径又は長さが規定値に満たない場合** ・**折れ曲りの角度が規定値（2度）を超えた場合**	**再加熱して修正する**

☐ 超音波探傷法の判定基準は、1検査ロット=30か所の検査結果のうち、不合格箇所数が1か所以下のときはそのロットを合格とし、不合格箇所数が2か所以上のときは逆に不合格とする

● ガス圧接継手の継手部の検査

検査項目	試験・検査方法	回数
外観検査	目視、ノギス、スケールなどによる	全数検査
超音波探傷法	JIS Z 3062	1検査ロット[＊]からランダムに30か所
引張試験法	JIS Z 3120	1検査ロット[＊]から3本

＊：1検査ロットは、1組の作業班が1日に施工した圧接箇所の数量

● 手動ガス圧接技量資格者の圧接作業可能範囲

技量資格種別	圧接作業可能範囲	
	鉄筋の種類	鉄筋径
1種	SR235、SR295 SD295 SD345、SD390	≦25φ ≦D25

● 圧接部の形状（JASS5）　平12建告1463号

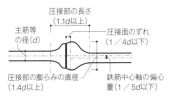

● ガス圧接継手のずらし方

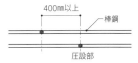

QUESTION

ANSWER

1　最頻出問題 | 一問一答

→→→

次の記述のうち、正しいものには○、誤っているものには×をつけよ

1 □□　SD345の*D*29の鉄筋に180度フックを設けるための折曲げ加工については、熱処理とせずに冷間加工とした

2 □□　粗骨材の最大寸法が20㎜のコンクリートを用いる柱において、主筋*D*22の鉄筋相互のあきについては30㎜とした

3 □□　柱頭及び柱脚におけるスパイラル筋の末端の定着については、フック付きとし、その末端の定着を1.5巻き以上の添え巻きとした

4 □□　屋内の柱の帯筋を加工するに当たり、必要な最小かぶり厚さ30㎜に施工誤差10㎜を割り増したものをかぶり厚さとした

1 ○｜曲げ加工は、手動鉄筋折曲げ機又は自動鉄筋折曲げ機等を用いた冷間加工とする。鉄筋は熱処理を行った場合は、鋼材としての性能が変わるので避けなければならない（JASS5）

2 ×｜鉄筋のあきは、粗骨材の最大寸法の1.25倍以上かつ25㎜以上、また丸鋼では径、異形鉄筋では呼び名の数値の1.5倍以上とする（JASS5）。粗骨材の最大寸法:20×1.25＝25㎜、主筋の呼び名:22×1.5＝33㎜なので、鉄筋のあき30㎜は不適当

3 ○｜スパイラル筋の末端の定着は、1.5巻き以上の添え巻きとする（JASS5）

4 ○｜計画供用期間の級が標準・長期の場合、屋内の柱における最小かぶり厚さは、30㎜である。これに施工精度による誤差を加味して10㎜割り増す（JASS5）

2　実践問題 | 一問一答

→→→

1 □□　鉄筋コンクリートによる片持ちスラブの上端筋の先端のフックは、SD295Aの*D*16を用いる場合、折曲げ角度を90度とし、余長を3*d*（*d*は異形鉄筋の呼び名に用いた数値）とした

2 □□　柱の主筋と帯筋とが交差する鉄筋相互の結束については、四隅の交点において全数結束とした

3 □□　スラブ筋を施工図に示された位置に配筋するために、スペーサーの数量については特記がなかったので、上端筋・下端筋それぞれの間隔は0.9m程度とした

4 □□　径が異なる異形鉄筋の重ね継手の長さについては、太いほうの鉄筋の径を基準とした

1 ×｜SD295Aの*D*16の鉄筋で、片持ちスラブ先端、壁筋の自由端側の先端において90度フック又は180度フックを用いる場合は、余長は4*d*以上とする（JASS5）

2 ○｜全数結束となる部位には、帯筋の四隅、あばら筋の上端隅部、基礎筋の隅部、幅止め筋などがある（JASS5）

3 ○｜スラブでは、上端筋・下端筋それぞれの間隔は0.9m程度、端部は0.1m以内、梁では、間隔は1.5m程度、端部は0.5m程度とする。なお、バーサポート及びスペーサーの種類は、鋼製・コンクリート製・モルタル製とする（JASS5）

5 ☐☐ 耐力壁の脚部におけるSD295の鉄筋の重ね継手は、コンクリートの設計基準強度が27 N／㎡の場合、フックなしとし、その重ね継手の長さを35d(dは異形鉄筋の呼び名に用いた数値)とした

6 ☐☐ ガス圧接継手の外観検査の結果、明らかな折れ曲がりが生じて不合格となった圧接部については、再加熱して修正した

7 ☐☐ 大梁に90度フック付き定着とする小梁の主筋(上端筋)については、大梁のせいが小さく、そのフック部を鉛直下向きに配筋すると定着長さが確保できないので、斜め定着とした

8 ☐☐ コンクリート壁にひび割れ誘発目地を設ける場合、目地部の鉄筋に対するかぶり厚さについては、目地底から最小かぶり厚さを確保した

9 ☐☐ 屋根スラブの出隅及び入隅の部分については、ひび割れを防止するために、屋根スラブの補強筋を屋根スラブの主筋の上端筋の下側に配置した

10 ☐☐ ガス圧接継手の超音波探傷試験において、試験の箇所数については、1検査ロットに対し30か所とし、検査ロットから無作為に抜き取ることとした

11 ☐☐ 大梁の主筋のガス圧接継手の外観検査において、圧接部の膨らみの直径が母材の鉄筋径の1.4倍であったが、膨らみの長さが母材の鉄筋径の1.1倍未満であったので再加熱し、圧力を加えて所定の膨らみの長さに修正した

12 ☐☐ ガス圧接継手において、SD345のD22とSD390のD32との圧接は、手動ガス圧接とした

13 ☐☐ 日本工業規格(JIS)のD25の異形鉄筋の受入れ検査において、搬入時に圧延マークを確認したところ、突起の数が2個であったので、SD345と判断した

14 ☐☐ D22の主筋のガス圧接継手の外観検査において、鉄筋中心軸の偏心量の合格基準を5㎜とした

---

4 ×｜直径の異なる鉄筋相互の重ね継手の長さは、細いほうの径による(JASS5)

5 ○｜SD295の鉄筋の重ね継手は、コンクリートの設計基準強度が27N／㎡の場合、フックなしであれば35d、フック付きで25d(JASS5)

6 ○｜ガス圧接部において、膨らみの直径又は長さが規定値に満たない場合や著しい曲がりを生じた場合には、再加熱して修正する(JASS5)

7 ○｜小梁の主筋(上端筋)は、梁せいが小さく垂直で余長がとれない場合、斜めに配筋してもよい(JASS5)

8 ○｜誘発目地・施工目地などを設ける場合は、令79条に規定する数値を満足し、構造耐力上必要な断面寸法を確保し、防水性上及び耐久性上有効な措置を講じれば最小かぶり厚さ及び設計かぶり厚さの規定を適用しなくてもよい(JASS5)

9 ○｜屋根スラブの出隅及び入隅の部分については、補強筋を主筋の下側に配置する(公共建築工事標準仕様書)

10 ○｜超音波探傷試験では、抜取り検査とし、1検査ロットからランダムに30か所とする。1検査ロットとは、1組の作業班が1日に施工した圧接箇所の数量をいう(JASS5)

11 ○｜圧接部の膨らみの直径または長さが規定値に満たない場合には、再加熱して修正する(JASS5)

12 ×｜鉄筋径または呼び名の差が7㎜を超える場合には、原則として圧接継手を設けてはならない(建築工事監理指針)

13 ×｜SD345の圧延マークによる表示において、突起の数は1個である(JIS G3112)

14 ×｜鉄筋中心軸の偏心量は1／5d以下とする。よって、この場合4.4㎜以下としなければならない

011 型枠工事

型枠工事に関する設問は、毎年1題出題されている。型枠工事は、コンクリート部材の形状・位置・寸法・表面性状を決めるほか、硬化後の構造体コンクリートの品質にまで影響するため、適切な施工方法と施工管理方法を知ることが重要である

1　せき板の種類

☐ コンクリート用型枠に使う主な**せき板**の種類と特徴は下表の通り

● 主なせき板の種類と特徴

せき板の種類		特徴
木材	製材	スギ・マツその他の針葉樹を用いる。カシ・キリ・ケヤキのように、コンクリートの硬化不良を起こすものは使用してはならない
	合板	JAS（日本農林規格）に定められるコンクリート型枠用合板で、塗装又はオーバーレイ加工を施したもの（表面加工コンクリート型枠用合板）が一般的に使用される
金属	金属製型枠パネル	金属製の面材と枠組材を組み合わせたもので、剛性が高く、耐久性に優れる。仕上がりが平滑で、組立・解体が容易
	デッキプレート型枠	薄鋼板を折曲げ加工して面外剛性を高めたもの
	ラス型枠	エキスパンドメタルなどの金網をせき板として使用する
コンクリート	プレキャストコンクリート	プレキャストコンクリートをせき板として使用する

☐ コンクリート型枠用合板の保管は、コンクリート表面の硬化不良などを防止するため直射日光に当たらないよう、シートなどで保護する

☐ 打放しコンクリート仕上げとする場合は、表面加工コンクリート型枠用合板を用いる

☐ 打放しコンクリート仕上げ以外の場合は、JAS「コンクリート型枠用合板」の規格によるB-C品又はコンクリートの所要の品質を確保できるものを用いる（建築工事監理指針）

● コンクリート型枠用合板の曲げヤング係数（JAS規格値）

コンクリート型枠用合板の曲げヤング係数は、湿潤状態では乾燥状態の80～90%程度となる

表示厚さ（mm）	曲げヤング係数（GPa又は10^3N／mm）	
	長さ方向スパン用	幅方向スパン用
12	7.0	
15	6.5	
18	6.0	2.5
21	5.5	
24	5.0	

● 木材による硬化不良

硬化不良を起こしやすいせき板を現場で見分けるには、せき板表面にセメントペーストを塗り付け、2～3日後に剥がして、その表面状態を確認する方法がある

● 合板の厚さ

合板の厚さは特記によるが、特記がなければ12mmのものを使用する

● デッキプレート型枠

施工荷重によるたわみを考慮して、10mm程度のキャンバー（むくり）がつけてある

● せき板の再使用

コンクリートに接する面をよく清掃し、締付けボルトなどの貫通孔又は破損箇所を修理し、必要に応じて剥離剤を塗布

2 型枠工法

型枠工法には、コンクリート型枠用合板を用いた一般的な工法のほか、下表に示すものがある

● 型枠工法の種類と特徴

種類と特徴1	主な適用部位
ラス型枠工法：特殊リブラス（鋼製ネット）をせき板とした工法。せき板の解体作業がないため省力化、工期短縮が可能	**地中梁、基礎**
プレキャストコンクリート型枠工法：次の2種類がある ①床ハーフプレキャストコンクリート型枠工法（床型枠が不要なため省力化、工期短縮が可能） ②薄肉打込型枠工法（主に柱、梁、壁などに適用される。外装仕上材を打ち込めば仕上げ工程の短縮、外部足場の省略が可能）	**床、柱、梁、壁**
デッキプレート型枠工法：S造、RC造、SRC造に適用される。型枠支持の支柱不要、かつ解体作業も不要	**床**
スリップフォーム工法：型枠を解体せず、連続的に使用する工法	**壁**
透水型枠工法：せき板に吸水布を貼ったり、孔などを設け、コンクリートの余剰水を排水し、表面を緻密にする工法	
MCR工法：凹凸が成型されたシートを用いることで、タイルの剥離を防止する工法	

● 透水型枠工法

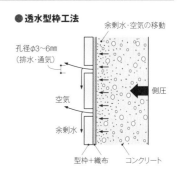

余剰水・空気の移動
孔径φ3〜6mm（排水・通気）
空気
側圧
余剰水
型枠＋織布
コンクリート

● MCR工法

MCR工法によるコンクリート表面仕上がり状態

3 型枠支保工の設計

型枠の強度及び剛性の計算は、打込み時の**振動・衝撃**を考慮したコンクリート施工時の**鉛直荷重**、**水平荷重**及びコンクリートの**側圧**について行う

型枠設計用のコンクリートの側圧は、コンクリートの打込み速さ及び部位にかかわらず一律で、液圧（$W_0 \times H$）として計算する
W_0：フレッシュコンクリートの単位容積重量（kN／㎥）
H：フレッシュコンクリートのヘッド（m）（側圧を求める位置から上のコンクリートの打込み高さ）
なお、下表などを参考に、適切な方法により側圧を予測できる場合には、工事監理者の承認を受ければこの限りでない

● コンクリートの打込み高さ

打込み高さが4mを超えるような施工は側圧が過大となり、またポンプによる脈動などの衝撃により、初期ひび割れが発生するおそれもあるため、なるべく避ける

● コンクリートの側圧（型枠の設計・施工指針）

①打込み速さ≦10m／hの場合

部位 ＼ H(m)	1.5以下	1.5を超え4.0以下
柱	W_0H	$1.5W_0 + 0.6W_0 \times (H-1.5)$
壁		$1.5W_0 + 0.2W_0 \times (H-1.5)$

②打込み速さ＞10m／h[*]の場合　　（単位：kN／㎡）

部位 ＼ H(m)	以下	2.0を超え4.0以下
柱	W_0H	$2.0W_0 + 0.8W_0 \times (H-2.0)$
壁		$2.0W_0 + 0.4W_0 \times (H-2.0)$

注　H：フレッシュコンクリートヘッド（m）　W_0：フレッシュコンクリートの単位容積質量（t／㎥）に重力加速度を乗じたもの（kN／㎡）
＊：ただし打込み速さ＞20m／hの場合H≦4.0で柱・壁とも側圧＝W_0H

通常のポンプ施工における**支保工**の鉛直荷重は、**固定荷重**（コンクリート、鉄筋、型枠）に**積載荷重**（作業荷重＋衝撃荷重）**1.5**kN／㎡を加えた値が支柱の許容応力の値を超えてはならない

支保工に用いる**鋼材**の許容曲げ応力及び許容圧縮応力は、鋼材の「降伏強さの値」又は「引張強さの**3**／**4**の値」のうち「いずれか小さい値の**2**／**3**の値以下」とする（労働安全衛生規則［以下、安衛則］241条）

4 型枠の加工・組立

在来の一般的な型枠工法は、**せき板**、**支保工**、**締付け金物**などで構成され、コンクリートの打込に際して掛かる**施工荷重**によって変形、損傷などが生じないようにする

●在来の一般的な型枠工法における組立例

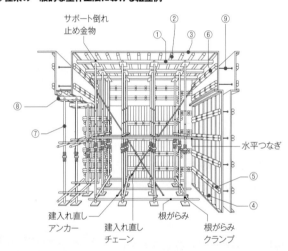

サポート倒れ止め金物
① ② ③ ⑥ ⑨
⑧
⑦
水平つなぎ
⑤
④
建入れ直しアンカー
建入れ直しチェーン
根がらみ
根がらみクランプ

① スラブ型枠大引：スラブの型枠で根太を支持する。根太と直交して配置する
② スラブ型枠根太：スラブの型枠で、せき板を支持する
③ スラブ型枠せき板：スラブの型枠でコンクリートに直に接し、コンクリートの流出を防ぐ
④ 壁型枠内端太：壁の型枠で、せき板の破壊・変形を防ぐ
⑤ 壁型枠外端太：壁の型枠で、内端太の破壊・変形を防ぐ
⑥ 締付金物フォームタイ：柱・梁側・壁の型枠で、セパレータを端太材に固定する
⑦ パイプサポート：床・梁底の型枠で、大引を支持する
⑧ 梁下受木：梁の型枠を下部で支承する
⑨ セパレーター：柱・梁側・壁の型枠で、両側のせき板の間隔を維持し、側圧による外側への変形を防ぐ

出典）「型枠の設計・施工指針」㈳日本建築学会

施工上の留意点
①上下階の支柱の位置は、できるだけ同じ位置に配置する
②型枠には清掃用の掃除口を必ず設け、打込み前に型枠内の不要物を取り除き、所定の鉄筋かぶり厚さを確保する

●水平荷重を考慮した支保工の設計

①コンクリート打込み時に水平方向に作用する荷重：鋼管枠を支柱として用いる場合、支保工の上端に、設計荷重の2.5／100（2.5％）（鋼管枠以外は5／100（5％））に相当する水平方向の荷重が作用しても安全な構造とする（安衛則240条）
②地震、**風圧**による**荷重**：地震荷重は通常考慮しない。風荷重は、地域、季節や型枠施工時に強風にさらされる場合は考慮する

●施工計画

型枠工事に先立ち、支柱配置図、パネル割付図、支保工組立図などを作成し、部材の配置、接合方法及び寸法を把握する

●支保工の組立に関する安全基準

（安衛則242条）
①鋼管（パイプサポートを除く）を支柱として用いる場合
　・高さ≦2m以内ごとに水平つなぎを二方向に設け、水平つなぎの変位を防止する
　・梁・大引を上端に載せるときは、当該上端に鋼製の端板を取り付け、これを梁・大引に固定する
②パイプサポートを支柱として用いる場合
　・パイプサポートを3以上継がない
　・パイプサポートを継ぐときは、4以上のボルトか専用の金具を用いる
　・高さ>3.5mの場合、高さ2m以内ごとに水平つなぎを二方向に設け、水平つなぎの変位を防止する
③組立鋼柱を支柱として用いる場合
　・梁・大引を上端に載せるときは、当該上端に鋼製の端板を取り付け、これを梁・大引に固定する
　・高さ>4mの場合、高さ4m以内ごとに水平つなぎを二方向に設け、水平つなぎの変位を防止する

③コンクリートの充填不足が予想される箇所には、空気孔を設ける

5　型枠支保工の存置期間

□　**基礎・梁側・柱・壁**の**せき板**の存置期間は、計画供用期間の級が「短期及び標準」の場合は「**5N／㎟以上**」、「長期及び超長期」の場合は「**10N／㎟以上**」に、コンクリートの圧縮強度が達したことが確認されるまでとする

● **せき板の存置期間を確認するための供試体の養生方法**（JASS5）
JASS5 T-603に基づき圧縮強度を推定する場合、供試体の養生方法は、現場水中養生または現場封かん養生とする

圧縮試験なしにせき板を取り外すことができるのは、側板のみ。スラブ・梁下はNG！

□　上記のせき板の存置期間は、計画供用期間の級が「短期及び標準」の場合、期間中の平均気温が**10℃**以上であれば、コンクリートの材齢が下表の日数以上経て、圧縮強度試験を必要とすることなく取り外せる

● せき板の存置期間を定めるためのコンクリートの材齢（JASS5）

結合材　　　　　の種類 平均 気温	コンクリートの材齢（単位：日） 早強ポルトランドセメント	普通ポルトランドセメント 高炉セメントA種 高炉セメントA種相当 フライアッシュセメントA種 フライアッシュセメントA種相当	高炉セメントB種 高炉セメントB種相当 フライアッシュセメントB種 フライアッシュセメントB種相当	中庸熱ポルトランドセメント 低熱ポルトランドセメント 高炉セメントC種 高炉セメントC種相当 フライアッシュセメントC種 フライアッシュセメントC種相当
20℃以上	2	4	5	7
20℃未満 10℃以上	3	6	8	9

□　スラブ下・梁下の**支保工の存置期間**は、**構造体コンクリート強度**が設計基準強度に達したこと（設計基準強度の**100％以上**）が確認されるまでとする。これより早く支保工を取り外す場合は、取外し直後にその部材に加わる荷重を安全に支持できるだけの強度を適切な計算方法から求め、実際のコンクリートの圧縮強度が上回ることを確認しなければならない。ただし、この計算結果にかかわらず「**最低12N／㎟以上**」としなければならない

● **湿潤養生**
計画供用期間の級が「短期及び標準」で、普通ポルトランドセメントを用いたコンクリートでは「材齢5日以上」の湿潤養生を行う。なお、せき板の取外し後、湿潤養生を行わない基礎・梁側・柱・壁については、「短期及び標準」の場合は「10N／㎟以上」、「長期及び超長期」の場合は「15N／㎟以上」に圧縮強度が達するまでせき板を存置する

□　片持ち梁又は片持ちスラブ（庇等）の支保工の存置期間は、スラブ下・梁下の規定に準ずるものとし、コンクリートの圧縮強度が設計基準強度に達したこと（設計基準強度の**100％以上**）が確認されるまでとする

● **スラブ下および梁下の支保工の存置期間を定めるための強度試験**（JASS5）
・標準養生および現場水中養生（平均気温20℃以上）した供試体の場合、圧縮強度が調合管理強度以上
・現場水中養生（平均気温20℃未満）及び現場封かん養生した供試体の場合、圧縮強度が品質基準強度に3N／㎟を加えた値以上

□　スラブ下・梁下のせき板の取外しは、原則として支保工を取り外した後とする。ただし、施工法によっては支柱を取り外すことなくせき板を取り外せる場合があり、設計基準強度の**50％**の強度発現を準用するか、適切な構造計算により十分安全が確かめられれば、支柱を取り外す前にせき板を取り外すことができる（昭46建告110号）

QUESTION

1 最頻出問題｜一問一答

次の記述のうち、正しいものには○、誤っているものには×をつけよ

1 ☐☐ 計画供用期間の級が「標準」の建築物において、梁側のせき板の最小存置期間をコンクリートの圧縮強度によるものとしたので、圧縮強度試験用の供試体の養生方法を標準養生とした

2 ☐☐ パイプサポートを支柱に用いる型枠支保工において、高さが3.5mを超えるものについては、高さ3.5m以内ごとに水平つなぎを二方向に設け、かつ、水平つなぎの変位を防止することとした

3 ☐☐ 型枠支保工に用いる鋼材の許容圧縮応力の値は、当該鋼材の「降伏強さの値」又は「引張強さの値の3／4の値」のうち、いずれか小さい値の2／3の値以下とした

4 ☐☐ 構造体コンクリートの圧縮強度が設計基準強度(18N／㎟)の90%に達し、かつ、施工中の荷重及び外力について構造計算による安全が確認されたので、梁下の支柱を取り外した

5 ☐☐ せき板に用いる木材は、コンクリート表面の硬化不良を防止するために、シートで覆い、直射日光にさらさないようにした

2 実践問題｜一問一答

1 ☐☐ 支保工の存置期間をコンクリートの圧縮強度により決定する場合、現場における水中養生(平均気温20℃未満)又は封かん養生の供試体による圧縮強度試験値が品質基準強度に3N／㎟を加えた値以上であることを確認した

2 ☐☐ 柱の型枠設計用のコンクリートの側圧は、コンクリートの打込み速さが20m／hを超える計画のため、液圧となる$W_0 \times H$で算定した

3 ☐☐ 計画供用期間の級が標準の場合、梁側のせき板のコンクリート圧縮強度による存置期間は、コンクリートの圧縮強度が5N／㎟以上に達したことが確認されるまでとした

ANSWER

→→→

1 ×｜JASS5 T-603に基づき圧縮強度を推定する場合、供試体の養生方法は、現場水中養生または現場封かん養生とする

2 ×｜水平つなぎは、高さ2m以内ごとに二方向に設ける

3 ○｜支保工に用いる鋼材の許容曲げ応力及び許容圧縮応力は、鋼材の「降伏強さの値」又は「引張強さの3／4の値」のうち「いずれか小さい値の2／3の値以下」とする(安衛則241条)

4 ○｜設計基準強度に達する前にスラブ下及び梁下の支保工を取り外す場合は、コンクリートの圧縮強度が12N／㎟以上で、かつ、適切な計算方法により、その部位の安全を確認する必要がある(JASS5)

5 ○｜型枠用合板の保管は、直射日光に当たらないよう、シートなどで保護する

→→→

1 ○｜設問記述のとおり

2 ○｜型枠設計用のコンクリートの側圧は、コンクリートの打込み速さ及び部位にかかわらず$W_0 \times H$で算定する(JASS5)

3 ○｜基礎、梁側、柱及び壁のせき板の存置期間は、計画供用期間の級が「短期及び標準」の場合は「5N／㎟以上」、「長期及び超長期」の場合は「10N／㎟以上」に、コンクリートの圧縮強度が達したことが確認されるまでとする(JASS5)

4 ☐☐ 計画供用期間の級が「標準」の柱及び壁のせき板の在置期間をコンクリートの材齢により決定するとした施工計画において、在置期間中の平均気温が10℃以上15℃未満と予想されたので、普通ポルトランドセメントを使用したコンクリートについては、せき板の在置期間を6日とした

4 ○｜せき板の在置期間を定めるための普通ポルトランドセメントを用いたコンクリートの材齢は、平均気温が20℃以上では4日、10℃以上20℃未満では6日、同様に高炉セメントB種ではそれぞれ5日と8日とする。よって、いずれの平均気温においても普通ポルトランドセメントより、高炉セメントB種の方が長く設定する

5 ☐☐ 計画供用期間の級が「標準」の柱、梁側及び壁のせき板の存置期間は、せき板の取外し後に湿潤養生を行わない計画としたので、コンクリートの圧縮強度が10N／㎜²以上に達したことが確認されるまでとした

5 ○｜せき板の取外し後に湿潤養生をしない場合、「短期及び標準」の場合は「10N／㎜²以上」、「長期及び超長期」の場合は「15N／㎜²以上」にコンクリートの圧縮強度が達するまでせき板を存置する（JASS5）

6 ☐☐ 支柱の盛替えを行わずにスラブ下のせき板を取り外せる工法を採用したので、コンクリートの圧縮強度が設計基準強度の50%に達していることを確認した後に、せき板を取り外した

6 ○｜スラブ下・梁下のせき板の取外しは原則、支保工を取り外した後とする。ただし、所定の方法により安全が確かめられれば、支柱を取り外す前にせき板を外せる（昭46建告110号）

7 ☐☐ 組立鋼柱を支柱として用いる場合、その高さが4mを超えるときは、高さ4m以内ごとに水平つなぎを二方向に設け、かつ、水平つなぎの変位を防止する

7 ○｜組立鋼柱を支柱とする場合は、高さが4mを超えるときは、高さ4m以内ごとに水平つなぎを二方向に設け、変位を防止する（安衛則242条）

8 ☐☐ 壁型枠に設ける配管用のスリーブについては、開口補強が不要で、スリーブの径が75㎜であったので、紙チューブを用いた

8 ○｜柱及び梁以外の箇所で、開口補強が不要でスリーブ径が200㎜以下の部分は紙チューブとしてよい（公共建築工事標準仕様書、建築工事監理指針）

9 ☐☐ 小さい窓の下の腰壁の型枠で、コンクリートの充填不足が予想されるものについては、腰壁上端の型枠（ふた）の中央部に空気孔を設けた

9 ○｜コンクリートの充填不足が予想される箇所については、空気孔を設ける（建築工事監理指針）

10 ☐☐ パイプサポートを支柱として計画したので、その型枠支保工の上端に設計荷重の2.5%に相当する水平方向の荷重が作用するものとして、構造計算を行った

10 ×｜鋼管枠以外を支柱として用いる場合には、支保工の上端に、設計荷重の5／100（5％）に相当する水平方向の荷重が作用しても安全な構造とする（安衛則240条）

11 ☐☐ 型枠支保工の計画に当たって、コンクリートの打込みをポンプ工法により行うので、打込み時の積載荷重として、1.5kN／㎡を採用して、構造計算を行った

11 ○｜通常のポンプ施工で支保工の鉛直荷重は、固定荷重（コンクリート、鉄筋、型枠）に積載荷重（作業荷重＋衝撃荷重）1.5kN／㎡を加えた値が支柱の許容応力の値を超えないようにする

12 ☐☐ 片持ちスラブを除くスラブ下の型枠支保工の取り外しは、コンクリートの圧縮強度によることとしたので、圧縮強度が12N／㎜²以上であること、かつ施工中の荷重および外力について、構造計算により安全であることを確認したうえで行った

12 ○｜スラブ下の支保工を早く取り外す場合は、最低12N／㎜²以上の圧縮強度が必要である（JASS5）

13 ☐☐ コンクリート打放し仕上げ以外の場合に使用するせき板材料は、特記がなかったので、「合板の日本農林規格」の「コンクリート型枠用合板の規格」によるB－C品とし、厚さ9㎜とした

13 ×｜コンクリート打ち放し仕上げ以外は、JAS規格のB-C品、厚さを12㎜とする（建築工事監理指針）

012 コンクリート工事①要求性能・種類・品質・調合

コンクリート工事に関する設問は、毎年2題出題されている。出題範囲が広く、かつ詳細な
数値に関する出題が多いため、確実に学習するよう心掛けたい

1　コンクリートの種類・品質

□　普通コンクリートの強度は以下のとおり。コンクリートの調合は③の
品質基準強度を基準に行う
①設計基準強度：18N/㎟以上48N/㎟以下
②耐久設計基準強度：構造体の計画供用期間の級に応じて定め
られる。一般劣化環境（腐食環境）の場合、右表に示すとおり
③品質基準強度：設計基準強度又は耐久設計基準強度の**大き
いほうの値**

□　耐久性確保のため、コンクリートに含まれる塩化物量は塩化物イオ
ン量**0.30**kg/㎥以下とする。やむを得ず0.30kg/㎥超**0.60**kg/
㎥以下のものを使用する場合は、鉄筋防錆上有効な対策を講じる

□　**アルカリ骨材反応**を防ぐために、以下の3つの点に留意する
①反応性の骨材を使用しない
②コンクリート中のアルカリ量を低減する
③アルカリ骨材反応に対して抑制効果のある混合セメント（高炉
セメントB種、フライアッシュセメントB種等）を使用する

□　コンクリートのひび割れの主な原因の一つが乾燥収縮であり、以下
の2点を満足する必要がある
①乾燥収縮率：8×10^{-4}以下（計画供用期間の級が長期・超長
期のコンクリート）
②**許容ひび割れ幅**：0.3㎜（一般劣化環境（非腐食環境）では
0.5㎜でもよい）
なお、**乾燥収縮ひずみ**は、使用する骨材（砕石・砕砂の場合は原
石）の種類により異なり、砂岩や安山岩に比べて石灰岩砕石のほ
うがひずみは小さい

□　周囲を柱・梁・誘発目地などで囲まれた1枚の壁は、面積を**25㎡**
以下とし、1枚の壁の面積が小さい場合を除いて、辺長比（壁の
長さ/壁の高さ）は**1.25**以下とする

● **設計基準強度**
構造設計において基準とするコンクリー
トの圧縮強度のことであり、構造体コンク
リートが満足しなければならない強度のこ
と

● **耐久設計基準強度（普通ポルトランド
セメントの場合）**
構造体及び部材の計画供用期間に応ず
る耐久性を確保するために必要とするコ
ンクリートの圧縮強度の基準値のこと

計画供用期間の級	耐久設計基準強度（N/㎟）
短期	18
標準	24
長期	30[*]
超長期	36[*]

＊：かぶり厚さを10㎜増やした場合、長期は3、
超長期は6減じることができる

● **品質基準強度**
構造体の要求性能を得るために必要とさ
れるコンクリートの圧縮強度で、通常、設
計基準強度と耐久設計基準強度を確保
するために、コンクリートの品質の基準と
して定める強度のこと

● **粗骨材の最大寸法**

使用箇所	砂利	砕石・高炉ス ラグ粗骨材
柱・梁・ スラブ・壁	20、25㎜	20㎜
基礎	20、25、40 ㎜	20、25、40 ㎜

☐ 誘発目地の深さ（欠損率）は施工時の実壁厚さの1/5以上で、間隔は**3m以下**

なお、**非耐力壁**では右図に示すように、横筋を切断したり、内部に断面欠損材を埋設することで、ひび割れを集中させる効果がある

● 非耐力壁の誘発目地の例

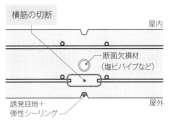

横筋の切断
屋内
断面欠損材（塩ビパイプなど）
誘発目地＋弾性シーリング
屋外

2　調合

☐ 所定の品質のコンクリートが得られるよう、調合を示したものを計画調合という。特に下表の◎印は明確にしておく。なお、右記の①〜⑤は表中の*A*〜*G*で表される

右の①〜⑤はそのまま覚えよう。③は絶対容積比であることに注意

● 計画調合の式（混和材のない場合）

① 細骨材の表乾密度（g/㎤）：*F／C*
② セメント水比：（*E／A*）×100
③ 細骨材率：{*C／（C＋D）*}×100
④ フレッシュコンクリートの単位容積質量（t/㎥）：（*A＋E＋F＋G*）／1,000
⑤ 空気量（%）：（{1,000−（*A＋B＋C＋D*）}／1,000）×100

● 計画調合の表し方

品質基準強度 (N/㎟)	調合管理強度 (N/㎟)	調合強度 (N/㎟)	スランプ (cm)	空気量 (%)	水セメント比 (%)	粗骨材の最大寸法 (mm)	細骨材率 (%)	単位水量 (kg/㎥)	絶対容積 (ℓ/㎥) セメント	細骨材	粗骨材	混和材	質量 (kg/㎥) セメント	細骨材	粗骨材	混和材	化学混和剤の使用量 (mℓ/㎥) 又は (C×%)	計画調合上の最大塩化物イオン量 (kg/㎥)
◎		◎	◎					*A*	*B*	*C*	*D*		*E*	*F*	*G*			

☐ コンクリートのスランプは、打込み箇所ごとに特記されることが多いが、特記がない場合は18cmとする。ただし、調合管理強度が33N/㎟以上の場合は、工事監理者の承認を得て、21cmとすることができる

☐ コンクリートの空気量は、特記がない場合は**4.5%**とする

☐ 単位水量は、**185kg/㎥**以下とし、コンクリートの所定の品質が得られる範囲内で、できるだけ小さくする。また、単位粉体量の最小値は、**270kg/㎥**とする

● 単位粉体量

フレッシュコンクリート1㎥中に含まれる粉体（セメント、混和剤、石粉など）の質量であり、粉体がポルトランドセメントのみの場合には、単位粉体量＝単位セメント量となる

● 水粉体比

水粉体比（単位粉体量に対する単位水量の割合）の最大値は、65%とする。なお、旧版のJASS5では、水セメント比の規定であったが、2022年の改定で水粉体比となった

☐ **● 水セメント比の最大値（公共建築工事標準仕様書）**

使用するセメントの種類		水セメント比の最大値（%）
ポルトランドセメント	早強・普通・中庸熱	65
	低熱	60
混合セメント	高炉A種・フライアッシュA種・シリカA種	65
	高炉B種・フライアッシュB種・シリカB種	60

コンクリート工事①要求性能・種類・品質・調合

QUESTION & ANSWER

QUESTION

ANSWER

1 最頻出問題│一問一答

→→→

次の記述のうち、正しいものには○、誤っているものには×をつけよ

1 ☐☐ コンクリート中の塩化物イオン量がやむを得ず0.30kg／㎥を超える場合には、鉄筋の防錆について有効な措置を講じなければならない

2 ☐☐ 壁に設けるひび割れ誘発目地については、一般に、周囲を柱、梁、ひび割れ誘発目地等により囲まれた1枚の壁の辺長比(壁の長さ／壁の高さ)が1.5を超えるように設ける

3 ☐☐ 非耐力壁に設けるひび割れ誘発目地の位置において、壁横筋を1本おきに切断したり、壁の内部に断面欠損材を埋設することは、一般に、ひび割れ誘発目地内にひび割れを集中的に発生させる効果がある

4 ☐☐ 単位粉体量が過小であるコンクリートは、ワーカビリティーが悪くなりコンクリートの充填性の低下等が生じやすくなる

1 ○│塩化物イオン量がやむを得ず0.30kg／㎥超または0.60kg／㎥以下の場合は、鉄筋に防錆処理を行う

2 ×│周囲を柱・梁・誘発目地などで囲まれた1枚の壁の面積は25㎡以下とし、1枚の壁の面積が小さい場合を除いて、その辺長比(壁の長さ／壁の高さ)は1.25以下とする(日本建築学会：鉄筋コンクリート造建築物の収縮ひび割れ制御設計・施工指針・同解説2023(以下「ひび割れ制御指針」と略)。2002年版ひび割れ指針では辺長比を1.5以下としていたが改訂されているので注意する)

3 ○│非耐力壁であれば、横筋を切断したり、内部に断面欠損材を埋設することでひび割れを集中させる効果がある(ひび割れ制御指針)

4 ○│単位粉体量が過小であると、コンクリートのワーカビリティーが悪くなる(JASS5)

2 実践問題①│一問一答

→→→

1 ☐☐ 柱、梁、スラブ及び壁に打ち込むコンクリートの粗骨材については、特記がなかったので、最大寸法25㎜の砕石が使用されていることを確認した

2 ☐☐ コンクリートの調合において、粗骨材に石灰岩砕石を用いたコンクリートは、一般に、安山岩砕石を用いたコンクリートに比べて、乾燥収縮ひずみが小さくなる

3 ☐☐ 高性能AE減水剤を用いる普通コンクリートの単位セメント量の最小値は、290kg／㎥である

1 ×│柱、梁、スラブ及び壁に用いるコンクリートに砕石を用いる場合は、最大寸法を20㎜とする

2 ○│一般に、乾燥収縮ひずみは砂岩や安山岩に比べて石灰岩砕石のほうが小さくなる(ひび割れ制御指針)

3 ○│高性能AE減水剤を用いるコンクリートでは、単位セメント量を小さくしすぎたり、スランプを大きくしすぎたりすると粗骨材の分離が生じたり、ブリーディングが増大したりすることにより、ワーカビリティーが悪くなることがあるので普通コンクリートの場合290kg／㎥以上とする(日本建築学会：高性能AE減水剤コンクリートの調合・製造および施工指針・同解説)

3 実践問題②│四肢択一 →→→

1 □□ 表は、コンクリートの計画調合において使用する材料の絶対容積及び質量を記号で表したものである。この表の材料を使用したコンクリートに関する次の記述のうち最も不適切なのはどれか

絶対容積（ℓ／m³）				質量（kg／m³）			
水	セメント	細骨材	粗骨材	水	セメント	細骨材	粗骨材
A	B	C	D	E	F	G	H

1──コンクリートの強度（N／mm²）は、$\dfrac{E}{F}$に比例する

2──細骨材率（%）は、$\dfrac{C}{C+D}\times100$である

3──空気量は、$\dfrac{1,000-(A+B+C+D)}{1,000}\times100$である

4──フレッシュコンクリートの単位容積質量（t／m³）は、

$\dfrac{E+F+G+H}{1,000}$である

1 答えは1

コンクリートの強度は、F／E（セメント水比）に比例する

---

2 □□ 表に示すコンクリートの調合計画に関する次の記述のうち、最も不適当なものはどれか。ただし、細骨材及び粗骨材の質量は、表面乾燥飽水状態とする

単位水量	絶対容積（ℓ／m³）			質量（kg／m³）		
（kg／m³）	セメント	細骨材	粗骨材	セメント	細骨材	粗骨材
180	100	300	380	315	780	1,025

1──細骨材の表乾密度は、2.60g／cm³である

2──セメント水比は、1.75である

3──細骨材率は、約44.1%である

4──フレッシュコンクリートの単位容積質量は、2.12t／m³である

2 答えは4

フレッシュコンクリートの単位容積質量は2.3t／m³なので、4が不適当となる
解説頁で示した表でおさらいする（下表）

単位水量（kg／m³）	絶対容積（ℓ／m³）			質量（kg／m³）		
	セメント	細骨材	粗骨材	セメント	細骨材	粗骨材
A	B	C	D	E	F	G

1 細骨材の表乾密度（g／cm³）は、F／C

2 セメント水比は、E／A

3 細骨材率（%）は、{C／（C+D）}×100である。絶対容積比であることに注意する

4 フレッシュコンクリートの単位容積質量（t／m³）は、（A+E+F+G）／1,000
正解は2.3t／m³

013 コンクリート工事②運搬・打込み・養生

コンクリート工事に関する設問は、毎年2題出題されている。出題範囲が広く、かつ詳細な数値に関する出題が多いため、確実に学習するよう心掛けたい。本項の範囲では、特に「コンクリートの運搬・打込み及び締固め」に関する出題が頻出している

1　コンクリートの発注・製造・受入れ

☐　JIS A 5308の製品認証を受けている工場を選定し、練混ぜから打込み終了までの所定時間内にコンクリートを打ち込めるように運搬できる距離にあることが重要。同一工区に2つ以上の工場のコンクリートが打ち込まれないように配慮する

☐　発注の際は、コンクリートの種類、**呼び強度**、スランプ又はスランプフロー、粗骨材の最大寸法、セメントの種類を指定する。呼び強度の値は、**品質基準強度**に**構造体強度補正値**を加えた**調合管理強度**以上とし、呼び強度を保証する材齢は、原則**28日**とする

☐　施工者は、受入運搬車ごとに、運搬時間及び納入容積を納入書により確認し、受入れ時の検査(スランプ・空気量など)を行ったうえで搬入する。また、荷卸し直前にトラックアジテータのドラムを**高速回転**させる等して、コンクリートを均質にしてから排出する

☐　受入検査[※]に合格したら、圧縮強度試験用の供試体を採取する。調合管理強度の管理のための試験は打込み工区・打込み日ごと、かつ150㎡以下にほぼ均等に分割した単位ごとに1回行い、3回を1検査ロットとする。1回の試験には、任意の1運搬車から採取した3個の供試体を用いる。また、養生方法は**標準養生**とし、材齢は28日とする。圧縮強度の判定は以下のとおり
①1回の試験結果は、呼び強度の値の**85%以上**
②3回の試験結果の平均値は、呼び強度の値以上

☐　● **構造体コンクリートの圧縮強度の判定基準**

供試体の養生方法	試験材齢	判定基準
標準養生	28日	調合管理強度以上
現場水中養生	28日	平均気温が20℃以上の場合は調合管理強度以上、20℃未満の場合は品質基準強度に3N／㎟加えた値以上
現場封かん養生	28日を超え91日以内	品質基準強度に3N／㎟加えた値以上[*]

*:普通ポルトランドセメントを用いた場合

● **呼び強度**
JIS A 5308に規定するコンクリートの強度の区分

● **構造体強度補正値**
調合強度を定めるための基準とする材齢における標準養生供試体の圧縮強度と、保証材齢における構造体コンクリート強度の差に基づくコンクリート強度の補正値

● **調合管理強度**
調合強度を定め管理する場合の基準となる強度で、設計基準強度及び耐久設計基準強度に、それぞれ構造体強度補正値を加えた値のうち大きいほうの値

● **受入検査**
受入検査の項目には、スランプ、空気量、圧縮強度、塩化物量などがある。スランプの許容差は下表に示す値、空気量の許容差は±1.5%とする

スランプ(cm)	スランプの許容差(cm)
2.5	±1
5及び6.5	±1.5
8以上18以下	±2.5
21	±1.5[*]

*:呼び強度27以上で、高性能AE減水剤を使用する場合は±2とする

スランプフロー(cm)	スランプフローの許容差(cm)
44、50、55	±7.5
60	±10

● **構造体コンクリートの圧縮強度の検査(B法)**[※]
試験は、コンクリートの打込み日ごと、打込み工区ごと、かつ150㎡以下にほぼ均等に分割した単位ごとに1回行う。1回の試験では、適当な間隔をおいた**3台の運搬車から1個ずつ**採取した計3個の供試体を使用する

※:受入検査と構造体コンクリートの圧縮強度の検査は同時期に実施するが、別の検査なので注意すること。なお、2022年版JASS5では、構造体コンクリートの圧縮強度の検査方法が以下の2つから選択できるように改定された。①A法:構造体コンクリート強度の検査と受入検査とを併用する場合。②B法:構造体コンクリート強度の検査と受入検査とを併用しない場合

2 運搬・打込み・締固め・養生・仕上がり

□ コンクリートの運搬機器は、運搬による品質変化が少ないものを選定する

●普通コンクリートの品質変化の限度(2018年版JASS5)

スランプの差	空気量の差
2.0(2.5)cm	1.0%

注 ( )内の数値は高性能AE減水剤を用いた場合

□ コンクリートポンプ工法において、圧送に先立ち、富調合のモルタル(先送りモルタル)を圧送して配管内面の潤滑性を付与し、品質変化を防止。先送りモルタルは、原則型枠内には打ち込まずに廃棄する。また、圧送中に閉塞したコンクリートは廃棄する

□ コンクリートは、目的の位置にできるだけ近づけて打ち込む。スランプ**18**cm程度のコンクリートの打込み速度は、コンクリートポンプ工法の場合、20～30㎥／hが目安

□ 1回に打ち込むよう計画された区画内では、コンクリートが一体となるように連続して打ち込む。鉛直部材の高さ**4**m程度の梁下までは、移動しながらほぼ水平に打ち込むことが望ましい

□ 打重ね時間間隔の限度は、コールドジョイントが生じない範囲として定め、一般的には、外気温が**25**℃**未満**の場合は**150**分、**25**℃**以上**の場合は**120**分を目安とし、先に打ち込んだコンクリートの再振動可能時間以内とする

□ 締固めは、内部振動機や外部振動機を用いて行う。なお、壁に打ち込んだコンクリートを内部振動機(バイブレータ)を使用して柱を通過させて横流しすることは避けなければならない
　①コンクリート内部振動機：打込み各層ごとに用い、その下層に振動機の先端が入るようほぼ鉛直に挿入。挿入間隔は振動体の呼び径の10倍程度(呼び径45㎜の場合、**60**cm程度以下)を目安とする。加振はコンクリートの上面にペーストが浮くまで、1か所**5**～**15**秒が一般的
　②コンクリート外部振動機：取付け間隔は、通常壁の場合2～**3**m／台。加振時間は、部材の厚さ・形状、型枠の剛性、打込み方法によって異なるが、スランプ**18**cm程度の場合**1**～**3**分を標準とする

□ 打継ぎ部の位置は、構造部材の耐力への影響の最も少ない位置に定め、下記を標準とする

●練混ぜから打込み終了までの制限時間

外気温が	25℃未満	120分
	25℃以上	90分

●シュートによる打込み

コンクリートの運搬に縦型フレキシブルシュートを用いる場合は、投入口と排出口との水平方向の距離は、垂直方向の高さの1／2以下とする

●先送りモルタルの品質

コンクリートと同じヤング係数にするために、使用するコンクリートより少なくとも3N／㎜程度強度の高いもの、もしくは水セメント比を5%程度下げたものを使用する

●輸送管

輸送管の呼び寸法は粗骨材の最大寸法が20㎜の場合には100A(㎜)以上とする

●上面の仕上げ及び処置

コンクリートの沈み、材料分離、ブリーディング、プラスチック収縮ひび割れなどによる不具合は、コンクリートの凝結が終了する前にタンピングなどにより処置するとともに、散水などの湿潤養生を行うとよい

●コンクリートの打込み

沈みひび割れを防止するために、鉛直部材のコンクリートの打込みが終わったらいったん打止め、十分な締固めを行い、沈降がほぼ終了後、梁・スラブのコンクリートを打ち込むとよい。コンクリートの自由落下高さや水平移動距離は、コンクリートが分離しない範囲とする

●内部振動機(棒形振動機)

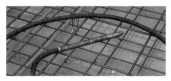

●外部振動機(型枠振動機)

①梁、床・屋根スラブの鉛直打継ぎ部は、スパンの中央又は端から1／4付近に設ける（右図）

②柱・壁の水平打継ぎ部は、床スラブ・梁の下端、又または床スラブ・梁・基礎梁の上端に設ける

③片持ちスラブなどのはね出し部は、これを支持する構造体部分と一緒に打ち込み、打継ぎを設けない

打込み後のコンクリートは、**湿潤養生**を行う。透水性の小さいせき板による被覆、養生マットや水密シートによる被覆、散水・噴霧、膜養生剤の塗布などの方法がある

● 湿潤養生の期間

セメントの種類	計画供用期間の級 短期及び標準	長期及び超長期
早強ポルトランドセメント	3日以上	5日以上
普通ポルトランドセメント、各種混合セメントA種・A種相当［＊］、エコセメント	**5日以上**	**7日以上**
中庸熱及び低熱ポルトランドセメント、各種混合セメントB種・B種相当［＊］	7日以上	10日以上
各種混合セメントC種・C種相当［＊］	9日以上	14日以上

＊：フライアッシュセメント、高炉セメント

外気温の低下する時期はコンクリートを寒気から保護し、打込み後5日以上コンクリート温度を2度以上に保つ。ただし、早強ポルトランドセメントを用いる場合は、この期間を3日以上としてよい

● **打継ぎ位置**
打継ぎ部のコンクリートは、湿潤にしておくが、打継ぎ面の水は、コンクリートの打込み前に高圧空気等によって取り除く

● **打継ぎ面の処理**
高圧水洗等によりレイタンスやぜい弱なコンクリートを取り除く

● **湿潤養生の打切り条件**
コンクリート部分の厚さが18cm以上の部材において、早強・普通及び中庸熱ポルトランドセメントを用いる場合は、湿潤養生期間の終了前であっても、コンクリートの圧縮強度が、計画供用期間の級が短期及び標準の場合は10N／㎟以上、長期及び超長期の場合は15N／㎟以上に達したことを確認できれば可能

● **振動・外力からの保護**
コンクリートの打込み後、少なくとも1日間はその上で作業してはならない

● **初期高温履歴を受ける部材の養生**
セメントの水和熱により部材断面の中心部温度が外気温より25℃以上高くなるおそれのある場合は、温度応力の悪影響（温度ひび割れ）が生じないような養生を行う

3 構造体及び部材の要求性能

鉄筋コンクリート造の構造体及び部材の位置及び断面寸法の許容差は、特記がない場合、下表に示すとおりとする

● 許容差の標準値

	項目	許容差
位置	設計図に示された位置に対する各部材の位置	±20mm
構造体及び部材の断面寸法	柱・梁・壁の断面寸法	−5、＋20mm
	床スラブ・屋根スラブの厚さ	
	基礎の断面寸法	−10、＋50mm
傾斜	柱・壁	3／100未満

● **要求性能の種類**
①構造安全性
②耐久性
③耐火性
④使用性
⑤環境性
⑥位置・断面寸法の精度及び仕上がり状態

013　**コンクリート工事②運搬・打込み・養生**　QUESTION & ANSWER

QUESTION

1　最頻出問題│一問一答

次の記述のうち、正しいものには○、誤っているものには×をつけよ

1 ☐☐　コンクリートの打込み日の外気温の最高気温が23℃と予想されたので、コンクリートの練混ぜから打込み終了までの時間の限度については、120分とした

2 ☐☐　普通ポルトランドセメントを使用したコンクリートの養生において、外気温の低い時期であったので、コンクリートを寒気から保護し、コンクリートの温度が2℃を下まわらない期間を3日とした

3 ☐☐　数スパン連続した壁のコンクリートの打込みにおいて、スパンごとに打ち込むことは避け、1つのスパンから他のスパンへ柱を通過させて、横流ししながら打ち込んだ

4 ☐☐　縦型フレキシブルシュートを用いて高所からコンクリートを流下させる場合、その投入口と排出口との距離については、水平方向の距離を垂直方向の距離の1／2以下とする

5 ☐☐　スランプを18㎝と指定されたコンクリートにおいて、受入れ時のスランプが20.5㎝であったので、合格とした

6 ☐☐　コンクリートの締固めについては、公称棒径45㎜のコンクリート内部振動機のほかに、外部振動機及び木槌を併用したので、内部振動機挿入間隔を80㎝程度とした

7 ☐☐　コンクリートの打継ぎにおいて、やむを得ず、梁に鉛直打継ぎ部を設けなければならなかったので、せん断力の小さいスパン中央付近に鉛直打継ぎ部を設けた

8 ☐☐　同一区画のコンクリート打込み時における打重ねの時間間隔の限度は、外気温が25℃を超えていたので、120分を目安としていることを確認した

ANSWER

→→→

1 ○│コンクリートの練混ぜから打込み終了までの時間の限度は、外気温が25℃未満のときは120分、25℃以上のときは90分とする（JASS5）

2 ×│コンクリートの打込み後から5日以上、コンクリート温度を2℃以上に保つ、ただし、早強ポルトランドセメントは3日以上でよい

3 ×│壁に打ち込んだコンクリートをバイブレータを使用して柱を通過させて横流しすることは避けなければならない（建築工事監理指針）

4 ○│シュートは原則として縦型シュートとする。縦型フレキシブルシュートを用いる場合、その投入口と排出口との水平方向の距離は、垂直方向の高さの1／2以下とする（JASS5）

5 ○│スランプが8㎝以上18㎝以下では、受入れ時のスランプの許容差を±2.5㎝とする（JIS A 5308）

6 ×│コンクリート内部振動機は、打込み各層ごとに用い、その下層に振動機の先端が入るようほぼ鉛直に挿入する。振動機の挿入間隔は振動体の呼び径の10倍程度（呼び径45㎜の場合、60㎝程度以下）とし、加振はコンクリートの上面にペーストが浮くまでとする（JASS5）

7 ○│梁、床スラブ及び屋根スラブの鉛直打継ぎ部は、スパンの中央又は端から1／4付近に設ける（JASS5）

8 ○│打ち重ねの時間間隔の限度は、外気温が25℃未満では150分、25℃以上では120分を目安とする（JASS5）

014 コンクリート工事③各種コンクリート

コンクリート工事に関する設問は、毎年2題出題されている。本項の範囲では「各種コンクリート」に関して広範、かつ詳細な数値が出題される傾向となっているため、確実に学習するよう心掛けたい

1　各種コンクリート

コンクリート種	特徴・性質など
寒中 コンクリート	①適用期間は、日平均気温が4℃以下の期間または材齢91日までの積算温度 M_{91} が840°D・D未満の期間を基準とする ②AE（AE剤、AE減水剤、高性能AE減水剤）コンクリートを使用する ③調合計画上の目標空気量を**4.5〜5.5**%の範囲とする ④初期養生の打切り時期の決定、構造体コンクリートの強度発現状況の推定に用いる供試体の養生方法は、現場封かん養生とする ⑤材料の加熱は、水の加熱を標準とし、セメントはいかなる方法によっても加熱してはならない ⑥加熱した材料を用いる場合、セメントを投入する直前のミキサー内の骨材・水の温度は**40℃以下**とする ⑦初期養生の打切りのための温度測定は、**最も温度が低くなる部位・部材**を対象に行う
暑中 コンクリート	①適用期間は、日平均気温の日別平均値（過去10年の平均値）が25℃を超える期間を基準とする ②化学混和剤は、高性能AE減水剤（遅延形）を原則使用する ③コンクリートの練混ぜから打込み終了までの時間は、**90**分を限度とする（25℃以上のとき） ④湿潤養生の開始時期は、コンクリート上面ではブリーディング水が消失した時点、せき板に接する面では脱型直後とする
軽量 コンクリート	①軽量コンクリート2種では、設計基準強度の最大値を27N／㎟、気乾単位容積質量を1.4〜1.8t／㎥とする ②人工軽量骨材は、運搬中のスランプの低下やポンプ圧送時の圧力吸水を少なくするために、あらかじめ十分に吸水（プレソーキング）させたものを使用する ③荷卸し時点における単位容積質量の管理・検査は、計画調合から軽量骨材の吸水率を補正して求めたフレッシュコンクリートの単位容積質量を基準として行う
流動化 コンクリート	①普通コンクリートのスランプは、ベースコンクリートを15㎝以下、流動化後を21㎝以下とする ②ベースコンクリートの単位水量は、**185**kg／㎥以下とする ③流動化後のスランプ低下が大きく、特に練混ぜから流動化までの時間が遅くなるほどその傾向が強いため、できるだけ運搬時間の短い工場を選定する ④荷卸しから打込み終了までに要する時間はできるだけ短時間とし、外気温が25℃未満の場合は30分以内、25℃以上の場合は**20**分以内とするのが望ましい
高流動 コンクリート	①フレッシュコンクリートの流動性はスランプフローで表し、その値は45㎝以上、65㎝以下とする ②通常のコンクリートと比較して流動性、材料分離抵抗性に優れているため締固めは**不要**な場合が多いが、その特性や施工条件によっては締固めが必要となる場合もある
高強度 コンクリート	①フレッシュコンクリートの流動性は、スランプ又はスランプフローで表し、設計基準強度が48N／㎟を超え60N／㎟以下の場合はスランプフロー60㎝以下、設計基準強度が60N／㎟を超え80N／㎟以下の場合はスランプフロー60〜65㎝とする ②計画調合は、実機プラントを用いた試し練り及び実際の施工に近い条件の施工試験によって定める ③練混ぜから打込み終了までの時間は、原則として一律**120**分を限度とする ④ブリーディングや材料分離が少ない反面、粘性が高く振動締固めが効きにくいので、コンクリートの締固めは、コンクリートのワーカビリティーや配筋状況などを考慮し、1層の打込み高さ、打込み速度などに応じた振動機の挿入位置・間隔・挿入時間などの標準を定め、締固め不足がないように行う

鋼管充填 コンクリート	①設計基準強度は24N／㎟以上、60N／㎟以下とする
	②フレッシュコンクリートのブリーディング量は0.1㎤／㎤以下、沈降量は2.0㎜以下とする
	③スランプフローは55㎝以上65㎝以下、空気量は1.0%以上4.5%以下の範囲で定める
	④単位水量は175kg／㎥とする。ただし、必要な流動性が得られない場合は、所要の品質が得られることを確かめて、185kg／㎥以下にできる
	⑤鋼管にコンクリートの圧入口を設ける場合には、シーム（継ぎ目）部には設けない
	⑥圧入口には必要に応じて誘導管を用い、コンクリートの逆流を防ぐため有効な遮断装置も取り付ける

プレストレスト コンクリート	①現場施工の場合はポストテンション方式とし、工場で製造するプレストレストコンクリート部材の場合はプレテンション方式又はポストテンション方式とする
	②コンクリートの設計基準強度は、プレテンション方式の場合は**35N**／㎟以上、ポストテンション方式の場合は**24N**／㎟以上とする
	③コンクリートに含まれる塩化物量は、プレテンション部材では塩化物イオン量として**0.20**kg／㎥以下、ポストテンション部材では**0.30**kg／㎥以下とする
	④工事現場においてPC鋼材の加工・組立を行う場合、加熱又は溶接を行ってはならない
	⑤PC鋼材に対するコンクリートの設計かぶり厚さは、耐力壁・柱・梁の土に接しない部分は60㎜以上、非耐力壁・スラブは45㎜以上、基礎を除く直接土に接する部分は70㎜以上、布基礎の立上り部分を除く基礎は90㎜以上とする
	⑥PC鋼材に与える引張力は、荷重計の示度及びPC鋼材の伸びを測定して確認し、伸びの測定値と緊張計算書の計算値との差が5%以下を標準として導入応力を管理する

マス コンクリート	①部材断面の最小寸法が大きく、かつ結合材（セメント）の水和熱による温度上昇で有害なひび割れが入るおそれがある部分のコンクリートである
	②適用箇所は最小断面寸法が壁状部材で**80**㎝以上、マット状部材・柱状部材で**100**㎝以上が目安となる
	③スランプは、15㎝以下を標準とする（高性能AE減水剤又は流動化剤を用いる場合、21㎝以下でも可）
	④使用するコンクリートの強度は、調合強度を定めるための基準とする材齢において調合管理強度以上とし、材齢を28日以上91日以内の範囲で定める
	⑤マスコンクリートに適用するポルトランドセメントは、ビーライト（C$_2$S）量の構成割合が比較的多い中庸熱ポルトランドセメントや低熱ポルトランドセメントを用いるのがよい
	⑥化学混和剤は、JIS A 6204（コンクリート用化学混和剤）の規定に適合する遅延形又は標準形のうちから定める
	⑦荷卸し時のコンクリート温度の上限値は、**35**℃とする
	⑧内部温度が上昇している期間は、散水などで表面部の温度が急激に低下することのないように養生を行う
	⑨内部温度が最高温度に達した後は、内部と表面部の温度差及び表面の温度降下速度が大きくならないように養生する

水密 コンクリート	①水結合材比は**50**%以下とする
	②単位水量はできるだけ小さく、単位粗骨材量はできるだけ大きくする
	③粗骨材は実積率の大きいものを使う
	④荷卸し時のコンクリートの温度は、原則として30℃以下とする
	⑤養生は普通コンクリートの湿潤養生の期間に2日間以上加えた期間とし、その期間は必ず湿潤養生を行う

水中 コンクリート	①スランプは21㎝以下とする。ただし、材料分離を生じない範囲で、調合管理強度が33N／㎟の場合はスランプフロー50㎝以下、36N／㎟以上40N／㎟未満の場合はスランプフロー55㎝以下、40N／㎟以上の場合はスランプフロー60㎝以下にできる
	②孔壁内面又はケーシング内面と鉄筋かごの最外側の鉄筋との間隔は、孔壁内面では10㎝以上、ケーシング面では8㎝以上とする
	③粗骨材の最大寸法は、25㎜以下とする
	④水粉体比の最大値は、場所打ちコンクリート杭では60%、地中壁では55%とする
	⑤単位粉体量の最小値は、場所打ちコンクリート杭では330kg／㎥、地中壁では360kg／㎥とする

海水の作用を 受けるコンク リート	①フライアッシュセメントB種及び高炉セメントB種は、普通ポルトランドセメントに比べ塩化物イオンの拡散係数が小さく耐海水性に優れる
	②塩害環境下においてフライアッシュセメント及び高炉セメントのB種・C種を用いたコンクリートの水結合材比の最大値は50%とする
	③海水に接するコンクリート及び海岸付近で直接波しぶきを受けるコンクリートは、原則として打継ぎ箇所を設けない

激しい凍結融 解作用を受け るコンクリー ト	①コンクリートはAEコンクリートとし、空気量の下限値は4%以上とする
	②過度の振動締固めによる空気量の減少及びブリーディングが生じないようにする
	③骨材は、吸水率及び安定性損失質が小さいものを使用する必要があり、吸水率は、細骨材が3.0%以下、粗骨材が2.0%以下を原則とする

コンクリート工事③各種コンクリート

QUESTION

1 最頻出問題｜一問一答

ANSWER →→→

次の記述のうち、正しいものには○、誤っているものには×をつけよ

1 □□ 加熱した練混ぜ水を使用する寒中コンクリートの練混ぜにおいて、セメントを投入する直前のミキサー内の骨材及び水の温度の上限値については、特記がなかったので、45℃とした

2 □□ 流動化コンクリートに用いるベースコンクリートの単位水量は、一般に、185kg/㎥以下とする

3 □□ 設計基準強度が60N/㎜²の高強度コンクリートの場合、コンクリートの練混ぜから打込み終了までの時間については、外気温にかかわらず120分を限度とする

4 □□ マスコンクリートにおいて、荷卸し時のコンクリート温度の上限値については、特記がなかったので、35℃とした

1 × │ 加熱した材料を用いる場合、セメントを投入する直前のミキサー内の骨材及び水の温度は40℃以下とする（JASS5）

2 ○ │ ベースコンクリートの単位水量は、185kg/㎥以下とする（JASS5）

3 ○ │ 高強度コンクリートの練混ぜから打込み終了までの時間は、普通強度のコンクリートのように外気温による影響を考慮しないで、原則として一律120分を限度とする（JASS5）

4 ○ │ 荷卸し時のコンクリート温度の上限値は、35℃とする（JASS5）

2 実践問題｜一問一答

→→→

1 □□ 寒中コンクリートにおける初期養生の打切り時期を決定するための温度管理は、打ち込まれたコンクリートのうち、最も温度が低くなる部分を対象に行った

2 □□ 初期凍害のおそれのある寒中コンクリートにおいては、AE剤、AE減水剤又は高性能AE減水剤を使用し、空気量を3%以下とする

3 □□ 暑中コンクリート工事の適用期間に関して特記がなく、コンクリートの打込み予定日の日平均気温の日別平滑値が25℃を超えていたので、暑中コンクリート工事として施工計画書を提出させた

4 □□ 軽量コンクリートに用いる人工軽量骨材については、輸送中のスランプの低下等が生じないように、あらかじめ十分に吸水したものを用いた

1 ○ │ 初期養生の打切りのための温度管理は、打ち込まれたコンクリートで最も温度が低くなる部材を対象に行う（JASS5）

2 × │ コンクリートはAEコンクリートとし、調合計画上の目標空気量は4.5～5.5%の範囲で定める（JASS5）

3 ○ │ 暑中コンクリート工事は日平均気温の日別平滑値が25℃を超える期間を標準とする

4 ○ │ 人工軽量骨材は、運搬中のスランプの低下やポンプ圧送時の圧力吸水を少なくするために、あらかじめ十分に吸水（プレソーキング）させたものを使用する（JASS5）

5 □□ 工事現場において流動化剤を添加した流動化コンクリートは、外気温が27℃の場合、荷卸しから打込み終了までに要する時間を20分以内とした

6 □□ 高流動コンクリートの打込みにおいて、材料が分離することなく円滑に流動していることが確認され、充塡も困難でなかったので、特に締固めを行わなかった

7 □□ 高強度コンクリートにおけるコンクリート中の塩化物イオン量の許容値については、鉄筋腐食に対する抵抗性が普通コンクリートと同等なので、0.30kg/㎥以下とする

8 □□ 高強度コンクリートにおいて、設計基準強度が50N/㎟の場合、荷卸し地点におけるスランプフローを55cmとした

9 □□ プレテンション方式によるプレストレストコンクリートにおいて、コンクリートの設計基準強度については、24N/㎟以上とし、コンクリートに含まれる塩化物量については、塩化物イオン量として0.30kg/㎥以下とした

10 □□ マスコンクリートの温度ひび割れを抑制するために、普通ポルトランドセメントの代わりに、中庸熱ポルトランドセメントを採用した

11 □□ マスコンクリートに使用する混和剤については、一般に、単位セメント量を少なくするために、AE減水剤促進形とする

12 □□ 水密コンクリートの調合において、普通ポルトランドセメントを用いる場合の水結合材比を55％とした

13 □□ 凍結融解作用により凍害を生じるおそれのある部分のコンクリートについては、空気量を5％とした

14 □□ 鋼管充塡コンクリートの落込み工法において、できる限りコンクリートの分離が生じないように、打込み当初のコンクリートの自由落下高さを1m以内とした

5 ○｜流動化コンクリートの荷卸しから打込み終了までに要する時間は、できるだけ短時間とし、外気温が25℃未満の場合は30分以内、25℃以上の場合は20分以内とする（JASS5）

6 ○｜高流動コンクリートは、通常のコンクリートと比較して流動性、材料分離抵抗性に優れているため締固めは原則として不要（JASS5）

7 ○｜コンクリート中の塩化物量は、塩化物イオン量として0.30kg/㎥以下とする（JASS5）

8 ○｜設計基準強度が48N/㎟超え60N/㎟以下の場合は、スランプフロー60cm以下とする（JASS5）

9 ×｜設計基準強度は、プレテンション方式の場合は35N/㎟以上、ポストテンション方式の場合は24N/㎟以上とする。塩化物量は、プレテンション部材では塩化物イオン量として0.20kg/㎥以下、ポストテンション部材では0.30kg/㎥以下とする（JASS5）

10 ○｜マスコンクリートに適用するポルトランドセメントは、ビーライト（C_2S）量が比較的多く、水和熱を抑制できる中庸熱や低熱ポルトランドセメントを用いるとよい

11 ×｜促進形は、コンクリートの発熱速度を大きくする可能性があるため、遅延形又は標準形とする（JASS5）

12 ×｜水結合材比は50％以下とする（JASS5）

13 ○｜コンクリートはAEコンクリートとし、空気量の下限値は4％以上とする（JASS5）

14 ○｜充塡開始直後に自由落下することが多く、品質確保のため自由落下高さを1m以内とする

015 鉄骨工事①材料、工作、溶接接合

鉄骨工事に関する設問は、毎年2題出題されている。本項の範囲では、特に「溶接接合」に関する出題が頻出しているので確実に押さえておきたい。ミスのない工事を進めていくためにも、検査や材料の確認といった細かな知識を身に付けよう

1　材料・工作

☐　構造用鋼材の材料試験及び溶接性試験は、JIS規格品又は国土交通大臣認定品の材料で、**製品証明書**（規格品証明書：**ミルシート**又は原品証明書）が添付されているものは行わなくてよい

☐　● **主な鉄骨工場の作業工程**

工程	工作内容と注意点
①工作図	・床書き現寸は工作図でその一部又は全部を省略できる
②切断・切削加工	・機械切断法、ガス切断法、プラズマ切断法等により、鋼材の形状、寸法に合わせて最適な方法で行う ・せん断切断の場合は、鋼材の厚さは13mm以下とする
③孔あけ加工	・高力ボルト用の孔あけ加工は、鉄骨製作工場で行い、ドリルあけとする。特記がある場合はレーザ孔あけも可 ・ボルト孔、アンカーボルト孔、鉄筋貫通孔は**ドリルあけ**を原則とするが、特記がある場合はレーザ孔あけ、板厚が**13mm以下**のときは**せん断孔あけ**ができる ・鉄筋の**貫通孔径**は、同一の部位に種々の径がある場合にはなるべく統一するのがよいが、その場合は、必ず設計者と打合せする
④曲げ加工	・**常温**又は**加熱加工**とする ・加熱加工の場合は**赤熱**状態（850〜900℃）で行い、青熱脆性域（200〜400℃）で行ってはならない
⑤組立溶接	・必要十分な長さと**4mm**以上の脚長をもつ**ビード**を適切な間隔で配置する ・組立溶接のビード長さは、ショートビードとならないようにする（右表） ・原則として、開先内には組立溶接を行わない ・本溶接と同等な品質が得られるように施工する

● **ミルシート**

ミルシートには、鋼材の材種、寸法、数量、化学成分等が記載されている

● **各ボルトの孔径**（単位：mm）

種類	孔径 d	ねじの呼び径 d_1
高力ボルト	$d_1+2.0$	$d_1<27$
	$d_1+3.0$	$d_1≧27$
ボルト	$d_1+0.5$	−
アンカーボルト	$d_1+5.0$	−

● **被覆アーク溶接**（手溶接）

以下の鋼材の組立溶接を行う場合は、低水素系の溶接棒を用いる

・板厚25mm以上の400N／mm²級の軟鋼
・490N／mm²級以上の高張力鋼

● **組立て溶接のビード長さ**

ビードとは1回のパスによって作られる溶接金属のことで、ショートビードとはその短いものをさす

板厚[*]	最小ビード長さ
t≦6mm	30mm
t>6mm	40mm

＊:組み立てる材の厚いほうの板厚

2　溶接接合・検査

☐　溶接材料は、湿気を吸収しないよう保管し、吸湿の疑いがあるものは、乾燥して使用する。また、母材については、溶接の支障になるものは除去するが、**固着したミルスケール**や**防錆用塗布剤**は、取り

除かなくてもよい

溶接施工では、適切な溶接電流、アーク電圧、溶接速度、積層法、パス間温度、ガス流量等を選定する。溶接施工の注意点は以下のとおり

① **エンドタブ**の切断は、特記のない場合は行わなくてよい

② 柱梁接合部の裏当て金の**組立溶接**は、**梁フランジ**の両端から**5mm以内**及びウェブフィレット部の R 止まり、又は隅肉溶接止端部から**5mm以内**の位置には行わない

③ 気温が**−5℃**を下回る場合は、溶接を行ってはならない。気温が**−5〜5℃**においては、接合部より**100mm**の範囲の母材部分を適切に加熱すれば溶接できる

④ 風の強い日は、遮風して溶接を行い、風速が**2m/s以上**の場合、原則として**ガスシールドアーク溶接**を行ってはならない。ただし、適切な防風処置を講じた場合は行ってもよい

完全溶込み溶接の注意点は以下のとおり

① 突き合わせる部材の全断面が完全に溶接されなければならない。部材の両面から溶接する場合、裏面側の初層溶接をする前に、表面側の溶接の健全な溶接金属部が現れるまで裏はつりを行う

② クレーンガーターのように低応力高サイクル疲労を受ける突合せ継手では、厚いほうの材を**1／2.5以下**の傾斜に加工し、開先部分で薄いほうと同一の高さにする

③ 板厚差による段違いが薄いほうの板厚の**1／4以下かつ10mm以下**の場合は、溶接表面が薄いほうの材から厚いほうの材へ滑らかに移行するように溶接する

● エンドタブ

エンドタブとは溶接線の終端に取り付けられる補助板のことで、終端タブともいう。原則、特記のない場合は切断しなくてよい

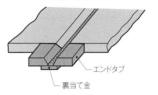

エンドタブ

裏当て金

● パネルゾーンの溶接

完全溶込み溶接では、パネルゾーンの裏はつりが極めて困難となる場合があるので、裏はつりを必要とする溶接は避ける

● 隅肉溶接されるT継手又は重ね継手のすき間

すき間が管理許容差（2mm）を超える場合には、隅肉溶接のサイズをすき間の大きさだけ増す

すき間が限界許容差（3mm）を超える場合には、開先をとって十分に溶け込ませる

● その他の溶接の注意点

・隅肉溶接：端部は、滑らかに回し溶接を行う

・エレクトロスラグ溶接：上進の立向き溶接法である

・スタッド溶接：アークスタッド溶接とし、下向き姿勢で行う。原則、専用電源を使用し、他電源と併用する場合は必要な容量を確保する。従事する溶接技能者は、「スタッド溶接技術検定試験」に従う溶接姿勢・スタッドの呼び名に応じた溶接技術検定試験に合格した有資格者又はスタッド協会が発行する技術証明書を有する者とする

● 溶接部の受入れ検査方法

対象	方法	手順・合否の基準
表面欠陥及び精度の検査	目視検査ほか	・検査対象は溶接部のすべてとし、目視で基準を逸脱していると思われる箇所に対してのみ適正な器具で測定する ・完全溶込み溶接部の外観検査は抜取検査とし、抜取箇所は溶接部の内部欠陥検査と同一とする
	浸透探傷試験 磁粉探傷試験	・割れの疑いのある**表面欠陥**には、浸透探傷試験又は磁粉探傷試験を行う
完全溶込み溶接部の内部欠陥	超音波探傷検査	・溶接部位ごと、節ごとに区切って溶接箇所300か所以下を1検査ロットとして構成 ・**合格**：検査ロットごとに合理的な方法で大きさ30個のサンプリングを行い、サンプル中の不合格個数の合計が**1個以下**のとき ・**不合格**：サンプル中の不合格個数の合計が**4個以上**のとき ・不合格ロットは残り全数の検査を行う。そのうち、不合格の溶接部についてはすべてを補修し再検査を行う
スタッド溶接部	スタッド打撃曲げ検査 ハンマーでスタッドに打撃曲げを加え、これによって溶接部で破断したり、割れが入らないことを確認する	・検査は、100本または主要部材1本または1台に溶接した本数のいずれか少ない方を1ロットとし、1ロットにつき1本行う ・**合格**：曲げ角度15度で溶接部に割れやその他の欠陥が生じない場合は、そのロットを合格とする ・**不合格**：同一ロットからさらに2本のスタッドを検査し、2本とも合格の場合はそのロットを合格とする。ただし、2本のスタッドのうち1本以上が不合格となった場合、そのロット全数について検査する

QUESTION

ANSWER

1 最頻出問題│一問一答

→→→

次の記述のうち、正しいものには○、誤っているものには×をつけよ

1 □□ 板厚が13mmの鉄骨の高力ボルト用の孔あけ加工について、特記のないものについては、せん断孔あけとし、グラインダーを使用して切断面のばりが除去されていることを確認した

2 □□ エンドタブについては、特記がなく、エンドタブを残しても支障がなかったので、切断しなかった

3 □□ 裏当て金を用いた柱梁接合部の裏当て金の組立溶接については、梁フランジ幅の両端から5mm以内の位置において行った

4 □□ 溶接作業において、作業場所の気温が−3℃であったので、溶接線の両側約100mmの範囲の母材部分を加熱(ウォームアップ)して溶接した

5 □□ スタッド溶接の打撃曲げ試験により15度まで曲げたスタッドであっても、欠陥のないものについては、曲がったまま使用した

6 □□ 完全溶込み溶接部の内部欠陥の検査については、浸透探傷試験により行った

1 ×│ボルト、アンカーボルト、鉄筋貫通孔はドリルあけを原則とするが、板厚が13mm以下のときは、せん断孔あけとすることができる。ただし、高力ボルト用孔については、せん断孔あけはできない(JASS6)

2 ○│エンドタブの切断は、特記のない場合は切断しなくてよい(JASS6)

3 ×│柱梁接合部の裏当て金の組立溶接は、梁フランジの両端から5mm以内及びウェブフィレット部のR止まり、又は隅肉溶接止端部から5mm以内の位置には行わない(JASS6)

4 ○│気温が−5〜5℃においては、接合部より100mmの範囲の母材部分を適切に加熱してから溶接する

5 ○│打撃曲げ試験で合格したものは、曲がったままでも力学的な支障は少ないので、そのままとしてよい(JASS6)

6 ×│完全溶込み溶接部の内部欠陥の検査方法は、超音波探傷検査による(JASS6)

2 実践問題│一問一答

→→→

1 □□ 鋼材の受入れに当たって、鋼材の現品に規格名称や種類の区分等が表示され材質が確実に識別できるものについては、規格品証明書の原本の代わりに原品証明書により材料の確認を行った

2 □□ 標準的形状の建築物において、特記がなく、特に必要がなかったので、床書き原寸図の作成を省略した

1 ○│JIS規格品又は国土交通大臣認定品の材料で、製品証明書(規格証明書:ミルシート又は原品証明書)が添付されているものは、材料試験及び溶接性試験は行わなくてよい(JASS6)

2 ○│工作図とは、設計図書に代わって製作・建方にたいする指示書的役割を果たすもの。原寸図(型板・定規を含む)は、必要に応じて作成する(公共建築工事標準仕様書)

3 ☐☐ 鉄骨鉄筋コンクリート造における鉄骨の工作図の作成において、基礎梁以外の主筋の貫通孔径については、同一の部位で鉄筋の径が異なり、混同しやすかったので、監理者と施工者が協議して、最大径の鉄筋のものに統一した

4 ☐☐ 母材の溶接面について付着物の確認を行ったところ、固着したミルスケールがあったが、溶接に支障とならないので除去しなかった

5 ☐☐ 鋼材の加熱曲げ加工を行う際に、鋼材の温度を約300℃とした

6 ☐☐ 板厚の異なる突合せ継手については、完全溶込み溶接とする部材の板厚差による段違いが薄い部材の板厚の1/4以下、かつ、10mm以下であったので、溶接表面が薄い部材から厚い部材へ滑らかに移行するように溶接した

7 ☐☐ 受入検査における溶接部の外観検査は、特記がなかったので、表面欠陥及び精度に対する目視検査とし、基準を逸脱していると思われる箇所に対してのみ、適正な器具により測定した

8 ☐☐ オーバーラップについては、削りすぎないように注意しながら、グラインダー仕上げを行った

9 ☐☐ 溶接部の融合不良の補修について、内部欠陥の位置を確認した後、欠陥部分と欠陥の端部からさらに20mm程度広げた部分を除去し、船底型の形状に仕上げてから再溶接した

10 ☐☐ スタッド溶接完了後、1ロットにつき1本抜き取って行った打撃曲げ試験の結果が不合格になったロットにおいて、当該ロットからさらに2本のスタッドを試験し、2本とも合格になったものについては、当該ロットを合格とした

MEMO | **目で覚える！ 重要ポイント**

●溶接部の補修方法とその手順

補修方法	手順
アンダーカット・余盛不足	整形後、ショートビードとならないように補修溶接し、必要な場合はグラインダー仕上げを行う
オーバーラップ・過大な余盛	削りすぎないようグラインダー仕上げを行う
表面割れ	割れの範囲を確認したうえで、その両端から**50mm**以上つり取って舟底状に仕上げて補修溶接する
スラグ巻込み・溶込不良・融合不良・ブローホール等の内部欠陥	**エアアークガウジング**によりはつり取って実際の位置を確認する。欠陥の端部より**20mm**程度除去し、舟底状に仕上げてから再溶接する

3 ○｜鉄筋の貫通孔径は、同一の部位に種々の径がある場合には、混同しやすいのでなるべく統一するのがよい。主筋の貫通孔（基礎梁は除く）は、最大の径に統一することができる（公共建築工事標準仕様書、建築工事監理指針）

4 ○｜開先面とその周辺は溶接の支障になるものは除去する。ただし、固着したミルスケール、防錆用塗布剤は通常の開先面とその周辺では除去しなくてもよい（JASS6）

5 ×｜鋼材を加熱曲げ加工する場合は、赤熱状態（850～900℃）で行う（JASS6）

6 ○｜板厚差による段違いが薄いほうの板厚の1/4以下かつ10mm以下の場合は、溶接表面が薄いほうの材から厚いほうの材へ滑らかに移行するように溶接する（JASS6）

7 ○｜受入検査は、目視で基準を逸脱していると思われる箇所に対してのみ適正な器具で測定する（JASS6）

8 ○｜オーバーラップ（下図）、過大な余盛は、削りすぎないよう注意しながら、グラインダー仕上げを行う（JASS6）

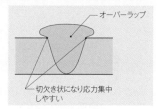

9 ○｜スラグ巻込み、溶込不良、融合不良、ブローホール等の内部欠陥は、その位置を確認した後、欠陥の端部より20mm程度除去し、舟底状に仕上げてから再溶接する（JASS6）

10 ○｜打撃曲げ検査で不合格となった場合は、同一ロットからさらに2本のスタッドを検査し、2本とも合格の場合はそのロットを合格とする（JASS6）

016 鉄骨工事②高力ボルト接合、錆止め塗装

鉄骨工事に関する設問は、毎年2題出題されている。本項の範囲では、「高力ボルト接合」に関する出題が頻出しているので確実に押さえておきたい。特に、建方時の仮ボルト本数、一群の高力ボルトの締付け、マーキング等は確認が必要だろう

1　高力ボルト接合

☐ 高力ボルトは、一般に**トルシア形高力ボルト**及び**高力六角ボルト**が使われる。いずれもボルト・六角ナット・平座金のセットである。ボルトの長さは、締付け長さに右表の長さを加えたものを標準とする

●**高力ボルト**

トルシア形高力ボルト

高力六角ボルト

●**締付け長さに加える長さ**

ボルトの呼び径	締付け長さに加える長さ	
	トルシア形高力ボルト	高力六角ボルト
M12	—	25㎜
M16	25㎜	30㎜
M20	30㎜	35㎜
M22	35㎜	40㎜
M24	40㎜	45㎜
M27	45㎜	50㎜
M30	50㎜	55㎜

☐ 工事現場での高力ボルトの取扱いについては、次下の点に注意する
①雨水や塵埃等が付着しないこと
②温度変化の少ない場所に保管すること
③積み上げる箱の段数に配慮すること
④ねじ山・ピンテール部等の損傷を防ぐこと

●**ブラスト処理**

ブラスト処理では、摩擦面をショットブラスト又はグリッドブラストにて処理し、表面あらさは50μmRz以上の確保が必要。赤錆は発生しなくてもよい

☐ ボルトの摩擦面は、すべり係数値が**0.45**以上確保できるように処理する。**発錆処理**又は**ブラスト処理**のいずれかの方法とする。発錆処理では、摩擦面はディスクグラインダーなどにより、黒皮などを原則として摩擦接合面全面の範囲について除去した後、**自然発錆**は屋外に自然放置し、**薬剤発錆**は薬剤を塗布して所定の期間養生し、発生させた赤錆状態を確保する

●**すべり試験**

発錆処理又はブラスト処理の場合、すべり試験は不要。これら以外の処理とする場合には、すべり試験（原則、すべり係数試験）を行う

☐ 接合部材間に**肌すき**がある場合の処理は、右表による。フィラープレートの材質は母材の性質にかかわらず、**400N/㎟級鋼材**でよい。両面とも摩擦面としての処理をする。フィラープレートを母材やスプライスプレートに溶接してはならない

●**肌すきがある場合の処理**

肌すき量	処理方法
1㎜以下	処理不要
1㎜超	フィラープレートを入れる

☐ ボルト孔の食違いの修正は、**2㎜**以下であれば**リーマ掛け**し、2㎜を超える場合の処置は、構造性能の検討を含め工事監理者と協議する。**部材建方時**には本締めに用いるボルトを仮ボルトに使用してはならない

高力ボルト接合は締付けによって行われる。締付け作業前には摩擦面の処理、肌すきやボルト孔の食い違いがないかを確認しよう

☐ 高力ボルトの締付け作業は、部材の密着に注意した締付け順序

で、**1次締め**、**マーキング**、**本締め**の3段階で行う。一群のボルトの締付け順は、群ごとに継手の中央部より板端部に向かう。セットを構成する座金及びナットには、表裏があるので、ボルトを接合部に組み込むときに、逆使いしないようにする

1次締め、本締めの方法は次のとおり

① 1次締め：プレセット形トルクレンチ、1次締め専用電動レンチなどを用いて所定のトルクで締付け

② 本 締 め

　a． トルシア形高力ボルト：専用の締付け機で、ピンテールが破断するまでナットを締め付ける。締付け位置によって、専用締付け機が使えない場合は、高力六角ボルトと交換し、ナット回転法又はトルクコントロール法によって締め付ける

　b． 高力六角ボルト：ナット回転法又はトルクコントロール法による締付け

締付け完了後、すべてのボルトについて検査し、異常が認められないものを適合とする

①トルシア形高力ボルト：**ピンテール**が破断されていることを確認。また、マーキングのずれにより、共回り・軸回りの有無、ナット回転量及びナットから突き出したボルトの余長の過不足を目視で検査する

②高力六角ボルト：マーキングのずれにより、共回りの有無、ナット回転量及びナットから突き出た余長の過不足を目視で検査

トルシア形高力ボルト締付け後の検査で、ナット回転量は、一群の**平均回転角度**が**±30**度の範囲のものを適合とする。ボルトの余長は、ナット面から突き出た長さが、ねじ**1～6山**の範囲にあるものを適合とする

● **高力ボルトの締付け**

1次締付け後、すべてのボルトについてボルト、ナット、座金及び部材にわたるマークを施す

トルシア形高力ボルトの締付け

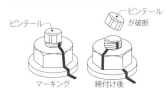

● **高力ボルトの締付け（ナット回転法）**

> トルシア形高力ボルトでナット・ボルト・座金などが共回り・軸回りを生じた場合や、ナット回転量に異常が認められた場合、余長が過大又は過小の場合には、新しいセットに取り替える。一度使用したボルトは再使用してはだめだよ

● **高力六角ボルト締付け後の検査（ナット回転法）**

高力六角ボルトでは、1次締付け後を起点としたナットの回転量は120±30度（M12は60度、許容差－0～＋30度）の範囲にあるものを適合とする。この範囲を超えて締め付けられたボルトは取り替える。また、ナットの回転量が不足しているボルトについては、所要のナット回転量まで追締めする。ボルトの余長は、ナット面から突き出た長さが、ねじ山1～6山の範囲にあるものを適合とする

2 錆止め塗装

素地調整を行った鉄面は活性となり、錆びやすいため、直ちに塗装を行う。作業は塗装に適した環境のもとで行い、均一な塗膜が得られるように施工する

下記の場合は塗装作業を中止する

①塗装場所の気温が**5℃以下**、又は相対湿度が**85%以上**

②降雪・強風・結露等で、水滴・塵埃が塗膜に付着しやすいとき

③鋼材表面の温度が**50℃以上**で、塗膜に泡を生ずるおそれがあるとき

● **錆止め塗装しない部分**

①工事現場溶接を行う箇所と隣接する両側**100mm以内**かつ**超音波探傷試験**に支障を及ぼす範囲、②高力ボルト摩擦接合部の摩擦面、③コンクリートに埋め込まれる部分、④ピン・ローラーなど密着する部分や回転、摺動面で削り仕上げした部分、⑤組立によって肌合せとなる部分、⑥密閉となる内面

QUESTION　　　　　　　　　　　　　　　　　　　　　　　　**ANSWER**

1 最頻出問題│一問一答

→→→

次の記述のうち、正しいものには○、誤っているものには×をつけよ

1 □□ 鉄骨の摩擦面に赤錆が発生する前に建方を行う必要があったので、ショットブラストにより処理を行い、表面の粗さを50μm Rzとした

1 ○│ショットブラスト又はグリッドブラストによる処理では、表面の粗さを50μm Rzとする（JASS6）

2 □□ 高力ボルト接合において、接合部に生じた肌すきが2㎜であったので、フィラープレートを挿入しなかった

2 ×│接合部の肌すき量が1㎜以下であれば処理不要、1㎜を超えるものはフィラープレートを入れて調整する（JASS6）

3 □□ 高力ボルト接合において、接合部の組立時に積層した板間に生じたボルト孔の食い違いが3㎜だったので、リーマ掛けによりボルト孔を修正した

3 ×│ボルト孔の食い違いの修正は、2㎜以下であればリーマ掛けして修正し、2㎜を超える場合の処置は、構造性能の検討を含め工事監理者と協議する（JASS6）

4 □□ 高力ボルト接合における一群の高力ボルトの締付けについては、接合部の周辺から中央部に向かって行った

4 ×│一群のボルトの締付けは、群の中央部より周辺に向かう順序で行う（公共建築工事標準仕様書）

5 □□ トルシア形高力ボルトの締付け後の目視検査において、共回りや軸回りの有無については、ピンテールの破断により判定した

5 ×│締付け完了後、すべてのボルトについてピンテールが破断されていることを確認するとともに、1次締め後に付したマークのずれによって、共回り・軸回りの有無、ナット回転量及びナットから突き出したボルトの余長の過不足を目視で検査し、いずれについても異常が認められないものを合格とする（JASS6）

6 □□ 錆止め塗装において、工事現場溶接を行う部分の両側それぞれ100㎜程度の範囲及び超音波探傷試験に支障を及ぼす範囲については、工場塗装を行わなかった

6 ○│工事現場溶接を行う箇所と隣接する両側100㎜以内、超音波探傷試験に支障を及ぼす範囲などには錆止め塗装をしない

MEMO │ **目で覚える！ 重要ポイント**

●**高力ボルト摩擦接合**

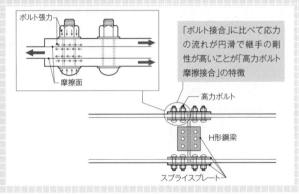

「ボルト接合」に比べて応力の流れが円滑で継手の剛性が高いことが「高力ボルト摩擦接合」の特徴

2 実践問題 | 一問一答 →→→

1 ☐☐ 接合部の母材がSN490Bである高力ボルト接合において、接合部に1㎜を超える肌すきが生じたので、SN400Aのフィラープレートを挿入した

2 ☐☐ 鉄骨の建方において、仮ボルトとして高力ボルトを使用したので、その高力ボルトを本ボルトとして使用した

3 ☐☐ トルシア形高力ボルトの締付け作業は、1次締め、マーキング及び本締めの3段階で行った

4 ☐☐ 高力ボルト接合の本締めにおいて、トルシア形高力ボルト専用の締付け機が使用できない箇所については、高力六角ボルトに交換して、トルクコントロール法により行った

5 ☐☐ トルシア形高力ボルトの締付け後の検査において、ボルトの余長については、ナット面から突き出たねじ山が、1～6山の範囲にあるものを合格とした

6 ☐☐ ナット回転法による高力ボルトの締付け後の検査において、ナット回転量が不足していたボルトについては、その他に異常がなかったので、追締めを行ってそのまま使用した

7 ☐☐ 高力六角ボルトM20のナット回転法による本締め後の検査において、全てのボルトについて、1次締め完了後に付したマークのずれにより、ナットの回転量が120度±30度の範囲にあるものを合格とした

8 ☐☐ 高力ボルトの締付け作業において、仮ボルトを用いて部材を密着させてから高力ボルトを取り付け、マーキングを行った後に、1次締めを行った

1 ○｜接合部の肌すき量が1㎜以下であれば処理不要、1㎜を超えるものはフィラープレートを入れて調整する。また、フィラープレートの材質は母材の性質にかかわらず、400N／㎜²級鋼材でよい（JASS6）

2 ×｜部材建方時には本締めに用いるボルトを仮ボルトに使用してはならない（JASS6）

3 ○｜高力ボルトの締付け作業は、部材の密着に注意した締付け順序で、1次締め、マーキング及び本締めの3段階で行う

4 ○｜トルシア形高力ボルトの本締めでは、専用の締付け機を用いて行い、ピンテールが破断するまでナットを締め付ける。締付け位置によって、トルシア形高力ボルト専用締付け機が使用できない場合は、高力六角ボルトと交換し、ナット回転法又はトルクコントロール法によって締め付ける（JASS6）

5 ○｜トルシア形高力ボルトの余長は、ナット面から突き出た長さが、ねじ1～6山の範囲にあるものを合格とする（JASS6）

6 ○｜ナット回転法による高力ボルトの締付け後、ナットの回転量が不足しているボルトについては、所要のナット回転量まで追締めする（JASS6）

7 ○｜高力六角ボルトでは、1次締付け後のナットの回転量は120度±30度の範囲にあるものを合格とする。この範囲を超えて締付けられたボルトは取り替える

8 ×｜高力ボルトの締付け作業は、1次締め、マーキング及び本締めの3段階で行う

| **目で覚える！ 重要ポイント**

●高力ボルトの締付け

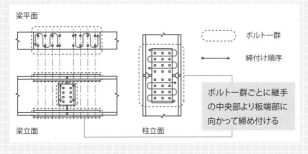

017 鉄骨工事③現場施工、耐火被覆、溶融亜鉛めっき工法

鉄骨工事に関する設問は、毎年２題出題されている。本項の範囲では、特に「工事現場施工」に関する出題が頻出しているので確実に押さえておきたい。ボルトや筋かい等、構造物の要となる部品の確認も必ず行う

1　工事現場施工

☐ アンカーボルトには、構造耐力を負担する**構造用アンカーボルト**と、構造耐力を負担しない**建方用アンカーボルト**（鉄骨建方時のみ使用）がある。構造用アンカーボルトの保持・埋込みは構成フレームなどに固定する方式で行うが、建方用アンカーボルトの固定方法は特に定めない。なお、ベースプレートの支持工法は、**ベースモルタル**の後詰め中心塗り工法とする

アンカーボルトは、据付けから鉄骨建方までの期間に、錆、曲がり、ねじ部の打こんなど有害な損傷が生じないように、ビニルテープ、塩ビパイプ、布などにより養生を行う

☐ **アンカーボルト上部の余長**は、二重ナット締めを行っても外にねじが３山以上出ることを標準とする。ナットの締付けは、建入れ直し完了後、アンカーボルトの張力が均一になるように行う。ナットの戻り止めとして、コンクリートに埋め込まれる場合を除き二重ナットを使用

☐ 建方時に障害となる柱脚にある鉄筋は、右図のようになるべく緩やかに曲げるのがよい。その場合の鉄筋の曲げる角度は、**30度以下**が望ましい。なお、鉄筋を曲げたり、元の位置に戻す場合、850 ～ 900℃に加熱して行うことが望ましい

☐ 建方に際し、**ターンバックル付き筋かい**を有する構造物においては、その筋かいを用いて**建入れ直し**を行ってはならない。架構の**倒壊防止用ワイヤロープ**を使用する場合、このワイヤロープを建入れ直し用に兼用してよい

☐ 鉄骨建方の精度の管理について、柱の倒れの管理許容差は**H（柱の高さ）／ 1,000**以下、かつ**10㎜以下**とする。柱に現場継手のある階の階高の管理許容差は**±5㎜**とする

☐ 継手に用いる仮ボルトの種類と締付方法は次頁表のとおり。なお、仮ボルトにおける一群は本締めボルトの一群とは異なるので注意

●ベースモルタル

ベースモルタルについては、以下のとおり定められている
①後詰め工法には、無収縮モルタルを使用する
②モルタルの塗厚さは、30～50㎜
③中心塗りモルタルの大きさは200㎜角又は200φ㎜以上
④鉄骨建方までの養生期間は3日以上
⑤ベースモルタルの仕上げ面（柱据付け面の高さ）の精度は、管理許容差で±3㎜

● 柱脚にある鉄筋の納まり

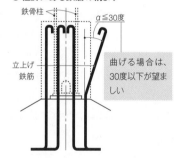

● 建入れ直しのタイミング

建方がすべて完了してから行ったのでは十分に修正できない場合が多いため、建方の進行とともに、できるだけ小区画に区切って建入れ直しと建入れ検査を行うことが望ましい

● 柱の長さ（H）の許容差

柱の長さ（H）	H＜10m	H≧10m
管理許容差	±3㎜	±4㎜
限界許容差	±5㎜	±6㎜

● 継手に用いる仮ボルトの締付け

	仮ボルトの種類	締付け方法
一般的な高力ボルト継手	中ボルト	ボルト一群に対して1／3程度かつ2本以上を、ウェブとフランジにバランスよく配置して締付ける
混用接合や併用継手	中ボルト	ボルト一群に対して1／2程度かつ2本以上をバランスよく配置して締付ける ウェブのボルトが2列以上の場合は、安全性を検討したうえで1／2以下に減じてよい
溶接継手	高力ボルト （エレクションピースなどに使用する仮ボルト）	全数締付け

● 仮ボルト締付けにおける一群の考え方

柱継手の場合

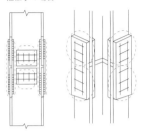

フルウェブの梁の継手の場合

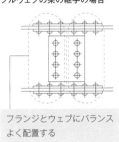

フランジとウェブにバランスよく配置する

● エレクションピースの仮ボルト

全数高力ボルトを使用して締付ける

柱

溶接部

□ 工事現場での接合に、高力ボルトと溶接が混用又は併用される場合、ボルト接合面の変形や高力ボルトへの熱の影響を考慮し、原則として、高力ボルトを先に締め付け、その後に溶接を行う

□ **頭付きスタッド**で面内せん断力を梁に伝える場合は、デッキプレートを鉄骨梁に密着させ、強風や突風によって飛散しないように、またコンクリート打設時に移動・変形しないように、アークスポット溶接もしくは隅肉溶接等で速やかにデッキプレートを梁に接合する

● デッキプレートの頭付きスタッドの溶接

頭付きスタッドをデッキプレートを貫通して溶接する場合は、径16㎜以上のスタッドを用い、デッキプレートを梁に密着させて溶接する

頭付きスタッド

デッキプレート

2　耐火被覆工法

□ 耐火被覆の施工法は、吹付け工法、張付け工法、巻付け工法、左官工法、塗装工法等が採用される。吹付け工法のうち、吹付けロックウールには工場配合による乾式工法及び現場配合のセメントスラリーによる半乾式工法がある。成形板張り工法では**成形板耐火被覆材**を用いるが、化粧用として使用するには、鉄骨ウェブ部に捨板を取り付けて浮かし張りとするのが有効

● 吹付けロックウールの厚さ確認

以下の品質管理方法を参考として活用することが望ましい。①厚さ測定器を用いて、吹付け面積5㎡ごとに1箇所以上の厚さを確認しながら吹付け施工する。②厚さ確認ピンの差込みは、柱1面に各1本、梁は6mにつき3本とする（建築工事監理指針）

3　溶融亜鉛めっき工法

□ 閉鎖形断面の鋼管・角形鋼管・溶接組立箱形断面材を使用する場合は、亜鉛・空気の流出入用の**開口を設ける**などの処置を行い、めっき施工が正常にできるかどうか事前に確認する

溶融亜鉛めっき工法は、錆止めのために使われるよ

QUESTION

ANSWER

1 最頻出問題｜一問一答

→→→

次の記述のうち、正しいものには○、誤っているものには×をつけよ

1 ☐☐ 後詰め中心塗り工法によりベースプレートを支持する場合、中心塗りモルタルの塗厚さを50mmとし、柱の建込み後、ベースプレートまわりに型枠を設けて、無収縮モルタルを圧入した

2 ☐☐ アンカーボルト頭部の出の高さについては、特記がなかったので、ねじが二重ナットの外に3山以上出ていることを確認した

3 ☐☐ 建方作業における混用継手の仮ボルトについては、中ボルトを用い、ボルト一群に対して1／2程度、かつ、2本以上をバランスよく配置して締め付けた

4 ☐☐ 建方作業において、溶接継手におけるエレクションピースに使用する仮ボルトは、中ボルトを使用し、全数締め付けた

5 ☐☐ 溶融亜鉛めっきを施す部材において、閉鎖形断面の角形鋼管を使用したので、部材の両端に亜鉛及び空気の流出入用の開口を設けた

1 ○｜後詰め工法に使用するモルタルは無収縮モルタルとし、塗厚さは、30mm以上50mm以内とする（JASS6）

2 ○｜アンカーボルト頭部の出の高さは、ねじが二重ナット締めを行っても外に3山以上出ることを標準とする（JASS6）

3 ○｜混用接合あるいは併用継手では、仮ボルトは中ボルトなどを用い、ボルト一群に対して1／2程度かつ2本以上をバランスよく配置して締め付ける（JASS6）

4 ×｜溶接継手におけるエレクションピースなどに使用する仮ボルトは、高力ボルトを使用して全数締め付ける（JASS6）

5 ○｜閉鎖形断面の部材には、両端に亜鉛・空気の流出入用の開口を設けるなどの処置を行う（JASS6）

2 実践問題｜一問一答

→→→

1 ☐☐ 根巻型柱脚において、柱脚の周囲にある柱主筋が建方や建入れ直しの際に障害となるので、やむを得ず30度を超えない範囲で外側に曲げた

2 ☐☐ ベースモルタルの仕上面の精度について、特記がなかったので、柱据付け面の高さの管理許容差を±3mmとした

3 ☐☐ 鉄骨の建方に先立って行うベースモルタルの施工において、ベースモルタルの養生期間は、3日間以上とした

4 ☐☐ 鉄骨の製作精度の管理において、柱の長さが10m未満だったので、柱の長さの管理許容差を±5mmとした

1 ○｜建方の際、障害となる柱脚周囲にある鉄筋は30度以下の角度で緩やかに曲げるのがよい（建築工事監理指針）

2 ○｜ベースモルタルの仕上面（柱据付け面の高さ）の精度は、管理許容差で±3mmとする（JASS6）

3 ○｜ベースモルタルは、鉄骨建方までに3日以上の養生期間をとらなければならない（JASS6）

4 ×｜10m未満の柱の長さの管理許容差は±3mmとする（JASS6）

5 ☐☐ ターンバックル付き筋かいを有する建築物の建方において、建入れ直しについては、その筋かいを使用せずに、架構の倒壊防止用ワイヤロープを兼用した

6 ☐☐ 建方作業における建入れ直し及び建入れ検査については、建方の進行とともに、できる限り小区画に区切って行った

7 ☐☐ 鉄骨の建方精度の管理において、柱の倒れの管理許容差は、特記がなかったので、高さの1/1,000以下、かつ、10mm以下とした

8 ☐☐ 柱に現場継手のある階の建方精度については、特記がなかったので、階高の管理許容差を±8mmとした

9 ☐☐ 高力ボルトと溶接の併用継手については、高力ボルトを締め付けた後に、溶接を行った

10 ☐☐ デッキ合成スラブの効果を考慮した合成梁において、デッキプレートと鉄骨梁との接合は、頭付きスタッドが特記されている場合、焼抜き栓溶接を省略できる

11 ☐☐ デッキプレートを貫通して頭付きスタッドを梁に溶接する場合、軸径16mmの頭付きスタッドを使用した

12 ☐☐ 化粧用として使用する成形板耐火被覆材の張付けにおいて、鉄骨面が平滑ではない部分については、鉄骨ウェブ部に捨板を取り付けて浮かし張りとした

13 ☐☐ 耐火被覆に用いる湿式吹付けロックウールについては、剥落防止のために下吹きと上吹きの2回吹きとし、下吹きの翌日に上吹きを行った

14 ☐☐ ロックウール吹付け工法による耐火被覆の施工において、柱の耐火材の吹付け厚さについては、確認ピンを使用し、柱の1面に各1箇所以上を差し込んで確認した

5 ○ ターンバックル付き筋かいを用いて建入れ直しを行ってはならない。架構の倒壊防止用ワイヤロープを建入れ直し用に兼用してよい（JASS6）

6 ○ 建入れ直しは、建方の進行とともに、できるだけ小区画に区切って建入れ直しと建入れ検査を行うことが望ましい（建築工事監理指針）

7 ○ 鉄骨建方の精度の管理について、柱の倒れの管理許容差はH（柱の高さ）／1,000以下、かつ10mm以下とする（JASS6）

8 × 工事現場継手階の階高の管理許容差は、±5mmとする（JASS6）

9 ○ 接合に高力ボルトと溶接が混用又は併用される場合は、ボルト接合面の変形や高力ボルトへの熱の影響を考慮して溶接に先立ち高力ボルトを締め付ける（JASS6）

10 ○ 頭付きスタッドで面内せん断力を梁に伝える場合は、デッキプレートを鉄骨梁に密着させ、強風や突風によって飛散しないように、またコンクリート打設時に移動、変形しないようにアークスポット溶接もしくは隅肉溶接等ですみやかにデッキプレートを梁に接合する（JASS6）

11 ○ 頭付きスタッドをデッキプレートを貫通して溶接する場合は、径16mm以上のスタッドを用い、デッキプレートを梁に密着させて溶接する（JASS6）

12 ○ 成形板耐火被覆材を化粧用として使用するためには、鉄骨ウェブ部に捨板を取り付けて浮かし張りとするのが有効である（建築工事監理指針）

13 ○ 湿式吹付けロックウールについては、剥落を防止するために2層に分けて吹き付ける（JASS6）

14 ○ 品質管理の一例として、厚さ確認ピンの差込みは、柱1面に各1本、梁は6mにつき3本とすることが望ましい（建築工事監理指針）

018 木工事

出題の9割を軸組工法が占める。中でも柱材に関連する接合金物の使い分けが幅広く出題されている。耐力壁については、筋かいだけでなく面材張り仕様も出題されている。残りの1割は造作などからの出題になる

1 軸組工法の接合部

□ 今日の一般的な木造軸組工法は、伝統的な木造架構をボルト等で緊結したものと考えて差し支えない。そのため、軸組の継手・仕口には**大入れありかけ**や**傾ぎ大入れほぞ差し**（下図参照）など伝統的な形状も併用されているが、接合部の耐力は金物で確保されている

> 構造材には含水率20%以下を使用（下地材や構造材では15%以下）。接合金物の取付けは所定の釘やボルトを用いることが原則。でも現在は専用ビスで取り付ける認定品も普及しているよ

□ ホールダウン金物やアンカーボルトは構造計算に基づいて設置する。ただし**アンカーボルト**については所定の仕様による配置も一般的。具体的には**2.7**mごとに設置し、耐力壁の両側では柱心から**200**mm前後の位置にも設置する

● 接合金物の取付け

部材	接合対象	使用する金物	参考図（次頁）
土台	基礎	アンカーボルト	—
	基礎	ホールダウン金物	A部
柱	土台	山形プレート かど金物	B部
	筋かい	筋かいプレート	C部
	胴差	羽子板ボルト	D部
	小屋梁		E部
軒桁	垂木	ひねり金物、くら金物 折り曲げ金物	F部

● 通し柱と胴差の仕口（傾ぎ大入れほぞ差しと金物の併用）【D部[＊]】

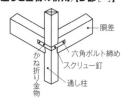

胴差
六角ボルト締め
スクリュー釘
かね折り金物
通し柱

● 軒桁と小屋梁の仕口（大入れありかけと羽子板ボルトの併用）【E部[＊]】

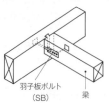

羽子板ボルト
（SB）
梁

● ホールダウン金物【A部[＊]】

ボルト留め
HD金物

● 筋かいプレート【C部[＊]】

筋かいを釘のみで接合することはできない

ビス留め
（大臣認定品）

● 山形プレート（左）とかど金物（右）【B部[＊]】

ビス留め
（大臣認定品）

＊：A～E部とは、次頁図中○印A～E部を示す

2 下地材の配置と面材の留付け

□ 1階床は大引と根太による構成が基本だが現在は根太を省略して厚物合板を土台等に直張りすることも多い。大引の継手は、床束心から**150㎜**程度持ち出した位置に設け、腰掛けあり継ぎ釘**2本**打ちとする【右図中G部】。根太間隔は通常は**300㎜**程度であるが、畳床では**450㎜**程度になる【H部】。継手位置は乱に配置する

□ 壁胴縁の間隔は面材によって異なる。せっこうボード張りでは**300㎜**程度、せっこうラスボード張りでは**450㎜**程度の間隔とする。なお壁胴縁を省略し、**間柱**そのものに面材を張ることも一般的である【I部】

□ 天井下地の野縁は床梁や小屋梁から吊り木と野縁受を介して設ける。野縁の継手には添え板を両面に当て釘打ちする。継手位置は、野縁受との交差箇所を避けて乱に配置する

□ 内装下地の面材を取り付ける釘は、長さを板厚の**2.5倍**以上とする。例えば合板を留め付ける場合、厚さ12㎜ならば長さ32㎜、厚さ15㎜ならば長さ38㎜の釘を用いる。間隔は200㎜前後が一般的である

□ 耐力壁の面材の留付けは、釘打ち間隔**150㎜**以下で行う。合板にはN50やCN50、せっこうボード板にはGNF40の釘を用いる

● **軸組工法の構成**

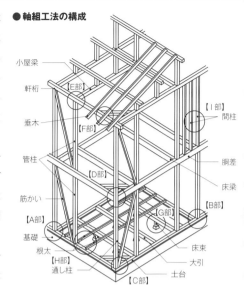

小屋梁
軒桁
垂木
管柱
筋かい
基礎
根太
通し柱
【A部】
【E部】
【F部】
【D部】
【H部】
【C部】
【G部】
【B部】
【I部】
間柱
胴差
床梁
床束
大引
土台

● **釘**
原則として JIS A 5508に規定された釘を用いる。こうした釘は、「N50」といった記号で表され、アルファベットが種類（材質と頭部形状）、数字が長さを示している。N50は鉄丸釘の長さ50㎜、CN50は太め鉄丸釘の長さ50㎜を示す。なお FN釘（梱包用鉄釘）は、JIS A 5508に規定された釘ではない

柱と土台の接合部を山形プレートで補強する場合、構造用合板を最小限に切り欠き、その周辺に釘を増し打ちしよう

3 その他のよく出る項目

□ **枠組壁工法**は「土台→床枠組→壁枠組→頭つなぎ→小屋組」の順で建方を行う（軸組工法では小屋組の後に床組が行われる）。床根太間隔が**65㎝**の場合、床剛性を確保するために下地張りには厚さ15㎜の構造用合板か厚さ18㎜のパーティクルボードを使用する

● **枠組壁工法の枠材間隔**
65㎝が上限である

□ 木材の防腐・防蟻処理には、**樹種の使い分けと薬剤塗布**の2つの方法がある。窓、出入口等の水掛り部の乾きにくい部分はヒノキの心材などを用い、土台・柱・**筋かい**の地面から**1m**以内の部分には防腐・防蟻剤を塗布する

● **防腐・防蟻処理**
クロルピリホスを含有する薬剤の使用は、現在、禁止されている

QUESTION

1　最頻出問題 | 一問一答

ANSWER

→→→

次の記述のうち、正しいものには○、誤っているものには×をつけよ

1 ☐☐　筋かいを設ける耐力壁下部のアンカーボルトは、その耐力壁の両端の柱心から200㎜程度離れた位置に埋め込んだ

2 ☐☐　筋かいが取り付く柱と基礎との緊結には、引き寄せ金物（ホールダウン金物）を使用した

3 ☐☐　建築物の出隅にある通し柱と胴差との仕口は、「大入れ蟻掛け」とし、かね折り金物当て六角ボルト締め、スクリュー釘打ちにより補強した

4 ☐☐　構造用合板等の面材を併用しない耐力壁において、壁倍率2.0に適合させるために30㎜×90㎜の木材を片筋かいとし、その端部を筋交いプレートBP-2で柱と土台に緊結した

5 ☐☐　筋かいプレートを用いて、筋かい（断面寸法30㎜×90㎜）を柱と横架材に同時に接合した

6 ☐☐　構造用合板による大壁造の耐力壁において、山形プレートを用いて土台と柱とを接合する箇所については、山形プレート部分の構造用合板を切り欠き、その周辺に釘の増打ちを行った

7 ☐☐　大壁造の面材耐力壁において、構造用面材に用いる構造用合板の張り方については、原則として、910㎜×2,730㎜版のものを縦張りとする

8 ☐☐　垂木の軒桁への留付けは、かど金物を当て、釘打ちとした

9 ☐☐　大引の継手は、床束心から150㎜程度持ち出した位置で、腰掛けあり継ぎ、釘2本打ちとした

10 ☐☐　住宅の床組において、フローリング張りの下張り用床板の根太間隔については300㎜程度とし、畳下床板の根太間隔については450㎜程度とした

1 ○｜耐力壁の下部のアンカーボルトの位置は、柱心から200㎜離れた位置に埋め込む

2 ○｜柱と基礎の取付けにはホールダウン金物を使用する

3 ×｜通し柱と胴差の仕口には傾ぎ大入れ短ほぞ差しや、大入れ短ほぞ差しを用いる

4 ×｜30㎜×90の片筋かいは壁倍率1.5倍になる。4章「023 木構造」（458頁）参照

5 ○｜設問記述のとおり

6 ○｜設問記述のとおり

7 ○｜原則として面材耐力壁には910㎜×2,730㎜版を縦張りする。耐力壁の場合、150㎜以下の間隔で釘打ちを行い、構造用合板張り（壁倍率2.5）にはN50、せっこうボード張り（壁倍率0.9）にはGNF40の釘を用いる。なお、壁倍率3.7の構造用合板張りの仕様は460頁参照

8 ×｜軒桁と垂木はひねり金物で緊結する。かど金物は柱と横架材の緊結に用いる

9 ○｜解説ページ「2 下地材の配置と面材の留付け」（557頁）参照

10 ○｜解説ページ「2 下地材の配置と面材の留付け」（557頁）参照

2 実践問題 | 一問一答 →→→

1 ☐☐ 構造材の工事現場搬入時の含水率は、特記がなかったので、20%以下であることを確認した

2 ☐☐ 土台を基礎に緊結するため、径12㎜のアンカーボルトを、250㎜埋め込むこととした

3 ☐☐ 基礎と土台を緊結するアンカーボルトは、耐力壁の両側の柱下部付近、及び土台接手の下木の端部付近に設置した

4 ☐☐ 土台に使用する木材については、継ぎ伸しの都合上、やむを得ず短材を使用する必要があったので、その長さを1m程度とした

5 ☐☐ 木材の筋かいと間柱との取り合い部分は、相欠きとした

6 ☐☐ 大壁造の面材耐力壁において、1階と2階の上下同位置に構造用面材による耐力壁を設ける場合は、胴差部において、上下の構造用面材相互間の隙間がないように釘留めする

7 ☐☐ 羽子板ボルトを用いて、軒桁と小屋梁を緊結した

8 ☐☐ 長さの表示のない場合の釘の長さについては、打ち付ける板厚の2.5倍以上を標準とする

9 ☐☐ 造作材に使用するJISによる「N釘」の代用品として、「FN釘」を使用した

10 ☐☐ 心持ち材の化粧柱には、表面のひび割れを防ぐために、背割りを入れた

11 ☐☐ 鴨居は、ねじれや曲がりのない柾目材を用い、木材の性質を考慮して、木裏側に建具の溝を設けた

12 ☐☐ 木材の断面を表示する寸法において、一般に、引出線により示されている部材寸法(短辺×長辺)は「ひき立て寸法」とし、寸法線により記入されている部材寸法は「仕上り寸法」とする

13 ☐☐ 鉄筋コンクリート造の内部工事において、建具枠や間仕切壁下地を留め付けるための木レンガについては、樹種をヒノキ等とし、コンクリート面に「木レンガ用接着剤」又は「あと施工アンカー」により取り付ける

1 ○｜構造材は含水率20%以下のものを使用することが基本

2 ○｜土台固定用のアンカーボルト仕様の適切な説明である。なおホールダウン金物用には径16㎜のものを360㎜埋め込むことが一般的

3 ×｜土台継手まわりでは、アンカーボルトを上木の端部付近に設置する

4 ○｜設問記述のとおり。極端に短い部材の使用は避ける

5 ×｜筋かいを欠き込むことはできない(法45条)

6 ×｜上下の構造用面材の間に6㎜以上の隙間を設ける

7 ○｜設問記述のとおり。解説ページ「1 軸組工法の接合部」(556頁)参照

●接合金物の種類

かね折り金物

短ざく金物

羽子板ボルト

8 ○｜設問記述のとおり

9 ×｜FN釘はJIS A 1108が規定する釘ではないため、特記で指定されない限り、木工事に使用できない

10 ○｜設問記述のとおり

11 ×｜木表を仕上面にして反りを抑える方向に留め付ける

12 ○｜設問記述のとおり

13 ○｜設問記述のとおり

019 防水工事

防水工事には、建物の屋上やバルコニー等に施すメンブレン防水工事と、タイル躯体の打継ぎの接合部等に設けた目地にシーリング材を充填するシーリング工事がある。前者には、アスファルト防水・シート防水・改質アスファルトシート防水・塗膜防水等がある

1 防水工事

☐ **アスファルト防水**は、下地の上に**アスファルト層**と**ルーフィング層**を複数積層し、防水層を形成するものである

☐ アスファルト防水は、密着工法と絶縁工法に分かれる
①密着工法
　　a. 密着工法：防水の施工完了後、絶縁用シートを敷き込み、保護コンクリートを打ち込む
　　b. 断熱工法：防水層の上に断熱材を設ける
②絶縁工法：脱気装置を用い、防水層のふくれを防止する

☐ **改質アスファルトシート防水（トーチ工法）**は、合成ゴム又はプラスチックを添加して性質を改良した改質アスファルトシートの裏面と下地の部分を、トーチ状のガスバーナーで均一にあぶり、密着させて防水層を形成する工法である

☐ **シート防水**は、合成高分子ルーフィングシートを接着剤を用いて張り付ける。ルーフィングには、薄い不透水性の合成ゴム・塩化ビニル等が用いられる

☐ 塗布後に成膜して防水層を形成する**塗膜防水**は、ウレタンゴム・アクリルゴム・クロロプレンゴム・ゴムアスファルト等を用いる

☐ **シーリング工事**では、専用のガンを用いて、目地等に材料を充填する。材料硬化後は弾性体になるため、ワーキングジョイントにも用いられる。また、シリコーン系シーリング材は、耐候性・耐熱性・耐寒性・耐久性に優れている。ポリサルファイド系シーリング材は、ムーブメントの大きい金属カーテンウォール、金属製笠木の目地には使用しない

☐ シーリング工事で、やむを得ず種類の異なるシーリング材を打ち継ぐ際は、シーリングの打継ぎ接着性を考慮する

● **アスファルト防水の施工**

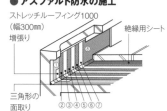

ストレッチルーフィング1000
（幅300mm）
増張り
絶縁用シート
三角形の面取り
②③④⑤⑥⑦

①アスファルトプライマー塗り
②溶融アスファルト塗り
③アスファルトルーフィング1500流し張り
④溶融アスファルト塗り
⑤ストレッチルーフィング1000流し張り
⑥溶融アスファルト塗り
⑦ストレッチルーフィング1000流し張り
⑧溶融アスファルト塗り

水勾配は押えの場合　は1／100以上、露出・断熱の場合は1／50以上を原則とするよ

● **アスファルトルーフィングの流し張り**

100mm程度の重ね部から、溶融アスファルトがはみ出す程度にルーフィングを密着させる。水下から水上へ張っていく

● **入隅・出隅の下地の状態**
入隅の下地の状態では、アスファルト防水層の場合、通り良く**三角形の面取り**をする。それ以外の防水層（改質アスファルトシート防水・シート防水・塗膜防水等）では、通り良く**直角**とする。**出隅**の下地の状態は、すべての防水層において、通り良く**面取り**をする

● 各防水工事の施工上のポイント

アスファルト防水	①パラペットと平部の入隅やドレンまわりの特殊な部位は、ストレッチルーフィングや網状ルーフィングにより増張りする ②絶縁工法によるアスファルト露出防水では、最下層に粘着層付改質アスファルトシートを使用し、下地面の湿気を排出する脱気装置を設け、ふくれを防止する ③保護コンクリートを仕上げに用いる場合、保護コンクリートの伸縮が防水層に伝わらないようにポリエチレンフィルムを敷き込む ④保護コンクリート層の伸縮を吸収するために、パラペットから0.6m離れた位置に伸縮目地を設ける ⑤下地の水勾配は1／50〜1／100とする
改質アスファルトシート防水（トーチ工法）	①平場のシート張付けに先立ち、出入隅部にはあらかじめ200mm角程度の増張り用シートを張り付ける。ルーフドレンまわりは、ドレン内径の穴をあけた500mm角程度の増張り用シートをドレンと平場に張り付ける ②重ね幅は、長手・幅方向ともに100mm以上。水上側が水下側の上になるように溶着させる ③立上り部の防水層の末端は、押え金物を用いて留め付け、ゴムアスファルト系シーリング材を充填する
シート防水	①プライマー塗布後、接着剤を塗布して張り付ける。張付けの際は、接着剤のオープンタイムに留意し、**シートに引張力を与えないように**する。ゴムローラー等で転圧を行い下地に密着させる ②加硫ゴム系のシートの出入隅は、シート張付け前に非加硫ゴム系シートで増張りする ③合成樹脂系のシートの出入隅は、シートの施工後に成形役物を張り付け、端部にはシール材を用いる ④シート相互の接合幅は、加硫ゴム系とエチレン酢酸ビニル樹脂系で100mm（立上り面は150mm）、塩化ビニル樹脂系で40mm ⑤立上り等防水層の末端部は、押え金物を使用して固定後シール等で処理する
塗膜防水	①下地の入隅は通りよく直角にし、出隅は面取りとする。補強布を用いる場合は、重ね幅を50mmとする ②ウレタン防水材は、10％未満の希釈剤を用いて粘度を小さくしてから施工してもよい ③ウレタン系塗膜防水は、5℃未満では施工しない
シーリング工事	①被着部にプライマーを塗布し、乾燥後にシーリング材を充填する。なお、マスキングテープは、へらで仕上げた後、直ちに除去する ②ワーキングジョイントは、ボンドブレーカーやバックアップ材を装着した後、2面接着となるように施工する。ワーキングジョイントにおいて、3面接着は、材料が切れやすいので避ける ③ノンワーキングジョイントは、目地底に水が浸入したとき、水みちができる2面接着より3面接着が適する ④作業環境では、被着体の温度が5℃を下回るか、50℃以上になるおそれがある場合は施工しない

● 改質アスファルトシート防水の施工

● シート防水の施工

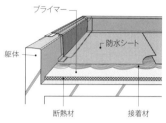

● 目地

目地は、ムーブメント（動き）の大きさにより、ワーキングジョイント（動きのある目地）とノンワーキングジョイントに大別される

● シーリングの状況

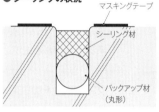

● 2面接着と3面接着

2面接着（ワーキングジョイント）

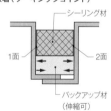

3面接着（ノンワーキングジョイント）

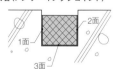

シーリング材の表面に塗装仕上げをする場合、シリコーン系のものは適さない

● 異種シーリング材の打継ぎ接着性の目安

先打ち ＼ 後打ち	シリコーン系	変成シリコーン系	ポリサルファイド系・ポリウレタン系
シリコーン系	○	×	×
変成シリコーン系	△	△	要確認
ポリサルファイド系・ポリウレタン系	○	○	○

計画
環境・設備
法規
構造
施工

QUESTION

1 最頻出問題 | 一問一答

ANSWER →→→

次の記述のうち、正しいものには○、誤っているものには×をつけよ

1 ☐☐ アスファルト防水工事において、防水層の水はけをよくするため、下地となる平場のコンクリート面を水平に打設し、防水層を施した後、保護コンクリートで1／50の勾配を確保した

1 × | 下地となる平場のコンクリート面は、1／50〜1／100の水勾配をつけて施工しなければならない

2 ☐☐ アスファルト防水工事において、平場のアスファルトルーフィング類の張付けの重ね幅については、長手及び幅方向とも、100㎜程度とした

2 ○ | 重ね幅は、長手・幅方向ともに100㎜で張り付ける

3 ☐☐ 改質アスファルトシート防水工事において、立上り部の防水層の末端部については、押え金物を用いて留め付け、ゴムアスファルト系シーリング材を充填した

3 ○ | 改質アスファルトシート防水工事では、立上り部の防水層の末端部を、押え金物を用いて留め付け、ゴムアスファルト系シーリング材を充填する

4 ☐☐ ウレタンゴム系塗膜防水工事において、防水層の下地については、入隅を丸面に仕上げ、出隅を通りよく直角に仕上げた

4 × | メンブレン防水（アスファルト防水・FRP防水を除く）の下地は、入隅を通りよく直角とし、出隅を面取りする

2 実践問題 | 一問一答

→→→

1 ☐☐ アスファルト防水工事において、平場部の防水層の保護コンクリートに設ける伸縮調整目地の割付けについては、パラペット等の立ち上がり部の仕上がり面から600㎜程度とし、中間部は縦横の間隔を5m程度とした

1 × | 保護コンクリートには、3m程度ごとに伸縮目地を設ける

2 ☐☐ アスファルト防水工事における屋根保護防水密着工法においては、一般に、防水層のふくれを防止するために、平場部に脱気装置を設ける

2 × | 屋根露出防水絶縁工法には、脱気装置を用いるが、屋根保護防水密着工法では、用いない

3 ☐☐ アスファルト防水工事における屋根保護防水断熱工法は、一般に、防水層の上に吸水性の特に小さい断熱材を設け、絶縁用シートを敷き、保護コンクリートを設けるもので、直射日光や外気温の影響から防水層を保護する効果もある

3 ○ | アスファルト防水工事の屋根保護防水断熱工法は、防水層の上に吸水性の特に小さい断熱材を設け、絶縁用シートを敷き、その上に保護コンクリートを設けるものである

4 ☐☐ アスファルト防水工事で使用する縦引き型ルーフドレンについて

4 × | パラペットにルーフドレンが近接すると、ドレンの設置に支障をきたすことがあり、水漏れの原因となるので、立上り部から一定の距離をあけて施工する

は、ルーフドレンから雨水排水縦管までの横引き管を短くするため、ルーフドレンをパラペットの立上り部に接する位置に設置した

5 ☐☐ シート防水工事の接着工法において、一般平場部の合成高分子系ルーフィングシートについては、引張力を与えながら下地に接着させた

6 ☐☐ シート防水工事において、ルーフィングシートの平場の接合幅については、塩化ビニル樹脂系シートを使用する場合、長手方向及び幅方向を、それぞれ40㎜とした

7 ☐☐ シート防水工事の合成樹脂系シート接着工法において、立上り部及び平場のシートの張付けに先立ち、出隅角に非加硫ゴム系シートを増張りし、成形役物を張り付けた

8 ☐☐ トーチ工法による改質アスファルトシート防水工事において、改質アスファルトシートの重ね部の張付けは、先に張り付けたシートの接合箇所の表面と張り合わせるシートの裏面とをトーチバーナーによってあぶり、改質アスファルトがはみ出す程度まで十分に溶融し、密着させた

9 ☐☐ 改質アスファルトシート防水工事において、一般平場部の改質アスファルトシート相互の重ね幅については、長手方向及び幅方向とも100㎜以上とした

10 ☐☐ シーリング工事において、鉄筋コンクリート造の外壁に設けるひび割れ誘発目地については、一般に、目地底にボンドブレーカーを使用せずに、シーリング材を充填する3面接着とする

11 ☐☐ シーリング工事において、マスキングテープについては、所定の位置に通りよく張り付け、シーリング材のへら仕上げ終了直後に剥がした

12 ☐☐ シーリング工事において、目地への充填は、目地の交差部又はコーナー部から行う

13 ☐☐ シーリング工事において、目地部をワーキングジョイントとする場合、シーリング材を目地底に接着させない2面接着の目地構造とした

14 ☐☐ シーリング工事において、やむを得ず種類の異なるシーリング材を打ち継ぐ必要があったので、シリコーン系シーリング材を先打ちし、ポリサルファイド系シーリング材を後打ちした

5 ×｜合成高分子系ルーフィングシート防水工事の施工手順は、ルーフィングシートの張付けにおいて、シートの張付け後そのシートにしわや空気が入らないように、水下水上に張り上げ、その後、ローラーで十分に転圧するものである。したがって、引張力を与えてはならない

6 ○｜塩化ビニル樹脂系シートの接合では、長手・幅方向をそれぞれ40㎜とする

7 ×｜シート防水工事の合成樹脂系シート接着工法の場合、増張りはせず、立上りと平場のシートを張り付けた後、出隅角と入隅角に成型役物を張り付ける。加硫ゴムや合成ゴム系シート接着工法の場合は、一般部のシート張付けに先立って、出隅角に非加硫ゴム系シートを増張りする

8 ○｜トーチ工法における改質アスファルトシートの重ね部の張付けは、先に張り付けたシートの接合箇所の表面と張り合わせるシートの裏面とをトーチバーナーによってあぶり、改質アスファルトがはみ出す程度まで十分に溶融し密着させる

9 ○｜改質アスファルトシート防水工事（トーチ工法）において、一般平場部の改質アスファルトシート相互の重ね幅は、長手・幅方向とも100㎜以上

10 ○｜ひび割れ誘発目地は、3面接着とし、ワーキングジョイントは、2面接着とする

11 ○｜マスキングテープは、時間をあけずにへら仕上げ終了直後に剥がす

12 ○｜目地の充填は、交差部又はコーナー部より行う

13 ○｜ワーキングジョイントは、2面接着とする

14 ×｜シリコーン系シーリング材先打ちの場合、ポリサルファイド系、変成シリコーン系、ポリウレタン系シーリング材の後打ちはできない

020 左官・タイル・張り石工事

左官工事は、共同住宅やビル等のコンクリート壁等の下地にセメントモルタルを塗り付けるものと、戸建住宅等の木造建物の外壁の耐水合板下地にラスを張り付け、その上にセメントモルタルを塗るもの等がある。木造建物の内壁には、土壁や漆喰塗りの伝統工法もある

1 　左官工事

☐ **セメントモルタル塗り**は、下塗り・中塗り・上塗りの順に施工をしなければならない。1回の塗り厚さは、約6mmである

1回に練り混ぜる量は、120分以内に使い切れる量だよ

●**セメントモルタルの調合**

	下塗り	中塗り	上塗り
下地	セメント:砂	セメント:砂	セメント:砂
コンクリート	1:2.5	1:3	1:3
調合の度合い	富調合	貧調合	貧調合
ポイント	セメントモルタルの下塗り後、2週間以上放置させ、ひび割れを十分に発生させることで、下地の挙動に追随する下塗り壁ができる。下塗り面の不陸が大きい場合、下塗り後にむら直しを行う	中塗り後、乾燥が進んだ場合、上塗り前に水湿しを行う	上塗りは、中塗りの状態を見ながら塗り付ける

☐ ドライアウトとは、セメントと水が水和反応を起こす際に必要な水分が、下地に吸収されてしまい硬化不良を起こす現象のことである。ドライアウトを起こさないためには、下地を湿潤にしておくか、下地に吸水調整材を塗布しなければならない。吸水調整材を塗り過ぎると、下地とセメントモルタル界面の膜が厚くなり、剥離したり、上塗り材との付着力を低下させてしまう

●**富調合と貧調合**
セメントの量を多くしたものが富調合、セメントの量を少なくしたものが貧調合である

●**通気構法におけるラスセメントモルタル下地の構成**

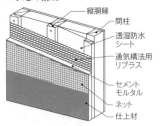

縦胴縁
間柱
透湿防水シート
通気構法用リブラス
セメントモルタル
ネット
仕上材

☐ 骨材に用いる砂の最大寸法は、塗り厚の半分以下とし、塗り厚に支障のない限り大きいものを用いるものとする

☐ 木造のセメントモルタル塗りの外壁では、一般的にラスモルタル(ラス下地の上にセメントモルタル塗り)を施工する

●**吸水調整材は5倍液を使用し、塗り回数の限度は2回とする**

☐ 外部建具周辺の充填モルタルに用いる防水材は、金属の腐食を促進する塩化カルシウムなどをしようしてはならない

2 　タイル工事

☐ **タイルの種類**には、Ⅰ類(**磁器質**:吸水率3%以下)、Ⅱ類(**せっ器質**:吸水率10%以下)、Ⅲ類(**陶器質**:吸水率50%以下)があり、

陶器質のタイルは、吸水率が大きいので、外部に使うと凍害を受けて損傷することがある

● 各種壁タイル後張りの種類

タイル張りの種類	張付けモルタル塗付け面	タイル張りの内容
改良圧着張り	コンクリート下地面タイルの裏面	下地側とタイル側の両方にセメントモルタルを塗るために強い接着力が得られる
改良積上げ張り	タイルの裏面	タイルを下から張り付けるので、下部のタイルが汚れやすい
密着張り	コンクリート下地	タイルを上から下へ張り付ける。目地の通りをよくするために一段おきに水糸を使用する
モザイクタイル張り	コンクリート下地面	目地部分にセメントモルタルが盛り上がるまで、木づち等でたたき締める

注　**外装接着剤張り**では、**一液反応硬化形接着剤**を使用する

外壁のタイル後張りの接着力試験における引張接着強度は、0.4N／㎟以上を合格とする

夏期は、施工面に直射日光が当たらないように、シート等で養生する

● 改良圧着張り
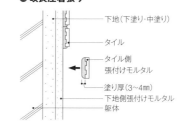

● 改良積上げ張り

● 密着張り（ビブラートを使用した場合）
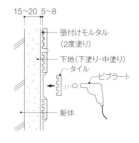

3　張り石工事

張り石の施工には、**乾式工法**と**湿式工法**がある。乾式工法は、躯体の変形やねじれによる影響を受けにくい。湿式工法は、躯体と張り石との隙間をセメントモルタルで充填するため、地震等による影響を受けやすいが、耐衝撃性がある。張り石は、下地に追随して割れが入ることがある

湿式工法における裏込めセメントモルタル代は、4㎝を標準とする

湿式工法は、目地部からセメントモルタル中の水酸化カルシウムが流れてできるエフロレッセンス（白華）の害が起きることがある

目地幅調整のためのスペーサーは、施工後、直ちに撤去しなければならない

● 張り石の乾式工法
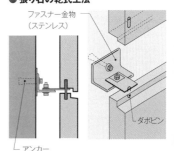

● 張り石の湿式工法
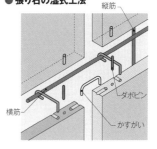

QUESTION

ANSWER

1　最頻出問題 | 一問一答

→→→

次の記述のうち、正しいものには○、誤っているものには×をつけよ

1 ☐☐ セメントモルタル塗りにおいて、1回に練り混ぜるモルタルの量については、60分以内に使い切れる量とした

2 ☐☐ タイル後張り工法の密着張りにおいて、壁のタイルの張付けは、上部から下部へと行い、一段おきに数段張り付けた後、それらの間を埋めるようにタイルを張り付けた

3 ☐☐ 外壁乾式工法による鉛直面への張り石工事において、上下の石材間の目地幅の調整に使用したスペーサーは、上部の石材の荷重を下部の石材に伝達させるため、工事完了後も存置した

4 ☐☐ セルフレベリング材塗り後の養生は、硬化を促進させるために、施工した直後から窓を開放して通風を確保した

1 ○｜設問は60分以内となっており、120分以内なので正しい

2 ○｜密着張りのタイルの張付けは、上部より下部へと行う

3 ×｜目地幅調整のためのスペーサーは施工後撤去する。そのまま設置しておくと、石材の荷重が伝達され不具合が生じる

4 ×｜セルフレベリング材塗り後、硬化するまでは窓や開口部をふさぎ、その後は自然乾燥とする。養生期間は7日以上、冬期は14日以上とし、表面仕上げの施工までの期間は30日程度である

2　実践問題 | 一問一答

→→→

1 ☐☐ 冬期におけるアルミニウム合金製建具の枠まわりのモルタルの充填に当たって、充填モルタルが凍結しないように、塩化カルシウム系の凍結防止剤を混入した

2 ☐☐ コンクリート下地へのセメントモルタル塗りにおいて、一般に、下地に吸水調整材を多く塗るほどモルタルの付着力を大きくすることができる

3 ☐☐ セメントモルタルの調合において、上塗りの強度については、モルタルが剝落しないように、下塗りの強度に比べて高くした

4 ☐☐ 中塗りについては、下塗を行った後に2週間以上放置し、乾燥収縮によるひび割れ等を十分に発生させてから行った

5 ☐☐ コンクリート壁面へのセメントモルタル塗りにおいて、下地の不陸を調

1 ×｜サッシまわりの充填用モルタルは、容積比がセメント1：砂3のものを使用し、雨掛り部分は防水材又は凍結防止剤入りのセメントモルタルとする。このセメントモルタルには、塩化物を含む混和材（剤）を用いてはならない

2 ×｜吸水調整材を多く塗りすぎると、界面における膜層が厚くなり、塗り付けたセメントモルタルがずれ落ちやすくなり、セメントモルタルの付着力が低下するおそれがある。一般的には、吸水調整材の原液を約5倍に薄めて、1回塗布すればよい

3 ×｜セメントモルタルの調合の決定は、左官工事では、下地側に塗られるものほど富調合（強度を大きく）にする。JASS15によると、下塗りは富調

整する場合、つけ送りの1回の塗り厚については、7mm以内とした

6 ☐☐ コンクリート壁面へのセメントモルタル塗りの場合のモルタルの調合において、上塗りについては、下塗りを行った後に2週間以上放置し、乾燥収縮によるひび割れ等を十分に発生させてから行った

4 ○｜下塗りの放置期間は2週間以上とし、下地の挙動に追随させるためにひび割れを十分に発生させる

7 ☐☐ タイル後張り工法において、外壁のタイルの接着力試験の試験体の数は、100㎡以下ごとにつき1個以上、かつ、全面積で3個以上とした

5 ○｜不陸調整のつけ送りは、1回の塗り厚9mm以内、それ以上のときは2回塗り以上とする

6 ○｜下塗りは2週間以上、できるだけ長期間放置する。セメントモルタル3回塗りの場合は、ひび割れが下地に十分入って安定してから中塗りを行い、1〜10日放置後に上塗りを行う

8 ☐☐ セメントモルタルによる陶磁器タイル張り工事において、屋内の吹き抜け部分の壁タイル張り仕上げ面については、モルタルが硬化した後、工事施工者の自主検査で、打診用ハンマーにより前面の1／2程度について打診を行っていることを確認した

7 ○｜外壁のタイルの接着力試験の試験体の数は、100㎡以下ごとにつき1個以上、かつ全面積で3個以上

9 ☐☐ タイル後張り工法の改良圧着張りにおいて、下地の吸水性が大きかったので、吸水調整材を用いて下地表面処理を行った

8 ×｜自主検査では、打診用ハンマーで全面の確認を行う

9 ○｜下地の吸水性が大きい場合、吸水調整材を下地面に塗布し下地表面処理を行う

10 ☐☐ タイル後張り工法において、床タイル張り面の伸縮目地の位置は、特記がなかったので、縦・横ともに5mごとに設けた

10 ×｜タイルの伸縮目地の位置は、縦・横ともに4m以内ごとに設ける

11 ☐☐ セメントモルタルによるタイル後張り工法における密着張りにおいて、張り付けモルタルの1回の塗り付け面積の限度は、2㎡以下かつ、60分以内に張り終える面積とした

11 ×｜密着張りにおける張り付けモルタルの1回の塗り付け面積の限度は2㎡以内かつ、20分以内に張り終える面積とする

12 ☐☐ 張り石工事における石先付けプレキャストコンクリート工法において、シアコネクターの取付け代を考慮して、コンクリート部材に先付けされる石材の厚さを20mmとした

12 ×｜コンクリート部材に先付けされる石材の厚さは、25mm以上とし、シアコネクターの取付け代を充分にとる

13 ☐☐ 石工事における床用敷きモルタルの調合については、接着性を考慮して、容積比でセメント1に対し砂2とした

13 ×｜石工事での床用の敷きセメントモルタルの調合は、セメント1に対し砂4にし、硬練りのセメントモルタルとする

14 ☐☐ 石工事の外壁乾式工法において、耐震性を十分に考慮した取付け工法を採用したので、熱による石材の膨張や収縮については、特に検討しなかった

14 ○｜耐震性を十分に考慮した取付け工法を採用した場合、熱による石材の膨張や収縮は検討しなくてもよい

15 ☐☐ 内壁空積工法による石工事において、幅木の裏には、全面に裏込めモルタルを充填した

15 ○｜内壁空積工法による石工事では、幅木の全裏面に裏込めモルタルを充填する

16 ☐☐ コンクリート打放し仕上げの外壁の改修において、コンクリート外壁部の比較的浅いはがれ、剥落の補修に当たり、ポリマーセメントモルタル充填工法を採用した

16 ○｜コンクリート外壁のはがれ、剥落の補修には、ポリマーセメントモルタル充填工法を採用する

021 ガラス・建具・金属工事

金属製建具の材料は、アルミニウム合金・スチール・ステンレス等がある。これらの材料でできた建具枠にガラスが納まり、建具が機能を発揮する。ここでは、ガラスの種類とガラスの種類に対応した支持・固定の方法を学ぶ

1 ガラス工事

☐ ガラスは、一次製品とそれを加工した二次製品に大別できる

☐ **はめ込み構法**は、窓枠・構造躯体・仕上材に設けた溝に、板ガラスや加工ガラスをはめ込み、取り付ける工法。定形シーリング構法、不定形シーリング構法、グレイジングガスケット構法、構造ガスケット構法等の種類がある

● **定形シーリング構法**

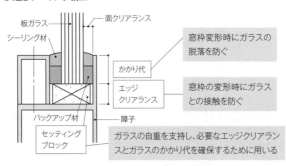

板ガラス｜面クリアランス｜シーリング材｜かかり代：窓枠変形時にガラスの脱落を防ぐ｜エッジクリアランス：窓枠の変形時にガラスとの接触を防ぐ｜バックアップ材｜障子｜セッティングブロック：ガラスの自重を支持し、必要なエッジクリアランスとガラスのかかり代を確保するために用いる

☐ **不定形シーリング構法**は、サッシの溝とガラスの周囲との空隙に、シリコーン系等の不定形弾性シーリング材を充填してガラスをはめ込む構法である

☐ **グレイジングガスケット構法**は、水密・気密を目的としてサッシの溝とガラスの隙間に定形シーリング材を挿入し装着させたもの。形状により、次の2種類がある
①**グレイジングチャンネル構法**：浸入した水が滞留しても、性能上問題がない場合(例:住宅等)に使用する
②**グレイジングビード構法**：溝内への水の浸入が許容される場合に使用できる

☐ **構造ガスケット構法**(ジッパーガスケット構法)は、クロロプレンゴム等の押出し成形によって製作されたジッパーガスケットでガラスの保持と水密をとるもの。受けが金属プレート状のものにはH形、コン

● 主なガラスの種類

ガラス (一次製品)	フロート板ガラス (透明板ガラス) 型板ガラス 網入り磨き板ガラス 網入り(型)板ガラス 熱線吸収板ガラス
加工ガラス (二次製品)	熱線反射板ガラス 強化ガラス 倍強度ガラス 合わせガラス 複層ガラス

● グレイジングチャンネル構法

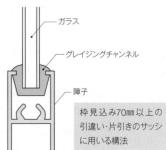

ガラス｜グレイジングチャンネル｜障子｜枠見込み70mm以上の引違い・片引きのサッシに用いる構法

● グレイジングビード構法

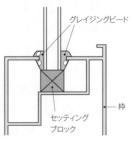

グレイジングビード｜セッティングブロック｜枠

クリートや石のＵ字形溝にはＹ形のガスケットが主に使用される

☐ **ガラスの施工**については、以下のようなポイントがある
①網入り板ガラスの切断面は、ワイヤが錆びないように防錆処理をして下辺に水抜き孔を設ける
②現場内の保管は、ガラス相互に隙間がないよう重ねて縦置き、少し斜めにしコンクリート壁等に立てかけ、ロープ等で結んで固定
③強化ガラスや倍強度ガラスおよび複層ガラスは、加工後の切断はできない
④**熱線吸収板ガラス**は、熱応力による**熱割れ**が起こりやすい
⑤はめ込み構法において、複層ガラスを取り付けるサッシ下辺のガラス溝には、水抜き孔を２か所以上設ける

● 構造ガスケット構法

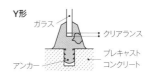

2 建具・金属工事

☐ **SSG**（ストラクチュラルシーラントグレイジング）**構法**は、板ガラスをサッシの溝により固定・支持するものではなく、シリコンゴム系等の構造シーリングをガラスと支持部材の間に充填して接着させ、ガラスに加わる外力に対して安全に固定するものである

● SSG 構法

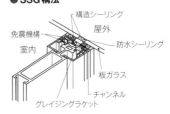

SSG構法では、ガラスの強度計算において構造シーラントの接着辺を強度上の支持辺とみなす

☐ **DPG**（ドットポイントグレイジング）**構法**は、サッシを用いず、ガラスを支持するもの。ガラスの隅に穴をあけ、ボルトで固定する。ガラスの自重と風や地震からの耐力を保持する支持構造部材をガラスから離せるため、ガラス表面を平滑に構成できる。また、ガラスにあけた穴に点支持金物を取り付け、支持構造物と連結することで、大きなガラス面を構成できる。穴あけ加工は、穴の外周からガラスエッジまでの距離を30㎜以上、かつ、穴の直径以上取る

● DPG 構法

☐ アルミニウム合金製建具の枠まわりに充填するセメントモルタルは、防水性を考慮したものとする。なお、アルミニウム合金は、コンクリートやセメントモルタル等のアルカリ性の材料に接すると腐食するので、アクリル系塗料などの保護塗膜を剥がしてはならない

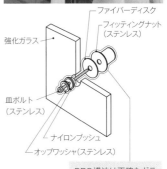

☐ アルミニウム合金製サッシは変形しやすい。現場内に仮置きする場合は、縦置きにする

☐ 防火垂れ壁は不燃材料でつくり、又は覆われたものとする。ガラスを使用する場合は、破損したときの落下防止のために、網入り又は線入り板ガラスを使用する

DPG構法は正確なガラス加工が必要になる

☐ 鋼製ドア枠のアンカーは、コンクリートに埋め込んだ差し筋又はサッシアンカーと一緒に、最短距離で溶接する

QUESTION

1　最頻出問題｜一問一答

次の記述のうち、正しいものには○、誤っているものには×をつけよ

1 ☐☐　外部に面する複層ガラスの取付けには、一般に、グレイジングチャンネルを用いない

2 ☐☐　SSG（ストラクチュラルシーラントグレイジング）構法とは、ガラスの周辺において構造シーラントを用いてガラスの支持部材に接着する辺を有し、ガラスの強度計算において構造シーラントの接着辺を強度上の支持辺とみなす構法である

3 ☐☐　DPG（ドットポイントグレイジング）構法において、室内に使用するガラスへの丸穴あけ加工については、特記がない場合、穴の外周からガラスエッジまでの距離を、30㎜以上、かつ、穴の直径以上とする

4 ☐☐　はめ込み構法において、外部に面する建具に合わせガラスを用いる場合、中間膜が水分の影響を受け、白濁したり、剥離したりするおそれがあるので、はめ込み溝内に水抜き孔を設ける

2　実践問題｜一問一答

1 ☐☐　外部に面する網入り板ガラスの「下辺小口部分」及び「縦小口下端から１／４の高さまでの部分」には、ガラス用防錆塗料又は防錆テープを用いて防錆処置を行う

2 ☐☐　かかり代とは、地震時における建築物の躯体の面内変形によって窓枠が変形した場合に、板ガラスと窓枠との接触を防止するために必要な寸法である

3 ☐☐　倍強度ガラスは、板ガラスを熱処理してガラス表面に強い圧縮応力層をつくり、破壊強さを増加させたもので、破損したときに小さな粒状の細片となり、鋭利な破片を生じにくくしたものである

4 ☐☐　サッシにはめ込まれた板ガラスは、直射日光を受ける部分とそれ

ANSWER

→→→

1 ○｜グレイジングチャンネルは、枠見込み70㎜以上の引違い・片引きのガラスに用いる

2 ○｜SSG構法は、板ガラスをサッシの溝により固定・支持するものではなく、シリコンゴム系等の構造シーラントをガラスと支持部材の間に充填して接着させ、ガラスに加わる外力に対して安全に固定するもの

3 ○｜DPG構法は、ガラスにあけた穴に点支持金物を取り付け、支持構造物と連結することで大きなガラス面を構成するもの。穴あけ加工は、穴の外周からガラスエッジまでの距離を、30㎜以上、かつ、穴の直径以上取ることとされている

4 ○｜サッシ下辺のガラス溝には、排水用の水抜き孔を設ける

→→→

1 ○｜防錆処理は、網入り板ガラスの小口防錆処理は全周ではなく、下辺小口部分及び縦小口下端から１／４の高さまでの部分を行う

2 ×｜かかり代は、変形時のガラスの脱落を防ぐもの。設問における窓枠の変形時にガラスとの接触を防止するのはエッジクリアランス

3 ×｜倍強度ガラスの強度は、フロートガラスの約2倍で、フロートガラスとほぼ同様の割れ方をする。また、ビルの外装窓に用いられ、強度が大きい。このようなことから、強化ガラスのように小さな粒状の細片にはならない

以外の部分との温度差が大きいときに、板ガラスの内部に発生する応力によって割れることがある

5 ☐☐ DPG構法による強化ガラスの取付けにおいて、点支持金物を取り付けて支持構造と連結するために、工事現場に搬入した強化ガラスに点支持用孔をあけた

6 ☐☐ SSG構法において、構造シーラントの接着力によりガラスを固定しているので、構造シーラントの劣化を抑えるために、紫外線透過率が低い熱線反射ガラスを採用した

7 ☐☐ はめ込み構法による屋外に面する複層ガラスの取付けについては、不定形シーリング材構法を採用し、はめ込み溝内に有効な水抜き孔を設けた

8 ☐☐ はめ込み構法による屋外に面する網入り板ガラスについては、「ガラスの下辺小口部分」及び「ガラスの縦小口下端から1/5の高さまでの部分」を防錆処置の範囲とした

9 ☐☐ グレイジングチャンネル構法において、水密性・気密性を低下させないように、ガラスの四周に巻き付けたグレイジングチャンネルをガラス下辺中央部で突き合わせた

10 ☐☐ コンストラクションキーシステムは、通常、建築物の施工中のみマスターキーシステムとなり、竣工後にシリンダーを取り替えずに、簡単な操作により工事用シリンダーから本設シリンダーへ切り替わるキーシステムをいう

11 ☐☐ 軽量鉄骨壁下地において、振止めについては床ランナーから間隔1,200mmごとに設け、上部ランナーから400mm以内の振止めについては省略した

12 ☐☐ はめ込み構法とは、窓枠や構造躯体及び仕上材に設けた溝に、板ガラスや加工ガラスをはめ込み、取り付けるものである

13 ☐☐ はめ込み構法において、ガラス小口とはめ込み溝の底との間には、地震時に建具枠が変形したときの接触を防ぐために、エッジクリアランスを設ける

14 ☐☐ アルミニウム合金製の手すりの取付けにおいて、部材伸縮の目安（温度差40℃の場合）を1m当たり1mm程度として、伸縮調整部を8mごとに設けた

4 ○│板ガラスの熱割れは、太陽の輻射熱に作用され、熱を受ける部分と受けない部分（はめ込み溝内）の膨張差で生じるストレスのためにガラスが破損する現象

5 ×│強化ガラスはガラスを650〜700℃程度まで加熱した後、両表面に空気を吹付け急冷してガラス表面付近に圧縮応力層を形成し、耐風圧強度を約3〜5倍に高めたもの。破損時の破片は、細片になるので鋭利な破片は生じにくく、製造後の切断・穴あけ・面取りなどの加工はできない

6 ○│SSG構法は、板ガラスをサッシの溝により固定・支持するものではなく、シリコンゴム系等の構造シーラントをガラスと支持部材の間に充填して接着させ、ガラスに加わる外力に対して安全に固定するもの。この構造シーラントの劣化を抑えるために、紫外線透過率が低い熱線反射ガラスを採用することは適切

7 ○│設問記述のとおり

8 ×│はめ込み構法による屋外に面する網入り板ガラスは、「ガラスの下辺小口部分」及び「ガラスの縦小口下端から1／4の高さまでの部分」を防錆処置の範囲とすることは適切

9 ×│サッシの下辺では、たて方向のグレイジングチャンネルの下端を残して切断し、たて部に侵入した水は直接下部エッジクリアランス部に落下させるようにする。下辺、中央部で突き合わせてはいけない

10 ○│コンストラクションキーシステムは、簡単な操作により工事用シリンダーから本設シリンダーへ切り替わるキーシステム

11 ○│軽量鉄骨壁下地（LGS）の振止めは、床ランナーから間隔1,200mmごとに設け、上部ランナーから400mm以内の振止めについては省略してもよい

12 ○│設問記述のとおり

13 ○│ガラス小口と溝底の間にエッジクリアランスを設ける

14 ○│設問記述のとおり

022 内外装工事・屋根工事

建物の施工は、基礎・躯体・仕上げごとに行われ、仕上げ段階では骨組の内皮・外皮の施工を行う。内皮の施工では、主に床・壁・天井を仕上げる内装工事を中心に、外皮の施工では、外装工事・屋根工事について説明する

1 壁・天井の鋼製下地

□ **軽量鉄骨壁下地**は、壁上下のランナー、その間に設置されるスタッド・スペーサー・振れ止めから構成されている

①ランナー：**@900** ㎜程度で、打込みピンを用いてコンクリート床や梁下等に固定

②スペーサー：スタッドのねじれを防止し、振れ止めを固定するもので、**@600** ㎜程度に取り付ける

③スタッド：ボード2枚張りの場合は**@450** ㎜、ボード1枚張りの場合は**@300** ㎜程度の間隔に施工。開口部等の垂直方向の補強材は、床から上階のスラブ下や梁下まで伸ばして固定

● 軽量鉄骨壁下地

振れ止め
ランナー @900
スペーサー @600
スタッド @450（@300）
下張りボード
上張りボード
ランナー

□ 軽量鉄骨天井下地は、吊りボルト・ハンガー・クリップ・野縁・野縁受で構成されている。野縁等は溶断による切断は行わない

①吊りボルト・野縁受：**@900** ㎜程度の間隔とし、壁際から**150** ㎜以内に配置する。はね出しは野縁受から150 ㎜以下

②野縁：**@300** ㎜程度の間隔とし、継手位置は吊りボルトの近くにする。野縁を切断した開口部に設ける補強野縁受は、その端部を引き通されている野縁に固定

● 軽量鉄骨天井下地

吊りボルト@900
野縁受@900（シングル）
クリップ
野縁受ハンガー
クロス下地
石膏ボード⑦9.5
（ダブル）クリップ
（シングル）野縁 @300
（ダブル）野縁@300

□ 下がり壁や間仕切壁を境として、天井に**段違い**がある場合は、**野縁受**と同材または**山形鋼**（L-30×30×3 ㎜と同等以上の部材）程度で、**間隔2.7 m**程度に**斜め補強**を行う

● クリップの野縁受への留付け
クリップの野縁受への留付けは、つめが溝側に配置するものは、野縁受の溝内に確実に折曲げ、かつ、つめの向きを交互に留めつける

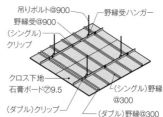

野縁
野縁受け
19㎜（19型）屋内用
25㎜（25型）屋外用
25㎜

2 壁・天井の仕上げ

□ ドライウォール工法に使用する**テーパー付きのせっこうボード**（**プラスターボード**）は、ジョイント部を目地なしの平坦にするため、ジョイントコンパウンドとジョイントテープを用いて施工。なお、**シージングせっこうボード**は、防水加工されており、耐湿性を向上させたものである

● せっこうボード
ガラス繊維製ジョイントテープの場合

ベベルエッジ
①ジョイントテープ張り
②中塗り（ジョイントコンパウンド）
③上塗り（同上）
400～500㎜程度
500～650㎜程度

- □ 軽量鉄骨壁下地にせっこうボードを留付けるための小ねじの間隔は、壁周辺部**@200㎜**、中間部**@300㎜**程度に施工。壁・天井ともに2枚張りの場合、目違いを起こさないよう、上張りと下張りの継目を**50㎜**以上ずらす

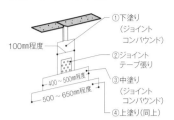

紙製ジョイントテープの場合

- 100㎜程度
- 400～500㎜程度
- 500～650㎜程度
- ①下塗り（ジョイントコンパウンド）
- ②ジョイントテープ張り
- ③中塗り（ジョイントコンパウンド）
- ④上塗り（同上）

- □ せっこうボードをGL工法で直張りする場合は、接着剤を下地に床上**1,200㎜**より上部では**@250～300㎜**程度（下部では**@200～250㎜**）、周辺部では**@150～200㎜**程度の間隔で施工し、ボードを張り付ける

3 床等の仕上げ

- □ 床タイル（合成高分子系タイル）は、接着剤を下地面に塗布し、所定の**オープンタイム**をとって張り付ける

> オープンタイムは、温度、湿度に大きく左右されるので、注意が必要である。また、エポキシ樹脂塗床材は、耐水性・耐湿性・耐薬品性に優れているので、湿気のおそれのある床等に使おう

- □ **ビニル床シート**は熱に弱いが、弾性・耐水性・耐摩耗性・耐薬品性に優れている。**長尺シート**の場合は、施工の**24時間前**までに室温**20℃**以上の状態で、施工場所にて敷き伸ばし、巻き癖（くせ）をとる。溶接を行う接合部の溝は、V字形かU字形とし、均一な幅にて床シートの厚さの**2／3**まで溝切りを行う

● ビニル床シートの熱溶接

ビニル床シート張りにおいて、シートの継目の熱溶接は、シートを接着剤で張り付け、接着剤が硬化した後に行う。接着剤の溶剤や水が残っているうちに熱をかけると、接着不良を起こしやすい

- □ 床タイルと床シートの下地となるコンクリート又はセメントモルタルは金ゴム仕上げとし、施工後は14日以上をとり、十分に乾燥させる

- □ 床タイルと床シートは、張付け後、ローラー等により接着剤とよく密着させ、反り上がりを防止する

- □ 床シート張りで継目を接着剤で接合する場合、継目部は重ね切りとする

- □ 塗床（ぬりゆか）の施工は、ローラーやはけで塗る**流しのべ工法**（厚さ1.5～2.0㎜）と**こて塗り工法**（厚さ4.0～6.0㎜）がある。塗床は**ポリウレタン樹脂塗床材**や**エポキシ樹脂塗床材**を一般に使用

● メタクリル樹脂系塗床材

短期間の施工が可能で、耐薬品性・耐候性に優れている

- □ **● 主な床材料の区分と種類**

床材	床の種類
合成高分子系張床	ビニル床タイル、ビニル床シート
フローリング床材	フローリングボード、フローリングブロック、複合フローリングボード
カーペット張床	織カーペット（ウィルトンカーペット）、刺繍カーペット（タフテッドカーペット）
合成高分子系塗り床	ウレタン樹脂系塗床材、エポキシ樹脂系塗床材、不飽和ポリエステル樹脂系塗床材、メタクリル樹脂系等

4 カーテンウォール工事

カーテンウォールとは、メタルやPCa（プレキャストコンクリート）を用いた仕上げ済みの外壁部材をさす。躯体付け金物とカーテンウォール部材に取り付けられた金物とをファスナーという金物で連結する。PCa版等の場合、上階の梁と下階の梁の間に取り付けられ、層間変位に追従できるものとする。緊結金物は可動式ファスナーを使用

カーテンウォールの構成方式には、以下のものがある
①**スパンドレル方式**：腰壁部分と下がり壁部分とを一体化したスパンドレル（部材）を用い、同一階の梁又はスラブに取り付けるもの。梁の前面と腰壁の部分だけをパネルで構成し、上下のパネル間にガラスを入れて横連窓を構成する。パネルの間に一般的なサッシを入れるものと、ガラスだけをはめ込むものがある
②**マリオン方式**：マリオン（**方立**）と呼ばれる部材を上下の床又は梁の間に掛け渡し、ガラスやスパンドレルパネルをはめ込むもの
③**パネル方式**：マリオン方式と並ぶ代表的なカーテンウォールの構成方法。パネルを並べて壁面を構成するので、現場の取付け工事は単純化されるが、目地の処理が課題となる
④**パネル組合せ方式**：パネルを組み合わせて壁を構成し、残った部分にガラスを入れて窓とするもの
⑤**柱・梁カバー方式**：構造躯体の柱・梁を包み込むような形状のパネルを組み合わせるもの

●**カーテンウォールの躯体付け金物取付け位置の寸法許容差**
カーテンウォール工事において、躯体への金物の取付け位置の標準寸法許容差は、鉛直方向±10㎜、水平方向±25㎜である

●**取付け金物の例**
上下階の梁に取り付けたファスナーで取り付けている

PCa版　PCa版の取付け用ファスナー

取付け形式において、層間変位に追従させる場合は、**ロッキング形式、スライド形式（スウェイ方式）**で施工し、層間変位に追従させる必要がない場合は、固定形式が採用されるよ

●**パネル相互目地幅**
外壁の押出成形セメント板（ECP）相互の目地幅は、長辺**8㎜**以上、短辺**15㎜**以上とする

5 屋根工事

亜鉛鉄板の屋根葺きは大きく分けて6つある（右図）

折板は、波形のため、強度が大きく、大屋根を必要とする工場や体育館に有効である
・折板に必要なタイトフレームは、下地の鉄骨梁に溶接接合する。溶接は、タイトフレームの底部両側全縁と、立上り部分の縁から**10㎜**を隅肉溶接する。溶接のサイズは、板厚と同寸法
・重ね型折板は、タイトフレームの上に折板を設置し、折板の山の部分に固定ボルトで固定する
・けらば包みは、1.2mの間隔で端部用タイトフレーム下地に取付ける

亜鉛鉄板の一文字葺きでは、以下の点に留意する
・下葺きには、アスファルトフェルト430㎏相当以上を使用する
・葺板の野地板への止付けには吊子を使用する

●**亜鉛鉄板の屋根葺きの種類**

```
          ┌ 平葺き ──────┬ 一文字葺き
          │              └ ひし形葺き
          ├ 立平葺き
          ├ 波板葺き ───┬ 丸波 ──┬ 重ね式
          │            └ 角波    └ 巻きはぜ式
屋根葺き ─┤                       ┌ 心木あり
          ├ かわら棒葺き ─────────┼ 心木なし
          │                       └ 重ね式
          ├ 角山葺き ── ルーフデッキ
          └ 折板葺き ── 折板 ──┬ 重ね式
                                └ 丸はぜ式
```

●**折板葺きの例**

折板
タイトフレーム
大梁：
H形鋼

タイトフレームの上に、折板を設置する

●**とい材**
とい材は屋根葺材との電食を考慮する

QUESTION

1　最頻出問題 │ 一問一答

→→→

次の記述のうち、正しいものには○、誤っているものには×をつけよ

1 □□　せっこうボード突付けジョイント部において、ベベルエッジの目地処理については、ジョイントテープとジョイントコンパウンドとを用い、幅500 〜 600mmの範囲で行った

2 □□　軽量鉄骨天井下地の吊りボルトの間隔については900mm程度とし、天井の周辺部については端から150mm以内に配置した

3 □□　カーテンウォール工事において、躯体付け金物の取付け位置の寸法許容差については、特記がなかったので、鉛直方向を±20mm、水平方向を±40mmとした

4 □□　ビニル床シート張りにおいて、シートの継目の熱溶接については、シートを接着剤で張り付け、接着剤が硬化した後に行った

ANSWER

→→→

1　○ │ せっこうボードの縁は、Vカットされており、これをベベルエッジという。写真はジョイントテープ施工の様子

2　○ │ 設問記述のとおり

3　× │ 躯体への金物の取付け位置の寸法許容差は、鉛直方向±10mm、水平方向±25mmが標準である

4　○ │ シート張付け後、接着剤が硬化してから、溝切り及び熱溶着を施工する

2　実践問題 │ 一問一答

→→→

1 □□　軽量鉄骨壁下地において、スタッドに取り付ける振れ止めは、床ランナーの下端から1,400mmごとに設け、上部ランナーの上端から400mm以内については省略した

2 □□　外壁乾式工法による石工事において、躯体にファスナーを固定する「あと施工アンカー」については、ステンレス（SUS304）の金属系アンカーを使用した

3 □□　夏期に施工するコンクリート下地への塗装工事において、素地調整を行うことができる乾燥期間の目安は、コンクリートの材齢で21日以上とした

4 □□　ALCパネルの受入検査において、外観の確認を行ったところ、ALCパネルに使用上支障のない範囲の欠けがあったので、補修して使用した

→→→

1　× │ 振れ止めは、床面ランナー下端から約1.2mごとに設ける。ただし、上部ランナー上端から400mm以内に振れ止めが位置する場合は、その振れ止めを省略することができる

2　○ │ あと施工アンカーの施工は、ステンレス（SUS304）の金属系アンカーを使用する

3　○ │ 夏期の塗装工事において、コンクリートの素地調整を行うことができる乾燥期間は、材齢で21日以上とする

4　○ │ 使用上支障のない範囲のALCパネルの欠けであれば、補修して使用しても構わない

5 ☐☐ せっこうボード張りの壁面の遮音性能を確保するために、せっこうボードの周辺部から音漏れの原因となる隙間（すき）に弾性シーリング材を充填（てん）した

6 ☐☐ せっこうボードは、水分を吸収してもほとんど伸縮しないので、テーパーエッジボードを用いて目地のない壁面とした

7 ☐☐ 壁面におけるせっこうボードのせっこう系直張り用接着材による直張り工法において、その接着材の塗付け間隔については、ボード周辺部で250 ～ 300㎜とした

8 ☐☐ せっこうボード2枚張りとする軽量鉄骨壁下地のスタッドの間隔については、450㎜程度とした

9 ☐☐ 鋼製天井下地において、天井に段違いがある箇所の振れ止め補強については、野縁受と同じ部材を用いて、段違い部分の野縁受、又はスタッドに溶接で固定した

10 ☐☐ 全面接着工法によるタイルカーペット張りにおいて、タイルカーペットの目地については、下地のフリーアクセスフロアのパネル目地と一致するように割り付けた

11 ☐☐ ビニル床シートについては、長手方向に縮み、幅方向に伸びる性質があるので、長目に切断して仮敷きし、24時間以上放置して巻きぐせをとった

12 ☐☐ マリオン方式とは、メタルカーテンウォールの取付け形態において、腰壁部分と下がり壁部分とを一体化した部材を同一階の梁又はスラブに取付ける方式のことである

13 ☐☐ 厨房の塗り床仕上げにおいて、短期間の施工が可能で、耐薬品性及び耐候性に優れているメタクリル樹脂系塗床材を採用した

14 ☐☐ フローリングボード張りの釘留め工法において、湿度変化によるボードの膨張収縮を考慮して、敷居との取り合い部分に隙間を設けた

15 ☐☐ 軽量鉄骨壁下地工事において、振れ止めについては、JISによる建築用鋼製下地材を使用し、床ランナーから上部ランナーまでの高さが3,000㎜あったので、床ランナー下端から1,500㎜の位置に1段目の振れ止めを設けた

5 ○｜弾性シーリング材の充填は、音漏れの低減に有効である

6 ○｜せっこうボードは、水分を吸収してもほとんど伸縮しない。せっこうボードには次のようなものがある

スクウェアエッジボード
突付け工法又は目透かし工法

テーパーエッジボード
ドライウォール工法

ベベルエッジボード
突付けV目地工法

7 ×｜直張り工法（GL工法）では、張付け用接着剤の間隔は、ボード周辺部はピッチが細かく150 ～ 200㎜、床上1.2m以下の部分は200 ～ 250㎜。高さが1.2mを超える一般部分は250 ～ 300㎜

8 ○｜ボード2枚張りのスタッドの間隔は＠450㎜程度で、仕上材料を直張りする場合は、一般的に＠300㎜程度

9 ○｜設問記述のとおり

10 ×｜タイルカーペットの直張りは、フリーアクセスフロアのパネル目地とタイルカーペットの目地が重なり合わないように割り付ける。張付けは、無接着、又は後からはがしやすい接着剤を用いて施工する

11 ○｜設問記述のとおり

12 ×｜メタルカーテンウォールの取付け形態は、方立（マリオン）を床版と上階の床版（又は梁）の間に架け渡し、その間にサッシ、スパンドレルパネルなどの躯体部材を取り付ける方式である

13 ○｜メタクリル樹脂系塗床材は、即硬化性・耐薬品性・低温硬化性に優れる

14 ○｜フローリングボードの施工は、膨張収縮を考慮する必要がある

15 ×｜振れ止めは床ランナーより間隔1,200㎜ごとに設ける

16 ☐☐　ビニル床シート張りに用いる接着剤は、湿気のおそれのある下地の場合、アクリル樹脂系エマルション形接着剤とした

17 ☐☐　フローリングの割付けは、室の中心から行い、寸法の調整は出入口の部分を避け、壁際で行った

18 ☐☐　全面接着工法によるカーペット敷きにおいて、接着剤については、せん断強度よりも剥離強度を重視したものを使用した

19 ☐☐　ビニル床タイル張りにおいて、接着剤を下地面に塗布し、所定のオープンタイムをとり、床タイルを張り付けた

20 ☐☐　グリッパー工法によりタフテッドカーペットを長い廊下に敷き込むに当たって、パワーストレッチャーを使用して伸長した

21 ☐☐　音楽堂のホワイエに新設する天井について、床から8mでその水平投影面積が400㎡、天井の単位面積質量が10kg／㎡であったが、ホワイエが避難階にあり非常口が隣接するための緩和措置を適用し、特定天井としなかった

22 ☐☐　JIS及びJASにより定められているホルムアルデヒド放散量による等級区分の表示記号は、「F☆☆☆☆」より「F☆」のほうが放散量は小さく、「F☆」は使用規制の必要がないものである

16 ×｜湿気の多い室の床は、アクリル樹脂系エマルション形のものは適さない

17 ○｜室の中心から行うのが適切

18 ×｜カーペットの収縮を抑えるために、せん断強度を重視

19 ○｜オープンタイムをとってからしっかりと張り付ける

20 ○｜パワーストレッチャーを使用して伸長するのは適切である。なお、グリッパー工法とは敷き締めカーペットの最も一般的な工法（下図）

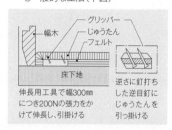

伸長用工具で幅300㎜につき200Nの張力をかけて伸長し、引掛ける｜逆さに釘打ちした逆目釘にじゅうたんを引っ掛ける

21 ×｜下図の5つのすべての条件に該当するものは「特定天井」であり、左図の仕様にしなければならない。①天井面を構成する部材の重さが2kg／㎡を超える／②吊り天井である／③高さが6mを超える（③＊高さが6m以下の部分は、水平投影面積に算入しない）／④日常的に人が立ち入る場所にある／⑤水平投影面積が200㎡を超える

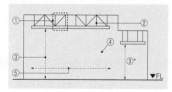

22 ×｜「F☆」より「F☆☆☆☆」のほうがホルムアルデヒドの放散量が小さい

MEMO ｜ **目で覚える！ 重要ポイント**

● 平成25年国交省告示771号第3の1号で規定されている「仕様ルート」

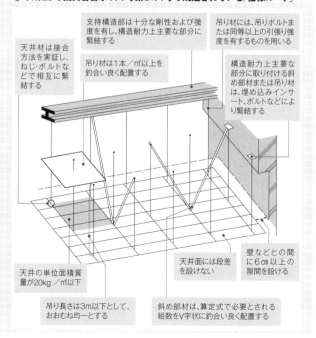

支持構造部は十分な剛性および強度を有し、構造耐力上主要な部分に緊結する

吊り材には、吊りボルトまたは同等以上の引張り強度を有するものを用いる

天井材は接合方法を実証し、ねじ・ボルトなどで相互に緊結する

吊り材は1本／㎡以上を釣合い良く配置する

構造耐力上主要な部分に取り付ける斜め部材または吊り材は、埋め込みインサート、ボルトなどにより緊結する

天井の単位面積質量が20kg／㎡以下

天井面には段差を設けない

壁などとの間に6㎝以上の隙間を設ける

吊り長さは3m以下として、おおむね均一とする

斜め部材は、算定式で必要とされる組数をV字状に釣合い良く配置する

023 設備工事

設備工事には、給水設備・排水設備・衛生設備・空気調和設備・換気設備・電気設備・ガス設備・消防設備・エレベーターを主とする建築設備等がある。ここでは主として、給排水設備工事、電気設備工事、消防設備工事を中心に取り上げて説明する

1 給排水衛生設備工事、ガス工事

☐ 給水管の横走管は、上向き給水の場合は先上がり勾配とし、下向き給水の場合は先下がり勾配とする

☐ 給水管と排水管を同じ位置に埋設する場合、各配管との上下間隔を**50cm以上**離し、かつ給水管を排水管の上方に設置する。また、給排水管はエレベーターシャフト内に設けてはならない

☐ 給湯管には鉛管を用いず、鋼管やステンレス管及び耐熱性硬質塩化ビニル管を使用する

☐ 給水給湯工事において、**ボイラー**には、所定の圧力を超えたときに作動する**安全弁**や**逃し弁**を設ける。また**ウォーターハンマー**（水撃作用）を防止するために、**エアチャンバー**を設ける

☐ 排水管は、管径が**細い**ものほど**急勾配**とする。**雨水排水立て管**は、汚水排水管・通気管と兼用したり、接続させてはならない

☐ 排水工事で設けるますは、①排水管に会合点や屈曲点を設け、**流れをスムーズにする**、②配管の掃除口として利用するものである。**インバートますは汚水・雑排水**に用い、**ためますは雨水用**に用いる

☐ トラップは、衛生機器と排水管との間に水をため、悪臭や害虫の逆流を防ぐ役割を果たす。**二重トラップ**を避け、**排水トラップ**は、封水深さを**5cm以上10cm以下**とする

☐ ガス工事において、都市ガス用の**ガス漏れ警報器**の検知器は、**天井面又は壁面の点検の便利な場所**に、ガスの性状に応じて設ける

☐ ガスの敷地配管の埋設深さは、一般で**300mm**、車輌通行部で**600mm以上**。また、ガスメーターは、電気開閉器等から**60cm以上**離す

● **RC造に設置する給水管**

RC造の梁等を貫通する給水管は、コンクリート内に直接打ち込んではならない。必ず梁にスリーブを設けて給水管の損傷に配慮すること

● **蒸気給水管の勾配**

先下り配管で1／250、先上り配管で1／80とする

● **横走排水管の最小勾配**

管径(mm)	勾配
65以下	1／50以上
75・100	1／100以上
125	1／150以上
150以上	1／200以上

● **インバートます**

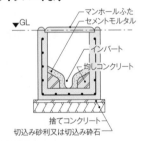

● **ためます**

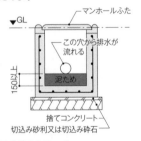

● **雨水排水トラップ**

封水深さは50〜100mm程度。トラップますの底部には150mm以上の泥ためを設けるが、インバートは必要ない

2 電気設備工事、消防設備工事

☐ 電源設備は、一般に契約電力が**50kW以上**の場合、建物に高圧で引き込み、降圧して使用するため、キュービクル等の**受変電設備**の設置が必要になる

☐ 電圧において、交流では、**600V以下を低圧**、**600Vを超え7,000V以下を高圧**、**7,000Vを超える**ものを**特別高圧**という。直流では、**750V以下を低圧**、**750Vを超え7,000V以下を高圧**、**7,000Vを超える**ものを特別高圧という

☐ 誘導灯の常用電源からの配線方法は、分電盤からの専用回路で配線する。なお、通路誘導灯は、床面からの高さが**1.0m以下**の箇所に設ける。一方、避難口誘導灯は、避難口の上部に設け、避難口の下面からの高さが**1.5m以上**の位置に設置する

☐ 移動式泡消火設備の泡放射用器具格納箱とホース接続口との距離は**3m以内**とする

☐ **自動火災報知設備**の**煙感知器**の設置位置は次のとおり
①煙感知器は、壁・梁等から0.6m以上離す
②煙感知器の下端は、天井面の下方から0.6m以内に設ける
③天井の低い居室（CH≦2.3m）や狭い居室（＜約40㎡）では、出入口付近に設置する
④換気口等の空気の吹出口に近い場合は、**1.5m以上**離れたところに設置する

● **非常用エレベーター設備**
乗降ロビーに予備電源を有する照明設備を設け、天井・壁は下地・仕上げともに不燃材料とする

エレベーターに必要な配管設備は、エレベーターシャフト内に配置していいよ

● **避雷設備**　法33条
地盤面上20mを超える建築物・構造物には、避雷設備を設けなければならない。避雷導線は銅・アルミニウムのより線、平角線又は管で、被覆のない裸電線とする

避雷針（突針）
H=20m超
電気機器
避雷接地抵抗
（10Ω以下）
高圧・低圧別機器
接地抵抗（銅板等）

3 空気調和設備、換気設備

☐ 地階を除く階数が**11以上**である場合の空気調和設備に使用する冷却塔は、建築物の構造耐力上、主要な部分に緊結する

☐ 防火区画を貫通する場合のダクトは、厚さ**1.5mm以上**の鉄製とする

☐ 換気、暖房、冷房設備の風道が耐火構造等の防火区画を貫通する部分に鉄製の防火設備（防火ダンパー）を設ける

☐ 住宅の換気設備の排気ダクトは、住戸内から住戸外に向かって**先下がりの勾配**とし、できる限り雨水の浸入を防ぐように配管を行う

☐ 空気調和設備工事に用いる保温材のロックウールフェルトの密度は、40kg／㎡以上のものを使用する

● **防火設備（防火ダンパー）**
火災時に、煙感知器や熱感知器と連動して自動的に閉鎖する

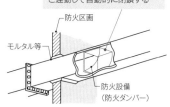

防火区画
モルタル等
防火設備
（防火ダンパー）

防火ダンパーと防火区画との間の風道は1.5mm以上の鉄板とする

QUESTION

1 最頻出問題 | 一問一答

次の記述のうち、正しいものには○、誤っているものには×をつけよ

1 ☐☐ 自動火災報知設備の煙感知器の設置において、H＝2.1ｍの天井高の居室では、居室のどの位置に設けてもよい

2 ☐☐ 移動式の泡消火設備の泡放射用器具を格納する箱は、ホース接続口から5ｍの位置に設けた

3 ☐☐ 防火区画の壁を貫通する風道において、防火ダンパーを設けたので、当該防火ダンパーと当該防火区画との間の風道は、厚さ1.6㎜の鉄板で造られたものとした

4 ☐☐ 排水横管の勾配の最小値は、管径が100㎜のものについては、1／100、管径が125㎜のものについては1／150とした

5 ☐☐ 雨水排水管（雨水排水立て管を除く）を汚水排水のための配管設備に連結したので、その雨水排水管には排水トラップを設けた

2 実践問題 | 一問一答

1 ☐☐ 屋内の横走り排水管の勾配の最小値については、呼び径65以下を1／50、呼び径125を1／200とした

2 ☐☐ 接地の目的区分には、外部雷用保護用接地のほか、電位上昇による人体の感電等を防ぐ保安用接地と電位変動による電子機器の機能障害を防ぐ機能用接地とがある

3 ☐☐ 排水槽の底については、吸込みピットに向かって1／8の下がり勾配とした

4 ☐☐ 天井付近に吸気口のある居室において、自動火災報知設備の煙感知器（光電式スポット型）の取付け位置は、その吸気口付近とした

ANSWER

→→→

1 ×｜自動火災報知設備の煙感知器の設置において、H＝2.3ｍ以下の天井の低い居室では、出入口付近に設ける

2 ×｜移動式の泡消火設備の泡放射用器具を格納する箱は、ホース接続口から3ｍ以内の距離に設ける

3 ○｜防火区画の壁を貫通する風道に防火ダンパーを設けた場合、当該防火ダンパーと当該防火区画との間の風道は、厚さ1.5㎜以上の鉄板で区画しなければならない

4 ○｜排水横管の勾配の最小値は、管径が100㎜では1／100、管径が125㎜では1／150とする

5 ○｜雨水排水管を汚水排水のための配管設備に連結する場合、その雨水排水管には排水トラップを設ける

→→→

1 ×｜管径と勾配は次表のとおり

管径（㎜）	勾配（最小）
65以下	1／50
75、100	1／100
125	1／150
150以上	1／200

2 ○｜設問記述のとおり

3 ×｜排水槽の底の勾配は、吸込みピットに向かって1／10〜1／15とする

4 ○｜天井付近に吸気口のある居室では、自動火災報知設備の煙感知器（光電式スポット型）の取付け位置は、そ

5 □□ 防火区画を貫通する配電管は、日本工業規格(JIS)による呼び82の硬質塩化ビニル電線管とし、当該配電管と防火区画との隙間をモルタルで埋めた

6 □□ 共同住宅の3階の住戸において、空気に対する比重が1より小さいガスのガス漏れ警報設備を設置する場合、検知部の高さは、天井面から下方30cmの位置とした

7 □□ 消防用水の設置場所は、消防ポンプ自動車が2m以内に接近できる位置とした

8 □□ コンクリートスラブに埋設する合成樹脂製可とう電線管(CD管)については、ボックス付近を除いて、スラブの上端筋と下端筋との間に配管し、1m以内の間隔で下端筋に結束した

9 □□ 排水通気管の末端については、その建築物及び隣接する建築物の出入口、窓、換気口等の開口部の上端から600mm立ち上げて大気中に開口させた

10 □□ 防火ダンパーに取り付けられている形状記憶合金を用いた温度ヒューズについては、直火による高熱により作動したので、新品に交換した

11 □□ 空気に対する比重が1より小さいガス用のガス漏れ警報器(一体型)については、その下端の位置を、天井面から下方300mmとした

12 □□ 地下階の床下に設けた大規模な排水槽(排水を一時的に滞留させるための槽)において、内部の保守点検を容易に行うことができる位置に直径50cmのマンホールを設けた

13 □□ 換気用ダクトの排気口については、屋外避難階段から2m離して設けた

14 □□ 地上10階建ての鉄筋コンクリート造の建築物に設ける屋上から突出する水槽については、架台を防水槽押さえコンクリートに固定した

15 □□ 鉄筋コンクリート造の梁を貫通する飲料水の給水管については、スリーブを設けずに給水管を直接配管して、コンクリートを打ち込んだ

の吸気口付近とする。また、換気口等の吹出し口からは、1.5m以上離れた位置に設けなければならない

5 ○｜防火区画を貫通する配電管は、当該配電管と防火区画との隙間をモルタルで埋める

6 ○｜共同住宅の3階の住戸では、空気に対する比重が1より小さいガスのガス漏れ警報設備の設置は、検知部の高さが天井面から下方30cmの位置とする

7 ○｜消防用水の設置場所は、消防ポンプ自動車が2m以内に接近できる位置とする

8 ○｜コンクリートスラブに埋設するCD管は、スラブの上端筋と下端筋との間に配管し、1m以内の間隔で下端筋に結束する

9 ○｜排水通気管の末端は、建築物や隣接する建築物の出入口、窓、換気口等の開口部の上端から600mm立ち上げて大気中に開口させる

10 ○｜防火ダンパーに取り付けられている温度ヒューズは、直火による高熱により作動した場合、新品に交換しなければならない

11 ○｜空気に対する比重が1より小さいガス用のガス漏れ警報器の下端部の設置位置は、天井面から下方300mmに設ける

12 ×｜排水槽には、内部の保守点検を容易かつ安全に行うことができる位置に、直径60cm以上の円が内接することのできるマンホールを設ける

13 ○｜換気用ダクトの排気口は、一般的に屋外避難階段から2m離して設ける

14 ×｜屋上から突出するものは、支持構造部、構造耐力上主要な部分に緊結する。防水押さえコンクリートに固定してはいけない

15 ×｜この場合、貫通部分に配管スリーブを設ける等、管の損傷防止に努める

581

024 PCa工事

プレキャストコンクリート（以下、PCa）工事に関する設問は、毎年1題出題されている。特に「部材の接合」に関する出題が頻出しているので確実に押さえておきたい。コンクリートの項目と関連付けながら、効果的に学習を進めていこう

1　部材の製造

□　**部材コンクリート**の圧縮強度は、プレキャスト部材の寸法や養生方法に応じて、以下のいずれかの養生を行った供試体の圧縮強度で表すものとし、①脱型時、②出荷日、③保証材齢において、所要の強度を満足させる

プレキャスト部材同一養生した供試体／プレキャスト部材（品質管理用も含む）から切り取ったコア供試体／プレキャスト部材温度追従養生した供試体／標準養生した供試体の圧縮強度をもとに合理的な方法によって推定した値

□　コンクリートの調合は水セメント比は**55**%以下、単位セメント量の最小値は**300**kg／㎥とする。スランプ及びスランプフローは、部材の性能及び製造方法に応じて定め、空気量は**3**%以下とするが、凍結融解作用を受ける場合は**4.5**%を目標とする

□　加熱養生による変形を防ぐために適切な前養生時間を設定する（一般的には**3**時間とすることが多い）。養生温度の上昇勾配は、標準的な値として**20**℃／hを採用。脱型後は、部材コンクリートが所定の強度に達するまで湿潤養生を行う

□　脱型時所要強度は、壁部材や床部材のような平板状の製品では、以下のように定められている

①ベッドを傾斜させないで部材だけを片側から立て起こす場合には平均**12**N／㎟

②ベッドを**70〜80**度まで立て起こしてから吊り上げる場合には**8 〜10**N／㎟

□　PCa部材は、構造上、耐久性上、防水上及び美観上支障となるようなひび割れ、破損などがないものとし、仕上がり面は、内外装仕上げ上、耐久性上及び美観上支障となる気泡・ジャンカ・不陸・汚れなどの欠点がないものとする

● 圧縮強度の定義

圧縮強度管理用の供試体部材の製造場所で部材に打ち込まれるコンクリートから採取してつくった供試体を、部材と同じ条件で養生したときに得られる圧縮強度を部材コンクリートの圧縮強度とみなす

> PCa部材の吊上げは、立て起こし方式による脱型時の剥離力（ベッドから部材を剥離させる際の荷重から、部材の自重を差し引いた力）を考慮しよう

● 脱型後の部材の養生

乾燥しやすく、特に薄肉の部材ほど急速に乾燥が進行するため、貯蔵場所に置かれている間に十分な散水養生を行い、水分を補給する必要がある

●部材製造時に発生する不具合の原因例

・脱型時のコンクリート強度の不足
・加熱養生時に急激な温度上昇・下降を受ける
・脱型時における部材温度と外気温の差が大きい
・主筋及び補強筋が正しく配置されていない
・型枠の脱型方法が不適切である
・吊上げ方法が不適切である

☐ PCa部材の設計かぶり厚さは、最小かぶり厚さ（522頁表）に5㎜加えた値以上とする

●部材のひび割れ・破損の程度と補修方法の区分

	ひび割れ・破損の程度	補修方法の区分		備考
		耐力部材	非耐力部材	
ひび割れ	①構造上の性能が回復不能なひび割れ	×	×	凡例　○:工場での補修不要、A:初期補修用プレミックスポリマーセメントペースト（メンテペースト）補修、B：初期補修用プレミックスポリマーセメントペースト（メンテペースト）補修の後、初期補修用プレミックスポリマーセメントモルタル（メンテモルタル）補修、C：低粘性エポキシ注入、×:廃棄すべき部材
	②接合用金物・複合用鉄筋に耐力上の支障を与えるもの	×	×	
	③上記①、②以外の幅0.10㎜以上	C	A	
	④外部に面する部分で、幅0.10㎜以下、かつ貫通している	A	A	
破損	①構造上の性能が回復不能な破損	×	×	表中の×印である廃棄すべき部材の例は、①構造上重要な壁・梁部材に0.3㎜以上のひび割れが部材全体に入っているもの②片持ち床板の支持方向と平行に0.3㎜以上のひび割れが部材全体に入っているもの
	②接合用金物・複合用鉄筋などに耐力上の支障を与えるもの	×	×	
	③上記①、②以外で長さ50㎜を超える欠け	B	B	
	④長さ20㎜を超え50㎜以下	B	○	
	⑤長さ20㎜以下	○	○	

2　部材の施工

☐ 道路交通法施行令により積載物の寸法及び重量制限が以下のように規定されている。これを超えて部材等を運搬する場合、制限外積載の車両は出発地の警察署長の許可を得る必要がある

●積載物の寸法及び重量制限

①長さ	自動車の長さにその長さの1／10の長さを加えたもの
②幅	自動車の幅
③高さ	3.8mからその自動車の積載する場所の高さを減じたもの
④重量	最大積載重量

☐ 工事現場内における仮置きは、PCa部材の形状や重心を考慮し、架台を設け、部材に有害なひび割れ・破損・変形・汚れなどが生じないようにする。部材ごとに以下の点に留意する

①床部材は、平置きとし水平になるよう台木を2本敷いて置く。台木の間隔は、部材を置いたとき最も曲げ応力がかからない位置とする。積み重ねの段数は5〜6枚までとし、上部の部材の台木と下部の台木が同じ平面位置になるようにする

②柱部材は、平置きとする場合と縦置きとする場合がある。平置きの場合の積み重ねは2段までとする

③梁部材は、床部材同様、水平になるよう台木を敷いて置く。安全上、重ねて置くことは極力避けることが望ましい

☐ PCa部材の組立精度の検査項目は、部材ごとに以下の項目とする。いずれも判定基準は±5㎜以下で、検査時期・回数は、組立後全数とする

①柱・耐力壁：建込み位置、傾き、天端高さ

②梁・床の水平部材：建込み位置、天端高さ

●組立用斜めサポートの取付け方法

部材の組立は、部材の搬入時に組立用クレーンで運搬車両から直接荷取りして組み立てることが一般的である。柱や壁部材のような垂直部材は、基準墨を脚部に正確に合わせ、部材が垂直になるよう組立用斜めサポートで調整し、移動しないよう仮固定する。このとき、部材の変位防止及び安全性確保のため、壁部材では斜めサポートを2本以上、柱部材ではX、Y各方向に1本以上取り付ける。風速10m／sec以上及び突風のときは部材の組立作業を中止する

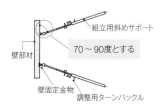

組立用斜めサポート
壁部材
70〜90度とする
壁固定金物
調整用ターンバックル

●組立精度の検査時期

組立作業中の仮固定完了後、次の部材が組み立てられる前とする

3　部材の接合

□　**エンクローズ溶接**は、溶接後の冷却により**1mm**程度の収縮が生じるので、これを考慮した施工計画が必要になる。以下の点に留意することが望ましい

①**開先間隔**：溶接による収縮量は、一般的に開先間隔が大きいほうが大きくなるため、開先間隔を必要以上に大きくしない

②**作業手順**：同一接合部の溶接は連続して行うほうが残留応力を小さくできる。溶接部の拘束が大きいと残留応力が大きくなるので、建物全体としては、**中央から外側へ**進めるとよい

□　機械式継手（**スリーブ継手**）は、接合用鉄筋に鋼製の筒状のスリーブをはめ、凹凸の付いたスリーブ内壁と接合用鉄筋の間にセメント系無収縮高強度グラウトを充填して接合用鉄筋相互を一体化し、硬化したグラウトとの付着力を介して鉄筋応力を伝達する機械的な鉄筋継手工法。接合による鉄筋の伸び・縮みもなく残留応力も発生しない

● 充填グラウトの施工ポイント

①充填箇所の隅々まで行きわたり、未充填部分が生じないよう施工

②充填度は、1か所の注入口から注入し、すべての排出口からの溢出を目視確認

③グラウトが目地部内を左右均等に流れ、空隙ができにくく、隅々まで充填するように、柱部材の**コーナー側**のスリーブから連続注入

□　敷モルタルの施工に先立ち、接合面を清掃し、ドライアウトを防止するために適度に水湿しを行う。壁等のように部材の自重を利用して押さえつけることで敷きモルタルを充填させるためには、部材セット時の敷モルタルの施工方法及び適切な施工軟度が重要である（右図）

□　敷モルタルは、接合部材の厚さ（壁部材であれば壁厚さ）で、かつレベル調整材より**10mm**程度高くなるように盛り上げて敷き込み、壁部材設置後は、接合部よりはみ出したモルタルを接合部内に押し込むようにしながら除去する（右図）。敷モルタルの圧縮強度試験については、**現場水中養生**とし、材齢**28**日の圧縮強度が接合される部材コンクリートの**品質基準強度**以上であること

□　PCa部材と現場打ちコンクリートの接合部は、コンクリートの打込みに先立ち、打込み箇所を清掃して異物を取り除き、散水してせき板やコンクリート面を**湿潤状態**とする。散水後の余剰の水は高圧空気等によって取り除く

● 敷モルタルの施工状態の良否

悪い例

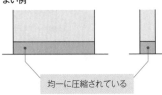

よい例

● 敷モルタルの施工の工程

①敷モルタルの成形

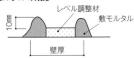

敷モルタルは、壁厚より大きく、レベル調整材より高くする

②建方直後

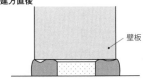

③完了

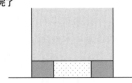

● 接合部の防水

壁式プレキャスト工法の目地形状で幅寸法は、縦目地で15mm・横目地で20mmが一般的。ポリウレタン系のシーリング材の場合は、目地寸法の許容範囲を最大値で幅40mm・深さ20mm、最小値で幅10mm・深さ10mmの範囲内に納める

①防水目地幅（W）に対するシーリング材の充填深さ（D）の比率D／Wは、0.5～1.0程度が適切

②シーリング材の施工前にバックアップ材を充填し、下地の変位に追従させる

③建築用シーリング材を充填する部分に欠けのある場合は、捨て打ちを行った後、初期補修用プレミックスポリマーセメントモルタルを用いて補修

QUESTION

1　最頻出問題 | 一問一答

次の記述のうち、正しいものには○、誤っているものには×をつけよ

1 ☐☐ プレキャスト部材の製造に当たり、板状のプレキャスト部材の脱型時所要強度については、脱型時にベッドを70 ～ 80°に立て起こしてから吊り上げる計画としたので、コンクリートの圧縮強度を5N／㎟とした

2 ☐☐ プレキャスト部材の積み重ねの数を、床部材は8枚まで、柱部材は平置きで4段までとすることを計画した

3 ☐☐ プレキャストの柱の柱脚部の水平接合部における鉄筋の接合には、接合による鉄筋の伸縮がなく、残留応力も発生しないスリーブ継手を用いた

4 ☐☐ 製造工場におけるプレキャスト部材コンクリートの脱型時の圧縮強度については、プレキャスト部材と同一養生を行った供試体の圧縮強度の結果により確認した

5 ☐☐ プレキャストの耐力壁に施す敷モルタルの圧縮強度は、構造耐力上重要な役割を果たすことから、これに接する部材コンクリートの品質基準強度以上とする

6 ☐☐ プレキャスト部材の組立精度の検査は、柱・壁の垂直部材と梁・床の水平部材とも、それぞれ±10㎜を判定基準として行った

7 ☐☐ プレキャスト部材と現場打ちコンクリートとの接合部については、豆板等の欠陥を防止するため、コンクリートの打込みに先立ち、打込み箇所を清掃して、部材の接合面を乾燥状態にしてコンクリートを打ち込んだ

8 ☐☐ プレキャスト部材に用いるコンクリートの空気量は、特記がなく、凍結融解作用を受けるおそれもなかったので、目標値を4.5%とした

ANSWER

→→→

1 ×｜脱型時所要強度は、ベッドを70～80度まで立て起こしてから吊り上げる場合には8～10N／㎟とする（JASS10）

2 ×｜平置きの積み重ねの数は、床部材では5～6枚まで、柱部材では2段までとする（JASS10）

3 ○｜スリーブ継手は、接合用鉄筋に鋼製の筒状のスリーブをはめ、凹凸の付いたスリーブ内壁と接合用鉄筋の間にセメント系無収縮高強度グラウトを充填して接合用鉄筋相互を一体化し、硬化したグラウトとの付着力を介して鉄筋応力を伝達する機械的な鉄筋継手工法（JASS10）

4 ○｜脱型時のコンクリートの圧縮強度は、部材の製造場所で採取し部材と同じ養生を行った供試体の圧縮強度で表す（JASS10）

5 ○｜敷モルタルの材齢28日の圧縮強度は、接合されるコンクリートの品質基準強度以上とする（JASS10）

6 ×｜部材の組立精度の検査項目は、部材ごとにいずれも判定基準を±5㎜以下とする（JASS10）

7 ×｜コンクリートの打込みに先立ち、打込み箇所を清掃して異物を取り除き、散水してせき板やコンクリート面を湿潤状態とする。散水後の余剰の水は高圧空気などによって取り除く（JASS10）

8 ×｜空気量は3%以下とし、凍結融解作用を受ける場合は目標空気量を4.5%とする

025 改修工事①耐震改修

改修工事は耐震改修と各種改修とに分けて2問が出題される。耐震改修はRC造建物を前提とした出題であり、耐震壁の増設と柱の補強とあと施工アンカーが同程度出題されている。近年は特にあと施工アンカーに関する出題が目立つ

1 耐震改修の考え方

□　耐震壁の増設が耐震改修の基本である。増設の際は、既存RC造に対しては、あと施工アンカーを用いて既存躯体に定着させる

□　**●耐震改修工法**

種類	壁の増設		柱の補強		
工法	RC壁	枠付き鉄骨ブレース	炭素繊維巻き付け	鋼板巻き立て	RC巻き立て
既存建物への定着	あと施工アンカー	エポキシ樹脂	無収縮モルタル		コンクリート

●柱の補強

柱のせん断耐力が小さく変形能力に欠ける場合には、これらを改善する目的で柱の補強が行われる

2 壁の増設

□　RC壁を増設する場合、コンクリートを打込む方法には**流込み工法**と**圧入工法**とがある。後者では型枠下部に取り付けた圧入孔管からコンクリートを圧入し、型枠上部の**オーバーフロー管**からの溢れだしを確認する

□　RC増設壁の定着には、既存躯体の主筋を利用する方法もある。この場合は既存の柱や梁を斫って主筋を露出させ、増設壁の鉄筋の端部をフック状（**135**度に折り曲げる）にして引っ掛ける

□　主要構造部に施工欠陥が認められた場合は補修を行う。内部にも空胴があるような豆板は、密実なコンクリート部分まで十分に斫り取り、コンクリートの打直しを行う

□　枠付き鉄骨ブレースを施工する場合は、既存躯体との取合い部を割裂補強する。例えば、アンカー筋とスタッドを交互に縫うようにスパイラル筋を設ける。コンクリート打継ぎ面に十分に散水してから無収縮モルタルを圧入し、硬化後にその充填状況を確認する

●打継ぎ面の目荒し

特記がない場合、打継ぎ面の全体に対して平均深さ2〜5㎜程度の凹凸をつける

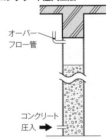

コンクリート圧入工法

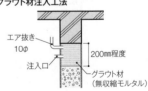

グラウト材注入工法

●コンクリートの打直し

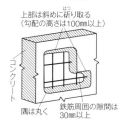

上部は斜めに祈り取る
(勾配の高さは100mm以上)

コンクリート

隅は丸く

鉄筋周囲の隙間は
30mm以上

●枠付き鉄骨ブレースの詳細

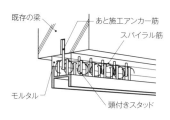

既存の梁

あと施工アンカー筋

スパイラル筋

モルタル

頭付きスタッド

●グラウト材の施工

枠付き鉄骨ブレースや鋼板巻き立ては無収縮モルタルをグラウト材として用いる。養生期間は3日間である。これ以外はコンクリート工事と同様と考えて差し支えない。なお頭付きスタッドとあと施工アンカー筋の重なり(ラップ長)は所定の長さを確保する。

□ 炭素繊維巻き付けによって柱を補強する場合、柱の下地処理を行ってから、エポキシ樹脂を含浸させた炭素繊維シートを巻き付ける。母材破断を確保するために**200mm以上**の重ね長さを設け、重ね継手の位置(ラップ位置)は**交互**にずらした配置とする

□ 鋼板巻き立てでは、板厚**4.5mm以上**の2分割した角形鋼板を柱の周囲に建込むことが多い。この場合、モルタルを下部から圧入する前に、鋼板相互を溶接で一体化することによってモルタル充填によるはらみ出しを防止する

□ RC巻き立て工法による柱の補強には、帯筋を用いる方法と溶接金網を用いる方法とがある。コンクリートは流込み工法によって打設し、打込み高さ1m程度ごとに十分に締固めを行う

●柱への炭素繊維巻き付け

炭素繊維の損傷防止のために柱の隅角部は半径20mmの円弧状に面取りする。

●柱への鋼板巻き立て

隅角部の内法半径は鋼板の板厚の3倍以上とする。

●柱へのRC巻き立て

柱の変形能力のみ向上させる場合には、床上と梁下に30〜50mmのスリットを設ける。

3 あと施工アンカーの施工

□ 耐震壁の増設にあと施工アンカーを用いる場合、埋込み深さ5da以上の金属系アンカーか、埋込み深さ8da以上の接着系アンカーを用いる。但し開口を閉塞する部分や開口がある増設壁の開口部補強筋の端部では、埋込み深さ11da以上の接着系アンカーを用いる

□ 穿孔の深さは、接着系では有効埋込み深さ(計算上の数値)にアンカー径daを加えた値になるが、金属系ではさらに所定の値(数mm)を加えた値になる。鉄筋との干渉を避けるために傾斜穿孔する場合、金属系は5度以内、接着系は15度以内の傾斜角とする

□ 接着系アンカーの埋込み時に接着剤がコンクリート表面まであふれ出て来ない場合は、直ちにアンカー筋を引き抜き、カプセルを追加して接着剤があふれ出るようにアンカー筋を埋込む

□ 施工後に行う引張試験の本数は1ロットに対し3本とし、確認試験荷重は「アンカーの鋼材引張荷重」または「コンクリート破壊による引張荷重」のうち、小さいほうの2/3程度とする

●あと施工アンカー

「金属系」と「接着系」の2種類に大別される。耐震改修では前者を用いることが一般的で、後者は引張力に対する鉄筋の降伏を保証する箇所に用いる

金属系アンカーの例
打ち込み・締付けによって先端を拡張させる

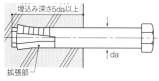

埋込み深さ5da以上

da

拡張部

接着系アンカーの例
アンカー筋の打撃・回転によって孔内に接着剤を充満させる

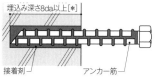

埋込み深さ8da以上[*]

接着剤

アンカー筋

*：鉄筋降伏を保証する場合は11da以上

QUESTION

1 最頻出問題 | 一問一答

ANSWER

→→→

1 ☐☐ 鉄筋コンクリート造の増打ち耐震壁の増設工事において、打継ぎ面となる既存構造体コンクリートの表面については、特記がなかったので、目荒しとしてコンクリートを30mm程度はつり取り、既存構造体コンクリートの鉄筋を露出させた

1 ×｜打継ぎ面の目荒しは深さ2～5mm程度の凹凸をつける

2 ☐☐ 鉄筋コンクリート造の耐力壁の増設工事において、既存梁と接合する壁へのコンクリートの打込みを圧入工法で行う場合、型枠上部に設けたオーバーフロー管の流出先の高さについては、既存梁の下端より10cm高い位置とした

2 ○｜コンクリート圧入工法の説明として適切。なお、既存梁下よりグラウト材を注入する工法もある

3 ☐☐ 柱の鋼板巻き立て補強において、鋼板を角形に巻くことにしたので、コーナー部の曲げ内法半径を、鋼板の板厚の2倍とした

3 ×｜鋼板巻き立てを行う場合、隅角部には板厚の3倍以上の曲げ内法半径を確保する

4 ☐☐ 独立柱の鋼板巻き立て補強において、2分割した厚さ3.2mmの角形鋼板を柱の周囲に建込み、モルタル充填時のはらみ出し防止処置として、鋼板相互を溶接で一体とした後に、流動性の高いモルタルを下部から圧入した

4 ×｜鋼板巻き立て補強に用いる鋼板は板厚4.5mm以上が必要である

5 ☐☐ 溶接金網による柱のRC巻き立て補強において、流込み工法によってコンクリートを打ち込み、打込み高さ1m程度ごとに十分に締固めを行った

5 ○｜設問記述のとおり

6 ☐☐ 炭素繊維シートによる独立した角柱の補強工事において、シートの水平方向のラップ位置については、構造的な弱点をなくすため、柱の同一箇所、同一面とした

6 ×｜ラップ位置（繊維シートの継手位置）は交互にずらす

7 ☐☐ 鉄筋コンクリート造の新設耐震壁の増設工事に使用する改良型本体打込み式の金属系アンカーの施工において、ドリルで実際に穿孔する孔深さについては、有効埋込み深さ（計算上での埋込み深さ）と同じ深さとした

7 ×｜有効埋込み深さにアンカー径を加えた深さが必要である。なお耐震改修に用いる金属系あと施工アンカーは「改良型本体打込み式」が一般的である

8 ☐☐ 開口部がある現場打ち鉄筋コンクリート造の耐震壁の増設工事において、その壁の開口部補強筋の端部の定着をあと施工アンカーによって行うとき、特記がなかったので、埋込み長さが8da（da：アンカー筋の外径）の接着系アンカーを用いた

8 ×｜開口部つきの耐震壁を設ける場合、開口周囲には補強筋が設けられる。その端部には埋込み深さ11da以上の接着系アンカーを用いて引っ張り強度を確保する

● **あと施工アンカーの間隔**

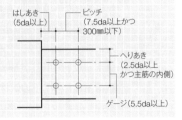

2　実践問題│一問一答　→→→

1 ☐☐　既存の柱と壁との接合部に耐震スリットを新設する工事において、既存の壁の切断に用いる機器を固定する「あと施工アンカー」については、垂れ壁や腰壁への打込みを避け、柱や梁へ打ち込んだ

2 ☐☐　金属系アンカーの「あと施工アンカー工事」において、特記がなかったので、打込み方式のアンカーは所定の位置まで打込むことにより固着させ、締付け方式のアンカーはナット回転法で締付けることにより固着させた

3 ☐☐　金属系あと施工アンカーの穿孔作業において、穿孔した傾斜角が施工面への垂線に対して5度以内であったので合格とした

4 ☐☐　あと施工アンカー工事において、接着系アンカーの埋込み時に接着剤がコンクリート表面まであふれ出てこなかったので、直ちにアンカー筋を引き抜き、カプセルを追加して接着剤があふれ出るようにアンカー筋を埋め込んだ

5 ☐☐　現場打ち鉄筋コンクリート壁の増設工事において、壁厚が厚い複配筋の既存開口壁を鉄筋コンクリートにより閉塞するに当たり、開口周囲に埋め込む「あと施工アンカー」の埋込み長さについては、特記がなかったので、10da（da:アンカー筋径）とした

6 ☐☐　鉄筋コンクリート造の耐力壁の増設工事において、増設壁の鉄筋の既存柱への定着については、既存柱を斫って露出させた柱主筋に、増設壁の鉄筋の端部を135度に折り曲げたフックをかけた

7 ☐☐　枠付き鉄骨ブレースの設置工事において、既存構造体との取合い部に設ける型枠は、グラウト材圧入後に型枠を取り外して充填状況を確認できるように、片側を取外し可能な木製型枠とした

1 ×│耐震改修工事では既存躯体の加工が必要であるが、柱梁の斫りや穿孔は最小限にとどめることが原則

2 ×│締付け方式ではトルクコントロール法（締付けトルク値での管理）によって固着する

3 ○│金属系あと施工アンカーの場合、傾斜穿孔は5度以内まで許容される

● 穿孔作業の騒音・振動対策
一般にコンクリート穿孔には、ハンマードリルを用いるが、騒音・振動対策が求められる場合には、ダイヤモンドコアドリルを用いる

4 ○│設問記述のとおり

5 ×│複配筋の開口壁を閉塞する際には、アンカー筋の降伏を保証するために、埋込み深さ11da以上にする

6 ○│既存躯体の主筋を利用して増設壁を定着する措置として適切

7 ○│適切な措置

026 改修工事②各種工事

各種改修の5割ほどが、RC外装の劣化改修と陸屋根の防水改修から出題される。これら
では新設部分だけでなく、既存部分の除去方法や存置対象も問われる。残りは建具改修
やアスベスト含有建材の除去などになるが、近年は天井改修に関する出題も目立つ

1　鉄筋コンクリートの劣化診断

耐震改修に先立って行われる**耐震診断**には、コンクリートの圧縮
強度データが必要である。コアの抜取り位置は、鉄筋を切断しな
いよう、図面と鉄筋探査器を用いて鉄筋の位置を推定する

● 劣化診断の方法

対象	測定内容	診断方法
コンクリート打放し仕上げ（モルタル塗り仕上げ）	ひび割れ幅	クラックスケール
	中性化の深さ	フェノールフタレイン噴霧
	圧縮強度	コア抜き→圧縮試験
タイル張り仕上げ	タイルの浮き	赤外線法、打診法
鉄筋	配筋・かぶり厚	電磁波レーダー法

● フェノールフタレイン噴霧
コンクリートがアルカリ性を保っていれば
赤紫に変色する

● タイル張り仕上げの剝離
代表的な調整方法は、打診法と赤外線
法。調査方法を併用することによって、高
精度な結果が得られる

4

2　RC外装の劣化改修

コンクリート打放しやモルタル塗り仕上げの場合、**ひび割れ幅**に応
じて改修方法を選択する。鉄筋やアンカー金物が露出している場
合は、健全部が露出するまでコンクリートを斫り、錆を除去してから
鉄筋コンクリート用防錆剤を塗布する

● RCの劣化改修方法

ひび割れ幅	0.2㎜未満	0.2～1.0㎜	1.0㎜以上
改修方法	シール工法	エポキシ樹脂注入工法	Uカットシール充填工法

● アンカーピンニング部分（または全
面）エポキシ樹脂注入工法
モルタルの浮きをアンカーピンとエポキ
シ樹脂で固定する（部分注入工法）。さら
に、エポキシ樹脂の注入のみの固定も併
用する工法があり、この場合にはこれら2
つの固定方法を千鳥配置していく（全面
注入工法）。なお、アンカーピンを固定す
るエポキシ樹脂には、種類は硬質形、粘
性の区分は高粘度形を用いる

コンクリートやモルタルの欠損部には、エポキシ樹脂モルタルかポリ
マーセメントモルタルを充填する。後者は比較的浅い欠損（充填
厚さ30㎜程度以下）に用い、1層7㎜以下の塗り厚で施工する

モルタル塗りの仕上げモルタルに浮きが生じた場合、アンカーピン
ニング部分エポキシ樹脂注入工法を用いる

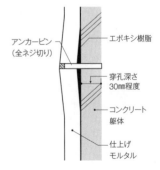

アンカーピン
（全ネジ切り）

エポキシ樹脂

穿孔深さ
30㎜程度

コンクリート
躯体

仕上げ
モルタル

□ タイル張りの下地モルタルに浮きに対しても、アンカーピンニング部分（または全面）エポキシ樹脂注入工法を適用できる。

□ タイルの張替えを行う場合、下地面の水湿しをしてからポリマーセメントモルタルによって行う。タイル張りの撤去に当たっては、ひび割れ周辺をタイル目地に沿ってダイヤモンドカッター等で切り込みを入れ、ひび割れ部と健全部の縁を切る

□ 塗り仕上げの場合、既存塗膜の除去が不要であれば、水洗い工法によって表面の粉化物などを取り除いて上塗りのみ塗り替える

□ 劣化の著しい塗膜や下地コンクリートの脆弱部分は、サンダー工法や高圧水洗工法で除去する。前者は部分的除去、後者は全体的除去に適している

● **注入口付アンカーピンニングエポキシ樹脂注入タイル固定工法**

小口タイル以上の大きさでは、注入口付きアンカーピンを用いて浮いたタイルを固定できる

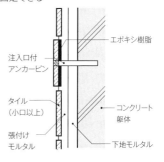

エポキシ樹脂

注入口付アンカーピン

タイル（小口以上）

張付けモルタル

コンクリート躯体

下地モルタル

● **弾性タイプ塗膜の除去**

防水形複層塗材のような弾性タイプの塗膜は、塗膜剥離剤工法で除去する

3　防水改修

□ 平場部の既存アスファルト防水層や保護層を下地として活用できる。ただしこの場合でも立上り部とルーフドレイン周りの防水層は撤去する。

改修用ルーフドレイン周りを撤去する場合、既存保護層はルーフドレインの端部から500mm程度の範囲、既存防水層は300mm程度の範囲を四角形に撤去する。撤去端部はポリマーセメントモルタルで1／2程度の勾配に仕上げる

● **ドレイン周りの措置**

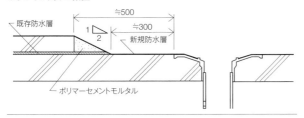

既存防水層

≒500

1
2

≒300

新規防水層

ポリマーセメントモルタル

□ シーリング再充填工法によって防水改修を行う場合、目地被着体に沿ってカッターで切込みをいれて、既存シーリング部をできるだけ除去し、その後にサンダー掛け等により清掃を行う

● **保護コンクリートの撤去**

質量15kg未満のハンドブレーカーを使用し、取合い部の仕上げや構造体に影響を及ぼさないように撤去する

● **降雨に対する養生**

原則として1日の作業終了後は、シート等によって降雨に対する養生を行う。但しアスファルト防水の場合は、新規防水層の1層目（絶縁工法は2層目）のルーフィング張りまで降雨に対する養生を省略できる

QUESTION

1 最 頻 出 問 題 | 一問一答

ANSWER

→→→

1 ☐☐ 斫^{はっ}り箇所のコンクリートの中性化深さについては、そのコンクリート面に噴霧したフェノールフタレイン溶液が赤紫色に変化した部分を、中性化した部分と判断した

1 ×｜赤紫に変化した部分はアルカリ性であり、中性化は進んでいない

2 ☐☐ コンクリート打放し仕上げの外壁のひび割れ部の手動式エポキシ樹脂注入工法による改修工事において、鉛直方向のひび割れ部については、ひび割れ部の上部の注入口から下部へ順次注入した

2 ×｜下部の注入口から上部へ順次注入する

3 ☐☐ コンクリート打放し仕上げ外壁の改修工事において、幅が0.2 〜 1.0㎜の間に分布していたので、ひび割れ部補修工法としてシール工法を採用した

3 ×｜0.2〜1.0㎜のひび割れ幅の補修にはエポキシ樹脂注入工法を用いる

4 ☐☐ コンクリート打放し仕上げ外壁の改修工事において、軽微な剥がれや比較的浅いひび割れ部については、ポリマーセメントモルタル充填工法により行った

4 ○｜軽微なひび割れに対しては設問記述の措置を行う。なお、同工法は軽微なモルタル剥離にも適用できる

5 ☐☐ タイル張り仕上げ外壁のひび割れ部の改修工事において、タイル張り仕上げの撤去に当たり、ひび割れ部周辺をタイル目地に沿ってダイヤモンドカッターで切り込みを入れ、ひび割れ部と健全部との縁を切った

5 ○｜設問記述のとおり

6 ☐☐ 既存の塗り仕上げ外壁の改修工事において、劣化の著しい塗膜や下地コンクリートの脆弱部分の除去については、高圧水洗工法を採用した

6 ○｜高圧水洗工法は塗膜の全体的除去に適している

7 ☐☐ 砂付あなあきルーフィングを用いる絶縁工法によるアスファルト防水層の改修工事において、施工時の降雨に対する養生方法の特記がなく、新規防水層の2層目のルーフィング張りまで終えたので、1日の作業終了後、シートによる降雨に対する養生は省略した

7 ○｜原則として防水層の改修工事では、1日の作業終了後に降雨に対する養生を行う。ただし、設問記述の条件では養生を省略できる

2 実践問題 | 一問一答 →→→

1 ☐☐ コンクリートの中性化の進行にともなう鉄筋の腐食の補修において、鉄筋の腐食に対する恒久的な補修工法として、腐食した鉄筋を斫(はつ)り出し、錆(さび)を除去した鉄筋に浸透性吸水防止材を塗布した後に、コンクリートの欠損部にポリマーセメントモルタルを充填した

2 ☐☐ モルタル塗り仕上げ外壁の浮き部分の改修工事において、アンカーピンニング全面エポキシ樹脂注入工法を用いたので、全ネジ切りアンカーピンを固定するために使用するエポキシ樹脂の種類を硬質形、粘性による区分を低粘度形とした

3 ☐☐ モルタル塗り仕上げ外壁の浮き部分の改修を、アンカーピンニング部分エポキシ樹脂注入工法によって行う場合、特記がなければ、浮き部分に対するアンカーピン本数は、原則として、一般部分を16本/㎡指定部分（見上げ面、庇(ひさし)の鼻、まぐさ隅角部分等）を25本/㎡とする

4 ☐☐ 塗り仕上げ外壁の改修において、防水形複層塗材のような弾性を有する既存塗膜の全面除去については、一般に、塗膜剥離剤工法よりサンダー工法のほうが適している

5 ☐☐ 既存保護層を撤去せずに改修用ドレンを設けない防水改修工事において、既存ルーフドレンの周囲については、ルーフドレン端部から300㎜程度の範囲の既存保護コンクリートを四角形に撤去し、既存アスファルト防水層の上に防水層を新設した

6 ☐☐ かぶせ工法によるアルミニウム製建具の改修工事において、既存枠に新規に建具を取り付けるにあたって、小ねじ留付け間隔を端部は100㎜、中間部は500㎜とした

7 ☐☐ 特定天井の下地に該当しない一般的な軽量鉄骨天井下地を新設する内装改修工事において、既存の埋込みインサートを再使用することとしたので、引き抜けないことを確認するために、工事対象階の3箇所でそれぞれ400Nの荷重により、吊りボルトの引抜き試験を行った

8 ☐☐ アスベスト含有吹付け材の除去処理工事において、隔離養生に用いたシートについては、プラスチック袋に密封して特定建設資材廃棄物として処理した

---

1 ×｜腐食した鉄筋は、錆の除去後に防錆処理を行う

2 ×｜アンカーピンを固定するエポキシ樹脂には、種類は硬質形、粘性の区分は高粘度形を用いる

3 ○｜設問記述のとおり。アンカーピンニング部分エポキシ樹脂注入工法は、タイル張り仕上げの下地モルタルの浮き部分の改修にも適用できる

4 ×｜弾性のある塗膜の除去には、塗膜剥離剤工法を用いる

5 ×｜ルーフドレン周囲の保護コンクリートは、ルーフドレイン端部から500㎜程度の範囲を撤去する

6 ×｜中間部は400㎜以下の間隔で留付ける

7 ○｜設問記述のとおり（特定天井の仕様は577頁参照）

8 ×｜アスベスト付着物は「特別管理産業廃棄物」として処理する。なお「特定建設資材廃棄物」とは再資源化可能な廃棄物をさす

027 用語

ここでは、建築工事に関する用語を、主として、山留め・基礎工事、躯体工事、内外装工事に分け、それぞれの説明を行う

1 山留め・基礎工事に関する用語

● **山留め・基礎工事の用語**

用語	説明
サウンディング	貫入抵抗から地盤の支持力を推定する工法
トレミー管	水中コンクリートの打込みに用いられ、上端に漏斗状の受け口をもつ水密性のある管
ヒービング	軟弱粘性土地盤を掘削するとき、山留め壁背面の土の重量によって掘削底面内部に滑り破壊が生じ、根切り底面が押し上げられて膨れ上がる現象
ボイリング	砂質土において、砂中を上向きに流れる水の圧力により、砂粒子が根切り場内に湧き上がってくる現象
盤ぶくれ	山留め工事において、掘削底面やその直下に薄い不透水性土層があり、その下にある被圧地下水により掘削底面が持ち上がる現象
プレボーリング	オーガーを使用してあらかじめ孔を掘削し、既製杭を埋め込む工法
スライム	場所打ち杭の掘削孔の孔底に溜まった泥などの不純物
ランマー	エンジンで跳ね上がり、落下の際の自重と衝撃によって、地表面を締め固める機械
腹起し	山留壁に作用する側圧を切ばり又は地盤アンカーに伝えるための水平部材

2 躯体工事に関する用語

● **コンクリート・鉄筋工事の用語**

用語	説明
ワーカビリティー	材料の分離を生ずることなく運搬・打込み・締固め・仕上げ等の作業が容易にできる程度を示すフレッシュコンクリートの性質
コンシステンシー	主として水量によって左右されるフレッシュコンクリートの変形・流動に対する抵抗性
混和剤	薬品として少量用いる混和剤。AE剤・AE減水剤・高性能AE減水剤などがある
混和材	フライアッシュ等の材料を多量に用いてコンクリートに混入して使用する
タンピング	スランプの小さいコンクリートをした場合、打設約30分後、コンクリートの凝結前に、タンパーを用いてコンクリートの表面を繰り返し打撃し、締め固めること
スランプフロー	スランプコーンを引き上げた後の試料の広がりを直径で表したフレッシュコンクリートの流動性を示す指標
ミルシート	メーカー納入時の発注者への鋼材検査証明書。商品名、証明書番号、引張試験値や化学成分等を記載
ラベル	鉄筋1梱包ごとに付された、種別の記号、径又は呼び名、溶鋼番号、製造業者名等の表示がある荷札
スライディングフォーム工法	型枠を上昇滑動させながらコンクリートを打設し、打継ぎ目のないコンクリート構造物を構築する型枠の施工方法

● 鉄骨工事の用語

用語	説明
サブマージアーク溶接	粒状のフラックスを溶接線に沿って散布し、この中に裸の電極ワイヤを送り込み、大電流でアークを発生させて行う自動溶接
ブラスト処理	鋼材の摩擦面をショットブラスト又はグリットブラストにより処理し、表面の粗さは50μmRz以上の確保が必要。ここでは、赤錆は発生しなくてもよい
ブローホール	ガスによって生ずる溶着金属中の球状の空洞。吸湿した溶接棒の使用により生ずる
ショートビート	鉄骨の組立溶接の際には、必要な長さと4mm以上の脚長をもつビート（溶着金属）を適切な間隔で配置する。その1回の溶接作業によって造られたビートの短いもの
アンダーカット	電流過大により、溶接止端に沿って母材が掘られてしまうこと
スラグ巻き込み	溶着金属内部にスラグが混ざること
スパッタ	溶接中に飛散するスラグや金属粒
アークエアガウジング	不良溶接部をアークの熱で溶かし、圧縮空気によって吹き飛ばし除去する機器
チッピングハンマー	スラグを除去するための先端の細くなったハンマー
スプライスプレート	高力ボルト接合の鉄骨造の柱や梁の継手において、予め所定の位置にボルト貫通孔を加工した添え板
エンドタブ	鋼材の溶接において、アークの始端部や終端部が欠陥となりやすいため、溶接ビートの始点と終点に取り付ける補助版

● 木工事の用語

用語	説明
ひきたて寸法	木工事において製材されたままの寸法 （例）㋐見付け[*1]㋑見込み[*2]㋒ひき割り類[*3]㋓ひき角類[*4]
CLT	ひき板または小角材を、繊維方向を互いにほぼ平行にして幅方向に並べ、または接着したものを主として、その繊維方向を互いにほぼ直角にして積層接着し、3層以上の構造をもたせたもの

● 共通の用語

用語	説明
歩掛り	部分工事の1単位あたりの標準労働量・資材量等のこと

3　内外装工事に関する用語

● 内外装工事の用語

用語	説明
ファスナー	アングルやプレート、ボルト、ナット、だぼ等。石材やPC等を躯体と緊結する役割を果たす取付け金物
シアコネクター	石先付けPC工法で、石裏面に小さな穴をあけ取り付け、コンクリートに埋め込み石材を保持する金属線
トーチ工法	改質アスファルト防水工法のことで、改質アスファルトシートの裏面及び下地をガスバーナー（トーチ）であぶり、密着させて防水層を形成する工法
ボンドブレーカー	シーリング材を接着させない目的で、目地底に張り付けるテープ状材料
ノンワーキングジョイント	コンクリートの打継ぎ目に該当し、ムーブメントがほとんど生じない目地のこと
タッピングマシーン	靴履きでの歩行等、比較的軽量で硬い衝撃が床に加わった時の床衝撃音遮断性能を測定する装置

※1：材の正面又は、その幅寸法
※2：奥行き部分又は、その寸法
※3：木材において、厚さが7.5cm未満で幅が厚さの4倍未満のもの。正割り（横断面が正方形）と平割り（横断面が長方形）がある
※4：木材において、厚さ及び幅が7.5cm以上のもの。正角（横断面が正方形）と平角（横断面が長方形）がある

QUESTION

1　最頻出問題│一問一答

→→→

次の記述のうち、正しいものには○、誤っているものには×をつけよ

1 ☐☐　スランプ：高さ30cmのスランプコーンにコンクリートを3層に分けて詰め、スランプコーンを引き上げた直後に計った平板から頂部までの高さの数値

2 ☐☐　盤ぶくれ：山留め工事において、掘削底面やその直下に薄い不透水性土層があり、その下にある被圧地下水により掘削底面が持ち上がる現象

3 ☐☐　密着張り：タイル工事において、張付けモルタルを下地面に塗り、モルタルが軟らかいうちにタイル張り用振動工具を用いてタイルに振動を与え、埋め込むように壁タイルを張り付ける工法

4 ☐☐　グレイジングガスケット：ガラス工事において、サッシ溝底とガラスが接触するのを防止し、かつ、適正なエッジクリアランスとガラスのかかり代(しろ)を確保することを目的として使用される直方体の小片

ANSWER

1 ×│スランプコーンを引き上げた直後に計った頂部からの下がり(cm)を示したものである

2 ○│設問記述のとおり

3 ○│密着張りでは張付けモルタルの1回の面積の限度は3㎡以下とし、タイル張り用振動工具(ビブラート)を用いて2層に分けて塗り付ける

4 ×│直方体の小片は、セッティングブロックのことであり、グレイジングガスケットは、アルミ製引違い及び片引き建具のガラスのはめ込み材のこと

2　実践問題│一問一答

→→→

1 ☐☐　N値：標準貫入試験において、質量63.5±0.5kgのハンマーを76±1cm自由落下させて、試験用サンプラーを地盤に30cm打ち込むのに要する打撃回数

2 ☐☐　サウンディング：地盤に振動を与え、その伝播の状況により地盤の性状を調査する方法

3 ☐☐　ベーン試験：非常に硬い粘性土のせん断強さを求めることのできる試験

4 ☐☐　リバウンドハンマー：コンクリートの表面を打撃したときの反発度から圧縮強度を推定するための装置

1 ○│設問記述のとおり

2 ×│サウンディングは、ロッドに付けた抵抗体を地盤中に挿入し、貫入・回転・引抜き等に対する抵抗から地盤の性状を調査する方法。標準貫入試験もサウンディングの一つである

3 ×│ベーン試験は、軟らかい粘性土のせん断強さを求める場合に適している

4 ○│設問記述のとおり

5 ☐☐ プラスティシティー:容易に型枠に詰めることができ、型枠を取り去る
とゆっくり形を変えるが、崩れたり、材料が分離することのないよう
なフレッシュコンクリートの性質
────────────────────────────────

6 ☐☐ スランプフロー:スランプコーンを引き上げた後の試料の直径の広が
りによって「フレッシュコンクリートの流動性」を表す数値
────────────────────────────────

7 ☐☐ クレーター:溶接の止端に沿って母材が掘られて、溶着金属が満
たされないで溝となって残る溶接部の欠陥
────────────────────────────────

8 ☐☐ スカラップ:鋼構造部材の溶接接合部において、二方向からの溶
接線が交差するのを避けるために、片方の部材に設ける部分的
な円弧状の切欠き
────────────────────────────────

9 ☐☐ リーマ通し:グループ溶接部材相互の開先部の間隔
────────────────────────────────

10 ☐☐ エコセメント:都市ゴミを焼却した際に発生する灰を主原料とし、必
要に応じて下水汚泥焼却灰等も用いて製造されるセメント
────────────────────────────────

11 ☐☐ つけ送り:躯体の補修工事の一部として、コンクリート系下地の下
塗りに先立ち、仕上げ厚が均等となるように、モルタル等であらか
じめ不陸を調整すること
────────────────────────────────

12 ☐☐ ひきたて寸法:木工事において、鉋掛け等で木材表面を仕上げた
後の部材断面寸法
────────────────────────────────

13 ☐☐ マスク張り:ユニット化されたタイル裏面にモルタル塗布用のマスク
を載せて張付けモルタルを塗り付け、マスクを外してから下地面に
タイルをたたき押えをして張り付ける施工法
────────────────────────────────

14 ☐☐ バリューエンジニアリング(VE):製品やサービスが果たすべき機能
や性能を低下させることなく合理化を行い、製品等の機能とコスト
との対比により得られる価値を向上させる手法
────────────────────────────────

15 ☐☐ さや管工法:集合住宅等において、床等にあらかじめポリエチレン
製のじゃばら管等を敷設しておき、その後ろから架橋ポリエチレン
管等の給水・給湯管を挿入する工法
────────────────────────────────

16 ☐☐ リフトアップ工法:地上で組み立てた大スパン構造の屋根架構等
を、ジャッキ又は吊り上げ装置を用いて、所定の位置まで上昇させ
て設置する工法

5 ○｜設問記述のとおり

6 ○｜設問記述のとおり

7 ×｜鉄骨のアーク溶接時に、アークを
切る際にくぼみができる。そのくぼみ
に割れが発生しやすく、高温割れが多
い

8 ○｜設問記述のとおり

9 ×｜ボルト穴合わせを完全にする整
孔切削のこと。設問記述は、溶接時の
ルート間隔のことである。グループ溶
接とは、接合部に開先をもつ突合せ溶
接をさす

10 ○｜設問記述のとおり

11 ○｜設問記述のとおり

12 ×｜ひきたて寸法は、仕上げ前の寸
法で、仕上がり寸法はひきたて寸法よ
り若干小さくなる

13 ○｜設問記述のとおり

14 ○｜設問記述のとおり

15 ○｜設問記述のとおり

16 ○｜設問記述のとおり

分野別・出題傾向［平成26−令和5年］

DATA

分野	H26	H27	H28	H29	H30	R1	R2	R3	R4	R5	合計
請負契約・監理業務	1.0	1.0	1.0	2.0	2.0	1.0	2.0	1.0	1.0	2.0	14.0
施工計画	1.0	1.0	1.0			1.0		1.0	1.0		6.0
現場管理	1.0	1.0	1.0	1.0	1.0	1.0	1.0	1.0	1.0	1.0	10.0
品質・材料管理	1.0	1.0	1.0	1.0	1.0	1.0	1.0	1.0	1.0	1.0	10.0
申請・届出等	1.0	1.0	1.0	1.0	1.0	1.0	1.0	1.0	1.0	1.0	10.0
敷地・地盤調査	1.0			0.5		1.0	0.5		1.0		4.0
仮設工事		1.0	1.0	0.5	1.0		0.5	1.0		1.0	6.0
土工事・山留め工事	1.0	1.0	1.0	1.0	1.0	1.0	1.0	1.0	1.0	1.0	10.0
基礎・地業工事	1.0	1.0	1.0	1.0	1.0	1.0	1.0	1.0	1.0	1.0	10.0
鉄筋工事	1.0	1.0	1.0	1.0	1.0	1.0	1.0	1.0	1.0	1.0	10.0
型枠工事	1.0	1.0	1.0	1.0	1.0	1.0	1.0	1.0	1.0	1.0	10.0
コンクリート工事	2.0	2.0	2.0	2.0	2.0	2.0	2.0	2.0	2.0	2.0	20.0
鉄骨工事	2.0	2.0	2.0	2.0	2.0	2.0	2.0	2.0	2.0	2.0	20.0
木工事・木造工事	1.0	1.0	1.0	1.0	1.0	1.0	1.0	1.0	1.0	1.0	10.0
防水・屋根工事	1.0	1.0	1.0	1.0	1.0	1.0	1.0	1.0	1.0	1.0	10.0
左官・タイル・張り石工事	1.0	1.0	1.0	1.0	1.0	1.0	1.0	1.0	1.0	1.0	10.0
ガラス・建具・金属工事	1.0	1.0	1.0	1.0	1.0	1.0	1.0	1.0	1.0	1.0	10.0
内・外装工事	1.0	1.0	1.0	1.0	1.0	1.0	1.0	1.0	1.0	1.0	10.0
設備工事	1.0	1.0	1.0	1.0	1.0	1.0	1.0	1.0	1.0	1.0	10.0
プレキャストコンクリート工事	1.0	1.0	1.0	1.0	1.0	1.0	2.0	1.0	1.0	1.0	11.0
改修・耐震改修工事	2.0	2.0	2.0	2.0	2.0	2.0	2.0	2.0	2.0	2.0	20.0
各種工事	1.0		1.0	1.0	1.0	1.0		1.0	1.0	1.0	8.0
用語・検査	1.0	1.0	1.0	1.0	1.0	1.0	1.0	1.0	1.0	1.0	10.0
融合問題		1.0									1.0

ADVICE

令和5年度の試験は、やや難易度の高いものが出題された。過去の問題の表現を変えて出題されることが多くなり、受検者にとっては問題内容を良く読み取ることが大きな鍵であるといえる。過去問題をしっかりと理解したうえで、関連した施工技術や用語および関係法令や契約の内容、さらには工事監理業務の内容を学習しておくことが合格の鍵となる。

執筆者一覧［五十音順］

荒巻卓見 ｜ あらまき・たくみ ｜ Chapter 5 施工
専門は、建築材料・施工。ものつくり大学技能工芸学部建設学科卒業、同大学院修士課程修了。日本大学大学院理工学研究科博士後期課程建築学専攻修了。日本大学生産工学部PD、日本大学理工学部まちづくり工学科助手を経て、現在、ものつくり大学技能工芸学部建設学科助教。博士（工学）。

伊藤教子 ｜ いとう・のりこ ｜ Chapter 2 環境・設備
ZO設計室代表取締役。設備設計一級建築士。博士（工学）。首都大学東京大学院都市環境科学研究科建築学域博士課程修了。環境設備設計を専門とする。著書に共著にて『設備設計スタンダード図集』、『新しい環境文化のかたち／クリマデザイン』などがある。

大垣賀津雄 ｜ おおがき・かづお ｜ Chapter 4 構造
大阪市立大学大学院前期博士課程修了、川崎重工業㈱に30年間勤務を経て、ものつくり大学技能工芸学部建設学科教授・博士（工学）。技術士（建設部門、総合技術監理部門）、土木鋼構造診断士、1級土木施工管理技士、溶接施工管理技術者1級、コンクリート主任技士、プレストレストコンクリート技士、技術士補（経営工学部門）。主な著書、『トコトンやさしい建築材料の本』（日刊工業新聞社）ほか。

大島博明 ｜ おおしま・ひろあき ｜ Chapter 1 計画
千葉大学大学院工学研究科修了。坂倉建築研究所東京事務所入所。前橋市庁舎、世田谷区健康村、加須青年の家等を担当。1990年より大島博明建築研究所主宰。改革派船橋高根教会、とねの会はすだ保育園等を担当。2007年よりものつくり大学建設学科都市建築デザイン研究室主宰、現在名誉教授・特別客員教授。主要研究は、市町村合併における庁舎建築に関する研究、認定こども園に関する研究等。現在は自治体アドバイザーとして活動しながら、地域の活性化問題に取り組み、「まちづくり」を実践している。一級建築士。

佐藤考一 ｜ さとう・こういち ｜ Chapter 5 施工
専門は、構法計画・建築生産。東京大学大学院博士課程修了。博士（工学）。現在、金沢工業大学建築学科教授。主な著書（すべて共著）、『初学者の建築講座 建築計画』（市ヶ谷出版社）、『コンバージョンが都市を再生する、地域を変える』（日刊建設通信新聞社）、『建築再生の進め方』（市ヶ谷出版社）ほか。

築比地正 ｜ ついひじ・ただし ｜ Chapter 3 法規
大手前建築基準法事務所株式会社東京事務所長。元東京都職員。主な著書、『建築法規用教材』（（一社）日本建築学会、共著）ほか。

服部宏己 ｜ はっとり・ひろき ｜ Chapter 4 構造
三重大学大学院工学研究科建築学専攻修士課程修了。東急建設（株）、三重大学大学院工学研究科システム工学専攻博士後期課程を修了し、現在、岐阜市立女子短期大学デザイン環境学科教授・博士（工学）。一級建築士。

半貫敏夫 ｜ はんぬき・としお ｜ Chapter 4 構造
日本大学理工学部建築学科卒業。日本大学大学院理工学研究科修士課程建設工学専攻修了。日本大学教授、国立極地研究所客員教授を経て、現在、日本大学名誉教授。一級建築士、構造設計一級建築士。主な著書、『建築構造力学 上・下』（理工図書、共著）ほか。

松岡大介 ｜ まつおか・だいすけ ｜ Chapter 2 環境・設備
専門は、建築環境工学の主に温熱環境。現在、ものつくり大学技能工芸学部建設学科准教授。東洋大学工学部建築学科卒業、同大学院博士前期課程修了。（株）ポラス暮し科学研究所勤務を経て現職。その間に東洋大学非常勤講師、京都大学大学院博士後期課程修了。博士（工学）、一級建築士。

三原斉 ｜ みはら・ひとし ｜ Chapter 1 計画　Chapter 5 施工
専門は、建築生産、建築構法、建築施工。近畿大学理工学部建築学科卒業。工学院大学大学院工学研究科建築学専攻博士後期課程修了。村本建設株式会社東京本社建築部工事事務所長、同購買課長、同建築工務課長を歴任。現在、ものつくり大学技能工芸学部建設学科教授・博士（工学）、一級建築士、一級建築施工管理技士、一級土木施工管理技士、一級建築図面製作技能士（CAD、手書き）、レディング大学客員研究員（英国）、法政大学大学院特任研究員。主な著書、『施工がわかるイラスト建築生産入門』（（一社）日本建設業連合会・共著、彰国社）ほか。

山本貴正 ｜ やまもと・たかまさ ｜ Chapter 4 構造
愛知工業大学工学部建築学科卒業。三重大学大学院工学研究科博士課程終了。小山工業高等専門学校講師・助教、現在、豊田工業高等専門学校講師・准教授を経て、現在、愛知工業大学工学部建築学科准教授。博士（工学）。主な著書、『建築材料を学ぶ−その選択から施工まで−』（理工図書、共著）、『やさしい構造材料実験』（森北出版、共著）ほか。

DTP　　　TKクリエイト 竹下隆雄
デザイン　neucitora
イラスト　DONGURI　ミナベエミコ
　　　　　堀野千恵子

執筆者

三原斉 　　［chapter5 施工, chapter1 計画］

大島博明 　［chapter1 計画］

伊藤教子 　［chapter2 環境・設備］

松岡大介 　［chapter2 環境・設備］

築比地正 　［chapter3 法規］

大垣賀津雄 ［chapter4 構造］

服部宏己 　［chapter4 構造］

半貫敏夫 　［chapter4 構造］

山本貴正 　［chapter4 構造］

荒巻卓見 　［chapter5 施工］

佐藤考一 　［chapter5 施工, chapter1 計画］

お問い合わせ

本書の記述に関するお問い合わせ、正誤表については、
下記のWebサイトをご参照ください。
https://www.xknowledge.co.jp/
info@xknowledge.co.jp

—

インターネットをご利用でない場合は、
書籍名と発行年月日を明記の上、
文書(ファクスまたは郵便)にて下記宛先にお寄せ下さい。
〒106-0032
東京都港区六本木7-2-26
株式会社エクスナレッジ
Fax 03-3403-1345
＊電話によるお問い合わせはお受けしておりません。

—

お寄せ頂きましたご質問等への回答は、
若干お時間をいただく場合もございますので、あらかじめご了承ください。
なお、本書の範囲を超えるご質問への回答・受験指導等は行っておりませんので、
何卒ご了承のほどお願い致します。

ラクラク突破の1級建築士スピード学習帳 2024

2023年12月8日 初版第1刷発行
—
発行者
三輪浩之
—
発行所
株式会社エクスナレッジ
〒106-0032 東京都港区六本木7-2-26
https://www.xknowledge.co.jp/
—
販売問合せ先
Tel 03-3403-1321／Fax 03-3403-1829
—